2022年河南省高考志愿填报一本通
（专业篇）

主　编　暴岗山　千志勇

河南大学出版社
HENAN UNIVERSITY PRESS
·郑州·

图书在版编目(CIP)数据

2022年河南省高考志愿填报一本通.2,专业篇/暴岗山,千志勇主编.--郑州:河南大学出版社,2021.12
ISBN 978-7-5649-4935-8

Ⅰ.①2… Ⅱ.①暴… ②千… Ⅲ.①高等学校-招生-介绍-中国 ②毕业生-高中-升学参考资料 Ⅳ.①G647.32

中国版本图书馆CIP数据核字(2021)第260578号

2022年河南省高考志愿填报一本通(专业篇)
2022NIAN HENAN SHENG GAOKAO ZHIYUAN TIANBAO YIBENTONG(ZHUANYE PIAN)

责任编辑	林方丽
责任校对	孙增科
版式设计	陈 霞
封面设计	郭 灿
出版发行	河南大学出版社
	地址:郑州市郑东新区商务外环中华大厦2401号
	邮编:450046
	电话:0371-86059750(高等教育与职业教育出版分社)
	0371-86059701(营销部)
	网址:hupress.henu.edu.cn
排　版	河南宏运蓝图文化传媒有限公司
印　刷	河南育翼鑫印务有限公司
版　次	2021年12月第1版
印　次	2021年12月第1次印刷
开　本	787 mm×1092 mm　1/16　总印张　46.75
字　数	1582千字　　　　　　　总定价　368.00元

(本书如有印装质量问题,请与河南大学出版社营销部联系调换。)

编委会名单

主　编：暴岗山　千志勇
副主编：付晴晴　姚　鹏　皇甫学勇　赵　坤
　　　　余　菲　李进阳　王　婕
编　委：方建树　梁书琴　王锦杰　董欣欣
　　　　李爱军　刁豪亮　黄　克　白光庆
　　　　韩青领　刘尚波　徐中涛　彭贵兴
　　　　牛巧梅　苗倩雯　张银凤　秦纪伦
　　　　夏新杰　王艳玲

目 录

第一章 普通高等学校本科专业汇总 ············· 1
第一节 普通高等学校本科专业目录(2021年版) ············· 1
第二节 大学本科专业类与高中科目对应关系 ············· 21

第二章 与语文对应的大学本科专业解析 ············· 25
第一节 与语文相关的大学本科专业解析 ············· 25
一、中国语言文学类 ············· 25
二、新闻传播学类 ············· 28
三、中医学类 ············· 31
四、戏剧与影视学类 ············· 34

第二节 与语文、数学相关的大学本科专业解析 ············· 37
一、教育学类 ············· 37
二、管理科学与工程类 ············· 41
三、工商管理类 ············· 44
四、农业经济管理类 ············· 49
五、物流管理与工程类 ············· 50
六、工业工程类 ············· 53
七、电子商务类 ············· 55

第三节 与语文、历史相关的大学本科专业解析 ············· 57
一、图书情报与档案管理类 ············· 57
二、旅游管理类 ············· 59

第四节 与语文、政治相关的大学本科专业解析 ············· 62
一、法学类 ············· 62
二、政治学类 ············· 65
三、社会学类 ············· 66
四、民族学类 ············· 68
五、马克思主义理论类 ············· 70
六、公安学类 ············· 72
七、公共管理类 ············· 74

第五节 与语文、政治、数学相关的大学本科专业解析 ············· 77
哲学类 ············· 77

第六节 与语文、美术相关的大学本科专业解析 ············· 78
艺术学理论类 ············· 78

第三章 与数学对应的大学本科专业解析 ... 81

第一节 与数学相关的大学本科专业解析 ... 81
- 一、数学类 ... 81
- 二、统计学类 ... 84
- 三、心理学类 ... 86
- 四、计算机类 ... 88

第二节 与数学、政治相关的本科专业解析 ... 95
- 一、经济学类 ... 95
- 二、金融学类 ... 98
- 三、财政学类 ... 102

第三节 与数学、政治、英语相关的本科专业解析 ... 104
- 经济与贸易类 ... 104

第四章 与英语对应的大学本科专业解析 ... 107
- 外国语言文学类 ... 107

第五章 与物理对应的大学本科专业解析 ... 113

第一节 与物理、数学相关的大学本科专业解析 ... 113
- 一、物理学类 ... 113
- 二、天文学类 ... 115
- 三、力学类 ... 116
- 四、机械类 ... 118
- 五、仪器类 ... 123
- 六、能源动力类 ... 125
- 七、电气类 ... 127
- 八、电子信息类 ... 129
- 九、自动化类 ... 136
- 十、土木类 ... 140
- 十一、测绘类 ... 144
- 十二、交通运输类 ... 146
- 十三、海洋工程类 ... 149
- 十四、航空航天类 ... 150
- 十五、兵器类 ... 153
- 十六、核工程类 ... 155
- 十七、农业工程类 ... 157
- 十八、林业工程类 ... 159
- 十九、生物医学工程类 ... 160
- 二十、安全科学与工程类 ... 162

第二节 与物理、化学相关的大学本科专业解析 ... 163

  公安技术类 ········· 163

 第三节 与物理、地理相关的大学本科专业解析 ········· 165
  一、大气科学类 ········· 165
  二、海洋科学类 ········· 166
  三、地球物理学类 ········· 168
  四、水利类 ········· 169

 第四节 与物理、美术相关的大学本科专业解析 ········· 171
  建筑类 ········· 171

第六章 与化学对应的大学本科专业解析 ········· 176

 第一节 与化学相关的大学本科专业解析 ········· 176
  一、化学类 ········· 176
  二、化工与制药类 ········· 179
  三、纺织类 ········· 182
  四、轻工类 ········· 183
  五、环境科学与工程类 ········· 185

 第二节 与化学、物理相关的大学本科专业解析 ········· 188
  一、材料类 ········· 188
  二、医学技术类 ········· 194

 第三节 与化学、生物相关的大学本科专业解析 ········· 196
  一、食品科学与工程类 ········· 196
  二、基础医学类 ········· 198
  三、临床医学类 ········· 200
  四、口腔医学类 ········· 203
  五、公共卫生与预防医学类 ········· 205
  六、药学类 ········· 206
  七、中药学类 ········· 208
  八、法医学类 ········· 210
  九、护理学类 ········· 211

 第四节 与化学、生物、语文相关的大学本科专业解析 ········· 212
  中西医结合类 ········· 212

第七章 与生物对应的大学本科专业解析 ········· 215

  一、生物科学类 ········· 215
  二、生物工程类 ········· 219
  三、植物生产类 ········· 220
  四、自然保护与环境生态类 ········· 224
  五、动物生产类 ········· 225
  六、动物医学类 ········· 226

  七、林学类 ……………………………………………………………………………… 228

  八、草学类 ……………………………………………………………………………… 230

  九、水产类 ……………………………………………………………………………… 232

第八章　与地理对应的大学本科专业解析 ……………………………………………… 234

 第一节　与地理、数学相关的大学本科专业解析 ……………………………………… 234

  地理科学类 ……………………………………………………………………………… 234

 第二节　与地理、数学、物理、化学相关的大学本科专业解析 ……………………… 237

  一、地质学类 …………………………………………………………………………… 237

  二、地质类 ……………………………………………………………………………… 238

  三、矿业类 ……………………………………………………………………………… 240

第九章　与历史对应的大学本科专业解析 ……………………………………………… 243

  历史学类 ………………………………………………………………………………… 243

第十章　与音乐对应的大学本科专业解析 ……………………………………………… 247

  音乐与舞蹈学类 ………………………………………………………………………… 247

第十一章　与体育对应的大学本科专业解析 …………………………………………… 250

  体育学类 ………………………………………………………………………………… 250

第十二章　与美术对应的大学本科专业解析 …………………………………………… 253

  一、美术学类 …………………………………………………………………………… 253

  二、设计学类 …………………………………………………………………………… 255

第一章 普通高等学校本科专业汇总

第一节 普通高等学校本科专业目录(2021年版)

2021年2月10日,教育部公布《教育部关于公布2020年度普通高等学校本科专业备案和审批结果的通知》,将2020年度普通高等学校本科专业备案和审批结果公布的同时,对普通高等学校本科专业目录进行了更新,确定了尚未列入专业目录的新专业名单。按照教育部最新公布的本科专业目录,目前大陆高校本科专业共设置十二大学科门类、92个专业类、740个本科专业(2020年版为703个本科专业),如表1-1所示。

表1-1 普通高等学校本科专业目录(2021年版)

序号	门类	专业类	专业名称	学位授予门类	修业年限	增设年份
1	哲学	哲学类	哲学	哲学	四年	
2	哲学	哲学类	逻辑学	哲学	四年	
3	哲学	哲学类	宗教学	哲学	四年	
4	哲学	哲学类	伦理学	哲学	四年	
5	经济学	经济学类	经济学	经济学	四年	
6	经济学	经济学类	经济统计学	经济学	四年	
7	经济学	经济学类	国民经济管理	经济学	四年	
8	经济学	经济学类	资源与环境经济学	经济学	四年	
9	经济学	经济学类	商务经济学	经济学	四年	
10	经济学	经济学类	能源经济	经济学	四年	
11	经济学	经济学类	劳动经济学	经济学	四年	
12	经济学	经济学类	经济工程	经济学	四年	
13	经济学	经济学类	数字经济	经济学	四年	
14	经济学	财政学类	财政学	经济学	四年	
15	经济学	财政学类	税收学	经济学	四年	
16	经济学	金融学类	金融学	经济学	四年	
17	经济学	金融学类	金融工程	经济学	四年	
18	经济学	金融学类	保险学	经济学	四年	
19	经济学	金融学类	投资学	经济学	四年	
20	经济学	金融学类	金融数学	经济学	四年	

续表

序号	门类	专业类	专业名称	学位授予门类	修业年限	增设年份
21	经济学	金融学类	信用管理	管理学/经济学	四年	
22	经济学	金融学类	经济与金融	经济学	四年	
23	经济学	金融学类	精算学	理学/经济学	四年	
24	经济学	金融学类	互联网金融	经济学	四年	
25	经济学	金融学类	金融科技	经济学	四年	
26	经济学	经济与贸易类	国际经济与贸易	经济学	四年	
27	经济学	经济与贸易类	贸易经济	经济学	四年	
28	法学	法学类	法学	法学	四年	
29	法学	法学类	知识产权	法学	四年	
30	法学	法学类	监狱学	法学	四年	
31	法学	法学类	信用风险管理与法律防控	法学	四年	
32	法学	法学类	国际经贸规则	法学	四年	
33	法学	法学类	司法警察学	法学	四年	
34	法学	法学类	社区矫正	法学	四年	
35	法学	政治学类	政治学与行政学	法学	四年	
36	法学	政治学类	国际政治	法学	四年	
37	法学	政治学类	外交学	法学	四年	
38	法学	政治学类	国际事务与国际关系	法学	四年	
39	法学	政治学类	政治学、经济学与哲学	法学	四年	
40	法学	政治学类	国际组织与全球治理	法学	四年	
41	法学	社会学类	社会学	法学	四年	
42	法学	社会学类	社会工作	法学	四年	
43	法学	社会学类	人类学	法学	四年	
44	法学	社会学类	女性学	法学	四年	
45	法学	社会学类	家政学	法学	四年	
46	法学	社会学类	老年学	法学	四年	
47	法学	社会学类	社会政策	法学	四年	2020
48	法学	民族学类	民族学	法学	四年	
49	法学	马克思主义理论类	科学社会主义	法学	四年	
50	法学	马克思主义理论类	中国共产党历史	法学	四年	
51	法学	马克思主义理论类	思想政治教育	法学	四年	
52	法学	马克思主义理论类	马克思主义理论	法学	四年	
53	法学	公安学类	治安学	法学	四年	
54	法学	公安学类	侦查学	法学	四年	
55	法学	公安学类	边防管理	法学	四年	
56	法学	公安学类	禁毒学	法学	四年	
57	法学	公安学类	警犬技术	法学	四年	

续表

序号	门类	专业类	专业名称	学位授予门类	修业年限	增设年份
58	法学	公安学类	经济犯罪侦查	法学	四年	
59	法学	公安学类	边防指挥	法学	四年	
60	法学	公安学类	消防指挥	法学	四年	
61	法学	公安学类	警卫学	法学	四年	
62	法学	公安学类	公安情报学	法学	四年	
63	法学	公安学类	犯罪学	法学	四年	
64	法学	公安学类	公安管理学	法学	四年	
65	法学	公安学类	涉外警务	法学	四年	
66	法学	公安学类	国内安全保卫	法学	四年	
67	法学	公安学类	警务指挥与战术	法学	四年	
68	法学	公安学类	技术侦查学	法学	四年	
69	法学	公安学类	海警执法	法学	四年	
70	法学	公安学类	公安政治工作	法学	四年	
71	法学	公安学类	移民管理	法学	四年	
72	法学	公安学类	出入境管理	法学	四年	
73	法学	公安学类	反恐警务	法学	四年	2020
74	法学	公安学类	消防政治工作	法学	四年	2020
75	教育学	教育学类	教育学	教育学	四年	
76	教育学	教育学类	科学教育	教育学	四年	
77	教育学	教育学类	人文教育	教育学	四年	
78	教育学	教育学类	教育技术学	工学/理学/教育学	四年	
79	教育学	教育学类	艺术教育	艺术学/教育学	四年	
80	教育学	教育学类	学前教育	教育学	四年	
81	教育学	教育学类	小学教育	教育学	四年	
82	教育学	教育学类	特殊教育	教育学	四年	
83	教育学	教育学类	华文教育	教育学	四年	
84	教育学	教育学类	教育康复学	教育学	四年	
85	教育学	教育学类	卫生教育	教育学	四年	
86	教育学	教育学类	认知科学与技术	教育学	四年	
87	教育学	教育学类	融合教育	教育学	四年	2020
88	教育学	体育学类	体育教育	教育学	四年	
89	教育学	体育学类	运动训练	教育学	四年	
90	教育学	体育学类	社会体育指导与管理	教育学	四年	
91	教育学	体育学类	武术与民族传统体育	教育学	四年	
92	教育学	体育学类	运动人体科学	教育学	四年	
93	教育学	体育学类	运动康复	理学/教育学	四年	
94	教育学	体育学类	休闲体育	教育学	四年	

续表

序号	门类	专业类	专业名称	学位授予门类	修业年限	增设年份
95	教育学	体育学类	体能训练	教育学	四年	
96	教育学	体育学类	冰雪运动	教育学	四年	
97	教育学	体育学类	电子竞技运动与管理	教育学	四年	
98	教育学	体育学类	智能体育工程	教育学/工学	四年	
99	教育学	体育学类	体育旅游	教育学	四年	
100	教育学	体育学类	运动能力开发	教育学/理学	四年	
101	文学	中国语言文学类	汉语言文学	文学	四年	
102	文学	中国语言文学类	汉语言	文学	四年	
103	文学	中国语言文学类	汉语国际教育	文学	四年	
104	文学	中国语言文学类	中国少数民族语言文学	文学	四年	
105	文学	中国语言文学类	古典文献学	文学	四年	
106	文学	中国语言文学类	应用语言学	文学	四年	
107	文学	中国语言文学类	秘书学	文学	四年	
108	文学	中国语言文学类	中国语言与文化	文学	四年	
109	文学	中国语言文学类	手语翻译	文学	四年	
110	文学	外国语言文学类	桑戈语	文学	四年	
111	文学	外国语言文学类	英语	文学	四年/五年	
112	文学	外国语言文学类	俄语	文学	四年	
113	文学	外国语言文学类	德语	文学	四年	
114	文学	外国语言文学类	法语	文学	四年	
115	文学	外国语言文学类	西班牙语	文学	四年	
116	文学	外国语言文学类	阿拉伯语	文学	四年	
117	文学	外国语言文学类	日语	文学	四年	
118	文学	外国语言文学类	波斯语	文学	四年	
119	文学	外国语言文学类	朝鲜语	文学	四年	
120	文学	外国语言文学类	菲律宾语	文学	四年	
121	文学	外国语言文学类	语言学	文学	四年	
122	文学	外国语言文学类	塔玛齐格特语	文学	四年	
123	文学	外国语言文学类	爪哇语	文学	四年	
124	文学	外国语言文学类	旁遮普语	文学	四年	
125	文学	外国语言文学类	梵语巴利语	文学	四年	
126	文学	外国语言文学类	印度尼西亚语	文学	四年	
127	文学	外国语言文学类	印地语	文学	四年	
128	文学	外国语言文学类	柬埔寨语	文学	四年	
129	文学	外国语言文学类	老挝语	文学	四年	
130	文学	外国语言文学类	缅甸语	文学	四年	
131	文学	外国语言文学类	马来语	文学	四年	

续表

序号	门类	专业类	专业名称	学位授予门类	修业年限	增设年份
132	文学	外国语言文学类	蒙古语	文学	四年	
133	文学	外国语言文学类	僧伽罗语	文学	四年	
134	文学	外国语言文学类	泰语	文学	四年	
135	文学	外国语言文学类	乌尔都语	文学	四年	
136	文学	外国语言文学类	希伯来语	文学	四年	
137	文学	外国语言文学类	越南语	文学	四年	
138	文学	外国语言文学类	豪萨语	文学	四年	
139	文学	外国语言文学类	斯瓦希里语	文学	四年	
140	文学	外国语言文学类	阿尔巴尼亚语	文学	四年	
141	文学	外国语言文学类	保加利亚语	文学	四年	
142	文学	外国语言文学类	波兰语	文学	四年	
143	文学	外国语言文学类	捷克语	文学	四年	
144	文学	外国语言文学类	斯洛伐克语	文学	四年	
145	文学	外国语言文学类	罗马尼亚语	文学	四年	
146	文学	外国语言文学类	葡萄牙语	文学	四年	
147	文学	外国语言文学类	瑞典语	文学	四年	
148	文学	外国语言文学类	塞尔维亚语	文学	四年	
149	文学	外国语言文学类	土耳其语	文学	四年	
150	文学	外国语言文学类	希腊语	文学	四年	
151	文学	外国语言文学类	匈牙利语	文学	四年	
152	文学	外国语言文学类	意大利语	文学	四年	
153	文学	外国语言文学类	泰米尔语	文学	四年	
154	文学	外国语言文学类	普什图语	文学	四年	
155	文学	外国语言文学类	世界语	文学	四年	
156	文学	外国语言文学类	孟加拉语	文学	四年	
157	文学	外国语言文学类	尼泊尔语	文学	四年	
158	文学	外国语言文学类	克罗地亚语	文学	四年	
159	文学	外国语言文学类	荷兰语	文学	四年	
160	文学	外国语言文学类	芬兰语	文学	四年	
161	文学	外国语言文学类	乌克兰语	文学	四年	
162	文学	外国语言文学类	挪威语	文学	四年	
163	文学	外国语言文学类	丹麦语	文学	四年	
164	文学	外国语言文学类	冰岛语	文学	四年	
165	文学	外国语言文学类	爱尔兰语	文学	四年	
166	文学	外国语言文学类	拉脱维亚语	文学	四年	
167	文学	外国语言文学类	立陶宛语	文学	四年	
168	文学	外国语言文学类	斯洛文尼亚语	文学	四年	

续表

序号	门类	专业类	专业名称	学位授予门类	修业年限	增设年份
169	文学	外国语言文学类	爱沙尼亚语	文学	四年	
170	文学	外国语言文学类	马耳他语	文学	四年	
171	文学	外国语言文学类	哈萨克语	文学	四年	
172	文学	外国语言文学类	乌兹别克语	文学	四年	
173	文学	外国语言文学类	祖鲁语	文学	四年	
174	文学	外国语言文学类	拉丁语	文学	四年	
175	文学	外国语言文学类	翻译	文学	四年	
176	文学	外国语言文学类	商务英语	文学	四年	
177	文学	外国语言文学类	阿姆哈拉语	文学	四年	
178	文学	外国语言文学类	吉尔吉斯语	文学	四年	
179	文学	外国语言文学类	索马里语	文学	四年	
180	文学	外国语言文学类	土库曼语	文学	四年	
181	文学	外国语言文学类	加泰罗尼亚语	文学	四年	
182	文学	外国语言文学类	约鲁巴语	文学	四年	
183	文学	外国语言文学类	亚美尼亚语	文学	四年	
184	文学	外国语言文学类	马达加斯加语	文学	四年	
185	文学	外国语言文学类	格鲁吉亚语	文学	四年	
186	文学	外国语言文学类	阿塞拜疆语	文学	四年	
187	文学	外国语言文学类	阿非利卡语	文学	四年	
188	文学	外国语言文学类	马其顿语	文学	四年	
189	文学	外国语言文学类	塔吉克语	文学	四年	
190	文学	外国语言文学类	茨瓦纳语	文学	四年	
191	文学	外国语言文学类	恩德贝莱语	文学	四年	
192	文学	外国语言文学类	科摩罗语	文学	四年	
193	文学	外国语言文学类	克里奥尔语	文学	四年	
194	文学	外国语言文学类	绍纳语	文学	四年	
195	文学	外国语言文学类	提格雷尼亚语	文学	四年	
196	文学	外国语言文学类	白俄罗斯语	文学	四年	
197	文学	外国语言文学类	毛利语	文学	四年	
198	文学	外国语言文学类	汤加语	文学	四年	
199	文学	外国语言文学类	萨摩亚语	文学	四年	
200	文学	外国语言文学类	库尔德语	文学	四年	
201	文学	外国语言文学类	比斯拉马语	文学	四年	
202	文学	外国语言文学类	达里语	文学	四年	
203	文学	外国语言文学类	德顿语	文学	四年	
204	文学	外国语言文学类	迪维希语	文学	四年	
205	文学	外国语言文学类	斐济语	文学	四年	

续表

序号	门类	专业类	专业名称	学位授予门类	修业年限	增设年份
206	文学	外国语言文学类	库克群岛毛利语	文学	四年	
207	文学	外国语言文学类	隆迪语	文学	四年	
208	文学	外国语言文学类	卢森堡语	文学	四年	
209	文学	外国语言文学类	卢旺达语	文学	四年	
210	文学	外国语言文学类	纽埃语	文学	四年	
211	文学	外国语言文学类	皮金语	文学	四年	
212	文学	外国语言文学类	切瓦语	文学	四年	
213	文学	外国语言文学类	塞苏陀语	文学	四年	
214	文学	新闻传播学类	新闻学	文学	四年	
215	文学	新闻传播学类	广播电视学	文学	四年	
216	文学	新闻传播学类	广告学	文学	四年	
217	文学	新闻传播学类	传播学	文学	四年	
218	文学	新闻传播学类	编辑出版学	文学	四年	
219	文学	新闻传播学类	网络与新媒体	文学	四年	
220	文学	新闻传播学类	数字出版	文学	四年	
221	文学	新闻传播学类	时尚传播	文学	四年	
222	文学	新闻传播学类	国际新闻与传播	文学	四年	
223	文学	新闻传播学类（交叉专业）	会展	文学/管理学	四年	
224	历史学	历史学类	历史学	历史学	四年	
225	历史学	历史学类	世界史	历史学	四年	
226	历史学	历史学类	考古学	历史学	四年	
227	历史学	历史学类	文物与博物馆学	历史学	四年	
228	历史学	历史学类	文物保护技术	历史学	四年	
229	历史学	历史学类	外国语言与外国历史	文学/历史学	四年	
230	历史学	历史学类	文化遗产	历史学	四年	
231	历史学	历史学类	古文字学	历史学	四年	2020
232	理学	数学类	数学与应用数学	理学	四年	
233	理学	数学类	信息与计算科学	理学	四年	
234	理学	数学类	数理基础科学	理学	四年	
235	理学	数学类	数据计算及应用	理学	四年	
236	理学	物理学类	物理学	理学	四年	
237	理学	物理学类	应用物理学	理学	四年	
238	理学	物理学类	核物理	理学	四年	
239	理学	物理学类	声学	理学	四年	
240	理学	物理学类	系统科学与工程	理学	四年	
241	理学	物理学类	量子信息科学	理学	四年	2020
242	理学	化学类	化学	理学	四年	

续表

序号	门类	专业类	专业名称	学位授予门类	修业年限	增设年份
243	理学	化学类	应用化学	工学/理学	四年	
244	理学	化学类	化学生物学	理学	四年	
245	理学	化学类	分子科学与工程	理学	四年	
246	理学	化学类	能源化学	理学	四年	
247	理学	化学类	化学测量学与技术	理学	四年	2020
248	理学	天文学类	天文学	理学	四年	
249	理学	地理科学类	地理科学	理学	四年	
250	理学	地理科学类	自然地理与资源环境	管理学/理学	四年	
251	理学	地理科学类	人文地理与城乡规划	管理学/理学	四年	
252	理学	地理科学类	地理信息科学	理学	四年	
253	理学	大气科学类	大气科学	理学	四年	
254	理学	大气科学类	应用气象学	理学	四年	
255	理学	大气科学类	气象技术与工程	理学/工学	四年	2020
256	理学	海洋科学类	海洋科学	理学	四年	
257	理学	海洋科学类	海洋技术	工学/理学	四年	
258	理学	海洋科学类	海洋资源与环境	理学	四年	
259	理学	海洋科学类	军事海洋学	理学	四年	
260	理学	地球物理学类	地球物理学	理学	四年	
261	理学	地球物理学类	空间科学与技术	工学/理学	四年	
262	理学	地球物理学类	防灾减灾科学与工程	工学	四年	
263	理学	地质学类	地质学	理学	四年	
264	理学	地质学类	地球化学	理学	四年	
265	理学	地质学类	地球信息科学与技术	工学/理学	四年	
266	理学	地质学类	古生物学	理学	四年	
267	理学	生物科学类	生物科学	理学	四年	
268	理学	生物科学类	生物技术	工学/理学	四年	
269	理学	生物科学类	生物信息学	工学/理学	四年	
270	理学	生物科学类	生态学	理学	四年	
271	理学	生物科学类	整合科学	理学	四年	
272	理学	生物科学类	神经科学	理学	四年	
273	理学	心理学类	心理学	教育学/理学	四年	
274	理学	心理学类	应用心理学	教育学/理学	四年	
275	理学	统计学类	统计学	理学	四年	
276	理学	统计学类	应用统计学	理学	四年	
277	工学	力学类	理论与应用力学	理学/工学	四年	
278	工学	力学类	工程力学	工学	四年	
279	工学	机械类	机械工程	工学	四年	

续表

序号	门类	专业类	专业名称	学位授予门类	修业年限	增设年份
280	工学	机械类	机械设计制造及其自动化	工学	四年	
281	工学	机械类	材料成型及控制工程	工学	四年	
282	工学	机械类	机械电子工程	工学	四年	
283	工学	机械类	工业设计	工学	四年	
284	工学	机械类	过程装备与控制工程	工学	四年	
285	工学	机械类	车辆工程	工学	四年	
286	工学	机械类	汽车服务工程	工学	四年	
287	工学	机械类	机械工艺技术	工学	四年	
288	工学	机械类	微机电系统工程	工学	四年	
289	工学	机械类	机电技术教育	工学	四年	
290	工学	机械类	汽车维修工程教育	工学	四年	
291	工学	机械类	智能制造工程	工学	四年	
292	工学	机械类	智能车辆工程	工学	四年	
293	工学	机械类	仿生科学与工程	工学	四年	
294	工学	机械类	新能源汽车工程	工学	四年	
295	工学	机械类	增材制造工程	工学	四年	2020
296	工学	机械类	智能交互设计	工学	四年	2020
297	工学	机械类	应急装备技术与工程	工学	四年	2020
298	工学	仪器类	测控技术与仪器	工学	四年	
299	工学	仪器类	精密仪器	工学	四年	
300	工学	仪器类	智能感知工程	工学	四年	
301	工学	材料类	材料科学与工程	工学	四年	
302	工学	材料类	材料物理	理学/工学	四年	
303	工学	材料类	材料化学	理学/工学	四年	
304	工学	材料类	冶金工程	工学	四年	
305	工学	材料类	金属材料工程	工学	四年	
306	工学	材料类	无机非金属材料工程	工学	四年	
307	工学	材料类	高分子材料与工程	工学	四年	
308	工学	材料类	复合材料与工程	工学	四年	
309	工学	材料类	粉体材料科学与工程	工学	四年	
310	工学	材料类	宝石及材料工艺学	工学	四年	
311	工学	材料类	焊接技术与工程	工学	五年/四年	
312	工学	材料类	功能材料	工学	四年	
313	工学	材料类	纳米材料与技术	工学	四年	
314	工学	材料类	新能源材料与器件	工学	四年	
315	工学	材料类	材料设计科学与工程	工学	四年	
316	工学	材料类	复合材料成型工程	工学	四年	

续表

序号	门类	专业类	专业名称	学位授予门类	修业年限	增设年份
317	工学	材料类	智能材料与结构	工学	四年	
318	工学	能源动力类	能源与动力工程	工学	四年	
319	工学	能源动力类	能源与环境系统工程	工学	四年	
320	工学	能源动力类	新能源科学与工程	工学	四年	
321	工学	能源动力类	储能科学与工程	工学	四年	
322	工学	能源动力类	能源服务工程	工学	四年	2020
323	工学	电气类	电气工程及其自动化	工学	四年	
324	工学	电气类	智能电网信息工程	工学	四年	
325	工学	电气类	光源与照明	工学	四年	
326	工学	电气类	电气工程与智能控制	工学	四年	
327	工学	电气类	电机电器智能化	工学	四年	
328	工学	电气类	电缆工程	工学	四年	
329	工学	电气类	能源互联网工程	工学	四年	2020
330	工学	电子信息类	电子信息工程	理学/工学	四年	
331	工学	电子信息类	电子科学与技术	理学/工学	四年	
332	工学	电子信息类	通信工程	工学	四年	
333	工学	电子信息类	微电子科学与工程	理学/工学	四年	
334	工学	电子信息类	光电信息科学与工程	理学/工学	四年	
335	工学	电子信息类	信息工程	工学	四年	
336	工学	电子信息类	广播电视工程	工学	四年	
337	工学	电子信息类	水声工程	工学	四年	
338	工学	电子信息类	电子封装技术	工学	四年	
339	工学	电子信息类	集成电路设计与集成系统	工学	四年	
340	工学	电子信息类	医学信息工程	工学	四年	
341	工学	电子信息类	电磁场与无线技术	工学	四年	
342	工学	电子信息类	电波传播与天线	工学	四年	
343	工学	电子信息类	电子信息科学与技术	理学/工学	四年	
344	工学	电子信息类	电信工程及管理	工学	四年	
345	工学	电子信息类	应用电子技术教育	工学	四年	
346	工学	电子信息类	人工智能	工学	四年	
347	工学	电子信息类	海洋信息工程	工学	四年	
348	工学	电子信息类	柔性电子学	工学	四年	2020
349	工学	电子信息类	智能测控工程	工学	四年	2020
350	工学	自动化类	自动化	工学	四年	
351	工学	自动化类	轨道交通信号与控制	工学	四年	
352	工学	自动化类	机器人工程	工学	四年	
353	工学	自动化类	邮政工程	工学	四年	

续表

序号	门类	专业类	专业名称	学位授予门类	修业年限	增设年份
354	工学	自动化类	核电技术与控制工程	工学	四年	
355	工学	自动化类	智能装备与系统	工学	四年	
356	工学	自动化类	工业智能	工学	四年	
357	工学	自动化类	智能工程与创意设计	工学	四年	2020
358	工学	计算机类	计算机科学与技术	理学/工学	四年	
359	工学	计算机类	软件工程	工学	四年	
360	工学	计算机类	网络工程	工学	四年	
361	工学	计算机类	信息安全	管理学/理学/工学	四年	
362	工学	计算机类	物联网工程	工学	四年	
363	工学	计算机类	数字媒体技术	工学	四年	
364	工学	计算机类	智能科学与技术	理学/工学	四年	
365	工学	计算机类	空间信息与数字技术	工学	四年	
366	工学	计算机类	电子与计算机工程	工学	四年	
367	工学	计算机类	数据科学与大数据技术	理学/工学	四年	
368	工学	计算机类	网络空间安全	工学	四年	
369	工学	计算机类	新媒体技术	工学	四年	
370	工学	计算机类	电影制作	工学	四年	
371	工学	计算机类	保密技术	工学	四年	
372	工学	计算机类	服务科学与工程	工学	四年	
373	工学	计算机类	虚拟现实技术	工学	四年	
374	工学	计算机类	区块链工程	工学	四年	
375	工学	计算机类	密码科学与技术	工学	四年	2020
376	工学	土木类	土木工程	工学	四年	
377	工学	土木类	建筑环境与能源应用工程	工学	四年	
378	工学	土木类	给排水科学与工程	工学	四年	
379	工学	土木类	建筑电气与智能化	工学	四年	
380	工学	土木类	城市地下空间工程	工学	四年	
381	工学	土木类	道路桥梁与渡河工程	工学	四年	
382	工学	土木类	铁道工程	工学	四年	
383	工学	土木类	智能建造	工学	四年	
384	工学	土木类	土木、水利与海洋工程	工学	四年	
385	工学	土木类	土木、水利与交通工程	工学	四年	
386	工学	土木类	城市水系统工程	工学	四年	2020
387	工学	水利类	水利水电工程	工学	四年	
388	工学	水利类	水文与水资源工程	工学	四年	
389	工学	水利类	港口航道与海岸工程	工学	四年	
390	工学	水利类	水务工程	工学	四年	

续表

序号	门类	专业类	专业名称	学位授予门类	修业年限	增设年份
391	工学	水利类	水利科学与工程	工学	四年	
392	工学	测绘类	测绘工程	工学	四年	
393	工学	测绘类	遥感科学与技术	工学	四年	
394	工学	测绘类	导航工程	工学	四年	
395	工学	测绘类	地理国情监测	工学	四年	
396	工学	测绘类	地理空间信息工程	工学	四年	
397	工学	化工与制药类	化学工程与工艺	工学	四年	
398	工学	化工与制药类	制药工程	工学	四年	
399	工学	化工与制药类	资源循环科学与工程	工学	四年	
400	工学	化工与制药类	能源化学工程	工学	四年	
401	工学	化工与制药类	化学工程与工业生物工程	工学	四年	
402	工学	化工与制药类	化工安全工程	工学	四年	
403	工学	化工与制药类	涂料工程	工学	四年	
404	工学	化工与制药类	精细化工	工学	四年	
405	工学	地质类	地质工程	工学	四年	
406	工学	地质类	勘查技术与工程	工学	四年	
407	工学	地质类	资源勘查工程	工学	四年	
408	工学	地质类	地下水科学与工程	工学	四年	
409	工学	地质类	旅游地学与规划工程	工学	四年	
410	工学	矿业类	采矿工程	工学	四年	
411	工学	矿业类	石油工程	工学	四年	
412	工学	矿业类	矿物加工工程	工学	四年	
413	工学	矿业类	油气储运工程	工学	四年	
414	工学	矿业类	矿物资源工程	工学	四年	
415	工学	矿业类	海洋油气工程	工学	四年	
416	工学	矿业类	智能采矿工程	工学	四年	2020
417	工学	纺织类	纺织工程	工学	四年	
418	工学	纺织类	服装设计与工程	艺术学/工学	四年	
419	工学	纺织类	非织造材料与工程	工学	四年	
420	工学	纺织类	服装设计与工艺教育	工学	四年	
421	工学	纺织类	丝绸设计与工程	工学	四年	
422	工学	轻工类	轻化工程	工学	四年	
423	工学	轻工类	包装工程	工学	四年	
424	工学	轻工类	印刷工程	工学	四年	
425	工学	轻工类	香料香精技术与工程	工学	四年	
426	工学	轻工类	化妆品技术与工程	工学	四年	
427	工学	交通运输类	交通运输	工学	四年	

续表

序号	门类	专业类	专业名称	学位授予门类	修业年限	增设年份
428	工学	交通运输类	交通工程	工学	四年	
429	工学	交通运输类	航海技术	工学	四年	
430	工学	交通运输类	轮机工程	工学	四年	
431	工学	交通运输类	飞行技术	工学	四年	
432	工学	交通运输类	交通设备与控制工程	工学	四年	
433	工学	交通运输类	救助与打捞工程	工学	四年	
434	工学	交通运输类	船舶电子电气工程	工学	四年	
435	工学	交通运输类	轨道交通电气与控制	工学	四年	
436	工学	交通运输类	邮轮工程与管理	工学	四年	
437	工学	交通运输类	智慧交通	工学	四年	2020
438	工学	海洋工程类	船舶与海洋工程	工学	四年	
439	工学	海洋工程类	海洋工程与技术	工学	四年	
440	工学	海洋工程类	海洋资源开发技术	工学	四年	
441	工学	海洋工程类	海洋机器人	工学	四年	
442	工学	航空航天类	航空航天工程	工学	四年	
443	工学	航空航天类	飞行器设计与工程	工学	四年	
444	工学	航空航天类	飞行器制造工程	工学	四年	
445	工学	航空航天类	飞行器动力工程	工学	四年	
446	工学	航空航天类	飞行器环境与生命保障工程	工学	四年	
447	工学	航空航天类	飞行器质量与可靠性	工学	四年	
448	工学	航空航天类	飞行器适航技术	工学	四年	
449	工学	航空航天类	飞行器控制与信息工程	工学	四年	
450	工学	航空航天类	无人驾驶航空器系统工程	工学	四年	
451	工学	航空航天类	智能飞行器技术	工学	四年	2020
452	工学	兵器类	武器系统与工程	工学	四年	
453	工学	兵器类	武器发射工程	工学	四年	
454	工学	兵器类	探测制导与控制技术	工学	四年	
455	工学	兵器类	弹药工程与爆炸技术	工学	四年	
456	工学	兵器类	特种能源技术与工程	工学	四年	
457	工学	兵器类	装甲车辆工程	工学	四年	
458	工学	兵器类	信息对抗技术	工学	四年	
459	工学	兵器类	智能无人系统技术	工学	四年	
460	工学	核工程类	核工程与核技术	工学	四年	
461	工学	核工程类	辐射防护与核安全	工学	四年	
462	工学	核工程类	工程物理	工学	四年	
463	工学	核工程类	核化工与核燃料工程	工学	四年	
464	工学	农业工程类	农业工程	工学	四年	

续表

序号	门类	专业类	专业名称	学位授予门类	修业年限	增设年份
465	工学	农业工程类	农业机械化及其自动化	工学	四年	
466	工学	农业工程类	农业电气化	工学	四年	
467	工学	农业工程类	农业建筑环境与能源工程	工学	四年	
468	工学	农业工程类	农业水利工程	工学	四年	
469	工学	农业工程类	土地整治工程	工学	四年	
470	工学	农业工程类	农业智能装备工程	工学	四年	
471	工学	林业工程类	森林工程	工学	四年	
472	工学	林业工程类	木材科学与工程	工学	四年	
473	工学	林业工程类	林产化工	工学	四年	
474	工学	林业工程类	家具设计与工程	工学	四年	
475	工学	环境科学与工程类	环境科学与工程	工学	四年	
476	工学	环境科学与工程类	环境工程	工学	四年	
477	工学	环境科学与工程类	环境科学	理学/工学	五年/四年	
478	工学	环境科学与工程类	环境生态工程	工学	四年	
479	工学	环境科学与工程类	环保设备工程	工学	四年	
480	工学	环境科学与工程类	资源环境科学	理学/工学	四年	
481	工学	环境科学与工程类	水质科学与技术	工学	四年	
482	工学	生物医学工程类	生物医学工程	理学/工学	五年/四年	
483	工学	生物医学工程类	假肢矫形工程	工学	四年	
484	工学	生物医学工程类	临床工程技术	工学	四年	
485	工学	生物医学工程类	康复工程	工学	四年	
486	工学	食品科学与工程类	食品科学与工程	农学/工学	四年	
487	工学	食品科学与工程类	食品质量与安全	工学	四年	
488	工学	食品科学与工程类	粮食工程	工学	四年	
489	工学	食品科学与工程类	乳品工程	工学	四年	
490	工学	食品科学与工程类	酿酒工程	工学	四年	
491	工学	食品科学与工程类	葡萄与葡萄酒工程	工学	四年	
492	工学	食品科学与工程类	食品营养与检验教育	工学	四年	
493	工学	食品科学与工程类	烹饪与营养教育	工学	四年	
494	工学	食品科学与工程类	食品安全与检测	工学	四年	
495	工学	食品科学与工程类	食品营养与健康	工学	四年	
496	工学	食品科学与工程类	食用菌科学与工程	工学	四年	
497	工学	食品科学与工程类	白酒酿造工程	工学	四年	
498	工学	建筑类	建筑学	工学	五年/四年	
499	工学	建筑类	城乡规划	工学	五年/四年	
500	工学	建筑类	风景园林	艺术学/工学	五年/四年	
501	工学	建筑类	历史建筑保护工程	工学	五年/四年	

续表

序号	门类	专业类	专业名称	学位授予门类	修业年限	增设年份
502	工学	建筑类	人居环境科学与技术	工学	四年	
503	工学	建筑类	城市设计	工学	四年	
504	工学	建筑类	智慧建筑与建造	工学	四年	
505	工学	安全科学与工程类	安全工程	工学	四年	
506	工学	安全科学与工程类	应急技术与管理	工学	四年	
507	工学	安全科学与工程类	职业卫生工程	工学	四年	
508	工学	生物工程类	生物工程	工学	四年	
509	工学	生物工程类	生物制药	工学	四年	
510	工学	生物工程类	合成生物学	工学	四年	
511	工学	公安技术类	刑事科学技术	工学	四年	
512	工学	公安技术类	消防工程	工学	四年	
513	工学	公安技术类	交通管理工程	工学	四年	
514	工学	公安技术类	安全防范工程	工学	四年	
515	工学	公安技术类	公安视听技术	工学	四年	
516	工学	公安技术类	抢险救援指挥与技术	工学	四年	
517	工学	公安技术类	火灾勘查	工学	四年	
518	工学	公安技术类	网络安全与执法	工学	四年	
519	工学	公安技术类	核生化消防	工学	四年	
520	工学	公安技术类	海警舰艇指挥与技术	工学	四年	
521	工学	公安技术类	数据警务技术	工学	四年	
522	工学	公安技术类	食品药品环境犯罪侦查技术	工学	四年	2020
523	农学	植物生产类	农学	农学	四年	
524	农学	植物生产类	园艺	农学	四年	
525	农学	植物生产类	植物保护	农学	四年	
526	农学	植物生产类	植物科学与技术	农学	四年	
527	农学	植物生产类	种子科学与工程	农学	四年	
528	农学	植物生产类	设施农业科学与工程	工学/农学	四年	
529	农学	植物生产类	茶学	农学	四年	
530	农学	植物生产类	烟草	农学	四年	
531	农学	植物生产类	应用生物科学	理学/农学	四年	
532	农学	植物生产类	农艺教育	农学	四年	
533	农学	植物生产类	园艺教育	农学	四年	
534	农学	植物生产类	智慧农业	农学	四年	
535	农学	植物生产类	菌物科学与工程	农学	四年	
536	农学	植物生产类	农药化肥	农学	四年	
537	农学	植物生产类	生物农药科学与工程	农学	四年	2020
538	农学	自然保护与环境生态类	农业资源与环境	农学	四年	

续表

序号	门类	专业类	专业名称	学位授予门类	修业年限	增设年份
539	农学	自然保护与环境生态类	野生动物与自然保护区管理	农学	四年	
540	农学	自然保护与环境生态类	水土保持与荒漠化防治	农学	四年	
541	农学	自然保护与环境生态类	生物质科学与工程	农学	四年	
542	农学	自然保护与环境生态类	土地科学与技术	农学	四年	2020
543	农学	动物生产类	动物科学	农学	四年	
544	农学	动物生产类	蚕学	农学	四年	
545	农学	动物生产类	蜂学	农学	四年	
546	农学	动物生产类	经济动物学	农学	四年	
547	农学	动物生产类	马业科学	农学	四年	
548	农学	动物生产类	饲料工程	农学/工学	四年	2020
549	农学	动物生产类	智慧牧业科学与工程	农学	四年	2020
550	农学	动物医学类	动物医学	农学	五年/四年	
551	农学	动物医学类	动物药学	农学	五年/四年	
552	农学	动物医学类	动植物检疫	理学/农学	四年	
553	农学	动物医学类	实验动物学	农学	四年	
554	农学	动物医学类	中兽医学	农学	四年	
555	农学	动物医学类	兽医公共卫生	农学	五年	2020
556	农学	林学类	林学	农学	四年	
557	农学	林学类	园林	农学	四年	
558	农学	林学类	森林保护	农学	四年	
559	农学	林学类	经济林	农学	四年	
560	农学	水产类	水产养殖学	农学	四年	
561	农学	水产类	海洋渔业科学与技术	农学	四年	
562	农学	水产类	水族科学与技术	农学	四年	
563	农学	水产类	水生动物医学	农学	四年	
564	农学	草学类	草业科学	农学	四年	
565	农学	草学类	草坪科学与工程	农学	四年	
566	医学	基础医学类	基础医学	医学	五年	
567	医学	基础医学类	生物医学	理学	四年	
568	医学	基础医学类	生物医学科学	理学	四年	
569	医学	临床医学类	临床医学	医学	五年	
570	医学	临床医学类	麻醉学	医学	五年	
571	医学	临床医学类	医学影像学	医学	五年	
572	医学	临床医学类	眼视光医学	医学	五年	
573	医学	临床医学类	精神医学	医学	五年	
574	医学	临床医学类	放射医学	医学	五年	
575	医学	临床医学类	儿科学	医学	五年	

续表

序号	门类	专业类	专业名称	学位授予门类	修业年限	增设年份
576	医学	口腔医学类	口腔医学	医学	五年	
577	医学	公共卫生与预防医学类	预防医学	医学	五年	
578	医学	公共卫生与预防医学类	食品卫生与营养学	理学	四年	
579	医学	公共卫生与预防医学类	妇幼保健医学	医学	五年	
580	医学	公共卫生与预防医学类	卫生监督	医学	五年	
581	医学	公共卫生与预防医学类	全球健康学	理学	四年	
582	医学	公共卫生与预防医学类	运动与公共健康	理学	四年	2020
583	医学	中医学类	中医学	医学	五年	
584	医学	中医学类	针灸推拿学	医学	五年	
585	医学	中医学类	藏医学	医学	五年	
586	医学	中医学类	蒙医学	医学	五年	
587	医学	中医学类	维医学	医学	五年	
588	医学	中医学类	壮医学	医学	五年	
589	医学	中医学类	哈医学	医学	五年	
590	医学	中医学类	傣医学	医学	五年	
591	医学	中医学类	回医学	医学	五年	
592	医学	中医学类	中医康复学	医学	五年	
593	医学	中医学类	中医养生学	医学	五年	
594	医学	中医学类	中医儿科学	医学	五年	
595	医学	中医学类	中医骨伤科学	医学	五年	
596	医学	中西医结合类	中西医临床医学	医学	五年	
597	医学	药学类	药学	理学	四年	
598	医学	药学类	药物制剂	理学	四年	
599	医学	药学类	临床药学	理学	五年/四年	
600	医学	药学类	药事管理	理学	四年	
601	医学	药学类	药物分析	理学	四年	
602	医学	药学类	药物化学	理学	四年	
603	医学	药学类	海洋药学	理学	四年	
604	医学	药学类	化妆品科学与技术	理学	四年	
605	医学	中药学类	中药学	理学	四年	
606	医学	中药学类	中药资源与开发	理学	四年	
607	医学	中药学类	藏药学	理学	五年/四年	
608	医学	中药学类	蒙药学	理学	四年	
609	医学	中药学类	中药制药	工学/理学	四年	
610	医学	中药学类	中草药栽培与鉴定	理学	四年	
611	医学	法医学类	法医学	医学	五年	
612	医学	医学技术类	医学检验技术	理学	四年	

续表

序号	门类	专业类	专业名称	学位授予门类	修业年限	增设年份
613	医学	医学技术类	医学实验技术	理学	四年	
614	医学	医学技术类	医学影像技术	理学	四年	
615	医学	医学技术类	眼视光学	理学	四年	
616	医学	医学技术类	康复治疗学	理学	四年	
617	医学	医学技术类	口腔医学技术	理学	四年	
618	医学	医学技术类	卫生检验与检疫	理学	四年	
619	医学	医学技术类	听力与言语康复学	理学	五年/四年	
620	医学	医学技术类	康复物理治疗	理学	四年	
621	医学	医学技术类	康复作业治疗	理学	四年	
622	医学	医学技术类	智能医学工程	工学	四年	
623	医学	医学技术类	生物医药数据科学	理学	四年	2020
624	医学	医学技术类	智能影像工程	工学	四年	2020
625	医学	护理学类	护理学	理学	四年	
626	医学	护理学类	助产学	理学	四年	
627	管理学	管理科学与工程类	管理科学	理学/管理学	五年/四年	
628	管理学	管理科学与工程类	信息管理与信息系统	工学/管理学	四年	
629	管理学	管理科学与工程类	工程管理	工学/管理学	四年	
630	管理学	管理科学与工程类	房地产开发与管理	管理学	四年	
631	管理学	管理科学与工程类	工程造价	工学/管理学	四年	
632	管理学	管理科学与工程类	保密管理	管理学	四年	
633	管理学	管理科学与工程类	邮政管理	管理学	四年	
634	管理学	管理科学与工程类	大数据管理与应用	管理学	四年	
635	管理学	管理科学与工程类	工程审计	管理学	四年	
636	管理学	管理科学与工程类	计算金融	管理学	四年	
637	管理学	管理科学与工程类	应急管理	管理学	四年	
638	管理学	工商管理类	工商管理	管理学	四年	
639	管理学	工商管理类	市场营销	管理学	四年	
640	管理学	工商管理类	会计学	管理学	四年	
641	管理学	工商管理类	财务管理	管理学	四年	
642	管理学	工商管理类	国际商务	管理学	四年	
643	管理学	工商管理类	人力资源管理	管理学	四年	
644	管理学	工商管理类	审计学	管理学	四年	
645	管理学	工商管理类	资产评估	管理学	四年	
646	管理学	工商管理类	物业管理	管理学	四年	
647	管理学	工商管理类	文化产业管理	艺术学/管理学	四年	
648	管理学	工商管理类	劳动关系	管理学	四年	
649	管理学	工商管理类	体育经济与管理	管理学	四年	

续表

序号	门类	专业类	专业名称	学位授予门类	修业年限	增设年份
650	管理学	工商管理类	财务会计教育	管理学	四年	
651	管理学	工商管理类	市场营销教育	管理学	四年	
652	管理学	工商管理类	零售业管理	管理学	四年	
653	管理学	工商管理类	创业管理	管理学	四年	2020
654	管理学	农业经济管理类	农林经济管理	管理学	四年	
655	管理学	农业经济管理类	农村区域发展	农学/管理学	四年	
656	管理学	公共管理类	公共事业管理	管理学	四年	
657	管理学	公共管理类	行政管理	管理学	四年	
658	管理学	公共管理类	劳动与社会保障	管理学	四年	
659	管理学	公共管理类	土地资源管理	工学/管理学	四年	
660	管理学	公共管理类	城市管理	管理学	四年	
661	管理学	公共管理类	海关管理	管理学	四年	
662	管理学	公共管理类	交通管理	工学/管理学	四年	
663	管理学	公共管理类	海事管理	管理学	四年	
664	管理学	公共管理类	公共关系学	管理学	四年	
665	管理学	公共管理类	健康服务与管理	管理学	四年	
666	管理学	公共管理类	海警后勤管理	管理学	四年	
667	管理学	公共管理类	医疗产品管理	管理学	四年	
668	管理学	公共管理类	医疗保险	管理学	四年	
669	管理学	公共管理类	养老服务管理	管理学	四年	
670	管理学	公共管理类	海关检验检疫安全	管理学	四年	2020
671	管理学	公共管理类	海外安全管理	管理学	四年	2020
672	管理学	公共管理类	自然资源登记与管理	管理学	四年	2020
673	管理学	图书情报与档案管理类	图书馆学	管理学	四年	
674	管理学	图书情报与档案管理类	档案学	管理学	四年	
675	管理学	图书情报与档案管理类	信息资源管理	管理学	四年	
676	管理学	物流管理与工程类	物流管理	管理学	四年	
677	管理学	物流管理与工程类	物流工程	工学/管理学	四年	
678	管理学	物流管理与工程类	采购管理	管理学	四年	
679	管理学	物流管理与工程类	供应链管理	管理学	四年	
680	管理学	工业工程类	工业工程	工学/管理学	四年	
681	管理学	工业工程类	标准化工程	管理学	四年	
682	管理学	工业工程类	质量管理工程	管理学	四年	
683	管理学	电子商务类	电子商务	工学/经济学/管理学	四年	
684	管理学	电子商务类	电子商务及法律	管理学	四年	
685	管理学	电子商务类	跨境电子商务	管理学	四年	
686	管理学	旅游管理类	旅游管理	管理学	四年	

续表

序号	门类	专业类	专业名称	学位授予门类	修业年限	增设年份
687	管理学	旅游管理类	酒店管理	管理学	四年	
688	管理学	旅游管理类	会展经济与管理	管理学	四年	
689	管理学	旅游管理类	旅游管理与服务教育	管理学	四年	
690	艺术学	艺术学理论类	艺术史论	艺术学	四年	
691	艺术学	艺术学理论类	艺术管理	艺术学	四年	
692	艺术学	艺术学理论类	非物质文化遗产保护	艺术学	四年	2020
693	艺术学	音乐与舞蹈学类	音乐表演	艺术学	四年	
694	艺术学	音乐与舞蹈学类	音乐学	艺术学	四年/五年	
695	艺术学	音乐与舞蹈学类	作曲与作曲技术理论	艺术学	四年/五年	
696	艺术学	音乐与舞蹈学类	舞蹈表演	艺术学	四年	
697	艺术学	音乐与舞蹈学类	舞蹈学	艺术学	四年	
698	艺术学	音乐与舞蹈学类	舞蹈编导	艺术学	四年	
699	艺术学	音乐与舞蹈学类	舞蹈教育	艺术学	四年	
700	艺术学	音乐与舞蹈学类	航空服务艺术与管理	艺术学	四年	
701	艺术学	音乐与舞蹈学类	流行音乐	艺术学	四年	
702	艺术学	音乐与舞蹈学类	音乐治疗	艺术学	四年	
703	艺术学	音乐与舞蹈学类	流行舞蹈	艺术学	四年	
704	艺术学	音乐与舞蹈学类	音乐教育	艺术学	四年	2020
705	艺术学	戏剧与影视学类	表演	艺术学	四年	
706	艺术学	戏剧与影视学类	戏剧学	艺术学	四年	
707	艺术学	戏剧与影视学类	电影学	艺术学	四年	
708	艺术学	戏剧与影视学类	戏剧影视文学	艺术学	四年	
709	艺术学	戏剧与影视学类	广播电视编导	艺术学	四年	
710	艺术学	戏剧与影视学类	戏剧影视导演	艺术学	四年	
711	艺术学	戏剧与影视学类	戏剧影视美术设计	艺术学	四年	
712	艺术学	戏剧与影视学类	录音艺术	艺术学	四年	
713	艺术学	戏剧与影视学类	播音与主持艺术	艺术学	四年	
714	艺术学	戏剧与影视学类	动画	艺术学	四年	
715	艺术学	戏剧与影视学类	影视摄影与制作	艺术学	四年	
716	艺术学	戏剧与影视学类	影视技术	艺术学	四年	
717	艺术学	戏剧与影视学类	戏剧教育	艺术学	四年	
718	艺术学	美术学类	美术学	艺术学	四年	
719	艺术学	美术学类	绘画	艺术学	四年	
720	艺术学	美术学类	雕塑	艺术学	五年/四年	
721	艺术学	美术学类	摄影	艺术学	四年	
722	艺术学	美术学类	书法学	艺术学	四年	
723	艺术学	美术学类	中国画	艺术学	四年	

续表

序号	门类	专业类	专业名称	学位授予门类	修业年限	增设年份
724	艺术学	美术学类	实验艺术	艺术学	四年	
725	艺术学	美术学类	跨媒体艺术	艺术学	四年	
726	艺术学	美术学类	文物保护与修复	艺术学	四年	
727	艺术学	美术学类	漫画	艺术学	四年	
728	艺术学	美术学类	纤维艺术	艺术学	四年	2020
729	艺术学	设计学类	艺术设计学	艺术学	四年	
730	艺术学	设计学类	视觉传达设计	艺术学	四年	
731	艺术学	设计学类	环境设计	艺术学	四年	
732	艺术学	设计学类	产品设计	艺术学	四年	
733	艺术学	设计学类	服装与服饰设计	艺术学	四年	
734	艺术学	设计学类	公共艺术	艺术学	四年	
735	艺术学	设计学类	工艺美术	艺术学	四年	
736	艺术学	设计学类	数字媒体艺术	艺术学	四年	
737	艺术学	设计学类	艺术与科技	艺术学	五年/四年	
738	艺术学	设计学类	陶瓷艺术设计	艺术学	四年	
739	艺术学	设计学类	新媒体艺术	艺术学	四年	
740	艺术学	设计学类	包装设计	艺术学	四年	

第二节 大学本科专业类与高中科目对应关系

为方便广大考生根据自身学习情况选择大学本科专业,本书将大学本科专业和高中相关科目进行了对应,并按照对应科目进行排序,如表1-2所示。

表1-2 大学本科专业和高中相关科目对应表

对应学科	其他相关学科	门类	专业类
语文	—	文学	中国语言文学类
语文	—	文学	新闻传播学类
语文	—	医学	中医学类
语文	—	艺术学	戏剧与影视学类
语文	数学	教育学	教育学类
语文	数学	管理学	管理科学与工程类
语文	数学	管理学	工商管理类
语文	数学	管理学	农业经济管理类
语文	数学	管理学	物流管理与工程类
语文	数学	管理学	工业工程类
语文	数学	管理学	电子商务类

续表

对应学科	其他相关学科	门类	专业类
语文	历史	管理学	图书情报与档案管理类
语文	历史	管理学	旅游管理类
语文	政治、数学	哲学	哲学类
语文	政治	法学	法学类
语文	政治	法学	政治学类
语文	政治	法学	社会学类
语文	政治	法学	民族学类
语文	政治	法学	马克思主义理论类
语文	政治	法学	公安学类
语文	政治	管理学	公共管理类
语文	美术	艺术学	艺术学理论类
数学	—	理学	数学类
数学	—	理学	心理学类
数学	—	理学	统计学类
数学	—	工学	计算机类
数学	英语、政治	经济学	经济与贸易类
数学	政治	经济学	经济学类
数学	政治	经济学	财政学类
数学	政治	经济学	金融学类
英语	—	文学	外国语言文学类
物理	数学	理学	物理学类
物理	数学	理学	天文学类
物理	数学	工学	力学类
物理	数学	工学	机械类
物理	数学	工学	仪器类
物理	数学	工学	能源动力类
物理	数学	工学	电气类
物理	数学	工学	电子信息类
物理	数学	工学	自动化类
物理	数学	工学	土木类
物理	数学	工学	测绘类
物理	数学	工学	交通运输类
物理	数学	工学	海洋工程类
物理	数学	工学	航空航天类
物理	数学	工学	兵器类
物理	数学	工学	核工程类
物理	数学	工学	农业工程类

续表

对应学科	其他相关学科	门类	专业类
物理	数学	工学	林业工程类
物理	数学	工学	生物医学工程类
物理	数学	工学	安全科学与工程类
物理	化学	工学	公安技术类
物理	地理	理学	大气科学类
物理	地理	理学	海洋科学类
物理	地理	理学	地球物理学类
物理	地理	工学	水利类
物理	美术	工学	建筑类
化学	—	理学	化学类
化学	—	工学	化工与制药类
化学	—	工学	纺织类
化学	—	工学	轻工类
化学	—	工学	环境科学与工程类
化学	物理	工学	材料类
化学	物理	医学	医学技术类
化学	生物	工学	食品科学与工程类
化学	生物	医学	基础医学类
化学	生物	医学	临床医学类
化学	生物	医学	口腔医学类
化学	生物	医学	公共卫生与预防医学类
化学	生物	医学	药学类
化学	生物	医学	中药学类
化学	生物	医学	法医学类
化学	生物	医学	护理学类
化学	生物、语文	医学	中西医结合类
生物	化学	理学	生物科学类
生物	化学	工学	生物工程类
生物	化学	农学	植物生产类
生物	化学	农学	自然保护与环境生态类
生物	化学	农学	动物生产类
生物	化学	农学	动物医学类
生物	化学	农学	林学类
生物	化学	农学	水产类
生物	化学	农学	草学类
地理	—	理学	地理科学类
地理	数学、物理、化学	理学	地质学类

续表

对应学科	其他相关学科	门类	专业类
地理	数学、物理、化学	工学	地质类
地理	数学、物理、化学	工学	矿业类
历史	—	历史学	历史学类
音乐	—	艺术学	音乐与舞蹈学类
体育	语文	教育学	体育学类
美术	—	艺术学	美术学类
美术	—	艺术学	设计学类

第二章 与语文对应的大学本科专业解析

第一节 与语文相关的大学本科专业解析

一、中国语言文学类

(一)学科评估结果

中国语言文学类对应的研究生一级学科为中国语言文学,第四轮学科评估结果如表 2-1 所示。

表 2-1 中国语言文学第四轮学科评估结果

学科评估	院校分类	院校
A+	原 985	北京大学、北京师范大学
A	原 985	复旦大学、南京大学、山东大学、四川大学、浙江大学、华东师范大学
A-	原 985	中国人民大学、南开大学、武汉大学、中山大学
	原 211	南京师范大学
	一流学科	首都师范大学
B+	原 985	中央民族大学、清华大学、吉林大学
	原 211	东北师范大学、华中师范大学、陕西师范大学、西南大学、暨南大学、苏州大学
	一流学科	河南大学
	保研资格	北京语言大学、上海师范大学、浙江师范大学、福建师范大学、山东师范大学
B	原 985	厦门大学
	原 211	内蒙古大学、上海大学、湖南师范大学、华南师范大学、西北大学
	保研资格	河北大学、扬州大学、天津师范大学、河北师范大学、黑龙江大学、哈尔滨师范大学、江苏师范大学、广西师范大学、四川师范大学、西北师范大学
B-	原 985	华中科技大学、兰州大学、上海交通大学
	原 211	中国传媒大学、辽宁大学、安徽大学、云南大学、新疆大学
	保研资格	山西大学、湖北大学、安徽师范大学、江西师范大学、曲阜师范大学
	公办本科	广西民族大学
C+	原 211	北京外国语大学、上海外国语大学、南昌大学、郑州大学
	保研资格	湘潭大学、西北民族大学、西南民族大学、内蒙古师范大学、辽宁师范大学、沈阳师范大学、杭州师范大学、海南师范大学、重庆师范大学、贵州师范大学、新疆师范大学

续表

学科评估	院校分类	院校
C	原985	湖南大学、中国海洋大学
	原211	西南交通大学、广西大学
	保研资格	中南民族大学、青岛大学、华侨大学、浙江工业大学、三峡大学、吉林师范大学、济南大学、西华师范大学、云南师范大学
	公办本科	北京第二外国语学院、温州大学
C-	原985	同济大学
	原211	延边大学、海南大学、宁夏大学
	保研资格	广东外语外贸大学、深圳大学、天津外国语大学、南通大学、广州大学、渤海大学、云南民族大学、河南师范大学
	公办本科	鲁东大学、贵州民族大学

（二）报考科类

文理兼收，以文科生为主。

（三）男女人数情况

女生占大多数。

（四）专业解读

中国语言文学类下设汉语言文学、汉语言、汉语国际教育、中国少数民族语言文学、古典文献学、应用语言学、秘书学、中国语言与文化、手语翻译共计9个专业，**其中汉语言文学、汉语言、汉语国际教育专业开设院校相对较多**，其余专业开设院校较少，本书主要讲解开设院校相对较多的中国语言文学类专业。

1. 汉语言文学

汉语言文学专业是中国大学史上最早开设的专业之一，出现于19世纪末。20世纪80年代以后，汉语言文学专业得到了很大的发展，一些师范类大学要为中学语文教学培养教师，因而开设该专业，综合类大学在中文系或文学院也普遍设有这一专业。一个多世纪以来，汉语言文学专业培养了一大批知名学者、教授、作家、记者，对中国人文科学做出了极大的贡献。

汉语言文学专业是我国高校中文系的主干专业，最早设立这一专业的是北京大学中文系。改革开放以来汉语言文学专业发展很快，几乎所有的综合性大学、专业院校的中文系及相关院系都设立了汉语言文学专业。很多学校的汉语言文学专业针对学生毕业后大多从事与文字处理有关的工作这一客观现实，大都开设了中文信息处理方面的课程，使学生掌握办公自动化方面必需的技能。学生通过专业学习，不但可以丰富语文知识，打下良好的理论基础，而且可以培养分析问题和解决问题的能力，提高写作水平，毕业生在文字工作方面能得心应手。

就我国高校汉语言文学专业的分布来看，大致可分为师范类和非师范类两大类，它们在培养上有所不同：非师范类汉语言文学专业学习的深度、广度要求更高，而师范类汉语言文学专业在实践教学环节中更重视教师职业素养的培育和教学能力的训练。

2. 汉语言专业与汉语言文学专业的区别

汉语言专业和汉语言文学专业比较接近，但侧重点又有所不同。汉语言主要侧重的是理论研究，研究汉语文字、语言的起源、发展和演变等，比如字、词义、汉字结构等都属于汉语言的研究范围；而汉语言文学更加侧重文字的应用等方面。在目前的本科教学中，大部分院校开设的汉语言专业和汉语言文学专业的区别不大。

3. 汉语国际教育

汉语国际教育专业主要培养以熟练的汉语作为第二语言教学技能和良好的文化传播技能、跨文化交际技能的人才，使其能适应汉语的国际推广工作，通俗来讲学的内容是如何教外国人说汉语。和汉语言文学、汉语言专业相比，汉语课程讲授的深度和广度相对较低，而对学生的外语水平有比较高的要求。

(五)就业分析

汉语言文学、汉语言专业的学生一般文笔较好,思维活跃,可以胜任很多工作。中国语言文学类专业是公务员考试招录的主流专业,毕业生也可以在新闻出版系统,例如在报社、杂志社、出版社及电视台、广播电台等单位做记者、编辑等工作,还可以在企事业单位的宣传部门发挥自己的写作特长,每年也有大量的毕业生尤其是师范类专业的毕业生从事中小学的语文教学工作。

汉语国际教育专业毕业生可以在国内外各类学校从事汉语教学,在各职能部门、外贸机构、新闻出版单位及企事业单位从事与语言文化传播交流相关的工作。

中国语言文学类专业作为文科中的"万金油"专业,就业面比较宽,社会需求量也比较大,但由于招生规模大、毕业生的知识结构并不完全适应社会市场的需求等原因,整体就业属于供大于求。如果想有好的发展,就需要学生上学期间除了专业课的学习,还要积极参加各类社会实践活动,锻炼自己的社交能力和口才,努力提升自身的综合素质。性格偏内向的学生建议重点考虑教师、文字编辑等工作岗位。

(六)各类院校推荐

1. 汉语言文学专业(如表2-2所示)

表2-2 汉语言文学专业推荐院校

分类	推荐院校
原985	北京师范大学、南京大学、复旦大学、北京大学等
原211	陕西师范大学、华中师范大学、暨南大学、西南大学、西北大学、南京师范大学等
一流学科	首都师范大学、河南大学等
保研资格	北京语言大学、浙江师范大学、福建师范大学、山东师范大学、上海师范大学、安徽师范大学、贵州师范大学、四川师范大学等
公办本科	鲁东大学、广西民族大学、温州大学、绍兴文理学院、信阳师范学院、淮北师范大学、阜阳师范大学、闽南师范大学等
民办本科	四川大学锦江学院、信阳学院、重庆人文科技学院、西安培华学院、云南工商学院、西安外事学院等

2. 汉语言专业(如表2-3所示)

表2-3 汉语言专业推荐院校

分类	推荐院校
原985	北京大学、复旦大学等
原211	华中师范大学、暨南大学、南京师范大学等
一流学科	天津中医药大学等
保研资格	广东外语外贸大学、山东师范大学、河北师范大学、西北民族大学等
公办本科	鲁东大学等
民办本科	大连财经学院、江西农业大学南昌商学院等

3. 汉语国际教育专业(如表2-4所示)

表2-4 汉语国际教育专业推荐院校

分类	推荐院校
原985	武汉大学、南京大学等
原211	上海外国语大学、华中师范大学、暨南大学、郑州大学、陕西师范大学、苏州大学、北京外国语大学等
一流学科	首都师范大学、河南大学等
保研资格	北京语言大学、浙江师范大学、上海师范大学等
公办本科	广西民族大学、桂林旅游学院、北京第二外国语学院、中原工学院、河南工程学院、绍兴文理学院等
民办本科	浙江越秀外国语学院、西京学院、广西外国语学院等

二、新闻传播学类

(一)学科评估结果

新闻传播学类对应的研究生一级学科为新闻传播学,第四轮学科评估结果如表2-5所示。

表2-5 新闻传播学第四轮学科评估结果

学科评估	院校分类	院校
A+	原985	中国人民大学
	原211	中国传媒大学
A	原985	复旦大学、华中科技大学
A-	原985	清华大学、武汉大学、上海交通大学
	原211	暨南大学
B+	原985	北京大学、南京大学、四川大学、厦门大学、浙江大学、华东师范大学
	原211	上海大学、南京师范大学
B	原985	湖南大学、中山大学
	原211	陕西师范大学、安徽大学、湖南师范大学、郑州大学
	保研资格	河北大学、深圳大学
B-	原985	兰州大学、山东大学、华南理工大学
	原211	上海外国语大学、苏州大学、南昌大学
	军校	南京政治学院
	一流学科	河南大学
C+	原985	重庆大学、北京师范大学
	原211	北京外国语大学、辽宁大学、西北大学
	保研资格	西南政法大学、天津师范大学
	公办本科	北京印刷学院
C	原985	中央民族大学、吉林大学、西安交通大学、同济大学
	原211	中国政法大学、广西大学
	保研资格	上海理工大学、汕头大学
C-	原985	南开大学
	原211	华中师范大学、西南大学、云南大学、新疆大学
	保研资格	北京工商大学、上海师范大学、安徽师范大学

(二)报考科类

文理兼收,文科生占多数。

(三)男女人数情况

女生占大多数。

(四)专业解读

新闻传播学类下设新闻、广播电视学、广告学、传播学、编辑出版学、网络与新媒体、数字出版、时尚传播、国际新闻与传播、会展共计10个专业,**其中新闻学、广播电视学、广告学、传播学、网络与新媒体专业开设院校相对较多,**会展属于新闻传播学类(交叉专业),开设院校较少,其余专业开设院校也较少,本书主要讲解开设院校相对较多的新闻传播学类专业。

新闻学是研究新闻事业和新闻工作规律的科学,研究内容是新闻理论、新闻史和新闻业务;广播电视学主要培养具有广播电视新闻学基本理论和丰富的文化科学知识,能在广播电视新闻宣传部门从事编辑、采访、节目主持与管理等工作的新闻传播学高级专业人才；广告学是研究广告活动的历史、理论、策略、制作与经营管理的科学；传播学是研究人类一切传播行为和传播过程发生、发展的规律以及传播与人和社会的关系的学问，是研究社会信息系统及其运行规律的科学；网络与新媒体专业是基于互联网等新兴媒介形态对新闻传播行业及整个社会的巨大推动、顺应数字信息时代发展所需、顺应移动互联媒介融合的趋势要求而产生的新闻传播学类专业。

1. 新闻学专业、广播电视学专业的区别

新闻学的研究重点是新闻事业和人类社会的关系。新闻是政府和人民的喉舌，更加注重新闻的采集、编辑与播报，注重文字功底；主要对口岗位有新闻编辑和记者、刊物编辑和记者、新闻类节目编导等；比较适合性格外向或不怯场、对新鲜事物有极高的敏锐性或善于发现细节、有良好的文学基础、沟通能力强的学生。

广播电视学和新闻学的相同之处是都需要学生具备良好的新闻采集与编写能力，除此之外，广播电视学的学生还需要学习广播电视的策划、拍摄与录制、视频音频合成等实践性课程；主要对口岗位有电视台策划、摄像、场务、电视影视编导、文案策划等；比较适合兴趣广泛、对影视电视行业有极大的兴趣、将来想要在影视传媒行业发展、有良好的文学基础的学生。

2. 广告学专业、传播学专业的区别

广告学比较容易理解，通常我们看电视或电影时中间以及开头插播的广告、我们平常接触到的如食品包装上的广告、杂志刊物上的广告或者是街头灯箱上的广告等，目的都是宣传。那怎么样才能达到好的宣传效果呢？这个过程中需要用到的原理、创意、基本概念等，就是广告学专业的学习范畴；主要对口岗位有广告公司的策划运营人员、媒体影视部门的广告部工作人员、中大型企业的市场部或公关部的营销人员、平面设计师、网站编辑等；比较适合充满激情与创意及有开阔的思想及想象力、较强的逻辑分析能力、较深厚的文化功底的学生。

传播学是电子信息时代的产物，更加侧重于理论的研究，研究重点是信息的传播者、传播内容、传播媒介、信息接受者、如何传播更有效果等。举一个简单的例子，美国总统竞选的传播者是竞选者及其团队，传播内容是谁竞选总统，传播媒介就是报纸、电视、广播等，信息接受者为选民，如何传播更有效果就是尽可能地让选民更多地了解该竞选者的优点；主要对口岗位有报社/电视台采编、出版社编辑、主流媒体编辑、文化传媒公司宣传策划等；比较适合有一定的新闻理想、抗压能力强、对传媒业感兴趣、有丰富的知识储备的学生。

（五）就业分析

就业岗位方面，新闻传播学类的5个开设院校较多的专业中，就业岗位最多的是广告学，其次是新闻学、网络与新媒体、传播学和广播电视学。

就业领域方面，新闻传播学类下设各专业的毕业生主要集中在以下行业：影视媒体文化传播行业、互联网行业、广告行业、教育行业、贸易进出口行业、公关/市场行业和文字媒体/出版行业。

广告学专业毕业生去向最多的是互联网行业（27%）和广告行业（12%），其次是贸易进出口（9%）及教育行业（6%）；新闻学的毕业生也比较青睐互联网行业（24%），其次是广告业（9%），另有一部分选择从事教育行业（8%）；网络与新媒体为新兴专业，有更多的毕业生倾向于互联网行业（29%），另外就是教育培训行业（9%），其次网络与新媒体专业学生所学习的新媒体及网络营销课程，也让一部分毕业生（8%）可以在贸易进出口行业找到自己的一席之地；广播电视学毕业生去向最多的行业为影视媒体文化传播行业（21%），其次是互联网行业（18%），也有一部分（13%）选择教育行业；传播学的毕业生更加倾向互联网行业（26%），其次是广告行业（9%），教育行业（8%）及贸易进出口行业（8%）也占一部分。

就业形势方面，新闻传播学类作为国内开设较早的专业类之一，一直是经久不衰的报考热门，整体就业情况在世界范围内都是较好的。虽然传统媒体在不断地萎缩，行业竞争越来越大，但随着电子科技与互联网越来越发达，新媒体、自媒体发展迅猛，新时代下几乎所有行业都需要传播或被传播，更需要运营高手来策划，即使对口岗位不好进，新闻传播学类毕业生也可以在相关行业找到自己的一席之地。

就业薪资方面，毕业生起薪从高到低依次是网络与新媒体、传播学、广播电视学、新闻学、广告学，而3年后平均薪酬对比，从高到低依次是广告学、网络与新媒体、传播学、新闻学、广播电视学，当然了，平均薪资只是作为一个大概的参考，工作后的具体收入还是要看个人能力与努力的程度。但从整体来看，受益于新媒体、自媒体的发展，传播类专业毕业生的整体薪酬要高于新闻类专业的毕业生。

新闻传播学类专业在诸多文科专业里面，是很讲究专业性和实践能力的，所以，需要学生具备的不仅仅是专业知识,还有各种技能与创意。升学规划上,能去名校固然更好,毕竟名校尤其是传媒类的名校对学生的培养不是普通院校可以比拟的。如果去不了名校,建议尽量去大城市上学,一方面在大城市容易找到适合的行业、岗位实习,另一方面,在大城市容易开阔视野,利于以后的就业。

另外,新闻传播学类专业的毕业生更多的要从事跟人打交道的工作,所以更建议善于表达、性格外向、具备一定人际交往能力和沟通能力的学生报考。

(六)各类院校推荐

1. 新闻学专业(如表2-6所示)

表2-6 新闻学专业院校推荐

分类	推荐院校
原985	中国人民大学、清华大学、复旦大学、武汉大学、浙江大学、华中科技大学等
原211	中国传媒大学、暨南大学、郑州大学、上海大学、北京外国语大学、南京师范大学等
一流学科	河南大学、上海体育学院等
保研资格	河北大学、天津师范大学、西南政法大学等
公办本科	北京印刷学院、重庆工商大学、南宁师范大学、广东技术师范大学、兰州文理学院、南京财经大学等
民办本科	四川大学锦江学院、上海杉达学院、西京学院、浙江越秀外国语学院、武汉工商学院、重庆人文科技学院等

2. 广播电视学专业(如表2-7所示)

表2-7 广播电视学专业推荐院校

分类	推荐院校
原985	中国人民大学、南京大学、复旦大学、武汉大学、北京大学、中南大学等
原211	中国传媒大学、暨南大学、河海大学、南昌大学、上海大学、华中师范大学等
一流学科	成都理工大学、天津工业大学等
保研资格	福建师范大学、上海师范大学、广州大学、河北大学、河南师范大学、聊城大学等
公办本科	浙江传媒学院、山西传媒学院、商丘师范学院、成都大学、岭南师范学院、韩山师范学院等
民办本科	厦门大学嘉庚学院、武汉工程科技学院、宁波财经学院、成都文理学院、武汉传媒学院、四川传媒学院等

3. 广告学专业(如表2-8所示)

表2-8 广告学专业推荐院校

分类	推荐院校
原985	中国人民大学、北京大学、复旦大学、武汉大学、湖南大学、浙江大学等
原211	中国传媒大学、暨南大学、华中农业大学、南昌大学、安徽大学、上海大学等
一流学科	河南大学、南京林业大学、成都理工大学等
保研资格	福建师范大学、上海师范大学、广西艺术学院、山东理工大学、山西大学、湘潭大学等
公办本科	福建工程学院、闽江学院、喀什大学、北京印刷学院、温州大学、山西传媒学院等
民办本科	辽宁传媒学院、三江学院、武昌工学院、上海建桥学院、宿迁学院、武汉工商学院等

4. 传播学专业(如表2-9所示)

表2-9 传播学专业推荐院校

分类	推荐院校
原985	中国人民大学、复旦大学、武汉大学、北京大学、厦门大学、上海交通大学等
原211	中国传媒大学、北京交通大学、西南交通大学、华南师范大学、东华大学等
一流学科	天津中医药大学等

续表

分类	推荐院校
保研资格	杭州电子科技大学、上海理工大学、湖北大学、西南政法大学、黑龙江大学、浙江理工大学等
公办本科	北京印刷学院、鲁东大学、浙江传媒学院、贵州民族大学、广西民族大学、长治医学院等
民办本科	温州商学院、浙江越秀外国语学院、四川传媒学院、上海建桥学院、北京城市学院、厦门工学院等

5. 网络与新媒体专业（如表2-10所示）

表2-10 网络与新媒体专业推荐院校

分类	推荐院校
原985	西安交通大学、四川大学等
原211	中国传媒大学、上海外国语大学、暨南大学、陕西师范大学、南京师范大学、西北大学等
一流学科	河南大学等
保研资格	四川师范大学、河南工业大学、深圳大学、广东外语外贸大学、西安外国语大学、广州大学等
公办本科	浙江传媒学院、北京印刷学院、北京联合大学、合肥师范学院、南京财经大学、重庆第二师范学院等
民办本科	辽宁传媒学院、武昌首义学院、西安欧亚学院、武汉工商学院、上海杉达学院、河北东方学院等

三、中医学类

（一）学科评估结果

中医学类对应的研究生一级学科为中医学，第四轮学科评估结果如表2-11所示。

表2-11 中医学第四轮学科评估结果

学科评估	院校分类	院校
A+	原211	北京中医药大学
	一流学科	上海中医药大学
A-	一流学科	南京中医药大学
B+	一流学科	广州中医药大学、天津中医药大学、成都中医药大学
	保研资格	黑龙江中医药大学
B	保研资格	湖南中医药大学、辽宁中医药大学、浙江中医药大学、山东中医药大学
B-	保研资格	长春中医药大学、安徽中医药大学、福建中医药大学
C+	保研资格	首都医科大学、湖北中医药大学、江西中医药大学、广西中医药大学、河南中医药大学
C	保研资格	贵州中医药大学、甘肃中医药大学
	公办本科	陕西中医药大学
C-	原985	厦门大学
	保研资格	河北中医学院
	公办本科	云南中医药大学

（二）报考科类

文理兼收，理科生占多数。

（三）男女人数情况

男女生相对均衡（中医骨伤科学专业男生占多数）。

（四）专业解读

中医学类下设中医学、针灸推拿学、藏医学、蒙医学、维医学、壮医学、哈医学、傣医学、回医学、中医康复学、中医养生学、中医儿科学、中医骨伤科学共计13个专业，**其中中医学、针灸推拿学、中医康复学、中医**

养生学、中医儿科学专业开设院校相对较多, 其余专业开设院校较少,本书主要讲解开设院校相对较多的中医学类专业。

1. 中医学

中医学,也叫汉族医学,简称汉医,起源于汉族,是由汉族人民发掘出来的,本身也是汉族文化体系的组成部分。日本的汉方医学、韩国的韩医学、朝鲜的高丽医学、越南的东医学都是以中医为基础发展起来的。

在中华民族五千年的文明史中,中医学毫无疑问是灿烂星河中的一颗璀璨明星。从最早的中医理论专著《黄帝内经》开始,经过我们祖先几千年来不断的探索、总结,形成了独特的理念和治疗方法。中医创造了许多医学史上的世界第一。例如,古代名医华佗制作的"麻沸散"是世界上最早使用的麻醉药;大约在公元11世纪,中医即开始应用"人痘接种法"预防天花,成为世界医学免疫学的先驱。中医学还创造了许多疗法,如针灸,它具有许多独特的功效。而根据中医理念创造出来的太极拳等,可以强身健体,对现代人产生了越来越大的吸引力,中医学的治疗理念也正在逐渐被世界所接受,2018年10月1日,世界卫生组织更是首次将中医纳入其具有全球影响力的医学纲要。

中医学是中国古代哲学和古代传统文化的体现,是和中国文化分不开的。中医理论常常来源于对前人经验的总结,渗透到古代文化典籍中,运用和发展中医需要对古代文化进一步发掘和认识。根据中医学和传统文化联系紧密的特点,现在中医学专业在培养上要求学中医的学生先学习传统文化。

当今我国医疗体系中,中医和西医两大体系并存,各自发挥自己的长处,为人们的健康服务。而医学工作者也都在积极探索中西医结合之路,希望融合两大医学的优点,寻找解决疑难病症的新途径。因而,不论是医学飞速发展的现在还是遥远的将来,古老的中医学都仍将具有不可替代的作用。

中医学是研究人体生理病理、疾病诊断与防治以及养生康复的一门医学科学,是以中医药理论与实践经验为主体,研究人类生命活动中健康与疾病转化规律及其预防、诊断、治疗、康复和保健的综合性科学。

1962年,中国本科中医学专业第一批毕业生出现。1998年,教育部颁布的《普通高等学校本科专业目录》中,将中医学、中医五官科学、中医骨伤科学、中医外科学、中医养生康复学、中医文献学6个专业调整为中医学1个专业。2016年,教育部增设中医康复学、中医养生学、中医儿科学3个专业,2018年教育部增设单独的中医骨伤科学专业。

2. 针灸推拿学、中医康复学、中医养生学、中医儿科学与中医学专业的区别

中医学、针灸推拿学、中医康复学、中医养生学、中医儿科学等中医类专业上学期间所学基础课程比较相近,核心课程有所区别,未来就业方向有所侧重。中医学大而全,内、外、妇、儿等科室均需要中医学专业的毕业生,治疗上更加侧重于临床治疗;中医儿科学和中医学相比更侧重于胎儿、婴幼儿、青少年疾病的临床治疗;针灸推拿学更加注重用针灸、推拿等物理手段而不是中药方剂的手段去治疗各种疾病;中医养生学突出的是未病先防、未病先治,调理亚健康;中医康复学则侧重于疾病的后期恢复治疗。

(五)就业分析

中医学作为我国的传统医学,经历了几千年的继承与发扬,近代史上曾经历了多次存与废的争论,然而最终中医还是走到了今天,并得到了国家层面的大力支持和弘扬。目前,中医学类各专业的毕业生就业情况虽然整体上呈现越来越好的态势,但相对西医专业而言还有一定的差距。

1. 中医讲究经验

中医是个实践医学,目前高校的教学理论和实践相脱节比较严重,照本宣科是看不了病的。在学校只能学会理论、应付考试,离会看病差得很远。西医有比较严格的现代科学理论,学生上学期间可以进行系统的学习,工作中也可以"照本宣科"地进行治疗;而中医是建立在阴阳五行理论之上,气、经络等中医的核心仍旧无法得到科学的验证,目前没有完善的体系让中医类专业学生可以得到"复制化"的培养,针对不同症状的治疗需要在工作过程中逐步地积累经验。

2. 中医讲究师承

想学会看病,大学毕业后还得跟名老中医做学徒,师傅把几十年的治病经验传授给你才是最重要的。光有理论自己看病慢慢总结经验就得花几十年功夫,所以人们看病要找老中医。老中医的经验不会随便传授人,想跟着知名老中医当学徒就必须有良好的学徒品格。

3. 学中医切忌半途而废

性格强盛、急功近利者不要学,不想下苦功的不要学。中医是个大器晚成的职业,年轻时投入大、回报小,只有坚持不懈、总结经验,到了中老年才可能有所成就,中医医生50～80岁才进入黄金期。如果自己

热爱中医,有坚强的毅力,虚心向老中医请教,能学会看病并且确有疗效,学中医确实不错,哪怕只对一种疾病有独到疗效也有非常好的前景。

4. 中医越来越受重视

长期以来中医、中药给民众的感觉是"见效慢",所以只有西医无法治愈的慢性病患者才会重点寻求中医的治疗,实际上中医见效一点也不慢,只是由于医生辨证论治欠妥及现代中药材药性不足等问题才导致见效慢。而且中医治疗原则是扶正与驱邪并用,因此婴幼儿、老年病人及对身体健康更加重视的中、青年患者,越来越多地寻求中医的帮助。

综上,如果对中医比较感兴趣,还是非常主张大家学习的,而且相对于西医高考录取分数也会低不少。虽然可能大器晚成,但好好学习,衣食无忧绝不是问题,尤其是学习中医儿科学、针灸推拿学、中医康复学等细分专业;中医养生学是当下社会的热点,比较符合现代社会人们对"未病先防、既病防变"的养生需求,发展前景也是不错的;而中医学类专业作为传统专业,等到经验积累到一定程度后,可以达到的高度会更高一些。各位考生可以根据自身的实际情况来选择具体的专业。

(六) 各类院校推荐

1. 中医学专业(如表2-12所示)

表2-12 中医学专业推荐院校

分类	推荐院校
原985	厦门大学等
原211	北京中医药大学、暨南大学等
一流学科	上海中医药大学、广州中医药大学、天津中医药大学、南京中医药大学、成都中医药大学等
保研资格	黑龙江中医药大学、浙江中医药大学、山东中医药大学、河南中医药大学、辽宁中医药大学、长春中医药大学等
公办本科	陕西中医药大学、内蒙古医科大学、海南医学院、广东药科大学、云南中医药大学等
民办本科	长沙医学院、湖南中医药大学湘杏学院、温州医科大学仁济学院、浙江中医药大学滨江学院等

2. 针灸推拿学专业(如表2-13所示)

表2-13 针灸推拿学专业推荐院校

分类	推荐院校
原985	无
原211	北京中医药大学、青海大学等
一流学科	上海中医药大学、广州中医药大学、成都中医药大学等
保研资格	浙江中医药大学、黑龙江中医药大学、湖北中医药大学、湖南中医药大学、安徽中医药大学、长春中医药大学等
公办本科	陕西中医药大学、内蒙古医科大学、海南医学院、湖南医药学院、江汉大学等
民办本科	长沙医学院、湖南中医药大学湘杏学院、大连医科大学中山学院、浙江中医药大学滨江学院等

3. 中医康复学专业(如表2-14所示)

表2-14 中医康复学专业推荐院校

分类	推荐院校
原985	无
原211	无
一流学科	南京中医药大学等
保研资格	浙江中医药大学、长春中医药大学、黑龙江中医药大学等

续表

分类	推荐院校
公办本科	云南中医药大学、陕西中医药大学等
民办本科	无

4. 中医养生学专业(如表 2-15 所示)

表 2-15　中医养生学专业推荐院校

分类	推荐院校
原 985	无
原 211	无
一流学科	广州中医药大学、南京中医药大学、成都中医药大学等
保研资格	河南中医药大学、辽宁中医药大学、湖南中医药大学、江西中医药大学等
公办本科	云南中医药大学等
民办本科	无

5. 中医儿科学专业(如表 2-16 所示)

表 2-16　中医儿科学专业推荐院校

分类	推荐院校
原 985	无
原 211	无
一流学科	南京中医药大学等
保研资格	安徽中医药大学、长春中医药大学、贵州中医药大学等
公办本科	济宁医学院、云南中医药大学等
民办本科	无

四、戏剧与影视学类

(一)学科评估结果

戏剧与影视学类对应的研究生一级学科为戏剧与影视学,第四轮学科评估结果如表 2-17 所示。

表 2-17　戏剧与影视学第四轮学科评估结果

学科评估	院校分类	院校
A+	原 985	北京师范大学
	原 211	中国传媒大学
A-	一流学科	中央戏剧学院
	保研资格	北京电影学院
	公办本科	上海戏剧学院
B+	原 985	厦门大学
	原 211	上海大学
	一流学科	中国美术学院
	保研资格	南京艺术学院
	公办本科	中国戏曲学院

续表

学科评估	院校分类	院校
B	原985	重庆大学
	原211	西南大学
	一流学科	上海音乐学院
	保研资格	山西师范大学
	公办本科	云南艺术学院
B-	原211	东北师范大学、南京师范大学
	保研资格	上海师范大学、福建师范大学
	公办本科	吉林艺术学院
C+	原985	北京大学
	保研资格	哈尔滨师范大学、山东师范大学、四川师范大学、西北师范大学
C	原211	辽宁大学
	一流学科	河南大学
	保研资格	广州大学、云南师范大学
	公办本科	四川美术学院
C-	原985	吉林大学
	原211	苏州大学
	保研资格	扬州大学、深圳大学、辽宁师范大学

（二）报考科类

文理兼收，文科生占多数。

（三）男女人数情况

女生占多数。

（四）专业解读

戏剧与影视学类下设表演、戏剧学、电影学、戏剧影视文学、广播电视编导、戏剧影视导演、戏剧影视美术设计、录音艺术、播音与主持艺术、动画、影视摄影与制作、影视技术、戏剧教育共计13个专业，**其中表演、戏剧影视文学、广播电视编导、播音与主持艺术专业开设院校相对较多**，其余专业开设院校较少，本书主要讲解开设院校相对较多的戏剧与影视学类专业。

1. 表演

表演有着非常悠久的历史，自从有了戏剧，也就有了表演。在西方，可以追溯到古希腊戏剧；而在中国，从先秦的优伶算起，戏剧也有几千年的历史了。随着电影的出现，又产生了不同于戏剧表演的电影表演。通常我们说的表演一般是指影视表演和戏剧表演。

2. 戏剧影视文学

戏剧影视文学专业主要培养具备戏剧、戏曲和影视文学基本理论及剧本创作能力，能在剧院（团）或电视台、电影厂、编辑部等部门从事文学创作、编辑和理论研究工作以及在国家机关、文教事业单位从事实际工作的高级专业人才。由于戏剧影视文学专业偏重文学，对学生的文学素养要求比较高，近几年越来越多的高校将本专业调整到普通批次进行招生。

3. 广播电视编导

广播电视编导专业主要培养广播电视节目负责人，既可以负责栏目的总体工作又可以单独承担某一项工作，如广播电视节目编导、纪录片导演、频道与栏目策划、节目采访制作等。根据工作岗位的不同，从事的工作也有所差别。文艺编导方向主要负责广播电视节目编导、艺术摄影、音响设计、音响导演、撰稿、编剧、制作，也可以做节目主持人；音乐编辑方向培养能够编辑、制作广播电影电视音乐的专业人才；电视编辑方向培养能够制作、策划电视新闻、专题片、纪录片的高级专业人才；出镜记者方向培养具备新闻出镜素质的记者。

4. 播音与主持艺术

播音与主持艺术专业面向广播影视媒体及相关机构,培养具有一般主持、播音基础理论知识,具有多种语言艺术表达技巧,能够在各级各类电视台、电台、广告公司、教育、旅游、电信等单位从事语言艺术工作的高等职业专业人才。

(五)就业分析

艺术是需要天赋的,不是说努力就一定会有收获。与前期高昂的学习成本相比,戏剧与影视学类各专业的毕业生从业前几年,由于名气小、经验少,薪资水平整体并不高。

从报考情况来看,近几年越来越多的学生选择艺术类的专业,然而大多数人并不是因为喜欢,而是想逃避残酷的高考竞争态势。有太多学生想通过"艺考"读本科,但结果却是反而不如专心学习文化课的学生,让本来自认为的"捷径"变成了"既不是一条捷径,又不是一条坦途",所以不建议没有天赋的学生选择戏剧与影视学类专业。随着传媒业的发展,戏剧与影视学类各专业的毕业生的需求量也逐年增加,即使无法在本专业成名,也可以在相关领域占据一席之地。

(六)各类院校推荐

1. 表演专业(如表2-18所示)

表2-18 表演专业推荐院校

分类	推荐院校
原985	武汉大学、同济大学等
原211	中国传媒大学、内蒙古大学、上海大学、东华大学等
一流学科	中央戏剧学院、成都理工大学、西南石油大学等
保研资格	北京电影学院、南京艺术学院、广西艺术学院、深圳大学、浙江理工大学、四川师范大学、西安工程大学等
公办本科	中国戏曲学院、天津音乐学院、上海戏剧学院、吉林体育学院、四川音乐学院、长春师范大学、云南艺术学院、安庆师范大学、内蒙古艺术学院等
民办本科	南昌理工学院、北京城市学院、河北传媒学院、大连艺术学院、四川传媒学院、四川文化艺术学院、武汉设计工程学院、成都文理学院、海口经济学院、上海视觉艺术学院等

2. 戏剧影视文学专业(如表2-19所示)

表2-19 戏剧影视文学专业推荐院校

分类	推荐院校
原985	北京师范大学、北京大学、厦门大学等
原211	中国传媒大学、西南大学、上海大学等
一流学科	中央戏剧学院、成都理工大学、首都师范大学等
保研资格	北京电影学院、山西师范大学、天津师范大学、曲阜师范大学等
公办本科	上海戏剧学院、中国戏曲学院、浙江传媒学院、洛阳师范学院、太原师范学院、廊坊师范学院、许昌学院等
民办本科	西安培华学院、西安翻译学院、河北传媒学院、浙江越秀外国语学院、吉林动画学院等

3. 广播电视编导专业(如表2-20所示)

表2-20 广播电视编导专业推荐院校

分类	推荐院校
原985	华东师范大学、上海交通大学、湖南大学等
原211	中国传媒大学、上海大学、陕西师范大学等
一流学科	成都理工大学、西南石油大学、河南大学等

续表

分类	推荐院校
保研资格	福建师范大学、重庆邮电大学、陕西科技大学、重庆师范大学、聊城大学、山东师范大学、南京艺术学院、西北政法大学、上海师范大学等
公办本科	浙江传媒学院、山西传媒学院、湖北文理学院、黄冈师范学院、四川音乐学院、荆楚理工学院、临沂大学、湖北民族大学、内蒙古民族大学等
民办本科	河北传媒学院、成都文理学院、南昌理工学院、江西科技学院、汉口学院、河北美术学院、四川传媒学院、武汉传媒学院、商丘学院等

4. 播音与主持艺术专业（如表2-21所示）

表2-21 播音与主持艺术专业推荐院校

分类	推荐院校
原985	华东师范大学、重庆大学、武汉大学等
原211	中国传媒大学、陕西师范大学、南京师范大学、西南大学等
一流学科	中央戏剧学院、成都理工大学、西南石油大学等
保研资格	天津师范大学、山西师范大学、安徽师范大学、武汉体育学院、辽宁师范大学、四川师范大学、福建师范大学、广州大学、浙江工业大学等
公办本科	浙江传媒学院、西安体育学院、郑州航空工业管理学院、山西传媒学院、四川音乐学院、上饶师范学院、沈阳音乐学院、乐山师范学院、南宁师范大学等
民办本科	海口经济学院、河北传媒学院、西安培华学院、汉口学院、四川文化艺术学院、西安翻译学院、大连艺术学院、郑州科技学院、广西外国语学院、四川传媒学院等

第二节　与语文、数学相关的大学本科专业解析

一、教育学类

（一）学科评估结果

教育学类对应的研究生一级学科为教育学，第四轮学科评估结果如表2-22所示。

表2-22 教育学第四轮学科评估结果

学科评估	院校分类	院校
A+	原985	华东师范大学、北京师范大学
A	原211	东北师范大学、华中师范大学、南京师范大学
A-	原985	北京大学、浙江大学
	原211	西南大学、华南师范大学
	一流学科	首都师范大学
B+	原985	清华大学、华中科技大学、厦门大学
	原211	陕西师范大学、湖南师范大学
	一流学科	河南大学
	保研资格	上海师范大学、浙江师范大学、山东师范大学、西北师范大学

续表

学科评估	院校分类	院校
B	原985	天津大学、北京理工大学
	保研资格	天津师范大学、辽宁师范大学、沈阳师范大学、哈尔滨师范大学、江苏师范大学、江西师范大学、广西师范大学、四川师范大学
B-	原211	苏州大学
	保研资格	河北大学、杭州师范大学、安徽师范大学、福建师范大学、曲阜师范大学、重庆师范大学、云南师范大学、新疆师范大学、河南师范大学
C+	原985	中央民族大学、同济大学
	原211	江南大学
	一流学科	宁波大学
	保研资格	山西大学、广州大学、河北师范大学、山西师范大学、内蒙古师范大学
	公办本科	温州大学
C	原211	北京工业大学、云南大学
	保研资格	中南民族大学、扬州大学、湖北大学、浙江工业大学、渤海大学、吉林师范大学、贵州师范大学
	公办本科	赣南师范大学
C-	原211	石河子大学
	保研资格	江苏大学、深圳大学、海南师范大学
	公办本科	天津职业技术师范大学、长春师范大学、淮北师范大学、鲁东大学、湖北师范大学、南宁师范大学

(二)报考科类

文理兼收,文科生占多数。

(三)男女人数情况

女生占大多数。

(四)专业解读

教育学类下设教育学、科学教育、人文教育、教育技术学、艺术教育、学前教育、小学教育、特殊教育、华文教育、教育康复学、卫生教育、认知科学与技术、融合教育共计13个专业,**其中教育学、学前教育、小学教育、特殊教育专业开设院校相对较多,**其余专业开设院校较少,本书主要讲解开设院校相对较多的教育类专业。

1. 教育学

读教育学出来就是当老师,这是许多学生、家长对此专业的误解。幼教老师对应的是学前教育专业,中小学老师对应的是小学教育和学科(语文、数学等)师范专业,中职和大学老师对应的则是各个具体的专业。

教育学是研究教育现象和教育问题、解释教育规律的科学。教育学深入研究教育问题,例如教育本质问题,教育、社会、人三者关系问题,教育目的、内容和教育实施的途径、方法、形式以及它们的相互关系问题,教育过程问题,教育主体问题,教育制度、教育管理问题,以及反映中国特色的各种教育理论和教育实践问题等。教育学是通过对各种教育现象和问题的研究揭示教育的一般规律,旨在培养具有良好思想道德品质、较高教育理论素养和较强教育实际工作能力的各级教学单位、教育科研单位、教育管理部门的行政管理与研究人员。

2. 学前教育

学前教育,通俗点说,是指3~6岁儿童的教育,也就是我们常说的幼儿园阶段的教育。学前教育专业不仅要学习针对儿童在语言、社会、科学、艺术、身体等方面的特点来实施教育,还要根据学前儿童生理和心理发育特点,开展卫生保健,合理搭配膳食,预防和处理各种疾病及意外事故等。除此之外,学前教育专业学生需"琴棋书画"样样精通,要学习乐理基础、舞蹈基本功、简笔画,甚至还得学做手工、缝洋娃娃。学前教育是十分注重实践性学习的专业,很多大学生从大二就开始每周去幼儿园实习一天,实地学习怎样接触幼儿园、接触孩子。

3. 小学教育

小学教育专业学习小学相关学科的基本理论和基本知识,接受儿童教育技能的基本训练,掌握教育教学、研究和管理的基本能力,培养具有良好的思想道德品质、扎实的学科知识和较强的教育教学能力,能在小学从事教育、教学和管理工作的复合型人才。小学教育专业除了培养学生讲、写、算、创、教、用、作、弹、唱、跳、画、练十二项基本功之外,更主要的是使学生具备一定学术水平和小学教学专业化水平的能力,为以后的小学教学工作奠定基础。

4. 特殊教育

特殊教育是针对特殊人群(包括视力、听力、语言、肢体、智力、精神和综合残疾等人群)开展的教育,利用特殊的方法和手段,为特殊少年儿童的学习、行为矫正和训练创设特殊条件和特殊设备,以达到使他们掌握知识、弥补缺陷、培养能力、健康身心等目的。本专业主要学习有特殊教育需要的儿童心理和教育方面的基本理论和基本知识,学习对特殊儿童进行教育和研究的基本理论,掌握教育教学和科学研究的基本能力,培养具有良好思想道德品质、扎实的普通教育和特殊教育的知识与较强的教学实践能力,能在特殊教育机构及相关机构从事特殊教育实践、理论研究和管理工作的复合型人才。

(五)就业分析

1. 教育学

教育学相对学科(语文、数学等)师范专业较冷门,毕业生去中小学任职的较少,就业主要集中在教育培训、媒体、出版社等行业,未来想从事相关行业工作的学生可以重点考虑。而且随着教育培训行业进入高速发展时期,不论是线上教育还是线下教育,改革都在持续不断地进行,其中最重要的部分就是课程开发,而课程开发需要有非常专业的团队,这时教育学专业的毕业生就大有用处了。

2. 学前教育

相对于教育学专业,学前教育专业就业率比较高,目前处于供不应求的阶段,国家政策也正在大力扶持学前教育,随着各地幼儿园和早教机构的兴起,本来就稀缺的幼师岗位,尤其是高素质的幼师,更加供不应求。同时家长们的文化素养越来越高,教育观念不断升级,越来越多的人意识到了早教的重要性,于是,从胎儿时期就开始了对孩子的教育。这样的现状,让学前教育的就业率常年保持在很高的一个水平上。可以肯定地说,该专业的就业前景是非常宽广的,但是薪资的平均水平偏低也是不可忽视的一个事实。所以提醒准备学习学前教育专业的学生,工作后需要给自己做好规划,年轻时努力学习各个前辈成功的经验,打开自己的思路,趁年轻多积累行业经验,职业规划可以是从普通的老师升为园长或者早教机构的合伙人等管理型人才,也可以成为专家型教师,还可以到相关领域比如儿童图书、杂志等出版领域就业。

3. 小学教育

小学教育专业的毕业生最对口的就是去小学从事各门课程的教育教学、心理健康教育、教务管理、班级管理工作及学生管理工作,就业形势呈现两极分化的状态。目前很多国内发达地区对小学教师的学历及能力要求普遍偏高、竞争非常大,而欠发达地区尤其是农村小学师资非常紧缺,如果自身素养比较高或者愿意到欠发达地区任教,小学教育还是非常值得考虑的。小学教师拥有比较高的社会地位,而且工作相对而言比较轻松,假期也比较多,综合性价比还是比较高的。目前小学教师队伍男性教师比较缺乏,如果男生报考该专业,将来会有更大的就业优势。需要注意,有口吃、听觉迟钝的考生不宜报考本专业。

4. 特殊教育

多数人一听到特殊教育这四个字,会觉得它很冷门,但其实这个专业的就业前景很好,将来会与一些很特殊的孩子们相处,帮助他们像普通人一样接受教育。据统计,我国目前有250万左右6~14岁的残疾学龄儿童,而《2020年全国教育事业发展统计公报》显示特殊教育学校专任教师不足7万。这两个数字悬殊,特教师资队伍明显不足。随着各级政府和教育主管部门对特殊人群的关怀越来越多,对特教师资的支持和投入力度越来越大,本专业的毕业生无论去特殊教育学校还是去社会福利机构、康复中心等单位工作,都是不错的选择。

(六)各类院校推荐

1. 教育学专业(如表2-23所示)

表2-23 教育学专业推荐院校

分类	推荐院校
原985	北京师范大学、浙江大学、天津大学、中央民族大学等

续表

分类	推荐院校
原211	西南大学、东北师范大学、华中师范大学、南京师范大学、湖南师范大学等
一流学科	首都师范大学、河南大学等
保研资格	西北师范大学、上海师范大学、山东师范大学、辽宁师范大学、四川师范大学、天津师范大学、哈尔滨师范大学、河北大学等
公办本科	天津职业技术师范大学、信阳师范学院、喀什大学、湖北师范大学、广西民族大学、宝鸡文理学院、长春师范大学等
民办本科	吉林外国语大学、上海杉达学院等

2. 学前教育专业（如表 2-24 所示）

表 2-24　学前教育专业推荐院校

分类	推荐院校
原985	华东师范大学、北京师范大学等
原211	陕西师范大学、西南大学、东北师范大学等
一流学科	宁波大学、首都师范大学、河南大学等
保研资格	浙江师范大学、山东师范大学、广西师范大学、沈阳师范大学、上海师范大学、四川师范大学、哈尔滨师范大学、天津师范大学、西北师范大学、河北大学等
公办本科	陕西学前师范学院、中华女子学院、江西科技师范大学、长沙师范学院、湖北师范大学、北华大学、南京晓庄学院、集宁师范学院、淮北师范大学、洛阳师范学院等
民办本科	山东英才学院、哈尔滨剑桥学院、潍坊科技学院、山西工商学院、商丘工学院、南昌工学院、浙江越秀外国语学院、郑州科技学院、西安翻译学院、陕西服装工程学院等

3. 小学教育专业（如表 2-25 所示）

表 2-25　小学教育专业推荐院校

分类	推荐院校
原985	无
原211	东北师范大学、南京师范大学、华南师范大学等
一流学科	首都师范大学、宁波大学等
保研资格	上海师范大学、杭州师范大学、天津师范大学、浙江师范大学、江苏师范大学、重庆师范大学、江西师范大学、海南师范大学、吉林师范大学等
公办本科	湖南第一师范学院、温州大学、重庆第二师范学院、长沙师范学院、湖州师范学院、沈阳大学、广西科技师范学院、大连大学、南京晓庄学院、南阳理工学院等
民办本科	哈尔滨剑桥学院、西安外事学院、西安翻译学院、宿迁学院、郑州财经学院、上海杉达学院、云南经济管理学院等

4. 特殊教育专业（如表 2-26 所示）

表 2-26　特殊教育专业推荐院校

分类	推荐院校
原985	北京师范大学、华东师范大学等
原211	华中师范大学、西南大学、陕西师范大学等

续表

分类	推荐院校
一流学科	无
保研资格	浙江师范大学、四川师范大学、西北师范大学、重庆师范大学、辽宁师范大学等
公办本科	湖北师范大学、淮北师范大学、北京联合学院、安顺学院、长春大学、滨州医学院、山东体育学院、安庆师范大学等
民办本科	河北师范大学汇华学院等

二、管理科学与工程类

（一）学科评估结果

管理科学与工程类对应的研究生一级学科为管理科学与工程，第四轮学科评估结果如表2-27所示。

表2-27 管理科学与工程第四轮学科评估结果

学科评估	院校分类	院校
A+	原985	清华大学、同济大学
	原985军校	国防科技大学
A	原985	浙江大学、上海交通大学、天津大学、北京航空航天大学、哈尔滨工业大学
	原211	合肥工业大学
A-	原985	东南大学、四川大学、西安交通大学、中南大学、大连理工大学、华南理工大学、北京理工大学、中国科学技术大学
	原211	南京航空航天大学
B+	原985	复旦大学、华中科技大学、南京大学、武汉大学、电子科技大学、东北大学、重庆大学、西北工业大学
	原211	北京交通大学、华北电力大学（北京、保定）、河海大学、华东理工大学、西南交通大学、中国矿业大学（徐州、北京）、哈尔滨工程大学、福州大学
	保研资格	东北财经大学、上海理工大学、西安理工大学
B	原985	湖南大学、南开大学、山东大学、厦门大学、中山大学
	原211	北京科技大学、北京邮电大学、东华大学、中国石油大学（华东、北京）、武汉理工大学、上海财经大学、南京理工大学、上海大学
	军校	空军工程大学
	保研资格	江苏大学、江西财经大学、首都经济贸易大学、上海海事大学、天津理工大学、哈尔滨理工大学
B-	原985	北京大学、吉林大学
	原211	大连海事大学、西安电子科技大学、中国地质大学（武汉、北京）、暨南大学、河北工业大学、南昌大学
	保研资格	燕山大学、西安建筑科技大学、天津财经大学、江苏科技大学、山东大学、重庆交通大学、广东工业大学、山东财经大学、华北水利水电大学
C+	原985	中国人民大学
	原211	北京化工大学、华中师范大学、北京外国语大学、西南财经大学、中央财经大学
	一流学科	南京信息工程大学、成都理工大学
	保研资格	河北大学、辽宁工程技术大学、深圳大学、青岛大学、杭州电子科技大学、沈阳工业大学、江西师范大学、山东师范大学、昆明理工大学
	公办本科	中国计量大学、北京物资学院

续表

学科评估	院校分类	院校
C	原211	中南财经政法大学、郑州大学
	一流学科	南京邮电大学、西南石油大学、天津工业大学
	保研资格	山西大学、南京工业大学、重庆邮电大学、武汉科技大学、浙江理工大学、北京信息科技大学、浙江工业大学、安徽工业大学、三峡大学、天津科技大学、浙江工商大学、云南财经大学
	公办本科	武汉纺织大学、成都信息工程大学
C-	原211	北京林业大学、东北林业大学
	保研资格	北京工商大学、石家庄铁道大学、广东外语外贸大学、长沙理工大学、华侨大学、安徽财经大学、西安科技大学、山西财经大学、哈尔滨商业大学、济南大学、山东建筑大学、河南农业大学
	公办本科	南京财经大学、重庆工商大学、天津城建大学、辽宁工业大学、吉林建筑大学、广东财经大学、四川轻化工大学

（二）报考科类

文理兼收，理科生占多数。

（三）男女人数情况

男女生相对均衡（工程管理专业男生占多数）。

（四）专业解读

管理科学与工程类下设管理科学、信息管理与信息系统、工程管理、房地产开发与管理、工程造价、保密管理、邮政管理、大数据管理与应用、工程审计、计算金融、应急管理共计11个专业，**其中信息管理与信息系统、工程管理、工程造价专业开设院校相对较多**，其余专业开设院校较少，本书主要讲解开设院校相对较多的管理科学与工程类专业。

1. 信息管理与信息系统

信息管理与信息系统专业常被业内人士简称为"信管"专业。"信管"两个字，涉及信息和管理两个方面，基本能概括其主旨。信息管理与信息系统专业会被很多人误解是工程类或IT类，实则不然。我们的日常生活中遍布着各种各样的信息系统：银行储蓄管理系统、铁路售票管理系统、网络购物管理系统……这些系统也产生了各种各样的信息及其管理问题，公司、企业、政府部门需要结合具体管理需求来进行相关的系统设计以及信息分析。"信管"就是利用计算机技术从海量的数据中收集和处理数据，使之成为有用的信息，然后通过科学的统计学原理对信息进行过滤和分析，进而形成知识，最终目的就是运用所获取的知识来做出正确的决策。

2. 工程管理

工程管理专业主要研究管理学、经济学、信息工程、土木工程等方面的基本知识和技能，在工程建设和房地产等领域进行项目规划、决策、管理、组织等，例如建筑工程的审计、评价和可行性分析，工程项目全过程的进度管理、质量把控和组织协调，工程项目造价和收益的预估，等等。该专业需要学习的不仅仅是一种管理的思想，同时还要求有一定的工程背景和数学知识。在这门专业的学习中，我们应明白一个基本的等式就是"工程管理=工程技术+经济管理"，当然绝不是简单地相加，而应掌握扎实的专业知识和培养良好的专业技能。总的来说，工程管理还是偏重于管理科学，适合那些人际交往能力强，又善于用理性去思考问题的考生报考。

3. 工程造价

工程造价专业是教育部根据国民经济和社会发展的需要而新增设的热门专业之一，是以经济学、管理学、土木工程为理论基础，从建筑工程管理专业上发展起来的新兴学科。现在，国家城乡经济建设加快，既有投资几百万元的工业、民用建筑，也有投资上万亿元的高铁、地铁、城市综合管廊等特大基础设施项目，科学预算是统筹资金、保证建设项目顺利实施的基石。预算工程师针对项目立项主要研究投资必要性，根据市场调查及预测的结果，论证项目投资建设的必要性；项目可行性，从项目投资者的角度和施工企业的角度进行资本预算,预判项目可行性;风险因素及对策,对项目的市场风险、技术风险、财务风险、组织风险、法律风险、经济及社会风险等因素进行评估,制定规避风险的对策,为项目全过程的风险管理提供依据。

(五)就业分析

1. 信息管理与信息系统

"信管"专业兼容性高、跨领域学科广,这似乎看起来是一种长处,就业可以从事企业信息化管理、计算机方向(如编程、数据库、计算机网络、网站建立与维护等)、数据处理和挖掘、文档及财务管理等。但由于杂而不精,也被很多人诟病,把它戏称为"鸡肋"。论技术没有计算机专业学得深,编程能力和软件开发能力都一般。论管理和经济,又没法和管理学或经济学毕业的同学比,找工作的时候才发现完全不知道自己的优势在哪里。这就需要"信管"专业的学生上学期间在众多的领域中选择自己喜欢的,去深入钻研,挖掘兴趣所在,并加以针对性的专业训练,不同领域的知识面加上良好的专业技能,就业也是比较理想的。

2. 工程管理

工程管理专业集土木工程和管理于一体,就业范围非常广泛,包括房屋建筑、铁路、公路、桥梁、房地产、工程监理等。工程项目的利润丰厚,工资待遇不低,而且年终奖比较高,弊端就是需要跟着项目天南海北地跑,这就需要学生报考时评断是否喜欢这种生活了。工程管理专业本科毕业直接就业的话,找工作没有任何问题,但质量一般,选择面相对较窄,大部分都去了施工和咨询单位,主要从事预算合同管理或者现场施工管理。但是研究生毕业后选择面及就业质量就要好很多,房地产、设计院、大型国有城投甲方等是主要就业方向。

3. 工程造价

基础建设是我国国民经济的五大支柱产业之一,随着国家城镇化建设进程加快,以及"一带一路"的实施,建筑业从业人员与日俱增,工程造价专业也正是顺应了社会发展的需求而在2012年被增设为目录内本科专业。无论是现在还是将来,像土建、安装、装饰、水电、市政、通信等行业,哪一项工程项目不需要造价工程师来进行投资预算呢?从近几年就业市场招聘的情况来看,工程造价专业的市场需求量不断加大,发展空间广阔。

(六)各类院校推荐

1. 信息管理与信息系统专业(如表2-28所示)

表2-28 信息管理与信息系统专业推荐院校

分类	推荐院校
原985	清华大学、武汉大学、天津大学、南京大学、北京大学、中国人民大学、北京师范大学等
原211	合肥工业大学、北京交通大学、南京航空航天大学、华中师范大学、南京理工大学、河海大学、华东理工大学、西南大学、西安电子科技大学、上海大学、郑州大学等
一流学科	天津工业大学、南京邮电大学、南京信息工程大学等
保研资格	江苏大学、天津师范大学、黑龙江大学、河北大学、湘潭大学、山西财经大学、山东科技大学、山西大学、杭州电子科技大学、山东理工大学等
公办本科	新乡医学院、广西民族大学、郑州航空工业管理学院、福建工程学院、北京电子科技学院、广东技术师范大学、四川旅游学院、广东医科大学、中国计量大学、德州学院等
民办本科	大连东软信息学院、辽宁对外经贸学院、福州外语外贸学院、安徽新华学院、商丘工学院、宁波财经学院、广东东软学院、广州商学院、银川能源学院、闽南理工学院等

2. 工程管理专业(如表2-29所示)

表2-29 工程管理专业推荐院校

分类	推荐院校
原985	西安交通大学、天津大学、大连理工大学、重庆大学、同济大学等

续表

分类	推荐院校
原211	北京交通大学、中国矿业大学、河海大学、华东理工大学、北京科技大学、长安大学、武汉理工大学等
一流学科	成都理工大学、西南石油大学等
保研资格	西安建筑科技大学、长沙理工大学、江苏大学、浙江工商大学、浙江工业大学、东北财经大学、河南理工大学、集美大学、三峡大学、深圳大学等
公办本科	福建工程学院、贵州理工学院、江苏海洋大学、潍坊学院、河北科技师范学院、辽宁石油化工大学、山西工程技术学院、徐州工程学院、洛阳理工学院、辽东学院等
民办本科	山西应用科技学院、西京学院、山西工商学院、河北工程技术学院、沈阳城市建设学院、潍坊科技学院、江西科技学院、重庆人文科技学院、哈尔滨远东理工学院、南通理工学院等

3. 工程造价专业(如表2-30所示)

表2-30 工程造价专业推荐院校

分类	推荐院校
原985	重庆大学、四川大学等
原211	华北电力大学、西南交通大学、长安大学等
一流学科	西南石油大学等
保研资格	天津理工大学、四川师范大学、西华大学、山西大学、重庆交通大学、山东建筑大学等
公办本科	武汉纺织大学、河南财政金融学院、河北建筑工程学院、成都师范学院、福建工程学院、四川轻化工大学、九江学院、山东农业工程学院、成都大学、南京审计大学等
民办本科	重庆工程学院、黄河科技学院、福州外语外贸学院、云南经济管理学院、西安欧亚学院、山西应用科技学院、南昌理工学院、西京学院、河北工程技术学院、山东英才学院等

三、工商管理类

(一)学科评估结果

工商管理类对应的研究生一级学科为工商管理,第四轮学科评估结果如表2-31所示。

表2-31 工商管理第四轮学科评估结果

学科评估	院校分类	院校
A+	原985	中国人民大学、清华大学、中山大学、上海交通大学
A	原985	北京大学、复旦大学、南京大学、南开大学、西安交通大学、厦门大学
A	原211	上海财经大学、对外经济贸易大学
A-	原985	湖南大学、华中科技大学、吉林大学、山东大学、四川大学、武汉大学、浙江大学、大连理工大学
A-	原211	北京交通大学、西南财经大学、中央财经大学
A-	保研资格	东北财经大学
B+	原985	中南大学、电子科技大学、华南理工大学、天津大学、同济大学、重庆大学、北京理工大学、哈尔滨工业大学、中国科学技术大学
B+	原211	中南财经政法大学、华北电力大学(北京、保定)、合肥工业大学、河海大学、西南交通大学、暨南大学、辽宁大学、福州大学
B+	保研资格	江西财经大学、天津财经大学、浙江工业大学、首都经济贸易大学、山西财经大学、浙江工商大学、山东财经大学

续表

学科评估	院校分类	院校
B	原985	东南大学、兰州大学、东北大学、中国海洋大学、华东师范大学、北京航空航天大学、北京师范大学
	原211	北京科技大学、东华大学、南京航空航天大学、河北工业大学、苏州大学、云南大学、海南大学
	保研资格	北京工商大学、长沙理工大学、华侨大学、哈尔滨理工大学、哈尔滨商业大学、云南财经大学
	公办本科	北京第二外国语学院、南京审计大学、南京财经大学、浙江财经大学
B-	原985	中国农业大学、西北工业大学
	原211	北京邮电大学、华东理工大学、武汉理工大学、中国地质大学(武汉、北京)、中国矿业大学(徐州、北京)、上海外国语大学、上海大学
	一流学科	河南大学
	保研资格	上海对外经贸大学、广东外语外贸大学、深圳大学、安徽财经大学、杭州电子科技大学、浙江师范大学、西安理工大学、吉林财经大学、新疆财经大学、河南财经政法大学
	公办本科	重庆工商大学、内蒙古财经大学、广东财经大学、重庆理工大学
C+	原985	中央民族大学
	原211	江南大学、北京化工大学、大连海事大学、中国石油大学(华东、北京)、西南大学、哈尔滨工程大学、南京理工大学、广西大学、石河子大学、郑州大学
	保研资格	中南民族大学、湖北大学、北方工业大学、广州大学、河北经贸大学、济南大学、湖北工业大学
	公办本科	北京物资学院、北京联合大学、上海工程技术大学、东华理工大学、贵州财经大学、西安财经大学
C	原211	长安大学、华中农业大学、南京农业大学、北京林业大学、南昌大学
	一流学科	南京邮电大学
	保研资格	山西大学、燕山大学、上海理工大学、扬州大学、江苏大学、南京工业大学、湘潭大学、西南政法大学、青岛大学、武汉科技大学、江苏科技大学、汕头大学、安徽工业大学、上海海事大学、天津理工大学、三峡大学、广东工业大学、天津商业大学、沈阳航空航天大学、桂林理工大学、华北水利水电大学
C-	原211	中国药科大学
	一流学科	南京信息工程大学、西南石油大学、天津工业大学
	保研资格	河北大学、东北石油大学、江西理工大学、中南林业科技大学、重庆交通大学、辽宁科技大学、天津科技大学、福建农林大学、四川师范大学、西华大学、昆明理工大学、河南理工大学
	公办本科	河北地质大学、沈阳大学、沈阳理工大学、齐鲁工业大学、湖南工业大学、湖南工商大学、兰州财经大学

(二)报考科类

文理兼收,文、理科生相对均衡。

(三)男女人数情况

女生占多数。

(四)专业解读

工商管理类下设工商管理、市场营销、会计学、财务管理、国际商务、人力资源管理、审计学、资产评估、物业管理、文化产业管理、劳动关系、体育经济与管理、财务会计教育、市场营销教育、零售业管理、创业管理共计16个专业,**其中工商管理、市场营销、会计学、财务管理、国际商务、人力资源管理、审计学专业开设院校相对较多,**其余专业开设院校较少,本书主要讲解开设院校相对较多的工商管理类专业。

开设比较多的工商管理类专业中,按照学科知识的实用性又可以分成两个类型,一是对综合能力要求更高的专业,主要有工商管理、市场营销、国际商务、人力资源管理专业;二是对专业技能要求更高的专业,主要有会计学、财务管理和审计学专业。

1. 工商管理、市场营销、国际商务、人力资源管理专业的区别

第一个类型中,工商管理专业是开设院校最多的专业,以前的名称是企业管理。通俗来讲,工商管理就是研究怎么办好企业、怎样管好企业、怎样让企业赚钱的专业。在具体管理过程中,如何充分调动员工积极性、如何削减商业成本、如何抓住转瞬即逝的商机、如何根据社会及市场的发展情况来及时制定企业发展方针,充分保证企业的生存及活力,就是该专业需要学习的内容。因为企业涉及面太广,想要做好管理者,方方面面都要了解,所以在课程开设方面,财务、人力资源、企业管理、贸易、营销甚至法律等都有所涉及,学的东西太多,也就难免只学皮毛、会而不精,也被广大学子称为比较"虚"、比较"空"的专业。

相比工商管理专业,市场营销、国际商务、人力资源管理专业更像是工商管理专业的具体方向。市场营销基本等于市场策划+市场销售+市场管理,主要学习如何根据市场需求来开发产品、如何选择并且进行正确的市场定位、如何进行产品的广告宣传、如何根据消费者的需求以及购买力来推销产品等;国际商务着重研究企业如何到国际上去开展业务以及如何将管理的各个方面运用到国际企业中去;人力资源管理主要研究如何识别、选拔、使用、培养人才以及如何有效激发他们的积极性、主动性和创造性。

2. 会计学、财务管理、审计学专业的区别

第二个类型中,会计学、财务管理、审计学三个专业相互之间关系紧密,会计学主要偏向财务往来账目、款项的计算、记录及财务分析;财务管理偏向内部的规划、控制与管理,针对企业经营管理遇到的特定问题进行分析研究,以便向企业内部各级管理人员提供预测决策和控制考核所需要的信息资料;审计则是偏向审核、稽查和监督。但从专业学习角度看,三个专业的课程内容相差不大,不管学哪个专业都会涉及另外两个,区别就在于课程比重有所不同。

(五)就业分析

1. 工商管理、市场营销、国际商务、人力资源管理

工商管理、市场营销、国际商务、人力资源管理专业,理论性和专业性与其他专业相比显得不是那么强,本科毕业生想直接成为各级单位的高级管理人员是不太现实的,做管理工作的也未必都是相关专业毕业的,在某种程度上来说这几个专业的毕业生就业时更取决于个人的天性、综合素质和经验的积累。卓越的管理能力要有科学的理念和来自一线实践能力的支撑,实践能力是从具体工作和实际操作中积累的。因此,学生在校期间要有意识地多接触社会和企业,利用寒暑假和更多的业余时间到企业进行锻炼,从最基层的工作做起,积累从业经验,锻炼自己的实际操作能力,弥补"短板",这样在求职时才会具有竞争力,同时也能为今后从事相关工作或走上管理岗位打下良好的基础。虽然这些专业的毕业生未来就业还要面临其他专业毕业生的竞争,但选择此类专业学习,在思维和视野上,整体要比学其他专业的毕业生开阔与灵活得多;如果不喜欢动手,头脑灵活而且善于社交,那么选择学习工商管理类专业还是不错的。

2. 会计学、财务管理、审计学

会计学、财务管理和审计学作为财会家族的成员,从就业层面讲区别不大,因为几乎所有的公司招人都是财会专业放在一起招,大部分企业的财务部门职能划分是很模糊的,只有具有一定规模和管理水平的企业才能清楚地划分出会计和财务管理职能。各行各业都需要会计,财会类专业的学生找工作不是问题,但是,好就业不等于就业好。财务职位对于入职门槛的要求就注定了财会类就业面临的冰火两重天,有人在加减乘除的计算中度过一生,也有人在商海中指点江山。因为财会类专业的学生没有非常统一的水平衡量标准,所以证书是个非常合适的证明自己专业掌握程度的工具,建议财会类专业的学生及毕业生在学习知识、积累经验的同时,也要积极考取含金量比较高的证书。

(六)各类院校推荐

1. 工商管理专业(如表2-32所示)

表2-32 工商管理专业推荐院校

分类	推荐院校
原985	中国人民大学、中山大学、西安交通大学、大连理工大学、南京大学、湖南大学、华南理工大学等

续表

分类	推荐院校
原211	西南财经大学、上海财经大学、暨南大学、对外经济贸易大学、中南财经政法大学、中央财经大学、合肥工业大学、北京科技大学、武汉理工大学、西南交通大学等
一流学科	河南大学、天津工业大学、成都理工大学等
保研资格	浙江工商大学、东北财经大学、浙江工业大学、天津财经大学、西安理工大学、首都经济贸易大学、江西财经大学、上海理工大学、山西财经大学、广州大学等
公办本科	浙江财经大学、重庆工商大学、南京财经大学、上海工程技术大学、重庆理工大学、内蒙古财经大学、广东财经大学、齐齐哈尔大学、北京联合大学、湖南工商大学等
民办本科	浙江越秀外国语学院、广东科技学院、宁波财经学院、山西工商学院、黑龙江工商学院、南宁学院、西安外事学院、无锡太湖学院、江西科技学院、北京城市学院等

2. 市场营销专业（如表2-33所示）

表2-33 市场营销专业推荐院校

分类	推荐院校
原985	北京大学、浙江大学、西安交通大学、中国人民大学、重庆大学、南京大学等
原211	上海财经大学、中南财经政法大学、西南财经大学、西南大学、对外经济贸易大学、暨南大学、中央财经大学、福州大学、华中农业大学、郑州大学等
一流学科	成都理工大学、河南大学、南京邮电大学等
保研资格	东北财经大学、西南政法大学、江西财经大学、天津财经大学、山西财经大学、云南财经大学、河北经贸大学、江苏大学、广东工业大学、浙江工商大学等
公办本科	重庆工商大学、广东财经大学、浙江财经大学、南京财经大学、中原工学院、上海工程技术大学、兰州财经大学、山东管理学院、贵州商学院、齐鲁工业大学等
民办本科	吉利学院、重庆工程学院、山东现代学院、广州工商学院、三江学院、郑州西亚斯学院、广东科技学院、南昌理工学院、厦门工学院、武昌首义学院等

3. 会计学专业（如表2-34所示）

表2-34 会计学专业推荐院校

分类	推荐院校
原985	北京大学、西安交通大学、清华大学、中国人民大学、中山大学、厦门大学、武汉大学等
原211	上海财经大学、对外经济贸易大学、中央财经大学、暨南大学、西南财经大学、中南财经政法大学、北京交通大学、合肥工业大学、西南交通大学、北京科技大学等
一流学科	河南大学、宁波大学、天津工业大学等
保研资格	江西财经大学、东北财经大学、首都经济贸易大学、山西财经大学、云南财经大学、天津财经大学、长沙理工大学、浙江工商大学、哈尔滨商业大学、上海理工大学等
公办本科	重庆工商大学、浙江财经大学、南京财经大学、重庆理工大学、西安财经大学、大连大学、北京联合大学、河南牧业经济学院、贵州财经大学、广东财经大学等
民办本科	西京学院、山西工商学院、辽宁财贸学院、西安外事学院、郑州工商学院、武汉学院、广东科技学院、哈尔滨剑桥学院、安阳学院、辽宁对外经贸学院等

4. 财务管理专业(如表2-35所示)

表2-35　财务管理专业推荐院校

分类	推荐院校
原985	中国人民大学、厦门大学、西安交通大学、天津大学、复旦大学等
原211	对外经济贸易大学、上海财经大学、暨南大学、中央财经大学、西南财经大学、中南财经政法大学、海南大学、福州大学等
一流学科	河南大学、成都理工大学、西南石油大学等
保研资格	东北财经大学、云南财经大学、天津商业大学、北京工商大学、天津科技大学、江西财经大学、山西财经大学、安徽财经大学、广东外语外贸大学、浙江工业大学等
公办本科	浙江财经大学、广东财经大学、南京财经大学、兰州财经大学、福建江夏学院、西安财经大学、北京联合大学、张家口学院、山东管理学院、上海立信会计金融学院等
民办本科	大连财经学院、潍坊科技学院、西安思源学院、商丘学院、南通理工学院、安徽新华学院、西京学院、西安外事学院、广州工商学院、宁波财经学院等

5. 国际商务专业(如表2-36所示)

表2-36　国际商务专业推荐院校

分类	推荐院校
原985	中山大学、厦门大学、南开大学等
原211	暨南大学、上海财经大学、西南财经大学、中央财经大学等
一流学科	无
保研资格	山东财经大学、杭州师范大学、辽宁师范大学、江西财经大学、上海对外经贸大学、新疆财经大学等
公办本科	上海第二工业大学、贵州财经大学、成都工业学院、贵州商学院、广东财经大学、浙江万里学院、上海立信会计金融学院、广西财经学院、闽江学院、郑州轻工业大学等
民办本科	长春财经学院、浙江越秀外国语学院、江西应用科技学院、宁波财经学院、广州商学院、潍坊科技学院、烟台南山学院、浙江树人学院、厦门大学嘉庚学院等

6. 人力资源管理专业(如表2-37所示)

表2-37　人力资源管理专业推荐院校

分类	推荐院校
原985	北京大学、西安交通大学、中国人民大学、浙江大学、华南理工大学等
原211	西南财经大学、对外经济贸易大学、中央财经大学、郑州大学、中南财经政法大学、河海大学、华东理工大学、陕西师范大学等
一流学科	河南大学、南京信息工程大学、成都理工大学等
保研资格	东北财经大学、江苏大学、江西财经大学、天津财经大学、上海师范大学、首都经济贸易大学、河北经贸大学、山东财经大学、浙江工商大学、西南民族大学等
公办本科	内蒙古财经大学、浙江财经大学、浙江水利水电学院、福建江夏学院、新乡学院、岭南师范学院、北京联合大学、乐山师范学院、南京财经大学、武汉纺织大学等
民办本科	西安思源学院、陕西国际商贸学院、广州工商学院、电子科技大学中山学院、武汉学院、江西科技学院、郑州西亚斯学院、长春财经学院、无锡太湖学院、辽宁对外经贸学院等

7. 审计学专业(如表2-38所示)

表2-38 审计学专业推荐院校

分类	推荐院校
原985	无
原211	西南财经大学、石河子大学、四川农业大学等
一流学科	无
保研资格	广东外语外贸大学、四川师范大学、浙江工商大学、西南政法大学、山东财经大学、上海对外经贸大学等
公办本科	南京审计大学、浙江财经大学、广东财经大学、南京财经大学、上海立信会计金融学院、山东管理学院、郑州航空工业管理学院、太原学院、兰州财经大学、贵州财经大学等
民办本科	郑州商学院、山西应用科技学院、黑龙江财经学院、长春财经学院、广州商学院、福州外语外贸学院、温州商学院、哈尔滨广厦学院、郑州财经学院、无锡太湖学院等

四、农业经济管理类

(一)学科评估结果

农业经济管理类对应的研究生一级学科为农林经济管理,第四轮学科评估结果如表2-39所示。

表2-39 农林经济管理第四轮学科评估结果

学科评估	院校分类	院校
A+	原985	浙江大学
	原211	南京农业大学
A-	原211	华中农业大学
B+	原985	中国人民大学、西北农林科技大学、中国农业大学
	保研资格	华南农业大学
B	原211	北京林业大学、东北林业大学、西南大学、东北农业大学
B-	原211	四川农业大学
	保研资格	沈阳农业大学、吉林农业大学、福建农林大学
C+	原985	中国海洋大学
	原211	中南财经政法大学
	保研资格	湖南农业大学、河南农业大学
C	保研资格	河北农业大学、内蒙古农业大学、新疆农业大学
	公办本科	北京农学院
C-	原211	石河子大学
	一流学科	上海海洋大学
	保研资格	江西农业大学
	公办本科	浙江农林大学

(二)报考科类

文理兼收,文科生占多数。

(三)男女人数情况

女生占多数。

(四)专业解读

农业经济管理类下设农林经济管理、农村区域发展共计2个专业,**其中农林经济管理专业开设院校相**

对较多,其他专业开设院校较少,本书主要讲解开设院校相对较多的农业经济管理类专业。

从专业名称上可以看出,农林经济管理专业包含了三个部分:首先是管理,毕业后授予的是管理学学士学位,会学习一些管理学的基本原理,作为管理学的分支专业,同其他管理学科一样,本专业的毕业生懂管理学的知识并不能作为就业敲门砖的硬技能,工作经验和综合能力在就业时比知识更加重要;其次是经济,也会学经济学的知识,但和经济学专业相比会宽泛不少;最后是农林,主要指的研究方向,本专业并不是学普通的经济或者管理,而是主要研究农林方向的经济管理,主要研究对象既包括宏观的农业、农村和农民的发展问题,也包括微观的涉农企业管理问题。通俗来说农林经济管理专业就是一个披着农林的外衣,运用经济学的研究方法,学着管理学知识的专业。

(五)就业分析

随着国家乡村振兴战略的提出,要大力发展"三农",农业可以说即将成为下一个风口,国家战略方针所向,必然会给既懂农林又懂经济管理的毕业生比较大的发展空间。

农林经济管理专业由于是多学科的交叉专业,几年读下来一般会感觉没学到什么核心的东西,拿这些进入社会寻找饭碗,可能会有种大而空的无力感。如果想在本专业有所建树,读研甚至读博是很有必要的。随着国家对农业经济的重视程度在不断提高,高学历层次人才的就业出路是比较宽广的,只要肯学、肯钻研,农业经济管理及相关领域的前景是一片美好的。

(六)农林经济管理专业各类院校推荐(如表2-40所示)

表2-40 农林经济管理专业推荐院校

分类	推荐院校
原985	中国人民大学、浙江大学、西北农林科技大学、中国农业大学等
原211	华中农业大学、南京农业大学、东北农业大学、东北林业大学、北京林业大学等
一流学科	南京林业大学、上海海洋大学等
保研资格	华南农业大学、山东农业大学、安徽农业大学、吉林农业大学、新疆农业大学、福建农林大学等
公办本科	浙江农林大学、北京农学院、塔里木大学等
民办本科	潍坊科技学院、沈阳工学院、晋中信息学院等

五、物流管理与工程类

(一)学科评估结果

物流管理与工程类对应的研究生一级学科为工商管理,第四轮学科评估结果如表2-41所示。

表2-41 工商管理第四轮学科评估结果

学科评估	院校分类	院校
A+	原985	中国人民大学、清华大学、中山大学、上海交通大学
A	原985	北京大学、复旦大学、南京大学、南开大学、西安交通大学、厦门大学
	原211	上海财经大学、对外经济贸易大学
A-	原985	湖南大学、华中科技大学、吉林大学、山东大学、四川大学、武汉大学、浙江大学、大连理工大学
	原211	北京交通大学、西南财经大学、中央财经大学
	保研资格	东北财经大学
B+	原985	中南大学、电子科技大学、华南理工大学、天津大学、同济大学、重庆大学、北京理工大学、哈尔滨工业大学、中国科学技术大学
	原211	中南财经政法大学、华北电力大学(北京、保定)、合肥工业大学、河海大学、西南交通大学、暨南大学、辽宁大学、福州大学
	保研资格	江西财经大学、天津财经大学、浙江工业大学、首都经济贸易大学、山西财经大学、浙江工商大学、山东财经大学

续表

学科评估	院校分类	院校
B	原985	东南大学、兰州大学、东北大学、中国海洋大学、华东师范大学、北京航空航天大学、北京师范大学
	原211	北京科技大学、东华大学、南京航空航天大学、河北工业大学、苏州大学、云南大学、海南大学
	保研资格	北京工商大学、长沙理工大学、华侨大学、哈尔滨理工大学、哈尔滨商业大学、云南财经大学
	公办本科	北京第二外国语学院、南京审计大学、南京财经大学、浙江财经大学
B-	原985	中国农业大学、西北工业大学
	原211	北京邮电大学、华东理工大学、武汉理工大学、中国地质大学(武汉、北京)、中国矿业大学(徐州、北京)、上海外国语大学、上海大学
	一流学科	河南大学
	保研资格	上海对外经贸大学、广东外语外贸大学、深圳大学、安徽财经大学、杭州电子科技大学、浙江师范大学、西安理工大学、吉林财经大学、新疆财经大学、河南财经政法大学
	公办本科	重庆工商大学、内蒙古财经大学、广东财经大学、重庆理工大学
C+	原985	中央民族大学
	原211	江南大学、北京化工大学、大连海事大学、中国石油大学(华东、北京)、西南大学、哈尔滨工程大学、南京理工大学、广西大学、石河子大学、郑州大学
	保研资格	中南民族大学、湖北大学、北方工业大学、广州大学、河北经贸大学、济南大学、湖北工业大学
	公办本科	北京物资学院、北京联合大学、上海工程技术大学、东华理工大学、贵州财经大学、西安财经大学
C	原211	长安大学、华中农业大学、南京农业大学、北京林业大学、南昌大学
	一流学科	南京邮电大学
	保研资格	山西大学、燕山大学、上海理工大学、扬州大学、江苏大学、南京工业大学、湘潭大学、西南政法大学、青岛大学、武汉科技大学、江苏科技大学、汕头大学、安徽工业大学、上海海事大学、天津理工大学、三峡大学、广东工业大学、天津商业大学、沈阳航空航天大学、桂林理工大学、华北水利水电大学
C-	原211	中国药科大学
	一流学科	南京信息工程大学、西南石油大学、天津工业大学
	保研资格	河北大学、东北石油大学、江西理工大学、中南林业科技大学、重庆交通大学、辽宁科技大学、天津科技大学、福建农林大学、四川师范大学、西华大学、昆明理工大学、河南理工大学
	公办本科	河北地质大学、沈阳大学、沈阳理工大学、齐鲁工业大学、湖南工业大学、湖南工商大学、兰州财经大学

(二)报考科类

文理兼收,理科生占多数。

(三)男女人数情况

男女生相对均衡。

(四)专业解读

物流管理与工程类下设物流管理、物流工程、采购管理、供应链管理共计4个专业,**其中物流管理专业开设院校相对较多**,其余专业开设院校较少,本书主要讲解开设院校相对较多的物流管理与工程类专业。

物流管理专业培养具备物流学方面的基本理论和基本知识,对物流活动进行计划、组织、指挥、协调、控制和监督,使各项物流活动实现最佳的协调与配合,以降低物流成本,提高物流效率和经济效益的应用型、复合型、国际化的物流管理人才。该专业毕业生能在经济管理部门、贸易公司、物流企业从事政策制定、物流业运作管理等工作。

简单地说,物流管理就是我们要通过自己的知识、经验、技能来管理优化目前的物流活动,实现时效提升和成本节约。时效提升,例如某城市的外卖配送准点率只有65%,而你要去分析商家的分布情况、骑手的调配能力、买家的分布情况等,通过合理地划分配送区域,调配骑手资源,规划配送路径,在短期内将65%的准点率提升到75%或者更高;成本节约,例如配送公司为了完成客户的订单,通常每天需要8台车,12个人,每天的固定支出是2万元,而你要应用你学过的知识、积累的实践经验,来分析目前的配送路径、调整车型、协调配送时间等,把每天的2万元支出调整为1.8万元,而且还不影响配送质量。如果你在成本节约的基础上还能提升配送效率,那就更是技高一筹了。

再比如说,美国人想买山西的苹果,不管他们的交易方式是什么,用哪国的货币,使用哪种语言,到最后,最关键的还是要有人把苹果运到美国去。在这其中,其他的操作和手续都可以实现线上化,唯独物流不行。而物流管理,就是要考虑苹果怎么被又快又好又经济地运到美国去。这其中,要有人(物流企业的销售部门)负责开发业务,要有人(物流企业的营运部门)负责线路规划,要有人(物流企业的国际事业部和关务部门)负责报关,要有人(物流企业的航空事业部)买飞机和开飞机,要有财务、法务、客服,山西要有中转中心,要有人开车、管理车,要有人做中转中心的负责人,要有人跟进时效和处理遗失、破损,要有人负责招聘等,这些都是物流管理专业的毕业生可选择的就业岗位。

(五)就业分析

物流行业可以说给社会提供了大量的就业机会,无论你文化程度高低,都能在这个行业找到适合自己的工作。不过,因为物流行业现阶段还是处于劳动密集型阶段,有大部分的工作都是在比较基层的作业一线,对女生而言,就会是一个挑战了。建议女生可以考虑的岗位包括数据统计、系统文员、客服人员、品控专员、行政专员、安全专员等,这些岗位大多数都是只上白班,不用担心上夜班熬夜的问题。如果你本人想在物流行业有较好的发展,最好的方式还是去运营岗位上进行锻炼,因为运营部门是物流企业的核心部门,也就意味着机会会更多一些。另外,毕业以后除了进入物流行业,也可以考虑其他行业的职位,毕竟大学期间学习的内容很多都是通用型知识。进入其他行业以后,只要学习能力强,再加上企业提供的培训,基本上还是可以胜任新的岗位的。

物流行业由于准入门槛低,对于基层人员来说只要吃苦耐劳就可以胜任;又由于该行业是人口密集型行业,因此对管理团队的要求会非常高。我国的物流行业伴随着电商的崛起,发展前景非常好,而且现在的物流行业正在向智能物流的方向发展,这就更加需要高水平的物流管理人才,综合能力突出的物流管理专业毕业生将会有广阔的发展空间。

(六)物流管理专业各类院校推荐(如表2-42所示)

表2-42 物流管理专业推荐院校

分类	推荐院校
原985	东南大学、重庆大学、华中科技大学等
原211	武汉理工大学、北京交通大学、西南交通大学、对外经济贸易大学、中央财经大学、南昌大学、西南财经大学等
一流学科	南京邮电大学、宁波大学、南京信息工程大学等
保研资格	上海海事大学、东北财经大学、江西财经大学、浙江工商大学、广东外语外贸大学、河南工业大学、深圳大学、北京工商大学、上海对外经贸大学、江苏大学等
公办本科	北京物资学院、重庆工商大学、南京财经大学、重庆第二师范学院、浙江万里学院、湖南工商大学、武汉纺织大学、武汉商学院、广西科技师范学院、河南财政金融学院等
民办本科	广州工商学院、郑州财经学院、四川工业科技学院、湖南应用技术学院、广州商学院、广东理工学院、郑州科技学院、吉利学院、江西应用科技学院、黄河交通学院等

六、工业工程类

(一)学科评估结果

工业工程类对应的研究生一级学科为管理科学与工程,第四轮学科评估结果如表2-43所示。

表2-43 管理科学与工程第四轮学科评估结果

学科评估	院校分类	院校
A+	原985	清华大学、同济大学
	原985军校	国防科技大学
A	原985	浙江大学、上海交通大学、天津大学、北京航空航天大学、哈尔滨工业大学
	原211	合肥工业大学
A-	原985	东南大学、四川大学、西安交通大学、中南大学、大连理工大学、华南理工大学、北京理工大学、中国科学技术大学
	原211	南京航空航天大学
B+	原985	复旦大学、华中科技大学、南京大学、武汉大学、电子科技大学、东北大学、重庆大学、西北工业大学
	原211	北京交通大学、华北电力大学(北京、保定)、河海大学、华东理工大学、西南交通大学、中国矿业大学(徐州、北京)、哈尔滨工程大学、福州大学
	保研资格	东北财经大学、上海理工大学、西安理工大学
B	原985	湖南大学、南开大学、山东大学、厦门大学、中山大学
	原211	北京科技大学、北京邮电大学、东华大学、中国石油大学(华东、北京)、武汉理工大学、上海财经大学、南京理工大学、上海大学
	军校	空军工程大学
	保研资格	江苏大学、江西财经大学、首都经济贸易大学、上海海事大学、天津理工大学、哈尔滨理工大学
B-	原985	北京大学、吉林大学
	原211	大连海事大学、西安电子科技大学、中国地质大学(武汉、北京)、暨南大学、河北工业大学、南昌大学
	保研资格	燕山大学、西安建筑科技大学、天津财经大学、江苏科技大学、山东科技大学、重庆交通大学、广东工业大学、山东财经大学、华北水利水电大学
C+	原985	中国人民大学
	原211	北京化工大学、华中师范大学、北京外国语大学、西南财经大学、中央财经大学
	一流学科	南京信息工程大学、成都理工大学
	保研资格	河北大学、辽宁工程技术大学、深圳大学、青岛大学、杭州电子科技大学、沈阳工业大学、江西师范大学、山东师范大学、昆明理工大学
	公办本科	中国计量大学、北京物资学院
C	原211	中南财经政法大学、郑州大学
	一流学科	南京邮电大学、西南石油大学、天津工业大学
	保研资格	山西大学、南京工业大学、重庆邮电大学、武汉科技大学、浙江理工大学、北京信息科技大学、浙江工业大学、安徽工业大学、三峡大学、天津科技大学、浙江工商大学、云南财经大学
	公办本科	武汉纺织大学、成都信息工程大学

续表

学科评估	院校分类	院校
C-	原211	北京林业大学、东北林业大学
C-	保研资格	北京工商大学、石家庄铁道大学、广东外语外贸大学、长沙理工大学、华侨大学、安徽财经大学、西安科技大学、山西财经大学、哈尔滨商业大学、济南大学、山东建筑大学、河南农业大学
C-	公办本科	南京财经大学、重庆工商大学、天津城建大学、辽宁工业大学、吉林建筑大学、广东财经大学、四川轻化工大学

（二）报考科类

基本只招收理科生。

（三）男女人数情况

男生占多数。

（四）专业解读

工业工程类下设工业工程、标准化工程、质量管理工程共计3个专业，**其中工业工程专业开设院校相对较多**，其余专业开设院校较少，本书主要讲解开设院校相对较多的工业工程类专业。

工业工程是现代工业生产发展的产物，以生产过程为研究对象，以提高劳动生产率、保证质量和降低成本为目标，是一门集工程学和管理学于一体的综合型、交叉型专业。由于工业工程涉及生产、管理环节的全过程，因此本专业的学习范围比较广泛，学习难度也比较大。学生不仅要学习机械电子工程的基本技术和方法，熟悉现代机械产品设计技术、先进制造技术和工业控制技术，还要系统地掌握管理的分析方法和管理技术，具有对机电产品和生产过程进行技术经济分析与组织管理的能力。

工业工程是一门"技术+管理"的科学，可对复杂制造系统进行规划、设计和优化，有效提高企业生产效率和产品质量，降低生产成本，加强企业对市场的快速响应能力。具体来说，工业工程是一门研究如何降低生产成本，提高生产效率的学科。

（五）就业分析

工业工程职业发展主要的就业方向是企业工业工程师，工业工程师近年来是比较热门的岗位之一，对于企业来说，工业工程师起着非常重要的作用，整个企业的布局、成本、人力资源等都需要工业工程师来计算。

从长远来看，工业工程专业的就业前景还是比较乐观的，但就目前的就业情况而言，本专业仍存在一些问题。就地域来看，南方的发展前景更好一些，北方对这一专业的认可度还不是太高；就性别而言，本专业的女生就业情况没有男生好，这是由工业工程专业的工作性质所决定的，本科毕业生在最初就业时需要深入基层，从事一般生产线的管理，条件很苦，现场各类突发情况很难应付，这些不利因素都有可能导致本专业女生就业困难。

工业工程专业毕业生需求较大的多为外企。这是由于我国的工业企业起步较晚，发展水平也较低，对工业工程的重要性认识得还不够深入。因此，大量毕业生集中到外企或大型国企中，导致就业的空间被压缩，增加了就业的难度。

（六）工业工程专业各类院校推荐（如表2-44所示）

表2-44 工业工程专业推荐院校

分类	推荐院校
原985	清华大学、电子科技大学、上海交通大学、天津大学、西北工业大学等
原211	江南大学、南京航空航天大学、西南交通大学、郑州大学、河北工业大学等
一流学科	天津工业大学、宁波大学等
保研资格	浙江工业大学、天津理工大学、西安理工大学、武汉科技大学、昆明理工大学、济南大学、首都经济贸易大学、燕山大学、西安工业大学、广东工业大学等

续表

分类	推荐院校
公办本科	北京联合大学、佛山科学技术学院、广东石油化工学院、温州大学、沈阳大学、南京工程学院、长春大学、郑州航空工业管理学院、河北科技大学、厦门理工学院等
民办本科	广东理工学院、山东华宇工学院、南昌工学院、宁波财经学院、青岛滨海学院等

七、电子商务类

（一）学科评估结果

电子商务类对应的研究生一级学科为工商管理，第四轮学科评估结果如表2-45所示。

表2-45 工商管理第四轮学科评估结果

学科评估	院校分类	院校
A+	原985	中国人民大学、清华大学、中山大学、上海交通大学
A	原985	北京大学、复旦大学、南京大学、南开大学、西安交通大学、厦门大学
	原211	上海财经大学、对外经济贸易大学
A-	原985	湖南大学、华中科技大学、吉林大学、山东大学、四川大学、武汉大学、浙江大学、大连理工大学
	原211	北京交通大学、西南财经大学、中央财经大学
	保研资格	东北财经大学
B+	原985	中南大学、电子科技大学、华南理工大学、天津大学、同济大学、重庆大学、北京理工大学、哈尔滨工业大学、中国科学技术大学
	原211	中南财经政法大学、华北电力大学（北京、保定）、合肥工业大学、河海大学、西南交通大学、暨南大学、辽宁大学、福州大学
	保研资格	江西财经大学、天津财经大学、浙江工业大学、首都经济贸易大学、山西财经大学、浙江工商大学、山东财经大学
B	原985	东南大学、兰州大学、东北大学、中国海洋大学、华东师范大学、北京航空航天大学、北京师范大学
	原211	北京科技大学、东华大学、南京航空航天大学、河北工业大学、苏州大学、云南大学、海南大学
	保研资格	北京工商大学、长沙理工大学、华侨大学、哈尔滨理工大学、哈尔滨商业大学、云南财经大学
	公办本科	北京第二外国语学院、南京审计大学、南京财经大学、浙江财经大学
B-	原985	中国农业大学、西北工业大学
	原211	北京邮电大学、华东理工大学、武汉理工大学、中国地质大学（武汉、北京）、中国矿业大学（徐州、北京）、上海外国语大学、上海大学
	一流学科	河南大学
	保研资格	上海对外经贸大学、广东外语外贸大学、深圳大学、安徽财经大学、杭州电子科技大学、浙江师范大学、西安理工大学、吉林财经大学、新疆财经大学、河南财经政法大学
	公办本科	重庆工商大学、内蒙古财经大学、广东财经大学、重庆理工大学
C+	原985	中央民族大学
	原211	江南大学、北京化工大学、大连海事大学、中国石油大学（华东、北京）、西南大学、哈尔滨工程大学、南京理工大学、广西大学、石河子大学、郑州大学
	保研资格	中南民族大学、湖北大学、北方工业大学、广州大学、河北经贸大学、济南大学、湖北工业大学
	公办本科	北京物资学院、北京联合大学、上海工程技术大学、东华理工大学、贵州财经大学、西安财经大学

续表

学科评估	院校分类	院校
C	原211	长安大学、华中农业大学、南京农业大学、北京林业大学、南昌大学
	一流学科	南京邮电大学
	保研资格	山西大学、燕山大学、上海理工大学、扬州大学、江苏大学、南京工业大学、湘潭大学、西南政法大学、青岛大学、武汉科技大学、江苏科技大学、汕头大学、安徽工业大学、上海海事大学、天津理工大学、三峡大学、广东工业大学、天津商业大学、沈阳航空航天大学、桂林理工大学、华北水利水电大学
C-	原211	中国药科大学
	一流学科	南京信息工程大学、西南石油大学、天津工业大学
	保研资格	河北大学、东北石油大学、江西理工大学、中南林业科技大学、重庆交通大学、辽宁科技大学、天津科技大学、福建农林大学、四川师范大学、西华大学、昆明理工大学、河南理工大学
	公办本科	河北地质大学、沈阳大学、沈阳理工大学、齐鲁工业大学、湖南工业大学、湖南工商大学、兰州财经大学

(二)报考科类

文理兼收,理科生占多数。

(三)男女人数情况

男女生相对均衡,女生人数稍多。

(四)专业解读

电子商务类下设电子商务、电子商务及法律、跨境电子商务共计3个专业,**其中电子商务专业开设院校相对较多**,其余专业开设院校较少,本书主要讲解开设院校相对较多的电子商务类专业。

电子商务,顾名思义,其内容包含两个方面,一是电子方式,二是商贸活动。电子商务指的是利用简单、快捷、低成本的电子通讯方式,买卖双方不谋面地进行各种商贸活动。

电子商务专业是融计算机科学、市场营销学、管理学、经济学、法学和现代物流于一体的新型交叉学科,面向电子商务行业发展需要,注重基础理论与实际应用相结合,培养具有现代管理和信息经济理念,掌握互联网技术、数据分析技能,具有扎实专业基础和良好的知识结构,具备一定的互联网创新创业素质的复合型、应用型、创新型专业人才。

本专业相比金融学、理工类专业,课程比较轻松,而且也偏技术性,课程有Office应用、PS(图像处理软件)、PR(公共关系)、C语言、C++、Java、数据库、软文写作等,侧重计算机与互联网技术、商业数据挖掘与分析能力的培养,使学生具备利用互联网开展现代社会商务运营、电子商务系统开发的能力。

电子商务有六个专业方向:网站设计与程序方向、网络营销编辑方向、网络产品规划方向、企业信息化方向、个人网络创业及银行卡的研发方向、SEO(搜索引擎优化)优化和网店运营方向,不同学校的课程要求也不完全相同。部分院校注重电子商务网络技术、计算机技术,还有一部分院校会把课程重点放在商务模式上,这些主要体现在专业所在的院系,有的在管理学院,有的会在信息学院,有的会在软件学院、商学院,各个院校培养出来的学生的专长也会有一定的区别。

(五)就业分析

电子商务专业毕业生就业方向主要有:网站设计与程序开发,这个就业方向就很明显了,如果你对网站的设计和建设或编程比较感兴趣,那么你就可以主攻这方面的知识,毕业以后就可以从事这方面的工作;网络运营与编辑,网络运营主要是根据互联网的发展情况培养具有电子商务网站的推广、策划等能力的人才,毕业后可在电子商务网站推广、网络商店运营、网站的美工等方向工作;SEO优化,现在很多企业都有自己的网站,因为我们现在处于数字化时代,任何信息都可以在网络上显现,所以很多企业都会通过网站来宣传自己的产品,而SEO优化就是专门服务网站营销的行业,所以SEO优化营销人才现在变得越来越受欢迎;电子商务运营,包括电子商务项目管理、互联网产品经理、第三方电子商务平台管理(如管理企业的阿里巴巴店、淘宝店、天猫店、京东店等)、电子商务活动的策划与运作等。

近几年全世界电子商务快速发展,我国也在大力扶持电子商务的发展,电子商务行业已经成为非常不错的朝阳行业,给毕业生提供了大量的就业机会。但电子商务行业好并不代表电子商务专业的毕业生就业好,和其他管理类专业一样,本科毕业生面临知识结构杂而不精、缺乏工作经验的尴尬局面。如果想要选择这个专业,就一定要把专业知识学好,能够继续深造更理想;或者刚开始在基层工作时一定要注重工作经验的积累,这样发展前景才会不错。

(六)电子商务专业各类院校推荐(如表2-46所示)

表2-46 电子商务专业推荐院校

分类	推荐院校
原985	西安交通大学、湖南大学、华南理工大学、大连理工大学、厦门大学等
原211	对外经济贸易大学、哈尔滨工程大学、北京交通大学、上海财经大学、北京邮电大学、中央财经大学、西南财经大学、暨南大学等
一流学科	河南大学、南京中医药大学等
保研资格	山东财经大学、浙江工商大学、杭州师范大学、云南财经大学、东北财经大学、首都经济贸易大学、河南工业大学、燕山大学、江西财经大学、深圳大学等
公办本科	广东财经大学、西安财经大学、南京财经大学、武汉商学院、西安邮电大学、广东金融学院、沈阳理工大学、广州航海学院、南京审计大学、贵州商学院等
民办本科	湖南信息学院、郑州财经学院、泉州信息工程学院、江西工程学院、成都东软学院、广东东软学院、武汉工商学院、大连东软信息学院、广州商学院、重庆工程学院等

第三节 与语文、历史相关的大学本科专业解析

一、图书情报与档案管理类

(一)学科评估结果

图书情报与档案管理类对应的研究生一级学科为图书情报与档案管理,第四轮学科评估结果如表2-47所示。

表2-47 图书情报与档案管理第四轮学科评估结果

学科评估	院校分类	院校
A+	原985	南京大学、武汉大学
A-	原985	中国人民大学
B+	原985	北京大学、南开大学、中山大学
	原211	华中师范大学
B	原985	吉林大学
	原211	上海大学、云南大学
	军校	南京政治学院
	保研资格	黑龙江大学
B-	原985	华东师范大学
	原211	南京农业大学、郑州大学

续表

学科评估	院校分类	院校
C+	原985	四川大学、北京师范大学
	原211	南京理工大学
	保研资格	湘潭大学
C	原211	苏州大学
	一流学科	北京协和医学院
	保研资格	河北大学、福建师范大学
C-	原985	中国农业大学
	原211	辽宁大学
	保研资格	山西大学、天津师范大学

(二)报考科类

文理兼收,文科生占多数。

(三)男女人数情况

女生占多数。

(四)专业解读

图书情报与档案管理类下设图书馆学、档案学、信息资源管理共计3个专业,**其中图书馆学、档案学专业开设院校相对较多**,其余专业开设院校较少,本书主要讲解开设院校相对较多的图书情报与档案管理类专业。

1. 图书馆学

图书馆学专业是比较冷门的专业,多数学生是被调剂的。很多人提到图书馆学,就会觉得图书馆不就是聘请一些阿姨来帮忙整理书籍、登记书籍借还记录的吗？其实,图书馆学是一门应用性和方向性比较明确的学科,主要研究知识信息的收集、组织、管理与利用,解决社会信息化、网络化与数字化进程中信息资源的开发、利用与服务等一系列问题。图书馆学专业要掌握的技术并不比理工科专业的学子少,比如文献分类、文献编目及文献检索,都是在多个工作门类中都需要应用到的技术。

2. 档案学

档案学专业也是一个比较冷门的专业,主要是教你如何管理与利用档案,换句话说就是档案、文件等资料的收、管、用。我国的档案学目前并没有什么特色,理论比较匮乏,档案双元价值论被学界普遍认为是中国特色档案学理论唯一成果,基本上其他成果都是西方的理论,并且现在的大多数学者都是从实践角度去研究,缺少理论高度,没有科学的世界观和方法论为指导,换句话说我国对于档案学理论的研究还是不成熟的,所以说档案学还有很大的发展空间。

(五)就业分析

1. 图书馆学

进入21世纪,图书馆事业正在向着数字化、大众化的方向发展,图书馆将成为人们生活的一部分,但作为对口的图书馆学专业的毕业生就业仍旧不容乐观,工作比较枯燥。如果不是想把终身都奉献给图书馆学事业的就不太建议选择了。

2. 档案学

档案学专业由于各个省份开设院校基本上就1~2所,而大型单位一般都有档案室,都需要档案管理员,因此就业不是问题。档案管理工作相对比较清闲,但待遇往往也不会太高,这就看个人选择了。

(六)各类院校推荐

图书馆学、档案学专业推荐院校可参考第四轮学科评估结果。

二、旅游管理类

(一)学科评估结果

旅游管理类对应的研究生一级学科为工商管理,第四轮学科评估结果如表2-48所示。

表2-48 工商管理第四轮学科评估结果

学科评估	院校分类	院校
A+	原985	中国人民大学、清华大学、中山大学、上海交通大学
A	原985	北京大学、复旦大学、南京大学、南开大学、西安交通大学、厦门大学
	原211	上海财经大学、对外经济贸易大学
A-	原985	湖南大学、华中科技大学、吉林大学、山东大学、四川大学、武汉大学、浙江大学、大连理工大学
	原211	北京交通大学、西南财经大学、中央财经大学
	保研资格	东北财经大学
B+	原985	中南大学、电子科技大学、华南理工大学、天津大学、同济大学、重庆大学、北京理工大学、哈尔滨工业大学、中国科学技术大学
	原211	中南财经政法大学、华北电力大学(北京、保定)、合肥工业大学、河海大学、西南交通大学、暨南大学、辽宁大学、福州大学
	保研资格	江西财经大学、天津财经大学、浙江工业大学、首都经济贸易大学、山西财经大学、浙江工商大学、山东财经大学
B	原985	东南大学、兰州大学、东北大学、中国海洋大学、华东师范大学、北京航空航天大学、北京师范大学
	原211	北京科技大学、东华大学、南京航空航天大学、河北工业大学、苏州大学、云南大学、海南大学
	保研资格	北京工商大学、长沙理工大学、华侨大学、哈尔滨理工大学、哈尔滨商业大学、云南财经大学
	公办本科	北京第二外国语学院、南京审计大学、南京财经大学、浙江财经大学
B-	原985	中国农业大学、西北工业大学
	原211	北京邮电大学、华东理工大学、武汉理工大学、中国地质大学(武汉、北京)、中国矿业大学(徐州、北京)、上海外国语大学、上海大学
	一流学科	河南大学
	保研资格	上海对外经贸大学、广东外语外贸大学、深圳大学、安徽财经大学、杭州电子科技大学、浙江师范大学、西安理工大学、吉林财经大学、新疆财经大学、河南财经政法大学
	公办本科	重庆工商大学、内蒙古财经大学、广东财经大学、重庆理工大学
C+	原985	中央民族大学
	原211	江南大学、北京化工大学、大连海事大学、中国石油大学(华东、北京)、西南大学、哈尔滨工程大学、南京理工大学、广西大学、石河子大学、郑州大学
	保研资格	中南民族大学、湖北大学、北方工业大学、广州大学、河北经贸大学、济南大学、湖北工业大学
	公办本科	北京物资学院、北京联合大学、上海工程技术大学、东华理工大学、贵州财经大学、西安财经大学
C	原211	长安大学、华中农业大学、南京农业大学、北京林业大学、南昌大学
	一流学科	南京邮电大学
	保研资格	山西大学、燕山大学、上海理工大学、扬州大学、江苏大学、南京工业大学、湘潭大学、西南政法大学、青岛大学、武汉科技大学、江苏科技大学、汕头大学、安徽工业大学、上海海事大学、天津理工大学、三峡大学、广东工业大学、天津商业大学、沈阳航空航天大学、桂林理工大学、华北水利水电大学

续表

学科评估	院校分类	院校
C-	原211	中国药科大学
	一流学科	南京信息工程大学、西南石油大学、天津工业大学
	保研资格	河北大学、东北石油大学、江西理工大学、中南林业科技大学、重庆交通大学、辽宁科技大学、天津科技大学、福建农林大学、四川师范大学、西华大学、昆明理工大学、河南理工大学
	公办本科	河北地质大学、沈阳大学、沈阳理工大学、齐鲁工业大学、湖南工业大学、湖南工商大学、兰州财经大学

(二)报考科类

文理兼收,文科生占多数。

(三)男女人数情况

女生占多数。

(四)专业解读

旅游管理类下设旅游管理、酒店管理、会展经济与管理、旅游管理与服务教育共计4个专业,**其中旅游管理、酒店管理、会展经济与管理专业开设院校相对较多**,其余专业开设院校较少,本书主要讲解开设院校相对较多的旅游管理类专业。

1. 旅游管理

旅游管理是一门由旅游学、管理学、经济学等学科交叉发展起来的综合应用专业,集旅游、餐饮、住宿、地理、历史、经贸、管理等知识于一身,涉猎内容非常广泛,实际应用性强。学生首先需要对我国乃至世界各地的历史人文知识有所了解,学习旅游文化学、旅游地理学等课程。在此基础上,学生还要学习有关管理、营销、经济方面的课程,熟悉国家有关旅游行业的方针、政策和法规,最终掌握旅游企业管理、旅游资源规划与开发的知识和技能。除了我们熟知的导游,旅游管理的培养方向还包括国际旅游管理、休闲与服务管理、酒店管理、高尔夫经营管理、邮轮管理与服务等。

2. 酒店管理

酒店管理是旅游管理的一个分支,关于酒店方面的知识包括前厅管理、客房管理、餐饮管理、饭店管理、旅游法规、市场营销、旅游英语、消费心理等都需要学习,学的多、杂但都不精,包括实操课程学到的,到酒店实习以后都会按照酒店的标准重新学习,毕竟不同品牌的酒店对于各个岗位的要求是不一样的。研究生阶段主要培养管理眼光和战略规划,从一个更高的层面去看一个酒店的发展经营之道。

3. 会展经济与管理

会展经济与管理专业是从旅游管理划分出来的新兴专业,以展会策划为主,侧重展台设计、营销和管理,系统学习旅游管理、会展管理、会展经济、展览策划基本理论与方法,熟练掌握一门外语、计算机辅助管理与应用等基本技能,为第三产业尤其是会展业输送专业高级人才。

(五)就业分析

1. 旅游管理

根据世界旅游组织的统计,目前旅游业已经成为世界上最大的产业,每年还以两位数的速度在增长,我国对旅游管理方面的人才需求有很大的缺口。旅游管理专业毕业的学生还是很好就业的,但在毕业早期工资不是很高,想得到一份薪资待遇高、工作环境好的工作还是需要提升自身的业务水平。

2. 酒店管理

酒店管理专业毕业生对口工作主要是星级酒店和餐饮连锁企业。酒店、餐饮行业和其他旅游行业状况非常相似,对学历要求不高、入行门槛偏低,一般需要从基层做起,工作相对比较辛苦而且待遇偏低。而高层岗位对从业人员的工作经验、情商及综合能力要求比较高,建议大家刚就业时要熬得住,磨砺好心智,不能眼高手低;如果家庭经济条件允许,可以考虑出国留学,学习国外先进的管理经验,回国后从管培生做起,晋升速度和空间会更好。

3. 会展经济与管理

会展经济与管理是新兴专业。现在各地方政府都在发展会展经济,毕竟会展是个提高政府形象、城市形象、企业形象和产品形象的最好、最快的方法。毕业生可在各会展服务公司、会展服务网络中心、展览中心、各大博物馆展陈部、企事业单位的广告策划部从事会展方面的工作或会展方面经营管理工作,以及旅游企、事业单位各项经营与管理工作。

(六)各类院校推荐

1. 旅游管理专业(如表2-49所示)

表2-49　旅游管理专业推荐院校

分类	推荐院校
原985	南开大学、中山大学、四川大学、中国海洋大学等
原211	西南财经大学、云南大学、陕西师范大学、暨南大学、海南大学、中南财经政法大学、北京交通大学、西北大学等
一流学科	宁波大学、河南大学、首都师范大学等
保研资格	华侨大学、浙江工商大学、云南财经大学、东北财经大学、燕山大学、湖北大学、西北师范大学、江西财经大学、西南民族大学、山西财经大学等
公办本科	北京第二外国语学院、北京联合大学、重庆工商大学、江西科技师范大学、贵州财经大学、南京财经大学、上海工程技术大学、湖南工商大学、大连大学、广东财经大学等
民办本科	三亚学院、山西工商学院、辽宁对外经贸学院、齐鲁理工学院、烟台南山学院、郑州科技学院、三江学院、无锡太湖学院、海口经济学院、山东协和学院等

2. 酒店管理专业(如表2-50所示)

表2-50　酒店管理专业推荐院校

分类	推荐院校
原985	厦门大学等
原211	湖南师范大学、华南师范大学、郑州大学等
一流学科	西南石油大学等
保研资格	安徽师范大学、天津商业大学、华侨大学、桂林理工大学、福建师范大学、云南财经大学、上海师范大学等
公办本科	北京第二外国语学院、桂林旅游学院、四川旅游学院、黄山学院、太原学院、北京联合大学、广东财经大学、江西科技师范大学、洛阳理工学院、武汉商学院等
民办本科	浙江越秀外国语学院、三亚学院、上海杉达学院、郑州财经学院、四川工业科技学院、茅台学院、青岛滨海学院、广州商学院、广西外国语学院、南通理工学院等

3. 会展经济与管理专业(如表2-51所示)

表2-51　会展经济与管理专业推荐院校

分类	推荐院校
原985	华南理工大学、中山大学、南开大学等
原211	华南师范大学、湖南师范大学、南昌大学等
一流学科	成都理工大学等
保研资格	上海理工大学、沈阳师范大学、上海对外经贸大学、上海师范大学等
公办本科	北京第二外国语学院、桂林旅游学院、四川旅游学院、浙江万里学院、贵州商学院、重庆文理学院、广东财经大学、浙江传媒学院、成都信息工程大学、山东女子学院、中原工学院等

续表

分类	推荐院校
民办本科	辽宁对外经贸学院、浙江树人学院、厦门华厦学院、浙江越秀外国语学院、三亚学院等

第四节 与语文、政治相关的大学本科专业解析

一、法学类

(一)学科评估结果

法学类对应的研究生一级学科为法学,第四轮学科评估结果如表2-52所示。

表2-52 法学第四轮学科评估结果

学科评估	院校分类	院校
A+	原985	中国人民大学
	原211	中国政法大学
A	原985	北京大学、清华大学、武汉大学
	保研资格	华东政法大学、西南政法大学
A-	原985	吉林大学、南京大学、厦门大学、浙江大学、上海交通大学
	原211	中南财经政法大学、对外经济贸易大学
B+	原985	复旦大学、南开大学、山东大学、四川大学、中南大学、中山大学、重庆大学、北京航空航天大学、北京师范大学
	原211	辽宁大学、苏州大学、南京师范大学
	保研资格	湘潭大学、西北政法大学
B	原985	湖南大学、同济大学、中国海洋大学
	原211	大连海事大学、上海财经大学、西南财经大学、中央财经大学、安徽大学、湖南师范大学、海南大学、郑州大学
	一流学科	中国人民公安大学
	保研资格	江西财经大学、黑龙江大学
	公办本科	烟台大学
B-	原985	中央民族大学、华中科技大学、兰州大学、西安交通大学、华南理工大学
	原211	暨南大学、福州大学、云南大学
	一流学科	河南大学
	保研资格	深圳大学、浙江工商大学
	公办本科	广东财经大学、甘肃政法大学、上海政法学院
C+	原985	北京理工大学
	原211	华中师范大学、北京外国语大学、内蒙古大学、上海大学、新疆大学、贵州大学
	一流学科	宁波大学
	保研资格	山西大学、河北大学、上海对外经贸大学、广东外语外贸大学、华侨大学、广州大学、上海海事大学

续表

学科评估	院校分类	院校
C	原211	北京交通大学、河海大学、华东理工大学
	一流学科	首都师范大学
	保研资格	中南民族大学、东北财经大学、扬州大学、天津师范大学、山西财经大学、西南民族大学、河北经贸大学、沈阳师范大学、福建师范大学、昆明理工大学、河南财经政法大学
C-	原211	华北电力大学(北京、保定)、武汉理工大学、华南师范大学、广西大学
	保研资格	北京工商大学、青岛大学、北方工业大学、安徽财经大学、上海师范大学、杭州师范大学、广西师范大学
	公办本科	南京财经大学、浙江财经大学

(二)报考科类

文理兼收,文科生占多数。

(三)男女人数情况

女生占多数。

(四)专业解读

法学类下设法学、知识产权、监狱学、信用风险管理与法律防控、国际经贸规则、司法警察学、社区矫正共计7个专业,**其中法学、知识产权专业开设院校相对较多**,其余专业开设院校较少,本书主要讲解开设院校相对较多的法学类专业。

1.法学

法学又称法律学,是以法律、法律现象以及其规律性为研究内容的科学,是关于法律问题的知识和理论体系,是一门重要的实用型社会科学。从目前的发展来看,法学专业在日后有与其他专业融合细化的趋势。例如,现在很多学校开设金融+法学、传媒+法学、航运+法学的专业设置,不排除以后可能还会有体育+法学、医学+法学等可能。一般而言,高考报考阶段过多考虑具体分支没有太大意义,因为本科阶段基本上都是"大法学",所有的法律知识都得进行学习,在四年的学习过程中同学们会逐渐找到自己的方向与偏好的。

学习法学需要良好的语言能力。法学是一门语言学,词句不同的表达方式及顺序,在法律学习与工作中都可能产生极大的歧义甚至相反的意思。因此,学习与理解法学需要较高的语言理解和表达能力,既要能充分理解书本、法律条例及他人的意思,也要能清晰、准确地表达自己的意见。

学习法学需要细心与耐心。上学期间需要花很多时间去记忆繁多的法律条例内容,工作中需要大家对法律条例内容、证据材料、事实情况等进行细致的研究与归纳总结。因此,如果不具备心细、严谨与耐心的性格特点,会经常在学习与工作中犯错。

学习法学需要性格开朗、坚强。法律是社会学科,不论从事任何相关工作,都需要每天接触不同的客户、当事人或来访者,这些人来自不同阶层,有不同的职业背景、教育背景。因此,法学学生应该具备开朗的性格特点,这样才能与他人打成一片,才能适应将来的学习与工作。另外,司法工作非常残酷,每天需要解决与面对的都是客户最棘手的需求与问题,还会面临许多诱惑,甚至是威胁。因此,法学学生应当具备较强的心理素质与坚强的人格品质,才能通过社会的检验。

2.知识产权

知识产权专业在很多人眼里经常和法学并列,但其实,知识产权更偏商业、管理、经济学,而不是法律。随着社会的发展,公众越来越重视自身权益的保护,维护知识产权的案件逐年增多,各高校为适应社会潮流,也大力兴办知识产权专业。本专业旨在培养能在知识产权相关领域从事咨询与服务、经营与管理、运用与保护、宣传与推广等工作的务实创新人才。

(五)就业分析

1.法学

法学专业的就业路径是非常清楚的,最典型的如公检法机关的公务员、诉讼或非诉讼律师、企业的法务人员等,因为良好的社会地位和收入水平,每年吸引大量学生报考。但据各年中国大学生就业报告显示,法学专业的就业基本上每年都是被列为"红牌",就业现状整体比较严峻。究其原因,主要是:

①法学开设门槛低,和理工科不一样,学校不用设备;和新闻、艺术不一样,学生投入成本也不算多。所以可以说几乎所有高校都可以开设法学学科,文、理科学生都可以报考。

②法学自身难度较大,本科生真想要学好法学,仅靠本科四年,难度确实是有点大,加上各个高校的法学院鱼龙混杂,真学到些本事的同学并不算太多。

③法学相关岗位有限,部分岗位门槛较高;对口的律师、法官、检察官等一般都要求通过非常难的司法考试;而公务员则是逢进必考,难度更是人尽皆知。

综上,法学专业遵循的是"二八定律",如果学习能力不错,未来能够通过司法考试、公务员招考等,法学专业还是非常值得考虑的。

2. 知识产权

知识产权专业相对于法学专业,毕业生的就业就更不理想,虽然同是法学类专业,但公务员招录基本不要,也不能考专利代理师,专利代理师要求有理工科背景。所以最后可能只能做商标代理,或者是去代理所做项目。目前对知识产权比较重视的一般都是大型的企、事业单位,在招聘上面一般要求偏高,而且更需要的是同时具备企业所在行业技术背景的知识产权人才。所以更加建议立志从事知识产权工作的学生,本科可以考虑理工类专业,研究生阶段转向知识产权学科学习。

(六)各类院校推荐

1. 法学专业(如表2-53所示)

表2-53 法学专业推荐院校

分类	推荐院校
原985	中国人民大学、武汉大学、北京大学、清华大学、吉林大学、浙江大学、四川大学等
原211	中国政法大学、中南财经政法大学、西南财经大学、对外经济贸易大学、南京师范大学、海南大学、云南大学、苏州大学、大连海事大学、辽宁大学等
一流学科	宁波大学、河南大学、首都师范大学等
保研资格	西南政法大学、华东政法大学、西北政法大学、江西财经大学、湘潭大学、黑龙江大学、沈阳师范大学、广东外语外贸大学、河南财经政法大学、深圳大学等
公办本科	广东财经大学、烟台大学、浙江财经大学、上海政法学院、湖南工业大学、山东政法学院、广西民族大学、南京财经大学、西安财经大学、中国计量大学等
民办本科	广州商学院、重庆人文科技学院、广东培正学院、三亚学院、仰恩大学、湖南涉外经济学院、武汉东湖学院、西安培华学院、大连财经学院、阳光学院等

2. 知识产权专业(如表2-54所示)

表2-54 知识产权专业推荐院校

分类	推荐院校
原985	华南理工大学、大连理工大学、重庆大学等
原211	暨南大学、苏州大学、湖南师范大学、南昌大学等
一流学科	无
保研资格	华东政法大学、浙江工业大学、西南政法大学、湘潭大学、重庆邮电大学等
公办本科	中国计量大学、烟台大学、重庆理工大学、上海政法学院、池州学院、广西民族大学、广东金融学院、大理大学山东女子学院、山东政法学院等
民办本科	三江学院、吉利学院、昆明理工大学津桥学院等

二、政治学类

(一)学科评估结果

政治学类对应的研究生一级学科为政治学,第四轮学科评估结果如表2-55所示。

表2-55 政治学第四轮学科评估结果

学科评估	院校分类	院校
A+	原985	北京大学、复旦大学
A	原985	中国人民大学
A-	原985	清华大学、吉林大学、南开大学
A-	原211	华中师范大学
B+	原985	南京大学、山东大学、厦门大学、华东师范大学
B+	原211	上海外国语大学、中国政法大学、云南大学
B+	保研资格	天津师范大学
B	原985	武汉大学、中山大学
B	原211	东北师范大学、对外经济贸易大学、暨南大学、苏州大学
B	保研资格	华东政法大学
B-	原985	四川大学、同济大学、北京师范大学
B-	原211	北京外国语大学、南京师范大学、湖南师范大学、华南师范大学
B-	保研资格	山西大学、西华师范大学
C+	原985	上海交通大学
C+	一流学科	首都师范大学
C+	保研资格	湘潭大学、深圳大学、西南政法大学、华侨大学、上海师范大学
C	原985	中国海洋大学
C	原211	辽宁大学、郑州大学
C	保研资格	广东外语外贸大学、浙江师范大学、黑龙江大学、河南师范大学
C-	原211	陕西师范大学、新疆大学
C-	保研资格	青岛大学、辽宁师范大学、聊城大学、贵州师范大学、延安大学
C-	公办本科	广西民族大学

(二)报考科类

文理兼收,文科生占多数。

(三)男女人数情况

女生占多数。

(四)专业解读

政治学类下设政治学与行政学、国际政治、外交学、国际事务与国际关系、政治学、经济学与哲学、国际组织与全球治理共计6个专业,**其中政治学与行政学、国际政治专业开设院校相对较多,**其余专业开设院校较少,本书主要讲解开设院校相对较多的政治学类专业。

1. 政治学与行政学

政治学与行政学以国家及其活动为研究对象,主要研究马克思主义理论、政治学、行政学等方面的基本知识和技能,涉及政治理论、政治制度、公共政策、公共行政和国际政治等方面,多在政府部门及事业单位从事组织、人事、纪检、监督、宣传、文秘等工作,进行政府形象、政府与公众关系的维护,以及对党员的检查和监督等。

2. 国际政治

国际政治主要研习马克思主义理论、国际政治、国际法、政治学、外交学等方面的基本知识和技能,研究对象为以国家为主体的国际行为体的跨国互动关系,从政治的角度研究影响这种互动关系的一切因素,进而在党政机关、事业单位等进行外交、外事、对外宣传等。

(五)就业分析

1. 政治学与行政学

政治学与行政学作为理论性较强的专业,就业范围比较窄,对口行业中最好的就业方向是考公务员或者国企及事业单位;如果对这类工作不感兴趣,私企的人事、行政专员等也比较对口;另外可以考虑的行业是媒体方向,如杂志社的新闻编辑或电视台的新闻采编等。该专业适合考研深造。该专业适合对政治感兴趣,有较高政治敏锐度、较强人际交往能力以及具有理论性思维的学生。作为偏理论的专业,就业的选择一般都不会太多,如果有就业压力的考生,不建议报考该专业。

2. 国际政治

国际政治本科毕业后可以做记者、编辑,在中央和地方媒体机构可以从事国际新闻方面的工作,专业对口程度比较高,不过难度也很大,多数本科毕业直接就业从事的工作和本专业没太大关系,做人力资源、秘书甚至财务的也不在少数。这个专业本科后出国的比例在不断增大,而且这个专业在欧美等国家还是很受欢迎的,欧美很多政要都研修过这个专业。学习国际政治专业的一般分析能力都很强,能运用所学的政治原理来处理现实中的人际关系,所以即使成不了外交官,不能够在外事部门工作,将来就业时也是非常有优势的,要把这个优势发挥好。另外,学国际政治专业一般外语都很好,到外企去工作也是一个非常好的选择。

(六)各类院校推荐

1. 政治学与行政学专业(如表2-56所示)

表2-56 政治学与行政学专业推荐院校

分类	推荐院校
原985	复旦大学、北京大学、中国人民大学、南京大学等
原211	华中师范大学、中国政法大学、云南大学、东北师范大学、湖南师范大学等
一流学科	首都师范大学、成都理工大学等
保研资格	天津师范大学、西南政法大学、黑龙江大学、贵州师范大学、华东政法大学等
公办本科	广西民族大学、山东工商学院、山东青年政治学院、滇西科技师范学院、长江师范学院等
民办本科	齐鲁理工学院等

2. 国际政治专业(如表2-57所示)

表2-57 国际政治专业推荐院校

分类	推荐院校
原985	复旦大学、北京大学、中国人民大学、清华大学等
原211	华中师范大学、上海外国语大学、暨南大学、中国政法大学等
一流学科	无
保研资格	山西大学、国际关系学院、燕山大学等
公办本科	上海政法学院、北京第二外国语学院、淮北师范大学等
民办本科	无

三、社会学类

(一)学科评估结果

社会学类对应的研究生一级学科为社会学,第四轮学科评估结果如表2-58所示。

表2-58 社会学第四轮学科评估结果

学科评估	院校分类	院校
A+	原985	北京大学、中国人民大学
A	原985	南京大学
A-	原985	清华大学、复旦大学
	原211	上海大学
B+	原985	中央民族大学、华中科技大学、吉林大学、南开大学、中山大学、华东师范大学
	原211	华东理工大学
B	原985	武汉大学、厦门大学、浙江大学、中国农业大学
	原211	河海大学、华中师范大学
B-	原985	山东大学、西安交通大学、中南大学、北京师范大学
	原211	中央财经大学、中国政法大学
	保研资格	云南民族大学
C+	原985	四川大学、哈尔滨工业大学
	原211	西南财经大学、安徽大学、云南大学
	保研资格	浙江师范大学
C	原985	兰州大学、西北农林科技大学
	原211	西南大学、苏州大学、南京师范大学
	保研资格	济南大学
	公办本科	贵州民族大学
C-	原211	哈尔滨工程大学、湖南师范大学
	保研资格	西北民族大学、沈阳师范大学、云南师范大学
	公办本科	赣南师范大学

（二）报考科类

文理兼收，文科生占多数。

（三）男女人数情况

女生占多数。

（四）专业解读

社会学类下设社会学、社会工作、人类学、女性学、家政学、老年学、社会政策共计7个专业，**其中社会学、社会工作专业开设院校相对较多**，其余专业开设院校较少，本书主要讲解开设院校相对较多的社会学类专业。

1. 社会学

社会学是一门分析各种社会现象，研究社会中人的行为，探求如何解决社会问题的学科，研究领域涉及我们身边的家庭、学校、企业、国家乃至国际社会。在学习中我们会逐步了解个人的成长会经历哪些阶段、面临哪些问题、女性在现代社会中充当哪些角色，以及如何分析社会热点问题，比如青少年犯罪问题、失业问题、环保问题、同性恋话题等，社会学都会以它独特的视角给出这些问题的答案。该专业对政治、语文科目要求较高，适合对社会学、人文社科有兴趣，同时社会交流沟通能力强的学生就读。

2. 社会工作

社会工作是一种帮助人解决与社会环境发生问题的工作。该专业致力于帮助社会上的贫困者、老弱者、身心残障者和其他弱势人群；预防和解决因不良互动方式而产生的各种社会问题；开展社区服务，完善社会功能，提高社会福利水平和社会生活素质，实现个人和社会的良好互动，促进社会的稳定与发展。

3. 社会学与社会工作专业的区别

社会学专业和社会工作专业的核心课程为社会学、社会心理学、社会思想史等。但社会学偏向社会调查与研究、理论研究与政策规划，而社会工作偏向于社区工作、青少年工作、社会保障工作，总的来说就是社会学更具理论性，而社会工作更具实践性。

（五）就业分析

社会学专业学生毕业后可在教育、科研机构、党政机关、新闻出版、企事业单位、社会团体从事社会研究与调查、政策研究与评估、社会规划与管理、发展研究与预测等工作。社会工作专业学生毕业后可选择的就业方向主要是民政、劳动、社会保障和卫生部门，及工会、青年妇女等社会组织及其他社会福利、服务和公益团体等机构，主要从事社会保障、社会政策研究、社会行政管理、社区发展与管理、社会服务、评估与操作等工作。

社会学与社会工作的就业现状，一方面是部分地区的认可程度还不够，但在发达地区（如广东、江苏、上海等地）就业情况整体还是不错的；另一方面随着社会公益单位、非政府组织（NGO）等机构的成立和发展，就业前景总的来说在向好的方向发展。主要就业单位有：城市社区等基层管理单位、公益事业单位和公共服务机构、非政府组织（NGO）、民政系统单位等。

（六）各类院校推荐

1. 社会学专业（如表2-59所示）

表2-59 社会学专业推荐院校

分类	推荐院校
原985	北京大学、中国人民大学、复旦大学、南京大学、华东师范大学等
原211	上海大学、华中师范大学、华东理工大学、中国政法大学、河海大学等
一流学科	成都理工大学等
保研资格	云南民族大学、云南师范大学、中南民族大学、安徽师范大学、天津理工大学、广州大学、黑龙江大学、沈阳师范大学、吉林农业大学等
公办本科	贵州民族大学、重庆工商大学、广西民族大学、赣南师范大学等
民办本科	三亚学院等

2. 社会工作专业（如表2-60所示）

表2-60 社会工作专业推荐院校

分类	推荐院校
原985	中国人民大学、北京大学、四川大学、复旦大学等
原211	华中师范大学、华北电力大学、西南大学、北京科技大学、郑州大学、南昌大学等
一流学科	首都师范大学、成都理工大学、南京邮电大学等
保研资格	浙江师范大学、山西大学、桂林理工大学、河南科技大学、江西财经大学、上海师范大学、新疆师范大学、中南民族大学、河南师范大学、福建医科大学等
公办本科	广西科技大学、岭南师范学院、安庆师范大学、福建江夏学院、新乡学院、中原工学院、南京财经大学、重庆科技学院、常州大学、重庆理工大学等
民办本科	北京城市学院、黄河科技学院、东莞城市学院、大连科技学院、西安翻译学院、广东白云学院等

四、民族学类

（一）学科评估结果

民族学类对应的研究生一级学科为民族学，第四轮学科评估结果如表2-61所示。

表 2-61　民族学第四轮学科评估结果

学科评估	院校分类	院校
A+	原985	中央民族大学
	原211	云南大学
A-	保研资格	中南民族大学
B+	原985	兰州大学、中山大学
	保研资格	西南民族大学
B	原211	内蒙古大学
	保研资格	云南民族大学
	公办本科	广西民族大学
B-	原985	厦门大学
	原211	陕西师范大学、宁夏大学
C+	原985	四川大学
	保研资格	西北民族大学、新疆师范大学
C	保研资格	内蒙古师范大学、西藏民族大学
	公办本科	湖北民族大学
C-	保研资格	吉首大学
	公办本科	北方民族大学、贵州民族大学

（二）报考科类

基本只招收文科生。

（三）男女人数情况

女生占多数。

（四）专业解读

民族学类下设民族学共计 1 个专业。

民族学专业也叫文化人类学，顾名思义就是关于民族文化的学科，为主要研究民族的发生、发展和变化的专业。通过实地调查、分析文献资料和比较研究，弄清各民族的社会经济结构、政治制度、社会生活、家庭婚姻、风俗习惯、宗教信仰、语言文字、文学艺术、道德规范、思想意识等。

民族学听起来很高大上而且又接地气，毕竟我国有着 56 个民族，从表面上看有着广泛的研究空间，但现实中大多数情况下，民族学似乎都是在做保护和抢救的工作，研究过去的东西，整理文化的脉络，学术方面要想获得一定成就相对会比较难。

（五）就业分析

民族学专业的毕业生一般服务于国家事业单位、高校等，毕业生可以在各级党政机关中的民族、宗教、统战、民政、侨务、旅游、文物、博物馆等部门以及相关的政策研究机构、事业单位、群众团体和各类公司、企业、外国在华机构及基金会等非营利组织以及工厂中的公关、策划、管理和文秘部门工作。

民族学专业对社会有益，对国家有益，对整个人类有益，对个人综合素养、思维方式和价值观的培养也非常好。但是如果想在这个领域有所建树，就要做好深造的打算，建议对民族学真正感兴趣，喜欢学术研究的学生报考。

（六）民族学专业各类院校推荐（如表 2-62 所示）

表 2-62　民族学专业推荐院校

分类	推荐院校
原985	中央民族大学、兰州大学等

续表

分类	推荐院校
原211	云南大学、内蒙古大学、西南大学等
一流学科	无
保研资格	中南民族大学、云南民族大学、新疆师范大学等
公办本科	广西民族大学、贵州民族大学、内蒙古民族大学等
民办本科	郑州工业应用技术学院等

五、马克思主义理论类

(一)学科评估结果

马克思主义理论类对应的研究生一级学科为马克思主义理论,第四轮学科评估结果如表2-63所示。

表2-63 马克思主义理论第四轮学科评估结果

学科评估	院校分类	院校
A+	原985	中国人民大学、清华大学、武汉大学
	原211	东北师范大学
A	原985	北京大学、复旦大学、吉林大学、山东大学、中山大学
	原211	华中师范大学、南京师范大学
A-	原985	南开大学、四川大学、西安交通大学、浙江大学、中南大学、华东师范大学、北京师范大学
	原211	西南大学、华南师范大学
	一流学科	首都师范大学
	保研资格	福建师范大学、江西师范大学
B+	原985	湖南大学、华中科技大学、兰州大学、南京大学、同济大学
	原211	北京交通大学、合肥工业大学、河海大学、武汉理工大学、西南交通大学、陕西师范大学、上海财经大学、中央财经大学、辽宁大学、上海大学、苏州大学、郑州大学
	军校	南京政治学院
	保研资格	湘潭大学、天津师范大学、哈尔滨师范大学、山东师范大学、广西师范大学
B	原985	厦门大学、华南理工大学、上海交通大学
	原211	北京科技大学、大连海事大学、中国石油大学(华东、北京)、中国地质大学(武汉、北京)、中国政法大学、哈尔滨工程大学、南京航空航天大学、湖南师范大学、新疆大学
	一流学科	河南大学
	保研资格	扬州大学、上海师范大学、湖南科技大学、浙江师范大学、西安理工大学、河北师范大学、黑龙江大学、安徽师范大学、贵州师范大学、新疆师范大学
B-	原985	北京航空航天大学
	原211	江南大学、华东理工大学、中国矿业大学(徐州、北京)、西南财经大学、南京理工大学、内蒙古大学、安徽大学、广西大学、云南大学
	保研资格	山西大学、河北大学、中南民族大学、江苏大学、湖北大学、西安科技大学、辽宁师范大学、哈尔滨理工大学、江苏师范大学、曲阜师范大学、海南师范大学、西北师范大学
	公办本科	温州大学

续表

学科评估	院校分类	院校
C+	原985	北京理工大学、哈尔滨工业大学
	原211	中南财经政法大学、长安大学、东北林业大学、河北工业大学、福州大学、海南大学
	保研资格	华东政法大学、江西财经大学、重庆邮电大学、浙江理工大学、南昌航空大学、广州大学、武汉工程大学、三峡大学、山西师范大学、杭州师范大学、浙江工商大学、福建农林大学、重庆师范大学、西华大学、河南师范大学、河南理工大学
	公办本科	信阳师范学院
C	原985	中央民族大学、重庆大学
	原211	华北电力大学(北京、保定)
	一流学科	西南石油大学
	保研资格	长春理工大学、深圳大学、西南政法大学、武汉科技大学、长沙理工大学、北方工业大学、西南科技大学、南通大学、安徽工业大学、重庆交通大学、山西财经大学、渤海大学、西华师范大学、云南师范大学、延安大学
	公办本科	北华大学、赣南师范大学、武汉纺织大学、广西民族大学、贵州财经大学
C-	原985	中国农业大学
	原211	北京化工大学
	一流学科	宁波大学、成都理工大学
	保研资格	北京工商大学、燕山大学、南华大学、江西理工大学、沈阳师范大学、山东财经大学、云南财经大学、兰州理工大学、河南农业大学、河南科技大学、河南工业大学
	公办本科	南京财经大学、辽宁石油化工大学、重庆工商大学、长春师范大学、广东财经大学、南宁师范大学

(二)报考科类

基本只招收文科生。

(三)男女人数情况

男女生相对均衡(思想政治教育专业女生占多数)。

(四)专业解读

马克思主义理论类下设科学社会主义、中国共产党历史、思想政治教育、马克思主义理论共计4个专业，**其中思想政治教育、马克思主义理论专业开设院校相对较多**，其余专业开设院校较少，本书主要讲解开设院校相对较多的马克思主义理论类专业。

1. 思想政治教育

思想政治教育专业主要培养具备较高的思想政治素质和马克思主义理论素养,能在各类院校从事马克思主义理论课、思想政治教育学科、历史与社会学科的教学和科研以及能在党政机关、企事业单位、社区从事思想政治工作和管理工作的应用型、复合型高级专业人才。本专业分为师范和非师范专业,非师范专业对口的主要是公务员,从事思想政治工作,而师范专业毕业生更多地会选择到中小学任教。

2. 马克思主义理论

马克思主义理论是我国哲学社会科学的基础学科,主要是从马克思主义的立场出发,研究人类历史演变的一般规律,及其在不同时代、不同地区的特殊规律,并由此产生的各种理论问题。本专业的研究领域涉及哲学、社会学、文艺学、历史学、政治学、管理学、经济学、法学等多个学科。

(五)就业分析

提及思想政治教育专业,很多人想到的就是毕业后可以当政治老师,再者就是考公务员岗位,而马克思主义理论专业我们能够想到的除了考公务员就没有什么了。马克思主义理论各专业的就业选择确实偏窄,就业呈现两极分化的态势。在国家日益重视思想工作、党建工作的今天,真正学有所长的高层次人才,社会需求度还是非常高的,而学而不精的毕业生可能要面临转行的问题,所以只建议真正喜欢并且立志深造的学生考虑此类专业。当然,想从事教师行业的学生也可以重点考虑思想政治教育师范类专业。

(六)各类院校推荐

1. 思想政治教育专业(如表2-64所示)

表2-64 思想政治教育专业推荐院校

分类	推荐院校
原985	武汉大学、北京师范大学、华东师范大学等
原211	东北师范大学、西南大学、华中师范大学、华南师范大学、河海大学、南京师范大学等
一流学科	首都师范大学、河南大学、宁波大学等
保研资格	哈尔滨师范大学、湖北大学、安徽师范大学、江西师范大学、福建师范大学、浙江师范大学、湖南科技大学、河北师范大学、广西师范大学、山东师范大学等
公办本科	信阳师范学院、北方民族大学、温州大学、南宁师范大学、大理大学、喀什大学、安庆师范大学、长春师范大学、赣南师范大学、内蒙古民族大学等
民办本科	重庆人文科技学院、黄河交通学院、南昌工学院等

2. 马克思主义理论专业(如表2-65所示)

表2-65 马克思主义理论专业推荐院校

分类	推荐院校
原985	中国人民大学、西安交通大学、四川大学、山东大学等
原211	华南师范大学、北京体育大学等
一流学科	无
保研资格	中国社会科学院大学、河南师范大学等
公办本科	无
民办本科	无

六、公安学类

(一)学科评估结果

公安学类对应的研究生一级学科为公安学,第四轮学科评估未进行排名。

(二)报考科类

文理兼收,理科生占多数。

(三)男女人数情况

男生占大多数。

(四)专业解读

公安学类下设治安学、侦查学、边防管理、禁毒学、警犬技术、经济犯罪侦查、边防指挥、消防指挥、警卫学、公安情报学、犯罪学、公安管理学、涉外警务、国内安全保卫、警务指挥与战术、技术侦查学、海警执法、公安政治工作、移民管理、出入境管理、反恐警务、消防政治工作共计22个专业,**其中治安学、侦查学、经济犯罪侦查专业开设院校相对较多**,其余专业开设院校较少,本书主要讲解开设院校相对较多的公安类专业。

公安学,是关于中国公安工作规律和对策的知识体系,是中国人民民主与专政下公安工作实践经验的总结和概括,是所有公安学科的总称。公安学是研究如何调整有关国家安全与社会治安秩序的社会关系行为规律的一门社会科学与自然科学相交叉的综合学科,主要培养能在公安、检察、国家安全等部门从事侦查工作、刑事执法工作、预防和控制犯罪以及侦查学教学、科研等方面工作的高级专业人才。公安类专业女生招生计划相对比较少,招生分数相对较高,对学生的身体素质方面(如身高、体重、视力等)要求也比较严格。

1. 治安学

治安学专业学生主要研究治安学、行政法学、行政管理学、安全防范技术、侦查学等方面的基本知识和技能，接受公安行政执法和犯罪预防等方面的基本训练，毕业后在公安、国家安全、边防、行政执法机关等部门进行治安管理、预防和控制犯罪、安全保卫等。

2. 侦查学

侦查学更侧重于刑事犯罪侦查，这又区别于经济犯罪侦查，公安机关的首要任务就是打击犯罪，这是自古以来任何一个国家、任何一个朝代的警察机构的最基本职能。也正因为此，侦查学专业的毕业生的侦查知识体系构建得非常全面、完善。侦查学毕业生报考公务员岗位有很大优势，很多岗位只限定侦查学毕业生报考。

3. 经济犯罪侦查

经济犯罪侦查专业的学生能够系统地学习刑事法学、经济法学、案件侦查、物证技术等专业的基本理论和基础知识，能够熟练地运用侦查策略方法和科学技术，毕业生可在检察、纪检部门、公安部门以及企、事业单位相关岗位工作。

（五）就业分析

公安类专业的毕业生就业不用多说，对口度很高。很多学生在报考时经常认为公安类专业毕业后国家包分配工作，这是个认识误区，目前国内的高校，除了军校等少数招生类型外，没有任何高校分配工作了，包括北大、清华这些顶尖学府也没有分配一说。不过，公安类高校我们可以将它理解成虽然不包分配，但相当于分配工作。目前的招警考试，先从公安院校毕业生中进行内招，当警校毕业生不足的时候，剩余名额才从社会上招聘。

如果要说劣势，那就是公安类专业的专业性太强了，如果不想当警察，到社会就业也就只能依靠综合能力找工作，在新的领域就业要从零开始。还有一点就是警校上学期间实行的是军事化管理，有些孩子可能会不太适应。

（六）各类院校推荐

1. 治安学专业（如表2-66所示）

表2-66　治安学专业推荐院校

分类	推荐院校
原985	无
原211	中南财经政法大学等
一流学科	中国人民公安大学等
保研资格	华东政法大学、西北政法大学等
公办本科	浙江警察学院、江苏警官学院、山东警察学院、四川警察学院、新疆警察学院等
民办本科	无

2. 侦查学专业（如表2-67所示）

表2-67　侦查学专业推荐院校

分类	推荐院校
原985	无
原211	中南财经政法大学、中国政法大学等
一流学科	中国人民公安大学等
保研资格	西北政法大学、西南政法大学、华东政法大学等
公办本科	中国刑事警察学院、湖北警官学院、甘肃政法大学、浙江警察学院、南京森林警察学院等
民办本科	无

3. 经济犯罪侦查专业(如表2-68所示)

表2-68 经济犯罪侦查专业推荐院校

分类	推荐院校
原985	无
原211	无
一流学科	无
保研资格	西南政法大学等
公办本科	广东警官学院、江苏警官学院、浙江警察学院、河南警察学院等
民办本科	无

七、公共管理类

(一)学科评估结果

公共管理类对应的研究生一级学科为公共管理,第四轮学科评估结果如表2-69所示。

表2-69 公共管理第四轮学科评估结果

学科评估	院校分类	院校
A+	原985	中国人民大学、清华大学
A	原985	北京大学、武汉大学、浙江大学、中山大学
	原211	南京农业大学
A-	原985	复旦大学、华中科技大学、四川大学、西安交通大学、上海交通大学、北京航空航天大学、北京师范大学
B+	原985	吉林大学、兰州大学、南京大学、南开大学、厦门大学、东北大学、天津大学、同济大学、中国农业大学、华东师范大学
	原211	中南财经政法大学、中国地质大学(武汉、北京)、华中农业大学、郑州大学
B	原985	山东大学、中南大学、大连理工大学、电子科技大学、哈尔滨工业大学、中国科学技术大学
	原211	中国矿业大学(徐州、北京)、华中师范大学、上海财经大学、对外经济贸易大学、中央财经大学
	原211军校	海军军医大学
	保研资格	东北财经大学、哈尔滨医科大学、湘潭大学
B-	原985	中央民族大学、东南大学、湖南大学、华南理工大学、重庆大学
	原211	河海大学、西南财经大学、辽宁大学、南昌大学、广西大学
	保研资格	江西财经大学、杭州师范大学、山东财经大学
	公办本科	浙江财经大学
C+	原985	中国海洋大学
	原211	北京科技大学、北京邮电大学、华东理工大学、西南交通大学、暨南大学、云南大学
	保研资格	武汉科技大学、首都经济贸易大学、黑龙江大学、浙江工商大学、福建农林大学、湖南农业大学、河南理工大学
C	原985	北京理工大学
	原211	华北电力大学(北京、保定)、长安大学、哈尔滨工程大学、苏州大学、福州大学、贵州大学
	保研资格	河北大学、上海理工大学、华南农业大学、天津财经大学、广州大学、沈阳师范大学、江西农业大学、云南财经大学

续表

学科评估	院校分类	院校
C-	原985	西北工业大学
	原211	大连海事大学、西南大学、东北农业大学
	一流学科	南京中医药大学、河南大学、北京协和医学院
	保研资格	燕山大学、江苏大学、西南政法大学、湖北大学、安徽财经大学、安徽医科大学、哈尔滨商业大学、新疆农业大学
	公办本科	贵州财经大学

(二)报考科类

文理兼收,文科生占多数。

(三)男女人数情况

女生占多数(海关管理专业男生占多数)。

(四)专业解读

公共管理类下设公共事业管理、行政管理、劳动与社会保障、土地资源管理、城市管理、海关管理、交通管理、海事管理、公共关系学、健康服务与管理、海警后勤管理、医疗产品管理、医疗保险、养老服务管理、海关检验检疫安全、海外安全管理、自然资源登记与管理共计17个专业,**其中公共事业管理、行政管理、劳动与社会保障专业开设院校相对较多**,其余专业开设院校较少,本书主要讲解开设院校相对较多的公共管理类专业。

公共管理类专业,主要就是通过综合运用经济学、政治学、社会学等学科的知识培养学生对当前政府事务的综合分析能力,从而能够为政府部门和非政府机构以及企事业单位的人事和行政部门培养宽口径、复合型、应用型的公共管理高层次专业人员。

公共事业管理侧重于第三部门(公共事业民营化经营)的管理问题,即公益组织与事业组织(文教、体育、卫生、环保、社会保险等)的管理问题、非政府公共机构的管理问题;行政管理侧重于政府组织自身的管理及政府组织对社会公共事务的管理;劳动与社会保障分为劳动方向和社会保障方向,劳动方向偏劳动关系管理,而社会保障方向涉及医疗保险、社会养老等。

(五)就业分析

公共管理是现代管理学的重要分支,岗位覆盖行政、人事、运营、销售等绝大多数非技术岗位,从政府机构、事业单位、公益组织、银行业、咨询业、快消品行业、房地产行业到互联网行业,都能找到公共管理类专业的毕业生。目前随着我国经济建设的持续发展,政府和其他公共管理部门的职能及管理手段正在发生深刻变化,高层次的公共管理人才还是非常紧缺的。

公共管理类专业在就业方面和工商管理类专业一样,社会需求度比较高,找工作不是太大的问题,但同时也有管理学科的通病,就业两极分化比较严重。个人想要有好的发展,就必须依靠自身的综合能力而不完全是所谓的专业知识,因此建议性格偏外向、善于人际交往的学生考虑。

(六)各类院校推荐

1.公共事业管理专业(如表2-70所示)

表2-70 公共事业管理专业推荐院校

分类	推荐院校
原985	中国人民大学、浙江大学、武汉大学、山东大学、华中科技大学等
原211	天津医科大学、云南大学、西北大学、南京农业大学、苏州大学、西南交通大学、华南师范大学、南昌大学等
一流学科	广州中医药大学、南京中医药大学、河南大学、成都中医药大学等
保研资格	安徽医科大学、杭州师范大学、首都医科大学、南京医科大学、重庆医科大学、南方医科大学、湘潭大学、广西医科大学、广州医科大学、福建医科大学等

续表

分类	推荐院校
公办本科	潍坊医学院、新乡医学院、广西民族大学、西安医学院、锦州医科大学、桂林医学院、浙江财经大学、楚雄师范学院、贵州财经大学、南宁师范大学等
民办本科	浙江树人学院、广西外国语学院、广州华商学院、湛江科技学院、大连理工大学城市学院、大连医科大学中山学院、四川文化艺术学院、锦州医科大学医疗学院、武汉文理学院等

2. 行政管理专业（如表2-71所示）

表2-71 行政管理专业推荐院校

分类	推荐院校
原985	中国人民大学、北京大学、中山大学、西安交通大学、厦门大学、上海交通大学等
原211	郑州大学、华中师范大学、中国政法大学、中国矿业大学、云南大学、西北大学、南京农业大学、中南财经政法大学、中国矿业大学（北京）、苏州大学等
一流学科	河南大学、宁波大学、南京信息工程大学等
保研资格	东北财经大学、湘潭大学、黑龙江大学、西南政法大学、哈尔滨商业大学、天津师范大学、燕山大学、山西大学、武汉科技大学、华南农业大学等
公办本科	广西民族大学、浙江财经大学、贵州财经大学、南京审计大学、广东技术师范大学、湖南工商大学、中央司法警官学院、东莞理工学院、北京电子科技学院、温州大学等
民办本科	湖南应用技术学院、湖南涉外经济学院、广西外国语学院、宿迁学院、广东培正学院、广州南方学院、辽宁财贸学院、厦门大学嘉庚学院等

3. 劳动与社会保障专业（如表2-72所示）

表2-72 劳动与社会保障专业推荐院校

分类	推荐院校
原985	中国人民大学、武汉大学、南京大学等
原211	上海财经大学、中南财经政法大学、西北大学、南京农业大学、华中师范大学等
一流学科	河南大学、首都师范大学、南京邮电大学等
保研资格	东北财经大学、哈尔滨师范大学、中南民族大学、华东政法大学、华南农业大学、湖南农业大学、江西财经大学、山西财经大学、哈尔滨商业大学、首都经济贸易大学等
公办本科	上海工程技术大学、浙江财经大学、南京审计大学、山东工商学院、贵州财经大学、中国劳动关系学院、南京财经大学、海南医学院、重庆理工大学、广东财经大学等
民办本科	广东培正学院、上海杉达学院、大连科技学院、天津天狮学院、宿迁学院等

第五节　与语文、政治、数学相关的大学本科专业解析

哲学类

(一)学科评估结果

哲学类对应的研究生一级学科为哲学,第四轮学科评估结果如表2-73所示。

表2-73　哲学第四轮学科评估结果

学科评估	院校分类	院校
A+	原985	北京大学、复旦大学
A	原985	中国人民大学、南京大学
A-	原985	吉林大学、武汉大学、中山大学、北京师范大学
B+	原985	清华大学、东南大学、华中科技大学、南开大学、山东大学、浙江大学、华东师范大学
B+	保研资格	黑龙江大学
B	原985	中央民族大学、四川大学、厦门大学、东北大学、同济大学
B	原211	陕西师范大学、南京师范大学、湖南师范大学
B	保研资格	山西大学
B-	原985	西安交通大学、中南大学、大连理工大学
B-	原211	西南大学、辽宁大学、苏州大学、华南师范大学
B-	保研资格	上海师范大学
C+	原985	兰州大学
C+	原211	中南财经政法大学、中国政法大学、安徽大学、南昌大学
C+	一流学科	河南大学
C+	保研资格	河北大学、湖北大学、华侨大学
C	原211	上海大学、云南大学
C	保研资格	深圳大学、西北政法大学、西南民族大学、吉林师范大学、吉首大学、昆明理工大学
C-	原211	广西大学
C-	保研资格	西南政法大学、河北师范大学、沈阳师范大学、安徽师范大学、四川师范大学、云南师范大学、河南师范大学

(二)报考科类

文理兼收,文科生占多数。

(三)男女人数情况

男女生相对均衡。

(四)专业解读

哲学类下设哲学、逻辑学、宗教学、伦理学共计4个专业,**其中哲学专业开设院校相对较多**,其余专业开设院校较少,本书主要讲解开设院校相对较多的哲学类专业。

哲学是人文科学领域内的基础学科,是一门非常古老的学问,它的本质是认识和思考我们所处的世界。在希腊文中,哲学是智慧的意思。学哲学,就是学习智慧。"哲学乃万学之学",所有知识都发源于哲

学,所有发展出来的知识也都反向统一于哲学。

哲学的学习内容比较宽泛,需要学生有一定的历史、人文、自然科学、传播学、数学等知识和思维基础,只有这样才能纵观全局,更全面深刻地以批判性的思维思考过去、现在和未来,更好地研究事物发展的本质规律。

(五)就业分析

近年来,哲学专业毕业生就业呈现两极分化的状态:一方面,随着国家对哲学社会科学研究的不断重视和加大投入,对高学历哲学人才的需求在逐年增加,很多高校和科研院所呈现出人才短缺的现象,纷纷加大人才引进力度,博士学历的哲学专业毕业生就业比较理想,但也存在阶段性需求旺盛的特点;另一方面,哲学专业的本科和硕士毕业生的就业形势则不容乐观,社会需求不高,从事与哲学专业对口的相关工作难度较大,多数毕业生最后到行政管理、文化教育、新闻传媒等领域从事对专业性要求不高或无专业限制的职业。因此,本科毕业直接工作不是哲学专业学生的最优选择,最好选择继续深造。

很多人觉得哲学专业比较虚浮,究其原因主要是这部分人不适合学习本专业或者没有将专业学好。哲学虽然不培养具体的技能,但对于善于发现问题和提出问题并进行"前提批判"理论思维能力的锻炼和培养是其他专业不具备的。在专业的学习过程中,如果能够深入进去,锤炼自身的思维能力、创新能力、口头与文字表达能力等,即使毕业后不能够从事本专业,转行也是大有可为的。

(六)哲学专业各类院校推荐(如表2-74所示)

表2-74 哲学专业推荐院校

分类	推荐院校
原985	中国人民大学、复旦大学、北京大学、南京大学、吉林大学等
原211	湖南师范大学、陕西师范大学、西南大学、南京师范大学等
一流学科	首都师范大学、河南大学等
保研资格	山西大学、黑龙江大学、湖北大学、华侨大学、上海师范大学等
公办本科	宝鸡文理学院、梧州学院、齐齐哈尔大学等
民办本科	北海艺术设计学院等

第六节 与语文、美术相关的大学本科专业解析

艺术学理论类

(一)学科评估结果

艺术学理论类对应的研究生一级学科为艺术学理论,第四轮学科评估结果如表2-75所示。

表2-75 艺术学理论第四轮学科评估结果

学科评估	院校分类	院校
A+	原985	北京大学、东南大学
A-	原985	清华大学
	原211	中国传媒大学
	一流学科	中国美术学院
B+	原985	北京师范大学
	一流学科	中央戏剧学院、中央美术学院、上海音乐学院

续表

学科评估	院校分类	院校
B+	保研资格	南京艺术学院
B	原985	四川大学
	保研资格	杭州师范大学、西安美术学院
	公办本科	上海戏剧学院、广州美术学院
B-	原985	中国人民大学
	原211	武汉理工大学
	保研资格	浙江理工大学、北京电影学院
	公办本科	哈尔滨音乐学院
C+	原985	厦门大学
	保研资格	深圳大学、北京服装学院、广西艺术学院
	公办本科	四川美术学院、湖北美术学院
C	原211	东华大学
	保研资格	福建师范大学、鲁迅美术学院
	公办本科	沈阳音乐学院
C-	原211	苏州大学、云南大学
	一流学科	河南大学
	保研资格	河北师范大学
	公办本科	云南艺术学院

（二）报考科类

文理兼收，文科生占多数。

（三）男女人数情况

女生占多数。

（四）专业解读

艺术学理论类下设艺术史论、艺术管理、非物质文化遗产保护共计3个专业，开设院校均比较少。

艺术史论主要学习中外艺术学理论和中外艺术史方面的基本理论和基本知识，熟悉各个艺术门类的基本知识，掌握艺术鉴赏与艺术批评方面的基本能力，侧重于理论知识的学习。艺术管理更加侧重于经营管理，致力于文化艺术产业的运营和管理。

（五）就业分析

艺术史论、艺术管理、非物质文化遗产保护专业均为比较冷门的专业，对口工作相对较少，只建议有浓厚兴趣的学生考虑。

（六）各类院校推荐

1. 艺术史论专业（如表2-76所示）

表2-76 艺术史论专业推荐院校

分类	推荐院校
原985	北京大学、清华大学等
原211	无
一流学科	中央美术学院、中国美术学院等
保研资格	南京艺术学院、广西艺术学院、西安美术学院、山东艺术学院等

续表

分类	推荐院校
公办本科	四川美术学院、四川音乐学院、沈阳音乐学院等
民办本科	河北美术学院等

2. 艺术管理专业(如表2-77所示)

表2-77 艺术管理专业推荐院校

分类	推荐院校
原985	无
原211	无
一流学科	中央戏剧学院等
保研资格	南京艺术学院等
公办本科	上海戏剧学院、北京舞蹈学院、贵州财经大学等
民办本科	四川传媒学院等

第三章 与数学对应的大学本科专业解析

第一节 与数学相关的大学本科专业解析

一、数学类

（一）学科评估结果

数学类对应的研究生一级学科为数学，第四轮学科评估结果如表3-1所示。

表3-1 数学第四轮学科评估结果

学科评估	院校分类	院校
A+	原985	北京大学、复旦大学、山东大学
A	原985	清华大学、南开大学、西安交通大学、上海交通大学、中国科学技术大学、北京师范大学
A-	原985	吉林大学、南京大学、四川大学、武汉大学、浙江大学、中山大学、同济大学、华东师范大学、哈尔滨工业大学
B+	原985	湖南大学、华中科技大学、兰州大学、厦门大学、中南大学、大连理工大学、华南理工大学、重庆大学
B+	原985军校	国防科技大学
B+	原211	东北师范大学、华中师范大学、陕西师范大学、上海大学、苏州大学、南京师范大学、湖南师范大学、华南师范大学
B+	一流学科	首都师范大学
B+	保研资格	湘潭大学、浙江师范大学
B	原985	中国人民大学、西北工业大学
B	原211	中国矿业大学（徐州、北京）、西南大学、北京工业大学、安徽大学、福州大学、云南大学、西北大学、新疆大学、郑州大学
B	保研资格	上海师范大学、广州大学、河北师范大学、福建师范大学、西北师范大学
B-	原211	北京交通大学、北京科技大学、合肥工业大学、华东理工大学、南京航空航天大学、南京理工大学、内蒙古大学、贵州大学
B-	一流学科	南京信息工程大学、宁波大学
B-	保研资格	山西大学、扬州大学、湖北大学、江苏师范大学、江西师范大学、山东师范大学、曲阜师范大学、重庆师范大学、四川师范大学

续表

学科评估	院校分类	院校
C+	原985	东北大学、中国海洋大学
	原211	东华大学、中国石油大学(华东、北京)、暨南大学、南昌大学、广西大学、宁夏大学
	一流学科	河南大学
	保研资格	江苏大学、浙江理工大学、北方工业大学、汕头大学、辽宁师范大学、杭州师范大学、贵州师范大学、河南师范大学
	公办本科	温州大学
C	原985	中国农业大学
	原211	华北电力大学(北京、保定)、西南交通大学、中国地质大学(武汉、北京)
	一流学科	成都理工大学
	军校	陆军工程大学
	保研资格	上海理工大学、长沙理工大学、浙江工业大学、中北大学、华北理工大学、吉林师范大学、哈尔滨理工大学、哈尔滨师范大学、安徽师范大学、桂林电子科技大学、云南师范大学
	公办本科	烟台大学
C-	原211	北京化工大学、河海大学、辽宁大学
	一流学科	西南石油大学
	保研资格	河北大学、青岛大学、中国民航大学、集美大学、天津师范大学、山西师范大学、沈阳师范大学、渤海大学、黑龙江大学、西华师范大学、昆明理工大学、华北水利水电大学、河南理工大学
	公办本科	湖北师范大学、广西民族大学、信阳师范学院

(二)报考科类

基本只招收理科生。

(三)男女人数情况

男女生相对均衡。

(四)专业解读

数学类下设数学与应用数学、信息与计算科学、数理基础科学、数据计算及应用共计4个专业,**其中数学与应用数学、信息与计算科学专业开设院校相对较多**,其余专业开设院校较少,本书主要讲解开设院校相对较多的数学类专业。

数学是自然科学之基础,从概念上讲,数学是研究数量、结构、变化以及空间模型等概念的一门学科。通常来讲数学能力强的人,基本体现在两种能力上,一是逻辑思维能力,二是抽象思维能力。爱因斯坦说过:"纯粹数学,就其本质而言,是逻辑思想的诗篇。"所以,当考生在报考数学类专业时,最好要了解自己的专长和兴趣,例如是否擅长逻辑思维,是否有较好的图形、图像想象力及代数运算能力,是否喜欢用数学概念来了解和解释世界。

1. 数学与应用数学

数学与应用数学专业属于基础专业,是其他相关专业的"母专业"。无论是进行科研数据分析、软件开发,还是从事金融保险、国际经济与贸易、化工制药、通信工程、建筑设计等,都离不开相关的数学知识。由于数学与应用数学专业与其他相关专业联系紧密,以它为依托的相近专业可供选择的比较多,因而报考该专业较之其他专业回旋余地大,重新择业改行也容易得多。数学与应用数学专业分为师范专业和非师范专业,师范类侧重于教育教学方面,非师范类在深度和广度上更高。

2. 信息与计算科学

信息与计算科学专业,从字面上看很容易与计算机专业或信息工程专业混淆。实际从课程设置来看,信息与计算科学是数学与计算机并重的学科,稍微偏向计算机方向,属于软件技术领域中偏于基础的部分,重点在于对计算理论和算法的研究。信息与计算科学原名叫"计算数学",是一门以数学为基础,以信息领域为背景,以计算机为工具的新兴交叉学科,所以它是一个地道的数学专业。进入大数据时代,信息与计算科学是其重要的技术保障,信息与计算科学专业所培养的数据建模、数据分析、数值计算和软件编程能力是大数据时代所需要的核心能力。

3. 数学与应用数学和信息与计算科学专业的区别

数学与应用数学专业的重心,还在数学研究本身,并且学习的数学领域更加基础和全面。而信息与计算科学,以学习数学知识为主,又同时学习计算机相关理论和知识,相互融合,相辅相成。可以说信息与计算科学是数学的一个分支和应用,它的学习研究要更专一些。从它们的课程设置来看,数学与应用数学范围和就业似乎要更广一些,信息与计算科学只是数学中的一个分支,也相对更偏向于应用。

(五)就业分析

社会对数学人才的需求也是多方面、多层次的。数学的应用面极其广泛,具有扎实基础的数学人才既可以做职业数学家,又可以在各类学校做数学老师,也可以成为某种领域(如金融、统计)的数据分析师,还可以从事软件设计、数据库开发、工程计算、网络安全、国防科技等方面的技术工作。

数学是基础学科,可能本科毕业生不是很好找工作,所以在选择数学类专业的时候,最好能有进一步深造的计划。另外数学类专业毕业生具有比较扎实的数理基础,只要再学习一些相关知识,考研时可以转向很多理工类、经济类专业,比如计算机、统计、金融、经济学等,当然也可以在本专业继续深造,工作后再转向相关领域或者读到博士从事科研、教学工作。

(六)各类院校推荐

1. 数学与应用数学专业(如表3-2所示)

表3-2 数学与应用数学专业推荐院校

分类	推荐院校
原985	清华大学、北京大学、复旦大学、中国科学技术大学、山东大学、南开大学、北京师范大学、四川大学、上海交通大学等
原211	东北师范大学、新疆大学、华中师范大学、苏州大学、西南大学、陕西师范大学、西北大学、上海大学、湖南师范大学、郑州大学等
一流学科	首都师范大学、宁波大学、南京信息工程大学等
保研资格	广州大学、湘潭大学、浙江师范大学、杭州师范大学、山西大学、福建师范大学、西北师范大学、上海师范大学、曲阜师范大学、山东师范大学等
公办本科	信阳师范学院、湖州师范学院、闽南师范大学、内江师范学院、中国计量大学、成都信息工程大学、北华大学、烟台大学、赣南师范大学、重庆工商大学等
民办本科	信阳学院、安阳学院、重庆人文科技学院、宿迁学院、湖南师范大学树达学院、湖南文理学院芙蓉学院等

2. 信息与计算科学专业(如表3-3所示)

表3-3 信息与计算科学专业推荐院校

分类	推荐院校
原985	复旦大学、南开大学、山东大学、中国科学技术大学、四川大学、中南大学等
原211	北京交通大学、南京航空航天大学、西安电子科技大学、新疆大学、上海大学、南京师范大学、安徽大学、南京理工大学、苏州大学、华北电力大学等
一流学科	首都师范大学、西南石油大学、天津工业大学等
保研资格	湘潭大学、广州大学、山东师范大学、燕山大学、河北师范大学、昆明理工大学、扬州大学、上海师范大学、广东工业大学、曲阜师范大学等

续表

分类	推荐院校
公办本科	北方民族大学、安庆师范大学、浙江科技学院、重庆理工大学、信阳师范学院、烟台大学、中国计量大学、闽南师范大学、河套学院、徐州工程学院等
民办本科	浙江工业大学之江学院、宿迁学院、厦门工学院等

二、统计学类

(一)学科评估结果

统计学类对应的研究生一级学科为统计学,第四轮学科评估结果如表3-4所示。

表3-4 统计学第四轮学科评估结果

学科评估	院校分类	院校
A+	原985	北京大学、中国人民大学
A	原985	南开大学、厦门大学、华东师范大学
A	原211	东北师范大学
A-	原985	中国科学技术大学、北京师范大学
A-	原211	上海财经大学
A-	保研资格	东北财经大学、江西财经大学、浙江工商大学
B+	原985	清华大学、复旦大学、吉林大学、山东大学、中南大学
B+	原211	北京交通大学、中南财经政法大学、对外经济贸易大学、中央财经大学、北京工业大学
B+	一流学科	首都师范大学
B+	保研资格	首都经济贸易大学
B	原985	湖南大学、华中科技大学、武汉大学、西安交通大学、中山大学、上海交通大学、哈尔滨工业大学
B	原211	华中师范大学、安徽大学、云南大学
B	保研资格	山西财经大学、云南财经大学
B-	原985	南京大学、四川大学、重庆大学
B-	原211	西南大学、暨南大学、辽宁大学、苏州大学、南京师范大学
B-	保研资格	安徽财经大学、广州大学、江苏师范大学、曲阜师范大学
C+	原211	湖南师范大学、西北大学
C+	一流学科	河南大学
C+	保研资格	湘潭大学、吉林财经大学、福建师范大学、山东财经大学
C+	公办本科	南京财经大学、重庆工商大学、浙江财经大学、西安财经大学、兰州财经大学
C	原985	中央民族大学
C	原211	西南交通大学、中国矿业大学(徐州、北京)、上海大学、郑州大学
C	保研资格	河北大学、河北经贸大学、长春工业大学、桂林理工大学、新疆财经大学、河南师范大学
C	公办本科	成都信息工程大学
C-	原211	北京科技大学、中国地质大学(武汉、北京)、北京林业大学、广西大学
C-	保研资格	江苏大学、长沙理工大学、北方工业大学、安徽师范大学、福建农林大学、广西师范大学
C-	公办本科	内蒙古财经大学、广东财经大学、贵州财经大学

（二）报考科类
基本只招收理科生。

（三）男女人数情况
女生占多数。

（四）专业解读
统计学类下设统计学、应用统计学共计2个专业，毕业后授予理学学士学位。

1.统计学
统计学是应用数学的一个分支，主要通过利用概率论建立数学模型，收集观察系统的数据，进行量化分析、总结，做出推断和预测，为相关决策提供依据和参考。它被广泛地应用在各门学科之上，从物理和社会科学到人文科学，甚至被用到工商业及政府的情报决策之上。随着数字化的进程不断加快，人们越来越多地希望能够从大量的数据中总结出一些经验规律，从而为后面的决策提供一些依据。

现在高校开设的统计学主要分为两个方向，一个是数理统计方面的，一个是经济方面的。其中，数理统计主要针对统计学基本理论和方法进行研究，比较偏纯理论，一般多设在数学学院；经济统计是运用统计学基础知识来进行科学调查、搜索经济信息、描述数据、分析数据，比较偏应用。无论是数理统计还是经济统计，都是以数学为基础的，且要求学生同时具备较高的计算机分析处理能力。

2.应用统计学
应用统计学主要是调查、收集观察对象的数据信息，并通过描述统计等技术，分析观察对象的特征，发现事物的规律，进行预测、监督，以实现社会经济良性运行。

应用统计学和统计学本质上差别不大，尤其是本科，差距很小，应用统计倾向于应用，而统计倾向于学术和数学。但是读研的话有些区别，读研以后准备读博继续深造，就选统计学；如果打算读完研直接工作，选择应用统计学比较好。

（五）就业分析
我国高校的统计学类专业最初是面向政府培养人才。在满足政府统计人才需求的同时，各个高校统计学专业纷纷转为面向企业、面向社会，培养应用型统计人才。总的来说，统计学专业的就业范围较广，可以在各行业从事信息搜集、整理和分析工作，从事市场调研工作。数据在这个社会上变得越来越重要，数据越重要，学统计学的学生就越有用武之地。除了少量高层次人才从事人工智能研发工作外，大量毕业生主要从事的对口工作有以下几类。

1.政府部门、统计局、各级管理部门等
政府部门一直是统计学毕业生比较理想的就业单位，主要从事普查、各种指数计算、报告编写等。

2.银行、保险、证券公司等金融部门
主要从事金融行业的用户分析、风险分析，如一些高校开设了风险管理与精算方向，毕业生可以从事精算师等非常热门的职业。想要在这个方向发展需要学好各种模型、统计软件并补充一些经济、证券、财务等知识。

3.市场调查公司、咨询公司、各公司的市场调研部门、各公司的人力资源部门和工业企业的质量监测部门等
这一方向主要是在各公司的调研部门从事设计问卷、整理和分析数据、撰写数据报告等工作，也是该专业比较传统的就业方向。

4.互联网行业
这一方向主要是在互联网公司做数据挖掘，从事这一方向除了需要掌握传统统计学，还要掌握一些编程、数据库语言的知识。

统计学类是需要深造的专业，仅仅本科的课程就很难入门，更别说应用了。想学好统计学，在相关行业中获得更大的成就，建议尽量读取硕士研究生甚至博士研究生。

(六)各类院校推荐

1. 统计学专业(如表3-5所示)

表3-5 统计学专业推荐院校

分类	推荐院校
原985	北京大学、华东师范大学、厦门大学、中国科学技术大学、山东大学、湖南大学等
原211	东北师范大学、西南财经大学、上海财经大学、西南大学、苏州大学、湖南师范大学等
一流学科	河南大学等
保研资格	云南财经大学、广州大学、湘潭大学、山西财经大学、曲阜师范大学、首都经济贸易大学、福建师范大学、山东科技大学、杭州电子科技大学、安徽师范大学等
公办本科	重庆工商大学、西安财经大学、成都信息工程大学、广东财经大学、贵州民族大学、南京审计大学、湖北经济学院、江苏理工学院、贵州财经大学、东华理工大学等
民办本科	湖南师范大学树达学院、河北经贸大学经济管理学院、河南开封科技传媒学院等

2. 应用统计学专业(如表3-6所示)

表3-6 应用统计学专业推荐院校

分类	推荐院校
原985	中国人民大学、东北大学、中山大学等
原211	中央财经大学、中南财经政法大学、南京理工大学、南京航空航天大学等
一流学科	南京邮电大学、天津工业大学、南京信息工程大学、成都理工大学等
保研资格	浙江工商大学、桂林理工大学、南京医科大学、云南财经大学、江西财经大学、南方医科大学、重庆医科大学、哈尔滨理工大学、青岛科技大学等
公办本科	嘉兴学院、齐鲁工业大学、山东工商学院、景德镇陶瓷大学、西安财经大学、广西科技大学、温州大学、重庆理工大学、上海第二工业大学、安阳师范学院等
民办本科	西京学院、成都文理学院、广东培正学院等

三、心理学类

(一)学科评估结果

心理学类对应的研究生一级学科为心理学,第四轮学科评估结果如表3-7所示。

表3-7 心理学第四轮学科评估结果

学科评估	院校分类	院校
A+	原985	北京大学、北京师范大学
	原211	华南师范大学
A-	原985	华东师范大学
	原211	西南大学
B+	原985	浙江大学
	原211	华中师范大学、陕西师范大学、南京师范大学
	保研资格	天津师范大学
B	原211军校	空军军医大学
	一流学科	首都师范大学
	保研资格	上海师范大学、辽宁师范大学、山东师范大学

续表

学科评估	院校分类	院校
B-	原985	中南大学、中山大学
	原211	东北师范大学、湖南师范大学
	保研资格	浙江师范大学、江西师范大学
C+	原211	苏州大学
	保研资格	深圳大学、福建师范大学、西北师范大学
C	一流学科	河南大学
	保研资格	广州大学、内蒙古师范大学、杭州师范大学、贵州师范大学
C-	原985	清华大学、吉林大学
	原211	北京体育大学
	保研资格	安徽医科大学、河北师范大学、曲阜师范大学

（二）报考科类

文理兼收，理科生占多数。

（三）男女人数情况

女生占多数。

（四）专业解读

心理学类下设心理学、应用心理学共计2个专业。

1. 心理学

心理学是一门探讨人类精神世界和行为模式的科学，主要学习心理学方面的基本理论和基本知识，接受心理学科学思维和科学实验的基本训练，使学生具有良好的科学素养和进行心理学实验和心理测量的基本能力。心理学是一种思维方式，是一种生活习惯，是职场升华的技能和保障。

国民经济的发展、和谐社会的建设，使得人们越来越关心自身的心理健康和主观幸福，关心人际关系和公平正义。心理学可以帮助人们了解自我、了解他人、了解社会，了解自我如何影响他人、他人如何影响自己；心理学让人知道生活的意义，知道"人"区别于其他动物的本质何在。

不是所有的学生都适合学习心理学。首先，善于沟通和交流的人适合学习心理学，一个对心理学有研究的人员必须做到善于与人沟通，懂得倾听，善于发现问题和解决问题，在和人的沟通方面可以基本没有欠缺，能够理解心理问题的各种方面，甚至需要做到移情共情；其次，要具备一定的数学能力以及计算机应用技能，因为在心理学里面有一个很重要的分支，叫作心理测量，需要对大量的数据进行分析；最后，也是最重要的一点，个性比较随和，在处事过程中，不容易急躁的人比较适合学习该专业，心理学的研究要有耐心，能够从容地面对来进行心理咨询的每一个人或者说患者，要保持一颗友善友好的心，用平常心对待心理有问题的人。

2. 应用心理学专业与心理学专业的区别

应用心理学是心理学的分支，主要就是学习怎么将心理学应用到生活中的方方面面。心理学偏基础研究，而应用心理学偏实践。两个专业本科课程区别不大，硕士研究生阶段开始有比较明显的区别。

（五）就业分析

从表面来看，心理学的理论方法和实际技能可以运用到生活的各个实际领域，包括工业、工程、组织管理、市场消费、学校教育、社会生活、医疗保健、体育运动以及军事、司法、环境等领域。随着经济、科技、社会和文化迅速发展，心理学有着日益广阔的前景。

但现实中，即便是硕士研究生毕业，也很难找到专业对口的工作，主要原因有以下几点。

1. 真正的心理学人才需要高精尖

虽然心理学本科学位是理学，但它不像物理、化学这一类学科，学生在本科阶段就能以公式形式学习，把公式和概念理解透彻,把逻辑理清,就差不多了。而心理学有些人文学科色彩,本科毕业,学生可能连真正的心理学的皮毛都没接触到,只是泛泛地了解不同流派的理论、观点和概念,而且,它们彼此间还经常是矛盾的。不到博士阶段,很难凭心理学就业。

2. 心理咨询工作需要一定阅历

心理咨询工作需要"共情",需要对受访者遇到的问题有一定的了解和认知,这就对心理咨询师的生活阅历有一定的要求。比如受访者遇到婚姻破裂、中年危机、家道中落、儿女教育失败等问题,刚毕业的大学生对于此类问题很少有感知,只能"照本宣科"地和受访者沟通,很难解决受访者的心理问题。

3. 学心理学需要名校

名校意味着资源,包括教授师资和硬件设施。研究心理学有时需要设备,比如眼动仪,没这个设备就做不了实验,只能大脑风暴,最后就变得没有根据了。真正不愁找到对口工作的,是临床心理学,那是货真价实的心理医生,接触的都是真正的精神病患和严重心理疾病患者。

综上,建议心理学类专业的学生除了学习本专业知识,还要掌握某项具体的技能,心理学+专项技能,会很好就业,比如心理学+法律可以从事法务工作,心理学+管理可以从事人力资源、企业管理工作等。所以如果不是对心理学有非常深入的了解和浓厚的兴趣,有意愿继续深造甚至读到博士的,心理学作为辅修专业而非主修专业还是非常值得大家考虑的。

(六)各类院校推荐

1. 心理学专业(如表3-8所示)

表3-8 心理学专业推荐院校

分类	推荐院校
原985	北京师范大学、北京大学、浙江大学等
原211	华南师范大学、西南大学、陕西师范大学等
一流学科	首都师范大学等
保研资格	山东师范大学、内蒙古师范大学、辽宁师范大学、西北师范大学、深圳大学等
公办本科	鲁东大学、新乡医学院、信阳师范学院、闽南师范大学、韩山师范学院、湖南第一师范学院、成都师范学院等
民办本科	信阳学院、中原科技学院、山西师范大学现代文理学院等

2. 应用心理学专业(如表3-9所示)

表3-9 应用心理学专业推荐院校

分类	推荐院校
原985	北京大学、华东师范大学、浙江大学、中国人民大学等
原211	西南大学、华中师范大学、华南师范大学、陕西师范大学、北京体育大学等
一流学科	河南大学、宁波大学、广州中医药大学等
保研资格	天津师范大学、上海师范大学、浙江师范大学、辽宁师范大学、杭州师范大学、广州大学、南方医科大学、西北师范大学、江西师范大学、山东师范大学等
公办本科	新乡医学院、潍坊医学院、皖南医学院、西安体育学院、齐齐哈尔医学院、北京联合大学、南京特殊教育师范学院、长治医学院、淮北师范大学、成都大学等
民办本科	广东培正学院、哈尔滨广厦学院、阳光学院、长春光华学院、三亚学院、成都文理学院等

四、计算机类

(一)学科评估结果

计算机类对应的研究生一级学科为计算机科学与技术和软件工程,第四轮学科评估结果如下。

1. 计算机科学与技术(如表3-10所示)

表3-10 计算机科学与技术第四轮学科评估结果

学科评估	院校分类	院校
A+	原985	北京大学、清华大学、浙江大学
	原985军校	国防科技大学
A	原985	华中科技大学、南京大学、电子科技大学、上海交通大学、北京航空航天大学、哈尔滨工业大学
	原211	北京邮电大学
A-	原985	吉林大学、武汉大学、西安交通大学、中南大学、东北大学、同济大学、北京理工大学、西北工业大学、中国科学技术大学
	原211	北京交通大学、西安电子科技大学
	军校	战略支援部队信息工程大学
B+	原985	中国人民大学、东南大学、复旦大学、湖南大学、南开大学、山东大学、四川大学、厦门大学、中山大学、大连理工大学、华南理工大学、天津大学、重庆大学、华东师范大学
	原211	北京科技大学、合肥工业大学、西南交通大学、哈尔滨工程大学、南京航空航天大学、南京理工大学、北京工业大学
	军校	陆军工程大学
	保研资格	重庆邮电大学、杭州电子科技大学
B	原985	兰州大学、中国海洋大学、北京师范大学
	原211	河海大学、华东理工大学、大连海事大学、武汉理工大学、中国地质大学(武汉、北京)、中国矿业大学(徐州、北京)、西南大学、暨南大学、上海大学、苏州大学、安徽大学
	军校	火箭军工程大学
	一流学科	南京信息工程大学
	保研资格	山西大学、燕山大学、长春理工大学、江苏大学、深圳大学、浙江工业大学、天津理工大学、哈尔滨理工大学
B-	原985	中国农业大学
	原211	江南大学、华北电力大学(北京、保定)、东华大学、中国石油大学(华东、北京)、华中师范大学、内蒙古大学、福州大学、广西大学、云南大学、西北大学、新疆大学、太原理工大学
	军校	空军工程大学
	一流学科	首都师范大学、南京邮电大学、天津工业大学
	保研资格	北方工业大学、山东科技大学、沈阳航空航天大学、浙江工商大学、济南大学、桂林电子科技大学、青海师范大学
C+	原211	北京化工大学、长安大学、中国传媒大学、河北工业大学、南昌大学、贵州大学、郑州大学
	一流学科	上海海洋大学
	保研资格	河北大学、北京语言大学、上海理工大学、青岛大学、中国民航大学、武汉科技大学、浙江理工大学、沈阳建筑大学、湖南科技大学、浙江师范大学、辽宁师范大学、福建师范大学、广西师范大学、昆明理工大学
	公办本科	西安邮电大学、常州大学、温州大学、成都信息工程大学
C	原985	西北农林科技大学
	保研资格	北京工商大学、石家庄铁道大学、扬州大学、湘潭大学、华南农业大学、东北电力大学、西安工业大学、上海师范大学、中北大学、河北工程大学、西安理工大学、安徽工业大学、三峡大学、广东工业大学、长春工业大学、江西师范大学、山东财经大学、河南理工大学

续表

学科评估	院校分类	院校
C	公办本科	大连大学、郑州轻工业大学
C-	原985	中央民族大学
C-	原211	西南财经大学、海南大学
C-	军校	海军航空大学
C-	一流学科	西南石油大学、河南大学
C-	保研资格	江西财经大学、江苏科技大学、长沙理工大学、华侨大学、北京信息科技大学、江西理工大学、上海海事大学、重庆交通大学、武汉工程大学、西安石油大学、黑龙江大学、湖北工业大学、桂林理工大学、西华大学、河南师范大学、河南工业大学
C-	公办本科	沈阳理工大学、东华理工大学、武汉纺织大学、湖南工业大学

2. 软件工程（如表3-11所示）

表3-11 软件工程第四轮学科评估结果

学科评估	院校分类	院校
A+	原985	浙江大学、北京航空航天大学
A+	原985军校	国防科技大学
A	原985	北京大学、清华大学、南京大学、武汉大学、华东师范大学
A-	原985	四川大学、东北大学、上海交通大学、天津大学、同济大学、哈尔滨工业大学、中国科学技术大学
A-	原211	苏州大学
B+	原985	东南大学、复旦大学、吉林大学、山东大学、大连理工大学、电子科技大学、华南理工大学、重庆大学、北京理工大学、西北工业大学
B+	原211	北京交通大学、北京邮电大学、西安电子科技大学、南京航空航天大学、北京工业大学、西北大学
B+	军校	陆军工程大学
B	原985	中国人民大学、南开大学、西安交通大学、厦门大学、中山大学、中国海洋大学
B	原211	江南大学、合肥工业大学、河海大学、中国地质大学（武汉、北京）、哈尔滨工程大学、南京理工大学、郑州大学
B	军校	战略支援部队信息工程大学
B	一流学科	南京邮电大学
B	保研资格	浙江工业大学
B-	原211	华北电力大学（北京、保定）、东华大学、武汉理工大学、西南交通大学、西南大学、上海大学、安徽大学、福州大学、云南大学、贵州大学
B-	一流学科	首都师范大学
B-	保研资格	燕山大学、重庆邮电大学、浙江师范大学、天津理工大学、广西师范大学
B-	公办本科	北京联合大学、大连大学
C+	原211	广西大学、新疆大学
C+	一流学科	南京信息工程大学、天津工业大学
C+	保研资格	山西大学、河北大学、江苏大学、浙江理工大学、杭州电子科技大学、南昌航空大学、广东工业大学、辽宁科技大学、哈尔滨理工大学、桂林电子科技大学
C+	公办本科	成都信息工程大学

续表

学科评估	院校分类	院校
C	原211	北京化工大学、大连海事大学、华中师范大学
	一流学科	西南石油大学
	保研资格	辽宁工程技术大学、长春理工大学、上海理工大学、湘潭大学、陕西科技大学、青岛大学、武汉科技大学、青岛科技大学、南华大学、北方工业大学、华侨大学、大连交通大学、河南理工大学
	公办本科	西安邮电大学、郑州轻工业大学
C-	原211	长安大学、中国矿业大学（徐州、北京）、内蒙古大学、太原理工大学
	军校	海军航空大学
	保研资格	南京工业大学、江苏科技大学、湖南科技大学、黑龙江大学、福建师范大学、聊城大学、桂林理工大学、四川师范大学、西华大学、昆明理工大学
	公办本科	南京财经大学、淮北师范大学

（二）报考科类
文理兼收，理科生占多数。

（三）男女人数情况
男生占多数。

（四）专业解读
计算机类下设计算机科学与技术、软件工程、网络工程、信息安全、物联网工程、数字媒体技术、智能科学与技术、空间信息与数字技术、电子与计算机工程、数据科学与大数据技术、网络空间安全、新媒体技术、电影制作、保密技术、服务科学与工程、虚拟现实技术、区块链工程、密码科学与技术共计18个专业，**其中计算机科学与技术、软件工程、网络工程、信息安全、物联网工程、数字媒体技术、智能科学与技术、数据科学与大数据技术专业开设院校相对较多**，其余专业开设院校较少，本书主要讲解开设院校相对较多的计算机类专业。

1. 计算机科学与技术

计算机是个大类，其中最核心、最基础的专业就是计算机科学与技术。

计算机科学与技术专业主要研究计算机系统管理、应用软件开发、网络管理、信息系统管理和网站建设等方面的基本知识和技能，进行数据库应用开发、网站配置与测试、网站运营与维护、技术服务等，例如京东、当当等网站的设计与开发，数据库的建设与管理，软件的测试与维护，等等。该专业的学生要学习的内容，不仅要会使用，而且要学习计算机的基本原理、基本结构、基本算法和基本设计等。具体而言，一般人所说的"会操作计算机"，也就是会使用一些现成的软件，而计算机专业的学生所要学习的技能，要远远高于一般的使用者，他们要研究如何更好地设计、制造计算机，更好地开发计算机的新系统、新软件和新功能。从课程上讲，计算机科学与技术专业是一个大杂烩，比较重视基础理论和算法，计算机相关的课程基本上都有所涉及。

2. 软件工程、网络工程、信息安全、物联网工程等专业与计算机科学与技术的区别

相对于计算机科学与技术专业更加侧重于基础、比较全面外，其他计算机类专业更像是计算机的某个具体分支专业。软件工程专注软件的开发和维护，着重把最好的技术和管理用到软件上来；网络工程偏向网络维护而不是网络技术开发；信息安全侧重信息获取、存储、传输和处理中的安全保障问题；物联网工程主要利用通信网络把传感器、控制器、机器、人员连接在一起，开设的课程比较杂乱，专业建设不太成熟导致和其他专业相比就业竞争力有一定差距；数字媒体技术主要研究文字、图片、音频、视频等数字媒体的设计和应用开发等，将抽象的数字、作为实物的媒体以及计算机技术三者结合，常见于游戏、影视、动漫类行业；智能科学与技术是应对人工智能的发展而新设的专业，由于涉猎领域过于宽泛，本科毕业生目前还无法深入，需要继续深造；数据科学与大数据技术更加侧重于大数据的发现、处理、运算和应用。

计算机类的专业相对比较难学，所以就需要学生首先喜欢计算机类专业；其次要有开拓和求新的思

想,因为计算机和数学、物理是不一样的,它是一种新的思维、新的技术;再次要有自学能力,无论是创造、维护还是防控工作,有这种自学能力对未来都是有利的;最后就是数学一定要好,数学一般的学生学好计算机类专业的可能性偏小一些。

(五)就业分析

计算机类专业应用性广、交叉面多,覆盖社会各行各业,就业领域非常广泛。只要能够将专业学好,不要说大学生,就是从某培训机构出来的专科生、技校生,只要切实掌握编程等过硬的计算机技术,高薪完全不是问题,这是行业的特点。

很多女生担心自己是否适合报考计算机类专业,如果个人性格、兴趣、能力比较适合,完全没有问题。现实中,计算机专业女生就业是很好的,因为毕业生男多女少,企业在招人时对女生会适当放宽要求,并不是像大家所以为的企业不太招计算机女生。

也有人担心说IT行业是吃青春饭,其实不是说所有人都吃青春饭,那些真正适合的学生,专业学得非常扎实,靠优异的专业技能,以后能够进入更高的岗位去工作,不存在吃青春饭的问题;而只能做基础工作的人员,也就是我们说的码农,35岁以后可能就会面临二次择业的问题,毕竟和那些刚毕业的大学生相比,他们的性价比已经很低了。总之一句话,市场需要真正有本事的人。

(六)各类院校推荐

1. 计算机科学与技术专业(如表3-12所示)

表3-12 计算机科学与技术专业推荐院校

分类	推荐院校
原985	清华大学、北京大学、浙江大学、北京航空航天大学、华中科技大学、上海交通大学、哈尔滨工业大学、南京大学等
原211	西安电子科技大学、北京邮电大学、合肥工业大学、北京交通大学、南京理工大学、河海大学、南京航空航天大学、安徽大学、北京工业大学、西南交通大学等
一流学科	南京邮电大学、中国科学院大学、南京信息工程大学等
保研资格	杭州电子科技大学、重庆邮电大学、燕山大学、西安理工大学、武汉科技大学、山西大学、哈尔滨理工大学、桂林电子科技大学、长春理工大学、长沙理工大学等
公办本科	重庆理工大学、成都信息工程大学、郑州轻工业大学、常州大学、温州大学、沈阳理工大学、北京联合大学、辽宁石油化工大学、烟台大学、西安邮电大学等
民办本科	吉利学院、南宁学院、广东理工学院、南昌理工学院、大连东软信息学院、郑州工商学院、西京学院、哈尔滨信息工程学院、广州商学院、黄河科技学院等

2. 软件工程专业(如表3-13所示)

表3-13 软件工程专业推荐院校

分类	推荐院校
原985	清华大学、北京航空航天大学、浙江大学、南京大学、同济大学、上海交通大学等
原211	西安电子科技大学、北京交通大学、北京工业大学、北京邮电大学、南京理工大学、苏州大学、武汉理工大学、西南交通大学、南京航空航天大学等
一流学科	天津工业大学、南京邮电大学、河南大学等
保研资格	重庆邮电大学、杭州电子科技大学、燕山大学、山西大学、广东工业大学、青岛大学、浙江工业大学、哈尔滨理工大学、浙江师范大学、长春理工大学等
公办本科	东华理工大学、郑州轻工业大学、成都信息工程大学、中原工学院、南阳理工学院、北京联合大学、成都大学、西安邮电大学、重庆理工大学、厦门理工学院等
民办本科	安徽信息工程学院、重庆工程学院、泉州信息工程学院、大连东软信息学院、广东科技学院、哈尔滨信息工程学院、三江学院、重庆人文科技学院、河北东方学院、广州商学院等

3. 网络工程专业(如表3-14所示)

表3-14 网络工程专业推荐院校

分类	推荐院校
原985	四川大学、电子科技大学、华南理工大学等
原211	东华大学、云南大学、北京邮电大学、西安电子科技大学、南京理工大学等
一流学科	南京邮电大学、南京信息工程大学、河南大学等
保研资格	北京信息科技大学、福建师范大学、浙江工业大学、杭州电子科技大学、济南大学、浙江工商大学、湘潭大学、重庆邮电大学、广东工业大学、山东科技大学等
公办本科	成都信息工程大学、郑州轻工业大学、成都工业学院、温州大学、太原学院、福建工程学院、贵州理工学院、浙江传媒学院、广东技术师范大学、佛山科学技术学院等
民办本科	湖南信息学院、广州工商学院、江西工程学院、重庆工程学院、广东科技学院、福州理工学院、成都东软学院、武汉学院、宁波财经学院、上海建桥学院等

4. 信息安全专业(如表3-15所示)

表3-15 信息安全专业推荐院校

分类	推荐院校
原985	上海交通大学、同济大学、北京航空航天大学、中国科学技术大学、武汉大学等
原211	北京邮电大学、北京工业大学、西安电子科技大学、北京交通大学、安徽大学、新疆大学等
一流学科	南京邮电大学、南京信息工程大学、河南大学等
保研资格	重庆邮电大学、杭州电子科技大学、天津理工大学、广州大学、江苏大学、广东工业大学、华侨大学等
公办本科	北京电子科技学院、成都信息工程大学、西安邮电大学、大理大学、淮北师范大学、安徽科技学院等
民办本科	重庆工程学院、长春建筑学院、电子科技大学成都学院等

5. 物联网工程专业(如表3-16所示)

表3-16 物联网工程专业推荐院校

分类	推荐院校
原985	北京理工大学、电子科技大学、吉林大学、东南大学、西安交通大学等
原211	江南大学、南京航空航天大学、北京邮电大学、北京交通大学、河海大学、武汉理工大学等
一流学科	南京信息工程大学、南京邮电大学、成都理工大学等
保研资格	广东工业大学、浙江工业大学、重庆邮电大学、杭州师范大学、江苏大学、江西财经大学、西安理工大学、南昌航空大学、黑龙江大学、河南科技大学等
公办本科	烟台大学、南阳理工学院、南京财经大学、桂林航天工业学院、福建工程学院、湖南工商大学、贵州商学院、滁州学院、广东技术师范大学、平顶山学院等
民办本科	重庆工程学院、成都东软学院、南宁学院、潍坊科技学院、郑州科技学院、福州理工学院、山西工商学院、商丘学院、安徽文达信息工程学院、安徽新华学院等

6. 数字媒体技术专业(如表3-17所示)

表3-17 数字媒体技术专业推荐院校

分类	推荐院校
原985	浙江大学、东北大学、哈尔滨工业大学等

分类	推荐院校
原211	北京工业大学、上海大学、中国传媒大学、东北师范大学等
一流学科	南京邮电大学、西南石油大学、成都理工大学等
保研资格	青岛大学、浙江工业大学、福建师范大学、浙江理工大学、杭州电子科技大学、哈尔滨师范大学、长春工业大学等
公办本科	浙江传媒学院、北京联合大学、运城学院、四川旅游学院、许昌学院、渭南师范学院、兰州文理学院、长沙学院、成都师范学院等
民办本科	大连东软信息学院、广东东软学院、广州工商学院、山东华宇工学院、成都东软学院、上海建桥学院、银川能源学院、闽南理工学院、重庆工程学院、吉林动画学院等

7. 智能科学与技术专业（如表3-18所示）

表3-18 智能科学与技术专业推荐院校

分类	推荐院校
原985	北京大学、南开大学、中山大学等
原211	上海大学、西安电子科技大学、南京理工大学、河北工业大学、北京科技大学等
一流学科	南京邮电大学、成都理工大学等
保研资格	重庆邮电大学、桂林电子科技大学、杭州电子科技大学、渤海大学、北京信息科技大学、浙江工业大学、浙江师范大学等
公办本科	西安邮电大学、重庆工商大学、齐鲁工业大学、广西科技大学、福建工程学院、周口师范学院、金陵科技学院、重庆理工大学等
民办本科	南昌工学院、重庆工程学院、大连东软信息学院、安徽三联学院、黄河科技学院、武昌理工学院、广州商学院等

8. 数据科学与大数据技术专业（如表3-19所示）

表3-19 数据科学与大数据技术专业推荐院校

分类	推荐院校
原985	复旦大学、北京大学、北京理工大学、山东大学、东北大学等
原211	中国矿业大学、华中师范大学、北京化工大学、贵州大学、北京邮电大学、上海财经大学等
一流学科	南京信息工程大学、河南大学、上海体育学院等
保研资格	上海对外经贸大学、江西财经大学、贵州师范大学、中北大学、长春理工大学、浙江工业大学、湘潭大学、曲阜师范大学、山东师范大学、吉林师范大学等
公办本科	上海工程技术大学、重庆理工大学、郑州轻工业大学、洛阳理工学院、安阳师范学院、浙江财经大学、重庆文理学院、广西科技大学、河南城建学院、安顺学院等
民办本科	郑州财经学院、广州商学院、南宁学院、郑州科技学院、广东科技学院、河北东方学院、宁夏理工学院、安徽信息工程学院、燕京理工学院、西京学院等

第二节 与数学、政治相关的本科专业解析

一、经济学类

（一）学科评估结果

经济学类对应的研究生一级学科为理论经济学，第四轮学科评估结果如表 3-20 所示。

表 3-20 理论经济学第四轮学科评估结果

学科评估	院校分类	院校
A+	原985	中国人民大学、复旦大学
A	原985	北京大学、南开大学
A-	原985	南京大学、武汉大学、浙江大学、北京师范大学
A-	原211	西北大学
B+	原985	清华大学、华中科技大学、吉林大学、山东大学、厦门大学、中山大学
B+	原211	上海财经大学、西南财经大学、中央财经大学
B	原985	四川大学
B	原211	中南财经政法大学、对外经济贸易大学、辽宁大学、云南大学
B	保研资格	东北财经大学、江西财经大学、深圳大学、福建师范大学
B-	原985	湖南大学
B-	原211	东北师范大学、陕西师范大学、暨南大学、华南师范大学、新疆大学
B-	保研资格	湘潭大学、湖北大学、首都经济贸易大学
C+	原985	中央民族大学、华东师范大学、北京理工大学
C+	原211	中国政法大学、湖南师范大学
C+	一流学科	河南大学
C+	保研资格	河北大学、天津财经大学、山西财经大学
C+	公办本科	南京财经大学
C	原985	重庆大学
C	原211	华中师范大学、安徽大学
C	保研资格	山西大学、青岛大学、吉林财经大学、黑龙江大学、山东财经大学、四川师范大学
C	公办本科	浙江财经大学
C-	原985	兰州大学、西安交通大学
C-	原211	上海大学
C-	保研资格	北京工商大学、云南财经大学
C-	公办本科	南京审计大学、兰州财经大学

（二）报考科类

文理兼收，理科生占多数。

（三）男女人数情况

女生占多数。

（四）专业解读

经济学类下设经济学、经济统计学、国民经济管理、资源与环境经济学、商务经济学、能源经济、劳动经济学、经济工程、数字经济共计9个专业，**其中经济学、经济统计学专业开设院校相对较多**，其余专业开设院校较少，本书主要讲解开设院校相对较多的经济学类专业。

1. 经济学

经济学是研究人类社会在各个发展阶段的各种经济活动和各种相应的经济关系及其运行发展规律的学科。经济学这个专业离我们的生活很近，像电视里常说的宏观调控、收入分配、GDP（国内生产总值）、CPI（居民消费价格指数）等都与经济学有关。比如政府如何安排税收和债券的比例，才能使宏观经济处于稳定发展的状态，也都需要用到经济学专业的知识。经济学专业是基础学科，侧重经济学理论，主要培养的是理论型人才。

在很多人眼里经济学是一个"光鲜"的专业，毕业的学生可以成为叱咤商界的领军人物、指点江山的政策参与者、温文尔雅的经济学家，还有小资味十足的"白领"一族。但你不能只看到光鲜的一面，更应该了解的是成为这些人需要先吃哪些苦，有什么东西需要学习。

①经济学要目标高，因为偏向理论研究，所以本科基本就是普及教育，硕士、博士才是追求。

②经济学的理论是有趣的，但是这些理论的产生过程却是非常乏味的，在四年的经济学学习中，我们要花费大量的时间与表格、数据、数字模型打交道，你要想有成就就得受得住这些枯燥。

③你要是真的想深入学习这个专业，必须本科双专业，也就是经济学+数学，这是深造的基础。因为经济学上了层次之后，基本都是数学符号。

④有人认为学了经济学以后可以对经济运行进行准确的预测，并以此投机赚钱。经济学的确有许多理论是研究经济预测的，但是经济学的预测有严格的假设条件，现实往往比理论要复杂千百倍。因此，不能将经济学的预测完全等同于现实的预测判断。

⑤经济学专业是社会科学领域的基础学科，其理论偏向比较明显，大多数的课程对数学要求比较高，学习中需要较高的抽象思维能力和逻辑思维能力。如果学生的抽象化思考能力不足，数学逻辑基础不够扎实，在经济学专业课程学习中往往会非常吃力。

⑥经济学又是一门与现实问题紧密结合的学科，需要学生有敏锐的现实洞察力。少数同学对现实经济问题缺乏兴趣，观察力不足，从而难以深入掌握和体会经济学理论的强大分析能力，容易失去对经济学理论学习的兴趣。

2. 经济统计学

经济学类的另外一个核心专业经济统计学是统计学在经济领域中的应用，经济学研究需要运用大量的数据，对其加以分析以后寻找规律、分析对策，这都需要统计学的工具来帮忙。整体而言，经济统计学是以经济数据为研究对象，包括经济数据的采集，用统计方法分析经济数据背后的经济现象以及复杂经济系统的规律等，从而为经济和管理决策服务。

经济统计学和数学类里面的统计学专业相比，如果你自己更加对纯数理和统计感兴趣，且以后想要有相对更加宽泛的行业来选择职业的话，建议考虑报考统计学；如果对经济学比较感兴趣，将来期望进金融机构，可能经济统计学更有用。

（五）就业分析

1. 经济学

近几年，职场上对具备硕士以上学历的高端经济学专业人才需求更为迫切，对本科毕业生的需求相对饱和。本科毕业生多数从事经济运营管理岗位，如企业的生产管理岗位、财务管理岗位、营销管理岗位、金融机构业务开拓岗位等。建议经济学专业的本科毕业生继续攻读硕士、博士研究生学位。

2. 经济统计学

经济统计学专业由于应用性更强，在就业方面有一定的优势。

①就业方向广。经济学与统计学面向的范围都很广，而本专业涵盖了两个领域，就业范围非常广。社会上各种经济活动的统计，包括工业、贸易、固定资产投资、建筑业、服务业等，都需要通过数据整理、汇总与数据分析等统计方法，仔细探求经济的发展规律，以谋得生存和发展。

②就业比较容易。经济统计学招生规模还不大，人才在市场上仍会供不应求。现在经济类专业的学

生很多,但经济统计学有自己的独特优势,数据处理是会计、金融、普通经济学等专业涉及不到的方法,又是经济分析中非常重要的一个技能,因此本专业学生在市场上的竞争力比较大,就业比较容易。

③待遇整体优良。本专业学生的就业单位主要集中在保险公司与证券公司,其次是银行,进入政府部门的比例较小。在金融机构工作没有政府部门那样稳定,工作比较辛苦,需要不定期加班,但收入比较高,工作环境较好,福利待遇也不错。保险与证券公司的风险管理工作对人才的要求较高,当然收入和待遇也更好;银行工作对人才的要求一般,发展空间比较大,入职初期通常只能在基层工作,几年时间就可以成为中层管理人员,少数能力突出者还可以成为高层领导。

对经济统计学感兴趣的同学需要注意以下几点。

第一,经济统计学最好的就业方向是进入金融机构,但这些单位一般都对学历要求较高,本科生进入这些单位的机会较少。另外,对于本专业的学生来说,本科四年时间学到的东西确实有限,经济统计学的知识领域很广,内容丰富,涉及的理论与方法很多,本科生普遍学得广而不精,所以在就业时不容易找到高层次的工作,有这种意向的同学要提前做好考研或出国深造的打算。

第二,本专业以数学为基础,重点学习统计学的方法与技能,要求学生具有较强的计算机软件操作技能,能熟练运用各种统计软件。这些软件的操作都非常重要而且比较复杂,因此本专业学生学习起来有一定难度,需要具有比较好的数学功底与较强的逻辑分析能力,具备资料查询、文献检索和运用现代信息技术获得信息与处理信息的基本能力,还要有较强的获取知识能力、更新知识能力和一定的知识创新能力。

第三,本专业学生可以在毕业后考取相关职业资格证,比较合适的有证券从业资格、理财规划师、银行从业资格、注册会计师等。其中证券从业资格由国家金融机构进行认证颁发,是进入证券行业的必备证书,是个人财商水平的一种体现,是进入银行及非银行金融机构、会计公司、投资公司、大型企业集团、政府经济部门的重要参考。

(六)各类院校推荐

1.经济学专业(如表3-21所示)

表3-21　经济学专业推荐院校

分类	推荐院校
原985	北京大学、中国人民大学、清华大学、武汉大学、南京大学、南开大学、复旦大学等
原211	西南财经大学、上海财经大学、辽宁大学、中南财经政法大学、中央财经大学、西北大学、暨南大学、北京交通大学、陕西师范大学等
一流学科	河南大学、宁波大学、天津工业大学、成都理工大学、西南石油大学、南京邮电大学等
保研资格	东北财经大学、福建师范大学、江西财经大学、湘潭大学、山西财经大学、首都经济贸易大学、浙江工商大学、华侨大学、湖北大学、安徽财经大学等
公办本科	南京财经大学、重庆工商大学、浙江财经大学、广东财经大学、南京审计大学、内蒙古财经大学、湖南工商大学、贵州财经大学、北京物资学院、西安财经大学等
民办本科	广州南方学院、长春财经学院、郑州科技学院、重庆人文科技学院、沈阳城市学院、辽宁财贸学院、重庆财经学院、成都文理学院、郑州升达经贸管理学院等

2.经济统计学专业(如表3-22所示)

表3-22　经济统计学专业推荐院校

分类	推荐院校
原985	中国人民大学、西安交通大学、华中科技大学等
原211	对外经济贸易大学、西南财经大学、北京工业大学、上海财经大学等
一流学科	河南大学、南京邮电大学、南京信息工程大学等
保研资格	山东财经大学、天津财经大学、新疆财经大学、哈尔滨商业大学、东北财经大学、首都经济贸易大学等

续表

分类	推荐院校
公办本科	南京财经大学、南京审计大学、内蒙古财经大学、山东工商学院、广东财经大学、辽宁工业大学、重庆工商大学、上海立信会计金融学院、广东金融学院、湖南城市学院等
民办本科	福州外语外贸学院、西安欧亚学院、广东白云学院、长春财经学院、青岛滨海学院、广东培正学院、广州城市理工学院等

二、金融学类

(一) 学科评估结果

金融学类对应的研究生一级学科为应用经济学，第四轮学科评估结果如表3-23所示。

表3-23 应用经济学第四轮学科评估结果

学科评估	院校分类	院校
A+	原985	北京大学、中国人民大学
	原211	中央财经大学
A	原985	厦门大学
	原211	上海财经大学、对外经济贸易大学
	保研资格	东北财经大学
A-	原985	清华大学、复旦大学、南开大学、山东大学、西安交通大学
	原211	中南财经政法大学、西南财经大学
	保研资格	江西财经大学
B+	原985	东南大学、湖南大学、华中科技大学、吉林大学、南京大学、武汉大学、浙江大学、中山大学
	原211	北京交通大学、暨南大学、辽宁大学
	保研资格	天津财经大学、首都经济贸易大学、浙江工商大学、山东财经大学
	公办本科	浙江财经大学
B	原985	大连理工大学、同济大学、中国海洋大学、重庆大学、华东师范大学、北京理工大学
	原211	武汉理工大学、上海大学、安徽大学、广西大学
	保研资格	北京工商大学、上海对外经贸大学、山西财经大学、云南财经大学
	公办本科	南京财经大学
B-	原985	兰州大学、四川大学
	原211	华东理工大学、中国地质大学(武汉、北京)、东北师范大学、苏州大学、南京师范大学
	军校	陆军勤务学院
	一流学科	河南大学
	保研资格	广东外语外贸大学、华侨大学、安徽财经大学、浙江工业大学、湖南科技大学、哈尔滨商业大学
	公办本科	重庆工商大学
C+	原985	北京师范大学
	原211	华中师范大学、南昌大学、华南师范大学、西北大学、郑州大学
	一流学科	宁波大学
	保研资格	长沙理工大学、河北经贸大学、吉林财经大学、济南大学、新疆财经大学、河南财经政法大学
	公办本科	广东财经大学、西安财经大学

续表

学科评估	院校分类	院校
C	原211	江南大学、北京科技大学、中国石油大学(华东、北京)、中国矿业大学(徐州、北京)、内蒙古大学、云南大学、海南大学
	保研资格	河北大学、华东政法大学、江苏大学、西南政法大学、浙江理工大学、上海师范大学、西南民族大学、江苏师范大学、山东理工大学
	公办本科	南京审计大学、贵州财经大学、兰州财经大学
C-	原985	中央民族大学
	原211	陕西师范大学、中国政法大学、石河子大学、贵州大学
	一流学科	天津工业大学
	保研资格	安徽工业大学、天津商业大学、广西师范大学、云南师范大学
	公办本科	西安邮电大学、内蒙古财经大学

(二)报考科类

文理兼收,理科生占多数。

(三)男女人数情况

女生占多数。

(四)专业解读

金融学类下设金融学、金融工程、保险学、投资学、金融数学、信用管理、经济与金融、精算学、互联网金融、金融科技共计10个专业,**其中金融学、金融工程、保险学、投资学、金融数学、互联网金融专业开设院校相对较多,**其余专业开设院校较少,本书主要讲解开设院校相对较多的金融类专业。

1. 金融学

金融学,是以融通货币和货币资金的经济活动为研究对象,具体研究个人、机构、政府如何获取、支出、管理资金以及其他金融资产,是从经济学中分化出来的学科,主要研究经济学中的公司金融和资产定价两个方向。

①公司金融:研究跟公司相关的一切活动,包括公司的运营、财务、融资、上市、合并重组等。这方面和会计学相关度高,因为会计报表就是公司活动情况的总结,所以经常会见会计学毕业生转行研究公司金融,而研究公司金融的学生也要学好会计学。

②资产定价:这里的资产指的是金融资产,比如股票、期权等。资产定价的主要目标是给资产找个合适的价格,比如你想买百度股票,一股到底值多少钱?这是个很重要的问题,因为一旦知道合理价格,你就可以赚钱了。举个小例子,现在市场上有只股票卖10元,而经过资产定价,这只股票合理价格是15元,那你可以买这只股票来赚5元差价;相反如果股票合理价格只有5元,那你就该赶紧卖出这只股票来预防亏损。

金融学又可以分为宏观金融(货币银行等)和微观金融(公司治理等),研究内容例如货币的发行与回笼,存款的吸收与支出,贷款的发放与回收,金银与外汇的买卖,股票、债券、基金的发行与转让,保险、信托、国内和国际货币结算等。学习金融的学生在本科阶段除了掌握基本理论知识,还要接受相关业务的基本训练,比如分析、预测股票和外汇价格的变动,掌握时机买卖证券赚取利润的技巧等。

2. 金融学、金融工程、保险学、投资学、金融数学、互联网金融专业的区别

金融学专业是金融学类中最广泛、最基础的专业,其他金融学类专业基本上都是金融学的某个具体分支或者延伸。金融工程主要是聚焦金融产品,用计算机或者数学模型来做资产定价,对数学和编程技术要求更高。保险学主要研究保险和保险相关事务运动规律,大家总是认为保险专业毕业生是去卖保险,实际上保险是一个产业,是一个完整的体系,从险种的设计、保费的定制到保险的销售,每一个环节都需要保险人才参与其中,保险营销只是保险业工作的一部分,其他诸如组训、培训讲师、核赔核保人员和资金运作人员、精算人员。在我国的大型保险企业中,不仅人才需求大,而且工作体面、待遇优厚。投资学是一门钱生

钱的学问,研究如何把个人、机构的有限资源分配到诸如股票、国债、不动产等资产上,达到财富的最优配置,以获得合理的现金流量和收益。金融数学是数学和金融的交叉学科,它利用数学工具研究金融,进行数学建模、理论分析、数值计算等定量分析,以求找到金融学内在规律并用以指导实践,简单说就是用数学解决金融领域中的问题。互联网金融是传统金融机构与互联网企业利用互联网技术和信息通信技术实现资金融通、支付、投资和信息中介服务的新型金融业务模式。

(五)就业分析

金融学类专业近年来一直是受众人热捧的热门专业,因为在薪酬最高的专业排名中,不管是在哪个口径统计出来的薪酬数据,金融界人士的薪酬一直名列前茅。

近年来金融专业人才就业形势良好,除了传统的银行、证券、保险三大行业可以选择,还可以选择财务、审计、评估、企业融资、担保、信托等细分行业。但同时随着金融行业越来越热门,入行的门槛也逐渐水涨船高。本科生现在已经没有太好的就业机会,好的单位和好的岗位基本上都是硕士研究生起步了,还是建议考研。

另外,金融学类大部分毕业生毕业后从事的还是业务类岗位,对人际交往能力和抗压能力有比较高的要求,所以不太建议内向的人选择。

(六)各类院校推荐

1. 金融学专业(如表3-24所示)

表3-24 金融学专业推荐院校

分类	推荐院校
原985	中国人民大学、厦门大学等
原211	中央财经大学、西南财经大学、对外经济贸易大学、中南财经政法大学等
一流学科	无
保研资格	江西财经大学、吉林财经大学、首都经济贸易大学、东北财经大学、山东财经大学等
公办本科	内蒙古财经大学、上海海关学院、浙江财经大学、重庆第二师范学院、武汉纺织大学、福建江夏学院、河南财政金融学院等
民办本科	广西外国语学院、武汉学院、长春财经学院、浙江越秀外国语学院、安阳学院、郑州升达经贸管理学院等

2. 金融工程专业(如表3-25所示)

表3-25 金融工程专业推荐院校

分类	推荐院校
原985	南开大学、中国人民大学、西安交通大学、南京大学等
原211	中央财经大学、对外经济贸易大学、西南财经大学、北京科技大学、华中师范大学等
一流学科	南京信息工程大学、南京林业大学、南京邮电大学等
保研资格	山东财经大学、东北财经大学、广东外语外贸大学、安徽财经大学、江苏师范大学、湖南科技大学、天津财经大学、北京工商大学等
公办本科	南京财经大学、温州大学、厦门理工学院、安庆师范大学、湖北工程学院、广东财经大学、南京审计大学、济宁学院、苏州科技大学、安徽工程大学等
民办本科	广东科技学院、宁波财经学院、广东理工学院、广西外国语学院、福州外语外贸学院、海口经济学院、闽南理工学院、长春财经学院、四川工商学院、河北东方学院等

3. 保险学专业（如表3-26所示）

表3-26　保险学专业推荐院校

分类	推荐院校
原985	北京大学、中国人民大学、复旦大学、武汉大学等
原211	对外经济贸易大学、西南财经大学、中央财经大学等
一流学科	广州中医药大学、河南大学等
保研资格	东北财经大学、天津理工大学、安徽中医药大学、山西财经大学、中南林业科技大学、天津财经大学、广东外语外贸大学等
公办本科	广东金融学院、南京审计大学、齐鲁工业大学、唐山师范学院、河北科技师范学院、广东财经大学、上海立信会计金融学院等
民办本科	山东英才学院、天津天狮学院、三江学院、黑龙江东方学院、黑龙江财经学院、安徽外国语学院、大连财经学院等

4. 投资学专业（如表3-27所示）

表3-27　投资学专业推荐院校

分类	推荐院校
原985	南开大学等
原211	中央财经大学、西南财经大学、对外经济贸易大学等
一流学科	成都理工大学等
保研资格	安徽财经大学、东北财经大学、河北经贸大学、安徽师范大学、武汉科技大学等
公办本科	河南牧业经济学院、河南财政金融学院、太原学院、山西工程技术学院、广东财经大学、广东金融学院、贵州商学院、南京审计大学、天津城建大学、郑州师范学院等
民办本科	三江学院、郑州财经学院、广东科技学院、福州外语外贸学院、广州工商学院、郑州科技学院、长春财经学院、郑州工商学院、浙江越秀外国语学院、武昌理工学院等

5. 金融数学专业（如表3-28所示）

表3-28　金融数学专业推荐院校

分类	推荐院校
原985	北京大学、吉林大学、重庆大学等
原211	西南财经大学、对外经济贸易大学、中南财经政法大学、北京化工大学等
一流学科	河南大学等
保研资格	山东财经大学、济南大学、江西理工大学、新疆财经大学等
公办本科	南京财经大学、广东金融学院、重庆理工大学、广西民族大学、盐城师范学院、四川文理学院、洛阳师范学院、重庆文理学院、淮北师范大学等
民办本科	北京理工大学珠海学院、上海师范大学天华学院等

6. 互联网金融专业（如表3-29所示）

表3-29　互联网金融专业推荐院校

分类	推荐院校
原985	电子科技大学等

续表

分类	推荐院校
原211	无
一流学科	无
保研资格	安徽财经大学、沈阳工业大学、云南财经大学等
公办本科	广东金融学院、滇西科技师范学院、成都工业学院等
民办本科	广州商学院、广东理工学院、湖南信息学院、三江学院、安徽新华学院等

三、财政学类

（一）学科评估结果

财政学类对应的研究生一级学科为应用经济学，第四轮学科评估结果如表3-30所示。

表3-30 应用经济学第四轮学科评估结果

学科评估	院校分类	院校
A+	原985	北京大学、中国人民大学
	原211	中央财经大学
A	原985	厦门大学
	原211	上海财经大学、对外经济贸易大学
	保研资格	东北财经大学
A-	原985	清华大学、复旦大学、南开大学、山东大学、西安交通大学
	原211	中南财经政法大学、西南财经大学
	保研资格	江西财经大学
B+	原985	东南大学、湖南大学、华中科技大学、吉林大学、南京大学、武汉大学、浙江大学、中山大学
	原211	北京交通大学、暨南大学、辽宁大学
	保研资格	天津财经大学、首都经济贸易大学、浙江工商大学、山东财经大学
	公办本科	浙江财经大学
B	原985	大连理工大学、同济大学、中国海洋大学、重庆大学、华东师范大学、北京理工大学
	原211	武汉理工大学、上海大学、安徽大学、广西大学
	保研资格	北京工商大学、上海对外经贸大学、山西财经大学、云南财经大学
	公办本科	南京财经大学
B-	原985	兰州大学、四川大学
	原211	华东理工大学、中国地质大学（武汉、北京）、东北师范大学、苏州大学、南京师范大学
	军校	陆军勤务学院
	一流学科	河南大学
	保研资格	广东外语外贸大学、华侨大学、安徽财经大学、浙江工业大学、湖南科技大学、哈尔滨商业大学
	公办本科	重庆工商大学
C+	原985	北京师范大学
	原211	华中师范大学、南昌大学、华南师范大学、西北大学、郑州大学
	一流学科	宁波大学
	保研资格	长沙理工大学、河北经贸大学、吉林财经大学、济南大学、新疆财经大学、河南财经政法大学

续表

学科评估	院校分类	院校
C+	公办本科	广东财经大学、西安财经大学
C	原211	江南大学、北京科技大学、中国石油大学（华东、北京）、中国矿业大学（徐州、北京）、内蒙古大学、云南大学、海南大学
C	保研资格	河北大学、华东政法大学、江苏大学、西南政法大学、浙江理工大学、上海师范大学、西南民族大学、江苏师范大学、山东理工大学
C	公办本科	南京审计大学、贵州财经大学、兰州财经大学
C-	原985	中央民族大学
C-	原211	陕西师范大学、中国政法大学、石河子大学、贵州大学
C-	一流学科	天津工业大学
C-	保研资格	安徽工业大学、天津商业大学、广西师范大学、云南师范大学
C-	公办本科	西安邮电大学、内蒙古财经大学

（二）报考科类

文理兼收，文理科生相对均衡。

（三）男女人数情况

女生占多数。

（四）专业解读

财政学类下设财政学、税收学共计2个专业。那么两个专业究竟有什么区别呢？

自古财税不分家，财政局和税务局是密不可分的。财政学重点在财政上，侧重于如何管理钱，如何花钱，而税收学侧重在税和收上。

财政学更宏观。研究包括财政支出、收入、补贴以及国债等制度的设计等，而税收学相对来说主要涉及财政收入中的税收部分，比如税制设计、税收原理、税收筹划等，研究面更加细化。

从学习内容来看，财政学侧重的是政府预算、公共部门知识与财务管理，主要研究政府部门在资金筹集和使用方面的理论、制度和管理方法，同时也研究企业在生产经营过程中的税收问题；税收学侧重的是税务及税收筹划，主要研究国内外的税收理论与政策、国际税收相关理论和发展动态、政府机关和企业的税收管理等。

（五）就业分析

从就业方向看，财政和税务区别不是太大，都可以考公务员、进银行、进企业。财政学的课程主要是与政府预算相关，更适合去政府部门，如果考公务员的话，财政学方向的职位多一些，最主要的流向是财政部门还有税务部门，而税收学基本是只能到税务部门一个系统，因为财政局不招税收学专业毕业生。另外，企业也需要精通税法的人才，所以税收学将来就业面会更广一些。

财政学和税收学目前都可以考取税务师、会计师、注册会计师、资产评估师、内部审计师等证书，学好专业，就业前景还是很乐观的。

另外，财政学和税收学作为经济学门类的分支专业，很多单位在招聘时要求是经济学门类，并不限定某一具体专业，其他经济学类、金融学类可以从事的工作也有很多是招聘财政学类专业毕业生的。

（六）各类院校推荐

1. 财政学专业（如表3-31所示）

表3-31　财政学专业推荐院校

分类	推荐院校
原985	中国人民大学、北京大学、厦门大学等
原211	对外经济贸易大学、西南财经大学、中央财经大学、中南财经政法大学等
一流学科	河南大学等

续表

分类	推荐院校
保研资格	江西财经大学、东北财经大学、山东财经大学、云南财经大学、天津财经大学等
公办本科	浙江财经大学、重庆工商大学、上海立信会计金融学院、内蒙古财经大学等
民办本科	大连财经学院、武汉学院、沈阳城市学院、浙江财经大学东方学院等

2.税收学专业(如表3-32所示)

表3-32 税收学专业推荐院校

分类	推荐院校
原985	中国人民大学、厦门大学等
原211	中央财经大学、西南财经大学、对外经济贸易大学等
一流学科	无
保研资格	江西财经大学、吉林财经大学、首都经济贸易大学、东北财经大学等
公办本科	内蒙古财经大学、上海海关学院、浙江财经大学、重庆第二师范学院、武汉纺织大学、福建江夏学院、河南财政金融学院等
民办本科	广西外国语学院、武汉学院、长春财经学院、浙江越秀外国语学院、安阳学院、郑州升达经贸管理学院等

第三节 与数学、政治、英语相关的本科专业解析

经济与贸易类

(一)学科评估结果

经济与贸易类对应的研究生一级学科为应用经济学,第四轮学科评估结果如表3-33所示。

表3-33 应用经济学第四轮学科评估结果

学科评估	院校分类	院校
A+	原985	北京大学、中国人民大学
	原211	中央财经大学
A	原985	厦门大学
	原211	上海财经大学、对外经济贸易大学
	保研资格	东北财经大学
A-	原985	清华大学、复旦大学、南开大学、山东大学、西安交通大学
	原211	中南财经政法大学、西南财经大学
	保研资格	江西财经大学
B+	原985	东南大学、湖南大学、华中科技大学、吉林大学、南京大学、武汉大学、浙江大学、中山大学
	原211	北京交通大学、暨南大学、辽宁大学
	保研资格	天津财经大学、首都经济贸易大学、浙江工商大学、山东财经大学
	公办本科	浙江财经大学

续表

学科评估	院校分类	院校
B	原985	大连理工大学、同济大学、中国海洋大学、重庆大学、华东师范大学、北京理工大学
	原211	武汉理工大学、上海大学、安徽大学、广西大学
	保研资格	北京工商大学、上海对外经贸大学、山西财经大学、云南财经大学
	公办本科	南京财经大学
B-	原985	兰州大学、四川大学
	原211	华东理工大学、中国地质大学（武汉、北京）、东北师范大学、苏州大学、南京师范大学
	军校	陆军勤务学院
	一流学科	河南大学
	保研资格	广东外语外贸大学、华侨大学、安徽财经大学、浙江工业大学、湖南科技大学、哈尔滨商业大学
	公办本科	重庆工商大学
C+	原985	北京师范大学
	原211	华中师范大学、南昌大学、华南师范大学、西北大学、郑州大学
	一流学科	宁波大学
	保研资格	长沙理工大学、河北经贸大学、吉林财经大学、济南大学、新疆财经大学、河南财经政法大学
	公办本科	广东财经大学、西安财经大学
C	原211	江南大学、北京科技大学、中国石油大学（华东、北京）、中国矿业大学（徐州、北京）、内蒙古大学、云南大学、海南大学
	保研资格	河北大学、华东政法大学、江苏大学、西南政法大学、浙江理工大学、上海师范大学、西南民族大学、江苏师范大学、山东理工大学
	公办本科	南京审计大学、贵州财经大学、兰州财经大学
C-	原985	中央民族大学
	原211	陕西师范大学、中国政法大学、石河子大学、贵州大学
	一流学科	天津工业大学
	保研资格	安徽工业大学、天津商业大学、广西师范大学、云南师范大学
	公办本科	西安邮电大学、内蒙古财经大学

（二）报考科类

文理兼收，文科生占多数。

（三）男女人数情况

女生占多数。

（四）专业解读

经济与贸易类下设国际经济与贸易、贸易经济共计2个专业，**其中国际经济与贸易专业开设院校相对较多**，其余专业开设院校较少，本书主要讲解开设院校相对较多的经济与贸易类专业。

纵观整个人类文明史，人类最充满智慧的发现非自由贸易莫属。比如，铁匠把农具卖给农民，农民又把粮食卖给铁匠，农民可以提高种地效率，铁匠也更有力气打铁。以劳动成果换取自己需要的物品，互惠互利，这就是自由贸易。

随着人类文明的发展，贸易的范围也越来越广。西汉时期，张骞出使西域开辟了"丝绸之路"，与各个国家和地区的人们互通有无，互换劳动果实，这就形成了早期的国际贸易。

国际经济与贸易专业以经济学、国际贸易为主干学科，培养学生系统学习国际贸易、国际金融、国际市场营销、国际商法等方面的专业知识和技能，深入了解国际经济的发展趋势及国际市场运行规则，熟悉我国对外经贸方针、政策,使学生掌握分析经济、法律、文化、技术等国际商务环境的基本方法以及计算机等现代科技和管理手段,并强调熟练的英语应用能力。通俗一点说,国际经济与贸易专业就是教大家如何与外国人做生意的专业。

(五)就业分析

20世纪80年代,改革开放大潮刚刚涌动之时,很多院校开设国际经济与贸易专业,90年代中后期遇到了"瓶颈",造成很多学生找不到如意的工作。但是随着中国加入世界贸易组织,国际经济与贸易专业又开始受到青睐。

国际经济与贸易专业对口的就业方向主要有:专业外贸公司的进出口业务工作,各类自营进出口生产企业、科研机构等的进出口业务工作,各类外资企业的进出口业务工作,各类专业的报关、承运货物等国际物流工作,各类涉外型的企业和机构从事初级财务工作及业务管理工作,国际市场调研、策划及国际贸易纠纷调解的辅助性工作。

国际经济与贸易专业作为经济门类的分支,还是很有发展前途的,但是很多学校的专业水平上不去,导致学生在上学期间学不到太多有用的知识,所以要学这个专业应该选择财经类名校;再者就是英语基础必须要好,否则很难适应专业的发展,如果有其他外语特长的话,那就更好了;还有就是商务实操和商务谈判能力以及经验对本专业的就业比较关键,这也是需要在学习和工作中重点锻炼和培养的。

(六)国际经济与贸易专业各类院校推荐(如表3-34所示)

表3-34 国际经济与贸易专业推荐院校

分类	推荐院校
原985	中国人民大学、南开大学、复旦大学、浙江大学、中国农业大学、厦门大学等
原211	对外经济贸易大学、辽宁大学、中央财经大学、西南财经大学、中南财经政法大学、南京农业大学、河海大学、上海财经大学、暨南大学、北京工业大学等
一流学科	河南大学、南京信息工程大学、宁波大学等
保研资格	浙江工业大学、江西财经大学、东北财经大学、首都经济贸易大学、上海对外经贸大学、广东外语外贸大学、新疆财经大学、浙江工商大学、天津财经大学、华侨大学等
公办本科	重庆工商大学、浙江财经大学、湖南工商大学、广东财经大学、兰州财经大学、南京财经大学、景德镇陶瓷大学、东莞理工学院、九江学院、浙江外国语学院等
民办本科	福州外语外贸学院、广西外国语学院、宁波财经学院、广州商学院、辽宁对外经贸学院、浙江树人学院、大连财经学院、江西科技学院、西安外事学院、西京学院等

第四章 与英语对应的大学本科专业解析

外国语言文学类

(一)学科评估结果

外国语言文学类对应的研究生一级学科为外国语言文学,第四轮学科评估结果如表4-1所示。

表4-1 外国语言文学第四轮学科评估结果

学科评估	院校分类	院校
A+	原985	北京大学
	原211	北京外国语大学、上海外国语大学
A	原985	南京大学、浙江大学、上海交通大学
	保研资格	广东外语外贸大学、黑龙江大学
A-	原985	清华大学、复旦大学、山东大学、华东师范大学、北京航空航天大学、北京师范大学
	原211	对外经济贸易大学、南京师范大学
B+	原985	中国人民大学、湖南大学、南开大学、四川大学、武汉大学、厦门大学、中山大学、同济大学
	原211	东北师范大学、西南大学、延边大学、苏州大学、湖南师范大学
	保研资格	北京语言大学、西安外国语大学、四川外国语大学
B	原985	华中科技大学、吉林大学、中国海洋大学
	原211	北京科技大学、华中师范大学、陕西师范大学
	一流学科	宁波大学、首都师范大学、河南大学
	保研资格	上海对外经贸大学、天津外国语大学、大连外国语大学、杭州师范大学、浙江工商大学、福建师范大学
	公办本科	北京第二外国语学院
B-	原985	西安交通大学、华南理工大学、重庆大学、哈尔滨工业大学
	原211	北京交通大学、暨南大学、上海大学、华南师范大学、郑州大学
	保研资格	扬州大学、浙江师范大学、上海海事大学、哈尔滨师范大学、山东师范大学、曲阜师范大学、西北师范大学
	公办本科	广西民族大学
C+	原985	兰州大学、北京理工大学
	原211	中国石油大学(华东、北京)、西南交通大学、中国矿业大学(徐州、北京)、上海财经大学、中国政法大学、南京航空航天大学、安徽大学、广西大学
	保研资格	山西大学、湘潭大学、上海师范大学、天津师范大学、辽宁师范大学、江西师范大学、广西师范大学、四川师范大学、河南师范大学

续表

学科评估	院校分类	院校
C	原985军校	国防科技大学
	原211	大连海事大学、中国地质大学(武汉、北京)、北京林业大学、中国传媒大学、辽宁大学、西北大学
	保研资格	上海理工大学、江苏大学、深圳大学、青岛大学、湖南科技大学、河北师范大学、重庆师范大学
	公办本科	鲁东大学
C-	原211	中南财经政法大学、华北电力大学(北京、保定)、华东理工大学、南京理工大学、内蒙古大学、福州大学、南昌大学、云南大学、宁夏大学
	保研资格	河北大学、西南政法大学、湖北大学、西南民族大学、吉林师范大学、江苏师范大学、云南师范大学

(二)报考科类

文理兼收,文科生占多数。

(三)男女人数情况

女生占多数。

(四)专业解读

外国语言文学类下设英语、商务英语、翻译、俄语、德语、法语、西班牙语、葡萄牙语、阿拉伯语、日语、意大利语、朝鲜语等共计104个专业,**其中英语、商务英语、翻译、俄语、德语、法语、西班牙语、阿拉伯语、日语专业开设院校相对较多**,其余专业开设院校较少,本书主要讲解开设院校相对较多的外国语言文学类专业。

1. 英语类

院校开设外国语言文学类专业最多的是英语专业。大学本科四年时间里,学生不仅要接受英语听、说、读、写等方面的技能训练,能够像英美人士一样交流,而且语言学、英美文学、文化研究、翻译也都是学科的研究和培养方向。英语专业一般都会开设第二门外语,在考研时候也会要求考试。

与此同时,语言背后的文化也是学习中很重要的一部分。英语的发展历史,英语国家的背景文化,英语文学、戏剧、诗集等这些知识是需要在平时的学习中不断积累的,这样才能掌握英语语言规律,在英语思维下写出地道的英语文章,并且清晰、简洁地表达自己的观点和见解。

商务英语和翻译是英语专业的细分方向,英语专业侧重语言和文化的学习;商务英语在英语的学习深度上稍微低一些,侧重培养能够满足商务活动需要的复合型英语人才;翻译对英语的应用要求比较高,侧重培养能够熟练从事中英互译(包括笔译和口译)工作的人才。

2. 小语种

近几年考生在报考外语专业时,不再是英语"一枝独秀"的情景了,小语种受到越来越多的考生和家长的青睐。最近几年小语种就业比例在95%以上,就业形势明显好于英语,所以在选择外语类专业时也可以考虑小语种。

小语种的正式名称应该叫作"非通用语种"。目前有6种语言是"通用语种",它们是联合国通用语言,即英语、汉语、法语、俄语、西班牙语和阿拉伯语,联合国的所有会议都有这些语言的口译以及所有的官方文件的翻译版本都会被打印或在网上出版。但在我国高校招生领域,大家习惯地把除英语外的外语类专业统称为"小语种",其中也包括上述6种语言中的4种。

小语种专业主要涉及两大语系:欧洲语系和亚非语系。欧洲语系主要包括俄语、德语、法语、西班牙语等;亚非语系包括日语、朝鲜语、越南语等。为了满足"一带一路"的人才需求,不少院校针对性地开设了相关语种。

外国语言文学是研究国外各国各民族语言文学及其应用的学科,是要在学习外国语言的同时,研究世界各国的文学、历史、政治、经济、文化,还将学习法学、国际经济与贸易、国际政治等课程,以促进用这些语言进行国际文化、技术、经济等方面的交流。语言是文化的载体,通过学习外语,不仅可以掌握一个交流工具,还可以了解异国的文化与社会,开阔眼界。

①俄语:中俄睦邻友好,当前两国之间的各种交往都比较频繁,俄语人才需求量会有所增加。随着中国"一带一路"倡议的推进,"一带一路"俄语区国家大约有十几个。俄罗斯、哈萨克斯坦、土库曼斯坦、吉尔吉斯斯坦、乌兹别克斯坦、塔吉克斯坦、格鲁吉亚、亚美尼亚、阿塞拜疆、立陶宛、波兰、斯洛伐克、白俄罗斯、摩尔多瓦、乌克兰等国家大多数都使用俄语。

②法语:法语被誉为"世界上最美丽的语言",世界上有三十多个国家将其作为官方语言使用,是仅次于英语的外语语种。掌握了法语,也就意味着有了一张通向包括瑞士、比利时、加拿大、非洲国家等在内的五大洲几十个不同国家的特殊"护照"。加之法国文学、电影、时尚对世界文化的影响力巨大,市场对法语人才的需求量很大。

③德语:这些年来,不仅有众多的德国企业瞄准中国市场,以独资、合资等形式进入中国投资建厂,而且国内一大批优秀企业也在积极拓展海外市场,像青岛海尔在德国的成功就是一个很好的实例。近年来到中国旅游的德国人越来越多,而国内亦有一部分人有兴趣到德国等西欧国家观光游览,因此懂德语、了解德国社会文化的导游人才需求量大。中德贸易往来频繁,为未来的德语人才提供了大量的就业机会和广阔的发展空间。文化交流也在朝这个方向发展。中国和德国都是有着丰富而悠久历史文化的国家,两国之间的文化传播、交流中需要大量的优秀翻译人才、研究人员。

④日语:日语受古代汉语影响极大,古代日本只有语言没有文字,直到汉字传入日本,日本才逐渐形成了自己的文字体系,因此日语文字中有很多汉字。日语虽然不是联合国工作语言,但由于日本动漫产业在世界范围内的影响力极大,加上中日经济往来频繁,它的适用范围依然非常广泛。

⑤西班牙语:西班牙语简称西语,是联合国六大官方语言之一。西班牙语的使用地区主要分布在拉丁美洲除巴西、伯利兹、法属圭亚那、海地等以外的国家以及西班牙本土,在美国南部的几个州、菲律宾以及非洲的部分地区也有相当数量的使用者。

⑥阿拉伯语:阿拉伯语通行于中东和北非地区,现为二十多个亚非国家及四个国际组织的官方语言,是联合国六大工作语言之一。阿拉伯语是世界上最早出现的语言文字,从3000多年前产生至今几乎一成未变,因而形成了其语法繁缛复杂、句子冗长晦涩的特点。阿拉伯语到底有多难学,该专业学生称"要用沙漠般的热情和骆驼般的意志来学习"。因其难学,报考阿拉伯语专业的学生一直较少。

一般来说,阿拉伯语比较难学,俄语和德语紧随其后,而日语、法语、意大利语、葡萄牙语、西班牙语算是相对简单的语言。

(五)就业分析

1. 英语类

据统计,英语是世界上使用最广泛的语言。全世界有60%以上的信件是用英语书写的,50%以上的报纸杂志是英语的。同时,英语也是与计算机联系最密切的语言,大多数编程语言都与英语有联系,而且随着互联网的高速发展,英文的使用更加普及。有人说"英语是个没有专业的专业"。的确,当前英语更像是一个工具,在各个领域里都可以见到它的身影。

很多非英语专业的人士由于工作需要,投入很多的时间与精力学习英语,并成为该行业中既懂专业知识又有英语沟通能力的复合型人才。这就使得英语专业毕业生在求职中的竞争力减弱,从而面临着巨大的就业压力。这就要求英语专业的学生要在平时拓宽知识面,对多个领域、多个学科的基础知识都有所涉猎,并且在某一专业或是领域里有自己的专长,如对外汉语、商务外贸、英语教育等,并且根据这个方向考几个证明自己实力的证书,如BEC(商务英语)、GRE、教师资格证等证书。

英语越好的学生,选择面就越广,但是如果不能在这些选择里找到自己擅长的,依旧不能有很好的发展。因此,学习这个专业并不是我们想象的那么简单,反而要比其他专业的学生付出双倍甚至更多的努力。英语类专业的毕业生对口工作主要有翻译、各类学校(大学、中小学、培训机构)老师、对外汉语老师或从事外贸工作或者到外企从事经营管理工作等。

2. 小语种

一般来说,小语种就业形势的差异主要受三个方面的影响:首先是全球范围内使用该语言的人数;其次是讲该语言的国家数量及其经济情况;最后是中国与这些国家的关系,包括地缘上的和政治经济方面的。因此,希望报考小语种的考生可重点从以下三方面入手了解就业前景。

①了解选择所学语言的使用范围。如果使用该语言的国家过去拥有殖民地，那么这些殖民地独立建国之后的官方语言一般依然是过去隶属国家的语言。例如，目前很多非洲国家官方依然使用法语等。

②要了解学习的语言所涉及国家的历史、经济、文化、人口等情况，规划出自己今后的发展方向。

③要了解该语言国家与我国的交往情况。如果我国与该国的交往与合作范围广泛，那么就需要大量懂得该国语言的人才，就业前景就好。

小语种专业的一大特点就是人数少，有些冷门的"小小语种"专业甚至好几年才招收一届学生。同时，女生在语言学习方面占先天优势，因此小语种专业的女生比较多。

（六）各类院校推荐

1. 英语专业（如表4-2所示）

表4-2 英语专业推荐院校

分类	推荐院校
原985	南京大学、北京大学、清华大学、上海交通大学、四川大学、厦门大学、山东大学、华东师范大学、复旦大学等
原211	北京外国语大学、上海外国语大学、湖南师范大学、延边大学、东北师范大学、西南大学、广西大学、苏州大学、北京科技大学、华中师范大学等
一流学科	河南大学、宁波大学、首都师范大学等
保研资格	广东外语外贸大学、四川外国语大学、大连外国语大学、黑龙江大学、哈尔滨师范大学、北京语言大学、杭州师范大学、福建师范大学、上海师范大学、江西师范大学等
公办本科	浙江财经大学、山西大同大学、鲁东大学、南京财经大学、牡丹江师范学院、温州大学、韶关学院、信阳师范学院、北京第二外国语学院、台州学院等
民办本科	吉林外国语大学、信阳学院、浙江越秀外国语学院、安阳学院、西安翻译学院、广东科技学院、安徽外国语学院、广西外国语学院、辽宁对外经贸学院、武汉华夏理工学院等

2. 商务英语专业（如表4-3所示）

表4-3 商务英语专业推荐院校

分类	推荐院校
原985	华南理工大学、大连理工大学等
原211	上海外国语大学、上海财经大学、对外经济贸易大学、华中农业大学等
一流学科	无
保研资格	黑龙江大学、广东外语外贸大学、上海对外经贸大学、江西师范大学、四川外国语大学、广东工业大学、浙江工商大学、江西财经大学、西安外国语大学、安徽财经大学等
公办本科	广州航海学院、四川旅游学院、江苏理工学院、福建江夏学院、北京第二外国语学院、运城学院、淮南师范学院、贺州学院、韶关学院、重庆文理学院等
民办本科	广州工商学院、浙江越秀外国语学院、广东培正学院、广东科技学院、广东理工学院、湖南涉外经济学院、西安翻译学院、广州商学院、江西应用科技学院、黑龙江外国语学院等

3. 翻译专业（如表4-4所示）

表4-4 翻译专业推荐院校

分类	推荐院校
原985	北京航空航天大学、浙江大学、山东大学等
原211	上海外国语大学、对外经济贸易大学、暨南大学、华中师范大学等
一流学科	河南大学、南京邮电大学、成都理工大学等

续表

分类	推荐院校
保研资格	西安外国语大学、黑龙江大学、广东外语外贸大学、华东政法大学、重庆交通大学、大连外国语大学、四川外国语大学、河北师范大学、西北师范大学、北京语言大学等
公办本科	牡丹江师范学院、北京第二外国语学院、淮北师范大学、四川文理学院、河北民族师范学院、大连大学、安徽科技学院、福建工程学院、太原师范学院、河北科技大学等
民办本科	浙江越秀外国语学院、西安翻译学院、武汉东湖学院、广东理工学院、广东科技学院、南昌理工学院、闽南理工学院、上海杉达学院、安徽三联学院、福州外语外贸学院等

4. 俄语专业(如表4-5所示)

表4-5 俄语专业推荐院校

分类	推荐院校
原985	北京大学、浙江大学、复旦大学、北京师范大学、武汉大学等
原211	北京外国语大学、上海外国语大学、湖南师范大学、延边大学、苏州大学、南京师范大学等
一流学科	首都师范大学、河南大学、西南石油大学等
保研资格	大连外国语大学、西安外国语大学、黑龙江大学、广东外语外贸大学、天津外国语大学、四川外国语大学、哈尔滨师范大学、北京语言大学等
公办本科	北京第二外国语学院、齐齐哈尔大学、黑河学院、呼伦贝尔学院、江苏海洋大学、北华大学、山东交通学院、河西学院、海南热带海洋学院等
民办本科	黑龙江外国语学院、河北外国语学院、浙江越秀外国语学院、西安外事学院、大连东软信息学院、辽宁对外经贸学院等

5. 德语专业(如表4-6所示)

表4-6 德语专业推荐院校

分类	推荐院校
原985	北京大学、南京大学、同济大学、北京航空航天大学等
原211	北京外国语大学、上海外国语大学、中国政法大学、对外经济贸易大学等
一流学科	首都师范大学、宁波大学、河南大学等
保研资格	广东外语外贸大学、四川外国语大学、西安外国语大学、天津外国语大学等
公办本科	北京第二外国语学院、江苏理工学院、上海应用技术大学、上海电机学院等
民办本科	吉林外国语大学、广州商学院、浙江越秀外国语学院、河北外国语学院、广东白云学院等

6. 法语专业(如表4-7所示)

表4-7 法语专业推荐院校

分类	推荐院校
原985	北京大学、南京大学、武汉大学、浙江大学等
原211	北京外国语大学、上海外国语大学、华中师范大学、对外经济贸易大学、南京师范大学等
一流学科	首都师范大学、外交学院、河南大学等
保研资格	广东外语外贸大学、西安外国语大学、四川外国语大学、天津外国语大学、北京语言大学、上海对外经贸大学、大连外国语大学、扬州大学、黑龙江大学、国际关系学院等

续表

分类	推荐院校
公办本科	北京第二外国语学院、广西民族大学、福建江夏学院、南京财经大学、桂林旅游学院、北华大学、安庆师范大学等
民办本科	福州外语外贸学院、河北外国语学院、黑龙江外国语学院、浙江越秀外国语学院、吉林外国语大学、西安翻译学院等

7. 西班牙语专业（如表4-8所示）

表4-8　西班牙语专业推荐院校

分类	推荐院校
原985	北京大学、南京大学、吉林大学、华东师范大学等
原211	北京外国语大学、上海外国语大学、对外经济贸易大学、北京交通大学等
一流学科	首都师范大学、外交学院等
保研资格	天津外国语大学、广东外语外贸大学、大连外国语大学、四川外国语大学等
公办本科	北京第二外国语学院、浙江外国语学院、合肥师范学院、常州大学、山东青年政治学院等
民办本科	福州外语外贸学院、浙江越秀外国语学院、黑龙江外国语学院、湖南涉外经济学院等

8. 阿拉伯语专业（如表4-9所示）

表4-9　阿拉伯语专业推荐院校

分类	推荐院校
原985	北京大学、国防科技大学、南京大学等
原211	北京外国语大学、上海外国语大学、对外经济贸易大学等
一流学科	无
保研资格	天津外国语大学、北京语言大学、四川外国语大学、西安外国语大学等
公办本科	北京第二外国语学院、浙江外国语学院、北方民族大学等
民办本科	浙江越秀外国语学院、河北外国语学院、吉林外国语大学等

9. 日语专业（如表4-10所示）

表4-10　日语专业推荐院校

分类	推荐院校
原985	北京大学、清华大学、北京师范大学、上海交通大学、湖南大学、南开大学、浙江大学等
原211	北京外国语大学、上海外国语大学、延边大学、湖南师范大学、东北师范大学、北京科技大学、华中师范大学、南京师范大学、南京航空航天大学等
一流学科	首都师范大学、宁波大学、河南大学、上海海洋大学、南京邮电大学、南京信息工程大学、成都理工大学、成都中医药大学、外交学院、天津工业大学、南京林业大学等
保研资格	天津外国语大学、大连外国语大学、广东外语外贸大学、西安外国语大学、黑龙江大学、四川外国语大学、浙江工商大学、北京语言大学、上海对外经贸大学、上海师范大学等
公办本科	北京第二外国语学院、大连大学、鲁东大学、韶关学院、大连民族大学、苏州科技大学、广东技术师范大学、浙江财经大学、北京联合大学、沈阳大学等
民办本科	浙江越秀外国语学院、大连东软信息学院、辽宁对外经贸学院、安徽外国语学院、吉林外国语大学、广州工商学院、西安培华学院、上海杉达学院、福州外语外贸学院等

第五章 与物理对应的大学本科专业解析

第一节 与物理、数学相关的大学本科专业解析

一、物理学类

(一)学科评估结果

物理学类对应的研究生一级学科为物理学,第四轮学科评估结果如表5-1所示。

表5-1 物理学第四轮学科评估结果

学科评估	院校分类	院校
A+	原985	北京大学、中国科学技术大学
A	原985	清华大学、复旦大学、南京大学、上海交通大学
A-	原985	华中科技大学、吉林大学、南开大学、武汉大学、浙江大学、中山大学
B+	原985	兰州大学、山东大学、西安交通大学、厦门大学、同济大学、华东师范大学、哈尔滨工业大学、北京师范大学
B+	原985军校	国防科技大学
B+	原211	东北师范大学、华中师范大学、华南师范大学
B+	保研资格	山西大学
B	原985	中国人民大学、湖南大学、四川大学、中南大学、大连理工大学、重庆大学、西北工业大学
B	原211	陕西师范大学、上海大学、苏州大学、湖南师范大学、西北大学
B	保研资格	河南师范大学
B-	原985	东北大学
B-	原211	北京科技大学、北京工业大学、内蒙古大学、南京师范大学、郑州大学
B-	保研资格	长春理工大学、湘潭大学、河北师范大学、福建师范大学、山东师范大学、西北师范大学
C+	原985	华南理工大学
C+	原211	北京交通大学、西南交通大学、南京航空航天大学、南昌大学、云南大学
C+	一流学科	河南大学
C+	保研资格	青岛大学、上海师范大学、浙江工业大学、浙江师范大学、辽宁师范大学、曲阜师范大学
C	原211	北京化工大学、华东理工大学、西南大学、辽宁大学、广西大学
C	一流学科	宁波大学

续表

学科评估	院校分类	院校
C	保研资格	天津师范大学、吉林师范大学、杭州师范大学、安徽师范大学、江西师范大学、广西师范大学、四川师范大学
C-	原985	中国海洋大学
	原211	华北电力大学(北京、保定)、东华大学、中国石油大学(华东、北京)、中国地质大学(武汉、北京)、中国矿业大学(徐州、北京)、南京理工大学、安徽大学、贵州大学
	保研资格	上海理工大学、湖北大学、哈尔滨师范大学、济南大学

(二)报考科类

只招收理科生。

(三)男女人数情况

男女生相对均衡。

(四)专业解读

物理学类下设物理学、应用物理学、核物理、声学、系统科学与工程、量子信息科学共计6个专业,**其中物理学、应用物理学专业开设院校相对较多**,其余专业开设院校较少,本书主要讲解开设院校相对较多的物理学类专业。

1. 物理学

物理学专业培养掌握物理学的基本理论与方法,具有良好的数学基础和实验技能,能在物理学或相关科学技术领域中从事科研、教学、技术和相关的管理工作的高级专业人才,同时也培养能将物理学应用于技术和社会各个领域的复合型人才。

物理学的研究大致可以分为两类:第一类是研究物质的状态、变化及应用,形形色色的物理理论与精妙的物理器件,关系着人类能否享受更加便捷、智能的生活;第二类则是看上去更加形而上学的领域,纯粹是满足人类的好奇心,这些研究可能在很长一段时间内都不能直接应用,却能使我们更好地认识这个世界。很少有哪个学科的研究领域,在时间和空间的尺度上像物理学科这样宽广,小到原子、夸克、中微子,大到星系和宇宙,短至阿秒,长至百万亿年。因此,物理学及相关学科是探究物质结构和运动的基本规律的前沿学科,是科学发现与技术创新的基础和源泉。

物理学比较侧重理论研究,所学内容涵盖高中物理的大部分,并有较大深化,至于研究生阶段,物理知识则会更加难,同时需要学生有较强的数学能力;物理学师范专业就是物理学加上一些教育学的内容,上完一定程度就培养了一名较为合格的中学物理教师。

2. 应用物理学

应用物理学专业比较注重在理论基础及实验成果基础上实现向现实技术的转化,比如受激辐射是一种自然现象,理论物理学家发现并总结了受激辐射的规律,于是应用物理学家就想到基于这个原理可以制作出一个发射强烈光束的东西,就是激光。

(五)就业分析

准确来说,物理学类就不是为本科就业做准备的,只有中学物理老师是属于对口的,其他几乎找不到对口的工作,只能找光、电、声等相关度高一些的工作,当然如果本科毕业学校比较好的话,也可以凭学校的牌子找不限定专业的工作。

物理学类专业的很多同学会选择考研或出国深造,由于具有较扎实的数理基础,在本专业深造、转到物理学相关专业或者跨考到金融、计算机学科等都是比较容易的。

物理学类就业与大多基础性专业相同,主要在高校、国防部门、科研机构等从事教学研究及相关科研管理工作。中国有很多与物理相关的研究所,如中国科学院高能物理研究所、理论物理研究所、近代物理研究所、等离子体物理研究所、国家空间科学中心等,这都是物理学毕业生深造和就业的好去处。

有报道显示,物理学类专业对口就业率不高,毕业生半年后的工作与专业相关度仅为37%。这恐怕和大多数基础学科的就业特点有关,因为并不是每个学物理的人都能成为物理学家或搞科研工作。虽然从表面上看,直接与物理对口的行业很少,但是事实上物理学类的毕业生就业范围很广。许多以物理为基础的学科领域都有该专业毕业生的身影,如信息、能源、航天、军工、材料、交通、经济、生命科学等。

(六)各类院校推荐

1. 物理学专业(如表5-2所示)

表5-2 物理学专业推荐院校

分类	推荐院校
原985	清华大学、北京大学、中国科学技术大学、复旦大学、南京大学等
原211	华南师范大学、华中师范大学、西北大学、苏州大学、陕西师范大学等
一流学科	中国科学院大学、宁波大学、河南大学等
保研资格	山西大学、河南师范大学、湘潭大学、河北师范大学、曲阜师范大学、西北师范大学、浙江师范大学、辽宁师范大学、山东师范大学、天津师范大学等
公办本科	温州大学、信阳师范学院、鲁东大学、内蒙古民族大学、牡丹江师范学院、佛山科学技术学院、北华大学、岭南师范学院、绍兴文理学院、伊犁师范大学等
民办本科	湖南师范大学树达学院、湖南文理学院芙蓉学院、衡阳师范学院南岳学院等

2. 应用物理学专业(如表5-3所示)

表5-3 应用物理学专业推荐院校

分类	推荐院校
原985	中国科学技术大学、南京大学、同济大学、北京航空航天大学、大连理工大学等
原211	北京科技大学、上海大学、南京航空航天大学、西安电子科技大学、郑州大学等
一流学科	南京邮电大学、天津工业大学、成都理工大学等
保研资格	长春理工大学、浙江工业大学、中北大学、上海理工大学、西安工业大学、燕山大学、天津理工大学、西安理工大学、天津师范大学、重庆邮电大学等
公办本科	烟台大学、浙江科技学院、西安邮电大学、信阳师范学院、大连大学、辽宁石油化工大学、湖南工业大学、中国计量大学、伊犁师范大学、杭州医学院等
民办本科	山西师范大学现代文理学院、成都理工大学工程技术学院等

二、天文学类

(一)学科评估结果

天文学类对应的研究生一级学科为天文学,第四轮学科评估结果如表5-4所示。

表5-4 天文学第四轮学科评估结果

学科评估	院校分类	院校
A+	原985	南京大学、中国科学技术大学
B-	原985	北京大学
C+	原985	上海交通大学
C-	原985	北京师范大学

(二)报考科类

基本只招收理科生。

(三)男女人数情况

男生占多数。

(四)专业解读

天文学类下设天文学1个专业。

天文学是一门古老的学科。自有人类文明史以来,人类对浩瀚星空的探索就从未停止。

天文学和物理、数学、生物等一样,是一门基础学科。它的主要内容是研究宇宙空间天体、宇宙的结构和发展,包括天体的构造、性质和运行规律等,以各种现代尖端技术作为探测手段观测天体发射到地球的辐射,发现并测量它们的位置,探索它们的运动规律,研究它们的物理性质、化学组成、内部结构、能量来源及其演化规律等。

(五)就业分析

从官方的解析来看,我国很缺乏天文专业人才,尤其缺乏从本科开始就学习天文的"根正苗红"的专业人才,所以不用太担心天文专业的就业问题,只要自身学得足够好,就业前景是一片光明的。但很多人忽略了一个问题,那就是需要"自身学得足够好",基本上都要读到博士了。

现实中,天文学专业是一个比较冷门的专业,本科和硕士继续深造的比例都比较高,原因很简单,不好找工作。想做天文方面的科研工作的话,尽量读到博士,上限很高下限也不太低,看个人发展和机遇。如果不想从事相关的工作,建议还是选择其他专业。

(六)天文学专业各类院校推荐(如表5-5所示)

表5-5 天文学专业推荐院校

分类	推荐院校
原985	南京大学、中国科学技术大学、上海交通大学等
原211	云南大学等
一流学科	中国科学院大学等
保研资格	贵州师范大学、西华师范大学等
公办本科	黔南民族师范学院等
民办本科	无

三、力学类

(一)学科评估结果

力学类对应的研究生一级学科为力学,第四轮学科评估结果如表5-6所示。

表5-6 力学第四轮学科评估结果

学科评估	院校分类	院校
A+	原985	北京大学、清华大学
A	原985	西安交通大学、哈尔滨工业大学
A-	原985	大连理工大学、天津大学、北京航空航天大学
	原211	南京航空航天大学
B+	原985	华中科技大学、浙江大学、上海交通大学、同济大学、北京理工大学、西北工业大学、中国科学技术大学
	原211	上海大学
B	原985	兰州大学
	原985军校	国防科技大学
	原211	北京交通大学、河海大学、西南交通大学、中国矿业大学(徐州、北京)、哈尔滨工程大学、南京理工大学
B-	原985	东南大学、湖南大学、四川大学、中山大学、重庆大学

续表

学科评估	院校分类	院校
B-	原211	北京科技大学、武汉理工大学、北京工业大学
C+	原985	复旦大学、武汉大学、华南理工大学
	原211	中国石油大学(华东、北京)、暨南大学、太原理工大学
	保研资格	辽宁工程技术大学、湘潭大学、昆明理工大学
C	原985	吉林大学、山东大学、中南大学、东北大学
	原211	郑州大学
	一流学科	宁波大学
	保研资格	江苏大学
C-	原985	厦门大学
	原211	长安大学、合肥工业大学、南昌大学
	保研资格	燕山大学、石家庄铁道大学、大连交通大学、内蒙古工业大学

(二)报考科类

只招收理科生。

(三)男女人数情况

男生占多数。

(四)专业解读

力学类下设理论与应用力学、工程力学共计2个专业。

1. 理论与应用力学

理论与应用力学主要研究力学的基本理论、知识和技能,解决建筑工程等领域中设计、施工、管理等方面的问题,例如复杂建筑的结构设计、施工中的力学分析、搭建桥梁的结构分析等。这是一门具有较强应用性倾向的基础科学,同时也是多种学科的基础,如机械制造、土木建筑、天体力学等。这门专业在学习过程中,要求学生先打好经典力学、理论力学与应用力学的知识基础,再运用计算机仿真和模拟等先进手段,将这些基础知识迁移到机械、建筑、材料工程等各类技术应用领域,学生将从中体验到做设计师与工程师的双重乐趣。

2. 工程力学

理论与应用力学是理论力学和应用力学的结合,工程力学则只是应用力学的一个方面。它们之间是面和点的关系。可以这样说,理论和应用力学是从面上研究力学的应用,工程力学是从工程建设这个点上研究力学的应用。

据这两个专业的毕业生讲述,理论与应用力学专业学的内容比较基础,注重工程结构的分析,比较容易学一点;工程力学计算多、公式多,学起来比较困难一点。如果考力学方面的研究生的话,这两个专业的学生将来的研究方向完全可以是同一个方向。

(五)就业分析

目前,由于与力学及应用力学专业相关的行业快速发展,对专业人才需求渐旺,其中就包括对力学专业人才的需求。受此影响,国内各开设力学专业的高校,专业的就业率普遍有上升的趋势,但是由于受本专业工作性质的影响,需求总量仍然不大。因此,目前力学类专业的就业状况仍然不尽如人意,有很大一部分学生在毕业后会转到其他工作领域去发展。但是从长远看,力学类专业的就业状况会得到很大改善,工作满意度也会有大的提高。

（六）各类院校推荐

1. 理论与应用力学专业（如表5-7所示）

表5-7 理论与应用力学专业推荐院校

分类	推荐院校
原985	北京大学、中国科学技术大学、兰州大学等
原211	上海大学等
一流学科	中国科学院大学等
保研资格	辽宁工程技术大学、南方科技大学等
公办本科	重庆科技学院、河北建筑工程学院等
民办本科	无

2. 工程力学专业（如表5-8所示）

表5-8 工程力学专业推荐院校

分类	推荐院校
原985	清华大学、哈尔滨工业大学、北京航空航天大学、西安交通大学、北京大学等
原211	南京航空航天大学、河海大学、西南交通大学等
一流学科	宁波大学、成都理工大学等
保研资格	江苏大学、燕山大学、石家庄铁道大学、昆明理工大学、内蒙古工业大学、重庆交通大学、辽宁工程技术大学等
公办本科	广西科技大学、中国计量大学、苏州科技大学等
民办本科	无

四、机械类

（一）学科评估结果

机械类对应的研究生一级学科为机械工程，第四轮学科评估结果如表5-9所示。

表5-9 机械工程第四轮学科评估结果

学科评估	院校分类	院校
A+	原985	清华大学、华中科技大学、上海交通大学、哈尔滨工业大学
A	原985	西安交通大学、浙江大学、大连理工大学、天津大学、北京理工大学
A-	原985	湖南大学、吉林大学、中南大学、华南理工大学、同济大学、重庆大学、北京航空航天大学
A-	原985军校	国防科技大学
A-	原211	南京航空航天大学
A-	保研资格	燕山大学
B+	原985	东南大学、山东大学、东北大学、西北工业大学
B+	原211	北京交通大学、北京科技大学、合肥工业大学、武汉理工大学、西安电子科技大学、西南交通大学、中国矿业大学（徐州、北京）、南京理工大学、北京工业大学、上海大学、太原理工大学
B+	保研资格	江苏大学、浙江工业大学、广东工业大学
B	原985	四川大学、武汉大学、电子科技大学、中国农业大学
B	原211	东华大学、华东理工大学、中国石油大学（华东、北京）、哈尔滨工程大学、河北工业大学、福州大学
B	一流学科	西南石油大学

续表

学科评估	院校分类	院校
B	军校	陆军工程大学
	保研资格	长春理工大学、上海理工大学、武汉科技大学、浙江理工大学、沈阳建筑大学、大连交通大学、西安理工大学、太原科技大学、哈尔滨理工大学
B-	原985	厦门大学
	原211	北京化工大学、长安大学、南昌大学、贵州大学
	保研资格	华侨大学、湖南科技大学、中北大学、山东科技大学、沈阳工业大学、长春工业大学、山东理工大学、桂林电子科技大学、昆明理工大学、兰州理工大学、兰州交通大学、河南科技大学
C+	原211	江南大学、北京邮电大学、北京林业大学、东北林业大学、新疆大学
	军校	火箭军工程大学
	一流学科	南京林业大学、天津工业大学
	保研资格	辽宁工程技术大学、西安建筑科技大学、青岛科技大学、西安工业大学、青岛理工大学、杭州电子科技大学、西安科技大学、河南理工大学
	公办本科	沈阳理工大学、上海工程技术大学、重庆理工大学
C	原211	华北电力大学（北京、保定）、河海大学、中国地质大学（武汉、北京）、苏州大学、广西大学、郑州大学
	保研资格	石家庄铁道大学、湘潭大学、长沙理工大学、北方工业大学、东北石油大学、北京信息科技大学、南通大学、安徽理工大学、安徽工业大学、辽宁科技大学、天津科技大学、沈阳航空航天大学、湖北工业大学
	公办本科	武汉纺织大学、郑州轻工业大学
C-	原211	大连海事大学
	保研资格	南京工业大学、深圳大学、陕西科技大学、青岛大学、江苏科技大学、广州大学、上海海事大学、重庆交通大学、华北理工大学、济南大学、山东建筑大学、西华大学
	公办本科	常州大学、天津职业技术师范大学、上海应用技术大学、齐鲁工业大学

（二）报考科类

基本只招收理科生。

（三）男女人数情况

男生占多数。

（四）专业解读

机械类下设机械工程、机械设计制造及其自动化、材料成型及控制工程、机械电子工程、工业设计、过程装备与控制工程、车辆工程、汽车服务工程、机械工艺技术、微机电系统工程、机电技术教育、汽车维修工程教育、智能制造工程、智能车辆工程、仿生科学与工程、新能源汽车工程、增材制造工程、智能交互设计、应急装备技术与工程共计19个专业，**其中机械工程、机械设计制造及其自动化、材料成型及控制工程、机械电子工程、工业设计、过程装备与控制工程、车辆工程专业开设院校相对较多**，其余专业开设院校较少，本书主要讲解开设院校相对较多的机械类专业。

1. 机械工程

机械工程专业以相关的自然科学和技术科学为理论基础，结合生产实践中的技术经验，研究和解决在开发、设计、制造、安装、运用和修理各种机械中遇到的实际问题，例如家用电器的维修、汽车的改装、智能机器人的研发设计、挖掘机的使用等。机械工程的学习内容比较宽泛，其他机械类专业多数是机械工程专业的分支或者机械与其他学科的交叉。

2. 机械设计制造及其自动化

机械设计制造及其自动化专业是高校中普遍开设的工科专业，也是机械类的代表专业之一，是一个以机械结构的设计、加工、制造为基础，融入自动控制技术、信息技术、计算机科学技术的交叉学科，就是将机械设备与自动化通过计算机的方式结合起来，形成一系列先进的制造技术，具体在工业中的应用包括数控机床、加工中心等。

如今的机械设计制造及其自动化已经渗透到了社会生活的方方面面。大到航天、造船、采矿、钻井，小到冰箱、洗衣机、手机、曲别针，它的身影无处不在。可以说，机械设计制造及其自动化是研究和解决在开发、设计、制造、安装、运用和修理各种机械中遇到理论和实际问题的应用学科。

3. 材料成型及控制工程

材料成型及控制工程专业主要研究的是如何把这些原材料进一步做成各种形状的成型材料。该专业设金属成型及模具专业方向和塑料成型及模具专业方向。汽车外壳、飞机外壳和高铁车厢等，还有我们日常生活使用的铝锅、铁锅、铝盆、不锈钢杯等都是进一步通过材料成型而制成的，与我们的生活紧密相连。

机械设计制造及其自动化专业中的"制造"指的是对金属材料的切削加工，金属切削刀具在机床上把金属切削成需要的形状，如车削钢棒成一根轴，要切掉很多金属，产生很多无用的铁屑。而材料成型几乎不减少金属材料的重量，只是使金属材料变形，变成市场或客户需要的形状。

该专业有的高校将其设在机械学院，有的在材料学院，各个学校偏重方向不同，可能在专业上也有很大的区别，比如哈尔滨工业大学侧重于焊接、北京科技大学、武汉科技大学侧重于压力加工，西北工业大学偏重于热加工和铸造，兰州理工大学偏重于液态成型，等等。但无论怎样，该专业都避免不了画图，空间想象力偏差的考生慎重报考。

4. 机械电子工程

机械电子工程是将机械学、电子学、信息技术、计算机技术、控制技术等有机融合而形成的一门综合性学科，主要研究对象是机电一体化系统，包括执行机构、控制器、检测装置、动力装置和传动装置；主要研究方向就是机电一体化系统的设计以及控制，广泛应用于交通、电力、冶金、化工、建材等各领域机电一体化设备及生产自动化过程。

5. 工业设计

工业设计是用最简单的设计语言去做物体，主要研究工业中设计方面的原理和知识，探索工业产品的造型与色彩、形式与外观、结构与功能、外形与工艺等之间的关系，以实用、美观为基础对工业产品进行设计，包括包装设计、造型设计、展示设计、UI（用户界面）设计等，例如沙发的外观结构设计、吊灯的造型色彩设计等。

工业设计是一个集合工程学、心理学、社会学、美学、哲学等多学科的专业，其核心更趋近在面对问题时，综合多方思考，提出最适宜的解决方案。但目前社会与企业大多数认知停留在外观设计和纯粹的客观美学优先主义。

6. 过程装备与控制工程

过程装备与控制工程是一个机械和化工领域的综合性专业，也是偏应用性的专业。对过程装备及其系统的状态和工况进行监测、控制，以确保生产工艺有序稳定运行，提高过程装备的可靠度和功能可利用度。有个很简单的说法：学过程控制的比学化工的多懂些机械，比学机械的多懂些控制，比学控制的多懂些工艺。

本专业机械、设备、化工、控制课程都学习，广而不精。课程及院系设置方面不同学校侧重点不同，有些学校划在化工学院，有些划在机电学院。这个专业以前叫化工机械，就是搞化工设备和静设备的，例如：压缩机、汽轮机、泵、换热器、塔器、锅炉、反应器、储存容器，现在又加了一些控制方面的东西。一般来说，偏向机械的比较多一些。

7. 车辆工程

车辆工程专业原来叫"汽车工程"，是一个应用性较强的专业。车辆工程专业涉及的技术面非常广，涉及动力、控制、电子、计算机、信息、材料、能源等学科领域，具有多学科交叉的特点。它的发展能促进和带动相关专业的发展，并能促进新兴学科的诞生，是一门涵盖多个高新技术领域的综合性专业。

车辆工程和机械工程相比，机械工程面范围很广，学的知识可应用于汽车、飞机、空调、建筑、桥梁、工业仪器及机器等各个层面之上;车辆工程主要是研究汽车方面的问题,是研究汽车、拖拉机、机车车辆、军用车辆及其他工程车辆等陆上移动机械的理论、设计及制造技术的工程技术领域。

(五)就业分析

机械行业是我们国家的一个基础行业,很多行业的发展都离不开机械行业的技术支撑,如航空航天、船舶制造、建筑机械、农业机械等,都需要机械行业来帮助制造基础设备,它可以说是国民经济的"装备部"。

机械类专业的就业呈现跨学科、多行业就业的形式,因为并非只有机械行业才需要机械专业人才,任何行业,无论是生产型企业还是研发型单位,只要使用设备、生产线,就会给机械专业人才用武之地,例如印刷、物流、制药、食品、橡胶等行业都需要他们来安装和维护生产设备。只要整个社会经济正常发展,机械类专业毕业生就不乏就业岗位。

机械类专业的学生只要不是特别差,一般找工作都不成问题。虽然就业容易,但待遇高低要看个人能力了,这跟机械类专业的特点有关。机械行业实践性强,看重经验技术,当经验和技术都积累到一定阶段,可以做一些技术含量高的工作时,各方面待遇才会比较好。

一位在一线从业多年的老师表示,机械行业人才培养要求学生有较强的动手能力、实践能力和专业创新能力。这些能力是很重要,但对于就业来说,普通的学生还是应该把基础知识学好,把基本能力掌握扎实,不需要能力很全面,但要有"一招鲜"的本领。比如,人家说出一个产品,你就能绘出三维设计图,设计出虚拟的产品,这就需要绘图能力;工厂需要一个零件,给你一个东西你得会加工,能把它制作出来,这就是制造能力;拿出一个机械,你能通过数字实验把它的内在品质呈现出来,这就是分析能力。有了这样的能力,有了"一招鲜",就不愁找不到工作,不愁待遇上不去。

需要提醒考生的是,从机械类专业毕业后从事的工作内容和工作环境来讲,比较适合男生学习。

(六)各类院校推荐

1. 机械工程专业(如表5-10所示)

表5-10 机械工程专业推荐院校

分类	推荐院校
原985	上海交通大学、西安交通大学、浙江大学、清华大学等
原211	南京航空航天大学、上海大学、南京理工大学、北京工业大学、中国矿业大学等
一流学科	成都理工大学、天津工业大学等
保研资格	武汉科技大学、浙江工业大学、南京工业大学、大连交通大学、青岛科技大学、五邑大学、安徽工业大学、山东建筑大学、北京建筑大学、桂林电子科技大学等
公办本科	广西科技大学、上海工程技术大学、东华理工大学、温州大学、湖南工业大学、北京印刷学院、浙大宁波理工学院等
民办本科	江西科技学院、无锡太湖学院、广州城市理工学院、浙江工业大学之江学院、南京理工大学紫金学院、厦门工学院等

2. 机械设计制造及其自动化专业(如表5-11所示)

表5-11 机械设计制造及其自动化专业推荐院校

分类	推荐院校
原985	华中科技大学、西北工业大学、哈尔滨工业大学、大连理工大学等
原211	西南交通大学、太原理工大学、合肥工业大学、哈尔滨工程大学、长安大学、西安电子科技大学、贵州大学等
一流学科	西南石油大学、南京林业大学、宁波大学等
保研资格	燕山大学、浙江理工大学、广东工业大学、上海理工大学、江苏大学、哈尔滨理工大学、沈阳工业大学、西安理工大学、山东科技大学、河南科技大学等
公办本科	景德镇陶瓷大学、沈阳理工大学、大连大学、辽宁工业大学、上海应用技术大学、常州大学、武汉纺织大学、厦门理工学院、浙江科技学院、中国计量大学等

分类	推荐院校
民办本科	西京学院、南昌理工学院、武汉东湖学院、宿迁学院、安徽信息工程学院、南通理工学院、黄河科技学院、郑州工商学院、潍坊科技学院、电子科技大学中山学院等

3. 材料成型及控制工程专业（如表5-12所示）

表5-12 材料成型及控制工程专业推荐院校

分类	推荐院校
原985	华中科技大学、哈尔滨工业大学、重庆大学、湖南大学等
原211	武汉理工大学、太原理工大学、西南交通大学、合肥工业大学等
一流学科	西南石油大学等
保研资格	燕山大学、河南科技大学、沈阳工业大学、西安建筑科技大学、中北大学、兰州理工大学、长春工业大学、武汉科技大学、广东工业大学、安徽工业大学等
公办本科	湖北汽车工业学院、常州大学、湖南工业大学、福建工程学院、沈阳大学、沈阳理工大学、湖南工程学院、上海工程技术大学、重庆理工大学、安徽工程大学等
民办本科	黄河科技学院、郑州科技学院、安徽信息工程学院、沈阳工学院、广东科学学院、郑州工业应用技术学院、成都锦城学院、山东华宇工学院、南昌工学院、烟台南山学院等

4. 机械电子工程专业（如表5-13所示）

表5-13 机械电子工程专业推荐院校

分类	推荐院校
原985	西北工业大学、哈尔滨工业大学、浙江大学等
原211	北京交通大学、上海大学、河北工业大学等
一流学科	南京林业大学、西南石油大学、天津工业大学等
保研资格	江苏大学、广东工业大学、浙江理工大学、武汉科技大学、河南科技大学、哈尔滨理工大学、长春理工大学、山东科技大学、西安工业大学、兰州理工大学等
公办本科	重庆理工大学、成都工业学院、常州大学、安徽工程大学、沈阳理工大学、上海工程技术大学、中国计量大学、北京石油化工学院、中原工学院、江苏海洋大学等
民办本科	广东理工学院、黄河交通学院、南通理工学院、武昌首义学院、潍坊科技学院、湖南交通工程学院、安徽文达信息工程学院、黑龙江东方学院、广东科技学院等

5. 工业设计专业（如表5-14所示）

表5-14 工业设计专业推荐院校

分类	推荐院校
原985	上海交通大学、湖南大学、西北工业大学、西安交通大学等
原211	江南大学、北京科技大学、上海大学、南京航空航天大学、哈尔滨工程大学等
一流学科	天津工业大学、南京林业大学、宁波大学等
保研资格	浙江理工大学、江苏大学、浙江工业大学、广东工业大学、燕山大学、杭州电子科技大学、上海理工大学、武汉科技大学、沈阳航空航天大学、北京工商大学等
公办本科	浙江科技学院、吉林工程技术师范学院、中国计量大学、浙江农林大学、广西科技大学、上海工程技术大学、东莞理工学院、长沙师范学院、北京联合大学、重庆理工大学等

续表

分类	推荐院校
民办本科	西京学院、成都东软学院、电子科技大学中山学院、沈阳工学院、浙江树人学院、南昌理工学院、广州城市理工学院、安徽新华学院、宁波财经学院、浙江工业大学之江学院等

6. 过程装备与控制工程专业（如表5-15所示）

表5-15 过程装备与控制工程专业推荐院校

分类	推荐院校
原985	西安交通大学、大连理工大学、浙江大学等
原211	华东理工大学、北京化工大学、中国石油大学（北京、华东）等
一流学科	南京林业大学、西南石油大学等
保研资格	浙江工业大学、南京工业大学、兰州理工大学、燕山大学、沈阳化工大学、沈阳工业大学、青岛科技大学等
公办本科	辽宁石油化工大学、郑州轻工业大学、吉林化工学院、四川轻化工大学、常州大学、河北科技大学、重庆理工大学等
民办本科	银川能源学院、长春电子科技学院、哈尔滨石油学院等

7. 车辆工程专业（如表5-16所示）

表5-16 车辆工程专业推荐院校

分类	推荐院校
原985	清华大学、湖南大学、西安交通大学、重庆大学等
原211	西南交通大学、武汉理工大学、北京科技大学、北京交通大学、南京航空航天大学等
一流学科	南京林业大学、宁波大学等
保研资格	燕山大学、大连交通大学、江苏大学、河南科技大学、上海理工大学、浙江工业大学、西安理工大学、武汉科技大学、沈阳工业大学、广东工业大学等
公办本科	上海工程技术大学、厦门理工学院、安徽工程大学、重庆理工大学、湖北汽车工业学院、辽宁工业大学、浙江科技学院、广西科技大学、常州大学、烟台大学等
民办本科	黄河交通学院、黄河科技学院、吉利学院、四川工业科技学院、江西科技学院、青岛黄海学院、厦门大学嘉庚学院、广州城市理工学院、安徽信息工程学院、广东理工学院等

五、仪器类

（一）学科评估结果

仪器类对应的研究生一级学科为仪器科学与技术，第四轮学科评估结果如表5-17所示。

表5-17 仪器科学与技术第四轮学科评估结果

学科评估	院校分类	院校
A+	原985	清华大学、北京航空航天大学
A	原985	天津大学
A-	原985	东南大学、上海交通大学、重庆大学、哈尔滨工业大学
B+	原985	吉林大学、西安交通大学、电子科技大学、中国科学技术大学
	原985军校	国防科技大学
	原211	合肥工业大学
	保研资格	中北大学

续表

学科评估	院校分类	院校
B	原985	厦门大学、大连理工大学、北京理工大学
	原211	西安电子科技大学
	保研资格	长春理工大学、沈阳工业大学
	公办本科	中国计量大学
B-	原985	西北工业大学
	原211	哈尔滨工程大学、南京航空航天大学、南京理工大学
	保研资格	燕山大学、西安理工大学、哈尔滨理工大学、桂林电子科技大学
C+	原985	四川大学、武汉大学
	原211	北京科技大学、北京工业大学
	保研资格	上海理工大学、江苏大学、北京信息科技大学、南昌航空大学
C	原211	武汉理工大学、中国地质大学(武汉、北京)、上海大学
	军校	战略支援部队信息工程大学、海军航空大学
	公办本科	重庆理工大学
C-	原211	河北工业大学
	一流学科	南京邮电大学、西南石油大学
	保研资格	河北大学、东北石油大学、广东工业大学、天津科技大学、湖北工业大学

(二)报考科类

只招收理科生。

(三)男女人数情况

男生占多数。

(四)专业解读

仪器类下设测控技术与仪器、精密仪器、智能感知工程共计3个专业,**其中测控技术与仪器专业开设院校相对较多**,其余专业开设院校较少,本书主要讲解开设院校相对较多的仪器类专业。

当前,科技界普遍认为,信息技术由四大部分组成,即信息获取、信息传输、信息处理与信息应用。这四部分组成的信息链的源头"信息获取",即是仪器科学与技术专业的研究范畴。

测控技术与仪器是光学、精密机械、电子、电力、自动控制、信号处理、计算机与信息技术多学科互相渗透而形成的一门高新技术密集型综合学科。该专业培养具备精密仪器设计制造以及测量与控制方面基础知识与应用能力,能在国民经济各部门从事测量与控制领域内有关技术、仪器与系统的设计制造、科技开发、应用研究、运行管理等方面的高级工程技术人才。

测控技术与仪器专业适合那些学习能力很强且认真的人。做仪器需要很大的知识量,从光学、机械到电路、软件等,都得会而且需要精通。另外,该专业要求毕业生对电子、计算机、专业软件开发和使用有综合能力,强调动手能力和逻辑思维能力,这对从业者来说是个巨大的挑战。

(五)就业分析

仪器类专业是宽口径的专业,涉及光学、机械、电子、计算机科学等多个学科的综合,是全能型的专业,要想在就业中占据有利地位,就得找到自己的优势所在。因此,就业时一方面要看学生自身研究的是哪个方向,或者说技术岗位倾向;另一方面还要看学校的重点偏向,通常指行业倾向。

就业方面,目前来看,具有良好能力的仪器类专业毕业生供不应求。国内目前的高端仪器基本依赖进口,这就是前景,这就是机会。诸如质谱、光谱、色谱等分析仪器,国内有不少厂商都在做。随着目前电子科学、嵌入式技术、新型传感器技术的不断发展,测控技术与仪器的就业前景只会更好。

和其他工科专业相比,仪器类专业可能偏小众一些,不是那么热门,但就业前景和热门工科专业相比一点都不差,物理、数学比较好的学生可以重点考虑。

(六)测控技术与仪器专业各类院校推荐(如表 5-18 所示)

表 5-18　测控技术与仪器专业推荐院校

分类	推荐院校
原 985	北京航空航天大学、清华大学、天津大学、哈尔滨工业大学、东南大学等
原 211	合肥工业大学、南京航空航天大学、西安电子科技大学、南京理工大学、武汉理工大学、北京科技大学等
一流学科	南京邮电大学、西南石油大学、成都理工大学等
保研资格	中北大学、长春理工大学、西安理工大学、燕山大学、哈尔滨理工大学、西安工业大学、桂林电子科技大学、沈阳工业大学、南昌航空大学、西安石油大学等
公办本科	中国计量大学、重庆理工大学、河北科技大学、沈阳理工大学、郑州轻工业大学、西安邮电大学、齐鲁工业大学、桂林航天工业学院、上海电力大学、湖南工业大学等
民办本科	烟台南山学院、黄河科技学院、长春电子科技学院、商丘工学院、北京理工大学珠海学院、山东华宇工学院等

六、能源动力类

(一)学科评估结果

能源动力类对应的研究生一级学科为动力工程及工程热物理,第四轮学科评估结果如表 5-19 所示。

表 5-19　动力工程及工程热物理第四轮学科评估结果

学科评估	院校分类	院校
A+	原 985	清华大学、西安交通大学
A	原 985	浙江大学、上海交通大学
A-	原 985	华中科技大学、天津大学、哈尔滨工业大学
	原 211	华北电力大学(北京、保定)
B+	原 985	东南大学、大连理工大学、北京航空航天大学、北京理工大学、中国科学技术大学
	原 211	华东理工大学、哈尔滨工程大学
	保研资格	上海理工大学、江苏大学
B	原 985	山东大学、同济大学、重庆大学
	原 211	北京科技大学、中国石油大学(华东、北京)、南京航空航天大学
	军校	海军工程大学
	保研资格	南京工业大学
B-	原 985	吉林大学、武汉大学、中南大学、东北大学、西北工业大学
	原 211	北京化工大学、北京工业大学
	保研资格	东北电力大学
C+	原 985	四川大学、华南理工大学
	原 211	武汉理工大学、南京工业大学、郑州大学
	保研资格	青岛科技大学、浙江工业大学、兰州理工大学
	公办本科	上海电力大学
C	原 211	北京交通大学、中国矿业大学(徐州、北京)、河北工业大学
	保研资格	长沙理工大学、东北石油大学、内蒙古工业大学、沈阳航空航天大学、西华大学
C-	原 211	合肥工业大学、河海大学、太原理工大学
	保研资格	武汉工程大学、天津商业大学、沈阳化工大学、昆明理工大学、华北水利水电大学

续表

学科评估	院校分类	院校
C-	公办本科	辽宁石油化工大学

(二)报考科类

基本只招收理科生。

(三)男女人数情况

男生占多数。

(四)专业解读

能源动力类下设能源与动力工程、能源与环境系统工程、新能源科学与工程、储能科学与工程、能源服务工程共计5个专业,**其中能源与动力工程专业开设院校相对较多**,其余专业开设院校较少,本书主要讲解开设院校相对较多的能源动力类专业。

能源与动力工程包括两部分:一是能源,二是动力。

能源是指能够直接取得或者通过加工、转换而取得有用性的各种资源,包括煤炭、原油、天然气、水能、核能、风能、太阳能、地热能、生物质能等一次能源和电力、热力、成品油等二次能源,以及其他新能源和可再生能源。

动力则是研究如何将各种能源转化成我们需要的力量。动力技术包括很多,如锅炉、内燃机、航空发动机、制冷及相关技术等。

石油转化成动力,煤炭、天然气转化成电力等,归根到底就是能源的转化。举个例子,比如发电研究的就是如何将热能转换成机械能再进一步转化成电能。简单来说,能源与动力工程专业研究的就是如何安全、清洁、高效地转换能源,并且应用它们来产生动力供人们使用。该专业集能源的开发、利用、转化、系统控制、节能与减排于一体,它与我国的能源、动力、环境保护领域的发展息息相关。

(五)就业分析

现在的能源动力工程不仅涵盖锅炉、热力发电机,还包括汽轮机、燃气轮机等流体机械,以及水利机械、空调工程、制冷及低温工程等。如果有将来想去汽车类、航天类、核电类、动力设备、空调制冷等企业工作的学生,能源与动力工程专业是很好的选择。

能源动力类专业性很强,不适合所有人。专业的定位就是大部分是以工程为主的传统工科,小部分是以攻克能源问题为目标的科研前沿。就业去向基本是去厂里做技术人员、去研发部门做研发人员、去高校做老师。难度依次递增,对应的学历也基本是本科、硕士、博士。薪资的话,对于本科生和硕士生而言,和你的学校实力、专业实力、所处地域都密切相关,不好统一界定,基本来说是比不过经管、商科、IT、电气类的。

能源与动力工程专业不是一个可以快速赚钱的专业,工作环境也相对恶劣,薪资待遇等比不上机电类专业,总体而言是一个好找工作但是难找好工作的专业。对于博士生来说,我们认为前途还是比较光明的,但是要想清楚的是,你得是真心喜欢研究这个方向,才要去读博士,不要有工作不好找才读博士这样的想法,如果是后者,你更需要的是直接转行,而不是读博。

(六)能源与动力工程专业各类院校推荐(如表5-20所示)

表5-20 能源与动力工程专业推荐院校

分类	推荐院校
原985	西安交通大学、清华大学、华中科技大学、东南大学、上海交通大学等
原211	华北电力大学、北京科技大学、华东理工大学、哈尔滨工程大学、武汉理工大学等
一流学科	上海海洋大学、南京林业大学等
保研资格	江苏大学、上海理工大学、东北电力大学、南京工业大学、兰州理工大学、青岛科技大学、武汉工程大学、哈尔滨理工大学、昆明理工大学、河南科技大学等
公办本科	郑州轻工业大学、常州大学、辽宁石油化工大学、景德镇陶瓷大学、吉林化工学院、烟台大学、北京石油化工学院、中国计量大学、上海工程技术大学、南京工程学院等

续表

分类	推荐院校
民办本科	黄河交通学院、山东华宇工学院、烟台南山学院、湖南交通工程学院、银川能源学院、南昌工学院、南昌理工学院、中国矿业大学徐海学院、文华学院、郑州工商学院等

七、电气类

（一）学科评估结果

电气类对应的研究生一级学科为电气工程，第四轮学科评估结果如表5-21所示。

表5-21 电气工程第四轮学科评估结果

学科评估	院校分类	院校
A+	原985	清华大学、西安交通大学
A	原985	华中科技大学
	原211	华北电力大学（北京、保定）
A-	原985	浙江大学、重庆大学、哈尔滨工业大学
	军校	海军工程大学
B+	原985	东南大学、湖南大学、山东大学、上海交通大学、天津大学
	原211	西南交通大学、南京航空航天大学
	保研资格	沈阳工业大学
B	原985	武汉大学、华南理工大学、西北工业大学
	原211	北京交通大学、合肥工业大学、中国矿业大学（徐州、北京）、河北工业大学
	保研资格	东北电力大学、哈尔滨理工大学
B-	原985	四川大学、大连理工大学
	原211	河海大学、福州大学、太原理工大学
	保研资格	长沙理工大学、三峡大学
	公办本科	上海电力大学
C+	原985	东北大学、同济大学、北京航空航天大学
	原211	上海大学、广西大学、新疆大学
	保研资格	燕山大学、江苏大学、西安理工大学、上海海事大学
C	原985	中南大学、电子科技大学
	原211	南京理工大学、郑州大学
	保研资格	辽宁工程技术大学、山东理工大学
	公办本科	郑州轻工业大学
C-	原985	中国农业大学
	原211	哈尔滨工程大学
	保研资格	上海理工大学、山东科技大学、天津理工大学、黑龙江科技大学、河南理工大学
	公办本科	湖南工业大学

（二）报考科类

基本只招收理科生。

（三）男女人数情况

男生占多数。

（四）专业解读

电气类下设电气工程及其自动化、智能电网信息工程、光源与照明、电气工程与智能控制、电机电器智能化、电缆工程、能源互联网工程共计 7 个专业，**其中电气工程及其自动化、智能电网信息工程专业开设院校相对较多**，其余专业开设院校较少，本书主要讲解开设院校相对较多的电气类专业。

1. 电气工程及其自动化

电气工程及其自动化就是以电能、电气设备和电气技术为手段来创造、维持与改善限定空间和环境的一门科学，涵盖电能的转换、利用和研究三方面。电是怎么来的？在我们的生活中，人类如何能够顺利、安全地使用电能？如何通过发电、变电、输电、配电，把电能送入千家万户？……这都是电气工程及其自动化专业主要研究和解决的问题。电气工程及其自动化是一个强弱电结合的专业，强电主要是指高压电，弱电主要是指电气控制这种弱电，弱电还是服务于强电，可以说本质还是个强电专业。

电气工程及其自动化专业的影子在我国很多领域随处可见，小到家用开关、电表等的开发、设计、检测、生产，大到发电厂、变电站、航天飞机、宇宙飞船等都需要电气类专业技术人才。因此，该专业的毕业生可就业的领域比较广，像电力系统、建筑电气领域、电机电器等都可以。

2. 智能电网信息工程

智能电网信息工程专业创建于 2014 年，是依据国家发展战略、紧密结合国家智能电网建设之急需而开设的一个新兴交叉学科。本专业以智能电网为背景，注重电力系统、智能电网信息采集、信号处理、通信理论以及计算机应用的全面训练，以计算机技术、网络技术和通信技术在电力系统中的应用为侧重点，强调科学理论与实际应用相结合，重点培养智能电网信息工程领域的特色人才，同时兼顾通信、计算机等其他相关行业的人才需求。

强电方面，智能电网信息工程专业课程安排没有电气专业扎实，信息技术方面也没有通信专业强。这个专业的初衷应该是培养复合型人才，但是实际上没有工作经验的情况下，本科生的能力很难把和智能电网相关的几个方面结合起来应用。

（五）就业分析

电气工程及其自动化是电气类专业里就业最好的专业，毕业生最想去的就业单位当然是国家电力系统，主要是指国家电网公司、区域电网公司、各省电力公司、五大发电集团公司（如华能、国电、大唐、华电、中电投）、电力设计院（如华北、西北、西南、中南、华东等）、各省设计院、电力勘测设计院、各城市供电公司、地区县级供电公司等。这些单位也是毕业生比较好的就业选择，同时这些单位也需要大量优秀的电气工程专业人才。目前电力行业在我国属于垄断行业，这样的单位一般门槛较高，用人单位较喜欢名牌大学的毕业生或者电气工程专业全国排名靠前院校的毕业生，想进入这个系统需要很强的个人能力。

除了国家电力系统，大多数人的工作岗位更多偏向电气设备（如变压器）制造公司、电气设备厂和其他与电相关的工作领域。如果能进入一些大型跨国企业，如通用、西门子等，年薪也相当可观。

值得一提的是，几乎所有的制造类企业都需要电气工程及其自动化专业人才，这也是土机电（土木、机械、电气）三大工科类专业中电气专业的优势所在。一般来说，学科背景往往决定了就业前景，电气工程及其自动化专业作为一门基础的学科，具有交叉学科的性质，与很多热门的行业有着密切的关系，如电力、电子、控制、计算机等，因而有这些学科背景的毕业生可以比较轻松地向自动化、自动控制、电子、计算机等专业领域转型。这也使得电气工程及其自动化专业毕业生就业渠道进一步扩大。

另外，电气工程及其自动化是一门实践性很强的学科，无论是哪个行业、什么样的单位，都需要毕业生有较强的专业能力和现场经验。那些具有过硬理论基础和技术能力的毕业生更加受到企业的青睐，未来发展空间也会更广阔。

和电气工程及其自动化专业相比，其他电气类专业就业面偏窄，想有好的发展基本上都是要求硕士、博士了，高学历人才学任何一个电气类专业就业都没有问题，对于想本科毕业直接就业的学生，更加建议学电气工程及其自动化专业。

(六)各类院校推荐

1. 电气工程及其自动化专业(如表 5-22 所示)

表 5-22 电气工程及其自动化专业推荐院校

分类	推荐院校
原 985	华中科技大学、清华大学、西安交通大学、浙江大学、重庆大学等
原 211	华北电力大学、西南交通大学、河北工业大学、福州大学、中国矿业大学、北京交通大学、广西大学、南京航空航天大学等
一流学科	中国科学院大学、宁波大学、天津工业大学等
保研资格	沈阳工业大学、长沙理工大学、三峡大学、东北电力大学、哈尔滨理工大学、江苏大学、昆明理工大学、广东工业大学、兰州交通大学、湖北工业大学等
公办本科	郑州轻工业大学、北华大学、河北科技大学、南京工程学院、上海应用技术大学、湖南工程学院、湖南工业大学、辽宁工业大学、温州大学、广东石油化工学院等
民办本科	山东华宇工学院、广东理工学院、南宁学院、厦门工学院、南通理工学院、闽南理工学院、郑州工商学院、沈阳工学院、文华学院、大连科技学院等

2. 智能电网信息工程专业(如表 5-23 所示)

表 5-23 智能电网信息工程专业推荐院校

分类	推荐院校
原 985	电子科技大学、天津大学等
原 211	华北电力大学、南京理工大学、合肥工业大学等
一流学科	南京邮电大学等
保研资格	东北电力大学、重庆邮电大学、三峡大学等
公办本科	厦门理工学院、河南工学院、南京工程学院等
民办本科	银川能源学院、武汉晴川学院等

八、电子信息类

(一)学科评估结果

电子信息类对应的研究生一级学科为电子科学与技术、信息与通信工程和光学工程,第四轮学科评估结果如下。

1. 电子科学与技术(如表 5-24 所示)

表 5-24 电子科学与技术第四轮学科评估结果

学科评估	院校分类	院校
A+	原 985	电子科技大学
	原 211	西安电子科技大学
A	原 985	北京大学、清华大学、东南大学
A-	原 985	复旦大学、南京大学、西安交通大学、浙江大学、上海交通大学
	原 211	北京邮电大学
B+	原 985	华中科技大学、吉林大学、天津大学、北京航空航天大学、北京理工大学、西北工业大学
	原 985 军校	国防科技大学

学科评估	院校分类	院校
B+	军校	空军工程大学
	一流学科	南京邮电大学
	保研资格	杭州电子科技大学
B	原985	南开大学、武汉大学、厦门大学、中山大学、华南理工大学、华东师范大学、哈尔滨工业大学、中国科学技术大学
	原211	南京理工大学、北京工业大学
B-	原985	湖南大学、山东大学、大连理工大学、重庆大学
	原211	北京交通大学、合肥工业大学、西南交通大学、安徽大学、福州大学
	军校	陆军工程大学
	保研资格	西安理工大学
C+	原985	兰州大学、中南大学
	原211	中国传媒大学、河北工业大学、上海大学、太原理工大学
	军校	战略支援部队信息工程大学
	保研资格	燕山大学、长春理工大学、重庆邮电大学、黑龙江大学
C	原985	四川大学
	原211	南京航空航天大学、贵州大学
	军校	海军航空大学
	一流学科	天津工业大学
	保研资格	湖北大学、长沙理工大学、天津理工大学、桂林电子科技大学
	公办本科	西安邮电大学
C-	原211	华北电力大学(北京、保定)、武汉理工大学、哈尔滨工程大学、苏州大学、西北大学、郑州大学
	保研资格	河北大学、深圳大学、北方工业大学、中北大学
	公办本科	中国计量大学

2. 信息与通信工程(如表5-25所示)

表5-25 信息与通信工程第四轮学科评估结果

学科评估	院校分类	院校
A+	原985	电子科技大学
	原211	北京邮电大学
A	原985	清华大学、上海交通大学
	原985 军校	国防科技大学
	原211	西安电子科技大学
A-	原985	东南大学、北京航空航天大学、北京理工大学、哈尔滨工业大学
	原211	北京交通大学
	军校	战略支援部队信息工程大学、陆军工程大学
B+	原985	北京大学、华中科技大学、西安交通大学、浙江大学、大连理工大学、华南理工大学、天津大学、中国科学技术大学
	原211	西南交通大学、哈尔滨工程大学

续表

学科评估	院校分类	院校
B+	军校	海军航空大学、空军工程大学
	一流学科	南京邮电大学
	保研资格	重庆邮电大学
B	原985	南京大学、山东大学、四川大学、武汉大学、厦门大学、东北大学、西北工业大学
	原211	武汉理工大学、中国传媒大学、南京航空航天大学、南京理工大学、上海大学
	保研资格	深圳大学、中北大学
B-	原985	吉林大学、中山大学、重庆大学
	原211	合肥工业大学、河海大学、大连海事大学、中国矿业大学(徐州、北京)、苏州大学
	军校	海军工程大学、战略支援部队航天工程大学
	一流学科	宁波大学
	保研资格	桂林电子科技大学
	公办本科	西安邮电大学
C+	原985	湖南大学、同济大学、华东师范大学
	原211	华北电力大学(北京、保定)、北京科技大学、北京工业大学、福州大学、云南大学、海南大学、郑州大学
	一流学科	南京信息工程大学
	保研资格	长春理工大学、南通大学
	公办本科	成都信息工程大学
C	原985	复旦大学、南开大学、中南大学、中国海洋大学
	原211	暨南大学、南昌大学
	一流学科	天津工业大学
	保研资格	中国民航大学、浙江工业大学、杭州电子科技大学、上海海事大学、华东交通大学、黑龙江大学、浙江工商大学
C-	原985	兰州大学
	原211	东华大学、中国地质大学(武汉、北京)、西北大学
	军校	火箭军工程大学
	保研资格	燕山大学、西安科技大学、山东科技大学、西安理工大学、天津理工大学、广东工业大学、沈阳航空航天大学、兰州交通大学

3.光学工程(如表5-26所示)

表5-26 光学工程第四轮学科评估结果

学科评估	院校分类	院校
A+	原985	华中科技大学、浙江大学
A	原985	天津大学
	原985军校	国防科技大学
A-	原985	电子科技大学、北京理工大学、哈尔滨工业大学
	保研资格	长春理工大学

续表

学科评估	院校分类	院校
B+	原985	清华大学、南开大学、北京航空航天大学
	原211	南京理工大学、北京工业大学、苏州大学
	一流学科	南京邮电大学
	保研资格	上海理工大学、深圳大学
B	原985	东南大学、复旦大学、南京大学、四川大学
	原211	北京交通大学、西安电子科技大学、哈尔滨工程大学
B-	原985	山东大学、中山大学、西北工业大学、中国科学技术大学
	原211	北京邮电大学
	保研资格	河北大学、西安工业大学
	公办本科	中国计量大学
C+	原985	大连理工大学、重庆大学
	原211	南京航空航天大学、暨南大学、太原理工大学
	保研资格	山西大学、燕山大学、福建师范大学
C	原985	武汉大学、厦门大学
	原211	江南大学
	军校	陆军工程大学
	保研资格	江苏大学、华侨大学、南昌航空大学、江苏师范大学
C-	原985	中国海洋大学
	原211	合肥工业大学、安徽大学、西北大学
	一流学科	南京信息工程大学
	保研资格	天津理工大学、大连工业大学、云南师范大学
	公办本科	苏州科技大学

(二)报考科类

基本只招收理科生。

(三)男女人数情况

男生占多数。

(四)专业解读

电子信息类下设电子信息工程、电子科学与技术、通信工程、微电子科学与工程、光电信息科学与工程、信息工程、广播电视工程、水声工程、电子封装技术、集成电路设计与集成系统、医学信息工程、电磁场与无线技术、电波传播与天线、电子信息科学与技术、电信工程及管理、应用电子技术教育、人工智能、海洋信息工程、柔性电子学、智能测控工程共计20个专业,**其中电子信息工程、电子科学与技术、通信工程、微电子科学与工程、光电信息科学与工程、信息工程、广播电视工程、集成电路设计与集成系统、电子信息科学与技术、电信工程及管理、人工智能专业开设院校相对较多,**其余专业开设院校较少,本书主要讲解开设院校相对较多的电子信息类专业。

电子信息类专业大致可以分为三个家族,即电子家族、通信家族和其他家族。电子家族主要有电子科学与技术、微电子科学与工程、光电信息科学与工程、集成电路设计与集成系统、电子信息科学与技术等专业;通信家族主要有电子信息工程、通信工程、信息工程、广播电视工程、电信工程及管理等专业;其他家族主要有人工智能等专业。

1. 电子家族

电子科学与技术专业侧重电子,掌握电子和电磁波在不同介质中传递时会产生许多物理现象和物理效应的规律,并能利用和控制电子运动规律制成电子器件;电子信息科学与技术偏电路设计,如超大规模集成电路设计或研发等;微电子科学与工程专业和集成电路设计与集成系统专业都是侧重于集成电路(芯片),微电子学包含工艺和设计两个方向,集成电路一般只是做设计,不做工艺方向;光电信息科学与工程专业涉及光信息的辐射、传输、探测以及光电信息的转换、存储、处理与显示等众多的内容,目前的光电信息科学与工程主要是做光学信号处理,我们熟悉的光纤入户、光电探测器、光通信都是这方面的研究成果。

2. 通信家族

信息工程是集现代电学技术、信息技术、通信技术于一体的专业,包含电子信息工程、通信工程;电子信息工程侧重于信息处理,如编解码和加解密等,再就是电子方面,如 PLC(可编程逻辑控制器)和微处理器等;通信工程专业关注的是通信过程中信息传输和信号处理的原理和应用,比如涉及无线通信、交换机、路由器等内容;广播电视信号是通信信号的一种,广播电视工程就是通信工程在广播电视领域的具体应用;电信工程及管理专业主要学习通信系统和通信网络方面的基础理论、组成原理和设计方法,获得通信工程的基本训练,同时学习网络协议、企业管理等相关领域的专业基础知识。

3. 其他家族

人工智能是非常典型的交叉学科,是研究、开发用于模拟、延伸和扩展人的智能的理论、方法、技术及应用系统的一门新的技术科学。它企图了解智能的实质,并生产出一种新的能以人类智能相似的方式做出反应的智能机器。该领域的研究包括机器人、语言识别、图像识别、自然语言处理和专家系统等,例如人脸识别技术、语音识别技术、基于用户兴趣的智能算法推荐技术。

在人们的印象里,人工智能应该偏向于计算机类,但 2020 年教育部本科专业目录将人工智能专业增设在电子信息类。人工智能专业脱胎于计算机类下设的智能科学与技术专业,可以说是智能科学的升级专业。智能科学以计算机科学与技术为基础,以智能科学理论方法和应用技术为核心,故设在了计算机类。但随着行业的高速发展,人工智能已经成为非常典型的交叉学科,涉及数学、计算机、电子、通信、控制科学、经济学、神经学和语言学等多个学科,系统学习人工智能与模式识别、机器学习与深度学习、认知科学、机器人相关理论与应用技术、自然语言处理、机器视觉、数据挖掘及大数据技术等方面的基础理论和专业知识。虽然人工智能设置在电子信息类,但众多专家认为将其作为单独专业类设计更加合理。

电子信息类各家族细分专业比较相近,很难分得太清楚,甚至同一专业在不同高校归属学院都不同,课程设置也会有一定的区别。大家大可不必过于纠结,本科阶段各家族细分专业区别度非常小,在考研的时候各专业互转也不存在问题。

(五)就业分析

众所周知,随着社会信息化的深入,各行业都需要电子信息类人才,而且薪资相对较高。工作不愁、好工作也不愁,唯一的弊端就是比较难学,物理、数学不好的学生慎重选择。和计算机类专业一样,电子信息类专业也适合理科比较好的女生选择。

(六)各类院校推荐

1. 电子信息工程专业(如表 5-27 所示)

表 5-27 电子信息工程专业推荐院校

分类	推荐院校
原985	电子科技大学、北京航空航天大学、北京理工大学、西北工业大学、华中科技大学等
原211	西安电子科技大学、北京邮电大学、哈尔滨工程大学、南京理工大学、西南交通大学、上海大学、合肥工业大学、北京工业大学、大连海事大学等
一流学科	南京邮电大学、天津工业大学等
保研资格	中北大学、长春理工大学、杭州电子科技大学、深圳大学、桂林电子科技大学、中国民航大学、燕山大学、东北石油大学、重庆邮电大学、南通大学等
公办本科	成都信息工程大学、重庆理工大学、中国计量大学、北京印刷学院、西安邮电大学、沈阳理工大学、天津职业技术师范大学、河北科技大学、湖南理工学院、东华理工大学等

续表

分类	推荐院校
民办本科	广州工商学院、江西工程学院、重庆工程学院、广州城市理工学院、安徽新华学院、湖南信息学院、广东理工学院、大连东软信息学院、郑州工商学院、厦门工学院等

2. 电子科学与技术专业（如表5-28所示）

表5-28　电子科学与技术专业推荐院校

分类	推荐院校
原985	电子科技大学、东南大学、上海交通大学、西安交通大学、华南理工大学等
原211	西安电子科技大学、北京邮电大学、北京交通大学、南京理工大学、河北工业大学等
一流学科	南京邮电大学、天津工业大学、南京信息工程大学等
保研资格	杭州电子科技大学、重庆邮电大学、燕山大学、西安理工大学、长春理工大学、广东工业大学、深圳大学、中北大学、山东师范大学等
公办本科	中国计量大学、成都信息工程大学、西安邮电大学、沈阳理工大学、东华理工大学、常州大学、河北科技大学、盐城工学院、南阳理工学院、景德镇陶瓷大学等
民办本科	电子科技大学中山学院、郑州科技学院、郑州工商学院、上海建桥学院等

3. 通信工程专业（如表5-29所示）

表5-29　通信工程专业推荐院校

分类	推荐院校
原985	电子科技大学、哈尔滨工业大学、西北工业大学、北京理工大学、北京航空航天大学、天津大学等
原211	北京邮电大学、西安电子科技大学、北京交通大学、哈尔滨工程大学、西南交通大学、河海大学、北京科技大学、上海大学、武汉理工大学、南京理工大学等
一流学科	南京邮电大学、宁波大学、天津工业大学等
保研资格	重庆邮电大学、桂林电子科技大学、中北大学、杭州电子科技大学、长春理工大学、南通大学、广东工业大学、深圳大学、昆明理工大学、华东交通大学等
公办本科	成都信息工程大学、西安邮电大学、沈阳理工大学、福建工程学院、重庆理工大学、中国计量大学、辽宁工业大学、东莞理工学院、天津职业技术师范大学、安庆师范大学等
民办本科	厦门华厦学院、广州工商学院、河北工程技术学院、西安交通工程学院、重庆工程学院、安徽新华学院、广东理工学院、南宁学院、江西科技学院、南昌理工学院等

4. 微电子科学与工程专业（如表5-30所示）

表5-30　微电子科学与工程专业推荐院校

分类	推荐院校
原985	北京大学、上海交通大学、清华大学等
原211	西安电子科技大学、南京理工大学等
一流学科	南京邮电大学等
保研资格	西安理工大学、重庆邮电大学、长春理工大学、中北大学、深圳大学等
公办本科	中国计量大学、西安邮电大学、成都信息工程大学、绍兴文理学院等
民办本科	上海建桥学院、大连东软信息学院等

5. 光电信息科学与工程专业(如表5-31所示)

表5-31 光电信息科学与工程专业推荐院校

分类	推荐院校
原985	浙江大学、天津大学、电子科技大学、华中科技大学等
原211	南京理工大学、哈尔滨工程大学、北京邮电大学、北京交通大学、西安电子科技大学、南京航空航天大学等
一流学科	南京邮电大学、南京信息工程大学、首都师范大学等
保研资格	上海理工大学、深圳大学、山西大学、长春理工大学、燕山大学、西安工业大学、福建师范大学、河北大学、南昌航空大学、西安理工大学等
公办本科	中国计量大学、西安邮电大学、佛山科学技术学院、重庆理工大学、湖北师范大学、沈阳理工大学、贵州工程应用技术学院、广东技术师范大学、大连民族大学、鲁东大学等
民办本科	电子科技大学中山学院、武昌首义学院、黄河科技学院、厦门大学嘉庚学院等

6. 信息工程专业(如表5-32所示)

表5-32 信息工程专业推荐院校

分类	推荐院校
原985	东南大学、西安交通大学、上海交通大学等
原211	北京邮电大学、南京航空航天大学、西安电子科技大学等
一流学科	南京信息工程大学、成都理工大学等
保研资格	广东工业大学、重庆邮电大学、南方科技大学、西华大学等
公办本科	西安邮电大学、湖北师范大学、南京工程学院、河南科技学院等
民办本科	成都东软学院、重庆工程学院、广州华立学院等

7. 广播电视工程专业(如表5-33所示)

表5-33 广播电视工程专业推荐院校

分类	推荐院校
原985	无
原211	中国传媒大学等
一流学科	南京邮电大学等
保研资格	无
公办本科	上海工程技术大学、西安邮电大学、山西传媒学院等
民办本科	四川传媒学院、武汉传媒学院、南京传媒学院等

8. 集成电路设计与集成系统专业(如表5-34所示)

表5-34 集成电路设计与集成系统专业推荐院校

分类	推荐院校
原985	电子科技大学、华中科技大学、大连理工大学、天津大学、北京大学等
原211	西安电子科技大学、合肥工业大学、苏州大学等
一流学科	无
保研资格	天津理工大学、广东工业大学、南通大学、重庆邮电大学、青岛科技大学、华侨大学、杭州电子科技大学等
公办本科	西安邮电大学、成都信息工程大学等

续表

分类	推荐院校
民办本科	大连东软信息学院、南昌理工学院、电子科技大学成都学院等

9. 电子信息科学与技术专业(如表5-35所示)

表5-35 电子信息科学与技术专业推荐院校

分类	推荐院校
原985	清华大学、上海交通大学、南京大学等
原211	南京航空航天大学、西安电子科技大学、北京邮电大学、上海大学、中国矿业大学等
一流学科	宁波大学、天津工业大学、河南大学等
保研资格	杭州电子科技大学、中北大学、兰州理工大学、长春理工大学、山西大学、昆明理工大学、桂林电子科技大学、哈尔滨理工大学、燕山大学、天津师范大学等
公办本科	重庆理工大学、温州大学、烟台大学、中国计量大学、长江师范学院、沈阳理工大学、安徽工程大学、成都信息工程大学、淮阴师范学院、井冈山大学等
民办本科	潍坊科技学院、西安翻译学院、湖南涉外经济学院、广州南方学院、珠海科技学院、长春科技学院等

10. 电信工程及管理专业(如表5-36所示)

表5-36 电信工程及管理专业推荐院校

分类	推荐院校
原985	无
原211	北京邮电大学等
一流学科	南京邮电大学等
保研资格	桂林电子科技大学等
公办本科	西安邮电大学等
民办本科	河北工程技术学院等

11. 人工智能专业(如表5-37所示)

表5-37 人工智能专业推荐院校

分类	推荐院校
原985	南京大学、北京理工大学、东南大学、上海交通大学等
原211	西安电子科技大学、哈尔滨工程大学、北京交通大学等
一流学科	南京信息工程大学等
保研资格	江苏科技大学等
公办本科	安徽工程大学、长春师范大学、中原工学院等
民办本科	无

九、自动化类

(一)学科评估结果

自动化类对应的研究生一级学科为控制科学与工程,第四轮学科评估结果如表5-38所示。

表5-38 控制科学与工程第四轮学科评估结果

学科评估	院校分类	院校
A+	原985	清华大学、浙江大学、哈尔滨工业大学

续表

学科评估	院校分类	院校
A	原985	东北大学、上海交通大学、北京航空航天大学、北京理工大学
	原985军校	国防科技大学
A-	原985	东南大学、华中科技大学、山东大学、西安交通大学、中南大学
	原211	哈尔滨工程大学
	军校	火箭军工程大学
	保研资格	广东工业大学
B+	原985	大连理工大学、华南理工大学、天津大学、同济大学、西北工业大学、中国科学技术大学
	原211	江南大学、北京化工大学、北京科技大学、华东理工大学、西安电子科技大学、南京航空航天大学、南京理工大学、北京工业大学
	保研资格	杭州电子科技大学、西安理工大学
B	原985	湖南大学、吉林大学、南开大学、电子科技大学、重庆大学
	原211	华北电力大学（北京、保定）、东华大学、上海大学
	军校	海军工程大学、海军航空大学、空军工程大学
	保研资格	燕山大学、江苏大学、武汉科技大学、浙江工业大学、山东科技大学
B-	原985	武汉大学、厦门大学
	原211	北京交通大学、北京邮电大学、合肥工业大学、大连海事大学、中国石油大学（华东、北京）、西南交通大学、中国矿业大学（徐州、北京）、河北工业大学
	军校	战略支援部队信息工程大学
	保研资格	重庆邮电大学、华东交通大学、兰州理工大学、河南科技大学
	公办本科	中国计量大学
C+	原211	武汉理工大学、中国地质大学（武汉、北京）、安徽大学、郑州大学
	一流学科	南京邮电大学、天津工业大学
	保研资格	山西大学、上海理工大学、南京工业大学、中国民航大学、东北电力大学、北方工业大学、西南科技大学、天津理工大学、哈尔滨理工大学
	公办本科	辽宁石油化工大学、辽宁工业大学、安徽工程大学
C	原985	南京大学、四川大学
	原211	河海大学
	保研资格	青岛大学、江苏科技大学、青岛科技大学、北京建筑大学、西安工程大学、辽宁科技大学、大连工业大学、渤海大学、长春工业大学、济南大学、曲阜师范大学、河南理工大学
C-	原985	中国海洋大学
	原211	太原理工大学
	保研资格	北京工商大学、长春理工大学、深圳大学、陕西科技大学、浙江理工大学、西安工业大学、北京信息科技大学、湖南科技大学、南通大学、太原科技大学、沈阳航空航天大学、沈阳化工大学、黑龙江大学、山东建筑大学、昆明理工大学
	公办本科	天津职业技术师范大学

（二）报考科类

基本只招收理科生。

(三)男女人数情况

男生占多数。

(四)专业解读

自动化类下设自动化、轨道交通信号与控制、机器人工程、邮政工程、核电技术与控制工程、智能装备与系统、工业智能、智能工程与创意设计共计 8 个专业,**其中自动化、轨道交通信号与控制、机器人工程专业开设院校相对较多**,其余专业开设院校较少,本书主要讲解开设院校相对较多的自动化类专业。

1. 自动化

自动化,就是人们利用机器自动完成人所需要完成的工作。现代化的自动化专业,是人们充分利用现有的设备与技术,去感知人所能够感知与不能感知的世界,处理人所能够处理与不能处理的信息,完成人所能够完成与不能完成的工作,预测人所能够预测与不能预测的部分未来事物。

自动化专业主要研究自动控制的原理和方法、自动化单元技术和集成技术及其在各类控制系统中的应用。它以自动控制理论为基础,以电子技术、电力电子技术、传感技术、计算机、网络信息技术为主要工具,面向各个部门、各个行业、各个领域,大到航天飞船、轨道交通信号的控制,汽车的无人驾驶,小到电灯的自动控制开关、冰箱的控温系统、洗衣机的定时甩干功能等。

由于自动化专业在本科阶段采用的是重通识、宽口径的培养模式,虽然了解了许多不同学科领域的知识,但对于每个领域都很难专精。因此,如果有自己较为感兴趣的方向,有必要在一个方向上多下些功夫。另外,对于自动化专业而言,实践经验很重要,可以多参与一些实习,在实践中提升自己。

2. 轨道交通信号与控制

轨道交通信号与控制从专业角度来看就是原来的铁路信号专业,1993 年原铁路信号专业更名为自动控制专业,2012 年更名为轨道交通信号与控制专业,是国家专门为轨道交通行业发展培养高级人才而设立的特色专业。

轨道交通信号与控制专业本科阶段主要研究铁路和城铁相关知识和技术,主要面向铁路和城轨的信号方面。铁路主要涉及铁路线路相关知识、铁路信号运营、信号设备、列车运行控制、电气集中、计算机联锁、行车调度指挥、驼峰信号以及铁路信号远程控制等内容;城铁主要涉及城市轨道交通基础信号设备、联锁系统、列车自动控制系统(ATC)、列车自动防护系统(ATP)、列车自动驾驶系统(ATO)、列车自动监控系统(ATS)、通信传输系统、电话系统、无线调度通信系统、闭路电视监控系统、广播系统、时钟系统、商用通信系统等各种设备的工作原理与设备知识。

轨道交通信号与控制专业与自动化专业相比,本科比较好就业,毕业后主要去铁路和地铁单位,开设本专业的名校相对自动化专业偏少;自动化专业就业面要广一些,IT、网络、电力、电信、通信、半导体等都可以,好工作对学历的要求偏高。如果有继续深造的打算,建议选择自动化专业。

3. 机器人工程

目前不少高校开设了这个专业,机器人工程和智能科学与技术/人工智能都是以研究和发展人工智能理论和技术为目标的新兴学科,相比起来,机器人工程研究对象更偏硬件一些。

(五)就业分析

1. 自动化

由于自动化专业所学知识量大,与其他学科交叉甚多,几乎所有专业都能与自动化挂钩,而且它与现代化工业、农业、国防、民生息息相关。另外,科技发展对复合型人才的需求量也与日俱增。因此,毕业生就业面广,未来的发展空间较大,学生转行、转专业也相对容易,如电子工程、计算机、通信领域都是自动化专业发展的方向。

随着自动化产品不断普及,智能楼宇和智能家居的应用,智能交通的不断发展,社会对这一专业人才的需求不断增加,此专业毕业生就业前景更为广阔,选择方向也会更多。

由于相关行业的待遇往往与实际经验紧密联系,所以刚入行的本科生工资一般不会高。几年以后,本科生获评为中级工程师或高级工程师,待遇会有很大的提升。

2. 轨道交通信号与控制

本专业毕业生主要去国有铁路各铁路局、城市地铁公司、各地方铁路公司等部门从事信号设备维修养护、技术开发等工作或者从事信号设备工程施工和大修改造等工作,还可到相关企业从事经营管理、生产管理、技术管理等工作,也可到铁路设计单位从事工程设计工作。工作容易找,收入会随着工作经验的积累而增加,但上限相对自动化专业偏低。

3. 机器人工程

机器人工程专业的人才需求主要集中在工业机器人整机制造企业、服务机器人研发制造企业、特种机器人研发制造企业,以及相关产品和服务的销售公司。毕业生主要从事机器人工程领域内的机器人整机、核心零部件、控制系统设计,以及机器人系统应用等相关领域的科学研究、技术开发、应用维护及管理工作。

机器人工程专业的学生具有厚基础、宽口径、重实践、富创新的特点,还有融合掌握多学科基础理论的优势。从事机器人相关领域工程技术人员平均收入一般要远高于同期毕业的其他专业的学生。

(六)各类院校推荐

1. 自动化专业(如表 5-39 所示)

表 5-39　自动化专业推荐院校

分类	推荐院校
原985	清华大学、上海交通大学、北京理工大学、哈尔滨工业大学、浙江大学、东北大学等
原211	南京航空航天大学、哈尔滨工程大学、北京科技大学、南京理工大学、华东理工大学、北京交通大学、上海大学、江南大学等
一流学科	天津工业大学、南京邮电大学、河南大学等
保研资格	广东工业大学、燕山大学、杭州电子科技大学、西安理工大学、兰州理工大学、山东科技大学、浙江工业大学、武汉科技大学、河南科技大学、重庆邮电大学等
公办本科	中国计量大学、辽宁石油化工大学、西安邮电大学、湖南工业大学、四川轻化工大学、沈阳理工大学、齐鲁工业大学、湖南工程学院、重庆科技学院、天津职业技术师范大学等
民办本科	安徽信息工程学院、西京学院、厦门大学嘉庚学院、安徽新华学院、燕京理工学院、电子科技大学中山学院、武昌首义学院、青岛工学院、安徽文达信息工程学院等

2. 轨道交通信号与控制专业(如表 5-40 所示)

表 5-40　轨道交通信号与控制专业推荐院校

分类	推荐院校
原985	中南大学等
原211	北京交通大学、西南交通大学、南京理工大学等
一流学科	无
保研资格	兰州交通大学、长沙理工大学、中北大学等
公办本科	上海工程技术大学、常州大学、湖北师范大学、北京联合大学、临沂大学等
民办本科	郑州科技学院、大连科技学院、郑州工商学院、西安交通工程学院、安徽三联学院等

3. 机器人工程专业(如表 5-41 所示)

表 5-41　机器人工程专业推荐院校

分类	推荐院校
原985	东南大学、东北大学、北京航空航天大学等
原211	中国矿业大学、北京工业大学、河海大学等
一流学科	南京信息工程大学、南京林业大学、西南石油大学等
保研资格	广州大学、浙江师范大学、上海理工大学、浙江理工大学、重庆邮电大学、西安工业大学等
公办本科	广西科技大学、成都信息工程大学、安徽工程大学、石家庄学院、河南工学院、广东技术师范大学、安徽科技学院、重庆文理学院、徐州工程学院、西安文理学院等

分类	推荐院校
民办本科	江西科技学院、安徽三联学院、泉州信息工程学院、广东科技学院、南通理工学院、商丘工学院、广东白云学院、沈阳科技学院、三江学院、黑龙江东方学院等

十、土木类

(一)学科评估结果

土木类对应的研究生一级学科为土木工程,第四轮学科评估结果如表5-42所示。

表5-42 土木工程第四轮学科评估结果

学科评估	院校分类	院校
A+	原985	东南大学、同济大学
A	原985	清华大学、浙江大学、哈尔滨工业大学
	原211	北京工业大学
A-	原985	湖南大学、中南大学、大连理工大学、天津大学
	原211	河海大学、西南交通大学
	军校	陆军工程大学
B+	原985	华中科技大学、山东大学、武汉大学、华南理工大学、上海交通大学、重庆大学
	原211	北京交通大学、中国矿业大学(徐州、北京)
	保研资格	石家庄铁道大学、西安建筑科技大学、沈阳建筑大学、长沙理工大学、广州大学
B	原985	四川大学
	原211	北京科技大学、长安大学、合肥工业大学、武汉理工大学、中国地质大学(武汉、北京)、福州大学、郑州大学
	保研资格	南京工业大学、北京建筑大学、青岛理工大学、重庆交通大学、兰州理工大学、兰州交通大学
B-	原985	东北大学
	原211	上海大学、广西大学、太原理工大学
	一流学科	成都理工大学
	保研资格	华侨大学、西安科技大学、安徽理工大学、山东科技大学、西安理工大学、三峡大学、山东建筑大学
	公办本科	苏州科技大学
C+	原985	西安交通大学、北京航空航天大学
	原211	东华大学、河北工业大学
	保研资格	辽宁工程技术大学、深圳大学、浙江工业大学、湖南科技大学、华东交通大学、广东工业大学、湖北工业大学、昆明理工大学
	公办本科	天津城建大学、安徽建筑大学
C	原985	吉林大学、厦门大学
	原211	哈尔滨工程大学、南京航空航天大学、贵州大学
	一流学科	宁波大学、南京林业大学
	保研资格	上海理工大学、北方工业大学、汕头大学、中南林业科技大学、桂林理工大学、华北水利水电大学
	公办本科	吉林建筑大学

续表

学科评估	院校分类	院校
C-	原985	中国海洋大学、中国农业大学、西北工业大学
	原211	南京理工大学
	保研资格	燕山大学、扬州大学、武汉科技大学、东北电力大学、南华大学、内蒙古工业大学、济南大学、河南理工大学
	公办本科	烟台大学

（二）报考科类

基本只招收理科生。

（三）男女人数情况

男生占多数。

（四）专业解读

土木类下设土木工程，建筑环境与能源应用工程，给排水科学与工程，建筑电气与智能化，城市地下空间工程，道路桥梁与渡河工程，铁道工程，智能建造，土木、水利与海洋工程，土木、水利与交通工程，城市水系统工程共计11个专业，**其中土木工程、建筑环境与能源应用工程、给排水科学与工程、建筑电气与智能化、城市地下空间工程、道路桥梁与渡河工程专业开设院校相对较多**，其余专业开设院校较少，本书主要讲解开设院校相对较多的土木类专业。

1. 土木工程

土木工程是建造各类工程设施的科学技术的统称。它既指所应用的材料、设备和所进行的勘测、设计、施工、保养、维修等技术活动，也指工程建设的对象，即建造在地上或地下、陆上或水中，直接或间接为人类生活、生产、军事、科研服务的各种工程设施，例如房屋、道路、铁路、管道、隧道、桥梁、运河、堤坝、港口、电站、飞机场、海洋平台、给水排水以及防护工程等。

土木工程专业和建筑学专业很多人容易混淆。通俗来讲，建筑学负责的是建筑的外观和布局，让建筑光鲜亮丽又实用，但涉及如何去施工、搭建并且保证建筑的安全性，就是土木工程要考虑的问题。一般来讲，建筑学培养出来的是建筑师，土木工程培养出来的是结构工程师。我们用更直观的例子来看看建筑学和土木工程的区别。以体育馆为例，建筑师负责外观设计，而结构工程师眼里的体育馆，全是各种钢筋水泥结构。再举一个例子，建筑师在进行家居设计时，他们要考虑房屋的布局设置，也就是哪里当厨房、哪里当卧室，既要保证卧室通风采光，又要让厨房远离卧室，而结构工程师要考虑的则是怎么让房子更安全结实，要砌多厚的墙、用多粗的钢筋。

2. 建筑环境与能源应用工程

建筑环境与能源应用工程专业对应的研究生二级学科叫供热、供燃气、通风与空调工程，从名字上基本就能判断出所学习和研究的内容。毕业生可以在设计研究院、工程建设公司、设备制造企业、运营公司等单位从事采暖、通风、空调、净化、冷热源、供热、燃气等方面的规划设计、研发制造、施工安装、运行管理及系统保障等工作。

3. 给排水科学与工程

给排水科学与工程研究的是水的社会循环问题，包含两个方面，一方面是"给水"，将从江河湖泊中抽取的自然水经过净化成为符合生活用水标准的自来水，并输送到千家万户；另一方面是"排水"，将使用过的污水、废水集中处理，然后干干净净地排放到江河湖泊中，例如"南水北调"工程、原水净化、污水处理、污染物检测等。按学习方向分为三个方向，即给水工程、排水工程和建筑给排水工程；就业后基本就两个方向，即市政工程和建筑给排水工程。

4. 建筑电气与智能化

学生需掌握电工电子技术、控制理论等基础理论以及计算机网络与综合布线、楼宇自动化、建筑供配电与照明、建筑公共安全、建筑电气的理论和技术，受到建筑电气与智能化系统设计与调试方法的基本训练，具备执业注册工程师基础知识和基本能力，能在设计院、工程公司和政府相关部门从事建筑电气及智能化技术相关的工程设计、工程建设与管理、系统集成、应用研究和开发等工作。

建筑电气与智能化专业和电气工程及其自动化专业,都是和电气系统的设计相关,区别是方向不一样。电气工程侧重的是发电、输电、变电,建筑电气侧重的是供电、配电。智能化,工程上大家一般都叫弱电,负责通信和收发楼宇设备控制信号,如楼宇自控、消防控制、安防的设计。

5. 城市地下空间工程

城市地下空间工程专业是一门与岩土工程、结构工程、城市规划、工程地质与水文地质等有关的综合性专业,对城市建设有重要作用。该专业由土木工程、城乡规划和建筑学专业交叉发展而来,主要研究城市地下空间建筑、规划和地下各类工程设施建造技术。

目前我国城市地下空间利用已涉及地下铁道、地下通道、地下商业街、地下车库、城市共同沟、地下储存库、地下污水处理厂、地下垃圾站房、地下变电站等许多方面。该专业的工作主要包括与城市地下空间有关的规划、勘察、设计、施工、管理等。

6. 道路桥梁与渡河工程

道路桥梁与渡河工程专业以土木工程基本知识为基础,以道路、桥梁、地下工程(隧道、地铁、地下厂房等地下建筑物)和工程安全为专业知识背景,结合计算机和实践教学等基本技能训练,主要培养国家交通运输网建设中急需的人才,能够从事公路、城市道路、机场工程、桥梁及隧道工程等方向的设计、施工、养护、管理等方面的科学研究和工程建设工作。

通俗一点讲,道路桥梁与渡河工程是土木工程的一个分支,偏向架桥、修路、挖隧道等。

(五)就业分析

历年来的就业情况显示,土木类专业的学生就业很少偏离本专业,大部分都从事本专业或者相关专业的工作,是对口就业率最高的专业类之一。在阳光高考的专业满意度推荐中,土木类的核心专业土木工程,很多高校的专业满意度都在80%以上,推荐人数更是排在本校专业的前列,足以说明土木类专业的口碑。

国家房地产行业虽然已经没有以前火爆,但基础建设一直在加强,在国际上,"中国基建"也已经成为国家的名片,国内、国际市场都需要大量的土木类专业毕业生的参与。

土木类专业就业一直都比较好,整体上收入虽然比不上IT等行业,但和大部分专业相比还是偏高的。本科生主要从事技术类工作,工作环境会相对差一些;如果想从事设计类工作,建议继续读研深造;如果想从事科研工作或到大学任教,基本上都要求博士。

(六)各类院校推荐

1. 土木工程专业(如表5-43所示)

表5-43 土木工程专业推荐院校

分类	推荐院校
原985	同济大学、清华大学、东南大学、哈尔滨工业大学、重庆大学、浙江大学等
原211	河海大学、北京工业大学、西南交通大学、福州大学、广西大学、北京交通大学、长安大学、合肥工业大学等
一流学科	成都理工大学、宁波大学、南京林业大学等
保研资格	西安建筑科技大学、青岛理工大学、长沙理工大学、沈阳建筑大学、南京工业大学、兰州理工大学、广州大学、石家庄铁道大学、重庆交通大学、三峡大学等
公办本科	苏州科技大学、天津城建大学、安徽建筑大学、湖南工业大学、浙江科技学院、大连大学、吉林建筑大学、烟台大学、佛山科学技术学院、沈阳大学等
民办本科	四川工业科技学院、西京学院、郑州工商学院、山东协和学院、宿迁学院、长春建筑学院、南宁学院、安徽新华学院、黄河科技学院、江西科技学院等

2. 建筑环境与能源应用工程专业(如表5-44所示)

表5-44 建筑环境与能源应用工程专业推荐院校

分类	推荐院校
原985	重庆大学、同济大学、清华大学等

续表

分类	推荐院校
原211	北京工业大学、北京科技大学、西南交通大学、东华大学、武汉理工大学等
一流学科	西南石油大学、天津工业大学等
保研资格	西安建筑科技大学、广州大学、沈阳建筑大学、北京建筑大学、长沙理工大学、兰州交通大学、南京工业大学、石家庄铁道大学、青岛理工大学、西安科技大学等
公办本科	苏州科技大学、中原工学院、吉林建筑大学、天津城建大学、安徽建筑大学、大连大学、河北建筑工程学院、福建工程学院、湖南工业大学、辽宁工业大学等
民办本科	山东华宇工学院、郑州科技学院、长春建筑学院、南京师范大学泰州学院、兰州博文科技学院、沈阳城市建设学院、青岛滨海学院等

3. 给排水科学与工程专业（如表5-45所示）

表5-45 给排水科学与工程专业推荐院校

分类	推荐院校
原985	重庆大学、哈尔滨工业大学、同济大学等
原211	北京工业大学、河海大学、武汉理工大学、郑州大学等
一流学科	南京林业大学、南京信息工程大学等
保研资格	北京建筑大学、西安建筑科技大学、兰州交通大学、青岛理工大学、沈阳建筑大学、华东交通大学、桂林理工大学、山东建筑大学、华侨大学、南华大学等
公办本科	天津城建大学、吉林建筑大学、仲恺农业工程学院、太原学院、安徽工程大学、河南城建学院、苏州科技大学、常州大学、安徽建筑大学、烟台大学等
民办本科	安徽新华学院、青岛黄海学院、沈阳城市建设学院、长春建筑学院、厦门大学嘉庚学院、武昌首义学院、成都锦城学院、延安大学西安创新学院等

4. 建筑电气与智能化专业（如表5-46所示）

表5-46 建筑电气与智能化专业推荐院校

分类	推荐院校
原985	同济大学、哈尔滨工业大学等
原211	福州大学等
一流学科	无
保研资格	西安建筑科技大学、北京建筑大学、青岛理工大学、南华大学等
公办本科	安徽建筑大学、郑州轻工业大学、河北建筑工程学院、华北科技学院、苏州科技大学、浙江科技学院等
民办本科	郑州科技学院、三江学院、上海杉达学院、大连科技学院、泉州信息工程学院等

5. 城市地下空间工程专业（如表5-47所示）

表5-47 城市地下空间工程专业推荐院校

分类	推荐院校
原985	东南大学、哈尔滨工业大学、重庆大学等
原211	西南交通大学、合肥工业大学、太原理工大学等
一流学科	成都理工大学、西南石油大学等

续表

分类	推荐院校
保研资格	山东建筑大学、河南理工大学、西安建筑科技大学、南华大学、南京工业大学等
公办本科	河南工程学院、河北水利电力学院、山东交通学院、徐州工程学院、吉林建筑大学等
民办本科	黄河交通学院、长春建筑学院、沈阳工学院等

6.道路桥梁与渡河工程专业(如表5-48所示)

表5-48 道路桥梁与渡河工程专业推荐院校

分类	推荐院校
原985	东南大学、哈尔滨工业大学、吉林大学等
原211	西南交通大学、长安大学、郑州大学等
一流学科	无
保研资格	重庆交通大学、长沙理工大学、山东建筑大学、广东工业大学等
公办本科	吉林建筑大学、天津城建大学、南阳理工学院、信阳师范学院、浙大城市学院等
民办本科	长春建筑学院、黄河科技学院、黄河交通学院、郑州工业应用技术学院、沈阳工学院等

十一、测绘类

(一)学科评估结果

测绘类对应的研究生一级学科为测绘科学与技术,第四轮学科评估结果如表5-49所示。

表5-49 测绘科学与技术第四轮学科评估结果

学科评估	院校分类	院校
A+	原985	武汉大学
	军校	战略支援部队信息工程大学
A-	原211	中国矿业大学(徐州、北京)
B+	原985	北京大学、中南大学、同济大学
B	原211	长安大学、西南交通大学、中国地质大学(武汉、北京)
	保研资格	山东科技大学
B-	原211	河海大学
	保研资格	辽宁工程技术大学、河南理工大学
C+	原985	东南大学、北京师范大学
	保研资格	北京建筑大学、西安科技大学
C	原985	东北大学
	原211	中国石油大学(华东、北京)
	公办本科	东华理工大学
C-	保研资格	江西理工大学、桂林理工大学、昆明理工大学

(二)报考科类

基本只招收理科生。

(三)男女人数情况

男生占多数。

(四)专业解读

测绘类下设测绘工程、遥感科学与技术、导航工程、地理国情监测、地理空间信息工程共计5个专业，**其中测绘工程、遥感科学与技术专业开设院校相对较多**，其余专业开设院校较少，本书主要讲解开设院校相对较多的测绘类专业。

1. 测绘工程

简单地说，测绘就是测量与绘图，测绘工程是利用各种现代化方法来采集、测量、分析、存储、管理、显示、传播和应用各类地学信息的一门综合的信息科学。这个专业主要的方向有四个：工程与工业测量、大地测量与卫星导航、空间信息工程、航空航天测绘。

多数人认为测绘离我们的生活很遥远，其实小到一张普通的地图，大到铁路网、公路网的分布，生活中几乎无处不见测绘的踪影。国防、能源、农业、林业、水利、电力、城市建设、交通规划、土地管理等都离不开测绘。举个最简单的例子，如果没有测绘也就没有地图，如果没有大地测量中的GPS(全球定位系统)测量，我们汽车上的导航仪、手机上的导航软件也就都"不认路"了。

测绘工程专业是一门专业性很强的工学专业，需要良好的工科基础。学生最好具有较强的数理能力、空间能力和动手能力，同时需要较好的方位感，如果一出去就找不到路，那么学这个专业还是有一定难度的。

2. 遥感科学与技术

遥感，从字面上来看，就是从远处感觉事物，泛指一切无接触的远距离的探测。从现代技术层面来看，"遥感"是应用探测仪器，通过使用空间运载工具和现代化的光学仪器探测、识别远距离研究对象，不与探测目标接触，从远处把目标的电磁波特性记录下来，通过分析揭示出物体的特征性质及其变化。

对于地球上人类无法涉足的地区实施观测，靠人力是无法实现的，必须借助卫星等科学仪器进行远距离的观测，这些都需要遥感科学与技术来实现，如射电望远镜能观测到距离地球70亿光年宇宙空间的天体，哈勃望远镜能够观测到距离地球120亿光年的宇宙空间的天体等。简单理解，就像是在飞机或人造卫星上安装一台功能强大的照相机，通过图像分析获取想要得到的数据。举个简单的例子，当我们进行市容规划的时候，为了取得土地的使用情况，如果采用地面测量，工程量将会非常巨大，而使用遥感技术，通过空中拍摄取得规划区域的图像信息后，只需要分析这些图片就能够得到这一区域的土地资源信息：绿色的是植被，规则的长方形、正方形是建筑物，深色的是河流……一目了然，快捷准确。

很多人有一个误区，认为遥感的主要作用就是"拍照"，从空中拍下照片进而获取有效信息。实际上，遥感绝非"拍照"这么简单，遥感技术的真正作用是将信息从"照片"中提取出来并加以应用。

(五)就业分析

1. 测绘工程

以前测绘专业的主要就业领域是传统的测绘部门，比如各省的测绘局、测绘研究院、测绘公司。随着社会经济的发展，测绘行业逐渐成为信息行业中的一个重要组成部分，它的服务对象和范围已经从传统测绘学的应用领域(如绘制地图)，扩大到了国民经济和国防建设中的方方面面。它与现代各种新技术和新工具相结合衍生出了许多新兴的领域，如测量的范围正在从三维空间测量向多维空间发展，从静态测量向动态实时测量发展，从地面向地下和宇宙空间拓展。测量行业也已经从传统的提供纸质地图产品，向数字化测绘生产体系的管理、使用和开发空间信息数据转变。

现在测绘专业毕业生就业领域更加广泛，属于就业率较高的专业。测绘所需的各类仪器、设备和技术的现代化程度越来越高，大大改善了测绘工作者的工作条件。如今在城市，靠着相应的设备，测量人员开着车、操纵着飞机就能把需要的信息采集回来。当然在一些偏远的农村、基层和特殊环境，即使使用先进的仪器，也需要付出艰苦的努力。和其他专业相比，测绘工程还是比较辛苦的，所以该专业比较适合男生。

2. 遥感科学与技术

遥感行业目前并未形成成熟的商业化模式，也无法广泛应用，所以就业面比较窄，主要集中于国家科研单位、遥感数据公司、高校等。有待人工智能和遥感技术深度融合，并在某个应用领域突破瓶颈，解决行业痛点问题后可能会形成独角兽公司，参与这类公司的创建和成长，可能会比较有意思！整体而言，遥感专业就业现状一般但非常有发展前景。

（六）各类院校推荐

1. 测绘工程专业（如表5-50所示）

表5-50　测绘工程专业推荐院校

分类	推荐院校
原985	武汉大学、同济大学、中南大学等
原211	中国矿业大学、长安大学、中国地质大学（北京）、河海大学等
一流学科	南京信息工程大学、成都理工大学、南京邮电大学等
保研资格	辽宁工程技术大学、西安科技大学、山东科技大学、河南理工大学、昆明理工大学、重庆交通大学、桂林理工大学、江西理工大学等
公办本科	东华理工大学、黑龙江工程学院、浙江农林大学、苏州科技大学、天津城建大学、盐城师范学院、浙江水利水电学院、成都信息工程大学、河南城建学院、防灾科技学院等
民办本科	沈阳城市建设学院、宿迁学院、沈阳工学院、山东协和学院、柳州工学院、南昌工学院、商丘工学院等

2. 遥感科学与技术专业（如表5-51所示）

表5-51　遥感科学与技术专业推荐院校

分类	推荐院校
原985	武汉大学、北京航空航天大学、哈尔滨工业大学等
原211	中国地质大学（武汉）、西安电子科技大学、长安大学等
一流学科	首都师范大学、南京信息工程大学、成都理工大学等
保研资格	山东师范大学、桂林理工大学、江苏师范大学等
公办本科	成都信息工程大学、河北地质大学、河南工程学院等
民办本科	武昌理工学院、吉林建筑科技学院等

十二、交通运输类

（一）学科评估结果

交通运输类对应的研究生一级学科为交通运输工程，第四轮学科评估结果如表5-52所示。

表5-52　交通运输工程第四轮学科评估结果

学科评估	院校分类	院校
A+	原985	东南大学
	原211	西南交通大学
A-	原985	同济大学、北京航空航天大学
	原211	北京交通大学
B+	原985	中南大学、哈尔滨工业大学
	原211	长安大学、大连海事大学、武汉理工大学
B	原985	吉林大学
	原211	南京航空航天大学
	保研资格	长沙理工大学、上海海事大学、重庆交通大学、兰州交通大学
B-	原985	华南理工大学、西北工业大学
	原211	北京工业大学
	保研资格	华东交通大学

续表

学科评估	院校分类	院校
C+	原985	上海交通大学
	原211	东北林业大学
	军校	空军工程大学
	保研资格	石家庄铁道大学、江苏大学、中国民航大学
C	原985	湖南大学、中山大学、大连理工大学
	保研资格	北京建筑大学、大连交通大学
C-	原985	清华大学
	原211	河海大学
	一流学科	南京林业大学
	保研资格	上海理工大学、昆明理工大学

(二) 报考科类

基本只招收理科生。

(三) 男女人数情况

男生占多数。

(四) 专业解读

交通运输类下设交通运输、交通工程、航海技术、轮机工程、飞行技术、交通设备与控制工程、救助与打捞工程、船舶电子电气工程、轨道交通电气与控制、邮轮工程与管理、智慧交通共计11个专业，**其中交通运输、交通工程专业开设院校相对较多**，其余专业开设院校较少，本书主要讲解开设院校相对较多的交通运输类专业。

1. 交通运输

交通运输是一个任何人都离不开的行业：一出门就要碰到"交通"，在任何地方买东西都会遇到"运输"。在日常生活中，交通运输业扮演着"衣食住行"四大基本要素之一的"行"的角色。可以说，交通运输就是国民经济的"传送带"。

交通运输是研究铁路、公路、水路及航空运输基础设施的布局及修建、载运工具运用工程、交通信息工程及控制、交通运输经营和管理的工程领域。交通运输专业培养的就是能够研究生产交通运输设备，组织、规划和管理交通运输生产，实现经济和社会效益的专业人才。

2. 交通工程

如果把国家比作人体的话，那么交通就相当于人体的循环系统，要想我们国家的血流通畅、生机勃勃，为国家各地的发展输送养分，就要运用交通工程专业的知识对国家的交通体系进行综合规划、设计和治理。

交通工程是研究交通发生、发展、分布、运行与停驻规律，探讨交通调查、规划、设计、监控、营运、管理、安全的理论、方法，以及有关设施、装备、法律和法规、协调道路交通中人、车、路与环境之间的相互关系，使道路交通更加安全、高效、快捷、舒适、美观、方便、经济的一门工程技术科学。通俗地讲，交通指人或物的位置移动，交通工程就是针对人或货物的位置移动的数量、方向、品质的需求，研究到底应采取什么策略来实现这种需求的理论、方法和技术。交通工程的研究主要包含道路交通、城市轨道交通和机场三个方面。

道路交通方面的研究，主要包括道路的规划、设计、运行的各方面。覆盖全部城市、乡村的道路网是怎么规划出来的？各种等级的道路应该有什么比例关系，不同等级的道路之间如何衔接？一条道路应该是几个车道，交叉口应该如何设计才能安全又高效？信号灯怎样设计才易看清？信号灯时长多少才能让路口的通过车辆最多，减少车辆排队……

城市轨道交通方面主要研究城市轨道交通（地铁、轻轨、有轨电车等）的规划、设计、建设及运营组织管理等，具体包括线路沿着城市哪条主干道路布局，设置多少个车站，站间距多少？线路如何构建成网络，不同线路的功能及服务范围如何划定？线路怎么设计，才能最大限度利用车辆行驶过程中的动能与势能间有效转化,以达到节能目的?城市轨道交通网络中换乘车站如何布置?一条线路设置几个车站,每个车站出入口具体布设于什么位置?车辆几节编组,发车间隔几分钟?城市轨道交通与常规公交间如何协调?

机场方面,主要研究区域乃至全国民用机场网络的系统规划。如机场的规模多大,选址与周边城市的距离和发展关系,机场长期发展定位,等等;研究具体机场的总体规划,如跑道数量、构型、方向等;研究机场的设计方法,主要有飞行区平面设计,滑行道设置,停机坪设置形式和数量,飞行区地势设计,排水设计,机场场道的道面设计、施工与维护等,最大限度满足区域经济发展的需求,符合机场长期规划的要求,尤其保障每天机场连续起飞降落停靠的各类飞机安全高效运行之要求。

3. 交通运输与交通工程专业的区别

交通运输专业的关键词是规划、管理,主要应对"运输"过程中的各种问题及现象,主要就业方向是在各级交通运输管理部门、设计院、交通运输企事业单位等从事交通运输组织、指挥、决策工作。

交通工程专业跟交通运输专业几乎相反,关键词是工程、技术,毕业生主要是在交通工程领域从事交通工程规划、交通工程设计、交通地铁土建施工、工程建设管理等方面的工作。

(五)就业分析

1. 交通运输

在高铁建设轰轰烈烈、支线机场呼声此起彼伏、电商物流需求越来越大的今天,交通运输专业也逐渐进入考生和家长的视线。交通运输专业的就业方向比较集中,主要包括如下方向。

第一,到大型的交通运输企业,比如中国远洋运输集团公司等。这是交通运输专业对口的行业,并且入门比较低,工作比较容易上手,待遇也不错,许多交通运输专业的毕业生直接到这些单位工作。

第二,到物流公司就业,比如顺丰、"四通一达"(申通、圆通、中通、汇通、韵达)等公司。随着电子商务近年来的蓬勃发展,物流行业也迅速壮大,吸收了大量交通运输专业的毕业生,有时还会出现交通运输专业毕业生供不应求的局面。

第三,到国家交通部、地方交通厅(局)、行业协会等单位就业。这些单位一般都是公开招考,大多工作稳定,并且社会地位高,很受毕业生的青睐。

第四,到交通部下的各研究院、高等院校等就业。有些学历比较高的毕业生到研究院、高校等单位就业,从事研究、教学工作。

2. 交通工程

我国目前正处于交通工程设施建设的高速发展时期和精细化运行的起始期,学生就业前景良好。

国内,我国各大城市都面临严重的交通拥堵、交通事故多发、交通运行效率低等问题,交通品质的提升越来越成为城市建设和管理中的难题和重点,而解决这些问题都需要大量的专业人才。

国际上,我国实施的"一带一路"倡议,就是为了使我国和沿线国家的经济更紧密地联系在一起。而交通基础设施的建设无疑是在这个大战略中重要的也是最先实施的一环。再加上我国发起的亚洲基础设施投资银行,也是对亚洲国家的基础设施建设进行资助的。"一带一路"不是短期能建成的,需要十几年甚至几十年的努力,因此交通工程专业以及交通基础建设行业在未来的几十年中都会有非常好的发展前景。

(六)各类院校推荐

1. 交通运输专业(如表5-53所示)

表5-53 交通运输专业推荐院校

分类	推荐院校
原985	同济大学、中南大学、东南大学等
原211	西南交通大学、北京交通大学、长安大学、大连海事大学等
一流学科	南京林业大学等
保研资格	石家庄铁道大学、重庆交通大学、中国民航大学、长沙理工大学、上海海事大学、兰州交通大学、广东工业大学、大连交通大学、集美大学等
公办本科	上海工程技术大学、中国民用航空飞行学院、淮阴工学院、河北科技大学、江苏理工学院、北京联合大学等

续表

分类	推荐院校
民办本科	西安交通工程学院、郑州科技学院、广东理工学院、黄河交通学院、南通理工学院、烟台南山学院、沈阳工学院等

2. 交通工程专业(如表5-54所示)

表5-54　交通工程专业推荐院校

分类	推荐院校
原985	东南大学、同济大学、哈尔滨工业大学等
原211	长安大学、西南交通大学、北京交通大学等
一流学科	南京林业大学等
保研资格	长沙理工大学、重庆交通大学、石家庄铁道大学、上海海事大学、江苏大学、兰州交通大学、华东交通大学、福建农林大学、昆明理工大学等
公办本科	福建工程学院、中国民用航空飞行学院、佛山科学技术学院、苏州科技大学等
民办本科	广州城市理工学院、安徽三联学院、郑州科技学院、山东协和学院、大连科技学院、宿迁学院等

十三、海洋工程类

(一)学科评估结果

海洋工程类对应的研究生一级学科为船舶与海洋工程,第四轮学科评估结果如表5-55所示。

表5-55　船舶与海洋工程第四轮学科评估结果

学科评估	院校分类	院校
A+	原985	上海交通大学
	原211	哈尔滨工程大学
B+	军校	海军工程大学
B	原985	天津大学
	原211	大连海事大学
B-	原985	西北工业大学
	原211	武汉理工大学
C+	原985	华中科技大学、大连理工大学
C	保研资格	江苏科技大学
C-	原985	浙江大学
	保研资格	上海海事大学

(二)报考科类

只招收理科生。

(三)男女人数情况

男生占多数。

(四)专业解读

海洋工程类下设船舶与海洋工程、海洋工程与技术、海洋资源开发技术、海洋机器人共计4个专业,**其中船舶与海洋工程专业开设院校相对较多**,其余专业开设院校较少,本书主要讲解开设院校相对较多的海洋工程类专业。

造船业在我国有悠久的历史,当葡萄牙的亨利王子带着一两艘一二百吨的小型帆船在海上探险时,郑和早就出动百余艘"体势巍然,巨无与敌"的巨轮航行在太平洋上了。从古至今,人类一直从海洋中获取着丰富的食物资源和矿物资源,享受着海上运输带来的交通便利。如今,随着现代科学技术的迅猛发展,船舶与海洋工程专业不断与新兴的电子技术、计算机技术、自动控制等学科相结合,获得了新的生命力。

船舶与海洋工程专业是研究各类船舶的设计、性能、结构、建造等的学科,主要研究船舶的构造、航行原理、安全性设计和国内外重要船级社的规范等基本知识和技能,进行船舶与海洋结构物的设计、研究、制造、检验、使用和管理等,例如船舶动力装置的设计、船舶抗风浪性能的检验、船舶轮机系统的保养和维修、船舶的使用驾驶等。其研究对象不单单只是船舶,还包括各种海上运载器,如海上移动固定建筑结构、水面船舶、水下潜器、水面浮台等。该专业主要培养从事船舶设计、研究、试验等方面工作的高级工程技术人才。

2015年5月国务院印发的《中国制造2025》为"造船强国"做出了新注解,"海洋工程装备及高技术船舶"被归为重点突破的十大战略领域之一,瞄准了世界船舶工业的最高水平,从而吹响了我国向高端造船业挺进的号角。《中国制造2025》发布之后,业内有关专家进一步指出,互联网技术将促进我国船舶、海工的设计创新。尤其是对设计环节来说,新技术会引发船舶设计方法、手段、工具、流程等一系列改变。未来,造船业和海工装备制造业必然是融信息化、自动化、智能化和新科技为一体的新业态。

(五)就业分析

船舶工业被称为"综合工业之冠",在国民经济116个产业部门中,船舶工业对其中的97个产业有直接消耗,关联面达84%,其中尤以机械、冶金、电子等行业最为密切。据统计,每建造一艘万载重吨船舶,可以解决船舶及其上游产业3000个就业岗位。

中国船舶工业行业协会副秘书长钱新南说:"造船与海洋工程工业是一项周期长、资金密集、科技密集、劳动密集型产业,需要大量高素质的专业技术人才,目前的人才远达不到市场需求,满足不了企业的需要。从2002年以后,我国船舶与海洋工程专业学生毕业后都是非常抢手的,很多学生在毕业前一年就被单位签走了,许多船舶企业都会提前去学校预订学生。我国有18 000公里海岸线,300万平方公里的海洋面积,海洋面积约占陆地面积的三分之一。随着陆地石油及其他稀有资源的逐步减少,人们已经把未来石油及其他稀有资源的开发转向海洋。无论是海洋渔业、海洋交通运输业、海洋油气开发业、滨海旅游业,还是海洋工程建筑业,都离不开船舶和各类海洋工程装备。可以说,船舶与海洋工程专业担负着开发、利用、保护海洋资源的任务,发展前景极为广阔,是大有作为的专业。"

(六)船舶与海洋工程专业各类院校推荐(如表5-56所示)

表5-56 船舶与海洋工程专业推荐院校

分类	推荐院校
原985	上海交通大学、天津大学、大连理工大学等
原211	哈尔滨工程大学、武汉理工大学、大连海事大学等
一流学科	宁波大学等
保研资格	江苏科技大学、上海海事大学、集美大学等
公办本科	浙江海洋大学、山东交通学院、鲁东大学等
民办本科	青岛黄海学院、南通理工学院、文华学院等

十四、航空航天类

(一)学科评估结果

航空航天类对应的研究生一级学科为航空宇航科学与技术,第四轮学科评估结果如表5-57所示。

表5-57 航空宇航科学与技术第四轮学科评估结果

学科评估	院校分类	院校
A+	原985	北京航空航天大学、西北工业大学

续表

学科评估	院校分类	院校
B+	原985	哈尔滨工业大学
	原985军校	国防科技大学
	原211	南京航空航天大学
B	原985	北京理工大学
	军校	空军工程大学
B-	原985	清华大学
	军校	海军航空大学
	保研资格	沈阳航空航天大学
C+	原985	上海交通大学
	军校	火箭军工程大学
C	原985	西安交通大学
	原211	南京理工大学
	军校	战略支援部队航天工程大学
C-	原985	浙江大学
	保研资格	中国民航大学

(二)报考科类

基本只招收理科生。

(三)男女人数情况

男生占多数。

(四)专业解读

航空航天类下设航空航天工程、飞行器设计与工程、飞行器制造工程、飞行器动力工程、飞行器环境与生命保障工程、飞行器质量与可靠性、飞行器适航技术、飞行器控制与信息工程、无人驾驶航空器系统工程、智能飞行器技术共计10个专业,**其中航空航天工程、飞行器设计与工程、飞行器制造工程、飞行器动力工程专业开设院校相对较多,**其余专业开设院校较少,本书主要讲解开设院校相对较多的航空航天类专业。

航空航天,顾名思义包括航空和航天两大部分。两者虽然仅有一字之差,却被称为两大技术门类,最能集中体现两者成果和不同之处的就是飞行器。人们依据飞行环境和工作方式的不同,把飞行器分为航空器和航天器。在大气层内飞行的称为航空器,靠空气的静浮力或靠与空气相对运动产生的空气动力升空飞行,如各种军用飞机、民用飞机、热气球等;在大气层外飞行的飞行器称为航天器,在运载火箭的推动下获得必要的速度进入大气层外空间,然后在引力的作用下完成类似天体的轨道运动,主要包括航天飞机、宇宙飞船、人造卫星、深空探测器、运载火箭、导弹等。虽然都是在天上飞,但两者还是有很大不同的。

从广义上讲,航空航天类专业是培养如何把飞行器设计制造出来并送上天空的工程技术专业人才。一些考生和家长误以为报考航空航天类专业将来就是当航天员,所以对身体要求一定非常严格。其实不然,航空航天类专业主要是为了培养航空航天领域的专业技术人才。

航空航天工程、飞行器设计与工程、飞行器制造工程、飞行器动力工程专业的区别:航空航天工程专业覆盖范围最广,飞机、宇宙飞船、火箭、导弹等各种飞行器都研究,飞行器从研究、设计、制造、可靠性检验到适航检验都涉及,研究的内容更宏观;其他几个专业研究得更具体,飞行器设计与工程主要侧重飞行器的总体设计、结构设计等;飞行器制造工程主要是在设计的基础上进行加工制造,使飞行器成形;飞行器动力工程主要侧重各种飞行器如飞机、火箭等的发动装置的设计。

(五)就业分析

航空航天科技工业是知识密集和技术密集的高技术领域,航空航天技术的广泛应用影响到政治、经济、军事、科技、文化及通信、气象、能源、探测等领域,成为社会进步的强大动力。从世界范围来看,航空航天科技工业是朝阳产业,在提升国家整体科技水平和综合国力方面起着龙头的作用。

近年来,以航天科技、科工集团、航空一、二集团等为代表的航空航天类企事业单位生产和科研任务饱满,条件大为改善,待遇提高很快,稍差一些的单位其员工薪资待遇也可达到当地中上水平。航空航天事业的迅猛发展,无疑为年轻学子的成长搭建了理想的平台。

由于航空航天科技工业是知识密集和技术密集的高技术领域,其技术成果早已不仅仅应用于飞机或航天飞船上,正逐渐向电子、机械、汽车、通信、气象、能源、探测等领域渗透。也就是说,航空航天专业毕业生除了面向航空航天系统内就业外,还可以到其他领域工作。加之航空航天类专业毕业生专业基础扎实、实践能力强,促成了其就业适用面广、应用性强等特点,很多相关行业也非常欢迎航空航天类专业的毕业生。

整体而言,我国航空航天业发展迅猛,人才需求量大,而它的专业又非常"专",其他专业根本不具备可替代性,就业委实可以用"无忧"来形容,各大航空航天科研院所、军科院和航空公司,都是薪水高、地位高、技术高的"三高"好地方。

(六)各类院校推荐

1. 航空航天工程专业(如表5-58所示)

表5-58 航空航天工程专业推荐院校

分类	推荐院校
原985	清华大学、西北工业大学、北京大学等
原211	南京航空航天大学等
一流学科	无
保研资格	沈阳航空航天大学等
公办本科	中国民用航空飞行学院等
民办本科	南昌理工学院等

2. 飞行器设计与工程专业(如表5-59所示)

表5-59 飞行器设计与工程专业推荐院校

分类	推荐院校
原985	北京航空航天大学、西北工业大学、复旦大学等
原211	南京航空航天大学、南京理工大学、哈尔滨工程大学等
一流学科	无
保研资格	沈阳航空航天大学、南昌航空大学、中北大学等
公办本科	郑州航空工业管理学院、河北科技大学、滨州学院等
民办本科	安阳学院、汉口学院等

3. 飞行器制造工程专业(如表5-60所示)

表5-60 飞行器制造工程专业推荐院校

分类	推荐院校
原985	北京航空航天大学、西北工业大学、哈尔滨工业大学等
原211	南京航空航天大学、合肥工业大学等
一流学科	无
保研资格	沈阳航空航天大学、中国民航大学、南昌航空大学等
公办本科	中国民用航空飞行学院、上海工程技术大学、临沂大学等

续表

分类	推荐院校
民办本科	西安明德理工学院、北京理工大学珠海学院、武汉生物工程学院等

4.飞行器动力工程专业(如表5-61所示)

表5-61 飞行器动力工程专业推荐院校

分类	推荐院校
原985	北京航空航天大学、西北工业大学、哈尔滨工业大学等
原211	南京航空航天大学、哈尔滨工程大学等
一流学科	无
保研资格	中国民航大学、南昌航空大学、沈阳航空航天大学等
公办本科	中国民用航空飞行学院、贵州理工学院、郑州航空工业管理学院等
民办本科	烟台南山学院、电子科技大学成都学院、长春电子科技学院等

十五、兵器类

(一)学科评估结果

兵器类对应的研究生一级学科为兵器科学与技术,第四轮学科评估结果如表5-62所示。

表5-62 兵器科学与技术第四轮学科评估结果

学科评估	院校分类	院校
A+	原985	北京理工大学
	原211	南京理工大学
B	原985	西北工业大学
B-	军校	空军工程大学、火箭军工程大学
C+	军校	陆军工程大学
C	军校	战略支援部队航天工程大学
C-	军校	海军工程大学
	保研资格	中北大学

(二)报考科类

只招收理科生。

(三)男女人数情况

男生占多数。

(四)专业解读

兵器类下设武器系统与工程、武器发射工程、探测制导与控制技术、弹药工程与爆炸技术、特种能源技术与工程、装甲车辆工程、信息对抗技术、智能无人系统技术共计8个专业。

兵器类专业属于稀有专业,只在十几个大学开设,专业特色鲜明,8个专业都是国家的重点建设方向,而且都有民用化趋势,军民两用。

"神六""导弹""火箭""卫星"和"酒泉"都是武器系统与工程、武器发射工程的代言人,如此频繁登上新闻头条的代言人,折射出这两个专业的繁荣昌盛,国之所倚、民之所望,前途无量。

探测制导与控制技术和自动化、计算机科学与技术,以及遥感科学与技术是兄弟专业,这三个专业可都是当红专业,雷达是它的代言人。

弹药工程与爆炸技术、特种能源技术与工程这两个专业是民用程度最高的。它们在军工中的弹药、引爆中不可或缺,在民用中更是如鱼得水。前者爆破烂尾楼、劈山开洞,后者是有效缓解能源危机的重要手段,而特种能源的开发和利用是当前各国的重点科研项目之一,本专业毕业生继续深造的机会较大。

装甲车辆工程是以研究汽车材料,军用车辆装备的制造、维修原理为主的专业。毕业生既能在军工企业里修造坦克和装甲车,也可以在红得发紫的汽车制造业里做技术骨干。

信息对抗技术曾经是一个专门的高科技军工专业,深入研究如何防范自身电子信息被窃、如何入侵对方网络进行探测,有点像"黑客"的感觉,在计算机网络普及之后,从军事领域延伸到政府信息产业部门和大中型企业。

智能无人系统技术是为了适应国防新形势增设的专业,无人系统突破了有人装备设计以及战场行动受限于人类生理心理极限,为军事理论、装备体系、战争形态带来革命性变化,是抢占未来战略制高点、形成颠覆性军事能力的重大发展方向。

(五)就业分析

任何一个国家要想长期保持繁荣,就必须有足够强大的国防做保障。在近代史上,中国就经历了军备落后的惨痛,如今国家奋起,国防更当自强。国家对于国防,每年投入巨大。

兵器类专业就业口径窄、比较小众,但供求平衡掌握得比较好,毕业生不用担心就业的问题,而且军工企业待遇普遍不低。

(六)各类院校推荐

武器系统与工程、武器发射工程、装甲车辆工程、智能无人系统技术专业开设院校少,不再进行推荐,可参考第四轮学科评估结果。

1.探测制导与控制技术专业(如表5-63所示)

表5-63 探测制导与控制技术专业推荐院校

分类	推荐院校
原985	北京理工大学、西北工业大学、哈尔滨工业大学等
原211	南京理工大学、南京航空航天大学、哈尔滨工程大学等
一流学科	无
保研资格	中北大学、西安工业大学、沈阳航空航天大学等
公办本科	沈阳理工大学等
民办本科	无

2.弹药工程与爆炸技术专业(如表5-64所示)

表5-64 弹药工程与爆炸技术专业推荐院校

分类	推荐院校
原985	北京理工大学等
原211	南京理工大学等
一流学科	无
保研资格	中北大学、安徽理工大学等
公办本科	沈阳理工大学等
民办本科	无

3.特种能源技术与工程专业(如表5-65所示)

表5-65 特种能源技术与工程专业推荐院校

分类	推荐院校
原985	北京理工大学等

续表

分类	推荐院校
原211	南京理工大学等
一流学科	无
保研资格	西南科技大学、中北大学、安徽理工大学等
公办本科	沈阳理工大学等
民办本科	沈阳工学院等

4. 信息对抗技术专业(如表5-66所示)

表5-66　信息对抗技术专业推荐院校

分类	推荐院校
原985	北京理工大学、北京航空航天大学、国防科技大学等
原211	西安电子科技大学等
一流学科	无
保研资格	西南科技大学、杭州电子科技大学、西安工业大学等
公办本科	西安邮电大学、沈阳理工大学等
民办本科	无

十六、核工程类

(一)学科评估结果

核工程类对应的研究生一级学科为核科学与技术,第四轮学科评估结果如表5-67所示。

表5-67　核科学与技术第四轮学科评估结果

学科评估	院校分类	院校
A+	原985	清华大学、中国科学技术大学
B+	原985	北京大学、西安交通大学
	原211	哈尔滨工程大学
B	原985	上海交通大学
B-	原985	四川大学
	保研资格	南华大学
C+	原985	兰州大学
	军校	海军工程大学
C	原985	北京师范大学
	公办本科	东华理工大学
C-	原211	南京航空航天大学
	一流学科	成都理工大学

(二)报考科类

只招收理科生。

(三)男女人数情况

男生占多数。

(四)专业解读

核工程类下设核工程与核技术、辐射防护与核安全、工程物理、核化工与核燃料工程共计4个专业。

提起核能,似乎总能使人联想到氢弹、原子弹等具有杀伤性的核武器,或是核泄漏这样的恐怖事件,所以不免使人谈"核"色变。而我们不可否认,核能在和平年代更能发挥其强大的优势。核技术作为一门前沿学科,深受国际广泛的重视和关注,世界各国对其投入的研究经费有增无减。

当历史的车轮将我们带入21世纪时,我们要为这个世界创造更多的财富,这当然离不开能源的利用。然而,据专家预测,地球上煤的开采只能维持200多年,而石油、天然气只能维持50年。面对现在主要应用的不可再生资源减少的实际情况,很多国家特别是发达国家已有了能源危机的意识。因此,在对新能源的探索过程中,核能已经登上新世纪的舞台,拥有其不可动摇的地位。

简单来讲,核工程与核技术一般是比较综合的,侧重于核反应堆工程技术应用,理论要求不是很高;辐射防护与环境工程是对付放射性的,对各种射线的行为、防护措施,以及核事故对环境、公众影响和缓解措施等进行研究,一般在涉核生产、运行单位都有专门的机构;工程物理是研究原子核基础理论的,一般学核专业的都要多少学一些,但这个专业学的就比较深了;核化工与核燃料工程基本上是核燃料循环的化工生产技术工艺等方面,包括后处理等。

(五)就业分析

核工程类是比较小众且冷门的专业,此类专业的特点是就业两极分化比较严重,学校比较好而且学历比较高的毕业生可以去设计院、研究院或者高校工作,待遇相对较好。而其他毕业生对口工作基本上就是核电发电厂了,工作环境相对封闭,工资水平也一般,但毕竟涉核单位一般都是央企、国企,也胜在工作稳定,具体要看个人的选择。另外,由于此类专业相关的行业多与辐射相关,建议女生慎报。

(六)各类院校推荐

1. 核工程与核技术专业(如表5-68所示)

表5-68 核工程与核技术专业推荐院校

分类	推荐院校
原985	清华大学、中国科学技术大学、西安交通大学等
原211	华北电力大学、哈尔滨工程大学、南京航空航天大学等
一流学科	成都理工大学等
保研资格	南华大学、西南科技大学、深圳大学等
公办本科	东华理工大学、烟台大学、南京工程学院等
民办本科	成都理工大学工程技术学院等

2. 辐射防护与核安全专业(如表5-69所示)

表5-69 辐射防护与核安全专业推荐院校

分类	推荐院校
原985	兰州大学等
原211	华北电力大学、南京航空航天大学、南京理工大学等
一流学科	成都理工大学等
保研资格	南华大学、西南科技大学等
公办本科	东华理工大学等
民办本科	无

3. 核化工与核燃料工程专业(如表5-70所示)

表5-70 核化工与核燃料工程专业推荐院校

分类	推荐院校
原985	兰州大学等
原211	哈尔滨工程大学等
一流学科	成都理工大学等
保研资格	南华大学、西南科技大学等
公办本科	东华理工大学等
民办本科	无

工程物理专业开设院校较少,不再进行推荐,可参考第四轮学科评估结果。

十七、农业工程类

(一)学科评估结果

农业工程类对应的研究生一级学科为农业工程,第四轮学科评估结果如表5-71所示。

表5-71 农业工程第四轮学科评估结果

学科评估	院校分类	院校
A+	原985	浙江大学、中国农业大学
A-	保研资格	江苏大学
B+	原985	吉林大学、西北农林科技大学
	原211	东北农业大学
	保研资格	华南农业大学
B	原211	河海大学、华中农业大学、南京农业大学
	保研资格	河南农业大学
B-	原211	石河子大学
	保研资格	沈阳农业大学、内蒙古农业大学
C+	原211	西南大学
	保研资格	黑龙江八一农垦大学、山东理工大学、云南师范大学
C	保研资格	扬州大学、河北农业大学、甘肃农业大学
	公办本科	青岛农业大学
C-	保研资格	西安理工大学、云南农业大学、华北水利水电大学

(二)报考科类

只招收理科生。

(三)男女人数情况

男生占多数。

(四)专业解读

农业工程类下设农业工程、农业机械化及其自动化、农业电气化、农业建筑环境与能源工程、农业水利工程、土地整治工程、农业智能装备工程共计7个专业,**其中农业机械化及其自动化、农业电气化专业开设院校相对较多**,其余专业开设院校较少,本书主要讲解开设院校相对较多的农业工程类专业。

1. 农业机械化及其自动化

农业机械化及其自动化包含农业机械化和农业自动化两个方面。应用自动控制和电子计算机等技术手段实现农业生产和管理的自动化,是农业现代化的重要标志之一。农业的机械化实现了用机械动力和电力代替人力和畜力,以工作机械代替人的手工工具;农业自动化主要包括耕耘、栽培、收割、运输、排灌、作物管理、禽畜饲养等过程和温室的自动控制和最优管理。

2．农业电气化

农业电气化主要研究农村电力系统、农用电气工程和自动化技术等方面的基本知识和技能,对农村进行供电及电器普及,实现农村和农业的电气化,缩小城乡差距。例如:空调、冰箱等家用电器在农村推广,将计算机等电子设备用于农业生产,在农村建立照明、加热等电器装置,在农村建立电站网,等等。

(五)就业分析

农业与其他行业相比,更加辛苦一些,属于传统行业,在我国农业转型的关键时期,高层次人才比较紧缺。众所周知,我国的农业机械化、自动化、电气化水平虽稳步提高,但与发达国家仍存在较大差距,还有很大的开拓空间,国家也有发展这方面人才的需要。如果学生有意愿致力于我国农业科技水平的进一步提升,那么本科之后考研,从事农业工程方面的技术开发,是不错的选择。

此外,农业工程类的学生学习内容以工学为主,转行的概率较大,如不从事农业相关岗位,也可进入建筑工程、房地产、通信、机械、互联网等行业。需注意的一点是,农业工程类很难考公务员,全国很少甚至没有招这个专业的公务员岗位,唯一可以选择的职位是农业农村部的农业建设管理,学历要求硕士研究生以上。

如果高考报考时因为觉得自己机械类、电气类、信息类等专业分数达不到而选择农业工程类,那么不太建议,农业工程类专业的尴尬之处是专业性不如其他专业强。农业方面不如生物、化学,而工程方面着实不如电气类、机械类、自动化类等细分专业的专业性强,在就业择岗时竞争力不如其他专业强。所以如果入门了农业工程类专业,想走得远,还是需要深造,注重个人能力的发展。

农业行业整体非常稳定,国家政策也有所侧重,农业工程类专业的培养体系也愈发成熟,比较适合喜欢稳定生活的学生。

(六)各类院校推荐

1．农业机械化及其自动化专业(如表5-72所示)

表5-72 农业机械化及其自动化专业推荐院校

分类	推荐院校
原985	中国农业大学、吉林大学、西北农林科技大学等
原211	东北农业大学、华中农业大学、西南大学等
一流学科	无
保研资格	华南农业大学、沈阳农业大学、江苏大学、黑龙江八一农垦大学、福建农林大学等
公办本科	青岛农业大学、塔里木大学、天津农学院等
民办本科	黄河交通学院等

2．农业电气化专业(如表5-73所示)

表5-73 农业电气化专业推荐院校

分类	推荐院校
原985	无
原211	南京农业大学、东北农业大学、华北电力大学等
一流学科	无
保研资格	江苏大学、沈阳农业大学、河北农业大学等
公办本科	塔里木大学、青岛农业大学、渭南师范学院等
民办本科	无

十八、林业工程类

(一)学科评估结果

林业工程类对应的研究生一级学科为林业工程,第四轮学科评估结果如表5-74所示。

表5-74 林业工程第四轮学科评估结果

学科评估	院校分类	院校
A+	原211	东北林业大学
	一流学科	南京林业大学
B	原211	北京林业大学
B-	保研资格	中南林业科技大学、福建农林大学
C+	公办本科	浙江农林大学
C	保研资格	西南林业大学
C-	保研资格	内蒙古农业大学
	公办本科	北华大学

(二)报考科类

只招收理科生。

(三)男女人数情况

男生占多数。

(四)专业解读

林业工程类下设森林工程、木材科学与工程、林产化工、家具设计与工程共计4个专业,**其中森林工程、木材科学与工程专业开设院校相对较多**,其余专业开设院校较少,本书主要讲解开设院校相对较多的林业工程类专业。

1. 森林工程

森林工程专业源于森林采伐运输机械化专业,后又改为森林采运工程专业并由此过渡发展而来。该专业偏重于工程机械的制造与使用,是一门以森林资源的建设与保护、开发与利用为目的的综合性应用专业。森林工程专业主要研究合理的森林木材采伐和植树造林方式,环保、可持续的木材生产流程,以及木材砍伐、木材运输等相关机械的使用。学习该专业不仅需要扎实的数学和物理基础,而且在校期间也会涉及力学与机械学的知识,同时还会学习森林环境学、森林生态经济学、工程地质、道路工程、人类工效学、运筹学等方面的理论知识,通常也会要求学生具有较强的动手实践能力,例如掌握采运生产作业、林道网规划、森林工程产品的设计与施工技术等。

2. 木材科学与工程

木材科学与工程专业包括木材科学和木材工程两部分。木材科学是指对木材原料的认识,包括木材的微观结构、木材种类的识别、对木材这种材料的基本性质的认识;木材工程就是通过对木材的加工,制成木制品而能被人们使用。木材科学与工程是运用机械或物理、化学的方法,加工和处理木材,提高木材的附加值,制成保持木材基本特征的制品的加工工业,它包括制材、木材干燥、木材防腐、木材改性、木制品加工、家具制造、人造板制造、人造板表面装饰、人造板功能性加工、室内装饰、竹藤加工等。

(五)就业分析

林业工程类专业比较冷门,就业竞争相对较小,工资水平偏低。本科生毕业后基本进入工厂或者野外探查,研究生毕业后多进入行政管理岗。行业鱼龙混杂,行业内竞争较为激烈,并且就业受地域影响较大,生产木材的地方如云南、大兴安岭,以及各种家具基地是这个专业毕业生未来可能的就业去向。

该专业比较适合热爱森林,对木材生产、加工、应用感兴趣的学生就读。

总之,这是一个比较小众且冷门的专业,学好了一切都好,学不好就业就非常糟糕。对林业工程类专业没有浓厚兴趣的话,建议尽量选择其他专业。

(六)各类院校推荐

1. 森林工程专业（如表5-75所示）

表5-75 森林工程专业推荐院校

分类	推荐院校
原985	无
原211	东北林业大学等
一流学科	南京林业大学等
保研资格	福建农林大学、西南林业大学、内蒙古农业大学等
公办本科	无
民办本科	无

2. 木材科学与工程专业（如表5-76所示）

表5-76 木材科学与工程专业推荐院校

分类	推荐院校
原985	西北农林科技大学等
原211	东北林业大学、北京林业大学、广西大学等
一流学科	南京林业大学等
保研资格	西南林业大学、中南林业科技大学、福建农林大学等
公办本科	浙江农林大学、北华大学等
民办本科	无

十九、生物医学工程类

(一)学科评估结果

生物医学工程类对应的研究生一级学科为生物医学工程,第四轮学科评估结果如表5-77所示。

表5-77 生物医学工程第四轮学科评估结果

学科评估	院校分类	院校
A+	原985	东南大学、华中科技大学
A	原985	上海交通大学
A-	原985	清华大学、四川大学、浙江大学、北京航空航天大学
B+	原985	北京大学、复旦大学、西安交通大学、电子科技大学、华南理工大学、天津大学、重庆大学
B	原985	北京理工大学、哈尔滨工业大学
B	原211	北京工业大学
B	原211军校	空军军医大学
B	保研资格	上海理工大学、深圳大学、南方医科大学
B-	原985	中山大学、大连理工大学、东北大学、同济大学、中国科学技术大学
B-	原211	暨南大学
B-	保研资格	哈尔滨医科大学、首都医科大学
C+	原985	南京大学、山东大学、西北工业大学
C+	原211	西安电子科技大学、天津医科大学
C+	保研资格	温州医科大学

续表

学科评估	院校分类	院校
C	原985	武汉大学、厦门大学
	原985军校	国防科技大学
	原211	西南交通大学、苏州大学、太原理工大学
	公办本科	湖南工业大学
C-	原985	吉林大学
	原211	北京邮电大学、东华大学、哈尔滨工程大学、南京航空航天大学、河北工业大学
	保研资格	长春理工大学

（二）报考科类

只招收理科生。

（三）男女人数情况

男女生相对均衡。

（四）专业解读

生物医学工程类下设生物医学工程、假肢矫形工程、临床工程技术、康复工程共计4个专业，**其中生物医学工程专业开设院校相对较多**，其余专业开设院校较少，本书主要讲解开设院校相对较多的生物医学工程类专业。

很多学生高中喜欢生物，大学想学习与生物相关的专业，有些学生想学习与医学相关的专业，最后就都填报了生物医学工程专业，入学后才发现和自己想象的完全不一样！生物医学工程中，"生物""医学"都是定语，"工程"才是核心与关键。

生物医学工程专业主要研究医疗器械，综合工程学、生物学和医学的理论和方法，在各层次上研究人体系统的状态变化，并运用工程技术手段去控制这类变化，其目的是解决医学中的有关问题，保障人类健康，为疾病的预防、诊断、治疗和康复服务，毕业生对口工作基本上也都是医疗器械相关的研发、生产、维护、销售与管理工作。

（五）就业分析

生物医学工程算是一个比较新兴的学科，本科生主要去医疗器械行业从事销售、检验、维修，或者去医院的设备科从事医疗器械的检测、维修和管理等工作，当然也有不少人考公务员或者转到其他行业。

硕士研究生相对而言稍微好一些，找好工作的机会更多。未来，互联网将加快融合或者说颠覆传统行业的脚步，比如远程医疗是时下发展的热门，对相关的器械需求度会比较高，这里面有很多事可以做。最有前途的肯定是搞科研了，但大企业的需求基本上都是名校硕士甚至博士。"生物材料""脑计划""神经工程""光基因"等，这些前沿科学都跟生物医学密不可分。

总而言之，生物医学工程的就业前景还是不错的，但想要有好的发展，建议大家继续深造。

（六）生物医学工程专业各类院校推荐（如表5-78所示）

表5-78 生物医学工程专业推荐院校

分类	推荐院校
原985	清华大学、东南大学、上海交通大学、复旦大学、浙江大学等
原211	西安电子科技大学、天津医科大学、空军军医大学等
一流学科	天津工业大学、南京邮电大学、广州中医药大学等
保研资格	上海理工大学、南方医科大学、温州医科大学、重庆医科大学、哈尔滨医科大学、首都医科大学、广州医科大学、深圳大学、南京医科大学等
公办本科	新乡医学院、重庆理工大学、桂林医学院、湖南工业大学、上海健康医学院等

续表

分类	推荐院校
民办本科	西安外事学院、新乡医学院三全学院、广州新华学院等

二十、安全科学与工程类

(一)学科评估结果

安全科学与工程类对应的研究生一级学科为安全科学与工程,第四轮学科评估结果如表5-79所示。

表5-79 安全科学与工程第四轮学科评估结果

学科评估	院校分类	院校
A+	原985	中国科学技术大学
	原211	中国矿业大学(徐州、北京)
A-	原985	中南大学
	保研资格	西安科技大学、河南理工大学
B+	原985	清华大学、北京理工大学
	原211	北京科技大学、中国石油大学(华东、北京)
	保研资格	南京工业大学
B	原985	重庆大学
	原211	中国地质大学(武汉、北京)
	保研资格	辽宁工程技术大学、安徽理工大学、山东科技大学
B-	原985	东北大学
	原211	北京交通大学、武汉理工大学、太原理工大学
	保研资格	武汉科技大学
C+	原985	华南理工大学
	原211	北京化工大学、南京理工大学
	保研资格	中国民航大学、南华大学、湖南科技大学
C	原985	大连理工大学
	原211	华东理工大学
	保研资格	中北大学、沈阳航空航天大学、黑龙江科技大学
C-	原211	郑州大学
	保研资格	青岛科技大学、昆明理工大学
	公办本科	辽宁石油化工大学、常州大学

(二)报考科类

基本只招收理科生。

(三)男女人数情况

男生占多数。

(四)专业解读

安全科学与工程类下设安全工程、应急技术与管理、职业卫生工程共计3个专业,**其中安全工程专业开设院校相对较多**,其余专业开设院校较少,本书主要讲解开设院校相对较多的安全科学与工程类专业。

安全工程专业是融合了理、工、文、法、管、医等学科的综合类交叉学科,培养能从事生产安全管理、安全防护工程、安全产品设计、事故防控规律研究、危险有害因素检测、工程风险评价、生产经营单位安全监察与管理、应急等工作的复合型人才,多渠道保障生产安全、社会和谐、家庭幸福、个人健康。

各类生产经营单位可以说都离不开安全工程。通俗地说,安全工程就是抓各个领域的安全工作,比如说到矿井下面看一下有没有塌方或者漏水等安全隐患,又或者去化工厂看一下设备是否安全,有没有发生泄漏的安全隐患等,一开始设置安全工程专业主要是针对矿山安全隐患,现在已经扩展到各个行业;研究范围包括矿山与地下建筑、交通、航空航天、工厂等。

（五）就业分析

安全工程专业毕业后虽然就业容易,但是就业薪资却不高,毕竟本专业的实用技能大部分来自工作后的经验积累而不是本科阶段的学习,继续深造或者经验积累后有一定改善,尤其是对于获得职业证书的从业者来说,晋升空间更大。可考取的相关证书主要有注册助理安全工程师、注册安全工程师、注册安全评价师、注册风险评价师等。

安全相关职位关系到财产和人身安全,就职岗位的责任压力相对来说较大,毕竟安全大于天。另外,面临最大的难题是企业对于安全问题的重视程度不高,这也是很多从业者就业后不满意的原因所在,尤其是一些制造业从业者。相对而言,外企、合资企业、大型国企或私企则是相对重视,在这样的企业工作就业发展比较有潜力。

如果选择安全工程这个专业,建议要么读研究生细化知识结构,要么在本科期间修第二学位,比如工程管理、公路、桥梁等以提升核心竞争力。

（六）安全工程专业各类院校推荐（如表5-80所示）

表5-80 安全工程专业推荐院校

分类	推荐院校
原985	中国科学技术大学、中南大学、东北大学等
原211	中国矿业大学、中国矿业大学（北京）、北京科技大学、中国石油大学（北京）等
一流学科	西南石油大学、南京信息工程大学等
保研资格	山东科技大学、西安科技大学、河南理工大学、安徽理工大学、辽宁工程技术大学、南京工业大学、南华大学、湖南科技大学、武汉科技大学等
公办本科	华北科技学院、常州大学、安徽建筑大学、辽宁石油化工大学、中国民用航空飞行学院、上海应用技术大学、中国计量大学、河南工程学院、山东交通学院、重庆科技学院等
民办本科	安徽新华学院、安徽三联学院、沈阳工学院、长春建筑学院等

第二节 与物理、化学相关的大学本科专业解析

公安技术类

（一）学科评估结果

公安技术类对应的研究生一级学科为公安技术,第四轮学科评估未进行排名。

（二）报考科类

文理兼收,理科生占多数。

（三）男女人数情况

男生占多数。

（四）专业解读

公安技术类下设刑事科学技术、消防工程、交通管理工程、安全防范工程、公安视听技术、抢险救援指挥与技术、火灾勘查、网络安全与执法、核生化消防、海警舰艇指挥与技术、数据警务技术、食品药品环境犯

罪侦查技术共计12个专业,**其中刑事科学技术、消防工程专业开设院校相对较多**,其余专业开设院校较少,本书主要讲解开设院校相对较多的公安技术类专业。

1. 刑事科学技术

刑事科学技术简称刑事技术,也称物证技术,是现代科学技术在刑事诉讼领域的具体应用,是我国公安司法鉴定学的重要组成部分。刑事科学技术以自然科学技术为主,辅以相关社会科学知识,研究各种刑事犯罪中物证的形成与变化规律,运用物质转移和互换原理、种属鉴别原理和统一认定原理,对物证进行提取、识别、检验和鉴定工作。它的研究范畴十分广泛,主要包括痕迹检验、文件检验、声像技术、刑事化验、法医检验、警犬技术、心理测试、生物物证和电子物证几大部分。每部分的内容又可再细分,比如其中的痕迹检验,包括手印与足迹检验、工具痕迹检验、枪弹痕迹检验、交通痕迹检验、爆炸痕迹检验和特殊痕迹检验等;声像技术,包括刑事摄影、物证检验照相、视听资料分析与处理、人像识别等;刑事化验,包括微量物质分析与毒物分析两大部分。

刑事科学技术在刑事案件的侦查中发挥着其他学科不可替代的重要作用,物证通常是一个案件中最关键的线索,关系到整个侦查的方向与进度。让物证"开口说话"就是本专业的研究目的,发掘物证中隐藏的信息,有助于案件性质的辨别、案情的分析、犯罪人某些条件的推断等,对还原犯罪过程、揭露犯罪人真实面目有重要的推动作用,同时还能为法庭起诉与审判提供线索与证据。

2. 消防工程

消防工程是一门探索火灾规律、研究火灾预防与控制理论和技术的新兴综合性学科。该专业培养的不仅仅是单纯的灭火人员,更是复合型的专业人才。大学里的本科专业教育已经同物理、化学、建筑、电气、管道工程等学科相结合,把高新技术运用于消防工程领域,使消防专业教育的内容更加丰富完整。

消防工程本科阶段学习的课程是工程力学、无机化学、有机化学、物理化学、火灾化学、工程流体力学、画法几何及工程制图、电工电子技术、消防燃烧学、工程热力学与传热学、建筑给排水、房屋建筑学、建筑防火设计、消防法规、防火理论与工程应用、灭火技术、火灾风险评估、火灾救援技术、火灾调查方法与鉴定、纳米阻燃材料、消防工程学等。

(五)就业分析

1. 刑事科学技术

刑事科学技术专业一般开设在公安类院校,不用担心就业的问题。

2. 消防工程

消防工程虽然同属公安技术类专业,但是公安院校一般不开设此专业,基本都是在普通类高校,毕业生也无法参加专门针对公安院校毕业生的招警考试。据有关部门统计,目前,我国从事消防专业技术的人员约为20万。长期缺乏有效的规范管理,职业素质良莠不齐,同时,由于职业制度的不规范,社会缺乏对从业人员的正确认知与有效评价,这些均极大地制约了社会消防技术人才队伍的建设和发展,也影响了社会消防管理水平的提高,行业对高素质、专业化、职业化消防专业技术人才的需求迫切。本专业毕业生比较好的就是考进公安消防部队;如果能够考取消防工程师等含金量比较高的证书,选择将会比较多;如果学得一般,最有可能就是去施工方做水电安装了。

(六)各类院校推荐

1. 刑事科学技术专业(如表5-81所示)

表5-81 刑事科学技术专业推荐院校

分类	推荐院校
原985	无
原211	无
一流学科	中国人民公安大学等
保研资格	西南政法大学、西北政法大学等
公办本科	中国刑事警察学院、江苏警官学院、广西警察学院、甘肃政法大学、福建警察学院等
民办本科	无

2. 消防工程专业(如表5-82所示)

表5-82 消防工程专业推荐院校

分类	推荐院校
原985	中南大学等
原211	中国矿业大学、中国矿业大学(北京)、西南交通大学等
一流学科	无
保研资格	南京工业大学、安徽理工大学、西安科技大学等
公办本科	中国人民警察大学、重庆科技学院、中国民用航空飞行学院等
民办本科	无

第三节 与物理、地理相关的大学本科专业解析

一、大气科学类

(一)学科评估结果

大气科学类对应的研究生一级学科为大气科学,第四轮学科评估结果如表5-83所示。

表5-83 大气科学第四轮学科评估结果

学科评估	院校分类	院校
A+	原985	北京大学
	一流学科	南京信息工程大学
B	原985	南京大学
	军校	陆军工程大学
B-	原985	兰州大学
C+	原985	清华大学、中国海洋大学
C	原985	中山大学
C-	原985	中国科学技术大学

(二)报考科类
只招收理科生。

(三)男女人数情况
男女生相对均衡。

(四)专业解读
大气科学类下设大气科学、应用气象学、气象技术与工程共计3个专业。

1.大气科学

大气科学属于地球科学的一个分支学科,是研究大气的结构、组成及其运动和演变规律的学科。同时,大气科学与地球系统的各个圈层以及人类社会都有着密切的关系,这些交叉领域也同样是大气科学家所关注的。

大气科学涵盖的领域非常广泛,相关学科非常多。人们往往错误地将天气学(天气预报工作)等同于大气科学,其实,上至行星、大气,下至极地、海洋,以及城市建筑和日常生活都和大气科学有联系。包括气

象学、海洋气象学、大气物理与大气化学、空间天气学、气候学在内的大气科学的子学科数不胜数,研究方向更是包罗万象,毕竟人类是生活在大气中的,那就什么都能和大气有点关系!

大气科学在国家建设和发展中具有重要的地位与作用,天气变化、气候异常以及空气污染同人类的生活和生产活动密切相关。研究大气的运动规律,开展科学的天气预报、气候预测以及大气污染控制,可以极大地减少经济损失,保护人体健康和财产安全。

2. 应用气象学

应用气象学专业是将气象学的原理、方法和成果应用于农业、水文、航海、航空、军事、医疗等方面,同各个专业学科相结合而形成的边缘性学科,是大气科学研究和服务国民经济建设的重要组成部分。

(五)就业分析

随着社会经济的快速发展,各行各业对风力、温度等精准预测要求越来越高,地球不断变暖、各类极端气候不断出现也让世界各国开始高度重视对大气、温度等变化趋势的基础研究、应用研究,因此大气科学类专业发展前景还是可以的。

整体而言,大气科学类专业属于较冷门学科,开设这个专业的高校也不多,就业方向主要以政府部门、事业单位为主,工作较稳定。

(六)各类院校推荐

1. 大气科学专业(如表5-84所示)

表5-84 大气科学专业推荐院校

分类	推荐院校
原985	南京大学、兰州大学、北京大学等
原211	云南大学、中国地质大学(武汉)、内蒙古大学等
一流学科	南京信息工程大学等
保研资格	沈阳农业大学、广东海洋大学等
公办本科	成都信息工程大学等
民办本科	无

2. 应用气象学专业(如表5-85所示)

表5-85 应用气象学专业推荐院校

分类	推荐院校
原985	兰州大学、南京大学、中山大学等
原211	东北农业大学等
一流学科	南京信息工程大学等
保研资格	中国民航大学、广东海洋大学、沈阳农业大学等
公办本科	成都信息工程大学、中国民用航空飞行学院等
民办本科	无

二、海洋科学类

(一)学科评估结果

海洋科学类对应的研究生一级学科为海洋科学,第四轮学科评估结果如表5-86所示。

表5-86 海洋科学第四轮学科评估结果

学科评估	院校分类	院校
A+	原985	厦门大学、中国海洋大学

续表

学科评估	院校分类	院校
B+	原985	中山大学、同济大学
B	原211	中国地质大学(武汉、北京)
	公办本科	浙江海洋大学
B-	原985	浙江大学
	一流学科	上海海洋大学
C+	原985	南京大学
	原211	河海大学
	保研资格	广东海洋大学
C	原985	哈尔滨工业大学
	保研资格	大连海洋大学
C-	原985	华东师范大学
	军校	陆军工程大学

(二)报考科类

只招收理科生。

(三)男女人数情况

男生占多数。

(四)专业解读

海洋科学类下设海洋科学、海洋技术、海洋资源与环境、军事海洋学共计4个专业，**其中海洋科学专业开设院校相对较多**，其余专业开设院校较少，本书主要讲解开设院校相对较多的海洋科学类专业。

海洋科学是地球科学的重要组成部分，它与物理学、化学、生物学、地质学以及大气科学、水文科学等密切相关。海洋科学的研究领域十分广泛，其主要内容包括对于海洋中的物理、化学、生物和地质过程的基础研究，和面向海洋资源开发利用以及海上军事活动等的应用研究。由于海洋本身的整体性、海洋中各种自然过程相互作用的复杂性和主要研究方法、手段的共同性而统一起来，海洋科学成为一门综合性很强的科学。

目前，很多热点问题亟待海洋科学专业的人才来解决，如：深海中的生物是否预示着生命起源、海洋污损生物如何防治、海洋沉积及油气储藏、海洋渔业如何发展、近海污染如何治理、海岸带如何管理，等等。我国的海洋科学发展较晚，客观来讲，如今的水平比起一些开发海洋较早的国家如美国、俄罗斯等还有一段距离，为了尽快赶上世界先进水平，除了当下已有的空间技术、生物技术优势继续保持和加强，在落后的领域，会增加研究和开发的资金和力量。

(五)就业分析

本科生基本上会接触海洋科学的所有分支，然后在研究生阶段选择研究方向继续深造。和很多基础学科类似，海洋科学专业偏向于科研，本科毕业后对口工作岗位不是很多，就业形势并不乐观。不过机会总还是有的，对口就业方向以科研院所、高校为主，也有海洋仪器类、业务类公司。

由于近年来国家对于海洋科学采取积极支持发展的政策，也大力发展海洋科学的教育，社会对海洋科学专业的高级人才的需求出现了供不应求的态势，因此本专业高学历人才的就业前景还是相当好的。

(六)海洋科学专业各类院校推荐(如表5-87所示)

表5-87　海洋科学专业推荐院校

分类	推荐院校
原985	中国海洋大学、厦门大学、南京大学等

续表

分类	推荐院校
原211	中国地质大学(北京)、河海大学、中国地质大学(武汉)等
一流学科	上海海洋大学、南京信息工程大学等
保研资格	汕头大学、广东海洋大学、天津科技大学等
公办本科	浙江海洋大学、江苏海洋大学、烟台大学等
民办本科	无

三、地球物理学类

(一)学科评估结果

地球物理学类对应的研究生一级学科为地球物理学,第四轮学科评估结果如表5-88所示。

表5-88 地球物理学第四轮学科评估结果

学科评估	院校分类	院校
A+	原985	武汉大学、中国科学技术大学
B	原985	北京大学
B-	原211	中国石油大学(华东、北京)、中国地质大学(武汉、北京)
C+	原985	同济大学
C	原985	吉林大学
C-	一流学科	成都理工大学
	保研资格	长江大学

(二)报考科类

只招收理科生。

(三)男女人数情况

男生占多数。

(四)专业解读

地球物理学类下设地球物理学、空间科学与技术、防灾减灾科学与工程共计3个专业,**其中地球物理学专业开设院校相对较多**,其余专业开设院校较少,本书主要讲解开设院校相对较多的地球物理学类专业。

地球物理学是地球科学的主要学科之一,是通过定量的物理方法(如地震弹性波、重力、地磁、地电、地热和放射能等方法)研究地球以及寻找地球内部矿藏资源的一门综合性学科,研究范围包括地球的地壳、地幔、地核和大气层。

地球物理学主要研习地理学、地质学相关知识,研究地球深部构造、地震预测、地球物理工程、能源及矿产资源勘察等。对于地震、火山爆发、山体滑坡等自然灾害进行预测,对于矿产、油田、煤田进行勘查探测。

(五)就业分析

地球物理学其实与我们的生活有着密不可分的联系,地震、海啸等一切地理自然灾害都是地球物理学研究的范围,空间工程也是本专业的研究领域,所以说这个学科还是很高大上的。从就业角度讲,需求量还是不少的,毕业生除能去研究所或政府部门,还可以到石油、天然气、油田、矿产等领域做勘察地质构造的工作,有些艰苦,女生不太适合。

本科生毕业就业面相对较窄,石油和天然气勘探行业、地震局工作居多;出国留学或国内读研读博出来后,发展道路会更加广阔。

(六)地球物理学专业各类院校推荐(如表5-89所示)

表5-89 地球物理学专业推荐院校

分类	推荐院校
原985	中国科学技术大学、武汉大学、北京大学等
原211	中国地质大学(武汉)、中国石油大学(华东)、中国地质大学(北京)等
一流学科	成都理工大学等
保研资格	长江大学、东北石油大学等
公办本科	东华理工大学、河北地质大学、防灾科技学院、重庆科技学院等
民办本科	无

四、水利类

(一)学科评估结果

水利类对应的研究生一级学科为水利工程,第四轮学科评估结果如表5-90所示。

表5-90 水利工程第四轮学科评估结果

学科评估	院校分类	院校
A+	原985	清华大学
	原211	河海大学
A-	原985	武汉大学、天津大学
B+	原985	四川大学、大连理工大学、中国农业大学
	原211	郑州大学
	保研资格	西安理工大学
B	原985	华中科技大学、中国海洋大学
	原211	中国地质大学(武汉、北京)
	保研资格	重庆交通大学、华北水利水电大学
B-	原985	吉林大学、南京大学、西北农林科技大学
	保研资格	长沙理工大学、三峡大学
C+	原985	北京师范大学
	原211	太原理工大学、宁夏大学
	保研资格	扬州大学、新疆农业大学
C	原985	中山大学、同济大学
	原211	华北电力大学(北京、保定)、长安大学
	保研资格	内蒙古农业大学
C-	原985	山东大学、华南理工大学
	原211	合肥工业大学、北京工业大学、南昌大学

(二)报考科类

基本只招收理科生。

(三)男女人数情况

男生占多数。

(四)专业解读

水利类下设水利水电工程、水文与水资源工程、港口航道与海岸工程、水务工程、水利科学与工程共计

5个专业,**其中水利水电工程、水文与水资源工程专业开设院校相对较多**,其余专业开设院校较少,本书主要讲解开设院校相对较多的水利类专业。

1. 水利水电工程

谈及水利水电工程,就不得不提及我国的南水北调、长江三峡以及黄河、金沙江、澜沧江、雅砻江、大渡河等电站开发及各地区水旱灾害、水资源短缺和水环境恶化等问题的不断涌现,水问题已经成为影响中国未来发展和安全的重大问题。解决人类的饮用水问题,控制和利用水资源,是水利水电工程的主要任务。

水利水电工程的研究领域与我们的日常生活紧密相关,如研究水流和波浪对泥土的侵蚀成因,弄清河岸和海港为什么会变形,研究在江河、海岸上建造水库、大坝、防洪堤等设施的技术以及保护周围生态环境等知识。有效保证各项水利水电工程的质量离不开水利水电专业人员的勘测、设计、管理、实施和监督。比如我们熟知的三峡工程,它能够蓄积水资源,解决饮用水短缺的问题,同时还能够防止洪涝灾害,利用水力发电。而它整个的开展过程则需要无数水利水电专业人员的配合,如总工程设计师要宏观着眼综合考虑,以确定工程的可行性;施工单位需要确保工程的顺利开展;监理单位需要确保工程质量。水利水电工程正是为了培养各类水利水电人才而开设的专业。

2. 水文与水资源工程

随着社会的发展,水资源的自然资源基础作用已越来越明显,我国已确立了水资源三大战略资源之一的地位,区域人口增长、社会经济发展使得水资源供需矛盾成为全球性普遍问题。中国作为发展中大国,水资源开发利用和管理中存在着许多问题,诸如水资源短缺对策、水资源持续利用、水资源合理配置、水灾害防治以及水污染治理、水生态环境功能恢复及保护等目前已成为亟待研究和解决的问题。而水文与水资源工程正是水资源开发利用和管理中的一门重要的工程技术学科。

(五)就业分析

1. 水利水电工程

我国现在正处在新一轮的水电开发高潮中,可以说,大多数水利水电工程专业的毕业生就业前景还是很好的。但是水利水电工程专业的毕业生依然很难找到满意的工作,这和水利水电工程专业的工作环境和工作性质有非常紧密的关系。一般来说,水电都是在高山峡谷中,人迹罕至,工作环境比较恶劣,水电工程远离城市,工作枯燥,而且作为水电建设者,基本上休假得不到保证,常年在工地,时间长了真的会无法适应城市的生活。所以,大多数水利水电工程专业的毕业生找到满意的工作不是很容易。水利水电工程是一个挺看重学校的专业,需要在工作中积累经验才会越来越好,如果想要有一番作为,建议继续深造。

2. 水文与水资源工程

水文与水资源工程专业毕业生最为对口的单位是各地的水文水资源勘测局,但效益最好的一般是各地的(水利)设计院;水利部、各大流域委员会、地方水利厅、水利局、水文局,一般每年都会以公务员和事业单位招聘考试的形式进行招聘;水利施工企业,从中国水电集团各大水利工程局到各省市,一般都有水利施工单位,不过施工条件一般比较艰苦。本专业毕业生整体来讲收入还是不错的。

(六)各类院校推荐

1. 水利水电工程专业(如表5-91所示)

表5-91 水利水电工程专业推荐院校

分类	推荐院校
原985	武汉大学、大连理工大学、四川大学等
原211	河海大学、长安大学、郑州大学、华北电力大学等
一流学科	无
保研资格	三峡大学、西安理工大学、华北水利水电大学、扬州大学、河北工程大学等
公办本科	南昌工程学院、长春工程学院、浙江水利水电学院等
民办本科	沈阳工学院、三峡大学科技学院、云南经济管理学院、南昌理工学院、南昌工学院等

2. 水文与水资源工程专业(如表5-92所示)

表5-92 水文与水资源工程专业推荐院校

分类	推荐院校
原985	武汉大学、四川大学、南京大学、西北农林科技大学等
原211	河海大学、长安大学、中国地质大学(北京)等
一流学科	南京信息工程大学等
保研资格	西安理工大学、华北水利水电大学、济南大学、三峡大学、新疆农业大学等
公办本科	东华理工大学、浙江水利水电学院、河北地质大学等
民办本科	皖江工学院等

第四节 与物理、美术相关的大学本科专业解析

建筑类

(一)学科评估结果

建筑类对应的研究生一级学科为建筑学、城乡规划学、风景园林学,第四轮学科评估结果如下。

1. 建筑学(如表5-93所示)

表5-93 建筑学第四轮学科评估结果

学科评估	院校分类	院校
A+	原985	清华大学、东南大学
A-	原985	华南理工大学、天津大学、同济大学
B+	原985	华中科技大学、浙江大学、重庆大学、哈尔滨工业大学
	保研资格	西安建筑科技大学
B	原985	湖南大学、南京大学、武汉大学、大连理工大学
	保研资格	北京建筑大学、沈阳建筑大学
B-	原211	合肥工业大学、西南交通大学、北京工业大学
	保研资格	深圳大学、山东建筑大学
C+	原985	厦门大学、上海交通大学
	一流学科	中央美术学院
	保研资格	华侨大学、青岛理工大学、昆明理工大学
	公办本科	安徽建筑大学
C	原211	北京交通大学、福州大学
	保研资格	南京工业大学
	公办本科	吉林建筑大学
C-	原985	西安交通大学
	原211	长安大学、郑州大学
	保研资格	内蒙古工业大学
	公办本科	苏州科技大学

2. 城乡规划学（如表5-94所示）

表5-94　城乡规划学第四轮学科评估结果

学科评估	院校分类	院校
A+	原985	清华大学、同济大学
A-	原985	东南大学、天津大学、哈尔滨工业大学
B+	原985	华中科技大学、南京大学、华南理工大学、重庆大学
	保研资格	西安建筑科技大学
B	原985	湖南大学、武汉大学、大连理工大学
	保研资格	沈阳建筑大学
	公办本科	苏州科技大学
B-	原211	长安大学
	保研资格	深圳大学、北京建筑大学、山东建筑大学
	公办本科	安徽建筑大学
C+	原985	四川大学
	原211	合肥工业大学、西南交通大学、西北大学
	保研资格	南京工业大学
C	原211	北京交通大学、中国矿业大学（徐州、北京）、北京工业大学、福州大学
	公办本科	天津城建大学
C-	原211	武汉理工大学、北京林业大学、郑州大学
	保研资格	昆明理工大学
	公办本科	吉林建筑大学

3. 风景园林学（如表5-95所示）

表5-95　风景园林学第四轮学科评估结果

学科评估	院校分类	院校
A+	原985	清华大学
	原211	北京林业大学
A-	原985	东南大学、同济大学
	一流学科	南京林业大学
B+	原985	华南理工大学、天津大学
	原211	华中农业大学、东北林业大学
	保研资格	西安建筑科技大学、福建农林大学
B	原985	重庆大学、西北农林科技大学、哈尔滨工业大学
	原211	四川农业大学
	公办本科	浙江农林大学
B-	原985	华中科技大学、上海交通大学
	保研资格	华南农业大学、沈阳建筑大学、中南林业科技大学、西南林业大学、河南农业大学
C+	原211	南京农业大学、西南大学、东北农业大学、苏州大学
	保研资格	河北农业大学

续表

学科评估	院校分类	院校
C	原985	四川大学
	保研资格	沈阳农业大学、北京建筑大学、江西农业大学
	公办本科	北华大学、苏州科技大学
C-	原211	海南大学
	保研资格	青岛理工大学、长江大学、安徽农业大学
	公办本科	青岛农业大学

（二）报考科类

文理兼收，理科生占多数。

（三）男女人数情况

男生占多数。

（四）专业解读

建筑类下设建筑学、城乡规划、风景园林、历史建筑保护工程、人居环境科学与技术、城市设计、智慧建筑与建造共计7个专业，**其中建筑学、城乡规划、风景园林专业开设院校相对较多**，其余专业开设院校较少，本书主要讲解开设院校相对较多的建筑类专业。

据北京建筑大学建筑与城市规划学院马英副院长介绍，传统的建筑学是研究建筑物及其环境的一门学科，包括建筑学、城乡规划、风景园林等多个专业。随着建筑事业的发展，园林学和城市规划逐步从建筑学中分离出来。

1. 建筑学

现在建筑学更多的是研究解决建筑的空间、功能和形式等问题。不同的建筑因目标人群和使用性质的不同，有各自不同的功能目标和要求，如民用建筑、工业建筑等。建筑设计必须充分考虑不同的功能要求，并保证这些功能要求的实现。另外，建筑设计还常常需要运用绘画、雕刻、工艺美术、园林艺术，创造室内外空间艺术环境。因此，建筑学是一门综合性很强的学科。

2. 城乡规划

城乡规划从字面上理解就是规划城市和乡村。北京建筑大学建筑与城市规划学院副院长马英表示，城乡规划从宏观到微观分为整体性规划、分区性规划、控制性详细规划、修建性详细规划等几个步骤。整体规划如土地利用、空间布局、发展形态，详细规划如建筑密度、高度、容积率，大到一个城市规模、小到一块儿绿地，可以说都是城乡规划的范畴。

3. 风景园林

说起"风景园林"，大家第一反应就是江南的私家园林，山水相间，清新悠闲，是人们闲暇生活的好去处。其实风景园林涵盖的范围非常广，不仅指的是观赏游玩区，也可以指一个建筑的附属庭院，还可以指城市的绿化。简单来说就是保护好自然环境，并且合理安排好各种人工建造，使得自然和人工能够互相协调，使得整体环境能够有序地发展。通俗来说，风景园林就是与绿化相关的一切工作，从前期规划、设计、施工，到后期养护这样一个完整的体系。

（五）就业分析

1. 建筑学

"目前我国的建筑行业不敢说是八九点钟的太阳，但也是上午十点钟左右的光景，显示出了勃勃的生机。建筑专业发展前景还是非常广阔的。"北京建筑大学建筑与城市规划学院副院长马英这样评价建筑专业的前景，"为什么这样说呢？可以从三个方面来看。一是目前我国一线的中心城市虽然建设比较快，但二三线城市和农村还是欠发达，甚至是滞后的。这就给建筑行业提供了发展空间。二是城市老旧建筑的改造和拆除是城市更新的重要方式之一。在这方面，建筑专业毕业生可以有广阔的施展舞台。另外，我国还是个文化古国，文物古建筑是宝贵的历史文化遗产，需要投入大量的人力物力来维护。目前国家每年都在加大这方面的资金投入力度，专业人才稀缺。所以，近几年建筑类中的建筑遗产保护方向也是非常受到市场欢迎的。"

2. 城乡规划

当今中国正处在高速化发展阶段,许多城市都面临大规模的城市新区开发、旧城改造、配套环境和景观建设。城市化脚步的加快、城乡一体化的发展、新农村建设等都离不开规划人才。未来高层次的规划专业人才有着巨大的发展潜力和空间。

3. 风景园林

随着人们生活质量、生活水平的不断提高,绿化及良好的生态环境成为大家新的追求,更促进了园林实业的发展。不仅房地产开发企业在市场竞争中竞相打起了"绿化牌""景观牌""生态环境牌",一些企事业单位也越来越注重环境景观设计。风景园林专业是培养适应未来城市环境美化要求及发展花卉产业所需人才的专业,那些既懂得园林绿化景观设计和花卉苗木养护,又懂得"绿色经济"经营管理的人才具有广泛的就业前景。

(六)各类院校推荐

1. 建筑学专业(如表5-96所示)

表5-96　建筑学专业推荐院校

分类	推荐院校
原985	清华大学、东南大学、同济大学、华南理工大学、哈尔滨工业大学等
原211	北京工业大学、西南交通大学、河北工业大学、北京交通大学、长安大学、郑州大学等
一流学科	中国美术学院、中央美术学院、宁波大学等
保研资格	西安建筑科技大学、北京建筑大学、沈阳建筑大学、山东建筑大学、青岛理工大学、深圳大学、南京工业大学、昆明理工大学、内蒙古工业大学、华侨大学等
公办本科	苏州科技大学、吉林建筑大学、安徽建筑大学、河北建筑工程学院、浙江农林大学、天津城建大学、温州大学、烟台大学、安徽工程大学、南阳理工学院等
民办本科	云南经济管理学院、商丘学院、沈阳城市建设学院、河北工程技术学院、成都文理学院、黑龙江东方学院、燕京理工学院、三江学院、黄河科技学院、文华学院等

2. 城乡规划专业(如表5-97所示)

表5-97　城乡规划专业推荐院校

分类	推荐院校
原985	同济大学、东南大学、天津大学、华南理工大学、哈尔滨工业大学等
原211	北京工业大学、北京交通大学、长安大学、西北大学、东北林业大学等
一流学科	南京林业大学、西南石油大学、河南大学等
保研资格	西安建筑科技大学、沈阳建筑大学、浙江工业大学、南京工业大学、山东建筑大学、西南科技大学、昆明理工大学、桂林理工大学、广州大学、北京建筑大学等
公办本科	苏州科技大学、浙江农林大学、信阳农林学院、安徽建筑大学、浙江财经大学、楚雄师范学院、天津城建大学、湖南工业大学、仲恺农业工程学院、河北科技师范学院等
民办本科	沈阳城市建设学院、黄河科技学院、长春建筑学院、文华学院、广东白云学院、郑州工业应用技术学院、浙江工业大学之江学院、浙江树人学院、厦门大学嘉庚学院等

3. 风景园林专业(如表5-98所示)

表5-98 风景园林专业推荐院校

分类	推荐院校
原985	同济大学、东南大学、华南理工大学等
原211	北京林业大学、华中农业大学、四川农业大学等
一流学科	南京林业大学、中央美术学院、成都理工大学等
保研资格	西安建筑科技大学、中南林业科技大学、福建农林大学、沈阳建筑大学、河南农业大学、西南林业大学、华南农业大学、长江大学、山东建筑大学、昆明理工大学等
公办本科	浙江农林大学、苏州科技大学、北华大学、青岛农业大学、北京农学院、安徽建筑大学、徐州工程学院、郑州师范学院、四川旅游学院、长春大学等
民办本科	成都文理学院、广东理工学院、河北美术学院、安徽新华学院、长春建筑学院、武汉设计工程学院、安徽文达信息工程学院、齐齐哈尔工程学院、沈阳工学院、三江学院等

第六章 与化学对应的大学本科专业解析

第一节 与化学相关的大学本科专业解析

一、化学类

(一) 学科评估结果

化学类对应的研究生一级学科为化学,第四轮学科评估结果如表6-1所示。

表6-1 化学第四轮学科评估结果

学科评估	院校分类	院校
A+	原985	北京大学、清华大学、中国科学技术大学
A	原985	复旦大学、吉林大学、南开大学、厦门大学
A-	原985	湖南大学、南京大学、四川大学、武汉大学、浙江大学、中山大学、上海交通大学
	原211	福州大学
B+	原985	华中科技大学、兰州大学、山东大学、同济大学、华东师范大学、北京师范大学
	原211	北京化工大学、华东理工大学、东北师范大学、华中师范大学、陕西师范大学、西南大学、苏州大学、西北大学、郑州大学
B	原985	中南大学、大连理工大学、东北大学、华南理工大学
	原211	北京科技大学、南京师范大学、湖南师范大学、华南师范大学、云南大学
	保研资格	山西大学、扬州大学、青岛科技大学、安徽师范大学、山东师范大学、河南师范大学
B-	原985	西北工业大学
	原211	东华大学、中国石油大学(华东、北京)、内蒙古大学、安徽大学、南昌大学、新疆大学
	一流学科	河南大学
	保研资格	河北大学、湘潭大学、上海师范大学、山西师范大学、黑龙江大学、江西师范大学、广西师范大学、西北师范大学
C+	原985	中国人民大学、西安交通大学、中国农业大学、哈尔滨工业大学
	原211	暨南大学、辽宁大学、上海大学
	一流学科	首都师范大学
	保研资格	中南民族大学、浙江师范大学、辽宁师范大学、杭州师范大学、福建师范大学、海南师范大学
	公办本科	温州大学

续表

学科评估	院校分类	院校
C	原985	中国海洋大学、重庆大学
	原211	中国地质大学(武汉、北京)、南京航空航天大学、延边大学
	保研资格	江苏大学、南京工业大学、湖北大学、浙江理工大学、汕头大学、天津师范大学、湖南科技大学、河北师范大学、济南大学、曲阜师范大学
	公办本科	淮北师范大学
C-	原211	中国矿业大学(徐州、北京)、南京理工大学、贵州大学
	一流学科	宁波大学
	保研资格	长春理工大学、华侨大学、武汉工程大学、吉林师范大学、哈尔滨师范大学、江苏师范大学、云南民族大学
	公办本科	大连大学、湖北师范大学

(二)报考科类

基本只招收理科生。

(三)男女人数情况

男女生相对均衡。

(四)专业解读

化学类下设化学、应用化学、化学生物学、分子科学与工程、能源化学、化学测量学与技术共计6个专业,**其中化学、应用化学专业开设院校相对较多**,其余专业开设院校较少,本书主要讲解开设院校相对较多的化学类专业。

1. 化学

北京大学前校长周其凤说化学的最迷人之处,是它在长期的实践中开阔了人类对物质世界的认识,提供了资源开发的依据,赋予人类以非凡的创造和合成化合物的能力。依靠化学,不仅能够改造原有的化学物质,而且可以创造出自然界原本没有的化学物质。可以说和物理这类自然科学一样,化学对推动现代人类文明的发展有重大作用。

化学,从字面上看就是"变化的学问"。它是研究物质的结构、组成、性质以及变化规律的基础自然科学,希望借助物质间的化学反应制造出新材料、新能源,从而满足人类不断增长的吃、穿、住、行方面的需求。

2. 应用化学

应用化学就是化学的应用,是以化学为基础的注重化学应用的专业,是介于化学和化学工程与工艺之间的应用理科专业。这里需要注意的是,应用化学专业与一般理科专业不同,是应用理科,因此在办学上与纯理科有所区别,在人才培养目标和课程设置上更加强调"应用",其主要特点就是理工结合。应用化学专业除了开设各类化学课程,还开设化学工程基础、工程制图等工科课程。

(五)就业分析

在大学里,化学专业是相对比较冷门的专业,至于为什么这里归纳了几点主要原因。

1. 就业面狭窄

化学专业的学生毕业后想要参加工作,只有一些国企、化工厂、质检部门、研究院等单位可以选择,而且化学专业的公务员也是多数地方没有名额。就算从事化学教育一类的工作,由于化学科目设置的原因,中学化学教师的缺口也不大,对化学专业的毕业生需求也不算多。

2. 对口工作收入不高,或者很辛苦

化学专业的对口工作受专业性质的影响,普遍比较辛苦。由于化学类专业是属于技术研究类专业,所以如果以后想坐在办公室当"白领"的话,那就不要考虑化学类专业了。与化学类专业对口的工作有质检员、研究员、化学工程师、化学技术员等实践类工作,还有一些研究性质较强的,比如环境学家、放射化学家、毒理学家等,这些对口专业不是每天泡在工厂就是泡在实验室,收入与其他专业的工作相比也不算高。

3. 学习期间投入很大

学习化学类专业,必定要经常泡在实验室,而且要想找到令自己满意的工作,多数学生还是会选择继续读研和读博,在学习这个专业时,投入更多的时间和精力肯定是少不了的。有的学生还要忍受身体对于一些实验材料的过敏反应,坚持做实验,不但是对身体的一种伤害,也会造成很大的心理负担,特别是女孩子,报考一定要谨慎。

4. 专业发展前景不太好

专业的发展前景与就业前景还是大有不同的。首先,这个专业的发展前景受专业性质与应用领域方面的影响,对口需求不大,自然就业前景令不少考生不敢填报。其次,不少学生都表示即便考研都无法拯救化学专业,因为受专业难度与行业研究深度的影响,这个专业就算是选择深造也是很难取得学术成就的,很多人钻研了一辈子都不能在这一领域内取得成就。当然,极其优秀的学生例外。

所以说,选择化学类专业,无论是大学四年的学习投入还是毕业后的就业,学生必然会面临不小的挑战。总之,如果从就业与发展前景等方面来说,确实不推荐考生报考化学专业。不过,如果考生是真的对化学类专业感兴趣,能够努力地学习专业知识,并且愿意为了化学事业奋斗终生的话,那么化学专业也是个不错的选择。

(六)各类院校推荐

1. 化学专业(如表6-2所示)

表6-2 化学专业推荐院校

分类	推荐院校
原985	厦门大学、中国科学技术大学、浙江大学、北京大学、吉林大学、南京大学等
原211	福州大学、华东理工大学、郑州大学、东北师范大学、西北大学、北京化工大学等
一流学科	中国科学院大学、河南大学、宁波大学等
保研资格	扬州大学、江西师范大学、南京工业大学、山西大学、河南师范大学、江苏大学、湘潭大学、山东师范大学、安徽师范大学、西北师范大学等
公办本科	齐鲁工业大学、温州大学、辽宁石油化工大学、信阳师范学院、淮北师范大学、鲁东大学、大连大学、绍兴文理学院、江西科技师范大学、长春师范大学等
民办本科	信阳学院、湖南师范大学树达学院、衡阳师范学院南岳学院等

2. 应用化学专业(如表6-3所示)

表6-3 应用化学专业推荐院校

分类	推荐院校
原985	大连理工大学、天津大学、复旦大学、华南理工大学、北京大学、上海交通大学等
原211	华东理工大学、北京化工大学、郑州大学、江南大学、北京科技大学、南京理工大学、东华大学、中国石油大学(北京)、中国石油大学(华东)等
一流学科	西南石油大学、天津工业大学、河南大学等
保研资格	浙江工业大学、南京工业大学、青岛科技大学、广东工业大学、燕山大学、湘潭大学、扬州大学、济南大学、江西师范大学、山西大学等
公办本科	常州大学、烟台大学、东华理工大学、上海应用技术大学、辽宁石油化工大学、江西科技师范大学、齐鲁工业大学、青岛农业大学、广西科技大学、温州大学等
民办本科	西京学院、武汉东湖学院、浙江树人学院、潍坊科技学院、电子科技大学中山学院、武汉生物工程学院、北京理工大学珠海学院、珠海科技学院、宁夏理工学院、沈阳科技学院等

二、化工与制药类

(一)学科评估结果

化工与制药类对应的研究生一级学科为化学工程与技术,第四轮学科评估结果如表6-4所示。

表6-4 化学工程与技术第四轮学科评估结果

学科评估	院校分类	院校
A+	原985	天津大学
	原211	华东理工大学
A	原985	清华大学、浙江大学、大连理工大学
	原211	北京化工大学
	保研资格	南京工业大学
A-	原985	四川大学、华南理工大学、北京理工大学、哈尔滨工业大学
	原211	中国石油大学(华东、北京)、南京理工大学
	保研资格	浙江工业大学
B+	原985	东南大学、西安交通大学、厦门大学、中南大学、上海交通大学、重庆大学
	原211	江南大学、中国矿业大学(徐州、北京)、河北工业大学、西北大学、太原理工大学、郑州大学
	一流学科	西南石油大学
	保研资格	青岛科技大学、武汉工程大学
B	原985	湖南大学
	原211	合肥工业大学、北京工业大学、苏州大学、福州大学、广西大学
	保研资格	燕山大学、湘潭大学、陕西科技大学、武汉科技大学、东北石油大学、广东工业大学、沈阳化工大学、济南大学
	公办本科	辽宁石油化工大学
B-	原985	吉林大学
	原211	哈尔滨工程大学、南昌大学、新疆大学、石河子大学
	保研资格	山西大学、华侨大学、中北大学、辽宁科技大学、内蒙古工业大学、长春工业大学、山东理工大学
	公办本科	常州大学、上海应用技术大学
C+	原985	山东大学
	原211	武汉理工大学、上海大学、海南大学
	一流学科	天津工业大学
	保研资格	北京工商大学、江苏大学、沈阳工业大学、安徽工业大学、天津理工大学、天津科技大学
	公办本科	河北科技大学、上海电力大学、郑州轻工业大学
C	原985	兰州大学、中山大学、中国海洋大学
	原211	东华大学、贵州大学
	一流学科	南京林业大学
	保研资格	东北电力大学、安徽理工大学、山东科技大学、西安石油大学、华北理工大学、昆明理工大学、兰州理工大学
	公办本科	江汉大学
C-	原985	电子科技大学、东北大学、西北农林科技大学
	原211	北京科技大学

续表

学科评估	院校分类	院校
C-	一流学科	成都理工大学、河南大学
	保研资格	华南农业大学、青岛大学、上海师范大学、沈阳师范大学、大连工业大学、黑龙江大学、哈尔滨理工大学、兰州交通大学
	公办本科	齐鲁工业大学、四川轻化工大学

(二)报考科类
基本只招收理科生。

(三)男女人数情况
男生占多数。

(四)专业解读
化工与制药类下设化学工程与工艺、制药工程、资源循环科学与工程、能源化学工程、化学工程与工业生物工程、化工安全工程、涂料工程、精细化工共计 8 个专业,**其中化学工程与工艺、制药工程专业开设院校相对较多**,其余专业开设院校较少,本书主要讲解开设院校相对较多的化工与制药类专业。

1. 化学工程与工艺
化学工程与工艺就是研究化学工业生产过程中的共同规律,并用化学方法改变物质组成或性质来生产化学产品的一门工程学科。简单来说,也就是化学在工程实际中的应用。化学工程与工艺学科是从 19 世纪末为适应化学用品大规模生产的需要而形成和发展的。当时,为了化工生产的高效和大型化,根据典型的化学工艺和设备中出现的一些具有共同属性的工程问题,形成了单元操作的概念。20 世纪 50 年代后发展的传递过程原理和化学反应工程使化学工程学科上升到了新的阶段。人类穿的各种合成纤维的衣物,吃的各种食物的包装加工,住的房屋的水泥钢材,以及人们开车所用的石油天然气,都是化工研究的方向。中科院院士陈洪渊就曾经评价化工产业为"国之重器",能创造出数千万个"新物种"。

2. 制药工程
制药工程是以生命科学、药学和化学工程的知识为主要理论依据,结合现代生物技术,研究开发与工业化生产和人类医疗保健相关的产品或提供服务的一门工程技术学科。有一个专业和制药工程比较相近,那就是药学,很多学生在报考时容易弄混。简单地说,药学侧重药物的性质分析,偏研究;而制药工程偏向实际生产,侧重于运用化学、生物工艺制造生产药品。

(五)就业分析
1. 化学工程与工艺
教育部门公布的本、专科专业就业状况显示,化学工程与工艺专业属于就业率较高的专业。与热门的计算机、金融等专业相比,化学工程与工艺专业在报考和就业率方面虽然没有非常"火爆",却呈现出工作后发展速度快、就业率稳定性较强等优势。

分析化学师、食品化学师、化妆品研发员、医药技术师这些职业你肯定听说过,但不一定能想到他们与化学工程与工艺专业相关。总体来说,化学工程与工艺专业的就业领域还是相当广泛的。毕业生能在化工、能源、信息、材料、环保、生物工程、轻工、制药、食品、冶金和军工等部门从事工程设计、技术开发、生产技术管理和科学研究等方面的工作。主要就业方向有:

①到科研院所、高等院校从事化学工程与工艺相关科研、教学等工作。不过这需要毕业生具备一定的科研水平和较高的学历。

②到化工类、石油类、轻工类、车辆化工、建筑机械、制药、食品、涂料涂装等相关的科研单位、企业、公司从事应用研究及精细化工产品的开发、设计、生产技术和科技等工作。化工行业有很多知名企业如美孚、壳牌、巴斯夫、中石油、中石化等。当然,除了这些大企业外,一些冶金、化纤、煤炭、橡胶等化工企业也是毕业生不错的选择。化工行业是个讲究经验和积累的行业,技术和经验是技术型人才的资本,对于刚毕业的学生来说,一般需要相当长时间的经验积累,从基层做起,让理论和实践充分结合,才能谋取个人职业更好的发展。

③可以在相关化工类企业从事销售、管理等工作。除了走工艺、研发、质量检验等技术人才的道路外，该专业复合型销售和管理人才也为市场所青睐，关键是如何取得化工类技术以外的教育背景和从业经历。化工贸易、管理人才基本都需要是化工专业出身，同时熟知贸易规则和单位业务，还必须具备耐心细致和较强的语言表达能力。

另外，化工及相关行业工作环境相对一般，接触的物质大多有一定的危害性，这也是报考时需要考虑的问题。

2．制药工程

制药工程作为以高新技术为依托的产业发展迅速。从全球看，发达经济体医药市场增速回升，新兴医药市场需求旺盛，化学仿制药在用药结构中比重提高，为医药发展带来新的机遇。就我国而言，医疗技术快速发展并与国际接轨，从国外引进了大量的药物。

同时，随着人们生活水平和健康意识的提高，以及复杂的生存环境（如空气、水、土壤污染等）引发新疾病的出现，人类对防病、治病药物的需求也在不断地增大，从而进一步推动医药市场较快增长。"十三五"期间，国家相继出台了一系列的医药政策，如《医药工业发展规划指南》将瞄准市场重大需求，推进生物药、化学药、中药、医疗器械等领域重点发展。在化学药领域中重点在化学新药、化学仿制药、高端制剂、临床短缺药物等方面加大研发力度，实现重点突破。从目前行业的整体形势来看，这个专业就业前景稳定且长期向好，但由于制药行业是一个监管极其严格的行业，对毕业生的学历和科研能力要求较高，建议打算报考本专业的学生继续深造。

（六）各类院校推荐

1．化学工程与工艺专业（如表6-5所示）

表6-5 化学工程与工艺专业推荐院校

分类	推荐院校
原985	天津大学、上海交通大学、大连理工大学、浙江大学、华南理工大学等
原211	华东理工大学、北京化工大学、太原理工大学、中国石油大学（北京）、福州大学、中国石油大学（华东）、南京理工大学等
一流学科	西南石油大学、天津工业大学、成都理工大学等
保研资格	南京工业大学、浙江工业大学、广东工业大学、武汉工程大学、武汉科技大学、济南大学、陕西科技大学、青岛科技大学、内蒙古工业大学、长春工业大学等
公办本科	辽宁石油化工大学、常州大学、河北科技大学、烟台大学、上海应用技术大学、浙江科技学院、四川轻化工大学、江汉大学、武汉轻工大学、广西民族大学等
民办本科	银川能源学院、哈尔滨石油学院、潍坊科技学院、浙江树人学院、东南大学成贤学院、沈阳科技学院、烟台南山学院等

2．制药工程专业（如表6-6所示）

表6-6 制药工程专业推荐院校

分类	推荐院校
原985	天津大学、四川大学、浙江大学、山东大学等
原211	华东理工大学、北京化工大学、中国药科大学、江南大学、郑州大学等
一流学科	天津中医药大学、成都中医药大学、广州中医药大学等
保研资格	沈阳药科大学、浙江工业大学、南京工业大学、武汉工程大学、天津科技大学、山东中医药大学、昆明理工大学、黑龙江中医药大学、河南中医药大学、河南师范大学等
公办本科	河北科技大学、广东药科大学、烟台大学、内蒙古医科大学、成都大学、云南中医药大学、武汉轻工大学、常州大学、北京石油化工学院、嘉兴学院等
民办本科	武汉生物工程学院、燕京理工学院、陕西国际商贸学院、武汉华夏理工学院、厦门华厦学院、安徽新华学院、陕西服装工程学院等

三、纺织类

(一)学科评估结果

纺织类对应的研究生一级学科为纺织科学与工程,第四轮学科评估结果如表6-7所示。

表6-7 纺织科学与工程第四轮学科评估结果

学科评估	院校分类	院校
A+	原211	东华大学
	一流学科	天津工业大学
B+	原211	苏州大学
B	原211	江南大学
	保研资格	浙江理工大学
B-	公办本科	武汉纺织大学
C+	保研资格	青岛大学、西安工程大学
C	保研资格	大连工业大学
	公办本科	中原工学院
C-	原985	四川大学

(二)报考科类

纺织工程基本只招收理科生,服装设计与工程文理兼收。

(三)男女人数情况

男女生相对均衡。

(四)专业解读

纺织类下设纺织工程、服装设计与工程、非织造材料与工程、服装设计与工艺教育、丝绸设计与工程共计5个专业,**其中纺织工程、服装设计与工程专业开设院校相对较多**,其余专业开设院校较少,本书主要讲解开设院校相对较多的纺织类专业。

1. 纺织工程

纺织工程是一门工艺技术学科,它的任务是以纺织纤维为原料,经过各类纺织加工过程,最终生产出品种各异的纺织产品。纺织工程专业是以纤维与纺织制品为研究对象,主要涉及纤维和纺织制品的设计与加工工艺、结构性能研究、生产过程控制、产品检验、产品销售和贸易等领域。很多人都认为纺织工程是"教人如何做衣服"的专业,这只是其中一个方面,进入21世纪以来,纺织在世界上已是一个全新的研究、设计开发与应用领域。大到江河截流、太空探险,小到缝纫线、人造血管,纺织材料和纺织品无处不在。目前,纺织工程的研究前沿领域包括纤维优化组合技术及天然资源开发(如将竹子变为纺织品)、纤维制品成型理论、关键技术和装备(如研发"会呼吸的面料")、技术纺织品设计理论与集成加工技术(如航天器的太阳能电池"翅膀")和人工血管的编织(如血管覆膜支架)等。

2. 服装设计与工程

服装设计与工程专业培养从事服装产品设计与开发、服装生产技术研发、服装企业管理、服装贸易以及服装科学研究与教学的高级技术和管理人才;学生主要学习和掌握服装设计与生产方面的专业知识和技能,通过服装设计基础、服装结构设计、服装产品设计等教学环节,培养学生服装产品创新设计的基本素质和技能;通过服装生产工艺与设备、服装CAD技术与应用、服装生产管理、服装制作工艺等教学环节,使学生掌握服装工业生产的技术及技术管理知识;通过学习服装外贸实务、服装市场营销、服装零售学等课程,使学生了解服装市场营销的基本规律和运作方式。近二十年来,我国服装科技迅猛发展,服装设计理论、服装CAD(计算机辅助设计)与CAM(计算机辅助制造)等高新技术在服装工业上的应用,以及对服装内涵的新知识,大大提高了我国服装学科研究的科学和技术水平。

第六章 与化学对应的大学本科专业解析

（五）就业分析

1. 纺织工程

纺织工业是我国的"母亲工业"，经过半个多世纪的发展，一直是我国国民经济的支柱产业。正因为历史较长，纺织业一度被认为已成为夕阳产业。实际上，随着"一带一路"倡议的实施，纺织品行业整体保持较好的发展势头，另外"互联网+"和电子商务为纺织行业提供了新机遇。但纺织工业毕竟是一个劳动密集型的传统工业，找工作容易，但找好工作很难，英语比较好、综合能力比较突出的毕业生可以从事纺织贸易这一块，薪酬还是不错的；另外就是继续深造，前沿领域的研发目前极度缺乏高尖端的人才。

2. 服装设计与工程

我国的服装产业在改革开放历程中积累了深厚的生产功底、技术力量以及大量的运作资本，同时也拥有全球最先进的技术装备，目前全国范围的消费群体也形成了一个完备的体系。"中国制造"已是高品质代名词，消费的品牌化日益明显。随着时代的发展，消费者对物质文化的需求日趋增加，对服装的消费需求更是如此，在社会经济发展新常态时期，服装企业为应对国际环境变化带来的冲击纷纷转型进行以价值创新为核心的品牌发展，我国服装产业正处在从"纺织服装大国"向"纺织服装强国"转变的关键时期。服装行业的"洗牌"在促使服装产业结构升级的同时，高层次的现场技术、管理人员相对缺乏成为广大服装企业新的人才需求增长点，高层次的现场工程师已成为各大服装企业的需求热点。从就业需求来看，有实践经历、较强产品设计能力的毕业生更受企业的青睐。

（六）各类院校推荐

1. 纺织工程专业（如表6-8所示）

表6-8 纺织工程专业推荐院校

分类	推荐院校
原985	四川大学等
原211	东华大学、江南大学、苏州大学等
一流学科	天津工业大学等
保研资格	浙江理工大学、西安工程大学、青岛大学等
公办本科	武汉纺织大学、中原工学院、河北科技大学、齐齐哈尔大学、上海工程技术大学等
民办本科	烟台南山学院、绍兴文理学院元培学院、浙江理工大学科技与艺术学院等

2. 服装设计与工程专业（如表6-9所示）

表6-9 服装设计与工程专业推荐院校

分类	推荐院校
原985	无
原211	东华大学、江南大学、苏州大学等
一流学科	天津工业大学等
保研资格	浙江理工大学、西安工程大学、北京服装学院、大连工业大学等
公办本科	武汉纺织大学、上海工程技术大学、中原工学院、安徽工程大学、河北科技大学等
民办本科	广东理工学院、广东科技学院、陕西国际商贸学院、绍兴文理学院元培学院、陕西服装工程学院等

四、轻工类

（一）学科评估结果

轻工类对应的研究生一级学科为轻工技术与工程，第四轮学科评估结果如表6-10所示。

表6-10 轻工技术与工程第四轮学科评估结果

学科评估	院校分类	院校
A+	原985	华南理工大学

续表

学科评估	院校分类	院校
A+	原 211	江南大学
B+	保研资格	陕西科技大学、天津科技大学
B	原 985	四川大学
	保研资格	南京工业大学、大连工业大学
B-	保研资格	湖北工业大学
	公办本科	齐鲁工业大学
C+	原 985	武汉大学
	原 211	广西大学
	一流学科	南京林业大学
C	原 211	北京化工大学、华中农业大学
C-	原 985	西北农林科技大学
	保研资格	西安理工大学

(二)报考科类

基本只招收理科生。

(三)男女人数情况

男生占多数(包装工程男女生相对均衡)。

(四)专业解读

轻工类下设轻化工程、包装工程、印刷工程、香料香精技术与工程、化妆品技术与工程共计 5 个专业，**其中轻化工程、包装工程专业开设院校相对较多**，其余专业开设院校较少，本书主要讲解开设院校相对较多的轻工类专业。

1. 轻化工程

轻化工程专业包括造纸、皮革、染整、精细化工等的诸多轻化工，它可以生产出多种多样的轻化工产品，比如各种纸、皮革产品等。轻化工程专业的学生应掌握以多种天然资源及产品为原材料，通过化学、物理和机械方法加工纺织品、皮革、纸张和卷烟等的基本理论和工艺原理，获得实验操作技能、工艺设计、产品性能检测分析、生产技术管理和新产品开发研究的基本训练。该专业主要培养具备数学、化学、化工及材料等方面的基础理论，掌握本专业的工艺原理及工程技术等专门知识，并且具有从事本专业至少一个专业方向(制浆造纸工程方向、纺织化学与染整工程方向、皮革工程方向、添加剂化学与工程方向)的工程技术、生产管理、质量控制、研究开发等基本能力，能在本专业相关行业的企事业单位、研究机构及高等院校等从事工程技术、质量控制、产品开发、商品检验、经济贸易、企业管理及教学科研等工作的复合型专业人才。

2. 包装工程

说到包装，大家肯定不会陌生。我们购买任何东西都会有包装，小到一个塑料袋、小盒子，大到纸箱、铁皮箱等，这些包装能帮助我们很好地了解自己购买的物品，记住厂家的标识，同时还能保护产品不受损坏。有些包装还受到很多人的喜爱，成为一个产品的标志。

根据不同的物品，从外观、颜色、结构、装潢、性能、材料等各个方面考虑，设计出适合的包装，是包装工程专业人员需要做的事情。现在包装的功能在不断增多，从最初的保护功能，到现在营销、防潮、防火、防震、防腐蚀等。随着科学技术和社会经济的发展，还将出现更多特殊功能的包装，这些离不开包装工程专业人员的努力。

正因为涉及这么多，所以不同学校的侧重点也不一样，主要有下面 5 个方向：包装材料、包装设计、包装机械、包装运输和包装印刷。一个包装的产生先要选择材料，于是就有了"包装材料"这个方向；材料选好了，就要进行包装设计，于是就有了"包装设计"方向；当你设计出包装之后，你不能用人工去完成包装吧？这就涉及机械的问题，于是有了"包装机械"这个方向；当你把包装做好了，那么还要涉及包装运输、包装测试，没通过测试的包装是不允许进入市场的，这方面的要求特别高，于是有了"包装运输"这个方向；有很多设计师做出精美的设计却无法应用到产品中，原因就是他们不懂印刷，所以我们对印前、印刷、印后都要有一定的了解，对油墨、印刷机械、印刷材料、制版、印刷方法等也都要有了解，于是有了"包装印刷"这个方向。

（五）就业分析

轻工类专业主要涉及制浆造纸、纺织染整、皮革等国民经济中地位重要的基础工业和原材料工业领域，着重于天然资源和产品的利用，是人们日常生活中的必需品。和化工与制药类专业相比，轻工类专业较为小众，开设院校不多，研究对象更为轻量有限，以日常消费品为主，对口就业领域更为狭窄，但需求稳定，可以说是个专业性较强但人气不温不火的专业。

（六）各类院校推荐

1. 轻化工程专业（如表6-11所示）

表6-11　轻化工程专业推荐院校

分类	推荐院校
原985	华南理工大学、四川大学等
原211	江南大学、广西大学、东华大学等
一流学科	南京林业大学、天津工业大学等
保研资格	陕西科技大学、天津科技大学、大连工业大学、南京工业大学等
公办本科	齐鲁工业大学、河北科技大学、武汉纺织大学等
民办本科	无

2. 包装工程专业（如表6-12所示）

表6-12　包装工程专业推荐院校

分类	推荐院校
原985	武汉大学、山东大学、吉林大学等
原211	江南大学、广西大学、武汉理工大学等
一流学科	南京林业大学、上海海洋大学等
保研资格	大连工业大学、天津科技大学、陕西科技大学、湖北工业大学、北京工商大学等
公办本科	齐鲁工业大学、湖南工业大学、北京印刷学院、重庆工商大学、齐齐哈尔大学等
民办本科	茅台学院、齐鲁理工学院、湖南工业大学科技学院等

五、环境科学与工程类

（一）学科评估结果

环境科学与工程类对应的研究生一级学科为环境科学与工程，第四轮学科评估结果如表6-13所示。

表6-13　环境科学与工程第四轮学科评估结果

学科评估	院校分类	院校
A+	原985	清华大学、同济大学、哈尔滨工业大学
A	原985	北京大学、南京大学、浙江大学、北京师范大学
A-	原985	南开大学、大连理工大学、华南理工大学、上海交通大学、天津大学、中国科学技术大学
	原211	河海大学、北京工业大学

续表

学科评估	院校分类	院校
B+	原985	东南大学、复旦大学、湖南大学、华中科技大学、山东大学、四川大学、武汉大学、厦门大学、中山大学、中国海洋大学、重庆大学
	原211	北京科技大学、华东理工大学、中国地质大学(武汉、北京)
	保研资格	西安建筑科技大学、昆明理工大学
B	原985	吉林大学、中国农业大学、华东师范大学
	原211	北京化工大学、东华大学、大连海事大学、武汉理工大学、中国矿业大学(徐州、北京)、南京理工大学、上海大学
	保研资格	山西大学、江苏大学、浙江工业大学、桂林理工大学、兰州交通大学
B-	原985	西安交通大学、中南大学、西北农林科技大学、北京航空航天大学
	原211	江南大学、华北电力大学(北京、保定)、长安大学、中国石油大学(华东、北京)、北京林业大学、南昌大学、太原理工大学
	一流学科	南京信息工程大学
	保研资格	上海师范大学、南昌航空大学、西南科技大学、西安理工大学、河南师范大学
C+	原985	中国人民大学、兰州大学、东北大学
	原211	合肥工业大学、南京农业大学、暨南大学
	一流学科	天津工业大学
	保研资格	南京工业大学、北京建筑大学、安徽理工大学、广东工业大学、济南大学
	公办本科	重庆工商大学、苏州科技大学
C	原211	北京交通大学、西南交通大学、华中农业大学、福州大学、广西大学、郑州大学
	一流学科	南京林业大学
	保研资格	北京工商大学、上海理工大学、湘潭大学、青岛理工大学、浙江工商大学
	公办本科	河北科技大学、常州大学、沈阳大学、武汉纺织大学
C-	原211	西南大学、内蒙古大学、安徽大学、西北大学
	一流学科	上海海洋大学
	保研资格	燕山大学、华南农业大学、陕西科技大学、青岛大学、青岛科技大学、大连交通大学、中南林业科技大学、广州大学、天津科技大学、哈尔滨商业大学、福建师范大学、广西师范大学
	公办本科	吉林建筑大学

(二)报考科类

基本只招收理科生。

(三)男女人数情况

男女生相对均衡。

(四)专业解读

环境科学与工程类下设环境科学与工程、环境工程、环境科学、环境生态工程、环保设备工程、资源环境科学、水质科学与技术共计7个专业,**其中环境工程、环境科学专业开设院校相对较多**,其余专业开设院校较少,本书主要讲解开设院校相对较多的环境科学与工程类专业。

1. 环境工程

环境工程专业是环境类专业中具有非常显著工程特色的专业。简单而言,就是以人工进行工程建设的方式来研究和治理环境污染,解决废水、废气、废渣和物理性污染(噪声、热、电磁等)等问题,如:生活饮用水源污染防治,生活污水的处理及达标排放,工业企业生产过程中产生的废水、废气处理以及所产生的固体废弃物处理与资源化利用,污染河道、水体的修复,雾霾成因分析及防控,燃煤烟气脱硫脱硝,噪声污染及控制,等等。

2. 环境科学

环境科学为跨学科领域专业,既包含像物理、化学、生物、地质学、地理、资源技术和工程等的自然科学,也含有像资源管理和保护、人口统计学、经济学、政治和伦理学等社会科学。环境科学包含了影响人类和其他有机体的周边环境的学科。自然与人类资源是相互依赖的,其中一方所做出的任何动作,正确或错误,都会对另外一方产生影响。

传统的环境科学可以按照环境介质来介绍研究领域,如气、土、水、生物等。人们熟知的大气污染(比如雾霾)、土壤污染(比如镉大米)、水污染(比如日本水俣病)等,都是一些比较好理解的例子。近年来,全球气候变化及其引发的粮食问题、健康问题、气象灾害等也是环境科学的研究内容。

环境科学和环境工程同属于环境科学与工程类,环境科学偏向理论研究,主要涉及的内容是环境污染物的迁移转化规律;而环境工程则是以环境科学的研究结果为依据,研究环境污染的各项治理技术。

(五)就业分析

环保已是当今时代的一种主流,与环境和谐发展是对现代生产发展的新要求。环境对人们生活的影响日益严重,但又因为环境治理是高投入低产出的活动,又让其就业现状不太理想。目前毕业生的需求大部分是在大城市和大企业,以及一些专门做环保方面产品的研制与开发的公司,整体对环境类专业毕业生的需求不多。但随着环境保护观念宣传的深入、人们对环保意识的加强,有理由相信,未来对环境类专业学生的需求将会大大增加。

(六)各类院校推荐

1. 环境工程专业(如表6-14所示)

表6-14 环境工程专业推荐院校

分类	推荐院校
原985	清华大学、同济大学、哈尔滨工业大学、南京大学、北京师范大学、北京大学等
原211	河海大学、华东理工大学、北京化工大学、北京工业大学、南京理工大学、东华大学、北京科技大学、上海大学、江南大学、中国地质大学(武汉)等
一流学科	天津工业大学、南京林业大学、南京信息工程大学等
保研资格	西安建筑科技大学、昆明理工大学、桂林理工大学、西南科技大学、兰州交通大学、南昌航空大学、广东工业大学、浙江工业大学、安徽理工大学、江苏大学等
公办本科	河北科技大学、常州大学、苏州科技大学、天津城建大学、重庆工商大学、成都信息工程大学、武汉纺织大学、安徽工程大学、东华理工大学、景德镇陶瓷大学等
民办本科	燕京理工学院、武汉工商学院、电子科技大学中山学院、潍坊科技学院、安徽新华学院、浙江树人学院、武汉生物工程学院、北京理工大学珠海学院、沈阳工学院、文华学院等

2. 环境科学专业(如表6-15所示)

表6-15 环境科学专业推荐院校

分类	推荐院校
原985	北京大学、北京师范大学、南京大学、复旦大学、浙江大学、哈尔滨工业大学等
原211	河海大学、北京工业大学、东华大学、长安大学、武汉理工大学、华中农业大学等
一流学科	中国科学院大学、南京信息工程大学、河南大学等
保研资格	昆明理工大学、西安建筑科技大学、浙江工业大学、山西大学、兰州交通大学、广东工业大学、河南师范大学、湘潭大学、安徽农业大学、北京建筑大学等
公办本科	苏州科技大学、河北科技大学、辽宁石油化工大学、成都信息工程大学、重庆三峡学院、齐鲁工业大学、温州大学、安庆师范大学、海南医学院、绍兴文理学院等

续表

分类	推荐院校
民办本科	齐鲁理工学院、湖北工程学院新技术学院等

第二节 与化学、物理相关的大学本科专业解析

一、材料类

(一)学科评估结果

材料类对应的研究生一级学科为材料科学与工程和冶金工程,第四轮学科评估结果如下。

1. 材料科学与工程(如表6-16所示)

表6-16 材料科学与工程第四轮学科评估结果

学科评估	院校分类	院校
A+	原985	清华大学、北京航空航天大学
	原211	武汉理工大学
A	原985	浙江大学、上海交通大学、哈尔滨工业大学、西北工业大学
	原211	北京科技大学
A-	原985	四川大学、西安交通大学、中南大学、东北大学、华南理工大学、天津大学、北京理工大学、中国科学技术大学
	原211	北京化工大学
B+	原985	复旦大学、华中科技大学、吉林大学、南京大学、山东大学、大连理工大学、同济大学、重庆大学
	原985军校	国防科技大学
	原211	东华大学、华东理工大学、北京工业大学、上海大学、苏州大学、郑州大学
	保研资格	燕山大学、南京工业大学
B	原985	东南大学、湖南大学、南开大学、厦门大学、中山大学、电子科技大学
	原211	合肥工业大学、西南交通大学、哈尔滨工程大学、南京航空航天大学、南京理工大学、河北工业大学
	保研资格	江苏大学、湘潭大学、西安建筑科技大学、武汉科技大学、西安理工大学、昆明理工大学
B-	原985	武汉大学
	原211	中国石油大学(华东、北京)、中国地质大学(武汉、北京)、南昌大学、太原理工大学
	一流学科	天津工业大学
	保研资格	陕西科技大学、江苏科技大学、青岛科技大学、中北大学、沈阳工业大学、天津理工大学、广东工业大学、济南大学、兰州理工大学、河南科技大学
C+	原985	兰州大学
	原211	西安电子科技大学、福州大学、贵州大学
	保研资格	长春理工大学、青岛大学、湖北大学、华侨大学、西安工业大学、浙江工业大学、西南科技大学、大连交通大学、安徽工业大学、武汉工程大学、太原科技大学、长春工业大学、哈尔滨理工大学

续表

学科评估	院校分类	院校
C+	公办本科	景德镇陶瓷大学
C	原985	中国海洋大学
	原211	北京交通大学、江南大学、华北电力大学(北京、保定)、河海大学、中国矿业大学(徐州、北京)、安徽大学、海南大学
	一流学科	西南石油大学
	保研资格	深圳大学、浙江理工大学、南昌航空大学、内蒙古工业大学、佳木斯大学、桂林电子科技大学、桂林理工大学
	公办本科	中国计量大学、常州大学
C-	原211	长安大学、暨南大学、广西大学
	军校	海军工程大学
	保研资格	沈阳建筑大学、江西理工大学、山东科技大学、辽宁科技大学、华北理工大学、沈阳化工大学、湖北工业大学、河南理工大学
	公办本科	北京印刷学院、沈阳大学、沈阳理工大学、上海工程技术大学、安徽建筑大学、重庆理工大学

2. 冶金工程(如表6-17所示)

表6-17 冶金工程第四轮学科评估结果

学科评估	院校分类	院校
A+	原985	中南大学
	原211	北京科技大学
B+	原985	东北大学
	保研资格	昆明理工大学
B	原211	上海大学
	保研资格	武汉科技大学
B-	原985	重庆大学
	保研资格	内蒙古科技大学
C+	保研资格	江西理工大学、华北理工大学
C	保研资格	西安建筑科技大学、安徽工业大学
C-	原211	贵州大学
	保研资格	辽宁科技大学

(二)报考科类

基本只招收理科生。

(三)男女人数情况

男生占多数。

(四)专业解读

材料类下设材料科学与工程、材料物理、材料化学、冶金工程、金属材料工程、无机非金属材料工程、高分子材料与工程、复合材料与工程、粉体材料科学与工程、宝石及材料工艺学、焊接技术与工程、功能材料、纳米材料与技术、新能源材料与器件、材料设计科学与工程、复合材料成型工程、智能材料与结构共计17个专业,**其中材料科学与工程、材料物理、材料化学、冶金工程、金属材料工程、无机非金属材料工程、高分子材料与工程、功能材料、纳米材料与技术、新能源材料与器件专业开设院校相对较多,**其余专业开设院校较少,本书主要讲解开设院校相对较多的材料类专业。

20世纪70年代,人们把材料、能源和信息誉为现代文明的三大支柱。20世纪80年代以高技术群为代表的新技术革命,又将新材料、信息技术和生物技术并列为新技术革命的重要标志。这主要是因为材料与国民经济建设、国防建设和人民生活密切相关。可以说,大千世界,材料无所不包、无处不在。吃、穿、住、行,每个人每天都会碰到诸如金属、橡胶、陶瓷等众多材料,小到一张纸、一根针、一个塑料袋、一件衣服,大到医疗器械、交通工具、工程建筑,处处都有材料的身影。

事实上,人类文明发展史,就是一部如何更好地利用材料和创造材料的历史,材料的不断创新和发展,也极大地推动了社会经济的发展。材料虽小,却发挥着巨大的作用。

1. 材料科学与工程

材料科学与工程是一个涉及材料学、工程学和化学等方面的较宽口径专业。该专业以材料学、化学、物理学为基础,主要研究的是材料成分、结构、加工工艺与其性能和应用,旨在了解加工和构成如何影响材料的结构、性质和性能。人们还可以通过计算来了解材料的行为、机制和设计。因此,材料科学与工程是多学科知识与技能的交叉融合,是材料类大而全的专业,其他专业基本都是其分支方向。

2. 材料物理

材料物理研究材料的宏观、微观结构,从物理角度研究材料的组成、结构、性能、加工及应用,尤其在高新领域必不可少,比如电子材料、微电子器件等。

3. 材料化学

材料化学研究的是材料在制备、使用过程中涉及的化学过程、材料性质的测量,比如烧制陶瓷、防止金属生锈、炼出优质钢材等。

4. 冶金工程

冶金工程是研究从矿石等资源中提取金属或化合物,并制成具有良好的使用性能和经济价值材料的工程技术,主要从事钢铁冶金及有色金属冶金领域的工作。

5. 金属材料工程

金属材料工程主要研究金属材料以及金属基复合材料的成分、组织结构、生产工艺(如热处理、冶炼铸造、塑性成形、焊接、粉末冶金等)、环境与性能之间的基本规律,学习金属表面防护的基本知识和常用方法,以及通过合适的合金设计和工艺设计,提高材料的性能、质量和寿命,并开发新的材料和新的制备工艺。

6. 无机非金属材料工程

无机非金属材料工程主要研究无机非金属材料,其分为传统无机非金属材料和无机非金属新材料。传统无机非金属材料包括常见的水泥、玻璃、陶瓷等;无机非金属新材料是一系列具有耐磨、耐高温、抗氧化以及特殊的电、光、声等优异的综合性能的新型材料,比如二氧化硅气凝胶等。

7. 高分子材料与工程

高分子材料与工程主要研究的就是高分子材料的组成、结构与性能方面的知识。研究高聚化合物的化学和物理基本原理,以及以高分子化合物为原料的新型合成材料的成型加工技术。从天然的羊毛、蚕丝、纤维素、淀粉和天然橡胶到合成的塑料、橡胶、纤维等,皆是高分子研究的对象。

8. 功能材料

功能材料是指通过光、电、磁、热、化学、生化等作用后具有特定功能的材料,包括纳米功能材料、新能源材料、电磁流变材料、生物功能材料、土木工程用功能材料等,种类繁多,用途广泛,正在形成一个规模宏大的高技术产业群,有着十分广阔的市场前景和极为重要的战略意义。

9. 纳米材料与技术

纳米材料与技术针对纳米材料进行研究,培养具有高分子材料与工程、生物学和医学等领域的相关知识,具有从事科学研究和解决工程中局部问题的应用型高级专业人才。目前,纳米的应用领域较为广泛,生物医疗、航天航空、微电子、计算机都有纳米材料的身影。

10. 新能源材料与器件

新能源材料与器件主要研究与开发新一代高性能绿色能源材料、技术和器件(如通信、汽车、医疗领域的动力电源),发展新能源材料(新型锂离子电池材料、新型燃料电池材料和新型太阳能电池材料)。

（五）就业分析

随着人类进入21世纪和科学的发展，无论是工业领域、建筑领域、医用领域还是航空领域，材料学都面临着技术突破和重大产业发展机遇。同时以高分子材料、纳米材料、光电子材料、生物医用材料及新能源材料等为代表的新材料技术创新也显得异常活跃，很多日用化工类、机械加工类、石油化工、钢铁制造类企业都需要材料及相关工程方面的人才。学生毕业后可以到材料及高分子复合材料成型加工、高分子合成、化学纤维、新型建筑装饰材料、现代喷涂与包装材料、陶瓷、水泥、家用电器、电子电器、汽车厂、钢铁企业、石油化工、制造企业、航天航空等企业从事设计、新产品开发、生产管理、市场经营及贸易部门工作，也可以到高等学校、科研单位从事科学研究与教学工作，还可以到政府部门从事行政管理、质量监督等工作。

目前，基础材料面临产业产能全面过剩、产品结构不合理、高端领域无法实现自给三大突出问题，重点发展先进钢铁、先进有色金属、先进石化、先进轻工、先进建材、先进纺织等材料，争取实现产业升级转型和自给，并形成一定出口能力。

传统基础材料人才市场已成红海，达到饱和状态，而且生产作业已形成成熟体系。本科毕业生如果进入基础材料领域，多半是销售人员或是技术工、操作工，工资水平一般，进行重复性劳动，专业性不足，就业满意度不高。有一定科研能力的研究生进入此类材料领域发展相对较好。

战略材料领域和前沿新材料领域是面向未来发展的产业基础，需要吸纳高精尖人才。战略材料包括为轨道交通、航空航天、核电、新能源，以及新一代信息技术、医疗卫生、电动汽车、智能制造等产业重点发展高端装备用特种合金、新能源材料、新一代生物医用材料、电子陶瓷、先进半导体、稀土等。前沿新材料包括石墨烯、碳纤维、3D（三维）打印、超导等。

因此，如果有志于研究战略材料和新型材料，为国家制造业发展而努力，那么一定要规划好自己的学习，本科不要着急就业，为读研、读博做好准备。

（六）各类院校推荐

1. 材料科学与工程专业（如表6-18所示）

表6-18 材料科学与工程专业推荐院校

分类	推荐院校
原985	上海交通大学、北京航空航天大学、清华大学、华南理工大学、西安交通大学等
原211	北京科技大学、武汉理工大学、郑州大学、苏州大学、北京工业大学、南昌大学等
一流学科	天津工业大学、中国科学院大学、南京林业大学等
保研资格	南京工业大学、昆明理工大学、济南大学、西南科技大学、西安建筑科技大学、西安理工大学、江苏大学、湘潭大学、上海理工大学、安徽工业大学等
公办本科	常州大学、上海应用技术大学、福建工程学院、上海工程技术大学、中国计量大学、中原工学院、重庆理工大学、辽宁工业大学、北方民族大学、安徽工程大学等
民办本科	江西科技学院、宿迁学院、电子科技大学中山学院、郑州工商学院等

2. 材料物理专业（如表6-19所示）

表6-19 材料物理专业推荐院校

分类	推荐院校
原985	西安交通大学、南开大学、中国科学技术大学、中山大学等
原211	武汉理工大学、南昌大学、安徽大学、西北大学等
一流学科	南京邮电大学、南京信息工程大学等
保研资格	燕山大学、济南大学、武汉科技大学、福建师范大学、陕西科技大学等
公办本科	安顺学院、景德镇陶瓷大学、上海应用技术大学、淮北师范大学、宝鸡文理学院等
民办本科	无

3. 材料化学专业(如表6-20所示)

表6-20 材料化学专业推荐院校

分类	推荐院校
原985	复旦大学、中国科学技术大学、北京大学、南京大学等
原211	华东理工大学、武汉理工大学、南京理工大学、苏州大学、郑州大学等
一流学科	南京林业大学、河南大学、南京邮电大学等
保研资格	黑龙江大学、四川师范大学、中南民族大学、陕西科技大学、安徽师范大学、扬州大学、武汉科技大学、湖北大学、河北大学、山西大学等
公办本科	中国计量大学、景德镇陶瓷大学、上海电力大学、佛山科学技术学院、信阳师范学院、河南科技学院、常州大学、苏州科技大学、安庆师范大学、淮北师范大学等
民办本科	无

4. 冶金工程专业(如表6-21所示)

表6-21 冶金工程专业推荐院校

分类	推荐院校
原985	中南大学、东北大学、重庆大学等
原211	北京科技大学、苏州大学、上海大学、郑州大学等
一流学科	无
保研资格	安徽工业大学、内蒙古科技大学、昆明理工大学、辽宁科技大学、华北理工大学等
公办本科	湖南工业大学、重庆科技学院、河北科技大学等
民办本科	兰州信息科技学院等

5. 金属材料工程专业(如表6-22所示)

表6-22 金属材料工程专业推荐院校

分类	推荐院校
原985	大连理工大学、四川大学、武汉大学等
原211	上海大学、河北工业大学、苏州大学等
一流学科	无
保研资格	西安工业大学、河南科技大学、南昌航空大学、广东工业大学、江苏大学、燕山大学、武汉科技大学、安徽工业大学、长春工业大学等
公办本科	常州大学、江苏理工学院、烟台大学、陕西理工大学、常熟理工学院、辽宁石油化工大学等
民办本科	烟台南山学院、青岛滨海学院、南通理工学院等

6. 无机非金属材料工程专业(如表6-23所示)

表6-23 无机非金属材料工程专业推荐院校

分类	推荐院校
原985	吉林大学、中南大学、山东大学等
原211	武汉理工大学、上海大学、华东理工大学等
一流学科	天津工业大学等
保研资格	武汉科技大学、长春理工大学、南京工业大学、陕西科技大学、桂林理工大学、沈阳建筑大学、燕山大学、辽宁科技大学等

续表

分类	推荐院校
公办本科	景德镇陶瓷大学、齐鲁工业大学、湖南工学院、重庆科技学院、安徽建筑大学等
民办本科	沈阳城市建设学院、景德镇艺术职业大学、石家庄铁道大学四方学院等

7. 高分子材料与工程专业（如表6-24所示）

表6-24　高分子材料与工程专业推荐院校

分类	推荐院校
原985	华南理工大学、复旦大学、浙江大学、四川大学、清华大学等
原211	东华大学、华东理工大学、武汉理工大学、苏州大学、北京化工大学等
一流学科	南京邮电大学、西南石油大学等
保研资格	青岛科技大学、扬州大学、沈阳化工大学、济南大学、长春工业大学、北京服装学院、广东工业大学、燕山大学、武汉工程大学、江苏大学等
公办本科	上海工程技术大学、常州大学、武汉纺织大学、辽宁石油化工大学、北京石油化工学院、鲁东大学、浙江农林大学、大连大学、洛阳理工学院、齐鲁工业大学等
民办本科	潍坊科技学院、浙江工业大学之江学院、沈阳科技学院等

8. 功能材料专业（如表6-25所示）

表6-25　功能材料专业推荐院校

分类	推荐院校
原985	华中科技大学、天津大学、大连理工大学等
原211	苏州大学、北京化工大学、东华大学等
一流学科	无
保研资格	昆明理工大学、华侨大学、西安建筑科技大学等
公办本科	大连民族大学、中国计量大学、江苏理工学院、常熟理工学院等
民办本科	无

9. 纳米材料与技术专业（如表6-26所示）

表6-26　纳米材料与技术专业推荐院校

分类	推荐院校
原985	北京航空航天大学等
原211	苏州大学、北京科技大学、南京理工大学等
一流学科	河南大学等
保研资格	陕西科技大学、西安建筑科技大学等
公办本科	许昌学院等
民办本科	黄河科技学院等

10. 新能源材料与器件专业（如表6-27所示）

表6-27　新能源材料与器件专业推荐院校

分类	推荐院校
原985	电子科技大学、中南大学、北京理工大学等

续表

分类	推荐院校
原211	南昌大学、武汉理工大学、苏州大学、华东理工大学等
一流学科	西南石油大学、成都理工大学等
保研资格	昆明理工大学、南京工业大学、云南师范大学、长沙理工大学、广东工业大学等
公办本科	鲁东大学、北华大学、景德镇陶瓷大学、沈阳工程学院、新乡学院等
民办本科	山东华宇工学院、厦门工学院、南昌理工学院等

二、医学技术类

(一)学科评估结果

医学技术类对应的研究生一级学科为医学技术,第四轮学科评估未进行排名。

(二)报考科类

文理兼收,理科生占多数。

(三)男女人数情况

女生占多数。

(四)专业解读

医学技术类下设医学检验技术、医学实验技术、医学影像技术、眼视光学、康复治疗学、口腔医学技术、卫生检验与检疫、听力与言语康复学、康复物理治疗、康复作业治疗、智能医学工程、生物医药数据科学、智能影像工程共计13个专业,**其中医学检验技术、医学影像技术、眼视光学、康复治疗学、口腔医学技术专业开设院校相对较多**,其余专业开设院校较少,本书主要讲解开设院校相对较多的医学技术类专业。

医学技术类专业注重技术应用、技能培养和医学工程与技术的研究发展,是一门能应用相关技术辅助医生检查和治疗的临床辅助学科,与临床医学、医学工程技术应用、诊断治疗技术紧密相关,主要是培养紧密配合临床医生医疗服务工作中掌握特殊医疗技术与医疗技能的高级技师和治疗师。

有网友戏说,医学检验技术就是给病人化验血液、体液、分泌物等标本的,医学影像技术就是借助各种仪器拍片的,眼视光学是验光配镜、眼科检查、视力矫正的,康复治疗学是给病人做康复的,口腔医学技术是给人补牙、换牙的,虽然不是很全面,但也点出了这些专业的核心。

医学技术类专业虽然也同属于医学门类,但不能够考助理医师和执业医师,只能做技师,无法成为真正的医师,没有处方权,在医疗系统属于辅助型岗位。

(五)就业分析

谈到医学专业许多人都怀着羡慕与畏惧的心态,一方面医学工作者收入稳定且处于不断增值的地位,但另一方面学习医学也是十分辛苦的一件事情,许多人都认为,医学科目繁多、难度较大,学习时间战线拉得也很长,再加上紧张的医患关系和工作比较繁忙无法照顾家庭等,许多学生报考时非常纠结。

医学技术类专业相比于临床医学等专业,招聘要求的学历门槛相对低一些,工作时间和薪资都比较稳定,对许多考生来说是不错的选择。但我们不能忽视的是,医院技术类的科室人员流动性较小,随着人才的饱和,本科毕业生以后进三甲医院会有一定难度,一些市区内的三甲医院可能只招收硕士生或博士生。如果有继续深造的打算,或者接受去基层医院工作,可以选择医学技术类专业,反之更建议选择临床医学、口腔医学、麻醉学等专业,低分考生也可以重点考虑护理学专业。

(六)各类院校推荐

1. 医学检验技术专业(如表6-28所示)

表6-28 医学检验技术专业推荐院校

分类	推荐院校
原985	上海交通大学、北京大学、华中科技大学等
原211	郑州大学、天津医科大学、苏州大学等

续表

分类	推荐院校
一流学科	广州中医药大学、成都中医药大学等
保研资格	温州医科大学、重庆医科大学、江苏大学、首都医科大学、南方医科大学、中国医科大学、南京医科大学、浙江中医药大学、昆明医科大学、福建医科大学等
公办本科	广东医科大学、新乡医学院、大连大学、锦州医科大学、滨州医学院、陕西中医药大学、内蒙古医科大学、湖北医药学院、北华大学、潍坊医学院等
民办本科	长沙医学院、黄河科技学院、齐鲁医药学院、武汉生物工程学院、广州南方学院等

2. 医学影像技术专业（如表6-29所示）

表6-29　医学影像技术专业推荐院校

分类	推荐院校
原985	四川大学等
原211	天津医科大学、郑州大学等
一流学科	无
保研资格	中国医科大学、重庆医科大学、首都医科大学、山西医科大学、昆明医科大学等
公办本科	上海健康医学院、川北医学院、滨州医学院、潍坊医学院、锦州医科大学、皖南医学院等
民办本科	齐鲁医药学院、河北东方学院、西京学院、长沙医学院、黄河科技学院、大连东软信息学院、齐鲁理工学院等

3. 眼视光学专业（如表6-30所示）

表6-30　眼视光学专业推荐院校

分类	推荐院校
原985	四川大学等
原211	天津医科大学、南昌大学等
一流学科	成都中医药大学、广州中医药大学、南京中医药大学等
保研资格	南京医科大学、山西医科大学、昆明医科大学等
公办本科	滨州医学院、潍坊医学院、川北医学院等
民办本科	辽宁何氏医学院、长沙医学院、新乡医学院三全学院等

4. 康复治疗学专业（如表6-31所示）

表6-31　康复治疗学专业推荐院校

分类	推荐院校
原985	同济大学、四川大学、中山大学等
原211	天津医科大学、南昌大学、郑州大学等
一流学科	广州中医药大学、成都中医药大学、南京中医药大学等
保研资格	温州医科大学、首都医科大学、重庆医科大学、南京医科大学、中国医科大学、南方医科大学、福建中医药大学、黑龙江中医药大学、山东中医药大学等
公办本科	承德医学院、滨州医学院、新乡医学院、潍坊医学院、湖北医药学院、右江民族医学院、沈阳医学院、锦州医科大学、杭州医学院等
民办本科	长沙医学院、山东协和学院、齐鲁医药学院、上海杉达学院、郑州工业应用技术学院、西安外事学院、北京城市学院、西安翻译学院、长春科技学院、厦门华夏学院等

5. 口腔医学技术专业(如表6-32所示)

表6-32 口腔医学技术专业推荐院校

分类	推荐院校
原985	北京大学、四川大学等
原211	无
一流学科	无
保研资格	重庆医科大学、聊城大学、河北中医学院、遵义医科大学等
公办本科	成都大学、上海健康医学院、滨州医学院等
民办本科	西安外事学院、云南经济管理学院、河北外国语学院等

第三节 与化学、生物相关的大学本科专业解析

一、食品科学与工程类

(一)学科评估结果

食品科学与工程类对应的研究生一级学科为食品科学与工程,第四轮学科评估结果如表6-33所示。

表6-33 食品科学与工程第四轮学科评估结果

学科评估	院校分类	院校
A+	原985	中国农业大学
	原211	江南大学
A	原211	南昌大学
A-	原985	浙江大学、华南理工大学
	原211	华中农业大学、南京农业大学
B+	原985	中国海洋大学、西北农林科技大学
	原211	东北农业大学
	一流学科	上海海洋大学
	保研资格	江苏大学、华南农业大学、天津科技大学、大连工业大学
B	原985	吉林大学
	原211	合肥工业大学、西南大学
	保研资格	北京工商大学、沈阳农业大学、内蒙古农业大学、浙江工商大学、福建农林大学
B-	原985	上海交通大学
	保研资格	河北农业大学、吉林农业大学、哈尔滨商业大学、广东海洋大学、河南工业大学
	公办本科	南京财经大学、武汉轻工大学
C+	原985	四川大学、哈尔滨工业大学
	原211	暨南大学
	保研资格	集美大学、浙江工业大学、中南林业科技大学、黑龙江八一农垦大学、河南农业大学
	公办本科	郑州轻工业大学

续表

学科评估	院校分类	院校
C	原211	福州大学、四川农业大学、海南大学
	一流学科	宁波大学
	保研资格	陕西科技大学、渤海大学、西华大学、云南农业大学、河南科技大学
C-	保研资格	上海理工大学、扬州大学、长沙理工大学、安徽农业大学、甘肃农业大学
	公办本科	青岛农业大学

(二)报考科类

基本只招收理科生。

(三)男女人数情况

女生占多数。

(四)专业解读

食品科学与工程类下设食品科学与工程、食品质量与安全、粮食工程、乳品工程、酿酒工程、葡萄与葡萄酒工程、食品营养与检验教育、烹饪与营养教育、食品安全与检测、食品营养与健康、食用菌科学与工程、白酒酿造工程共计12个专业,**其中食品科学与工程、食品质量与安全专业开设院校相对较多,**其余专业开设院校较少,本书主要讲解开设院校相对较多的食品科学与工程类专业。

1. 食品科学与工程

食品科学与工程是以工学、理学、农学和医学作为主要科学基础,研究食品原材料和食品的物理、化学和生物学特性、营养、品质、安全、工程化技术的一门多学科交叉的应用学科,以化学、生物学和工程学为理论基础,学习食品的开发、贮藏、加工、营养、卫生与安全等方面的基础理论和工艺工程技术,了解食品科学前沿理论和高新技术,培养适应社会主义市场经济、国际竞争与合作的需求,从事食品工艺与工程设计、产品开发、质量管理、生产管理和市场营销的高级工程技术人才。

2. 食品质量与安全

食品质量与安全是以生命科学和食品科学为基础,研究食品的营养、安全与健康的关系,食品营养的保障和食品安全卫生质量的管理。它是食品科学与预防医学的重要组成部分,是连接食品与预防医学的重要桥梁,其基本任务是通过对食品生产、加工的管理和控制,保证食品的营养品质和卫生质量,促进人体的健康。随着经济的发展、人民生活水平的提高,消费者越来越关注饮食与健康的关系。食品营养与安全的保证主要依靠食品生产全面系统的质量管理,从而使营养与食品安全从过去的监督管理,扩展成包括食品生产、食品营养、食品安全、食品毒理、食品质量控制的诸多领域。它在生命科学和食品科学的各个领域中发挥着越来越重要的作用。

(五)就业分析

近年来,我国食品产业迅速发展,已成为国民经济的重要支柱产业。作为三大支柱产业之一的食品工业仍面临着人才严重短缺,特别是高层次人才远远不足的情况。随着世界人口膨胀带来的粮食危机不断加剧,以及食品领域大工业化时代的到来和人们对食品营养与卫生的关注加深,食品科学与工程类专业在食品行业内的工程设计领域、营养健康领域、安全检测领域、监督管理领域发挥着越来越重要的职责与作用。

据不完全统计,中国食品工业专业人才仅占职工总数的3%~4%。而放眼海外,西方发达国家食品专业人才在职工总数中的比例可达20%以上。另外,进入"十三五"之后,食品行业迎来关键的转型期,由以往的生存性消费向健康性消费转变,由过去的吃饱、吃好向满足食品消费多样化需求转变。产业转型为食品行业带来新的发展机遇,也预示着一批新型食品专业人才被吸纳。

食品科学与工程类专业毕业生的就业去向基本在"大食品行业"范围内,主要去向包括到高等院校、科研院所、食品企业及相关行业从事科学研究、技术开发、品质控制、经营管理和市场营销等工作;报考公务员到国家机关、海关、商检、食品安全管理等政府和事业单位从事行政监管工作。食品企业一般有5大类就业岗位供毕业生选择,具体包括食品加工类岗位、食品检验类岗位、食品质量管理类岗位、食品销售类岗位和食品研发类岗位。

食品类专业毕业生前景似乎很美好,毕竟民以食为天,他们找工作并不难。但当下中国食品企业的核心竞争力很少在于技术研发,更多的则是放在营销和渠道上,导致本专业的毕业生工资待遇偏低,再加上食品企业一般地点偏僻,转行的也比较多。如果不是真正对食品行业感兴趣,建议一定要慎重选择。

(六)各类院校推荐

1. 食品科学与工程专业(如表6-34所示)

表6-34 食品科学与工程专业推荐院校

分类	推荐院校
原985	中国农业大学、浙江大学、中国海洋大学、华南理工大学等
原211	江南大学、华中农业大学、南昌大学、南京农业大学、东北农业大学、合肥工业大学等
一流学科	上海海洋大学、宁波大学、南京林业大学等
保研资格	江苏大学、天津科技大学、大连工业大学、浙江工商大学、北京工商大学、河南工业大学、吉林农业大学、广东海洋大学、福建农林大学、华南农业大学等
公办本科	武汉轻工大学、南京财经大学、青岛农业大学、郑州轻工业大学、河南科技学院、北京联合大学、仲恺农业工程学院、安徽工程大学、北京农学院、烟台大学等
民办本科	郑州科技学院、武汉生物工程学院、长春科技学院、烟台南山学院、武汉设计工程学院、浙江树人学院、沈阳工学院、齐鲁医药学院、浙江农林大学暨阳学院等

2. 食品质量与安全专业(如表6-35所示)

表6-35 食品质量与安全专业推荐院校

分类	推荐院校
原985	中国农业大学、华南理工大学、吉林大学等
原211	江南大学、华中农业大学、南京农业大学、暨南大学、南昌大学、中国药科大学等
一流学科	成都中医药大学、南京中医药大学等
保研资格	大连工业大学、浙江工商大学、江苏大学、扬州大学、华南农业大学、北京工商大学、重庆师范大学、福建医科大学、山东农业大学、广东海洋大学等
公办本科	中国计量大学、山东农业工程学院、四川旅游学院、闽南师范大学、红河学院、南京财经大学、武汉轻工大学、成都师范学院、广东药科大学、陕西理工大学等
民办本科	广州工商学院、山西工商学院、武汉生物工程学院、郑州科技学院、烟台南山学院、武汉设计工程学院、天津天狮学院、南宁学院等

二、基础医学类

(一)学科评估结果

基础医学类对应的研究生一级学科为基础医学,第四轮学科评估结果如表6-36所示。

表6-36 基础医学第四轮学科评估结果

学科评估	院校分类	院校
A+	原985	北京大学
	一流学科	北京协和医学院
A	原985	复旦大学
A-	原985	浙江大学、中山大学、上海交通大学
	原211军校	海军军医大学

续表

学科评估	院校分类	院校
B+	原985	华中科技大学、山东大学、四川大学、中南大学
	原211	天津医科大学、苏州大学
	保研资格	南方医科大学、南京医科大学
B	原985	吉林大学、武汉大学、西安交通大学、同济大学
	原211军校	空军军医大学
	保研资格	首都医科大学、中国医科大学、大连医科大学
B-	原985	兰州大学、南开大学
	原211	暨南大学、郑州大学
	保研资格	哈尔滨医科大学、重庆医科大学、南通大学、河北医科大学
C+	原985	厦门大学
	原211	南昌大学
	保研资格	青岛大学、南华大学、广西医科大学、安徽医科大学、徐州医科大学、贵州医科大学
C	原211	石河子大学
	保研资格	汕头大学、山西医科大学、广州医科大学、昆明医科大学、宁夏医科大学
	公办本科	新乡医学院
C-	原211	湖南师范大学
	保研资格	江苏大学、温州医科大学、新疆医科大学、华北理工大学、蚌埠医学院
	公办本科	锦州医科大学、桂林医学院

（二）报考科类

只招收理科生。

（三）男女人数情况

男女生相对均衡。

（四）专业解读

基础医学类下设基础医学、生物医学、生物医学科学共计3个专业，**其中基础医学专业开设院校相对较多**，其余专业开设院校较少，本书主要讲解开设院校相对较多的基础医学类专业。

基础医学是以现代自然科学理论为基础，应用生物学及其他自然科学方法解决医学问题的一系列医学分支学科的总称。它主要研究人体的结构及其运作、疾病的原因和药物。之所以称之为基础医学，是因为其构成了现代医学的科学基础，推动医学新趋势、新知识和新技术的形成和发展，基础医学培养的是从事医学研究的人才。

如果你本科选择了基础医学专业，你以后就不能当医生了。这是因为，我国执业医师考试报名资格明确规定，本科专业为基础医学的学生不可以参加医师资格考试。基础医学更倾向于医学研究，培养的不是医生，而是医学科研人员。本专业需要记忆的内容很多，学起来相对辛苦，报考者要提前做好心理准备。

（五）就业分析

基础医学比较对口的职业是进入科研所做科研，或到高校当老师，但是不管是做科研还是当教师，没有高学历是不行的，想进入好的大学或者科研所做科研必须具备博士学位，而且必须在权威媒体上发表过有影响力的文章。因此，很多本科生或硕士生只能选择在实验室做技术研究员，做一些实验技术、试剂、实验室管理之类的工作，或者去做与医药相关的研究、技术支持、医学顾问、销售等工作，比如到制药公司、生物医药企业做技术支持。另外，广告市场、调研网站等公司也是一个不错的选择，还可以到与基础医学相关的国家政府机关工作，如卫生部、卫生局、药监局、国家检验检疫部门等，但是有一定的难度。

由于基础医学是基础学科，本科阶段所学知识对于要从事这一行业的人来说是远远不够的。当你填写了"基础医学"专业这个志愿的那一刻起,你就要有未来的5年、8年乃至11年都要从事科学研究的觉悟。如果你对生物医药类的科研充满兴趣,特别喜欢蹲在实验室里安静地做实验、看文献、研究生物原理知识,而且吃苦耐劳、不求回报,那么基础医学专业是很适合你的,选择基础医学专业要做好长期搞科研的准备。

基础医学是一门研究性的学科,如果你没有进入名校的话,就意味着没有好的老师引导你,实验室的配置也不好,那么你很难发表高水平的科研文章,你的科研能力的认可度是偏低的。非名校毕业生的就业前景不容乐观,所以分数不够名校的慎选基础医学专业。

(六)基础医学专业各类院校推荐(如表6-37所示)

表6-37 基础医学专业推荐院校

分类	推荐院校
原985	复旦大学、北京大学、四川大学等
原211	天津医科大学、郑州大学、南昌大学等
一流学科	无
保研资格	中国医科大学、南方医科大学、首都医科大学等
公办本科	锦州医科大学等
民办本科	无

三、临床医学类

(一)学科评估结果

临床医学类对应的研究生一级学科为临床医学,第四轮学科评估结果如表6-38所示。

表6-38 临床医学第四轮学科评估结果

学科评估	院校分类	院校
A+	原985	浙江大学、上海交通大学
A	原985	复旦大学、北京协和医学院(清华大学医学部)
A-	原985	北京大学、华中科技大学、四川大学、中南大学、中山大学
	保研资格	首都医科大学
B+	原985	山东大学
	原211军校	空军军医大学、海军军医大学
	保研资格	哈尔滨医科大学、重庆医科大学、中国医科大学、南京医科大学
B	原985	吉林大学、武汉大学、西安交通大学、同济大学
	原211	天津医科大学、郑州大学
	保研资格	南方医科大学、大连医科大学
B-	原985	南开大学
	原211	苏州大学、南昌大学
	保研资格	温州医科大学、山西医科大学、安徽医科大学、广州医科大学、河北医科大学、昆明医科大学
C+	原985	兰州大学
	原211	暨南大学
	保研资格	青岛大学、汕头大学、新疆医科大学、广西医科大学、徐州医科大学、济南大学、宁夏医科大学
C	原985	厦门大学
	原211	延边大学

续表

学科评估	院校分类	院校
C	保研资格	江苏大学、南通大学、贵州医科大学
	公办本科	锦州医科大学、广东医科大学、新乡医学院
C-	原211	青海大学、石河子大学
	一流学科	河南大学
	保研资格	河北大学、浙江中医药大学、蚌埠医学院、西南医科大学、遵义医科大学
	公办本科	内蒙古医科大学

(二)报考科类

基本只招收理科生。

(三)男女人数情况

女生占多数。

(四)专业解读

临床医学类下设临床医学、麻醉学、医学影像学、眼视光医学、精神医学、放射医学、儿科学共计7个专业，**其中临床医学、麻醉学、医学影像学、儿科学专业开设院校相对较多**，其余专业开设院校较少，本书主要讲解开设院校相对较多的临床医学类专业。

1. 临床医学

临床即是"亲临病床"的意思。临床医学是研究疾病的病因、诊断、治疗和预后，提高临床治疗水平，促进人体健康的科学。根据病人的临床表现，从整体出发结合研究疾病的病因、发病机理和病理过程，进而确定诊断，通过预防和治疗在最大程度上治疗疾病、减轻病人痛苦、恢复病人健康、保护劳动力。通俗点说，临床医学专业对应的就是医院的医生。

2. 麻醉学

对于麻醉，很多同学都会简单地认为就是"打一针、睡一觉"，这种看法并不确切，麻醉远非如此简单，让人"睡觉"的背后，凝集着现代医学科技的高含金量。麻醉学是用药物或者其他方法使病人整个机体或部分机体暂时失去知觉，消除病人手术疼痛的一种医学手段。麻醉医师不仅要与患者及其家属进行沟通交流，还要与手术科室医师及手术室内其他工作人员沟通交流，以达到对患者治疗最优化的目的。现代麻醉学已不仅仅局限在手术室内为手术患者提供麻醉和镇痛，它已发展成为一门研究临床麻醉学、危重病医学与疼痛诊疗学的围手术期（围绕手术的一个全过程）医学。

3. 医学影像学

医学影像学专业研究各种成像设备和放疗设备的操作，它由自然科学、工程学、生物学、医学等学科相互渗透而形成。医学影像学专业要求同学们熟悉常规放射学、CT（计算机断层扫描）、核磁共振、超声学、影像核医学等操作技能，能对疾病进行医学影像诊断和放射治疗。和医学影像技术专业只能操作医疗器械相比，医学影像学还可以对影像进行分析和诊断，找出病因，给临床治疗提供科学的依据。

4. 儿科学

儿科学是从临床医学分离出的一个专业，侧重于为儿科医疗事业培养儿科医生或儿科医学研究人才，是临床医学的儿科方向。

(五)就业分析

1. 临床医学

由于临床医学学科的特殊性，医学专业就业面窄是不争的事实。尤其是临床医学，虽然每年的毕业生很多，但就业率并不是特别高。实际上，很多医学院校毕业生进入医院就业的比例不到40%。我国大医院的体制基本都是国家事业单位，很多人都想进入大城市的大医院，公立医院编制有限，私立医院在中国的发展又很一般，因此无法消化每年大量的毕业生。所以，像北京、上海等大城市的医院就业率相当低，不仅是本科生，近些年连临床医学的研究生也面临就业难的问题，博士生就业相对就比较理想了。

当然就业难的原因有很多，一个医生从20岁学习，到40岁成熟，一直可以干到60岁退休，退休后又被医院返聘回来。这样算下来,在职医生所占岗位的时间比较长,从自然更新淘汰的规律来看,新人进入医院就比较难,一般人是大医院进不去、小医院不想去,于是很多毕业生最终做了医药代表,或者医疗器械销售人员。

实际上,医学专业就业难大多是毕业生自己局限了求职范围。除了到三甲、二甲医院就业,医学类专业的毕业生还有很多不错的发展方向,比如,到基层医疗工作单位、健康管理中心工作,做健康管理师,进行健康知识普及等。其实医学生不必拘泥于专业对口,毕业生可以选择那些与医学专业相近或相邻的新兴行业工作,如制药公司,生物医药公司,保健、康复、美容、家庭护理、临终关怀、养老院等单位;还可以到一些相关职业和交叉学科的领域工作,如保险公司的医药核赔师等。另外,医疗保险、医疗咨询、医疗器械推广等方面的成功人士中也不乏临床医学专业毕业生。

选择临床医学专业,高考录取分数确实比较高,学习非常累,学习周期也比较长,想要好的发展基本要读到博士了,但一旦学成,收入、社会地位等就都不用考虑了。如果你对临床医学有浓厚兴趣并且成绩还不错,还是比较建议学习临床医学的。

2. 麻醉学

据统计,我国每万人拥有麻醉医师0.5名,而美国是每万人拥有2.5名麻醉专业人员,英国则是2.8名,如果按照欧美的比例,我国麻醉医师只有"标准配置"的五分之一。因此,从以上数据看,麻醉专业人才的就业前景是乐观的。麻醉医生需要跟所有科室配合作战,更像一个全科医生,而且现代人们对医疗舒适度的要求越来越高,麻醉学需要呼唤更高水平的麻醉医生。

3. 医学影像学

医学影像是一门辅助临床医学,跟临床有密切关系,考试也是和临床相关。目前中国二、三线城市很多医院都在强化辅助科室,就业情况比临床医学好,但待遇方面不如临床,不过工作轻松、压力相对要小,经验丰富以后也比较吃香。

4. 儿科学

目前儿科医生已经比较紧缺,再加上计划生育政策放开,未来儿童会越来越多,儿科医生未来缺口会越来越大,这也是各高校纷纷增设儿科学专业的原因。

(六)各类院校推荐

1. 临床医学专业(如表6-39所示)

表6-39 临床医学专业推荐院校

分类	推荐院校
原985	北京大学、上海交通大学、复旦大学、中山大学、浙江大学等
原211	天津医科大学、郑州大学、苏州大学、南昌大学等
一流学科	南京中医药大学、宁波大学、广州中医药大学等
保研资格	南京医科大学、南方医科大学、首都医科大学、中国医科大学、温州医科大学、广州医科大学、哈尔滨医科大学、河北医科大学、安徽医科大学、重庆医科大学等
公办本科	湖北医药学院、广东医科大学、滨州医学院、承德医学院、锦州医科大学、新乡医学院、潍坊医学院、皖南医学院、川北医学院、桂林医学院等
民办本科	三峡大学科技学院、长沙医学院、黄河科技学院、齐鲁医药学院、辽宁何氏医学院、新乡医学院三全学院等

2. 麻醉学专业(如表6-40所示)

表6-40 麻醉学专业推荐院校

分类	推荐院校
原985	中南大学、兰州大学等
原211	天津医科大学、郑州大学、海军军医大学、南昌大学等
一流学科	无

续表

分类	推荐院校
保研资格	重庆医科大学、中国医科大学、哈尔滨医科大学、徐州医科大学、昆明医科大学等
公办本科	广东医科大学、滨州医学院、锦州医科大学、承德医学院等
民办本科	南华大学船山学院、锦州医科大学医疗学院、湖北医药学院药护学院等

3. 医学影像学专业（如表6-41所示）

表6-41　医学影像学专业推荐院校

分类	推荐院校
原985	东南大学、华中科技大学、华南理工大学等
原211	天津医科大学、苏州大学、南昌大学、郑州大学等
一流学科	广州中医药大学等
保研资格	山西医科大学、南方医科大学、中国医科大学、哈尔滨医科大学、南通大学等
公办本科	川北医学院、新乡医学院、广东医科大学、牡丹江医学院、陕西中医药大学、滨州医学院等
民办本科	长沙医学院、辽宁何氏医学院、齐鲁医药学院等

4. 儿科学专业（如表6-42所示）

表6-42　儿科学专业推荐院校

分类	推荐院校
原985	上海交通大学、华中科技大学、兰州大学等
原211	郑州大学等
一流学科	无
保研资格	重庆医科大学、山西医科大学、哈尔滨医科大学、温州医科大学、中国医科大学等
公办本科	杭州医学院、滨州医学院、成都医学院等
民办本科	无

四、口腔医学类

（一）学科评估结果

口腔医学类对应的研究生一级学科为口腔医学，第四轮学科评估结果如表6-43所示。

表6-43　口腔医学第四轮学科评估结果

学科评估	院校分类	院校
A+	原985	北京大学、四川大学
	原211军校	空军军医大学
B+	原985	武汉大学、中山大学、上海交通大学
	保研资格	南京医科大学
B	原985	山东大学、浙江大学
	保研资格	首都医科大学、中国医科大学
B-	原985	吉林大学、同济大学
	原211	天津医科大学
	保研资格	哈尔滨医科大学

续表

学科评估	院校分类	院校
C+	原985	西安交通大学
	保研资格	重庆医科大学、大连医科大学、广西医科大学
C	原985	华中科技大学、中南大学
	保研资格	安徽医科大学、昆明医科大学
C-	原985	兰州大学、南开大学
	保研资格	南方医科大学、温州医科大学、河北医科大学

(二)报考科类

基本只招收理科生。

(三)男女人数情况

女生占多数。

(四)专业解读

口腔医学类下设口腔医学1个专业。

不了解口腔医学的人会认为口腔医学就是牙科,口腔医生就是看牙的医生,事实上,虽然大部分病人到口腔科都是为了看牙,但牙齿只是口腔医学研究的一部分,还有相当一部分疾病和牙齿一点儿关系也没有,如红斑、白斑、口腔溃疡、口腔肿瘤、颌面部畸形矫正等。

口腔医学专业是一门研究牙齿及其周围口腔颌面部软、硬组织的发生、发育,及其疾病的病因、发病机理、诊断与治疗等的实践性、综合性、交叉性很强的临床医学科学。它以研究口腔器官、面部软组织、颌面诸骨、颞下颌关节、唾液腺以及颈部某些疾病的防治为主要内容。

口腔医学是高度专业化的医学门类,主干课程主要有三方面:基础医学、临床医学和口腔医学。口腔医学专业的学生前期基础课程与临床医学专业很相似,都要学习基础医学和临床医学的部分课程,在打好全面的基础之后,才开始学习口腔医学专业的基础及临床课程。

这里要提醒学生注意的是,口腔医学和口腔医学技术专业还是有区别的。想要成为口腔医生,必须学习口腔医学专业并通过口腔医师资格考试,而口腔医学技术专业的学生则不能考取医师资格证,只能考取技师证,成为口腔技师,在医院(尤其是口腔专科医院)或口腔材料、器械、设备的制造和研发公司、工厂等从事相关技术工作。

(五)就业分析

在我国,口腔科医生与人口的比例是1∶40 000,而国际公认的合适的比例应为1∶2000。我国现有口腔医生2.5万人左右,而与此同时却有25亿颗龋齿待填充,6亿颗错位畸形待矫正,10亿牙周病患者待医治。显而易见,我国口腔医生的数量远不能满足患者的需求。

不过同时也应看到,我国牙病患者农村地区人口所占比例较高,而农村几乎无口腔治疗条件,绝大多数口腔专业毕业生又都想留在条件好的大城市,所以造成口腔专业毕业生就业难的假饱和现象。即使在大城市的大医院,口腔科对医生的需求也比其他科室受限多一些,除了自身必须要有较高的学历、研究能力及过硬的技术,治疗仪器在一定程度上也影响口腔医生的数量。所以说不是每个毕业生都可以在大医院就业。

口腔医学专业毕业生只要不是对工作单位及条件要求过高,就业一般不成问题。尤其我国地市级、县级医院或口腔医疗机构、城市社区医院等都非常需要口腔科医生。口腔医生也可以独立作战,开设私人诊所,这样更容易在行业竞争中取得有利地位,在为患者提供医疗服务的同时也能成就自己。同时大量的体检机构也需要口腔医生。

(六)口腔医学专业各类院校推荐(如表6-44所示)

表6-44 口腔医学专业推荐院校

分类	推荐院校
原985	四川大学、北京大学、武汉大学、上海交通大学等

续表

分类	推荐院校
原211	天津医科大学、空军军医大学、郑州大学、南昌大学等
一流学科	河南大学等
保研资格	首都医科大学、南京医科大学、中国医科大学、安徽医科大学、重庆医科大学、广西医科大学、河北医科大学等
公办本科	滨州医学院、锦州医科大学、潍坊医学院、内蒙古医科大学、佛山科学技术学院、新乡医学院、济宁医学院、皖南医学院等
民办本科	长沙医学院、齐鲁医药学院、大连医科大学中山学院等

五、公共卫生与预防医学类

（一）学科评估结果

公共卫生与预防医学类对应的研究生一级学科为公共卫生与预防医学，第四轮学科评估结果如表6-45所示。

表6-45　公共卫生与预防医学第四轮学科评估结果

学科评估	院校分类	院校
A+	原985	华中科技大学
	保研资格	南京医科大学
A-	原985	北京大学、复旦大学
	保研资格	哈尔滨医科大学
B+	原985	中山大学
	原211军校	空军军医大学、海军军医大学
	保研资格	首都医科大学、南方医科大学
B	原985	山东大学、四川大学、浙江大学
	一流学科	北京协和医学院
	保研资格	中国医科大学、安徽医科大学
B-	原985	吉林大学、厦门大学、中南大学、上海交通大学
	原211	天津医科大学
C+	原985	武汉大学、西安交通大学
	原211	苏州大学、郑州大学
	保研资格	山西医科大学、广西医科大学
C	保研资格	重庆医科大学、新疆医科大学、华北理工大学、贵州医科大学、昆明医科大学
C-	原985	同济大学
	保研资格	青岛大学、武汉科技大学、广州医科大学、河北医科大学

（二）报考科类

基本只招收理科生。

（三）男女人数情况

女生占多数。

（四）专业解读

公共卫生与预防医学类下设预防医学、食品卫生与营养学、妇幼保健医学、卫生监督、全球健康学、运动与公共健康共计6个专业，**其中预防医学专业开设院校相对较多**，其余专业开设院校较少，本书主要讲解开设院校相对较多的公共卫生与预防医学类专业。

预防医学以临床医学为基础,重点研究与职业、环境、营养等方面有关的人类健康问题。以人群为研究对象,应用基础医学和临床医学理论以及预防医学的理论和方法,从群体的角度研究环境因素、宿主因素以及致病因子与人类疾病和健康的关系,是预防疾病发生、控制疾病发展以及促进健康的一门医学科学。

本专业要求学生系统掌握基础医学、临床医学和预防医学的基本理论和技能,能灵活运用所学知识分析、解决预防医学与公共卫生领域的实际问题,具有进行卫生监督与管理、科学研究、信息和数据处理的能力,具备应对突发公共卫生事件的能力,能成为应用型、复合型的预防医学人才。

和临床医学"事后治疗"相比,从事"事前防御"的预防医学究竟取得了哪些工作成果似乎并不明显,因为其工作就是确保"什么都没有发生"。预防医学以前受关注度偏低,经过此次"疫情",预防医学成了社会比较关注的话题,也成为考生和家长比较关注的一个专业。

(五)就业分析

目前我国对预防医学专业本科人才的需求处于供需平衡的状态。预防医学专业就业领域很广,涉及医学和非医学领域的各相关行业。

医学领域中,主要有三个去向:疾病预防控制中心、医院、社区卫生服务中心。

疾病预防控制中心是本专业最对口的工作单位,属于事业单位,主要从事疾病预防与控制、突发公共事件应急处理、健康危害因素检测与干预、健康教育与健康促进等工作。

医院的传染科和呼吸科每年会招收一些预防医学专业的学生,不过门槛较高,研究生学历有机会入职。除此之外,医院的行政岗每年也会招收部分预防医学专业的学生,如人事科、绩效科、总务科、器材科等。

社区卫生服务中心对本专业人才需求量相对大一些,也要参与事业单位招考,工作内容包括为社区居民提供公共卫生服务和基本医疗服务,建立居民健康档案,开展健康教育、预防、保健、康复、计划生育技术服务和一般常见病、多发病的诊疗服务。

非医学领域主要指环境保护与监测、海关检疫等。学生可参加公务员考试进入各级海关卫生检疫部门,从事旅客检疫、交通工具检疫、生物安全等检验工作。除此之外,地方卫健委、市场监督管理局、卫生监督所、环保局等单位也有预防医学专业相关的岗位。

预防医学专业虽然有机会参加临床医疗工作,但从专业所学内容和就业方向来说,这个专业未来的工作更偏向管理和科研。因此,比较适合对公共医疗和疾病控制感兴趣,管理能力、分析能力较强的同学。对女生来说,预防医学是一个不错的选择,就业压力不大,且找到工作后会比较稳定。

(六)预防医学专业各类院校推荐(如表6-46所示)

表6-46 预防医学专业推荐院校

分类	推荐院校
原985	北京大学、华中科技大学、浙江大学、中山大学等
原211	天津医科大学、郑州大学、苏州大学等
一流学科	宁波大学、成都中医药大学、上海中医药大学等
保研资格	南京医科大学、首都医科大学、南方医科大学、中国医科大学、哈尔滨医科大学、河北医科大学、广西医科大学等
公办本科	潍坊医学院、内蒙古医科大学、广东药科大学、锦州医科大学、新乡医学院、大理大学、沈阳医学院等
民办本科	长沙医学院、齐鲁医药学院、南华大学船山学院等

六、药学类

(一)学科评估结果

药学类对应的研究生一级学科为药学,第四轮学科评估结果如表6-47所示。

表6-47 药学第四轮学科评估结果

学科评估	院校分类	院校
A+	原211	中国药科大学
	一流学科	北京协和医学院

续表

学科评估	院校分类	院校
A	原985	北京大学、浙江大学
	保研资格	沈阳药科大学
A-	原985	复旦大学、山东大学、四川大学、中山大学、上海交通大学
	原211军校	海军军医大学
B+	原985	华中科技大学、武汉大学、中南大学、中国海洋大学
	原211	华东理工大学、苏州大学
	原211军校	空军军医大学
	保研资格	哈尔滨医科大学、首都医科大学
B	原985	吉林大学、南开大学、西安交通大学
	原211	天津医科大学、郑州大学
	保研资格	南方医科大学、浙江工业大学、中国医科大学、安徽医科大学、南京医科大学
	公办本科	广东药科大学
B-	原985	厦门大学
	原211	暨南大学、延边大学
	一流学科	南京中医药大学
	保研资格	重庆医科大学、温州医科大学、黑龙江中医药大学、新疆医科大学、河北医科大学、辽宁中医药大学
C+	原985	兰州大学
	原211	江南大学
	一流学科	天津中医药大学
	保研资格	江苏大学、南京工业大学、湖南中医药大学、大连医科大学、广西医科大学、徐州医科大学、浙江中医药大学、贵州医科大学
C	原211	南昌大学
	一流学科	成都中医药大学
	保研资格	汕头大学、山西医科大学、广州医科大学、天津科技大学、山东中医药大学、遵义医科大学、昆明医科大学
	公办本科	烟台大学
C-	原985	同济大学
	原211	北京化工大学、西南交通大学
	一流学科	广州中医药大学
	保研资格	青岛大学、湖北中医药大学、安徽中医药大学、济南大学
	公办本科	成都大学、新乡医学院

（二）报考科类

基本只招收理科生。

（三）男女人数情况

女生占多数。

（四）专业解读

药学类下设药学、药物制剂、临床药学、药事管理、药物分析、药物化学、海洋药学、化妆品科学与技术共计8个专业，**其中药学专业开设院校相对较多**，其余专业开设院校较少，本书主要讲解开设院校相对较多的药学类专业。

药学是主要研究和药物相关的学问。具体来说，从最开始的药物研究、开发，到生产、加工，以及最后的流通使用，所有过程只要是和"药"相关的，都属于药学的研究范畴。人们常会将药学和工学门类的制药工程混淆，药学主要注重于药品本身的基础研究，制药工程的重点则在于工程，侧重于制造生产出合格的药品。

从该专业所学的课程看，很多都与化学相关。从专业学习的角度出发，那些化学、生物学科基础比较好，或是对它们较感兴趣的学生能更好地适应药学专业的学习。

（五）就业分析

目前，药学专业的就业方向大致分为如下几种：科研人员，在大学、研究所、药厂的研究部门从事药物的研发工作；医院药剂师，在医院药剂科、药房等从事制剂、质检、临床药学等工作；药检人员，在药检所从事药物的质量鉴定和制定相应的质量标准；公司职员、医药销售人员，在医药贸易公司或制药企业从事药品生产、流通及销售等工作。

从各医药类院校学生的就业意愿看，主要是三甲医院的药房和医院的临床药师。但实际就业情况却并非如此，本科生真正进入医疗卫生单位的非常少，除了考研深造以外，很大一部分被各医药公司、制药厂吸收。

从事药品开发、研究类职业，对专业能力的要求非常高，相应地对学历等各个方面的要求也比较高。从事生产质量保证等工作，对学历的要求没有那么高，但对相关专业知识的要求依然是很严格的。比较之下，从事销售工作对专业要求要低一些，而更侧重销售能力和社交能力。

这些年来药学专业毕业生中一直流传着"一流的人才去卖药"的说法。面对这种情况，中国药学会委员刘云表示，从整体来看，从事其他岗位的收入和药品销售工作的收入相比，确实有一定差距，很多人做药品销售能够很快赚到钱。但从职业的发展来看，同学们还需要有一个长期的职业规划。药学和医学一样是一个经验型、技术型行业，选择好自己的专业方向，踏实而坚定地走下去，未来必然有非常广阔的领域和发展空间。

（六）药学专业各类院校推荐（如表6-48所示）

表6-48 药学专业推荐院校

分类	推荐院校
原985	北京大学、复旦大学、浙江大学、中山大学、上海交通大学等
原211	中国药科大学、暨南大学、华东理工大学、天津医科大学、北京中医药大学等
一流学科	南京中医药大学、天津中医药大学、成都中医药大学等
保研资格	安徽医科大学、沈阳药科大学、首都医科大学、黑龙江中医药大学、南京医科大学、哈尔滨医科大学、福建医科大学、新疆医科大学、河北医科大学、南方医科大学等
公办本科	烟台大学、潍坊医学院、皖南医学院、新乡医学院、北华大学、锦州医科大学、广东药科大学、川北医学院、重庆理工大学、海南医学院等
民办本科	西安培华学院、安徽新华学院、陕西国际商贸学院、齐鲁医药学院、黄河科技学院、郑州工业应用技术学院、长沙医学院、西安外事学院、北京城市学院等

七、中药学类

（一）学科评估结果

中药学类对应的研究生一级学科为中药学，第四轮学科评估结果如表6-49所示。

表6-49 中药学第四轮学科评估结果

学科评估	院校分类	院校
A+	一流学科	上海中医药大学
	保研资格	黑龙江中医药大学

续表

学科评估	院校分类	院校
A-	一流学科	天津中医药大学、南京中医药大学
B+	原211	北京中医药大学、中国药科大学
	一流学科	成都中医药大学
	保研资格	江西中医药大学
B	原211	暨南大学
	一流学科	广州中医药大学
	保研资格	沈阳药科大学、浙江中医药大学
B-	一流学科	北京协和医学院
	保研资格	湖北中医药大学、辽宁中医药大学、长春中医药大学、安徽中医药大学
C+	原211军校	空军军医大学、海军军医大学
	保研资格	山东中医药大学、河南中医药大学
C	保研资格	温州医科大学、贵州中医药大学、甘肃中医药大学
	公办本科	陕西中医药大学
C-	保研资格	首都医科大学、南方医科大学、湖南中医药大学、福建中医药大学、广西中医药大学

（二）报考科类

以理科生为主。

（三）男女人数情况

女生占多数。

（四）专业解读

中药学类下设中药学、中药资源与开发、藏药学、蒙药学、中药制药、中草药栽培与鉴定共计6个专业，**其中中药学专业开设院校相对较多**，其余专业开设院校较少，本书主要讲解开设院校相对较多的中药学类专业。

中药学专业听起来是学习中药的一门学科，其实不仅如此，该专业更偏近化学，是"化学+植物学+医学"的结合体。中药学所学的课程主要有中药学、中药化学、药用植物学、中药药理学、药剂学、中药炮制学、中药鉴定学、分析化学、仪器分析、有机化学、无机化学、中药资源学、生物化学等。

中药学专业是主要研究中药基本理论和各种中药的品种来源、采制、性能、功效和临床应用等知识的一门学科，进行中药鉴定、中药分析、中药炮制、中药制剂制备、中药配药等。例如：牛黄清心丸等中成药的成分分析，软膏、药丸、糖浆等中药制剂的研发，川乌、草乌等中药进行炮制降毒，根据中药药方进行配药、抓药、煎药等。

虽然中药学整体偏文科、需要背诵记忆的比较多，但由于其与化学、生物相关知识很多，而且还需要学高等数学，如果理科基础很差，不建议报考。化学成绩较好、数学不差的同学，可以考虑一下这个专业。目前本科的开设院校大多为中医药类院校。

（五）就业分析

自从屠呦呦发现青蒿素获得诺贝尔医学奖以来，国家就开始加大对中医药领域的投入，而且中医事业的复兴必然离不开中药的发展，中药学专业的毕业生就业情况将来会有一定的好转。

但从现实情况来看，除了部分优秀的毕业生考取公务员、到大中专院校任教、从事科研工作、担任各级医院药剂师或者从事医药代表工作外，大部分毕业生都面临从事本专业待遇偏低或者被迫转行的问题，目前整体就业情况一般，所以只建议对中药学有浓厚兴趣的学生报考本专业。

(六)中药学专业各类院校推荐(如表6-50所示)

表6-50 中药学专业推荐院校

分类	推荐院校
原985	无
原211	中国药科大学、西北大学、北京中医药大学等
一流学科	上海中医药大学、南京中医药大学、广州中医药大学等
保研资格	浙江中医药大学、山东中医药大学、沈阳药科大学、辽宁中医药大学、湖北中医药大学、哈尔滨商业大学、甘肃中医药大学等
公办本科	陕西中医药大学、承德医学院、内蒙古医科大学、广东药科大学、广东医科大学、桂林医学院、云南中医药大学等
民办本科	长沙医学院、陕西国际商贸学院、北京城市学院、云南经济管理学院、珠海科技学院等

八、法医学类

(一)学科评估结果

法医学类对应的研究生一级学科为特种医学,第四轮学科评估未进行排名。

(二)报考科类

只招收理科生。

(三)男女人数情况

男生占多数。

(四)专业解读

法医学类下设法医学1个专业。

法医学专业的学生需要学习临床医学和法医学的基本理论知识,掌握司法鉴定程序。该专业培养的是具有独立分析及法医学检案的基本能力,能够在司法鉴定机构、医学部门从事法医学检案鉴定、教学、科研工作的高层次、高素质应用型法医学人才。

通俗来讲,法医学就是解决与法律相关的医学问题,比如鉴定伤情、身份识别、精神病鉴定、有毒物质检验以及通过尸检推断各种死亡信息等。

(五)就业分析

法医学专业毕业不一定全都会去做法医,法医在我国有严格的限制,担任法医鉴定的人一般是公安、司法机关的专职法医,也可以是受司法机关委托或聘请的高等院校法医学教师或具有法医学知识的医师。所以毕业后,要先考取公务员的相关职业才能当法医,受委托的那些不属于专业的法医。

法医学专业学生毕业后除了考公务员到公、检、法系统工作外,还可以到鉴定机构、医院、高等院校及保险公司等从事法医学鉴定、医疗服务、法医学及医学科研、教学、保险服务等工作。伴随着国家法制化建设进程的推进和对司法鉴定技术工作的日益重视,未来数年全国范围内对法医学专业毕业生需求量旺盛。

由于所学专业的特殊性质,无论是在校学习,还是在毕业后的日常工作中,都需要经常接触各种状态的尸体,需要一定的心理承受能力。

(六)法医学专业各类院校推荐(如表6-51所示)

表6-51 法医学专业推荐院校

分类	推荐院校
原985	四川大学、西安交通大学、中山大学等
原211	苏州大学等
一流学科	无
保研资格	中国医科大学、山西医科大学、河北医科大学等

续表

分类	推荐院校
公办本科	新乡医学院、川北医学院、皖南医学院等
民办本科	温州医科大学仁济学院等

九、护理学类

(一)学科评估结果

护理学类对应的研究生一级学科为护理学,第四轮学科评估结果如表6-52所示。

表6-52 护理学第四轮学科评估结果

学科评估	院校分类	院校
A+	原985	中南大学
	原211军校	海军军医大学
A-	原985	四川大学
	一流学科	北京协和医学院
	保研资格	首都医科大学
B+	原985	北京大学、山东大学、浙江大学、上海交通大学
	一流学科	南京中医药大学
	保研资格	南京医科大学
B	原985	复旦大学、华中科技大学、中山大学
	原211	天津医科大学
	保研资格	哈尔滨医科大学、南方医科大学
B-	原985	吉林大学、武汉大学、西安交通大学
	原211军校	空军军医大学
	保研资格	重庆医科大学、中国医科大学
C+	原211	苏州大学、郑州大学
	一流学科	天津中医药大学
	保研资格	山西医科大学、广西医科大学、安徽医科大学、浙江中医药大学
C	保研资格	青岛大学、温州医科大学、大连医科大学、广州医科大学、华北理工大学
C-	原211	延边大学、南昌大学
	一流学科	成都中医药大学
	保研资格	新疆医科大学、杭州师范大学、福建中医药大学

(二)报考科类

文理兼收,理科生占多数。

(三)男女人数情况

女生占多数。

(四)专业解读

护理学类下设护理学、助产学共计2个专业,**其中护理学专业开设院校相对较多**,其余专业开设院校较少,本书主要讲解开设院校相对较多的护理学类专业。

护理学年年都会被评为就业率最高的热门专业之一,早已被我国教育部、卫生部(现卫健委)等六部委列入紧缺人才专业。尤其是今天的中国正迈向老龄化社会,各种养老相关的产业链条已悄然兴起,护理对于 70 岁以上的老年人来说正是最为重要的一环。

护理学是以基础医学、临床医学、预防医学、康复医学以及与护理相关的社会、人文科学理论为基础，研究维护、促进、恢复人类健康的护理理论、知识、技能及其发展规律的综合性应用科学。它以其独特的理论体系、应用技术和护理艺术，为人们生老病死这一生命现象的全过程提供全面、系统、整体的服务。

（五）就业分析

护理学专业好就业。只要你能够接受护理工作，就业完全不用担心，专科生也非常好就业。

护理学就业对学历的要求不高，很容易造成本科学生的心理失衡。从实操角度讲，本科生与其他学历的学生在实务上并无太大差异。但是，不同的学历划分了就业空间和范围，本科护理学生具备进入三级甲等医院的资格，就业环境和薪资待遇层次大不相同。以目前的趋势，本科生已成为各大三甲医院的招聘主流。

如果有志于科研或者去中职和高校任教，那么考研、考博都是必需的。但是如果是为了找一份更好的工作，那么其实硕士学历不是必需品，护士研究生出身与本科甚至专科的临床工作不会有太大不同，还可能降低对工作的满意度。

（六）护理学专业各类院校推荐（如表 6-53 所示）

表 6-53　护理学专业推荐院校

分类	推荐院校
原985	北京大学、上海交通大学、四川大学、山东大学等
原211	苏州大学、天津医科大学、海军军医大学、郑州大学等
一流学科	北京协和医学院（清华大学医学部）、南京中医药大学、广州中医药大学等
保研资格	福建医科大学、山西医科大学、南京医科大学、重庆医科大学、首都医科大学、安徽医科大学、哈尔滨医科大学、河北医科大学、南方医科大学、温州医科大学等
公办本科	滨州医学院、潍坊医学院、新乡医学院、大连大学、承德医学院、内蒙古医科大学、锦州医科大学、吉林医药学院、甘肃医学院等
民办本科	三峡大学科技学院、长沙医学院、辽宁何氏医学院、无锡太湖学院、山东现代学院、山东协和学院、西安培华学院、浙江树人学院、齐齐哈尔工程学院、上海杉达学院等

第四节　与化学、生物、语文相关的大学本科专业解析

中西医结合类

（一）学科评估结果

中西医结合类对应的研究生一级学科为中西医结合，第四轮学科评估结果如表 6-54 所示。

表 6-54　中西医结合第四轮学科评估结果

学科评估	院校分类	院校
A+	原211	北京中医药大学
	一流学科	上海中医药大学
A-	原985	复旦大学
	一流学科	广州中医药大学、南京中医药大学

续表

学科评估	院校分类	院校
B+	原985	四川大学
	一流学科	天津中医药大学
	保研资格	南方医科大学、大连医科大学、辽宁中医药大学
B	原985	北京大学、华中科技大学
	原211军校	海军军医大学
	一流学科	成都中医药大学
	保研资格	黑龙江中医药大学、福建中医药大学
B-	原211	天津医科大学
	原211军校	空军军医大学
	保研资格	湖南中医药大学、河北医科大学、浙江中医药大学
C+	原985	上海交通大学
	原211	中国药科大学、暨南大学
	一流学科	北京协和医学院
	保研资格	安徽中医药大学、山东中医药大学
C	原985	中山大学
	保研资格	首都医科大学、新疆医科大学、河北中医学院、江西中医药大学
C-	原985	西安交通大学
	保研资格	扬州大学、湖北中医药大学、广西中医药大学
	公办本科	陕西中医药大学

(二)报考科类

文理兼收,理科生占多数。

(三)男女人数情况

女生占多数。

(四)专业解读

中西医结合类下设中西医临床医学共计1个专业。

从医学的角度来说,中医和西医具有共同的目的,却有着大相径庭的理论方法体系。中医擅长将人体当作一个整体系统来看待,从宏观的角度对病痛进行医治;西医根据具体病症,准确有效地利用各种医疗设备、仪器,从微观着手,为人们解决病痛。中西医临床医学则是对二者优良部分的结合,其"临床医学"的定位又明确了本专业具有丰富的实践色彩,即在实践中学习,积累经验,使得医者的能力逐渐提升,最终灵活有效地运用中西医理论,从治表又治本、快速又持久的角度,恢复患者的健康。

从临床的角度来看,中西医临床医学专业就是解决患者的两个问题:什么病和怎么治。说起来很简单,但整个过程确实错综复杂。比如疾病的诊断阶段就非常考验医生的业务能力:对于一个患者,她或他有很多不舒服,一个优秀的医生首先要判断这个患者有没有疾病,是否是生活中的打击或者工作上的不如意引起的心理疾病;如果是器质性的疾病,可能的疾病有哪些,需要做哪些简单而必要的检查。病情诊断清楚后,才能制定一系列科学而严密的治疗措施,最终使患者恢复健康。

中西医临床医学专业可以报考中西医结合执业医师考试。

(五)就业分析

中西医临床医学专业的毕业生在找工作时常会遇到这样的情况:不被西医院接受,只能去中医院或者综合医院的中医科,就业面被限制得很窄。如果将所有能应用到所学知识的行业都纳入考虑范围内,就会发现选择变多了,可以去各级中医医疗机构,综合医院的中医科、针灸科、理疗科,社区医疗中心,药店,康复治疗机构,制药公司以及投资和医疗科技企业;可以从事医师、药剂师、健康管理与咨询以及医学编辑等工作。

中西医结合医生就业前景相对一般,不是由于中西医结合专业不好,也不是中西医结合学子不够努力,而是因为国家中医药管理局迟迟不明确中西医结合执业范围,造成绝大多数省份的中西医结合专业毕业生难以注册在内、外、妇、儿等科室。为了避免不必要的麻烦,大多数医院对中西医结合执业医师避而远之。

综上,建议有意愿从事医疗工作的学生,尽量在本科时选择临床医学或者中医学专业,就业前景会相对比较明朗。

(六)中西医临床医学专业各类院校推荐(如表6-55所示)

表6-55 中西医临床医学专业推荐院校

分类	推荐院校
原985	华中科技大学等
原211	无
一流学科	上海中医药大学、成都中医药大学、天津中医药大学等
保研资格	湖南中医药大学、福建中医药大学、甘肃中医药大学、黑龙江中医药大学、山东中医药大学、安徽中医药大学等
公办本科	陕西中医药大学、云南中医药大学、承德医学院等
民办本科	湖南中医药大学湘杏学院、湖北恩施学院、河北医科大学临床学院等

第七章 与生物对应的大学本科专业解析

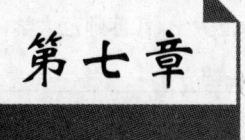

一、生物科学类

(一)学科评估结果

生物科学类对应的研究生一级学科为生物学和生态学,第四轮学科评估结果如下。

1. 生物学(如表7-1所示)

表7-1 生物学第四轮学科评估结果

学科评估	院校分类	院校
A+	原985	北京大学、清华大学、上海交通大学
A	原985	南京大学、武汉大学、中国农业大学、中国科学技术大学
	原211	华中农业大学
A-	原985	复旦大学、华中科技大学、南开大学、四川大学、厦门大学、浙江大学、中山大学
	原211	东北师范大学
B+	原985	吉林大学、兰州大学、山东大学、中南大学、同济大学、中国海洋大学、西北农林科技大学、华东师范大学、北京师范大学
	原211	陕西师范大学、暨南大学、南京师范大学、云南大学
	原211军校	空军军医大学
	一流学科	首都师范大学
	保研资格	首都医科大学
B	原211	北京林业大学、东北林业大学、华中师范大学、西南大学、内蒙古大学、湖南师范大学、西北大学
	一流学科	河南大学
	保研资格	哈尔滨医科大学、湖北大学、中国医科大学、大连医科大学、安徽农业大学、福建农林大学、湖南农业大学、河南师范大学
B-	原985	西安交通大学、华南理工大学
	原211	南昌大学、华南师范大学、广西大学、贵州大学、四川农业大学
	一流学科	上海海洋大学
	保研资格	山西大学、河北大学、山西医科大学、河北农业大学、河北师范大学、杭州师范大学、福建师范大学、山东师范大学
C+	原985	湖南大学、大连理工大学、重庆大学
	原211	华东理工大学、新疆大学
	保研资格	扬州大学、青岛大学、汕头大学、上海师范大学、温州医科大学、浙江师范大学、中南林业科技大学、河北医科大学、辽宁师范大学、吉林农业大学、安徽师范大学
C	原985	东北大学、哈尔滨工业大学
	原211	延边大学、上海大学、苏州大学、安徽大学、郑州大学

续表

学科评估	院校分类	院校
C	保研资格	浙江理工大学、天津师范大学、黑龙江大学、哈尔滨师范大学、江苏师范大学、昆明理工大学、河南农业大学
	公办本科	中国计量大学、浙江农林大学
C-	原985	西北工业大学
	原211	合肥工业大学、北京工业大学、辽宁大学、福州大学、宁夏大学
	保研资格	中南民族大学、江苏大学、江苏科技大学、西南科技大学、安徽医科大学
	保研资格	三峡大学、沈阳师范大学、重庆师范大学、云南师范大学
	公办本科	锦州医科大学

2. 生态学（如表7-2所示）

表7-2　生态学第四轮学科评估结果

学科评估	院校分类	院校
A+	原985	浙江大学、中山大学
A	原985	北京大学、兰州大学
	原211	东北师范大学
A-	原985	复旦大学、南京大学、华东师范大学、北京师范大学
	原211	云南大学
B+	原985	清华大学、南开大学、四川大学、武汉大学、厦门大学、上海交通大学、西北农林科技大学、中国农业大学、中国科学技术大学
	保研资格	福建农林大学
B	原985	中国海洋大学、重庆大学
	原211	北京林业大学、东北林业大学、内蒙古大学、安徽大学、西北大学
	一流学科	首都师范大学
	保研资格	中南林业科技大学、河北师范大学
B-	原985	山东大学
	原211	暨南大学、湖南师范大学、华南师范大学、广西大学
	保研资格	山西大学、安徽农业大学、安徽师范大学、福建师范大学、湖南农业大学
C+	原985	中央民族大学
	原211	华中农业大学、陕西师范大学、西南大学、南京师范大学、新疆大学
	保研资格	杭州师范大学、海南师范大学、西华师范大学
	公办本科	浙江农林大学
C	原985	中国人民大学
	原211	辽宁大学、南昌大学、贵州大学
	一流学科	南京信息工程大学、河南大学
	保研资格	河北大学、湖北大学、沈阳师范大学、西南林业大学
C-	原211	华中师范大学、宁夏大学
	保研资格	浙江师范大学、三峡大学、河北农业大学、辽宁师范大学、吉林农业大学、黑龙江大学、吉首大学、贵州师范大学

(二)报考科类
基本只招收理科生。

(三)男女人数情况
男女生相对均衡。

(四)专业解读
生物科学类下设生物科学、生物技术、生物信息学、生态学、整合科学、神经科学共计6个专业，**其中生物科学、生物技术、生物信息学、生态学专业开设院校相对较多**，其余专业开设院校较少，本书主要讲解开设院校相对较多的生物科学类专业。

1. 生物科学
生物科学，也被称为生命科学，是自然科学的一个分支学科。从本质上说，生物科学是研究生命现象、揭示生命活动规律和生命本质的科学，生物科学与我们人类的生活密切相关。目前人类面临的一系列重大问题，很大程度上将依赖于生物科学、生物技术的进步与发展。近十年，以计算机科学及信息技术、生物科学及生物技术为代表的高科技迅猛发展，生物科学已发展成为21世纪最活跃的学科之一，生物科学对人类经济、科技、政治和社会发展的作用将是全方位的。

生物科学的研究对象是整个自然界的所有生物，研究它们的产生、生长发育、发展及绝灭。这当中有两个研究热点，一个是微观世界，从分子到细胞结构内部的生命现象，比如研究人类疾病的分子机制、植物光合作用的机理等；另一个是宏观世界，研究生物和生物的关系、生物和环境的关系，研究自然界中的几百万种生物是怎么来的，它们如何进化，物种和物种之间的关系，物种和环境之间的关系，这是我们通常说的生物多样性的保护和利用，我们要搞清自然界生物的基本规律，保护地球的生物多样性，以此来保护我们的环境，使人类能够可持续发展。

生物专业学生做实验的机会是非常多的。当你第一次穿上白大褂做实验的时候，很可能一种庄重感、使命感和责任感油然而生，仿佛自己变成了一名专业的生物研究人员。和医学专业类似，生物专业也需要做动物解剖实验。在理论学习之外，学校一般都会安排野外实践活动，学生们会在老师的带领下去郊区或深山认识、观察各种有趣的动植物，采集制作标本，等等。

2. 生物技术
生物技术的发展经历了传统生物技术和现代生物技术发展的两个阶段：传统生物技术是通过微生物发酵来生产产品的，比如酸奶、面包等；现代生物技术是以基因重组技术为基础，例如医学领域中的生物药物、基因重组疫苗、诊断试剂都是现代生物技术的产物，农业领域中的转基因农作物、杂交水稻也都是生物技术的产品。现在我们所指的现代生物技术，主要包括基因工程、细胞工程、酶工程等。

3. 生物信息学
生物信息学是研究生物信息的采集、处理、存储、传播、分析和解释等各方面的学科，也是随着生命科学和计算机科学的迅猛发展，生命科学和计算机科学相结合形成的一门新学科。它通过综合利用生物学、计算机科学和信息技术而揭示大量而复杂的生物数据所赋有的生物学奥秘。本专业对生物、数学学科要求比较高。

4. 生态学
生态学是研究生物与其生存环境相互关系的专业，特别是生态系统在人类活动干预下的各种运行机制及变化规律。生态学研究的是生物如何去适应它周围的环境，比如生物在怎样的条件下才能生存，需要在怎样的条件下才能生长与繁殖，作为整体的生物及群落的结构和动态如何，生物与它们的环境所形成的生态系统的结构和动态如何；还研究种群的分化、原始森林破坏对种群的影响等。学这么多后最终还是要学会怎么去保护生态环境，或者说怎么恢复已经破坏了的生态环境。

5. 生物科学、生物技术、生物工程、生物信息学专业的区别
生物科学、生物技术、生物工程（设在生物工程专业类），三者可以看作是从基础研究到应用开发研究的上游、中游和下游的关系。生物科学的研究重点在探索自然的规律、揭示生命的本质和奥秘，是最基础的学科；生物技术可以说是利用生物科学揭示的规律、机制和途径，去创造怎样利用生物、改造生物的手段和技术，如我们常提到的转基因技术、分子育种技术、器官移植技术、发酵技术、生物制药等都是在利用前

人揭示的生物基本规律和生命本质基础上创造出来的；而生物工程是如何把这些技术通过工艺、工程的设计，使之实现产业化、商品化，供人类利用。当然，三者的界限也不是很绝对的，互相是有交叉的，因为生物工程也需要研究一些与生物技术有关的问题，一些生物科学的学生毕业后也去了与生物技术有关的行业，很多生物技术毕业的学生也会到生物科学各二级学科去深造，这些情况都存在。

生物信息学从字面上来看就是用信息学解决生物问题，那简单一点说就是用计算机和数学方法去理解和分析生物学里面的问题。

6. 生态学和环境保护的区别

生态学研究的是生物如何去适应它周围的环境，生态保护主要是对自然界原有生物的保护或恢复；而环境保护则通常是对大气、水等环境可能造成伤害的企业通过装备设施进行处理，甚至通过法律强行进行保护。

(五) 就业分析

大学的生物和高中生物真的不一样。说实话，高中生物只要把书背好，拿个高分很轻松。但大学生物要学理论、做实验、查找资料、设计实验、小组汇报、写课程论文、做毕业设计等，在实验室通宵赶实验进度基本是每个同学都经历过的事。

当今，医疗、农业、食品等都与生物产业息息相关，这些产业的发展都需要生物技术，但是只有生物技术是不够的，也需要与其他前沿的学科技术相结合。很多生物科研单位老师的学科背景多种多样，计算机、物理、化学等学科都有，正是这些不同学科与生物的碰撞才能有生物行业更好的发展。

从目前的情况来看，国内的生物行业还不太成熟，医药行业仍是化学专业主导，生物领域暂时需求比较大的还是科研人才，而本科毕业生整体上由于科研能力一般导致就业不太理想，想做科研的话就要做好深造的准备。但从长远来看，目前人类面临的一系列重大问题，很大程度上将依赖于生物科学、生物技术的进步与发展，生物领域还是有比较好的发展前景的。

综上，如果真心喜欢生物并且做好了继续深造的打算，生物专业还是非常值得推荐的；如果打算本科毕业直接就业，更建议选择其他理工类专业。

(六) 各类院校推荐

1. 生物科学专业(如表7-3所示)

表7-3 生物科学专业推荐院校

分类	推荐院校
原985	北京大学、清华大学、浙江大学、武汉大学、复旦大学等
原211	华中农业大学、西南大学、云南大学、内蒙古大学、北京林业大学等
一流学科	河南大学、首都师范大学、中国科学院大学等
保研资格	华南农业大学、福建农林大学、山东农业大学、山东师范大学、河北师范大学、河北农业大学、山西大学、湖北大学、安徽师范大学、安徽农业大学等
公办本科	青岛农业大学、信阳师范学院、烟台大学、河北科技师范学院、陕西理工大学、武汉轻工大学、鲁东大学、大理大学、淮北师范大学、长春师范大学等
民办本科	信阳学院、湖南师范大学树达学院、湖南文理学院芙蓉学院等

2. 生物技术专业(如表7-4所示)

表7-4 生物技术专业推荐院校

分类	推荐院校
原985	上海交通大学、中国农业大学、北京大学、武汉大学、复旦大学、浙江大学等
原211	华中农业大学、内蒙古大学、江南大学、西南大学、湖南师范大学、东北林业大学、西北大学、云南大学等
一流学科	首都师范大学、南京林业大学、宁波大学等
保研资格	华南农业大学、南方医科大学、大连医科大学、哈尔滨医科大学、福建农林大学、汕头大学、河北师范大学、安徽农业大学、山东农业大学、湖北大学等

续表

分类	推荐院校
公办本科	广东医科大学、潍坊医学院、浙江农林大学、新乡医学院、青岛农业大学、中国计量大学、塔里木大学、江汉大学、滨州医学院、海南医学院等
民办本科	长沙医学院、武汉东湖学院、武汉生物工程学院、潍坊科技学院、北京城市学院等

3. 生物信息学专业（如表7-5所示）

表7-5 生物信息学专业推荐院校

分类	推荐院校
原985	东南大学、同济大学、中南大学等
原211	华中农业大学、郑州大学、苏州大学等
一流学科	无
保研资格	南方医科大学、哈尔滨医科大学、南京医科大学、福建农林大学、重庆医科大学等
公办本科	河北北方学院、山东第一医科大学、赣南医学院等
民办本科	黄河科技学院等

4. 生态学专业（如表7-6所示）

表7-6 生态学专业推荐院校

分类	推荐院校
原985	北京大学、兰州大学、复旦大学、中国农业大学、中山大学等
原211	内蒙古大学、云南大学、暨南大学、东北林业大学、西藏大学等
一流学科	南京林业大学、南京信息工程大学、上海海洋大学等
保研资格	中南林业科技大学、福建农林大学、云南农业大学、云南师范大学、华南农业大学等
公办本科	浙江农林大学、海南热带海洋学院、普洱学院等
民办本科	无

二、生物工程类

（一）学科评估结果

生物工程类对应的研究生一级学科为生物工程，第四轮学科评估未进行排名，可参考生物学学科排名。

（二）报考科类

基本只招收理科生。

（三）男女人数情况

男女生相对均衡。

（四）专业解读

生物工程类下设生物工程、生物制药、合成生物学共计3个专业，**其中生物工程专业开设院校相对较多**，其余专业开设院校较少，本书主要讲解开设院校相对较多的生物工程类专业。

对于不了解生物工程专业的人而言，生物工程应该是一门熟悉一切生物，研究人类基因，造福全人类的伟大学科。事实是，生物工程的研究范围很广泛，大到基因、细胞、遗传，小到日常生活中的酿酒、食品、制药都有生物工程的"身影"。对于本科生而言，前面高大上的东西基本上接触不到，传统领域才是日常学习的内容，想从事前沿领域的研究，基本上都到博士阶段了。

（五）就业分析

由于毕业生人数过多、企业的规模和资源限制、生物技术企业用人理念的偏差等原因，生物工程的就业率偏低。事实上，就业率低并不能代表不好找工作、找不到好工作。但是很多毕业生却误认为基层单位不仅待遇低,也很难有提高的机会,而大城市的就业机会多且有利于个人发展。这一情况导致大城市就业竞争压力增大,就业率降低。想要在本学科有所建树或想从事高级技术工作,建议进一步深造。

（六）生物工程专业各类院校推荐（如表7-7所示）

表7-7 生物工程专业推荐院校

分类	推荐院校
原985	浙江大学、上海交通大学、天津大学、北京理工大学等
原211	华东理工大学、北京化工大学、江南大学、华中农业大学、广西大学、西南交通大学等
一流学科	河南大学、南京林业大学、成都理工大学等
保研资格	浙江工业大学、天津科技大学、河南农业大学、扬州大学、大连工业大学、三峡大学、南京工业大学、聊城大学、遵义医科大学、燕山大学等
公办本科	齐鲁工业大学、南阳理工学院、新乡医学院、山西大同大学、盐城师范学院、北京联合大学、石家庄学院、江西科技师范大学、鲁东大学、合肥学院等
民办本科	武汉生物工程学院、沈阳科技学院、黑龙江东方学院、浙江树人学院、武汉设计工程学院、沈阳工学院、新乡医学院三全学院等

三、植物生产类

（一）学科评估结果

植物生产类对应的研究生一级学科为园艺学、作物学和植物保护,第四轮学科评估结果如下。

1. 园艺学（如表7-8所示）

表7-8 园艺学第四轮学科评估结果

学科评估	院校分类	院校
A+	原985	浙江大学
	原211	华中农业大学
A-	原211	南京农业大学
B+	原985	西北农林科技大学、中国农业大学
	保研资格	沈阳农业大学、山东农业大学、湖南农业大学
B	原985	上海交通大学
	保研资格	华南农业大学
B-	原211	西南大学
	保研资格	河北农业大学、安徽农业大学、福建农林大学
C+	原211	东北农业大学、四川农业大学
	保研资格	甘肃农业大学
	公办本科	北京农学院
C	原211	石河子大学、海南大学
	保研资格	山西农业大学
C-	保研资格	扬州大学、云南农业大学、新疆农业大学、河南农业大学

2. 作物学（如表7-9所示）

表7-9 作物学第四轮学科评估结果

学科评估	院校分类	院校
A+	原985	中国农业大学

续表

学科评估	院校分类	院校
A+	原211	南京农业大学
A-	原985	浙江大学
	原211	华中农业大学
B+	原985	西北农林科技大学
	原211	四川农业大学
	保研资格	山东农业大学、湖南农业大学
B	原211	西南大学
	保研资格	沈阳农业大学、扬州大学、华南农业大学、河南农业大学
B-	原211	东北农业大学
	保研资格	河北农业大学、吉林农业大学
C+	保研资格	山西农业大学、安徽农业大学、福建农林大学、云南农业大学、甘肃农业大学
C	原211	广西大学、青海大学、石河子大学
	保研资格	江西农业大学
C-	原211	海南大学
	保研资格	长江大学、内蒙古农业大学、黑龙江八一农垦大学

3. 植物保护（如表7-10所示）

表7-10 植物保护第四轮学科评估结果

学科评估	院校分类	院校
A+	原985	浙江大学
	原211	南京农业大学
A-	原985	中国农业大学
B+	原985	西北农林科技大学
	原211	华中农业大学、贵州大学
	保研资格	福建农林大学
B	原211	西南大学
	保研资格	华南农业大学、山东农业大学、云南农业大学
B-	保研资格	沈阳农业大学、吉林农业大学、湖南农业大学
C+	保研资格	扬州大学、河北农业大学、安徽农业大学
C	原211	东北农业大学、广西大学、四川农业大学
	保研资格	河南农业大学
C-	原985	吉林大学
	保研资格	山西农业大学
	公办本科	青岛农业大学

（二）报考科类

文理兼收，理科生占多数。

（三）男女人数情况

男女生相对均衡。

(四)专业解读

植物生产类下设农学、园艺、植物保护、植物科学与技术、种子科学与工程、设施农业科学与工程、茶学、烟草、应用生物科学、农艺教育、园艺教育、智慧农业、菌物科学与工程、农药化肥、生物农药科学与工程共计15个专业,**其中农学、园艺、植物保护专业开设院校相对较多**,其余专业开设院校较少,本书主要讲解开设院校相对较多的植物生产类专业。

1. 农学

提起农学,人们马上会联想到"农民伯伯在田地里辛勤地劳作",其实广义的农学涵盖了农、林、牧、副、渔等多个行业。通常所说的农学专业是狭义的农学,也就是农作物栽培与育种。

现在的农业不再是过去的传统农业,而是用生物技术和信息技术"武装"起来的现代农业。传统的下地、种田尽管还是必需的,但绝对不像以前那么重要了。信息技术和生物技术已经融入现代农业中,所以我们称之为现代农业。如果真正搞清它的内涵的话,年轻人还是非常感兴趣的。比如说测产,我们过去测量整个作物的产量很传统,现在可以用遥感测、用卫星测。另外,生物技术在农产品中也得到了广泛的应用。原来搞育种和搞新品种改良,基本靠人工杂交,现在利用基因工程就能够得到抗虫棉花、抗除草剂的大豆等,这是老方法所不能解决的问题。

农学专业主要研究四大块内容,一是遗传育种理论方法,二是新品种,三是高效栽培技术,四是耕作制度。简单地说,就是研究如何选种、育种;如何增加农作物产量;在全国范围内,哪些地方种植什么作物最好;在同样一个地方,怎么样进行轮作、兼作,等等。这些都是农学需要研究的问题。

农学的研究范围相当广泛,大到种子繁育、栽培模式、储藏加工,小到微生物世界的分子生物学和基因工程。具体来说,包括作物栽培、育种、土壤管理、施肥、病虫害防治、农田灌溉和排水、农产品的初步加工贮藏及农业生产的经营管理等。农学专业人员还通过将作物转基因育种、太空育种等生物创新技术与传统农业种植相结合的方式,试图生产出更多高品质、有营养的农业产品。

农学专业以及与农学相关的其他专业,学费一般都比较低,录取时分数也相对较低,有的院校还可以降分录取。本专业非常强调理论与实践的结合,学生要有较强的动手能力和一定的数学、理化基础,对生物、化学等有兴趣的考生适合报考该专业。

2. 园艺

园艺起源于石器时代,文艺复兴时期,在意大利再次兴起并传至欧洲各地。中国周代园圃开始作为独立经营部门出现,历代在温室培养、果树繁殖和栽培技术、名贵花卉品种的培育以及在园艺事业上与各国进行广泛交流等方面卓有成就。20世纪以后,园艺生产日益向企业经营发展。现代园艺已成综合应用各种科学技术成果以促进生产的重要领域,园艺产品已成为完善人类食物营养及美化、净化生活环境的必需品。

很多人误认为园艺是园林艺术,甚至和风景园林专业画等号,实际上这两个专业有非常大的区别。园艺专业以生物学为基础,侧重于对果树、蔬菜、花卉及观赏树木进行栽培与繁育,属于农学的范畴;而风景园林是综合利用科学和艺术手段营造人类美好室外生活环境的专业,培养的是景观设计师,属于建筑学类专业。

也有人将园艺和农学画等号,认为反正都是搞农业种植的。严格来讲,农学做的是大田作物(粮食作物、经济作物)的理论、新品种、栽培、耕作制度的研究,园艺研究的是果树、蔬菜、花卉的理论、新品种培育与栽培、耕作制度等。

3. 植物保护

植物保护分为两大块:一个是病,一个是虫。植物保护是针对植物主要的病害、虫害,研究怎样防治,从而来提高植物的产量和品质。简单来说,植物保护专业的任务主要是治疗植物疾病和害虫。它类似医学,只不过它是植物界的医学,不仅要治好植物的疾病,还要研究相关药物,甚至是帮植物做手术。所以过去的植保站有的叫植物医院,实际上和医院的工作是一样的,只不过对象不同。

植物保护是生命科学领域的传统专业,随着生物技术、信息技术、仿生技术等高新技术在本专业的应用,它在新时期焕发出新的活力,为我国农业可持续发展、食品安全生产、植物检疫、农产品贸易等培养科技人才和提供技术保障。

(五)就业分析

目前,内地总人口14亿左右,面对如此庞大的人群和不断减少的耕地,唯有农业科学才是促进农业发展的第一生产力,而致力于农业科学研究的农学人才,将会是农业发展的中坚力量。农学类专业也许不是最好的专业,但却是个很重要的专业。不管中国未来如何发展,农学类专业都会处于中等水平,不会太高但也绝对不会太低,这是大家普遍认可和希望的。

农学类专业毕业生找一份工作还是没有问题的,但起薪会偏低而且比较辛苦,想有好的发展还需要学历以及经验的积累,高学历、高技术水平的农业科技人才还是比较缺乏的。

(六)各类院校推荐

1. 农学专业(如表7-11所示)

表7-11 农学专业推荐院校

分类	推荐院校
原985	中国农业大学、西北农林科技大学、浙江大学等
原211	南京农业大学、四川农业大学、海南大学等
一流学科	无
保研资格	山东农业大学、华南农业大学、扬州大学、沈阳农业大学、福建农林大学等
公办本科	浙江农林大学、河南科技学院、天津农学院、鲁东大学、青岛农业大学、内蒙古民族大学、塔里木大学等
民办本科	沈阳工学院、福建农林大学金山学院等

2. 园艺专业(如表7-12所示)

表7-12 园艺专业推荐院校

分类	推荐院校
原985	浙江大学、中国农业大学、西北农林科技大学等
原211	华中农业大学、南京农业大学、四川农业大学等
一流学科	南京林业大学等
保研资格	山东农业大学、沈阳农业大学、华南农业大学、湖南农业大学、扬州大学、河南农业大学等
公办本科	塔里木大学、北京农学院、青岛农业大学、河南科技学院、浙江农林大学、天津农学院、河北科技师范学院、赣南师范大学、仲恺农业工程学院、鲁东大学等
民办本科	潍坊科技学院、沈阳工学院、武汉生物工程学院等

3. 植物保护专业(如表7-13所示)

表7-13 植物保护专业推荐院校

分类	推荐院校
原985	中国农业大学、浙江大学、西北农林科技大学等
原211	南京农业大学、贵州大学、华中农业大学、西南大学等
一流学科	无
保研资格	福建农林大学、华南农业大学、山东农业大学、河北农业大学、湖南农业大学等
公办本科	青岛农业大学、河南科技学院、天津农学院、仲恺农业工程学院、浙江农林大学等
民办本科	无

四、自然保护与环境生态类

(一)学科评估结果

自然保护与环境生态类对应的研究生一级学科为农业资源与环境,第四轮学科评估结果如表7-14所示。

表7-14 农业资源与环境第四轮学科评估结果

学科评估	院校分类	院校
A+	原985	浙江大学
	原211	南京农业大学
A-	原985	中国农业大学
B+	原985	西北农林科技大学
	原211	华中农业大学、西南大学
B	原211	四川农业大学
	保研资格	沈阳农业大学、华南农业大学、湖南农业大学
B-	保研资格	吉林农业大学、福建农林大学、山东农业大学
C+	原211	东北农业大学
	保研资格	河北农业大学、山西农业大学
	公办本科	浙江农林大学
C	保研资格	内蒙古农业大学、云南农业大学、河南农业大学
C-	保研资格	扬州大学、安徽农业大学
	公办本科	青岛农业大学

(二)报考科类

基本只招收理科生。

(三)男女人数情况

男女生相对均衡。

(四)专业解读

自然保护与环境生态类下设农业资源与环境、野生动物与自然保护区管理、水土保持与荒漠化防治、生物质科学与工程、土地科学与技术共计5个专业,**其中农业资源与环境专业开设院校相对较多**,其余专业开设院校较少,本书主要讲解开设院校相对较多的自然保护与环境生态类专业。

农业资源与环境专业的前身是"土壤化学",简称"土化"专业或"土肥"专业,20世纪90年代更名为"农业资源与环境"。本专业主要研究两大部分:农业资源和农业环境。农业资源主要指的是农业自然资源,比如土地资源、水资源、气候资源和生物资源等;农业环境则是指周边的生产环境,比如农田、森林、草原、灌溉水、空气、光、热及施用于农田的肥料(包括化肥)、农药和农业机具等。农业资源与环境是农业生产存在和发展的基本物质条件。

农业资源衰退,自然灾害加剧,水土流失、沙漠化、土壤次生盐渍化等问题日益严重;农田、牧场受工业(包括乡镇企业)"三废"污染严重;不合适地大量使用农药,造成土壤、水污染和农畜产品有害物质残留超标;过量和不合理地施用化肥,引起蔬菜、地下水硝酸盐积累和水体富营养化等现象比较普遍。农业环境恶化危害人体健康,危害农业生产,导致农业减产、绝产和农产品质量下降,这些都是农业资源与环境专业所学习和研究的问题。

(五)就业分析

看官方的分析,农业资源与环境专业就业前景还是不错的。但本专业的毕业生给出更多的建议是如果还没有上大学就不要选择这个专业了,如果被调剂到这个专业,建议趁早做打算。

不过存在即合理,尽管大部分毕业生都选择了转行,但如果真心喜欢还是可以选择的,毕竟兴趣是最好的老师。

(六)农业资源与环境专业各类院校推荐(如表 7-15 所示)

表 7-15　农业资源与环境专业推荐院校

分类	推荐院校
原 985	浙江大学、吉林大学、上海交通大学等
原 211	南京农业大学、华中农业大学、西南大学等
一流学科	南京信息工程大学等
保研资格	山东农业大学、沈阳农业大学、山西农业大学、内蒙古农业大学、吉林农业大学等
公办本科	浙江农林大学、青岛农业大学、河南科技学院等
民办本科	皖江工学院等

五、动物生产类

(一)学科评估结果

动物生产类对应的研究生一级学科为畜牧学,第四轮学科评估结果如表 7-16 所示。

表 7-16　畜牧学第四轮学科评估结果

学科评估	院校分类	院校
A+	原 985	中国农业大学
	原 211	华中农业大学
A-	原 985	浙江大学
	原 211	四川农业大学
B+	原 985	西北农林科技大学
	原 211	南京农业大学、西南大学
	保研资格	华南农业大学
B	原 211	东北农业大学
	保研资格	扬州大学、内蒙古农业大学、江西农业大学、云南农业大学
B-	原 985	吉林大学
	保研资格	山东农业大学、湖南农业大学、甘肃农业大学
C+	原 211	广西大学
	保研资格	河北农业大学、山西农业大学、吉林农业大学、河南农业大学
C	原 211	石河子大学
	保研资格	安徽农业大学、福建农林大学、新疆农业大学
C-	原 985	兰州大学、上海交通大学
	保研资格	西南民族大学
	公办本科	青岛农业大学

(二)报考科类

只招收理科生。

(三)男女人数情况

男生占多数。

(四)专业解读

动物生产类下设动物科学、蚕学、蜂学、经济动物学、马业科学、饲料工程、智慧牧业科学与工程共计7个专业,**其中动物科学专业开设院校相对较多**,其余专业开设院校较少,本书主要讲解开设院校相对较多的动物生产类专业。

现在农民饲养猪、牛、鸡、鸭等动物,为了让它们长得更快一些,长得更肥一些,早点出栏或早点生蛋,是不是会喂很多类型的饲料?那这么多饲料类型是谁研制生产的呢?

过去农民每家都会养几头猪或牛,但不成规模,而现在很多地方都已经有了标准化大规模的养殖场了,养殖场里动辄成千上万头猪、牛等,要想经营好需要考虑很多问题,比如繁殖、接产、打疫苗、清洁畜舍等,这些都需要专业的人来操作,而这些专业人士一般也是研究动物科学的这些人。

随着生活水平的提高,人们对肉类的要求也越来越高,比如牛肉要味道鲜美的,于是就得改良动物品种、改进饲养方法等,但是如何改良,这也是动物科学这个专业要研究的问题。

动物科学是生命科学的重要组成部分,是以生命科学为基础,研究动物的遗传规律、生长发育规律、繁殖机理、营养调控等生命基本规律的科学,涵盖畜禽饲养管理、畜牧场规划与设计、饲料生产与畜禽生产等生产技术,服务于畜牧产业,涵盖了从基因、细胞到个体发育、组织代谢、肉蛋奶生产的生命各个环节。

(五)就业分析

2009年,做游戏的网易开始养猪;2014年,做房地产的万达开始养猪;2016年,同是做房地产的恒大也开始养猪;进入2018年,碧桂园、京东、阿里等巨头纷纷进军养猪产业;2019年,牧原集团创始人"养猪大王"秦英林先生成为河南省新晋首富;2020年,一向稳健的万科也开始进军猪肉市场。

看到这里,我们就应该明白,动物科学专业的学生就业完全不是问题,基本上是供不应求,找工作很容易。但如果去养殖企业做技术工作的话,工作环境会稍微差一些;并且得耐得住寂寞(因为养殖场一般位置都比较偏);如果适合做销售的话,收入是很可观的,毕竟动物相关的产品往往利润比较高;如果想去饲料、添加剂等公司、研究所做研发或者去高校任教,对学历要求还是比较高的,最好是博士研究生。

(六)动物科学专业各类院校推荐(如表7-17所示)

表7-17 动物科学专业推荐院校

分类	推荐院校
原985	中国农业大学、西北农林科技大学、浙江大学等
原211	华中农业大学、东北农业大学、四川农业大学等
一流学科	无
保研资格	扬州大学、华南农业大学、吉林农业大学、湖南农业大学、山东农业大学、新疆农业大学等
公办本科	武汉轻工大学、塔里木大学、佛山科学技术学院、河北科技师范学院、青岛农业大学、天津农学院、仲恺农业工程学院等
民办本科	长春科技学院、沈阳工学院等

六、动物医学类

(一)学科评估结果

动物医学类对应的研究生一级学科为兽医学,第四轮学科评估结果如表7-18所示。

表7-18 兽医学第四轮学科评估结果

学科评估	院校分类	院校
A+	原985	中国农业大学
	原211	华中农业大学
A-	保研资格	扬州大学、华南农业大学
B+	原985	吉林大学、西北农林科技大学
	原211	南京农业大学、东北农业大学

续表

学科评估	院校分类	院校
B	原985	浙江大学
	原211	四川农业大学
	保研资格	吉林农业大学、河南农业大学
B-	保研资格	山西农业大学、山东农业大学、湖南农业大学、甘肃农业大学
C+	原211	广西大学
	保研资格	沈阳农业大学、内蒙古农业大学、黑龙江八一农垦大学
C	原211	西南大学
	保研资格	河北农业大学、江西农业大学
	公办本科	青岛农业大学
C-	原211	石河子大学
	保研资格	福建农林大学、新疆农业大学
	公办本科	北京农学院

（二）报考科类

只招收理科生。

（三）男女人数情况

男女生相对均衡。

（四）专业解读

动物医学类下设动物医学、动物药学、动植物检疫、实验动物学、中兽医学、兽医公共卫生共计6个专业，**其中动物医学专业开设院校相对较多，**其余专业开设院校较少，本书主要讲解开设院校相对较多的动物医学类专业。

动物医学专业是农学类中的一个传统专业，通俗说就是培养"兽医"的专业，也曾经一度使用兽医专业的名称。动物医学专业是以生物学为基础，研究动物疾病的发生发展规律，并在此基础上对疾病进行诊疗和防治的综合性学科。它的基本任务是有效地防治禽兽、伴侣动物、医学实验动物及其他观赏动物的疾病，是生物医学及社会预防医学的重要组成部分。

根据世界卫生组织资料显示，近十年来，全世界70%人的疾病是从动物传过来的。同时，农药残留、抗生素滥用、饲料添加剂等因素也引发了大量的动物源性食品安全问题。因此，兽医工作的重要性不仅仅是给动物看病，更重要的是保障人类安全。

动物医学专业主要包括三个专业方向：基础医学、预防医学和临床医学。基础医学主要学习病理、药理以及看组织切片等；预防医学主要偏向于细菌、病毒和疫苗等的研究；临床医学主要是具备动手能力，给宠物检查、诊断、治疗疾病等。在这三个专业方向中，临床医学由于专业性强、就业率高，成为很多动物医学专业同学的首选。

在学习动物医学的过程中，要进行各种解剖实验，学习、工作环境会比较差。动物医学特殊的学习、工作环境要求学生具有良好的心理素质以克服恐惧，还要有较强的动手能力、旺盛的好奇心和钻研精神。女生的亲和力、细心程度比男生普遍高一些，更能胜任临床动物医学的一些研究工作，所以完全不必因为性别原因而放弃。

（五）就业分析

近些年，人们生活水平不断提高，宠物拥有量逐渐增加，对于小动物医学人才的需求明显增多。人们常常会有一种错觉，一谈到学"动物医学"就认为将来毕业是当宠物医生。其实，除了从事宠物医生的工作，畜牧业农场、牧场的畜禽疾病防治工作也需要大量的动物医学专业人才，是该专业毕业生的主要就业领域之一。

动物临床医学工作经验很重要，收入一般是和经验、能力成正比的。拿宠物医院来说，目前绝大部分动物医院都是私营的,在招聘的时候都希望要成熟的兽医。刚毕业学生的月薪较低,而企业主、动物医院的院长或者临床10年以上从业人员,特别是如果在某些专科方面有自己的专长的人员,在行业里的发展将会非常不错。兽医这一行是干到老学到老,如果想在这一行有所建树,建议在练好基本功的基础上,深钻苦研某一种动物的治疗,只要技术高超,发展前景还是相当不错的。

(六)动物医学专业各类院校推荐(如表7-19所示)

表7-19 动物医学专业推荐院校

分类	推荐院校
原985	中国农业大学、西北农林科技大学、浙江大学等
原211	华中农业大学、南京农业大学、四川农业大学等
一流学科	无
保研资格	华南农业大学、扬州大学、河南农业大学、黑龙江八一农垦大学、山西农业大学等
公办本科	佛山科学技术学院、天津农学院、北京农学院、青岛农业大学、河南科技学院等
民办本科	湖南农业大学东方科技学院、沈阳工学院、晋中信息学院等

七、林学类

(一)学科评估结果

林学类对应的研究生一级学科为林学,第四轮学科评估结果如表7-20所示。

表7-20 林学第四轮学科评估结果

学科评估	院校分类	院校
A+	原211	北京林业大学
	一流学科	南京林业大学
A-	原985	西北农林科技大学
B+	原211	东北林业大学
	保研资格	福建农林大学
	公办本科	浙江农林大学
B	原211	四川农业大学
	保研资格	中南林业科技大学、西南林业大学
B-	保研资格	河北农业大学、江西农业大学、山东农业大学
C+	保研资格	华南农业大学、内蒙古农业大学
	公办本科	北华大学
C	原211	贵州大学
	保研资格	安徽农业大学、河南农业大学
C-	原211	华中农业大学
	保研资格	沈阳农业大学、甘肃农业大学

(二)报考科类

基本只招收理科生。

(三)男女人数情况

男女生相对均衡。

(四)专业解读

林学类下设林学、园林、森林保护、经济林共计4个专业,**其中林学、园林专业开设院校相对较多**,其余专业开设院校较少,本书主要讲解开设院校相对较多的林学类专业。

1. 林学

林学是一门既传统又现代的学科。说它传统是在于它对森林、木材、相关的环境以及动植物资源的认知广度和深度,说它现代是因为它将树木遗传工程、自动控制和液压技术等尖端科技运用于实际的林间操作与研究,既有生物科学研究,又涉及工业技术科学。简单来说,林学是一门研究如何认识森林、培育森林、经营森林、保护森林和合理利用森林的学科,是在其他自然学科发展的基础上,形成和发展起来的综合性的应用学科。

林学的研究方向除了传统的造林、种树培育、森林生态学、环境学外,近些年如何科学地管理森林,保证林业可持续发展,怎样在兼顾生态环境的基础上对森林、林木以及野生动植物等资源进行合理的开发应用,也是林学研究的长远方向。

2. 园林

提起园林我们肯定不陌生。中国的古典园林独树一帜,气势恢宏的故宫、美不胜收的颐和园、清秀淡雅的苏州园林都是园林艺术的代表。

园林就是在一定的地域运用工程技术和艺术手段,通过改造地形(或叠石、理水)种植树木花草、营造建筑和布置园路等途径创作美的自然环境和游憩境域。它是一门综合利用科学和艺术手段营造人类美好室内外生活的学科,学习的是怎样用园林植物来营造怡人的绿色空间,它最大的特点就是建筑和花卉植物融合在一起。

园林专业的学习并不仅仅是浪漫,更多的是要掌握包罗万象的知识,一花一木、一石一树都要了解,主干课程有生物学、林学、艺术、设计、建筑学等。因为园林是一门综合性很强的专业,学生除了要学习生态学、园林植物、观赏园艺等方面的知识,还要接受系统性绘画表现技法、植物规划设计、园林栽培繁育等专业训练。曾有毕业生开玩笑说:"学这个专业得上知天文(气象学),下知地理(土壤学),花木(植物学)书画(制图),样样精通。"

园林和风景园林专业听起来比较相似,很多学生分不清两者的区别。园林专业偏重植物学习,是农学旗下的专业,当然设计和园林工程也会学习,只是相对风景园林来说要少一些,毕业生主要从事植物配置设计师的工作;风景园林更偏向设计、规划的学习,是工学旗下的专业,毕业生更可能从事景观设计师的工作。

(五)就业分析

1. 林学

说起森林对环境和对人类生活的重要作用,我国著名林学家梁希早在《民生问题与森林》一文中就作过精辟的论述:"森林是人类的发源之地,人类所以发展到现在地步,都是森林的功劳。后来农、林分业,农家管着'衣''食',林家管着'住''行'。所以那个时代的民生问题,一半是靠农业,一半是靠林业。进入19世纪以后,森林不但管着'住''行',而且管'衣''食'的一部分。"

现在世界各国越来越重视林业发展的问题。林业在维护生态安全、满足林产品供给、发展绿色经济、促进绿色增长等方面发挥着不可替代的重要作用,森林资源和林产品的占有,已经成为一个国家物质文明的重要标志。

2017年5月16日,国家林业和草原局、国家发改委联合发布了《全国沿海防护林体系建设工程规划(2016—2025年)》,指出2025年我国森林覆盖率要力争达到40.8%。"十三五"时期我国深入推进森林城市建设,以此提升城市生态功能、改善城乡人居环境、拓展绿色发展空间。

从这一组数据不难看出,国家对森林环境和林业发展建设是非常重视的。从近些年的环境状况来看,林学专业肯定会越来越被重视,无论在一线城市还是到各地城镇乡村,基本可以达到全覆盖,对林学专业人才的需求也将会不断增多。

2. 园林

园林专业的学生工作是个什么状态呢?毕业生小张这样描述:"园林可以说是一个融合科学、艺术和设计的专业。我们也算是理科生中的艺术生了,除了需要严谨的科学思维,艺术创造力也不能少。学这个专业,画图、制图是基本功,摆弄花草也是当家的本事。本科学得比较皮毛,不好实际应用,毕业后同学们考研、出国的很多。园林绿化兼具环保与民生属性,大领域的发展还是不错的,选择的方向也比较多。毕业后如果想在这个领域一展拳脚,上学的时候就要多下苦功。大部分的毕业生主要去向是设计公司、设计院、规划院、花卉园艺公司等。在校期间可以提前规划职业方向,比如报考注册建筑师、园林设计师、注册造价师、注册城市规划师等相关证书,也可以多去实习,了解行业的实际需求,为将来打好基础。"

(六)各类院校推荐

1. 林学专业(如表 7-21 所示)

表 7-21　林学专业推荐院校

分类	推荐院校
原985	西北农林科技大学等
原211	北京林业大学、东北林业大学、华中农业大学等
一流学科	南京林业大学等
保研资格	西南林业大学、华南农业大学、福建农林大学、中南林业科技大学等
公办本科	浙江农林大学、北华大学、北京农学院、黄山学院、铜仁学院等
民办本科	湖南应用技术学院、福建农林大学金山学院等

2. 园林专业(如表 7-22 所示)

表 7-22　园林专业推荐院校

分类	推荐院校
原985	中国农业大学、西北农林科技大学、上海交通大学等
原211	北京林业大学、东北林业大学、华中农业大学等
一流学科	南京林业大学、成都理工大学等
保研资格	安徽农业大学、江西农业大学、福建农林大学、河南农业大学、中南林业科技大学、西南林业大学、山东农业大学等
公办本科	仲恺农业工程学院、北华大学、北京农学院、阜阳师范大学、重庆文理学院、安康学院、河北科技师范学院、浙江农林大学、南昌工程学院、黄山学院等
民办本科	武汉生物工程学院、湖南应用技术学院、宿迁学院、重庆人文科技学院、商丘学院、山东英才学院、武汉设计工程学院、浙江农林大学暨阳学院等

八、草学类

(一)学科评估结果

草学类对应的研究生一级学科为草学,第四轮学科评估结果如表 7-23 所示。

表 7-23　草学第四轮学科评估结果

学科评估	院校分类	院校
A+	原985	兰州大学、中国农业大学
B+	原985	西北农林科技大学
	保研资格	内蒙古农业大学、甘肃农业大学
B	原211	四川农业大学
	保研资格	新疆农业大学
B-	原211	青海大学、宁夏大学
	保研资格	华南农业大学
C+	原211	南京农业大学、北京林业大学、东北农业大学
C	保研资格	湖南农业大学、云南农业大学

续表

学科评估	院校分类	院校
C-	保研资格	扬州大学、山西农业大学、河南农业大学

（二）报考科类

只招收理科生。

（三）男女人数情况

男女生相对均衡。

（四）专业解读

草学类下设草业科学、草坪科学与工程共计2个专业，**其中草业科学专业开设院校相对较多**，其余专业开设院校较少，本书主要讲解开设院校相对较多的草学类专业。

草业科学，是一门既古老又年轻的专业。古老，是因为它早在人类文明之前就扎根于地球，是农业、畜牧业的物质基础；年轻，是因为该专业是我国老一辈草业学家王栋先生留英归国后才在主要的农业院校相继开设的。

严谨一些讲，草业科学是一门新兴交叉性学科，以草食动物饲草饲料生产、城镇绿化和生态治理为主体，运用现代生物技术培育新草种，研究优质高产草地的建设与管理技术体系，创造以人为本的城镇绿化美化园林新格局，探索以草为主的西部生态治理方法和途径，实现我国草业的产业化。

特别是农业进入了新的发展时期，草在农业中的比例将越来越大，我国作为世界上仅次于澳大利亚的草地资源大国，借鉴世界发达国家农业生产经验，草业在我国农业结构调整、西部生态环境治理以及城市绿化美化、改善环境质量中作用重大，在未来国家经济建设中具有广阔的前景。

（五）就业分析

目前国家实行退耕还林，国家农业增收靠的就是草地畜牧，这是一个新的经济增长点，而且，随着人们生活水平的提高，人们对环境的要求也在逐渐提高，草业科学的同学们将来的就业前景是广阔的。

草业科学专业培养的人才分为研究型和实践型两种。研究型人才热衷室内实验，渴望在研究领域施展拳脚，这类同学毕业后可以从事技术研发或者高级管理工作，最好的选择是继续深造；实践型人才更热爱户外，对草坪、运动场有热情，喜欢动手，毕业后可以去相关单位从事户外工作。通常本专业毕业后，可以去以下几种部门工作。

1. 高尔夫球场

高尔夫球场比较受本专业学生欢迎。如果是实践型人才，主要从事户外作业，如草坪养护、草坪灌溉与施肥、草坪病虫害防治等工作；如果是研究型人才，主要从事研究设计工作，如草坪草种培育、草坪杀虫制剂制造、牧草遗传育种、球场灌排水及球场设计等。

2. 园林、人工草场、体育场等规划管理部门

在这些部门主要从事各种类型草坪的建植与管理工作，以及在农业基层单位从事草业技术推广、生产管理等工作，这类工作更适合研究型人才。

3. 城市园林绿化、草坪、草种生产等企业

这些部门对两种人才都有需求，但对于本科生来说，只有实践型人才适合来此工作，因为这些部门对研究型人才的学历要求很高，本科生通常在对专业知识要求不高的销售部门工作。

4. 房地产公司

主要从事的是小区等的草坪植建和规划等与专业相关的工作，两种人才都有用武之地。

（六）草业科学专业各类院校推荐（如表7-24所示）

表7-24 草业科学专业推荐院校

分类	推荐院校
原985	兰州大学、中国农业大学、西北农林科技大学等
原211	四川农业大学、宁夏大学、南京农业大学等

续表

分类	推荐院校
一流学科	无
保研资格	新疆农业大学、内蒙古农业大学、山西农业大学、云南农业大学、华南农业大学、沈阳农业大学、湖南农业大学等
公办本科	内蒙古民族大学、仲恺农业工程学院、河北北方学院等
民办本科	无

九、水产类

(一)学科评估结果

水产类对应的研究生一级学科为水产,第四轮学科评估结果如表7-25所示。

表7-25 水产第四轮学科评估结果

学科评估	院校分类	院校
A+	原985	中国海洋大学
	一流学科	上海海洋大学
B+	原211	华中农业大学
B	一流学科	宁波大学
	保研资格	大连海洋大学
B-	原211	南京农业大学
	保研资格	广东海洋大学
C+	保研资格	集美大学
	公办本科	浙江海洋大学
C	原211	西南大学
	公办本科	天津农学院
C-	原211	海南大学
	保研资格	湖南农业大学

(二)报考科类

只招收理科生。

(三)男女人数情况

男生占多数。

(四)专业解读

水产类下设水产养殖学、海洋渔业科学与技术、水族科学与技术、水生动物医学共计4个专业,**其中水产养殖学专业开设院校相对较多**,其余专业开设院校较少,本书主要讲解开设院校相对较多的水产类专业。

水产养殖学专业培养具备水产动植物的繁殖、育种与增养殖技术以及病害与防治、渔业企业经营管理等方面知识,能在水产养殖生产、教育、科研和管理等部门从事科学研究、教学、水产养殖技术开发及经营管理等工作的高级应用型、复合型人才。

(五)就业分析

随着社会经济的发展和国家对农业的不断重视,水产养殖业的地位越来越高,行业发展空间也越来越大,人才需求也越来越旺盛,从每年的人才需求看,毕业生数量总是满足不了行业人才需求的数量。

随着沿海地带经济开发的推进、我国海洋经济结构的优化升级,加之全国海洋渔业资源的限制捕捞,水产养殖业会成为朝阳产业,对技术和人才的需求将越来越大,海洋特色明显的水产养殖专业毕业生的前景会越来越好。

水产养殖业,可以说就业不愁,都是大公司抢着要,薪资待遇也较其他一般行业毕业生高,但会苦点、累点,看自己的选择。

(六)水产养殖学专业各类院校推荐(如表7-26所示)

表7-26 水产养殖学专业推荐院校

分类	推荐院校
原985	中国海洋大学、西北农林科技大学、中国农业大学等
原211	华中农业大学、西南大学、海南大学等
一流学科	上海海洋大学、宁波大学等
保研资格	集美大学、广东海洋大学、大连海洋大学、河南师范大学、扬州大学等
公办本科	天津农学院、浙江海洋大学、青岛农业大学、湖州师范学院、武汉轻工大学等
民办本科	湖南应用技术学院等

第八章 与地理对应的大学本科专业解析

第一节 与地理、数学相关的大学本科专业解析

地理科学类

(一) 学科评估结果

地理科学类对应的研究生一级学科为地理学,第四轮学科评估结果如表8-1所示。

表8-1 地理学第四轮学科评估结果

学科评估	院校分类	院校
A+	原985	北京大学、北京师范大学
A	原985	华东师范大学
A-	原985	南京大学、武汉大学
	原211	南京师范大学
B+	原985	兰州大学、中山大学
	原211	东北师范大学
	一流学科	首都师范大学、河南大学
	保研资格	福建师范大学、云南师范大学
B	原211	华中师范大学、陕西师范大学、湖南师范大学、华南师范大学、西北大学
B-	原211	西南大学
	保研资格	辽宁师范大学、哈尔滨师范大学、山东师范大学、贵州师范大学、西北师范大学
C+	原985	中国海洋大学
	原211	新疆大学
	保研资格	浙江师范大学、河北师范大学、安徽师范大学、青海师范大学
C	原211	河海大学、中国地质大学(武汉、北京)
	保研资格	湖北大学、天津师范大学、江苏师范大学、江西师范大学
C-	原211	云南大学
	一流学科	南京信息工程大学
	保研资格	上海师范大学、广州大学、内蒙古师范大学、重庆师范大学、四川师范大学

(二) 报考科类

文理兼收,理科生占多数。

(三)男女人数情况

女生占多数。

(四)专业解读

地理科学类下设地理科学、自然地理与资源环境、人文地理与城乡规划、地理信息科学共计4个专业。

1. 地理科学

提到地理科学,很多人都会认为是高中所学的地理学科的延伸。其实不然,地理科学专业与高中地理有着极大的差别。高中地理属于文科,而大学的地理科学属于理学,是自然科学与社会科学的交叉学科,既需要自然科学的严谨逻辑与缜密实验,又需要社会科学的人文关怀与哲学思想。

地理科学是一门研究地球表层自然要素与人文要素交互关系与作用的科学,研究范围十分广泛,上至大气圈对流层的顶部,下至岩石圈、水圈、生物圈。时间和空间是地理科学研究的两个基本尺度,即地理科学研究事物或现象的时空变化。总的来说,地理学的研究始终离不开地球表面,离不开人类环境,离不开人与地的关系。

地理科学是一门非常有意思的科学。诞生之初,地理学记载各地风物、神秘现象,奠定了地理学的猎奇性与探究性,后来随着科学与社会的发展,地理科学逐渐分化为自然地理学和人文地理学,同时对地理事物和现象的探究也逐渐深入,开始涌现出多个学派,形成现代地理学蓬勃发展的局面。

地理科学在当前的社会发展中具有相当重要的作用,"一带一路"这一国家顶层战略就是由地理学家支撑的。目前全球都面临着资源利用、城市建设、环境保护等一系列问题,而综合地研究不同社会发展阶段人地系统的协调关系与空间结构的地域变化规律及其差异特征,只有地理科学能够做到,这也决定了地理科学在社会发展中的地位与作用。

2. 自然地理与资源环境、人文地理与城乡规划

地理科学涵盖的范围最广,其他地理科学类专业的内容在地理科学中都要学习。自然地理与资源环境是对地理科学中自然地理的细化,人文地理与城乡规划是地理科学中人文地理的细化,研究更加深入。

3. 地理信息科学

地理信息发展为一门学科有一段"纠结"的来历,它原来叫地理信息系统,听上去更倾向于一门技术,在地理学者多年的锤炼下,后续空间科学的崛起逐步完善了其学科体系,便将其更名为"地理信息科学",使其不再是计算技术的附属品而是计算机和地理相交叉的学科,所包含的学科意义也更加饱满。

各种自然和人类事件都发生在我们赖以生存的地球上,每时每刻会产生数以万亿计的海量数据,这些数据中80%以上与空间位置相关。地理信息科学通过研究这些与地理空间发生直接或间接关系的数据的采集、存储、处理、分析、表达和服务方法,使得数据从原始的二维字符状态转变为我们容易理解的空间可视化语言或知识,从而服务于环境、国土、规划、水利、能源、交通、居民生活等各个方面。

有人认为,这个专业是做电子地图的,滴滴打车、高德地图等常用软件都属于地理信息科学专业在信息表达领域上的具体应用。实际上,电子地图只是地理信息数据的表现形式,本专业还包括形成电子地图过程中的数据采集、处理、制图以及基于电子地图载体的信息检索与分析。

(五)就业分析

1. 地理科学、自然地理与资源环境、人文地理与城乡规划

地理科学、自然地理与资源环境、人文地理与城乡规划专业,整体来讲就业一般,主要对口工作就是考相关单位的公务员或中学老师;随着社会的发展,城市规划、旅游规划等规划产业正在成为新兴的产业,与上述规划产业对口的地理专业方向正逐渐成为就业的热点。

2. 地理信息科学

近二十几年来,地理信息科学毕业生的就业方向在不断发生变化。早期的地理信息科学技术主要应用于政府部门,因此学生就业主要在高校、交通运输、规划勘测设计、国土、矿业、水利电力、通信、农林、城市建设、旅游等国家政府部门或事业单位。随着地理信息产业的发展,越来越多的企业,尤其是互联网公司的强势介入,学生就业转向高薪的企业单位(如各类导航公司、大型IT公司的空间信息组、数据公司等)。

总的来说,地理信息科学专业不热门属于正常情况,因为它没办法像互联网、金融那样赚钱,而且公众的认知度总体来说比较低,单单是专业名字就让人似懂非懂了。不过就业环境相对较好,而且处于一个供需平衡的阶段,暂时不会出现人才过剩、找不到工作的情况。

(六)各类院校推荐

1. 地理科学专业(如表8-2所示)

表8-2 地理科学专业推荐院校

分类	推荐院校
原985	北京师范大学、北京大学、华东师范大学等
原211	南京师范大学、东北师范大学、陕西师范大学等
一流学科	河南大学、首都师范大学、宁波大学等
保研资格	福建师范大学、山东师范大学、西北师范大学、辽宁师范大学、贵州师范大学、云南师范大学、河北师范大学等
公办本科	鲁东大学、太原师范学院、宝鸡文理学院、兰州城市学院、南宁师范大学、北部湾大学、湖南文理学院、衡阳师范学院、铜仁学院、咸阳师范学院等
民办本科	信阳学院、湖南师范大学树达学院、衡阳师范学院南岳学院等

2. 自然地理与资源环境专业(如表8-3所示)

表8-3 自然地理与资源环境专业推荐院校

分类	推荐院校
原985	北京师范大学、北京大学、南京大学等
原211	南京师范大学、中国地质大学(武汉)、北京林业大学等
一流学科	南京信息工程大学、河南大学等
保研资格	福建农林大学、四川师范大学、西安科技大学、福建师范大学、云南师范大学等
公办本科	东华理工大学、信阳师范学院、宝鸡文理学院、广东财经大学、贵州师范大学等
民办本科	郑州工商学院、广州新华学院等

3. 人文地理与城乡规划专业(如表8-4所示)

表8-4 人文地理与城乡规划专业推荐院校

分类	推荐院校
原985	北京大学、北京师范大学、中山大学等
原211	南京师范大学、西北大学、南京农业大学、湖南师范大学等
一流学科	中国科学院大学、河南大学、南京邮电大学等
保研资格	广州大学、贵州师范大学、西北师范大学、河北师范大学、四川师范大学、福建师范大学、云南师范大学等
公办本科	北京联合大学、贵州理工学院、佛山科学技术学院、成都师范学院、浙江农林大学、衡阳师范学院、重庆工商大学、广东财经大学、太原师范学院、南宁师范大学等
民办本科	郑州工商学院、宿迁学院、浙江农林大学暨阳学院等

4. 地理信息科学专业(如表8-5所示)

表8-5 地理信息科学专业推荐院校

分类	推荐院校
原985	北京师范大学、北京大学、武汉大学、南京大学、兰州大学等
原211	南京师范大学、中国地质大学(北京)、中国地质大学(武汉)、西南交通大学、陕西师范大学、东北师范大学等
一流学科	首都师范大学、河南大学等
保研资格	云南师范大学、山东师范大学、辽宁师范大学、西北师范大学、辽宁工程技术大学、昆明理工大学、福建师范大学、贵州师范大学、青海师范大学、西安科技大学等

分类	推荐院校
公办本科	南宁师范大学、东华理工大学、北京联合大学、天津城建大学、滨州学院、成都信息工程大学、浙江水利水电学院、鲁东大学、吉林建筑大学、安徽建筑大学等
民办本科	郑州工商学院、兰州博文科技学院等

第二节 与地理、数学、物理、化学相关的大学本科专业解析

一、地质学类

(一) 学科评估结果

地质学类对应的研究生一级学科为地质学,第四轮学科评估结果如表8-6所示。

表8-6 地质学第四轮学科评估结果

学科评估	院校分类	院校
A+	原985	南京大学
	原211	中国地质大学(武汉、北京)
B+	原985	北京大学
	原211	西北大学
B	原985	吉林大学、中国科学技术大学
B-	原211	中国石油大学(华东、北京)
	一流学科	成都理工大学
C+	原985	浙江大学
	原211	合肥工业大学、中国矿业大学(徐州、北京)
C	原985	中南大学、中山大学
C-	原985	兰州大学、中国海洋大学

(二) 报考科类

只招收理科生。

(三) 男女人数情况

男生占多数。

(四) 专业解读

地质学类下设地质学、地球化学、地球信息科学与技术、古生物学共计4个专业,**其中地质学专业开设院校相对较多**,其余专业开设院校较少,本书主要讲解开设院校相对较多的地质学类专业。

地质学是以地球为研究对象的一门自然科学,它的研究内容包括地球的物质组成、构造及其演化历史。地质学研究内容包括地球甚至部分行星的物质组成、内部构造、外部特征、各层圈之间的相互作用和演化历史等。地质作用和人类的活动有密切的关系,如地质作用会带来地震、火山爆发、洪水泛滥、滑坡、泥石流等危害,人类必须运用地质学的原理构造去认识和提出防治措施。

地质学、地理学,虽只有一字之差,却存在很大差异。简单地说,地质学主要研究地球及其演变,着重于岩石圈和地球内部;地理学主要研究人地关系,着重于地表的地理环境和自然现象。

(五)就业分析

中国地质大学(武汉)地球科学学院赵老师说:"目前国土资源行业处于格局调整期和技术创新期,市场对优秀地质学专业人才需求仍然较高,与环境相关的行业,如石油、天然气的开采与利用、水污染治理、国土资源评价等都给毕业生提供了大量的就业机会。从历届毕业生就业发展看,地质学专业75%以上分布在国土资源各个行业,主要从事生产、技术研究、开发和管理等工作。"

赵老师的话隐含的意思很明确,那就是你得是优秀的专业人才,如果学历偏低或者综合能力偏差,找好工作难度还是比较大的。另外,与地质学专业相关的大多工作都需要从业者到野外勘察、采样、测量、调查、取样来做研究,工作环境相对比较艰苦,建议女生慎重考虑。

(六)地质学专业各类院校推荐(如表8-7所示)

表8-7 地质学专业推荐院校

分类	推荐院校
原985	北京大学、南京大学、吉林大学等
原211	中国地质大学(武汉)、中国地质大学(北京)、西北大学等
一流学科	成都理工大学、西南石油大学等
保研资格	长江大学、西安石油大学等
公办本科	河北地质大学、重庆科技学院等
民办本科	成都理工大学工程技术学院、保定理工学院等

二、地质类

(一)学科评估结果

地质类对应的研究生一级学科为地质资源与地质工程,第四轮学科评估结果如表8-8所示。

表8-8 地质资源与地质工程第四轮学科评估结果

学科评估	院校分类	院校
A+	原211	中国石油大学(华东、北京)、中国地质大学(武汉、北京)
A-	原211	中国矿业大学(徐州、北京)
B+	原985	吉林大学、中南大学
B+	原211	长安大学
B+	一流学科	成都理工大学
B	原985	南京大学、同济大学
B	原211	西北大学
B	一流学科	西南石油大学
B-	原211	河海大学
B-	保研资格	东北石油大学、长江大学、山东科技大学
C+	原211	西南交通大学
C+	保研资格	西安科技大学、华北水利水电大学、河南理工大学
C	保研资格	桂林理工大学、昆明理工大学
C	公办本科	东华理工大学
C-	原985	东北大学、中国海洋大学
C-	原211	太原理工大学
C-	保研资格	安徽理工大学

(二)报考科类

基本只招收理科生。

(三)男女人数情况

男生占多数。

(四)专业解读

地质类下设地质工程、勘查技术与工程、资源勘查工程、地下水科学与工程、旅游地学与规划工程共计5个专业，**其中地质工程、勘查技术与工程、资源勘查工程专业开设院校相对较多**，其余专业开设院校较少，本书主要讲解开设院校相对较多的地质类专业。

1. 地质工程

地质工程专业是地质学的一个分支，是地质学与工程学相互渗透、交叉的边缘学科。

地质工程专业与人类生活息息相关，它围绕各类资源开发（包括化石燃料、固体矿产、水利等资源开发）、工程建设（包括道路、机场、桥隧、高层建筑等工程）规划与岩土工程施工、地质灾害防治调查与处理、地质环境保护等问题，深入研究并为各项规划与设计提供正确的决策和处理意见，采用先进的工程施工技术方法和手段，实现工程的最终目的。这也体现了地质工程专业所涉及的勘察、设计、施工与管理各方面学科的完整性。通俗一点讲，就是盖楼看地基会不会塌、挖一条路看边坡会不会滑动、地下挖隧洞看隧洞会不会垮……所以这门学科是为工程服务的，从事的工作为工程地质勘查和岩土工程勘查及治理等。

2. 勘查技术与工程、资源勘查工程

这两个专业可以说是同宗同源、同气连枝，均为我国的资源勘测事业服务。

勘查技术与工程聚焦于勘查的技术与工程领域，注重对于技术的开发与运用，即运用什么技术手段能够在某一地域检测到或者发现资源，例如桩基工程、钻井工程、钻探工程等，能够借助技术手段发现更多、更好的资源。

资源勘查工程则更注重对勘探理论和方法的探索与总结，侧重对于资源的勘查评价与决策，侧重于理论研究方面，即去哪里找、怎么找。具体来说，工作内容有勘查选区、勘查评价、勘查管理等，勘查的资源可分为矿产资源、油气资源、固体矿产资源三种。

(五)就业分析

地质行业的黄金期基本上已经过去，在过去的黄金期，相关单位大量招聘导致从业人员年龄急剧降低且从业人员学历迅速提高，行业内人才饱和，造成了现在的本、硕、博就业都很困难的局面。因为打断了行业正常的新陈代谢节奏，距上一波入职人员退休又比较早，目前毕业生的就业阻力很大。

(六)各类院校推荐

1. 地质工程专业（如表8-9所示）

表8-9　地质工程专业推荐院校

分类	推荐院校
原985	同济大学、南京大学、中南大学等
原211	中国地质大学（武汉）、中国地质大学（北京）、长安大学等
一流学科	成都理工大学等
保研资格	华北水利水电大学、河南理工大学、安徽理工大学等
公办本科	河北地质大学、华北科技学院、绍兴文理学院等
民办本科	郑州工商学院、泰山科技学院、皖江工学院等

2. 勘查技术与工程专业（如表8-10所示）

表8-10　勘查技术与工程专业推荐院校

分类	推荐院校
原985	吉林大学、中国海洋大学等

分类	推荐院校
原211	中国地质大学(武汉)、中国地质大学(北京)等
一流学科	成都理工大学、西南石油大学等
保研资格	长江大学、东北石油大学等
公办本科	东华理工大学、河北地质大学等
民办本科	成都理工大学工程技术学院等

3. 资源勘查工程专业(如表8-11所示)

表8-11 资源勘查工程专业推荐院校

分类	推荐院校
原985	吉林大学、东北大学、中南大学等
原211	中国地质大学(北京)、中国地质大学(武汉)、西北大学等
一流学科	成都理工大学、西南石油大学等
保研资格	长江大学、山东科技大学、桂林理工大学等
公办本科	东华理工大学、河北地质大学等
民办本科	无

三、矿业类

(一)学科评估结果

矿业类对应的研究生一级学科为矿业工程、石油与天然气工程,第四轮学科评估结果如下。

1. 矿业工程(如表8-12所示)

表8-12 矿业工程第四轮学科评估结果

学科评估	院校分类	院校
A+	原985	中南大学
	原211	中国矿业大学(徐州、北京)
B+	原985	东北大学、重庆大学
	原211	北京科技大学
B	原211	太原理工大学
	保研资格	山东科技大学、河南理工大学
B-	原211	武汉理工大学
	保研资格	辽宁工程技术大学、安徽理工大学
C+	保研资格	武汉科技大学、西安科技大学、昆明理工大学
C	保研资格	南华大学、江西理工大学
C-	保研资格	湖南科技大学、华北理工大学、内蒙古科技大学

2. 石油与天然气工程(如表8-13所示)

表8-13 石油与天然气工程第四轮学科评估结果

学科评估	院校分类	院校
A+	原211	中国石油大学(华东、北京)
	一流学科	西南石油大学

续表

学科评估	院校分类	院校
B	保研资格	东北石油大学
B-	原211	中国地质大学(武汉、北京)
C+	保研资格	长江大学
C	保研资格	西安石油大学
C-	一流学科	成都理工大学

(二)报考科类
只招收理科生。

(三)男女人数情况
男生占多数。

(四)专业解读
矿业类下设采矿工程、石油工程、矿物加工工程、油气储运工程、矿物资源工程、海洋油气工程、智能采矿工程共计7个专业,**其中采矿工程、石油工程专业开设院校相对较多**,其余专业开设院校较少,本书主要讲解开设院校相对较多的矿业类专业。

1.采矿工程

采矿工程专业培养具备固体(煤、金属及非金属)矿床开采的基本理论和方法,具备采矿工程师的基本能力,能在采矿领域等方面从事矿区开发规划、矿山(露天、井下)设计、矿山安全技术及工程设计、监察、生产技术管理科学研究的高等工程技术人才。

2.石油工程

本专业培养具备工科基础理论和石油工程专业知识,能在石油工程领域从事油气钻井与完井工程、采油工程、油藏工程、储层评价等方面的工程设计、工程施工与管理、应用研究与科技开发等方面的工作,获得石油工程师基本训练的高级专门技术人才。

(五)就业分析
矿业类专业毕业生就业经历了20世纪的辉煌,也经历了21世纪的持续低迷,河南的平煤、焦煤、中原油田的历史和现状就是最好的佐证。随着国家对相关行业的重视,积极开发国内资源和扩大及占领海外市场,未来会有一定的反弹,但需求度高的还是高素质、高层次的人才。矿业类专业的就业前景和其他热门工科专业相比整体还是有一定差距的。因此,只建议对相关行业有浓厚兴趣的学生考虑此类专业。另外,矿业类专业毕业生大多需要一线作业,工作环境比较艰苦,建议女生慎重考虑。

(六)各类院校推荐
1.采矿工程专业(如表8-14所示)

表8-14 采矿工程专业推荐院校

分类	推荐院校
原985	中南大学、东北大学、重庆大学等
原211	中国矿业大学、中国矿业大学(北京)、北京科技大学等
一流学科	无
保研资格	安徽理工大学、河南理工大学、辽宁工程技术大学、山东科技大学等
公办本科	华北科技学院、新疆工程学院、贵州理工学院等
民办本科	西安科技大学高新学院、泰山科技学院等

2. 石油工程专业(如表 8-15 所示)

表 8-15　石油工程专业推荐院校

分类	推荐院校
原 985	无
原 211	中国石油大学(北京)、中国石油大学(华东)、中国地质大学(北京)等
一流学科	西南石油大学、成都理工大学等
保研资格	东北石油大学、西安石油大学、长江大学等
公办本科	常州大学、辽宁石油化工大学、重庆科技学院等
民办本科	哈尔滨石油学院、荆州学院等

第九章 与历史对应的大学本科专业解析

历史学类

(一)学科评估结果

历史学类对应的研究生一级学科为中国史、世界史、考古学,第四轮学科评估结果如下。

1. 中国史(如表9-1所示)

表9-1 中国史第四轮学科评估结果

学科评估	院校分类	院校
A+	原985	复旦大学、北京师范大学
A	原985	北京大学、南京大学
A-	原985	中国人民大学、南开大学、中山大学
A-	原211	华中师范大学
B+	原985	清华大学、山东大学、四川大学、武汉大学、厦门大学、华东师范大学
B+	原211	陕西师范大学
B+	一流学科	首都师范大学
B	原985	吉林大学、兰州大学
B	原211	东北师范大学、西南大学、暨南大学、云南大学、西北大学
B	保研资格	上海师范大学
B-	原985	中央民族大学、湖南大学、浙江大学
B-	原211	南京师范大学、湖南师范大学、郑州大学
B-	一流学科	河南大学
B-	保研资格	河北大学
C+	原211	内蒙古大学、上海大学、苏州大学
C+	保研资格	山西大学、天津师范大学、河北师范大学、福建师范大学、曲阜师范大学、西北师范大学
C	原985	上海交通大学
C	原211	安徽大学、华南师范大学
C	保研资格	扬州大学、湖北大学、辽宁师范大学、安徽师范大学、江西师范大学
C-	原211	辽宁大学、南昌大学
C-	保研资格	浙江师范大学、吉林师范大学、杭州师范大学、山东师范大学、四川师范大学、云南师范大学

2. 世界史(如表9-2所示)

表9-2 世界史第四轮学科评估结果

学科评估	院校分类	院校
A+	原985	北京大学、华东师范大学
A-	原985	南开大学
	原211	东北师范大学
	一流学科	首都师范大学
B+	原985	复旦大学、南京大学、武汉大学、北京师范大学
	原211	西北大学
	保研资格	天津师范大学
B	原985	中国人民大学、吉林大学、四川大学、厦门大学、浙江大学
	保研资格	上海师范大学
B-	原985	清华大学、中山大学
	原211	华中师范大学、陕西师范大学、上海大学
	保研资格	福建师范大学
C+	原985	山东大学
	原211	暨南大学、延边大学、华南师范大学、云南大学、郑州大学
C	一流学科	河南大学
	保研资格	浙江师范大学、哈尔滨师范大学、山东师范大学
	公办本科	苏州科技大学
C-	原211	西南大学、辽宁大学、湖南师范大学
	保研资格	河北师范大学、聊城大学、广西师范大学

3. 考古学(如表9-3所示)

表9-3 考古学第四轮学科评估结果

学科评估	院校分类	院校
A+	原985	北京大学
	原211	西北大学
A-	原985	吉林大学
B+	原985	南京大学、山东大学、四川大学
	原211	郑州大学
B	原985	武汉大学、浙江大学、中山大学
B-	原985	中国人民大学、复旦大学、南开大学
	一流学科	首都师范大学
C+	原985	厦门大学
	一流学科	河南大学
	保研资格	河北师范大学、重庆师范大学

续表

学科评估	院校分类	院校
C	原985	中央民族大学
	原211	陕西师范大学、南京师范大学
C-	原985	北京师范大学
	原211	安徽大学
	保研资格	山西大学
	公办本科	北京联合大学

(二)报考科类

基本只招收文科生。

(三)男女人数情况

女生占多数。

(四)专业解读

历史学类下设历史学、世界史、考古学、文物与博物馆学、文物保护技术、外国语言与外国历史、文化遗产、古文字学共计8个专业，**其中历史学、考古学专业开设院校相对较多**，其余专业开设院校较少，本书主要讲解开设院校相对较多的历史学类专业。

1. 历史学

历史之于人类，犹如记忆之于个人，在人类一切学科体系中具有奠基意义。历史学是人类文明的自我反思，人类由此为自身的处境找到历史根源，并因而形成文化传统，迎接未来的挑战。

历史学是一门相当古老的学问。作为一门学科，它主要以人类历史及其规律为研究对象，主要学习和掌握中国历史和世界历史发生、发展的过程，理解和弄清历史上重要人物、重大事件以及相关史实的原委、作用和影响，并力图发现和总结其中的经验和教训，为今天的社会生活提供借鉴。

本科阶段的历史学侧重于基础知识的普及和基本能力的培养。至于历史学专业的学生需要具备的素质，浙江大学人文学院梁敬明教授认为，进入历史学专业的学生，应该逐渐改变中学应试教育背景下被动式学习、等待式学习和死记硬背历史知识的状况；学生要善于独立思考，增强问题意识，积极利用各类图书资源和数据库资源，接受系统的历史学专业训练，重新梳理历史知识体系。

中山大学历史学系主任吴义雄教授表示，学好历史学必须要有博学之思、敬畏之心。博学之思是指学生必须了解天文、地理、文学、经济、管理、自然科学等知识，只有以上学科作为基础，才能在学历史学的过程中有深刻的体会；敬畏之心是指对历史上的人物与故事必须"理解之同情"，切不可以今日之标准来随意臧否古人的得失，因为彼时与今日形势不同，必须要用发展的眼光看问题，如此才能真正看清历史。

2. 考古学

简单地说，考古学就是根据古代人类遗留下来的实物，研究古代社会历史的科学。这些实物资料包括各种遗迹和遗物，多埋藏在地下，通过发掘、鉴定、分类等复杂的工作，这些实物资料才能得以系统、完整地收集起来。因此，考古学研究的基本方法就是田野调查和发掘。

(五)就业分析

1. 历史学

从专业对口方面来说，历史学职业需求相对较少，最为人所熟知的就是从事教师工作，或者向历史学研究方向发展。而现在毕业生就业是双向选择或多向选择，不必将职业局限在狭窄的领域，历史学专业学生凭着大学所学到的广博的知识，就业时只要不期望过高，就业并不比其他专业差。

2. 考古学

考古类专业本科所学多为基础知识，因此本科毕业后往往只具备一些基本的专业知识和技能。近年来，县级以上的考古所、博物馆门槛逐年变高，招聘新人多是硕士起步，本科生是较难找到一份对口工作的。希望从事本专业工作的学生，越来越多地通过保研、考研、出国留学等方式继续进行深造。

(六)各类院校推荐

1. 历史学专业(如表9-4所示)

表9-4 历史学专业推荐院校

分类	推荐院校
原985	北京师范大学、北京大学、复旦大学、中国人民大学等
原211	东北师范大学、华中师范大学、陕西师范大学、暨南大学、西北大学等
一流学科	首都师范大学等
保研资格	江西师范大学、上海师范大学、山西大学、西北师范大学、福建师范大学、安徽师范大学、河北大学、湖北大学、曲阜师范大学、青海师范大学等
公办本科	鲁东大学、内蒙古民族大学、信阳师范学院、广西民族大学、淮北师范大学、温州大学、大连大学、北京联合大学、赣南师范大学、安庆师范大学等
民办本科	信阳学院等

2. 考古学专业(如表9-5所示)

表9-5 考古学专业推荐院校

分类	推荐院校
原985	北京大学、吉林大学等
原211	西北大学、安徽大学等
一流学科	河南大学、首都师范大学等
保研资格	山西大学、河北师范大学等
公办本科	景德镇陶瓷大学、赤峰学院等
民办本科	无

第十章 与音乐对应的大学本科专业解析

音乐与舞蹈学类

(一)学科评估结果

音乐与舞蹈学类对应的研究生一级学科为音乐与舞蹈学,第四轮学科评估结果如表 10-1 所示。

表 10-1 音乐与舞蹈学第四轮学科评估结果

学科评估	院校分类	院校
A+	原 211	中央音乐学院
	一流学科	上海音乐学院
A	一流学科	中国音乐学院
A-	保研资格	福建师范大学、南京艺术学院
	公办本科	北京舞蹈学院
B+	原 211	东北师范大学
	一流学科	首都师范大学
	公办本科	天津音乐学院、沈阳音乐学院、星海音乐学院、四川音乐学院、西安音乐学院
B	原 985	中央民族大学
	原 211	中国传媒大学、南京师范大学、湖南师范大学
	保研资格	山东师范大学、广西艺术学院
	公办本科	哈尔滨音乐学院
B-	原 985	厦门大学
	原 211	华南师范大学
	一流学科	河南大学
	保研资格	上海师范大学、浙江师范大学
	公办本科	吉林艺术学院、云南艺术学院
C+	原 985	北京师范大学
	原 211	西南大学
	保研资格	安徽师范大学、江西师范大学、西北师范大学
	公办本科	中国戏曲学院、上海戏剧学院
C	原 985	中国人民大学
	原 211	华中师范大学
	保研资格	山西大学、广州大学、西北民族大学、河北师范大学、沈阳师范大学、曲阜师范大学、河南师范大学

续表

学科评估	院校分类	院校
C-	原211	延边大学、郑州大学
	保研资格	青岛大学、西南民族大学、辽宁师范大学、广西师范大学

(二)报考科类

文理兼收,文科生占多数。

(三)男女人数情况

女生占多数。

(四)专业解读

音乐与舞蹈学类下设音乐表演、音乐学、作曲与作曲技术理论、舞蹈表演、舞蹈学、舞蹈编导、舞蹈教育、航空服务艺术与管理、流行音乐、音乐治疗、流行舞蹈、音乐教育共计12个专业,**其中音乐表演、音乐学专业开设院校相对较多**,其余专业开设院校较少,本书主要讲解开设院校相对较多的音乐与舞蹈学类专业。

1. 音乐表演

提起音乐表演,人们就会联想到音乐会和演奏会。不得不说,随着文化需求的增加以及欣赏品位的提高,音乐表演已经成为一种最受欢迎的音乐形式。音乐表演就是音乐的再创作活动,主要指通过乐器的演奏、人声的演唱以及现场的指挥等艺术手段,将乐曲用具体的、可以感知到的音响表现出来,并传达给听众。音乐表演专业主要培养表演性的音乐人才,该专业分为声乐、器乐和指挥三个方向。由此可见,音乐表演是培养歌唱家、演奏家以及指挥家的专业,他们通过对乐曲做出不同的解释和表现,从而给听众带来不同的影响和感受。

2. 音乐学

音乐是一门以声音为表现手段的情感艺术,是以有组织的音乐构成的听觉意象,并以此表达人们的思想感情与社会的现实生活。

音乐学是研究音乐所有理论学科的总称,属于综合性专业。它主要是透过与音乐有关的各种现象来阐明其本质以及规律的。该专业研究的内容较广,如与音乐意识形态相关的音乐美学、音乐史学、音乐民族学、音乐心理学、音乐教育学;与音乐物质材料相关的音乐声学、律学、乐器学;与音乐形态及其构成相关的旋律学、和声学、对位法、曲式学;还有与音乐表演相关的表演理论、指挥法。总的来说,音乐学专业着重从理论角度来研究音乐的结构、曲式、和声、旋律、节奏,同时学习音乐的历史以及音乐和社会的相互关系等。

如果你具备一定的音乐基础,并喜爱音乐学习的话,那么可以选择报考音乐学专业。

(五)就业分析

如果你确实有相关的天分和兴趣,音乐与舞蹈学类各专业的就业都是没有问题的。如果你不适合,艺考不一定是一条捷径,更不会是一条坦途。

(六)各类院校推荐

1. 音乐表演专业(如表10-2所示)

表10-2 音乐表演专业推荐院校

分类	推荐院校
原985	华东师范大学、华南理工大学、中南大学等
原211	中央音乐学院、湖南师范大学、郑州大学、华中师范大学、华南师范大学等
一流学科	中国音乐学院、上海音乐学院等
保研资格	广西艺术学院、上海师范大学、西北师范大学、四川师范大学、山东艺术学院、南京艺术学院、沈阳师范大学、山西大学、内蒙古师范大学、山东师范大学等
公办本科	沈阳音乐学院、四川音乐学院、星海音乐学院、武汉音乐学院、吉林艺术学院、西安音乐学院、天津音乐学院、大连大学、齐齐哈尔大学、贵州民族大学等

续表

分类	推荐院校
民办本科	大连艺术学院、四川文化艺术学院、海口经济学院、广西外国语学院、山西应用科技学院、三亚学院、武汉传媒学院、广州工商学院、郑州升达经贸管理学院、重庆人文科技学院等

2.音乐学专业(如表10-3所示)

表10-3 音乐学专业推荐院校

分类	推荐院校
原985	华东师范大学、山东大学、北京师范大学等
原211	中央音乐学院、南京师范大学、中国传媒大学、陕西师范大学、西南大学等
一流学科	中国音乐学院、上海音乐学院、首都师范大学等
保研资格	福建师范大学、南京艺术学院、浙江师范大学、上海师范大学、广西艺术学院、新疆师范大学、哈尔滨师范大学、安徽师范大学、广西师范大学、山东师范大学等
公办本科	武汉音乐学院、天津音乐学院、沈阳音乐学院、西安音乐学院、四川音乐学院、星海音乐学院、肇庆学院、兰州城市学院、长沙师范学院、吉林艺术学院等
民办本科	湖南涉外经济学院、江西科技学院、西安交通工程学院、宁夏理工学院、重庆人文科技学院、南昌理工学院、大连艺术学院、山东协和学院、汉口学院、郑州科技学院等

第十一章 与体育对应的大学本科专业解析

体育学类

(一)学科评估结果

体育学类对应的研究生一级学科为体育学,第四轮学科评估结果如表11-1所示。

表11-1 体育学第四轮学科评估结果

学科评估	院校分类	院校
A+	原211	北京体育大学
	一流学科	上海体育学院
A	原985	华东师范大学
A-	原211	华南师范大学
	保研资格	天津体育学院、武汉体育学院、成都体育学院、福建师范大学
B+	原985	清华大学、浙江大学、北京师范大学
	原211	华中师范大学、苏州大学
	公办本科	首都体育学院、沈阳体育学院
B	原211	东北师范大学、南京师范大学、湖南师范大学
	保研资格	山西大学、曲阜师范大学
	公办本科	吉林体育学院、广州体育学院、西安体育学院
B-	原211	陕西师范大学
	一流学科	宁波大学、河南大学
	保研资格	河北师范大学、辽宁师范大学、山东师范大学、南京体育学院
	公办本科	山东体育学院
C+	原211	郑州大学
	保研资格	扬州大学、浙江师范大学、山西师范大学、安徽师范大学、江西师范大学、广西师范大学、云南师范大学、西北师范大学、新疆师范大学
C	原211	西南大学
	保研资格	深圳大学、湖北大学、吉首大学、河南师范大学
C-	原985	吉林大学、同济大学
	保研资格	上海师范大学、集美大学、沈阳师范大学、哈尔滨师范大学、江苏师范大学、杭州师范大学

(二)报考科类

文理兼收,文科生占多数。

(三)男女人数情况

男生占多数。

(四)专业解读

体育学类下设体育教育、运动训练、社会体育指导与管理、武术与民族传统体育、运动人体科学、运动康复、休闲体育、体能训练、冰雪运动、电子竞技运动与管理、智能体育工程、体育旅游、运动能力开发共计**13个专业,其中体育教育、运动康复、休闲体育专业开设院校相对较多,**其余专业开设院校较少,本书主要讲解开设院校相对较多的体育学类专业。

1. 体育教育

体育教育本身有一个完整的体系,分为普通体育教育和专门体育教育两大类,常规的体育教育专业指的是普通体育教育。体育教育专业主要为中小学培养体育教师,它是教育的组成部分,是通过身体活动和其他一些辅助性手段进行的有目的、有计划、有组织的教育过程。

体育教育专业学习的内容非常广泛,如田径、球类、体操、武术、人体生理学、体育保健、运动心理学等,本专业还做许多有趣的运动实验,如运动中身体机能评定实验,通过肌肉类型诊断确定适合从事何种体育运动,通过骨龄测定判断运动发展潜能,等等。另外,本专业在大学期间还需要学生主动参与各种体育实践,如担任裁判等。

2. 运动康复

运动康复就是通过整体评估、手法和康复训练使人恢复健康。运动康复专业是新兴的体育和医学交叉结合的前沿学科,是为弥补中国健身康复人才紧缺的局面而开设的,培养能在各类康复医疗机构和健康机构从事康复治疗及健康服务与管理的高级运动康复治疗师。

3. 休闲体育

一般来说,休闲体育指人们在闲暇时间以增进身心健康、丰富和创造生活情趣、完善自我为目的的身体锻炼活动,特点是具有自由性、文化性、非功利性和主动性等,对增进健康、强健体魄、预防疾病与康复、提高文化素养与精神文明建设、丰富生活内容与加强人际关系,以及促进人的社会化与个性形成等都有重要意义和作用。

(五)就业分析

1. 体育教育

体育教育专业学生毕业后从事和专业相关的工作,其就业方向主要分两种:教育教学和社会健身。有人说体育教师是个轻松稳当的工作,说这话的人一定没有生活和晋升压力,但凡你想有点追求的话都不会太闲。再说一下健身教练,什么人都可以干,但不是什么人都能赚到钱。身体素质优、形象气质佳、兴趣爱好广泛,健身教练是一条可走的路,但必须要不断学习各种教练课程,国内外的健身资格证书都拿到手。如果你想要得到更多,就必须更努力才行。

2. 运动康复

运动康复行业在国内还处于发展初期。相比之下,国外的运动康复产业有着成熟的运营模式和清晰的人员分工,已经形成了比较完整的运动康复网络。我国的运动康复师的工作内容更偏向于物理治疗师,使用运动治疗、徒手操作、仪器治疗等方式,帮助病人重建身体运动机能。

从就业城市和薪资上来看,我国发达城市如北京、上海、广州等地是大部分运动康复学生就业的首选。这些城市的人们对运动康复的接受程度相对较高,因此这些地区的康复医疗机构以及私人工作室比较多,可以提供对口工作岗位。

3. 休闲体育

休闲体育在国内的发展最近几年成井喷形势,但是总体来说发展还是比较初级。国内体育目前还是以奥运会为第一目标,导致民间暂时没太多的体育资源,加之国内工作多加班加点,时间也是大问题。随着民众意识的提升和国家的重视,休闲体育已呈现良好的发展趋势。

(六)各类院校推荐

1. 体育教育专业(如表11-2所示)

表11-2 体育教育专业推荐院校

分类	推荐院校
原985	华东师范大学、北京师范大学、重庆大学等

续表

分类	推荐院校
原211	北京体育大学、华中师范大学、苏州大学、东北师范大学、湖南师范大学等
一流学科	上海体育学院、河南大学、宁波大学等
保研资格	福建师范大学、成都体育学院、武汉体育学院、天津体育学院、辽宁师范大学、山西大学、河北师范大学、南京体育学院、四川师范大学、云南师范大学等
公办本科	西安体育学院、沈阳体育学院、广州体育学院、首都体育学院、吉林体育学院、温州大学、哈尔滨体育学院、广西民族大学、鲁东大学、河北体育学院等
民办本科	郑州科技学院、南昌交通学院、黄河科技学院、长沙医学院、湖南科技大学潇湘学院、宁夏理工学院、湖南文理学院芙蓉学院等

2. 运动康复专业(如表11-3所示)

表11-3 运动康复专业推荐院校

分类	推荐院校
原985	大连理工大学等
原211	北京体育大学、苏州大学等
一流学科	上海体育学院等
保研资格	武汉体育学院、天津体育学院、湖北中医药大学、西南医科大学、河南中医药大学等
公办本科	首都体育学院、哈尔滨体育学院、吉林体育学院、河北科技师范学院、赣南医学院、川北医学院等
民办本科	长沙医学院、武汉生物工程学院、黄河科技学院等

3. 休闲体育专业(如表11-4所示)

表11-4 休闲体育专业推荐院校

分类	推荐院校
原985	无
原211	北京体育大学、海南大学、四川农业大学等
一流学科	上海体育学院、成都理工大学等
保研资格	南京体育学院、曲阜师范大学、武汉体育学院、成都体育学院等
公办本科	首都体育学院、广州体育学院、常州大学、武汉商学院、沈阳体育学院、阜阳师范大学、哈尔滨体育学院、山东体育学院、四川旅游学院、贵州理工学院等
民办本科	三亚学院、成都文理学院、海口经济学院、湖南涉外经济学院、四川工业科技学院等

第十二章 与美术对应的大学本科专业解析

一、美术学类

(一)学科评估结果

美术学类对应的研究生一级学科为美术学,第四轮学科评估结果如表12-1所示。

表12-1 美术学第四轮学科评估结果

学科评估	院校分类	院校
A+	一流学科	中央美术学院、中国美术学院
A	保研资格	南京艺术学院、西安美术学院
A-	原985	清华大学
	原211	上海大学、南京师范大学
	一流学科	首都师范大学
	公办本科	四川美术学院
B+	原985	四川大学
	原211	东北师范大学
	保研资格	广西艺术学院、北京电影学院、鲁迅美术学院
	公办本科	景德镇陶瓷大学、天津美术学院、湖北美术学院、广州美术学院
B	原985	中央民族大学
	原211	西南大学、中国传媒大学、湖南师范大学
	保研资格	上海师范大学、哈尔滨师范大学、福建师范大学、山东师范大学、新疆师范大学
	公办本科	云南艺术学院
B-	原985	中国人民大学
	原211	江南大学、苏州大学
	保研资格	浙江师范大学、北京服装学院、杭州师范大学、广西师范大学、西北师范大学
	公办本科	吉林艺术学院
C+	原211	华中师范大学、华南师范大学
	保研资格	深圳大学、西安建筑科技大学、广州大学、西南民族大学、河北师范大学、沈阳师范大学
	公办本科	北京印刷学院
C	原985	厦门大学、重庆大学
	原211	东华大学、福州大学
	保研资格	山西大学、内蒙古师范大学、安徽师范大学、重庆师范大学、四川师范大学、河南师范大学
	公办本科	山东工艺美术学院

续表

学科评估	院校分类	院校
C-	原985	北京师范大学
	原211	云南大学
	一流学科	河南大学
	保研资格	河北大学、江苏大学、山西师范大学、辽宁师范大学、江西师范大学

(二)报考科类

文理兼收,文科生占多数。

(三)男女人数情况

女生占多数。

(四)专业解读

美术学类下设美术学、绘画、雕塑、摄影、书法学、中国画、实验艺术、跨媒体艺术、文物保护与修复、漫画、纤维艺术共计11个专业,**其中美术学、书法学专业开设院校相对较多**,其余专业开设院校较少,本书主要讲解开设院校相对较多的美术学类专业。

1. 美术学

美术一般指占据一定空间、具有可视形象以供欣赏的艺术。美术包含的内容比较丰富:绘画、雕塑、工艺美术、建筑艺术等都属于美术的范畴。美术是艺术家运用一定的物质材料,如颜色、纸张、画布、泥土、石头、木料、金属等,塑造可视的、平面或立体的视觉形象,来反映自然和社会生活,表达艺术家的思想观念和感情。

2. 书法学

汉字作为中国文化传承的工具已经流传了几千年,它不仅对文化知识的保存、传承起着重要的作用,而且汉字本身也具有极高的研究价值。书法作为汉字文化中不可或缺的一门艺术,也深受人们的喜爱。从先秦到近代,书法名家的碑帖无一不体现了中国古典书法艺术的浩瀚与博大精深,王羲之、颜真卿、褚遂良、怀素、苏轼等书法大家的墨宝更是让人叹为观止。

书法学是现代书法艺术体系建设中的一个突破性成果,它从各个方面对古代书法作了梳理和研究,并在史学、美学、批评学、社会学、形态学、教育学等方面取得了辉煌成果。书法学一般有书法、篆刻和现代刻字三大方向。书法方向主要学习书法及其相关的文化知识;篆刻方向侧重培养学生的篆刻创作、研究能力;刻字方向在学习书法理论和技法知识的同时,重点掌握现代刻字艺术的创作,提高审美欣赏能力。

(五)就业分析

1. 美术学

扩招后,美术类毕业生就业竞争加剧,专业外因素对就业影响凸显。近年来的就业需求情况调查也显示,绘画、雕塑等专业的传统就业领域(画院、美术馆、雕塑院、美术院校等专门机构)对美术专业人才的需求已相对饱和,对专业人才要求有较深的精英情结,对专业人才水准要求极高,综合素质高的美术专业人才将是人才市场的香饽饽,传统造型艺术类专业毕业生在"纯艺术"职业之路起步会遭遇较大困难。

2. 书法学

很多人以为,书法专业就是培养书法家,或者就是卖字赚钱。其实,大量书法专业的毕业生一般都投身教育行业了,有的在公办学校做老师,有的在外面自己搞培训或去培训机构当老师。按照目前的趋势来看,书法培训的前景还是相当广阔的,是毕业生的主要流向,但普遍存在待遇偏低的问题。

(六)各类院校推荐

1. 美术学专业(如表12-2所示)

表12-2 美术学专业推荐院校

分类	推荐院校
原985	东南大学、华东师范大学、四川大学等

续表

分类	推荐院校
原211	上海大学、东北师范大学、湖南师范大学、华中师范大学、西南大学等
一流学科	中央美术学院、中国美术学院、首都师范大学等
保研资格	南京艺术学院、西安美术学院、哈尔滨师范大学、山东师范大学、福建师范大学、广西艺术学院、江苏师范大学、内蒙古师范大学、西北师范大学、深圳大学等
公办本科	广州美术学院、湖北美术学院、长沙师范学院、鲁东大学、北华大学、云南艺术学院、吉林艺术学院、四川美术学院、景德镇陶瓷大学、宝鸡文理学院等
民办本科	重庆人文科技学院、福州外语外贸学院、阳光学院、河北美术学院、长春科技学院、西京学院、湖南科技大学潇湘学院、衡阳师范学院南岳学院、吉首大学张家界学院等

2. 书法学专业（如表12-3所示）

表12-3 书法学专业推荐院校

分类	推荐院校
原985	浙江大学、西安交通大学、北京师范大学等
原211	郑州大学、中央财经大学、陕西师范大学等
一流学科	中央美术学院、中国美术学院、河南大学等
保研资格	曲阜师范大学、南京艺术学院、广西艺术学院、西安美术学院、北京语言大学等
公办本科	临沂大学、绍兴文理学院、湖北美术学院、太原师范学院、淮阴师范学院、广州美术学院、鞍山师范学院、上饶师范学院、四川美术学院、淮北师范大学等
民办本科	河北美术学院、齐鲁理工学院、四川文化艺术学院、西安思源学院、北京城市学院等

二、设计学类

（一）学科评估结果

设计学类对应的研究生一级学科为设计学，第四轮学科评估结果如表12-4所示。

表12-4 设计学第四轮学科评估结果

学科评估	院校分类	院校
A+	原985	清华大学
	一流学科	中国美术学院
A	原985	同济大学
	一流学科	中央美术学院
A-	原985	湖南大学、浙江大学
	原211	江南大学、苏州大学
	保研资格	南京艺术学院
B+	原985	上海交通大学
	原211	东华大学、武汉理工大学、中国传媒大学
	保研资格	北京服装学院、西安美术学院
	公办本科	景德镇陶瓷大学、四川美术学院、广州美术学院
B	原985	东南大学、四川大学、北京理工大学、哈尔滨工业大学
	原211	上海大学

学科评估	院校分类	院校
B	保研资格	广东工业大学、广西艺术学院、鲁迅美术学院
	公办本科	山东工艺美术学院、湖北美术学院
B-	原985	华中科技大学、西北工业大学
	原211	南京师范大学
	保研资格	浙江理工大学、浙江工业大学、湖北工业大学
	公办本科	北京印刷学院、武汉纺织大学、天津美术学院
C+	原211	西南交通大学、中国地质大学(武汉、北京)、北京林业大学、南京理工大学、福州大学
	保研资格	深圳大学、陕西科技大学、大连工业大学
	公办本科	湖南工业大学、吉林艺术学院
C	原211	北京工业大学、南昌大学、湖南师范大学
	一流学科	首都师范大学、天津工业大学
	保研资格	西安工程大学、沈阳航空航天大学
	公办本科	上海戏剧学院、云南艺术学院
C-	原985	中国人民大学、吉林大学、厦门大学、重庆大学
	原211	北京交通大学、华中师范大学
	保研资格	北方工业大学、西安理工大学
	公办本科	齐鲁工业大学

(二)报考科类

文理兼收,文科生占多数。

(三)男女人数情况

女生占多数。

(四)专业解读

设计学类下设艺术设计学、视觉传达设计、环境设计、产品设计、服装与服饰设计、公共艺术、工艺美术、数字媒体艺术、艺术与科技、陶瓷艺术设计、新媒体艺术、包装设计共计12个专业,**其中艺术设计学、视觉传达设计、环境设计、产品设计、数字媒体艺术专业开设院校相对较多**,其余专业开设院校较少,本书主要讲解开设院校相对较多的设计学类专业。

1.艺术设计学

艺术设计学是一门独立的艺术学科,同时,也是一门融合了艺术和技术的应用型综合性学科,它涉及社会、文化、经济、市场、科技等诸多方面的因素,其审美标准也会随着诸多因素的变化而改变。

设计源于人们的需求,在设计某一个事物的时候,不仅需要解决功能使用上的问题,同时也需要通过造型的变化、色彩的搭配与使用者建立起精神上的交流媒介。所以说,艺术来源于生活,反过来又作用于生活。不论是平面的还是立体的设计,考生首先要对所设计对象有所理解——对设计对象相关的背景文化、地理、历史、人文知识的理解,再结合实用性,赋予所设计对象美感,从而设计出最合适的作品。

2.视觉传达设计

很多人认为视觉传达设计就是"平面设计""图形设计",这样的认识有一定的局限性。虽然视觉传达设计最早起源于"平面设计"或称"印刷美术设计",但随着现代设计的范围逐步扩大,数字技术已经渗透到视觉传达设计的各个领域,多媒体技术手段对艺术与设计的影响和参与也越来越深。

视觉传达设计是指依据特定的设计目的,对信息进行分析、归纳,并通过文字、图形、色彩、造型等基本要素进行设计创作,是将可视化信息传达给受众并对受众产生影响的过程。

简单来说,视觉传达设计是通过视觉媒介表现传达给观众的设计。它是"给人看的设计,告知的设计"。视觉传达一般归纳为"谁""把什么""向谁传达""效果、影响如何"四个程序。在我们的生活中,视觉传达设计所涉及的领域有很多,如电视、电影、建筑物、造型艺术、各类设计产品,以及各种图标、舞台、文字设计等。

清华大学美术学院教授何洁认为,20世纪以来,数字化媒体的出现使社会环境发生了质的变化,静态的媒体时代已经不能完全满足新世纪的需求。视觉设计也渐渐超越了其原先的范畴,走向越来越广阔的领域。网络技术、数码艺术设计、数字电影电视、多媒体广告短片等相继登上历史舞台。人们企盼视觉传达设计在新精神、新艺术、新工具、新空间、新媒体空前发展的情形下,能够展现出神奇的风貌,满足各方面的需求。

3. 环境设计

环境设计专业是一个跨学科的综合性专业,是借助艺术的表现形式对建筑室内外空间环境要素进行改造和整合的一门实用艺术。该专业是艺术、科学与技术相互交流融合的产物,具有极强的集成性和综合性等品质特征。

环境设计专业解决的是人与自然环境的协调关系问题,其发展受到社会、文化、历史、经济、市场、科技等诸多方面的因素影响,需要建筑学、城乡规划学、风景园林学、心理学、社会学、历史学、宗教学、生态学、美学等多学科知识的支撑。

环境设计专业主要研究室内环境设计和室外环境设计两大内容,即以研究建筑内部空间、色彩、照明、家具、陈设、自然景物等诸要素关系为目标的室内环境设计,和以研究建筑外部空间、景观、绿化、雕塑、小品、设施等诸要素关系为目标的室外环境设计。通过设计,优化、完善、创新各种空间环境,达到使用功能的必需条件和视觉心理的美好享受。

环境设计以建筑学、城乡规划学为基础,是在建筑与规划基础之上的再创造,是建筑与规划的深化和完善。与建筑设计相比,环境设计更注重建筑的室内外艺术气氛的营造;与城乡规划设计相比,环境设计更注重规划细节的落实与完善;与园林设计相比,环境设计更注重局部与整体的关系。

4. 产品设计

产品设计是一个将某种目的或需要转换为一个具体的物理形式或工具的过程;是把一种计划、规划设想、问题解决的方法,通过具体的载体表达出来的一种创造性活动过程。在这个过程中,通过多种元素如线条、符号、数字、色彩等方式的组合把产品的形状以平面或立体的形式展现出来。

在我们的生活中产品设计无处不在。例如,一把勺子,什么材质,羹匙与长柄的比例如何,怎样的弧度更容易盛取食物?如何让儿童看到听诊器的时候不会感到陌生和害怕?怎样满足人们对绿色室内设计的要求?椅子怎样设计会让人坐着更舒服?一组移动抽屉,如何合理地搁置文件、档案、文具及隐藏纠缠的电线?一件珠宝,从首饰表现方式,到雕蜡、加工、镶嵌、金工制作,都是产品设计需要考虑的问题。怎样通过设计形成自己的产品风格,并将产品风格转化为品牌,实现产品的附加值是产品设计专业研究的主要内容。

好的产品设计,不仅能表现出产品功能上的优越性,而且便于制造,生产成本低,从而使产品的综合竞争力得以增强。所以说产品设计是集艺术、文化、历史、工程、材料、经济等各学科的知识于一体的创造性活动,是技术与艺术的完美结合,反映着一个时代的经济、技术和文化水平。

5. 数字媒体艺术

数字媒体艺术是一个技术与艺术相结合的专业,是电脑技术与艺术创意结合起来的信息时代的科学,如动漫动画、虚拟现实、数字摄影、数字音乐、数字游戏的设计和策划等,都是数字媒体艺术的内容。

作为与科技相结合的数字内容产业已经成为21世纪知识经济的核心产业。在美国,近几年的电脑动画片及其衍生产品的销售获得了巨额收益。在日本,媒体艺术、电子游戏、动漫卡通等产业也已超过钢铁业两倍,成为日本仅次于汽车业的第二大产业。日本目前直接运用电脑从事数字媒体艺术工作的有近10万人,每年还有30多万人接受数字媒体艺术教育与训练。韩国的数字媒体艺术产业,特别是游戏行业更是创下了令人瞩目的成绩,其数字内容产业已经超过汽车产业,从而成为第一大产业。

中国在数字媒体艺术行业刚刚起步,远不如欧美国家、日本、韩国的产业化发展,还带有很强的模仿痕迹"。大部分学校所开课程存在缺口,课程之间也有不少雷同内容,反反复复地学,有些知识点却是空白,核心主干课程缺少特色和绝对实力,跟国外的专业院校相比,国外"小而精",而我国"大而全"。

(五)就业分析

设计是一个讲究天分的职业,如果你确实有相关的兴趣和天分,设计类各专业的就业都是没有问题的。如果你不适合,很难在相关行业内立足。

设计学类专业不仅招收艺术类考生,也有少量高校招收普通类考生,有设计兴趣和天分的普通类考生也可以选择。

(六)各类院校推荐

1. 艺术设计学专业(如表12-5所示)

表12-5 艺术设计学专业推荐院校

分类	推荐院校
原985	清华大学、北京师范大学等
原211	武汉理工大学、湖南师范大学、苏州大学等
一流学科	中国美术学院等
保研资格	南京艺术学院、吉林农业大学、西安美术学院等
公办本科	山东工艺美术学院、成都师范学院、塔里木大学、湖南工业大学、河西学院等
民办本科	四川工业科技学院、大连艺术学院、四川文化艺术学院等

2. 视觉传达设计专业(如表12-6所示)

表12-6 视觉传达设计专业推荐院校

分类	推荐院校
原985	清华大学、西安交通大学、上海交通大学、同济大学等
原211	武汉理工大学、云南大学、安徽大学、江南大学、福州大学、郑州大学、中南财经政法大学、中国地质大学(武汉)、东北师范大学等
一流学科	中央美术学院、中国美术学院、宁波大学等
保研资格	深圳大学、鲁迅美术学院、浙江理工大学、大连工业大学、广西艺术学院、西安工程大学、西安美术学院、广西师范大学、四川师范大学、青岛大学等
公办本科	云南艺术学院、齐鲁工业大学、山东工艺美术学院、昆明学院、湖北美术学院、商丘师范学院、新余学院、郑州轻工业大学、渭南师范学院、吉林艺术学院等
民办本科	郑州科技学院、北京城市学院、上海建桥学院、大连艺术学院、上海视觉艺术学院、河北美术学院、燕京理工学院、闽南理工学院、西安欧亚学院、武汉东湖学院等

3. 环境设计专业(如表12-7所示)

表12-7 环境设计专业推荐院校

分类	推荐院校
原985	清华大学、天津大学、武汉大学、西北农林科技大学、华东师范大学等
原211	武汉理工大学、东北师范大学、中国地质大学(武汉)、云南大学、长安大学、中国矿业大学、苏州大学、江南大学等
一流学科	南京林业大学、中国美术学院、河南大学等
保研资格	西安建筑科技大学、大连工业大学、西安美术学院、山东建筑大学、浙江理工大学、西安工程大学、西南林业大学、广西艺术学院、广西师范大学、长沙理工大学等
公办本科	郑州轻工业大学、德州学院、吉林建筑大学、湖南工商大学、温州大学、渭南师范学院、安徽建筑大学、中原工学院、齐鲁工业大学、湖南理工学院等

续表

分类	推荐院校
民办本科	长春建筑学院、大连艺术学院、商丘工学院、河北美术学院、北京城市学院、江西科技学院、北海艺术设计学院、郑州科技学院、烟台南山学院等

4. 产品设计专业(如表12-8所示)

表12-8　产品设计专业推荐院校

分类	推荐院校
原985	清华大学、同济大学、东南大学等
原211	江南大学、北京工业大学、四川农业大学、武汉理工大学、福州大学等
一流学科	中央美术学院、中国美术学院、南京林业大学等
保研资格	大连工业大学、浙江理工大学、鲁迅美术学院、燕山大学、西安工程大学、湖北工业大学、中南林业科技大学、天津理工大学、长沙理工大学、山东科技大学等
公办本科	广州美术学院、郑州轻工业大学、湖北美术学院、山东工艺美术学院、齐鲁工业大学、湖南工业大学、江汉大学、成都大学、湖北工程学院、辽宁石油化工大学等
民办本科	武汉工程科技学院、北京城市学院、湖南涉外经济学院、闽南理工学院、北海艺术设计学院、厦门大学嘉庚学院、电子科技大学中山学院、福州外语外贸学院、上海视觉艺术学院、河北美术学院等

5. 数字媒体艺术专业(如表12-9所示)

表12-9　数字媒体艺术专业推荐院校

分类	推荐院校
原985	厦门大学、北京师范大学等
原211	中国传媒大学、东华大学、江南大学、北京林业大学、上海大学等
一流学科	中央美术学院、南京信息工程大学、首都师范大学等
保研资格	长沙理工大学、北京工商大学、天津师范大学、鲁迅美术学院、山西农业大学、大连工业大学、重庆邮电大学、浙江理工大学、浙江师范大学、山东师范大学等
公办本科	北京联合大学、吉林艺术学院、上海工程技术大学、广州航海学院、郑州轻工业大学、山西传媒学院、北京印刷学院、湖南工业大学、金陵科技学院、贺州学院等
民办本科	重庆工程学院、山西工商学院、浙江越秀外国语学院、北海艺术设计学院、吉林动画学院、泉州信息工程学院、四川传媒学院、厦门华厦学院、武汉学院、武汉传媒学院等

编委会名单

主　编：暴岗山　　千志勇

副主编：付晴晴　　姚　鹏　　皇甫学勇　　赵　坤
　　　　余　菲　　李进阳　　王　婕

编　委：方建树　　梁书琴　　王锦杰　　董欣欣
　　　　李爱军　　刁豪亮　　黄　克　　白光庆
　　　　韩青领　　刘尚波　　徐中涛　　彭贵兴
　　　　牛巧梅　　苗倩雯　　张银凤　　秦纪伦
　　　　夏新杰　　王艳玲

2022年河南省高考志愿填报一本通
（院校篇）

主 编 暴岗山 千志勇

河南大学出版社
·郑州·

图书在版编目(CIP)数据

2022年河南省高考志愿填报一本通.1,院校篇/暴岗山,千志勇主编.--郑州:河南大学出版社,2021.12
ISBN 978-7-5649-4935-8

Ⅰ.①2… Ⅱ.①暴… ②千… Ⅲ.①高等学校-招生-介绍-中国 ②毕业生-高中-升学参考资料 Ⅳ.①G647.32

中国版本图书馆CIP数据核字(2021)第260579号

2022年河南省高考志愿填报一本通(院校篇)
2022NIAN HENAN SHENG GAOKAO ZHIYUAN TIANBAO YIBENTONG(YUANXIAO PIAN)

责任编辑	孙增科
责任校对	林方丽
版式设计	陈 霞
封面设计	郭 灿
出版发行	河南大学出版社
	地址:郑州市郑东新区商务外环中华大厦2401号
	邮编:450046
	电话:0371-86059750(高等教育与职业教育出版分社)
	0371-86059701(营销部)
	网址:hupress.henu.edu.cn
排　版	河南宏运蓝图文化传媒有限公司
印　刷	河南育翼鑫印务有限公司
版　次	2021年12月第1版
印　次	2021年12月第1次印刷
开　本	787 mm×1092 mm　1/16　　总印张　46.75
字　数	1582千字　　　　　　　　　总定价　368.00元

(本书如有印装质量问题,请与河南大学出版社营销部联系调换。)

目 录

第一章 河南省普通高考招生政策解读 ... 1

- 第一节 河南省2021年普通高校招生录取控制分数线 ... 1
- 第二节 河南省2021年普通高等学校招生工作规定 ... 2
- 第三节 河南省2021年普通高校招生志愿填报及录取有关规定 ... 12
- 第四节 关于2021年普通高校艺术类专业招生工作省招办提醒考生 ... 20
- 第五节 普通高等学校招生体检工作指导意见 ... 22
- 第六节 平行志愿投档规则 ... 24
- 第七节 顺序志愿投档规则 ... 25
- 第八节 招生专有名词解读：大类招生、单列计划 ... 26
- 第九节 高校招生章程的"话外音" ... 28
- 第十节 军校招生 ... 31
- 第十一节 专科定向培养士官招生 ... 51
- 第十二节 公安院校招生 ... 69
- 第十三节 司法类招生 ... 82
- 第十四节 公费师范生招生 ... 87
- 第十五节 国家免费医学生招生 ... 125
- 第十六节 农村专项计划 ... 129
- 第十七节 少数民族加分政策与专项计划 ... 140
- 第十八节 定向就业招生 ... 144
- 第十九节 综合评价招生 ... 146
- 第二十节 强基计划招生 ... 149

第二章 2021年河南省普通高校招生各分数段对应院校统计 ... 153

- 第一节 本科一批、本科二批、高职高专批志愿填报 ... 153
- 第二节 本科一批（文科）各分数段对应可报考院校统计 ... 158
- 第三节 本科二批（文科）各分数段对应可报考院校统计 ... 164
- 第四节 高职高专批（文科）各分数段对应可报考院校统计 ... 175
- 第五节 本科一批（理科）各分数段对应可报考院校统计 ... 185
- 第六节 本科二批（理科）各分数段对应可报考院校统计 ... 195
- 第七节 高职高专批（理科）各分数段对应可报考院校统计 ... 212
- 第八节 各分数段对应可报考院校统计表格使用说明 ... 223

第三章 2019-2021年河南省普通高校招生平行投档信息统计 ... 227

- 第一节 2019-2021年河南省普通高校招生录取控制分数线 ... 227
- 第二节 2019-2021年河南省普通高校招生分数段统计（文科） ... 227
- 第三节 2019-2021年河南省普通高校招生分数段统计（理科） ... 243

第四节　2019—2021年河南省普通高校招生本科一批院校平行投档信息统计(文科)……………………261
　　第五节　2019—2021年河南省普通高校招生本科二批院校平行投档信息统计(文科)……………………280
　　第六节　2019—2021年河南省普通高校招生本科一批院校平行投档信息统计(理科)……………………313
　　第七节　2019—2021年河南省普通高校招生本科二批院校平行投档信息统计(理科)……………………344
　　第八节　2019—2021年河南省普通高校招生平行投档信息统计表格说明………………………………385
第四章　"双一流"建设学科……………………………………………………………………………………387
第五章　第四轮学科评估………………………………………………………………………………………393
　　第一节　本科专业类与研究生一级学科的对应关系……………………………………………………393
　　第二节　第四轮学科评估结果……………………………………………………………………………398
第六章　院校索引………………………………………………………………………………………………430

第一章 河南省普通高考招生政策解读

第一节 河南省2021年普通高校招生录取控制分数线

一、河南省2021年普通高校招生录取控制分数线（见表1-1）

表1-1 河南省2021年普通高校招生录取控制分数线

类别	录取批次	文化分数线(分)		专业分数线(分)		
		文科	理科			
普通类	本科一批	558	518	—		
	本科二批	466	400	—		
	高职高专批	200	200	—		
	备注：国家专项批和地方专项批执行本科一批分数线，专科提前批执行高职高专批分数线					
体育类	本科	373	336	110		
	专科	200	200	100		
艺术类	专业考试类别	本科A段	本科B段	专科	本科A段	本科B段	专科
	美术类	352	337	180	205	190	180
	音乐类	350	337	180	145	135	120
	艺术舞蹈类	320	305	180	155	145	135
	国际标准舞类	320	305	180	155	149	135
	播音与主持类	392	373	180	300	292	270
	表演类	352	337	180	164	161	145
	编导制作类	392	373	180	135	129	110
	书法类	352	337	180	228	223	190
	招生学校单独组织的专业考试类	337			达到省统考专业合格线并达到学校划定的校考合格线		
备注：艺术类文、理科执行相同分数线							

（注：艺术类表格中"专业考试类别"行的列标题"本科A段/本科B段/专科"前三列属于文化分数线，后三列属于专业分数线）

二、河南省2021年普通高校招生录取控制分数线划定情况问答

(一)今年普通类各批次录取控制分数线具体是多少?

答:经过严谨科学的分数线划定程序,确定各批分数线情况如下:本科一批文科558分、理科518分;本科二批文科466分、理科400分;高职高专批文、理科均为200分。

(二)今年普通类各批次录取控制分数线与去年相比如何?

答:今年,本科各批控制分数线与去年比,文科略有提升,理科有所下降,与评卷学科专家的分析及各科成绩统计情况一致。

(三)今年考生查询自己成绩的途径有哪些?

答:6月25日零时起,省招办将通过河南省招生办公室网站发布高考成绩,还将继续通过普通高招考生服务平台只读邮件向考生发送电子成绩单、录取信息以及高招体检报告。河南省招生办公室微信公众号也将向关注并绑定考生信息的考生一对一推送成绩和录取结果。

河南省各级政府为公众提供公共服务和政务服务的移动端官方"豫事办"小程序亦上线高考成绩及录取查询功能,为考生提供更便捷的高考查询服务。考生可在支付宝首页搜索"豫事办"小程序(安卓系统可在应用市场搜索下载"豫事办"APP),进入"高考成绩查询"、"录取结果查询"服务事项,查询自己的成绩及录取结果。

(四)今年如何做好志愿填报咨询服务?

答:6月25日至27日,省招办举行普通高招网上咨询活动,邀请在豫招生高校参加,为考生提供在线填报志愿咨询服务。考生可以通过河南省招生办公室官网、官微及河南招生考试信息网、"招生考试之友"微信公众号参加咨询。

6月25日-7月7日,省招办将联合河南广播电视台,举办2021年高招"网络面对面"视频直播活动,考生可通过"大象新闻"客户端参与有关活动。

(五)今年各批次志愿填报的时间是如何安排的?

答:考生志愿在网上填报,分三次进行:

1. 6月26日8:00—28日18:00。填报:军队招飞、本科提前批(公安、司法专科随该批)、国家专项计划本科批、艺术本科提前批、专升本、对口招生(本、专科)志愿;

2. 6月30日8:00—7月2日18:00。填报:艺术本科A段、艺术本科B段、特殊类型招生、本科一批、地方专项计划本科批、本科二批志愿;

3. 7月4日8:00—8日18:00。填报:专科提前批和高职高专批志愿。

(六)填报志愿有哪些注意事项?

答:考生必须在规定时间内严格按要求和规定程序完成志愿填报并保存,逾期不予补报。在规定的截止期前允许有2次修改,此后将无法更改。

考生网上填报志愿完成提交后,即视为与高校之间的志愿约定生效,录取时不得擅自放弃;考生的志愿信息任何人不得改动。县(市、区)招生考试机构依据考生网上保存的志愿信息打印出志愿表并加盖公章后存入考生档案。

考生填报志愿前应认真阅读有关高校招生章程、网上填报志愿的说明,依据省招办公布的招生专业计划,按有关规定和要求填报学校和专业志愿,并对所填报志愿的真实性和准确性承担责任。志愿须由考生本人填报,家长、老师、同学及其他任何人不得代替考生填报。

第二节 河南省2021年普通高等学校招生工作规定

为做好2021年普通高等学校(以下简称高校)招生工作,保障高校选拔符合培养要求的新生,根据有关

文件精神,制定本规定。

高校招生工作应贯彻公平竞争、公正选拔、公开透明的原则,德智体美劳全面考核、综合评价、择优录取新生。

一、报名

1. 符合下列条件的人员,可以申请报名:

(1)遵守中华人民共和国宪法和法律;

(2)高级中等教育学校毕业或具有同等学力;

(3)身体状况符合相关要求。

2. 下列人员不得报名:

(1)具有普通高等学历教育资格的高校在校生,或已被高校录取并保留入学资格的学生;

(2)高级中等教育学校非应届毕业的在校生;

(3)在高级中等教育阶段非应届毕业年份以弄虚作假手段报名并违规参加普通高校招生考试(包括全国统考、省级统考和高校单独组织的招生考试,以下简称高考)的应届毕业生;

(4)因违反国家教育考试规定,被给予暂停参加高考处理且在停考期内的人员;

(5)因触犯刑法已被有关部门采取强制措施或正在服刑者。

3. 报名办法:

按照《河南省招生办公室关于做好2021年普通高校招生报名工作的通知》(豫招普〔2020〕33号)文件要求办理。

二、考生电子档案

1. 考生电子档案是高校录取新生的主要依据。考生电子档案内容主要包括考生基本信息、思想政治品德考核鉴定或评语、高中学业水平考试成绩和反映学生综合素质的材料、体检信息、志愿信息、高考成绩信息、考生参加高校招生及有关考试的诚信记录(主要指高校招生考试、高中学业水平考试过程中违规的简要事实、处理结果,以及往年被录取的事实)等内容。考生电子档案须与考生报名登记表、体检表、报考学校(专业)志愿表等纸介质材料相对应部分的内容一致。

2. 各级招生考试机构要完善信息采集、确认、比对校验等办法,健全管理制度,确保考生相关信息的完整、准确、安全,确保考生电子档案与纸介质表或相应信息数据库内容一致。

3. 省招办按教育部规定的格式建立考生电子档案库。切实加强考生电子档案管理,电子档案库一经建立,任何人不得擅自更改。

三、思想政治品德考核

1. 思想政治品德考核主要是考核考生本人的现实表现。

考生所在学校或单位应对考生的政治态度、思想品德做出全面鉴定,并对其真实性负责。无就读学校或工作单位的考生原则上由所属的乡镇、街道办事处鉴定。鉴定内容应完整、准确地反映在考生报名登记表中。

2. 考生有下列情形之一且未能提供对错误的认识及改正错误的现实表现等证明材料的,应认定为思想政治品德考核不合格:

(1)有反对宪法所确定的基本原则的言行或参加邪教组织,情节严重的;

(2)触犯刑法、治安管理处罚法,受到刑事处罚或治安管理处罚且情节严重、性质恶劣,尚在处罚期内的。

四、身体健康状况检查

1. 报考高校的所有考生均须参加身体健康状况检查(以下简称体检),如实填写本人的既往病史。体检标准按教育部、原卫生部、中国残疾人联合会印发的《普通高等学校招生体检工作指导意见》和人力资源社会保障部、教育部、原卫生部《关于进一步规范入学和就业体检项目维护乙肝表面抗原携带者入学和就业权利的通知》等有关要求执行。考生如因身体等特殊原因,无法参加特定项目检查时,须出具体检医院相应材料。

2.体检工作由县级以上招生考试机构和卫生健康行政部门组织实施。考生的体检须在指定的二级甲等以上医院或相应的医疗单位进行。主检医师应由具有副主任医师以上职称、责任心强的医生担任。主检医院或相应的医疗单位须按有关要求对考生身体健康状况做出相应的、规范准确的体检结论,并对其真实性负责。体检结论由主检医师审核签字并加盖体检医院(医疗单位)公章方为有效。体检结论于体检结束后告知考生,并由其本人确认签字。非指定的医疗机构为考生做出的体检结论无效。

我省指定河南省人民医院为终检医院,省招办负责协调终检医院对有关方面有异议的体检结论做出最终裁定。

3.高校在《普通高等学校招生体检工作指导意见》等有关要求的基础上,可根据本校的办学条件和专业培养要求,提出对考生身体健康状况的补充要求。补充要求必须合法、合理,有详细的说明和解释,并在招生章程中向社会公布。

五、考试

1.教育部授权教育部考试中心、省级招生考试委员会或高校承担高校招生考试有关工作。

2.全国统考(含分省命题,下同)、省级统考试题的命制和参考答案、评分参考(一本通)的制订,分别由教育部考试中心、有关省级招生考试委员会负责。教育部授权有关高校自行命题的,按教育部有关规定办理。各级招生考试机构和高校要按照有关要求,结合本省本校实际,为残疾人平等报名参加考试提供合理便利。

3.全国统考、省级统考及高校自行命制的试题(包括副题、参考答案)、评分参考(一本通)等应按照教育工作国家秘密范围的有关规定严格管理。

4.各级招生考试委员会和有关高校均须按国家规定加强安全保密设施建设,完善安全保密规章制度,采取有效措施加强监督和检查,建立健全应急处置机制、值班制度和第一时间报告制度,确保安全保密工作万无一失。一旦发生失(泄)密事件,事发单位须在第一时间直接报省招办,并立即采取有效措施,防止失(泄)密范围的进一步扩大。省招办接到报告后须立即报省招生考试委员会和教育部。

5.考试必须在国家教育考试标准化考点举行。考点应设在县级以上人民政府所在地。若因特殊情况需要在县级人民政府所在地以外增设考点,须报经省招办批准。教育部授权有关高校组织的考试一般在标准化考点举行,确需安排在室外或其他场所的,应配备身份识别、防作弊和考试监控等功能设备。考务工作按照教育部及我省的有关考务管理规定执行。

6.我省高考科目设置为"3+文科综合/理科综合"。"3"为语文、数学(分文科数学、理科数学)、外语(含听力),是考生必考科目;文科综合(包括政治、历史、地理)和理科综合(包括物理、化学、生物),由考生根据本人情况选考其一。"文科综合/理科综合"每科满分为300分,其他各科满分均为150分,总分满分为750分。

报考体育、艺术类专业的考生,除参加文化科目考试外,还须通过相应的专业考试,专业考试由省招办和相关高校组织安排。

7.全国统考科目中的外语分英语、俄语、日语、法语、德语、西班牙语等6个语种,由考生任选其中一个语种参加考试。我省外语考试使用教育部考试中心统一命制的含有听力的试卷(其中笔试部分120分,听力部分30分),考生听力部分的测试成绩不计入总分,作为单列的一项成绩在投档时提供给高校参考;非听力部分120分换算为150分,换算办法:按考生非听力部分的卷面成绩乘以1.25,换算为外语科目成绩。

我省今年暂不组织报考外语专业考生的口试工作。

8.全国统考于6月7、8日举行,具体安排见表1-2。

表1-2　2021年全国统考科目及时间安排

日期 \ 时间 科目	9:00—11:30	15:00—17:00
6月7日	语文	数学
6月8日	文科综合/理科综合	外语

9.所有统考科目均实行网上评卷。省招办严格按照网上评卷有关工作要求和办法负责组织实施评卷工作,加强评卷工作人员管理,确保评卷过程安全、结果准确。高校有责任承担评卷工作任务。考试结束后,各地须配合做好考试内容改革的宣传工作,发挥高考的育人功能和积极导向作用,并按有关要求及时、准确上报有关考试信息。

10.省招办通过普通高招考生服务平台只读邮件向考生发送电子成绩单。考生也可在省招办公布的网站上查询本人成绩。除教育部规定的特定事项外,只能将考生的高考成绩信息提供给考生本人及有关投档高校,不得向考生所在中学及其他任何单位和个人提供。严禁公布、宣传、炒作高考"状元"和升学率。

11.考生对成绩有疑问的,可在规定的时间内到报考所在地的县(市、区)招生考试机构登记申请成绩复核。复核工作由招生考试机构组织进行,核查是否漏评、分数合计是否有误,不复核评分宽严。复核结果由当地招生考试机构以适当方式及时通知考生。

12.考生答题卡由省招办按国家秘密级事项管理保存至考试成绩发布后半年,保管期满按秘密级材料处理办法集中销毁。未经省招办批准,任何人不得接触考生答题卡。考生答题卡扫描图像、评卷信息等考试信息按国家秘密级事项管理。

六、招生章程

1.高校依据《中华人民共和国教育法》《中华人民共和国高等教育法》和教育部及我省有关规定制订本校的招生章程。

高校的招生章程是高校向社会公布有关招生信息的必要形式,其内容必须合法、真实、准确、表述规范,经主管部门依据国家有关法律和招生政策规定核定后方能向社会公布。招生章程一经公布,不得擅自更改。各高校在招生宣传(广告)中要准确描述本校的办学类型、层次,使用与办学许可证或批准文件相一致的学校名称,不得使用简称,国家另有规定的除外。学校法定代表人应对本校招生章程及有关宣传材料的真实性负责。高校依据招生章程开展招生工作。

高校须按教育部规定的时间将本校招生章程上传至中国高等教育学生信息网(http://gaokao.chsi.com.cn)"阳光高考"招生信息发布及管理平台(以下简称"阳光高考"平台);省内高校按照教育厅要求,通过"河南省普通高校招生章程核定系统"按时上传招生章程待核定申请材料。

2.高校招生章程主要内容包括:高校全称、校址(涉及分院、校区等均须注明),层次(本科、专科),办学类型(如普通或成人高校、公办或民办高校或独立学院、高等专科学校或高等职业技术学校等),招生计划分配的原则和办法,预留计划数及使用原则,专业教学培养使用的外语语种,身体健康状况要求,进档考生的录取规则(如对考生加分成绩的使用、投档成绩相同考生的处理、进档考生的专业安排办法等),学费标准,家庭经济困难学生资助政策及有关程序,颁发学历证书的学校名称及证书种类及其他信息,联系电话、网址,以及其他须知等。

高校制定的特殊类型招生办法须符合相关规定,且不得与本校招生章程内容相违背。高校特殊类型考试工作方案和招生办法经学校党委常委会研究确定后,报省教育厅核定。

3.高校应在规定的时间内,及时将经主管部门核定的招生章程在本校网站公布,并通过"河南省普通高校招生计划网上核对系统"填报本校公布招生章程的网址,省招办汇总并向社会及考生公布高校招生计划时一并公布高校网址。河南省招生办公室网站(http://www.heao.gov.cn)、河南招生考试信息网(http://www.heao.com.cn)链接教育部"阳光高考"平台,以便考生查阅高校招生章程。高校未按时在"阳光高考"平台传送招生章程或其内容不全、未经高校主管部门核定、与国家及我省规定不符而产生的有关问题,由招生学校负责处理。

七、填报志愿

1.志愿分批

(1)本科(非艺术类)志愿分为本科提前批(含体育、军队、公安、司法、地方公费师范生及其他有特殊要求的本科专业,公安、司法专科专业随该批录取)、国家专项计划本科批、本科一批、地方专项计划本科批、本科二批。本科提前批各类不得兼报,考生只能选报其中一类。

(2)艺术类本科分艺术本科提前批、艺术本科A段、艺术本科B段。

艺术类本科与非艺术类的本科批次录取同时进行，与非艺术类的本科提前批不能兼报，其他批次如出现兼报，按照各批次投档录取时间顺序进行投档。

（3）专科层次分专科提前批和高职高专批。专科提前批包括艺术、体育、定向培养士官、空乘、航海、医学、小学教育（全科教师）等专科，各类别不得兼报。

2. 志愿设置

（1）本科提前批（除体育类、地方公费师范生外）、专科提前批（除艺术、体育类外），第一志愿可填报 1 个高校志愿，第二志愿为平行志愿，可填报 1-4 个高校志愿，每个志愿可填报 1-5 个专业和是否同意调剂专业。

（2）本科提前批的体育类、地方公费师范生，国家专项计划本科批、本科一批、地方专项计划本科批、本科二批和高职高专批均实行平行志愿。本科提前批的体育类、地方公费师范生，国家专项计划本科批、本科一批、地方专项计划本科批可填报 1-6 个高校志愿；本科二批可填报 1-9 个高校志愿；体育类专科、高职高专批可填报 1-6 个高校志愿。每个高校志愿可填报 1-5 个专业和是否同意调剂专业。

（3）艺术本科提前批设 2 个志愿，每个志愿可填报 1 个高校，每个高校可填报 1 个专业和是否同意调剂专业。

美术、书法类专业在艺术本科 A 段、艺术本科 B 段、艺术专科批实行平行志愿，设 9 个志愿，每个志愿可填报 1 个高校，每个高校可填报 1 个专业；其他批次、其他类别为顺序志愿，设 2 个志愿，每个志愿可填报 1 个高校，每个高校可填报 1 个专业和是否同意调剂专业。

（4）设军队招收飞行学员（简称"招飞"）志愿，考生可填报 1 个高校志愿和 1 个专业志愿，海、空军招飞全面检测合格的考生方可填报。

（5）设特殊类型招生志愿（包括高校专项计划、高水平艺术团、高水平运动队招生），可填报 1 个高校志愿，每个高校可填报 1-5 个专业和是否同意调剂专业。已取得相应资格的考生，可在以上 3 类中选报 1 类，不得兼报。

（6）在相应批次设民族预科班志愿，可填报 1 个志愿。经省招办审核、公示合格的少数民族考生方可填报。

（7）定向就业招生专业在本科一批、本科二批等实行平行志愿的批次中，须填报在相应批次所规定的定向志愿栏中；在设有第一志愿的顺序志愿批次中，定向就业招生专业填在相应批次的第一院校志愿栏中。学生录取为定向生后，入学报到前应与培养学校和定向就业单位签订定向就业协议。填报定向西藏志愿的考生在志愿填报截止后三天内递交定向西藏就业承诺书。填报地方公费师范生志愿的考生，录取时须按照有关规定签订相关协议，入学时凭录取通知书和定向就业意向书报到。

3. 志愿填报时间

考生志愿在网上填报，分三次进行：

（1）6 月 26 日 8:00—28 日 18:00。填报：军队招飞、本科提前批（公安、司法专科随该批）、国家专项计划本科批、艺术本科提前批、专升本、对口招生（本、专科）志愿；

（2）6 月 30 日 8:00—7 月 2 日 18:00。填报：艺术本科 A 段、艺术本科 B 段、特殊类型招生、本科一批、地方专项计划本科批、本科二批志愿；

（3）7 月 4 日 8:00—8 日 18:00。填报：专科提前批和高职高专批志愿。

4. 志愿填报要求

（1）考生必须在规定时间内严格按要求和规定程序完成志愿填报并保存，逾期不予补报。在规定的截止期前允许有 2 次修改，此后将无法更改。

（2）考生网上填报志愿完成提交后，即视为与高校之间的志愿约定生效，录取时不得擅自放弃；考生的志愿信息任何人不得改动，否则，将依法依纪严肃追究有关人员的责任。县（市、区）招生考试机构依据考生网上保存的志愿信息打印出志愿表并加盖公章后存入考生档案。

（3）考生填报志愿前应认真阅读有关高校招生章程、网上填报志愿的说明，依据省招办公布的招生专业计划，按有关规定和要求填报学校和专业志愿，并对所填报志愿的真实性和准确性承担责任。志愿须由考生本人填报，家长、老师、同学及其他任何人不得代替考生填报。因考生本人填报疏漏或失误或未按规定程序操作造成的后果，由考生本人承担责任。

5.各级招生考试机构和高级中等教育学校要组织力量,加强对考生志愿填报的政策解读和技术指导。考生填报志愿结束前各级招生考试机构不得将考生高考成绩提供给高校。

6.对生源不足的高校进行网上征集志愿。未被录取且符合征集条件的考生可以重新填报志愿。

八、录取

1.高校录取新生工作在省招生考试委员会领导下,由省招办组织实施,实行计算机远程网上录取。各高校应在校内采取远程异地方式开展录取工作。录取期间,高校和省招办要保证相互通信联络的畅通。

2.高校和省招办按照"学校负责、招办监督"的原则实施新生录取工作。高校应按照向社会公布的招生章程中的录取规则进行录取,并将普通高中学业水平考试成绩和综合素质评价结果作为学校招生录取时的重要参考。对思想政治品德考核合格、身体健康状况符合相关专业培养要求、投档成绩达到同批录取控制分数线并符合学校调档要求的考生,是否录取以及所取的专业由高校自行确定,高校负责对已投档但未被录取考生的退档原因做出解释,高校不得超计划录取。省招办负责监督在本地区招生高校执行国家招生政策、招生计划情况,纠正违反国家招生政策、规定和违背录取规则等行为。

3.高校录取新生要按照远程网上录取的规定程序,按时完成调档、阅档、审核、预录、退档等各环节工作,保证考生电子档案正常流转和录取工作顺利进行。对超过时间未按要求完成相关环节工作的高校,省招办应主动与之沟通,对无故拒绝联系或故意拖延时间的高校,省招办可根据所发出的考生电子档案按照该高校计划数及录取规则将考生电子档案设置为预录取状态,同时立即书面通知该高校,并将有关情况上报教育部备案。

4.同一高校、同一学历层次、同一招生类型的招生计划在同一省(区、市)原则上应安排在同一批次录取。高校中外合作办学专业须与高校在同一地区招生的其他专业安排在同一批次录取。除军事、公安、飞行学员、公费师范生、农村订单定向医学生、部分艺术体育专业、航海类等艰苦专业、全国重点马克思主义学院的马克思主义理论专业以及其他经教育部批准的特殊高校(专业)、有关高校综合评价招生等教育部规定可安排在提前批次录取的情况外,其余高校和专业一律不得安排在提前批次录取。高校相关专业的录取批次安排与上一年度有变化的,省招办应事先与高校沟通协商。

5.录取工作分批进行,依次为本科提前批、国家专项计划本科批、本科一批、地方专项计划本科批、本科二批、专科提前批和高职高专批。

(1)强基计划在录取工作全面开始前按照高校提供的拟录取名单办理录取手续。

(2)军队招飞安排在本科提前批之前录取。如军队招飞未被录取,考生仍可参加提前录取批次的军队、公安、司法、民航等院校的录取。

(3)参加本科提前批录取的院校或专业为:体育类、军队院校、公安类(本、专科专业)、司法类(本、专科专业)、飞行学员、航海类本科专业、教育部直属高校免费师范类、地方公费师范生本科专业、免费医学定向就业类、外国语言文学类(非英语)专业、全国重点马克思主义学院的马克思主义理论专业,经批准实行综合评价模式招生等教育部规定可安排在提前批次录取的高校或专业。

(4)国家专项计划本科批安排在本科提前批结束后、本科一批开始前录取;地方专项计划本科批安排在本科一批结束后、本科二批开始前录取;特殊类型招生志愿在本科一批之前投档录取。

(5)参加本科一批录取的院校或专业为:"双一流"建设高校和经我省批准的高校本科专业。

(6)参加本科二批录取的院校或专业为:除参加本科提前批和本科一批录取的院校和专业之外的其他高校本科专业。

(7)参加专科提前批录取的院校或专业为:有特殊要求的专科专业。

(8)参加高职高专批录取的院校或专业为:其他无特殊要求的普通类专科专业。

6.艺术类本科录取依次为艺术本科提前批、艺术本科A段、艺术本科B段。原则上,经教育部批准的独立设置的本科艺术院校(含部分艺术类本科专业参照执行的高校)、可不编制分省计划的高校以及"双一流"建设高校的艺术类本科专业参加艺术本科提前批录取;艺术本科提前批以外的公办高校和经我省批准的高校的艺术类本科专业参加艺术本科A段录取;独立学院、民办院校的艺术类本科专业参加艺术本科B段录取。

7.省招生考试委员会根据各录取批次招生计划数和考生的统考成绩,按文、理科分别划定各批次录取控制分数线,并分别划定艺术及体育类本、专科专业录取控制分数线和文化录取控制分数线。

国家专项计划本科批和地方专项计划本科批均执行本科一批分数线。

8. 在投档成绩达到同批录取控制分数线的考生中,根据投档比例,省招办向高校投放考生电子档案。

9. 本科提前批的军队、公安及其他有特殊要求的普通类院校(非艺术、体育类)第一志愿批量投档比例,一般省外普通高校按不超过招生计划数的120%确定,省内高校和军队院校不超过招生计划数的110%,后续补充投档按计划余额1∶1投档。

10. 本科提前批的地方公费师范生、国家专项计划本科批、本科一批、地方专项计划本科批、本科二批和高职高专批实行平行志愿投档,投档原则为"分数优先,遵循志愿,一轮投档"。即:由高考成绩总分加上照顾政策分值后生成排序成绩,按排序成绩分科类从高分到低分排定位次,然后按位次优先的原则,根据考生平行志愿的自然顺序从前到后进行检索,一经检索到计划未满额的学校,即向该校投档;排序成绩相同的考生,依次按语文、数学、外语听力成绩排序。

本科一批、本科二批在正式投档前进行模拟投档,省招办按计划数105%以内适当比例向高校提供上线生源情况,高校应根据本校计划和生源分布情况,合理提出调档比例意见,省招办根据高校调档比例意见进行模拟投档。高校根据模拟投档情况在正式投档前完成计划调整,调档比例原则上控制在105%以内,并确保符合录取规则的调档考生能够录取。省招办根据高校最终确定的调档比例进行正式投档。

平行志愿一次性投档录取后,未录满的计划向社会公布征集志愿。对计划余额不大的高校,在原分数线上征集;对计划余额大的高校征集志愿时视情况降分备档。征集志愿后线上生源仍不足的,降分投档,降分幅度一般不超过20分。当次征集志愿的计划只按考生当次所报的征集志愿投档。征集志愿平行志愿投档后,根据计划余额和生源情况进行补档。

艺术类平行志愿投档办法按艺术类招生文件执行。

体育类平行志愿投档办法按体育类招生文件执行。

11. 特殊类型招生志愿投档时,根据入选资格考生(含高校专项、高水平运动队和高水平艺术团)高考成绩总分、高校给予的优惠分值和高校模拟投档线进行投档。

12. 除军事、国防和公共安全等部分特殊院校(专业)外,高校不得规定男女生录取比例,不得对报考非外国语言文学类专业的考生作统考外语语种限制,不得在国家政策规定外作其他限制。

13. 有下列情形之一的考生,可在统考成绩总分基础上加20分投档;达到高校投档条件的,由高校审查决定是否录取:

(1)烈士子女;

(2)在服役期间荣立二等功(含)以上或被战区(原大军区)以上单位授予荣誉称号的退役军人。

14. 下列考生可在统考成绩总分基础上加10分投档,达到高校投档条件的,由高校审查决定是否录取:

(1)自主就业的退役士兵;

(2)归侨、华侨子女、归侨子女、侨眷和台湾省籍(含台湾户籍)考生。

15. 少数民族考生可在统考成绩总分基础上加5分投档,达到高校投档条件的,由高校审查决定是否录取。

16. 第13条、第14条、第15条加分规定不累加计算,即同时享受两种以上可以加分投档的考生只按加分较多的一项计算,最多不超过20分。符合以上加分规定的考生,须经过本人申报,省、省辖市、县(市、区)招生考试机构审核并逐级公示后方予认可。高级中等教育学校还须按有关规定公示到考生所在班级。未经公示的考生及其加分项目、分值不得计入投档成绩并使用。

17. 平时荣获二等功或者战时荣获三等功以上奖励的军人的子女,一至四级残疾军人的子女,因公牺牲军人的子女,驻国家确定的三类以上艰苦边远地区和西藏自治区、解放军总部划定的二类以上岛屿工作累计满20年军人的子女,在国家确定的四类以上艰苦边远地区或者解放军总部划定的特类岛屿工作累计满10年的军人的子女,在飞或停飞不满1年或达到飞行最高年限空勤军人的子女,从事舰艇工作满20年军人的子女,在航天和涉核岗位工作累计满15年的军人的子女,参加全国统考录取并达到有关高校投档要求的,在与其他考生同等条件下,应予以优先录取。

公安烈士、公安英模和因公牺牲、一级至四级因公伤残公安民警子女参加全国统考录取的,按照《关于进一步加强和改进公安英烈和因公牺牲伤残公安民警子女教育优待工作的通知》(公政治〔2018〕27号)的有关规定执行。国家综合性消防救援队伍人员及其子女参加全国统考录取的,参照军人有关优待政策执行。退出部队现役的考生、残疾人民警察参加全国统考录取并达到有关高校投档要求的,在与其他考生同等条件下优先录取。

经共青团中央青年志愿者守信联合激励系统认定获得5A级青年志愿者的以及农村户籍的独生子女参加全国统考录取,并达到有关高校投档要求的,在与其他考生同等条件下优先录取。

18. 定向就业招生计划在本校调档分数线上不能完成计划的,可在本校调档分数线下20分以内、同批录取控制分数线以上补充投档,定向西藏的可在本校调档分数线下40分以内补充投档。高校根据考生定向志愿择优录取。若仍完不成的定向就业招生计划,在实行平行志愿的批次,根据计划余额征集志愿或就地转为非定向就业招生计划后征集志愿,非平行志愿批次则就地转为非定向就业招生计划执行。

地方公费师范生、免费医学定向就业类等有特殊要求的,按有关规定执行。

19. 民族预科班招生随高校相应的批次录取。本科预科班、专科预科班、民族班录取分数线分别不得低于所在批次有关高校提档分数线以下80分、60分、40分。我省高校如果生源不足,剩余计划全省统一调整使用。

20. 对各批(不含艺术、体育等提前批)第一志愿填报农、林院校的考生,以及报考军队院校飞行与指挥专业的检测与政审合格考生,如生源不足,可在录取控制分数线下20分内投档。

省外农林院校对此项规定是否认可,须在报送生源计划时明确意见,我省将随生源计划一并向社会公布。

21. 高校及其主管部门要切实加强对调整计划使用的管理和监督。高校应集体研究决定本校调整计划的使用,调整计划应安排在生源人数多、质量好的省(区、市)使用。省招办根据高校提出的调整计划数及其使用的有关要求,经核实确认后,于同批次投档前投放,并在高校所在批次录取控制分数线上按照调整后的计划数、考生志愿及分数进行投档。高校负责处理因调整计划使用不当造成的遗留问题,不得降低录取标准指名录取考生,严禁利用调整计划指名录取考生或向考生收取与录取挂钩的任何费用。省级招办不得为争取计划随意放宽录取政策或降低分数要求。

高校生源计划调整必须在其招生规模内,征得有关省级招办和高校主管部门的同意。未完成的生源计划,须在生源计划所在地公开征集志愿录取。

22. 对高考成绩达到要求、身体条件能够完成所报专业学习、生活能够自理的残疾考生,高校不能因其残疾而不予录取。

23. 高校须将拟录取考生名单(包括统考、保送、单独考试拟录取的考生等)标注录取类型后,报生源所在地省级招办核准,并增补或调整相应计划。省招办核准后形成录取考生数据库,并据此打印相应录取考生名册,加盖省招办录取专用章,作为考生被有关高校正式录取的依据,予以备案,并寄送给有关高校。

高校根据经省招办核准备案的录取考生名册填写录取通知书,经校长签发并加盖本校校章后,连同有关入学报到须知和资助政策办法等相关材料一并直接寄送被录取考生。高校、中学等任何单位和个人不得扣押考生录取通知书。录取通知书寄递工作要按照《教育部办公厅国家邮政局办公室关于进一步做好2020年高校录取通知书寄递工作的通知》(教学厅函〔2020〕23号)执行。

24. 考生纸介质档案(包括考生高级中等教育阶段档案和考生报名登记表、体检表、志愿表等),由县(市、区)招生考试机构统一管理,不得交由中学代管。档案材料必须齐全、完整。已录取考生的纸介质档案经县(市、区)招生考试机构密封后,由考生本人凭录取通知书、准考证、身份证到县(市、区)招生考试机构领取,报到时交给录取高校。领取档案时考生和县(市、区)招生考试机构工作人员双方要履行签字交接手续。

各级招生考试机构要加强对纸介质档案的管理,不得将未经省招办核准录取的考生档案提供给高校或个人。档案保存期为录取结束后半年,保存期满县(市、区)招生考试机构将考生高级中等教育阶段档案退回其毕业中学,高考报名登记表、体检表、志愿表等按秘密级材料销毁。

25. 除按规定应向社会公开的信息外,对属于考生个人信息及有关录取过程中需要阶段性保密的工作内容,任何单位和个人不得擅自向他人提供或向社会公开,严禁非法传播、出售。

26. 我省普通高校录取的本省新生,入学后一律不办理户口迁移手续。学生毕业后,凭《毕业证》、《就业报到证》、接收单位证明到户口所在地公安派出所办理户口迁移手续。被外省高校录取的新生,按国家规定执行。

27.考生收到录取通知书后,应及时通过省招办或高校指定的信息发布渠道进行核实和确认。考生凭录取通知书并按高校规定的时间及有关要求,办理报到等手续;不能按时报到的,应向高校提出书面申请,经同意后方可延期报到。

高校根据经省招办核准的录取考生名单和本校核发的已录取考生所持录取通知书,按有关规定及要求为新生办理入学等相关手续。

对未经高校同意逾期不报到的考生,视为自行放弃入学资格。高校应将自行放弃入学资格的考生名单(含考生号)按生源所在省(区、市)分别汇总,于本校规定的正常报到截止日期以后20日之内报送有关生源所在省级招办。严禁高校为未报到考生注册学籍。

填报志愿是考生自我承诺与高校的约定,对于在普通高校招生录取中不履行志愿约定的考生,当批次录取电子档案停止运转;对录取后不入学实际就读等造成招生计划浪费的,下一年报名参加高考将限制其填报志愿的学校数量,在实行平行志愿的各批次,允许其填报志愿的学校数不超过2个。考生履行志愿约定情况将如实记入其个人电子档案,在普通高招录取中向高校提供,高校可以作为对考生品德衡量的依据。

28.招收保送生的高校须按规定时间将本校已测试合格拟录取的保送生数据库上传至教育部"阳光高考"平台(http://gaokao.chsi.cn)。省招办在"阳光高考"平台上审核确认后下载数据并按程序办理录取审批手续,及时将保送生录取名册寄至相关高校。

单独组织招生考试的高校须在相关文件规定的时间内向省招办报送有关拟录取数据和书面报告。

录取结束后省招办按教育部规定的时间上报录取数据库(包括统考、保送、单独考试录取的考生等),作为新生学籍电子注册的依据。

常规录取工作结束后,我省本、专科层次招生均不组织补录。

29.由于网络传输、工作失误等其他因素造成的招生遗留问题,由省招办和高校通过协商,妥善解决。

九、信息公开公示

1.建立分级负责、规范有效的国家、地方、高校、中学等多级高校招生信息公开制度。高校招生信息公开工作要做到信息采集准确、公开程序规范、内容发布及时。

各级教育行政部门、招生考试机构、高校和中学应按照各自职责和有关要求,分别公开招生政策、高校招生资格、高校招生章程、高校招生计划、考生资格、录取程序、录取结果、咨询及申诉渠道、重大违规事件及处理结果、录取新生复查结果等相关信息。

省招办负责公布有关招生政策、招生来源计划、考生咨询及申诉渠道、重大违规事件及处理结果、考生统考成绩和录取结果的查询办法、各录取批次控制分数线、填报志愿和录取时间安排、各录取批次未完成的分专业招生计划;公示享受照顾政策类别及具有相应资格的考生等。高校在其网站上公布本校招生计划、招生章程、录取结果查询办法;公示取得本校保送生资格学生以及特殊类型招生测试合格的考生名单。各省辖市、县(市、区)教育行政部门、招生考试机构和中学分别在其所在地公示本地区、本校享受照顾政策类别及具有相应资格的考生等。

根据招生类型不同,公示的考生资格信息应包括姓名、性别、所在中学(或单位)、享受照顾政策类别、资格条件、测试项目、测试成绩、合格标准、拟录高校及专业和录取优惠分值等。

特殊类型招生的资格考生信息和录取要求须及时上传教育部"阳光高考"平台进行公示,未经公示的考生不得录取。

2.省教育厅、省招办和高校公示的信息保留至当年年底。市、县(市、区)招生考试机构和中学公示的考生有关信息,上报前至少公示10个工作日,并保留至当年8月底。

3.各级教育行政部门、招生考试机构、高校和中学要在公示有关信息的同时,提供举报电子信箱、电话号码、受理举报的单位和通讯地址,并按照国家有关信访规定对举报事项及时调查处理。

十、新生入学复查

新生入学后,高校应认真组织复查,对不符合条件或有舞弊行为的,取消入学资格,考生档案退回考生所在县(市、区)招生考试机构。

十一、招生经费

1. 按照国家文件要求，各省辖市、县（市、区）招生经费由地方教育事业费列支。高校招生经费由本校事业费列支。

2. 考生报名时应按《关于调整我省高校招生报名考试收费标准的通知》（豫价费字〔2000〕145号、豫财预外字〔2000〕21号、豫教财字〔2000〕59号）文件核定的标准缴纳报名考试费，按《河南省人民政府关于公布取消停止征收和调整有关收费项目的通知》（豫政〔2008〕52号）文件规定缴纳电子信息采集费。

高校（含单独组织考试招生的高校）按《关于收取普通招生网上录取费的通知》（豫财办综〔2005〕50号）文件规定缴纳网上录取费。

3. 各地对参与命题、试卷监印、安全保密、监考、巡考、评卷、录取等工作的招生考试工作人员，应付给相应的劳动报酬。具体办法由各地教育行政部门及有关高校协调有关部门根据实际制定。

十二、对违反规定行为的处理

1. 考生、考试工作人员、社会其他人员在高校招生的报名、考试、录取等各环节出现违规行为的，严格按照《中华人民共和国教育法》《国家教育考试违规处理办法》（教育部令第33号）和《普通高等学校招生违规行为处理暂行办法》（教育部令第36号）确定的程序和规定严肃处理，依法依规追究当事人及相关人员责任；涉嫌犯罪的，应严格按照《中华人民共和国刑法》《最高人民法院、最高人民检察院关于办理组织考试作弊等刑事案件适用法律若干问题的解释》等有关规定，及时移送司法机关追究法律责任。对公职人员违规违纪的，依据《中国共产党纪律处分条例》《行政机关公务员处分条例》和《事业单位工作人员处分暂行规定》等相关规定严肃处理。对因教育行政部门、招生考试机构、高校疏于管理，造成考场秩序混乱、作弊情况严重、招生违规严重的党员，依照《中国共产党问责条例》等对直接责任人和负有领导责任的人员，依纪依规进行严肃追责问责。对违规承诺争抢生源的高校和工作人员，要追究相关责任。

授权省级招生考试委员会组织的省级统一考试和授权高校组织的单独招生考试及强基计划、保送生、综合评价试点、高水平艺术团、高水平运动队、艺术体育类专业、运动训练和民族传统体育、高职分类招考等类型招生考试均属国家教育考试的组成部分，按照上述法律法规及党内法规执行。对在上述类型招生考试中违规的考生、高校、中学及有关工作人员要进行从严查处。其中，凡提供虚假个人信息或申请材料的，均应当认定为在国家教育考试中作弊，取消其相关类型招生的报名、考试和录取资格，同时通报有关省级招生考试机构或教育行政部门取消其当年高考报名、考试和录取资格，并视情节轻重给予暂停参加各类国家教育考试1-3年的处理。

对违规参加高校招生考试的高级中等教育学校非应届毕业的在校生，取消其当年高校招生考试各科成绩，同时给予其应届毕业当年不得报名参加高校招生考试的处理。

2. 考生或者其法定监护人认为所报考高校的招生录取行为违反本规定或其他相关规定的，可向所报考高校提出异议、申诉或者举报。高校应当进行调查、处理，属于对政策执行存在异议的，应当及时书面或者口头答复申请人；属于对违规违纪行为举报的，应当组织纪检监察机构或者专门的招生监督机构进行调查，并按照信访条例和有关规定做出书面答复。

考生或者其监护人对高校做出的政策解释不服的，可以向省招办申请复查；对违规违纪行为举报的处理不服的，可以向省招办或者省教育厅申请复查。对复查结论不服的，可以按照相关规定向省教育行政部门、招生考试机构的上级机关提出复核。

十三、附则

1. 普通高校联合招收华侨港澳台学生，按有关规定执行。

经批准的部分高校单独考试招生和各种特殊类型招生，按教育部和省教育厅有关规定执行。

全国统考的考务工作，由省招办根据教育部有关规定并结合我省实际做出规定。

2. 普通高校对口招收中等职业学校应届毕业生和普通高等学校专科应届毕业生升入本科阶段学习的招生办法，按有关规定执行。

3. 现役军人报考高校，按中央军委有关部门的规定办理。

第三节　河南省2021年普通高校招生志愿填报及录取有关规定

一、河南省2021年普通高校招生志愿填报及录取时间安排（见表1-3）

表1-3　河南省2021年普通高校招生志愿填报及录取时间安排

批次	志愿填报时间	录取时间	征集志愿填报时间	备注
本科提前批	6月26日8:00—6月28日18:00	7月8日—9日	7月11日 8:00—18:00	体育类本科同批进行
国家专项计划本科批		7月10日		公安、司法专科同批进行
本科一批	6月30日8:00—7月2日18:00	7月15日—20日	7月22日 8:00—18:00	特殊类型招生(含高校专项、高水平艺术团、高水平运动队)同批进行
地方专项计划本科批		7月20日—21日		
本科二批		7月26日—30日	7月31日 8:00—18:00	
专科提前批	7月4日8:00—7月8日18:00	8月3日—5日	8月6日 8:00—18:00	
高职高专批		8月9日—11日	8月12日 8:00—18:00	
体育本科	6月26日8:00—6月28日18:00	7月8日—9日	7月11日 8:00—18:00	与普通类本科提前批同时录取
体育专科	7月4日8:00—7月8日18:00	8月3日—5日	8月6日 8:00—18:00	专科提前批录取
艺术类本科提前批	6月26日8:00—6月28日18:00	7月8日—11日	7月12日 8:00—12:00	
艺术本A段	6月30日8:00—7月2日18:00	7月14日—17日	7月18日 8:00—18:00	与普通类本科提前批、本科一批同时录取
艺术本B段	6月30日8:00—7月2日18:00	7月21日—23日	7月24日 8:00—18:00	
艺术类专科	7月4日8:00—7月8日18:00	8月3日—5日	8月6日 8:00—18:00	专科提前批录取

二、河南省2021年普通高校招生志愿填报及录取有关规定

1. 填报志愿注意事项

（1）考生需首先登录河南省招生办公室网站（http://www.heao.gov.cn），然后点击首页服务大厅中的"河南省普通高校招生考生服务平台"，在登录界面输入考生号、身份证号和报名时使用的密码登录系统（开

通动态密码的考生登录成功后还需输入动态密码)并填报志愿。网上志愿填报系统于6月26日开通。考生要妥善保管好自己的密码,不要把密码透露给他人,更不要让他人代替填报志愿。如忘记密码,可利用河南省普通高校招生考生服务平台的"忘记密码"功能进行密码重置,考生如无法自行重置密码,请本人持准考证和身份证到报名所在地的招生考试机构重置,对口招生、专升本考生可本人持准考证和身份证到就近市县招生考试机构重置。开通动态密码的考生关注"河南省招生办公室"微信公众号,然后通过微服务→密码验证查看动态密码,省招办建议考生在微服务→考生服务菜单中绑定考生号获取更好的信息与安全服务,如动态密码使用出现问题也可按照重置密码的办法前往市县招生考试机构重置。

(2)考生必须在规定时间内完成志愿填报并保存,在规定的截止期前可以进行不超过两次的修改,以网上最后一次保存的志愿为准,填报时间截止后将无法更改。考生网上填报志愿完成提交后,即视为与高校之间的志愿约定生效,录取时不得擅自放弃;考生的志愿信息任何人不得改动,否则,将依法依纪严肃追究有关人员的责任。县(市、区)招生考试机构依据考生网上保存的志愿信息打印出志愿表并加盖公章后存入考生档案。

考生在当次志愿填报时间截止前,若想放弃所填志愿,可以在志愿浏览页面下方直接点击"放弃已填报志愿"进行志愿放弃操作。由于放弃操作将取消考生已报的志愿,并且考生无法再次报考被放弃的志愿,系统为了确保安全,根据考生账号绑定的安全措施验证考生身份。普通类本科提前批、艺术提前本科批、体育类本科批共用一个"放弃志愿"按钮,一旦点击,则上述类别的这些批次全部放弃,不能再填报。艺术本科A段、本科B段同批次中平行志愿和顺序志愿共用一个"放弃志愿"按钮,普通类专科提前批各类别、体育类专科、艺术类专科(美术和书法类)及艺术类专科(非美术和书法类)也是共用一个"放弃志愿"按钮,操作办法同上。放弃志愿操作界面也有相应的提醒。放弃操作成功,考生将不能再填报当前该批志愿。

(3)考生填报志愿应以《招生考试之友》合刊"专业目录"(以下简称《专业目录》)公布的招生高校、专业名称和代号为准,各批次志愿中的高校和专业代号必须与《专业目录》相应录取批次中公布的高校和专业代号相一致,否则将无法录取。要注意分清科类,文科考生要从文科类《专业目录》中选择高校和专业,理科考生要从理科类《专业目录》中选择高校和专业。同样,体育、艺术、军事、公安、司法等类考生要注意从相应类别中选择高校和专业。

(4)选报志愿需了解招生政策和规定,认真查阅《专业目录》中有关院校和专业情况,重点了解拟填报院校的各项信息,特别是高校的招生章程,章程中有学校的办学地点、招生说明、招生要求以及明确的录取规则。例如对相关科目成绩或加试要求,对加分或降低分数要求,投档及投档成绩相同考生的处理,对进档考生的录取规则和专业安排办法等。高校招生章程在"教育部阳光高考信息平台"统一公布,在河南省招生办公室网站和《专业目录》中也有相关的网址或链接。高校招生章程内容如有与国家及我省招生政策相悖的,以国家及我省的政策为准。

(5)提前录取批次中,地方公费师范生、体育、艺术、军事、公安、司法院校以及其他有特殊要求的高校,对考生都有不同的限制,如政治条件、身体条件、专业术科成绩等,有的要提前进行面试、政审、体能测试,本科提前批次中,除军队招飞志愿外,其余志愿都在同时录取,无法兼顾投档,因此,考生只能选报其中一类,不得兼报。专科提前批包括艺术、体育、定向培养士官、空乘、航海、医学、小学教育(全科教师)等有特殊要求的专业类别,各类别不得兼报。

(6)普通类本科提前批(除地方公费师范生)、专科提前批第一志愿设1个高校志愿,1-5个专业和是否同意调剂(专业),第二志愿为平行志愿,设1-4个高校志愿,每个高校可以填报1-5个专业和是否同意调剂(专业)。

(7)填报国家专项计划、高校专项计划和地方专项计划志愿应注意:通过相应专项计划资格审核的考生方可填报。国家专项计划和地方专项计划均单独设立批次,执行本科一批分数线。高校专项计划纳入特殊类型招生志愿,考生应在特殊类型招生志愿栏填报。考生如同时符合三个专项计划的资格,志愿可以兼报。

(8)特殊类型招生志愿(含高水平艺术团、高水平运动队、高校专项计划):已取得相应报考资格的考生,可在3类中选报1类,填报1个相应的高校志愿,1-5个专业和是否同意调剂(专业)。高水平运动队考生,其取得资格的高校无论在哪一批次录取,选报该志愿必须填在特殊类型招生志愿栏内。

(9)平行志愿设置及投档规则:本科提前批的地方公费师范生、国家专项本科批、本科一批、地方专项本科批、本科二批和高职高专批以及体育类、美术类和书法类专业在艺术本科A段、艺术本科B段和艺术专科批设置为平行志愿。本科提前批的地方公费师范生考生可以填报1-6个高校志愿,每个高校可以填报1-5个专业,不能调剂专业;本科一批、体育类和高职高专批次,考生可以填报1-6个高校志愿,每个高校可以填报1-5个专业和是否同意调剂(专业);本科二批考生可以填报1-9个高校志愿,每个高校可以填报1-5个专业和是否同意调剂(专业);艺术类平行志愿设置按艺术招生文件执行。

平行志愿投档原则为"分数优先,遵循志愿,一轮投档"。即:由高考成绩总分加上照顾政策分值后生成排序成绩,按排序成绩分科类从高分到低分排定位次,然后按位次优先的原则,根据考生平行志愿的自然顺序从前到后进行检索,一经检索到计划未满额的学校,即向该校投档;排序成绩相同的考生,依次按语文、数学、外语听力成绩排序。

实行平行志愿的批次,考生在填报时应考虑在高校顺序上保持一定的梯度。其他为顺序志愿,只有当院校第一志愿生源不足时才起作用,所以考生应把估计第一志愿生源不足的院校作为第二志愿的主要选报对象,并注意在院校顺序上有一定梯度;专业志愿也应拉开档次,合理搭配。

(10)填报征集志愿应注意:每批次录取结束时对生源不足的学校,公开征集志愿。届时未被投档且满足成绩等条件要求的考生可以选择填报征集志愿。考生应确认自己尚未被任何院校录取,已被录取、预录取及阅档状态的考生不可填报。剩余计划量大的院校或专业可能会降分征集志愿,考生应进一步查阅《专业目录》及院校招生章程的对应内容,全面了解专业情况和学费标准。征集志愿投档时,以当次征集的志愿为投档依据,即使原来报有这些学校志愿,也应重新填报志愿。除了艺术非美术、书法类外,征集志愿均按平行志愿投档。

(11)少数民族预科班志愿的考生可以选报一个招收预科班的高校。预科班分专业方向的,每个高校可填报1-5个预科班专业方向和是否同意调剂(专业)。

2. 艺术类高校(或专业)志愿填报和录取有关规定

专业省统考成绩合格并参加全国普通高等学校招生文化课统一考试且成绩达到相应分数线的考生可按艺术类填报志愿。

艺术类分艺术本科提前批、艺术本科A段、艺术本科B段、艺术专科批。美术类、书法类专业在艺术本科A段、艺术本科B段和艺术专科批实行平行志愿,每个批次可填报1-9个高校志愿,每个高校志愿可填报1个专业志愿,不设置调剂学校和专业调剂志愿;其余批次或类别仍为顺序志愿,每个批次可填报1-2个高校志愿,每个高校志愿可填报1个专业和是否同意调剂专业(专业调剂仅适用于设有专业组的高校,不设专业组的高校无法调剂)。

顺序志愿的批次和类别中,学校可将具有相同属性,即专业考试类别、录取规则、录取批次(段)均相同的多个专业设为同一专业组,同一专业组所含各专业计划数之和为投档基数,高校在投档范围内根据录取规则择优确定考生的录取专业,同一专业组的各专业间生源不均时,可做专业间生源调剂。

同一批次内,美术、书法类与艺术其他类别不能兼报。艺术类本科与非艺术类的本科提前批不能兼报,其他批次如出现兼报,按照各批次投档录取时间安排顺序进行投档。艺术专科专业志愿在专科提前批进行录取。

经教育部和我省批准进行专业校考的高校录取时,要求考生省统考的专业成绩和校考的专业成绩均合格,文化成绩达到相应的录取控制线。其中教育部规定的独立设置的本科艺术院校(含参照独立设置本科艺术院校执行的院校和专业)本科专业自行划定文化分数线,其他高校均执行我省划定的文化分数线。

省招办对使用省统考成绩录取的专业,分类别按考生成绩和招生计划数的一定比例分别划定艺术类本科提前批和本科A段、本科B段、专科专业分数线和文化分数线。录取时按照专业、文化双上线的原则,依据高校向省招办报送的录取规则计算排序综合分,按考生志愿和高校招生计划数的一定比例分专业或专业组向招生学校提供考生电子档案,由高校择优录取。我省艺术类本科批次平行志愿未设置统一排序规则,依据学校招生章程中明确的录取规则计算投档排序成绩;艺术专科批的平行志愿统一按我省设定的规则排序投档,具体排序计算方法按照艺术类招生文件执行。

按照志愿投档后未能录取满额的高校,重新征集志愿。使用我省统考成绩的高校在专业省统考合格考生中征集志愿;使用校考成绩录取的专业,在校考专业合格生源内征集志愿。

考生在填报志愿时应注意了解相关学校及专业的录取规则。

3. 体育类高校志愿填报和录取有关规定

报考体育类的考生,须参加全省统一组织的体育专业术科考试。否则,不得填报以上专业志愿。考生在提前批填报体育类专业志愿,不得兼报同批次其他类别志愿,但可兼报其他批次的院校志愿。省招办依据体育类考生省统考专业成绩、文化成绩和招生计划数的一定比例,按文、理科分别划定本、专科的专业和文化控制分数线。

体育类本科根据招生院校确定的规则,按照考生所报志愿,分别计算出考生在所报院校的投档排序成绩,由计算机根据考生平行志愿的自然顺序和对应的投档排序成绩逐一进行检索匹配,一经检索到符合投档条件且计划未满额的志愿,即进入该志愿拟投档队列;如计划已满额,但考生投档排序成绩高于该志愿拟投档队列中的考生最低分,则进入拟投档队列,同时将最低分考生从拟投档队列中移出,对被移出考生的后续志愿继续检索,直至考生全部志愿检索完毕。

当符合投档要求的考生全部志愿检索完毕后,将已进入拟投档队列的考生电子档案一次性投给招生院校。

体育类本科按招生院校计划的100%、105%先进行模拟投档,向招生院校提供生源信息,招生院校根据本校预留计划情况,合理确定调档比例。高校确定的计划数或调档比例及单科最低分数要求,在正式投档前须通过网上录取系统"交互平台"提交我省。模拟投档后,我办按招生院校最终确定的计划数或调档比例及单科最低分数要求正式投档,由学校审核录取。

体育类专科依据我省设定的统一投档规则,计算出考生投档排序成绩,将排序成绩从高分到低分排位,按照位次优先的原则,由计算机根据考生平行志愿的自然顺序逐一进行检索匹配,一经检索到计划未满额的志愿,即进入该志愿拟投档队列;当符合投档要求的考生全部志愿检索完毕后,按招生院校计划的100%比例,将已进入拟投档队列的考生电子档案一次性投给各院校。

4.军队院校志愿填报和录取有关规定

报考条件:参加2021年普通高等学校招生全国统一考试的河南省普通中学高中毕业生,未婚,年龄不超过20周岁(截至报考当年8月31日),其中报考军队院校的普通高中毕业生,年龄不得低于17周岁(2004年8月31日以前出生)。

填报军队院校志愿、统考成绩达到一定分数线的考生,必须经过政治考核、面试和身体复检,省军区按照军校招生体检标准组织身体复检,军队院校负责面试。面试主要从入伍动机、语言表达能力、形象气质、心理素质、逻辑思维能力、行为反应能力等方面对考生进行全面衡量,做出综合结论。面试、体检结论将在省招办网站公布。

面试、体能测试和复检全省集中分批进行。省招办将通过河南省招生办公室网站,公布军检线和分批安排情况,请填报此类志愿的考生及时上网查看。

报考军队院校的考生,第一志愿可填报1个高校志愿,1—5个专业;第二志愿为平行志愿,可填报1—4个高校志愿,每个高校可以填报1—5个专业。录取安排在普通类本科提前批次。省招办从政治考核、面试和身体复检合格的考生中,根据考生志愿,从高分到低分按院校招生计划的110%投档,由招生院校择优录取。

军队院校招生过程中,当第一志愿上线考生数量不足时,投档扩大到第二志愿上线考生。对非第一志愿考生的录取,仍按从高分到低分的顺序进行。如重点院校指挥专业通过调剂生源仍然不足,经报全军招生办公室同意后,可在本科一批最低录取控制线下投档,但不得低于本科二批录取控制线。

未尽事项或政策有变化,按最新文件执行。

5.定向培养士官志愿填报和录取规定

(1)定向培养士官的含义。定向培养士官,是指根据《兵役法》《征兵工作条例》以及有关规定,直接招收普通高等学校毕业生入伍,作为志愿兵役制士兵到部队服现役。

(2)招生计划。在国家核定的地方高校高职(专科)层次招生计划内,面向河南省为军队招收定向培养士官2628人。

(3)报考条件。报考定向培养直招士官的考生须为2021年参加全国普通高校招生统一考试的普通高中毕业生,年龄不超过20周岁(2001年8月31日以后出生),未婚,政治、身体条件按照征集义务兵的规定执行。

(4)招生办法。定向培养士官安排在专科提前批录取。考生须参加普通高校招生全国统一考试,有意报考的学生请在规定时间到户籍所在地县(市、区)人武部领取《定向培养士官政治考核表》,按要求认真填写并参加政治考核,政治考核不合格的不能参加体检、面试。志愿填报时间为7月4日至7月8日。每个考生可以填报1-5个高校志愿,其中第一志愿报1个高校志愿,第二志愿报1-4个高校志愿,每个高校可以填报1-5个专业和是否同意调剂。考生须参加省军区组织的体检、面试和政治考核并通过体检面试分数线。考生可登录河南招生办公室网站查询体检面试分数线,体检面试时间、地址及相关文件。

(5)教学与管理。定向培养直招士官学制3年,毕业后取得大专学历。前2.5学年全部课程由高校负责,招收部队根据需要对接指导教学;后0.5学年为入伍实习期,由招收部队负责。入伍实习并合格、符合有关高校毕业要求的准予毕业,毕业时不返回高校,由高校直接办理毕业相关手续,招收部队办理入伍手续,入伍时间从当年12月1日起算。

(6)任命和待遇。培养对象毕业后,由所在部队按照规定权限下达士官任职命令,时间统一为毕业当年7月1日。下达士官命令后执行现役士官的工资标准,享受现役士官的相关待遇。

未尽事项或政策有变化,按最新文件执行。

6. 公安院校志愿填报和录取有关规定

报考公安院校的考生,年龄为16周岁以上、22周岁以下(1999年9月1日至2005年8月31日期间出生)。身体条件除符合普通高校体检标准,还要符合《公安部所属普通高校身体条件要求》。

填报公安院校志愿、统考成绩达到一定分数线的考生,还须参加政治考察、面试、体检和体能测评。公安院校招生面试、体检和体能测评工作由省公安厅统一组织,各招生学校负责实施。我办网站公布有关面试、体检要求和分批安排情况,请考生上网查看。

体能测评、体检、面试、政治考察合格的考生,录取时根据考生志愿和高考成绩,按学校招生数的一定比例投档,由招生学校择优录取。

公安院校招生体能测评按照《国家学生体质健康标准(2014年修订)》的有关规定执行体能测试项目及合格标准见表1-4(以下简称体能测试项目及合格标准表)。

表1-4 体能测试项目及合格标准

性别	测试项目	合格标准
男子	50米	≤9.2秒
	引体向上	≥9次/分钟
	立定跳远	≥2.05米
女子	50米	≤10.4秒
	仰卧起坐	≥25次/分钟
	立定跳远	≥1.5米

* 未尽事项或政策有变化,按最新文件执行

7. 司法类高校提前录取专业的志愿填报和录取有关规定

根据普通高等学校招生规定,按照《中华人民共和国人民警察法》和《中华人民共和国监狱法》的要求,西南政法大学、中南财经政法大学、西北政法大学、华东政法大学、甘肃政法学院的侦查学、治安学、经济犯罪侦查和刑事科学技术专业和中央司法警官学院各专业,河南司法警官职业学院的司法警务等专业,在普通类本科提前批录取。

凡志愿报考上述高校提前录取专业的考生,除应符合教育部规定的考生报名条件外,还应符合下列条件:

①具有中华人民共和国国籍;
②拥护四项基本原则,遵纪守法,品行端正;
③志愿从事人民警察及其他政法工作;
④身体健康,符合《中华人民共和国人民警察法》和《中华人民共和国监狱法》的有关条件;
⑤未婚,年龄不超过22周岁(1999年8月31日以后出生)。

思想政治品德及其他方面有下列情形之一的,不予录取:
①有反对党和国家方针政策的言行的;
②参加邪教组织的;
③受过刑事处罚的;
④有犯罪嫌疑尚未查清的;
⑤被开除公职的;
⑥道德败坏,品德恶劣,有不良和违法行为的;
⑦直系亲属或对本人有重大影响的旁系血亲在境外从事颠覆我国政权的活动,本人划不清界限的;
⑧直系亲属或对本人有重大影响的旁系血亲中有被判处死刑或者正在服刑,本人划不清界限的;
⑨其他原因不适合从事人民警察及其他政法工作的。

凡高考成绩达到高校要求的录取控制分数线(《专业目录》中已注明)、填报中央司法警官学院和河南司法警官职业学院提前录取专业的考生均须参加政审和面试、体能测试。面试、体能测试时间及具体要求请考生注意查看省招办网站通知。

政审和面试、体能测试合格的考生录取时根据考生志愿按学校招生数的一定比例向高校投放档案,由学校进行全面考核,择优录取。

未尽事项或政策有变化,按最新文件执行。

8.港澳高校招生有关规定

(1)香港招生院校:香港大学、香港理工大学、香港科技大学、香港浸会大学、岭南大学、香港教育大学、香港公开大学、香港演艺学院、香港树仁大学、珠海学院、香港恒生大学、东华学院、香港高等教育科技学院13所招生院校单独招生,考生报名和咨询事宜由招生院校负责。参加普通高校招生全国统一考试的考生,可按香港院校的要求报名、并参加本校对考生单独组织的笔试和面试,由院校根据考生高考成绩和本校对考生的笔试和面试成绩录取新生。香港13所单招院校于7月7日前将录取确认名单报考生所在地省招办。凡被香港13所单招院校录取并经本人向录取院校确认就读的考生,不再参加内地高校统一录取,省招办不再向其他高校投放已被录取的考生档案。各校的具体报名招生要求及费用等,请考生登录相关高校网站查询对内地考生的招生章程等。

香港中文大学、香港城市大学2所高校按内地普通高校招生有关要求,实行远程网上录取,参加提前批次录取。省招办统一公布招生计划、统一提供考生网上填报志愿系统。具体招生要求及费用等,请考生查阅《专业目录》,并登录相关高校网站查看其对内地考生的招生章程等。

(2)澳门招生院校:澳门大学、澳门科技大学、澳门理工学院、旅游学院、澳门镜湖护理学院、澳门城市大学。

参加普通高校招生全国统一考试的考生,均可在规定时间内登录澳门招生院校网站,按相关要求向澳门招生院校报名,报名时间一般为6月30日前(报考澳门大学的于6月25日前),澳门6所招生院校依据考生高考成绩及本校相关要求录取新生。各校具体报名招生要求及费用等,可登录澳门高等教育局网站查询 http://www.dses.gov.mo,和登录相关院校网站查询其对内地考生的招生章程等。

(3)艺术专业招生

港澳高校艺术类专业在豫招生除执行教育部相应政策之外,还应执行河南省2021年普通高校艺术类专业考试工作的通知(已通过河南省招生办公室网站公布),艺术类考生必须参加河南省艺术类专业统一考试,达到规定分数线的考生方可按艺术类考生填报志愿。

(4)其他规定

凡被香港、澳门高校录取的新生,凭学校的录取通知书及本人身份证、户口本(赴香港读书的新生还需出具香港入境事务处签发的进入许可文件)到户口所在地公安机关办理因私赴香港或澳门的手续。学生在香港、澳门期间,其内地户口不予注销。

内地学生在香港、澳门高校就读期间,应遵守所在地的法律和学校的规章制度。内地学生在香港、澳门学习期间的政治思想教育及遇到突发事件,由中央人民政府驻香港联络办公室和中央人民政府驻澳门联络办公室分别负责管理和协助处理。

内地学生在香港、澳门学业期满,获得高校颁发的学历、学位证书,内地教育行政部门予以承认,毕业学生自主择业。

考生和家长要结合考生本人学习成绩、家庭经济、能否适应港澳高校的学习和生活等情况,查阅"教育部阳光高考信息平台"(网址 http://gaokao.chsi.com.cn/)主页(右下角)"港澳高校报考一本通"的相关说明等资料,综合考虑,审慎决定是否报考香港、澳门特区高校。

9. 定向就业招生有关规定

定向就业招生,是在招生时就明确毕业后就业去向的招生计划形式。高校可安排面向艰苦地区、艰苦行业以及军工、国防等国家重点建设项目的定向就业招生计划。其目的是为了解决艰苦行业、地区以及军工、国防等高层次人才需求问题,不是对某一局部地区、单位人员子女的照顾或福利。

高校定向就业专业招生计划实行专业单列,单独编制专业代号。

定向就业招生随学校相应批次录取。定向就业招生计划在本校调档分数线上不能完成计划的,可在本校调档分数线下20分内、同批录取控制分数线以上补充投档;定向西藏的可在本校调档分数线下40分以内补充投档。投档后生源不足的,根据计划余额公开征集志愿或转为非定向就业招生计划后公开征集志愿。非平行志愿批次则转为非定向就业招生计划执行。

本科提前批及专科提前批次的地方公费师范生定向招生计划,志愿填报到定向就业地(县),录取时在本校调档分数线上不能完成计划的,参加征集志愿,经征集仍未完成计划的,可适当降分,直至完成计划。

本科提前录取批其他类(河南中医药大学、新乡医学院)的免费本科医学生订单定向招生计划,执行本科一批录取控制线,分数线上不能完成计划的,可在线下20分内补充投档。

定向招生高校和用人单位不得对考生附加额外条件,不得向考生收取定向培养费。严禁利用定向就业招生政策指定生源,随意降低考试成绩要求或向考生乱收费。

10. 少数民族预科班和民族班招生有关规定

普通高等学校举办少数民族预科班、民族班是党和国家为加快培养少数民族地区人才而制定的特殊政策措施。

(1)生源范围

参加当年普通高等学校招生全国统一考试的已公示少数民族照顾条件的少数民族考生。

(2)录取标准

本科预科班录取分数不得低于本科相应批次所报高校提档分数线80分。专科预科班录取分数不得低于专科批次所报高校提档分数线60分。

民族班录取分数不得低于本科相应批次、专科批次所报高校提档分数线40分。

(3)志愿填报和录取程序

民族班志愿随有关学校本、专科普通类专业一同填报。

预科班志愿随有关学校本、专科普通类相应批次填报在对应的预科志愿栏内。

预科班、民族班录取工作安排在各有关学校本、专科普通类相应录取批次内进行。其中,报考民族班志愿的符合投档条件的考生与相应本、专科普通类专业的考生同时投档;报考预科班的符合投档条件的考生在普通专业志愿投档后按预科志愿投档。

(4)预科培养

预科阶段培养实行相对集中办学,被预科班录取的考生持录取通知书到指定的预科培养学校报到,先在预科培养学校集中进行1年~2年预科阶段学习。学生预科结业考核合格者,由招生学校发本(专)科录取通知书。

(5)民族班已录取考生直接到招生学校报到。

11. 网上录取基本程序

普通高校招生全部实行远程网上录取。省招办根据省划定的文、理科各批录取控制分数线及体育、艺术类本、专科专业分数线和文化分数线,在投档成绩达到同批同类录取控制分数线的考生中,按照投档规则向高校投放考生电子档案。

(1)特殊类型招生志愿投档,根据入选资格考生(含已取得"高校专项计划"、高水平艺术团、高水平运动队资格考生)高考成绩总分、高校给予的优惠分值和高校模拟投档线向高校投档录取,模拟投档线按照本科一批招生所有高校在我省第三次模拟投档后确定的投档比例测算生成。特殊类型招生志愿投档并确定录取名单后,再进行本科一批平行志愿投档。

(2)本科提前批地方公费师范生、国家专项本科批、本科一批、地方专项本科批、本科二批、体育类以及艺术本科A段、B段、专科里的美术、书法类实行平行志愿投档,省招办按计划数适当比例向高校提供线上生源情况,高校根据本校计划和生源分布情况,合理提出调档比例意见。本科一批、本科二批在高校提出调档比例意见后,根据高校调档比例意见进行模拟投档,高校根据模拟情况确定比例,省招办根据高校最终确定的调档比例进行正式投档。高职高专批次直接按计划平行投档。

(3)其他批次第一志愿批量投档比例按照省外高校在本校招生计划数的120%以内,本省高校在本校招生计划数的110%以内确定。除第一志愿批量投档外,补充投档和其他志愿投档均按高校计划余额1∶1投档。

(4)实行平行志愿的招生类别或批次投档后不再补充投档,计划余额统一征集志愿。其他批次第二志愿平行志愿投档后,可根据计划缺额情况进行批量补档,未完成的计划余额统一征集志愿。省招办在每批录取结束后,向社会公布计划余额,公开征集志愿。对计划余额不大的高校,在分数线上征集志愿;对计划余额大的高校征集志愿时降分备档。征集志愿后线上生源仍不足的,视情况降分投档,降分幅度一般不超过20分。当次征集志愿的计划只按考生当次所报的征集志愿投档。

(5)按照"学校负责、招办监督"的原则录取新生。高校按照向社会公布的招生章程中的录取规则进行录取,并将普通高中学生学业水平考试成绩和综合素质评价结果作为学校招生录取时的重要参考。高校招生章程中有关内容与国家和我省规定不相符的,以国家和我省规定为准。对思想政治品德考核合格、身体状况符合相关专业培养要求、投档成绩达到同批录取控制分数线并符合学校调档要求的考生,是否录取以及所录取的专业由高校确定,高校负责对已投档但未被录取考生的解释。省招办负责监督高校执行国家招生政策、招生计划情况,纠正违反国家招生政策、规定的行为。

(6)高校根据省招办远程录取网上核准的录取考生名册填写录取通知书,加盖本校公章后,连同有关入学报到须知和资助政策办法等相关材料一并直接寄送被录取考生。高校、中学等任何单位和个人不得扣押考生录取通知书。

如考生认为所报考高校的招生录取行为有违反政策规定的,可向所报考高校提出异议、申诉或者举报。高校应当进行调查、处理,属于对政策执行存在异议的,应当及时书面或者口头答复申请人;属于对违规违纪行为举报的,应当组织纪检监察机构或者专门的招生监督机构进行调查,并按照信访条例和有关规定做出书面答复;对高校做出的政策解释不服的,可以向省招办申请复查;对违规违纪行为举报的处理不服的,可以向省招办或者省教育厅申请复查。对复查结论不服的,可以按照相关规定向省教育行政、招生部门的上级机关提出复核。

12. 录取后的注意事项

(1)考生收到录取通知书后,应及时通过省招办公布的录取结果查询渠道进行核实和确认。考生凭录取通知书按高校规定的时间及有关要求,办理入学报到等手续。如有特殊情况不能按时入学报到的,应向高校提出书面申请,经同意后方可延期报到。升学志愿是考生意愿的体现,也是考生对录取院校的书面承诺,录取时充分尊重考生志愿,严格按志愿投档,被录取后应如期到校报到。如果按所报志愿录取后不入学就读,既浪费宝贵的招生计划,浪费高校的教育资源,客观上也占用了他人的升学机会。为维护入学机会公平,教育考生增强诚信意识、履行志愿约定,对于在普通高校招生录取中不履行志愿约定的考生,当批次录取电子档案停止运转;对录取后不入学实际就读等造成招生计划浪费的,下一年报名参加高考将限制其填报志愿的学校数量,在实行平行志愿的各批次,允许其填报志愿的学校数不超过2个。考生履行志愿约定情况将如实记入其电子档案。

(2)考生纸介质档案(包括考生高级中等教育阶段档案和考生报名登记表、体检表、志愿表),由县(市、区)招生考试机构统一管理。已录取考生的纸介质档案经县(市、区)招生考试机构密封后,由考生本人凭录取通知书、准考证、身份证到县(市、区)招生考试机构领取,报到时交给录取高校。领取档案时考生和县(市、区)招生考试机构工作人员双方要履行领取档案手续。未经省招办核准录取的考生(澳门高校录取的例外),不得为其提供档案。档案保存期为录取结束后半年,保存期满县(市、区)招生考试机构将考生高级中等教育阶段档案退回其毕业中学,高考报名登记表、志愿表、体检表(卡)等按秘密级材料销毁。

(3)我省普通高校录取的本省新生,入学后一律不办理户口迁移手续。被外省高校录取的新生,按国家规定执行。学生毕业后,凭《毕业证》、《就业报到证》、接收单位证明到户口所在地派出所办理户口迁移手续。

(4)新生入学后,高校将组织复查,对不符合条件或有舞弊行为的,取消其入学资格,考生档案退回考生所在的县(区)招生考试机构。

13.警惕和防范招生诈骗活动和非法助考活动

在高校招生期间,一些不法分子和中介组织利用考生求学心切和家长望子成龙的心理,打着种种幌子以谋取钱财为目的,进行招生诈骗和非法助考活动。其主要伎俩,诸如故意混淆留学培训、网络教育与普通高校招生的区别,蒙骗考生;以"定向招生""自主招生""单招"诱骗等,谎称花钱买试题、买答案、买分数、保录取进行诈骗活动,甚至承诺达不到预定分数或上不了理想大学就退款,骗取家长钱财。过去曾有个别考生或考生家长因轻信别人的承诺,上当受骗,教训十分深刻。考生及家长要高度警惕,切莫轻信,防止陷入骗局;一旦发现可疑情况,要及时向有关部门反映举报。河南省招办监督举报电话:0371-55610639,邮箱:jiancha@heao.gov.cn。

第四节 关于2021年普通高校艺术类专业招生工作省招办提醒考生

根据《河南省招生办公室关于做好2021年普通高校艺术类专业招生工作的通知》,就2021年普通高校艺术类招生工作省招办提醒考生:

一、类别及批次划分

1. 2021年,艺术类专业招生分为美术类(总分300分)、音乐类(分声乐和器乐,考生任选其一,总分200分)、播音与主持类(总分400分)、编导制作类(总分200分)、书法类(总分300分)、舞蹈类(分艺术舞蹈和国际标准舞,考生任选其一,总分200分)和表演类(总分200分)共七个类别,各类别均组织专业省统考并已公布成绩及合格线。

2. 普通高校招生艺术类专业批次分为艺术本科提前批、艺术本科A段、艺术本科B段和艺术专科批。各批次按顺序依次进行录取。

原则上,经教育部批准的部分独立设置的本科艺术院校(含部分艺术类本科专业参照执行的少数高校)、可不编制分省计划的高校以及"双一流"建设高校的艺术类本科专业参加艺术本科提前批录取;艺术本科提前批以外的公办高校和经我省批准的部分高校的艺术类本科专业参加艺术本科A段录取;民办院校、独立学院、中外合作办学等较高学费的艺术类本科专业参加艺术本科B段录取。

二、志愿设置及投档办法

(一)平行志愿

河南省普通高校招生美术类、书法类专业在艺术本科A段、艺术本科B段和艺术专科批实行平行志愿。

1. 志愿设置:

平行志愿每个批次设9个志愿,1个"学校+专业(或专业类)"为1个志愿,不设置调剂学校和专业调剂志愿。

2. 投档办法:

(1)艺术类本科平行志愿投档办法:依据招生院校的录取规则,按照考生所报志愿,分别计算出考生的投档排序成绩,由计算机根据考生平行志愿的自然顺序(1-9)和对应的投档排序成绩逐一进行检索匹配。一经检索到符合投档条件且计划未满额的志愿,即进入该志愿拟投档队列;如计划已满额,但考生投档排序成绩高于该志愿拟投档队列中的考生最低分,则进入拟投档队列,同时将最低分考生从拟投档队列中移出,对被移出考生的后续志愿继续检索,直至考生全部志愿检索完毕。当符合投档要求的考生全部志愿检索完毕后,将已进入拟投档队列的考生电子档案一次性投给各院校。

(2)艺术类专科平行志愿投档办法:依据我省设定的统一投档规则,计算出考生投档排序成绩,将排序成绩从高分到低分排位,按照位次优先的原则,由计算机根据考生平行志愿的自然顺序(1-9)逐一进行检索匹配,一经检索到计划未满额的志愿,即进入该志愿拟投档队列;当符合投档要求的考生全部志愿检索完毕后,将已进入拟投档队列的考生电子档案一次性投给各院校。

3.投档排序成绩计算办法:

(1)艺术本科A段、艺术本科B段平行志愿:依据学校录取规则计算投档排序成绩。

(2)艺术专科平行志愿,全部按照我省设定的统一投档规则计算投档排序成绩,排序成绩计算方法是:[考生文化课成绩/文化课成绩满分×100×50%]+[考生专业课成绩/专业课成绩满分×100×50%],其中文化课成绩满分为750分,专业课成绩满分为300分。排序成绩计算公式为:文化课成绩×0.067+专业成绩×0.167。

4.模拟投档:

艺术本科A段、艺术本科B段平行志愿实行模拟投档,省招办按计划数的100%、105%向高校提供生源信息,高校根据本校预留计划情况,合理确定调档比例或调增计划,如有小数则按照四舍五入的方法取整数。高校确定的调增计划或调档比例及单科最低分数要求,在正式投档前通过网上录取系统"交互平台"提交省招办。按高校最终确定的调增计划或调档比例及单科最低分数要求正式投档后,由高校审核录取。

艺术专科批不模拟,直接按执行计划数的100%投档。

(二)非平行志愿

艺术本科提前批各类别仍实行顺序志愿;艺术本科A段、艺术本科B段和艺术专科批的音乐类(分声乐和器乐,考生任选其一)、播音与主持类、编导制作类、舞蹈类(分艺术舞蹈和国际标准舞,考生任选其一)和表演类五个类别实行顺序志愿。

1.志愿设置:

顺序志愿每个批次设2个志愿,1个"学校+专业(或专业类)"为1个志愿,每个志愿设置是否同意调剂专业(专业调剂仅适用于在豫招生计划设有专业组的高校,不设专业组的高校无法调剂)。

2.投档办法:

(1)教育部批准的部分独立设置的本科艺术院校(含部分艺术类本科专业参照执行的少数高校)应在7月5日前将确定的各专业本科文化线书面通知我省,按考生志愿将线上合格考生一次性全部投档。

(2)顺序志愿的其他高校和专业,分别按照第一志愿和第二志愿的顺序,分专业按计划数的一定比例(原则上120%以内,小数部分四舍五入),依据高校报送的录取规则计算投档排序成绩,从高到低向高校提供考生电子档案,由高校择优录取。

(三)同分考生处理办法

按照投档办法计算出的投档排序成绩四舍五入保留小数点后3位,仍相同的,非平行志愿全部投档;平行志愿按语文、数学成绩排序,若仍有并列,并列考生全部投档,由学校审核录取。

三、志愿填报及录取工作

1.考生填报志愿应依据省招办编印的招生专业目录(《招生考试之友》2021年NO.10-21)所列学校及专业,并认真阅读学校招生章程及省招办网站公示学校招生录取规则,按照《河南省招生办公室关于做好2021年普通高校招生网上填报志愿的通知》确定的时间安排和具体要求进行。

2.艺术类专业省统考成绩和文化课成绩合格的考生可填报所有使用专业省统考成绩录取的高校志愿,专业省统考和校考成绩均合格的考生还可填报相应的校考成绩合格的高校志愿。未达到专业省统考成绩或文化成绩合格线的考生,所填艺术类专业志愿无效。

3.教育部批准的部分独立设置的本科艺术院校(含部分艺术类本科专业参照执行的少数高校)的艺术类本科专业,自行划定本校文化课成绩录取控制分数线;经我省批准使用艺术类专业校考成绩录取的专业,执行我省划定的校考文化课分数线;使用我省艺术类专业省统考成绩录取的,我省依据考生专业省统考成绩、文化课成绩和招生计划数的一定比例,分类划定艺术本科 A 段、本科 B 段及专科录取的专业分数线和文化课分数线。本科提前批与本科 A 段执行同一分数线。

所有校考高校,均须在规定时间内通过教育部艺术类信息交互系统报送校考合格名单及成绩库,作为在豫招生网上录取的基本数据。专业省统考成绩合格的考生(艺术史论专业除外)其校考成绩才有效。

4. 2021 年 6 月 30 日前省招办将报考艺术类提前批的考生文化课成绩和专业课成绩通过"河南省普通高校招生艺术类专业录取规则报送系统"通知第一志愿高校。

5. 考生专业和文化课成绩双上线的基础上,按照考生志愿及投档排序成绩,分文、理科向高校提供考生电子档案,由高校按照招生章程确定的录取规则择优录取。

6. 同一批次内,美术、书法类与艺术其他类别不能兼报,艺术类本科提前批与非艺术类本科提前批不能兼报,其他批次如出现兼报,按照各批次投档录取时间安排顺序进行投档。

7. 按考生所报志愿投档后未能完成的招生计划,省招办向社会公布计划,公开征集志愿。使用专业省统考成绩录取的学校或专业在征集志愿投档后未完成艺术类招生计划的,可适当降低文化分数线,降分幅度原则上不超过 20 分。

第五节 普通高等学校招生体检工作指导意见

一、患有下列疾病者,学校可以不予录取

1. 严重心脏病(先天性心脏病经手术治愈,或房室间隔缺损分流量少,动脉导管未闭返流血量少,经二级以上医院专科检查确定无需手术者除外)、心肌病、高血压病。

2. 重症支气管扩张、哮喘,恶性肿瘤、慢性肾炎、尿毒症。

3. 严重的血液、内分泌及代谢系统疾病、风湿性疾病。

4. 重症或难治性癫痫或其他神经系统疾病;严重精神病未治愈、精神活性物质滥用和依赖。

5. 慢性肝炎病人并且肝功能不正常者(肝炎病原携带者但肝功能正常者除外)。

6. 结核病除下列情况外可以不予录取:

①原发型肺结核、浸润性肺结核已硬结稳定;结核型胸膜炎已治愈或治愈后遗有胸膜肥厚者;

②一切肺外结核(肾结核、骨结核、腹膜结核等)、血行性播散型肺结核治愈后一年以上未复发,经二级以上医院(或结核病防治所)专科检查无变化者;

③淋巴腺结核已临床治愈无症状者。

二、患有下列疾病者,学校有关专业可不予录取

1. 轻度色觉异常(俗称色弱)不能录取的专业:以颜色波长作为严格技术标准的化学类、化工与制药类、药学类、生物科学类、公安技术类、地质学类各专业,医学类各专业;生物工程、生物医学工程、动物医学、动物科学、野生动物与自然保护区管理、心理学、应用心理学、生态学、侦察学、特种能源工程与烟火技术、考古学、海洋科学、海洋技术、轮机工程、食品科学与工程、轻化工程、林产化工、农学、园艺、植物保护、茶学、林学、园林、蚕学、农业资源与环境、水产养殖学、海洋渔业科学与技术、材料化学、环境工程、高分子材料与工程、过程装备与控制工程、学前教育、特殊教育、体育教育、运动训练、运动人体科学、民族传统体育各专业。

2. 色觉异常Ⅱ度(俗称色盲)不能录取的专业,除同轻度色觉异常外,还包括美术学、绘画、艺术设计、摄影、动画、博物馆学、应用物理学、天文学、地理科学、应用气象学、材料物理、矿物加工工程、资源勘探工程、冶金工程、无机非金属材料工程、交通运输、油气储运工程等专业。专科专业与以上专业相同或相近专业。

3. 不能准确识别红、黄、绿、蓝、紫各种颜色中任何一种颜色的导线、按键、信号灯、几何图形者不能录取的专业:除同轻度色觉异常、色觉异常Ⅱ度两类列出专业外,还包括经济学类、管理科学与工程类、工商管理类、公共管理类、农业经济管理类、图书档案学类各专业。不能准确在显示器上识别红、黄、绿、蓝、紫各颜色

中任何一种颜色的数码、字母者不能录取到计算机科学与技术等专业。

4. 裸眼视力任何一眼低于5.0者,不能录取的专业:飞行技术、航海技术、消防工程、刑事科学技术、侦察。专科专业:海洋船舶驾驶及与以上专业相同或相近专业(如民航空中交通管制)。

5. 裸眼视力任何一眼低于4.8者,不能录取的专业:轮机工程、运动训练、民族传统体育。专科专业:烹饪与营养、烹饪工艺等。

三、患有下列疾病不宜就读的专业

1. 主要脏器:肺、肝、肾、脾、胃肠等动过较大手术,功能恢复良好,或曾患有心肌炎、胃或十二指肠溃疡、慢性支气管炎、风湿性关节炎等病史,甲状腺机能亢进已治愈一年的,不宜就读地矿类、水利类、交通运输类、能源动力类、公安学类、体育学类、海洋科学类、大气科学类、水产类、测绘类、海洋工程类、林业工程类、武器类、森林资源类、环境科学类、环境生态类、旅游管理类、草业科学类各专业,及土木工程、消防工程、农业水利工程、农学、法医学、水土保持与荒漠化防治、动物科学各专业。专科专业不宜就读烹饪工艺、西餐工艺、面点工艺、烹饪与营养、表演、舞蹈学、雕塑、考古学、地质学、建筑工程、交通土建工程、工业设备安装工程、铁道与桥梁工程、公路与城市道路工程、公路与桥梁工程、铁道工程、工业与民用建筑工程专业。

2. 先天性心脏病经手术治愈,或房室间隔缺损分流量少,动脉导管未闭返流血量少,经二级以上医院专科检查确定无需手术者不宜就读的专业同第三部分第一条。

3. 肢体残疾(不继续恶化),不宜就读的专业同第三部分第一条。

4. 屈光不正(近视眼或远视眼,下同)任何一眼矫正到4.8镜片度数大于400度的,不宜就读海洋技术、海洋科学、测控技术与仪器、核工程与核技术、生物医学工程、服装设计与工程、飞行器制造工程。专科专业:与以上相同或相近专业。

5. 任何一眼矫正到4.8镜片度数大于800度的,不宜就读地矿类、水利类、土建类、动物生产类、水产类、材料类、能源动力类、化工与制药类、武器类、农业工程类、林业工程类、植物生产类、森林资源类、环境生态类、医学类、心理学类、环境与安全类、环境科学类、电子信息科学类、材料科学类、地质学类、大气科学类及地理科学、测绘工程、交通工程、交通运输、油气储运工程、船舶与海洋工程、生物工程、草业科学、动物医学各专业。专科专业:与以上相同或相近专业。

【编者按】正常情况下学生的眼镜度数都是矫正到5.0的镜片度数,至于矫正到4.8后镜片度数是多少度请咨询专业医师。

6. 一眼失明另一眼矫正到4.8镜片度数大于400度的,不宜就读工学、农学、医学、法学各专业及应用物理学、应用化学、生物技术、地质学、生态学、环境科学、海洋科学、海洋技术、生物科学、应用心理学等专业。

7. 两耳听力均在3米以内,或一耳听力在5米另一耳全聋的,不宜就读法学各专业、外国语言文学各专业以及外交学、新闻学、侦察学、学前教育、音乐学、录音艺术、土木工程、交通运输、动物科学、动物医学各专业、医学各专业。

8. 嗅觉迟钝、口吃、步态异常、驼背,面部疤痕、血管瘤、黑色素痣、白癜风的,不宜就读教育学类、公安学类各专业以及外交学、法学、新闻学、音乐表演、表演各专业。

9. 斜视、嗅觉迟钝、口吃不宜就读医学类专业。

此部分内容供考生在报考专业志愿时参考。学校不得以此为依据,拒绝录取达到相关要求的考生。

四、其他

未列入专业目录或经教育部批准有权自定新的学科专业,学校招生时可根据专业性质、特点,提出学习本专业对身体素质、生理条件的要求,并在招生章程中明确刊登,做好咨询解释工作。

第六节　平行志愿投档规则

平行志愿是指高考志愿的一种投档录取模式，即一个志愿中包含若干所平行的院校。河南考生在填报高考志愿时，可在指定的批次同时填报6所或9所平行院校志愿。录取时，按照"分数优先、遵循志愿、一次性投档"的原则进行投档，对同一科类分数线上未被录取的考生，按总分从高到低排序进行一次性投档，即所有考生排一个队列，高分者优先投档。每个考生投档时，根据考生所填报的院校顺序，投档到排序在前且有计划余额的院校。

1. 分数优先：也可以说是"位次优先"，在投档时优先对位次靠前的学生进行投档，之后才会考虑位次靠后学生的志愿。

2. 遵循志愿：平行志愿并不是完全没有先后顺序。每个考生投档时，先按志愿中的第1个学校，再第2个学校，再第3个学校……的顺序检索，如报考的第1个学校档案未投满，就投档到第1个学校，如已经投满，则紧接着看第2个学校，以此类推。如果在检索某考生志愿时，其报考的6个或9个学校志愿均已经投满，该考生志愿将会无法投出，即出现"滑档"，只能参加当批次的征集志愿和后续批次的录取。

平行志愿一定要拉开梯度，"冲、稳、保"有机结合，才能够有效规避"滑档"的风险；由于平行志愿是按照志愿顺序进行检索，平行志愿排序一定不是哪个高校往年录取分数高就排在前面，一定是最想被哪所高校录取哪所高校排在前面，只有这样才最有可能被最心仪的高校录取。

3. 一次性投档：每个考生投档时，按志愿的先后顺序检索，一旦前面学校符合进档条件，会直接投档到该学校，后面的志愿将不会再进行检索。

每年有大量考生和家长担心专业被调剂，前面学校不服从专业调剂，想当然的认为报考的专业不录取会将档案退到下一个学校。平行志愿只有一次投档的机会，一旦被前面学校提档，后面的志愿将不再检索，也就是将会作废。投档是由省招办电脑进行检索，只看位次是否符合，不考虑是否录取；而专业录取工作由投档高校负责。如果不服从专业调剂，而我们报考的专业无法录取时，将会被直接做退档处理。所以，如果不能够接受征集志愿或者后续批次录取，一定要服从专业调剂！

4. 河南省2021年实行平行志愿的批次见表1-5。

表1-5　河南省2021年实行平行志愿的批次

顺序	批次	填报学校数量	填报专业数量
1	本科提前批地方公费师范生（和普通本科提前批各类型不得兼报）	1-6个	1-5个（不能调剂专业）
2	体育类本科	1-6个	1-5个
3	国家专项计划	1-6个	1-5个
4	艺术类本科A段（美术类、书法类）	1-9个	1个
5	艺术类本科B段（美术类、书法类）	1-9个	1个
6	本科一批	1-6个	1-5个
7	地方专项计划	1-6个	1-5个
8	本科二批	1-9个	1-5个
9	体育类专科	1-6个	1-5个
10	艺术类专科（美术类、书法类）	1-9个	1个
11	高职高专批	1-6个	1-5个

第七节 顺序志愿投档规则

顺序志愿是指在同一个录取批次设置的多个院校志愿有先后顺序,其表述方式为:第一志愿、第二志愿。例如一个第一志愿院校,若干个第二志愿院校,计算机投档时将相同院校志愿的考生分别排队,然后根据分数从高到低向对应的院校投档。

这种投档办法的第一步是对所有批次分数线上的考生按其第一志愿投档,投档后所有考生的第一志愿学校都必须反馈确切的结果(包括分数未达学校提档线没能投出、被学校录取或退档)后,第二步再将所有未录考生重新汇总,然后再同时分别投向他们报考的第二志愿学校,也就是在第一志愿学校录取完成后再进行第二志愿的投档。

"顺序志愿",实际上就是按"志愿+分数"投档,投档规则明确,最大限度地保证了程序公平。但问题也是显而易见的:首先是强化了志愿的作用,因为是先按志愿分别排队,考生能否被所报志愿录取,不完全取决于考试成绩,还取决于与其他考生的志愿,如考生志愿扎堆,学校提档线会大幅提高,转而次年又有可能大幅下降,使得考生填报志愿,尤其是第一志愿的填报有一定的偶然性,甚至不失博弈色彩;再者就是如果考生未被第一志愿录取,当填报的第二志愿的学校已经录满其他第一志愿报考的考生时,该生最后的录取结果可能是该批次无法录取,只能参与该批次征集志愿的填报、录取或者后续填报批次的录取工作。

河南省2021年实行顺序志愿的批次见表1-6。

表1-6 河南省2021年实行顺序志愿的批次

顺序	批次	填报学校数量	填报专业数量
1	本科提前批军队招飞	1个	1个
2	普通本科提前批(军队、公安、司法院校以及其他有特殊要求的高校;各类型不得兼报,和地方公费师范生、体育本科、艺术类本科提前批不得兼报)	第一志愿:1个 第二志愿:1-4个	1-5个
3	艺术类本科提前批	第一志愿:1个 第二志愿:1个	1个
4	公安类、司法类专科 (随本科提前批填报)	第一志愿:1个 第二志愿:1-4个	1-5个
5	特殊类型招生志愿 (含高水平艺术团、高水平运动队、高校专项计划)	1个	1-5个
6	艺术类本科A段(非美术类、书法类)	第一志愿:1个 第二志愿:1个	1个
7	艺术类本科B段(非美术类、书法类)	第一志愿:1个 第二志愿:1个	1个
8	定向西藏就业招生(一本/二本)	1个	5个
9	少数民族预科(一本/二本)	1个	5个
10	边防军人子女预科(二本)	1个	5个
11	专科提前批[定向培养士官、空乘、航海、医学、小学教育(全科教师);各类型不得兼报,和艺术类、体育类专科不得兼报]	第一志愿:1个 第二志愿:1-4个	1-5个
12	艺术类专科(非美术类、书法类)	第一志愿:1个 第二志愿:1个	1个

第八节 招生专有名词解读：大类招生、单列计划

一、大类招生

在每年的招生中，不少高校在宣传中都会提到"大类招生"，那么到底什么是大类招生呢？大类招生是不是就不用选择专业了呢？下面以高校在河南的实际招生计划为例，给大家展示一下高校在河南专业招生的若干种形式以及"大类招生"的几种情况：

1. 细分专业进行招生，以江南大学2021年河南省文科一批招生计划为例（1150是江南大学在河南招生的代码，专业前面的两位数字是该专业在河南招生的代码，仅仅是一个代码而已，方便网上填报志愿使用，没有任何的其他意义，下同）：

1150　江南大学34人
11　国际经济与贸易5人
12　法学4人
13　社会工作6人
14　小学教育（师范）5人
15　汉语言文学8人
16　英语6人

2. 按照专业类（相近专业的组合）进行招生，以国防科技大学（非军籍学生）2021年河南省理科一批招生计划为例：

0305　国防科技大学50人（只招收普通高中应届毕业生，考生政治面貌为中共党员或共青团员）
72　计算机类（天河拔尖班）1人[包含专业：计算机科学与技术（计算机系统方向）、计算机科学与技术（并行计算方向）、计算机科学与技术（大数据方向）、软件工程、网络工程、信息安全]
73　航空航天类12人（包含专业：航空航天工程、飞行器动力工程、材料科学与工程）
74　电子信息类15人（包含专业：电子信息工程、电子科学与技术、微电子科学与工程、集成电路设计与集成系统、通信工程、信息工程、光电信息科学与工程）
75　自动化类10人[包含专业：自动化（无人机方向）、机器人工程、人工智能]
76　计算机类7人[包含专业：软件工程、网络工程、计算机科学与技术（计算机系统方向）、计算机科学与技术（并行计算方向）、计算机科学与技术（大数据方向）、信息安全]
77　大气科学类5人（包含专业：大气科学、应用气象学）

3. 细分专业和专业类混合招生，以北京化工大学2021年河南省文科一批招生计划为例：

1225　北京化工大学19人
02　法学（卓越实验班）1人
03　英语2人
04　工商管理类（新文科经管法）16人（包含专业：财务管理、会计学、工商管理、国际经济与贸易、公共事业管理、行政管理、法学）

4. 以专业组（若干个专业组合在一起）进行招生，以中山大学2021年河南理科一批招生计划为例：

1215　中山大学119人
01　经济学类（经管实验班）13人（分流专业：经济学类、工商管理类、旅游管理类）
02　生物科学类（广州、理工实验班）43人（分流专业：生物科学类、化学类、材料类、药学、心理学、地理科学类、环境科学与工程类）
03　计算机类（深圳、新工科实验班）39人（分流专业：电子信息类、智能工程类、微电子科学与工程、航空航天类、航空航天工程、能源与动力工程、网络空间安全、材料类）

04　临床医学类(广州、医学实验班)(学制五年)19人[分流专业:临床医学、口腔医学(含5年制、5+3一体化)、基础医学、法医学、预防医学]

05　临床医学(学制八年医)5人[分流专业:临床医学(八年制)]

5.不分专业统一进行招生,以天津大学2021年河南省文科一批招生计划为例:

1305　天津大学25人

05　人文科学试验班25人(包含专业:建筑学、城乡规划、金融学、财务管理、工商管理、汉语言文学、英语、法学、教育学、马克思主义理论)

综上,按照专业类、专业组或者不分专业统一进行招生的均可以称之为大类招生。大类招生不是不需要选择专业,以专业类、专业组进行的大类招生仍旧是需要进行专业类、专业组的选择的。

很多家长会咨询,以大类招生进入大学后如何进行二次专业选择呢?不同学校专业分流时间不一致,大部分学校都是在大一结束或者大二结束后,按照考生的期末考试成绩(部分学校按照期末考试成绩和高考成绩各占一定比例)让学生重新填报专业,按照学生的成绩和专业选择进行专业分流。此类专业录取方式:

①优势:学生在不明确学习某一个具体专业的前提下,以后拥有可以根据个人兴趣来选择的机会。

②劣势:如果大学不努力学习,就会有比较大的可能被分流到相对不太喜欢或者不适合的专业去。

二、单列计划

1.什么是单列计划?

我们以郑州大学2021年在河南理科一本招生计划为例,郑州大学理科一批2021年共有4个招生计划:

(1)郑州大学(中外合作办学),包含专业:所有中外合作办学专业

(2)郑州大学(医学单列),包含专业:临床医学(5+3一体化儿科学)、临床医学(5+3一体化)

(3)郑州大学,包含专业:除护理学、临床医学(5+3一体化儿科学)、临床医学(5+3一体化)以外的所有普通收费专业

(4)郑州大学(护理单列),包含专业:护理学专业

【编者按】

(1)单列计划和其他普通计划报考和录取时相互独立,以郑州大学为例,理科总共是4个招生计划。报考时每个计划均需要占用一个学校志愿;如都报考,就需占用4个学校的志愿。

(2)中外合作办学和较高收费的区别:中外合作办学均属于较高收费;较高收费除了中外合作办学外,还包含部分收费比普通收费高的非中外合作办学专业。

2.单列计划主要包含哪些?

(1)中外合作办学专业单列:绝大部分高校在河南招生的中外合作办学专业均为单列计划。

(2)护理专业单列:大部分高校护理学专业合并在学校整体进行招生,少部分高校护理学专业单列招生。

(3)软件类专业单列:

①由于软件类专业培养成本较高,部分学校软件类专业学费大概在4年共计4万左右,相对普通专业而言学费较贵,所以有可能会单列;

②不是所有学校软件类专业收费都比较贵,例如郑州大学软件工程专业收费为3700元/年;

③软件类(高收费)专业,仅有部分高校单列,剩余高校仍旧是和其他专业合并招生。

(4)农林专业单列:此类单列计划相对而言较少。

(5)分校、分校区单列:例如东北大学秦皇岛分校、华北电力大学(保定)等和本部分开进行招生。

(6)联办计划招生:例如河南大学(与开封大学联合办学)(就读地点:开封大学)和河南大学本部分开进行招生。

【编者按】高校在招生环节出于某些方面(主要担心影响学校整体招生)的考虑,将部分专业单独列出进行招生。单列计划招生可以让有更高意向学习此类专业的考生进行报考,进而减少专业调剂风险,提高学生专业录取的满意度。

3.单列计划和普通计划录取时会不会相互调剂?

按照河南省招生政策的规定,专业调剂只允许在同一招生计划下进行调剂,例如报考郑州大学普通收费非护理学专业,如果没有被报考专业录取而又服从专业调剂,则会被调剂到同计划下其他未招满专业,不会被调剂到中外合作办学专业。

【编者按】以郑州大学为例,4个不同的计划可以给看成是不同的学校,我们都知道不同学校不会相互调剂,同样不同计划也不会相互调剂。

4.单列计划是否允许转专业到其他计划?

(1)一般情况下单列计划不允许转专业或者只允许在单列计划内部转专业,不允许转到其他计划下的专业。

(2)个别学校允许转专业,以下举例说明:

①郑州大学:护理学专业允许转到其他计划专业:大一第一学期成绩达到一定条件后,护理学专业允许转到学校所有专业。

②大连理工大学(盘锦校区):大一总成绩达到一定条件后,盘锦校区所有普通收费专业学生允许转到大连理工大学本部上学。

【编者按】单列计划一般情况下都不允许转到其他计划专业,报考时请尽量不要将转专业的因素考虑在内,以防影响报考时的选择。毕竟即使允许转专业,转专业的条件也会比较高,最终绝大多数学生无法转成专业。

5.单列计划和普通计划是否在同一批次招生?

(1)双一流高校单列计划和普通计划基本上都在同一批次进行招生。

(2)有大量的普通一本高校高收费专业在本科二批单列进行招生,离一本线差距不大的考生可以重点考虑。

【编者按】一本、二本是高考报考的分法,而步入社会,主要看你的毕业院校。例如,若上的是一本院校的二本招生专业,你毕业后是一本院校的学生;若上的是二本院校的一本专业,则是二本院校的学生。

6.单列计划在历年招生中是不是一直不变的?

单列计划不是一直不变的,会有一定的波动。以河南省2021年、2020年和2019年理科招生为例:

(1)浙江大学大学工科试验班(中外合作办学)2019、2020年和其他普通收费专业合并在同一计划下招生,2021年分开单列计划招生。

(2)南方医科大学护理学专业2019年和其他专业合并在同一计划下招生,2020年分开单列计划招生,2021年和其他专业合并在同一计划下进行招生。

【编者按】单列计划仅仅是高校根据招生情况做出的招生政策,单列计划专业(除分校、分校区、联办单列)和大校招生计划的专业含金量方面没有任何的区别,只是专业比较特殊或者学费相对较高而已。单列计划在报考中相对而言是比较不错的低分高就的机会点,适合的家庭可以考虑。

第九节 高校招生章程的"话外音"

每年,因不了解学校专业录取原则而导致专业被调剂的考生比比皆是,因不了解高校录取规则而惨遭退档的考生也大有人在,因为志愿填报失误而导致录取结果不理想确实非常惋惜。高校的录取政策,我们究竟要注意哪些内容?下面给大家说一说高校招生章程中的"话外音"。

一、专业录取原则

同样的专业排序,不同的录取原则下,学生最终被录取的专业则可能会完全不同,所以我们在报考时候必须认真研究报考院校的专业录取原则,以减少专业被调剂的概率问题。

我们来看一个案例,一名理科考生高考成绩650分,报考某知名高校,学校提档线636分,专业志愿顺序及专业最终录取分数线见表1-7。

表 1-7　专业志愿顺序及专业最终录取分数线

专业志愿	专业名称	专业最终录取分数线
专业 1	经济学类	655
专业 2	数学类	652
专业 3	电子信息类	649
专业 4	动力与机械类	647
专业 5	电气工程及其自动化	645
服从专业调剂		

很多家长和考生都会想当然的认为会被第三个专业电子信息类专业录取,如果学校录取原则为"分数清"时,确实会被电子信息类专业录取,但如果是"专业清"或者"专业级差"的时候,则很有可能被调剂专业的,下面我们来看一下不同录取原则下该考生被录取专业的情况见表1-8。

表 1-8　不同录取原则下,专业录取结果分析

录取原则	录取专业	备注
分数清	电子信息类	对高分考生有利,压线或超线不多考生很难选到好的专业,报不好基本要被调剂专业。
专业清	被调剂	给了压线或超线不多考生机会,报好了有可能上一个还不错的专业。
专业级差 33110	被调剂	既照顾了高分考生的成绩,又照顾了低分考生的专业,主要就是拼专业选择和专业排序的合理性。
专业级差 21100	电气工程及其自动化	

大家一定要了解目标院校的专业录取原则,合理利用录取原则,高分考生完全可以被喜欢的专业录取,压线或者超线不多的考生也有很大的可能被可以接受的专业录取,避免专业被调剂的情况发生,给自己交上一份完美的答卷。

二、关于退档的规定

在社会分工越来越精细化的时代,很多家长越来越认识到专业的重要性,报考时总担心孩子被调剂专业,却不知道还有一件事情比调剂专业更加严重,那就是"退档"。造成退档的原因有很多种,最主要的原因有哪些呢?

1. "不诚信记录"导致退档:

河南省招生办公室在近几年的"普通高校招生志愿填报及录取有关规定"中有明确的要求:如果按所报志愿录取后不入学就读,既浪费宝贵的招生计划,浪费高校的教育资源,客观上也占用了他人的升学机会。为维护入学机会公平,教育考生增强诚信意识、履行志愿约定,对于在普通高校招生录取中不履行志愿约定的考生,当批次录取电子档案停止运转;对录取后不入学实际就读等造成招生计划浪费的,下一年报名参加高考将限制其填报志愿的学校数量,在实行平行志愿的各批次,允许其填报志愿的学校数不超过2个。考生履行志愿约定情况将如实记入其电子档案。

部分高校在招生章程中对有"不诚信记录考生"的录取也有明确的规定,例如河南大学2021年普通本科招生章程中明确注明:考生在参加高等学校招生考试过程中有不诚信行为或高考电子档案中有不诚信记录的,学校原则上不予录取。

所以,对于自己不接受的志愿,建议不要报考。一旦报考,如果未被录取,不影响复读后的报考;如果被

录取后不入学就读,而是选择复读,下一年的志愿填报数量将会受到比较大的限制,并且有投档后被退档的可能性。

2. 不服从专业调剂导致退档:

基本上各个高校的招生章程中都有针对不服从专业调剂的规定,我们来看看郑州大学是如何规定的:考生专业志愿无法满足时,若服从专业调剂,则调剂到招生计划尚未完成的专业;若不服从专业调剂,则作退档处理。

所以,平行志愿下,除非我们能够接受退档,否则一定要同意专业调剂;专业调剂固然可怕,但相对于被退档而言似乎更好一些,两者相权取其轻。

3. 单科成绩不符合高校规定导致退档:

高校普通收费的专业一般情况下对学生的单科成绩不会做出规定,但不少中外合作办学专业由于有英文授课,所以对考生的英语成绩会有一定的限制,我们来看看郑州航空工业管理学院2021年招生章程中关于中外合作办学专业的规定:报考会计学(CIMA方向)和会计学(ACCA方向)的考生,高考英语成绩须达到110分及以上(满分150分)。如果报考郑州航空工业管理学院中外合作办学[会计学(CIMA方向)和会计学(ACCA方向)]单列计划,英语成绩未达到110分,投档后会直接做退档处理。

不是所有的高校的中外合作办学都会有英语成绩要求,比如西交利物浦大学虽然英语授课很多,但考生英语成绩在招生中不做硬性要求。但招生章程中也有明确的注明:西交利物浦大学实施专业课全英文教学,大学不设英语单科高考成绩最低线,但希望考生具有良好的英语水平并对英语有浓厚的兴趣,以适应全英文教学环境。

如果考生英语相对一般甚至比较差,尽量不要去选择中外合作办学,尤其是外教授课比较多的专业,不管高校对英语单科成绩有无限制。毕竟被录取不是我们的目的,我们还得考虑孩子上学后能否跟得上的问题。

4. 外语语种限制导致退档:

近些年来,不少考生由于英语不好或者外语科目想考更高的分数而选择高中阶段放弃英语,选择其他语种,例如日语、俄语等,有部分高校会对高中外语语种有一定的限制,我们来看看陆军工程大学在河南省本科二批无军籍学生招生计划的规定:只招收英语语种考生。

如果你高中学的不是英语而是日语,你高考报考了陆军工程大学本科二批招生专业,投档后即使总分很高也会被做退档处理;不少高校外语类专业及中外合作办学专业也会有外语语种的限制,请非英语语种的考生密切关注高校的招生要求。

5. 身体条件限制导致退档:

我们都知道,军校、公安、飞行员等特殊类专业对身体条件有一定的要求,除此以外,还有部分专业对身体条件也会有一定的要求,我们来看看北京中医药大学招生章程的规定:根据专业培养和就业特点,从对考生负责、维护考生利益的原则出发,色盲、色弱及其他各类不能准确识别颜色考生不予录取至医药学类专业;不鼓励躯干或肢体残疾考生报考医药学类专业,否则将难以完成学业。

如果高考体检发现存在色盲、色弱等情况,请一定要规避开相关不允许报考的专业。在考生体检后会拿到一张表格,里面对考生不能和不适宜就读的专业均有标注,请考生密切关注。

6. 只录取有专业志愿的考生:

普通收费专业一般不存在此类问题,主要还是集中在中外合作办学,我们来看一下部分学校招生章程的规定。

东北师范大学:中外合作办学专业只录取填报本专业志愿的考生,不接受专业调剂。

东北财经大学:中外合作办学专业和项目(包含的专业和项目)无专业志愿不予录取。

根据以上学校的规定,如果报考的专业未录取,即使服从专业调剂也会被直接退档。

第十节 军校招生

一、军队院校招收学员体格检查标准

第一章 总则

第一条 根据《应征公民体格检查标准》,制定本标准。

第二条 军队、武警部队院校招收士兵学员、普通中学高中毕业生学员和从地方招收研究生学员,以及军队接收普通高等学校毕业生的体格检查,适用于本标准。

第二章 外科项目

第三条 男性身高162cm以上,女性身高160cm以上,合格。

其中:

(一)装甲专业:身高162~178cm;

(二)水面舰艇、潜艇专业:男性身高162~182cm,女性身高160~182cm;

(三)潜水专业:身高168~185cm;

(四)空降专业:身高168cm以上;

(五)特种作战专业:男性身高170cm以上(体格条件优秀的165cm以上),女性身高165cm以上。

第四条 体重符合下列条件的,合格:

(一)男性:体重不超过标准体重[标准体重kg=身高(cm)-110]的30%、不低于标准体重的15%。其中,音乐学专业体重不超过标准体重的35%。

(二)女性:体重不超过标准体重的20%、不低于标准体重的15%。其中,舞蹈学专业体重不低于标准体重的20%。

第五条 颅脑外伤,颅脑畸形,颅脑手术史、脑外伤后综合征,不合格。

第六条 颈部运动功能受限,斜颈,Ⅲ度以上单纯性甲状腺肿,不合格。

第七条 乳腺肿瘤,重度男性乳房发育征,重度女性乳腺增生,不合格。

第八条 骨、关节、滑囊疾病或者损伤及其后遗症,骨、关节畸形,脊柱侧弯,胸廓畸形,习惯性脱臼,颈、胸、腰椎和严重四肢骨折史,腰椎间盘突出,强直性脊柱炎,影响肢体功能的腱鞘疾病,不合格。

下列情况合格:

(一)四肢单纯性骨折,治愈1年后,X片显示骨折线消失,复位良好,无功能障碍及后遗症(空降专业除外);

(二)关节弹响排除骨关节疾病或者损伤,不影响正常功能的;

(三)大骨节病仅指、趾关节稍粗大,无自觉症状,无功能障碍(指挥专业除外);

(四)轻度胸廓畸形(指挥、潜艇、潜水、空降专业除外)。

第九条 肘关节过伸超过15度,肘关节外翻超过20度,或者虽未超过前述规定但是存在功能障碍,不合格。

第十条 两下肢不等长超过2cm,膝内翻股骨内髁间距离和膝外翻胫骨内踝间距离超过7cm(空降专业超过4cm),或者虽未超过前述规定但是步态异常,不合格。

第十一条 手指、足趾残缺或者畸形,足底弓完全消失的扁平足症,重度鞍裂症,不合格。

第十二条 恶性肿瘤,面颈部长径超过1cm的良性肿瘤、囊肿,其他部位长径超过3cm的良性肿瘤、囊肿,或者虽未超出前述规定但是影响功能和训练的,不合格。

第十三条 瘢痕体质,面颈部长径超过3cm或者影响功能的瘢痕,其他部位影响功能的瘢痕,不合格。

第十四条 面颈部文身,着军队制式体能训练服其他裸露部位长径超过3cm的文身,其他部位长径超

过 10cm 的文身,男性文眉、文眼线、文唇,女性文唇,不合格(文身图案和内容由政审把关)。

第十五条　脉管炎,动脉瘤,重度下肢静脉曲张、精索静脉曲张,不合格。

其中,中度下肢静脉曲张、精索静脉曲张,指挥专业不合格。

第十六条　胸、腹腔手术史,疝,脱肛,肛瘘,肛旁脓肿,重度陈旧性肛裂,环状痔,混合痔,不合格。

下列情况合格:

(一)阑尾炎手术后半年以上,无后遗症;

(二)腹股沟疝、股疝手术后 1 年以上,无后遗症;

(三)2 个以下且长径均在 0.8cm 以下的混合痔。

第十七条　泌尿生殖系统疾病或者损伤及其后遗症,生殖器官畸形或者发育不全,单睾,隐睾,不合格。

下列情况合格:

(一)无自觉症状的非交通性精索鞘膜积液,不大于健侧睾丸(空降专业除外);

(二)无自觉症状的睾丸鞘膜积液,包括睾丸在内不大于健侧睾丸 1 倍(空降专业除外);

(三)交通性鞘膜积液,手术后 1 年以上无复发,无后遗症;

(四)无压痛、无自觉症状的精索、附睾小结节,数量在 2 个以下且长径均在 0.5cm 以下;

(五)包茎、包皮过长(空降专业除外);

(六)轻度急性包皮炎、阴囊炎;

(七)隐睾经手术下降至阴囊的。

第十八条　重度腋臭,不合格。轻度腋臭,装甲、潜艇及潜水专业不合格。

第十九条　头癣,泛发性体癣,疥疮,慢性泛发性湿疹,慢性荨麻疹,泛发性神经性皮炎,银屑病,面颈部长径超过 1cm 的血管痣、色素痣、胎痣和白癜风,其他传染性或者难以治愈的皮肤病,不合格。多发性毛囊炎,皮肤对刺激物过敏或者有接触性皮炎史,手足部位近 3 年连续发生冻疮,潜艇、潜水专业不合格。

下列情况合格:

(一)单发局限性神经性皮炎不超过 2 处,每处长径在 3cm 以下;

(二)股癣,手(足)癣,甲(指、趾)癣,花斑癣;

(三)白癜风,身体其他部位不超过 2 处,每处长径在 3cm 以下。

第二十条　淋病,梅毒(含梅毒抗体阳性),软下疳,性病性淋巴肉芽肿,非淋菌性尿道炎,尖锐湿疣,生殖器疱疹,以及其他性传播疾病,不合格。

第三章　内科项目

第二十一条　血压在下列范围,合格:

(一)收缩压≥90mmHg,<140mmHg;

(二)舒张压≥60mmHg,<90mmHg。

第二十二条　心率在下列范围,合格:

(一)心率 60~100 次/分;

(二)心率 50~59 次/分或者 101~110 次/分,经检查系生理性(潜艇、潜水、空降专业除外)。

第二十三条　高血压病,器质性心脏病,血管疾病,右位心脏,不合格。

但是听诊发现心律不齐、心脏收缩期杂音,经检查系生理性的,合格(潜艇、潜水、空降专业除外)。

第二十四条　慢性支气管炎,支气管扩张,支气管哮喘,肺大泡,气胸及气胸史,以及其他呼吸系统慢性疾病,不合格。

第二十五条　严重慢性胃、肠疾病,肝脏、胆囊、脾脏、胰腺疾病,内脏下垂,腹部包块,不合格。

下列情况合格:

(一)仰卧位,平静呼吸,在右锁骨中线肋缘下触及肝脏不超过 1.5cm,剑突下不超过 3cm,质软,边薄,平滑,无触痛、叩击痛,肝上界在正常范围,左肋缘下未触及脾脏,无贫血,营养状况良好;

(二)既往因患疟疾、血吸虫病、黑热病引起的脾脏肿大,现无自觉症状,无贫血,营养状况良好。

第二十六条　泌尿、血液、内分泌系统疾病,代谢性疾病,免疫性疾病,不合格。

第二十七条　艾滋病,病毒性肝炎,结核,流行性出血热,细菌性和阿米巴性痢疾,黑热病,伤寒、副伤寒,布鲁氏菌病,钩端螺旋体病,血吸虫病,疟疾,丝虫病,以及其他传染病,不合格。

下列情况合格:

(一)急性病毒性肝炎治愈后 2 年以上未再复发,无症状和体征,实验室检查正常;

(二)原发性肺结核、继发性肺结核、结核性胸膜炎,肾结核,腹膜结核,临床治愈后 3 年无复发(水面舰艇、潜艇、潜水专业除外);

(三)细菌性痢疾治愈 1 年以上;

(四)疟疾、黑热病、血吸虫病、阿米巴性痢疾、钩端螺旋体病、流行性出血热、伤寒、副伤寒、布鲁氏菌病,治愈 2 年以上,无后遗症;

(五)丝虫病治愈半年以上,无后遗症。

第二十八条 癫痫,以及其他神经系统疾病及后遗症,不合格。

第二十九条 精神分裂症,转换性障碍,分离性障碍,抑郁症,躁狂症,精神活性物质滥用和依赖,人格障碍,应激障碍,睡眠障碍,进食障碍,精神发育迟滞,遗尿症,以及其他精神类疾病,不合格。

第三十条 影响语言正常表达的口吃,不合格。

第三十一条 对食物、药物和其他物质严重过敏的,不合格。

第四章 耳鼻喉科项目

第三十二条 双侧耳语听力均低于 5m,不合格。

一侧耳语达到 5m、另侧不低于 3m,除潜艇专业以外的其他专业合格。

第三十三条 明显耳廓畸形,外耳道闭锁,反复发炎的耳前瘘管,耳廓及外耳道湿疹,耳霉菌病,不合格。

但是轻度耳廓及外耳道湿疹,轻度耳霉菌病,除水面舰艇、潜艇、潜水专业外合格。

第三十四条 鼓膜穿孔、严重内陷,化脓性中耳炎,乳突炎,以及其他难以治愈的耳病,不合格。

鼓膜中度以上内陷,鼓膜瘢痕或者钙化斑超过鼓膜的 1/3,咽鼓管通气功能、耳气压功能及鼓膜活动不良,咽鼓管咽口或者周围淋巴样组织增生,潜艇、潜水、空降专业不合格。

第三十五条 眩晕病,不合格。

第三十六条 鼻中隔穿孔,鼻畸形,重度肥厚性鼻炎,萎缩性鼻炎,重度鼻粘膜糜烂,鼻息肉,中鼻甲息肉样变,以及其他难以治愈的慢性鼻病,不合格。严重变应性鼻炎,肥厚性鼻炎,慢性鼻窦炎,严重鼻中隔偏曲,潜艇、潜水、空降专业不合格。

但是不影响副鼻窦引流的中鼻甲肥大,中鼻道有少量粘液脓性分泌物,轻度萎缩性鼻炎,除潜艇、潜水、空降专业外合格。

第三十七条 嗅觉丧失的,不合格。

嗅觉迟钝,除防化、医疗、油料专业外,其他专业合格。

第三十八条 影响吞咽、发音功能的难以治愈的咽、喉疾病,严重阻塞性睡眠呼吸暂停综合征,不合格。

第五章 眼科项目

第三十九条 裸眼视力低于 4.5,不合格。

任何一眼裸眼视力低于 4.9,需进行矫正视力检查,任何一眼矫正视力低于 4.9 或矫正度数超过 600 度,不合格。

屈光不正经准分子激光手术后半年以上且无并发症,任何一眼裸眼视力达到 4.9,眼底检查正常,除指挥、装甲、测绘、雷达、水面舰艇、潜艇、潜水、空降、特种作战专业外合格。

其中:

(一)指挥、装甲、测绘、雷达、水面舰艇、潜艇专业,任何一眼裸眼视力不低于 4.9;

(二)潜水、空降、特种作战专业,任何一眼裸眼视力不低于 5.0。

第四十条 色弱、色盲,不合格。

能够识别红、绿、黄、蓝、紫各单色者,除指挥、水面舰艇、潜艇、空降、装甲、测绘、雷达专业外合格。

第四十一条 影响眼功能的眼睑、睑缘、结膜、泪器疾病,不合格。

第四十二条 眼球突出,眼球震颤,眼肌疾病,运动障碍,显性斜视,不合格。

15 度以内的共同性内、外斜视,除指挥、装甲、测绘、水面舰艇、潜艇、潜水、空降、雷达专业外合格。

第四十三条　角膜、巩膜、虹膜睫状体疾病,瞳孔变形、运动障碍,不合格。

但是不影响视功能的角膜薄翳,角膜缘外非进行性翼状胬肉,除指挥专业外合格。

第四十四条　晶状体、玻璃体、脉络膜、视网膜、视神经疾病,青光眼,不合格。

下列情况合格:

(一)先天性少数散在的晶状体小混浊点,不影响视功能的;

(二)短小的玻璃体动脉残遗,少数丝、点状玻璃体混浊,无症状的。

第六章　口腔科项目

第四十五条　深度龋齿超过3个,缺齿超过2个(经正畸治疗拔除、牙列整齐的除外),全口义齿及复杂的可摘局部义齿,重度牙周炎,颞颌关节疾病,唇、腭裂及唇裂术后明显瘢痕,影响咀嚼及发音功能的口腔疾病,不合格。

但是经治疗、修复后功能良好的龋齿、缺齿,合格。

第四十六条　中度以上氟斑牙及牙釉质发育不全,切牙、尖牙、双尖牙明显缺损或缺失,超牙合超过0.5cm,开牙合超过0.3cm,上下颌牙咬合到对颌牙龈的深覆牙合,反牙合,牙列不齐,重度牙龈炎,中度牙周炎,潜艇、潜水专业不合格。

下列情况潜艇、潜水专业合格:

(一)上下颌左右尖牙、双尖牙咬合相距0.3cm以内;

(二)切牙缺失1个,经固定义齿修复后功能良好,或牙列无间隙,替代牙功能良好;

(三)不影响咬合的个别切牙牙列不齐或重叠;

(四)不影响咬合的个别切牙轻度反牙合,无其他体征;

(五)错牙和畸形经正畸治疗后功能良好。

第四十七条　慢性腮腺炎、腮腺囊肿,口腔肿瘤,口颌面部明显畸形,不合格。

第七章　妇科项目

第四十八条　闭经,严重痛经,子宫不规则出血,功能性子宫出血,子宫内膜异位症,不合格。

第四十九条　内外生殖器畸形或者缺陷,不合格。

第五十条　急、慢性盆腔炎,盆腔肿物,不合格。

第五十一条　霉菌性阴道炎,滴虫性阴道炎,不合格。

第五十二条　妊娠,不合格。

第八章　辅助检查项目

第五十三条　血细胞分析结果在下列范围,合格:

(一)血红蛋白,男性 $130 \sim 175$ g/L,女性 $115 \sim 150$ g/L;

(二)红细胞计数,男性 $(4.3 \sim 5.8) \times 10^{12}$/L,女性 $(3.8 \sim 5.1) \times 10^{12}$/L;

(三)白细胞计数,$(3.5 \sim 9.5) \times 10^9$/L;

(四)中性粒细胞百分数,$40\% \sim 75\%$;

(五)淋巴细胞百分数,$20\% \sim 50\%$;

(六)血小板计数,$125 \sim 350 \times 10^9$/L。

血常规检查结果要结合临床及地区差异做出正确结论。血红蛋白、红细胞计数、白细胞计数、中性粒细胞百分数、淋巴细胞百分数、血小板计数稍高或者稍低,根据所在地区人体正常值范围,在排除器质性病变的前提下,不作单项淘汰。

第五十四条　血生化分析结果在下列范围,合格:

(一)血清丙氨酸氨基转移酶:男性 $9 \sim 50$ U/L,女性 $7 \sim 40$ U/L;

血清丙氨酸氨基转移酶,男性 >50 U/L、≤ 60 U/L,女性 >40 U/L、≤ 50 U/L,应当结合临床物理检查,在排除疾病的情况下,视为合格,但是须从严掌握。

(二)血清肌酐:

酶法:男性 $59 \sim 104$ μmol/L,女性 $45 \sim 84$ μmol/L;

苦味酸速率法:男性 $62 \sim 115$ μmol/L,女性 $53 \sim 97$ μmol/L;

苦味酸去蛋白终点法:男性 44~133μmol/L,女性 70~106μmol/L;

(三)血清尿素:2.9~8.2mmol/L;

(四)空腹血糖:3.9~6.1mmol/L。

第五十五条 乙型肝炎表面抗原检测阳性,艾滋病病毒(HIV1+2)抗体检测阳性,血清梅毒螺旋体抗体检测阳性,不合格。

第五十六条 尿常规检查结果在下列范围,合格:

(一)尿蛋白:阴性至微量;

(二)尿酮体:阴性;

(三)尿糖:阴性;

(四)胆红素:阴性;

(五)尿胆元:0.1~1.0Eμ/dl(弱阳性)。

第五十七条 尿液离心沉淀标本镜检结果在下列范围,合格:

(一)红细胞:男性 0~偶见/高倍镜,女性 0~3/高倍镜,女性不超过 6 个/高倍镜应结合外阴检查排除疾病;

(二)白细胞:男性 0~3/高倍镜,女性 0~5/高倍镜,不超过 6 个/高倍镜应结合外生殖器或者外阴检查排除疾病;

(三)管型:无或者偶见透明管型,无其他管型。

第五十八条 尿液毒品检测阳性,不合格。

第五十九条 尿液妊娠试验阴性,合格。

尿液妊娠试验阳性,但是血清妊娠试验阴性,合格。

第六十条 大便常规检查结果在下列范围,合格。

(一)外观:黄软;

(二)镜检:红、白细胞各 0~2/高倍镜,无钩虫、鞭虫、绦虫、血吸虫、肝吸虫、姜片虫卵及肠道原虫。

大便常规检查,在地方性寄生虫病和血吸虫病流行地区为必检查项目,其他地区根据需要进行检查。

第六十一条 胸部 X 射线检查结果在下列范围内,合格:

(一)胸部 X 射线检查未见异常;

(二)孤立散在的钙化点(直径不超过 0.5cm),双肺野不超过 3 个,密度高,边缘清晰,周围无浸润现象(水面舰艇、潜艇专业除外);

(三)肺纹理轻度增强(无呼吸道病史,无自觉症状)。

第六十二条 心电图检查结果在下列范围内,合格:

(一)正常心电图;

(二)大致正常心电图:

1. 窦性心律,心率 50~59 次/分,或者 101~110 次/分,结合临床;

2. 窦性心律不齐,经吸屏气后改善或者消失;

3. P 波电轴左偏(P 波在 I、aVL 直立且电压较高,II 低平或者正负双相,III、aVF 正负双相或者浅倒,aVR 负正双相或者浅倒);

4. 单纯的 QRS 电轴偏移在-30 度至+120 度,或者超过上述偏移度数且心脏彩超未见异常的;

5. 单纯逆钟向或者顺钟向转位;

6. 左心室高电压(无高血压,心脏听诊无病理性杂音,胸片无心脏增大);

7. 心律较慢时以 R 波为主导联 J 点抬高,ST 段呈凹面向上型抬高小于 0.1mV;

8. 以 R 波为主导联 ST 段呈缺血型压低小于等于 0.05mV(aVL、III 可压低 0.1mV)或者呈近似水平型压低小于 0.08mV,或者上斜型压低小于 0.1mV;

9. T 波在 II 直立,电压大于 1/10R 波,aVF 低平,III 倒置;

10. TV_1、V_2 大于 TV_5、V_6(V_5、V_6 大于 1/10 R 波);

11. 窦房结内游走性心律;

12. V_1、V_2 导联出现高 R 波,但是肢体导联 QRS 波电压无变化,QRS 电轴无明显右偏,右胸导联无 ST-T

改变,临床无引起右室肥大的病因;

13. 室上嵴型 QRS 波(V_1 呈 rsr'型,r>r',I、V_5 导联无 s 波或者 s 波在正常范围内);

14. 偶发早搏;

15. 不完全性右束支传导阻滞,无其他可疑的阳性病史、症状和体征;

16. U 波明显,但是未高于 T 波,无其他可疑的阳性病史、症状和体征。

出现前款第二项第 4、5、6 条目的心电图表现,应当让受检者作原地蹲起 20 次,复查心电图无明显异常病理改变的,视为大致正常心电图。

第六十三条 腹部超声检查发现恶性征象、病理性脾肿大、胰腺病变、肝肾弥漫性实质损害、肾盂积水、结石、内脏反位、单肾以及其他病变和异常的,不合格。

下列情况合格(第四至十条,潜艇、潜水、空降专业除外):

(一)肝、胆、胰、脾、双肾未见明显异常;

(二)轻、中度脂肪肝且肝功能正常;

(三)胆囊息肉样病变,数量 3 个以下且长径均在 0.5cm 以下;

(四)肝肾囊肿和血管瘤单脏器数量 3 个以下且长径均在 1cm 以下;

(五)单发肝肾囊肿和血管瘤长径 3cm 以下;

(六)肝、脾内钙化灶数量 3 个以下且长径均在 1cm 以下,或者肝内串珠样钙化灶性质稳定、不影响肝功能的;

(七)双肾实质钙化灶,3 个以下且长径 1cm 以下;

(八)双肾错构瘤数量 2 个以下且长径均在 1cm 以下;

(九)肾盂宽不超过 1.5cm,输尿管不增宽;

(十)脾脏长径 10cm 以下,厚度 4.5cm 以下;脾脏长径超过 10cm 或者厚径超过 4.5cm,但是脾面积测量(0.8×长径×厚径)38cm^2 以下,排除器质性病变。

第六十四条 妇科超声检查发现子宫肌瘤、附件区不明性质包块、以及其他病变和异常的,不合格。

下列情况合格:

(一)子宫、卵巢大小形态未见明显异常;

(二)不伴其他异常的盆腔积液深度不超过 2cm;

(三)单发附件区、卵巢囊肿长径小于 3cm。

第六十五条 心脏超声检查发现心脏、瓣膜、血管疾病或者异常,不合格。

但是心脏瓣膜结构正常,有少量生理性反流,长度不超过 5cm,容积不超过 5ml 的,合格。

第九章 职业基本适应性检测项目

第六十六条 采用军队院校招收学员职业基本适应性检测专用软件及结构访谈对报考军队院校的考生进行职业基本适应性检测。有下列情况之一者,不合格。

(一)军校报考动机测验计算机测验任一题做否定回答,且结构访谈三项中任一项评分为 2 分或累计大于等于 2 分。

(二)健康人格计算机测验六个特质量表和效度量表中任一项大于等于 70 分,且七项健康人格结构访谈中任一项评分为 2 分或累计大于等于 2 分。

(三)职业人格计算机测验"情绪稳定性""尽责性""自律性"三项特质量表中任何一项小于等于 25 分,或"怀疑性""忧虑性""紧张性"三项特质量表中任何一项大于等于 75 分,且六项职业人格特征结构访谈中任一项评为 2 分或累计大于等于 2 分。

第十章 附则

第六十七条 军队、武警部队院校招收干部学员的体格检查标准,参照本标准执行。

第六十八条 本标准自 2017 年 1 月 1 日起施行。2006 年 4 月 4 日原总参谋部、总政治部、总后勤部发布的《军队院校招收学员体格检查标准》同时废止。

二、2021 年在河南省招生的军队院校及专业(男生、女生招生计划单独汇总)

2021 年共有 27 所军校在河南招生,投放招生计划共 982 人(不含军队院校空军航空大学、海军航空大学招收飞行员计划),其中理科男生计划招生908人,文科男生计划招生21人,理科女生计划招生48人,文科女生计划招生5人,具体招生计划见表1-9。

表1-9 2021年在河南省招生的军队院校及专业(男生、女生招生计划单独汇总)

科类	院校代码	院校名称	专业代码	专业名称	招生计划	性别	备注
文科	0125	武警海警学院	01	法学(维权执法)	2	男生	指挥类
文科	0210	战略支援部队信息工程大学	02	波斯语(军事外语技术)	1	男生	
文科	0210	战略支援部队信息工程大学	04	朝鲜语(军事外语技术)	1	男生	
文科	0210	战略支援部队信息工程大学	05	侦察情报(军事情报学)	1	男生	指挥类
文科	0305	国防科技大学	01	俄语(军事外交)	2	男生	指挥类
文科	0305	国防科技大学	02	土耳其语(军事外交)	1	男生	指挥类
文科	0555	武警工程大学	01	法学(武警内卫总队执勤分队指挥)	1	男生	指挥类
文科	0555	武警工程大学	02	思想政治教育(武警内卫总队机动分队指挥)	3	男生	指挥类
文科	0555	武警工程大学	03	思想政治教育(武警内卫总队执勤分队指挥)	2	男生	指挥类
文科	0555	武警工程大学	04	中国语言文学类(武警内卫总队机动分队指挥)	4	男生	指挥类
文科	0555	武警工程大学	05	中国语言文学类(武警内卫总队执勤分队指挥)	1	男生	指挥类
文科	0840	陆军勤务学院	01	管理科学与工程类(军事物资采购管理)	1	男生	指挥类
文科	0845	陆军边海防学院	01	中国语言文学类(步兵分队指挥)	1	男生	指挥类
理科	0125	武警海警学院	01	法学(维权执法)	1	男生	指挥类
理科	0125	武警海警学院	02	航海技术(船艇指挥)	3	男生	指挥类
理科	0125	武警海警学院	03	作战指挥(维权执法)	3	男生	指挥类
理科	0125	武警海警学院	04	作战指挥(船艇指挥)	1	男生	指挥类
理科	0210	战略支援部队信息工程大学	01	国际事务与国际关系(国际事务与国际关系)	1	男生	指挥类
理科	0210	战略支援部队信息工程大学	02	英语(军事外语技术)	2	男生	指挥类
理科	0210	战略支援部队信息工程大学	04	日语(军事外语技术)	1	男生	
理科	0210	战略支援部队信息工程大学	05	波斯语(军事外语技术)	2	男生	
理科	0210	战略支援部队信息工程大学	06	朝鲜语(军事外语技术)	1	男生	
理科	0210	战略支援部队信息工程大学	07	希腊语(军事外语技术)	2	男生	
理科	0210	战略支援部队信息工程大学	09	电子信息工程(信息装备技术与保障)	1	男生	
理科	0210	战略支援部队信息工程大学	10	电子科学与技术(信息装备技术与保障)	5	男生	指挥类
理科	0210	战略支援部队信息工程大学	12	通信工程(通信装备研发与保障)	1	男生	
理科	0210	战略支援部队信息工程大学	13	微电子科学与工程(信息装备技术与保障)	5	男生	指挥类
理科	0210	战略支援部队信息工程大学	14	信息工程(信号分析处理)	1	男生	
理科	0210	战略支援部队信息工程大学	15	水声工程(水下信息技术)	1	男生	
理科	0210	战略支援部队信息工程大学	16	人工智能(智能信息处理与装备研发)	6	男生	
理科	0210	战略支援部队信息工程大学	18	计算机科学与技术(网络空间安全技术与指挥)	1	男生	指挥类
理科	0210	战略支援部队信息工程大学	19	计算机科学与技术(计算机装备研发与保障)	1	男生	
理科	0210	战略支援部队信息工程大学	20	网络工程(网络空间安全技术与指挥)	7	男生	
理科	0210	战略支援部队信息工程大学	21	信息安全(网络信息防御)	10	男生	

续表

科类	院校代码	院校名称	专业代码	专业名称	招生计划	性别	备注
理科	0210	战略支援部队信息工程大学	22	网络空间安全(网络空间安全技术与指挥)	9	男生	指挥类
理科	0210	战略支援部队信息工程大学	24	遥感科学与技术(遥感图像判读)	2	男生	指挥类
理科	0210	战略支援部队信息工程大学	25	遥感科学与技术(测绘技术与保障)	1	男生	
理科	0210	战略支援部队信息工程大学	26	信息对抗技术(网络信息防御)	17	男生	指挥类
理科	0210	战略支援部队信息工程大学	28	预警探测(探测技术与指挥)	2	男生	
理科	0210	战略支援部队信息工程大学	29	目标工程(数据保障)	1	男生	指挥类
理科	0210	战略支援部队信息工程大学	30	网电指挥与工程(网络安全技术与指挥)	1	男生	指挥类
理科	0210	战略支援部队信息工程大学	31	作战环境工程(测绘技术与保障)	1	男生	指挥类
理科	0210	战略支援部队信息工程大学	32	大数据工程(数据保障)	2	男生	指挥类
理科	0210	战略支援部队信息工程大学	33	密码学(信息管理)	10	男生	
理科	0210	战略支援部队信息工程大学	35	密码工程(信息研究)	6	男生	
理科	0210	战略支援部队信息工程大学	37	侦测工程(无线电监测)	2	男生	
理科	0210	战略支援部队信息工程大学	38	管理科学与工程类(信息管理)	20	男生	指挥类
理科	0210	战略支援部队信息工程大学	39	保密管理(信息管理)	5	男生	指挥类
理科	0305	国防科技大学	01	外交学(军事情报)	1	男生	指挥类
理科	0305	国防科技大学	02	国际事务与国际关系(军事情报)	1	男生	
理科	0305	国防科技大学	03	物理学(相关专业技术与指挥管理)	1	男生	
理科	0305	国防科技大学	04	量子信息科学(相关专业技术与指挥管理)	1	男生	
理科	0305	国防科技大学	05	化学(相关专业技术与指挥管理)	1	男生	
理科	0305	国防科技大学	06	大气科学(气象海洋预报)	1	男生	指挥类
理科	0305	国防科技大学	07	大气科学(气象海洋预报)	1	男生	
理科	0305	国防科技大学	08	大气科学(相关专业技术与指挥管理)	1	男生	
理科	0305	国防科技大学	10	海洋技术(海洋调查技术与保障)	3	男生	指挥类
理科	0305	国防科技大学	11	海洋技术(相关专业技术与指挥管理)	1	男生	
理科	0305	国防科技大学	12	军事海洋学(气象海洋预报)	3	男生	指挥类
理科	0305	国防科技大学	13	生物技术(相关专业技术与指挥管理)	2	男生	
理科	0305	国防科技大学	14	应用统计学(试验评估技术)	1	男生	指挥类
理科	0305	国防科技大学	15	应用统计学(相关专业技术与指挥管理)	1	男生	
理科	0305	国防科技大学	16	理论与应用力学(相关专业技术与指挥管理)	1	男生	
理科	0305	国防科技大学	17	机械工程(无人机技术与保障)	1	男生	指挥类
理科	0305	国防科技大学	18	测控技术与仪器(计量技术)	1	男生	
理科	0305	国防科技大学	19	材料科学与工程(相关专业技术与指挥管理)	6	男生	
理科	0305	国防科技大学	20	材料科学与工程(新概念武器)	1	男生	
理科	0305	国防科技大学	21	纳米材料与技术	3	男生	
理科	0305	国防科技大学	22	电子信息工程(相关专业技术与指挥管理)	4	男生	
理科	0305	国防科技大学	23	电子科学与技术(相关专业技术与指挥管理)	7	男生	

续表

科类	院校代码	院校名称	专业代码	专业名称	招生计划	性别	备注
理科	0305	国防科技大学	24	电子科学与技术(试验评估技术)	1	男生	
理科	0305	国防科技大学	25	通信工程(数据链技术与指挥)	1	男生	指挥类
理科	0305	国防科技大学	26	微电子科学与工程(相关专业技术与指挥管理)	4	男生	
理科	0305	国防科技大学	27	光电信息科学与工程(相关专业技术与指挥管理)	4	男生	
理科	0305	国防科技大学	29	信息工程(指挥信息系统运用与保障)	1	男生	指挥类
理科	0305	国防科技大学	30	集成电路设计与集成系统(相关专业技术与指挥管理)	1	男生	
理科	0305	国防科技大学	31	计算机科学与技术(指挥信息系统运用与保障)	1	男生	指挥类
理科	0305	国防科技大学	32	软件工程(指挥信息系统运用与保障)	1	男生	指挥类
理科	0305	国防科技大学	33	网络工程(网络信息防御)	1	男生	指挥类
理科	0305	国防科技大学	34	网络工程(网络信息防御)	1	男生	
理科	0305	国防科技大学	35	信息安全(相关专业技术与指挥管理)	1	男生	
理科	0305	国防科技大学	36	物联网工程(相关专业技术与指挥管理)	1	男生	
理科	0305	国防科技大学	37	智能科学与技术(相关专业技术与指挥管理)	2	男生	
理科	0305	国防科技大学	38	数据科学与大数据技术(相关专业技术与指挥管理)	1	男生	
理科	0305	国防科技大学	39	网络空间安全(网络信息防御)	1	男生	指挥类
理科	0305	国防科技大学	40	网络空间安全(相关专业技术与指挥管理)	1	男生	
理科	0305	国防科技大学	41	导航工程(无人机技术与保障)	1	男生	指挥类
理科	0305	国防科技大学	42	导航工程(无人机技术与保障)	1	男生	
理科	0305	国防科技大学	43	飞行器设计与工程(相关专业技术与指挥管理)	3	男生	
理科	0305	国防科技大学	44	飞行器动力工程(相关专业技术与指挥管理)	5	男生	
理科	0305	国防科技大学	45	智能飞行器技术(相关专业技术与指挥管理)	4	男生	
理科	0305	国防科技大学	46	武器系统与工程(试验评估技术)	1	男生	
理科	0305	国防科技大学	47	信息对抗技术(电子对抗技术与指挥)	3	男生	指挥类
理科	0305	国防科技大学	48	信息对抗技术(相关专业技术与指挥管理)	3	男生	
理科	0305	国防科技大学	49	信息对抗技术(网络安全技术)	2	男生	指挥类
理科	0305	国防科技大学	50	核工程与核技术(相关专业技术与指挥管理)	2	男生	
理科	0305	国防科技大学	51	侦察情报(相关专业技术与指挥管理)	6	男生	
理科	0305	国防科技大学	52	侦察情报(情报分析整编)	3	男生	指挥类
理科	0305	国防科技大学	53	侦察情报(网电情报分析)	3	男生	指挥类
理科	0305	国防科技大学	54	侦察情报(网电情报分析)	1	男生	
理科	0305	国防科技大学	55	运筹与任务规划(任务规划)	1	男生	
理科	0305	国防科技大学	57	网电指挥与工程(电子对抗技术与指挥)	6	男生	指挥类
理科	0305	国防科技大学	58	网电指挥与工程(网络安全技术与指挥)	3	男生	指挥类
理科	0305	国防科技大学	59	无人系统工程(相关专业技术与指挥管理)	5	男生	
理科	0305	国防科技大学	60	无人系统工程(无人机技术与保障)	1	男生	指挥类

续表

科类	院校代码	院校名称	专业代码	专业名称	招生计划	性别	备注
理科	0305	国防科技大学	61	大数据工程(数据保障)	1	男生	
理科	0305	国防科技大学	62	指挥信息系统工程(数据保障)	1	男生	
理科	0305	国防科技大学	64	雷达工程(电子对抗技术与指挥)	2	男生	指挥类
理科	0305	国防科技大学	65	无人装备工程(相关专业技术与指挥管理)	5	男生	
理科	0305	国防科技大学	66	无人装备工程(无人机技术与保障)	1	男生	指挥类
理科	0305	国防科技大学	68	仿真工程(相关专业技术与指挥管理)	1	男生	
理科	0305	国防科技大学	69	仿真工程(任务规划)	1	男生	
理科	0305	国防科技大学	70	管理科学与工程类(指挥勤务保障)	3	男生	
理科	0320	陆军工程大学	01	机械工程(战斗支援工程与指挥)	1	男生	指挥类
理科	0320	陆军工程大学	02	电气工程及其自动化(航空机务技术与指挥)	1	男生	指挥类
理科	0320	陆军工程大学	03	电气工程及其自动化(航空机务技术与指挥)	1	男生	
理科	0320	陆军工程大学	04	电子信息工程(航空机务技术与指挥)	1	男生	
理科	0320	陆军工程大学	05	通信工程(战场机动通信技术与指挥)	16	男生	指挥类
理科	0320	陆军工程大学	06	光电信息科学与工程(装备技术保障与分队指挥)	2	男生	指挥类
理科	0320	陆军工程大学	08	信息安全(战场机动通信技术与指挥)	1	男生	指挥类
理科	0320	陆军工程大学	09	土木工程(阵地工程与指挥)	2	男生	指挥类
理科	0320	陆军工程大学	10	道路桥梁与渡河工程(机动保障工程与指挥)	6	男生	指挥类
理科	0320	陆军工程大学	11	地质工程(野战给水)	1	男生	指挥类
理科	0320	陆军工程大学	12	飞行器设计与工程(航空机务技术与指挥)	1	男生	指挥类
理科	0320	陆军工程大学	13	武器系统与工程(航空机务技术与指挥)	1	男生	指挥类
理科	0320	陆军工程大学	14	武器系统与工程(炮兵武器维修与管理)	1	男生	指挥类
理科	0320	陆军工程大学	15	弹药工程与爆炸技术(弹药技术)	5	男生	指挥类
理科	0320	陆军工程大学	16	弹药工程与爆炸技术(战斗支援工程与指挥)	1	男生	指挥类
理科	0320	陆军工程大学	17	火力指挥与控制工程(炮兵武器维修与管理)	1	男生	指挥类
理科	0320	陆军工程大学	18	无人系统工程(无人机运用与指挥)	1	男生	指挥类
理科	0320	陆军工程大学	20	地雷爆破与破障工程(战斗支援工程与指挥)	1	男生	指挥类
理科	0320	陆军工程大学	21	指挥信息系统工程(战场机动通信技术与指挥)	1	男生	指挥类
理科	0320	陆军工程大学	22	导弹工程(防空装备技术保障)	1	男生	指挥类
理科	0320	陆军工程大学	23	伪装与防护工程(伪装工程与指挥)	1	男生	指挥类
理科	0320	陆军工程大学	24	装备保障工程(装备技术保障与分队指挥)	1	男生	指挥类
理科	0440	海军军医大学	01	临床医学(学制5年)(临床医疗通科医师)	11	男生	
理科	0440	海军军医大学	02	临床医学(学制8年医)(高级临床医师)	2	男生	
理科	0440	海军军医大学	05	麻醉学(学制5年)(临床麻醉师)	1	男生	
理科	0440	海军军医大学	06	医学影像学(学制5年)(临床影像师)	1	男生	
理科	0440	海军军医大学	07	精神医学(学制5年)(临床心理师)	1	男生	
理科	0440	海军军医大学	08	预防医学(学制5年)(公共卫生医师)	1	男生	
理科	0445	陆军军医大学	01	临床医学(学制5年)(临床医疗通科医师)	14	男生	

续表

科类	院校代码	院校名称	专业代码	专业名称	招生计划	性别	备注
理科	0445	陆军军医大学	02	临床医学(学制8年医)(高级临床医师)	1	男生	
理科	0445	陆军军医大学	05	预防医学(学制8年医)(预防医师和研究人员)	1	男生	
理科	0445	陆军军医大学	07	医学检验技术(临床检验技师)	1	男生	
理科	0450	空军军医大学	01	临床医学(学制5年)(临床通科医师)	14	男生	
理科	0450	空军军医大学	02	临床医学(学制8年医)(高级临床医师)	1	男生	
理科	0450	空军军医大学	03	临床医学(学制5年)(航空航天医疗通科医师)	1	男生	
理科	0450	空军军医大学	05	口腔医学(学制8年医)(口腔医学高级临床医师)	1	男生	
理科	0480	海军工程大学	01	材料科学与工程(舰船维修与管理)	1	男生	
理科	0480	海军工程大学	02	能源与动力工程(舰艇机电指挥)	10	男生	指挥类
理科	0480	海军工程大学	03	电气工程及其自动化(舰艇机电指挥)	4	男生	指挥类
理科	0480	海军工程大学	05	水声工程(水声技术与指挥)	2	男生	指挥类
理科	0480	海军工程大学	06	计算机科学与技术(装备仿真技术)	1	男生	
理科	0480	海军工程大学	07	信息安全(舰艇译电)	1	男生	指挥类
理科	0480	海军工程大学	08	导航工程(岸海通信技术与指挥)	2	男生	指挥类
理科	0480	海军工程大学	09	导航工程(导航技术与指挥)	1	男生	指挥类
理科	0480	海军工程大学	10	轮机工程(舰艇机电指挥)	7	男生	指挥类
理科	0480	海军工程大学	11	轮机工程(海警舰艇机电指挥)	2	男生	指挥类
理科	0480	海军工程大学	12	轮机工程(潜艇机电指挥)	1	男生	
理科	0480	海军工程大学	13	船舶与海洋工程(舰船勤务)	1	男生	指挥类
理科	0480	海军工程大学	14	武器系统与工程(装备技术保障与分队指挥)	1	男生	
理科	0480	海军工程大学	15	武器系统与工程(舰船军械维修与管理)	1	男生	指挥类
理科	0480	海军工程大学	16	武器发射工程(舰船军械维修与管理)	1	男生	指挥类
理科	0480	海军工程大学	17	信息对抗技术(电子对抗技术与指挥)	1	男生	指挥类
理科	0480	海军工程大学	18	核工程与核技术(潜艇核动力指挥)	5	男生	指挥类
理科	0480	海军工程大学	19	安全工程(舰船安全与防护分队指挥)	1	男生	指挥类
理科	0480	海军工程大学	20	运筹与任务规划(任务规划)	1	男生	
理科	0480	海军工程大学	21	火力指挥与控制工程(舰艇导弹技术保障)	1	男生	指挥类
理科	0480	海军工程大学	23	雷达工程(预警情报处理与运用)	1	男生	指挥类
理科	0480	海军工程大学	24	导弹工程(舰艇导弹技术保障)	1	男生	
理科	0480	海军工程大学	26	无人装备工程(无人机运用与指挥)	2	男生	指挥类
理科	0480	海军工程大学	27	电磁发射工程(电磁发射技术与管理)	1	男生	
理科	0480	海军工程大学	28	装备经济管理(装备采购管理)	1	男生	
理科	0480	海军工程大学	29	管理科学与工程类(海警舰艇勤务)	1	男生	指挥类
理科	0480	海军工程大学	30	管理科学与工程类(航空勤务技术与指挥)	1	男生	指挥类
理科	0485	海军航空大学	01	机械电子工程(舰载机起降保障与指挥)	4	男生	指挥类
理科	0485	海军航空大学	02	电气工程及其自动化(航空机务技术与指挥)	1	男生	指挥类
理科	0485	海军航空大学	03	电子信息工程(航空机务技术与指挥)	1	男生	

续表

科类	院校代码	院校名称	专业代码	专业名称	招生计划	性别	备注
理科	0485	海军航空大学	04	水声工程(航空反潜技术与指挥)	1	男生	指挥类
理科	0485	海军航空大学	05	导航工程(导航技术与指挥)	1	男生	指挥类
理科	0485	海军航空大学	06	飞行器设计与工程(航空机务技术与指挥)	5	男生	指挥类
理科	0485	海军航空大学	07	飞行器设计与工程(航空机务技术与指挥)	1	男生	
理科	0485	海军航空大学	08	探测制导与控制技术(岸防导弹技术与指挥)	1	男生	指挥类
理科	0485	海军航空大学	09	火力指挥与控制工程(岸防导弹技术与指挥)	1	男生	指挥类
理科	0485	海军航空大学	10	无人系统工程(无人机运用与指挥)	4	男生	指挥类
理科	0485	海军航空大学	12	航空管制与领航工程(地面领航)	4	男生	指挥类
理科	0485	海军航空大学	13	航空管制与领航工程(航空管制)	3	男生	指挥类
理科	0495	海军大连舰艇学院	01	电子信息工程(舰艇情电指挥)	1	男生	指挥类
理科	0495	海军大连舰艇学院	02	通信工程(舰艇通信指挥)	1	男生	指挥类
理科	0495	海军大连舰艇学院	04	测绘工程(测绘技术与保障)	1	男生	
理科	0495	海军大连舰艇学院	05	航海技术(舰艇航海指挥)	5	男生	指挥类
理科	0495	海军大连舰艇学院	06	航海技术(舰艇航通指挥)	2	男生	指挥类
理科	0495	海军大连舰艇学院	07	武器系统与工程(舰艇枪炮指挥)	8	男生	指挥类
理科	0495	海军大连舰艇学院	08	武器系统与工程(舰艇航空指挥)	3	男生	指挥类
理科	0495	海军大连舰艇学院	09	武器系统与工程(舰艇导弹指挥)	2	男生	指挥类
理科	0495	海军大连舰艇学院	10	武器系统与工程(海警舰艇枪炮指挥)	1	男生	指挥类
理科	0495	海军大连舰艇学院	12	探测制导与控制技术(舰艇水武指挥)	1	男生	指挥类
理科	0510	空军工程大学	01	电气工程及其自动化(航空特设、计量技术与指挥)	2	男生	
理科	0510	空军工程大学	02	电气工程及其自动化(航空特设、计量技术与指挥)	1	男生	指挥类
理科	0510	空军工程大学	03	电子信息工程(航空综合航电技术与指挥)	1	男生	
理科	0510	空军工程大学	04	电子信息工程(航空电子对抗技术与指挥)	1	男生	指挥类
理科	0510	空军工程大学	05	通信工程(对空通信技术与指挥)	7	男生	指挥类
理科	0510	空军工程大学	06	通信工程(数据链技术与指挥)	6	男生	指挥类
理科	0510	空军工程大学	08	导航工程(导航技术与指挥)	8	男生	指挥类
理科	0510	空军工程大学	09	飞行器动力工程(航空机械技术与指挥)	2	男生	
理科	0510	空军工程大学	10	飞行器动力工程(航空机械技术与指挥)	1	男生	
理科	0510	空军工程大学	11	武器系统与工程(航空军械技术与指挥)	1	男生	
理科	0510	空军工程大学	12	武器发射工程(防空导弹发射控制技术与指挥)	1	男生	
理科	0510	空军工程大学	13	航空管制与领航工程(航空管制)	23	男生	指挥类
理科	0510	空军工程大学	14	航空管制与领航工程(地面领航)	8	男生	指挥类
理科	0510	空军工程大学	15	军事设施工程(机场建设技术与指挥)	1	男生	
理科	0510	空军工程大学	16	场站管理工程(航空四站技术与指挥)	3	男生	指挥类
理科	0510	空军工程大学	17	场站管理工程(航空军需技术与指挥)	1	男生	指挥类
理科	0510	空军工程大学	18	场站管理工程(航空弹药技术与指挥)	1	男生	指挥类
理科	0510	空军工程大学	19	场站管理工程(航空场务保障技术与指挥)	1	男生	指挥类

续表

科类	院校代码	院校名称	专业代码	专业名称	招生计划	性别	备注
理科	0510	空军工程大学	20	场站管理工程(航材管理技术与指挥)	1	男生	指挥类
理科	0510	空军工程大学	21	场站管理工程(航空运输投送技术与指挥)	1	男生	指挥类
理科	0510	空军工程大学	22	指挥信息系统工程(防空导弹指控技术与指挥)	2	男生	指挥类
理科	0510	空军工程大学	24	航空装备工程(航空装备采购管理)	1	男生	指挥类
理科	0510	空军工程大学	25	航空装备工程(航空质量控制技术与指挥)	1	男生	指挥类
理科	0510	空军工程大学	26	雷达工程(防空导弹雷达技术与指挥)	12	男生	指挥类
理科	0510	空军工程大学	27	雷达工程(航空雷达技术与指挥)	1	男生	指挥类
理科	0510	空军工程大学	28	导弹工程(防空导弹总体技术与指挥)	1	男生	指挥类
理科	0510	空军工程大学	29	无人装备工程(无人机地面站使用维护保障技术与指挥)	2	男生	指挥类
理科	0515	空军预警学院	01	武器系统与工程(雷达技术与指挥)	1	男生	指挥类
理科	0515	空军预警学院	02	预警探测(预警技术与指挥)	21	男生	指挥类
理科	0515	空军预警学院	03	无人系统工程(无人机运用与指挥)	1	男生	指挥类
理科	0515	空军预警学院	04	指挥信息系统工程(预警情报处理与运用)	1	男生	
理科	0515	空军预警学院	06	装备保障工程(预警技术保障)	1	男生	
理科	0555	武警工程大学	01	法学(武警内卫队机动分队指挥)	2	男生	指挥类
理科	0555	武警工程大学	02	法学(武警内卫总队执勤分队指挥)	1	男生	指挥类
理科	0555	武警工程大学	03	思想政治教育(武警内卫总队执勤分队指挥)	1	男生	指挥类
理科	0555	武警工程大学	04	中国语言文学类(武警内卫总队执勤分队指挥)	1	男生	指挥类
理科	0555	武警工程大学	05	应用心理学(武警内卫总队执勤分队指挥)	2	男生	指挥类
理科	0555	武警工程大学	06	应用心理学(武警内卫总队机动分队指挥)	2	男生	指挥类
理科	0555	武警工程大学	07	应用统计学(武警内卫总队执勤分队指挥)	3	男生	指挥类
理科	0555	武警工程大学	08	机械工程(武警内卫总队执勤分队指挥)	3	男生	指挥类
理科	0555	武警工程大学	09	机械工程(武警内卫总队机动分队指挥)	3	男生	指挥类
理科	0555	武警工程大学	10	通信工程(武警内卫总队执勤分队指挥)	4	男生	指挥类
理科	0555	武警工程大学	11	通信工程(武警内卫总队机动分队指挥)	2	男生	指挥类
理科	0555	武警工程大学	13	计算机科学与技术(武警内卫总队执勤分队指挥)	3	男生	指挥类
理科	0555	武警工程大学	14	计算机科学与技术(武警内卫总队机动分队指挥)	2	男生	指挥类
理科	0555	武警工程大学	15	信息安全(武警内卫总队机动分队指挥)	4	男生	指挥类
理科	0555	武警工程大学	16	信息安全(武警内卫总队执勤分队指挥)	3	男生	指挥类
理科	0555	武警工程大学	17	信息安全(密码装备技术与保障)	3	男生	
理科	0555	武警工程大学	19	土木工程(武警内卫总队执勤分队指挥)	2	男生	指挥类
理科	0555	武警工程大学	20	土木工程(武警内卫总队机动分队指挥)	2	男生	指挥类
理科	0555	武警工程大学	21	作战指挥(武警内卫总队执勤分队指挥)	3	男生	指挥类
理科	0555	武警工程大学	22	作战指挥(武警内卫总队机动分队指挥)	1	男生	指挥类
理科	0555	武警工程大学	23	大数据工程(武警内卫总队执勤分队指挥)	4	男生	指挥类
理科	0555	武警工程大学	24	大数据工程(武警内卫总队机动分队指挥)	1	男生	指挥类

续表

科类	院校代码	院校名称	专业代码	专业名称	招生计划	性别	备注
理科	0555	武警工程大学	25	大数据工程(作战数据保障)	1	男生	
理科	0555	武警工程大学	26	指挥信息系统工程(武警内卫总队执勤分队指挥)	3	男生	指挥类
理科	0555	武警工程大学	27	指挥信息系统工程(武警内卫总队机动分队指挥)	2	男生	指挥类
理科	0555	武警工程大学	28	管理科学与工程类(武警内卫总队执勤分队指挥)	4	男生	指挥类
理科	0555	武警工程大学	29	管理科学与工程类(武警内卫总队机动分队指挥)	3	男生	指挥类
理科	0555	武警工程大学	30	管理科学与工程类(军需勤务分队指挥)	1	男生	
理科	0555	武警工程大学	31	管理科学与工程类(武警装备保障管理)	1	男生	
理科	0575	武警警官学院	01	思想政治教育(武警机动总队分队指挥)	1	男生	指挥类
理科	0575	武警警官学院	02	道路桥梁与渡河工程(武警交通分队指挥)	1	男生	指挥类
理科	0575	武警警官学院	03	作战指挥(武警机动总队分队指挥)	1	男生	指挥类
理科	0575	武警警官学院	04	指挥信息系统工程(武警机动总队分队指挥)	1	男生	指挥类
理科	0575	武警警官学院	05	管理科学与工程类(武警机动总队分队指挥)	1	男生	指挥类
理科	0630	火箭军工程大学	01	机械工程(导弹装备维修与管理)	1	男生	指挥类
理科	0630	火箭军工程大学	02	电气工程及其自动化(导弹阵地管理)	1	男生	指挥类
理科	0630	火箭军工程大学	03	电子信息工程(导弹战斗部技术与管理)	1	男生	
理科	0630	火箭军工程大学	04	通信工程(导弹通信技术与指挥)	2	男生	指挥类
理科	0630	火箭军工程大学	06	土木工程(国防工程与指挥)	1	男生	指挥类
理科	0630	火箭军工程大学	07	飞行器动力工程(导弹发动机技术与指挥)	2	男生	指挥类
理科	0630	火箭军工程大学	08	武器发射工程(导弹发射技术与指挥)	18	男生	指挥类
理科	0630	火箭军工程大学	09	特种能源技术与工程(导弹推进剂技术与管理)	1	男生	
理科	0630	火箭军工程大学	11	核工程与核技术(器材装配检测)	2	男生	
理科	0630	火箭军工程大学	12	辐射防护与核安全(安全保障与应急指挥)	1	男生	指挥类
理科	0630	火箭军工程大学	13	目标工程(导弹作战保障)	2	男生	指挥类
理科	0630	火箭军工程大学	14	火力指挥与控制工程(导弹作战保障)	1	男生	指挥类
理科	0630	火箭军工程大学	15	火力指挥与控制工程(导弹作战保障)	1	男生	
理科	0630	火箭军工程大学	16	指挥信息系统工程(导弹通信技术与指挥)	2	男生	指挥类
理科	0630	火箭军工程大学	17	侦测工程(导弹遥测技术与指挥)	1	男生	指挥类
理科	0630	火箭军工程大学	19	测控工程(导弹测控技术与指挥)	21	男生	指挥类
理科	0700	武警特种警察学院	01	作战指挥(武警特种作战指挥)	11	男生	指挥类
理科	0700	武警特种警察学院	02	侦察情报(武警侦察指挥)	2	男生	指挥类
理科	0700	武警特种警察学院	03	侦察情报(侦察技术与指挥)	1	男生	
理科	0800	战略支援部队航天工程大学	01	通信工程(航天通信技术与指挥)	1	男生	指挥类
理科	0800	战略支援部队航天工程大学	02	光电信息科学与工程(太空态势感知初级管理与技术)	1	男生	指挥类

续表

科类	院校代码	院校名称	专业代码	专业名称	招生计划	性别	备注
理科	0800	战略支援部队航天工程大学	03	遥感科学与技术(航天信息应用初级管理与技术)	1	男生	指挥类
理科	0800	战略支援部队航天工程大学	04	遥感科学与技术(航天信息应用初级管理与技术)	1	男生	
理科	0800	战略支援部队航天工程大学	05	导航工程(航天信息应用初级管理与技术)	1	男生	指挥类
理科	0800	战略支援部队航天工程大学	06	飞行器动力工程(航天测发技术与指挥)	1	男生	
理科	0800	战略支援部队航天工程大学	08	武器发射工程(航天测发技术与指挥)	1	男生	指挥类
理科	0800	战略支援部队航天工程大学	09	武器发射工程(航天测发技术与指挥)	1	男生	
理科	0800	战略支援部队航天工程大学	11	信息对抗技术(航天信息安全初级管理与技术)	1	男生	指挥类
理科	0800	战略支援部队航天工程大学	12	信息对抗技术(航天信息安全初级管理与技术)	1	男生	
理科	0800	战略支援部队航天工程大学	13	预警探测(太空态势感知初级管理与技术)	2	男生	指挥类
理科	0800	战略支援部队航天工程大学	14	预警探测(太空态势感知初级管理与技术)	1	男生	
理科	0800	战略支援部队航天工程大学	16	侦察情报(情报分析整编)	1	男生	指挥类
理科	0800	战略支援部队航天工程大学	17	运筹与任务规划(航天指挥初级管理与技术)	1	男生	指挥类
理科	0800	战略支援部队航天工程大学	18	指挥信息系统工程(航天指挥初级管理与技术)	1	男生	
理科	0800	战略支援部队航天工程大学	20	航天装备工程(装备试验技术与管理)	1	男生	指挥类
理科	0800	战略支援部队航天工程大学	21	航天装备工程(装备技术保障与指挥)	1	男生	指挥类
理科	0800	战略支援部队航天工程大学	22	雷达工程(航天测控技术与指挥)	1	男生	指挥类
理科	0810	陆军步兵学院	01	武器系统与工程(轻型合成营营属炮兵分队指挥)	2	男生	指挥类
理科	0810	陆军步兵学院	02	装甲车辆工程(装甲步兵分队指挥)	10	男生	指挥类
理科	0810	陆军步兵学院	03	装甲车辆工程(机械化步兵侦察分队指挥)	1	男生	指挥类
理科	0810	陆军步兵学院	04	作战指挥(中重型合成营营属炮兵分队指挥)	3	男生	指挥类
理科	0810	陆军步兵学院	05	作战指挥(摩托化步兵分队指挥)	2	男生	指挥类
理科	0810	陆军步兵学院	06	作战指挥(警卫勤务分队指挥)	1	男生	指挥类
理科	0810	陆军步兵学院	07	作战指挥(山地步兵分队指挥)	1	男生	指挥类
理科	0810	陆军步兵学院	08	指挥信息系统工程(空中突击步兵分队指挥)	1	男生	指挥类
理科	0815	陆军装甲兵学院	01	机械工程(装甲兵分队指挥)	8	男生	指挥类
理科	0815	陆军装甲兵学院	02	电气工程及其自动化(装甲兵分队指挥)	2	男生	指挥类
理科	0815	陆军装甲兵学院	03	通信工程(装甲兵分队指挥)	3	男生	指挥类
理科	0815	陆军装甲兵学院	04	光电信息科学与工程(装甲兵侦察分队指挥)	1	男生	指挥类
理科	0815	陆军装甲兵学院	05	作战指挥(装甲兵分队指挥)	4	男生	指挥类
理科	0815	陆军装甲兵学院	06	侦察情报(装甲兵侦察分队指挥)	1	男生	指挥类
理科	0815	陆军装甲兵学院	07	火力指挥与控制工程(装甲兵分队指挥)	6	男生	指挥类
理科	0815	陆军装甲兵学院	08	无人系统工程(装甲兵侦察分队指挥)	2	男生	指挥类
理科	0815	陆军装甲兵学院	09	指挥信息系统工程(装甲兵分队指挥)	1	男生	指挥类
理科	0815	陆军装甲兵学院	10	仿真工程(装甲兵分队指挥)	1	男生	指挥类

续表

科类	院校代码	院校名称	专业代码	专业名称	招生计划	性别	备注
理科	0815	陆军装甲兵学院	11	装备保障工程(装甲装备维修与管理)	1	男生	指挥类
理科	0815	陆军装甲兵学院	12	管理科学与工程类(装甲兵分队指挥)	1	男生	指挥类
理科	0820	陆军炮兵防空兵学院	01	机械工程(高炮分队指挥)	5	男生	指挥类
理科	0820	陆军炮兵防空兵学院	02	机械工程(炮兵分队指挥)	4	男生	指挥类
理科	0820	陆军炮兵防空兵学院	03	电气工程及其自动化(炮兵分队指挥)	1	男生	指挥类
理科	0820	陆军炮兵防空兵学院	04	光电信息科学与工程(炮兵保障专业分队指挥)	1	男生	指挥类
理科	0820	陆军炮兵防空兵学院	05	光电信息科学与工程(防空兵保障专业分队指挥)	1	男生	指挥类
理科	0820	陆军炮兵防空兵学院	06	信息工程(炮兵保障专业分队指挥)	1	男生	指挥类
理科	0820	陆军炮兵防空兵学院	07	信息工程(防空兵保障专业分队指挥)	1	男生	指挥类
理科	0820	陆军炮兵防空兵学院	08	计算机科学与技术(防空导弹技术与指挥)	1	男生	指挥类
理科	0820	陆军炮兵防空兵学院	09	计算机科学与技术(炮兵分队指挥)	1	男生	指挥类
理科	0820	陆军炮兵防空兵学院	10	武器系统与工程(炮兵分队指挥)	1	男生	指挥类
理科	0820	陆军炮兵防空兵学院	11	弹药工程与爆炸技术(防空导弹技术与指挥)	1	男生	指挥类
理科	0820	陆军炮兵防空兵学院	12	弹药工程与爆炸技术(炮兵分队指挥)	1	男生	指挥类
理科	0820	陆军炮兵防空兵学院	13	火力指挥与控制工程(炮兵分队指挥)	2	男生	指挥类
理科	0820	陆军炮兵防空兵学院	14	火力指挥与控制工程(弹炮一体武器技术与指挥)	2	男生	指挥类
理科	0820	陆军炮兵防空兵学院	15	无人系统工程(炮兵保障专业分队指挥)	1	男生	指挥类
理科	0820	陆军炮兵防空兵学院	16	指挥信息系统工程(炮兵保障专业分队指挥)	1	男生	指挥类
理科	0820	陆军炮兵防空兵学院	17	指挥信息系统工程(防空兵保障专业分队指挥)	1	男生	指挥类
理科	0820	陆军炮兵防空兵学院	18	雷达工程(防空兵保障专业分队指挥)	1	男生	指挥类
理科	0820	陆军炮兵防空兵学院	19	导弹工程(防空导弹技术与指挥)	5	男生	指挥类
理科	0820	陆军炮兵防空兵学院	20	导弹工程(反坦克导弹技术与指挥)	5	男生	指挥类
理科	0825	陆军特种作战学院	01	作战指挥(特种兵初级指挥)	2	男生	指挥类
理科	0825	陆军特种作战学院	03	侦察情报(侦察兵初级指挥)	2	男生	指挥类
理科	0825	陆军特种作战学院	04	指挥信息系统工程(侦察兵初级指挥)	4	男生	指挥类
理科	0825	陆军特种作战学院	05	指挥信息系统工程(特种兵初级指挥)	3	男生	指挥类
理科	0830	陆军防化学院	01	化学(核生化防护技术)	1	男生	指挥类
理科	0830	陆军防化学院	03	辐射防护与核安全(核生化防护技术)	1	男生	指挥类
理科	0830	陆军防化学院	04	作战指挥(防化分队指挥)	5	男生	指挥类
理科	0830	陆军防化学院	05	装备保障工程(防化装备技术)	2	男生	指挥类
理科	0835	陆军军事交通学院	01	机械工程(运输投送指挥)	1	男生	指挥类
理科	0835	陆军军事交通学院	02	车辆工程(汽车分队指挥)	4	男生	指挥类
理科	0835	陆军军事交通学院	03	作战指挥(汽车分队指挥)	5	男生	指挥类
理科	0835	陆军军事交通学院	04	作战指挥(船艇指挥)	1	男生	指挥类
理科	0835	陆军军事交通学院	05	军事交通工程(运输投送指挥)	1	男生	指挥类
理科	0835	陆军军事交通学院	06	无人装备工程(汽车分队指挥)	3	男生	指挥类

续表

科类	院校代码	院校名称	专业代码	专业名称	招生计划	性别	备注
理科	0840	陆军勤务学院	01	化学(油料勤务分队指挥)	1	男生	指挥类
理科	0840	陆军勤务学院	02	物联网工程(后勤综合勤务)	2	男生	指挥类
理科	0840	陆军勤务学院	03	军事能源工程(油料勤务分队指挥)	2	男生	指挥类
理科	0840	陆军勤务学院	04	国防工程及其智能化(军事设施勤务)	1	男生	
理科	0840	陆军勤务学院	05	管理科学与工程类(后勤综合勤务)	2	男生	指挥类
理科	0840	陆军勤务学院	06	管理科学与工程类(军需勤务分队指挥)	1	男生	指挥类
理科	0840	陆军勤务学院	07	物流管理与工程类(后勤综合勤务)	1	男生	指挥类
理科	0845	陆军边海防学院	01	作战指挥(轻便炮兵分队指挥)	1	男生	指挥类
理科	0845	陆军边海防学院	02	火力指挥与控制工程(轻便炮兵分队指挥)	1	男生	指挥类
理科	0845	陆军边海防学院	03	指挥信息系统工程(步兵分队指挥)	1	男生	指挥类
理科	0850	海军潜艇学院	01	水声工程(航空反潜技术与指挥)	2	男生	指挥类
理科	0850	海军潜艇学院	02	水声工程(潜艇观通指挥)	1	男生	指挥类
理科	0850	海军潜艇学院	03	航海技术(潜艇航海指挥)	5	男生	指挥类
理科	0850	海军潜艇学院	04	船舶与海洋工程(潜水技术与指挥)	1	男生	指挥类
理科	0850	海军潜艇学院	05	武器系统与工程(潜艇战略导弹指挥)	1	男生	指挥类
理科	0850	海军潜艇学院	06	武器发射工程(潜艇鱼雷弹指挥)	1	男生	指挥类
理科	0995	空军航空大学	01	侦察情报(航空侦察情报分析整编)	4	男生	指挥类
理科	0995	空军航空大学	03	目标工程(目标保障)	3	男生	指挥类
文科	0125	武警海警学院	02	法学(维权执法)	1	女生	指挥类
文科	0210	战略支援部队信息工程大学	01	俄语(军事外语技术)	1	女生	
文科	0210	战略支援部队信息工程大学	03	波斯语(军事外语技术)	1	女生	
文科	0210	战略支援部队信息工程大学	06	侦察情报(军事情报学)	1	女生	指挥类
文科	0835	陆军军事交通学院	01	物流管理与工程类(军事物流管理)	1	女生	指挥类
理科	0210	战略支援部队信息工程大学	03	俄语(军事外语技术)	1	女生	指挥类
理科	0210	战略支援部队信息工程大学	08	希腊语(军事外语技术)	1	女生	
理科	0210	战略支援部队信息工程大学	11	电子科学与技术(信息装备技术与保障)	1	女生	指挥类
理科	0210	战略支援部队信息工程大学	17	人工智能(智能信息处理与装备研发)	1	女生	
理科	0210	战略支援部队信息工程大学	23	网络空间安全(网络空间安全技术与指挥)	1	女生	指挥类
理科	0210	战略支援部队信息工程大学	27	信息对抗技术(网络信息防御)	1	女生	指挥类
理科	0210	战略支援部队信息工程大学	34	密码学(信息管理)	1	女生	
理科	0210	战略支援部队信息工程大学	36	密码工程(信息研究)	1	女生	
理科	0305	国防科技大学	09	气象技术与工程(相关专业技术与指挥管理)	1	女生	
理科	0305	国防科技大学	28	光电信息科学与工程(相关专业技术与指挥管理)	1	女生	
理科	0305	国防科技大学	56	目标工程(效果评估)	1	女生	
理科	0305	国防科技大学	63	指挥信息系统工程(相关专业技术与指挥管理)	1	女生	
理科	0305	国防科技大学	67	无人装备工程(相关专业技术与指挥管理)	1	女生	

续表

科类	院校代码	院校名称	专业代码	专业名称	招生计划	性别	备注
理科	0305	国防科技大学	71	管理科学与工程类（指挥勤务保障）	1	女生	
理科	0320	陆军工程大学	07	网络工程（指挥信息系统运用与保障）	1	女生	
理科	0320	陆军工程大学	19	大数据工程（战场机动通信技术与指挥）	1	女生	指挥类
理科	0440	海军军医大学	03	临床医学（学制8年医）（高级临床医师）	1	女生	
理科	0440	海军军医大学	04	临床医学（学制5年）（临床医疗通科医师）	1	女生	
理科	0445	陆军军医大学	03	临床医学（学制8年医）（高级临床医师）	1	女生	
理科	0445	陆军军医大学	04	临床医学（学制5年）（临床医疗通科医师）	1	女生	
理科	0445	陆军军医大学	06	预防医学（学制8年医）（预防医师和研究人员）	1	女生	
理科	0450	空军军医大学	04	临床医学（学制5年）（临床通科医师）	1	女生	
理科	0450	空军军医大学	06	口腔医学（学制5年）（口腔医疗通科医师）	1	女生	
理科	0480	海军工程大学	04	通信工程（岸海通信技术与指挥）	1	女生	指挥类
理科	0480	海军工程大学	22	指挥信息系统工程（指挥信息系统运用与保障）	1	女生	指挥类
理科	0480	海军工程大学	25	导弹工程（舰艇导弹技术保障）	1	女生	指挥类
理科	0485	海军航空大学	11	无人系统工程（无人机运用与指挥）	1	女生	指挥类
理科	0485	海军航空大学	14	航空管制与领航工程（航空管制）	1	女生	指挥类
理科	0495	海军大连舰艇学院	03	通信工程（舰艇通信指挥）	1	女生	指挥类
理科	0495	海军大连舰艇学院	11	武器系统与工程（舰艇导弹指挥）	1	女生	指挥类
理科	0510	空军工程大学	07	通信工程（对空通信技术与指挥）	1	女生	指挥类
理科	0510	空军工程大学	23	指挥信息系统工程（防空导弹指控技术与指挥）	1	女生	
理科	0515	空军预警学院	05	指挥信息系统工程（预警情报处理与运用）	1	女生	
理科	0555	武警工程大学	12	通信工程（武警通信技术与指挥）	1	女生	
理科	0555	武警工程大学	18	信息安全（密码装备技术与保障）	1	女生	
理科	0555	武警工程大学	32	管理科学与工程类（军需勤务分队指挥）	1	女生	
理科	0630	火箭军工程大学	05	通信工程（导弹通信技术与指挥）	1	女生	指挥类
理科	0630	火箭军工程大学	10	特种能源技术与工程（导弹推进剂技术与管理）	1	女生	
理科	0630	火箭军工程大学	18	侦测工程（导弹遥测技术与指挥）	1	女生	指挥类
理科	0800	战略支援部队航天工程大学	07	飞行器动力工程（航天测发技术与指挥）	1	女生	指挥类
理科	0800	战略支援部队航天工程大学	10	武器发射工程（航天测发技术与指挥）	1	女生	
理科	0800	战略支援部队航天工程大学	15	预警探测（太空态势感知初级管理与技术）	1	女生	
理科	0800	战略支援部队航天工程大学	19	指挥信息系统工程（航天指挥初级管理与技术）	1	女生	
理科	0800	战略支援部队航天工程大学	23	测控工程（航天测控技术与指挥）	1	女生	
理科	0825	陆军特种作战学院	02	作战指挥（特种兵初级指挥）	1	女生	指挥类
理科	0830	陆军防化学院	02	化学（核生化防护技术）	1	女生	
理科	0845	陆军边海防学院	04	指挥信息系统工程（步兵分队指挥）	1	女生	指挥类
理科	0995	空军航空大学	02	侦察情报（航空侦察情报分析整编）	1	女生	

三、河南省2021年军队院校报考须知

（一）招生对象基本条件

参加2021年普通高等学校招生全国统一考试的河南省普通高中应届、往届毕业生；未婚，年龄不低于17周岁（2004年8月31日以前出生）、不超过20周岁（2001年9月1日以后出生）；高中阶段体质测试成绩及格（含）以上（由考生学籍所在学校出具体质测试及格证明）；参加由军队组织的政治考核、面试和体检，结论均为合格。

（二）招生计划

2021年军队院校在我省招收普通中学高中毕业生982名（男生929名、女生53名）。招生计划详见河南省招生办公室印发的《招生考试之友》。

（三）填报志愿

报考军队院校的考生实行网上填报志愿，时间为6月26日8时至28日18时。第一志愿可以填报1个高校志愿，每个高校志愿可以填报1-5个专业；第二志愿为平行志愿，可以填报1-4个高校志愿，每个高校志愿可以填报1-5个专业。报考军队院校的考生，不得兼报公安、司法和其他类别提前录取本科批次院校。

（四）政治考核

6月18日至28日，由县（市、区）人民武装部牵头，会同所在地招生办公室、考生户籍所在地派出所和所在中学组织实施。考生户籍所在地与其就读的普通中学、教育机构或工作单位等不在同一区域的，政治考核工作由考生报考所在地的县级人民武装部负责，考生户籍所在地的县级人民武装部配合。政治考核按照教育部、公安部、原总政治部《关于军队院校招收普通中学高中毕业生和军队院校招收普通高等学校毕业生政治条件的规定》（政联〔2001〕1号）执行。志愿报考军队院校的考生登录河南省招生办公室网站（http://www.heao.gov.cn）下载或到县（市、区）人民武装部领取《军队院校招收普通中学高中毕业生政治考核表》（以下简称政治考核表，此表用A4型纸正反双面印制），按要求认真填写。政治考核表一式两份，一份由考生带至面试体检点上交，一份由县级人武部存档。考生所在中学对考生在校表现做出鉴定；派出所对考生本人、家庭情况和主要社会关系核查并做出结论；县级人民武装部汇总考核情况，做出考核结论。政治考核结论分为合格和不合格两种。对政治考核结论有异议的，县级人民武装部应当组织复议。政治考核结论为不合格的不参加面试、体检。

（五）面试和体检

6月30日至7月3日，区分豫北和豫南两个面试体检地点进行，其中豫北面试体检地点设在中国人民解放军联勤保障部队第988医院互助路院区（地址：郑州市友爱路42号）；豫南面试体检地点设在中国人民解放军联勤保障部队第990医院（驻马店市风光路1号）。

面试体检前，高中阶段体质测试及格（含）以上考生到学籍所在学校开具证明，并登录河南省招生办公室网站下载《2021年河南省军队院校招生疫情防控承诺书》（以下简称疫情防控承诺书），填写体检前14天内健康状况，并就遵守疫情防控规定做出承诺。进入面试体检等待区前，需检查考生疫情防控承诺书、健康码，并测量体温。体检前14天以内有疫情中高度风险地区活动史，出现过发热、咳嗽等症状，健康码非绿色，或当日体温超过37.3℃等情况的考生，统一持3日内核酸检测报告，于7月3日到中国人民解放军联勤保障部队第988医院互助路院区进行面试体检。

面试工作人员由军委训练管理部指定的军队院校人员组成，主要考察了解考生的报考动机、形象气质、逻辑思维和语言表达等方面的基本素质，通常采取目测、口令调整和语言交流等方法进行，面试结论分合格、不合格两种。参加面试体检前，考生登录河南省招生办公室网站下载或到县（市、区）人民武装部领取《军队院校招收普通中学高中毕业生面试表》（以下简称面试表，此表用A4型纸单面印制），按要求认真填写。体检使用全军统一的《军队院校招收学员体格检查信息系统》，工作人员由经过培训考核的医务人员组成，体检现场实行封闭式管理。体检标准按照《军队院校招收学员体格检查标准》（军后卫〔2016〕305号）执行，体检结论分为合格、不合格，其中合格包括指挥专业合格、装甲专业合格、测绘专业合格、雷达专业合格、水面舰艇专业合格、潜艇专业合格、潜水专业合格、空降专业合格、特种作战专业合格、防化专业合格、医疗

专业合格、油料专业合格、音乐学专业合格、舞蹈学专业合格和其他专业合格,不合格即各类专业不合格。

6月29日,填报军队院校志愿的考生登录河南省招生办公室网站查询参加面试体检的最低控制分数线。

6月30日开始,第一志愿达到所报考院校最低控制分数线的考生,携带本人身份证、准考证、高中阶段体质测试及格证明、疫情防控承诺书、政治考核表和面试表,按照《各地考生参加面试体检地点分配和时间安排》规定的时间,于当日早晨6时空腹到面试体检地点报到(带个人红底免冠1寸照片),首先进行抽血检验(空腹),尔后按计划参加面试和体检。有手术史的考生还须携带手术病例。

面试体检结果现场告知考生,考生对结果有异议的,可现场申请复议,复议结论为最终结论。对当场不能做出结论的血常规、尿液、血清艾滋病病毒抗体等体格检查项目,于考生体格检查次日向考生公布检查结论,考生可登录河南省教育厅官方网站,自行查询检测情况。对可通过服用药物或其他治疗手段影响检查结果的项目不予复议,考生的初检结论为最终结论。未参加面试、体检或结论为不合格的考生不能参加军队院校招生录取。

(六)录取

军队院校招生为提前批次录取。省招生办公室从政治考核、面试和体检合格考生中,分男、女按院校招生计划数的110%投档(投档数量按四舍五入取整)。招生院校根据政治考核、面试、体检情况及专业要求,由高分到低分择优录取。总分成绩相同的依次比较单科成绩,其中文科专业比较顺序为语文、数学、外语,理科专业比较顺序为数学、语文、外语。除同分考生外,不得超比例投档。当第一志愿上线考生数量不足时,省招生办公室从非第一志愿符合录取条件并服从调剂的考生中,按照计划缺额数量向招生院校投档。生源仍不足时,省招生办公室会同省军区招生工作办公室,向社会公布空缺的招生计划,从政治考核、面试、体检合格考生中公开征集志愿,按计划缺额数量向院校投档。院校不得拒录符合录取条件的非第一志愿考生,不得在《军队院校招收普通中学高中毕业生章程》之外附加录取条件。

军队院校应在投档范围内录取考生。对现役军人子女和军队因公牺牲、烈士子女,可以在投档比例范围内优先录取。

(七)复审复查

生长军官学员入校后,应于新生报到30日内完成体格复查,3个月内完成政治复审。凡复审复查不合格的按照《军队院校招收普通中学高中毕业生工作实施细则》《军队院校青年学生学员转入普通高等学校学习实施办法》(参联〔2010〕2号)取消入学资格,军队院校要于9月30日前通知省军区招生工作办公室和省招生办公室。对因政治考核或身体复查不合格的考生,但符合普通高等学校录取条件的,本人可以向省招生办公室提出申请,调整转录到省级教育行政部门指定的普通高等学校学习。

(八)有关要求

在面试体检现场设立举报箱和举报电话,对考生及家长反映举报的问题,一律登记在案,按程序按规定有效妥善处理。

军队院校招生咨询电话:0371-81671300;监督举报电话:0371-81670278。

四、军队院校2021年在河南省招生面试、体检控制分数线(见表1-10)

【编者按】军校面试、体检控制分数线不是军校最终的录取分数线,而是报考军校的考生入围面试、体检的最低分数线,<u>一般情况下入围比例为招生计划的3倍或以上,面试、体检控制分数线和最终的录取分数线可能会有不小的差距</u>。

表1-10 军队院校2021年在河南省招生面试、体检控制分数线

科类	院校代码	院校名称	男	女
文科	0125	武警海警学院	574	590
文科	0210	战略支援部队信息工程大学	606	617
文科	0305	国防科技大学	603	—
文科	0555	武警工程大学	590	—

续表

科类	院校代码	院校名称	男	女
文科	0835	陆军军事交通学院	—	578
文科	0840	陆军勤务学院	583	—
文科	0845	陆军边海防学院	560	—
理科	0125	武警海警学院	547	—
理科	0210	战略支援部队信息工程大学	555	603
理科	0305	国防科技大学	591	634
理科	0320	陆军工程大学	551	580
理科	0440	海军军医大学	565	634
理科	0445	陆军军医大学	598	619
理科	0450	空军军医大学	608	631
理科	0480	海军工程大学	522	532
理科	0485	海军航空大学	559	557
理科	0495	海军大连舰艇学院	531	562
理科	0510	空军工程大学	520	552
理科	0515	空军预警学院	518	583
理科	0555	武警工程大学	536	568
理科	0575	武警警官学院	564	—
理科	0630	火箭军工程大学	525	588
理科	0700	武警特种警察学院	552	—
理科	0800	战略支援部队航天工程大学	547	587
理科	0810	陆军步兵学院	532	—
理科	0815	陆军装甲兵学院	519	—
理科	0820	陆军炮兵防空兵学院	559	—
理科	0825	陆军特种作战学院	540	569
理科	0830	陆军防化学院	521	567
理科	0835	陆军军事交通学院	524	—
理科	0840	陆军勤务学院	540	—
理科	0845	陆军边海防学院	545	560
理科	0850	海军潜艇学院	540	—
理科	0995	空军航空大学	522	574

第十一节 专科定向培养士官招生

一、《应征公民体格检查标准》摘要

【编者按】按照国家相关政策规定,专科定向培养士官体检标准按照征集义务兵的规定执行。

第一章 外科

第一条 男性身高160cm以上,女性身高158cm以上,合格。

条件兵身高条件按有关标准执行。

第二条 体重符合下列条件且空腹血糖<7.0mmol/L的,合格。

(一)男性:17.5≤BMI<30,其中:17.5≤男性身体条件兵 BMI<27;

(二)女性:17≤BMI<24。

BMI≥28 须加查血液化血红蛋白检查项目,糖化血红蛋白百分比<6.5%,合格。

[BMI=体重(kg)÷身高^2(m^2)]

第三条 颅脑外伤,颅脑畸形,颅脑手术史,脑外伤后综合症,不合格。

第四条 颈部运动功能受限,斜颈,Ⅲ度以上单纯性甲状腺肿,乳腺肿瘤,不合格。单纯性甲状腺肿,条件兵不合格。

第五条 骨、关节、滑囊疾病或损伤及其后遗症,骨、关节畸形,胸廓畸形,习惯性脱臼,颈、胸、腰椎骨折史,腰椎间盘突出,强直性脊柱炎,影响肢体功能的腱鞘疾病,不合格。

下列情况合格:

(一)可自行矫正的脊柱侧弯;

(二)四肢单纯性骨折,治愈 1 年后,X 线片显示骨折线消失,复位良好,无功能障碍及后遗症(条件兵除外);

(三)关节弹响排除骨关节疾病或损伤,不影响正常功能的;

(四)大骨节病仅指、趾关节稍粗大,无自觉症状,无功能障碍(仅陆勤人员);

(五)轻度胸廓畸形(条件兵除外)。

第六条 肘关节过伸超过 15 度,肘关节外翻超过 20 度,或虽未超过前述规定但存在功能障碍,不合格。

第七条 下蹲不全,两下肢不等长超过 2cm,膝内翻股骨内髁间距离和膝外翻胫骨内踝间距离超过 7cm (条件兵超过 4cm),或虽未超过前述规定但步态异常,不合格。

轻度下蹲不全(膝后夹角≤45 度),除条件兵外合格。

双足并拢不能完全下蹲,或勉强下蹲不稳者,可调整下蹲姿势(双足分开不超过肩宽),调整姿势后能完全下蹲或轻度下蹲不全者,陆勤人员合格(臀肌挛缩综合征、跟腱短、下肢关节病变等病理性原因除外)。

第八条 手指、足趾残缺或畸形,足底弓完全消失的扁平足,重度皲裂症,不合格。

第九条 恶性肿瘤,面颈部长径超过 1cm 的良性肿瘤、囊肿,其他部位长径超过 3cm 的良性肿瘤、囊肿,或虽未超出前述规定但影响功能和训练的,不合格。

第十条 瘢痕体质,面颈部长径超过 3cm 或影响功能的瘢痕,其他部位影响功能的瘢痕,不合格。

第十一条 面颈部文身,着军队制式体能训练服其他裸露部位长径超过 3cm 的文身,其他部位长径超过 10cm 的文身,男性文眉、文眼线、文唇、女性文唇,不合格。

第十二条 脉管炎,动脉瘤,中、重度下肢静脉曲张和精索静脉曲张,不合格。下肢静脉曲张,精索静脉曲张,条件兵不合格。

第十三条 胸、腹腔手术史,疝,脱肛,肛瘘,肛旁脓肿,重度陈旧性肛裂,环状痔,混合痔,不合格。

下列情况合格:

(一)阑尾炎手术后半年以上,无后遗症;

(二)腹股沟疝、股疝手术后 1 年以上,无后遗症;

(三)2 个以下且长径均在 0.8cm 以下的混合痔。

第十四条 泌尿生殖系统疾病或损伤及其后遗症,生殖器官畸形或发育不全,单睾,隐睾及其术后,不合格。

下列情况合格:

(一)无自觉症状的轻度非交通性精索鞘膜积液,不大于健侧睾丸(条件兵除外);

(二)无自觉症状的睾丸鞘膜积液,包括睾丸在内不大于健侧睾丸 1 倍(条件兵除外);

(三)交通性鞘膜积液,手术后 1 年以上无复发,无后遗症;

(四)无压痛、无自觉症状的精索、附睾小结节,数量在 2 个以下且长径均在 0.5cm 以下;

(五)包茎、包皮过长(条件兵除外);

(六)轻度急性包皮炎、阴囊炎。

第十五条 重度腋臭,不合格。轻度腋臭,条件兵不合格。

第十六条　头癣,泛发性体癣,疥疮,慢性泛发性湿疹,慢性荨麻疹,泛发性神经性皮炎,银屑病,面颈部长径超过1cm的血管痣、色素痣、胎痣和白癜风,其他传染性或难以治愈的皮肤病,不合格。多发性毛囊炎,皮肤对刺激物过敏或有接触性皮炎史,手足部位近3年连续发生冻疮,条件兵不合格。

下列情况合格:

(一)单发局限性神经性皮炎,长径在3cm以下;

(二)股癣,手(足)癣,甲(指、趾)癣,躯干花斑癣;

(三)身体其他部位白癜风不超过2处,每处长径在3cm以下。

第十七条　淋病,梅毒,软下疳,性病性淋巴肉芽肿,非淋菌性尿道炎,尖锐湿疣,生殖器疱疹,以及其他性传播疾病,不合格。

第二章　内科

第十八条　血压在下列范围,合格。

(一)收缩压≥90mmHg,<140mmHg;

(二)舒张压≥60mmHg,<90mmHg。

第十九条　心率在下列范围,合格。

(一)心率60~100次/分;

(二)心率50~59次/分或101~110次/分,经检查系生理性(条件兵除外)。

第二十条　高血压病,器质性心脏病,血管疾病,右位心脏,不合格。

下列情况合格:

(一)听诊发现心律不齐、心脏收缩期杂音的,经检查系生理性(条件兵除外);

(二)直立性低血压、周围血管舒缩障碍(仅陆勤人员)。

第二十一条　慢性支气管炎,支气管扩张,支气管哮喘,肺大泡,气胸及气胸史,以及其他呼吸系统慢性疾病,不合格。

第二十二条　严重慢性胃、肠疾病,肝脏、胆囊、脾脏、胰腺疾病,内脏下垂,腹部包块,不合格。

下列情况合格:

(一)仰卧位,平静呼吸,在右锁骨中线肋缘下触及肝脏不超过1.5cm,剑突下不超过3cm,质软,边薄,平滑,无触痛、叩击痛,肝上界在正常范围,左肋缘下未触及脾脏,无贫血,营养状况良好;

(二)既往因患疟疾、血吸虫病、黑热病引起的脾脏肿大,现无自觉症状,无贫血,营养状况良好。

第二十三条　泌尿、血液、内分泌系统疾病,代谢性疾病,免疫性疾病,不合格。

第二十四条　艾滋病,病毒性肝炎,结核,流行性出血热,细菌性和阿米巴性痢疾,黑热病,伤寒,副伤寒,布鲁氏菌病,钩端螺旋体病,血吸虫病,疟疾,丝虫病,以及其他传染病,不合格。

下列情况合格:

(一)急性病毒性肝炎治愈后2年以上未再复发,无症状和体征,实验室检查正常;

(二)原发性肺结核、继发性肺结核、结核性胸膜炎、肾结核、腹膜结核,临床治愈后3年无复发(条件兵除外);

(三)细菌性痢疾治愈1年以上;

(四)疟疾、黑热病、血吸虫病、阿米巴性痢疾、钩端螺旋体病、流行性出血热、伤寒、副伤寒、布鲁氏菌病,治愈2年以上,无后遗症;

(五)丝虫病治愈半年以上,无后遗症。

第二十五条　癫痫,以及其他神经系统疾病及后遗症,不合格。

第二十六条　精神分裂症,转换性障碍,分离性障碍,抑郁症,躁狂症,精神活性物质滥用和依赖,人格障碍,应激障碍,睡眠障碍,进食障碍,精神发育迟滞,遗尿症,以及其他精神类疾病,不合格。

第二十七条　影响正常表达的口吃,不合格。

第三章　耳鼻咽喉科

第二十八条　听力测定双侧耳语均低于5m,不合格。

一侧耳语5m、另一侧不低于3m,陆勤人员合格。

第二十九条 眩晕病,不合格。

第三十条 耳廓明显畸形,外耳道闭锁,反复发炎的耳前瘘管,耳廓及外耳道湿疹,耳霉菌病,不合格。
轻度耳廓及外耳道湿疹,轻度耳霉菌病,陆勤人员合格。

第三十一条 鼓膜穿孔,化脓性中耳炎,乳突炎,以及其他难以治愈的耳病,不合格。鼓膜中度以上内陷,鼓膜瘢痕或钙化斑超过鼓膜的1/3,咽鼓管通气功能、耳气压功能及鼓膜活动不良,咽鼓管咽口或周围淋巴样组织增生,条件兵不合格。
鼓膜内陷、粘连、萎缩、瘢痕、钙化斑,条件兵合格。

第三十二条 嗅觉丧失,不合格。嗅觉迟钝,条件兵不合格。

第三十三条 鼻中隔穿孔,鼻畸形,重度肥厚性鼻炎,萎缩性鼻炎,重度鼻黏膜糜烂,鼻息肉,中鼻甲息肉样变,以及其他影响鼻功能的慢性鼻病,不合格。严重变应性鼻炎,肥厚性鼻炎,慢性鼻窦炎,严重鼻中隔偏曲,条件兵不合格。
不影响鼻旁窦引流的中鼻甲肥大,中鼻道有少量黏液脓性分泌物,轻度萎缩性鼻炎,陆勤人员合格。

第三十四条 超过Ⅱ度肿大的慢性扁桃体炎,影响吞咽、发音功能难以治愈的咽、喉疾病,严重阻塞性睡眠呼吸暂停综合征,不合格。

第四章 眼科

第三十五条 任何一眼裸眼视力低于4.5,不合格。
任何一眼裸眼视力低于4.8,需进行矫正视力检查,任何一眼矫正视力低于4.8或矫正度数超过600度,不合格。
屈光不正经准分子激光手术(不含有晶体眼人工晶体植入术等其他术式)后半年以上,无并发症,任何一眼裸眼视力达到4.8,眼底检查正常,除条件兵外合格。
条件兵视力合格条件按有关标准执行。

第三十六条 色弱,色盲,不合格。
能够识别红、绿、黄、蓝、紫各单色者,陆勤人员合格。

第三十七条 影响眼功能的眼睑、睑缘、结膜、泪器疾病,不合格。
伸入角膜不超过2mm的假性翼状胬肉,陆勤人员合格。

第三十八条 眼球突出,眼球震颤,眼肌疾病,不合格。
15度以内的共同性内、外斜视,陆勤人员合格。

第三十九条 角膜、巩膜、虹膜睫状体疾病,瞳孔变形、运动障碍,不合格。
不影响视力的角膜薄翳,合格。

第四十条 晶状体、玻璃体、视网膜、脉络膜、视神经疾病,以及青光眼,不合格。
先天性少数散在的晶状体小混浊点,合格。

第五章 口腔科

第四十一条 深度龋齿超过3个,缺齿超过2个(经正畸治疗拔除、牙列整齐的除外),全口义齿及复杂的可摘局部义齿,重度牙周炎,影响咀嚼及发音功能的口腔疾病,颞颌关节疾病,唇、腭裂及唇裂术后明显瘢痕,不合格。
经治疗、修复后功能良好的龋齿、缺齿,合格。

第四十二条 中度以上氟斑牙及牙釉质发育不全,切牙、尖牙、双尖牙明显缺损或缺失,超牙合超过0.5cm,开牙合超过0.3cm,上下颌牙咬合到对侧牙龈的深覆牙合,反牙合,牙列不齐,重度牙龈炎,中度牙周炎,条件兵不合格。
下列情况合格:
(一)上下颌左右尖牙、双尖牙咬合相距0.3cm以内;
(二)切牙缺失1个,经固定义齿修复后功能良好,或牙列无间隙,替代牙功能良好;
(三)不影响咬合的个别切牙牙列不齐或重叠;
(四)不影响咬合的个别切牙轻度反牙合,无其他体征;
(五)错牙和畸形经正畸治疗后功能良好。

第四十三条 慢性腮腺炎,腮腺囊肿,口腔肿瘤,不合格。

第六章 妇科

第四十四条 闭经,严重痛经,子宫不规则出血,功能性子宫出血,子宫内膜异位症,不合格。

第四十五条 内外生殖器畸形或缺陷,不合格。

第四十六条 急、慢性盆腔炎,盆腔肿物,不合格。

第四十七条 霉菌性阴道炎,滴虫性阴道炎,不合格。

第四十八条 妊娠,不合格。

第七章 辅助检查

第四十九条 血细胞分析结果在下列范围,合格。

(一)血红蛋白:男性 130～175g/L,女性 115～150g/L;

(二)红细胞计数:男性$(4.3～5.8)×10^{12}/L$,女性$(3.8～5.1)×10^{12}/L$;

(三)白细胞计数:$(3.5～9.5)×10^9/L$;

(四)中性粒细胞百分数:40%～75%;

(五)淋巴细胞百分数:20%～50%;

(六)血小板计数:$(125～350)×10^9/L$。

血常规检查结果要结合临床及地区差异做出正确结论。血红蛋白、红细胞数、白细胞总数、白细胞分类、血小板计数稍高或稍低,根据所在地区人体正常值范围,在排除器质性病变的前提下,不作单项淘汰。

第五十条 血生化分析结果在下列范围,合格。

(一)血清丙氨酸氨基转移酶:男性 9～50U/L,女性 7～40U/L;

血清丙氨酸氨基转移酶,男性>50U/L 但≤60U/L,女性>40U/L 但≤50U/L,应当结合临床物理检查,在排除疾病的情况下,视为合格,但须从严掌握;

(二)血清肌酐:

酶法:男性 59～104μmol/L,女性 45～84μmol/L;

苦味酸速率法:男性 62～115μmol/L,女性 53～97μmol/L;

苦味酸去蛋白终点法:男性 44～133μmol/L,女性 70～106μmol/L;

(三)血清尿素:2.9～8.2mmol/L。

第五十一条 乙型肝炎表面抗原检测阳性,艾滋病病毒(HIV1+2)抗体检测阳性,不合格。

第五十二条 尿常规检查结果在下列范围,合格。

(一)尿蛋白:阴性至微量;

(二)尿酮体:阴性;

(三)尿糖:阴性;

(四)胆红素:阴性;

(五)尿胆原:0.1～1.0Eμ/dl(弱阳性)。

尿常规检查结果要结合临床及地区差异做出正确结论。

第五十三条 尿液离心沉淀标本镜检结果在下列范围,合格。

(一)红细胞:男性 0～偶见/高倍镜,女性 0～3/高倍镜,女性不超过 6 个/高倍镜应结合外阴检查排除疾病;

(二)白细胞:男性 0～3/高倍镜,女性 0～5/高倍镜,不超过 6 个/高倍镜应结合外生殖器或外阴检查排除疾病;

(三)管型:无或偶见透明管型,无其他管型。

第五十四条 尿液毒品检测阳性,不合格。

第五十五条 尿液妊娠试验阴性,合格。

尿液妊娠试验阳性、但血清妊娠试验阴性,合格。

第五十六条 大便常规检查结果在下列范围,合格。

(一)外观:黄软;

（二）镜检：红、白细胞各 0～2/高倍镜，无钩虫、鞭虫、绦虫、血吸虫、肝吸虫、姜片虫卵及肠道原虫。

大便常规检查，在地方性寄生虫病和血吸虫病流行地区为必检项目，其他地区根据需要进行检查。

第五十七条　胸部 X 射线检查结果在下列范围内，合格。

（一）胸部 X 射线检查未见异常；

（二）孤立散在的钙化点（直径不超过 0.5cm），双肺野不超过 3 个，密度高，边缘清晰，周围无浸润现象（条件兵除外）；

（三）肺纹理轻度增强（无呼吸道病史，无自觉症状）；

（四）一侧肋膈角轻度变钝（无心、肺、胸疾病史，无自觉症状）。

第五十八条　心电图检查结果在下列范围内，合格。

（一）正常心电图；

（二）大致正常心电图。大致正常心电图范围按有关规定执行。

第五十九条　腹部超声检查发现恶性征象、病理性脾肿大、胰腺病变、肝肾弥漫性实质损害、肾盂积水、结石、内脏反位、单肾以及其他病变和异常的，不合格。

下列情况合格（第五至十一款，条件兵除外）：

（一）肝、胆、胰、脾、双肾未见明显异常；

（二）轻、中度脂肪肝且肝功能正常；

（三）胆囊息肉样病变，数量 3 个以下且长径均在 0.5cm 以下；

（四）副脾；

（五）肝肾囊肿和血管瘤单脏器数量 3 个以下且长径均在 1cm 以下；

（六）单发肝肾囊肿和血管瘤长径 3cm 以下；

（七）肝、脾内钙化灶数量 3 个以下且长径均在 1cm 以下；

（八）双肾实质钙化灶数量 3 个以下且长径 1cm 以下；

（九）双肾错构瘤数量 2 个以下且长径均在 1cm 以下；

（十）肾盂宽不超过 1.5cm，输尿管不增宽；

（十一）脾脏长径 10cm 以下，厚度 4.5cm 以下；脾脏长径超过 10cm 或厚径超过 4.5cm，但脾面积测量（0.8×长径×厚径）38cm² 以下，排除器质性病变。

第六十条　妇科超声检查发现子宫肌瘤、附件区不明性质包块、以及其他病变和异常的，不合格。

下列情况合格：

（一）子宫、卵巢大小形态未见明显异常；

（二）不伴其他异常的盆腔积液深度不超过 2cm；

（三）单发附件区、卵巢囊肿长径小于 3cm。

第八章　士兵职业基本适应性检测

士兵职业基本适应性检测合格条件按有关规定执行。

（注：条件兵，指坦克乘员、水面舰艇、潜艇、空降兵、特种部队等对应征青年政治、身体、文化、心理有特殊要求的兵员；条件兵合格或不合格的具体类别和标准，按照有关规定执行。）

二、2021 年在河南省招收定向培养士官的专科院校及专业（男生、女生招生计划单独汇总）

2021 年共有 44 所承担定向培养士官的高校在河南招生，投放招生计划共 2628 人，其中理科男生计划招生 1826 人，文科男生计划招生 770 人，理科女生计划招生 22 人，文科女生计划招生 10 人，具体招生计划见表 1-11。

表 1-11　2021 年在河南省招收定向培养士官的专科院校及专业（男生、女生招生计划单独汇总）

科类	院校代码	院校名称	专业代码	专业名称	招生计划	性别
文科	6283	河南交通职业技术学院	41	智能工程机械运用技术（空军）	18	男生

续表

科类	院校代码	院校名称	专业代码	专业名称	招生计划	性别
文科	6283	河南交通职业技术学院	42	智能工程机械运用技术(火箭军)	9	男生
文科	6283	河南交通职业技术学院	43	道路养护与管理(空军)	18	男生
文科	6283	河南交通职业技术学院	44	汽车检测与维修技术(火箭军)	19	男生
文科	6283	河南交通职业技术学院	45	汽车检测与维修技术(空军)	18	男生
文科	6283	河南交通职业技术学院	46	电子信息工程技术(火箭军)	18	男生
文科	6283	河南交通职业技术学院	47	电子信息工程技术(陆军)	36	男生
文科	6283	河南交通职业技术学院	48	计算机网络技术(火箭军)	9	男生
文科	6283	河南交通职业技术学院	49	计算机网络技术(国防动员部)	3	男生
文科	6317	河南医学高等专科学校	22	护理(空军)	20	男生
文科	6317	河南医学高等专科学校	23	护理(联勤保障部队)	20	男生
文科	7010	兰州资源环境职业技术大学	02	大气探测技术(空军)	5	男生
文科	7010	兰州资源环境职业技术大学	03	应用气象技术(火箭军)	5	男生
文科	7010	兰州资源环境职业技术大学	04	应用气象技术(海军)	2	男生
文科	7010	兰州资源环境职业技术大学	05	电力系统继电保护技术(火箭军)	5	男生
文科	7010	兰州资源环境职业技术大学	06	机电一体化技术(火箭军)	5	男生
文科	7010	兰州资源环境职业技术大学	07	电气自动化技术(陆军)	5	男生
文科	7243	重庆医药高等专科学校	13	临床医学(武警)	6	男生
文科	7243	重庆医药高等专科学校	15	临床医学(陆军)	3	男生
文科	7453	成都航空职业技术学院	04	飞行器数字化制造技术(海军)	2	男生
文科	7453	成都航空职业技术学院	05	无人机应用技术(空军)	4	男生
文科	7453	成都航空职业技术学院	06	无人机应用技术(海军)	2	男生
文科	7453	成都航空职业技术学院	07	飞机机电设备维修(空军)	3	男生
文科	7453	成都航空职业技术学院	08	飞机电子设备维修(海军)	2	男生
文科	7453	成都航空职业技术学院	09	计算机网络技术(武警)	2	男生
文科	7706	南京信息职业技术学院	04	电子信息工程技术(火箭军)	5	男生
文科	7706	南京信息职业技术学院	05	计算机网络技术(空军)	5	男生
文科	7706	南京信息职业技术学院	06	计算机网络技术(火箭军)	5	男生
文科	7706	南京信息职业技术学院	07	现代通信技术(火箭军)	5	男生
文科	7706	南京信息职业技术学院	09	现代通信技术(海军)	5	男生
文科	8003	长沙航空职业技术学院	02	飞行器数字化制造技术(海军)	3	男生
文科	8003	长沙航空职业技术学院	03	飞行器维修技术(武警)	3	男生
文科	8003	长沙航空职业技术学院	04	飞行器维修技术(陆军)	5	男生
文科	8003	长沙航空职业技术学院	05	飞行器维修技术(空军)	5	男生
文科	8003	长沙航空职业技术学院	06	无人机应用技术(武警)	5	男生
文科	8003	长沙航空职业技术学院	07	导弹维修技术(海军)	5	男生
文科	8003	长沙航空职业技术学院	08	导弹维修技术(火箭军)	6	男生

续表

科类	院校代码	院校名称	专业代码	专业名称	招生计划	性别
文科	8003	长沙航空职业技术学院	09	飞机电子设备维修(海军)	2	男生
文科	8003	长沙航空职业技术学院	10	通用航空器维修(陆军)	6	男生
文科	8003	长沙航空职业技术学院	11	应用电子技术(火箭军)	5	男生
文科	8007	新疆石河子职业技术学院	19	机械制造及自动化(陆军)	5	男生
文科	8007	新疆石河子职业技术学院	20	电气自动化技术(空军)	5	男生
文科	8007	新疆石河子职业技术学院	21	汽车检测与维修技术(火箭军)	3	男生
文科	8239	渤海船舶职业学院	15	船舶电气工程技术(武警)	5	男生
文科	8239	渤海船舶职业学院	16	轮机工程技术(武警)	5	男生
文科	8239	渤海船舶职业学院	17	轮机工程技术(海军)	5	男生
文科	8522	江苏信息职业技术学院	07	物联网应用技术(空军)	5	男生
文科	8576	江苏海事职业技术学院	18	轮机工程技术(海军)	5	男生
文科	8576	江苏海事职业技术学院	19	船舶电子电气技术(海警)	5	男生
文科	8590	浙江交通职业技术学院	05	轮机工程技术(海军)	10	男生
文科	8593	浙江建设职业技术学院	13	地籍测绘与土地管理(陆军)	6	男生
文科	8593	浙江建设职业技术学院	14	给排水工程技术(火箭军)	8	男生
文科	8654	安徽交通职业技术学院	03	智能工程机械运用技术(武警)	10	男生
文科	8654	安徽交通职业技术学院	04	航海技术(武警)	5	男生
文科	8707	江西信息应用职业技术学院	04	测绘地理信息技术(火箭军)	2	男生
文科	8750	湖南国防工业职业技术学院	01	机械设计与制造(陆军)	5	男生
文科	8750	湖南国防工业职业技术学院	02	机械设计与制造(火箭军)	5	男生
文科	8750	湖南国防工业职业技术学院	03	机电一体化技术(火箭军)	5	男生
文科	8750	湖南国防工业职业技术学院	04	电气自动化技术(陆军)	10	男生
文科	8750	湖南国防工业职业技术学院	05	应用化工技术(陆军)	5	男生
文科	8750	湖南国防工业职业技术学院	06	应用电子技术(陆军)	5	男生
文科	8750	湖南国防工业职业技术学院	07	应用电子技术(火箭军)	5	男生
文科	8750	湖南国防工业职业技术学院	08	计算机网络技术(陆军)	5	男生
文科	8765	滨州职业学院	07	石油化工技术(空军)	8	男生
文科	8765	滨州职业学院	08	航海技术(海军)	2	男生
文科	8765	滨州职业学院	09	轮机工程技术(海军)	12	男生
文科	8765	滨州职业学院	10	云计算技术应用(战略支援部队)	2	男生
文科	8765	滨州职业学院	11	护理(空军)	4	男生
文科	8772	山东信息职业技术学院	21	电子信息工程技术(空军)	4	男生
文科	8772	山东信息职业技术学院	22	电子信息工程技术(陆军)	4	男生
文科	8772	山东信息职业技术学院	23	应用电子技术(空军)	4	男生
文科	8772	山东信息职业技术学院	24	计算机应用技术(陆军)	8	男生
文科	8772	山东信息职业技术学院	25	计算机网络技术(陆军)	8	男生

续表

科类	院校代码	院校名称	专业代码	专业名称	招生计划	性别
文科	8772	山东信息职业技术学院	26	现代通信技术(陆军)	4	男生
文科	8847	湖北交通职业技术学院	13	道路与桥梁工程技术(武警)	18	男生
文科	8847	湖北交通职业技术学院	14	汽车检测与维修技术(空军)	10	男生
文科	8847	湖北交通职业技术学院	15	轮机工程技术(海军)	5	男生
文科	8847	湖北交通职业技术学院	16	船舶电子电气技术(海军)	2	男生
文科	8849	武汉船舶职业技术学院	30	电气自动化技术(海军)	5	男生
文科	8849	武汉船舶职业技术学院	31	轮机工程技术(武警)	10	男生
文科	8849	武汉船舶职业技术学院	32	船舶电子电气技术(武警)	5	男生
文科	8861	武昌职业学院	21	无人机应用技术(陆军)	12	男生
文科	8861	武昌职业学院	22	无人机应用技术(空军)	8	男生
文科	8861	武昌职业学院	23	无人机应用技术(火箭军)	2	男生
文科	8861	武昌职业学院	24	电子信息工程技术(海军)	8	男生
文科	8861	武昌职业学院	25	电子信息工程技术(陆军)	4	男生
文科	8861	武昌职业学院	26	电子信息工程技术(空军)	12	男生
文科	8861	武昌职业学院	27	计算机网络技术(火箭军)	8	男生
文科	8861	武昌职业学院	28	计算机网络技术(武警)	4	男生
文科	8861	武昌职业学院	29	计算机网络技术(省军区)	4	男生
文科	8861	武昌职业学院	30	计算机网络技术(空军)	4	男生
文科	8861	武昌职业学院	31	现代通信技术(火箭军)	6	男生
文科	8861	武昌职业学院	32	现代通信技术(空军)	4	男生
文科	8861	武昌职业学院	33	现代通信技术(武警)	4	男生
文科	8861	武昌职业学院	35	现代通信技术(陆军)	2	男生
文科	8897	湖南汽车工程职业学院	04	机械制造及自动化(火箭军)	2	男生
文科	8897	湖南汽车工程职业学院	05	机械制造及自动化(战略支援部队)	2	男生
文科	8897	湖南汽车工程职业学院	06	汽车制造与试验技术(战略支援部队)	2	男生
文科	8897	湖南汽车工程职业学院	07	汽车制造与试验技术(火箭军)	4	男生
文科	8897	湖南汽车工程职业学院	08	计算机网络技术(火箭军)	4	男生
文科	8897	湖南汽车工程职业学院	09	计算机网络技术(战略支援部队)	2	男生
文科	8918	张家界航空工业职业技术学院	11	电气自动化技术(空军)	5	男生
文科	8918	张家界航空工业职业技术学院	12	飞行器数字化制造技术(海军)	5	男生
文科	8918	张家界航空工业职业技术学院	13	航空发动机装配调试技术(陆军)	3	男生
文科	8918	张家界航空工业职业技术学院	14	航空发动机装配调试技术(空军)	5	男生
文科	8918	张家界航空工业职业技术学院	15	飞机机电设备维修(陆军)	4	男生
文科	8918	张家界航空工业职业技术学院	16	飞机机电设备维修(空军)	2	男生
文科	8918	张家界航空工业职业技术学院	17	飞机电子设备维修(海军)	5	男生
文科	8920	湖南体育职业学院	06	运动训练(武警)	10	男生

续表

科类	院校代码	院校名称	专业代码	专业名称	招生计划	性别
文科	9095	重庆航天职业技术学院	07	电子信息工程技术（火箭军）	2	男生
文科	9095	重庆航天职业技术学院	08	现代通信技术（火箭军）	3	男生
文科	9555	潍坊工程职业学院	01	汽车检测与维修技术（火箭军）	10	男生
文科	9555	潍坊工程职业学院	02	现代通信技术（火箭军）	5	男生
文科	9555	潍坊工程职业学院	03	现代通信技术（陆军）	5	男生
文科	9564	武汉交通职业学院	18	无人机应用技术（战略支援部队）	3	男生
文科	9564	武汉交通职业学院	19	航海技术（陆军）	2	男生
文科	9564	武汉交通职业学院	20	轮机工程技术（陆军）	2	男生
文科	9564	武汉交通职业学院	21	船舶电子电气技术（陆军）	2	男生
文科	9564	武汉交通职业学院	22	计算机网络技术（联勤保障部队）	3	男生
文科	9564	武汉交通职业学院	23	计算机网络技术（战略支援部队）	3	男生
文科	9564	武汉交通职业学院	24	现代通信技术（战略支援部队）	6	男生
文科	9564	武汉交通职业学院	25	现代通信技术（武警）	10	男生
文科	9774	江西航空职业技术学院	13	飞行器数字化制造技术（海军）	2	男生
文科	9774	江西航空职业技术学院	14	无人机应用技术（海军）	2	男生
文科	9774	江西航空职业技术学院	15	飞机电子设备维修（空军）	5	男生
文科	9781	泰山职业技术学院	01	建筑工程技术（战略支援部队）	3	男生
文科	9781	泰山职业技术学院	02	机电一体化技术（海军）	5	男生
文科	9781	泰山职业技术学院	03	电气自动化技术（海军）	5	男生
文科	9781	泰山职业技术学院	04	电气自动化技术（战略支援部队）	2	男生
理科	4275	东华理工大学	24	电气自动化技术（海军）	20	男生
理科	4345	南昌工程学院	21	电气自动化技术（火箭军）	10	男生
理科	4345	南昌工程学院	22	智能工程机械运用技术（武警）	10	男生
理科	4345	南昌工程学院	23	汽车检测与维修技术（武警）	20	男生
理科	4345	南昌工程学院	24	应用电子技术（海军）	10	男生
理科	4345	南昌工程学院	25	数字媒体技术（武警）	10	男生
理科	4345	南昌工程学院	26	现代通信技术（火箭军）	10	男生
理科	4345	南昌工程学院	27	现代通信技术（武警）	10	男生
理科	6283	河南交通职业技术学院	41	智能工程机械运用技术（火箭军）	21	男生
理科	6283	河南交通职业技术学院	42	智能工程机械运用技术（空军）	42	男生
理科	6283	河南交通职业技术学院	43	道路养护与管理（空军）	42	男生
理科	6283	河南交通职业技术学院	44	汽车检测与维修技术（火箭军）	46	男生
理科	6283	河南交通职业技术学院	45	汽车检测与维修技术（空军）	42	男生
理科	6283	河南交通职业技术学院	46	电子信息工程技术（火箭军）	42	男生
理科	6283	河南交通职业技术学院	47	电子信息工程技术（陆军）	84	男生
理科	6283	河南交通职业技术学院	48	计算机网络技术（国防动员部）	7	男生

续表

科类	院校代码	院校名称	专业代码	专业名称	招生计划	性别
理科	6283	河南交通职业技术学院	49	计算机网络技术(火箭军)	21	男生
理科	6317	河南医学高等专科学校	21	护理(空军)	20	男生
理科	6317	河南医学高等专科学校	22	护理(联勤保障部队)	20	男生
理科	7010	兰州资源环境职业技术大学	05	大气探测技术(空军)	8	男生
理科	7010	兰州资源环境职业技术大学	06	应用气象技术(海军)	3	男生
理科	7010	兰州资源环境职业技术大学	07	应用气象技术(火箭军)	5	男生
理科	7010	兰州资源环境职业技术大学	08	电力系统继电保护技术(火箭军)	5	男生
理科	7010	兰州资源环境职业技术大学	09	机电一体化技术(火箭军)	5	男生
理科	7010	兰州资源环境职业技术大学	10	电气自动化技术(陆军)	5	男生
理科	7075	辽宁省交通高等专科学校	22	道路与桥梁工程技术(辽宁省武警总队)	5	男生
理科	7075	辽宁省交通高等专科学校	23	智能工程机械运用技术(辽宁省武警总队)	20	男生
理科	7075	辽宁省交通高等专科学校	24	汽车检测与维修技术(辽宁省武警总队)	5	男生
理科	7075	辽宁省交通高等专科学校	25	数字媒体技术(辽宁省武警总队)	5	男生
理科	7075	辽宁省交通高等专科学校	26	影视动画(辽宁省武警总队)	5	男生
理科	7243	重庆医药高等专科学校	14	临床医学(武警)	9	男生
理科	7243	重庆医药高等专科学校	16	临床医学(陆军)	4	男生
理科	7292	西安航空学院	23	电气自动化技术(战略支援部队)	20	男生
理科	7292	西安航空学院	24	电气自动化技术(火箭军)	20	男生
理科	7292	西安航空学院	25	液压与气动技术(火箭军)	15	男生
理科	7292	西安航空学院	26	民航通信技术(战略支援部队)	15	男生
理科	7453	成都航空职业技术学院	11	飞行器数字化制造技术(海军)	8	男生
理科	7453	成都航空职业技术学院	12	无人机应用技术(海军)	8	男生
理科	7453	成都航空职业技术学院	13	无人机应用技术(空军)	16	男生
理科	7453	成都航空职业技术学院	14	飞机机电设备维修(空军)	12	男生
理科	7453	成都航空职业技术学院	15	飞机电子设备维修(海军)	8	男生
理科	7453	成都航空职业技术学院	16	计算机网络技术(武警)	8	男生
理科	7634	潍坊科技学院	18	电气自动化技术(火箭军)	5	男生
理科	7634	潍坊科技学院	19	应用电子技术(火箭军)	5	男生
理科	7634	潍坊科技学院	20	计算机网络技术(火箭军)	5	男生
理科	7634	潍坊科技学院	21	计算机网络技术(战略支援部队)	5	男生
理科	7634	潍坊科技学院	22	数字媒体技术(战略支援部队)	10	男生
理科	7706	南京信息职业技术学院	20	电子信息工程技术(火箭军)	10	男生
理科	7706	南京信息职业技术学院	21	计算机网络技术(空军)	5	男生
理科	7706	南京信息职业技术学院	22	计算机网络技术(火箭军)	10	男生
理科	7706	南京信息职业技术学院	23	计算机网络技术(海军)	10	男生
理科	7706	南京信息职业技术学院	24	现代通信技术(海军)	5	男生

续表

科类	院校代码	院校名称	专业代码	专业名称	招生计划	性别
理科	7706	南京信息职业技术学院	25	现代通信技术(火箭军)	10	男生
理科	7706	南京信息职业技术学院	26	现代通信技术(空军)	5	男生
理科	8003	长沙航空职业技术学院	08	飞行器数字化制造技术(海军)	7	男生
理科	8003	长沙航空职业技术学院	09	飞行器维修技术(空军)	10	男生
理科	8003	长沙航空职业技术学院	10	飞行器维修技术(陆军)	10	男生
理科	8003	长沙航空职业技术学院	11	飞行器维修技术(武警)	7	男生
理科	8003	长沙航空职业技术学院	12	无人机应用技术(武警)	10	男生
理科	8003	长沙航空职业技术学院	13	导弹维修技术(海军)	10	男生
理科	8003	长沙航空职业技术学院	14	导弹维修技术(火箭军)	14	男生
理科	8003	长沙航空职业技术学院	15	飞机电子设备维修(海军)	3	男生
理科	8003	长沙航空职业技术学院	16	通用航空器维修(陆军)	14	男生
理科	8003	长沙航空职业技术学院	17	应用电子技术(火箭军)	10	男生
理科	8007	新疆石河子职业技术学院	20	机械制造及自动化(陆军)	5	男生
理科	8007	新疆石河子职业技术学院	21	电气自动化技术(空军)	5	男生
理科	8007	新疆石河子职业技术学院	22	汽车检测与维修技术(火箭军)	2	男生
理科	8011	北京工业职业技术学院	12	机电一体化技术(海军)	10	男生
理科	8239	渤海船舶职业学院	23	船舶电气工程技术(武警)	10	男生
理科	8239	渤海船舶职业学院	24	船舶电气工程技术(海军)	10	男生
理科	8239	渤海船舶职业学院	25	轮机工程技术(海军)	10	男生
理科	8239	渤海船舶职业学院	26	轮机工程技术(武警)	15	男生
理科	8302	长春职业技术学院	17	应用韩语(武警)	5	男生
理科	8522	江苏信息职业技术学院	08	物联网应用技术(空军)	10	男生
理科	8576	江苏海事职业技术学院	28	轮机工程技术(海军)	15	男生
理科	8576	江苏海事职业技术学院	29	轮机工程技术(海警)	5	男生
理科	8576	江苏海事职业技术学院	30	船舶电子电气技术(海警)	10	男生
理科	8590	浙江交通职业技术学院	08	汽车检测与维修技术(联勤保障部队)	10	男生
理科	8590	浙江交通职业技术学院	09	轮机工程技术(海军)	10	男生
理科	8593	浙江建设职业技术学院	16	地籍测绘与土地管理(陆军)	7	男生
理科	8593	浙江建设职业技术学院	17	建筑工程技术(火箭军)	10	男生
理科	8593	浙江建设职业技术学院	18	给排水工程技术(火箭军)	7	男生
理科	8636	重庆交通职业学院	02	工程测量技术(火箭军)	10	男生
理科	8636	重庆交通职业学院	03	汽车制造与试验技术(火箭军)	10	男生
理科	8654	安徽交通职业技术学院	03	智能工程机械运用技术(武警)	10	男生
理科	8654	安徽交通职业技术学院	04	航海技术(武警)	5	男生
理科	8707	江西信息应用职业技术学院	04	测绘地理信息技术(火箭军)	3	男生
理科	8750	湖南国防工业职业技术学院	01	机械设计与制造(陆军)	5	男生

续表

科类	院校代码	院校名称	专业代码	专业名称	招生计划	性别
理科	8750	湖南国防工业职业技术学院	02	机械设计与制造(火箭军)	5	男生
理科	8750	湖南国防工业职业技术学院	03	机电一体化技术(火箭军)	5	男生
理科	8750	湖南国防工业职业技术学院	04	电气自动化技术(陆军)	10	男生
理科	8750	湖南国防工业职业技术学院	05	无人机应用技术(陆军)	5	男生
理科	8750	湖南国防工业职业技术学院	06	应用化工技术(陆军)	5	男生
理科	8750	湖南国防工业职业技术学院	07	应用电子技术(陆军)	5	男生
理科	8750	湖南国防工业职业技术学院	08	应用电子技术(火箭军)	5	男生
理科	8750	湖南国防工业职业技术学院	09	计算机网络技术(陆军)	5	男生
理科	8755	威海职业学院	06	航海技术(武警)	10	男生
理科	8755	威海职业学院	07	轮机工程技术(武警)	10	男生
理科	8755	威海职业学院	08	计算机应用技术(武警)	10	男生
理科	8755	威海职业学院	09	现代通信技术(武警)	15	男生
理科	8765	滨州职业学院	07	石油化工技术(空军)	12	男生
理科	8765	滨州职业学院	08	航海技术(海军)	3	男生
理科	8765	滨州职业学院	09	轮机工程技术(海军)	18	男生
理科	8765	滨州职业学院	10	云计算技术应用(战略支援部队)	3	男生
理科	8765	滨州职业学院	11	护理(空军)	6	男生
理科	8771	山东交通职业学院	05	航海技术(海军)	20	男生
理科	8771	山东交通职业学院	06	轮机工程技术(海军)	20	男生
理科	8771	山东交通职业学院	07	船舶电子电气技术(海军)	10	男生
理科	8772	山东信息职业技术学院	20	电子信息工程技术(空军)	6	男生
理科	8772	山东信息职业技术学院	21	电子信息工程技术(陆军)	6	男生
理科	8772	山东信息职业技术学院	22	应用电子技术(空军)	6	男生
理科	8772	山东信息职业技术学院	23	计算机应用技术(陆军)	12	男生
理科	8772	山东信息职业技术学院	24	计算机网络技术(陆军)	7	男生
理科	8772	山东信息职业技术学院	25	现代通信技术(陆军)	6	男生
理科	8847	湖北交通职业技术学院	13	道路与桥梁工程技术(武警)	22	男生
理科	8847	湖北交通职业技术学院	14	汽车检测与维修技术(空军)	10	男生
理科	8847	湖北交通职业技术学院	15	轮机工程技术(海军)	5	男生
理科	8847	湖北交通职业技术学院	16	船舶电子电气技术(海军)	3	男生
理科	8849	武汉船舶职业技术学院	27	电气自动化技术(海军)	5	男生
理科	8849	武汉船舶职业技术学院	28	轮机工程技术(武警)	5	男生
理科	8849	武汉船舶职业技术学院	29	船舶电子电气技术(武警)	5	男生
理科	8861	武昌职业学院	21	无人机应用技术(陆军)	18	男生
理科	8861	武昌职业学院	22	无人机应用技术(火箭军)	3	男生
理科	8861	武昌职业学院	23	无人机应用技术(空军)	12	男生

续表

科类	院校代码	院校名称	专业代码	专业名称	招生计划	性别
理科	8861	武昌职业学院	24	电子信息工程技术(陆军)	6	男生
理科	8861	武昌职业学院	25	电子信息工程技术(空军)	18	男生
理科	8861	武昌职业学院	26	电子信息工程技术(海军)	12	男生
理科	8861	武昌职业学院	27	计算机网络技术(省军区)	1	男生
理科	8861	武昌职业学院	28	计算机网络技术(武警)	6	男生
理科	8861	武昌职业学院	29	计算机网络技术(空军)	6	男生
理科	8861	武昌职业学院	30	计算机网络技术(火箭军)	12	男生
理科	8861	武昌职业学院	31	现代通信技术(陆军)	3	男生
理科	8861	武昌职业学院	32	现代通信技术(空军)	6	男生
理科	8861	武昌职业学院	34	现代通信技术(火箭军)	9	男生
理科	8861	武昌职业学院	35	现代通信技术(武警)	6	男生
理科	8897	湖南汽车工程职业学院	04	机械制造及自动化(火箭军)	3	男生
理科	8897	湖南汽车工程职业学院	05	机械制造及自动化(战略支援部队)	3	男生
理科	8897	湖南汽车工程职业学院	06	汽车制造与试验技术(战略支援部队)	3	男生
理科	8897	湖南汽车工程职业学院	07	汽车制造与试验技术(火箭军)	6	男生
理科	8897	湖南汽车工程职业学院	08	计算机网络技术(火箭军)	6	男生
理科	8897	湖南汽车工程职业学院	09	计算机网络技术(战略支援部队)	3	男生
理科	8918	张家界航空工业职业技术学院	15	电气自动化技术(空军)	5	男生
理科	8918	张家界航空工业职业技术学院	16	飞行器数字化制造技术(海军)	5	男生
理科	8918	张家界航空工业职业技术学院	17	航空发动机装配调试技术(陆军)	4	男生
理科	8918	张家界航空工业职业技术学院	18	航空发动机装配调试技术(空军)	5	男生
理科	8918	张家界航空工业职业技术学院	19	飞机机电设备维修(陆军)	4	男生
理科	8918	张家界航空工业职业技术学院	20	飞机机电设备维修(空军)	3	男生
理科	8918	张家界航空工业职业技术学院	21	飞机电子设备维修(海军)	5	男生
理科	8920	湖南体育职业学院	06	运动训练(武警)	10	男生
理科	9095	重庆航天职业技术学院	10	电子信息工程技术(火箭军)	8	男生
理科	9095	重庆航天职业技术学院	11	电子信息工程技术(战略支援部队)	5	男生
理科	9095	重庆航天职业技术学院	12	人工智能技术应用(战略支援部队)	5	男生
理科	9095	重庆航天职业技术学院	13	现代通信技术(火箭军)	12	男生
理科	9095	重庆航天职业技术学院	14	现代通信技术(战略支援部队)	5	男生
理科	9247	西安航空职业技术学院	21	液压与气动技术(空军)	5	男生
理科	9247	西安航空职业技术学院	22	飞行器数字化制造技术(陆军)	10	男生
理科	9247	西安航空职业技术学院	23	飞行器数字化制造技术(空军)	10	男生
理科	9247	西安航空职业技术学院	24	无人机应用技术(陆军)	5	男生
理科	9332	宁夏职业技术学院	02	机电一体化技术(陆军)	7	男生
理科	9332	宁夏职业技术学院	03	计算机应用技术(陆军)	7	男生

续表

科类	院校代码	院校名称	专业代码	专业名称	招生计划	性别
理科	9335	宁夏工商职业技术学院	03	机电一体化技术(空军)	10	男生
理科	9555	潍坊工程职业学院	01	机电一体化技术(陆军)	10	男生
理科	9555	潍坊工程职业学院	02	机电一体化技术(陆军)	5	男生
理科	9555	潍坊工程职业学院	03	汽车检测与维修技术(陆军)	20	男生
理科	9555	潍坊工程职业学院	04	现代通信技术(陆军)	5	男生
理科	9564	武汉交通职业学院	18	无人机应用技术(战略支援部队)	7	男生
理科	9564	武汉交通职业学院	19	航海技术(陆军)	3	男生
理科	9564	武汉交通职业学院	20	轮机工程技术(陆军)	3	男生
理科	9564	武汉交通职业学院	21	船舶电子电气技术(陆军)	3	男生
理科	9564	武汉交通职业学院	22	计算机网络技术(联勤保障部队)	7	男生
理科	9564	武汉交通职业学院	23	计算机网络技术(战略支援部队)	7	男生
理科	9564	武汉交通职业学院	24	现代通信技术(战略支援部队)	14	男生
理科	9564	武汉交通职业学院	25	现代通信技术(武警)	10	男生
理科	9689	四川邮电职业技术学院	01	现代通信技术(武警)	10	男生
理科	9689	四川邮电职业技术学院	02	现代通信技术(火箭军)	5	男生
理科	9689	四川邮电职业技术学院	03	现代通信技术(陆军)	5	男生
理科	9689	四川邮电职业技术学院	04	现代移动通信技术(火箭军)	5	男生
理科	9731	北京电子科技职业学院	09	电气自动化技术(火箭军)	16	男生
理科	9731	北京电子科技职业学院	10	汽车检测与维修技术(火箭军)	18	男生
理科	9731	北京电子科技职业学院	11	电子信息工程技术(火箭军)	8	男生
理科	9731	北京电子科技职业学院	12	大数据技术(战略支援部队)	7	男生
理科	9774	江西航空职业技术学院	16	飞行器数字化制造技术(海军)	3	男生
理科	9774	江西航空职业技术学院	17	无人机应用技术(海军)	3	男生
理科	9774	江西航空职业技术学院	18	飞机电子设备维修(空军)	5	男生
理科	9781	泰山职业技术学院	01	建筑工程技术(战略支援部队)	3	男生
理科	9781	泰山职业技术学院	02	机电一体化技术(海军)	5	男生
理科	9781	泰山职业技术学院	03	电气自动化技术(海军)	5	男生
理科	9781	泰山职业技术学院	04	电气自动化技术(战略支援部队)	2	男生
文科	6283	河南交通职业技术学院	50	计算机网络技术(火箭军)	3	女生
文科	7243	重庆医药高等专科学校	14	临床医学(陆军)	1	女生
文科	7706	南京信息职业技术学院	08	现代通信技术(火箭军)	2	女生
文科	8593	浙江建设职业技术学院	12	地籍测绘与土地管理(陆军)	2	女生
文科	8861	武昌职业学院	34	现代通信技术(陆军)	2	女生
理科	6283	河南交通职业技术学院	50	计算机网络技术(火箭军)	7	女生
理科	7243	重庆医药高等专科学校	15	临床医学(陆军)	2	女生
理科	7706	南京信息职业技术学院	27	现代通信技术(火箭军)	3	女生

续表

科类	院校代码	院校名称	专业代码	专业名称	招生计划	性别
理科	8861	武昌职业学院	33	现代通信技术（陆军）	3	女生
理科	9555	潍坊工程职业学院	05	现代通信技术（陆军）	5	女生
理科	9731	北京电子科技职业学院	13	大数据技术（战略支援部队）	2	女生

三、河南省2021年定向培养士官招生考生报考须知

1. 报考条件

报考定向培养士官的考生须为2021年参加全国普通高校招生统一考试的普通高中毕业生，年龄不超过20周岁（2001年8月31日以后出生），未婚，其政治和身体条件按照征集义务兵的规定执行。

2. 招生计划

在国家核定的44所地方高校2021年高职（专科）层次招生计划内，为陆军、海军、空军、火箭军、战略支援部队、联勤保障部队、武警部队、军委国防动员部等单位招收定向培养士官2628人（含女士官32人）。招生具体计划详见河南省招生办公室（以下简称省招办）印发的《招生考试之友》。

3. 志愿填报

定向培养士官的招生，纳入全省普通高校招生统一考试实施，执行现行专科提前批录取政策。考生须于7月4日8时至8日18时填报专科提前批志愿，填写相应高校"直招士官生"专业。第一志愿可以填报1个高校志愿，每个高校志愿可以填报1-5个专业；第二志愿为平行志愿，可以填报1-4个高校志愿，每个高校志愿可以填报1-5个专业。

4. 政治考核

招收对象的政治考核由考生户籍所在地县（市、区）人民武装部牵头，会同同级公安部门及毕业中学，按照征集普通义务兵政治考核要求组织实施。政治考核时间原则上为7月2日至7月13日，县（市、区）人民武装部在此时间阶段内集中组织，根据工作实际可延长至7月17日。有意向报考定向培养士官的考生，在规定时间内到户籍所在地县（市、区）人民武装部打印填报《应征公民政治考核表》（以下简称《政治考核表》，此表用A4型纸正反双面打印）。县（市、区）人民武装部于政治考核结束后，将合格人员名单及《政治考核表》上报至各省辖市人民政府征兵办公室（以下简称省辖市征兵办公室）。政治考核结论有异议的，县（市、区）人民武装部应当组织复议。

5. 体格检查和面试

体检、面试工作由考生户籍所在地省辖市征兵办公室按照征集义务兵体检标准及办法组织实施，时间为7月14日至19日。7月9日，考生登录河南省招生办公室网（www.heao.gov.cn）查询体检面试的最低控制分数线和各省辖市体检、面试时间及地点。第一志愿达到院校最低控制分数线的考生，下载打印《定向培养士官招生面试表》（以下简称《面试表》，此表用A4型纸单面打印），并携带本人身份证、准考证和《面试表》（贴本人近期1寸彩色照片），按时到各省辖市指定地点参加体检、面试。

面试体检前，考生登录河南省招生办公室网站下载《河南省定向培养士官招生疫情防控承诺书》（以下简称《疫情防控承诺书》），填写体检前14天内健康状况，并就遵守疫情防控规定做出承诺。

体检、面试结果现场告知考生，考生对结果存有异议，可现场申请复议，复议结论为最终结论。未参加面试、体检或结论为不合格的考生不再参加定向培养士官招生录取。

7月24日，考生可登录河南省招生办公室网（www.heao.gov.cn）自行查询体检结论。

6. 录取

省招办依据政治考核、体格检查和面试合格的考生名单，向有关高校顺序投档，由有关高校择优录取。同等条件下，中共党员、优秀学生干部、军人子女、英模烈士子女优先录取。

7. 联合培养及入伍办理

已录取考生完成高校前2.5学年的课程且修满规定学分，由高校所在地兵役机关组织身体复检和政治复审，符合服现役条件的，由兵役机关办理入伍手续，入伍时间按照国家和军队有关规定执行。

四、定向培养士官院校2021年在河南省招生体检、面试控制分数线（见表1-12，表1-13）

【编者按】定向培养士官面试、体检控制分数线不是最终的录取分数线，而是报考定向培养士官的考生入围面试、体检的最低分数线，一般情况下入围比例为招生计划的3倍或以上，面试、体检控制分数线和最终的录取分数线可能会有不小的差距。

表1-12 定向培养士官院校2021年在河南省招生体检、面试控制分数线（男生）

院校代码	院校名称	科类	分数（男）
4275	东华理工大学	理科	329
4345	南昌工程学院	理科	200
6283	河南交通职业技术学院	理科	326
6283	河南交通职业技术学院	文科	386
6317	河南医学高等专科学校	文科	342
6317	河南医学高等专科学校	理科	200
7010	兰州资源环境职业技术大学	理科	200
7010	兰州资源环境职业技术大学	文科	200
7075	辽宁省交通高等专科学校	理科	200
7243	重庆医药高等专科学校	理科	242
7243	重庆医药高等专科学校	文科	388
7292	西安航空学院	理科	200
7453	成都航空职业技术学院	文科	381
7453	成都航空职业技术学院	理科	300
7634	潍坊科技学院	理科	200
7706	南京信息职业技术学院	理科	200
7706	南京信息职业技术学院	文科	318
8003	长沙航空职业技术学院	文科	272
8003	长沙航空职业技术学院	理科	200
8007	新疆石河子职业技术学院	理科	218
8007	新疆石河子职业技术学院	文科	295
8011	北京工业职业技术学院	理科	200
8239	渤海船舶职业学院	文科	282
8239	渤海船舶职业学院	理科	200
8302	长春职业技术学院	理科	200
8522	江苏信息职业技术学院	文科	200
8522	江苏信息职业技术学院	理科	200
8576	江苏海事职业技术学院	文科	309
8576	江苏海事职业技术学院	理科	200
8590	浙江交通职业技术学院	理科	200
8590	浙江交通职业技术学院	文科	200
8593	浙江建设职业技术学院	理科	200

续表

院校代码	院校名称	科类	分数(男)
8593	浙江建设职业技术学院	文科	200
8636	重庆交通职业学院	理科	200
8654	安徽交通职业技术学院	文科	248
8654	安徽交通职业技术学院	理科	200
8707	江西信息应用职业技术学院	文科	272
8707	江西信息应用职业技术学院	理科	200
8750	湖南国防工业职业技术学院	理科	203
8750	湖南国防工业职业技术学院	文科	311
8755	威海职业学院	理科	200
8765	滨州职业学院	文科	310
8765	滨州职业学院	理科	200
8771	山东交通职业学院	理科	200
8772	山东信息职业技术学院	理科	276
8772	山东信息职业技术学院	文科	326
8847	湖北交通职业技术学院	理科	200
8847	湖北交通职业技术学院	文科	200
8849	武汉船舶职业技术学院	文科	200
8849	武汉船舶职业技术学院	理科	271
8861	武昌职业学院	文科	244
8861	武昌职业学院	理科	200
8897	湖南汽车工程职业学院	文科	313
8897	湖南汽车工程职业学院	理科	200
8918	张家界航空工业职业技术学院	文科	291
8918	张家界航空工业职业技术学院	理科	234
8920	湖南体育职业学院	文科	271
8920	湖南体育职业学院	理科	256
9095	重庆航天职业技术学院	理科	200
9095	重庆航天职业技术学院	文科	352
9247	西安航空职业技术学院	理科	200
9332	宁夏职业技术学院	理科	200
9335	宁夏工商职业技术学院	理科	200
9555	潍坊工程职业学院	理科	200
9555	潍坊工程职业学院	文科	244
9564	武汉交通职业学院	文科	279
9564	武汉交通职业学院	理科	200
9689	四川邮电职业技术学院	理科	200
9731	北京电子科技职业学院	理科	200

续表

院校代码	院校名称	科类	分数(男)
9774	江西航空职业技术学院	理科	200
9774	江西航空职业技术学院	文科	200
9781	泰山职业技术学院	文科	300
9781	泰山职业技术学院	理科	200

表1-13　定向培养士官院校2021年在河南省招生体检、面试控制分数线(女生)

院校代码	院校名称	科类	分数(女)
6283	河南交通职业技术学院	理科	382
6283	河南交通职业技术学院	文科	456
7243	重庆医药高等专科学校	理科	390
7243	重庆医药高等专科学校	文科	461
7706	南京信息职业技术学院	理科	380
7706	南京信息职业技术学院	文科	454
8593	浙江建设职业技术学院	文科	452
8861	武昌职业学院	理科	350
8861	武昌职业学院	文科	448
9555	潍坊工程职业学院	理科	341
9731	北京电子科技职业学院	理科	356

第十二节　公安院校招生

一、公安普通高等院校招生政治考察、面试、体检、体能测评有关要求

(一)政治考察的项目和标准

参照《公安机关录用人民警察政治考察工作办法》、《关于做好公安机关录用人民警察政治考察工作的通知》有关规定执行。

(二)面试的项目和标准

面试主要从报考动机、思想意识、思维表达能力、身体条件等方面,辨识考生是否适合接受公安院校教育和从事公安工作。

(三)体检的项目和标准

参照《公务员录用体检通用标准(试行)》(人社部发〔2016〕140号)、《公务员录用体检特殊标准(试行)》(人社部发〔2010〕82号)的有关规定执行。同时,还应符合下列条件:

1. 身高:男性170厘米及以上,女性160厘米及以上。
2. 体重:男性体重指数(单位:千克/米2)在17.3至27.3之间(含本数,计算时四舍五入保留小数点后一位,下同),女性在17.1至25.7之间。
3. 视力:任何一眼裸眼视力均为4.8及以上。

4. 色觉：无色盲、无色弱。

5. 外观：无少白头，无胸廓畸形，无脊柱侧弯、驼背，膝内翻股骨内髁间距离和膝外翻胫骨内髁间距离不超过7厘米，无足底弓完全消失的扁平足，身体无影响功能的瘢痕，面颈部无瘢痕，无下肢静脉曲张，无腋臭，共同性内、外斜视不超过15度，无唇、腭裂或唇裂术后有明显瘢痕。

（四）体能测评的项目和标准

按照《国家学生体质健康标准(2014年修订)》的有关规定执行，具体如下：

1. 50米跑。可测次数：1次，合格标准：男性≤9.2秒，女性≤10.4秒。
2. 立定跳远。可测次数：3次，合格标准：男性≥2.05米，女性≥1.5米。
3. 1000米跑（男）/800米跑（女）。可测次数：1次，合格标准：男性≤4分35秒，女性≤4分36秒。
4. 引体向上（男）/仰卧起坐（女）。可测次数：1次，合格标准：男性≥9次/分钟，女性≥25次/分钟。

以上4个项目应当全部进行测评。其中，有3个及以上达标的，体能测评结论为合格。

二、2021年在河南省招生的公安院校及专业（男生、女生招生计划单独汇总）

2021年共有7所公安类高校在河南招生，投放招生计划共1797人（普通计划1743人，国家专项计划54人），其中理科男生计划招生1139人，文科男生计划招生397人，理科女生计划招生180人，文科女生计划招生81人，具体招生计划见表1-14。

表1-14 2021年在河南省招生的公安院校及专业（男生、女生招生计划单独汇总）

科类	分类	院校代码	院校名称	专业代码	专业名称	招生计划	性别	备注
文科	一批线上择优	0110	中国人民公安大学	02	治安学	5	男生	
文科	一批线上择优	0110	中国人民公安大学	05	治安学（警察法学）	2	男生	
文科	一批线上择优	0110	中国人民公安大学	06	侦查学	5	男生	
文科	一批线上择优	0110	中国人民公安大学	08	公安情报学	2	男生	
文科	一批线上择优	0110	中国人民公安大学	09	犯罪学	1	男生	
文科	一批线上择优	0110	中国人民公安大学	11	公安管理学	5	男生	
文科	一批线上择优	0110	中国人民公安大学	13	涉外警务	4	男生	外语不低于105分
文科	一批线上择优	0110	中国人民公安大学	15	警务指挥与战术	2	男生	
文科	一批线上择优	0110	中国人民公安大学	17	公安政治工作	1	男生	
文科	一批线上择优	0115	中国刑事警察学院	01	侦查学（地方公安）	4	男生	
文科	一批线上择优	0115	中国刑事警察学院	05	经济犯罪侦查（铁路公安）	1	男生	
文科	一批线上择优	0115	中国刑事警察学院	06	经济犯罪侦查（地方公安）	2	男生	
文科	一批线上择优	0115	中国刑事警察学院	09	涉外警务（地方公安）	3	男生	
文科	一批线上择优	0120	中国人民警察大学	04	警务指挥与战术（地方公安）	3	男生	
文科	一批线上择优	0120	中国人民警察大学	06	公安政治工作（地方公安）	1	男生	
文科	一批线上择优	0120	中国人民警察大学	07	移民管理（地方公安）	1	男生	
文科	一批线上择优	0120	中国人民警察大学	08	出入境管理（地方公安）	1	男生	
文科	二批线上择优	0115	中国刑事警察学院	04	警犬技术（地方公安）	2	男生	
文科	二批线上择优	0130	铁道警察学院	01	治安学（地方公安）（城轨安全与执法）	6	男生	
文科	二批线上择优	0130	铁道警察学院	03	治安学（铁路公安）	3	男生	
文科	二批线上择优	0130	铁道警察学院	06	侦查学（铁路公安）	5	男生	

续表

科类	分类	院校代码	院校名称	专业代码	专业名称	招生计划	性别	备注
文科	二批线上择优	0130	铁道警察学院	08	公安管理学(铁路公安)	4	男生	
文科	二批线上择优	0165	南京森林警察学院	01	侦查学	2	男生	
文科	二批线上择优	0165	南京森林警察学院	03	侦查学(面向海关缉私部门)	1	男生	
文科	二批线上择优	0165	南京森林警察学院	05	公安管理学	1	男生	
文科	二批线上择优	0165	南京森林警察学院	07	警务指挥与战术(特警)	1	男生	
文科	二批线上择优	5550	云南警官学院	02	禁毒学	2	男生	
文科	二批线上择优	6140	河南警察学院	01	治安学	57	男生	
文科	二批线上择优	6140	河南警察学院	02	治安学(公安法制)	38	男生	
文科	二批线上择优	6140	河南警察学院	05	侦查学	49	男生	
文科	二批线上择优	6140	河南警察学院	06	侦查学(反恐怖)	34	男生	
文科	二批线上择优	6140	河南警察学院	09	经济犯罪侦查	34	男生	
文科	二批线上择优	6140	河南警察学院	11	公安管理学	52	男生	
文科	二批线上择优	6140	河南警察学院	13	涉外警务	18	男生	
文科	二批线上择优	6140	河南警察学院	15	警务指挥与战术	34	男生	
文科	国家专项	0115	中国刑事警察学院	03	侦查学(地方公安)	1	男生	
文科	国家专项	0130	铁道警察学院	05	治安学(铁路公安)	2	男生	
文科	国家专项	0165	南京森林警察学院	02	侦查学	3	男生	
文科	专科计划	7290	西藏警官高等专科学校	01	治安管理	5	男生	只招汉族
理科	一批线上择优	0110	中国人民公安大学	01	治安学	9	男生	
理科	一批线上择优	0110	中国人民公安大学	04	治安学(警察法学)	4	男生	
理科	一批线上择优	0110	中国人民公安大学	05	侦查学	8	男生	
理科	一批线上择优	0110	中国人民公安大学	08	公安情报学	3	男生	
理科	一批线上择优	0110	中国人民公安大学	10	犯罪学	3	男生	
理科	一批线上择优	0110	中国人民公安大学	11	公安管理学	8	男生	
理科	一批线上择优	0110	中国人民公安大学	14	涉外警务	8	男生	外语不低于105分
理科	一批线上择优	0110	中国人民公安大学	17	警务指挥与战术	3	男生	
理科	一批线上择优	0110	中国人民公安大学	18	公安政治工作	3	男生	
理科	一批线上择优	0110	中国人民公安大学	19	刑事科学技术	12	男生	
理科	一批线上择优	0110	中国人民公安大学	23	交通管理工程	8	男生	
理科	一批线上择优	0110	中国人民公安大学	26	安全防范工程	3	男生	
理科	一批线上择优	0110	中国人民公安大学	28	安全防范工程(铁路公安)	3	男生	
理科	一批线上择优	0110	中国人民公安大学	29	公安视听技术	5	男生	
理科	一批线上择优	0110	中国人民公安大学	31	网络安全与执法	17	男生	
理科	一批线上择优	0110	中国人民公安大学	35	数据警务技术	4	男生	
理科	一批线上择优	0115	中国刑事警察学院	02	侦查学(地方公安)	19	男生	

续表

科类	分类	院校代码	院校名称	专业代码	专业名称	招生计划	性别	备注
理科	一批线上择优	0115	中国刑事警察学院	08	经济犯罪侦查(铁路公安)	1	男生	
理科	一批线上择优	0115	中国刑事警察学院	09	公安情报学(地方公安)	11	男生	
理科	一批线上择优	0115	中国刑事警察学院	13	涉外警务(地方公安)	12	男生	
理科	一批线上择优	0115	中国刑事警察学院	14	刑事科学技术(地方公安)	11	男生	
理科	一批线上择优	0115	中国刑事警察学院	17	公安视听技术(地方公安)	1	男生	
理科	一批线上择优	0115	中国刑事警察学院	18	公安视听技术(铁路公安)	1	男生	
理科	一批线上择优	0120	中国人民警察大学	07	公安情报学(地方公安)	10	男生	
理科	一批线上择优	0120	中国人民警察大学	09	涉外警务(地方公安)	4	男生	外语不低于105分
理科	一批线上择优	0120	中国人民警察大学	11	警务指挥与战术(铁路公安)	3	男生	
理科	一批线上择优	0120	中国人民警察大学	12	警务指挥与战术(地方公安)	3	男生	
理科	一批线上择优	0120	中国人民警察大学	16	公安政治工作(地方公安)	3	男生	
理科	一批线上择优	0120	中国人民警察大学	17	公安政治工作(铁路公安)	3	男生	
理科	一批线上择优	0120	中国人民警察大学	19	移民管理(地方公安)	4	男生	
理科	一批线上择优	0120	中国人民警察大学	21	出入境管理(地方公安)	4	男生	
理科	一批线上择优	0120	中国人民警察大学	22	网络安全与执法(地方公安)	8	男生	
理科	一批线上择优	0120	中国人民警察大学	24	数据警务技术(铁路公安)	3	男生	
理科	一批线上择优	0120	中国人民警察大学	26	数据警务技术(地方公安)	4	男生	
理科	二批线上择优	0115	中国刑事警察学院	01	治安学(地方公安)	2	男生	
理科	二批线上择优	0115	中国刑事警察学院	06	禁毒学(地方公安)	2	男生	
理科	二批线上择优	0115	中国刑事警察学院	07	禁毒学(铁路公安)	1	男生	
理科	二批线上择优	0130	铁道警察学院	02	治安学(铁路公安)	10	男生	
理科	二批线上择优	0130	铁道警察学院	03	治安学(地方公安)(城轨安全与执法)	7	男生	
理科	二批线上择优	0130	铁道警察学院	05	侦查学(铁路公安)	10	男生	
理科	二批线上择优	0130	铁道警察学院	08	刑事科学技术(铁路公安)	11	男生	
理科	二批线上择优	0130	铁道警察学院	11	网络安全与执法(地方公安)	4	男生	
理科	二批线上择优	0130	铁道警察学院	13	网络安全与执法(铁路公安)	11	男生	
理科	二批线上择优	0165	南京森林警察学院	01	治安学	2	男生	
理科	二批线上择优	0165	南京森林警察学院	04	侦查学	6	男生	
理科	二批线上择优	0165	南京森林警察学院	07	公安情报学(面向海关缉私部门)	1	男生	
理科	二批线上择优	0165	南京森林警察学院	08	公安管理学	7	男生	
理科	二批线上择优	0165	南京森林警察学院	10	警务指挥与战术(特警)	7	男生	
理科	二批线上择优	0165	南京森林警察学院	12	刑事科学技术(视听技术)	4	男生	
理科	二批线上择优	0165	南京森林警察学院	14	网络安全与执法	5	男生	
理科	二批线上择优	0165	南京森林警察学院	15	食品药品环境犯罪侦查技术	4	男生	
理科	二批线上择优	5550	云南警官学院	03	禁毒学	3	男生	

续表

科类	分类	院校代码	院校名称	专业代码	专业名称	招生计划	性别	备注
理科	二批线上择优	6140	河南警察学院	01	治安学	58	男生	
理科	二批线上择优	6140	河南警察学院	02	治安学(公安法制)	38	男生	
理科	二批线上择优	6140	河南警察学院	05	侦查学	51	男生	
理科	二批线上择优	6140	河南警察学院	06	侦查学(反恐怖)	34	男生	
理科	二批线上择优	6140	河南警察学院	09	经济犯罪侦查	33	男生	
理科	二批线上择优	6140	河南警察学院	11	公安管理学	52	男生	
理科	二批线上择优	6140	河南警察学院	13	涉外警务	19	男生	
理科	二批线上择优	6140	河南警察学院	15	警务指挥与战术	34	男生	
理科	二批线上择优	6140	河南警察学院	17	刑事科学技术	154	男生	
理科	二批线上择优	6140	河南警察学院	19	交通管理工程	154	男生	
理科	二批线上择优	6140	河南警察学院	21	网络安全与执法	154	男生	
理科	国家专项	0110	中国人民公安大学	03	治安学	2	男生	
理科	国家专项	0110	中国人民公安大学	07	侦查学	2	男生	
理科	国家专项	0110	中国人民公安大学	13	公安管理学	2	男生	
理科	国家专项	0110	中国人民公安大学	16	涉外警务	2	男生	外语不低于105分
理科	国家专项	0110	中国人民公安大学	21	刑事科学技术	1	男生	
理科	国家专项	0110	中国人民公安大学	25	交通管理工程	2	男生	
理科	国家专项	0110	中国人民公安大学	33	网络安全与执法	2	男生	
理科	国家专项	0115	中国刑事警察学院	04	侦查学(地方公安)	3	男生	
理科	国家专项	0115	中国刑事警察学院	12	公安情报学(地方公安)	2	男生	
理科	国家专项	0115	中国刑事警察学院	16	刑事科学技术(地方公安)	2	男生	
理科	国家专项	0120	中国人民警察大学	14	警务指挥与战术(地方公安)	7	男生	
理科	国家专项	0120	中国人民警察大学	18	公安政治工作(地方公安)	3	男生	
理科	国家专项	0120	中国人民警察大学	27	数据警务技术(地方公安)	2	男生	
理科	国家专项	0130	铁道警察学院	09	刑事科学技术(铁路公安)	3	男生	
理科	国家专项	0130	铁道警察学院	14	网络安全与执法(铁路公安)	4	男生	
理科	国家专项	0165	南京森林警察学院	02	治安学	3	男生	
理科	国家专项	0165	南京森林警察学院	05	侦查学	2	男生	
理科	专科计划	7290	西藏警官高等专科学校	01	刑事科学技术	6	男生	只招汉族
理科	专科计划	7290	西藏警官高等专科学校	02	网络安全与执法	5	男生	只招汉族
文科	一批线上择优	0110	中国人民公安大学	03	治安学	1	女生	
文科	一批线上择优	0110	中国人民公安大学	04	治安学(警察法学)	1	女生	
文科	一批线上择优	0110	中国人民公安大学	07	侦查学	1	女生	
文科	一批线上择优	0110	中国人民公安大学	10	犯罪学	1	女生	
文科	一批线上择优	0110	中国人民公安大学	12	公安管理学	1	女生	

续表

科类	分类	院校代码	院校名称	专业代码	专业名称	招生计划	性别	备注
文科	一批线上择优	0110	中国人民公安大学	14	涉外警务	1	女生	外语不低于105分
文科	一批线上择优	0110	中国人民公安大学	16	警务指挥与战术	1	女生	
文科	一批线上择优	0110	中国人民公安大学	18	公安政治工作	1	女生	
文科	一批线上择优	0115	中国刑事警察学院	02	侦查学（地方公安）	2	女生	
文科	一批线上择优	0115	中国刑事警察学院	07	经济犯罪侦查（地方公安）	1	女生	
文科	一批线上择优	0115	中国刑事警察学院	08	涉外警务（地方公安）	1	女生	
文科	一批线上择优	0120	中国人民警察大学	02	涉外警务（地方公安）	1	女生	外语不低于105分
文科	一批线上择优	0120	中国人民警察大学	03	警务指挥与战术（地方公安）	1	女生	
文科	一批线上择优	0120	中国人民警察大学	05	公安政治工作（地方公安）	1	女生	
文科	二批线上择优	0130	铁道警察学院	02	治安学（地方公安）（城轨安全与执法）	1	女生	
文科	二批线上择优	0130	铁道警察学院	04	治安学（铁路公安）	2	女生	
文科	二批线上择优	0130	铁道警察学院	07	侦查学（铁路公安）	1	女生	
文科	二批线上择优	0130	铁道警察学院	09	公安管理学（铁路公安）	2	女生	
文科	二批线上择优	0165	南京森林警察学院	04	侦查学	1	女生	
文科	二批线上择优	0165	南京森林警察学院	06	公安管理学	1	女生	
文科	二批线上择优	0165	南京森林警察学院	08	警务指挥与战术（特警）	1	女生	
文科	二批线上择优	6140	河南警察学院	03	治安学	10	女生	
文科	二批线上择优	6140	河南警察学院	04	治安学（公安法制）	7	女生	
文科	二批线上择优	6140	河南警察学院	07	侦查学	9	女生	
文科	二批线上择优	6140	河南警察学院	08	侦查学（反恐怖）	6	女生	
文科	二批线上择优	6140	河南警察学院	10	经济犯罪侦查	6	女生	
文科	二批线上择优	6140	河南警察学院	12	公安管理学	8	女生	
文科	二批线上择优	6140	河南警察学院	14	涉外警务	4	女生	
文科	二批线上择优	6140	河南警察学院	16	警务指挥与战术	6	女生	
文科	专科计划	7290	西藏警官高等专科学校	02	治安管理	1	女生	只招汉族
理科	一批线上择优	0110	中国人民公安大学	02	治安学	1	女生	
理科	一批线上择优	0110	中国人民公安大学	06	侦查学	1	女生	
理科	一批线上择优	0110	中国人民公安大学	09	公安情报学	1	女生	
理科	一批线上择优	0110	中国人民公安大学	12	公安管理学	1	女生	
理科	一批线上择优	0110	中国人民公安大学	15	涉外警务	1	女生	外语不低于105分
理科	一批线上择优	0110	中国人民公安大学	20	刑事科学技术	1	女生	
理科	一批线上择优	0110	中国人民公安大学	24	交通管理工程	1	女生	
理科	一批线上择优	0110	中国人民公安大学	27	安全防范工程	1	女生	
理科	一批线上择优	0110	中国人民公安大学	30	公安视听技术	1	女生	

续表

科类	分类	院校代码	院校名称	专业代码	专业名称	招生计划	性别	备注
理科	一批线上择优	0110	中国人民公安大学	32	网络安全与执法	2	女生	
理科	一批线上择优	0110	中国人民公安大学	36	数据警务技术	1	女生	
理科	一批线上择优	0115	中国刑事警察学院	03	侦查学（地方公安）	1	女生	
理科	一批线上择优	0115	中国刑事警察学院	10	公安情报学（铁路公安）	1	女生	
理科	一批线上择优	0115	中国刑事警察学院	11	公安情报学（地方公安）	2	女生	
理科	一批线上择优	0115	中国刑事警察学院	15	刑事科学技术（地方公安）	3	女生	
理科	一批线上择优	0115	中国刑事警察学院	19	公安视听技术（地方公安）	1	女生	
理科	一批线上择优	0115	中国刑事警察学院	20	网络安全与执法（地方公安）	1	女生	
理科	一批线上择优	0120	中国人民警察大学	08	公安情报学（地方公安）	1	女生	
理科	一批线上择优	0120	中国人民警察大学	10	警务指挥与战术（地方公安）	1	女生	
理科	一批线上择优	0120	中国人民警察大学	15	公安政治工作（地方公安）	1	女生	
理科	一批线上择优	0120	中国人民警察大学	20	移民管理（地方公安）	1	女生	
理科	一批线上择优	0120	中国人民警察大学	23	网络安全与执法（地方公安）	2	女生	
理科	一批线上择优	0120	中国人民警察大学	25	数据警务技术（地方公安）	2	女生	
理科	二批线上择优	0130	铁道警察学院	01	治安学（铁路公安）	1	女生	
理科	二批线上择优	0130	铁道警察学院	04	治安学（地方公安）（城轨安全与执法）	1	女生	
理科	二批线上择优	0130	铁道警察学院	06	侦查学（铁路公安）	1	女生	
理科	二批线上择优	0130	铁道警察学院	07	刑事科学技术（铁路公安）	1	女生	
理科	二批线上择优	0130	铁道警察学院	10	网络安全与执法（地方公安）	1	女生	
理科	二批线上择优	0130	铁道警察学院	12	网络安全与执法（铁路公安）	2	女生	
理科	二批线上择优	0165	南京森林警察学院	03	治安学	1	女生	
理科	二批线上择优	0165	南京森林警察学院	06	侦查学	1	女生	
理科	二批线上择优	0165	南京森林警察学院	09	公安管理学	1	女生	
理科	二批线上择优	0165	南京森林警察学院	11	警务指挥与战术（特警）	1	女生	
理科	二批线上择优	0165	南京森林警察学院	13	刑事科学技术（视听技术）	1	女生	
理科	二批线上择优	6140	河南警察学院	03	治安学	10	女生	
理科	二批线上择优	6140	河南警察学院	04	治安学（公安法制）	7	女生	
理科	二批线上择优	6140	河南警察学院	07	侦查学	9	女生	
理科	二批线上择优	6140	河南警察学院	08	侦查学（反恐怖）	6	女生	
理科	二批线上择优	6140	河南警察学院	10	经济犯罪侦查	6	女生	
理科	二批线上择优	6140	河南警察学院	12	公安管理学	8	女生	
理科	二批线上择优	6140	河南警察学院	14	涉外警务	4	女生	
理科	二批线上择优	6140	河南警察学院	16	警务指挥与战术	6	女生	
理科	二批线上择优	6140	河南警察学院	18	刑事科学技术	26	女生	
理科	二批线上择优	6140	河南警察学院	20	交通管理工程	26	女生	
理科	二批线上择优	6140	河南警察学院	22	网络安全与执法	26	女生	

续表

科类	分类	院校代码	院校名称	专业代码	专业名称	招生计划	性别	备注
理科	国家专项	0110	中国人民公安大学	22	刑事科学技术	1	女生	
理科	国家专项	0110	中国人民公安大学	34	网络安全与执法	1	女生	
理科	国家专项	0115	中国刑事警察学院	05	侦查学（地方公安）	1	女生	
理科	国家专项	0120	中国人民警察大学	13	警务指挥与战术（地方公安）	1	女生	
理科	专科计划	7290	西藏警官高等专科学校	03	网络安全与执法	1	女生	只招汉族

三、关于做好2021年公安普通高等院校招生工作的通知

各省辖市、济源示范区公安局政治部，各省辖市、济源示范区、省直管县（市）招生考试机构，各有关招生院校：

根据《公安部办公厅、教育部办公厅关于做好2021年公安普通高等院校招生工作的通知》（公政治〔2021〕202号）和《河南省教育厅关于做好2021年普通高等学校招生工作的通知》（豫教招办〔2021〕50号）等文件精神，2021年报考中国人民公安大学、中国人民警察大学、中国刑事警察学院、铁道警察学院、南京森林警察学院、云南警官学院（经公安部、教育部批准，为我省培养禁毒学特色优势公安专业人才）、西藏警官高等专科学校（定向招收汉族考生，在西藏就业并在入学后与西藏自治区公安厅签订招录就业协议）和河南警察学院（限公安专业本科，不含非公安专业本科）等8所公安普通高等院校（以下简称"公安院校"）的考生，需参加政治考察、面试、体检和体能测评，合格者方可参加普通高招提前批次录取。结合我省普通高招工作实际及当前新冠疫情防控形势，现就做好2021年公安普通高等院校招生工作有关事项通知如下：

（一）招生来源计划

2021年公安院校公安专业在河南省招生来源计划分别为：

1. 中国人民公安大学163人（男141人、女22人，含国家专项计划男13人、女2人；其中，3人为面向铁路公安机关入警就业计划）。

2. 中国人民警察大学79人（男67人、女12人，含国家专项计划男12人、女1人；其中，9人为面向铁路公安机关入警就业计划）。

3. 中国刑事警察学院95人（男81人、女14人，含国家专项计划男8人、女1人；其中，5人为面向铁路公安机关入警就业计划）。

4. 铁道警察学院93人（男80人、女13人，含国家专项计划男9人；其中，73人为面向铁路公安机关入警就业计划）。

5. 南京森林警察学院57人（男49人、女8人，含国家专项计划男8人；其中，2人为面向海关缉私部门就业计划）。

6. 云南警官学院5人（男5人，公安部、教育部批准的特色优势公安专业，为面向地方公安机关入警就业计划）。

7. 西藏警官高等专科学校18人（男16人、女2人，均为西藏自治区公安机关定向招生计划，毕业后仅可报西藏自治区公安机关招录职位，限招汉族考生）

8. 河南警察学院公安专业1287人（男1097人、女190人）。

（二）报考资格条件

参加2021年全国普通高校招生统一考试的河南（本省户籍）考生，志愿报考公安院校公安专业的，应具备下列资格条件：

1. 具有中华人民共和国国籍；

2. 遵守中华人民共和国宪法和法律；

3. 热爱中国共产党，热爱祖国，热爱人民，热爱中国特色社会主义制度；

4. 志愿从事公安工作，热爱人民公安事业，立志为捍卫国家政治安全和社会稳定刻苦学习、拼搏奉献；

5. 年龄为16周岁以上、22周岁以下(1999年9月1日至2005年8月31日期间出生),未婚;

6. 普通高级中学毕业;

7. 具有良好的思想政治素质和道德品行,符合公安院校公安专业招生政治条件;

8. 具有良好的身体条件和心理素质,符合公安院校公安专业招生面试、体检和体能测评标准。

(三) 填报志愿

6月25日高考成绩和各批次录取控制分数线公布后,达到公安院校对应批次录取控制分数线的考生,需按照省招生办公室规定的时间段和填报要求完成网上填报志愿。考生志愿应填报在提前批本、专科志愿栏,考生志愿以网上最后一次保存的志愿为准,填报时间截止后将无法更改。

网上填报志愿时间为6月26日8:00至28日18:00,网址为河南省招生办公室网(http://www.heao.gov.cn)。

中国人民公安大学、中国人民警察大学、中国刑事警察学院(治安学、禁毒学、警犬技术专业除外)执行本科第一批录取控制分数线;中国刑事警察学院治安学、禁毒学和警犬技术专业,铁道警察学院,南京森林警察学院,云南警官学院,河南警察学院执行本科第二批录取控制分数线;西藏警官高等专科学校执行高职高专批录取控制分数线。

填报公安院校国家专项计划志愿的考生,必须具有河南省26个集中连片特殊困难县和12个国家级扶贫开发重点县当地连续3年以上户籍,其父亲或母亲或法定监护人具有当地户籍,本人具有户籍所在县高中连续3年学籍且实际就读,并通过相应的资格审核认定。河南省26个集中连片特殊困难县:兰考县、栾川县、嵩县、洛宁县、汝阳县、鲁山县、卢氏县、南召县、镇平县、内乡县、淅川县、民权县、宁陵县、柘城县、光山县、新县、商城县、固始县、淮滨县、潢川县、淮阳县、沈丘县、太康县、商水县、郸城县、新蔡县。河南省12个国家级扶贫开发重点县:宜阳县、滑县、封丘县、范县、台前县、社旗县、桐柏县、睢县、虞城县、上蔡县、确山县、平舆县。

录取中合格生源不足的院校,省招生办公室将在网上公布院校及专业缺额情况,符合条件的考生可以按照规定的条件网上填报征集志愿。

在本科提前批志愿中,考生只能从体育、艺术、军事、公安、司法以及其他有特殊招生要求的普通高校中选报其中一类,不得兼报。

(四) 政治考察

凡报考公安院校公安专业的考生,除严格按照河南省教育厅《2021年普通高等学校招生工作规定》中的思想政治品德考核标准进行考核外,还必须由考生户籍所在地公安机关进行政治考察。

1. 政治考察的项目和标准:

参照《公安机关录用人民警察政治考察工作办法》《关于做好公安机关录用人民警察政治考察工作的通知》有关规定执行。

2. 政治考察受理:

6月25日高考成绩公布后,考生在网上填报公安院校公安专业志愿的同时,务必按照报考公安院校政治考察的有关规定,及时到户籍所在地公安派出所申请办理政治考察。具有河南省户籍,在本省异地参加高考的考生,政治考察工作可由考生报考地(现居住地)公安机关向考生户籍所在地公安机关发函,协助、配合做好考生政治考察工作。

填报公安院校公安专业志愿的考生,从6月25日起可以通过河南省招生办公室网(http://www.heao.gov.cn)或河南招生考试信息网(http://www.heao.com.cn)下载并自行打印《河南省2021年公安院校公安专业招生政治考察表》(此表必须用A4纸正反面打印或复印),在政治考察表相关栏目如实完整填写考生基本情况(不得涂改),带身份证、户口本、准考证到户籍所在地公安派出所申请政治考察。公安派出所严格按照表中项目要求进行政治考察,并按照纸质政治考察表项目内容制作电子版政治考察表。纸质政治考察表和电子版政治考察表由公安派出所按要求逐级上报,不得交与考生。

报考公安院校公安专业考生政治考察工作于2021年6月25日至29日进行,原则上于6月29日18:00前结束。为防止个别考生因故未能按期申请政治考察,6月29日省招生办公室网上公布公安院校公安专业考生面试分数线后,省公安厅政治部将把上线考生名单通过公安内网发送至各省辖市公安局政治部,请各地认真对照已经进行政治考察的考生名单,通知尚未进行政治考察的考生务必在6月30日18:00时前申请并完成政治考察。

考生户籍所在地公安派出所应积极主动受理考生政治考察申请,努力做到"只让考生跑一趟",可采取为考生开通绿色通道、上门服务等方式,及时完成考生政治考察工作。

3. 政治考察材料报送:

政治考察由实施的县级公安机关通过网上核查、走访调查、档案审核等方式开展,完成考生的政治考察项目后,在考生纸质政治考察表签字并加盖公章,连同制作的考生电子版政治考察表和政治考察意见汇总名册(制作为Excel表格),于6月30日12:00前上省辖市公安局政治部。《河南省2021年公安院校公安专业招生政治考察意见汇总名册》(用Excel表格制作)。

省辖市公安局政治部应于6月30日16:00前,将考生电子版政治考察表和政治考察意见汇总名册(Excel表格)以电子文件包形式,通过河南公安信息网FTP传输至省公安厅政治部教育训练处(联系电话:0371—65881287、65881382)。

省辖市公安局政治部审核考生纸质政治考察表,在纸质政治考察表相关栏目签字加盖公章并认真核对后,务必于7月3日17:00前报送省公安厅政治部教育训练处。

政治考察不合格的考生,不得参加相关公安院校面试、体检和体能测评。

(五)面试、体检、体能测评

根据公安部、教育部的有关规定,填报公安院校公安专业志愿的考生,按照不低于招生计划数与上线考生人数1:3的比例,从高分到低分划定参加公安院校面试、体检和体能测评的分数线(以下简称"3倍划线")。进入划线范围的考生才有资格参加面试、体检和体能测评。

省招生办公室根据考生志愿,按照3倍划线的要求,向省公安厅政治部、招生院校分别提供参加面试、体检和体能测评的普通志愿及国家专项计划志愿的考生名单,因公牺牲公安民警子女填报河南警察学院志愿的上线考生名单同时提供。省公安厅政治部据此组织面试、体检和体能测评,并向省招生办公室和招生院校分别提供普通志愿和国家专项计划志愿合格考生名单。

省招生办公室于6月29日将公安院校公安专业考生面试、体检、体能测评分数线,通过河南省招生办公室网(http://www.heao.gov.cn)和河南招生考试信息网(http://www.heao.com.cn)向社会公布,请报有该类志愿的考生主动查看,上线考生需携带准考证、身份证按规定的时间和地点参加面试、体检和体能测评。

公安院校面试、体检和体能测评时间为7月1日至7月4日(上午8:00至12:00、下午3:00至6:30)。按照考生高考地所在省辖市安排参加面试、体检和体能测评日程,考生必须严格遵守日程安排中规定的报到日期,提前和逾期均不予受理,考生没能按期参加造成的后果由本人承担。提醒考生注意:一定要认真查看《河南省2021年公安院校面试、体检和体能测评日程安排表》。

公安院校面试、体检和体能测评地点设在河南警察学院(地址:郑州市郑东新区龙子湖高校园区龙子湖东路1号),分设公安部所属院校(中国人民公安大学、中国人民警察大学、中国刑事警察学院、铁道警察学院、南京森林警察学院、云南警官学院、西藏警官高等专科学校)和河南警察学院两个考生报名工作区域。

1. 面试:

面试主要从报考动机、思想意识、思维表达能力、身体条件等方面,辨识考生是否适合接受公安院校教育和从事公安工作。

面试实行单项淘汰,考生出现一项不合格项目后,不再继续进行其他项目。《河南省2021年公安院校公安专业招生面试表》。

面试现场实行全程录像。

2. 体检:

体检的项目和标准,参照《公务员录用体检通用标准(试行)》(人社部发〔2016〕140号)、《公务员录用体检特殊标准(试行)》(人社部发〔2010〕82号)的有关规定执行。同时,还应符合下列条件:

(1)身高:男性170厘米及以上,女性160厘米及以上。

(2)体重:男性体重指数(单位:千克/米2)在17.3至27.3之间(含本数,计算时四舍五入保留小数点后一位,下同),女性在17.1至25.7之间。

(3)视力:任何一眼裸眼视力均为4.8及以上。

(4)色觉:无色盲,无色弱。

(5)外观:无少白头,无胸廓畸形,无脊柱侧弯、驼背,膝内翻股骨内髁间距离和膝外翻胫骨内髁间距离不超过7厘米,无足底弓完全消失的扁平足,身体无影响功能的瘢痕,面颈部无瘢痕,无下肢静脉曲张,无腋臭,共同性内、外斜视不超过15度,无唇、腭裂或唇裂术后有明显瘢痕。

对考生身高、体重、外观、血压、视力、色觉、听力和嗅觉等重点项目,由体检医师严格按照有关操作规范进行现场检查。体检实行单项淘汰,考生出现一项不合格项目后,不再继续进行其他项目。《河南省2021年公安院校公安专业招生体检表》。

体检现场实行全程录像。

提醒考生特别注意:考生在网上填报公安院校公安专业志愿的同时,务必要通过河南省招生办公室网(http://www.heao.gov.cn)或河南招生考试信息网(http://www.heao.com.cn)下载并自行打印《河南省2021年公安院校公安专业招生考生本人患病经历申报表》(此表必须用A4纸正反面打印成一张),由考生本人提前据实填写表中项目,并在考生承诺栏签名,在考生参加体检报名时提交给报名点工作人员。考生承诺不实的,由本人承担一切后果。

在对考生承诺的患病经历和有关情况,省招生办公室提供的考生高考招生体检表相关内容,以及考生现场体检情况进行审核的基础上,由主检医师综合做出体检意见。

3. 体能测评:

体能测评的项目和标准,按照《国家学生体质健康标准(2014年修订)》的有关规定执行,具体如下:

(1)50米跑。可测次数:1次,合格标准:男性≤9.2秒,女性≤10.4秒;

(2)立定跳远。可测次数:3次,合格标准:男性≥2.05米,女性≥1.5米;

(3)1000米跑(男)/800米跑(女)。可测次数:1次,合格标准:男性≤4分35秒,女性≤4分36秒;

(4)引体向上(男)/仰卧起坐(女)。可测次数:1次,合格标准:男性≥9次/分钟,女性≥25次/分钟。

以上4个项目应当全部进行测评。其中,有3个及以上达标的,体能测评结论为合格。《河南省2021年公安院校公安专业招生体能测评表》。

体能测评使用全自动高速体能测评摄录系统,实行全程录像。

(六)疫情防控管理

今年我省公安院校招生规模大、人数多、人员聚集度相对较高,按照疫情防控常态化和属地管理的要求,为确保广大考生和涉考工作人员的生命安全和身体健康,统筹做好考生面试、体检和体能测评期间的疫情防控工作至关重要。

1. 对考生的基本要求

有意向报考提前批公安院校公安专业的考生,普通高招统一考试结束后至公安院校招生面试、体检、体能测评结束前,原则上不允许到中高风险地区旅行,尽量不离开河南省境内。确因特殊原因需离开河南的,要及时向当地社区(或村委会)报告情况,按照属地管理要求,配合居住地做好疫情防控事项。

2. 对考生的健康监测

有意向报考提前批公安院校公安专业的考生,参加面试、体检、体能测评前,应提前进行连续14天的健康监测。考生必须用本人手机在支付宝或微信APP上注册健康码,于高考结束后通过健康码每日申报健康情况及行动轨迹。来郑州时要自行下载打印并如实填写《河南省2021年公安院校公安专业招生考生本人疫情防控承诺表》(以下简称"疫情防控承诺表")。考生到河南警察学院报到并通过安检通道时,必须使用本人手机扫描二维码,验证14天内健康情况及行动轨迹,主动出示疫情防控承诺表,体温检测正常的方可进入校园。若考生高考后有中高风险地区旅居史、有与中高风险地区人员接触史、未按照要求完成14天健康情况和行动轨迹监测、健康码颜色异常或体温检测异常的,需同时出示考生本人3天内核酸阴性检测报告单方可进入校园。

3. 对身体状况异常考生的要求

考生在参加公安院校测评前14天内出现发热、干咳、乏力、鼻塞、流涕、咽痛、腹泻等症状的,应及时在当地医院就医,按规定做核酸检测,并依据医生对考生身体状况的诊断,评估能否参加公安院校体能测评等剧烈运动。若因身体健康不适合原因,本着对考生本人健康和安全的考虑,建议考生主动放弃报考的公安院校志愿。

4. 对涉考工作人员的要求

参加考务工作的所有工作人员,必须按照疫情防控属地管理要求,做好工作前 14 天的健康监测和疫情筛查,严格落实"日报告"、"零报告"制度,把常态化疫情防控措施落实到位。

5. 招生场地封闭管理要求

公安院校面试、体检、体能测评期间,河南警察学院校园实行封闭管理,考生家长等陪考人员及车辆一律不得进入校园。考生和考试工作人员需凭有效证件经疫情防控查验后,才能进入指定区域。招生工作场地要设置警戒区域,最大限度减少人员聚集。招生场所要配齐配足防疫物资,做到规范消毒,做好降温和通风,并设置隔离区域和备用隔离考场。

(七) 综合结论建档

报考公安院校公安专业考生的政治考察、面试、体检和体能测评综合结论分为合格和不合格两种。考生参加报考院校所需的政治考察、面试、体检和体能测评结论有一项不合格的,综合结论为不合格,不得录取为公安院校公安专业学生。

政治考察、面试、体检和体能测评综合结论合格的考生信息,经省公安厅招生工作领导小组审定后,于 7 月 6 日前报省招生办公室,由省招生办公室扫描录入考生电子档案,并向社会予以公示,同时将合格考生名单提供给各有关招生院校。《河南省 2021 年公安院校公安专业政治考察、面试、体检和体能测评综合结论表》。

政治考察、面试、体检和体能测评时间不延期,考生如未按照规定的时间到达规定的地点参加报考院校所需政治考察、面试、体检和体能测评的,一律视为自动放弃志愿。

(八) 录取

1. 公安院校公安专业实行远程网上录取的方式,安排在本科提前批进行。公安院校公安专业国家专项计划及西藏警官高等专科学校同时安排在本科提前批投档录取。招生录取工作要坚持"择优录取"的原则,确保生源质量。

2. 录取期间,省公安厅招生工作领导小组办公室选派联络员,在录取现场协助省招生办公室做好公安院校录取工作,并会同省招生办公室将录取工作日程安排和相关要求通知有关招生院校。

3. 省招生办公室根据考生志愿,在政治考察、面试、体检和体能测评综合结论合格的考生中,按照高考成绩从高到低的顺序,根据学校招生计划数的 120% 投放档案,二志愿投档分数线不得低于划定的该院校面试分数线,由招生院校审查录取。

4. 公安英烈和一级至四级因公伤残公安民警子女保送生,经公安部、教育部批准,由省招生办公室直接办理录取手续。

5. 烈士子女在报考公安院校时,可在统考成绩总分基础上加 20 分投档,由学校审查决定是否录取。

6. 因公牺牲公安民警子女报考河南警察学院,综合结论合格考生由该院单列计划在本科提前批录取;因公牺牲公安民警子女报考其他公安院校,在与其他考生同等条件下由招生院校优先录取。公安民警子女报考河南警察学院,在分数相同条件下优先录取。

7. 各公安院校远程网上录取,应按照规定时间完成各环节工作,对无故拒绝联系或故意拖延时间的高等学校,省招生办公室可根据所发出的考生电子档案,按照学校计划数及录取规则依高分到低分顺序将考生电子档案设置为预录取状态,并立即书面通知有关高校,同时将有关情况上报教育部。

8. 各招生院校根据省招生办公室核准的录取考生名册填写录取通知书,加盖本校校章后直接寄送被录取考生。

9. 被公安院校公安专业录取考生的政治考察、面试、体检和体能测评材料,由省公安厅招生领导小组办公室在学生录取后 1 个月内送相关公安院校存入学生档案。

(九) 入学复查

各公安院校要在公安专业新生入学 1 个月内,按照有关规定,开展报考资格复审、生源地复核、政治考察复核、档案复审和体检复检等复审复查工作。复审复查合格的,予以注册学籍;不合格的,取消入学资格。复审复查工作有关情况应及时通报省公安厅政治部和省招生办公室,做好被取消入学资格学生的后续相关工作,并及时核查问题,严肃追究责任。取消入学资格考生档案,由招生院校退回考生所在县(市、区)招生办公室。

(十)相关事项

1. 根据公安部、教育部的有关规定要求,成立省公安厅招生工作领导小组,在省招生工作委员会的统一领导下,具体负责公安院校招生政治考察、面试、体检和体能测评的组织、巡视、检查、指导,接受社会举报,必要时对考生复查。

2. 公安院校招生要深入实施"阳光工程",坚持公开、公平、公正、择优的原则,主动接受考生、家长和社会的监督;牢固树立"安全第一"的意识,全面落实疫情防控和招生安全责任制,统筹保障人员安全、场地设备安全、数据信息安全。

3. 在公安院校招生工作中,有关工作人员应严格遵守招生纪律,防止和抵制不正之风,在省公安厅招生工作领导小组、省招生办公室审查和招生学校复查中如发现徇私舞弊等违纪行为,将依据有关规定严肃处理,追究主管领导和直接责任人的责任,同时取消舞弊考生的入学资格。

4. 考生不按规定要求按时参加政治考察、面试、体检、体能测评或携带手续不全影响政治考察、面试、体检、体能测评者,责任自负。

设立举报中心。省公安厅政治部举报电话:0371-65881382,省招生办公室举报电话:0371-55610639。

河南省公安厅政治部　河南省招生办公室
2021 年 6 月 15 日

四、2021 年公安专业面试、体检、体能测评控制分数线(见表 1-15,表 1-16)

【编者按】公安专业面试、体检、体能测试控制分数线不是最终的录取分数线,而是报考公安专业的考生入围面试、体检、体能测试的最低分数线,<u>一般情况下入围比例为招生计划的 3 倍或以上,面试、体检、体能测试控制分数线和最终的录取分数线可能会有不小的差距。</u>

表 1-15　公安院校 2021 年在河南省招收公安专业面试、体检、体能测评控制分数线

院校代码	院校名称	科类	男	女
0110	中国人民公安大学	文科	559	619
0110	中国人民公安大学	理科	580	611
0120	中国人民警察大学	文科	571	600
0120	中国人民警察大学	理科	548	578
0115	中国刑事警察学院	文科	500	600
0115	中国刑事警察学院	理科	510	582
0130	铁道警察学院	文科	529	574
0130	铁道警察学院	理科	509	548
0165	南京森林警察学院	文科	552	562
0165	南京森林警察学院	理科	517	560
5550	云南警官学院	文科	514	—
5550	云南警官学院	理科	477	—
6140	河南警察学院	文科	473	571
6140	河南警察学院	理科	503	542
7290	西藏警官高等专科学校	文科	472	458
7290	西藏警官高等专科学校	理科	391	413

表1-16 公安院校2021年在河南省招收国家专项计划面试、体检、体能测评控制分数线

院校代码	院校名称	科类	男	女
0110	中国人民公安大学	理科	540	571
0120	中国人民警察大学	理科	533	555
0115	中国刑事警察学院	文科	486	—
0115	中国刑事警察学院	理科	543	596
0130	铁道警察学院	文科	479	—
0130	铁道警察学院	理科	491	—
0165	南京森林警察学院	文科	494	—
0165	南京森林警察学院	理科	509	—

第十三节 司法类招生

一、司法类体检、体测标准

(一)司法类提前录取专业体检要求

凡志愿报考西南政法大学、中南财经政法大学、华东政法学院(【编者按】现华东政法大学)、西北政法学院(【编者按】现西北政法大学)、中央司法警官学院和河南司法警官职业学院等司法类院校提前录取专业的考生必须符合下列身体条件:

1. 五官端正、体形匀称,无各种残疾;
2. 裸眼视力任何一眼不低于4.7,河南司法警官职业学院要求双眼裸眼视力均不低于4.8;
3. 云南、贵州、四川、重庆、广东、广西、海南、江西八省(区)的男性考生身高应在1.68米以上,女性考生身高应在1.58米以上;其他各省份的考生,男性考生身高应在1.70米以上,女性考生身高应在1.60米以上;
4. 男性考生体重不低于50公斤,女性考生体重不低于45公斤,身体匀称;
5. 中央司法警官学院和河南司法警官职业学院体能测试均应合格。体能测试项目及合格标准见学校网站或河南招生考试信息网。

考生身体状况方面有下列情形之一的,不予录取:

1. 严重心脏病、心肌病、高血压病;
2. 重症支气管扩张、哮喘,恶性肿瘤、慢性肾炎、尿毒症;
3. 严重的血液、内分泌及代谢系统疾病、风湿性疾病;
4. 重症或难治性癫痫或其他神经系统疾病;严重精神病未治愈、精神活性物质滥用和依赖;
5. 结核病除下列情况外不予录取:
   (1)原发型肺结核、浸润型肺结核已硬结稳定;结核型胸膜炎已治愈或治愈后遗有胸膜肥厚者;
   (2)一切肺外结核(肾结核、骨结核、腹膜结核等等)、血行性播散型肺结核治愈后一年以上未复发,经二级以上医院(或结核病防治所)专科检查无变化者;
   (3)淋巴腺结核已临床治愈无症状者。
6. 色盲色弱;
7. 不能准确识别红、黄、绿、蓝、紫各种颜色中任何一种颜色的导线、按键、信号灯、几何图形者;
8. 主要脏器:肺、肝、肾、脾、胃肠等动过较大手术,曾患有心肌炎、胃十二指肠溃疡、慢性支气管炎、风湿性关节炎等病史,甲状腺机能亢进的;

9. 先天性心脏病或房室间隔缺损分流量少,动脉导管未闭反流量少者;

10. 两耳听力均在3米以内,或一耳听力在5米以内另一耳全聋的;

11. 面部有明显缺陷(如唇裂、对眼、斜眼、斜颈、各种疤痕等);嗅觉迟钝、口吃、鸡胸、腋臭、血管瘤、黑色素痣、白癜风、严重静脉曲张,明显八字步、罗圈腿、步态异常,重度平趾足(平板脚),纹身、驼背;

12. 直系亲属有精神病史的;

13. 有传染病的,肝功化验指标不在正常范围内。

(二)2021年司法类体检、体能测试标准

1. 西南政法大学、中南财经政法大学、华东政法大学、西北政法大学本科提前批司法专业不单独组织面试和体能测试,体检参照普通高考体检结果,具体标准参照国家规定执行。

2. 中央司法警官学院体检和体能测试项目及合格标准:

(1)体检合格标准:

男性身高不低于170厘米,女性身高不低于160厘米;男性体重不低于50千克,女性体重不低于45千克;双侧裸视力均不低于4.7,无色盲、色弱;五官端正,体型匀称,无各种残疾;两耳听力均超过3米;面部无明显缺陷(如唇裂、对眼、斜眼、斜颈、各种疤麻等),无嗅觉迟钝、口吃、鸡胸、腋臭、血管瘤、黑色素痣、白癜风、严重静脉曲张,无明显八字步、罗圈腿、步态异常,无重度平跄足(平脚板);无纹身、驼背;无严重心脏病、心肌病、高血压病、恶性肿瘤、尿毒症等严重疾病,无传染病,直系亲属无精神病史。

(2)体能测试合格标准见表1-17。

表1-17 体能测试合格标准

性别	测试项目	合格标准
男子	50米	7"1以内(含7"1)
	俯卧撑	10秒内完成6次以上(含6次)
	立定跳远	2.3米以上(含2.3米)
女子	50米	8"6以内(含8"6)
	仰卧起坐	10秒内完成5次以上(含5次)
	立定跳远	1.6米以上(含1.6米)

备注:3项测试项目中有2项及以上达标的,体能测试结论为合格

3. 河南司法警官职业学院体检和体能测试项目及合格标准:

(1)体检合格标准:

参照公安机关录用人民警察的有关规定执行,详见《公务员录用体检通用标准(试行)》(人社部发〔2016〕140号)、《公务员录用体检特殊标准(试行)》(人社部发〔2010〕82号)。同时,还应符合下列条件:

①身高:男性170厘米及以上,女性160厘米及以上。

②体重:男性体重指数(单位:千克/米2)在17.3至27.3之间,女性在17.1至25.7之间。

③视力:单侧裸眼视力4.8及以上。

④色觉:无色盲、色弱。

(2)体能测试合格标准见表1-18。

表1-18 体能测试合格标准

性别	测试项目	合格标准
男子	50米	9"2以内(含9"2)
	1000米	435"以内(含435")
	引体向上	1分钟以内完成9次以上(含9次)
	立定跳远	2.05米以上(含2.05米)

续表

性别	测试项目	合格标准
女子	50米	10"4以内(含10"4)
	800米	4'36"以内(含4'36")
	仰卧起坐	1分钟内完成25次以上(含25次)
	立定跳远	1.5米以上(含1.5米)

备注：4项测试项目中有3项及以上达标的，体能测评结论为合格

二、2021年在河南省招生的司法院校及专业（男生、女生招生计划单独汇总）

2021年共有2所司法高校和4所政法高校的司法专业在河南招生，投放招生计划共326人，其中理科男生计划招生156人，文科男生计划招生143人，理科女生计划招生12人，文科女生计划招生15人，具体招生计划见表1-19。

表1-19 2021年在河南省招生的司法院校及专业（男生、女生招生计划单独汇总）

科类	分类	院校代码	院校名称	专业代码	专业名称	招生计划	性别
文科	一批线上择优	1205	中南财经政法大学	30	公安学类	3	男生
文科	一批线上择优	1810	华东政法大学	11	侦查学（刑事调查）	2	男生
文科	一批线上择优	1810	华东政法大学	12	侦查学（经济犯罪治理）	1	男生
文科	一批线上择优	2030	西南政法大学	10	公安学类	4	男生
文科	二批线上择优	0160	中央司法警官学院	01	监狱学（矫正教育方向）	1	男生
文科	二批线上择优	0160	中央司法警官学院	02	监狱学（心理矫治方向）	1	男生
文科	二批线上择优	0160	中央司法警官学院	03	监狱学（政治工作方向）	3	男生
文科	二批线上择优	0160	中央司法警官学院	05	监狱学（劳动改造方向）	3	男生
文科	二批线上择优	0160	中央司法警官学院	06	监狱学	1	男生
文科	二批线上择优	0160	中央司法警官学院	11	侦查学（狱内侦查方向）	5	男生
文科	国家专项二批线上择优	0160	中央司法警官学院	04	监狱学（政治工作方向）	1	男生
文科	国家专项二批线上择优	0160	中央司法警官学院	10	侦查学（狱内侦查方向）	3	男生
文科	专科计划	6263	河南司法警官职业学院	11	刑事执行	48	男生
文科	专科计划	6263	河南司法警官职业学院	13	行政执行	18	男生
文科	专科计划	6263	河南司法警官职业学院	15	刑事侦查技术	23	男生
文科	专科计划	6263	河南司法警官职业学院	17	罪犯心理测量与矫正技术	26	男生
理科	一批线上择优	1205	中南财经政法大学	34	公安学类	9	男生
理科	一批线上择优	1810	华东政法大学	12	侦查学（刑事调查）	3	男生
理科	一批线上择优	1810	华东政法大学	13	侦查学（经济犯罪治理）	3	男生
理科	一批线上择优	2030	西南政法大学	09	公安学类	4	男生
理科	一批线上择优	2115	西北政法大学	09	刑事科学技术	1	男生
理科	二批线上择优	0160	中央司法警官学院	02	监狱学（心理矫治方向）	1	男生
理科	二批线上择优	0160	中央司法警官学院	03	监狱学（矫正教育方向）	1	男生

续表

科类	分类	院校代码	院校名称	专业代码	专业名称	招生计划	性别
理科	二批线上择优	0160	中央司法警官学院	04	监狱学(劳动改造方向)	3	男生
理科	二批线上择优	0160	中央司法警官学院	05	监狱学	1	男生
理科	二批线上择优	0160	中央司法警官学院	06	监狱学(政治工作方向)	3	男生
理科	二批线上择优	0160	中央司法警官学院	10	侦查学(狱内侦查方向)	8	男生
理科	国家专项二批线上择优	0160	中央司法警官学院	01	监狱学(政治工作方向)	1	男生
理科	国家专项二批线上择优	0160	中央司法警官学院	09	侦查学(狱内侦查方向)	4	男生
理科	专科计划	6263	河南司法警官职业学院	11	刑事执行	49	男生
理科	专科计划	6263	河南司法警官职业学院	13	行政执行	17	男生
理科	专科计划	6263	河南司法警官职业学院	15	刑事侦查技术	22	男生
理科	专科计划	6263	河南司法警官职业学院	17	罪犯心理测量与矫正技术	26	男生
文科	一批线上择优	1205	中南财经政法大学	31	公安学类	1	女生
文科	一批线上择优	1810	华东政法大学	13	侦查学(经济犯罪治理)	1	女生
文科	一批线上择优	2030	西南政法大学	11	公安学类	1	女生
文科	二批线上择优	0160	中央司法警官学院	07	监狱学(劳动改造方向)	1	女生
文科	二批线上择优	0160	中央司法警官学院	08	监狱学(政治工作方向)	1	女生
文科	二批线上择优	0160	中央司法警官学院	09	监狱学(矫正教育方向)	1	女生
文科	二批线上择优	0160	中央司法警官学院	12	侦查学(狱内侦查方向)	2	女生
文科	专科计划	6263	河南司法警官职业学院	12	刑事执行	3	女生
文科	专科计划	6263	河南司法警官职业学院	14	行政执行	1	女生
文科	专科计划	6263	河南司法警官职业学院	16	刑事侦查技术	1	女生
文科	专科计划	6263	河南司法警官职业学院	18	罪犯心理测量与矫正技术	2	女生
理科	一批线上择优	1205	中南财经政法大学	35	公安学类	2	女生
理科	二批线上择优	0160	中央司法警官学院	07	监狱学(劳动改造方向)	1	女生
理科	二批线上择优	0160	中央司法警官学院	08	监狱学(政治工作方向)	1	女生
理科	二批线上择优	0160	中央司法警官学院	11	侦查学(狱内侦查方向)	2	女生
理科	国家专项二批线上择优	0160	中央司法警官学院	12	侦查学(狱内侦查方向)	1	女生
理科	专科计划	6263	河南司法警官职业学院	12	刑事执行	2	女生
理科	专科计划	6263	河南司法警官职业学院	14	行政执行	1	女生
理科	专科计划	6263	河南司法警官职业学院	16	刑事侦查技术	1	女生
理科	专科计划	6263	河南司法警官职业学院	18	罪犯心理测量与矫正技术	1	女生

三、河南省招生办公室提醒考生关注2021年部分司法类院校提前批次录取专业招生工作有关事项

根据河南省司法厅、河南省公安厅、河南省招生办公室发布《关于做好2021年部分司法类院校提前批次录取专业招生工作的通知》相关要求,省招办提醒2021年有意向报考中央司法警官学院和河南司法警官职业学院提前批次录取专业的考生,及时关注以下事项。

1. 填报志愿。6月25日高考成绩和各批次录取控制分数线公布后,达到司法院校对应批次录取控制分数线的考生,需按照规定的时间段和填报要求完成网上填报志愿。网上填报志愿时间为6月26日8:00至28日18:00,网址为河南省招生办公室官网(http://www.heao.gov.cn)。

2. 政治考察。考生在网上填报司法院校提前批次录取专业志愿的同时,务必按照报考司法院校政治考察的有关规定于2021年6月26日至30日到户籍所在地公安派出所办理政治考察。

3. 面试、体检、体能测评。省招办将于6月29日通过河南省招生办公室官网(http://www.heao.gov.cn)和河南招生考试信息网(http://www.heao.com.cn),向社会公布中央司法警官学院和河南司法警官职业学院提前批次录取专业考生面试、体检、体能测评分数线。上线考生需携带准考证、身份证及政治考察表按规定的时间和地点参加面试、体检和体能测评。具体时间为7月1日至7月2日(每日8:00—18:00),地点设在河南司法警官职业学院(地址:河南省郑州市郑东新区金水东路与明理路交叉口向东50米路北)。

4. 疫情防控。有意向报考提前批司法院校专业的考生,应提前自行下载打印并如实填写《河南省2021年本科提前批次司法类院校招生考生本人疫情防控承诺书》(见《关于做好2021年部分司法类院校提前批次录取专业招生工作的通知》附件4),考生到达面试、体检和体能测试地点时,须接受健康码查验及体温测量,并主动提交疫情防控承诺表。若考生高考后有中高风险地区旅居史、有与中高风险地区人员接触史、健康码颜色异常或体温检测异常的,需出示本人7天内核酸阴性检测报告单方可进入测试现场。考生进入现场后,要服从管理,按要求佩戴口罩,注意保持距离,做好防范工作。

其他具体要求可自行登录河南司法警官职业学院官网(http://www.hnsfjy.net/info/1064/1398.htm)查看《关于做好2021年部分司法类院校提前批次录取专业招生工作的通知》(豫司文〔2021〕71号)。

四、部分司法类院校2021年在河南省招收提前批次录取专业面试、体检和体能测试控制分数线(见表1-20,表1-21)

【编者按】部分司法类院校2021年在河南省招收提前批次录取专业面试、体检和体能测试控制分数线不是最终的录取分数线,而是报考部分司法类院校的考生入围面试、体检和体能测试的最低分数线,入围比例为招生计划的4倍或以上,面试、体检和体能测试控制分数线和最终的录取分数线可能会有不小的差距。

表1-20　部分司法类院校2021年在河南省招收提前批次录取专业面试、体检和体能测试控制分数线

代码	学校	科类	男生	女生
0160	中央司法警官学院	文科	510	568
0160	中央司法警官学院	理科	495	540
6263	河南司法警官职业学院	文科	259	484
6263	河南司法警官职业学院	理科	277	480

表1-21　中央司法警官学院2021年在河南省招收提前批次录取专业国家专项计划面试、体检和体能测试控制分数线

代码	学校	科类	男生	女生
0160	中央司法警官学院	文科	474	—
0160	中央司法警官学院	理科	471	501

第十四节　公费师范生招生

一、国家公费师范生、国家优师专项师范生政策

(一)教育部直属师范大学师范生公费教育实施办法

教育部直属师范大学师范生公费教育实施办法
教育部　财政部　人力资源社会保障部　中央编办

第一章　总　则

第一条　为贯彻落实《中共中央国务院关于全面深化新时代教师队伍建设改革的意见》，建立健全师范生公费教育制度，吸引优秀人才从教，培养大批有理想信念、有道德情操、有扎实学识、有仁爱之心的"四有"好教师，进一步形成尊师重教的浓厚氛围，特制定本办法。

第二条　本办法所称师范生公费教育是指国家在北京师范大学、华东师范大学、东北师范大学、华中师范大学、陕西师范大学和西南大学六所教育部直属师范大学（以下简称部属师范大学）面向师范专业本科生实行的，由中央财政承担其在校期间学费、住宿费并给予生活费补助的培养管理制度。

第三条　接受师范生公费教育的学生（以下称公费师范生）由部属师范大学按照《师范生公费教育协议》进行教育培养，在校学习期间和毕业后须按照有关协议约定，履行相应的责任和义务。

第二章　选拔录取

第四条　教育部根据各地中小学教师队伍建设实际需要和部属师范大学培养能力，统筹制定每年公费师范生招生计划，确定分专业招生数量，确保招生培养与教师岗位需求有效衔接。

第五条　部属师范大学招收公费师范生实行提前批次录取，重点考察学生的综合素质、职业倾向和从教潜质，择优选拔乐教、适教的优秀高中毕业生加入公费师范生队伍。各地、各部属师范大学要加大政策宣传和引导力度，通过发放招生简章、开展政策宣讲等多种方式，为高中毕业生报考公费师范生营造良好环境。

第六条　部属师范大学根据国家相关政策，制定在校期间公费师范生进入、退出的具体办法。有志从教并符合条件的非师范专业优秀学生，在入学2年内，可在教育部和学校核定的公费师范生招生计划内转入师范专业，签订协议并由所在学校按相关标准返还学费、住宿费，补发生活费补助。公费师范生可按照所在学校规定的办法和程序，在师范专业范围内进行二次专业选择。录取后经考察不适合从教的公费师范生，在入学1年内，按照规定退还已享受的学费、住宿费和生活费补助，并由所在学校根据当年高考成绩将其调整到符合录取条件的非师范专业。

第三章　履约任教

第七条　公费师范生、部属师范大学和生源所在省份省级教育行政部门签订《师范生公费教育协议》，明确三方权利和义务。公费师范生毕业后一般回生源所在省份中小学任教，并承诺从事中小学教育工作6年以上。到城镇学校工作的公费师范生，应到农村义务教育学校任教服务至少1年。国家鼓励公费师范生长期从教、终身从教。

第八条　公费师范生由于志愿到中西部边远贫困和少数民族地区任教等特殊原因不能回生源所在省份任教的，应届毕业前可申请跨省就业，经所在学校、生源所在省份和接收省份省级教育行政部门审核同意后，按有关规定程序办理跨省就业手续。

第九条　各地要统筹规划，做好接收公费师范生就业的各项工作。省级教育行政部门会同人力资源社会保障部门按照事业单位新进人员实行公开招聘制度的要求，负责组织用人学校与公费师范生在需求岗位范围内进行专项招聘，通过双向选择等方式切实为每位毕业的公费师范生落实任教学校和岗位。

第十条　公费师范生要严格履行协议，未按协议从事中小学教育工作的，须退还已享受的公费教育费

用并缴纳违约金。违约退缴资金由省级教育行政部门负责收缴、管理、使用,要专款专用,主要用于公费师范生人事招聘、履约管理、表彰奖励等相关工作。教育部要会同相关部门制定公费师范生履约管理具体办法等相关政策。省级教育行政部门要建立健全公费师范生履约动态跟踪管理机制,建立公费师范生诚信档案。

【编者按】违约金:毕业后未按本协议从事中小学教育工作者的,应在违约处理决定公布后1个月内,一次性向丙方退还所享受的公费教育费用,并缴纳该费用50%的违约金;超过时限须按每天1‰的比例支付滞纳金。

第十一条　公费师范生因生病、应征入伍等原因不能履行协议的,须提出中止协议申请,经省级教育行政部门同意后,暂缓履约。待情况允许后,经省级教育行政部门核实后可继续履行协议。公费师范生如确因身体原因需终止协议的,按协议约定解除协议。除特殊原因办理休学无法正常毕业等情形以外,公费师范生未按规定时间取得相应学历学位证书和教师资格证书的,按违约处理。

第十二条　公费师范生按协议履约任教满一学期后,可免试攻读非全日制教育硕士专业学位。公费师范生本人向本科就读的部属师范大学提出申请,经任教学校考核合格并批准,部属师范大学根据任教学校工作考核结果、本科学习成绩等进行综合考核后,录取为非全日制硕士研究生,以非全日制形式学习专业课程。任教考核合格并通过论文答辩的,授予相应的学历、学位证书。

除上述情形以外,公费师范生在协议规定服务期内不得报考研究生。

第十三条　公费师范生在协议规定服务期内,经省级教育行政部门同意,可在学校间流动或从事教育管理工作。

第十四条　公费师范生在报考、学习、转专业、就业、读研、任教等环节有弄虚作假或其他违规、违纪行为的,依据有关规定处理。

第四章　激励措施

第十五条　国家根据经济发展水平和财力状况,对公费师范生的生活费补助标准进行动态调整。优秀公费师范生可享受其他非义务性奖学金。鼓励设立公费师范生专项奖学金。支持部属师范大学遴选优秀公费师范生参加国内外交流学习、教学技能比赛等活动。

第十六条　各地要将公费师范生履约任教后的在职培训纳入中小学教师国家级培训计划,落实五年一周期的教师全员培训制度,支持公费师范生专业发展和终身成长。

第十七条　各地要落实乡村教师生活补助、艰苦边远地区津贴等优惠政策,吸引公费师范生毕业后到农村中小学任教。各地和农村学校要为公费师范生到农村任教提供办公场所、周转宿舍等必要的工作生活条件。

第十八条　要把培养优秀中小学教师的工作成效作为评价部属师范大学办学水平的关键指标。对在实施师范生公费教育工作中做出积极贡献的部属师范大学给予政策倾斜,进一步加大对师范专业的支持力度。

第五章　条件保障

第十九条　各地要加强组织领导和制度保障,按照建立"动态调整、周转使用"的事业编制省内统筹调剂使用制度有关要求,通过优先利用空编接收等办法,在现有事业编制总量内,妥善解决公费师范生到中小学任教所需编制。

第二十条　各地、各部门和各有关学校要切实加强协调,建立分工明确的责任管理体系。教育部门牵头负责公费师范生招生培养、就业指导、落实岗位、办理派遣、履约管理等工作;人力资源社会保障部门负责落实公费师范生专项招聘政策等工作;机构编制部门负责在核定的中小学教职工编制总量内落实公费师范生到中小学任教的编制;财政部门负责落实相关经费保障。

第二十一条　各地、各部属师范大学要构建地方政府、中小学校与高校共同培养公费师范生的机制,遴选一批县(区)建设教师教育改革创新实验区,公费师范生主要到实验区中小学进行教育实习。推进部属师范大学统筹各类资源,建设国家教师教育基地,打造公费师范生教育教学技能实训平台,探索优秀教师培养新模式,集中最优质的资源用于公费师范生培养,全面提高公费师范生培养质量。

第二十二条　部属师范大学要根据基础教育发展和课程改革的要求,加强公费师范生师德教育,引导公费师范生树立先进的教育理念,热爱教育事业,坚定长期从教的职业理想,为将来成为优秀教师和教育专家打下牢固根基。要精心制订教育培养方案,实行"双导师"制度,安排中小学名师、高校高水平教师给公费师范生授课。强化实践教学环节,落实公费师范生在校期间教育实践时间累计不少于一个学期的制度。

第二十三条　各地要采取措施,积极引导社会团体、企事业单位、民间组织出资奖励,对毕业后长期从事中小学教育的公费师范生给予鼓励和支持。地方各级教育、机构编制、人力资源社会保障、财政部门应根据本办法,制定实施细则,把师范生公费教育各环节各方面的工作抓紧抓实抓好。

第二十四条　国家发挥部属师范大学师范生公费教育的示范引领作用,建立健全师范生公费教育政策体系。各地可探索免费培养、到岗退费、学费补偿和国家助学贷款代偿等多种方式,开展地方师范生公费教育,具体办法由省级人民政府制定,所需经费由地方财政统筹落实。

第二十五条　各级教育督导部门要将师范生公费教育工作纳入督导内容,加强督导检查并通报督导情况。教育部会同相关部门按照国家有关规定,对师范生公费教育工作成绩突出的单位予以表彰,并及时总结推广成功经验。

第六章　附则

第二十六条　本办法适用于签订《师范生公费教育协议》的公费师范生。原签订《师范生免费教育协议》且正在履约任教的免费师范生,一律依照公费师范生政策管理,相关各方权利和义务以签订补充协议的方式予以明确;违反《师范生免费教育协议》或已经按照规定程序解除协议的,不适用本办法。

第二十七条　本办法自印发之日起施行。

(二)国家优师专项计划政策解读

1.国家优师专项计划实行单列志愿、单独划线,在本科提前批次录取。

2.国家优师专项师范生在录取后、获得入学通知书前,须与培养学校和生源所在省份省级教育行政部门、乡村振兴工作部门签订协议。对拒签协议的录取学生,有关高校将取消其优师专项录取资格。

3.国家优师专项师范生需履行《优师计划定向就业师范生协议书》约定的义务,经双向选择,由省级教育行政主管部门安排至生源所在省份定向县县域中小学任教,入编入岗,任教服务不少于6年;毕业后未按规定履约的,按照国家优师专项师范生定向培养协议书约定承担相应的违约责任。

【编者按】国家优师专项师范生就业区域和国家公费师范生就业地域有所不同,国家公费师范生回到生源所在省份就业即可,国家优师专项师范生需到生源所在省份定向县(参照政策,河南省定向县应为38个原集中连片特殊困难县和国家级扶贫开发重点县)就业。

4.国家优师专项师范生录取后,户籍仍保留在原户籍所在地,毕业后可按有关规定迁入就业所在地区。

5.国家优师专项师范生不得转为非优师专项学生,可按程序在优师专项招生专业内申请转专业。

6.国家优师专项师范生在校学习期间免除学费,免缴住宿费,并补助生活费。

(三)2021年在河南省招收国家公费师范生的院校及专业

2021年共有6所高校在河南招生国家公费师范生,投放招生计划共517人(无性别限制,不含高校专项计划,文科222人、理科295人),其中国家专项计划招生19人,普通提前批计划招生401人,体育提前批计划招生50人,艺术提前批计划招生47人,具体招生计划见表1-22。

表1-22　2021年在河南省招收国家公费师范生的院校及专业

科类	分类	院校代码	院校名称	专业代码	专业名称	招生计划
文科	国家专项	1405	东北师范大学	21	思想政治教育	1
文科	国家专项	1405	东北师范大学	23	学前教育	1
文科	国家专项	1405	东北师范大学	24	汉语言文学	2
文科	国家专项	1405	东北师范大学	25	英语	2
文科	国家专项	1405	东北师范大学	28	历史学	2
文科	普通提前批	1401	北京师范大学(珠海校区)	03	思想政治教育	2

续表

科类	分类	院校代码	院校名称	专业代码	专业名称	招生计划
文科	普通提前批	1401	北京师范大学(珠海校区)	04	学前教育	3
文科	普通提前批	1401	北京师范大学(珠海校区)	05	历史学	5
文科	普通提前批	1401	北京师范大学(珠海校区)	06	地理科学	2
文科	普通提前批	1405	东北师范大学	29	思想政治教育	7
文科	普通提前批	1405	东北师范大学	31	汉语言文学	11
文科	普通提前批	1405	东北师范大学	33	英语	3
文科	普通提前批	1405	东北师范大学	35	历史学	6
文科	普通提前批	1405	东北师范大学	37	地理科学	2
文科	普通提前批	1410	华东师范大学	39	思想政治教育	2
文科	普通提前批	1410	华东师范大学	40	学前教育	1
文科	普通提前批	1410	华东师范大学	41	特殊教育	1
文科	普通提前批	1410	华东师范大学	42	汉语言文学	3
文科	普通提前批	1410	华东师范大学	44	英语	3
文科	普通提前批	1410	华东师范大学	46	历史学	1
文科	普通提前批	1415	华中师范大学	30	思想政治教育	7
文科	普通提前批	1415	华中师范大学	31	学前教育	4
文科	普通提前批	1415	华中师范大学	32	特殊教育	1
文科	普通提前批	1415	华中师范大学	33	汉语言文学	12
文科	普通提前批	1415	华中师范大学	35	英语	4
文科	普通提前批	1415	华中师范大学	37	历史学	4
文科	普通提前批	1415	华中师范大学	39	地理科学	6
文科	普通提前批	1420	陕西师范大学	32	思想政治教育	4
文科	普通提前批	1420	陕西师范大学	33	学前教育	2
文科	普通提前批	1420	陕西师范大学	34	特殊教育	2
文科	普通提前批	1420	陕西师范大学	36	英语	1
文科	普通提前批	1420	陕西师范大学	38	历史学	2
文科	普通提前批	1425	西南大学	31	思想政治教育	8
文科	普通提前批	1425	西南大学	32	学前教育	2
文科	普通提前批	1425	西南大学	33	特殊教育	1
文科	普通提前批	1425	西南大学	34	汉语言文学	10
文科	普通提前批	1425	西南大学	36	英语	18
文科	普通提前批	1425	西南大学	38	历史学	12
文科	普通提前批	1425	西南大学	39	地理科学	5
文科	普通提前批	1425	西南大学	40	心理学	1
文科	体育提前批	1405	东北师范大学	07	体育教育	7
文科	体育提前批	1425	西南大学	13	体育教育	8

续表

科类	分类	院校代码	院校名称	专业代码	专业名称	招生计划
文科	艺术提前批	1415	华中师范大学	02	音乐学	4
文科	艺术提前批	1415	华中师范大学	06	美术学	8
文科	艺术提前批	1420	陕西师范大学	10	音乐学	4
文科	艺术提前批	1420	陕西师范大学	11	舞蹈学	4
文科	艺术提前批	1420	陕西师范大学	15	美术学	5
文科	艺术提前批	1425	西南大学	03	音乐学	10
文科	艺术提前批	1425	西南大学	08	美术学	6
理科	国家专项	1405	东北师范大学	26	教育技术学	1
理科	国家专项	1405	东北师范大学	27	小学教育	1
理科	国家专项	1405	东北师范大学	28	英语	1
理科	国家专项	1405	东北师范大学	30	数学与应用数学	2
理科	国家专项	1405	东北师范大学	32	物理学	2
理科	国家专项	1405	东北师范大学	33	化学	1
理科	国家专项	1405	东北师范大学	34	地理科学	1
理科	国家专项	1405	东北师范大学	35	生物科学	1
理科	国家专项	1405	东北师范大学	36	心理学	1
理科	普通提前批	1400	北京师范大学	38	特殊教育	2
理科	普通提前批	1400	北京师范大学	39	心理学	3
理科	普通提前批	1401	北京师范大学(珠海校区)	05	英语	4
理科	普通提前批	1401	北京师范大学(珠海校区)	06	生物科学	7
理科	普通提前批	1405	东北师范大学	39	教育技术学	5
理科	普通提前批	1405	东北师范大学	40	英语	5
理科	普通提前批	1405	东北师范大学	41	数学与应用数学	6
理科	普通提前批	1405	东北师范大学	43	物理学	2
理科	普通提前批	1405	东北师范大学	45	化学	4
理科	普通提前批	1405	东北师范大学	47	地理科学	4
理科	普通提前批	1405	东北师范大学	49	生物科学	2
理科	普通提前批	1405	东北师范大学	51	心理学	1
理科	普通提前批	1410	华东师范大学	60	教育技术学	1
理科	普通提前批	1410	华东师范大学	61	数学与应用数学	5
理科	普通提前批	1410	华东师范大学	63	物理学	2
理科	普通提前批	1410	华东师范大学	65	化学	2
理科	普通提前批	1410	华东师范大学	66	地理科学	2
理科	普通提前批	1410	华东师范大学	67	生物科学	2
理科	普通提前批	1415	华中师范大学	42	教育技术学	8
理科	普通提前批	1415	华中师范大学	43	学前教育	4

续表

科类	分类	院校代码	院校名称	专业代码	专业名称	招生计划
理科	普通提前批	1415	华中师范大学	44	特殊教育	1
理科	普通提前批	1415	华中师范大学	45	英语	4
理科	普通提前批	1415	华中师范大学	46	数学与应用数学	24
理科	普通提前批	1415	华中师范大学	48	物理学	9
理科	普通提前批	1415	华中师范大学	50	化学	8
理科	普通提前批	1415	华中师范大学	51	地理科学	4
理科	普通提前批	1415	华中师范大学	52	生物科学	13
理科	普通提前批	1415	华中师范大学	53	心理学	4
理科	普通提前批	1420	陕西师范大学	42	教育技术学	6
理科	普通提前批	1420	陕西师范大学	43	数学与应用数学	1
理科	普通提前批	1420	陕西师范大学	45	物理学	10
理科	普通提前批	1420	陕西师范大学	46	化学	8
理科	普通提前批	1420	陕西师范大学	47	地理科学	2
理科	普通提前批	1420	陕西师范大学	48	生物科学	16
理科	普通提前批	1420	陕西师范大学	49	计算机科学与技术	5
理科	普通提前批	1425	西南大学	57	思想政治教育	2
理科	普通提前批	1425	西南大学	58	教育技术学	2
理科	普通提前批	1425	西南大学	59	学前教育	2
理科	普通提前批	1425	西南大学	60	特殊教育	1
理科	普通提前批	1425	西南大学	61	英语	10
理科	普通提前批	1425	西南大学	63	数学与应用数学	8
理科	普通提前批	1425	西南大学	65	物理学	10
理科	普通提前批	1425	西南大学	66	化学	10
理科	普通提前批	1425	西南大学	67	地理科学	5
理科	普通提前批	1425	西南大学	68	生物科学	4
理科	普通提前批	1425	西南大学	69	心理学	1
理科	普通提前批	1425	西南大学	70	计算机科学与技术	2
理科	体育提前批	1401	北京师范大学(珠海校区)	01	体育教育	9
理科	体育提前批	1405	东北师范大学	07	体育教育	5
理科	体育提前批	1410	华东师范大学	10	体育教育	10
理科	体育提前批	1415	华中师范大学	08	体育教育	8
理科	体育提前批	1420	陕西师范大学	17	体育教育	3
理科	艺术提前批	1420	陕西师范大学	02	音乐学	2
理科	艺术提前批	1420	陕西师范大学	03	舞蹈学	1
理科	艺术提前批	1420	陕西师范大学	07	美术学	3

(四)2021年在河南省招收国家优师专项师范生的院校及专业

2021年共有5所高校在河南招生国家优师专项师范生,投放招生计划共66人(无性别限制),其中文科35人,理科31人,具体招生计划见表1-23。

表1-23　2021年在河南省招收国家优师专项师范生的院校及专业

科类	院校代码	院校名称	专业代码	专业名称	招生计划
文科	1405	东北师范大学	30	思想政治教育	2
文科	1405	东北师范大学	32	汉语言文学	3
文科	1405	东北师范大学	34	英语	2
文科	1405	东北师范大学	36	历史学	2
文科	1410	华东师范大学	43	汉语言文学	3
文科	1410	华东师范大学	45	英语	3
文科	1410	华东师范大学	47	历史学	3
文科	1415	华中师范大学	34	汉语言文学	2
文科	1415	华中师范大学	36	英语	2
文科	1415	华中师范大学	38	历史学	2
文科	1420	陕西师范大学	35	汉语言文学	2
文科	1420	陕西师范大学	37	英语	2
文科	1425	西南大学	35	汉语言文学	5
文科	1425	西南大学	37	英语	2
理科	1405	东北师范大学	42	数学与应用数学	3
理科	1405	东北师范大学	44	物理学	2
理科	1405	东北师范大学	46	化学	2
理科	1405	东北师范大学	48	地理科学	2
理科	1405	东北师范大学	50	生物科学	2
理科	1410	华东师范大学	62	数学与应用数学	3
理科	1410	华东师范大学	64	物理学	3
理科	1415	华中师范大学	47	数学与应用数学	3
理科	1415	华中师范大学	49	物理学	2
理科	1420	陕西师范大学	44	数学与应用数学	2
理科	1425	西南大学	62	英语	2
理科	1425	西南大学	64	数学与应用数学	5

二、地方公费师范生政策

(一)2021年河南省地方公费师范生政策

1. 招生规模

河南省地方公费师范生培养计划分四类实施,共安排招生计划3500人。

(1)"地方优师专项计划"公费师范生

全省计划定向招收本科层次"地方优师专项计划"公费师范生500人,为38个国家级脱贫县(区)培养紧缺学科和薄弱学科师资,分学科培养,均为师范类,计划类别为"地方优师专项计划"公费师范生。实行"省来县去"招生政策。

(2)"学科教师"地方公费师范生

全省计划定向招收本科层次"学科教师"地方公费师范生1850人,培养农村学校紧缺学科和薄弱学科师资,分学科培养,由各培养高校在当年核定的普通招生计划总规模内统筹安排,均为师范类,计划类别为地方公费师范生。实行"市来县去"招生政策。

(3)"小学全科"地方公费师范生

全省计划定向招收专科层次"小学全科"地方公费师范生1000人,培养农村小学、教学点师资,实施全科培养,由各培养高校在当年核定的普通招生计划总规模内统筹安排,均为师范类,计划类别为地方公费师范生。实行"县来县去"招生政策。

(4)"特殊教育"地方公费师范生

全省计划定向招收本科层次"特殊教育"地方公费师范生150人,由培养高校在当年核定的普通招生计划总规模内统筹安排,均为师范类,计划类别为地方公费师范生。实行"市来县去"招生政策。

2. 招生院校

(1)承担2021年"地方优师专项计划"公费师范生定向招生任务的高校为:河南大学、河南师范大学、信阳师范学院。

(2)承担2021年"学科教师"地方公费师范生定向招生任务的高校为:信阳师范学院、洛阳师范学院、南阳师范学院、安阳师范学院、周口师范学院、商丘师范学院。

(3)承担2021年"小学全科"地方公费师范生定向招生任务的高校为:焦作师范高等专科学校。

(4)承担2021年"特殊教育"地方公费师范生定向招生任务的高校为:郑州师范学院。

3. 报考条件

(1)已通过河南省2021年普通高校招生统一考试报名的普通高中毕业生(含往届)。

①报考"地方优师专项计划"公费师范生,考生需具有河南省的户籍。

②报考"学科教师"和"特殊教育"地方公费师范生,考生需具有定向岗位所在省辖市(含所辖各县、市、区)的户籍。郑州与巩义、平顶山与汝州、新乡与长垣、南阳与邓州、商丘与永城、周口与鹿邑的考生均可相互报考双方的"学科教师"和"特殊教育"地方公费师范生。

③报考"小学全科"地方公费师范生,考生需具有定向岗位所在设岗县(市、区)的户籍。

考生户籍所在地以高考报名信息采集时所填报的信息为准。

(2)要求思想品德优良,热爱教育事业,立志长期从教,积极投身农村教育和特殊教育事业。

(3)身心健康,具有良好的身体素质和心理素质,同时要符合国家《普通高等学校招生体检工作指导意见》(教学〔2003〕3号)相关规定和《河南省教师资格申请人员体格检查标准(2017年修订)》,能够较好地适应教育教学工作的需要。

4. 报考方式

河南省地方公费师范生定向招生随全省普通高考进行报名、考试、填报志愿。考生根据各设岗县(市、区)培养计划,按照不同类别地方公费师范生的户籍要求,选择符合条件的计划类别报考。

5. 录取方式

(1)投档。"地方优师专项计划"、"学科教师"、"特殊教育"地方公费师范生本科层次安排在本科提前批次投档;"小学全科"地方公费师范生专科层次安排在专科提前批次投档。根据考生成绩和高校定向招生计划,从高分到低分择优录取。

(2)预录取。考生被投档录取后,培养高校将向考生发放录取通知书、定向就业意向书。考生须在定向就业意向书上签字,入学时凭录取通知书、定向就业意向书报到。若不签订定向就业意向书,或未按时报到,均视为放弃当年普通高校招生录取资格。

(3)正式录取。考生入校后一个月内与培养高校、设岗县(市、区)人民政府正式签订定向培养就业三方协议书,注册高校学籍,办理正式录取手续。

6. 有关政策

2021年定向招生的地方公费师范生的培养、就业、履约管理等政策按照河南省教育厅等五部门《关于做好申报2021年地方公费师范生需求计划的通知》(教师〔2021〕153号)等文件执行。

(1)地方公费师范生在校培养期间免除学费、住宿费,并补助生活费,享受国家奖学金等其他应享受的全日制在校生奖励政策。

(2)地方公费师范生毕业后,设岗县(市、区)按照协议规定提供就业岗位,在核定的教职工编制总额内,通过考核招聘合格者为其办理事业单位人员录用、编制、工资等手续。

(3)按照定向培养就业协议,地方公费师范生毕业后到设岗县(市、区)从事教育教学工作时间不少于6年。"地方优师专项计划"公费师范生和"学科教师"地方公费师范生毕业后,原则上安排在本县(市、区)域内教师总体缺编、紧缺和薄弱学科突出的中小学校任教;"小学全科"地方公费师范生毕业后安排在本县(市、区)域内乡镇以下(不含乡镇)农村小学、教学点任教;"特殊教育"地方公费师范生毕业后,优先保证在本县(市、区)域内特殊教育学校任教;各县(市、区)根据本域内实际,也可安排在具有随班就读特殊教育学生的中小学校任教。

7.有关要求

(1)各省辖市、省直管县(市)教育行政部门和有关高校要站在全面推进乡村振兴战略、全面落实立德树人根本任务的高度,充分认识实行河南省地方公费师范生定向招生工作的重大意义,切实加强组织领导,制定工作实施方案,健全协调机制,强化工作责任,确保招生工作顺利进行。

(2)各设岗县(市、区)教育行政部门要召开县域内普通高中负责同志专题会议,深入宣传"定向招生、定向培养、定向就业"政策对本地中小学教师补充的重要性,激励引导优质生源选择报考地方公费师范生培养计划。要指导各普通高中组织有意向的考生按要求填报志愿,在考生被预录取之后做好就业协议的签订工作。

(3)有关高校要与省辖市、设岗县(市、区)积极对接,主动配合各设岗县(市、区)深入普通高中,做好宣传资料的发放、招生政策的解读、考生信息的统计、定向培养就业协议签订等工作。

(二)2021年河南省地方公费师范生招生院校及专业[按省辖市(直管县)及设岗县(市、区)排序](见表1-24)

表1-24　2021年河南省地方公费师范生招生院校及专业[按省辖市(直管县)及设岗县(市、区)排序]

省辖市	设岗县(市、区)	科类	分类	院校代码	院校名称	专业代码	专业名称	招生计划
安阳	安阳县	文科	学科教师	6405	南阳师范学院	38	思想政治教育	1
安阳	安阳县	文科	艺术类学科教师	6402	洛阳师范学院	07	音乐学	1
安阳	安阳县	文科	艺术类学科教师	6403	信阳师范学院	16	美术学	2
安阳	安阳县	文科	专科小教全科	6234	焦作师范高等专科学校	17	小学教育	2
安阳	林州市	文科	特殊教育	6406	郑州师范学院	15	特殊教育	1
安阳	林州市	文科	体育类学科教师	6403	信阳师范学院	40	体育教育	5
安阳	林州市	文科	学科教师	6405	南阳师范学院	42	思想政治教育	3
安阳	林州市	文科	学科教师	6405	南阳师范学院	0D	地理科学	6
安阳	林州市	文科	学科教师	6407	安阳师范学院	12	汉语言文学	6
安阳	林州市	文科	学科教师	6407	安阳师范学院	27	历史学	5
安阳	林州市	文科	学科教师	6409	周口师范学院	22	英语	3
安阳	林州市	文科	艺术类学科教师	6402	洛阳师范学院	12	音乐学	1
安阳	林州市	文科	艺术类学科教师	6403	信阳师范学院	17	美术学	3
安阳	林州市	文科	专科小教全科	6234	焦作师范高等专科学校	20	小学教育	7
安阳	内黄县	文科	学科教师	6405	南阳师范学院	0A	地理科学	1
安阳	内黄县	文科	学科教师	6407	安阳师范学院	11	汉语言文学	2
安阳	内黄县	文科	学科教师	6407	安阳师范学院	26	历史学	1
安阳	内黄县	文科	学科教师	6409	周口师范学院	23	英语	1

续表

省辖市	设岗县(市、区)	科类	分类	院校代码	院校名称	专业代码	专业名称	招生计划
安阳	内黄县	文科	专科小教全科	6234	焦作师范高等专科学校	19	小学教育	5
安阳	汤阴县	文科	学科教师	6405	南阳师范学院	0E	地理科学	3
安阳	汤阴县	文科	专科小教全科	6234	焦作师范高等专科学校	18	小学教育	2
鹤壁	浚县	文科	体育类学科教师	6403	信阳师范学院	47	体育教育	2
鹤壁	浚县	文科	学科教师	6402	洛阳师范学院	30	英语	3
鹤壁	浚县	文科	学科教师	6405	南阳师范学院	47	思想政治教育	7
鹤壁	浚县	文科	学科教师	6407	安阳师范学院	16	汉语言文学	5
鹤壁	浚县	文科	艺术类学科教师	6402	洛阳师范学院	06	音乐学	4
鹤壁	浚县	文科	艺术类学科教师	6403	信阳师范学院	34	美术学	4
鹤壁	浚县	文科	专科小教全科	6234	焦作师范高等专科学校	37	小学教育	5
济源示范区	济源示范区	文科	学科教师	6405	南阳师范学院	28	思想政治教育	1
济源示范区	济源示范区	文科	学科教师	6405	南阳师范学院	77	英语	3
济源示范区	济源示范区	文科	学科教师	6405	南阳师范学院	0F	地理科学	1
济源示范区	济源示范区	文科	学科教师	6407	安阳师范学院	17	汉语言文学	4
济源示范区	济源示范区	文科	学科教师	6408	商丘师范学院	11	历史学	2
济源示范区	济源示范区	文科	艺术类学科教师	6403	信阳师范学院	23	美术学	1
焦作	博爱县	文科	学科教师	6402	洛阳师范学院	32	英语	3
焦作	博爱县	文科	学科教师	6405	南阳师范学院	40	思想政治教育	3
焦作	博爱县	文科	学科教师	6407	安阳师范学院	21	汉语言文学	4
焦作	博爱县	文科	学科教师	6407	安阳师范学院	28	历史学	3
焦作	孟州市	文科	特殊教育	6406	郑州师范学院	29	特殊教育	1
焦作	孟州市	文科	学科教师	6405	南阳师范学院	35	思想政治教育	1
焦作	孟州市	文科	学科教师	6405	南阳师范学院	0J	地理科学	1
焦作	孟州市	文科	学科教师	6407	安阳师范学院	31	历史学	1
焦作	沁阳市	文科	体育类学科教师	6403	信阳师范学院	45	体育教育	2
焦作	沁阳市	文科	学科教师	6402	洛阳师范学院	24	英语	3
焦作	沁阳市	文科	学科教师	6405	南阳师范学院	41	思想政治教育	4
焦作	沁阳市	文科	艺术类学科教师	6403	信阳师范学院	24	美术学	3
焦作	沁阳市	文科	艺术类学科教师	6405	南阳师范学院	17	音乐学	2
焦作	沁阳市	文科	专科小教全科	6234	焦作师范高等专科学校	43	小学教育	7
焦作	温县	文科	特殊教育	6406	郑州师范学院	31	特殊教育	3
焦作	温县	文科	学科教师	6402	洛阳师范学院	26	英语	2
焦作	温县	文科	学科教师	6405	南阳师范学院	51	思想政治教育	2
焦作	温县	文科	学科教师	6405	南阳师范学院	0Q	地理科学	1
焦作	温县	文科	学科教师	6407	安阳师范学院	24	汉语言文学	2
焦作	温县	文科	学科教师	6407	安阳师范学院	30	历史学	2

续表

省辖市	设岗县（市、区）	科类	分类	院校代码	院校名称	专业代码	专业名称	招生计划
焦作	温县	文科	艺术类学科教师	6403	信阳师范学院	25	美术学	1
焦作	温县	文科	艺术类学科教师	6405	南阳师范学院	15	音乐学	1
焦作	温县	文科	专科小教全科	6234	焦作师范高等专科学校	44	小学教育	3
焦作	武陟县	文科	学科教师	6402	洛阳师范学院	19	英语	3
焦作	武陟县	文科	学科教师	6405	南阳师范学院	44	思想政治教育	3
焦作	武陟县	文科	学科教师	6405	南阳师范学院	0M	地理科学	2
焦作	武陟县	文科	学科教师	6407	安阳师范学院	22	汉语言文学	3
焦作	武陟县	文科	学科教师	6407	安阳师范学院	29	历史学	2
焦作	修武县	文科	特殊教育	6406	郑州师范学院	30	特殊教育	1
焦作	修武县	文科	学科教师	6407	安阳师范学院	23	汉语言文学	5
开封	杞县	文科	体育类学科教师	6403	信阳师范学院	37	体育教育	4
开封	杞县	文科	艺术类学科教师	6402	洛阳师范学院	08	音乐学	9
开封	杞县	文科	艺术类学科教师	6403	信阳师范学院	03	美术学	8
开封	杞县	文科	专科小教全科	6234	焦作师范高等专科学校	34	小学教育	20
开封	通许县	文科	学科教师	6405	南阳师范学院	0T	地理科学	1
开封	通许县	文科	学科教师	6408	商丘师范学院	09	历史学	1
开封	尉氏县	文科	体育类学科教师	6403	信阳师范学院	38	体育教育	3
开封	尉氏县	文科	艺术类学科教师	6402	洛阳师范学院	04	音乐学	5
开封	尉氏县	文科	艺术类学科教师	6403	信阳师范学院	04	美术学	7
开封	尉氏县	文科	专科小教全科	6234	焦作师范高等专科学校	36	小学教育	21
开封	祥符区	文科	特殊教育	6406	郑州师范学院	26	特殊教育	4
开封	祥符区	文科	学科教师	6402	洛阳师范学院	20	英语	2
开封	祥符区	文科	学科教师	6405	南阳师范学院	37	思想政治教育	1
开封	祥符区	文科	学科教师	6405	南阳师范学院	0K	地理科学	2
开封	祥符区	文科	学科教师	6408	商丘师范学院	14	历史学	1
开封	祥符区	文科	学科教师	6409	周口师范学院	10	汉语言文学	1
开封	祥符区	文科	艺术类学科教师	6402	洛阳师范学院	10	音乐学	1
开封	祥符区	文科	艺术类学科教师	6403	信阳师范学院	36	美术学	2
开封	祥符区	文科	专科小教全科	6234	焦作师范高等专科学校	35	小学教育	13
洛阳	栾川县	文科	地方优师专项	6410	河南大学	03	汉语言文学	1
洛阳	栾川县	文科	地方优师专项	6410	河南大学	24	历史学	1
洛阳	栾川县	文科	地方优师专项	6412	信阳师范学院	46	英语	1
洛阳	栾川县	文科	特殊教育	6406	郑州师范学院	40	特殊教育	2
洛阳	栾川县	文科	艺术类地方优师专项	6412	信阳师范学院	27	美术学	1
洛阳	栾川县	文科	专科小教全科	6234	焦作师范高等专科学校	61	小学教育	2
洛阳	洛宁县	文科	地方优师专项	6410	河南大学	01	汉语言文学	1

续表

省辖市	设岗县（市、区）	科类	分类	院校代码	院校名称	专业代码	专业名称	招生计划
洛阳	洛宁县	文科	地方优师专项	6412	信阳师范学院	45	英语	1
洛阳	洛宁县	文科	特殊教育	6406	郑州师范学院	38	特殊教育	1
洛阳	洛宁县	文科	体育类地方优师专项	6411	河南师范大学	02	体育教育	1
洛阳	洛宁县	文科	专科小教全科	6234	焦作师范高等专科学校	59	小学教育	3
洛阳	汝阳县	文科	特殊教育	6406	郑州师范学院	39	特殊教育	3
洛阳	汝阳县	文科	专科小教全科	6234	焦作师范高等专科学校	60	小学教育	5
洛阳	新安县	文科	特殊教育	6406	郑州师范学院	35	特殊教育	2
洛阳	新安县	文科	学科教师	6402	洛阳师范学院	29	英语	2
洛阳	新安县	文科	学科教师	6405	南阳师范学院	36	思想政治教育	1
洛阳	新安县	文科	学科教师	6405	南阳师范学院	0L	地理科学	2
洛阳	新安县	文科	学科教师	6408	商丘师范学院	07	历史学	3
洛阳	新安县	文科	学科教师	6409	周口师范学院	17	汉语言文学	1
洛阳	新安县	文科	艺术类学科教师	6403	信阳师范学院	35	美术学	1
洛阳	新安县	文科	艺术类学科教师	6405	南阳师范学院	20	音乐学	1
洛阳	新安县	文科	专科小教全科	6234	焦作师范高等专科学校	55	小学教育	3
洛阳	偃师区	文科	特殊教育	6406	郑州师范学院	36	特殊教育	2
洛阳	偃师区	文科	学科教师	6402	洛阳师范学院	21	英语	3
洛阳	偃师区	文科	学科教师	6405	南阳师范学院	39	思想政治教育	1
洛阳	偃师区	文科	学科教师	6405	南阳师范学院	0R	地理科学	1
洛阳	偃师区	文科	学科教师	6408	商丘师范学院	13	历史学	1
洛阳	偃师区	文科	学科教师	6409	周口师范学院	13	汉语言文学	3
洛阳	偃师区	文科	艺术类学科教师	6403	信阳师范学院	05	美术学	1
洛阳	偃师区	文科	艺术类学科教师	6405	南阳师范学院	22	音乐学	2
洛阳	偃师区	文科	专科小教全科	6234	焦作师范高等专科学校	56	小学教育	3
洛阳	伊川县	文科	特殊教育	6406	郑州师范学院	37	特殊教育	2
洛阳	伊川县	文科	学科教师	6402	洛阳师范学院	23	英语	3
洛阳	伊川县	文科	学科教师	6405	南阳师范学院	43	思想政治教育	2
洛阳	伊川县	文科	学科教师	6405	南阳师范学院	0N	地理科学	1
洛阳	伊川县	文科	学科教师	6408	商丘师范学院	08	历史学	3
洛阳	伊川县	文科	学科教师	6409	周口师范学院	16	汉语言文学	2
洛阳	伊川县	文科	艺术类学科教师	6403	信阳师范学院	06	美术学	2
洛阳	伊川县	文科	艺术类学科教师	6405	南阳师范学院	23	音乐学	3
洛阳	伊川县	文科	专科小教全科	6234	焦作师范高等专科学校	58	小学教育	1
洛阳	宜阳县	文科	地方优师专项	6410	河南大学	02	汉语言文学	1
洛阳	宜阳县	文科	地方优师专项	6411	河南师范大学	20	思想政治教育	1
洛阳	宜阳县	文科	地方优师专项	6412	信阳师范学院	44	英语	1

续表

省辖市	设岗县(市、区)	科类	分类	院校代码	院校名称	专业代码	专业名称	招生计划
洛阳	宜阳县	文科	体育类地方优师专项	6411	河南师范大学	01	体育教育	1
洛阳	宜阳县	文科	艺术类地方优师专项	6412	信阳师范学院	09	音乐学	1
洛阳	宜阳县	文科	艺术类地方优师专项	6412	信阳师范学院	26	美术学	1
洛阳	宜阳县	文科	专科小教全科	6234	焦作师范高等专科学校	57	小学教育	3
漯河	临颍县	文科	专科小教全科	6234	焦作师范高等专科学校	53	小学教育	7
漯河	舞阳县	文科	特殊教育	6406	郑州师范学院	34	特殊教育	1
漯河	舞阳县	文科	专科小教全科	6234	焦作师范高等专科学校	54	小学教育	7
漯河	郾城区	文科	学科教师	6405	南阳师范学院	33	思想政治教育	3
漯河	郾城区	文科	学科教师	6405	南阳师范学院	83	英语	1
漯河	郾城区	文科	学科教师	6405	南阳师范学院	98	地理科学	2
漯河	郾城区	文科	学科教师	6407	安阳师范学院	19	汉语言文学	1
漯河	郾城区	文科	学科教师	6408	商丘师范学院	02	历史学	1
漯河	郾城区	文科	专科小教全科	6234	焦作师范高等专科学校	52	小学教育	2
漯河	召陵区	文科	学科教师	6405	南阳师范学院	80	英语	1
漯河	召陵区	文科	学科教师	6407	安阳师范学院	18	汉语言文学	3
漯河	召陵区	文科	专科小教全科	6234	焦作师范高等专科学校	51	小学教育	5
南阳	方城县	文科	特殊教育	6406	郑州师范学院	08	特殊教育	2
南阳	方城县	文科	学科教师	6405	南阳师范学院	63	汉语言文学	9
南阳	方城县	文科	学科教师	6405	南阳师范学院	68	英语	5
南阳	方城县	文科	学科教师	6405	南阳师范学院	89	地理科学	2
南阳	方城县	文科	学科教师	6407	安阳师范学院	06	思想政治教育	7
南阳	方城县	文科	学科教师	6407	安阳师范学院	37	历史学	5
南阳	方城县	文科	专科小教全科	6234	焦作师范高等专科学校	07	小学教育	15
南阳	南召县	文科	地方优师专项	6410	河南大学	04	汉语言文学	2
南阳	南召县	文科	地方优师专项	6410	河南大学	25	历史学	1
南阳	南召县	文科	地方优师专项	6411	河南师范大学	21	思想政治教育	1
南阳	南召县	文科	地方优师专项	6412	信阳师范学院	29	英语	1
南阳	南召县	文科	体育类地方优师专项	6411	河南师范大学	03	体育教育	1
南阳	南召县	文科	艺术类地方优师专项	6412	信阳师范学院	02	音乐学	1
南阳	南召县	文科	艺术类地方优师专项	6412	信阳师范学院	16	美术学	1
南阳	南召县	文科	专科小教全科	6234	焦作师范高等专科学校	08	小学教育	15
南阳	内乡县	文科	特殊教育	6406	郑州师范学院	03	特殊教育	10
南阳	内乡县	文科	体育类地方优师专项	6411	河南师范大学	07	体育教育	1
南阳	内乡县	文科	艺术类地方优师专项	6412	信阳师范学院	01	音乐学	1
南阳	内乡县	文科	艺术类地方优师专项	6412	信阳师范学院	15	美术学	1
南阳	社旗县	文科	地方优师专项	6410	河南大学	08	汉语言文学	3

续表

省辖市	设岗县(市、区)	科类	分类	院校代码	院校名称	专业代码	专业名称	招生计划
南阳	社旗县	文科	地方优师专项	6410	河南大学	26	历史学	2
南阳	社旗县	文科	地方优师专项	6411	河南师范大学	24	思想政治教育	3
南阳	社旗县	文科	地方优师专项	6412	信阳师范学院	42	英语	3
南阳	社旗县	文科	体育类地方优师专项	6411	河南师范大学	06	体育教育	2
南阳	社旗县	文科	艺术类地方优师专项	6412	信阳师范学院	06	音乐学	2
南阳	社旗县	文科	艺术类地方优师专项	6412	信阳师范学院	22	美术学	2
南阳	社旗县	文科	专科小教全科	6234	焦作师范高等专科学校	06	小学教育	15
南阳	唐河县	文科	体育类学科教师	6403	信阳师范学院	42	体育教育	4
南阳	唐河县	文科	学科教师	6405	南阳师范学院	61	汉语言文学	13
南阳	唐河县	文科	学科教师	6405	南阳师范学院	70	英语	6
南阳	唐河县	文科	学科教师	6405	南阳师范学院	95	地理科学	4
南阳	唐河县	文科	学科教师	6407	安阳师范学院	05	思想政治教育	13
南阳	唐河县	文科	学科教师	6407	安阳师范学院	36	历史学	8
南阳	唐河县	文科	艺术类学科教师	6403	信阳师范学院	32	美术学	4
南阳	唐河县	文科	艺术类学科教师	6405	南阳师范学院	06	音乐学	5
南阳	桐柏县	文科	地方优师专项	6410	河南大学	07	汉语言文学	2
南阳	桐柏县	文科	地方优师专项	6412	信阳师范学院	33	英语	2
南阳	桐柏县	文科	特殊教育	6406	郑州师范学院	07	特殊教育	4
南阳	桐柏县	文科	体育类地方优师专项	6411	河南师范大学	04	体育教育	3
南阳	桐柏县	文科	专科小教全科	6234	焦作师范高等专科学校	05	小学教育	10
南阳	宛城区	文科	特殊教育	6406	郑州师范学院	02	特殊教育	6
南阳	宛城区	文科	学科教师	6405	南阳师范学院	56	汉语言文学	6
南阳	宛城区	文科	学科教师	6405	南阳师范学院	65	英语	3
南阳	宛城区	文科	学科教师	6405	南阳师范学院	91	地理科学	3
南阳	宛城区	文科	学科教师	6407	安阳师范学院	01	思想政治教育	3
南阳	宛城区	文科	学科教师	6407	安阳师范学院	32	历史学	2
南阳	宛城区	文科	艺术类学科教师	6403	信阳师范学院	31	美术学	2
南阳	宛城区	文科	艺术类学科教师	6405	南阳师范学院	07	音乐学	2
南阳	宛城区	文科	专科小教全科	6234	焦作师范高等专科学校	01	小学教育	4
南阳	卧龙区	文科	学科教师	6405	南阳师范学院	62	汉语言文学	9
南阳	卧龙区	文科	学科教师	6405	南阳师范学院	64	英语	5
南阳	卧龙区	文科	学科教师	6405	南阳师范学院	86	地理科学	1
南阳	卧龙区	文科	学科教师	6407	安阳师范学院	02	思想政治教育	3
南阳	卧龙区	文科	学科教师	6407	安阳师范学院	33	历史学	1
南阳	卧龙区	文科	艺术类学科教师	6403	信阳师范学院	33	美术学	1
南阳	卧龙区	文科	专科小教全科	6234	焦作师范高等专科学校	02	小学教育	6

续表

省辖市	设岗县(市、区)	科类	分类	院校代码	院校名称	专业代码	专业名称	招生计划
南阳	西峡县	文科	特殊教育	6406	郑州师范学院	04	特殊教育	2
南阳	西峡县	文科	学科教师	6405	南阳师范学院	58	汉语言文学	2
南阳	西峡县	文科	学科教师	6405	南阳师范学院	67	英语	2
南阳	西峡县	文科	学科教师	6405	南阳师范学院	94	地理科学	3
南阳	西峡县	文科	学科教师	6407	安阳师范学院	03	思想政治教育	3
南阳	西峡县	文科	学科教师	6407	安阳师范学院	34	历史学	3
南阳	西峡县	文科	专科小教全科	6234	焦作师范高等专科学校	03	小学教育	2
南阳	淅川县	文科	地方优师专项	6410	河南大学	06	汉语言文学	1
南阳	淅川县	文科	地方优师专项	6411	河南师范大学	23	思想政治教育	1
南阳	淅川县	文科	地方优师专项	6412	信阳师范学院	38	英语	1
南阳	淅川县	文科	特殊教育	6406	郑州师范学院	05	特殊教育	3
南阳	淅川县	文科	体育类地方优师专项	6411	河南师范大学	05	体育教育	1
南阳	淅川县	文科	艺术类地方优师专项	6412	信阳师范学院	04	音乐学	1
南阳	新野县	文科	特殊教育	6406	郑州师范学院	06	特殊教育	10
南阳	新野县	文科	学科教师	6405	南阳师范学院	59	汉语言文学	6
南阳	新野县	文科	学科教师	6405	南阳师范学院	66	英语	3
南阳	新野县	文科	学科教师	6405	南阳师范学院	92	地理科学	2
南阳	新野县	文科	学科教师	6407	安阳师范学院	04	思想政治教育	4
南阳	新野县	文科	学科教师	6407	安阳师范学院	35	历史学	5
南阳	新野县	文科	专科小教全科	6234	焦作师范高等专科学校	04	小学教育	5
南阳	镇平县	文科	地方优师专项	6410	河南大学	05	汉语言文学	2
南阳	镇平县	文科	地方优师专项	6411	河南师范大学	22	思想政治教育	2
南阳	镇平县	文科	地方优师专项	6412	信阳师范学院	37	英语	3
平顶山	宝丰县	文科	学科教师	6405	南阳师范学院	48	思想政治教育	7
平顶山	宝丰县	文科	学科教师	6405	南阳师范学院	0H	地理科学	3
平顶山	宝丰县	文科	学科教师	6408	商丘师范学院	17	历史学	6
平顶山	宝丰县	文科	学科教师	6409	周口师范学院	06	汉语言文学	10
平顶山	宝丰县	文科	学科教师	6409	周口师范学院	26	英语	6
平顶山	宝丰县	文科	专科小教全科	6234	焦作师范高等专科学校	38	小学教育	15
平顶山	郏县	文科	学科教师	6405	南阳师范学院	52	思想政治教育	2
平顶山	郏县	文科	学科教师	6405	南阳师范学院	0P	地理科学	2
平顶山	郏县	文科	学科教师	6408	商丘师范学院	03	历史学	2
平顶山	郏县	文科	学科教师	6409	周口师范学院	07	汉语言文学	3
平顶山	郏县	文科	学科教师	6409	周口师范学院	24	英语	2
平顶山	郏县	文科	艺术类学科教师	6402	洛阳师范学院	15	音乐学	1
平顶山	郏县	文科	艺术类学科教师	6403	信阳师范学院	26	美术学	2

续表

省辖市	设岗县（市、区）	科类	分类	院校代码	院校名称	专业代码	专业名称	招生计划
平顶山	郏县	文科	专科小教全科	6234	焦作师范高等专科学校	39	小学教育	5
平顶山	鲁山县	文科	特殊教育	6406	郑州师范学院	28	特殊教育	2
平顶山	鲁山县	文科	专科小教全科	6234	焦作师范高等专科学校	42	小学教育	4
平顶山	舞钢市	文科	特殊教育	6406	郑州师范学院	27	特殊教育	2
平顶山	舞钢市	文科	专科小教全科	6234	焦作师范高等专科学校	41	小学教育	2
平顶山	叶县	文科	特殊教育	6406	郑州师范学院	01	特殊教育	7
平顶山	叶县	文科	体育类学科教师	6403	信阳师范学院	41	体育教育	5
平顶山	叶县	文科	学科教师	6405	南阳师范学院	45	思想政治教育	2
平顶山	叶县	文科	学科教师	6409	周口师范学院	08	汉语言文学	5
平顶山	叶县	文科	学科教师	6409	周口师范学院	25	英语	3
平顶山	叶县	文科	艺术类学科教师	6402	洛阳师范学院	14	音乐学	7
平顶山	叶县	文科	艺术类学科教师	6403	信阳师范学院	27	美术学	6
平顶山	叶县	文科	专科小教全科	6234	焦作师范高等专科学校	40	小学教育	23
濮阳	范县	文科	专科小教全科	6234	焦作师范高等专科学校	33	小学教育	2
濮阳	南乐县	文科	特殊教育	6406	郑州师范学院	25	特殊教育	1
濮阳	南乐县	文科	学科教师	6405	南阳师范学院	26	思想政治教育	2
濮阳	南乐县	文科	学科教师	6405	南阳师范学院	82	英语	1
濮阳	南乐县	文科	学科教师	6405	南阳师范学院	96	地理科学	1
濮阳	南乐县	文科	学科教师	6408	商丘师范学院	15	历史学	1
濮阳	濮阳县	文科	学科教师	6405	南阳师范学院	34	思想政治教育	3
濮阳	濮阳县	文科	学科教师	6405	南阳师范学院	81	英语	2
濮阳	濮阳县	文科	学科教师	6405	南阳师范学院	0G	地理科学	2
濮阳	濮阳县	文科	学科教师	6407	安阳师范学院	20	汉语言文学	3
濮阳	濮阳县	文科	学科教师	6408	商丘师范学院	01	历史学	1
濮阳	濮阳县	文科	艺术类学科教师	6403	信阳师范学院	21	美术学	2
濮阳	濮阳县	文科	艺术类学科教师	6405	南阳师范学院	21	音乐学	2
濮阳	濮阳县	文科	专科小教全科	6234	焦作师范高等专科学校	32	小学教育	2
濮阳	台前县	文科	地方优师专项	6411	河南师范大学	37	思想政治教育	1
三门峡	卢氏县	文科	地方优师专项	6410	河南大学	19	汉语言文学	3
三门峡	卢氏县	文科	地方优师专项	6410	河南大学	36	历史学	2
三门峡	卢氏县	文科	地方优师专项	6411	河南师范大学	36	思想政治教育	2
三门峡	卢氏县	文科	地方优师专项	6412	信阳师范学院	48	英语	3
三门峡	卢氏县	文科	特殊教育	6406	郑州师范学院	47	特殊教育	1
三门峡	卢氏县	文科	专科小教全科	6234	焦作师范高等专科学校	73	小学教育	12
商丘	梁园区	文科	特殊教育	6406	郑州师范学院	32	特殊教育	4
商丘	梁园区	文科	学科教师	6405	南阳师范学院	31	思想政治教育	2

续表

省辖市	设岗县（市、区）	科类	分类	院校代码	院校名称	专业代码	专业名称	招生计划
商丘	梁园区	文科	学科教师	6405	南阳师范学院	78	英语	2
商丘	梁园区	文科	学科教师	6405	南阳师范学院	97	地理科学	1
商丘	梁园区	文科	学科教师	6408	商丘师范学院	05	历史学	1
商丘	梁园区	文科	学科教师	6409	周口师范学院	03	汉语言文学	3
商丘	梁园区	文科	艺术类学科教师	6402	洛阳师范学院	16	音乐学	1
商丘	梁园区	文科	艺术类学科教师	6403	信阳师范学院	22	美术学	1
商丘	梁园区	文科	专科小教全科	6234	焦作师范高等专科学校	45	小学教育	5
商丘	民权县	文科	地方优师专项	6410	河南大学	34	历史学	4
商丘	民权县	文科	地方优师专项	6411	河南师范大学	34	思想政治教育	4
商丘	民权县	文科	专科小教全科	6234	焦作师范高等专科学校	49	小学教育	23
商丘	睢县	文科	地方优师专项	6410	河南大学	33	历史学	5
商丘	睢县	文科	地方优师专项	6412	信阳师范学院	43	英语	5
商丘	睢县	文科	艺术类地方优师专项	6412	信阳师范学院	20	美术学	1
商丘	睢县	文科	专科小教全科	6234	焦作师范高等专科学校	48	小学教育	5
商丘	夏邑县	文科	专科小教全科	6234	焦作师范高等专科学校	46	小学教育	5
商丘	虞城县	文科	地方优师专项	6410	河南大学	17	汉语言文学	1
商丘	虞城县	文科	地方优师专项	6411	河南师范大学	33	思想政治教育	1
商丘	虞城县	文科	专科小教全科	6234	焦作师范高等专科学校	47	小学教育	5
商丘	柘城县	文科	特殊教育	6406	郑州师范学院	33	特殊教育	2
商丘	柘城县	文科	专科小教全科	6234	焦作师范高等专科学校	50	小学教育	3
新乡	封丘县	文科	地方优师专项	6410	河南大学	18	汉语言文学	1
新乡	封丘县	文科	地方优师专项	6410	河南大学	35	历史学	1
新乡	封丘县	文科	地方优师专项	6411	河南师范大学	35	思想政治教育	1
新乡	封丘县	文科	地方优师专项	6412	信阳师范学院	30	英语	1
新乡	封丘县	文科	体育类地方优师专项	6411	河南师范大学	16	体育教育	1
新乡	封丘县	文科	艺术类地方优师专项	6412	信阳师范学院	17	美术学	1
新乡	封丘县	文科	专科小教全科	6234	焦作师范高等专科学校	29	小学教育	5
新乡	辉县市	文科	学科教师	6402	洛阳师范学院	28	英语	3
新乡	辉县市	文科	学科教师	6405	南阳师范学院	50	思想政治教育	2
新乡	辉县市	文科	学科教师	6405	南阳师范学院	1A	地理科学	2
新乡	辉县市	文科	学科教师	6407	安阳师范学院	15	汉语言文学	4
新乡	辉县市	文科	学科教师	6408	商丘师范学院	22	历史学	2
新乡	辉县市	文科	艺术类学科教师	6402	洛阳师范学院	03	音乐学	1
新乡	辉县市	文科	艺术类学科教师	6403	信阳师范学院	12	美术学	2
新乡	获嘉县	文科	学科教师	6402	洛阳师范学院	31	英语	2
新乡	获嘉县	文科	学科教师	6405	南阳师范学院	46	思想政治教育	1

续表

省辖市	设岗县(市、区)	科类	分类	院校代码	院校名称	专业代码	专业名称	招生计划
新乡	获嘉县	文科	学科教师	6405	南阳师范学院	0S	地理科学	1
新乡	获嘉县	文科	学科教师	6407	安阳师范学院	13	汉语言文学	1
新乡	获嘉县	文科	学科教师	6408	商丘师范学院	21	历史学	1
新乡	获嘉县	文科	艺术类学科教师	6402	洛阳师范学院	09	音乐学	1
新乡	获嘉县	文科	艺术类学科教师	6403	信阳师范学院	10	美术学	2
新乡	获嘉县	文科	专科小教全科	6234	焦作师范高等专科学校	28	小学教育	2
新乡	卫辉市	文科	学科教师	6405	南阳师范学院	53	思想政治教育	2
新乡	卫辉市	文科	艺术类学科教师	6402	洛阳师范学院	02	音乐学	1
新乡	卫辉市	文科	艺术类学科教师	6403	信阳师范学院	11	美术学	2
新乡	延津县	文科	专科小教全科	6234	焦作师范高等专科学校	30	小学教育	2
新乡	原阳县	文科	学科教师	6402	洛阳师范学院	22	英语	2
新乡	原阳县	文科	学科教师	6407	安阳师范学院	14	汉语言文学	3
新乡	原阳县	文科	专科小教全科	6234	焦作师范高等专科学校	31	小学教育	2
信阳	光山县	文科	地方优师专项	6410	河南大学	09	汉语言文学	3
信阳	光山县	文科	地方优师专项	6410	河南大学	27	历史学	2
信阳	光山县	文科	地方优师专项	6411	河南师范大学	25	思想政治教育	2
信阳	光山县	文科	地方优师专项	6412	信阳师范学院	28	英语	1
信阳	光山县	文科	特殊教育	6406	郑州师范学院	19	特殊教育	2
信阳	光山县	文科	体育类地方优师专项	6411	河南师范大学	08	体育教育	2
信阳	光山县	文科	艺术类地方优师专项	6412	信阳师范学院	10	音乐学	1
信阳	光山县	文科	专科小教全科	6234	焦作师范高等专科学校	24	小学教育	9
信阳	淮滨县	文科	地方优师专项	6410	河南大学	10	汉语言文学	2
信阳	淮滨县	文科	地方优师专项	6410	河南大学	28	历史学	2
信阳	淮滨县	文科	地方优师专项	6411	河南师范大学	26	思想政治教育	1
信阳	淮滨县	文科	地方优师专项	6412	信阳师范学院	31	英语	2
信阳	淮滨县	文科	特殊教育	6406	郑州师范学院	23	特殊教育	5
信阳	淮滨县	文科	体育类地方优师专项	6411	河南师范大学	09	体育教育	1
信阳	淮滨县	文科	专科小教全科	6234	焦作师范高等专科学校	26	小学教育	7
信阳	潢川县	文科	地方优师专项	6410	河南大学	13	汉语言文学	5
信阳	潢川县	文科	地方优师专项	6412	信阳师范学院	50	英语	6
信阳	潢川县	文科	特殊教育	6406	郑州师范学院	22	特殊教育	3
信阳	潢川县	文科	体育类地方优师专项	6411	河南师范大学	12	体育教育	5
信阳	罗山县	文科	特殊教育	6406	郑州师范学院	18	特殊教育	1
信阳	罗山县	文科	学科教师	6405	南阳师范学院	74	英语	3
信阳	罗山县	文科	艺术类学科教师	6403	信阳师范学院	14	美术学	2
信阳	罗山县	文科	艺术类学科教师	6405	南阳师范学院	12	音乐学	1

续表

省辖市	设岗县(市、区)	科类	分类	院校代码	院校名称	专业代码	专业名称	招生计划
信阳	罗山县	文科	专科小教全科	6234	焦作师范高等专科学校	23	小学教育	6
信阳	平桥区	文科	特殊教育	6406	郑州师范学院	17	特殊教育	5
信阳	平桥区	文科	学科教师	6405	南阳师范学院	24	思想政治教育	3
信阳	平桥区	文科	学科教师	6405	南阳师范学院	57	汉语言文学	2
信阳	平桥区	文科	学科教师	6405	南阳师范学院	69	英语	3
信阳	平桥区	文科	学科教师	6405	南阳师范学院	93	地理科学	2
信阳	平桥区	文科	学科教师	6408	商丘师范学院	19	历史学	2
信阳	平桥区	文科	艺术类学科教师	6403	信阳师范学院	13	美术学	2
信阳	平桥区	文科	艺术类学科教师	6405	南阳师范学院	09	音乐学	2
信阳	平桥区	文科	专科小教全科	6234	焦作师范高等专科学校	22	小学教育	7
信阳	商城县	文科	地方优师专项	6410	河南大学	12	汉语言文学	2
信阳	商城县	文科	地方优师专项	6410	河南大学	30	历史学	2
信阳	商城县	文科	地方优师专项	6411	河南师范大学	28	思想政治教育	2
信阳	商城县	文科	地方优师专项	6412	信阳师范学院	41	英语	2
信阳	商城县	文科	特殊教育	6406	郑州师范学院	21	特殊教育	2
信阳	商城县	文科	体育类地方优师专项	6411	河南师范大学	11	体育教育	2
信阳	商城县	文科	艺术类地方优师专项	6412	信阳师范学院	05	音乐学	2
信阳	商城县	文科	艺术类地方优师专项	6412	信阳师范学院	21	美术学	2
信阳	商城县	文科	专科小教全科	6234	焦作师范高等专科学校	25	小学教育	3
信阳	浉河区	文科	特殊教育	6406	郑州师范学院	16	特殊教育	2
信阳	浉河区	文科	学科教师	6405	南阳师范学院	25	思想政治教育	4
信阳	浉河区	文科	学科教师	6405	南阳师范学院	60	汉语言文学	3
信阳	浉河区	文科	学科教师	6405	南阳师范学院	90	地理科学	2
信阳	浉河区	文科	学科教师	6408	商丘师范学院	20	历史学	1
信阳	浉河区	文科	艺术类学科教师	6405	南阳师范学院	13	音乐学	2
信阳	浉河区	文科	专科小教全科	6234	焦作师范高等专科学校	21	小学教育	2
信阳	息县	文科	特殊教育	6406	郑州师范学院	24	特殊教育	5
信阳	息县	文科	学科教师	6405	南阳师范学院	75	英语	3
信阳	息县	文科	学科教师	6405	南阳师范学院	88	地理科学	2
信阳	息县	文科	艺术类学科教师	6403	信阳师范学院	15	美术学	2
信阳	息县	文科	艺术类学科教师	6405	南阳师范学院	14	音乐学	3
信阳	息县	文科	专科小教全科	6234	焦作师范高等专科学校	27	小学教育	5
信阳	新县	文科	地方优师专项	6410	河南大学	11	汉语言文学	1
信阳	新县	文科	地方优师专项	6410	河南大学	29	历史学	1
信阳	新县	文科	地方优师专项	6411	河南师范大学	27	思想政治教育	1
信阳	新县	文科	地方优师专项	6412	信阳师范学院	36	英语	1

续表

省辖市	设岗县（市、区）	科类	分类	院校代码	院校名称	专业代码	专业名称	招生计划
信阳	新县	文科	特殊教育	6406	郑州师范学院	20	特殊教育	3
信阳	新县	文科	体育类地方优师专项	6411	河南师范大学	10	体育教育	1
许昌	建安区	文科	学科教师	6402	洛阳师范学院	27	英语	2
许昌	建安区	文科	学科教师	6405	南阳师范学院	1B	地理科学	1
许昌	建安区	文科	学科教师	6407	安阳师范学院	10	思想政治教育	1
许昌	建安区	文科	专科小教全科	6234	焦作师范高等专科学校	64	小学教育	2
许昌	鄢陵县	文科	特殊教育	6406	郑州师范学院	41	特殊教育	5
许昌	鄢陵县	文科	体育类学科教师	6403	信阳师范学院	46	体育教育	1
许昌	鄢陵县	文科	学科教师	6402	洛阳师范学院	18	英语	6
许昌	鄢陵县	文科	学科教师	6405	南阳师范学院	0Y	地理科学	3
许昌	鄢陵县	文科	学科教师	6407	安阳师范学院	09	思想政治教育	4
许昌	鄢陵县	文科	学科教师	6407	安阳师范学院	40	历史学	3
许昌	鄢陵县	文科	学科教师	6409	周口师范学院	11	汉语言文学	12
许昌	鄢陵县	文科	艺术类学科教师	6403	信阳师范学院	30	美术学	4
许昌	鄢陵县	文科	艺术类学科教师	6405	南阳师范学院	19	音乐学	3
许昌	鄢陵县	文科	专科小教全科	6234	焦作师范高等专科学校	63	小学教育	6
许昌	禹州市	文科	学科教师	6402	洛阳师范学院	17	英语	4
许昌	禹州市	文科	学科教师	6405	南阳师范学院	0Z	地理科学	2
许昌	禹州市	文科	学科教师	6407	安阳师范学院	07	思想政治教育	5
许昌	禹州市	文科	学科教师	6407	安阳师范学院	38	历史学	3
许昌	禹州市	文科	学科教师	6409	周口师范学院	12	汉语言文学	6
许昌	禹州市	文科	艺术类学科教师	6403	信阳师范学院	28	美术学	1
许昌	禹州市	文科	艺术类学科教师	6405	南阳师范学院	16	音乐学	1
许昌	禹州市	文科	专科小教全科	6234	焦作师范高等专科学校	62	小学教育	4
许昌	长葛市	文科	学科教师	6402	洛阳师范学院	25	英语	7
许昌	长葛市	文科	学科教师	6405	南阳师范学院	0X	地理科学	3
许昌	长葛市	文科	学科教师	6407	安阳师范学院	08	思想政治教育	7
许昌	长葛市	文科	学科教师	6407	安阳师范学院	39	历史学	6
许昌	长葛市	文科	学科教师	6409	周口师范学院	09	汉语言文学	6
许昌	长葛市	文科	艺术类学科教师	6403	信阳师范学院	29	美术学	3
许昌	长葛市	文科	艺术类学科教师	6405	南阳师范学院	18	音乐学	2
直管县	邓州市	文科	特殊教育	6406	郑州师范学院	11	特殊教育	2
直管县	邓州市	文科	学科教师	6405	南阳师范学院	27	思想政治教育	5
直管县	邓州市	文科	学科教师	6405	南阳师范学院	73	英语	3
直管县	邓州市	文科	学科教师	6405	南阳师范学院	99	地理科学	3
直管县	邓州市	文科	学科教师	6408	商丘师范学院	18	历史学	3

续表

省辖市	设岗县(市、区)	科类	分类	院校代码	院校名称	专业代码	专业名称	招生计划
直管县	邓州市	文科	学科教师	6409	周口师范学院	14	汉语言文学	6
直管县	邓州市	文科	艺术类学科教师	6402	洛阳师范学院	11	音乐学	2
直管县	邓州市	文科	艺术类学科教师	6403	信阳师范学院	07	美术学	2
直管县	邓州市	文科	专科小教全科	6234	焦作师范高等专科学校	13	小学教育	9
直管县	巩义市	文科	学科教师	6405	南阳师范学院	29	思想政治教育	2
直管县	巩义市	文科	学科教师	6405	南阳师范学院	79	英语	2
直管县	巩义市	文科	学科教师	6405	南阳师范学院	0B	地理科学	2
直管县	巩义市	文科	学科教师	6407	安阳师范学院	25	汉语言文学	4
直管县	巩义市	文科	学科教师	6408	商丘师范学院	10	历史学	2
直管县	固始县	文科	地方优师专项	6410	河南大学	23	汉语言文学	3
直管县	固始县	文科	地方优师专项	6410	河南大学	37	历史学	1
直管县	固始县	文科	地方优师专项	6411	河南师范大学	41	思想政治教育	1
直管县	固始县	文科	地方优师专项	6412	信阳师范学院	32	英语	4
直管县	固始县	文科	特殊教育	6406	郑州师范学院	12	特殊教育	4
直管县	固始县	文科	体育类地方优师专项	6411	河南师范大学	19	体育教育	1
直管县	固始县	文科	艺术类地方优师专项	6412	信阳师范学院	03	音乐学	1
直管县	固始县	文科	艺术类地方优师专项	6412	信阳师范学院	18	美术学	1
直管县	固始县	文科	专科小教全科	6234	焦作师范高等专科学校	14	小学教育	10
直管县	滑县	文科	地方优师专项	6410	河南大学	21	汉语言文学	5
直管县	滑县	文科	地方优师专项	6411	河南师范大学	39	思想政治教育	5
直管县	滑县	文科	特殊教育	6406	郑州师范学院	10	特殊教育	10
直管县	滑县	文科	体育类地方优师专项	6411	河南师范大学	18	体育教育	3
直管县	滑县	文科	专科小教全科	6234	焦作师范高等专科学校	10	小学教育	16
直管县	兰考县	文科	地方优师专项	6410	河南大学	20	汉语言文学	2
直管县	兰考县	文科	地方优师专项	6411	河南师范大学	38	思想政治教育	1
直管县	兰考县	文科	地方优师专项	6412	信阳师范学院	35	英语	2
直管县	兰考县	文科	特殊教育	6406	郑州师范学院	09	特殊教育	1
直管县	兰考县	文科	体育类地方优师专项	6411	河南师范大学	17	体育教育	1
直管县	兰考县	文科	艺术类地方优师专项	6412	信阳师范学院	19	美术学	1
直管县	兰考县	文科	专科小教全科	6234	焦作师范高等专科学校	09	小学教育	8
直管县	汝州市	文科	特殊教育	6406	郑州师范学院	13	特殊教育	2
直管县	汝州市	文科	体育类学科教师	6403	信阳师范学院	39	体育教育	2
直管县	汝州市	文科	学科教师	6405	南阳师范学院	30	思想政治教育	20
直管县	汝州市	文科	学科教师	6405	南阳师范学院	71	英语	10
直管县	汝州市	文科	学科教师	6408	商丘师范学院	16	历史学	10
直管县	汝州市	文科	艺术类学科教师	6402	洛阳师范学院	01	音乐学	9

续表

省辖市	设岗县（市、区）	科类	分类	院校代码	院校名称	专业代码	专业名称	招生计划
直管县	汝州市	文科	艺术类学科教师	6403	信阳师范学院	08	美术学	8
直管县	汝州市	文科	专科小教全科	6234	焦作师范高等专科学校	15	小学教育	23
直管县	新蔡县	文科	地方优师专项	6410	河南大学	22	汉语言文学	1
直管县	新蔡县	文科	地方优师专项	6411	河南师范大学	40	思想政治教育	1
直管县	新蔡县	文科	地方优师专项	6412	信阳师范学院	40	英语	1
直管县	新蔡县	文科	专科小教全科	6234	焦作师范高等专科学校	12	小学教育	4
直管县	永城市	文科	学科教师	6405	南阳师范学院	72	英语	6
直管县	永城市	文科	学科教师	6405	南阳师范学院	87	地理科学	2
直管县	永城市	文科	学科教师	6409	周口师范学院	15	汉语言文学	12
直管县	永城市	文科	艺术类学科教师	6402	洛阳师范学院	13	音乐学	1
直管县	永城市	文科	专科小教全科	6234	焦作师范高等专科学校	11	小学教育	14
直管县	长垣市	文科	特殊教育	6406	郑州师范学院	14	特殊教育	3
直管县	长垣市	文科	学科教师	6405	南阳师范学院	32	思想政治教育	1
直管县	长垣市	文科	学科教师	6405	南阳师范学院	76	英语	2
直管县	长垣市	文科	学科教师	6405	南阳师范学院	0C	地理科学	1
直管县	长垣市	文科	学科教师	6408	商丘师范学院	04	历史学	1
直管县	长垣市	文科	学科教师	6409	周口师范学院	18	汉语言文学	2
直管县	长垣市	文科	艺术类学科教师	6402	洛阳师范学院	05	音乐学	1
直管县	长垣市	文科	艺术类学科教师	6403	信阳师范学院	09	美术学	2
直管县	长垣市	文科	专科小教全科	6234	焦作师范高等专科学校	16	小学教育	3
周口	郸城县	文科	地方优师专项	6412	信阳师范学院	39	英语	1
周口	郸城县	文科	体育类地方优师专项	6411	河南师范大学	13	体育教育	1
周口	郸城县	文科	艺术类地方优师专项	6412	信阳师范学院	08	音乐学	1
周口	郸城县	文科	艺术类地方优师专项	6412	信阳师范学院	25	美术学	1
周口	郸城县	文科	专科小教全科	6234	焦作师范高等专科学校	66	小学教育	8
周口	扶沟县	文科	体育类学科教师	6403	信阳师范学院	43	体育教育	2
周口	扶沟县	文科	学科教师	6405	南阳师范学院	49	思想政治教育	3
周口	扶沟县	文科	学科教师	6405	南阳师范学院	0U	地理科学	3
周口	扶沟县	文科	学科教师	6409	周口师范学院	01	汉语言文学	6
周口	扶沟县	文科	学科教师	6409	周口师范学院	19	英语	3
周口	扶沟县	文科	艺术类学科教师	6403	信阳师范学院	18	美术学	4
周口	扶沟县	文科	艺术类学科教师	6405	南阳师范学院	10	音乐学	3
周口	扶沟县	文科	专科小教全科	6234	焦作师范高等专科学校	67	小学教育	5
周口	淮阳区	文科	地方优师专项	6410	河南大学	15	汉语言文学	1
周口	淮阳区	文科	地方优师专项	6411	河南师范大学	29	思想政治教育	1
周口	淮阳区	文科	地方优师专项	6412	信阳师范学院	47	英语	1

续表

省辖市	设岗县(市、区)	科类	分类	院校代码	院校名称	专业代码	专业名称	招生计划
周口	淮阳区	文科	特殊教育	6406	郑州师范学院	42	特殊教育	2
周口	淮阳区	文科	艺术类地方优师专项	6412	信阳师范学院	23	美术学	1
周口	淮阳区	文科	专科小教全科	6234	焦作师范高等专科学校	68	小学教育	7
周口	商水县	文科	特殊教育	6406	郑州师范学院	43	特殊教育	4
周口	商水县	文科	专科小教全科	6234	焦作师范高等专科学校	69	小学教育	9
周口	沈丘县	文科	地方优师专项	6411	河南师范大学	30	思想政治教育	1
周口	沈丘县	文科	地方优师专项	6412	信阳师范学院	49	英语	1
周口	沈丘县	文科	专科小教全科	6234	焦作师范高等专科学校	65	小学教育	2
周口	太康县	文科	地方优师专项	6410	河南大学	14	汉语言文学	1
周口	太康县	文科	地方优师专项	6411	河南师范大学	31	思想政治教育	1
周口	太康县	文科	特殊教育	6406	郑州师范学院	44	特殊教育	2
周口	太康县	文科	专科小教全科	6234	焦作师范高等专科学校	70	小学教育	5
周口	西华县	文科	特殊教育	6406	郑州师范学院	45	特殊教育	4
周口	西华县	文科	学科教师	6405	南阳师范学院	55	思想政治教育	3
周口	西华县	文科	学科教师	6405	南阳师范学院	0W	地理科学	3
周口	西华县	文科	学科教师	6408	商丘师范学院	12	历史学	3
周口	西华县	文科	学科教师	6409	周口师范学院	04	汉语言文学	6
周口	西华县	文科	学科教师	6409	周口师范学院	20	英语	5
周口	西华县	文科	艺术类学科教师	6403	信阳师范学院	19	美术学	3
周口	西华县	文科	艺术类学科教师	6405	南阳师范学院	08	音乐学	2
周口	西华县	文科	专科小教全科	6234	焦作师范高等专科学校	71	小学教育	7
周口	项城市	文科	特殊教育	6406	郑州师范学院	46	特殊教育	4
周口	项城市	文科	体育类学科教师	6403	信阳师范学院	44	体育教育	2
周口	项城市	文科	学科教师	6405	南阳师范学院	54	思想政治教育	3
周口	项城市	文科	学科教师	6405	南阳师范学院	0V	地理科学	3
周口	项城市	文科	学科教师	6408	商丘师范学院	06	历史学	2
周口	项城市	文科	学科教师	6409	周口师范学院	02	汉语言文学	10
周口	项城市	文科	学科教师	6409	周口师范学院	21	英语	6
周口	项城市	文科	艺术类学科教师	6403	信阳师范学院	20	美术学	4
周口	项城市	文科	艺术类学科教师	6405	南阳师范学院	11	音乐学	3
周口	项城市	文科	专科小教全科	6234	焦作师范高等专科学校	72	小学教育	9
驻马店	泌阳县	文科	学科教师	6405	南阳师范学院	84	英语	3
驻马店	泌阳县	文科	学科教师	6409	周口师范学院	05	汉语言文学	6
驻马店	泌阳县	文科	专科小教全科	6234	焦作师范高等专科学校	75	小学教育	4
驻马店	平舆县	文科	地方优师专项	6410	河南大学	16	汉语言文学	1
驻马店	平舆县	文科	地方优师专项	6410	河南大学	31	历史学	1

续表

省辖市	设岗县(市、区)	科类	分类	院校代码	院校名称	专业代码	专业名称	招生计划
驻马店	平舆县	文科	地方优师专项	6412	信阳师范学院	34	英语	1
驻马店	平舆县	文科	体育类地方优师专项	6411	河南师范大学	14	体育教育	1
驻马店	平舆县	文科	艺术类地方优师专项	6412	信阳师范学院	07	音乐学	1
驻马店	平舆县	文科	艺术类地方优师专项	6412	信阳师范学院	24	美术学	2
驻马店	平舆县	文科	专科小教全科	6234	焦作师范高等专科学校	78	小学教育	2
驻马店	确山县	文科	地方优师专项	6410	河南大学	32	历史学	1
驻马店	确山县	文科	地方优师专项	6411	河南师范大学	32	思想政治教育	1
驻马店	确山县	文科	专科小教全科	6234	焦作师范高等专科学校	77	小学教育	2
驻马店	上蔡县	文科	体育类地方优师专项	6411	河南师范大学	15	体育教育	1
驻马店	上蔡县	文科	专科小教全科	6234	焦作师范高等专科学校	76	小学教育	2
驻马店	遂平县	文科	学科教师	6405	南阳师范学院	85	英语	4
驻马店	遂平县	文科	专科小教全科	6234	焦作师范高等专科学校	74	小学教育	4
驻马店	西平县	文科	专科小教全科	6234	焦作师范高等专科学校	79	小学教育	2
安阳	安阳县	理科	体育类学科教师	6403	信阳师范学院	54	体育教育	1
安阳	安阳县	理科	学科教师	6402	洛阳师范学院	96	计算机科学与技术	1
安阳	安阳县	理科	专科小教全科	6234	焦作师范高等专科学校	17	小学教育	1
安阳	林州市	理科	体育类学科教师	6403	信阳师范学院	55	体育教育	4
安阳	林州市	理科	学科教师	6402	洛阳师范学院	76	生物科学	14
安阳	林州市	理科	学科教师	6405	南阳师范学院	39	地理科学	4
安阳	林州市	理科	学科教师	6407	安阳师范学院	02	数学与应用数学	4
安阳	林州市	理科	学科教师	6407	安阳师范学院	16	物理学	11
安阳	林州市	理科	学科教师	6407	安阳师范学院	29	化学	4
安阳	林州市	理科	学科教师	6409	周口师范学院	03	英语	2
安阳	林州市	理科	专科小教全科	6234	焦作师范高等专科学校	20	小学教育	7
安阳	内黄县	理科	学科教师	6402	洛阳师范学院	80	生物科学	2
安阳	内黄县	理科	学科教师	6407	安阳师范学院	01	数学与应用数学	1
安阳	内黄县	理科	学科教师	6407	安阳师范学院	15	物理学	2
安阳	内黄县	理科	学科教师	6407	安阳师范学院	28	化学	3
安阳	内黄县	理科	学科教师	6409	周口师范学院	04	英语	1
安阳	内黄县	理科	专科小教全科	6234	焦作师范高等专科学校	19	小学教育	4
安阳	汤阴县	理科	学科教师	6402	洛阳师范学院	77	生物科学	6
安阳	汤阴县	理科	学科教师	6407	安阳师范学院	03	数学与应用数学	5
安阳	汤阴县	理科	学科教师	6407	安阳师范学院	17	物理学	5
安阳	汤阴县	理科	学科教师	6407	安阳师范学院	30	化学	4
安阳	汤阴县	理科	专科小教全科	6234	焦作师范高等专科学校	18	小学教育	1
鹤壁	浚县	理科	体育类学科教师	6403	信阳师范学院	72	体育教育	2

续表

省辖市	设岗县（市、区）	科类	分类	院校代码	院校名称	专业代码	专业名称	招生计划
鹤壁	浚县	理科	学科教师	6402	洛阳师范学院	86	计算机科学与技术	3
鹤壁	浚县	理科	学科教师	6407	安阳师范学院	07	数学与应用数学	3
鹤壁	浚县	理科	专科小教全科	6234	焦作师范高等专科学校	37	小学教育	4
济源示范区	济源示范区	理科	体育类学科教师	6403	信阳师范学院	61	体育教育	1
济源示范区	济源示范区	理科	学科教师	6402	洛阳师范学院	29	数学与应用数学	3
济源示范区	济源示范区	理科	学科教师	6407	安阳师范学院	31	化学	1
济源示范区	济源示范区	理科	学科教师	6408	商丘师范学院	07	物理学	2
济源示范区	济源示范区	理科	学科教师	6408	商丘师范学院	35	生物科学	1
焦作	博爱县	理科	学科教师	6402	洛阳师范学院	41	物理学	3
焦作	博爱县	理科	学科教师	6407	安阳师范学院	33	化学	3
焦作	博爱县	理科	学科教师	6409	周口师范学院	18	数学与应用数学	3
焦作	孟州市	理科	学科教师	6402	洛阳师范学院	44	物理学	1
焦作	孟州市	理科	学科教师	6402	洛阳师范学院	0C	计算机科学与技术	1
焦作	孟州市	理科	学科教师	6405	南阳师范学院	45	生物科学	2
焦作	孟州市	理科	学科教师	6407	安阳师范学院	37	化学	2
焦作	沁阳市	理科	体育类学科教师	6403	信阳师范学院	62	体育教育	2
焦作	沁阳市	理科	学科教师	6402	洛阳师范学院	45	物理学	3
焦作	沁阳市	理科	学科教师	6407	安阳师范学院	36	化学	3
焦作	沁阳市	理科	学科教师	6409	周口师范学院	21	数学与应用数学	3
焦作	沁阳市	理科	专科小教全科	6234	焦作师范高等专科学校	43	小学教育	7
焦作	温县	理科	体育类学科教师	6403	信阳师范学院	63	体育教育	1
焦作	温县	理科	学科教师	6402	洛阳师范学院	40	物理学	2
焦作	温县	理科	学科教师	6405	南阳师范学院	52	生物科学	2
焦作	温县	理科	学科教师	6407	安阳师范学院	35	化学	1
焦作	温县	理科	学科教师	6409	周口师范学院	17	数学与应用数学	2
焦作	温县	理科	专科小教全科	6234	焦作师范高等专科学校	44	小学教育	3
焦作	武陟县	理科	学科教师	6402	洛阳师范学院	46	物理学	3
焦作	武陟县	理科	学科教师	6405	南阳师范学院	54	生物科学	5
焦作	武陟县	理科	学科教师	6407	安阳师范学院	34	化学	2
焦作	武陟县	理科	学科教师	6409	周口师范学院	20	数学与应用数学	2
焦作	修武县	理科	学科教师	6402	洛阳师范学院	43	物理学	4
焦作	修武县	理科	学科教师	6409	周口师范学院	19	数学与应用数学	4
开封	杞县	理科	体育类学科教师	6403	信阳师范学院	37	体育教育	5
开封	杞县	理科	学科教师	6402	洛阳师范学院	53	物理学	8
开封	杞县	理科	学科教师	6402	洛阳师范学院	0D	计算机科学与技术	6
开封	杞县	理科	学科教师	6408	商丘师范学院	16	化学	7

续表

省辖市	设岗县（市、区）	科类	分类	院校代码	院校名称	专业代码	专业名称	招生计划
开封	杞县	理科	艺术类学科教师	6403	信阳师范学院	01	美术学	2
开封	杞县	理科	专科小教全科	6234	焦作师范高等专科学校	34	小学教育	20
开封	通许县	理科	学科教师	6402	洛阳师范学院	50	物理学	2
开封	通许县	理科	学科教师	6408	商丘师范学院	24	化学	1
开封	通许县	理科	学科教师	6408	商丘师范学院	36	生物科学	2
开封	尉氏县	理科	体育类学科教师	6403	信阳师范学院	39	体育教育	2
开封	尉氏县	理科	学科教师	6402	洛阳师范学院	52	物理学	11
开封	尉氏县	理科	学科教师	6402	洛阳师范学院	93	计算机科学与技术	6
开封	尉氏县	理科	学科教师	6408	商丘师范学院	22	化学	8
开封	尉氏县	理科	学科教师	6408	商丘师范学院	30	生物科学	10
开封	尉氏县	理科	专科小教全科	6234	焦作师范高等专科学校	36	小学教育	20
开封	祥符区	理科	体育类学科教师	6403	信阳师范学院	38	体育教育	2
开封	祥符区	理科	学科教师	6402	洛阳师范学院	51	物理学	2
开封	祥符区	理科	学科教师	6402	洛阳师范学院	0E	计算机科学与技术	1
开封	祥符区	理科	学科教师	6407	安阳师范学院	14	数学与应用数学	1
开封	祥符区	理科	学科教师	6408	商丘师范学院	15	化学	1
开封	祥符区	理科	学科教师	6408	商丘师范学院	34	生物科学	4
开封	祥符区	理科	专科小教全科	6234	焦作师范高等专科学校	35	小学教育	12
洛阳	栾川县	理科	地方优师专项	6410	河南大学	02	地理科学	1
洛阳	栾川县	理科	地方优师专项	6411	河南师范大学	28	物理学	1
洛阳	栾川县	理科	地方优师专项	6411	河南师范大学	42	化学	1
洛阳	栾川县	理科	地方优师专项	6411	河南师范大学	58	生物科学	1
洛阳	栾川县	理科	地方优师专项	6412	信阳师范学院	41	数学与应用数学	1
洛阳	栾川县	理科	专科小教全科	6234	焦作师范高等专科学校	61	小学教育	2
洛阳	洛宁县	理科	地方优师专项	6411	河南师范大学	27	物理学	1
洛阳	洛宁县	理科	地方优师专项	6411	河南师范大学	41	化学	1
洛阳	洛宁县	理科	地方优师专项	6411	河南师范大学	57	生物科学	1
洛阳	洛宁县	理科	地方优师专项	6412	信阳师范学院	40	数学与应用数学	1
洛阳	洛宁县	理科	专科小教全科	6234	焦作师范高等专科学校	59	小学教育	3
洛阳	汝阳县	理科	地方优师专项	6410	河南大学	03	地理科学	1
洛阳	汝阳县	理科	地方优师专项	6411	河南师范大学	29	物理学	4
洛阳	汝阳县	理科	地方优师专项	6411	河南师范大学	43	化学	3
洛阳	汝阳县	理科	地方优师专项	6411	河南师范大学	59	生物科学	1
洛阳	汝阳县	理科	地方优师专项	6412	信阳师范学院	38	数学与应用数学	1
洛阳	汝阳县	理科	专科小教全科	6234	焦作师范高等专科学校	60	小学教育	5
洛阳	新安县	理科	学科教师	6402	洛阳师范学院	18	数学与应用数学	3

续表

省辖市	设岗县（市、区）	科类	分类	院校代码	院校名称	专业代码	专业名称	招生计划
洛阳	新安县	理科	学科教师	6402	洛阳师范学院	58	化学	2
洛阳	新安县	理科	学科教师	6402	洛阳师范学院	75	生物科学	3
洛阳	新安县	理科	学科教师	6407	安阳师范学院	26	物理学	2
洛阳	新安县	理科	专科小教全科	6234	焦作师范高等专科学校	55	小学教育	3
洛阳	偃师区	理科	体育类学科教师	6403	信阳师范学院	40	体育教育	1
洛阳	偃师区	理科	学科教师	6402	洛阳师范学院	17	数学与应用数学	2
洛阳	偃师区	理科	学科教师	6402	洛阳师范学院	59	化学	2
洛阳	偃师区	理科	学科教师	6402	洛阳师范学院	74	生物科学	2
洛阳	偃师区	理科	专科小教全科	6234	焦作师范高等专科学校	56	小学教育	2
洛阳	伊川县	理科	体育类学科教师	6403	信阳师范学院	41	体育教育	2
洛阳	伊川县	理科	学科教师	6402	洛阳师范学院	19	数学与应用数学	3
洛阳	伊川县	理科	学科教师	6402	洛阳师范学院	55	化学	2
洛阳	伊川县	理科	学科教师	6402	洛阳师范学院	72	生物科学	3
洛阳	伊川县	理科	学科教师	6402	洛阳师范学院	84	计算机科学与技术	1
洛阳	伊川县	理科	学科教师	6407	安阳师范学院	27	物理学	2
洛阳	伊川县	理科	专科小教全科	6234	焦作师范高等专科学校	58	小学教育	1
洛阳	宜阳县	理科	地方优师专项	6410	河南大学	01	地理科学	1
洛阳	宜阳县	理科	地方优师专项	6411	河南师范大学	01	教育技术学	1
洛阳	宜阳县	理科	地方优师专项	6411	河南师范大学	26	物理学	1
洛阳	宜阳县	理科	地方优师专项	6411	河南师范大学	40	化学	1
洛阳	宜阳县	理科	地方优师专项	6411	河南师范大学	56	生物科学	1
洛阳	宜阳县	理科	地方优师专项	6412	信阳师范学院	39	数学与应用数学	1
洛阳	宜阳县	理科	专科小教全科	6234	焦作师范高等专科学校	57	小学教育	3
漯河	临颍县	理科	专科小教全科	6234	焦作师范高等专科学校	53	小学教育	7
漯河	舞阳县	理科	专科小教全科	6234	焦作师范高等专科学校	54	小学教育	7
漯河	郾城区	理科	学科教师	6402	洛阳师范学院	73	生物科学	5
漯河	郾城区	理科	专科小教全科	6234	焦作师范高等专科学校	52	小学教育	1
漯河	召陵区	理科	学科教师	6402	洛阳师范学院	30	数学与应用数学	2
漯河	召陵区	理科	专科小教全科	6234	焦作师范高等专科学校	51	小学教育	4
南阳	方城县	理科	学科教师	6402	洛阳师范学院	34	数学与应用数学	10
南阳	方城县	理科	学科教师	6402	洛阳师范学院	67	化学	5
南阳	方城县	理科	学科教师	6405	南阳师范学院	26	英语	3
南阳	方城县	理科	学科教师	6405	南阳师范学院	34	地理科学	2
南阳	方城县	理科	学科教师	6405	南阳师范学院	53	生物科学	6
南阳	方城县	理科	学科教师	6408	商丘师范学院	06	物理学	6
南阳	方城县	理科	专科小教全科	6234	焦作师范高等专科学校	07	小学教育	14

续表

省辖市	设岗县(市、区)	科类	分类	院校代码	院校名称	专业代码	专业名称	招生计划
南阳	南召县	理科	地方优师专项	6410	河南大学	04	地理科学	1
南阳	南召县	理科	地方优师专项	6411	河南师范大学	02	教育技术学	1
南阳	南召县	理科	地方优师专项	6411	河南师范大学	44	化学	1
南阳	南召县	理科	地方优师专项	6411	河南师范大学	60	生物科学	1
南阳	南召县	理科	地方优师专项	6412	信阳师范学院	29	数学与应用数学	2
南阳	南召县	理科	地方优师专项	6412	信阳师范学院	45	物理学	1
南阳	南召县	理科	专科小教全科	6234	焦作师范高等专科学校	08	小学教育	14
南阳	内乡县	理科	地方优师专项	6410	河南大学	07	地理科学	3
南阳	内乡县	理科	地方优师专项	6411	河南师范大学	45	化学	2
南阳	内乡县	理科	地方优师专项	6412	信阳师范学院	62	物理学	3
南阳	社旗县	理科	地方优师专项	6410	河南大学	08	地理科学	2
南阳	社旗县	理科	地方优师专项	6411	河南师范大学	04	教育技术学	2
南阳	社旗县	理科	地方优师专项	6411	河南师范大学	63	生物科学	3
南阳	社旗县	理科	地方优师专项	6412	信阳师范学院	37	数学与应用数学	3
南阳	社旗县	理科	地方优师专项	6412	信阳师范学院	59	物理学	2
南阳	社旗县	理科	地方优师专项	6412	信阳师范学院	71	化学	3
南阳	社旗县	理科	专科小教全科	6234	焦作师范高等专科学校	06	小学教育	14
南阳	唐河县	理科	体育类学科教师	6403	信阳师范学院	71	体育教育	2
南阳	唐河县	理科	学科教师	6402	洛阳师范学院	31	数学与应用数学	7
南阳	唐河县	理科	学科教师	6402	洛阳师范学院	64	化学	5
南阳	唐河县	理科	学科教师	6405	南阳师范学院	27	英语	3
南阳	唐河县	理科	学科教师	6405	南阳师范学院	35	地理科学	3
南阳	唐河县	理科	学科教师	6405	南阳师范学院	60	生物科学	7
南阳	唐河县	理科	学科教师	6408	商丘师范学院	05	物理学	8
南阳	唐河县	理科	艺术类学科教师	6405	南阳师范学院	03	音乐学	2
南阳	桐柏县	理科	地方优师专项	6412	信阳师范学院	31	数学与应用数学	2
南阳	桐柏县	理科	地方优师专项	6412	信阳师范学院	49	物理学	2
南阳	桐柏县	理科	地方优师专项	6412	信阳师范学院	75	化学	2
南阳	桐柏县	理科	专科小教全科	6234	焦作师范高等专科学校	05	小学教育	10
南阳	宛城区	理科	体育类学科教师	6403	信阳师范学院	70	体育教育	1
南阳	宛城区	理科	学科教师	6402	洛阳师范学院	33	数学与应用数学	4
南阳	宛城区	理科	学科教师	6402	洛阳师范学院	63	化学	3
南阳	宛城区	理科	学科教师	6402	洛阳师范学院	95	计算机科学与技术	1
南阳	宛城区	理科	学科教师	6405	南阳师范学院	25	英语	2
南阳	宛城区	理科	学科教师	6405	南阳师范学院	41	生物科学	3
南阳	宛城区	理科	学科教师	6408	商丘师范学院	09	物理学	3

续表

省辖市	设岗县（市、区）	科类	分类	院校代码	院校名称	专业代码	专业名称	招生计划
南阳	宛城区	理科	专科小教全科	6234	焦作师范高等专科学校	01	小学教育	3
南阳	卧龙区	理科	学科教师	6402	洛阳师范学院	35	数学与应用数学	6
南阳	卧龙区	理科	学科教师	6402	洛阳师范学院	57	化学	4
南阳	卧龙区	理科	学科教师	6405	南阳师范学院	24	英语	3
南阳	卧龙区	理科	学科教师	6408	商丘师范学院	08	物理学	6
南阳	卧龙区	理科	专科小教全科	6234	焦作师范高等专科学校	02	小学教育	5
南阳	西峡县	理科	学科教师	6402	洛阳师范学院	36	数学与应用数学	2
南阳	西峡县	理科	学科教师	6402	洛阳师范学院	62	化学	3
南阳	西峡县	理科	学科教师	6405	南阳师范学院	43	生物科学	3
南阳	西峡县	理科	学科教师	6408	商丘师范学院	02	物理学	3
南阳	西峡县	理科	专科小教全科	6234	焦作师范高等专科学校	03	小学教育	2
南阳	淅川县	理科	地方优师专项	6410	河南大学	06	地理科学	1
南阳	淅川县	理科	地方优师专项	6411	河南师范大学	03	教育技术学	1
南阳	淅川县	理科	地方优师专项	6411	河南师范大学	62	生物科学	1
南阳	淅川县	理科	地方优师专项	6412	信阳师范学院	33	数学与应用数学	1
南阳	淅川县	理科	地方优师专项	6412	信阳师范学院	55	物理学	1
南阳	淅川县	理科	地方优师专项	6412	信阳师范学院	67	化学	1
南阳	新野县	理科	学科教师	6402	洛阳师范学院	28	数学与应用数学	4
南阳	新野县	理科	学科教师	6402	洛阳师范学院	70	化学	4
南阳	新野县	理科	学科教师	6405	南阳师范学院	36	地理科学	2
南阳	新野县	理科	学科教师	6405	南阳师范学院	57	生物科学	6
南阳	新野县	理科	学科教师	6408	商丘师范学院	04	物理学	5
南阳	新野县	理科	专科小教全科	6234	焦作师范高等专科学校	04	小学教育	4
南阳	镇平县	理科	地方优师专项	6410	河南大学	05	地理科学	3
南阳	镇平县	理科	地方优师专项	6411	河南师范大学	61	生物科学	3
南阳	镇平县	理科	地方优师专项	6412	信阳师范学院	32	数学与应用数学	3
南阳	镇平县	理科	地方优师专项	6412	信阳师范学院	54	物理学	4
南阳	镇平县	理科	地方优师专项	6412	信阳师范学院	66	化学	4
平顶山	宝丰县	理科	学科教师	6402	洛阳师范学院	26	数学与应用数学	6
平顶山	宝丰县	理科	学科教师	6405	南阳师范学院	61	生物科学	5
平顶山	宝丰县	理科	学科教师	6407	安阳师范学院	25	物理学	5
平顶山	宝丰县	理科	学科教师	6409	周口师范学院	08	英语	5
平顶山	宝丰县	理科	专科小教全科	6234	焦作师范高等专科学校	38	小学教育	14
平顶山	郏县	理科	体育类学科教师	6403	信阳师范学院	64	体育教育	1
平顶山	郏县	理科	学科教师	6402	洛阳师范学院	25	数学与应用数学	2
平顶山	郏县	理科	学科教师	6402	洛阳师范学院	56	化学	3

续表

省辖市	设岗县(市、区)	科类	分类	院校代码	院校名称	专业代码	专业名称	招生计划
平顶山	郏县	理科	学科教师	6402	洛阳师范学院	90	计算机科学与技术	1
平顶山	郏县	理科	学科教师	6405	南阳师范学院	42	生物科学	3
平顶山	郏县	理科	学科教师	6407	安阳师范学院	22	物理学	3
平顶山	郏县	理科	学科教师	6409	周口师范学院	05	英语	1
平顶山	郏县	理科	专科小教全科	6234	焦作师范高等专科学校	39	小学教育	4
平顶山	鲁山县	理科	地方优师专项	6412	信阳师范学院	34	数学与应用数学	1
平顶山	鲁山县	理科	地方优师专项	6412	信阳师范学院	56	物理学	1
平顶山	鲁山县	理科	地方优师专项	6412	信阳师范学院	69	化学	1
平顶山	鲁山县	理科	专科小教全科	6234	焦作师范高等专科学校	42	小学教育	3
平顶山	舞钢市	理科	学科教师	6402	洛阳师范学院	23	数学与应用数学	2
平顶山	舞钢市	理科	学科教师	6402	洛阳师范学院	61	化学	2
平顶山	舞钢市	理科	学科教师	6407	安阳师范学院	24	物理学	2
平顶山	舞钢市	理科	专科小教全科	6234	焦作师范高等专科学校	41	小学教育	2
平顶山	叶县	理科	体育类学科教师	6403	信阳师范学院	65	体育教育	2
平顶山	叶县	理科	学科教师	6402	洛阳师范学院	27	数学与应用数学	3
平顶山	叶县	理科	学科教师	6402	洛阳师范学院	60	化学	5
平顶山	叶县	理科	学科教师	6405	南阳师范学院	47	生物科学	3
平顶山	叶县	理科	学科教师	6407	安阳师范学院	23	物理学	5
平顶山	叶县	理科	学科教师	6409	周口师范学院	07	英语	2
平顶山	叶县	理科	艺术类学科教师	6403	信阳师范学院	02	美术学	2
平顶山	叶县	理科	专科小教全科	6234	焦作师范高等专科学校	40	小学教育	22
濮阳	范县	理科	地方优师专项	6410	河南大学	20	地理科学	2
濮阳	范县	理科	专科小教全科	6234	焦作师范高等专科学校	33	小学教育	1
濮阳	南乐县	理科	学科教师	6405	南阳师范学院	59	生物科学	2
濮阳	濮阳县	理科	体育类学科教师	6403	信阳师范学院	59	体育教育	2
濮阳	濮阳县	理科	学科教师	6402	洛阳师范学院	91	计算机科学与技术	2
濮阳	濮阳县	理科	学科教师	6405	南阳师范学院	63	生物科学	2
濮阳	濮阳县	理科	学科教师	6407	安阳师范学院	08	数学与应用数学	2
濮阳	濮阳县	理科	学科教师	6407	安阳师范学院	32	化学	2
濮阳	濮阳县	理科	学科教师	6408	商丘师范学院	03	物理学	1
濮阳	濮阳县	理科	专科小教全科	6234	焦作师范高等专科学校	32	小学教育	1
三门峡	卢氏县	理科	地方优师专项	6410	河南大学	19	地理科学	2
三门峡	卢氏县	理科	地方优师专项	6411	河南师范大学	37	物理学	2
三门峡	卢氏县	理科	地方优师专项	6411	河南师范大学	54	化学	2
三门峡	卢氏县	理科	地方优师专项	6412	信阳师范学院	43	数学与应用数学	5
三门峡	卢氏县	理科	专科小教全科	6234	焦作师范高等专科学校	73	小学教育	11

续表

省辖市	设岗县（市、区）	科类	分类	院校代码	院校名称	专业代码	专业名称	招生计划
商丘	梁园区	理科	体育类学科教师	6403	信阳师范学院	60	体育教育	2
商丘	梁园区	理科	学科教师	6402	洛阳师范学院	0F	计算机科学与技术	1
商丘	梁园区	理科	学科教师	6407	安阳师范学院	13	数学与应用数学	2
商丘	梁园区	理科	学科教师	6408	商丘师范学院	01	物理学	1
商丘	梁园区	理科	学科教师	6408	商丘师范学院	17	化学	1
商丘	梁园区	理科	学科教师	6408	商丘师范学院	33	生物科学	2
商丘	梁园区	理科	专科小教全科	6234	焦作师范高等专科学校	45	小学教育	4
商丘	民权县	理科	地方优师专项	6410	河南大学	18	地理科学	3
商丘	民权县	理科	地方优师专项	6411	河南师范大学	21	数学与应用数学	3
商丘	民权县	理科	地方优师专项	6411	河南师范大学	34	物理学	11
商丘	民权县	理科	地方优师专项	6411	河南师范大学	51	化学	10
商丘	民权县	理科	专科小教全科	6234	焦作师范高等专科学校	49	小学教育	22
商丘	睢县	理科	地方优师专项	6410	河南大学	17	地理科学	5
商丘	睢县	理科	地方优师专项	6411	河南师范大学	20	数学与应用数学	5
商丘	睢县	理科	地方优师专项	6411	河南师范大学	32	物理学	5
商丘	睢县	理科	地方优师专项	6411	河南师范大学	49	化学	5
商丘	睢县	理科	专科小教全科	6234	焦作师范高等专科学校	48	小学教育	4
商丘	夏邑县	理科	学科教师	6407	安阳师范学院	12	数学与应用数学	9
商丘	夏邑县	理科	学科教师	6408	商丘师范学院	10	物理学	6
商丘	夏邑县	理科	学科教师	6408	商丘师范学院	14	化学	5
商丘	夏邑县	理科	专科小教全科	6234	焦作师范高等专科学校	46	小学教育	4
商丘	虞城县	理科	地方优师专项	6411	河南师范大学	33	物理学	2
商丘	虞城县	理科	地方优师专项	6411	河南师范大学	50	化学	2
商丘	虞城县	理科	专科小教全科	6234	焦作师范高等专科学校	47	小学教育	4
商丘	柘城县	理科	地方优师专项	6411	河南师范大学	35	物理学	1
商丘	柘城县	理科	地方优师专项	6411	河南师范大学	52	化学	1
商丘	柘城县	理科	专科小教全科	6234	焦作师范高等专科学校	50	小学教育	3
新乡	封丘县	理科	地方优师专项	6411	河南师范大学	09	教育技术学	1
新乡	封丘县	理科	地方优师专项	6411	河南师范大学	22	数学与应用数学	2
新乡	封丘县	理科	地方优师专项	6411	河南师范大学	36	物理学	1
新乡	封丘县	理科	地方优师专项	6411	河南师范大学	53	化学	1
新乡	封丘县	理科	地方优师专项	6411	河南师范大学	74	生物科学	1
新乡	封丘县	理科	专科小教全科	6234	焦作师范高等专科学校	29	小学教育	4
新乡	辉县市	理科	体育类学科教师	6403	信阳师范学院	49	体育教育	1
新乡	辉县市	理科	学科教师	6402	洛阳师范学院	48	物理学	2
新乡	辉县市	理科	学科教师	6402	洛阳师范学院	68	化学	2

续表

省辖市	设岗县（市、区）	科类	分类	院校代码	院校名称	专业代码	专业名称	招生计划
新乡	辉县市	理科	学科教师	6402	洛阳师范学院	0B	计算机科学与技术	1
新乡	辉县市	理科	学科教师	6407	安阳师范学院	05	数学与应用数学	3
新乡	辉县市	理科	学科教师	6408	商丘师范学院	32	生物科学	3
新乡	获嘉县	理科	体育类学科教师	6403	信阳师范学院	46	体育教育	1
新乡	获嘉县	理科	学科教师	6402	洛阳师范学院	42	物理学	3
新乡	获嘉县	理科	学科教师	6402	洛阳师范学院	66	化学	2
新乡	获嘉县	理科	学科教师	6408	商丘师范学院	28	生物科学	2
新乡	获嘉县	理科	专科小教全科	6234	焦作师范高等专科学校	28	小学教育	1
新乡	卫辉市	理科	体育类学科教师	6403	信阳师范学院	47	体育教育	1
新乡	卫辉市	理科	学科教师	6402	洛阳师范学院	47	物理学	2
新乡	卫辉市	理科	学科教师	6402	洛阳师范学院	69	化学	2
新乡	延津县	理科	体育类学科教师	6403	信阳师范学院	48	体育教育	3
新乡	延津县	理科	学科教师	6402	洛阳师范学院	49	物理学	2
新乡	延津县	理科	学科教师	6402	洛阳师范学院	65	化学	2
新乡	延津县	理科	学科教师	6402	洛阳师范学院	99	计算机科学与技术	2
新乡	延津县	理科	学科教师	6407	安阳师范学院	06	数学与应用数学	3
新乡	延津县	理科	学科教师	6408	商丘师范学院	31	生物科学	4
新乡	延津县	理科	专科小教全科	6234	焦作师范高等专科学校	30	小学教育	1
新乡	原阳县	理科	学科教师	6402	洛阳师范学院	54	物理学	2
新乡	原阳县	理科	学科教师	6402	洛阳师范学院	71	化学	2
新乡	原阳县	理科	学科教师	6407	安阳师范学院	04	数学与应用数学	2
新乡	原阳县	理科	学科教师	6408	商丘师范学院	29	生物科学	3
新乡	原阳县	理科	专科小教全科	6234	焦作师范高等专科学校	31	小学教育	1
信阳	光山县	理科	地方优师专项	6410	河南大学	09	地理科学	2
信阳	光山县	理科	地方优师专项	6411	河南师范大学	05	教育技术学	1
信阳	光山县	理科	地方优师专项	6411	河南师范大学	46	化学	2
信阳	光山县	理科	地方优师专项	6411	河南师范大学	64	生物科学	2
信阳	光山县	理科	地方优师专项	6412	信阳师范学院	28	数学与应用数学	4
信阳	光山县	理科	地方优师专项	6412	信阳师范学院	44	物理学	2
信阳	光山县	理科	专科小教全科	6234	焦作师范高等专科学校	24	小学教育	8
信阳	淮滨县	理科	地方优师专项	6410	河南大学	10	地理科学	2
信阳	淮滨县	理科	地方优师专项	6411	河南师范大学	65	生物科学	2
信阳	淮滨县	理科	地方优师专项	6412	信阳师范学院	30	数学与应用数学	2
信阳	淮滨县	理科	地方优师专项	6412	信阳师范学院	47	物理学	2
信阳	淮滨县	理科	地方优师专项	6412	信阳师范学院	63	化学	2
信阳	淮滨县	理科	专科小教全科	6234	焦作师范高等专科学校	26	小学教育	7

续表

省辖市	设岗县（市、区）	科类	分类	院校代码	院校名称	专业代码	专业名称	招生计划
信阳	潢川县	理科	地方优师专项	6411	河南师范大学	06	教育技术学	4
信阳	潢川县	理科	地方优师专项	6411	河南师范大学	14	数学与应用数学	6
信阳	潢川县	理科	地方优师专项	6412	信阳师范学院	61	物理学	3
信阳	潢川县	理科	地方优师专项	6412	信阳师范学院	74	化学	4
信阳	罗山县	理科	体育类学科教师	6403	信阳师范学院	52	体育教育	1
信阳	罗山县	理科	学科教师	6402	洛阳师范学院	85	计算机科学与技术	1
信阳	罗山县	理科	学科教师	6405	南阳师范学院	48	生物科学	3
信阳	罗山县	理科	学科教师	6407	安阳师范学院	20	物理学	4
信阳	罗山县	理科	学科教师	6407	安阳师范学院	44	化学	2
信阳	罗山县	理科	学科教师	6409	周口师范学院	14	数学与应用数学	5
信阳	罗山县	理科	专科小教全科	6234	焦作师范高等专科学校	23	小学教育	5
信阳	平桥区	理科	体育类学科教师	6403	信阳师范学院	51	体育教育	2
信阳	平桥区	理科	学科教师	6402	洛阳师范学院	88	计算机科学与技术	1
信阳	平桥区	理科	学科教师	6405	南阳师范学院	50	生物科学	3
信阳	平桥区	理科	学科教师	6407	安阳师范学院	19	物理学	3
信阳	平桥区	理科	学科教师	6407	安阳师范学院	43	化学	2
信阳	平桥区	理科	学科教师	6409	周口师范学院	11	数学与应用数学	1
信阳	平桥区	理科	专科小教全科	6234	焦作师范高等专科学校	22	小学教育	6
信阳	商城县	理科	地方优师专项	6410	河南大学	11	地理科学	3
信阳	商城县	理科	地方优师专项	6411	河南师范大学	13	数学与应用数学	2
信阳	商城县	理科	地方优师专项	6411	河南师范大学	67	生物科学	3
信阳	商城县	理科	地方优师专项	6412	信阳师范学院	50	物理学	3
信阳	商城县	理科	地方优师专项	6412	信阳师范学院	70	化学	3
信阳	商城县	理科	专科小教全科	6234	焦作师范高等专科学校	25	小学教育	3
信阳	浉河区	理科	体育类学科教师	6403	信阳师范学院	50	体育教育	3
信阳	浉河区	理科	学科教师	6405	南阳师范学院	44	生物科学	3
信阳	浉河区	理科	学科教师	6407	安阳师范学院	18	物理学	3
信阳	浉河区	理科	学科教师	6407	安阳师范学院	42	化学	1
信阳	浉河区	理科	学科教师	6409	周口师范学院	15	数学与应用数学	4
信阳	浉河区	理科	专科小教全科	6234	焦作师范高等专科学校	21	小学教育	1
信阳	息县	理科	体育类学科教师	6403	信阳师范学院	53	体育教育	2
信阳	息县	理科	学科教师	6405	南阳师范学院	31	英语	2
信阳	息县	理科	学科教师	6405	南阳师范学院	40	地理科学	2
信阳	息县	理科	学科教师	6405	南阳师范学院	46	生物科学	7
信阳	息县	理科	学科教师	6407	安阳师范学院	21	物理学	3
信阳	息县	理科	学科教师	6407	安阳师范学院	45	化学	2

续表

省辖市	设岗县（市、区）	科类	分类	院校代码	院校名称	专业代码	专业名称	招生计划
信阳	息县	理科	学科教师	6409	周口师范学院	13	数学与应用数学	4
信阳	息县	理科	艺术类学科教师	6405	南阳师范学院	05	音乐学	2
信阳	息县	理科	专科小教全科	6234	焦作师范高等专科学校	27	小学教育	4
信阳	新县	理科	地方优师专项	6411	河南师范大学	12	数学与应用数学	2
信阳	新县	理科	地方优师专项	6411	河南师范大学	66	生物科学	1
信阳	新县	理科	地方优师专项	6412	信阳师范学院	53	物理学	2
信阳	新县	理科	地方优师专项	6412	信阳师范学院	65	化学	2
许昌	建安区	理科	体育类学科教师	6403	信阳师范学院	69	体育教育	1
许昌	建安区	理科	学科教师	6402	洛阳师范学院	24	数学与应用数学	4
许昌	建安区	理科	学科教师	6402	洛阳师范学院	83	计算机科学与技术	1
许昌	建安区	理科	学科教师	6409	周口师范学院	29	物理学	2
许昌	建安区	理科	专科小教全科	6234	焦作师范高等专科学校	64	小学教育	1
许昌	襄城县	理科	学科教师	6408	商丘师范学院	23	化学	5
许昌	襄城县	理科	学科教师	6409	周口师范学院	27	物理学	5
许昌	鄢陵县	理科	体育类学科教师	6403	信阳师范学院	68	体育教育	2
许昌	鄢陵县	理科	学科教师	6402	洛阳师范学院	22	数学与应用数学	6
许昌	鄢陵县	理科	学科教师	6402	洛阳师范学院	82	计算机科学与技术	2
许昌	鄢陵县	理科	学科教师	6405	南阳师范学院	56	生物科学	4
许昌	鄢陵县	理科	学科教师	6408	商丘师范学院	19	化学	2
许昌	鄢陵县	理科	学科教师	6409	周口师范学院	28	物理学	2
许昌	鄢陵县	理科	艺术类学科教师	6405	南阳师范学院	04	音乐学	2
许昌	鄢陵县	理科	专科小教全科	6234	焦作师范高等专科学校	63	小学教育	5
许昌	禹州市	理科	体育类学科教师	6403	信阳师范学院	66	体育教育	1
许昌	禹州市	理科	学科教师	6402	洛阳师范学院	20	数学与应用数学	4
许昌	禹州市	理科	学科教师	6402	洛阳师范学院	87	计算机科学与技术	1
许昌	禹州市	理科	学科教师	6405	南阳师范学院	38	地理科学	2
许昌	禹州市	理科	学科教师	6405	南阳师范学院	62	生物科学	5
许昌	禹州市	理科	学科教师	6408	商丘师范学院	21	化学	3
许昌	禹州市	理科	学科教师	6409	周口师范学院	24	物理学	4
许昌	禹州市	理科	专科小教全科	6234	焦作师范高等专科学校	62	小学教育	3
许昌	长葛市	理科	体育类学科教师	6403	信阳师范学院	67	体育教育	1
许昌	长葛市	理科	学科教师	6402	洛阳师范学院	21	数学与应用数学	6
许昌	长葛市	理科	学科教师	6405	南阳师范学院	37	地理科学	2
许昌	长葛市	理科	学科教师	6405	南阳师范学院	51	生物科学	7
许昌	长葛市	理科	学科教师	6409	周口师范学院	23	物理学	10
直管县	邓州市	理科	体育类学科教师	6403	信阳师范学院	43	体育教育	2

续表

省辖市	设岗县（市、区）	科类	分类	院校代码	院校名称	专业代码	专业名称	招生计划
直管县	邓州市	理科	学科教师	6402	洛阳师范学院	98	计算机科学与技术	1
直管县	邓州市	理科	学科教师	6405	南阳师范学院	30	英语	2
直管县	邓州市	理科	学科教师	6405	南阳师范学院	49	生物科学	5
直管县	邓州市	理科	学科教师	6407	安阳师范学院	09	数学与应用数学	4
直管县	邓州市	理科	学科教师	6407	安阳师范学院	38	化学	4
直管县	邓州市	理科	学科教师	6409	周口师范学院	30	物理学	4
直管县	邓州市	理科	专科小教全科	6234	焦作师范高等专科学校	13	小学教育	8
直管县	巩义市	理科	学科教师	6405	南阳师范学院	55	生物科学	3
直管县	巩义市	理科	学科教师	6409	周口师范学院	12	数学与应用数学	3
直管县	固始县	理科	地方优师专项	6410	河南大学	21	地理科学	3
直管县	固始县	理科	地方优师专项	6411	河南师范大学	11	教育技术学	1
直管县	固始县	理科	地方优师专项	6411	河南师范大学	25	数学与应用数学	3
直管县	固始县	理科	地方优师专项	6411	河南师范大学	76	生物科学	1
直管县	固始县	理科	地方优师专项	6412	信阳师范学院	48	物理学	2
直管县	固始县	理科	地方优师专项	6412	信阳师范学院	64	化学	2
直管县	固始县	理科	专科小教全科	6234	焦作师范高等专科学校	14	小学教育	10
直管县	滑县	理科	地方优师专项	6411	河南师范大学	24	数学与应用数学	5
直管县	滑县	理科	地方优师专项	6411	河南师范大学	39	物理学	3
直管县	滑县	理科	专科小教全科	6234	焦作师范高等专科学校	10	小学教育	15
直管县	兰考县	理科	地方优师专项	6411	河南师范大学	10	教育技术学	1
直管县	兰考县	理科	地方优师专项	6411	河南师范大学	23	数学与应用数学	2
直管县	兰考县	理科	地方优师专项	6411	河南师范大学	38	物理学	1
直管县	兰考县	理科	地方优师专项	6411	河南师范大学	55	化学	1
直管县	兰考县	理科	地方优师专项	6411	河南师范大学	75	生物科学	1
直管县	兰考县	理科	专科小教全科	6234	焦作师范高等专科学校	09	小学教育	8
直管县	汝州市	理科	体育类学科教师	6403	信阳师范学院	44	体育教育	3
直管县	汝州市	理科	学科教师	6402	洛阳师范学院	38	数学与应用数学	10
直管县	汝州市	理科	学科教师	6402	洛阳师范学院	0A	计算机科学与技术	6
直管县	汝州市	理科	学科教师	6405	南阳师范学院	28	英语	5
直管县	汝州市	理科	学科教师	6407	安阳师范学院	41	化学	7
直管县	汝州市	理科	学科教师	6408	商丘师范学院	37	生物科学	19
直管县	汝州市	理科	专科小教全科	6234	焦作师范高等专科学校	15	小学教育	22
直管县	新蔡县	理科	地方优师专项	6412	信阳师范学院	35	数学与应用数学	1
直管县	新蔡县	理科	地方优师专项	6412	信阳师范学院	57	物理学	1
直管县	新蔡县	理科	地方优师专项	6412	信阳师范学院	68	化学	1
直管县	新蔡县	理科	专科小教全科	6234	焦作师范高等专科学校	12	小学教育	3

续表

省辖市	设岗县（市、区）	科类	分类	院校代码	院校名称	专业代码	专业名称	招生计划
直管县	永城市	理科	体育类学科教师	6403	信阳师范学院	42	体育教育	1
直管县	永城市	理科	学科教师	6405	南阳师范学院	29	英语	3
直管县	永城市	理科	学科教师	6405	南阳师范学院	58	生物科学	3
直管县	永城市	理科	学科教师	6407	安阳师范学院	10	数学与应用数学	9
直管县	永城市	理科	学科教师	6407	安阳师范学院	39	化学	6
直管县	永城市	理科	学科教师	6409	周口师范学院	32	物理学	8
直管县	永城市	理科	专科小教全科	6234	焦作师范高等专科学校	11	小学教育	13
直管县	长垣市	理科	体育类学科教师	6403	信阳师范学院	45	体育教育	1
直管县	长垣市	理科	学科教师	6402	洛阳师范学院	92	计算机科学与技术	1
直管县	长垣市	理科	学科教师	6405	南阳师范学院	64	生物科学	1
直管县	长垣市	理科	学科教师	6407	安阳师范学院	11	数学与应用数学	2
直管县	长垣市	理科	学科教师	6407	安阳师范学院	40	化学	1
直管县	长垣市	理科	学科教师	6409	周口师范学院	31	物理学	2
直管县	长垣市	理科	专科小教全科	6234	焦作师范高等专科学校	16	小学教育	3
周口	郸城县	理科	地方优师专项	6410	河南大学	14	地理科学	1
周口	郸城县	理科	地方优师专项	6411	河南师范大学	16	数学与应用数学	1
周口	郸城县	理科	地方优师专项	6411	河南师范大学	31	物理学	1
周口	郸城县	理科	地方优师专项	6411	河南师范大学	70	生物科学	2
周口	郸城县	理科	专科小教全科	6234	焦作师范高等专科学校	66	小学教育	7
周口	扶沟县	理科	体育类学科教师	6403	信阳师范学院	56	体育教育	2
周口	扶沟县	理科	学科教师	6402	洛阳师范学院	81	生物科学	5
周口	扶沟县	理科	学科教师	6402	洛阳师范学院	94	计算机科学与技术	2
周口	扶沟县	理科	学科教师	6408	商丘师范学院	18	化学	2
周口	扶沟县	理科	学科教师	6409	周口师范学院	01	英语	2
周口	扶沟县	理科	学科教师	6409	周口师范学院	09	数学与应用数学	4
周口	扶沟县	理科	学科教师	6409	周口师范学院	22	物理学	3
周口	扶沟县	理科	艺术类学科教师	6405	南阳师范学院	02	音乐学	2
周口	扶沟县	理科	专科小教全科	6234	焦作师范高等专科学校	67	小学教育	4
周口	淮阳区	理科	地方优师专项	6410	河南大学	12	地理科学	1
周口	淮阳区	理科	地方优师专项	6411	河南师范大学	68	生物科学	1
周口	淮阳区	理科	地方优师专项	6412	信阳师范学院	42	数学与应用数学	1
周口	淮阳区	理科	地方优师专项	6412	信阳师范学院	60	物理学	1
周口	淮阳区	理科	地方优师专项	6412	信阳师范学院	73	化学	1
周口	淮阳区	理科	专科小教全科	6234	焦作师范高等专科学校	68	小学教育	7
周口	商水县	理科	地方优师专项	6411	河南师范大学	71	生物科学	1

续表

省辖市	设岗县（市、区）	科类	分类	院校代码	院校名称	专业代码	专业名称	招生计划
周口	商水县	理科	地方优师专项	6412	信阳师范学院	36	数学与应用数学	2
周口	商水县	理科	地方优师专项	6412	信阳师范学院	58	物理学	2
周口	商水县	理科	地方优师专项	6412	信阳师范学院	72	化学	2
周口	商水县	理科	专科小教全科	6234	焦作师范高等专科学校	69	小学教育	8
周口	沈丘县	理科	地方优师专项	6410	河南大学	13	地理科学	1
周口	沈丘县	理科	地方优师专项	6411	河南师范大学	07	教育技术学	1
周口	沈丘县	理科	地方优师专项	6411	河南师范大学	15	数学与应用数学	1
周口	沈丘县	理科	地方优师专项	6411	河南师范大学	30	物理学	1
周口	沈丘县	理科	地方优师专项	6411	河南师范大学	47	化学	1
周口	沈丘县	理科	地方优师专项	6411	河南师范大学	69	生物科学	1
周口	沈丘县	理科	专科小教全科	6234	焦作师范高等专科学校	65	小学教育	2
周口	太康县	理科	地方优师专项	6411	河南师范大学	17	数学与应用数学	1
周口	太康县	理科	专科小教全科	6234	焦作师范高等专科学校	70	小学教育	4
周口	西华县	理科	体育类学科教师	6403	信阳师范学院	57	体育教育	2
周口	西华县	理科	学科教师	6402	洛阳师范学院	79	生物科学	5
周口	西华县	理科	学科教师	6402	洛阳师范学院	97	计算机科学与技术	2
周口	西华县	理科	学科教师	6408	商丘师范学院	25	化学	4
周口	西华县	理科	学科教师	6409	周口师范学院	06	英语	3
周口	西华县	理科	学科教师	6409	周口师范学院	10	数学与应用数学	6
周口	西华县	理科	学科教师	6409	周口师范学院	26	物理学	5
周口	西华县	理科	专科小教全科	6234	焦作师范高等专科学校	71	小学教育	7
周口	项城市	理科	体育类学科教师	6403	信阳师范学院	58	体育教育	2
周口	项城市	理科	学科教师	6402	洛阳师范学院	78	生物科学	5
周口	项城市	理科	学科教师	6402	洛阳师范学院	89	计算机科学与技术	5
周口	项城市	理科	学科教师	6408	商丘师范学院	20	化学	4
周口	项城市	理科	学科教师	6409	周口师范学院	02	英语	5
周口	项城市	理科	学科教师	6409	周口师范学院	16	数学与应用数学	9
周口	项城市	理科	学科教师	6409	周口师范学院	25	物理学	5
周口	项城市	理科	艺术类学科教师	6405	南阳师范学院	01	音乐学	2
周口	项城市	理科	专科小教全科	6234	焦作师范高等专科学校	72	小学教育	8
驻马店	泌阳县	理科	学科教师	6402	洛阳师范学院	32	数学与应用数学	3
驻马店	泌阳县	理科	学科教师	6405	南阳师范学院	33	英语	2
驻马店	泌阳县	理科	学科教师	6405	南阳师范学院	67	生物科学	2

续表

省辖市	设岗县（市、区）	科类	分类	院校代码	院校名称	专业代码	专业名称	招生计划
驻马店	泌阳县	理科	专科小教全科	6234	焦作师范高等专科学校	75	小学教育	4
驻马店	平舆县	理科	地方优师专项	6411	河南师范大学	08	教育技术学	1
驻马店	平舆县	理科	地方优师专项	6411	河南师范大学	18	数学与应用数学	1
驻马店	平舆县	理科	地方优师专项	6411	河南师范大学	72	生物科学	1
驻马店	平舆县	理科	地方优师专项	6412	信阳师范学院	51	物理学	1
驻马店	平舆县	理科	地方优师专项	6412	信阳师范学院	77	化学	1
驻马店	平舆县	理科	专科小教全科	6234	焦作师范高等专科学校	78	小学教育	1
驻马店	确山县	理科	地方优师专项	6410	河南大学	16	地理科学	1
驻马店	确山县	理科	地方优师专项	6411	河南师范大学	48	化学	1
驻马店	确山县	理科	地方优师专项	6411	河南师范大学	73	生物科学	1
驻马店	确山县	理科	地方优师专项	6412	信阳师范学院	46	物理学	1
驻马店	确山县	理科	地方优师专项	6412	信阳师范学院	76	化学	1
驻马店	确山县	理科	专科小教全科	6234	焦作师范高等专科学校	77	小学教育	1
驻马店	汝南县	理科	学科教师	6402	洛阳师范学院	37	数学与应用数学	4
驻马店	汝南县	理科	学科教师	6405	南阳师范学院	65	生物科学	2
驻马店	汝南县	理科	学科教师	6408	商丘师范学院	13	物理学	3
驻马店	上蔡县	理科	地方优师专项	6410	河南大学	15	地理科学	1
驻马店	上蔡县	理科	地方优师专项	6411	河南师范大学	19	数学与应用数学	1
驻马店	上蔡县	理科	地方优师专项	6412	信阳师范学院	52	物理学	1
驻马店	上蔡县	理科	地方优师专项	6412	信阳师范学院	78	化学	1
驻马店	上蔡县	理科	专科小教全科	6234	焦作师范高等专科学校	76	小学教育	2
驻马店	遂平县	理科	学科教师	6402	洛阳师范学院	39	数学与应用数学	4
驻马店	遂平县	理科	学科教师	6405	南阳师范学院	32	英语	2
驻马店	遂平县	理科	专科小教全科	6234	焦作师范高等专科学校	74	小学教育	3
驻马店	西平县	理科	学科教师	6405	南阳师范学院	66	生物科学	3
驻马店	西平县	理科	学科教师	6408	商丘师范学院	11	物理学	4
驻马店	西平县	理科	学科教师	6408	商丘师范学院	27	化学	4
驻马店	西平县	理科	专科小教全科	6234	焦作师范高等专科学校	79	小学教育	2
驻马店	正阳县	理科	学科教师	6408	商丘师范学院	12	物理学	2
驻马店	正阳县	理科	学科教师	6408	商丘师范学院	26	化学	3

第十五节　国家免费医学生招生

一、国家免费医学生政策

教育部办公厅关于做好2021年中央财政支持中西部农村订单定向免费本科医学生招生培养工作的通知

有关省、自治区、直辖市教育厅(教委)、高等学校招生委员会办公室,新疆生产建设兵团教育局:

为贯彻落实《国务院办公厅关于改革完善全科医生培养与使用激励机制的意见》(国办发〔2018〕3号)精神,继续实施农村订单定向医学生免费培养,现将2021年中央财政支持的中西部地区农村订单定向免费本科医学生招生培养工作的有关事宜通知如下。

1.2021年中央财政支持高等医学院校为中西部乡镇卫生院培养订单定向免费五年制本科医学生共计6499人。请有关省级教育行政部门将本科免费医学生订单定向招生计划纳入2021年度普通高等学校年度招生规模,在不增加承担免费医学生培养任务高校(以下简称培养高校)相应专业招生规模的基础上调整招生结构。

2.中央财政支持的免费本科医学生订单定向招生计划在有关学校的本科层次招生来源计划中单列编制,计划性质为"国家免费医学生"。报考免费医学定向招生计划的考生均须参加当年全国统一高考,实行单列志愿、单设批次、单独划线,只招收农村生源,在本科提前批次录取。生源不足时,未完成的计划通过补征志愿方式从高分到低分顺序录取,直至完成计划。

鼓励有条件的省份结合本地区实际情况,积极探索按照考生户籍以县为单位定向招生的办法,由各省级教育行政部门根据用人需求以县为单位安排招生计划,只招收定岗单位所在县农村生源。生源不足时,未完成的计划面向全省农村学生补征志愿,并按补征的考生志愿及录取要求,从高分到低分顺序录取,直至完成计划。

免费定向本科医学生录取后、获得入学通知书前,须与培养高校和定向就业所在地的县级卫生健康、人力资源社会保障行政部门签署定向培养和就业协议。免费定向本科医学生在学期间户籍仍保留在原户籍所在地,毕业后可按有关规定迁入定向就业所在地。

3.免费定向本科医学生只招收农村学生,报考学生须同时具备下列条件:(1)符合2021年统一高考报名条件;(2)本人及父亲或母亲或法定监护人户籍地须在农村,本人具有当地连续3年以上户籍;(3)本省份规定的其他条件。采取以县为单位定向招生的地方,报考学生除同时具备上述条件外,本人及父亲或母亲或法定监护人户籍地须在定岗单位所在县农村。

4.有关省级教育行政部门商省级卫生健康、发展改革委等部门,根据本地区免费定向本科医学生需求计划,确定开展免费医学生培养的高校和各培养高校的招生计划。为保证免费医学生培养工作的连续性和实效性,原则上不新增承担培养任务的高校。

按考生户籍以县为单位实施定向招生的省份,有关教育行政部门、招生考试部门要加强与卫生健康行政部门、招生高校的沟通配合,根据各县岗位需求计划落实好每县的招生计划,确保顺利完成年度招生任务。

5.有关省级教育行政部门要会同卫生健康行政部门加大宣传力度,尽快将免费定向医学生的招生培养、定向就业等相关政策信息向考生和社会公布,及时解读相关政策内容,做好培养高校和用人部门与免费医学生签署定向培养和就业协议的政策指导和组织协调工作。

请有关省级教育行政部门将培养高校名单及各培养高校的分专业招生计划按规定时间通过教育部"全国普通高校招生来源计划网上管理系统"(网址为 https://pzjh.chsi.com.cn)编报,并以文件和电子邮件方式报教育部高等教育司。按考生户籍以县为单位实施定向招生的省份连同招生高校分县分专业招生计划一并报送教育部高等教育司。

联系人:唐博文　高斌

联系电话:010-66096767 66097853 66020758(传真)

电子邮箱:tangbowen@ moe. edu. cn

教育部办公厅

2021 年 5 月 25 日

二、2021 年在河南省招收国家免费医学生的院校及专业[按设岗县(市、区)排序](见表 1-25)

表 1-25　2021 年在河南省招收国家免费医学生的院校及专业[按设岗县(市、区)排序]

设岗县(市、区)	科类	院校代码	院校名称	专业代码	专业名称	招生计划
博爱县	理科	6029	新乡医学院	25	临床医学	2
博爱县	理科	6397	河南科技大学	16	临床医学	1
川汇区	理科	6018	河南中医药大学	15	中医学	1
川汇区	理科	6029	新乡医学院	11	临床医学	1
川汇区	理科	6397	河南科技大学	09	临床医学	1
郸城县	理科	6018	河南中医药大学	11	中医学	4
郸城县	理科	6029	新乡医学院	09	临床医学	2
郸城县	理科	6397	河南科技大学	08	临床医学	3
登封市	理科	6018	河南中医药大学	23	中医学	1
邓州市	理科	6029	新乡医学院	18	临床医学	1
邓州市	理科	6397	河南科技大学	27	临床医学	1
封丘县	理科	6029	新乡医学院	06	临床医学	2
扶沟县	理科	6029	新乡医学院	13	临床医学	2
扶沟县	理科	6397	河南科技大学	23	临床医学	2
巩义市	理科	6018	河南中医药大学	24	中医学	1
巩义市	理科	6029	新乡医学院	17	临床医学	4
巩义市	理科	6397	河南科技大学	28	临床医学	3
光山县	理科	6018	河南中医药大学	06	中医学	1
湖滨区	理科	6029	新乡医学院	29	临床医学	1
湖滨区	理科	6397	河南科技大学	26	临床医学	1
滑县	理科	6029	新乡医学院	20	临床医学	1
滑县	理科	6397	河南科技大学	24	临床医学	1
济源示范区	理科	6018	河南中医药大学	18	中医学	1
济源示范区	理科	6029	新乡医学院	28	临床医学	3
济源示范区	理科	6397	河南科技大学	30	临床医学	4
林州市	文科	6018	河南中医药大学	02	中医学	1
灵宝市	理科	6018	河南中医药大学	25	中医学	1

续表

设岗县(市、区)	科类	院校代码	院校名称	专业代码	专业名称	招生计划
卢氏县	理科	6018	河南中医药大学	03	中医学	1
卢氏县	理科	6029	新乡医学院	26	临床医学	2
卢氏县	理科	6397	河南科技大学	29	临床医学	3
鹿邑县	理科	6018	河南中医药大学	19	中医学	1
鹿邑县	理科	6029	新乡医学院	19	临床医学	3
鹿邑县	理科	6397	河南科技大学	31	临床医学	2
栾川县	理科	6018	河南中医药大学	01	中医学	2
罗山县	理科	6018	河南中医药大学	21	中医学	1
洛宁县	理科	6397	河南科技大学	01	临床医学	1
南乐县	文科	6018	河南中医药大学	04	中医学	1
南召县	理科	6018	河南中医药大学	04	中医学	2
南召县	理科	6029	新乡医学院	07	临床医学	1
南召县	理科	6397	河南科技大学	02	临床医学	1
内黄县	文科	6018	河南中医药大学	01	中医学	1
内乡县	理科	6018	河南中医药大学	05	中医学	2
内乡县	理科	6397	河南科技大学	13	临床医学	1
濮阳县	理科	6029	新乡医学院	15	临床医学	1
濮阳县	理科	6397	河南科技大学	18	临床医学	2
清丰县	理科	6029	新乡医学院	14	临床医学	2
清丰县	理科	6397	河南科技大学	21	临床医学	1
汝阳县	理科	6018	河南中医药大学	02	中医学	2
汝阳县	理科	6029	新乡医学院	05	临床医学	1
商城县	理科	6018	河南中医药大学	08	中医学	2
商水县	理科	6018	河南中医药大学	09	中医学	2
商水县	理科	6029	新乡医学院	22	临床医学	1
商水县	理科	6397	河南科技大学	11	临床医学	1
上蔡县	理科	6018	河南中医药大学	13	中医学	2
社旗县	理科	6397	河南科技大学	15	临床医学	1
沈丘县	理科	6018	河南中医药大学	10	中医学	2
沈丘县	理科	6029	新乡医学院	08	临床医学	1
沈丘县	理科	6397	河南科技大学	12	临床医学	1
嵩县	理科	6397	河南科技大学	07	临床医学	1
太康县	理科	6018	河南中医药大学	12	中医学	2
太康县	理科	6029	新乡医学院	10	临床医学	2
太康县	理科	6397	河南科技大学	14	临床医学	1
汤阴县	理科	6029	新乡医学院	27	临床医学	1
汤阴县	理科	6397	河南科技大学	20	临床医学	1

续表

设岗县(市、区)	科类	院校代码	院校名称	专业代码	专业名称	招生计划
桐柏县	理科	6397	河南科技大学	10	临床医学	1
温县	文科	6018	河南中医药大学	03	中医学	1
舞钢市	理科	6029	新乡医学院	24	临床医学	1
舞钢市	理科	6397	河南科技大学	17	临床医学	2
西华县	文科	6018	河南中医药大学	05	中医学	1
西华县	理科	6029	新乡医学院	23	临床医学	3
西华县	理科	6397	河南科技大学	22	临床医学	2
西平县	理科	6029	新乡医学院	16	临床医学	1
西平县	理科	6397	河南科技大学	25	临床医学	1
息县	理科	6018	河南中医药大学	20	中医学	1
淅川县	理科	6029	新乡医学院	21	临床医学	1
项城市	文科	6018	河南中医药大学	10	中医学	1
项城市	理科	6029	新乡医学院	12	临床医学	1
项城市	理科	6397	河南科技大学	19	临床医学	2
新安县	理科	6018	河南中医药大学	16	中医学	1
新蔡县	理科	6018	河南中医药大学	14	中医学	1
新密市	理科	6029	新乡医学院	01	临床医学	1
新密市	理科	6397	河南科技大学	04	临床医学	1
新县	理科	6018	河南中医药大学	07	中医学	4
新郑市	理科	6018	河南中医药大学	22	中医学	1
新郑市	理科	6029	新乡医学院	02	临床医学	3
新郑市	理科	6397	河南科技大学	05	临床医学	2
鄢陵县	文科	6018	河南中医药大学	08	中医学	1
义马市	文科	6018	河南中医药大学	09	中医学	1
荥阳市	理科	6029	新乡医学院	03	临床医学	4
荥阳市	理科	6397	河南科技大学	03	临床医学	4
永城市	理科	6018	河南中医药大学	17	中医学	1
禹州市	文科	6018	河南中医药大学	06	中医学	1
长葛市	文科	6018	河南中医药大学	07	中医学	1
中牟县	理科	6029	新乡医学院	04	临床医学	1
中牟县	理科	6397	河南科技大学	06	临床医学	1

第十六节 农村专项计划

一、国家专项计划

(一)报考条件

国家专项计划在河南省的实施区域(见表1-26)共38个县(包括原26个集中连片特殊困难县和原12个国家级扶贫开发重点县)。考生须同时具备下列条件:本人具有实施区域当地连续3年以上户籍,其父亲或母亲或法定监护人具有当地户籍;本人具有户籍所在县高中连续3年学籍并实际就读;已参加当年统一高考报名且通过报名资格审核。

表1-26 国家专项计划在河南省的实施区域

区域划分	国家专项计划实施区域(38个县)	
	集中连片特困县(26)	国家级扶贫开发重点县(12)
开封市	兰考县	—
洛阳市	栾川县、嵩县、洛宁县、汝阳县	宜阳县
平顶山市	鲁山县	—
安阳市	—	滑县
新乡市	—	封丘县
濮阳市	—	范县、台前县
漯河市	—	—
三门峡市	卢氏县	—
南阳市	南召县、镇平县、内乡县、淅川县	社旗县、桐柏县
商丘市	民权县、宁陵县、柘城县	睢县、虞城县
信阳市	光山县、新县、商城县、固始县、淮滨县、潢川县	—
周口市	淮阳县、沈丘县、太康县、商水县、郸城县	—
驻马店市	新蔡县	上蔡县、确山县、平舆县

(二)2021年在河南省实施国家专项计划的院校(见表1-27)

表1-27 2021年在河南省实施国家专项计划的院校

院校代码	院校名称	院校分类	理科	文科
0001	北京体育大学	原211/一流学科	招生	招生
0103	外交学院	一流学科	招生	招生
0150	国际关系学院	保研资格	招生	招生
0175	中国科学院大学	一流学科	招生	—
0191	中国社会科学院大学	保研资格	招生	招生
1100	中央民族大学	原985/一流大学A类	招生	—

续表

院校代码	院校名称	院校分类	理科	文科
1103	中南民族大学	保研资格	招生	招生
1105	北京大学	原985/一流大学A类	招生	招生
1106	北京大学医学部	原985/一流大学A类	招生	—
1110	中国人民大学	原985/一流大学A类	招生	招生
1115	清华大学	原985/一流大学A类	招生	招生
1120	北京交通大学	原211/一流学科	招生	—
1125	东南大学	原985/一流大学A类	招生	招生
1130	复旦大学	原985/一流大学A类	招生	招生
1131	复旦大学医学院	原985/一流大学A类	招生	—
1135	湖南大学	原985/一流大学B类	招生	—
1140	华中科技大学	原985/一流大学A类	招生	—
1145	吉林大学	原985/一流大学A类	招生	招生
1150	江南大学	原211/一流学科	招生	招生
1155	兰州大学	原985/一流大学A类	招生	—
1160	南京大学	原985/一流大学A类	招生	招生
1165	南开大学	原985/一流大学A类	招生	招生
1170	山东大学	原985/一流大学A类	招生	招生
1173	山东大学威海分校	原985/一流大学A类	招生	招生
1175	四川大学	原985/一流大学A类	招生	招生
1180	武汉大学	原985/一流大学A类	招生	招生
1185	西安交通大学	原985/一流大学A类	招生	招生
1190	厦门大学	原985/一流大学A类	招生	招生
1195	浙江大学	原985/一流大学A类	招生	招生
1196	浙江大学医学院	原985/一流大学A类	招生	—
1200	华北电力大学(保定)	原211/一流学科	招生	招生
1205	中南财经政法大学	原211/一流学科	招生	招生
1210	中南大学	原985/一流大学A类	招生	招生
1215	中山大学	原985/一流大学A类	招生	—
1220	华北电力大学(北京)	原211/一流学科	招生	招生
1225	北京化工大学	原211/一流学科	招生	招生
1230	北京科技大学	原211/一流学科	招生	招生
1235	北京邮电大学	原211/一流学科	招生	招生
1240	长安大学	原211/一流学科	招生	招生
1245	大连理工大学	原985/一流大学A类	招生	招生
1248	大连理工大学(盘锦校区)	原985/一流大学A类	招生	招生
1250	电子科技大学	原985/一流大学A类	招生	—
1255	东北大学	原985/一流大学B类	招生	—

续表

院校代码	院校名称	院校分类	理科	文科
1260	东华大学	原211/一流学科	招生	—
1265	合肥工业大学	原211/一流学科	招生	—
1268	合肥工业大学(宣城校区)	原211/一流学科	招生	—
1270	河海大学	原211/一流学科	招生	招生
1275	华东理工大学	原211/一流学科	招生	招生
1280	华南理工大学	原985/一流大学A类	招生	—
1285	大连海事大学	原211/一流学科	招生	—
1290	上海交通大学	原985/一流大学A类	招生	—
1295	中国石油大学(北京)	原211/一流学科	招生	—
1296	中国石油大学(北京)克拉玛依校区	原211/一流学科	招生	—
1300	中国石油大学(华东)	原211/一流学科	招生	—
1305	天津大学	原985/一流大学A类	招生	—
1310	同济大学	原985/一流大学A类	招生	—
1315	武汉理工大学	原211/一流学科	招生	—
1320	西安电子科技大学	原211/一流学科	招生	招生
1325	西南交通大学	原211/一流学科	招生	招生
1330	中国海洋大学	原985/一流大学A类	招生	—
1335	中国地质大学(北京)	原211/一流学科	招生	—
1340	中国地质大学(武汉)	原211/一流学科	招生	—
1345	中国矿业大学(北京)	原211/一流学科	招生	—
1350	中国矿业大学	原211/一流学科	招生	招生
1355	重庆大学	原985/一流大学A类	招生	—
1360	华中农业大学	原211/一流学科	招生	—
1365	南京农业大学	原211/一流学科	招生	—
1370	西北农林科技大学	原985/一流大学B类	招生	—
1375	中国农业大学	原985/一流大学A类	招生	—
1380	北京林业大学	原211/一流学科	招生	招生
1385	东北林业大学	原211/一流学科	招生	—
1390	北京中医药大学	原211/一流学科	招生	—
1395	中国药科大学	原211/一流学科	招生	—
1400	北京师范大学	原985/一流大学A类	招生	招生
1405	东北师范大学	原211/一流学科	招生	招生
1410	华东师范大学	原985/一流大学A类	招生	招生
1415	华中师范大学	原211/一流学科	招生	招生
1420	陕西师范大学	原211/一流学科	招生	招生
1427	西南大学(荣昌校区)	原211/一流学科	招生	招生
1430	北京外国语大学	原211/一流学科	招生	招生

续表

院校代码	院校名称	院校分类	理科	文科
1435	北京语言大学	保研资格	招生	招生
1440	上海外国语大学	原211/一流学科	招生	招生
1445	上海财经大学	原211/一流学科	招生	—
1450	对外经济贸易大学	原211/一流学科	招生	招生
1455	西南财经大学	原211/一流学科	招生	招生
1460	中央财经大学	原211/一流学科	招生	招生
1465	中国政法大学	原211/一流学科	招生	招生
1470	中国传媒大学	原211/一流学科	招生	招生
1485	北京航空航天大学	原985/一流大学A类	招生	—
1490	北京理工大学	原985/一流大学A类	招生	—
1495	哈尔滨工业大学	原985/一流大学A类	招生	—
1496	哈尔滨工业大学(威海)	原985/一流大学A类	招生	—
1497	哈尔滨工业大学(深圳)	原985/一流大学A类	招生	—
1500	哈尔滨工程大学	原211/一流学科	招生	—
1505	南京航空航天大学	原211/一流学科	招生	—
1510	南京理工大学	原211/一流学科	招生	—
1515	西北工业大学	原985/一流大学A类	招生	招生
1520	暨南大学	原211/一流学科	招生	招生
1525	中国科学技术大学	原985/一流大学A类	招生	—
1550	北京工商大学	保研资格	招生	—
1560	北京工业大学	原211/一流学科	招生	—
1605	天津医科大学	原211/一流学科	招生	—
1690	辽宁大学	原211/一流学科	招生	招生
1695	辽宁工程技术大学	保研资格	招生	—
1710	沈阳农业大学	保研资格	招生	—
1715	沈阳药科大学	保研资格	招生	—
1725	东北财经大学	保研资格	招生	招生
1740	延边大学	原211/一流学科	招生	—
1745	长春理工大学	保研资格	招生	招生
1760	东北农业大学	原211/一流学科	招生	招生
1765	哈尔滨医科大学	保研资格	招生	—
1790	上海大学	原211/一流学科	招生	—
1795	上海理工大学	保研资格	招生	—
1805	上海对外经贸大学	保研资格	招生	—
1830	苏州大学	原211/一流学科	招生	招生
1835	扬州大学	保研资格	招生	招生
1840	江苏大学	保研资格	招生	—

续表

院校代码	院校名称	院校分类	理科	文科
1845	南京工业大学	保研资格	招生	—
1855	南京师范大学	原211/一流学科	招生	招生
1860	南京信息工程大学	一流学科	招生	招生
1880	宁波大学	一流学科	招生	—
1895	福州大学	原211/一流学科	招生	招生
2130	石河子大学	原211/一流学科	招生	—
2200	首都医科大学	保研资格	招生	—
2215	中国民航大学	保研资格	招生	—
2225	首都师范大学	一流学科	招生	招生
2235	东北电力大学	保研资格	招生	—
2240	南京审计大学	公办	招生	招生
2250	天津外国语大学	保研资格	招生	—
2255	浙江理工大学	保研资格	招生	—
2260	上海交通大学医学院	原985/一流大学A类	招生	—
2270	江苏科技大学	保研资格	招生	—
2275	青岛科技大学	保研资格	招生	—
2280	北京建筑大学	保研资格	招生	—
2285	沈阳建筑大学	保研资格	招生	—
2290	中国计量大学	公办	招生	—
2315	南京邮电大学	一流学科	招生	招生
2320	北方工业大学	保研资格	招生	—
2325	华侨大学	保研资格	招生	招生
2350	大连民族大学	公办	招生	招生
2380	北京信息科技大学	保研资格	招生	—
2390	上海师范大学	保研资格	招生	招生
2395	集美大学	保研资格	招生	招生
2400	北京物资学院	公办	招生	—
2405	天津师范大学	保研资格	招生	招生
2410	青岛理工大学	保研资格	招生	—
2415	浙江工业大学	保研资格	招生	—
2420	杭州电子科技大学	保研资格	招生	—
2500	首都经济贸易大学	保研资格	招生	招生
2505	南京林业大学	一流学科	招生	—
2525	天津工业大学	一流学科	招生	—
2555	大连交通大学	保研资格	招生	—
2560	温州医科大学	保研资格	招生	—
2565	南通大学	保研资格	招生	—

续表

院校代码	院校名称	院校分类	理科	文科
2570	上海中医药大学	一流学科	招生	—
2575	浙江师范大学	保研资格	招生	招生
2600	天津中医药大学	一流学科	招生	—
2605	中国医科大学	保研资格	招生	—
2635	大连医科大学	保研资格	招生	—
2790	辽宁石油化工大学	公办	招生	—
2795	沈阳工业大学	保研资格	招生	—
2860	上海海事大学	保研资格	招生	—
2870	天津理工大学	保研资格	招生	—
2875	上海海洋大学	一流学科	招生	—
2925	上海立信会计金融学院	公办	招生	招生
2935	辽宁科技大学	保研资格	招生	—
3010	西北民族大学	保研资格	招生	招生
3015	北方民族大学	公办	招生	—
3020	西南民族大学	保研资格	招生	招生
3035	中国劳动关系学院	公办	招生	招生
3060	中国民用航空飞行学院	公办	招生	—
3080	华北科技学院	公办	招生	—
3110	塔里木大学	公办	招生	—
3175	北京印刷学院	公办	招生	—
3200	天津科技大学	保研资格	招生	—
3240	天津商业大学	保研资格	招生	招生
3545	沈阳理工大学	公办	招生	—
3550	沈阳航空航天大学	保研资格	招生	—
3630	长春工业大学	保研资格	招生	—
3635	吉林农业大学	保研资格	招生	招生
3665	长春中医药大学	保研资格	招生	—
3705	哈尔滨理工大学	保研资格	招生	—
3725	哈尔滨商业大学	保研资格	招生	招生
3780	上海工程技术大学	公办	招生	—
4020	浙江海洋大学	公办	招生	—
4055	杭州师范大学	保研资格	招生	—
4060	浙江工商大学	保研资格	招生	招生
4195	福建农林大学	保研资格	招生	—
4205	福建师范大学	保研资格	招生	—
4235	闽南师范大学	公办	—	招生
4350	济南大学	保研资格	招生	招生

续表

院校代码	院校名称	院校分类	理科	文科
4370	山东理工大学	保研资格	招生	—
4830	广东医科大学	公办	招生	—
5490	防灾科技学院	公办	招生	—
6000	郑州大学	原211/一流大学B类	招生	招生
6005	河南大学	一流学科	招生	招生
6010	河南农业大学	保研资格	招生	招生
6015	河南中医药大学	保研资格	招生	招生
6020	新乡医学院	公办	招生	—
6025	河南科技学院	公办	招生	招生
6030	河南师范大学	保研资格	招生	招生
6065	信阳师范学院	公办	招生	—
6070	南阳师范学院	公办	招生	—
6075	南阳理工学院	公办	招生	招生
6080	河南财经政法大学	保研资格	招生	招生
6085	河南科技大学	保研资格	招生	—
6090	郑州航空工业管理学院	公办	招生	招生
6095	华北水利水电大学	保研资格	招生	招生
6100	河南理工大学	保研资格	招生	招生
6105	河南工业大学	保研资格	招生	招生
6110	郑州轻工业大学	公办	招生	招生
6115	中原工学院	公办	招生	招生
6120	河南城建学院	公办	招生	—
6165	新乡学院	公办	招生	—

二、高校专项计划

(一)报考条件

高校专项计划在河南省的实施区域(见表1-28)共53个(包括原26个集中连片特殊困难县、原12个国家级扶贫开发重点县和原15个省定扶贫开发重点县)。考生须同时具备下列条件:本人及父亲或母亲或法定监护人户籍地在实施区域的农村,本人具有当地连续3年以上户籍;本人具有户籍所在县高中连续3年学籍并实际就读;已参加当年统一高考报名且通过报名资格审核。

表1-28 高校专项计划在河南省的实施区域

区域划分	高校专项计划实施区域(53个县)		
	集中连片特困县(26)	国家级扶贫开发重点县(12)	省定扶贫开发工作重点县(15)
开封市	兰考县	—	—
洛阳市	栾川县、嵩县、洛宁县、汝阳县	宜阳县	伊川县
平顶山市	鲁山县	—	叶县
安阳市	—	滑县	内黄县

续表

区域划分	高校专项计划实施区域(53个县)		
	集中连片特困县(26)	国家级扶贫开发重点县(12)	省定扶贫开发工作重点县(15)
新乡市	—	封丘县	原阳县
濮阳市	—	范县、台前县	濮阳县
漯河市	—	—	舞阳县
三门峡市	卢氏县	—	—
南阳市	南召县、镇平县、内乡县、淅川县	社旗县、桐柏县	方城县
商丘市	民权县、宁陵县、柘城县	睢县、虞城县	夏邑县
信阳市	光山县、新县、商城县、固始县、淮滨县、潢川县	—	罗山县、息县
周口市	淮阳县、沈丘县、太康县、商水县、郸城县	—	西华县、扶沟县
驻马店市	新蔡县	上蔡县、确山县、平舆县	泌阳县、正阳县、汝南县

(二)2021年在河南省实施高校专项计划的院校(见表1-29)

表1-29 2021年在河南省实施高校专项计划的院校

院校代码	院校名称	院校分类	理科	文科
1105	北京大学	原985/一流大学A类	招生	招生
1110	中国人民大学	原985/一流大学A类	招生	招生
1115	清华大学	原985/一流大学A类	招生	招生
1120	北京交通大学	原211/一流学科	招生	—
1125	东南大学	原985/一流大学A类	招生	招生
1130	复旦大学	原985/一流大学A类	招生	招生
1131	复旦大学医学院	原985/一流大学A类	招生	—
1135	湖南大学	原985/一流大学B类	招生	招生
1140	华中科技大学	原985/一流大学A类	招生	招生
1145	吉林大学	原985/一流大学A类	招生	招生
1150	江南大学	原211/一流学科	招生	—
1155	兰州大学	原985/一流大学A类	招生	招生
1160	南京大学	原985/一流大学A类	招生	—
1165	南开大学	原985/一流大学A类	招生	招生
1170	山东大学	原985/一流大学A类	招生	招生
1175	四川大学	原985/一流大学A类	招生	招生
1180	武汉大学	原985/一流大学A类	招生	招生
1185	西安交通大学	原985/一流大学A类	招生	招生
1190	厦门大学	原985/一流大学A类	招生	招生
1195	浙江大学	原985/一流大学A类	招生	招生
1200	华北电力大学(保定)	原211/一流学科	招生	—

续表

院校代码	院校名称	院校分类	理科	文科
1205	中南财经政法大学	原211/一流学科	招生	招生
1210	中南大学	原985/一流大学A类	招生	招生
1215	中山大学	原985/一流大学A类	招生	—
1220	华北电力大学(北京)	原211/一流学科	招生	招生
1225	北京化工大学	原211/一流学科	招生	—
1230	北京科技大学	原211/一流学科	招生	—
1235	北京邮电大学	原211/一流学科	招生	—
1240	长安大学	原211/一流学科	招生	—
1245	大连理工大学	原985/一流大学A类	招生	—
1250	电子科技大学	原985/一流大学A类	招生	—
1255	东北大学	原985/一流大学B类	招生	—
1260	东华大学	原211/一流学科	招生	—
1268	合肥工业大学(宣城校区)	原211/一流学科	招生	—
1270	河海大学	原211/一流学科	招生	招生
1275	华东理工大学	原211/一流学科	招生	—
1280	华南理工大学	原985/一流大学A类	招生	—
1285	大连海事大学	原211/一流学科	招生	—
1290	上海交通大学	原985/一流大学A类	招生	—
1295	中国石油大学(北京)	原211/一流学科	招生	—
1300	中国石油大学(华东)	原211/一流学科	招生	—
1305	天津大学	原985/一流大学A类	招生	—
1310	同济大学	原985/一流大学A类	招生	—
1315	武汉理工大学	原211/一流学科	招生	—
1320	西安电子科技大学	原211/一流学科	招生	招生
1325	西南交通大学	原211/一流学科	招生	—
1330	中国海洋大学	原985/一流大学A类	招生	招生
1335	中国地质大学(北京)	原211/一流学科	招生	—
1340	中国地质大学(武汉)	原211/一流学科	招生	招生
1345	中国矿业大学(北京)	原211/一流学科	招生	—
1350	中国矿业大学	原211/一流学科	招生	—
1355	重庆大学	原985/一流大学A类	招生	—
1360	华中农业大学	原211/一流学科	招生	—
1365	南京农业大学	原211/一流学科	招生	—
1370	西北农林科技大学	原985/一流大学B类	招生	—
1375	中国农业大学	原985/一流大学A类	招生	—
1380	北京林业大学	原211/一流学科	招生	—
1385	东北林业大学	原211/一流学科	招生	—

续表

院校代码	院校名称	院校分类	理科	文科
1390	北京中医药大学	原211/一流学科	招生	—
1395	中国药科大学	原211/一流学科	招生	—
1401	北京师范大学(珠海校区)	原985/一流大学A类	招生	招生
1405	东北师范大学	原211/一流学科	招生	招生
1410	华东师范大学	原985/一流大学A类	招生	招生
1415	华中师范大学	原211/一流学科	招生	招生
1420	陕西师范大学	原211/一流学科	招生	招生
1425	西南大学	原211/一流学科	招生	招生
1430	北京外国语大学	原211/一流学科	招生	招生
1435	北京语言大学	保研资格	招生	招生
1440	上海外国语大学	原211/一流学科	招生	招生
1445	上海财经大学	原211/一流学科	招生	—
1450	对外经济贸易大学	原211/一流学科	招生	招生
1455	西南财经大学	原211/一流学科	招生	招生
1460	中央财经大学	原211/一流学科	招生	招生
1465	中国政法大学	原211/一流学科	招生	招生
1470	中国传媒大学	原211/一流学科	招生	招生
1485	北京航空航天大学	原985/一流大学A类	招生	—
1490	北京理工大学	原985/一流大学A类	招生	—
1495	哈尔滨工业大学	原985/一流大学A类	招生	—
1496	哈尔滨工业大学(威海)	原985/一流大学A类	招生	—
1500	哈尔滨工程大学	原211/一流学科	招生	—
1505	南京航空航天大学	原211/一流学科	招生	—
1510	南京理工大学	原211/一流学科	招生	—
1515	西北工业大学	原985/一流大学A类	招生	—
1525	中国科学技术大学	原985/一流大学A类	招生	—
1560	北京工业大学	原211/一流学科	招生	—
1790	上海大学	原211/一流学科	招生	—
1830	苏州大学	原211/一流学科	招生	招生
1855	南京师范大学	原211/一流学科	招生	招生
1895	福州大学	原211/一流学科	招生	—
1935	湖南师范大学	原211/一流学科	招生	招生
2000	广西大学	原211/一流学科	招生	招生
2030	西南政法大学	保研资格	招生	招生
2080	云南大学	原211/一流大学B类	招生	招生
2090	西北大学	原211/一流学科	招生	招生
2260	上海交通大学医学院	原985/一流大学A类	招生	—

续表

院校代码	院校名称	院校分类	理科	文科
2305	贵州大学	原211/一流学科	招生	招生
2355	四川农业大学	原211/一流学科	—	—
3695	黑龙江大学	保研资格	招生	招生
6000	郑州大学	原211/一流大学B类	招生	招生

三、地方专项计划

(一)报考条件

地方专项计划在河南省的实施区域为河南省所有农村考生,考生须同时具备下列条件:本人及父亲或母亲或法定监护人户籍地在我省的农村;已参加当年统一高考报名且通过报名资格审核。

【编者按】地方专项计划只限定学生及父母一方或法定监护人的户籍在农村,没有限定必须是贫困县的农村户籍,也不限定学生的学籍地。

(二)2021年在河南省实施地方专项计划的院校(见表1-30)

表1-30　2021年在河南省实施地方专项计划的院校

院校代码	院校名称	院校分类	理科	文科
6000	郑州大学	原211/一流大学B类	招生	招生
6005	河南大学	一流学科	招生	招生
6010	河南农业大学	保研资格	招生	招生
6015	河南中医药大学	保研资格	招生	招生
6020	新乡医学院	公办	招生	—
6025	河南科技学院	公办	招生	招生
6030	河南师范大学	保研资格	招生	招生
6035	洛阳师范学院	公办	招生	招生
6065	信阳师范学院	公办	招生	—
6070	南阳师范学院	公办	招生	招生
6075	南阳理工学院	公办	招生	招生
6080	河南财经政法大学	保研资格	招生	招生
6085	河南科技大学	保研资格	招生	—
6090	郑州航空工业管理学院	公办	招生	招生
6095	华北水利水电大学	保研资格	招生	招生
6100	河南理工大学	保研资格	招生	—
6105	河南工业大学	保研资格	招生	—
6110	郑州轻工业大学	公办	招生	招生
6115	中原工学院	公办	招生	招生
6120	河南城建学院	公办	招生	—
6165	新乡学院	公办	招生	—

第十七节 少数民族加分政策与专项计划

一、河南省2021年对于少数民族考生的加分政策

少数民族考生可在统考成绩总分基础上加5分投档,达到高校投档条件的,由高校审查决定是否录取。

二、河南省2021年少数民族考生专项计划

(一)民族班

本科民族班录取分数线不得低于所在批次有关高校提档分数线以下40分,2021年各批次民族班招生计划见表1-31。

表1-31 2021年各批次民族班招生计划

科类	批次	院校代码	院校名称	专业代码	专业名称	招生计划
文科	国家专项	1103	中南民族大学	37	新闻传播学类	3
文科	本科一批	1103	中南民族大学	16	经济学类	7
文科	本科一批	1103	中南民族大学	18	法学类	5
文科	本科一批	1103	中南民族大学	19	政治学与行政学	3
文科	本科一批	1103	中南民族大学	21	社会学类	3
文科	本科一批	1103	中南民族大学	23	教育学类	6
文科	本科一批	1103	中南民族大学	25	中国语言文学类	5
文科	本科一批	1103	中南民族大学	27	外国语言文学类	4
文科	本科一批	1103	中南民族大学	29	日语	3
文科	本科一批	1103	中南民族大学	31	新闻传播学类	3
文科	本科一批	1103	中南民族大学	33	历史学类	3
文科	本科一批	1103	中南民族大学	35	工商管理类	5
文科	本科一批	2350	大连民族大学	04	国际经济与贸易	5
文科	本科二批	2350	大连民族大学	06	经济学	1
文科	本科二批	2350	大连民族大学	08	汉语言文学	2
文科	本科二批	3010	西北民族大学	12	法学	2
文科	本科二批	3010	西北民族大学	14	社会学类	4
文科	本科二批	3010	西北民族大学	15	民族学	2
文科	本科二批	3010	西北民族大学	16	中国语言文学类	2
文科	本科二批	3010	西北民族大学	19	英语	2
文科	本科二批	3010	西北民族大学	22	新闻传播学类	4
文科	本科二批	3010	西北民族大学	23	文物与博物馆学	2
文科	本科二批	3010	西北民族大学	24	工商管理	2
文科	本科二批	3010	西北民族大学	25	公共事业管理	2

续表

科类	批次	院校代码	院校名称	专业代码	专业名称	招生计划
文科	本科二批	3010	西北民族大学	26	旅游管理	2
文科	本科二批	3015	北方民族大学	11	金融学	1
文科	本科二批	3015	北方民族大学	12	思想政治教育	4
文科	本科二批	3015	北方民族大学	13	外国语言文学类	2
文科	本科二批	3015	北方民族大学	14	阿拉伯语	2
文科	本科二批	3015	北方民族大学	16	新闻传播学类	1
文科	本科二批	3015	北方民族大学	17	历史学	1
文科	本科二批	3015	北方民族大学	18	工商管理类	5
文科	本科二批	3015	北方民族大学	19	公共管理类	4
文科	本科二批	3020	西南民族大学	13	哲学	2
文科	本科二批	3020	西南民族大学	14	国际经济与贸易	2
文科	本科二批	3020	西南民族大学	16	社会学类	2
文科	本科二批	3020	西南民族大学	17	民族学	2
文科	本科二批	3020	西南民族大学	18	学前教育（师范）	3
文科	本科二批	3020	西南民族大学	20	中国语言文学类	5
文科	本科二批	3020	西南民族大学	21	英语	5
文科	本科二批	3020	西南民族大学	22	法语	4
文科	本科二批	3020	西南民族大学	23	朝鲜语	3
文科	本科二批	3020	西南民族大学	24	新闻传播学类	3
文科	本科二批	3020	西南民族大学	26	历史学类	4
文科	本科二批	3020	西南民族大学	27	应用心理学	4
文科	本科二批	3020	西南民族大学	29	公共管理类	2
文科	本科二批	3020	西南民族大学	30	旅游管理	4
理科	国家专项	1103	中南民族大学	51	化学类	3
理科	国家专项	1103	中南民族大学	52	电子信息类	3
理科	国家专项	1103	中南民族大学	53	药学类	3
理科	本科一批	1103	中南民族大学	16	经济学类	10
理科	本科一批	1103	中南民族大学	17	政治学与行政学	3
理科	本科一批	1103	中南民族大学	19	社会学类	4
理科	本科一批	1103	中南民族大学	21	新闻传播学类	2
理科	本科一批	1103	中南民族大学	23	数学类	7
理科	本科一批	1103	中南民族大学	26	生物科学类	9
理科	本科一批	1103	中南民族大学	28	机械设计制造及其自动化	2
理科	本科一批	1103	中南民族大学	30	材料类	8
理科	本科一批	1103	中南民族大学	32	电子信息类	9
理科	本科一批	1103	中南民族大学	34	自动化类	3
理科	本科一批	1103	中南民族大学	36	计算机类	6

续表

科类	批次	院校代码	院校名称	专业代码	专业名称	招生计划
理科	本科一批	1103	中南民族大学	38	环境科学与工程类	5
理科	本科一批	1103	中南民族大学	40	生物医学工程类	6
理科	本科一批	1103	中南民族大学	42	建筑学(学制五年)	2
理科	本科一批	1103	中南民族大学	44	药学类	5
理科	本科一批	1103	中南民族大学	46	管理科学与工程类	5
理科	本科一批	1103	中南民族大学	48	工商管理类	6
理科	本科一批	1103	中南民族大学	50	公共管理类	6
理科	本科一批	2350	大连民族大学	04	国际经济与贸易	2
理科	本科一批	2350	大连民族大学	06	智能制造工程	5
理科	本科一批	2350	大连民族大学	08	电子信息工程	11
理科	本科一批	2350	大连民族大学	10	人工智能	3
理科	本科一批	2350	大连民族大学	12	区块链工程	5
理科	本科一批	2350	大连民族大学	14	生物工程	8
理科	本科二批	2350	大连民族大学	16	信息与计算科学	1
理科	本科二批	2350	大连民族大学	18	工业设计	1
理科	本科二批	2350	大连民族大学	20	自动化	1
理科	本科二批	2350	大连民族大学	22	软件工程	1
理科	本科二批	2350	大连民族大学	24	化学工程与工艺	1
理科	本科二批	2350	大连民族大学	25	工程管理	1
理科	本科二批	3010	西北民族大学	15	经济学	2
理科	本科二批	3010	西北民族大学	16	金融学	2
理科	本科二批	3010	西北民族大学	17	保险学	2
理科	本科二批	3010	西北民族大学	18	文物保护技术	2
理科	本科二批	3010	西北民族大学	19	数学与应用数学	2
理科	本科二批	3010	西北民族大学	20	物理学	2
理科	本科二批	3010	西北民族大学	22	应用化学	2
理科	本科二批	3010	西北民族大学	23	生物技术	2
理科	本科二批	3010	西北民族大学	24	应用心理学	2
理科	本科二批	3010	西北民族大学	25	无机非金属材料工程	2
理科	本科二批	3010	西北民族大学	27	电子信息类	5
理科	本科二批	3010	西北民族大学	29	计算机类	3
理科	本科二批	3010	西北民族大学	31	土木工程	2
理科	本科二批	3010	西北民族大学	33	化工与制药类	6
理科	本科二批	3010	西北民族大学	34	食品科学与工程	2
理科	本科二批	3010	西北民族大学	36	动物科学	2
理科	本科二批	3010	西北民族大学	38	动物医学(学制五年)	3
理科	本科二批	3015	北方民族大学	19	金融学	2

续表

科类	批次	院校代码	院校名称	专业代码	专业名称	招生计划
理科	本科二批	3015	北方民族大学	20	金融数学	2
理科	本科二批	3015	北方民族大学	21	外国语言文学类	2
理科	本科二批	3015	北方民族大学	22	生物科学类	3
理科	本科二批	3015	北方民族大学	23	机械类	7
理科	本科二批	3015	北方民族大学	24	材料类	4
理科	本科二批	3015	北方民族大学	25	数据科学与大数据技术	2
理科	本科二批	3015	北方民族大学	26	土木类	4
理科	本科二批	3015	北方民族大学	27	水利水电工程	3
理科	本科二批	3015	北方民族大学	29	生物工程	2
理科	本科二批	3015	北方民族大学	30	工商管理类	4
理科	本科二批	3015	北方民族大学	31	公共管理类	2
理科	本科二批	3015	北方民族大学	32	物流管理	2
理科	本科二批	3015	北方民族大学	33	电子商务	2
理科	本科二批	3020	西南民族大学	13	社会学类	2
理科	本科二批	3020	西南民族大学	14	民族学	2
理科	本科二批	3020	西南民族大学	15	英语	5
理科	本科二批	3020	西南民族大学	16	数学类	9
理科	本科二批	3020	西南民族大学	17	应用物理学	2
理科	本科二批	3020	西南民族大学	19	化学类	7
理科	本科二批	3020	西南民族大学	20	生物技术	9
理科	本科二批	3020	西南民族大学	21	材料化学	3
理科	本科二批	3020	西南民族大学	23	电子信息类	12
理科	本科二批	3020	西南民族大学	24	自动化	5
理科	本科二批	3020	西南民族大学	26	计算机类	12
理科	本科二批	3020	西南民族大学	27	化学工程与工艺	2
理科	本科二批	3020	西南民族大学	28	制药工程	3
理科	本科二批	3020	西南民族大学	29	环境科学与工程类	6
理科	本科二批	3020	西南民族大学	30	食品科学与工程类	2
理科	本科二批	3020	西南民族大学	32	动物科学	5
理科	本科二批	3020	西南民族大学	34	动物医学(学制五年)	5
理科	本科二批	3020	西南民族大学	35	药学类	6
理科	本科二批	3020	西南民族大学	36	中药学	3

(二)少数民族预科班

民族预科班招生随高校相应的批次录取。本科预科班、专科预科班录取分数线分别不得低于所在批次有关高校提档分数线以下80分、60分。2021年各批次民族预科班招生计划见表1-32。

表1-32 2021年各批次民族预科班招生计划

科类	批次	院校代码	院校名称	专业代码	专业名称	招生计划
文科	本科一批	6030	河南师范大学	YK	预科班(学制5年)	15

续表

科类	批次	院校代码	院校名称	专业代码	专业名称	招生计划
文科	本科一批	6080	河南财经政法大学	YK	预科班(学制5年)	15
文科	本科一批	6090	郑州航空工业管理学院	YK	预科班(学制5年)	15
文科	本科二批	6035	洛阳师范学院	YK	预科班(学制5年)	15
文科	本科二批	6040	许昌学院	YK	预科班(学制5年)	8
文科	本科二批	6055	商丘师范学院	YK	预科班(学制5年)	10
文科	本科二批	6060	周口师范学院	YK	预科班(学制5年)	8
文科	本科二批	6070	南阳师范学院	YK	预科班(学制5年)	15
文科	本科二批	6120	河南城建学院	YK	预科班(学制5年)	5
理科	本科一批	6030	河南师范大学	YK	预科班(学制5年)	15
理科	本科一批	6080	河南财经政法大学	YK	预科班(学制5年)	15
理科	本科一批	6090	郑州航空工业管理学院	YK	预科班(学制5年)	40
理科	本科二批	6035	洛阳师范学院	YK	预科班(学制5年)	15
理科	本科二批	6040	许昌学院	YK	预科班(学制5年)	12
理科	本科二批	6055	商丘师范学院	YK	预科班(学制5年)	10
理科	本科二批	6060	周口师范学院	YK	预科班(学制5年)	12
理科	本科二批	6070	南阳师范学院	YK	预科班(学制5年)	30
理科	本科二批	6097	华北水利水电大学(中外合作办学)	YK	预科班(学制5年)	25
理科	本科二批	6120	河南城建学院	YK	预科班(学制5年)	20

第十八节 定向就业招生

一、定向就业分类

1. 定向某个行业就业的定向招生:例如陆军工程大学无军籍招生计划,只招收英语语种考生,为全国人防系统定向培养,学生入校后不参军,学生毕业后需要面向人防系统自主就业。

2. 定向某个单位就业的定向招生:例如清华大学定向中国兵器工业集团招生计划,学生毕业后需要到中国兵器工业集团就业。招生时在清华大学统招线下20分内,按照提档考生高考分数从高到低择优录取。

3. 定向西藏就业的定向招生:例如厦门大学定向西藏就业招生计划,只招收应届高中毕业生,毕业后在西藏工作不少于5年。

二、2021年在河南省招收定向就业的招生院校及专业(见表1-33)

表1-33　2021年在河南省招收定向就业的招生院校及专业

科类	批次	院校代码	院校名称	专业代码	专业名称	招生计划
文科	本科一批	1420	陕西师范大学	18	思想政治教育(师范)(定向西藏就业)	1
文科	本科一批	1420	陕西师范大学	20	学前教育(师范)(定向西藏就业)	1

续表

科类	批次	院校代码	院校名称	专业代码	专业名称	招生计划
文科	本科一批	1420	陕西师范大学	26	历史学(师范)(定向西藏就业)	1
文科	本科二批	6035	洛阳师范学院	33	英语(师范)(定向西藏就业)	6
文科	本科二批	6050	安阳师范学院	30	学前教育(师范)(定向西藏就业)	7
文科	本科二批	6055	商丘师范学院	35	学前教育(师范)(定向西藏就业)	6
文科	本科二批	6070	南阳师范学院	37	汉语言文学(师范)(定向西藏就业)	6
文科	本科二批	6070	南阳师范学院	45	地理科学(师范)(定向西藏就业)	3
理科	提前批普通本科	1115	清华大学	27	电子信息类(定向中国兵器工业集团)	1
理科	提前批普通本科	1115	清华大学	28	自动化(定向中国兵器工业集团)	1
理科	提前批普通本科	1115	清华大学	30	核工程与核技术(定向中国核工业集团)	3
理科	本科一批	1190	厦门大学	47	临床医学(学制五年)(定向西藏就业)	1
理科	本科一批	1190	厦门大学	50	预防医学(学制五年)(定向西藏就业)	1
理科	本科一批	1375	中国农业大学	14	水利类(定向西藏就业)	1
理科	本科一批	1375	中国农业大学	19	农学(定向西藏就业)	1
理科	本科一批	1410	华东师范大学	13	政治学与行政学(定向西藏就业)	1
理科	本科一批	1410	华东师范大学	14	社会学类(定向西藏就业)	1
理科	本科一批	1410	华东师范大学	15	教育学类(师范)(定向西藏就业)	2
理科	本科一批	1410	华东师范大学	21	化学(定向西藏就业)	1
理科	本科一批	6030	河南师范大学	36	数学与应用数学(师范)(定向西藏就业)	9
理科	本科一批	6030	河南师范大学	42	生物科学(师范)(定向西藏就业)	9
理科	本科二批	0320	陆军工程大学	25	建筑环境与能源应用工程(全国人防通风空调与给排水工程师)	1
理科	本科二批	0320	陆军工程大学	26	土木工程(全国人防工程建筑结构设计与施工工程师)	1
理科	本科二批	0320	陆军工程大学	27	工程管理(全国人防建筑施工组织管理与监理工程师)	1
理科	本科二批	0320	陆军工程大学	28	建筑学(全国人防工程建筑设计工程师)(学制五年)	1
理科	本科二批	0320	陆军工程大学	29	通信工程(全国人防通信领域工程师)	1
理科	本科二批	5300	西藏大学	18	计算机科学与技术(机要班)(定向西藏就业)	3
理科	本科二批	6035	洛阳师范学院	34	物理学(师范)(定向西藏就业)	6
理科	本科二批	6050	安阳师范学院	28	学前教育(师范)(定向西藏就业)	3
理科	本科二批	6055	商丘师范学院	37	数学与应用数学(师范)(定向西藏就业)	6
理科	本科二批	6070	南阳师范学院	46	地理科学(师范)(定向西藏就业)	3

第十九节 综合评价招生

综合评价招生是高考改革逐步推动后兴起的新招生模式。该类招生最大的特点是基于考生高考成绩、高校综合测试成绩和高中学业水平测试成绩,按照一定比例计算形成考生综合总分,最后按照综合总分择优录取。2021年,在河南省实施综合评价招生的高校共有上海科技大学、南方科技大学、北京外国语大学、昆山杜克大学(中外合作办学)、深圳北理莫斯科大学(中外合作办学)和上海纽约大学(中外合作办学)6所高校。具体情况如下:

一、上海科技大学

(一)地理位置:上海市。

(二)2021年报名时间:2021年5月6日前。

(三)2021年在河南省招生计划及专业:

1. 文科(0人):不招收文科生。

2. 理科(34人):物理学、化学、生物科学、材料科学与工程、电子信息工程、计算机科学与技术、生物医学工程。

【编者按】上海科技大学在招生中满足被录取考生第一专业志愿录取,入学后为符合条件的学生提供公开公正的再次选择专业的机会。

(四)2021年报考条件:符合2021年上海科技大学所在招生省(市)高考报名条件的,理工科基础扎实,在科学创新、批判思维、人文素养、沟通协作及社会责任等方面综合素质优秀并具备学科特长的优秀高中毕业生。

(五)录取政策:

1. 高考成绩;

2. 根据考生申请材料及"校园开放日"整体表现进行综合评定,表现优秀的学生将获得"校园开放日"综合成绩(A档:20分;B档:15分;C档:10分),综合择优录取。

【编者按】六所在河南进行综合评价招生的高校中,上海科技大学是唯一一所允许没有获得"校园开放日"综合成绩的考生报考的高校。假设有两位考生甲和乙,争取上海科技大学在河南招生的最后一个招生名额:

1. 假设甲考生未取得上海科技大学"校园开放日"综合成绩,高考分数为641分;乙考生取得上海科技大学"校园开放日"综合成绩20分的加分,高考分数为620分,报考上海科技大学的综合分数为640分;甲考生641分高于乙考生的640分,故上海科技大学会录取甲考生。

2. 假设甲考生未取得上海科技大学"校园开放日"综合成绩,高考分数为639分;乙考生取得上海科技大学"校园开放日"综合成绩20分的加分,高考分数为620分,报考上海科技大学的综合分数为640分;甲考生639分低于乙考生的640分,故上海科技大学会录取乙考生。

(六)升学率(参考2020年就业质量报告):79.88%(出国/出境深造34.45%,境内升学45.43%)。

二、南方科技大学

(一)地理位置:广东省深圳市。

(二)2021年报名时间:2020年12月20日—2021年4月30日(上海、浙江5月15日截止)。

(三)2021年在河南省招生计划及专业:

1. 文科(0人):不招收文科生。

2. 理科(65人):入学后不分专业,大二结束后根据自身兴趣、特长选择专业。

3. 目前,南方科技大学共开设34个本科专业:理学(数学与应用数学、物理学、应用物理学、化学、海洋科学、地球物理学、生物科学、生物技术、生物信息学、统计学、理论与应用力学、数据科学与大数据技术、生物医学科学)、工学(机械工程、工业设计、材料科学与工程、通信工程、微电子科学与工程、光电信息科学与工程、信息工程、机器人工程、计算机科学与技术、智能科学与技术、水文与水资源工程、海洋工程与技术、航空航天工程、环境科学与工程、生物医学工程、智能医学工程)、经济学(金融学、金融工程、金融数学)、医学(临床医学)、管理学(大数据管理与应用)。

(四)2021年报考条件:身心健康、志存高远、勇于担当、独立思考,具有学科特长和创新潜质,参加2021年普通高等学校招生全国统一考试的高中理科毕业生(新高考省份须选考物理)。

(五)录取政策:631模式[高考成绩(折算成百分制)占综合成绩的60%,学校组织的能力测试成绩占30%(机试25%、面试5%),高中学业成绩占10%(综合素质3%、高中学业水平考试成绩7%)],综合择优录取。

(六)升学率(参考2020年就业质量报告):65.90%(出国/出境深造40.05%,境内升学25.85%)。

三、北京外国语大学

(一)地理位置:北京市。

(二)2021年报名时间:2021年3月30日至4月30日。

(三)2021年在河南省招生计划及专业:

1. 文科(8人):俄语、西班牙语、阿拉伯语、朝鲜语、缅甸语、保加利亚语、意大利语、马达加斯加语。

2. 理科(7人):俄语、西班牙语、阿拉伯语、朝鲜语、老挝语、豪萨语、匈牙利语。

(四)2021年报考条件:

1. 具有坚定的爱国主义信念、品学兼优、诚实守信、遵纪守法;

2. 高三第一学期期末(或最近一次模考)成绩在年级同科类排名前10%以内,并且语文和外语成绩均在同科类排名的前10%以内(我校生源基地校和省级示范校可适当放宽排名限制);

3. 外语学习能力突出,具有浓厚的外语学习兴趣;对国别区域和国际政治、经济、文化发展趋势有浓厚兴趣;

4. 高中阶段体能测试合格;

5. 符合《2021年普通高等学校招生工作规定》中的高考报名条件。

此外,北京外国语大学鼓励复语考生报考。复语考生是指熟练掌握英语、俄语、德语、法语、日语、西班牙语、朝鲜语等外语语种中任意两种语言的考生。申请复语考试的考生应提供由所在学校出具的复语学习证明或相关考试等级证明,经我校审核通过之后方可具有参加复语测试的资格。德语、法语和西班牙语的复语考生须达到《欧洲语言共同参考框架》B1级(德语复语考生达到DSD1级亦可),朝鲜语复语考生达到TOPIK3级,日语复语考生达到N2水平,俄语复语考生达到《普通高等学校招生全国统一考试俄语科考试大纲》的基本要求。

(五)录取政策:73模式[能力测试结果合格的考生,其综合评价成绩为考生的高考(实际考分)、能力测试两个方面的成绩以当地高考成绩满分值按7:3的比例加总],综合择优录取。

(六)升学率(参考2020年就业质量报告):52.32%(出国/出境深造26.12%,境内升学26.20%)。

四、昆山杜克大学(中外合作办学)

(一)地理位置:江苏省苏州市昆山市。

(二)2021年报名时间:2020年10月1日开始,第一轮截止时间为2021年1月3日11时,第二轮截止时间为2021年2月18日11时。

(三)2021年在河南省招生计划及专业:

1. 文科(2人):入学后不分专业,大二自主选择专业。

2. 理科(3人):入学后不分专业,大二自主选择专业。

3. 目前,昆山杜克大学共开设14个本科专业:材料科学与工程(材料科学与物理学)、数学与应用数学(应用数学和计算科学)、生物科学(分子生物科学)、化学(化学和环境科学)、全球健康学、环境科学(环境科学和公共政策)、国际事务与国际关系(国际政治经济学)、历史学(全球化中国研究)、数据科学与大数据技术、经济学(机构和治理)、数字媒体艺术(媒体与艺术)、英语(全球文化研究)、心理学(行为科学)、计算机科学与技术(计算与设计)]。

(四)2021年报考条件:学习成绩优异、英语水平出色、对跨学科融合的创新型通识博雅教育有强烈的兴趣、善于沟通、好奇心强、有强烈的社会责任感和领导力潜质、富有创造性思维、有理想并愿意为之付出努力、能够适应国际化竞争环境,并且有志于成为世界范围内各行业领军者的优秀高中毕业生。

(五)录取政策:541模式[高考成绩(权重50%)、学校自主综合评估(权重40%)、高中学业水平考试成绩(权重10%)],综合择优录取。

(六)升学率(参考2020年就业质量报告):2018年开始招收本科生,暂无毕业生。

五、深圳北理莫斯科大学(中外合作办学)

(一)地理位置:广东省深圳市。

(二)2021年报名时间:2021年3月23日至5月23日。

(三)2021年在河南省招生计划及专业:

1. 文科(4人):国际经济与贸易、俄语。

2. 理科(19人):经济学、数学与应用数学、生物科学、材料科学与工程、电子与计算机工程。

(四)2021年报考条件:参加2021年普通高等学校招生全国统一考试,综合素质高,全面发展,具有外语爱好、学科特长、创新思维、国际视野和社会责任感的优秀高中毕业生。

(五)录取政策:631模式[高考成绩(60%)+学校测试成绩(30%)+高中学业水平考试成绩(10%)],综合择优录取。

(六)升学率(参考2020年就业质量报告):2017年成立,暂无本科毕业生。

六、上海纽约大学(中外合作办学)

(一)地理位置:上海市。

(二)2021年报名时间:2021年1月1日前。

(三)2021年在河南省招生计划及专业:

1. 文科:人文科学试验班(入学后自由选择专业)。

2. 理科:自然科学试验班(入学后自由选择专业)。

3. 上海纽约大学2021年面向全国招收251名学生,招生计划不做分省安排,各省(自治区、直辖市)招生名额不设上下限,在所有申请学生中择优录取。各省级招生主管部门编印的《2021年普通高等学校招生专业和计划》中的上海纽约大学招生计划数及专业名称,仅用于学生高考志愿填报,与各省(自治区、直辖市)最终录取人数和学生就读专业无关。

4. 目前,上海纽约大学实行通识教育核心课程的培养,设有19个本科专业及方向[生物科学、化学、经济学、世界史(全球中国学)、世界史(综合人文)、数学与应用数学(荣誉数学)、数字媒体技术(交互媒体艺术)、数字媒体技术(交互媒体与商学)、数学与应用数学(数学)、神经科学、物理学、世界史(社会科学)、自主设计专业方向、金融学(商学与金融)、金融学(商学与市场营销)、计算机科学与技术(计算机科学)、计算机科学与技术(计算机工程)、数据科学与大数据技术(数据科学)、电子信息工程(电子工程)],提供多个跨学科的辅修专业课程。

(四)2021年报考条件:符合普通高考报名条件并参加2021年高考,学业优异、英语能力突出,具有强烈求知欲和好奇心,勇于挑战自我,乐于尝试新事物,能够适应国际化竞争环境,并且愿意成为跨文化沟通桥梁的优秀高中毕业生。

(五)录取政策:

上海纽约大学招生委员会将根据学生"校园日活动"表现,对每位学生进行严谨的评价和讨论,并给予相应录取政策:

1. 预录取:学生须参加2021年普通高考,高考成绩达到生源所在省本科第一批录取控制线(合并本科批次的省为特殊类型招生控制分数线,浙江为第一段分数线),上海纽约大学即予以录取。

2. 待录取:学生须参加2021年普通高考,高考成绩达到生源所在省本科第一批录取控制线(合并本科批次的省为特殊类型招生控制分数线,浙江为第一段分数线),上海纽约大学将结合学生申请过程中的各项因素,包括高考成绩,综合评定,择优录取。

上海纽约大学在提前批或综合评价批次录取学生,获得预录取或待录取资格的学生,须在该批次第一志愿填报上海纽约大学(如该批次为平行志愿,则需填报 A 位置志愿)。如考生所在省级招生办公室另有规定,则按省招办规定办理。

(六)升学率(参考2020年就业质量报告):68%(中国本科毕业生)。

第二十节　强基计划招生

一、强基计划政策

2020年1月,教育部公布《关于在部分高校开展基础学科招生改革试点工作的意见》(以下简称《意见》),决定自2020年起,在部分高校开展基础学科招生改革试点,也称"强基计划"。

"强基计划"是教育部在深入调研、总结高校自主招生和上海等地高考综合改革试点经验的基础上,制定出台的。《意见》要求,在确保公平公正的前提下,积极探索多维度考核评价模式,逐步建立基础学科拔尖创新人才选拔培养的有效机制。它服务国家重大战略需求,同时也集中体现了新高考的改革方向。

对于考生来说,"强基计划"有哪些要点是我们需要关注的呢?

(一)强基计划选拔什么样的人才?

强基计划指导思想和原则是服务国家战略,招收一批有志向、有兴趣、有天赋的青年学生进行专门培养,为国家重大战略领域输送后备人才。主要选拔有志于服务国家重大战略需求且综合素质优秀或基础学科拔尖的学生。

通俗点来说,强基计划选拔主体是高考成绩优异的学生和少数在某个领域具有突出才能的人才。

(二)强基计划招生专业范围有哪些?

强基计划突出基础学科的支撑引领作用,重点在数学、物理、化学、生物及历史、哲学、古文字学等相关专业招生。聚焦高端芯片与软件、智能科技、新材料、先进制造和国家安全等关键领域以及国家人才紧缺的人文社会科学领域。高校会结合自身办学特色,合理安排招生专业,并建立学科专业的动态调整机制,根据新形势要求和招生情况,适时调整强基计划招生专业。

(三)强基计划的录取方式是怎样的?

强基计划在保证公平公正的前提下,探索建立多维度考核评价考生的招生模式。主要有两种模式:

1.高校依据考生的高考成绩,按在各省(区、市)强基计划招生名额的一定倍数确定参加高校考核的考生名单。考生参加统一高考和高校考核后,高校将考生高考成绩、高校综合考核结果及综合素质评价情况等按比例合成考生综合成绩(其中高考成绩所占比例不得低于85%),根据考生填报志愿,按综合成绩由高到低顺序录取。

2.对于极少数在相关学科领域具有突出才能和表现的考生(获得五大学科奥赛国家级二等奖及以上的考生),高校制定破格入围高校考核的条件和破格录取的办法、标准,并提前向社会公布。考生参加统一高考后,由高校组织相关学科领域专家对考生进行严格考核,达到录取标准的,经高校招生工作领导小组审定,报生源所在地省级高校招生委员会核准后予以破格录取。破格录取考生的高考成绩原则上不得低于各省(区、市)本科一批录取最低控制分数线(合并录取批次省份应单独划定相应分数线)。

(四)通过强基计划录取后,高校如何培养?

高校对通过强基计划录取的学生单独制定培养方案,采取导师制、小班化等培养模式。建立激励机制,增强学生的荣誉感和使命感。畅通成长发展通道,对学业优秀的学生,高校可在免试推荐研究生、直博、公派留学、奖学金等方面予以优先安排。探索建立本—硕—博衔接的培养模式。推进科教协同育人,探索建立结合重大科研任务的人才培养机制。通过强基计划录取的学生入校后原则上不得转到相关学科之外的专业就读。

(五)强基计划试点院校范围有哪些?

强基计划起步阶段,在部分"一流大学"建设高校范围内遴选高校开展试点。

高校向教育部申请并提交相关专业的招生和人才培养一体化方案。教育部组织专家综合考虑高校的办学定位、人才培养质量、科研项目及平台建设情况、招生和人才培养方案等因素,按照"一校一策"的原则,研究确定强基计划招生高校、专业和规模。

试点高校名单:北京大学、中国人民大学、清华大学、北京航空航天大学、北京理工大学、中国农业大学、北京师范大学、中央民族大学、南开大学、天津大学、大连理工大学、吉林大学、哈尔滨工业大学、复旦大学、同济大学、上海交通大学、华东师范大学、南京大学、东南大学、浙江大学、中国科学技术大学、厦门大学、山东大学、中国海洋大学、武汉大学、华中科技大学、中南大学、中山大学、华南理工大学、四川大学、重庆大学、电子科技大学、西安交通大学、西北工业大学、兰州大学、国防科技大学。

(六)强基计划和原自主招生有哪些区别?

"强基计划"是教育部在深入调研、总结高校自主招生十六年试点经验,充分借鉴上海等地高考综合改革试点成果的基础上,制定出台的。与以往自主招生相比,强基计划取消论文、专利等作为入围高校考核条件的做法,将以往自主招生的"降分录取"改为"基于统一高考的多维度考核评价",按综合成绩重新排序、择优录取。

强基计划和原自主招生计划有五个方面的区别:

1. 选拔定位不同。自主招生主要选拔"具有学科特长和创新潜质的学生",而强基计划主要选拔"有志于服务国家重大战略需求且综合素质优秀或基础学科拔尖的学生"。

2. 招生专业不同。自主招生未限定高校招生专业范围;强基计划突出基础学科的支撑引领作用,重点在数学、物理、化学、生物及历史、哲学、古文字学等相关专业安排招生。

3. 入围校考的依据不同。自主招生的入围依据主要是考生的申请材料;强基计划的入围依据是考生高考成绩,极少数在相关学科领域具有突出才能和表现的考生,有关高校可制定破格入围高校考核的条件和办法,并提前向社会公布。

4. 录取方式不同。自主招生采取降分录取的方式,最低可降至一本线;强基计划将考生高考成绩(不低于85%)、高校综合考核结果和综合素质评价等折算成综合成绩,从高到低顺序录取,体现对学生更加全面的考查。

5. 培养模式不同。相关高校对自主招生录取的学生在培养方式上未作特殊安排;强基计划录取学生将实行小班化、导师制,并探索本—硕—博衔接的培养模式,畅通学生成长发展通道,实现招生培养良性互动。

(七)强基计划报考流程

1. 3月底前,高校公布招生简章。

2. 4月,考生网上报名。

3. 6月,考生参加统一高考。

4. 6月25日前,各省(区、市)提供高考成绩。

5. 6月26日前,高校确定参加考核的考生名单。

6. 7月4日前,高校组织考核。

7. 7月5日前,高校根据考生的高考成绩、高校综合考核结果及综合素质评价等折合成综合成绩,择优录取。

二、2021年实施强基计划招生的高校名单(见表1-34)

表1-34 2021年实施强基计划招生的高校名单

院校代码	院校名称	所在区域	所在地	2021年入围倍数	2021年河南省理科一批投档线	2021年理科强基计划	2021年河南省文科一批投档线	2021年文科强基计划
1115	清华大学	北京	北京	6	699	招生	677	招生
1105	北京大学	北京	北京	6	697	招生	669	招生
1290	上海交通大学	上海	上海	6	692	招生	667	—
1130	复旦大学	上海	上海	6	691	招生	663	招生
1195	浙江大学	浙江	杭州	5	686	招生	658	招生
1525	中国科学技术大学	安徽	合肥	5	679	招生	—	—
1160	南京大学	江苏	南京	6	677	招生	659	招生
1485	北京航空航天大学	北京	北京	5	674	招生	643	—
1110	中国人民大学	北京	北京	5	671	—	662	招生
1310	同济大学	上海	上海	5	667	招生	645	—
1165	南开大学	天津	天津	6	665	招生	650	招生
1490	北京理工大学	北京	北京	4	664	招生	634	—
1140	华中科技大学	湖北	武汉	6	658	招生	640	招生
1185	西安交通大学	陕西	西安	5	658	招生	640	招生
1495	哈尔滨工业大学	黑龙江	哈尔滨	4	656	招生	631	—
1180	武汉大学	湖北	武汉	5	654	招生	648	招生
1305	天津大学	天津	天津	6	652	招生	638	—
1125	东南大学	江苏	南京	6	651	招生	640	—
1250	电子科技大学	四川	成都	5	651	招生	630	—
0305	国防科技大学	湖南	长沙	3	650	招生	—	—
1410	华东师范大学	上海	上海	4	650	招生	643	招生
1190	厦门大学	福建	厦门	6	649	招生	644	招生
1215	中山大学	广东	广州	6	645	招生	642	招生
1515	西北工业大学	陕西	西安	4	645	招生	627	—
1280	华南理工大学	广东	广州	6	644	招生	630	—
1175	四川大学	四川	成都	6	642	招生	641	招生
1170	山东大学	山东	济南	6	638	招生	636	招生
1355	重庆大学	重庆	重庆	6	637	招生	634	—
1400	北京师范大学	北京	北京	5	636	招生	647	招生
1245	大连理工大学	辽宁	大连	4	633	招生	—	—
1210	中南大学	湖南	长沙	5	632	招生	636	—
1375	中国农业大学	北京	北京	6	627	招生	633	—
1145	吉林大学	吉林	长春	4	626	招生	631	招生

续表

院校代码	院校名称	所在区域	所在地	2021年入围倍数	2021年河南省理科一批投档线	2021年理科强基计划	2021年河南省文科一批投档线	2021年文科强基计划
1155	兰州大学	甘肃	兰州	6	625	招生	627	招生
1330	中国海洋大学	山东	青岛	4	624	招生	628	—
1100	中央民族大学	北京	北京	6	623	—	631	招生

三、强基计划专家解析

2020年第一届强基计划招生非常不成功，大部分高校均未录满。2021年调整了入围比例，从目前反馈的情况来看，录取情况相对2020年还是比较理想的。被强基计划录取的学生，大概会有四种结果。

1. 学生非常喜欢基础学科，立志从事科学研究，立志成为科学家。基础学科，比如数学和物理，学起来虽然相对费劲，但有兴趣支撑，也不会有什么问题，成绩自然不错，本科、硕士、博士就连续读下来，未来去高校和科研机构任职。虽然大多数人不能发财，但收入也不错，还能干自己喜欢的事情。这也是国家希望的结果。

2. 学生对基础学科兴趣一般，但自制力较强，能够以毅力学好令人挠头的课程，但不想继续学习基础学科了，研究生阶段转到应用方面的热门专业，出路也非常好。有坚实的数理基础，在应用方面可以做得风生水起，事实上，应用学科的导师，也喜欢招基础学科的学生。这当然是大多数家长希望的结果，实现了双赢，即同时获得最好的培养模式+热门专业。

3. 学生对基础学科兴趣一般，自制力还马马虎虎，能够以毅力学习确保不挂科，也有可能被淘汰出强基计划到普通的基础学科专业去，顺利毕业但考研不成功，开始找工作。但找工作的时候，也就是碰壁的开始，发现许多公司都不要，嫌专业不对口，有些"哭天天不应、叫地地不灵"的感觉。有的可以自己打拼出人头地，大部分人破罐子破摔了。

4. 学生在新环境里，特别是看到上几届的基础学科的就业状况后，心理反差极大，本来对基础学科就没多少兴趣，自暴自弃，觉得在学校抬不起头来，受鄙视，干脆破罐子破摔，最后无法拿到学位证甚至无法拿到毕业证。实事求是地说，基础学科在绝大多数高校地位不高，许多学生或多或少有些自卑。

强基计划是个好政策，那么如何才能避免第3、4种结局，让学生能"双赢"呢？这需要家长对学生有足够的了解，清楚学生的意向，如果学生志不在此就不建议选报强基计划了。如果学生确实比较喜欢基础学科，那么还需要家长深入了解36所强基高校各自的特色、优势和报考难度，综合评估选出1所（强基限报1所）适合自己学生的高校。

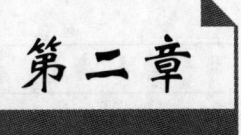

2021年河南省普通高校招生各分数段对应院校统计

第一节 本科一批、本科二批、高职高专批志愿填报
（见表2-1，表2-2，表2-3）

一、本科一批（文科、理科）志愿填报草表（见表2-1）（如有变动，请以当年官方公布为准）

表2-1 本科一批（文科、理科）志愿填报草表

志愿名称	代码	名称
平行志愿		
平行志愿1　院校		
专业1		
专业2		
专业3		
专业4		
专业5		
专业调剂	□同意	□不同意
平行志愿2　院校		
专业1		
专业2		
专业3		
专业4		
专业5		
专业调剂	□同意	□不同意
平行志愿3　院校		
专业1		
专业2		
专业3		
专业4		

续表

志愿名称	代码	名称
专业5		
专业调剂	□同意	□不同意
平行志愿4　院校		
专业1		
专业2		
专业3		
专业4		
专业5		
专业调剂	□同意	□不同意
平行志愿5　院校		
专业1		
专业2		
专业3		
专业4		
专业5		
专业调剂	□同意	□不同意
平行志愿6　院校		
专业1		
专业2		
专业3		
专业4		
专业5		
专业调剂	□同意	□不同意
定向志愿(此处只能填报定向志愿)		
定向志愿　院校		
专业1		
专业2		
专业3		
专业4		
专业5		
民族预科志愿(此处只能由已公示的少数民族考生填报)		
民族预科志愿　院校		
专业1		
专业2		
专业3		

续表

志愿名称	代码	名称
专业 4		
专业 5		
专业调剂	□同意	□不同意

二、本科二批(文科、理科)志愿填报草表(见表 2-2)(如有变动,请以当年官方公布为准)

表 2-2 本科二批(文科、理科)志愿填报草表

志愿名称	代码	名称
平行志愿		
平行志愿 1 院校		
专业 1		
专业 2		
专业 3		
专业 4		
专业 5		
专业调剂	□同意	□不同意
平行志愿 2 院校		
专业 1		
专业 2		
专业 3		
专业 4		
专业 5		
专业调剂	□同意	□不同意
平行志愿 3 院校		
专业 1		
专业 2		
专业 3		
专业 4		
专业 5		
专业调剂	□同意	□不同意
平行志愿 4 院校		
专业 1		
专业 2		
专业 3		
专业 4		
专业 5		
专业调剂	□同意	□不同意

续表

志愿名称		代码	名称
平行志愿5	院校		
	专业1		
	专业2		
	专业3		
	专业4		
	专业5		
	专业调剂	□同意	□不同意
平行志愿6	院校		
	专业1		
	专业2		
	专业3		
	专业4		
	专业5		
	专业调剂	□同意	□不同意
平行志愿7	院校		
	专业1		
	专业2		
	专业3		
	专业4		
	专业5		
	专业调剂	□同意	□不同意
平行志愿8	院校		
	专业1		
	专业2		
	专业3		
	专业4		
	专业5		
	专业调剂	□同意	□不同意
平行志愿9	院校		
	专业1		
	专业2		
	专业3		
	专业4		
	专业5		
	专业调剂	□同意	□不同意

续表

志愿名称	代码	名称
定向志愿(只能填报定向志愿)		
定向志愿　院校		
专业1		
专业2		
专业3		
专业4		
专业5		
预科志愿(此处只能由已公示的少数民族考生或具有边防军人子女预科班报考资格的考生填报)		
预科志愿　院校		
专业1		
专业2		
专业3		
专业4		
专业5		
专业调剂	□同意	□不同意

三、高职高专批(文科、理科)志愿填报草表(见表2-3)(如有变动,请以当年官方公布为准)

表2-3　高职高专批(文科、理科)志愿填报草表

志愿名称	代码	名称
平行志愿		
平行志愿1　院校		
专业1		
专业2		
专业3		
专业4		
专业5		
专业调剂	□同意	□不同意
平行志愿2　院校		
专业1		
专业2		
专业3		
专业4		
专业5		
专业调剂	□同意	□不同意
平行志愿3　院校		
专业1		

续表

志愿名称	代码	名称
专业2		
专业3		
专业4		
专业5		
专业调剂	□同意	□不同意
平行志愿4　院校		
专业1		
专业2		
专业3		
专业4		
专业5		
专业调剂	□同意	□不同意
平行志愿5　院校		
专业1		
专业2		
专业3		
专业4		
专业5		
专业调剂	□同意	□不同意
平行志愿6　院校		
专业1		
专业2		
专业3		
专业4		
专业5		
专业调剂	□同意	□不同意

第二节　本科一批（文科）各分数段对应可报考院校统计（见表2-4）

表2-4　本科一批（文科）各分数段对应可报考院校统计

分数段	院校分类	可报考院校
一本线上119分	原985	清华大学（—/17/24）

续表

分数段	院校分类	可报考院校
省位次16名~52名 (一本线上111分~115分)	原985	北京大学(52/54/51)
省位次63名~96名 (一本线上106分~110分)	原985	上海交通大学(70/75/72)
省位次108名~174名 (一本线上101分~105分)	原985	复旦大学(其他单列)(108/—/—)、复旦大学(108/83/112)、中国人民大学(121/147/125)、南京大学(174/197/181)
省位次190名~275名 (一本线上96分~100分)	原985	浙江大学(190/197/181)
省位次300名~422名 (一本线上91分~95分)	原985	南开大学(383/449/431)
省位次454名~667名 (一本线上86分~90分)	原985	武汉大学(454/487/523)、北京师范大学(507/—/—)、同济大学(617/669/593)、厦门大学(667/669/677)
省位次720名~966名 (一本线上81分~85分)	原985	华东师范大学(720/925/786)、北京航空航天大学(720/—/—)、中山大学(785/669/634)、四川大学(840/840/840)、东南大学(896/989/893)、华中科技大学(896/989/1066)、西安交通大学(896/925/952)、北京师范大学(其他单列)(966/—/—)
	原211	上海财经大学(840/669/1066)
省位次1031名~1351名 (一本线上76分~80分)	原985	天津大学(1031/1077/893)、山东大学(1195/1298/1422)、中南大学(1195/1221/1192)、湖南大学(1351/1479/1769)、重庆大学(1351/1221/1263)、北京理工大学(1351/1077/1066)
	原211	对外经济贸易大学(1031/1401/3133)、中国政法大学(1109/786/740)、中央财经大学(1195/840/1119)、上海外国语大学(1273/1298/952)
省位次1425名~1802名 (一本线上71分~75分)	原985	中国农业大学(1425/1401/1501)、北京师范大学(珠海校区)(1425/—/—)、中央民族大学(1610/1657/1980)、吉林大学(1610/1757/1670)、哈尔滨工业大学(1610/1563/1980)、山东大学威海分校(1708/1856/1980)、电子科技大学(1708/1757/1874)、华南理工大学(1708/1563/1582)
	原211	中国传媒大学(1511/1657/2999)、北京外国语大学(1802/4240/786)
	保研资格	中国社会科学院大学(1425/1146/1769)
省位次1917名~2380名 (一本线上66分~70分)	原985	中国海洋大学(1917/1981/1980)、兰州大学(2026/2080/2198)、南开大学(较高收费)(2026/—/—)、西北工业大学(2026/2509/1874)、山东大学威海分校(较高收费)(2250/1981/3276)、东北大学(2250/2360/2584)
	原211	中南财经政法大学(1917/1856/1670)、西南财经大学(2026/1981/1980)、华中师范大学(2133/2213/1980)、上海大学(2133/1856/1422)、北京科技大学(2250/2080/2198)、北京中医药大学(2250/2903/2454)、北京邮电大学(2380/4047/1874)、西南大学(2380/2635/2092)、苏州大学(2380/1981/1670)、南京师范大学(2380/2080/2092)
	保研资格	西南政法大学(较高收费)(2380/2635/2721)

续表

分数段	院校分类	可报考院校
省位次 2519 名～3125 名 （一本线上 61 分～65 分）	原 985	武汉大学（医护类）(2955/2903/4920)、中国海洋大学（较高收费）(3125/3375/3439)
	原 211	暨南大学(2519/2635/2092)、上海大学（较高收费）(2519/2213/1980)、中国地质大学（北京）(2650/2756/2851)、南京航空航天大学(2650/2903/2999)、华东理工大学(2798/2903/3133)、北京林业大学(2798/2756/2198)、华南师范大学(2798/3216/2584)、华北电力大学（北京）(2955/3216/3133)、陕西师范大学(2955/3072/2454)、西北大学(2955/3072/2851)、西南交通大学(3125/3216/2999)、湖南师范大学(3125/3072/2999)
	一流学科	中国人民公安大学(2650/3375/—)、首都师范大学(3125/3546/3613)
	保研资格	西南政法大学(2519/2213/2323)、华东政法大学(2650/2756/2198)、深圳大学(3125/2756/2584)
省位次 3294 名～3948 名 （一本线上 56 分～60 分）	原 985	西北农林科技大学(3798/3880/3798)
	原 211	北京交通大学(3294/1856/1263)、中国矿业大学（北京）(3294/3546/3439)、河海大学(3477/3712/2584)、北京化工大学(3636/3880/3276)、中国地质大学（武汉）(3636/3072/3798)、武汉理工大学(3798/3546/2999)、北京外国语大学（较高收费）(3798/2080/2454)、福州大学(3798/3375/3996)、东北师范大学(3948/4047/4158)
	保研资格	西北政法大学(3948/4047/4534)
省位次 4108 名～4834 名 （一本线上 51 分～55 分）	原 985	中国农业大学（较高收费）(4295/3072/2999)、吉林大学（其他单列）(4672/5041/6530)
	原 211	西南财经大学（较高收费）(4108/—/—)、郑州大学(4108/3880/4346)、长安大学(4295/4444/5130)、西安电子科技大学(4295/4240/4534)、安徽大学(4295/4047/4346)、南昌大学(4295/4047/4534)、云南大学(4295/4047/4158)、大连海事大学(4474/6006/12684)、中国石油大学（华东）(4474/4240/5335)、中国矿业大学(4474/4631/5568)、南京农业大学(4474/4240/6809)、合肥工业大学(4672/4835/5335)、中国石油大学（北京）(4672/10223/3133)、河北工业大学(4672/4444/4720)、辽宁大学(4672/4444/4720)、华中农业大学(4834/4444/3996)、西南大学（荣昌校区）(4834/5041/5568)、哈尔滨工程大学(4834/5041/5568)、太原理工大学(4834/5041/5801)、海南大学(4834/4835/6019)
	保研资格	北京语言大学(4834/8305/2584)、首都经济贸易大学(4834/3546/3613)
省位次 5050 名～5874 名 （一本线上 46 分～50 分）	原 985	厦门大学（异地校区）(5050/5757/21573)、武汉大学（其他单列）(5241/1563/—)、山东大学（医护类）(5658/—/—)、中国人民大学（苏州校区）(5874/625/786)、四川大学（其他单列）(5874/—/—)
	原 211	中国药科大学(5050/4631/2584)、东北师范大学（较高收费）(5050/6558/—)、广西大学(5050/5041/5335)、贵州大学(5050/4835/5568)、华北电力大学（保定）(5241/4631/5130)、合肥工业大学（宣城校区）(5241/5757/6019)、东北林业大学(5444/5502/6530)、内蒙古大学(5874/6823/7861)、东北农业大学(5874/6277/7330)、宁夏大学(5874/6823/8150)
	一流学科	宁波大学(5050/5502/4720)、南京信息工程大学(5658/5253/6019)、南京中医药大学(5874/7416/11576)

续表

分数段	院校分类	可报考院校
省位次 5050 名~5874 名（一本线上 46 分~50 分）	保研资格	浙江师范大学（5658/5757/5801）、西安外国语大学（5874/4835/4920）、上海师范大学（5874/5502/5568）
	公办	北京第二外国语学院（5241/4631/4534）、南京审计大学（较高收费）（5241/6558/—）、浙江财经大学（5874/5757/7330）
省位次 6107 名~7011 名（一本线上 41 分~45 分）	原 211	北京交通大学（威海校区）（6107/5757/5568）、郑州大学（中外合作办学）（6319/6006/8467）、延边大学（6544/7416/7586）、江南大学（较高收费）（6776/20516/3439）、江南大学（7011/3072/2721）
	一流学科	南京林业大学（6319/6006/7095）、天津工业大学（6544/7416/8791）、中央戏剧学院（6544/—/—）
	保研资格	江苏大学（6107/5757/6019）、浙江工商大学（6544/5041/4920）、湘潭大学（6776/7416/7095）、上海理工大学（7011/7416/7861）、南京工业大学（7011/6823/7095）、浙江理工大学（7011/6823/7095）、上海海事大学（7011/7135/7586）
	公办	上海海关学院（6319/6006/7095）、南京审计大学（6319/7135/13502）、上海政法学院（6544/6006/7095）
省位次 7239 名~8313 名（一本线上 36 分~40 分）	原 211	北京体育大学（7506/—/—）、新疆大学（8043/9896/10480）
	一流学科	成都理工大学（7239/7699/9096）、河南大学（7239/7416/8150）、西南石油大学（8043/8623/10145）
	保研资格	扬州大学（7239/6558/5568）、天津财经大学（7239/6006/6530）、杭州师范大学（7239/5757/6265）、东北财经大学（8043/3712/3798）、上海理工大学（较高收费）（8043/8305/10480）、上海对外经贸大学（较高收费）（8043/4444/4534）、湖北大学（8043/7699/7095）、中国民航大学（8043/7416/7861）、武汉科技大学（8043/7989/8467）、天津财经大学（较高收费）（8043/7135/8467）、北京信息科技大学（8043/8305/7861）、集美大学（8043/6823/6530）、河北大学（8043/7989/8467）、西南民族大学（8043/8305/9096）、山东师范大学（8043/7989/8791）、中南民族大学（8313/7416/7861）、华南农业大学（8313/7989/7330）、天津外国语大学（8313/7989/12293）、天津师范大学（8313/6558/7330）、四川外国语大学（8313/6823/11925）、福建师范大学（8313/7989/7330）、山东财经大学（8313/7989/8791）、四川师范大学（8313/7699/8467）
	公办	中国计量大学（7239/5502/7095）、上海戏剧学院（7239/—/—）、南京财经大学（7782/4835/5130）、上海电力大学（8313/8623/9433）
省位次 8604 名~9839 名（一本线上 31 分~35 分）	原 211	辽宁大学（较高收费）（8604/—/—）、延边大学（较高收费）（8604/10573/14816）、青海大学（8893/9226/10833）、中国石油大学（北京）克拉玛依校区（9192/10935/10480）、武汉理工大学（较高收费）（9516/3072/2999）
	一流学科	上海海洋大学（8604/7135/7861）、广州中医药大学（9516/6558/5568）、南京邮电大学（9516/4835/5335）、成都中医药大学（9516/10573/12684）、成都理工大学（异地校区）（9839/17959/—）

分数段	院校分类	可报考院校
省位次 8604 名~9839 名（一本线上 31 分~35 分）	保研资格	燕山大学(8604/7989/8150)、青岛大学(8604/7989/7095)、长沙理工大学(8604/8914/18748)、北方工业大学(8604/7135/7586)、上海师范大学（较高收费）(8604/7989/11576)、武汉工程大学(8604/9521/9781)、广东工业大学(8604/8305/8467)、重庆师范大学(8604/8305/9096)、山西大学(8893/7989/8791)、广东外语外贸大学(8893/4835/3996)、重庆邮电大学(8893/6823/7861)、南通大学(8893/9896/11576)、山西财经大学(8893/8623/9781)、河北师范大学(8893/9896/10480)、山西中医药大学(8893/8305/8150)、济南大学(8893/8305/8150)、东北财经大学（较高收费）(9192/10935/11213)、汕头大学(9516/12113/5568)、广州大学(9516/5253/5335)、重庆交通大学(9516/8914/9781)、江西师范大学(9516/9226/9096)、西华大学(9516/9521/10145)、西安建筑科技大学(9839/7699/9096)、湖南科技大学(9839/9521/10145)、西安科技大学(9839/9896/10145)、大连外国语大学(9839/9896/7095)、安徽师范大学(9839/8914/9781)、昆明理工大学(9839/9521/9781)
	公办	重庆工商大学(8893/8914/9433)、苏州科技大学(9516/9896/10833)、北京联合大学(9839/8305/8791)、重庆理工大学(9839/9896/14347)
省位次 10158 名~11502 名（一本线上 26 分~30 分）	原 211	石河子大学(10158/11728/12684)、海南大学（较高收费）(10825/12523/13072)、宁夏大学（较高收费）(10825/12523/13072)
	一流学科	天津中医药大学(10158/11327/17701)、上海海洋大学（较高收费）(10158/11327/13502)、上海体育学院(10498/14622/—)、宁波大学（较高收费）(11502/12113/—)
	保研资格	北京工商大学(10158/—/—)、陕西科技大学(10158/10223/10480)、湖北工业大学(10158/9226/9781)、江苏科技大学(10498/10935/10833)、安徽财经大学(10498/10573/11576)、天津科技大学(10498/9226/9096)、黑龙江大学(10498/10223/9781)、曲阜师范大学(10498/10935/12293)、山东建筑大学(10498/10935/13502)、华侨大学(10825/21554/6530)、黑龙江中医药大学(10825/9521/10833)、西北师范大学(10825/11728/11925)、天津理工大学(11165/10935/11213)、大连外国语大学（较高收费）(11165/—/—)、湖南中医药大学(11502/12939/8791)、西安石油大学(11502/11327/11925)
	公办	深圳技术大学(10158/10573/—)、上海立信会计金融学院(10158/6823/3996)、浙江农林大学(10158/11327/14347)、成都大学(10158/9896/11576)、中国戏曲学院(10158/12113/—)、西安邮电大学(10498/7699/7861)、湖南工商大学(10498/10573/11925)、广东财经大学(10825/—/—)、北京印刷学院(11502/10223/10480)、西安财经大学(11502/13354/—)
省位次 11833 名~13277 名（一本线上 21 分~25 分）	原 211	西南大学（较高收费）(11833/3375/3439)、贵州大学（较高收费）(11833/15089/18748)
	保研资格	西安工业大学(11833/10573/10833)、河南财经政法大学(11833/11327/11925)、南方医科大学(12151/7135/7330)、山东科技大学(12151/11728/11576)、天津商业大学(12151/12113/17222)、天津外国语大学（较高收费）(12520/12523/—)、长江大学(12520/11728/11576)、西南科技大学(12520/12523/12684)、广州医科大学(12520/12113/12293)、天津科技大学（较高收费）(12520/12523/13923)、江西中医药大学(12890/19417/—)、湖南农业大学(12890/12939/14816)、石家庄铁道大学(13277/11728/12684)、西安工程大学(13277/12113/11925)、中南林业科技大学(13277/11728/12684)、华东交通大学(13277/12113/10145)、三峡大学(13277/12113/12684)

续表

分数段	院校分类	可报考院校
省位次11833名~13277名 （一本线上21分~25分）	公办	常州大学(12520/11728/10480)、江汉大学(12890/16955/—)、成都信息工程大学(12890/12939/11576)、浙大城市学院(12890/12523/13072)、北京物资学院(13277/8623/8791)、湖南工业大学(13277/12939/12293)
省位次13628名~15227名 （一本线上16分~20分）	保研资格	吉林财经大学(13628/11728/11925)、哈尔滨商业大学(13628/13776/21014)、长春理工大学(14016/14622/14347)、天津外国语大学(其他单列)(14016/—/—)、南华大学(14016/12523/10480)、南昌航空大学(14016/15089/11213)、中北大学(14016/15995/10480)、河南师范大学(14388/13776/15243)、安徽工业大学(14815/13776/14347)、海南师范大学(14815/15089/16694)
	公办	南京工程学院(13628/14622/17701)、中国劳动关系学院(14016/—/—)、上海应用技术大学(14016/11327/10145)、浙江科技学院(14016/17463/—)、武汉纺织大学(14016/16461/11925)、上海工程技术大学(14388/16461/—)、湖州师范学院(14388/15089/17222)、浙江财经大学(较高收费)(14815/7989/—)、甘肃政法大学(14815/18922/—)
省位次15646名~17492名 （一本线上11分~15分）	中外合作	宁波诺丁汉大学(16090/22087/6019)、西交利物浦大学(17492/15995/9781)
	内港合作	北京师范大学-香港浸会大学联合国际学院(17000/15089/11213)
	一流学科	河南大学(中外合作办学)(15646/16955/17701)
	保研资格	中南民族大学(少数民族)(15646/15522/12684)、福建农林大学(15646/23278/9433)、河南工业大学(15646/15522/17222)、湖北中医药大学(16090/12939/12293)、吉林财经大学(较高收费)(16090/16955/13502)、山东理工大学(16090/15089/12684)、吉首大学(16090/16955/20442)、西华师范大学(16090/15995/20442)、河南科技大学(16090/15522/16220)、沈阳工业大学(16517/13354/13072)、长春中医药大学(16517/18448/—)、安徽农业大学(16517/17959/—)、青岛理工大学(17000/9896/10833)、福建医科大学(17000/18448/15742)、哈尔滨医科大学(17492/17959/21573)、沈阳建筑大学(17492/15995/20442)、大连工业大学(17492/14212/14347)、福建师范大学(较高收费)(17492/21036/—)、山东农业大学(17492/19417/—)、河南农业大学(17492/17463/18264)
	公办	安徽建筑大学(15646/14622/17701)、齐鲁工业大学(15646/15522/19304)、赣南师范大学(16090/16955/20442)、湖南理工学院(16090/19958/—)、四川轻化工大学(16090/18922/21014)、江西科技师范大学(16517/17959/21573)、大连民族大学(17000/18448/11925)、浙大宁波理工学院(17000/14212/15243)、上海应用技术大学(较高收费)(17492/18922/—)、南昌工程学院(17492/16955/17701)
省位次17951名~19891名 （一本线上6分~10分）	一流学科	河南大学(医护类)(17951/19958/—)
	保研资格	山东科技大学(较高收费)(17951/15995/15243)、华北水利水电大学(17951/18448/18264)、辽宁工程技术大学(18414/17959/17222)、甘肃中医药大学(18414/20516/—)、西安外国语大学(较高收费)(19410/8914/10480)、东北石油大学(19410/17959/18748)、河南理工大学(19410/19417/19901)、华北理工大学(19891/15522/20442)
	公办	上海电机学院(17951/14622/15742)、北方民族大学(18908/22087/—)、江苏海洋大学(18908/—/—)、郑州轻工业大学(18908/19417/20442)、川北医学院(19410/19417/20442)、中国民用航空飞行学院(19891/16955/19901)、信阳师范学院(19891/18448/20442)、南阳师范学院(19891/19958/22094)

分数段	院校分类	可报考院校
省位次20389名~22987名（一本线上5分以内）	中外合作	温州肯恩大学(22987/22087/14347)
	一流学科	西南石油大学（较高收费）(—/—/—)
	保研资格	河南财经政法大学（较高收费）(20879/19417/14347)、江西理工大学(21385/13776/15243)、安徽医科大学(21385/—/—)、河南中医药大学(21385/19958/21014)、江西财经大学(22467/4835/5130)、上海对外经贸大学(22987/4444/3439)、西藏民族大学(22987/—/—)、河南中医药大学（异地校区）(22987/—/—)
	公办	南阳理工学院(20389/20516/21014)、中国人民警察大学(20879/—/—)、上海电机学院（较高收费）(20879/—/—)、洛阳师范学院(20879/—/—)、东华理工大学(21385/12939/13072)、郑州航空工业管理学院(21385/19958/19304)、中原工学院(21385/20516/20442)、河南科技学院(22467/22087/24466)、大连民族大学（少数民族）(22987/19958/18748)、新乡医学院(22987/22087/22094)
	民办	北京理工大学珠海学院(22467/19958/22094)
一本线下降分录取	保研资格	河南农业大学（中外合作办学）(25301/28679/28282)

第三节 本科二批（文科）各分数段对应可报考院校统计（见表2-5）

表2-5 本科二批（文科）各分数段对应可报考院校统计

分数段	院校分类	可报考院校
省位次13628名~15227名（一本线上16分~20分）	原211	海南大学(14815/14622/17222)
省位次15646名~17492名（一本线上11分~15分）	保研资格	西南民族大学(16517/15522/15742)
	公办	浙江传媒学院(17492/16955/17222)
省位次17951名~19891名（一本线上6分~10分）	保研资格	江苏师范大学(18908/16955/17701)、云南师范大学(18908/19958/20442)
	公办	重庆工商大学(19410/16461/19304)、温州大学(19891/17463/17701)、上海商学院(19891/18448/18264)
省位次20389名~22987名（一本线上5分以内）	原211	西藏大学(22467/24442/29666)
	保研资格	重庆师范大学(20389/17463/16694)、大连交通大学(21385/19958/18748)、河北经贸大学(21385/19417/19304)、山西师范大学(21385/20516/21573)、辽宁师范大学(21385/18448/19304)、广西师范大学(21385/19958/19901)、河北工程大学(21943/21554/23814)、华东交通大学(21943/21036/19901)、山东中医药大学(21943/19958/21573)、海南师范大学(21943/20516/20442)、山西财经大学(22467/20516/21014)、五邑大学(22467/20516/22094)、云南财经大学(22467/21036/21573)、聊城大学(22987/21036/22094)、西北师范大学(22987/21554/21573)

续表

分数段	院校分类	可报考院校
省位次 20389 名~22987 名（一本线上 5 分以内）	公办	嘉兴学院(20389/19958/21014)、鲁东大学(20879/21036/21014)、湖北师范大学(20879/19958/20442)、广东警官学院(20879/20516/19304)、山东政法学院(21385/19958/20442)、广东第二师范学院(21385/20516/21014)、重庆理工大学(21385/17463/18748)、湖南第一师范学院(21385/21036/21573)、南京晓庄学院(21943/21036/21573)、西安财经大学(21943/17959/18748)、浙江外国语学院(21943/17959/17701)、北京联合大学(22467/16955/16694)、中国劳动关系学院(22467/20516/21014)、北京农学院(22467/21036/22094)、江苏第二师范学院(22467/21554/22657)、江苏警官学院(22467/18922/19304)、绍兴文理学院(22467/21554/22657)、淮北师范大学(22467/22087/23231)、武汉轻工大学(22467/19417/19304)、湖北经济学院(22467/20516/19304)、四川轻化工大学(22467/23278/25644)、上海第二工业大学(22467/19958/21573)、大连民族大学(22987/19958/19901)、北京石油化工学院(22987/22087/22657)、江苏海洋大学(22987/22087/23231)、云南中医药大学(22987/22087/22657)、浙江外国语学院（较高收费）(22987/23278/—)
省位次 23563 名（二本线上 91 分）	保研资格	河北医科大学(23563/23278/23814)、沈阳航空航天大学(23563/22087/23231)、云南民族大学(23563/22667/23231)、兰州交通大学(23563/21554/21014)、河南财经政法大学（与俄罗斯人民友谊大学联办）(23563/23278/32432)
	公办	东莞理工学院(23563/22667/21573)、重庆文理学院(23563/22667/23231)、湖南财政经济学院(23563/21036/22094)、湖北第二师范学院(23563/23278/23814)、武汉商学院(23563/23278/23231)
省位次 24136 名~26451 名（二本线上 86 分~90 分）	保研资格	南昌航空大学（较高收费）(24136/25030/22657)、哈尔滨师范大学(24136/22087/22657)、安徽中医药大学(24136/22667/—)、桂林电子科技大学(24136/22667/23231)、西南林业大学(24136/23819/23814)、延安大学(24136/22667/23231)、河南财经政法大学（与河南省人民检察院联办,就读在河南检察职业学院）(24136/24442/27625)、南京艺术学院(24136/23819/26327)、江西理工大学(24689/23819/25044)、江西中医药大学(24689/35387/23814)、武汉体育学院(25301/25030/26327)、河北中医学院(25301/19958/19304)、沈阳师范大学(25301/22087/23814)、吉林师范大学(25301/22087/22657)、北京服装学院(25867/21554/21573)、山西中医药大学(25867/21554/22094)、福建中医药大学(25867/21554/22657)、江西农业大学(25867/36096/22094)
	公办	重庆工商大学（较高收费）(24136/19958/17701)、中华女子学院(24136/21554/21573)、大连大学(24136/19417/19304)、赣南师范大学(24136/24442/25044)、临沂大学(24136/23278/23231)、广东医科大学(24136/22667/22657)、广东技术师范大学(24136/22667/23814)、陕西理工大学(24136/25030/23814)、西安文理学院(24136/24442/26973)、甘肃政法大学(24136/22087/23814)、江苏理工学院(24689/23278/23814)、台州学院(24689/23819/27625)、浙江海洋大学(24689/19958/19901)、山东交通学院(24689/23819/25044)、重庆第二师范学院(24689/24442/25044)、厦门理工学院(24689/20516/20442)、青岛农业大学(25301/21036/21573)、长沙学院(25301/22087/23231)、南宁师范大学(25301/24442/26973)、重庆三峡学院(25301/25620/27625)、兰州财经大学(25301/22667/23814)、河北金融学院(25301/22667/23231)、中原工学院(25301/22667/25044)、天津职业技术师范大学(25867/23278/23231)、盐城师范学院(25867/26203/27625)、闽南师范大学(25867/23819/23814)、烟台大学(25867/21036/21573)、湖南文理学院(25867/24442/26973)、衡阳师范学院(25867/25620/26973)、长江师范学院(25867/25030/25044)、云南警官学院(25867/26807/26973)、浙江水利水电学院(25867/24442/25644)、常熟理工学院(26451/23819/25044)、安庆师范大学(26451/25620/27625)、齐鲁师范学院(26451/25030/26973)、山东工商学院(26451/23819/24466)、海南医学院(26451/25620/26973)、大理大学(26451/25030/26327)、重庆科技学院(26451/23278/24466)、信阳师范学院(26451/24442/26327)

续表

分数段	院校分类	可报考院校
省位次 27046 名～29417 名（二本线上 81 分～85 分）	保研资格	山西农业大学(27046/23819/24466)、长春工业大学(27046/24442/25044)、吉林农业大学(27046/26203/25644)、哈尔滨医科大学(27622/25620/26973)、山西财经大学(较高收费)(27622/22667/19901)、遵义医科大学(27622/30668/27625)、河南师范大学(中外合作办学)(27622/30010/33155)、广西医科大学(28244/28075/27625)、成都体育学院(28836/28075/33889)、太原科技大学(28836/22087/22657)、西北民族大学(28836/25030/25644)、西南民族大学(少数民族)(29417/30668/28958)、内蒙古师范大学(29417/30010/30353)、内蒙古科技大学(29417/28679/29666)、黑龙江大学(29417/19958/21014)、桂林理工大学(29417/26203/25644)
	公办	河北地质大学(较高收费)(27046/30010/31726)、合肥师范学院(27046/25620/26327)、闽江学院(27046/26203/27625)、厦门理工学院(其他单列)(27046/26807/24466)、天津城建大学(27622/20516/21573)、承德医学院(27622/24442/26973)、沈阳大学(27622/21036/22094)、沈阳理工大学(27622/23278/23814)、阜阳师范大学(27622/26807/28958)、南昌师范学院(27622/26807/30353)、山东管理学院(27622/24442/24466)、湖北文理学院(27622/25030/26327)、广东金融学院(27622/16955/15742)、洛阳师范学院(27622/26807/28282)、郑州航空工业管理学院(27622/27436/25044)、苏州城市学院(27622/35387/38378)、西安航空学院(27622/26203/27625)、华北科技学院(28244/23819/24466)、太原师范学院(28244/26807/28958)、山西大同大学(28244/24442/25644)、北华大学(28244/25030/25044)、湖州师范学院(28244/23278/23814)、泉州师范学院(28244/27436/28958)、井冈山大学(28244/27436/27625)、南昌工程学院(28244/26203/27625)、广西民族大学(28244/26203/25044)、无锡学院(28244/43484/51728)、南昌医学院(28244/40496/49036)、首都体育学院(28836/22087/22657)、岭南师范学院(28836/26807/26973)、兰州财经大学(较高收费)(28836/30010/36043)、防灾科技学院(28836/30010/31022)、北华航天工业学院(29417/25030/25044)、丽水学院(29417/26203/27625)、景德镇陶瓷大学(29417/28075/28958)、江西科技师范大学(29417/23819/25044)、湖北医药学院(29417/30010/30353)、黄冈师范学院(29417/30010/32432)、湖北民族大学(29417/27436/28282)、广西财经学院(29417/28075/25644)、咸阳师范学院(29417/27436/29666)、徐州工程学院(29417/27436/28282)、四川警察学院(29417/31965/—)、南阳理工学院(与南阳医学高等专科学校联办,就读在南阳医专)(29417/27436/29666)
省位次 30047 名～32574 名（二本线上 76 分～80 分）	保研资格	辽宁科技大学(30047/22087/22657)、华北水利水电大学(与河南经贸职业学院联办,就读在河南经贸职业学院)(30047/30668/33155)、大连交通大学(较高收费)(30649/34661/19304)、福建农林大学(30649/33302/25644)、青海师范大学(30649/28075/28282)、河南工业大学(中外合作办学)(30649/32593/34592)、大连海洋大学(31286/21554/20442)、黑龙江八一农垦大学(31926/31965/33155)、福建农林大学(较高收费)(32574/31965/32432)、西藏民族大学(32574/36096/39143)
	公办	大连民族大学(少数民族)(30047/34661/29666)、湖北科技学院(30047/27436/28282)、厦门理工学院(较高收费)(30047/36096/24466)、福建警察学院(30047/31333/35312)、福建江夏学院(30047/27436/28282)、石家庄学院(30649/30010/31022)、锦州医科大学(30649/31333/33155)、湖南城市学院(30649/30010/33889)、广西科技大学(30649/35387/26327)、金陵科技学院(30649/22087/23231)、郑州师范学院(30649/29350/31726)、河北地质大学(31286/21036/22094)、莆田学院(31286/31333/31726)、长春师范大学(31926/25030/25044)、齐齐哈尔大学(31926/28679/28958)、常州工学院(31926/25620/26973)、淮阴师范学院(31926/30010/30353)、潍坊医学院(31926/30010/31022)、昆明学院(31926/28075/28958)、南阳师范学院(31926/34661/38378)、长沙师范学院(31926/35387/—)、贵州警察学院(31926/34661/51728)、衢州学院(32574/31333/32432)、巢湖学院(32574/31965/36043)、潍坊学院(32574/28075/29666)、乐山师范学院(32574/31965/33889)、宝鸡文理学院(32574/30010/33155)、西安医学院(32574/29350/26327)、保定学院(32574/30010/31022)、天津中德应用技术大学(32574/31333/31726)
	民办	南京审计大学金审学院(32574/30010/33155)

分数段	院校分类	可报考院校
省位次33219名~36000名（二本线上71分~75分）	保研资格	山西医科大学(33219/24442/26327)、天津商业大学(33219/38285/22657)、新疆师范大学(33219/36096/37576)、黑龙江科技大学(33915/28679/28282)、河南科技大学(与三门峡市政府联办应用工程学院，就读地在三门峡市)(33915/35387/38378)、云南农业大学(较高收费)(34627/36818/34592)、甘肃中医药大学(36000/58638/23814)、新疆财经大学(36000/31333/30353)
	公办	太原工业学院(33219/29350/29666)、辽宁工业大学(33219/24442/25044)、山东第一医科大学(33219/27436/31022)、北部湾大学(33219/32593/41600)、泰州学院(33219/35387/39988)、四川旅游学院(33219/30668/32432)、天津农学院(33915/24442/25044)、湖南工程学院(33915/29350/31022)、肇庆学院(33915/32593/43190)、绵阳师范学院(33915/33976/35312)、陕西学前师范学院(33915/33976/36824)、渭南师范学院(33915/38285/43190)、湖南科技学院(33915/30668/31022)、嘉兴南湖学院(33915/63123/66524)、吉林建筑大学(34627/31333/30353)、上饶师范学院(34627/35387/39143)、武汉轻工大学(较高收费)(34627/43484/35312)、内江师范学院(34627/33976/35312)、山西传媒学院(34627/32593/35312)、福建商学院(34627/28679/28958)、黑龙江工程学院(35289/36096/37576)、信阳师范学院(医护类)(35289/43484/—)、云南艺术学院(35289/—/—)、廊坊师范学院(36000/31333/34592)、大连大学(较高收费)(36000/33976/33155)、九江学院(36000/28679/28282)、贵阳学院(36000/37527/38378)、安阳师范学院(36000/34661/37576)、河南工程学院(36000/30668/30353)、汉江师范学院(36000/37527/41600)、太原学院(36000/36818/39143)
	民办	厦门大学嘉庚学院(33915/32593/31726)、南京理工大学紫金学院(36000/39782/42372)
省位次36701名~39426名（二本线上66分~70分）	保研资格	渤海大学(较高收费)(36701/39072/41600)、辽宁师范大学(较高收费)(37377/36818/35312)、渤海大学(37377/22667/22094)、云南农业大学(37377/26807/24466)、长春中医药大学(38026/—/—)、黑龙江中医药大学(异地校区)(38698/35387/28958)、吉首大学(38698/23278/23814)、河南农业大学(办学就读地点在许昌)(39426/38285/42372)
	公办	长春大学(36701/23278/23231)、湖北理工学院(36701/48340/26327)、吉林工商学院(36701/31333/33155)、洛阳理工学院(36701/32593/33155)、宿迁学院(36701/44287/—)、唐山师范学院(37377/36818/36824)、长治医学院(37377/34661/37576)、攀枝花学院(37377/33976/39988)、三明学院(37377/35387/37576)、兰州城市学院(37377/36818/36043)、荆楚理工学院(37377/33302/34592)、嘉应学院(38026/38285/39143)、海南热带海洋学院(38026/32593/33889)、宁夏师范学院(38026/38285/40747)、唐山学院(38698/42716/87350)、内蒙古民族大学(38698/36818/38378)、滨州学院(38698/36818/40747)、怀化学院(38698/37527/39143)、宜宾学院(38698/37527/39988)、哈尔滨学院(39426/36818/37576)、德州学院(39426/37527/38378)、玉溪师范学院(39426/37527/42372)、河南财政金融学院(39426/36818/39988)、哈尔滨金融学院(39426/34661/36824)、景德镇学院(39426/40496/47369)、广西警察学院(39426/50004/—)、南京特殊教育师范学院(39426/40496/47369)
	民办	北京中医药大学东方学院(38026/35387/37576)、齐鲁医药学院(39426/49174/45680)
省位次40157名~43003名（二本线上61分~65分）	保研资格	青海民族大学(40157/40496/36824)、沈阳师范大学(较高收费)(40857/86190/36043)、吉林师范大学(较高收费)(41562/43484/38378)、贵州中医药大学(41562/21036/22657)、吉林师范大学(异地校区)(43003/—/—)、河南中医药大学(43003/45874/49036)

续表

分数段	院校分类	可报考院校
省位次40157名~43003名（二本线上61分~65分）	公办	邵阳学院(40157/39782/39988)、韶关学院(40157/41219/51728)、四川文理学院(40157/40496/43190)、商丘师范学院(40157/39072/43190)、湖州学院(40157/70609/86358)、宁德师范学院(40157/41219/44033)、长治学院(40857/39072/40747)、韩山师范学院(40857/39782/—)、西昌学院(40857/46713/50809)、沧州师范学院(40857/39782/44033)、新余学院(40857/42716/68501)、长春工程学院(41562/38285/33155)、曲靖师范学院(41562/36818/38378)、新乡医学院(中外课程合作)(41562/41219/43190)、河南科技学院(41562/33976/36043)、周口师范学院(41562/42716/46498)、武夷学院(41562/39782/40747)、六盘水师范学院(41562/47502/51728)、琼台师范学院(41562/41943/44849)、衡水学院(42273/37527/39988)、张家口学院(42273/35387/38378)、河北建筑工程学院(42273/47502/—)、晋中学院(42273/39782/42372)、湖南女子学院(42273/40496/45680)、天水师范学院(42273/40496/45680)、中原工学院(中外合作办学)(42273/41943/42372)、桂林航天工业学院(42273/33976/35312)、兰州文理学院(42273/37527/39988)、河北环境工程学院(42273/42716/45680)、山东青年政治学院(42273/50859/—)、运城学院(43003/39072/41600)、皖西学院(43003/—/—)、福建工程学院(43003/26807/26973)、湘南学院(43003/30010/31022)、梧州学院(43003/45097/44033)、龙岩学院(43003/36818/38378)、安康学院(43003/41219/43190)、许昌学院(43003/38285/40747)
	民办	集美大学诚毅学院(41562/40496/43190)、南京传媒学院(42273/47502/49036)、山东协和学院(较高收费)(43003/—/—)
省位次43777名~46841名（二本线上56分~60分）	保研资格	西安美术学院(43777/40496/52623)、西北民族大学(少数民族)(44512/48340/47369)、吉林师范大学(其他单列)(45291/55983/—)、海南师范大学(较高收费)(46101/79205/—)
	公办	菏泽学院(43777/44287/47369)、福建技术师范学院(43777/49174/—)、亳州学院(43777/46713/50809)、山西工程技术学院(44512/42716/46498)、山东农业工程学院(44512/38285/39988)、滇西应用技术大学(44512/45874/56263)、新乡学院(44512/42716/45680)、赣南科技学院(44512/59518/61760)、池州学院(44512/43484/48216)、忻州师范学院(45291/37527/42372)、信阳师范学院(中外合作办学)(45291/48340/52623)、黄淮学院(45291/46713/49902)、河南城建学院(46101/44287/47369)、郑州航空工业管理学院(南乌拉尔学院)(46101/—/—)、萍乡学院(46101/46713/49902)、济宁学院(46101/41219/43190)、阿坝师范学院(46101/47502/50809)、通化师范学院(46841/44287/48216)、牡丹江师范学院(46841/40496/44849)、安顺学院(46841/48340/50809)、河南牧业经济学院(46841/43484/46498)、南阳理工学院(46841/36818/37576)、广西科技师范学院(46841/48340/50809)
	民办	长沙医学院(45291/43484/45680)、上海财经大学浙江学院(46841/46713/49902)
省位次47608名~50796名（二本线上51分~55分）	保研资格	新疆农业大学(47608/53447/—)、黑龙江中医药大学(48420/25620/—)、河南工业大学(与漯河市政府合办漯河工学院)(就读地在漯河)(48420/49174/53547)

续表

分数段	院校分类	可报考院校
省位次 47608 名～50796 名（二本线上 51 分～55 分）	公办	北方民族大学（少数民族）（47608/51662/47369）、邯郸学院（47608/41943/41600）、白城师范学院（47608/47502/50809）、长春师范大学（其他单列）（47608/52560/—）、惠州学院（47608/28075/29666）、河西学院（47608/45874/49902）、红河学院（47608/47502/50809）、陇东学院（47608/51662/—）、平顶山学院（47608/46713/49902）、吕梁学院（47608/47502/50809）、昭通学院（47608/48340/50809）、内蒙古科技大学包头师范学院（48420/48340/50809）、吉林工程技术师范学院（48420/48340/50809）、大庆师范学院（48420/48340/50809）、黔南民族师范学院（48420/49174/50809）、百色学院（48420/48340/49902）、凯里学院（48420/—/—）、郑州大学（体育学院）（48420/50004/52623）、安阳工学院（48420/45874/48216）、郑州工程技术学院（48420/45874/48216）、赣东学院（48420/63123/64567）、兴义民族师范学院（48420/50859/50809）、甘肃民族师范学院（48420/49174/50809）、浙江万里学院（48420/51662/59071）、河池学院（49184/49174/50809）、贺州学院（49184/49174/52623）、贵州工程应用技术学院（49184/50004/55314）、平顶山学院（医护类）（49184/50859/49036）、河南工学院（49184/46713/49902）、山西工学院（49184/66799/76314）、集宁师范学院（49184/50004/52623）、呼和浩特民族学院（49184/49174/53547）、辽东学院（49952/42716/45680）、玉林师范学院（49952/46713/49036）、贵州财经大学（49952/51662/49036）、伊犁师范大学（49952/51662/54421）、洛阳师范学院（中外合作办学）（49952/51662/55314）、南阳师范学院（异地校区）（49952/53447/61760）、信阳农林学院（49952/49174/52623）、山东石油化工学院（49952/55983/59071）、文山学院（49952/50004/53547）、滇西科技师范学院（49952/—/—）、鞍山师范学院（50796/38285/39143）、绥化学院（50796/49174/50809）、广西财经学院（较高收费）（50796/—/—）、呼伦贝尔学院（50796/50004/53547）、商洛学院（50796/42716/45680）、商丘师范学院（与商丘职业技术学院联办）（就读在商丘职业技术学院）（50796/53447/55314）、安徽艺术学院（50796/—/—）
	民办	南京师范大学中北学院（47608/46713/48216）、燕山大学里仁学院（48420/42716/44849）、南京邮电大学通达学院（49184/48340/49902）、河北师范大学汇华学院（49184/50004/52623）、四川外国语大学成都学院（49184/42716/42372）、北京理工大学珠海学院（49184/43484/42372）、东南大学成贤学院（49952/49174/52623）、扬州大学广陵学院（49952/50859/53547）、长沙理工大学城南学院（49952/50004/50809）、华北理工大学冀唐学院（50796/50004/52623）、阜阳师范大学信息工程学院（50796/54267/59071）、湘潭大学兴湘学院（50796/50859/52623）
省位次 51641 名～54859 名（二本线上 46 分～50 分）	保研资格	广西艺术学院（51641/53447/69468）、广西中医药大学（52443/21036/23814）、华北水利水电大学（与嵩山少林武术职业学院联办，就读地详见专业说明）（较高收费）（52443/59518/66524）、佳木斯大学（54068/—/—）、广西中医药大学（较高收费）（54068/55983/30353）、河南中医药大学（与嵩山少林武术职业学院联办）（前两年就读嵩山）（54068/58638/65551）
	公办	哈尔滨体育学院（51641/49174/52623）、黑河学院（51641/48340/50809）、湖南人文科技学院（较高收费）（51641/57786/59948）、喀什大学（51641/52560/54421）、安阳师范学院（中外合作办学）（51641/55983/62681）、河套学院（51641/50004/55314）、黑龙江工业学院（51641/50004/52623）、赤峰学院（52443/49174/53547）、长春师范大学（较高收费）（52443/50004/51728）、黄淮学院（中外合作办学）（52443/55983/62681）、新疆工程学院（52443/56870/—）、鄂尔多斯应用技术学院（52443/53447/61760）、新疆科技学院（53242/60432/92428）、新疆工学院（53242/56870/97560）、武夷学院（较高收费）（53242/68747/72400）、西藏农牧学院（54068/54267/56263）、昌吉学院（54068/54267/61760）、榆林学院（54068/39782/43190）、新疆艺术学院（54068/54267/54421）、周口师范学院（其他单列）（54859/—/—）、南阳理工学院（中外合作办学）（54859/58638/63611）、新疆政法学院（54859/—/—）、内蒙古艺术学院（54859/55983/71426）

续表

分数段	院校分类	可报考院校
省位次 51641 名~54859 名（二本线上 46 分~50 分）	民办	江苏大学京江学院（51641/52560/56263）、赣南师范大学科技学院（51641/55983/59071）、湖北大学知行学院（51641/53447/57200）、湖南科技大学潇湘学院（51641/51662/53547）、南京师范大学泰州学院（51641/52560/54421）、南京工业大学浦江学院（52443/53447/55314）、南京财经大学红山学院（52443/52560/53547）、湖南理工学院南湖学院（52443/54267/57200）、南华大学船山学院（52443/55983/59071）、四川传媒学院（52443/51662/52623）、电子科技大学成都学院（52443/53447/51728）、西安交通大学城市学院（52443/53447/59071）、江苏科技大学苏州理工学院（53242/55140/56263）、河北工程大学科信学院（53242/50859/55314）、天津外国语大学滨海外事学院（53242/55983/58141）、苏州大学应用技术学院（54068/53447/55314）、苏州科技大学天平学院（54068/55140/59071）、成都锦城学院（54068/50004/52623）、西南财经大学天府学院（54068/55140/55314）、中国矿业大学徐海学院（54068/55983/59071）、湖北师范大学文理学院（54068/54267/57200）、南京航空航天大学金城学院（54068/54267/54421）、江苏师范大学科文学院（54859/55140/58141）、福州大学至诚学院（54859/55983/59948）、重庆外语外事学院（54859/53447/53547）、武汉学院（54859/53447/54421）、三江学院（54859/55140/57200）
省位次 55670 名~59025 名（二本线上 41 分~45 分）	公办	塔里木大学（57325/47502/49036）、海南热带海洋学院（较高收费）（58200/55983/57200）、宁波工程学院（59025/21036/22094）、许昌学院（中外合作办学）（59025/63994/70457）
	民办	重庆城市科技学院（55670/56870/55314）、江西师范大学科学技术学院（55670/58638/61760）、重庆财经学院（55670/58638/71426）、石家庄铁道大学四方学院（55670/53447/58141）、潍坊理工学院（56491/57786/59071）、浙江工商大学杭州商学院（56491/53447/53547）、四川电影电视学院（56491/56870/64567）、河南开封科技传媒学院（57325/54267/56263）、重庆人文科技学院（57325/60432/69468）、南京医科大学康达学院（57325/98090/48216）、湖北工程学院新技术学院（57325/60432/60831）、珠海科技学院（57325/41219/37576）、北京科技大学天津学院（57325/59518/61760）、武汉传媒学院（57325/57786/67483）、中原科技学院（58200/58638/62681）、天津仁爱学院（58200/56870/54421）、南通大学杏林学院（58200/60432/67483）、南昌大学科学技术学院（58200/55983/59948）、重庆对外经贸学院（58200/60432/60831）、湖南文理学院芙蓉学院（58200/60432/60831）、吉首大学张家界学院（58200/67788/62681）、广西中医药大学赛恩斯新医药学院（58200/60432/56263）、宁波大学科学技术学院（58200/61327/65551）、浙江财经大学东方学院（58200/60432/61760）、天津财经大学珠江学院（59025/58638/59948）、武汉晴川学院（59025/60432/61760）、江西农业大学南昌商学院（59025/60432/63611）、湖北工业大学工程技术学院（59025/59518/61760）、三峡大学科技学院（59025/60432/62681）、浙江工业大学之江学院（59025/59518/59071）、浙江师范大学行知学院（59025/59518/61760）
省位次 59906 名~63254 名（二本线上 36 分~40 分）	保研资格	新疆农业大学（较高收费）（63254/70609/—）
	公办	三明学院（较高收费）（59906/67788/—）、商丘师范学院（中外合作办学）（59906/67788/71426）、贵州商学院（59906/88087/—）、吉林警察学院（61580/29350/31726）、齐齐哈尔医学院（63254/44287/44033）、桂林旅游学院（63254/46713/50809）

续表

分数段	院校分类	可报考院校
省位次59906名~63254名（二本线上36分~40分）	民办	福建师范大学协和学院（59906/64955/68501）、南昌大学共青学院（59906/67788/60831）、长江大学文理学院（59906/60432/62681）、武汉文理学院（59906/59518/63611）、桂林学院（59906/61327/62681）、南宁师范大学师园学院（59906/65884/74353）、重庆移通学院（59906/59518/59071）、青海大学昆仑学院（59906/62281/66524）、常州大学怀德学院（60750/59518/61760）、南昌航空大学科技学院（60750/—/—）、重庆工商大学派斯学院（60750/70609/84369）、合肥城市学院（60750/63123/66524）、武汉体育学院体育科技学院（60750/76341/96480）、中南林业科技大学涉外学院（60750/62281/60831）、武汉东湖学院（61580/63123/67483）、武昌首义学院（61580/50004/51728）、西安培华学院（61580/65884/71426）、山东财经大学东方学院（62413/65884/59071）、北京理工大学珠海学院（较高收费）（62413/67788/65551）、黄河科技学院（63254/63123/65551）、天津理工大学中环信息学院（63254/62281/66524）、烟台科技学院（63254/71597/59948）、西南交通大学希望学院（63254/62281/67483）、烟台南山学院（63254/63994/61760）、成都东软学院（63254/66799/72400）
省位次64100名~67589名（二本线上31分~35分）	公办	河南牧业经济学院（中外合作）（英才校区）（64100/71597/76314）、安阳工学院（中外合作办学）（64927/76341/96480）、长春大学（较高收费）（65834/33976/35312）
	民办	西安科技大学高新学院（64100/92059/67483）、天津商业大学宝德学院（64100/64955/66524）、辽宁中医药大学杏林学院（64100/70609/70457）、武昌理工学院（64100/65884/67483）、浙江农林大学暨阳学院（64100/69685/80381）、电子科技大学中山学院（64927/63994/61760）、汉口学院（64927/64955/63611）、武汉华夏理工学院（65834/65884/66524）、武汉工商学院（65834/66799/58141）、绍兴文理学院元培学院（65834/79205/90374）、新乡工程学院（66708/58638/58141）、广东外语外贸大学南国商学院（66708/68747/68501）、四川大学锦江学院（66708/50859/58141）、内蒙古大学创业学院（66708/75350/81393）、河北地质大学华信学院（66708/68747/73356）、湘潭理工学院（66708/63123/63611）、武汉工程大学邮电与信息工程学院（66708/62281/66524）、西安建筑科技大学华清学院（66708/75350/78368）、武汉生物工程学院（66708/76341/65551）、厦门华厦学院（66708/65884/68501）、重庆工程学院（66708/74425/92428）、青岛城市学院（67589/66799/65551）
省位次68472名~72125名（二本线上26分~30分）	公办	吉林农业科技学院（70291/41943/43190）、四川美术学院（72125/19958/22094）
	民办	郑州升达经贸管理学院（68472/72538/79351）、郑州经贸学院（68472/69685/70457）、无锡太湖学院（68472/75350/78368）、武汉城市学院（68472/63994/49902）、广州城市理工学院（69370/52560/49902）、燕京理工学院（69370/66799/66524）、新乡医学院三全学院（70291/69685/73356）、广州南方学院（70291/64955/59071）、烟台理工学院（70291/60432/62681）、广州商学院（70291/65884/66524）、贵州黔南经济学院（70291/57786/65551）、西京学院（70291/74425/78368）、天津天狮学院（70291/69685/76314）、湖南应用技术学院（70291/71597/75322）、湖北文理学院理工学院（71190/70609/70457）、北京城市学院（71190/55983/53547）、福建农林大学金山学院（72125/79205/80381）、广西民族大学相思湖学院（72125/80203/84369）、上海视觉艺术学院（72125/30010/33889）、西安外事学院（72125/73446/75322）、河北东方学院（72125/74425/78368）、河北工程技术学院（72125/69685/76314）

分数段	院校分类	可报考院校
省位次 73024 名~76616 名（二本线上 21 分~25 分）	公办	吉林医药学院(73919/37527/43190)
	民办	郑州西亚斯学院(73024/76341/80381)、郑州财经学院(73024/75350/80381)、湖北经济学院法商学院(73024/75350/79351)、西安财经大学行知学院(73024/78230/72400)、晋中信息学院(73919/75350/79351)、湖北商贸学院(73919/73446/72400)、武昌工学院(73919/73446/72400)、武汉工程科技学院(73919/70609/74353)、桂林信息科技学院(73919/79205/85360)、兰州工商学院(73919/75350/76314)、西安思源学院(73919/77287/80381)、南宁学院(73919/77287/83390)、信阳学院(74794/82115/86358)、大连医科大学中山学院(74794/81118/72400)、昆明医科大学海源学院(74794/78230/79351)、郑州科技学院(75691/79205/80381)、江西财经大学现代经济管理学院(75691/53447/57200)、宁夏大学新华学院(75691/81118/81393)、蚌埠工商学院(75691/97100/41600)、华北理工大学轻工学院(76616/64955/72400)、西安理工大学高科学院(76616/77287/81393)、昆明城市学院(76616/77287/81393)、昆明文理学院(76616/69685/71426)、山西工商学院(76616/80203/85360)
省位次 77519 名~81132 名（二本线上 16 分~20 分）	公办	辽宁科技学院(79316/39782/39988)
	民办	郑州工商学院(77519/81118/89311)、厦门工学院(77519/78230/82409)、湖北汽车工业学院科技学院(77519/84136/86358)、昆明理工大学津桥学院(77519/72538/76314)、皖江工学院(78405/84136/95426)、长春人文学院(78405/57786/59948)、马鞍山学院(78405/81118/99577)、西安翻译学院(78405/76341/72400)、潍坊科技学院(78405/80203/63611)、青岛农业大学海都学院(79316/90033/60831)、成都银杏酒店管理学院(79316/76341/71426)、闽南科技学院(80250/90033/97560)、吉林外国语大学(较高收费)(80250/61327/60831)、郑州商学院(81132/87172/91397)、浙江树人学院(81132/88087/95426)、江西工程学院(81132/88087/73356)
省位次 82022 名~85681 名（二本线上 11 分~15 分）	保研资格	沈阳化工大学(82978/25030/25644)、贵州师范大学(较高收费)(85681/34661/39143)
	公办	北方民族大学(84787/25620/25644)、宜春学院(85681/30010/31022)、桂林旅游学院(较高收费)(85681/—/83390)
	民办	商丘学院(82022/88087/93423)、山西晋中理工学院(82022/87172/86358)、湖南涉外经济学院(82022/84136/86358)、西安欧亚学院(82022/83122/85360)、南昌理工学院(82022/80203/73356)、陕西国际商贸学院(82022/85132/90374)、四川工业科技学院(82022/85132/89311)、广东培正学院(82978/82115/91397)、福州外语外贸学院(82978/89051/92428)、郑州工业应用技术学院(83858/85132/88309)、绵阳城市学院(83858/66799/68501)、湖北恩施学院(83858/68747/69468)、上海杉达学院(83858/94118/99577)、安徽外国语学院(83858/50004/50809)、南昌交通学院(84787/68747/81393)、武汉纺织大学外经贸学院(84787/69685/67483)、柳州工学院(84787/87172/89311)、广州软件学院(84787/79205/80381)、延安大学西安创新学院(84787/93080/71426)、宁波财经学院(84787/90033/96480)、西安交通工程学院(84787/88087/92428)、商丘学院(应用科技学院,办学地点在开封)(85681/91034/93423)、安阳学院(异地校区)(85681/89051/91397)、四川文化艺术学院(85681/67788/77312)、福建师范大学协和学院(较高收费)(85681/80203/86358)、北京邮电大学世纪学院(85681/96094/80381)、新疆天山职业技术大学(85681/97100/—)

续表

分数段	院校分类	可报考院校
省位次86581名~90400名（二本线上6分~10分）	保研资格	山西医科大学（异地校区）（88448/27436/—）
	公办	湖南人文科技学院（89423/34661/33155）
	民办	东莞城市学院（86581/90033/95426）、上海杉达学院（较高收费）（86581/90033/81393）、江西科技学院（86581/94118/79351）、青岛滨海学院（86581/85132/85360）、南通理工学院（86581/91034/93423）、北海艺术设计学院（86581/95112/98590）、重庆机电职业技术大学（86581/93080/99577）、大连理工大学城市学院（87514/98090/49902）、北京工业大学耿丹学院（87514/79205/76314）、上海师范大学天华学院（87514/87172/84369）、云南艺术学院文华学院（87514/92059/96480）、华南农业大学珠江学院（87514/97100/93423）、云南经济管理学院（87514/90033/92428）、商丘工学院（88448/92059/94382）、青岛工学院（88448/93080/93423）、大连财经学院（88448/98090/74353）、长春建筑学院（88448/82115/87350）、三亚学院（88448/89051/88309）、上海杉达学院（其他单列）（88448/—/—）、黄河科技学院（应用技术学院）（各专业办学地点在济源市）（89423/93080/96480）、黄河交通学院（89423/94118/97560）、齐鲁理工学院（89423/91034/90374）、辽宁师范大学海华学院（89423/94118/96480）、广州华商学院（89423/73446/73356）、内蒙古鸿德文理学院（89423/89051/91397）、宁夏理工学院（89423/92059/92428）、山西应用科技学院（89423/98090/—）、河北外国语学院（89423/63994/62681）、山东现代学院（89423/89051/91397）、青岛黄海学院（89423/94118/94382）、泉州信息工程学院（89423/93080/95426）、山东协和学院（89423/93080/93423）、黄河科技学院（中外合作办学）（90400/95112/97560）、商丘工学院（医护类）（90400/—/—）、河南科技职业大学（90400/96094/99577）、沧州交通学院（90400/55983/56263）、沈阳城市学院（90400/98090/99577）、阳光学院（90400/90033/92428）、福州工商学院（90400/98090/94382）、长春光华学院（90400/63994/75322）、黑龙江财经学院（90400/95112/97560）、南宁理工学院（90400/85132/86358）、西安工商学院（90400/96094/99577）、仰恩大学（90400/—/—）、闽南理工学院（90400/95112/96480）、山东工程职业技术大学（90400/96094/—）、安徽三联学院（90400/—/—）、安徽文达信息工程学院（90400/94118/98590）
省位次91379名~96112名（二本线上5分以内）	保研资格	天津体育学院（96112/23278/23814）、甘肃农业大学（96112/28679/30353）
	公办	淮阴工学院（94296/29350/29666）、湖北工程学院（94296/23819/25044）、铜陵学院（95210/25620/26973）、山东女子学院（95210/39072/37576）、内蒙古财经大学（96112/27436/26973）、河北民族师范学院（96112/41943/48216）

续表

分数段	院校分类	可报考院校
省位次91379名~96112名（二本线上5分以内）	民办	丽江文化旅游学院(91379/93080/96480)、大连科技学院(91379/98090/99577)、陕西科技大学镐京学院(91379/94118/92428)、吉利学院(91379/94118/—)、山东外国语职业技术大学(91379/98090/—)、江西应用科技学院(91379/96094/98590)、陕西服装工程学院(91379/97100/95426)、泉州职业技术大学(91379/98090/—)、青岛恒星科技学院(91379/97100/99577)、西安汽车职业大学(91379/98090/98590)、北京第二外国语学院中瑞酒店管理学院(92392/97100/99577)、文华学院(92392/50859/51728)、银川科技学院(92392/97100/95426)、哈尔滨剑桥学院(92392/97100/97560)、兰州博文科技学院(92392/67788/68501)、辽宁传媒学院(92392/98090/99577)、哈尔滨信息工程学院(92392/96094/99577)、山东英才学院(92392/96094/98590)、南昌工学院(92392/98090/77312)、江西服装学院(92392/—/—)、广东东软学院(92392/98090/95426)、广东理工学院(92392/96094/99577)、广州工商学院(92392/89051/—)、银川能源学院(92392/—/—)、温州商学院(93316/98090/99577)、大连工业大学艺术与信息工程学院(93316/98090/99577)、沈阳工学院(93316/96094/99577)、沈阳科学院(93316/98090/98590)、长春电子科技学院(93316/89051/91397)、哈尔滨石油学院(93316/96094/98590)、哈尔滨广厦学院(93316/98090/98590)、北京工商大学嘉华学院(93316/94118/97560)、吉林外国语大学(93316/51662/57200)、黑龙江东方学院(93316/92059/95426)、河北科技学院(93316/—/—)、广东科技学院(93316/97100/87350)、郑州西亚斯学院（中外合作办学）(94296/98090/99577)、辽宁财贸学院(94296/98090/98590)、辽宁理工学院(94296/98090/99577)、沈阳城市建设学院(94296/98090/99577)、哈尔滨远东理工学院(94296/96094/98590)、泰山科技学院(94296/82115/99577)、广州商学院（较高收费）(94296/88087/83390)、成都理工大学工程技术学院(94296/53447/57200)、四川工商学院(94296/55983/56263)、保定理工学院(94296/—/—)、首都师范大学科德学院(94296/—/—)、大连东软信息学院(94296/98090/99577)、广州华立学院(94296/93080/91397)、齐齐哈尔工程学院(94296/98090/99577)、上海师范大学天华学院（较高收费）(95210/98090/98590)、广州新华学院(95210/62281/62681)、长春工业大学人文信息学院(95210/87172/91397)、吉林建筑科技学院(95210/89051/94382)、吉林师范大学博达学院(95210/61327/63611)、黑龙江外国语学院(95210/95112/97560)、黑龙江工程学院昆仑旅游学院(95210/98090/99577)、武昌理工学院（较高收费）(95210/—/—)、安徽新华学院(95210/92059/88309)、广西城市职业大学(95210/—/—)、海南科技职业大学(95210/97100/99577)、南昌职业大学(95210/—/—)、西安明德理工学院(96112/75350/67483)、福建农林大学金山学院（较高收费）(96112/93080/97560)、南昌应用技术师范学院(96112/59518/61760)、长春大学旅游学院(96112/91034/94382)、长春财经学院(96112/61327/67483)、长春科技学院(96112/90033/92428)、黑龙江工商学院(96112/97100/99577)、荆州学院(96112/79205/68501)、云南大学滇池学院(96112/64955/68501)、上海外国语大学贤达经济人文学院(96112/98090/99577)、上海外国语大学贤达经济人文学院（较高收费）(96112/98090/97560)、三亚学院（较高收费）(96112/96094/99577)、辽宁对外经贸学院(96112/96094/98590)、上海建桥学院(96112/98090/91397)、海口经济学院(96112/97100/98590)、上海中侨职业技术大学(96112/—/—)、浙江越秀外国语学院(96112/76341/77312)、上海立达学院(96112/86190/—)、山东华宇工学院(96112/77287/73356)、广西外国语学院(96112/80203/67483)、北京第二外国语学院中瑞酒店管理学院（较高收费）(—/—/—)、景德镇艺术职业大学(—/64955/67483)、南京理工大学泰州科技学院(—/53447/56263)、浙江越秀外国语学院（较高收费）(—/75350/—)

第四节 高职高专批(文科)各分数段对应可报考院校统计(见表2-6)

由于河南省招生办公室暂未公布高职高专批2021年平行志愿投档分数线,本部分为2020年数据,仅供参考。2021年数据在河南省招生办公室公布后以电子版形式发送。

表2-6 高职高专批(文科)各分数段对应可报考院校统计

分数段	院校分类	可报考院校
省位次55140名~58638名(专科线上326分~330分)	公办	中国民航大学
省位次59518名~63123名(专科线上321分~325分)	公办	兰州交通大学
省位次78230名~82115名(专科线上301分~305分)	公办	南方医科大学、北京青年政治学院
省位次83122名~87172名(专科线上296分~300分)	公办	天津师范大学
省位次88087名~92059名(专科线上291分~295分)	公办	张家口学院、哈尔滨医科大学
省位次93080名~97100名(专科线上286分~290分)	公办	延边大学、长春中医药大学、长春师范大学、深圳职业技术学院、中国劳动关系学院、华北理工大学、山东中医药高等专科学校、南京工业职业技术学院
省位次98090名~102138名(专科线上281分~285分)	公办	郑州师范学院、中南林业科技大学、上海健康医学院、湖北第二师范学院、东北石油大学、四川轻化工大学、周口师范学院、汉江师范学院、上海第二工业大学、长春工业大学、荆楚理工学院
省位次103143名~107245名(专科线上276分~280分)	公办	信阳师范学院、西安航空学院、金华职业技术学院、白城师范学院、广西科技大学、海南医学院、洛阳理工学院、河南财政金融学院、重庆医药高等专科学校、浙江金融职业学院、江苏经贸职业技术学院、苏州职业大学、河南理工大学(办学就读地在焦作市解放中路)、郑州师范学院(中外合作办学)、豫章师范学院、桂林电子科技大学、新乡学院、天津中德应用技术大学、无锡职业技术学院、武汉职业技术学院
省位次108265名~112345名(专科线上271分~275分)	公办	云南农业大学、杭州职业技术学院、菏泽学院、广西民族大学、北京工业职业技术学院、北京信息职业技术学院、广东轻工职业技术学院、长春工程学院、安阳师范学院、平顶山学院、河南工程学院、北京经济管理职业学院、浙江经济职业技术学院、长沙卫生职业学院
省位次113304名~117304名(专科线上266分~270分)	公办	江西医学高等专科学校、上海旅游高等专科学校、成都航空职业技术学院、天津职业大学、长沙民政职业学院、北京社会管理职业学院、河南科技学院、上海电机学院、吉林工商学院、河南财经政法大学(与爱尔兰合办)、天津医学高等专科学校、江西师范高等专科学校、浙江经贸职业技术学院、武汉软件工程职业学院
	民办	武汉学院

分数段	院校分类	可报考院校
省位次 118360 名～122516 名（专科线上 261 分～265 分）	公办	桂林理工大学、河南工学院、焦作师范高等专科学校、南京信息职业技术学院、天津电子信息职业技术学院、宁波职业技术学院、郑州工程技术学院、吉林警察学院、赣州师范高等专科学校、杨凌职业技术学院、湖北中医药高等专科学校、重庆医药高等专科学校（中外合作办学）、琼台师范学院、广西科技师范学院、广州番禺职业技术学院、河北环境工程学院、上海科学技术职业学院、浙江工商职业技术学院、开封大学、安徽中医药高等专科学校、景德镇学院、益阳医学高等专科学校、苏州经贸职业技术学院
	民办	上海建桥学院、四川外国语大学成都学院
省位次 123509 名～127544 名（专科线上 256 分～260 分）	公办	厦门医学院、北京农业职业学院、武汉城市职业学院、上海出版印刷高等专科学校、连云港师范高等专科学校、上海健康医学院（护理专业）、厦门城市职业学院、河南工程学院（软件类）、顺德职业技术学院、武汉铁路职业技术学院
	民办	西安科技大学高新学院、中原科技学院
省位次 128552 名～132665 名（专科线上 251 分～255 分）	公办	重庆财经职业学院、上海旅游高等专科学校（较高收费）、重庆工业职业技术学院、重庆电子工程职业学院、邢台医学高等专科学校、南京科技职业学院、杭州科技职业技术学院、太原学院、湖南大众传媒职业技术学院、郑州幼儿师范高等专科学校、湖南幼儿师范高等专科学校、南京交通职业技术学院
	民办	新乡医学院三全学院
省位次 133668 名～137768 名（专科线上 246 分～250 分）	公办	苏州卫生职业技术学院、青岛职业技术学院、长春大学、四川交通职业技术学院、上海电子信息职业技术学院、浙江艺术职业学院
省位次 138749 名～142768 名（专科线上 241 分～245 分）	公办	郑州铁路职业技术学院、安阳工学院、河南职业技术学院、河南医学高等专科学校
	民办	重庆移通学院、武汉生物工程学院
省位次 143812 名～148017 名（专科线上 236 分～240 分）	公办	海南热带海洋学院、河南工业大学、南通师范高等专科学校、湖南高速铁路职业技术学院、武汉交通职业学院、鞍山师范学院、重庆城市管理职业学院、信阳农林学院、合肥幼儿师范高等专科学校、重庆三峡医药高等专科学校、浙江工贸职业技术学院、浙江旅游职业学院、北京交通运输职业学院、广东科学技术职业学院、南阳师范学院、江苏城市职业学院、重庆工商职业学院、陕西国防工业职业技术学院、郑州电力高等专科学校（较高收费）、湖北幼儿师范高等专科学校、南京铁道职业技术学院
	民办	潍坊理工学院
省位次 149065 名～153134 名（专科线上 231 分～235 分）	公办	成都纺织高等专科学校、天津现代职业技术学院、浙江交通职业技术学院、伊犁职业学院、商丘师范学院（中外合作办学）、平顶山学院（护理）、河南经贸职业学院、浙江商业职业技术学院、南京旅游职业学院、桐城师范高等专科学校、福建生物工程职业技术学院、辽东学院、河南工业大学（单列专业）、怀化职业技术学院、许昌学院、西安航空职业技术学院、海南外国语职业学院
	民办	湖北师范大学文理学院

续表

分数段	院校分类	可报考院校
省位次154177名~158441名（专科线上226分~230分）	公办	安阳幼儿师范高等专科学校、石家庄邮电职业技术学院、四川工程职业技术学院、常州信息职业技术学院、宁夏职业技术学院、黄河水利职业技术学院、武汉工程职业技术学院、许昌学院(较高收费)、漯河医学高等专科学校(中外合作办学)、上海出版印刷高等专科学校(较高收费)、陕西工业职业技术学院
	民办	安徽外国语学院、景德镇陶瓷职业技术学院、武汉东湖学院
省位次159470名~163644名（专科线上221分~225分）	公办	吉林农业科技学院、桂林师范高等专科学校、广州民航职业技术学院、郑州电力高等专科学校、苏州工业职业技术学院、长沙航空职业技术学院、浙江机电职业技术学院、广东省外语艺术职业学院
	民办	文华学院
省位次164715名~168905名（专科线上216分~220分）	公办	巴音郭楞职业技术学院、泉州医学高等专科学校、石家庄幼儿师范高等专科学校、山东外贸职业学院、河南检察职业学院、南通职业大学、重庆幼儿师范高等专科学校、黄淮学院、北京劳动保障职业学院、安徽职业技术学院、江苏卫生健康职业学院
省位次169981名~174167名（专科线上211分~215分）	公办	山东商业职业技术学院、济南幼儿师范高等专科学校、上海民航职业技术学院、重庆工程职业技术学院、江苏医药职业学院、无锡商业职业技术学院
省位次175268名~179603名（专科线上206分~210分）	公办	焦作大学、安阳师范学院(中外合作办学)、南阳医学高等专科学校、上海城建职业学院、温州职业技术学院、上海行健职业学院、西安铁路职业技术学院、济宁学院、桂林旅游学院、浙江同济科技职业学院、广州城市职业学院
省位次180620名~184983名（专科线上201分~205分）	公办	萍乡学院、南京城市职业学院、吉林工程技术师范学院
	民办	西安医学高等专科学校
省位次186060名~190385名（专科线上196分~200分）	公办	河南工程学院(中外合作办学)、浙江建设职业技术学院、陕西铁路工程职业技术学院、河南经贸职业学院(软件类)、阳泉师范高等专科学校、开封大学(软件类)、九江职业大学、四川司法警官职业学院
	民办	汉口学院
省位次191483名~195875名（专科线上191分~195分）	公办	郑州幼儿师范高等专科学校(较高收费)、陕西交通职业技术学院、石家庄铁路职业技术学院
	民办	沈阳工学院、天津天狮学院、眉山药科职业学院
省位次196985名~201339名（专科线上186分~190分）	公办	江西中医药高等专科学校、天津滨海职业学院、丽水职业技术学院、吉安职业技术学院、长春医学高等专科学校、江西外语外贸职业学院、天津商务职业学院、湖南铁路科技职业技术学院、浙江工业职业技术学院
省位次202429名~206979名（专科线上181分~185分）	公办	宁德职业技术学院、浙江医药高等专科学校、上海交通职业技术学院、扬州市职业大学、漯河医学高等专科学校、天津铁道职业技术学院
	民办	郑州西亚斯学院、泰山科技学院、石家庄医学高等专科学校(中外合作办学)

续表

分数段	院校分类	可报考院校
省位次 208082 名~212486 名（专科线上 176 分~180 分）	公办	郑州铁路职业技术学院(中外合作办学)、上海工艺美术职业学院、连云港师范高等专科学校(中外合作办学)、河南牧业经济学院(软件类,龙子湖校区)、郑州职业技术学院、宜春幼儿师范高等专科学校、天津艺术职业学院、河南应用技术职业学院、江苏海事职业技术学院
	民办	西安培华学院
省位次 213600 名~217993 名（专科线上 171 分~175 分）	公办	河南司法警官职业学院、惠州卫生职业技术学院、湖南铁道职业技术学院、四川建筑职业技术学院、宁波城市职业技术学院、天津轻工职业技术学院、重庆电力高等专科学校、潍坊职业学院、上饶幼儿师范高等专科学校、郑州信息科技职业学院、商丘职业技术学院、南京机电职业技术学院、河北轨道运输职业技术学院、江苏工程职业技术学院、抚州幼儿师范高等专科学校
	民办	浙江东方职业技术学院
省位次 219081 名~223277 名（专科线上 166 分~170 分）	公办	信阳职业技术学院、闽江师范高等专科学校、无锡商业职业技术学院(中外合作办学)、遵义职业技术学院、武汉警官职业学院、广东工贸职业技术学院、河南职业技术学院(较高收费)
	民办	成都理工大学工程技术学院、武汉传媒学院、武汉工商学院
省位次 224343 名~228530 名（专科线上 161 分~165 分）	公办	襄阳职业技术学院、重庆航天职业技术学院、焦作师范高等专科学校(单列专业)、陕西财经职业技术学院、川南幼儿师范高等专科学校、河南财政金融学院(中外合作办学,就读在象湖校区)、大兴安岭职业学院、广州科技贸易职业学院
	民办	吉林师范大学博达学院、北京科技经营管理学院、沈阳城市建设学院
省位次 229594 名~233823 名（专科线上 156 分~160 分）	公办	郑州工程技术学院(软件类)、郑州铁路职业技术学院(软件类)、朝阳师范高等专科学校、新疆师范高等专科学校、柳州铁道职业技术学院、武汉电力职业技术学院、河南经贸职业学院(中外合作办学)、河南农业职业学院、承德护理职业学院、淄博职业学院、商丘医学高等专科学校、河南交通职业技术学院、淮南联合大学、无锡城市职业技术学院
	民办	新疆科信职业技术学院
省位次 234890 名~239163 名（专科线上 151 分~155 分）	公办	天津交通职业学院、宁波卫生职业学院、天津公安警官职业学院、河北能源职业技术学院、山东职业学院、湖北职业技术学院、武汉船舶职业技术学院、黑龙江生态工程职业学院、桂林航天工业学院、山东交通职业学院、湖北铁道运输职业学院
	民办	郑州科技学院
省位次 240200 名~244367 名（专科线上 146 分~150 分）	公办	苏州工业园区服务外包职业学院、满洲里俄语职业学院、河北软件职业技术学院、安庆医药高等专科学校、广州铁路职业技术学院、咸阳职业技术学院、广州卫生职业技术学院、西安职业技术学院、河北司法警官职业学院、郑州财税金融职业学院、苏州农业职业技术学院
	民办	赣西科技职业学院、上海立达学院、烟台大学文经学院

续表

分数段	院校分类	可报考院校
省位次 245461 名~249700 名（专科线上 141 分~145 分）	公办	河南工业职业技术学院、武汉铁路桥梁职业学院、云南国土资源职业学院、天津机电职业技术学院、黑龙江农垦职业学院、江西传媒职业学院、河南信息统计职业学院、南阳医学高等专科学校（中外合作办学）、天津城市职业学院、江苏航运职业技术学院、云南林业职业技术学院、郑州卫生健康职业学院、抚顺师范高等专科学校、曲靖医学高等专科学校
	民办	西安外事学院、郑州商学院
省位次 250775 名~254952 名（专科线上 136 分~140 分）	公办	江苏建筑职业技术学院、兰州资源环境职业技术学院、许昌学院（中外合作办学）、濮阳医学高等专科学校、楚雄医药高等专科学校、重庆水利电力职业技术学院、四川文化产业职业学院、衡水职业学院、重庆建筑工程职业学院、武汉民政职业学院、济南护理职业学院
	民办	北京科技职业学院、郑州工商学院
省位次 255990 名~260118 名（专科线上 131 分~135 分）	公办	黄淮学院（中外合作办学）、湖南城建职业技术学院、重庆三峡职业学院、河北工业职业技术学院、江西水利职业学院、广东食品药品职业学院、集宁师范学院、东莞职业技术学院、海南政法职业学院、长春师范高等专科学校、莱芜职业技术学院、湖南商务职业技术学院
	民办	武昌首义学院、广西经济职业学院、长春信息技术职业学院、北京经贸职业学院
省位次 261167 名~265265 名（专科线上 126 分~130 分）	公办	天津渤海职业技术学院、江苏农林职业技术学院、江西电力职业技术学院、长江职业学院、河南医学高等专科学校（较高收费）、湖南信息职业技术学院、山东传媒职业学院、广西金融职业技术学院、湖南交通职业技术学院、义乌工商职业技术学院、河南护理职业学院、陕西青年职业学院
	民办	西南财经大学天府学院、长春大学旅游学院、广东碧桂园职业学院、南昌理工学院、山东华宇工学院、商丘学院（应用科技学院，办学地点在开封）
省位次 266264 名~270152 名（专科线上 121 分~125 分）	公办	无锡科技职业学院、湖北财税职业学院、新乡职业技术学院、洛阳职业技术学院、漳州城市职业学院、皖西卫生职业学院、河南林业职业学院、湖北科技职业学院、柳州职业技术学院、长沙职业技术学院、河南水利与环境职业学院、河南建筑职业技术学院
	民办	黄河科技学院、三峡大学科技学院、商丘学院、成都银杏酒店管理学院、炎黄职业技术学院、新乡医学院三全学院（护理专业）、武汉工程科技学院
省位次 271103 名~274994 名（专科线上 116 分~120 分）	公办	嘉兴职业技术学院、许昌职业技术学院、承德石油高等专科学校、大庆职业学院、苏州信息职业技术学院、安徽国防科技职业学院、河南艺术职业学院、江苏护理职业学院、福建信息职业技术学院、枣庄职业学院、驻马店幼儿师范高等专科学校、吉林工程职业学院、日照职业技术学院
	民办	浙江横店影视职业学院、武昌理工学院（较高收费）
省位次 275919 名~279751 名（专科线上 111 分~115 分）	公办	河北建材职业技术学院、山西建筑职业技术学院、江西司法警官职业学院、宣化科技职业技术学院、盐城工业职业技术学院、黄冈职业技术学院、惠州工程职业学院、鹤壁职业技术学院、菏泽医学专科学校、四平职业大学、海南经贸职业技术学院、吉林铁道职业技术学院
	民办	四川科技职业学院、浙江育英职业技术学院、广西外国语学院、四川文化艺术学院、太湖创意职业技术学院、武汉纺织大学外经贸学院

续表

分数段	院校分类	可报考院校
省位次 280648 名～284255 名（专科线上 106 分～110 分）	公办	河南机电职业学院、亳州职业技术学院、郑州工业安全职业学院、昆明冶金高等专科学校、福建林业职业技术学院、郑州信息科技职业学院（较高收费）、陕西邮电职业技术学院、新疆兵团警官高等专科学校、福建水利电力职业技术学院、开封大学（中外合作办学）、郑州旅游职业学院、广东茂名农林科技职业学院
	民办	青岛城市学院、哈尔滨北方航空职业技术学院
省位次 285151 名～288880 名（专科线上 101 分～105 分）	公办	黑龙江民族职业学院、长春职业技术学院、台州职业技术学院、广东司法警官职业学院、绵阳职业技术学院、商丘医学高等专科学校（中外合作办学）、江苏航空职业技术学院、大连职业技术学院、山东畜牧兽医职业学院、陕西艺术职业学院、山东商务职业学院、张家界航空工业职业技术学院、河南测绘职业学院、齐齐哈尔高等师范专科学校、徐州幼儿师范高等专科学校、湖南现代物流职业技术学院
	民办	陕西旅游烹饪职业学院、黑龙江三江美术职业学院、上海工商外国语职业学院（较高收费）
省位次 289840 名～293302 名（专科线上 96 分～100 分）	公办	湖南工业职业技术学院、湖北交通职业技术学院、阜新高等专科学校、烟台汽车工程职业学院、湖南体育职业学院、乌鲁木齐职业大学、山东经贸职业学院、江苏商贸职业学院、石家庄职业技术学院、哈尔滨铁道职业技术学院、山东水利职业学院、周口职业技术学院、河南工业贸易职业学院、黔东南民族职业技术学院
	民办	成都锦城学院、江西软件职业技术大学、武昌理工学院、合肥共达职业技术学院
省位次 294169 名～297473 名（专科线上 91 分～95 分）	公办	常州工程职业技术学院、宿州职业技术学院、温州科技职业学院、黑龙江林业职业技术学院、河南工业大学（办学就读地点在河南辅读中等职业学校）、山东科技职业学院、仙桃职业学院、淮安信息职业技术学院
	民办	宁波财经学院、郑州升达经贸管理学院、重庆科创职业学院
省位次 298283 名～301525 名（专科线上 86 分～90 分）	公办	辽宁农业职业技术学院、安徽电子信息职业技术学院、湖北工业职业技术学院、兰州石化职业技术学院、浙江纺织服装职业技术学院（较高收费）、长春金融高等专科学校、哈尔滨科学技术职业学院、常州机电职业技术学院、徐州工业职业技术学院、湖北水利水电职业技术学院、长江工程职业技术学院、黑龙江商业职业学院、福建农业职业技术学院、山西财政税务专科学校、江西财经职业学院、安徽审计职业学院、广西电力职业技术学院
	民办	运城职业技术学院、泉州海洋职业学院、安徽绿海商务职业学院、广州华商职业学院（较高收费）、温州商学院、浙江树人学院、广州华夏职业学院、西南交通大学希望学院
省位次 302342 名～305513 名（专科线上 81 分～85 分）	公办	郑州工程技术学院（中外合作办学）、廊坊卫生职业学院、湖南工程职业技术学院、湖南化工职业技术学院、河南推拿职业学院、邯郸职业技术学院、广东女子职业技术学院、廊坊燕京职业技术学院、云南财经职业学院、苏州健雄职业技术学院、江苏财经职业技术学院、郑州财税金融职业学院（较高收费）、包头铁道职业技术学院
	民办	江西工程学院、大连艺术学院、石家庄工程职业学院、湖北商贸学院、石家庄医学高等专科学校、渤海理工职业学院、郑州澍青医学高等专科学校、江西科技职业学院、上海杉达学院、石家庄人民医学高等专科学校、山东工程职业技术大学

续表

分数段	院校分类	可报考院校
省位次 306296 名~309431 名（专科线上 76 分~80 分）	公办	辽宁轨道交通职业学院、广东江门中医药职业学院、山东工业职业学院、河南工业职业技术学院(较高收费)、黎明职业大学、新疆生产建设兵团兴新职业技术学院、无锡工艺职业技术学院、广西幼儿师范高等专科学校、辽宁地质工程职业学院
	民办	北京汇佳职业学院、杭州万向职业技术学院、郑州财经学院、山东财经大学东方学院、北京培黎职业学院、长江大学文理学院、昆山登云科技职业学院
省位次 310194 名~313212 名（专科线上 71 分~75 分）	公办	上海农林职业技术学院、陕西能源职业技术学院、辽源职业技术学院、长沙环境保护职业技术学院、河南牧业经济学院(中外合作,英才校区)、黄河水利职业技术学院(中外合作办学)、开封文化艺术职业学院、渭南职业技术学院、白城医学高等专科学校、青岛港湾职业技术学院、山西交通职业技术学院、辽宁机电职业技术学院、江苏食品药品职业技术学院、咸宁职业技术学院、陕西航空职业技术学院、黑龙江能源职业学院
	民办	成都东软学院、安阳学院、北京经济技术职业学院、南昌工学院、青岛工学院、青岛滨海学院
省位次 313921 名~316821 名（专科线上 66 分~70 分）	公办	淮北职业技术学院、江苏旅游职业学院、锦州师范高等专科学校、辽宁石化职业技术学院、广东交通职业技术学院、河南物流职业学院、邢台职业技术学院、吉林司法警官职业学院、河北劳动关系职业学院、浙江国际海运职业技术学院、黑龙江农业经济职业学院、台州科技职业学院、茂名职业技术学院、三门峡职业技术学院、安阳职业技术学院、铁岭师范高等专科学校、安徽交通职业技术学院、湖南邮电职业技术学院、广东农工商职业技术学院、清远职业技术学院
	民办	郑州亚欧交通职业学院(中外合作办学)、广东酒店管理职业技术学院、泉州华光职业学院、扬州中瑞酒店职业学院、青岛农业大学海都学院、江西枫林涉外经贸职业学院、绍兴职业技术学院、石家庄工商职业学院、西安高新科技职业学院、辽宁理工职业学院、云南经济管理学院
省位次 317537 名~320236 名（专科线上 61 分~65 分）	公办	山东城市建设职业学院、江西应用技术职业学院、濮阳职业技术学院、抚顺职业技术学院、湖州职业技术学院、哈密职业技术学院、平顶山职业技术学院
	民办	郑州电力职业技术学院、哈尔滨应用职业技术学院、陕西服装工程学院、河北外国语学院、武汉晴川学院、德州科技职业学院、郑州澍青医学高等专科学校(中外合作)、西安思源学院
省位次 320855 名~323473 名（专科线上 56 分~60 分）	公办	湖南劳动人事职业学院、漯河职业技术学院、河北化工医药职业技术学院、兰考三农职业学院、秦皇岛职业技术学院、营口职业技术学院、湖南安全技术职业学院、青岛酒店管理职业技术学院、安徽粮食工程职业学院、保险职业学院(较高收费)、新疆轻工职业技术学院、湖北生物科技职业学院、天津国土资源和房屋职业学院、贵州电子信息职业技术学院
	民办	武汉光谷职业学院、广州南洋理工职业学院、新疆天山职业技术学院、宁夏理工学院、江西应用科技学院、山东海事职业学院

续表

分数段	院校分类	可报考院校
省位次 324103 名～326617 名（专科线上 51 分～55 分）	公办	三峡电力职业学院、浙江安防职业技术学院、海南软件职业技术学院、江西冶金职业技术学院、常州工业职业技术学院、西藏职业技术学院、武汉船舶职业技术学院(中外合作办学)、河北正定师范高等专科学校、长沙商贸旅游职业技术学院、广东理工职业学院、河南轻工职业学院、山东服装职业学院、甘肃工业职业技术学院、福州职业技术学院、扬州工业职业技术学院、湖北国土资源职业学院、江汉艺术职业学院、铜仁幼儿师范高等专科学校、黑龙江交通职业技术学院、上海行健职业学院(中外合作办学)、重庆旅游职业学院、甘肃警察职业学院
	民办	烟台黄金职业学院、辽宁传媒学院、曹妃甸职业技术学院、私立华联学院、惠州经济职业技术学院、郑州升达经贸管理学院(较高收费)、陕西国际商贸学院
省位次 327216 名～329528 名（专科线上 46 分～50 分）	公办	平顶山工业职业技术学院、盐城幼儿师范高等专科学校、江西信息应用职业技术学院、湖南司法警官职业学院、广西卫生职业技术学院、南阳农业职业学院、铜川职业技术学院、陕西机电职业技术学院、黑龙江农垦科技职业学院、广东工程职业技术学院、恩施职业技术学院、广东水利电力职业技术学院
	民办	大连航运职业技术学院、四川城市职业学院、广州现代信息工程职业技术学院、重庆信息技术职业学院、重庆经贸职业学院、上海民远职业技术学院、广元中核职业技术学院、江西航空职业技术学院、广西工程职业学院、石家庄科技信息职业学院
省位次 330044 名～332173 名（专科线上 41 分～45 分）	公办	广东茂名幼儿师范专科学校、河北旅游职业学院、湖南科技职业学院、湖北三峡职业技术学院、中山火炬职业技术学院、吉林电子信息职业技术学院、沙洲职业工学院、浙江纺织服装职业学院、中山职业学院、广东南华工商职业学院、湖北生态工程职业技术学院
	民办	湖北开放职业学院、广州城建职业学院、重庆机电职业技术大学、曲阜远东职业技术学院、湖北健康职业学院
省位次 332687 名～334629 名（专科线上 36 分～40 分）	公办	永城职业学院(较高收费)、哈尔滨幼儿师范高等专科学校、黑龙江幼儿师范高等专科学校、惠州城市职业学院、石河子工程职业技术学院、湖南汽车工程职业学院、珠海城市职业学院、黑龙江护理高等专科学校、山东理工职业学院、天津体育职业学院、江门职业技术学院、张家口职业技术学院、宝鸡职业技术学院、新疆建设职业技术学院、天津工业职业学院、晋城职业技术学院、湛江幼儿师范专科学校、新疆工业职业技术学院、江西婺源茶业职业学院
	民办	广东创新科技职业学院、华北理工大学轻工学院、上海邦德职业技术学院、云南医药健康职业学院、三亚理工职业学院、武汉信息传播职业技术学院、西安汽车职业大学、焦作工贸职业学院、湖南外国语职业学院

续表

分数段	院校分类	可报考院校
省位次335100名~336931名（专科线上31分~35分）	公办	河南质量工程职业学院、辽宁经济职业技术学院、漳州职业技术学院、福建电力职业技术学院、铜仁职业技术学院、黑龙江冰雪体育职业学院、天津生物工程职业技术学院、阳江职业技术学院、济南职业学院、鹤壁职业技术学院（中外合作）、广西警察学院、和田师范专科学校、渤海船舶职业学院、江西陶瓷工艺美术职业技术学院、山西金融职业学院、江苏财会职业学院、克拉玛依职业技术学院、鹤壁职业技术学院（单列专业）、内蒙古建筑职业技术学院、浙江农业商贸职业学院、三峡旅游职业技术学院、广东职业技术学院、潞安职业技术学院
	民办	湖北文理学院理工学院、潍坊科技学院、金山职业技术学院、烟台南山学院、北京网络职业学院、厦门软件职业技术学院、北京培黎职业学院（较高收费）、武昌工学院、石家庄科技职业学院、重庆房地产职业学院、北京艺术传媒职业学院、山东英才学院、广州科技职业技术大学
省位次337374名~339081名（专科线上26分~30分）	公办	河南水利与环境职业学院（中外合作办学）、三门峡社会管理职业学院、江西工业工程职业技术学院、威海海洋职业学院、黑龙江建筑职业技术学院、连云港职业技术学院（中外合作办学）、临汾职业技术学院、太原城市职业技术学院、苏州工业园区职业技术学院、江阴职业技术学院、德宏职业学院、随州职业技术学院、山西职业技术学院、泰山护理职业学院、洛阳职业技术学院（中外合作办学）、临沂职业学院、海南体育职业技术学院、闽西职业技术学院、河南工业和信息化职业学院、江苏信息职业技术学院、漳州卫生职业学院
	民办	哈尔滨传媒职业学院、广州东华职业学院、三亚中瑞酒店管理职业学院、商丘工学院、潍坊工商职业学院、钟山职业技术学院、福州墨尔本理工职业学院、民办合肥滨湖职业技术学院、厦门东海职业技术学院、三亚城市职业学院
省位次339518名~340997名（专科线上21分~25分）	公办	河北交通职业技术学院、江西交通职业技术学院、威海职业学院、湖南水利水电职业技术学院、宁夏工商职业技术学院、河南地矿职业学院、鹤岗师范高等专科学校、泉州幼儿师范高等专科学校、大庆医学高等专科学校、辽宁金融职业学院、荆门职业学院、广东科学技术职业学院（较高收费）、新疆石河子职业技术学院、新疆职业大学
	民办	大连软件职业学院、苏州托普信息职业技术学院、郑州工业应用技术学院、浙江广厦建设职业技术学院、上海震旦职业学院、苏州高博软件技术职业学院、湖北恩施学院、大连科技学院、海南工商职业学院、保定理工学院、广东南方职业学院
省位次341345名~342748名（专科线上16分~20分）	公办	广西体育高等专科学校、辽宁职业学院、黑龙江职业学院、江苏城乡建设职业学院、牡丹江大学、江西艺术职业学院、山东信息职业技术学院、江西工程职业学院、商丘职业技术学院（软件类）、武汉海事职业学院、广东环境保护工程职业学院、保险职业学院、山东药品食品职业学院、陕西工商职业学院、滨州职业学院、濮阳职业学院（较高收费）、黑龙江司法警官职业学院、商洛职业技术学院、厦门海洋职业学院、江西生物科技职业学院
	民办	上海中侨职业技术学院、湖北工程学院新技术学院、西安城市建设职业学院、青岛求实职业技术学院、四川工业科技学院、郑州商学院（较高收费）、武汉科技职业学院、广东岭南职业技术学院、新疆现代职业技术学院

续表

分数段	院校分类	可报考院校
省位次 343072 名~344399 名（专科线上 11 分~15 分）	公办	伊春职业学院、聊城职业技术学院、福建船政交通职业学院、潍坊工程职业学院、常州纺织服装职业技术学院、黑龙江生物科技职业学院、长春汽车工业高等专科学校、六安职业技术学院、山东劳动职业技术学院、湖北轻工职业技术学院、运城幼儿师范高等专科学校、天津海运职业学院、天津石油职业技术学院、九江职业技术学院、新疆农业职业技术学院、吉林交通职业技术学院、哈尔滨职业技术学院、湖北青年职业学院、连云港职业技术学院、武汉航海职业技术学院、广东机电职业技术学院、海南职业技术学院
	民办	山东外国语职业技术大学、厦门南洋职业学院、九州职业技术学院、青岛黄海学院、江南影视艺术职业学院、西安海棠职业学院、西安信息职业大学、浙江长征职业技术学院、山东协和学院、西安翻译学院、四川华新现代职业学院、宿迁泽达职业技术学院、武汉外语外事职业学院、西安明德理工学院、齐鲁医药学院、上海工商职业技术学院、金肯职业技术学院、硅湖职业技术学院、广州华商职业学院、山东现代学院、共青科技职业学院、山东协和学院（较高收费）
省位次 344703 名~345764 名（专科线上 6 分~10 分）	公办	许昌职业技术学院（软件类）、荆州职业技术学院、荆州理工职业学院、安康职业技术学院、武汉民政职业学院（中外合作办学）、河北对外经贸职业学院、辽宁建筑职业学院、合肥通用职业技术学院、广西建设职业技术学院、汝州职业技术学院、平顶山工业职业技术学院（中外合作办学）、湖北城市建设职业技术学院、镇江市高等专科学校、江苏安全技术职业学院、广东科贸职业学院
	民办	大连财经学院、大连枫叶职业技术学院、海南科技职业大学、洛阳科技职业学院（较高收费）、上海工商外国语职业学院、无锡南洋职业技术学院、三亚航空旅游职业学院、四川西南航空职业学院、郑州体育职业学院、齐鲁理工学院、日照航海工程职业学院、南昌职业大学、荆州学院、青岛恒星科技学院、林州建筑职业技术学院、江西新能源科技职业学院、重庆交通职业学院、山东圣翰财贸职业学院、广东新安职业技术学院、西安交通工程学院
省位次 346050 名~347337 名（专科线上 5 分以内）	公办	三明医学科技职业学院、福建卫生职业技术学院、泉州经贸职业技术学院、鄂州职业大学、汉中职业技术学院、三门峡职业技术学院（软件类）、濮阳石油化工职业技术学院、湖北工程职业学院、泰州职业技术学院、汕头职业技术学院、天津城市建设管理职业技术学院、辽宁轻工职业学院、辽宁医药职业学院、商丘职业技术学院（较高收费）、永城职业学院、河南艺术职业学院（单列专业）、河南女子职业学院、辽宁民族师范高等专科学校、浙江邮电职业技术学院、安阳师范学院（软件类）、济源职业技术学院、新乡职业技术学院（较高收费）、驻马店职业技术学院、三门峡职业技术学院（中外合作办学）、河南对外经及贸易职业学院、南阳科技职业学院、河南护理职业学院（中外合作办学）、许昌电气职业学院、宿迁职业技术学院、襄阳汽车职业技术学院
	民办	银川科技学院、燕京理工学院、辽宁广告职业学院、上海东海职业技术学院、江海职业技术学院、山东外事职业大学、郑州信息工程职业学院（较高收费）、西安欧亚学院、海口经济学院、苏州百年职业学院、江西泰豪动漫职业学院、上海济光职业学院、武汉商贸职业学院、四川电影电视学院、上海电影艺术职业学院、安徽文达信息工程学院、江西服装学院、郑州经贸学院、长江艺术工程职业学院、石家庄理工职业学院、河南科技职业大学、郑州轨道工程职业学院、信阳涉外职业技术学院、鹤壁能源化工职业学院、武昌职业学院、嘉兴南洋职业技术学院、黄河科技学院（中外合作办学）、黄河交通学院、郑州城市职业学院、漯河食品职业学院、郑州理工职业学院、郑州信息工程职业学院、长垣烹饪职业技术学院、许昌陶瓷职业学院、郑州电子信息职业技术学院、嵩山少林武术职业学院、郑州电子商务职业学院、郑州商贸旅游职业学院、鹤壁汽车工程职业学院、南阳职业学院、郑州黄河护理职业学院、洛阳科技职业学院、信阳航空职业学院、厦门兴才职业技术学院、重庆海联职业技术学院、天津滨海汽车工程职业学院、上海思博职业技术学院、黄冈科技职业学院、广州华立科技职业学院

续表

分数段	院校分类	可报考院校
专科线下降分录取高校	公办	黑龙江农业工程职业学院、江西农业工程职业学院、江苏农牧科技职业学院、徐州生物工程职业技术学院、南通科技职业学院
高职高专批平行志愿无实际投档	公办	辽宁特殊教育师范高等专科学校、泊头职业学院、包头钢铁职业技术学院、吉林水利电力职业学院、佳木斯职业学院、冀中职业学院、长治职业技术学院、山西水利职业技术学院、山西机电职业技术学院、山西工程职业学院、兴安职业技术学院、盘锦职业技术学院、辽阳职业技术学院、辽宁现代服务职业技术学院、吉林工业职业技术学院、黑龙江农业职业技术学院、中山职业技术学院（中外合作办学）、江西机电职业技术学院、赤峰工业职业技术学院、塔里木职业技术学院、石嘴山工贸职业技术学院、罗定职业技术学院、新疆交通职业技术学院、广西机电职业技术学院、吐鲁番职业技术学院、黔南民族职业技术学院、甘肃建筑职业技术学院、宁夏建设职业技术学院、内蒙古化工职业学院、内蒙古机电职业技术学院、内蒙古电子信息职业技术学院、辽宁工程职业学院、辽宁生态工程职业学院、沈阳职业技术学院、辽宁冶金职业技术学院、铁岭卫生职业学院、长白山职业技术学院、江西应用工程职业学院、山东化工职业学院、广西工业职业技术学院、承德应用技术职业学院、太原旅游职业学院、黑龙江旅游职业技术学院、湖北财税职业学院（较高收费）、松原职业技术学院、七台河职业学院
	民办	辽宁理工学院、辽宁何氏医学院、长春光华学院、哈尔滨城市职业学院、石家庄城市经济职业学院、石家庄财经职业学院、福州软件职业技术学院、山东工程职业技术大学（较高收费）、广西英华国际职业学院、漳州理工职业学院、广西理工职业技术学院、齐齐哈尔理工职业学院、齐齐哈尔工程学院、大连汽车职业技术学院、大连装备制造职业技术学院、蚌埠经济技术职业学院、明达职业技术学院、安徽矿业职业技术学院、安徽现代信息工程职业学院、广州松田职业学院、广州珠江职业技术学院、广东文理职业学院、漳州科技职业学院、广西蓝天航空职业学院、广西科技职业学院、东营科技职业学院、江西工商职业技术学院、山东力明科技职业学院、山东圣翰财贸职业学院（单列专业）、沈阳北软信息职业技术学院、湖南三一工业职业技术学院、广东亚视演艺职业学院、重庆艺术工程职业学院、四川国际标榜职业学院、山西信息职业技术学院、阜阳科技职业学院、珠海艺术职业学院、桂林山水职业学院、海南健康管理职业技术学院、桂林生命与健康职业学院、广西培贤国际职业学院、厦门华天涉外职业技术学院、上海思博职业技术学院（中外合作办学）、湖南应用技术学院、广东工商职业技术大学、广州涉外经济职业技术学院、云南工程职业学院、广州华南商贸职业学院

第五节 本科一批（理科）各分数段对应可报考院校统计
（见表2-7）

表2-7 本科一批（理科）各分数段对应可报考院校统计

分数段	院校分类	可报考院校
省位次39名~83名（一本线上181分~185分）	原985	清华大学(83/87/83)

续表

分数段	院校分类	可报考院校
省位次 97 名～159 名 （一本线上 176 分～180 分）	原 985	北京大学（111/107/96）
省位次 179 名～286 名 （一本线上 171 分～175 分）	原 985	上海交通大学（203/197/194）、复旦大学（227/298/173）、北京大学医学部（255/298/296）、上海交通大学医学院（286/335/248）
省位次 315 名～472 名 （一本线上 166 分～170 分）	原 985	北京大学医学部（其他单列）（315/443/414）、浙江大学（383/556/496）、复旦大学医学院（472/443/220）
省位次 513 名～716 名 （一本线上 161 分～165 分）	原 985	复旦大学（其他单列）（604/—/—）、中国科学技术大学（716/627/574）
省位次 774 名～1046 名 （一本线上 156 分～160 分）	原 985	北京大学医学部（医护类）（774/—/—）、南京大学（836/705/781）、上海交通大学医学院（医护类）（982/—/—）、北京航空航天大学（1046/1159/1275）
	一流学科	中国科学院大学（836/848/839）
省位次 1115 名～1500 名 （一本线上 151 分～155 分）	原 985	中国人民大学（1290/848/1115）、上海交通大学（其他单列）（1500/—/—）
省位次 1606 名～2055 名 （一本线上 146 分～150 分）	原 985	浙江大学医学院（1606/1521/1372）、浙江大学（较高收费）（1730/—/—）、同济大学（1730/1521/1275）、哈尔滨工业大学（深圳）（1730/1919/2497）、南开大学（1945/1919/2358）、北京理工大学（2055/2065/2638）
省位次 2171 名～2750 名 （一本线上 141 分～145 分）	原 985	同济大学（较高收费）（2582/3152/6877）、同济大学（医护类）（2750/—/—）
省位次 2928 名～3618 名 （一本线上 136 分～140 分）	原 985	华中科技大学（2928/3612/3641）、西安交通大学（2928/2546/2783）、哈尔滨工业大学（3232/3375/4651）、武汉大学（3618/4347/4241）、哈尔滨工业大学（较高收费）（3618/—/—）
省位次 3815 名～4632 名 （一本线上 131 分～135 分）	原 985	上海交通大学（较高收费）（3815/—/—）、天津大学（4022/4594/4436）、东南大学（4219/4347/4651）、南开大学（其他单列）（4219/—/—）、电子科技大学（4219/4594/4877）、国防科技大学（4428/4878/4436）、华东师范大学（4428/6046/5572）、厦门大学（4632/5463/5104）
省位次 4866 名～5865 名 （一本线上 126 分～130 分）	原 985	上海交通大学（农林矿）（4866/—/—）、电子科技大学（沙河校区）（5337/5753/6047）、中山大学（5586/7026/5342）、西北工业大学（5586/6356/7457）、华南理工大学（5865/7026/5572）
	原 211	北京邮电大学（5337/5463/5342）
省位次 6115 名～7225 名 （一本线上 121 分～125 分）	原 985	四川大学（6374/6356/6877）、哈尔滨工业大学（威海）（6621/7373/8715）
	原 211	上海财经大学（6374/5753/31251）、对外经济贸易大学（6374/8900/76393）
	保研资格	中国社会科学院大学（6621/6046/6574）
省位次 7501 名～8730 名 （一本线上 116 分～120 分）	原 985	山东大学（7501/7724/8715）、北京理工大学（其他单列）（7501/—/—）、重庆大学（7791/8089/7757）、北京师范大学（8107/—/—）、西安交通大学（医护类）（8421/28686/—）
	原 211	西安电子科技大学（8421/8491/8715)

分数段	院校分类	可报考院校
省位次 9067 名~10535 名 （一本线上 111 分~115 分）	原 985	湖南大学(9067/9653/11615)、大连理工大学(9067/9274/8715)、吉林大学（较高收费）(9454/9653/10464)、中南大学(9454/34290/7166)、北京理工大学（较高收费）(9815/47088/7166)、电子科技大学（沙河校区）（较高收费）(10181/10081/10848)、北京师范大学（珠海校区）(10535/—/—)
	原 211	中央财经大学(9454/6356/6574)、中国政法大学(9815/7724/6574)、北京外国语大学(10535/9653/11615)
	保研资格	南京医科大学(10181/19083/—)
省位次 10919 名~12534 名 （一本线上 106 分~110 分）	原 985	浙江大学医学院（较高收费）(10919/—/—)、东北大学(10919/11903/12858)、山东大学威海分校(11294/11903/12435)、厦门大学（医护类）(11294/10957/17549)、中国农业大学(11294/12396/22024)、吉林大学(11699/11437/14189)、天津大学（医护类）(11699/—/—)、兰州大学(12135/12897/14189)、武汉大学（其他单列）(12534/8491/—)、中国海洋大学(12534/12396/13279)、重庆大学（较高收费）(12534/13884/18563)
	原 211	上海外国语大学(10919/11903/14629)、南京航空航天大学(11294/12897/27764)、郑州大学（其他单列）(11294/—/—)、北京交通大学(12135/12396/9020)、北京科技大学(12135/11437/10848)、北京外国语大学（其他单列）(12135/—/—)、南京理工大学(12135/11437/10464)
省位次 12952 名~14767 名 （一本线上 101 分~105 分）	原 985	中央民族大学(12952/12396/12435)、东南大学（医护类）(13845/19649/—)、四川大学（较高收费）(13845/15517/—)、大连理工大学（较高收费）(14309/14936/14189)、电子科技大学（沙河校区）（医护类）(14309/15517/19118)、大连理工大学（其他单列）(14767/15517/16510)
	原 211	华东理工大学(12952/12897/12015)、北京工业大学(12952/12897/11615)、华北电力大学（北京）(13376/13884/13279)、西南财经大学(13376/14443/18059)、天津医科大学(13845/16139/20850)、上海大学(13845/12897/12015)、苏州大学(13845/14443/13279)、中南财经政法大学(14309/16139/40404)、华中师范大学(14309/14936/14629)、中国传媒大学(14767/16139/10848)
省位次 15229 名~17248 名 （一本线上 96 分~100 分）	原 985	中南大学（较高收费）(15229/16139/17020)、天津大学（其他单列）(16706/—/—)、东北大学秦皇岛分校(17248/17277/18059)
	原 211	武汉理工大学(15229/15517/14189)、北京外国语大学（较高收费）(15229/14936/15554)、中央财经大学（较高收费）(15697/96089/6306)、暨南大学(15697/16139/14629)、北京邮电大学（宏福校区）(16166/14443/12435)、东华大学(16166/16698/15084)、南京师范大学(16166/18475/16048)、西安电子科技大学（较高收费）(16706/18475/18059)、西南交通大学(16706/14936/18059)、哈尔滨工程大学(16706/17277/18059)、西北大学(16706/16698/16048)、华东理工大学（较高收费）(17248/17857/22024)
	保研资格	深圳大学(16706/17857/12858)、首都医科大学(16706/9653/4241)、河北医科大学(17248/17277/16510)

续表

分数段	院校分类	可报考院校
省位次17797名~20081名（一本线上91分~95分）	原985	大连理工大学（盘锦校区）(17797/17277/16510)、吉林大学（其他单列）(18358/20922/32636)、山东大学威海分校（较高收费）(18358/21581/33407)、复旦大学医学院（其他单列）(18927/—/—)、西北工业大学（较高收费）(18927/20922/15554)
	原211	河海大学(17797/18475/15554)、西南大学(17797/19649/16510)、华南师范大学(17797/20308/18059)、北京化工大学(18358/16139/14629)、河北工业大学(19481/19083/18059)、华北电力大学（保定）(20081/19649/17020)、中国石油大学（北京）(20081/19649/20850)
	保研资格	西南政法大学(18358/22973/25153)、西南政法大学（较高收费）(19481/22973/19118)、中国医科大学(19481/19083/47516)
省位次20660名~23232名（一本线上86分~90分）	原985	兰州大学（较高收费）(21866/24312/23239)、吉林大学（农林矿）(23232/29485/25153)、武汉大学（医护类）(23232/25751/29841)
	原211	合肥工业大学(21866/21581/23893)、中国地质大学（武汉）(21866/21581/19118)、上海大学（较高收费）(21866/21581/16510)、江南大学(22560/22973/16048)、北京中医药大学(22560/18475/21457)、中国药科大学(23232/22973/23239)、北京工业大学（较高收费）(23232/22276/—)
	保研资格	西北政法大学(22560/25056/25153)
	公办	陆军军医大学(23232/37744/12435)
省位次23896名~26645名（一本线上81分~85分）	原985	东北大学秦皇岛分校（较高收费）(24547/29485/—)、中国人民大学（苏州校区）(25226/4082/3242)、西北农林科技大学(25226/25751/27095)
	原211	长安大学(23896/25751/25787)、南昌大学(23896/25751/28476)、郑州大学(23896/24312/24522)、中国矿业大学（北京）(24547/22973/21457)、陕西师范大学(24547/22973/20281)、暨南大学（其他单列）(24547/20308/21457)、湖南师范大学(24547/25056/23239)、中国矿业大学(25226/26493/31251)、东北师范大学(25226/28686/27095)、苏州大学（较高收费）(25226/23684/27095)、安徽大学(25226/22973/22024)、太原理工大学(25226/25056/28476)、空军军医大学(25941/21581/12858)、大连海事大学(25941/29485/90542)、中国地质大学（北京）(25941/26493/18563)、暨南大学（较高收费）(25941/25056/21457)、西南交通大学（较高收费）(26645/24312/22618)、中国地质大学（武汉）（较高收费）(26645/31039/—)、辽宁大学(26645/26493/27764)、福州大学(26645/22276/20281)、云南大学(26645/25751/25153)
	一流学科	南京邮电大学(24547/17857/18059)、首都师范大学(25941/22276/20281)
	保研资格	杭州电子科技大学(24547/21581/20281)、华东政法大学(25226/25056/19118)、重庆邮电大学(25941/28686/27764)、哈尔滨医科大学(26645/36876/29151)、重庆医科大学(26645/25056/20850)、杭州电子科技大学（较高收费）(26645/26493/29151)
省位次27341名~30319名（一本线上76分~80分）	原985	大连理工大学（盘锦校区）（较高收费）(27341/26493/27764)、中国农业大学（较高收费）(27341/29485/18563)、四川大学（医护类）(28109/43222/24522)、中央民族大学（较高收费）(28854/30260/36336)、中国海洋大学（较高收费）(28854/31866/27764)、山东大学（医护类）(30319/32658/74158)

续表

分数段	院校分类	可报考院校
省位次 27341 名~30319 名（一本线上 76 分~80 分）	原211	合肥工业大学(宣城校区)(27341/26493/27764)、南京农业大学(27341/27959/27764)、贵州大学(27341/27959/29841)、中国石油大学(华东)(28109/25056/25153)、华中农业大学(28109/31039/27095)、北京林业大学(28109/40431/19118)、广西大学(28109/28686/28476)、西南财经大学(较高收费)(29573/35994/13725)、西北大学(其他单列)(30319/—/—)、海南大学(30319/31039/33407)
	一流学科	成都理工大学(28854/29485/31945)、天津工业大学(28854/30260/31251)、上海中医药大学(28854/27221/25787)、南京信息工程大学(29573/27959/26424)、宁波大学(29573/31039/28476)
	保研资格	上海理工大学(28854/27221/26424)、遵义医科大学(异地校区)(28854/33477/38753)、东北财经大学(29573/31866/22618)、浙江工业大学(29573/33477/27764)、北京语言大学(30319/32658/34852)、广西医科大学(30319/46111/56118)
	公办	上海电力大学(较高收费)(28854/31866/32636)、广东医科大学(28854/25751/25153)、西安邮电大学(30319/29485/28476)
省位次 31136 名~34265 名（一本线上 71 分~75 分）	原985	吉林大学(医护类)(31893/55355/27095)、华中科技大学(医护类)(32664/—/—)
	原211	北京交通大学(威海校区)(31136/34290/33407)、北京化工大学(较高收费)(31136/31866/29841)、南昌大学(较高收费)(31893/29485/29841)、东北林业大学(33462/33477/35574)、福州大学(较高收费)(33462/31039/34124)、河海大学(其他单列)(34265/27221/27764)、西北大学(较高收费)(34265/34290/31251)、四川农业大学(34265/36876/42168)、海南大学(其他单列)(34265/34290/34852)、郑州大学(中外合作办学)(34265/38611/44724)
	一流学科	上海中医药大学(较高收费)(34265/35130/37129)
	保研资格	首都经济贸易大学(31136/38611/19684)、重庆医科大学(较高收费)(31893/22276/—)、西安理工大学(31893/32658/33407)、武汉科技大学(32664/34290/31945)、广东外语外贸大学(33462/35994/43868)、北京信息科技大学(33462/31039/29151)、西安外国语大学(34265/33477/41266)
	公办	南京审计大学(34265/33477/33407)、上海电力大学(34265/33477/36336)
省位次 35077 名~38526 名（一本线上 66 分~70 分）	原985	西北农林科技大学(较高收费)(35077/44162/34124)、东北大学(较高收费)(37676/—/—)
	原211	北京林业大学(较高收费)(35077/96089/36336)、东北师范大学(较高收费)(35077/31866/39606)、宁夏大学(35077/40431/47516)、河海大学(较高收费)(35958/54281/—)、武汉理工大学(较高收费)(35958/20308/21457)、合肥工业大学(较高收费)(36819/31866/36336)、福州大学(异地校区)(36819/—/—)、西南大学(较高收费)(37676/108151/30538)、延边大学(37676/40431/45612)、东北农业大学(37676/38611/42168)、北京交通大学(较高收费)(38526/17277/17549)、哈尔滨工程大学(其他单列)(38526/58573/—)、内蒙古大学(38526/42274/41266)
	一流学科	河南大学(36819/37744/40404)、西南石油大学(38526/39525/43018)

分数段	院校分类	可报考院校
省位次35077名~38526名（一本线上66分~70分）	保研资格	重庆邮电大学（较高收费）（35077/35994/34124）、燕山大学（35958/37744/45612）、北方工业大学（35958/35994/30538）、遵义医科大学（35958/38611/44724）、湘潭大学（37676/42274/76393）、天津财经大学（较高收费）（37676/40431/40404）、浙江理工大学（37676/32658/29151）、西南医科大学（37676/34290/38753）、山西医科大学（38526/26493/55105）、广州医科大学（38526/30260/29151）
	公办	上海海关学院（35077/33477/34124）、成都医学院（35077/38611/40404）、深圳技术大学（36819/33477/37129）、浙江财经大学（36819/34290/37938）
省位次39420名~43027名（一本线上61分~65分）	原211	江南大学（较高收费）（41207/32658/50338）、大连海事大学（较高收费）（41207/42274/—）、长安大学（较高收费）（42114/58573/31251）、青海大学（42114/43222/46572）、安徽大学（较高收费）（43027/52176/—）、福州大学（其他单列）（43027/45122/41266）、新疆大学（43027/50132/55105）
	一流学科	广州中医药大学（39420/34290/26424）、上海海洋大学（40304/38611/42168）、成都理工大学（异地校区）（41207/46111/—）、南京林业大学（42114/37744/36336）、南京中医药大学（42114/37744/43018）
	保研资格	西安建筑科技大学（39420/45122/31945）、浙江工业大学（较高收费）（39420/—/—）、武汉工程大学（39420/40431/40404）、浙江工商大学（39420/38611/29151）、北京建筑大学（40304/41377/33407）、西安工业大学（40304/36876/35574）、广州大学（40304/35994/34852）、广东工业大学（40304/40431/31251）、杭州师范大学（40304/34290/34852）、北京工商大学（41207/40431/34852）、青岛大学（41207/45122/69714）、长沙理工大学（41207/35994/34852）、蚌埠医学院（41207/43222/47516）、桂林电子科技大学（41207/41377/43018）、扬州大学（42114/78357/31945）、上海海事大学（42114/37744/40404）、三峡大学（较高收费）（42114/44162/48470）、山东财经大学（42114/41377/44724）、上海对外经贸大学（较高收费）（43027/40431/27764）、湖北大学（43027/37744/37938）、西安科技大学（43027/35994/34852）、河北大学（43027/48117/57178）、福建师范大学（43027/46111/44724）、昆明医科大学（43027/26493/43018）
	公办	南京财经大学（39420/33477/34124）、南京审计大学（较高收费）（40304/45122/—）、上海政法学院（41207/39525/41266）、北京第二外国语学院（42114/52176/25787）、苏州科技大学（42114/40431/41266）、重庆理工大学（42114/42274/43868）、成都信息工程大学（42114/38611/41266）
省位次43977名~47907名（一本线上56分~60分）	原985	厦门大学（异地校区）（46947/48117/49387）
	原211	云南大学（较高收费）（44925/63035/—）、哈尔滨工程大学（较高收费）（45897/74766/29841）、太原理工大学（较高收费）（45897/—/—）、武汉理工大学（其他单列）（46947/32658/33407）
	一流学科	天津工业大学（较高收费）（43977/50132/—）

续表

分数段	院校分类	可报考院校
省位次 43977 名~47907 名（一本线上 56 分~60 分）	保研资格	南京工业大学（43977/31866/30538）、陕西科技大学（43977/45122/44724）、上海师范大学（43977/35994/34124）、天津师范大学（43977/42274/45612）、天津理工大学（43977/44162/53206）、山西中医药大学（43977/47088/51294）、山东科技大学（44925/47088/42168）、四川师范大学（44925/44162/45612）、上海海事大学（较高收费）（45897/44162/45612）、济南大学（45897/44162/43018）、湖北工业大学（45897/40431/37938）、汕头大学（46947/55355/30538）、中北大学（46947/44162/47516）、南通大学（46947/46111/47516）、湖南中医药大学（46947/49113/65427）、四川外国语大学（46947/53210/35574）、上海理工大学（较高收费）（47907/71135/32636）、江苏科技大学（47907/54281/104489）、首都经济贸易大学（较高收费）（47907/—/—）、浙江师范大学（47907/106820/36336）、重庆交通大学（47907/46111/43868）、山西财经大学（47907/48117/55105）、重庆师范大学（47907/44162/47516）
	公办	西安邮电大学（较高收费）（44925/42274/45612）、西安医学院（46947/54281/—）
省位次 48861 名~52925 名（一本线上 51 分~55 分）	原211	西南大学（荣昌校区）（48861/74766/32636）、新疆大学（较高收费）（49827/57472/59191）、北京体育大学（50842/—/—）、中国石油大学（北京）克拉玛依校区（50842/56402/61214）、中国地质大学（武汉）（其他单列）（51895/71135/31945）、辽宁大学（较高收费）（51895/—/—）、延边大学（较高收费）（51895/54281/57178）
	一流学科	天津中医药大学（50842/56402/81012）、上海海洋大学（较高收费）（51895/52176/49387）
	保研资格	中南民族大学（48861/43222/43018）、山西大学（48861/43222/79803）、长春理工大学（48861/43222/48470）、华南农业大学（48861/45122/44724）、昆明理工大学（48861/42274/40404）、宁夏医科大学（48861/51170/42168）、青岛科技大学（49827/52176/60165）、华侨大学（49827/51170/60165）、江西师范大学（49827/50132/50338）、西华大学（49827/46111/49387）、北方工业大学（较高收费）（50842/52176/—）、天津师范大学（较高收费）（50842/51170/53206）、集美大学（51895/48117/48470）、浙江师范大学（较高收费）（51895/55355/57178）、西安石油大学（51895/47088/49387）、西南民族大学（51895/49113/53206）、天津科技大学（51895/49113/43868）、沈阳航空航天大学（51895/50132/49387）、安徽师范大学（51895/52176/53206）、江苏大学（52925/34290/31945）、东北电力大学（较高收费）（52925/79540/43018）、西北民族大学（52925/64188/—）、徐州医科大学（52925/46111/25787）、山东师范大学（52925/43222/43018）
	公办	上海第二工业大学（48861/46111/46572）、上海戏剧学院（48861/—/—）、重庆工商大学（49827/48117/50338）、成都大学（49827/46111/51294）、赣南医学院（51895/56402/53206）、东莞理工学院（52925/50132/46572）
省位次 53926 名~58092 名（一本线上 46 分~50 分）	原211	石河子大学（54949/59698/62311）、郑州大学（医护类）（54949/61893/47516）、河北工业大学（较高收费）（57047/—/—）
	一流学科	河南大学（软件类）（55959/64188/78652）

分数段	院校分类	可报考院校
省位次 53926 名~58092 名（一本线上 46 分~50 分）	保研资格	石家庄铁道大学（53926/50132/51294）、湘潭大学（较高收费）（53926/55355/60165）、西南科技大学（53926/50132/49387）、大连交通大学（53926/53210/64379）、中国医科大学（较高收费）（53926/49113/48470）、中国民航大学（54949/60827/100680）、温州医科大学（54949/53210/32636）、沈阳工业大学（54949/53210/55105）、华东交通大学（54949/51170/49387）、三峡大学（54949/48117/48470）、浙江理工大学（较高收费）（55959/57472/56118）、南方医科大学（55959/20308/18059）、大连外国语大学（55959/50132/66504）、陕西科技大学（其他单列）（57047/—/—）、安徽财经大学（57047/56402/58177）、西安理工大学（较高收费）（57047/63035/—）、黑龙江大学（57047/55355/51294）、东北财经大学（较高收费）（58092/51170/51294）、天津外国语大学（58092/38611/37129）、哈尔滨理工大学（58092/50132/51294）、浙江工商大学（较高收费）（58092/66467/—）
	公办	广东财经大学（53926/—/—）、上海工程技术大学（54949/59698/37129）、川北医学院（54949/53210/62311）、北京联合大学（55959/47088/57178）、浙江财经大学（较高收费）（55959/41377/—）
省位次 59195 名~63644 名（一本线上 41 分~45 分）	原 985	兰州大学（医护类）（61408/—/—）
	原 211	海南大学（较高收费）（59195/56402/61214）、贵州大学（较高收费）（61408/75906/107111）
	一流学科	天津中医药大学（较高收费）（59195/59698/59191）、宁波大学（较高收费）（62527/66467/—）
	保研资格	西安科技大学（较高收费）（59195/53210/48470）、大连工业大学（60300/59698/63318）、重庆师范大学（较高收费）（60300/73543/—）、兰州交通大学（60300/60827/82193）、东北电力大学（61408/48117/48470）、南昌航空大学（61408/58573/43868）、安徽理工大学（61408/59698/63318）、河北师范大学（61408/59698/58177）、曲阜师范大学（61408/64188/73020）、兰州理工大学（较高收费）（62527/69982/78652）、沈阳药科大学（63644/64188/83314）、西安工程大学（63644/50132/48470）、安徽工业大学（63644/64188/61214）、江西中医药大学（63644/61893/71851）、西北师范大学（63644/60827/64379）、河南财经政法大学（63644/59698/56118）
	公办	浙江农林大学（59195/61893/81012）、湖南工商大学（59195/58573/60165）、南京工程学院（60300/64188/73020）、湖南工业大学（60300/58573/59191）、西安财经大学（60300/68843/—）、北京印刷学院（62527/57472/64379）、南京工程学院（较高收费）（62527/69982/79803）、沈阳理工大学（63644/57472/55105）、浙大城市学院（63644/59698/62311）
省位次 64821 名~69571 名（一本线上 36 分~40 分）	一流学科	成都中医药大学（66016/36876/40404）
	保研资格	天津外国语大学（较高收费）（64821/71135/—）、南华大学（64821/55355/49387）、中南林业科技大学（64821/67627/107111）、长沙理工大学（较高收费）（66016/55355/61214）、江西理工大学（66016/66467/57178）、湖北中医药大学（66016/64188/61214）、华北理工大学（66016/55355/57178）、兰州理工大学（66016/66467/74158）、石家庄铁道大学（67119/61893/78652）、天津商业大学（67119/66467/82193）、浙江中医药大学（67119/49113/50338）、山东建筑大学（67119/61893/62311）、上海对外经贸大学（68314/29485/25787）、吉首大学（68314/71135/78652）、新疆医科大学（69571/84489/59191）、吉林财经大学（较高收费）（69571/64188/61214）、湖南农业大学（较高收费）（69571/72367/70806）

续表

分数段	院校分类	可报考院校
省位次64821名~69571名（一本线上36分~40分）	公办	武汉纺织大学（64821/55355/53206）、浙江科技学院（66016/66467/—）、江汉大学（66016/84489/—）、安徽建筑大学（68314/72367/83314）、齐鲁工业大学（68314/72367/85649）、北京物资学院（69571/45122/43018）、陕西中医药大学（69571/—/—）、甘肃政法大学（69571/83217/—）
省位次70771名~75663名（一本线上31分~35分）	原211	东北林业大学（较高收费）（71998/106820/63318）
	中外合作	西交利物浦大学（74466/106820/44724）
	一流学科	上海体育学院（70771/87025/—）、河南大学（中外合作办学）（71998/84489/88095）
	保研资格	湖南农业大学（70771/75906/108397）、甘肃中医药大学（70771/67627/61214）、河南师范大学（70771/69982/76393）、河北工程大学（71998/59698/57178）、海南师范大学（71998/73543/78652）、天津科技大学（较高收费）（73198/60827/69714）、河北师范大学（较高收费）（73198/73543/—）、西安外国语大学（较高收费）（74466/67627/43868）、沈阳建筑大学（74466/75906/94355）、安徽理工大学（较高收费）（74466/75906/79803）
	公办	上海应用技术大学（70771/54281/48470）、湖州师范学院（70771/72367/74158）、浙大宁波理工学院（70771/71135/74158）、上海应用技术大学（较高收费）（71998/77140/—）、苏州科技大学（较高收费）（71998/69982/56118）、常州大学（较高收费）（74466/73543/79803）、中国劳动关系学院（74466/—/—）、湖南理工学院（74466/85729/—）、四川轻化工大学（74466/78357/96807）、赣南师范大学（75663/82003/91816）
省位次76893名~81978名（一本线上26分~30分）	一流学科	南京林业大学（较高收费）（80734/54281/50338）
	保研资格	太原科技大学（76893/74766/75279）、吉林财经大学（76893/60827/59191）、西藏民族大学（76893/—/—）、华北水利水电大学（78166/75906/74158）、中南民族大学（少数民族）（79430/75906/63318）、武汉工程大学（较高收费）（79430/104116/54135）、河南科技大学（79430/69982/71851）、大连医科大学（80734/33477/20281）、福建农林大学（80734/87025/53206）、桂林理工大学（80734/92191/—）、河南工业大学（80734/77140/78652）、西安建筑科技大学（较高收费）（81978/48117/49387）、安徽医科大学（较高收费）（81978/—/—）、西华师范大学（81978/85729/104489）
	公办	南昌工程学院（78166/67627/67572）、海南医学院（78166/52176/57178）、浙江农林大学（较高收费）（79430/77140/100680）、中国人民警察大学（80734/80773/105793）、重庆理工大学（较高收费）（80734/—/—）、江西科技师范大学（81978/87025/107111）
省位次83173名~88238名（一本线上21分~25分）	中外合作	宁波诺丁汉大学（88238/101503/63318）
	一流学科	河南大学（迈阿密学院）（83173/87025/84432）
	保研资格	黑龙江中医药大学（83173/80773/107111）、长春中医药大学（83173/63035/60165）、重庆交通大学（较高收费）（84384/54281/56118）、燕山大学（其他单列）（85633/—/—）、安徽农业大学（85633/102795/—）、哈尔滨商业大学（86942/74766/71851）、山东农业大学（88238/104116/—）
	公办	大连民族大学（85633/110870/60165）、新乡医学院（85633/68843/67572）、郑州轻工业大学（85633/88293/91816）、上海健康医学院（85633/75906/83314）、信阳师范学院（86942/83217/89282）、辽宁石油化工大学（88238/82003/93105）

续表

分数段	院校分类	可报考院校
省位次89520名～94763名（一本线上16分～20分）	一流学科	南京信息工程大学（较高收费）(93448/40431/40404)、河南大学（与开封大学联合办学）（就读地点：开封大学）(94763/96089/96807)
	保研资格	长春理工大学（较高收费）(89520/110870/58177)、陕西科技大学（较高收费）(89520/93476/86875)、福建师范大学（较高收费）(89520/74766/79803)、辽宁工程技术大学(90783/78357/69714)、内蒙古科技大学(90783/92191/107111)、河南理工大学(92075/90901/90542)、上海师范大学（较高收费）(93448/48117/47516)、湖北大学（较高收费）(94763/—/—)
	公办	洛阳师范学院(92075/—/—)、中国民用航空飞行学院(93448/110870/62311)、湖北汽车工业学院(93448/110870/73020)、南阳理工学院(93448/93476/94355)、南阳师范学院(94763/94834/99361)
省位次96108名～101319名（一本线上11分～15分）	一流学科	河南大学（医护类）(97392/110870/—)
	保研资格	青岛科技大学（较高收费）(96108/88293/84432)、福建医科大学(96108/51170/51294)、河南中医药大学（异地校区）(96108/—/—)、安徽医科大学(97392/16139/16048)、山东理工大学(97392/52176/48470)、天津财经大学(98686/35130/32636)、沈阳药科大学（较高收费）(99984/—/—)、湖南科技大学(99984/44162/43868)、湖北工业大学（较高收费）(99984/109540/55105)、沈阳农业大学(101319/90901/93105)、河南中医药大学(101319/90901/93105)
	公办	北方民族大学(96108/109540/—)、湖南工业大学（其他单列）(96108/94834/—)、中国计量大学(97392/32658/33407)、江苏海洋大学(97392/—/—)、浙江科技学院（较高收费）(98686/88293/67572)、平顶山学院(98686/—/—)、上海电机学院(99984/55355/55105)、上海立信会计金融学院(101319/34290/27764)
省位次102673名～108202名（一本线上6分～10分）	原985	华中科技大学（其他单列）(108202/—/—)
	内港合作	北京师范大学-香港浸会大学联合国际学院(102673/108151/55105)
	一流学科	河南大学（与濮阳市联办濮阳工学院）(104040/105494/107111)、西南石油大学（较高收费）(106846/—/—)
	保研资格	长江大学(102673/54281/55105)、安徽财经大学（较高收费）(104040/—/—)、沈阳航空航天大学（较高收费）(104040/84489/67572)、河南农业大学(104040/100103/101963)、杭州师范大学（较高收费）(105431/—/—)、辽宁科技大学(108202/65365/57178)、河南财经政法大学（其他单列）(108202/—/—)
	公办	中原工学院(105431/100103/99361)、郑州航空工业管理学院(106846/104116/104489)、大连民族大学（少数民族）(108202/90901/91816)
	民办	北京理工大学珠海学院(108202/109540/107111)

分数段	院校分类	可报考院校
省位次109592名~116712名（一本线上5分以内）	原985	东北大学（农林矿）(113880/—/—)
	原211	四川农业大学（较高收费）(111038/—/—)、东北农业大学（其他单列）(113880/—/—)
	中外合作	广东以色列理工学院（109592/65365/43018）、温州肯恩大学（111038/102795/64379）
	保研资格	山东科技大学（较高收费）(109592/57472/60165)、河南农业大学（较高收费）(109592/—/—)、昆明理工大学（较高收费）(111038/—/—)、河南科技大学（医护类）(111038/110870/107111)、河南工业大学（较高收费）(111038/—/—)、青岛理工大学(112446/43222/39606)、江西财经大学(113880/32658/31945)、河南理工大学（较高收费）(113880/—/—)、天津外国语大学（其他单列）(115307/—/—)、燕山大学（较高收费）(116712/—/—)、东北石油大学(116712/77140/76393)、长江大学（较高收费）(116712/84489/85649)、河南财经政法大学（较高收费）(116712/96089/90542)、河南理工大学（中外合作办学）(116712/—/—)、华北水利水电大学（乌拉尔学院）（较高收费）(116712/110870/107111)、辽宁科技大学（较高收费）(—/—/—)
	公办	河南科技学院(109592/106820/107111)、新乡学院(111038/110870/—)、塔里木大学(112446/—/—)、黄淮学院(113880/—/—)、河南城建学院(115307/110870/107111)、河北科技大学(116712/54281/51294)、常州大学(116712/49113/48470)、东华理工大学(116712/52176/53206)、中原工学院（中原彼得堡航空学院）(116712/110870/107111)、中原工学院（软件类）(116712/110870/107111)、安阳工学院(116712/—/—)、洛阳理工学院(116712/—/—)
	民办	黄河科技学院(115307/—/—)
一本线下降分录取	保研资格	河南农业大学（中外合作办学）(122496/130372/134658)、河南科技大学（农林类）(134151/138907/134658)

第六节 本科二批（理科）各分数段对应可报考院校统计（见表2-8）

表2-8 本科二批（理科）各分数段对应可报考院校统计

分数段	院校分类	可报考院校
省位次53926名~58092名（一本线上46分~50分）	保研资格	贵州医科大学(58092/92191/60165)
省位次59195名~63644名（一本线上41分~45分）	保研资格	昆明医科大学(62527/72367/94355)
省位次64821名~69571名（一本线上36分~40分）	保研资格	河北医科大学(69571/82003/89282)
	公办	皖南医学院(64821/61893/64379)

续表

分数段	院校分类	可报考院校
省位次76893名~81978名 （一本线上26分~30分）	原211	北京中医药大学（79430/89567/89282）、海南大学（79430/78357/82193）
省位次83173名~88238名 （一本线上21分~25分）	公办	潍坊医学院（85633/116385/86875）、上海立信会计金融学院（86942/74766/78652）、西安财经大学（86942/84489/84432）
省位次89520名~94763名 （一本线上16分~20分）	保研资格	华东交通大学（93448/85729/82193）、桂林电子科技大学（94763/89567/86875）
	公办	陆军工程大学（89520/73543/59191）、广东警官学院（89520/92191/91816）、重庆理工大学（92075/89567/78652）、长治医学院（94763/98716/99361）
省位次96108名~101319名 （一本线上11分~15分）	保研资格	南昌航空大学（其他单列）（96108/89567/—）、重庆师范大学（98686/92191/83314）
	公办	温州大学（97392/94834/82193）、浙江传媒学院（98686/93476/90542）、上海第二工业大学（99984/84489/82193）、陕西中医药大学（101319/88293/93105）
省位次102673名~108202名 （一本线上6分~10分）	保研资格	兰州交通大学（102673/96089/98103）、河南科技大学（与三门峡市政府联办应用工程学院，就读地在三门峡市）（医护类）（102673/100103/99361）、西南民族大学（104040/100103/90542）、江苏师范大学（104040/89567/88095）、云南师范大学（105431/93476/96807）、天津理工大学（106846/94834/90542）、西北师范大学（其他单列）（106846/106820/101963）、山西医科大学（异地校区）（108202/100103/—）、遵义医科大学（108202/101503/105793）
	公办	淮北师范大学（102673/104116/109722）、武汉轻工大学（102673/94834/83314）、湖北医药学院（102673/96089/84432）、广东医科大学（102673/93476/94355）、四川美术学院（102673/112214/69714）、大连民族大学（104040/102795/105793）、江苏警官学院（104040/105494/105793）、上海商学院（104040/92191/81012）、北京联合大学（105431/98716/113728）、重庆工商大学（105431/89567/89282）、安庆师范大学（105431/105494/113728）、湖南第一师范学院（105431/102795/105793）、四川轻化工大学（106846/108151/115107）、浙江外国语学院（106846/93476/93105）、烟台大学（108202/98716/91816）、成都工业学院（108202/104116/103209）
省位次109592名~116712名 （一本线上5分以内）	原211	西藏大学（116712/117811/124682）
	保研资格	江西理工大学（109592/101503/104489）、河北经贸大学（109592/92191/90542）、山东中医药大学（109592/94834/81012）、广西师范大学（109592/104116/88095）、桂林理工大学（109592/112214/100680）、河北中医学院（111038/98716/99361）、安徽中医药大学（111038/101503/100680）、广西中医药大学（较高收费）（111038/158828/170400）、重庆医科大学（112446/90901/64379）、大连交通大学（112446/101503/104489）、广西医科大学（112446/106820/104489）、沈阳航空航天大学（112446/102795/103209）、贵州中医药大学（113880/104116/149279）、太原科技大学（115307/102795/101963）、山西师范大学（115307/112214/112391）、辽宁师范大学（115307/94834/95599）、江西中医药大学（115307/140403/108397）、五邑大学（116712/105494/105793）

续表

分数段	院校分类	可报考院校
省位次109592名~116712名（一本线上5分以内）	公办	大连大学（109592/101503/94355）、山东政法学院（109592/105494/103209）、江苏第二师范学院（111038/112214/112391）、合肥学院（111038/108151/107111）、湖北师范大学（112446/104116/99361）、湖北经济学院（112446/102795/93105）、广东技术师范大学（112446/105494/108397）、桂林医学院（112446/102795/109722）、厦门理工学院（112446/97420/86875）、重庆科技学院（112446/110870/108397）、甘肃医学院（112446/101503/103209）、中国劳动关系学院（113880/104116/103209）、江苏海洋大学（113880/110870/111061）、南京晓庄学院（113880/112214/107111）、鲁东大学（113880/104116/101963）、湖南医药学院（113880/94834/101963）、湖南财政经济学院（113880/104116/104489）、武汉商学院（113880/109540/107111）、中华女子学院（115307/108151/107111）、北京石油化工学院（115307/101503/93105）、长沙学院（115307/112214/117785）、陕西理工大学（115307/104116/101963）、兰州财经大学（115307/109540/119172）、甘肃政法大学（115307/110870/112391）、金陵科技学院（115307/104116/101963）、厦门医学院（115307/102795/91816）、湖北第二师范学院（115307/116385/116429）、北京农学院（116712/109540/108397）、江苏理工学院（116712/102795/100680）、绍兴文理学院（116712/116385/111061）
省位次118136名~119572名（二本线上116分~117分）	保研资格	山西财经大学（118136/96089/100680）、西南医科大学（118136/141799/—）、华北水利水电大学（118136/—/—）、南昌航空大学（较高收费）（119572/102795/95599）、北京服装学院（119572/116385/104489）、黑龙江大学（119572/98716/93105）、哈尔滨师范大学（较高收费）（119572/117811/124682）、西北师范大学（119572/104116/100680）
	公办	河北北方学院（118136/96089/89282）、承德医学院（118136/78357/88095）、锦州医科大学（118136/110870/99361）、湘南学院（118136/117811/121907）、广东第二师范学院（118136/108151/107111）、西安文理学院（118136/105494/108397）、云南警官学院（118136/120651/115107）、浙江外国语学院（较高收费）（118136/100103/—）、南昌医学院（118136/158828/162953）、山东第一医科大学（119572/102795/100680）、湖北科技学院（119572/108151/107111）、重庆文理学院（119572/113569/111061）、云南中医药大学（119572/108151/109722）、厦门理工学院（其他单列）（119572/116385/105793）、浙江水利水电学院（119572/110870/111061）
省位次121053名~126766名（二本线上111分~115分）	保研资格	哈尔滨医科大学（121053/106820/105793）、沈阳工业大学（121053/109540/104489）、河北农业大学（121053/114968/108397）、福建中医药大学（121053/104116/107111）、聊城大学（121053/109540/107111）、河南财经政法大学（与河南省人民检察院联办，就读在河南检察职业学院）（121053/124788/130391）、延安大学（122496/116385/111061）、甘肃中医药大学（122496/109540/111061）、沈阳师范大学（其他单列）（123956/127600/—）、哈尔滨师范大学（123956/113569/115107）、广西中医药大学（123956/94834/95599）、昆明医科大学（较高收费）（123956/—/—）、渤海大学（125339/114968/107111）、河北工程大学（126766/104116/104489）、辽宁科技大学（其他单列）（126766/106820/115107）、山西中医药大学（126766/108151/105793）、山东中医药大学（较高收费）（126766/128942/—）

续表

分数段	院校分类	可报考院校
省位次 121053 名～126766 名（二本线上 111 分～115 分）	公办	首都体育学院（121053/109540/109722）、北华航天工业学院（121053/110870/109722）、临沂大学（121053/113569/109722）、广东金融学院（121053/84489/67572）、重庆三峡学院（121053/120651/117785）、南阳理工学院（与南阳医学高等专科学校联办，就读在南阳医专）（121053/123435/124682）、天津城建大学（其他单列）（122496/108151/104489）、南昌工程学院（122496/116385/117785）、攀枝花学院（122496/114968/130391）、河北金融学院（122496/113569/117785）、杭州医学院（122496/92191/94355）、河北地质大学（123956/110870/111061）、沈阳大学（123956/110870/111061）、常州工学院（123956/109540/108397）、台州学院（123956/119222/123275）、浙江海洋大学（123956/98716/94355）、西安航空学院（123956/113569/113728）、重庆工商大学（较高收费）（125339/87025/83314）、常熟理工学院（125339/113569/113728）、宁波工程学院（125339/108151/103209）、嘉兴学院（125339/109540/107111）、赣南师范大学（125339/120651/120507）、韶关学院（125339/131782/136160）、南宁师范大学（125339/126208/130391）、吉林警察学院（125339/127600/141960）、天津城建大学（126766/110870/104489）、山西大同大学（126766/122058/121907）、山东工商学院（126766/119222/119172）、邵阳学院（126766/126208/134658）、厦门理工学院（较高收费）（126766/134593/111061）、湖南科技学院（126766/123435/121907）、四川警察学院（126766/134593/—）、湖南工学院（126766/119222/113728）、苏州城市学院（126766/157359/159888）
省位次 128279 名～134151 名（二本线上 106 分～110 分）	保研资格	武汉体育学院（128279/131782/127545）、江西理工大学（较高收费）（128279/151757/206509）、广东海洋大学（128279/113569/109722）、山西财经大学（较高收费）（129750/110870/105793）、蚌埠医学院（129750/122058/152213）、海南师范大学（其他单列）（129750/134593/147855）、新疆医科大学（131200/138907/117785）、大连海洋大学（131200/112214/109722）、西北民族大学（132697/124788/119172）、吉林师范大学（132697/109540/112391）、吉首大学（132697/109540/109722）、海南师范大学（132697/109540/105793）、内蒙古师范大学（134151/133199/149279）
	公办	太原师范学院（128279/127600/134658）、浙江海洋大学（较高收费）（128279/120651/124682）、湖州师范学院（128279/116385/115107）、重庆第二师范学院（128279/117811/119172）、防灾科技学院（128279/127600/130391）、洛阳师范学院（128279/126208/130391）、闽江学院（129750/122058/121907）、赣南医学院（129750/123435/124682）、山东交通学院（129750/114968/113728）、广西财经学院（129750/120651/124682）、中原工学院（129750/112214/116429）、河北水利电力学院（129750/126208/130391）、桂林航天工业学院（较高收费）（129750/130372/—）、大连民族大学（少数民族）（131200/140403/136160）、沈阳理工大学（131200/100103/95599）、滁州学院（131200/122058/124682）、滨州医学院（131200/119222/73020）、湖北工程学院（131200/113569/111061）、惠州学院（131200/123435/126087）、新乡医学院（中外课程合作）（131200/120651/120507）、贵州警察学院（131200/141799/165929）、安徽工程大学（132697/105494/108397）、青岛农业大学（较高收费）（132697/134593/133227）、衡阳师范学院（132697/128942/131781）、佛山科学技术学院（132697/138907/279199）、海南医学院（132697/109540/112391）、信阳师范学院（132697/120651/120507）、井冈山大学（134151/122058/123275）、青岛农业大学（134151/119222/109722）、新疆第二医学院（134151/174394/192243）、长沙师范学院（134151/137488/149279）

分数段	院校分类	可报考院校
省位次 128279 名~134151 名（二本线上 106 分~110 分）	民办	遵义医科大学医学与科技学院(128279/137488/—)、贵州医科大学神奇民族医药学院(132697/138907/141960)、长沙医学院(134151/133199/134658)
省位次 135597 名~141361 名（二本线上 101 分~105 分）	保研资格	西南林业大学(较高收费)(135597/143264/143428)、河南财经政法大学(与俄罗斯人民友谊大学联办)(135597/131782/133227)、天津体育学院(137053/133199/136160)、大连交通大学(较高收费)(137053/135998/107111)、云南财经大学(137053/105494/100680)、西南民族大学(少数民族)(138510/140403/127545)、贵州医科大学(较高收费)(138510/—/—)、河南科技大学(138510/130372/131781)、辽宁科技大学(139904/105494/105793)、成都体育学院(141361/137488/143428)、江西农业大学(141361/114968/119172)、河南科技大学(与三门峡市政府联办应用工程学院,就读地在三门峡市)(141361/134593/133227)
	公办	华北科技学院(135597/116385/112391)、长春大学(135597/110870/109722)、阜阳师范大学(135597/131782/137646)、南昌师范学院(135597/131782/136160)、南昌工程学院(较高收费)(135597/128942/131781)、湖南工程学院(135597/113569/112391)、湖南文理学院(135597/124788/117785)、广东药科大学(135597/100103/100680)、郑州轻工业大学(135597/130372/139124)、郑州师范学院(135597/131782/134658)、景德镇陶瓷大学(137053/123435/119172)、咸阳师范学院(137053/133199/139124)、昆明学院(137053/124788/127545)、福建警察学院(137053/135998/147855)、成都工业学院(异地校区)(137053/—/—)、闽南师范大学(138510/123435/124682)、齐鲁师范学院(138510/134593/140526)、黄冈师范学院(138510/138907/143428)、大理大学(138510/110870/108397)、西安财经大学(较高收费)(138510/—/—)、北方民族大学(139904/144698/127545)、荆楚理工学院(139904/128942/133227)、太原工业学院(141361/120651/121907)、怀化学院(141361/140403/141960)
	民办	南京审计大学金审学院(138510/131782/131781)、华北理工大学冀唐学院(139904/131782/144952)
省位次 142881 名~148869 名（二本线上 96 分~100 分）	保研资格	长春工业大学(142881/106820/105793)、江苏师范大学(较高收费)(142881/134593/134658)、渤海大学(其他单列)(144391/143264/155299)、河南师范大学(144391/137488/147855)、黑龙江中医药大学(145875/137488/234488)、沈阳师范大学(145875/123435/134658)、福建农林大学(145875/124788/130391)、贵州师范大学(较高收费)(145875/141799/156834)、云南师范大学(较高收费)(145875/126208/127545)、青海师范大学(145875/128942/131781)、华北水利水电大学(与黄河水利职业技术学院联办,就读地在开封)(145875/143264/149279)、吉林农业大学(147350/130372/121907)、西南林业大学(147350/116385/120507)、河南科技大学(与河南工业职业技术学院联办,就读地在南阳市)(147350/147501/152213)、河南理工大学(与鹤壁市政府联办工程技术学院)(就读在鹤壁)(147350/144698/146428)、长春中医药大学(148869/—/—)、西藏民族大学(148869/141799/162953)、华北水利水电大学(与河南经贸职业学院联办,就读在河南经贸职业学院)(148869/144698/147855)

分数段	院校分类	可报考院校
省位次 142881 名～148869 名（二本线上 96 分～100 分）	公办	辽宁工业大学（142881/113569/109722）、盐城师范学院（142881/138907/141960）、九江学院（142881/126208/130391）、湖南城市学院（142881/133199/136160）、广东石油化工学院（142881/122058/123275）、贵州理工学院（其他单列）（142881/148936/—）、无锡学院（142881/184345/187430）、福建江夏学院（142881/127600/129013）、内蒙古医科大学（144391/105494/105793）、衢州学院（144391/141799/147855）、泉州师范学院（144391/137488/140526）、龙岩学院（较高收费）（144391/146141/152213）、洛阳理工学院（144391/127600/124682）、北华大学（145875/116385/111061）、福建工程学院（145875/163015/279199）、内蒙古财经大学（147350/144698/147855）、闽南师范大学（较高收费）（147350/—/—）、湖北汽车工业学院（147350/133199/134658）、仲恺农业工程学院（147350/174394/117785）、陕西学前师范学院（147350/147501/178112）、郑州轻工业大学（中外合作办学）（147350/155958/158333）、福建商学院（147350/128942/130391）、天津中德应用技术大学（147350/143264/149279）、太原学院（147350/138907/141960）、天津职业技术师范大学（148869/114968/109722）、常熟理工学院（较高收费）（148869/131782/170400）、宁波工程学院（较高收费）（148869/120651/112391）、莆田学院（148869/143264/143428）、广西科技大学（148869/114968/115107）、绵阳师范学院（148869/154550/164407）、徐州工程学院（148869/124788/124682）、北部湾大学（148869/143264/155299）、南阳师范学院（148869/144698/150749）、南阳理工学院（148869/133199/133227）
省位次 150381 名～156390 名（二本线上 91 分～95 分）	保研资格	海南师范大学（较高收费）（150381/—/—）、河南工业大学（中外合作办学）（150381/141799/139124）、长春工业大学（较高收费）（153381/161609/150749）、河南工业大学（与河南应用技术职业学院联办，就读在应院）（154848/160203/170400）、天津商业大学（156390/130372/107111）
	公办	沈阳医学院（150381/102795/94355）、泉州师范学院（较高收费）（150381/—/—）、山东管理学院（150381/117811/120507）、山西传媒学院（150381/135998/133227）、郑州航空工业管理学院（与郑州信息科技职业学院联办）（150381/147501/152213）、桂林航天工业学院（150381/133199/131781）、广西警察学院（150381/178596/—）、武汉轻工大学（较高收费）（151865/153171/144952）、广西民族大学（151865/123435/134658）、贵州师范学院（151865/144698/164407）、贵州理工学院（151865/144698/176534）、兰州文理学院（151865/141799/147855）、宿迁学院（151865/168670/225127）、北京农学院（较高收费）（153381/157359/131781）、湖北理工学院（153381/116385/111061）、宝鸡文理学院（153381/128942/133227）、保定学院（153381/140403/141960）、石家庄学院（154848/144698/149279）、内蒙古科技大学包头医学院（154848/126208/124682）、淮阴工学院（154848/122058/123275）、岭南师范学院（154848/148936/153726）、嘉应学院（154848/158828/162953）、安阳师范学院（154848/143264/150749）、信阳师范学院（医护类）（154848/171454/—）、郑州航空工业管理学院（154848/163015/195442）、泰州学院（154848/146141/153726）、天津职业技术师范大学（较高收费）（156390/151757/156834）、长春师范大学（156390/123435/127545）、江西科技师范大学（156390/116385/120507）、济宁医学院（156390/108151/91816）、泰山学院（156390/148936/152213）、湖北民族大学（156390/120651/124682）、湖南女子学院（156390/146141/152213）、梧州学院（156390/150331/155299）、内江师范学院（156390/155958/158333）、宜宾学院（156390/158828/162953）、渭南师范学院（156390/158828/173485）、汉江师范学院（156390/153171/165929）、兰州工业学院（156390/138907/140526）、南京特殊教育师范学院（156390/157359/162953）
	民办	电子科技大学成都学院（154848/148936/155299）

续表

分数段	院校分类	可报考院校
省位次 157920 名～164055 名（二本线上 86 分～90 分）	保研资格	河南师范大学（中外合作办学）（157920/157359/152213）、内蒙古工业大学（159463/126208/129013）、黑龙江中医药大学（异地校区）（160983/161609/—）、渤海大学（较高收费）（162483/164447/155299）、黑龙江八一农垦大学（162483/157359/161404）、青海民族大学（164055/135998/137646）
	公办	吉林建筑大学（较高收费）（157920/161609/139124）、淮南师范学院（157920/141799/137646）、丽水学院（159463/116385/116429）、湖南理工学院（159463/174394/—）、南宁师范大学（较高收费）（159463/—/—）、兰州城市学院（159463/157359/158333）、温州理工学院（159463/227021/238977）、西昌学院（160983/161609/168910）、北京联合大学（较高收费）（162483/170132/—）、张家口学院（162483/151757/165929）、长治学院（162483/165842/165929）、沈阳大学（较高收费）（162483/165842/182812）、长春师范大学（较高收费）（162483/157359/162953）、玉溪师范学院（162483/153171/158333）、浙江水利水电学院（较高收费）（162483/—/—）、新余学院（162483/143264/143428）、琼台师范学院（162483/160203/167432）、黄山学院（164055/153171/155299）、乐山师范学院（164055/160203/185877）、三明学院（164055/147501/143428）、徐州工程学院（较高收费）（164055/164447/158333）、河南工程学院（164055/138907/136160）、河南财政金融学院（164055/151757/156834）、沧州师范学院（164055/164447/170400）、四川旅游学院（164055/144698/146428）
	民办	昆明医科大学海源学院（157920/155958/173485）、湖北医药学院药护学院（162483/170132/173485）
省位次 165585 名～171656 名（二本线上 81 分～85 分）	保研资格	吉林师范大学（较高收费）（165585/165842/165929）、云南农业大学（165585/117811/119172）、河南中医药大学（医护类）（165585/161609/170400）、河南理工大学（与平顶山工业职业技术学院联办，就读地在平顶山）（165585/172921/181267）、华北水利水电大学（中外合作办学）（较高收费）（168671/154550/153726）、山西医科大学（171656/106820/94355）、河南农业大学（办学就读地点在许昌）（171656/158828/164407）
	公办	衡水学院（165585/163015/173485）、唐山学院（165585/144698/146428）、上饶师范学院（165585/158828/164407）、德州学院（165585/158828/161404）、商丘师范学院（165585/161609/168910）、嘉兴南湖学院（165585/247757/250790）、哈尔滨金融学院（165585/155958/162953）、宁夏师范学院（167136/155958/156834）、景德镇学院（167136/172921/228295）、沈阳工程学院（168671/117811/120507）、长春大学（较高收费）（168671/165842/159888）、菏泽学院（168671/158828/158333）、龙岩学院（168671/157359/147855）、宁德师范学院（168671/165842/176534）、邢台学院（170142/146141/155299）、湖北文理学院（170142/113569/116429）、许昌学院（170142/157359/161404）、六盘水师范学院（170142/172921/189057）、沈阳体育学院（171656/175789/182812）、北华大学（较高收费）（171656/168670/164407）、铜仁学院（171656/179984/190661）、湖州学院（171656/255937/258045）、济宁学院（171656/164447/168910）
	民办	东南大学成贤学院（165585/158828/156834）、南京理工大学紫金学院（168671/164447/167432）、南京传媒学院（170142/179984/184336）、上海视觉艺术学院（170142/126208/108397）

续表

分数段	院校分类	可报考院校
省位次173219名~179665名 （二本线上76分~80分）	保研资格	西北民族大学(少数民族)(174842/187213/168910)、河南工业大学(与漯河市政府合办漯河工学院)(就读地在漯河)(174842/184345/190661)、吉林师范大学(异地校区)(176475/—/—)
	公办	沈阳理工大学(较高收费)(173219/170132/173485)、重庆文理学院(较高收费)(173219/178596/237441)、贵阳学院(173219/143264/144952)、重庆科技学院(较高收费)(173219/174394/192243)、郑州工程技术学院(173219/170132/171994)、天津农学院(174842/133199/130391)、湖北理工学院(较高收费)(174842/184345/206509)、吉林医药学院(174842/117811/115107)、华北科技学院(农林矿)(176475/181490/243516)、晋中学院(176475/170132/176534)、吉林工商学院(176475/158828/164407)、南阳理工学院(软件类)(176475/179984/182812)、平顶山学院(医护类)(176475/181490/182812)、赣南科技学院(176475/208687/211300)、豫章师范学院(176475/177201/184336)、郑州大学(体育学院)(178120/188599/193825)、周口师范学院(178120/177201/184336)、山西工学院(178120/207250/211300)、天水师范学院(179665/161609/171994)、滇西应用技术大学(179665/181490/203316)、河北环境工程学院(179665/141799/141960)
	民办	山东协和学院(较高收费)(173219/—/—)
省位次181262名~187565名 （二本线上71分~75分）	保研资格	沈阳师范大学(较高收费)(181262/243730/158333)、长春中医药大学(较高收费)(181262/187213/268221)、新疆师范大学(182785/157359/153726)、福建农林大学(较高收费)(184349/140403/124682)、河北农业大学(较高收费)(187565/—/—)
	公办	河南牧业经济学院(181262/168670/171994)、赣东学院(181262/211459/212792)、武夷学院(181262/153171/156834)、广西科技师范学院(181262/181490/197053)、鞍山师范学院(182785/175789/181267)、郑州轻工业大学(与济源职业技术学院联办)(182785/188599/192243)、河西学院(184349/178596/185877)、安康学院(184349/154550/158333)、洛阳师范学院(软件类)(184349/182908/185877)、黄淮学院(184349/179984/182812)、山东石油化工学院(184349/205778/201696)、吕梁学院(184349/181490/187430)、亳州学院(184349/179984/204917)、贵州理工学院(较高收费)(185975/194389/203316)、福建技术师范学院(185975/204297/—)、百色学院(185975/181490/185877)、凯里学院(185975/187213/255219)、洛阳师范学院(中外合作办学)(185975/190039/193825)、南阳师范学院(异地校区)(185975/184345/192243)、平顶山学院(185975/181490/184336)、河南工学院(185975/175789/178112)、阿坝师范学院(185975/184345/187430)、浙江万里学院(185975/187213/197053)、北方民族大学(少数民族)(187565/205778/171994)、唐山师范学院(187565/181490/181267)、吉林建筑大学(187565/120651/120507)、黔南民族师范学院(187565/184345/187430)、商洛学院(187565/174394/179660)、郑州航空工业管理学院(中外合作办学)(187565/182908/198658)
	民办	西南交通大学希望学院(182785/174394/146428)、河北师范大学汇华学院(187565/187213/193825)

续表

分数段	院校分类	可报考院校
省位次189083名~195410名（二本线上66分~70分）	保研资格	广西艺术学院（190631/197169/204917）、内蒙古农业大学（192193/141799/144952）、河北工程大学（较高收费）（193798/—/—）、华北水利水电大学（与嵩山少林武术职业学院联办，就读地详见专业说明）（较高收费）（193798/200016/208112）
	公办	天津城建大学（较高收费）（189083/221408/126087）、忻州师范学院（189083/160203/164407）、内蒙古科技大学包头师范学院（189083/185784/193825）、长春工程学院（189083/131782/146428）、宜春学院（189083/143264/117785）、玉林师范学院（189083/200016/—）、长江师范学院（189083/124788/126087）、遵义师范学院（189083/144698/156834）、贵州工程应用技术学院（189083/187213/226764）、南阳师范学院（农林矿）（189083/185784/189057）、滇西科技师范学院（189083/—/—）、河套学院（189083/194389/201696）、吉林工程技术师范学院（190631/187213/203316）、通化师范学院（190631/184345/185877）、曲靖师范学院（190631/161609/158333）、陇东学院（190631/181490/185877）、洛阳理工学院（与河南机电职业学院联办）（就读在河南机电职业学院）（190631/188599/195442）、河北石油职业技术大学（190631/—/—）、集宁师范学院（190631/187213/189057）、萍乡学院（190631/182908/189057）、甘肃民族师范学院（190631/184345/189057）、山西能源学院（190631/175789/179660）、白城师范学院（192193/184345/185877）、长春师范大学（其他单列）（192193/241022/—）、大庆师范学院（192193/187213/195442）、绥化学院（192193/185784/193825）、枣庄学院（192193/175789/179660）、文山学院（192193/195845/193825）、大连大学（较高收费）（193798/165842/124682）、广西科技大学（较高收费）（193798/175789/187430）、兰州财经大学（较高收费）（193798/114968/144952）、新乡学院（193798/171454/175024）、楚雄师范学院（195410/184345/176534）、红河学院（195410/177201/182812）、平顶山学院（软件类）（195410/194389/195442）、信阳农林学院（195410/187213/192243）
	民办	苏州科技大学天平学院（189083/191461/193825）、南京邮电大学通达学院（192193/179984/173485）、重庆财经学院（192193/190039/190661）、苏州大学应用技术学院（195410/191461/190661）、扬州大学广陵学院（195410/197169/200217）、赣南师范大学科技学院（195410/205778/204917）、成都理工大学工程技术学院（195410/195845/192243）、四川外国语大学成都学院（195410/208687/152213）、集美大学诚毅学院（195410/178596/175024）
省位次197054名~203404名（二本线上61分~65分）	保研资格	河南农业大学（中外合作办学）（200256/265198/—）、山西农业大学（203404/119222/121907）、新疆农业大学（203404/168670/171994）、河南科技大学（较高收费）（203404/141799/144952）

分数段	院校分类	可报考院校
省位次197054名~203404名（二本线上61分~65分）	公办	四川文理学院（197054/138907/137646）、安阳师范学院（软件类）（197054/195845/206509）、商丘师范学院（与商丘职业技术学院联办）（就读在商丘职业技术学院）（197054/192920/198658）、安阳工学院（197054/174394/176534）、武夷学院（较高收费）（197054/212907/231433）、哈尔滨学院（198637/157359/158333）、黑河学院（198637/185784/192243）、齐齐哈尔医学院（198637/119222/119172）、南阳师范学院（较高收费）（198637/195845/208112）、中原工学院（与河南职业技术学院联办，就读在河南职业技术学院）（198637/178596/181267）、兴义民族师范学院（198637/178596/185877）、贵州财经大学（200256/191461/197053）、安阳师范学院（中外合作办学）（200256/202887/209699）、信阳师范学院（中外合作办学）（200256/198608/208112）、洛阳理工学院（中外合作办学）（200256/187213/184336）、昭通学院（200256/175789/181267）、黑龙江工业学院（200256/187213/192243）、邯郸学院（201854/167247/171994）、湖南人文科技学院（较高收费）（201854/208687/231433）、长江师范学院（较高收费）（201854/231205/—）、吉林医药学院（较高收费）（201854/195845/—）、中原工学院（中外合作办学）（201854/191461/190661）、普洱学院（201854/188599/192243）、北华航天工业学院（较高收费）（203404/—/—）、呼伦贝尔学院（203404/192920/193825）、伊犁师范大学（203404/200016/208112）、榆林学院（203404/172921/178112）、黄淮学院（中外合作办学）（203404/201440/209699）、安徽艺术学院（203404/—/—）
	民办	长沙理工大学城南学院（197054/192920/189057）、北京中医药大学东方学院（198637/144698/139124）、南京师范大学中北学院（198637/190039/189057）、江苏科技大学苏州理工学院（198637/195845/197053）、河北工程大学科信学院（198637/191461/198658）、四川电影电视学院（198637/207250/220514）、南京医科大学康达学院（200256/151757/134658）、湖南理工学院南湖学院（200256/214321/234488）、湘潭大学兴湘学院（200256/205778/192243）、南京理工大学泰州科技学院（200256/192920/189057）、西安交通大学城市学院（200256/187213/173485）、上海财经大学浙江学院（201854/172921/171994）、江苏大学京江学院（201854/194389/197053）、四川大学锦江学院（201854/200016/181267）、中国矿业大学徐海学院（201854/198608/198658）、湖南科技大学潇湘学院（201854/198608/185877）、四川工商学院（201854/191461/184336）、贵州中医药大学时珍学院（201854/208687/223648）、成都东软学院（201854/198608/197053）、西南财经大学天府学院（203404/198608/187430）、南昌大学科学技术学院（203404/205778/212792）、石家庄铁道大学四方学院（203404/195845/198658）、浙江中医药大学滨江学院（203404/174394/164407）、广州软件学院（203404/202887/192243）、重庆工程学院（203404/211459/243516）
省位次205000名~211482名（二本线上56分~60分）	保研资格	河南中医药大学（与嵩山少林武术职业学院联办）（前两年就读嵩山）（208283/220020/265263）

续表

分数段	院校分类	可报考院校
省位次205000名~211482名（二本线上56分~60分）	公办	长春工程学院（较高收费）（205000/202887/206509）、喀什大学（205000/200016/201696）、河南牧业经济学院（农林矿）（205000/201440/198658）、牡丹江师范学院（206643/174394/181267）、山西工程技术学院（206643/144698/147855）、河南工程学院（软件类）（206643/—/—）、新疆理工学院（206643/210109/280520）、呼和浩特民族学院（206643/195845/256652）、内蒙古民族大学（208283/155958/158333）、赤峰学院（208283/188599/206509）、新疆政法学院（208283/259953/—）、新疆科技学院（208283/214321/259513）、重庆第二师范学院（较高收费）（209890/191461/225127）、周口师范学院（其他单列）（209890/—/—）、哈尔滨体育学院（211482/201440/209699）、昌吉学院（较高收费）（211482/214321/277885）、许昌学院（中外合作办学）（211482/214321/225127）、河南城建学院（中外合作办学）（较高收费）（211482/205778/214312）
	民办	南京财经大学红山学院（205000/204297/197053）、湖北大学知行学院（205000/202887/204917）、湖北师范大学文理学院（205000/205778/206509）、南京航空航天大学金城学院（205000/185784/171994）、茅台学院（205000/201440/217384）、南昌航空大学科技学院（206643/210109/204917）、南京工业大学浦江学院（208283/182908/182812）、江苏师范大学科文学院（208283/208687/209699）、江西师范大学科学技术学院（208283/211459/209699）、湖北工程学院新技术学院（208283/210109/220514）、四川传媒学院（208283/185784/189057）、浙江工商大学杭州商学院（208283/284340/179660）、常州大学怀德学院（209890/210109/209699）、锦州医科大学医疗学院（209890/212907/200217）、湖南工业大学科技学院（209890/208687/209699）、南京师范大学泰州学院（209890/205778/206509）、武汉生物工程学院（209890/210109/182812）、重庆人文科技学院（211482/210109/217384）、天津医科大学临床医学院（211482/157359/141960）、贵州黔南经济学院（211482/202887/204917）
省位次213085名~219532名（二本线上51分~55分）	保研资格	新疆农业大学（其他单列）（214734/205778/—）、吉林农业大学（较高收费）（216337/270424/162953）
	公办	吉林化工学院（较高收费）（213085/211459/218977）、贺州学院（213085/182908/185877）、鄂尔多斯应用技术学院（213085/190039/193825）、吉林农业科技学院（214734/171454/175024）、西藏农牧学院（214734/214321/209699）、安顺学院（214734/184345/185877）、南阳师范学院（中外合作办学）（214734/218640/229909）、呼和浩特民族学院（较高收费）（214734/191461/231433）、桂林旅游学院（214734/182908/190661）、宿州学院（216337/158828/161404）、韩山师范学院（216337/148936/—）、榆林学院（较高收费）（216337/220020/237441）、辽宁科技学院（217907/140403/140526）、海南热带海洋学院（217907/138907/140526）、昌吉学院（217907/205778/229909）、平顶山学院（中外合作办学）（217907/218640/231433）、贵州商学院（217907/275609/—）、吉林农业科技学院（较高收费）（219532/257231/214312）、河南牧业经济学院（中外合作）（英才校区）（219532/220020/235936）、商丘师范学院（中外合作办学）（219532/218640/225127）、信阳师范学院（较高收费）（219532/—/—）

续表

分数段	院校分类	可报考院校
省位次 213085 名～219532 名（二本线上 51 分～55 分）	民办	湖北恩施学院（213085/207250/238977）、武汉文理学院（213085/214321/218977）、南华大学船山学院（213085/261238/197053）、重庆外语外事学院（214734/215801/173485）、重庆工商大学派斯学院（214734/218640/250790）、长江大学文理学院（214734/222839/211300）、新乡医学院三全学院（216337/207250/206509）、武昌理工学院（216337/210109/204917）、三江学院（216337/211459/212792）、江西农业大学南昌商学院（217907/221408/215808）、江西财经大学现代经济管理学院（217907/246379/179660）、重庆对外经贸学院（217907/215801/209699）、天津外国语大学滨海外事学院（217907/220020/218977）、辽宁中医药大学杏林学院（217907/217220/217384）、温州医科大学仁济学院（217907/205778/200217）、西安培华学院（217907/212907/218977）、南昌应用技术师范学院（219532/218640/212792）、吉林动画学院（219532/214321/208112）、湖北汽车工业学院科技学院（219532/220020/231433）、广西中医药大学赛恩斯新医药学院（219532/211459/208112）
省位次 221117 名～227590 名（二本线上 46 分～50 分）	保研资格	新疆农业大学（较高收费）（222771/218640/220514）、辽宁师范大学（较高收费）（224338/143264/137646）、黑龙江科技大学（227590/116385/119172）
	公办	廊坊师范学院（221117/137488/139124）、吉林工程技术师范学院（较高收费）（221117/227021/237441）、牡丹江医学院（221117/116385/113728）、安阳工学院（中外合作办学）（221117/224244/237441）、吉林化工学院（222771/146141/150749）、周口师范学院（较高收费）（222771/221408/262381）、河南城建学院（224338/158828/164407）、通化师范学院（较高收费）（225988/239641/249416）、河池学院（225988/182908/184336）、内蒙古民族大学（较高收费）（227590/211459/—）、海南热带海洋学院（较高收费）（227590/254580/189057）、新乡学院（中外合作办学）（227590/234014/246460）
	民办	武汉晴川学院（221117/220020/222067）、武昌首义学院（221117/182908/181267）、上海杉达学院（较高收费）（221117/229756/206509）、文华学院（222771/188599/187430）、湖南文理学院芙蓉学院（222771/222839/204917）、中南林业科技大学涉外学院（222771/283127/198658）、浙江工业大学之江学院（222771/218640/222067）、西安财经大学行知学院（222771/215801/212792）、晋中信息学院（224338/221408/228295）、南通大学杏林学院（224338/217220/218977）、福州大学至诚学院（224338/221408/215808）、武汉学院（225988/198608/192243）、青海大学昆仑学院（225988/212907/212792）、西安建筑科技大学华清学院（225988/229756/204917）、四川工业科技学院（225988/227021/220514）、中原科技学院（227590/212907/218977）、福建师范大学协和学院（227590/231205/229909）、大连医科大学中山学院（227590/198608/178112）、无锡太湖学院（227590/235408/234488）、武昌工学院（227590/227021/204917）、南宁师范大学师园学院（227590/227021/232966）、烟台南山学院（227590/222839/212792）

续表

分数段	院校分类	可报考院校
省位次229192名~235515名 （二本线上41分~45分）	保研资格	新疆财经大学(233927/147501/143428)
	公办	运城学院(229192/158828/161404)、辽东学院(229192/174394/175024)、右江民族医学院(229192/101503/113728)、南阳理工学院(中外合作办学)(229192/198608/206509)、云南艺术学院(229192/—/—)、湖南人文科技学院(230786/140403/149279)、河南牧业经济学院(软件类)(233927/—/—)
	民办	西安理工大学高科学院(229192/234014/240565)、南昌大学共青学院(229192/214321/212792)、长春科技学院(较高收费)(229192/239641/235936)、郑州科技学院(230786/220020/223648)、北京科技大学天津学院(230786/227021/222067)、广州商学院(232325/207250/212792)、浙江师范大学行知学院(232325/232685/237441)、吉首大学张家界学院(233927/285539/215808)、北京理工大学珠海学院(233927/158828/161404)、宁波大学科学技术学院(233927/235408/237441)、武汉工程大学邮电与信息工程学院(233927/195845/193825)、西京学院(233927/231205/235936)、信阳学院(235515/241022/247892)、福建农林大学金山学院(235515/247757/240565)
省位次237132名~243532名 （二本线上36分~40分）	公办	塔里木大学(237132/192920/192243)、平顶山学院(中外合作办学)(较高收费)(237132/—/—)、新疆工程学院(较高收费)(238693/—/—)、齐齐哈尔大学(241940/135998/136160)
	民办	浙江理工大学科技与艺术学院(237132/239641/246460)、浙江财经大学东方学院(237132/220020/218977)、北京城市学院(237132/202887/187430)、南宁学院(237132/235408/220514)、江西工程学院(237132/228392/235936)、黄河科技学院(238693/212907/214312)、武汉华夏理工学院(238693/205778/203316)、燕京理工学院(238693/229756/212792)、电子科技大学中山学院(240321/239641/198658)、天津理工大学中环信息学院(240321/229756/228295)、华北理工大学轻工学院(240321/224244/214312)、辽宁何氏医学院(240321/235408/222067)、青岛农业大学海都学院(241940/284340/209699)、内蒙古大学创业学院(241940/258623/253798)、马鞍山学院(241940/250424/272463)、桂林学院(241940/245038/258045)、西安外事学院(241940/239641/242062)、西安交通工程学院(241940/220020/223648)、郑州升达经贸管理学院(243532/238237/244999)、宁夏大学新华学院(243532/242386/243516)、天津商业大学宝德学院(243532/245038/249416)、广西民族大学相思湖学院(243532/255937/256652)、河北东方学院(243532/232685/237441)、山西工商学院(243532/236806/244999)
省位次245065名~251493名 （二本线上31分~35分）	保研资格	西北师范大学(较高收费)(245065/114968/—)
	公办	岭南师范学院(较高收费)(246717/263849/—)、新疆工程学院(251493/192920/198658)

续表

分数段	院校分类	可报考院校
省位次 245065 名~251493 名（二本线上 31 分~35 分）	民办	郑州西亚斯学院（245065/242386/246460）、中国计量大学现代科技学院（245065/266534/189057）、西安思源学院（245065/235408/231433）、齐鲁医药学院（245065/147501/152213）、潍坊科技学院（245065/270424/212792）、南通理工学院（245065/247757/252264）、武汉设计工程学院（246717/228392/220514）、西安科技大学高新学院（246717/258623/228295）、武汉体育学院体育科技学院（246717/242386/263856）、浙江树人学院（246717/255937/279199）、郑州财经学院（248295/231205/232966）、烟台科技学院（248295/284340/208112）、天津财经大学珠江学院（248295/221408/214312）、蚌埠工商学院（248295/269150/141960）、武昌理工学院（其他单列）（248295/250424/—）、湖北文理学院理工学院（248295/221408/222067）、湘潭理工学院（248295/280614/203316）、绍兴文理学院元培学院（249868/257231/258045）、河南开封科技传媒学院（251493/204297/206509）、郑州经贸学院（251493/246379/246460）、福建师范大学协和学院（较高收费）（251493/280614/256652）、云南艺术学院文华学院（251493/255937/262381）
省位次 253042 名~259330 名（二本线上 26 分~30 分）	公办	许昌学院（较高收费）（253042/—/—）、郑州航空工业管理学院（南乌拉尔学院）（253042/—/—）、新疆艺术学院（254608/—/—）、潍坊学院（257747/134593/133227）、黑龙江工程学院（259330/140403/141960）、合肥师范学院（259330/128942/130391）
	民办	绵阳城市学院（253042/271775/212792）、西安科技大学高新学院（较高收费）（253042/271775/246460）、湖北经济学院法商学院（253042/283127/206509）、浙江农林大学暨阳学院（253042/251828/253798）、商丘学院（254608/253224/259513）、郑州工商学院（254608/249117/255219）、沧州交通学院（254608/215801/215808）、广东外语外贸大学南国商学院（254608/247757/198658）、闽南科技学院（254608/255937/265263）、湖北商贸学院（254608/259953/228295）、昆明文理学院（254608/247757/250790）、昆明理工大学津桥学院（254608/239641/247892）、重庆机电职业技术大学（254608/250424/269668）、四川文化艺术学院（256159/257231/249416）、大连理工大学城市学院（256159/258623/279199）、武昌理工学院（较高收费）（256159/285539/—）、武汉工商学院（256159/241022/206509）、吉利学院（256159/271775/—）、郑州商学院（257747/253224/253798）、皖江工学院（257747/250424/243516）、河北地质大学华信学院（257747/235408/234488）、陕西国际商贸学院（257747/247757/249416）、天津天狮学院（257747/251828/243516）、山西应用科技学院（257747/270424/—）、福州理工学院（257747/259953/265263）、广东科技学院（257747/255937/222067）、新疆天山职业技术大学（257747/273118/—）、黄河科技学院（中外合作办学）（259330/259953/260916）、延安大学西安创新学院（259330/276885/228295）、宁波财经学院（259330/259953/271093）
省位次 260851 名~266965 名（二本线上 21 分~25 分）	保研资格	安徽农业大学（263892/—/—）
	公办	广西财经学院（较高收费）（263892/—/—）、河南科技学院（263892/153171/152213）

续表

分数段	院校分类	可报考院校
省位次260851名~266965名（二本线上21分~25分）	民办	上海师范大学天华学院（260851/241022/244999）、山东财经大学东方学院（260851/212907/198658）、仰恩大学（260851/—/—）、安徽文达信息工程学院（260851/261238/272463）、广东东软学院（260851/275609/243516）、广东理工学院（260851/247757/249416）、郑州科技学院（较高收费）（262361/269150/—）、商丘学院（应用科技学院，办学地点在开封）（262361/258623/262381）、青岛工学院（262361/258623/252264）、齐鲁理工学院（262361/253224/235936）、泰山科技学院（262361/253224/280520）、杭州电子科技大学信息工程学院（262361/174394/168910）、西安工商学院（262361/263849/280520）、广西外国语学院（262361/267893/252264）、陕西科技大学镐京学院（263892/281879/247892）、大连财经学院（265432/259953/258045）、天津财经大学珠江学院（较高收费）（265432/269150/259513）、西安翻译学院（265432/241022/237441）、山东外国语职业技术大学（265432/271775/—）、浙江越秀外国语学院（265432/269150/255219）、厦门华厦学院（265432/228392/222067）、河北外国语学院（265432/279339/209699）、福州外语外贸学院（265432/262570/269668）、安阳学院（异地校区）（266965/251828/252264）、内蒙古鸿德文理学院（266965/266534/266754）、桂林信息科技学院（266965/207250/211300）、珠海科技学院（266965/172921/149279）、上海杉达学院（266965/279339/237441）、湖南涉外经济学院（266965/258623/256652）
省位次268493名~274530名（二本线上16分~20分）	保研资格	辽宁中医药大学（较高收费）（274530/—/—）
	公办	湖北工程学院（较高收费）（273082/188599/187430）
	民办	北京理工大学珠海学院（较高收费）（268493/266534/268221）、华南农业大学珠江学院（268493/262570/250790）、广州华立学院（268493/281879/220514）、宁夏理工学院（268493/263849/240565）、山东工程职业技术大学（268493/269150/—）、安徽三联学院（268493/—/—）、泉州信息工程学院（268493/276885/256652）、商丘工学院（269968/259953/260916）、福州工商学院（269968/274383/265263）、大连东软信息学院（269968/262570/259513）、闽南理工学院（269968/267893/262381）、山东英才学院（269968/285539/240565）、青岛黄海学院（269968/251828/250790）、荆州学院（271535/269150/218977）、西安信息职业大学（271535/266534/277885）、北海艺术设计学院（271535/271775/272463）、黄河科技学院（应用技术学院）（各专业办学地点在济源市）（273082/266534/268221）、黄河交通学院（273082/265198/266754）、河南科技职业大学（273082/267893/275178）、温州商学院（273082/271775/271093）、辽宁师范大学海华学院（273082/267893/271093）、广州华商学院（273082/228392/214312）、哈尔滨华德学院（273082/273118/266754）、黑龙江财经学院（273082/269150/260916）、哈尔滨广厦学院（273082/281879/265263）、云南大学滇池学院（273082/224244/232966）、保定理工学院（273082/—/—）、大连科技学院（273082/279339/253798）、西安欧亚学院（273082/250424/243516）、哈尔滨信息工程学院（273082/267893/269668）、陕西服装工程学院（273082/274383/260916）、泉州职业技术大学（273082/273118/—）、江西服装学院（273082/285539/256652）、青岛恒星科技学院（273082/269150/256652）、山西晋中理工学院（274530/229756/235936）、燕山大学里仁学院（274530/168670/164407）、沈阳工学院（274530/273118/266754）、三亚学院（较高收费）（274530/285539/259513）、广东培正学院（274530/238237/243516）、辽宁传媒学院（274530/—/—）、南昌职业大学（274530/—/—）

续表

分数段	院校分类	可报考院校
省位次 276009 名~282125 名（二本线上 11 分~15 分）	公办	池州学院(276009/146141/153726)、淮阴师范学院(280640/140403/139124)
	民办	商丘工学院（医护类）(276009/—/—)、上海师范大学天华学院（较高收费）(276009/266534/280520)、沈阳科技学院(276009/273118/271093)、武汉纺织大学外经贸学院(276009/232685/222067)、广西城市职业大学(276009/—/—)、河北科技学院(276009/—/—)、山东协和学院(276009/243730/243516)、广州工商学院(276009/278111/—)、云南经济管理学院(276009/247757/249416)、西安汽车职业大学(276009/271775/280520)、银川能源学院(276009/—/—)、沈阳城市学院(277505/270424/272463)、大连工业大学艺术与信息工程学院(277505/274383/276546)、沈阳城市建设学院(277505/278111/273805)、阳光学院(277505/263849/266754)、福建农林大学金山学院（较高收费）(277505/271775/273805)、哈尔滨石油学院(277505/269150/269668)、哈尔滨远东理工学院(277505/269150/262381)、黑龙江外国语学院(277505/270424/280520)、哈尔滨剑桥学院(277505/269150/272463)、丽江文化旅游学院(277505/267893/260916)、成都银杏酒店管理学院(277505/231205/262381)、辽宁理工学院(279013/271775/273805)、西安明德理工学院(279013/246379/193825)、银川科学院(279013/271775/266754)、广州商学院（较高收费）(279013/273118/269668)、上海杉达学院（其他单列）(279013/—/—)、齐齐哈尔工程学院(279013/271775/280520)、海南科技职业大学(279013/269150/276546)、泉州信息工程学院（较高收费）(279013/283127/—)、郑州西亚斯学院（中外合作办学）(280640/275609/269668)、厦门大学嘉庚学院(280640/146141/139124)、黑龙江工商学院(280640/283127/266754)、黑龙江工程学院昆仑旅游学院(280640/275609/268221)、北京邮电大学世纪学院(280640/284340/247892)、山东现代学院(280640/238237/237441)、北京工业大学耿丹学院(282125/283127/208112)、长春工业大学人文信息学院(282125/234014/235936)、三亚学院(282125/249117/242062)、上海建桥学院(282125/276885/242062)、浙江越秀外国语学院（较高收费）(282125/—/200217)、湖南应用技术学院(282125/224244/226764)
省位次 283600 名~289382 名（二本线上 6 分~10 分）	保研资格	贵州中医药大学（较高收费）(283600/—/—)、云南农业大学（较高收费）(283600/165842/159888)、云南民族大学(286455/109540/113728)、甘肃农业大学(287920/134593/130391)
	公办	滨州学院(283600/147501/141960)、铜陵学院(284988/135998/139124)、肇庆学院(289382/133199/137646)
	民办	辽宁财贸学院(283600/269150/279199)、重庆城市科技学院(283600/184345/178112)、重庆移通学院(283600/192920/189057)、上海外国语大学贤达经济人文学院(283600/284340/276546)、辽宁对外经贸学院(283600/278111/266754)、黑龙江东方学院(283600/265198/268221)、上海中侨职业技术大学(283600/—/—)、广州南方学院(284988/197169/184336)、江西应用科技学院(284988/265198/249416)、昆明城市学院(286455/241022/238977)、北京工商大学嘉华学院(286455/285539/275178)、海口经济学院(286455/267893/275178)、上海兴伟学院(286455/285539/276546)、长春光华学院(287920/225637/235936)、厦门工学院(287920/239641/240565)、上海外国语大学贤达经济人文学院（较高收费）(287920/284340/276546)、上海立达学院(287920/285539/—)、阜阳师范大学信息工程学院(289382/205778/222067)、武汉东湖学院(289382/212907/197053)、三峡大学科技学院(289382/200016/200217)、武汉工程科技学院(289382/200016/208112)、兰州工商学院(289382/221408/229909)

续表

分数段	院校分类	可报考院校
省位次290800名~297990名（二本线上5分以内）	保研资格	辽宁中医药大学（293683/116385/115107）、渤海大学（异地校区）（293683/—/—）、内蒙古科技大学（296564/133199/133227）、沈阳化工大学（297990/109540/111061）、佳木斯大学（297990/148936/147855）
	公办	营口理工学院（290800/154550/159888）、河北民族师范学院（292189/171454/189057）、邯郸学院（较高收费）（293683/—/—）、盐城工学院（293683/122058/121907）、河南科技学院（较高收费）（293683/208687/200217）、安徽科技学院（295123/113569/113728）、河北建筑工程学院（296564/119222/115107）、台州学院（较高收费）（296564/—/—）、桂林旅游学院（较高收费）（296564/258623/263856）、巢湖学院（297990/138907/134658）、三明学院（较高收费）（297990/212907/223648）、北部湾大学（较高收费）（297990/188599/192243）、山东农业工程学院（297990/151757/143428）
	民办	柳州工学院（290800/251828/247892）、广州新华学院（292189/229756/198658）、湖南农业大学东方科技学院（292189/195845/197053）、首都师范大学科德学院（292189/273118/—）、青岛城市学院（292189/225637/222067）、南昌理工学院（292189/217220/209699）、景德镇艺术职业大学（293683/228392/218977）、长春财经学院（293683/218640/225127）、长春人文学院（293683/217220/217384）、湖北工业大学工程技术学院（293683/195845/193825）、东莞城市学院（293683/229756/228295）、南昌工学院（293683/227021/242062）、北京第二外国语学院中瑞酒店管理学院（295123/285539/277885）、南昌交通学院（295123/212907/217384）、长春大学旅游学院（295123/259953/265263）、重庆移通学院（较高收费）（295123/—/—）、青岛滨海学院（295123/236806/234488）、河北工程技术学院（295123/207250/215808）、安徽外国语学院（295123/201440/171994）、北京第二外国语学院中瑞酒店管理学院（较高收费）（296564/—/—）、天津仁爱学院（296564/227021/229909）、阳光学院（较高收费）（296564/—/—）、吉林师范大学博达学院（296564/222839/223648）、合肥城市学院（296564/207250/206509）、南宁理工学院（296564/238237/235936）、吉林外国语大学（较高收费）（296564/210109/212792）、上海建桥学院（较高收费）（296564/266534/—）、安徽新华学院（296564/250424/253798）、郑州工业应用技术学院（297990/228392/231433）、新乡工程学院（297990/211459/203316）、成都锦城学院（297990/170132/162953）、广州城市理工学院（297990/225637/198658）、长春电子科技学院（297990/235408/240565）、吉林建筑科技学院（297990/253224/262381）、长春建筑学院（297990/254580/258045）、长春科技学院（297990/249117/252264）、烟台理工学院（297990/214321/215808）、汉口学院（297990/220020/206509）、武汉城市学院（297990/165842/156834）、兰州博文科技学院（297990/231205/237441）、兰州信息科技学院（297990/217220/220514）、贵阳信息科技学院（297990/197169/201696）、吉林外国语大学（297990/202887/208112）、江西科技学院（297990/224244/223648）、山东华宇工学院（297990/242386/240565）

第七节 高职高专批（理科）各分数段对应可报考院校统计（见表2-9）

由于河南省招生办公室暂未公布高职高专批2021年平行志愿投档分数线，本部分为2020年数据，仅供参考。2021年数据在河南省招生办公室公布后以电子版形式发送。

表2-9 高职高专批（理科）各分数段对应可报考院校统计

分数段	院校分类	可报考院校
本科二批分数线及以上	公办	深圳职业技术学院、中国民航大学、杭州医学院、哈尔滨医科大学、海南医学院、北京电子科技职业学院、延边大学、兰州交通大学、山东中医药高等专科学校、南方医科大学、长春中医药大学、天津师范大学、甘肃医学院、石河子大学、张家口学院、山东医学高等专科学校、南京工业职业技术学院、沈阳医学院、吉林医药学院、周口师范学院、郑州师范学院、上海第二工业大学、中南林业科技大学、北京青年政治学院、上海健康医学院、华北理工大学、上海电机学院、沈阳工业大学、中国劳动关系学院、东北电力大学、上海中医药大学、四川轻化工大学、桂林电子科技大学、荆楚理工学院、北京信息职业技术学院、武汉职业技术学院、东北石油大学、辽宁科技学院、长春工业大学、河南理工大学（办学就读地在焦作市解放中路）、洛阳理工学院、成都航空职业技术学院、北京工业职业技术学院、无锡职业技术学院、厦门医学院、西安航空学院、长春师范大学、信阳师范学院、安徽中医药高等专科学校、豫章师范学院、金华职业技术学院、广西科技大学、桂林理工大学、陕西工业职业技术学院
	民办	辽宁理工职业学院
省位次286788名~288004名（专科线上236分~237分）	公办	河南财政金融学院、湖北第二师范学院、湖南工业大学、郑州师范学院（中外合作办学）、浙江金融职业学院
	民办	哈尔滨应用职业技术学院
省位次289156名~293890名（专科线上231分~235分）	公办	江西医学高等专科学校、湖北中医药高等专科学校、重庆医药高等专科学校、广西民族大学、菏泽学院、新乡学院、上海旅游高等专科学校、南京铁道职业技术学院
省位次295095名~299822名（专科线上226分~230分）	公办	云南农业大学、杭州职业技术学院、广东轻工职业技术学院、白城师范学院、北京经济管理职业学院、陕西国防工业职业技术学院、河南理工大学（办学就读地在焦作市解放中路，较高收费）、汉江师范学院、上海科学技术职业学院、苏州职业大学、武汉软件工程职业学院、长沙民政职业技术学院、河南工业大学、天津中德应用技术大学、江苏经贸职业技术学院、宁波职业技术学院
省位次300980名~305684名（专科线上221分~225分）	公办	河南科技学院、南京信息职业技术学院、武汉海事职业技术学院、抚顺职业技术学院、安阳师范学院、天津医学高等专科学校、杭州科技职业技术学院、青海民族大学、吉林工商学院、河南工程学院、天津职业大学、太原学院、苏州卫生职业技术学院、上海电子信息职业技术学院、浙江经济职业技术学院、北京交通职业技术学院
	民办	上海建桥学院

续表

分数段	院校分类	可报考院校
省位次 306756 名~311189 名（专科线上 216 分~220 分）	公办	河南工程学院(软件类)、长春工程学院、河南财经政法大学(与爱尔兰合办)、长沙航空职业技术学院、益阳医学高等专科学校、南京科技职业学院、河北环境工程学院、上海民航职业技术学院、重庆电子工程职业学院、焦作师范高等专科学校、郑州工程技术学院、琼台师范学院
	民办	新乡医学院三全学院
省位次 312240 名~316676 名（专科线上 211 分~215 分）	公办	洛阳理工学院(软件类)、郑州幼儿师范高等专科学校、江西师范高等专科学校、北京农业职业学院、开封大学、常州信息职业技术学院、天津电子信息职业技术学院、河南工业大学(较高收费)、平顶山学院、重庆工业职业技术学院
	民办	河南师范大学新联学院、西安科技大学高新学院、重庆邮电大学移通学院、广西经济职业学院
省位次 317769 名~322130 名（专科线上 206 分~210 分）	公办	邢台医学高等专科学校、苏州经贸职业技术学院、上海出版印刷高等专科学校、浙江机电职业技术学院、浙江经贸职业技术学院、许昌学院(较高收费)、重庆三峡医药高等专科学校、武汉城市职业学院、武汉铁路职业技术学院
	民办	武汉学院
省位次 323233 名~327432 名（专科线上 201 分~205 分）	公办	西安电力高等专科学校、湖南大众传媒职业技术学院、上海健康医学院(较高收费)、武汉工程职业技术学院、遵义医药高等专科学校、安阳工学院、连云港师范高等专科学校、广州民航职业技术学院(较高收费)、秦皇岛职业技术学院、河南经贸职业学院、上海健康医学院(护理专业)、湖南幼儿师范高等专科学校、重庆工商职业学院、北京交通运输职业学院、上海工艺美术职业学院
	民办	西安医学高等专科学校
省位次 328522 名~332556 名（专科线上 196 分~200 分）	公办	河南工学院、漯河医学高等专科学校(中外合作办学)、长沙卫生职业学院、杨凌职业技术学院、太原旅游职业学院、河南职业技术学院、湖南信息职业技术学院、重庆城市管理职业学院、开封大学(软件类)
	民办	成都理工大学工程技术学院
省位次 333566 名~337467 名（专科线上 191 分~195 分）	公办	河南医学高等专科学校、三峡旅游职业技术学院、南通职业大学、西安航空职业技术学院、许昌学院、平顶山学院(护理)、石家庄邮电职业技术学院、浙江商业职业技术学院、郑州铁路职业技术学院、江苏城市职业学院、江苏卫生健康职业学院、四川司法警官职业学院
	民办	武汉生物工程学院、四川外国语大学成都学院、北京科技职业学院
省位次 338443 名~342287 名（专科线上 186 分~190 分）	公办	安阳幼儿师范高等专科学校、上海城建职业学院、南京机电职业技术学院、曲靖医学高等专科学校、赣州师范高等专科学校、浙江工商职业技术学院、商丘师范学院(中外合作办学)、辽宁石化职业技术学院、铜仁职业技术学院

续表

分数段	院校分类	可报考院校
省位次343284名~347054名（专科线上181分~185分）	公办	成都纺织高等专科学校、江西中医药高等专科学校、广州民航职业技术学院、浙江艺术职业学院、郑州幼儿师范高等专科学校（较高收费）、湖北幼儿师范高等专科学校、天津滨海职业学院、黄淮学院、黄河水利职业技术学院、青岛职业技术学院、武汉交通职业学院
	民办	青岛农业大学海都学院
省位次348047名~351680名（专科线上176分~180分）	公办	郑州电力高等专科学校、石家庄幼儿师范高等专科学校、重庆财经职业学院、厦门城市职业学院、长春医学高等专科学校、吉林警察学院、河南牧业经济学院(软件类,龙子湖校区)、郑州工程技术学院(软件类)、天津现代职业技术学院
	民办	上海立达学院
省位次352584名~356216名（专科线上171分~175分）	公办	安阳师范学院（中外合作办学）、上海行健职业学院、南京交通职业技术学院、江西信息应用职业技术学院、广州番禺职业技术学院、江苏医药职业学院、云南财经职业学院、内蒙古电子信息职业技术学院、南京城市职业学院、陕西财经职业技术学院、广东科学技术职业学院、重庆电力高等专科学校
	民办	山东圣翰财贸职业学院（较高收费）
省位次357092名~360667名（专科线上166分~170分）	公办	安徽工业大学、苏州工业职业技术学院、南通师范高等专科学校、济宁学院、无锡职业技术学院（较高收费）、惠州卫生职业技术学院、焦作大学、山东商业职业技术学院、信阳农林学院、南阳师范学院、四川工程职业技术学院
省位次361541名~364980名（专科线上161分~165分）	公办	浙江工贸职业技术学院、河南应用技术职业学院、浙江旅游职业学院、福建生物工程职业技术学院、安徽职业技术学院、辽宁装备制造职业技术学院、吉林工业职业技术学院、四川交通职业技术学院、西安铁路职业技术学院
	民办	沈阳北软信息职业技术学院、山东科技大学泰山科技学院、三峡大学科技学院、漳州科技职业学院（较高收费）
省位次365881名~369237名（专科线上156分~160分）	公办	吉林工程职业学院、郑州电力高等专科学校（较高收费）、河南财政金融学院（软件类）、山东服装职业学院、重庆幼儿师范高等专科学校、景德镇学院、四川文化产业职业学院、黑龙江生物科技职业学院
省位次370014名~373266名（专科线上151分~155分）	公办	广西科技师范学院、泉州医学高等专科学校、重庆航天职业技术学院、肇庆医学高等专科学校、广东科贸职业学院、贵州交通职业技术学院、菏泽医学专科学校、长春大学、驻马店幼儿师范高等专科学校、河北软件职业学院、安庆医药高等专科学校、江苏工程职业技术学院、江西水利职业学院、广州城市职业学院
	民办	厦门兴才职业技术学院、辽宁何氏医学院、北京艺术传媒职业学院

续表

分数段	院校分类	可报考院校
省位次 374107 名～377330 名（专科线上 146 分～150 分）	公办	山东外贸职业学院、湖南高速铁路职业技术学院、茂名职业技术学院、河南职业技术学院(软件类,较高收费)、长春师范高等专科学校、重庆工程职业技术学院、南京旅游职业学院、辽阳职业技术学院、温州职业技术学院、河南经贸职业学院(软件类)
	民办	郑州西亚斯学院、湖北师范大学文理学院、青岛理工大学琴岛学院
省位次 378124 名～381259 名（专科线上 141 分～145 分）	公办	石家庄铁路职业技术学院、无锡商业职业技术学院(较高收费)、石河子工程职业技术学院、郑州职业技术学院、上海交通职业技术学院、辽东学院、黑龙江护理高等专科学校、皖西卫生职业学院、营口职业技术学院、郑州信息科技职业学院、江苏建筑职业技术学院
省位次 382059 名～385137 名（专科线上 136 分～140 分）	公办	吉林农业科技学院、河南财政金融学院(中外合作办学,就读在象湖校区)、漯河医学高等专科学校、承德护理职业学院、浙江交通职业技术学院、河南工程学院(中外合作办学)、河南司法警官职业学院、河南检察职业学院、天津轻工职业技术学院、武汉电力职业技术学院、顺德职业技术学院、汕头职业技术学院、陕西交通职业技术学院、宁夏建设职业技术学院、陕西铁路工程职业技术学院、山东劳动职业技术学院、鞍山师范学院、海南热带海洋学院、南阳医学高等专科学校、河南工业职业技术学院
	民办	广西外国语学院、广州华南商贸职业学院、北京科技经营管理学院、辽宁广告职业学院
省位次 385845 名～388801 名（专科线上 131 分～135 分）	公办	泉州幼儿师范高等专科学校、福建卫生职业技术学院、无锡商业职业技术学院、安徽粮食工程职业学院、贵州电子信息职业技术学院、黑龙江农垦科技职业学院、河南信息统计职业学院、南阳医学高等专科学校(中外合作办学)、郑州财税金融职业学院、天津机电职业技术学院
	民办	大连科技学院、北京经贸职业学院
省位次 389527 名～392493 名（专科线上 126 分～130 分）	公办	河南交通职业技术学院、河南经贸职业学院(中外合作办学)、柳州职业技术学院、浙江工业职业技术学院、信阳职业技术学院、郑州铁路职业技术学院(中外合作办学)、郑州铁路职业技术学院(软件类)、河北建材职业技术学院、太原城市职业技术学院、浙江邮电职业技术学院、武汉警官职业学院、咸阳职业技术学院、北京社会管理职业学院、广西电力职业技术学院、重庆水利电力职业技术学院
	民办	文华学院、合肥共达职业技术学院
省位次 393189 名～396138 名（专科线上 121 分～125 分）	公办	吉林工程技术师范学院、江苏航运职业技术学院、襄阳职业技术学院、阿克苏职业技术学院、江门职业技术学院、苏州工业园区服务外包职业学院、常州机电职业技术学院、湖北职业技术学院、泸州职业技术学院、云南林业职业技术学院、萍乡学院、天津铁道职业技术学院、上海农林职业技术学院、浙江同济科技职业学院、宁波卫生职业技术学院
	民办	成都东软学院、湖南外国语职业学院、郑州商学院

分数段	院校分类	可报考院校
省位次 396822 名~399630 名（专科线上 116 分~120 分）	公办	邢台职业技术学院、江苏信息职业技术学院、商丘医学高等专科学校、河南医学高等专科学校（较高收费）、湖南工业职业技术学院、苏州农业职业技术学院、无锡科技职业学院、浙江建设职业技术学院、安徽电子信息职业技术学院、东莞职业技术学院、潍坊职业学院
	民办	郑州工商学院、郑州科技学院
省位次 400314 名~403015 名（专科线上 111 分~115 分）	公办	湖北科技职业学院、江苏电子信息职业学院、江苏农林职业技术学院、西安职业技术学院、河南水利与环境职业学院、泉州经贸职业技术学院、河南工业大学（办学就读地点在河南辅读中等职业学校）、黑龙江幼儿师范高等专科学校、武汉船舶职业技术学院（较高收费）
	民办	北京经济技术职业学院
省位次 403692 名~406423 名（专科线上 106 分~110 分）	公办	郑州卫生健康职业学院、苏州信息职业技术学院、西藏职业技术学院、河北司法警官职业学院、洛阳理工学院（中外合作办学）、江苏海事职业技术学院、铜仁幼儿师范高等专科学校、徐州工业职业技术学院、广西卫生职业技术学院、枣庄职业学院、河南建筑职业技术学院、保定电力职业技术学院
	民办	炎黄职业技术学院、山东英才学院、黄河科技学院、沈阳城市建设学院
省位次 407091 名~409716 名（专科线上 101 分~105 分）	公办	黔南民族医学高等专科学校、新乡职业技术学院、武汉民政职业学院、濮阳医学高等专科学校、河南农业职业学院、四川建筑职业技术学院、辽宁城市建设职业技术学院、宿州职业技术学院、上海旅游高等专科学校（较高收费）、皖北卫生职业学院
	民办	洛阳科技职业学院（较高收费）、西南财经大学天府学院、西安培华学院、烟台黄金职业学院、北京网络职业学院、漳州理工职业学院
省位次 410375 名~412987 名（专科线上 96 分~100 分）	公办	洛阳职业技术学院、抚顺师范高等专科学校、宁波城市职业技术学院、河南护理职业学院、山东药品食品职业学院、扬州市职业大学、重庆建筑工程职业学院、甘肃工业职业技术学院、宁夏工商职业技术学院、福建信息职业技术学院、郑州旅游职业学院、河南测绘职业学院、重庆旅游职业学院、山东科技职业学院、武汉船舶职业技术学院、上饶幼儿师范高等专科学校、惠州工程职业学院、河北对外经贸职业学院、盐城工业职业技术学院、广西金融职业技术学院、湖南铁路科技职业学院、广州铁路职业技术学院
	民办	郑州澍青医学高等专科学校（较高收费）、曹妃甸职业技术学院、西安明德理工学院、长江大学文理学院、福州软件职业技术学院、广东岭南职业技术学院
省位次 413599 名~416089 名（专科线上 91 分~95 分）	公办	许昌职业技术学院、郑州工业安全职业学院、新疆兵团警官高等专科学校、山东理工职业学院、石家庄科技工程职业学院、开封大学（中外合作办学）、天津公安警官职业学院、桂林旅游学院、海南政法职业学院、湖北水利水电职业技术学院
	民办	烟台南山学院、浙江横店影视职业学院、重庆信息技术职业学院、上海工商外国语职业学院（较高收费）

续表

分数段	院校分类	可报考院校
省位次 416675 名~419160 名 （专科线上 86 分~90 分）	公办	宣化科技职业学院、江苏护理职业学院、江西传媒职业学院、兰州石化职业技术学院、天津交通职业学院、桐城师范高等专科学校、闽江师范高等专科学校、黄淮学院（中外合作办学）、浙江安防职业技术学院、湖南工程职业技术学院、江西工程职业学院
	民办	大连软件职业学院、广东文理职业学院、陕西国际商贸学院、桂林生命与健康职业技术学院、海南工商职业学院、郑州升达经贸管理学院、山东财经大学东方学院、广东碧桂园职业学院、金山职业技术学院
省位次 419800 名~422252 名 （专科线上 81 分~85 分）	公办	威海职业学院、张家界航空工业职业技术学院、广西警察学院、义乌工商职业技术学院、福建农业职业技术学院、黄冈职业技术学院、湖南商务职业技术学院、黔南民族职业技术学院、海南软件职业技术学院、张家口职业技术学院、柳州铁道职业技术学院、湖北青年职业学院、丽水职业技术学院、合肥通用职业技术学院、济南护理职业学院
	民办	郑州财经学院、重庆艺术工程职业学院（较高收费）、上海邦德职业技术学院、新乡医学院三全学院（护理专业）、商丘学院
省位次 422837 名~425150 名 （专科线上 76 分~80 分）	公办	河南牧业经济学院（中外合作，英才校区）、吉林水利电力职业学院、广西工业职业技术学院、大庆医学高等专科学校、鹤壁职业技术学院、河南工业贸易职业学院、上海出版印刷高等专科学校（较高收费）、湖南铁道职业技术学院、广州科技贸易职业学院、山东职业学院、湖北工业职业技术学院、长沙环境保护职业技术学院
	民办	沈阳工学院、浙江广厦建设职业技术学院、广东创新科技职业学院、硅湖职业技术学院
省位次 425718 名~428032 名 （专科线上 71 分~75 分）	公办	江西交通职业技术学院、满洲里俄语职业学院、商丘职业技术学院、湖南科技职业学院、山西财政税务专科学校、河北工业职业技术学院、江苏农牧科技职业学院、湖北财税职业学院、铁岭师范高等专科学校、绵阳职业技术学院、泰山护理职业学院、无锡城市职业技术学院、新疆生产建设兵团兴新职业技术学院、仙桃职业学院、内蒙古机电职业技术学院
	民办	大连东软信息学院、广州南洋理工职业学院、湖北民族大学科技学院、上海民远职业技术学院、天津天狮学院、钟山职业技术学院、武汉东湖学院
省位次 428542 名~430769 名 （专科线上 66 分~70 分）	公办	安阳职业技术学院、郑州信息科技职业学院（较高收费）、盘锦职业技术学院、湖州职业技术学院、黑龙江职业学院、河南工业职业技术学院（较高收费）、淮南联合大学、潞安职业技术学院、周口职业技术学院、长春金融高等专科学校、吉林司法警官职业学院、福建电力职业技术学院、扬州工业职业技术学院
	民办	浙江树人学院、重庆机电职业技术大学、嘉兴南洋职业技术学院、福州墨尔本理工职业学院、重庆科创职业学院、惠州经济职业技术学院

续表

分数段	院校分类	可报考院校
省位次431325名~433423名（专科线上61分~65分）	公办	河南林业职业学院、郑州财税金融职业学院（较高收费）、广东茂名幼儿师范专科学校、江苏商贸职业学院、湖北交通职业技术学院、宁德职业技术学院、黑龙江生态工程职业学院、湖北生物科技职业学院、楚雄医药高等专科学校、武汉铁路桥梁职业学院、辽宁机电职业技术学院、台州职业技术学院、江西电力职业技术学院
	民办	广州华立科技职业学院、山东工程职业技术大学、石家庄工商职业学院、天津滨海汽车工程职业学院
省位次433991名~436104名（专科线上56分~60分）	公办	湖南现代物流职业技术学院、新疆建设职业技术学院、哈尔滨铁道职业技术学院、湖南邮电职业技术学院、广东科学技术职业学院（较高收费）、平顶山工业职业技术学院、昆明冶金高等专科学校、广东江门中医药职业学院、辽宁金融职业学院、湖南劳动人事职业学院、威海海洋职业学院
	民办	石家庄人民医学高等专科学校、广州现代信息工程职业技术学院、温州商学院、湖南三一工业职业技术学院、商丘学院（应用科技学院，办学地点在开封）、安阳学院、湖北工程学院新技术学院、江西软件职业技术大学
省位次436617名~438746名（专科线上51分~55分）	公办	桂林师范高等专科学校、哈尔滨科学技术职业学院、山东城市建设职业学院、湖南交通职业技术学院、福建船政交通职业学院、海南经贸职业技术学院、海南外国语职业学院、苏州健雄职业技术学院、河北化工医药职业技术学院、长春职业技术学院、常州工业职业技术学院、廊坊卫生职业学院、长江工程职业技术学院、湖南水利水电职业技术学院、渭南职业技术学院、云南国土资源职业学院、广东机电职业技术学院、陕西机电职业技术学院
	民办	重庆海联职业技术学院、苏州托普信息职业技术学院、青岛工学院、大连装备制造职业技术学院、阜阳科技职业学院、青岛滨海学院、广西工程职业学院、三亚中瑞酒店管理职业学院、郑州澍青医学高等专科学校、北京培黎职业学院
省位次439267名~441249名（专科线上46分~50分）	公办	川南幼儿师范高等专科学校、三峡电力职业学院、淄博职业学院、济南职业学院、河南机电职业学院、河北轨道运输职业技术学院、日照职业技术学院、恩施职业技术学院、商丘医学高等专科学校（中外合作办学）、长沙商贸旅游职业技术学院、淮北职业技术学院、铜川职业技术学院、湖北国土资源职业学院、许昌职业技术学院（软件类）、新疆维吾尔医学专科学校、山西工程职业学院、山东畜牧兽医职业学院、湖南汽车工程职业学院
	民办	湖北开放职业学院、西安海棠职业学院、武昌工学院、齐鲁医药学院
省位次441760名~443779名（专科线上41分~45分）	公办	河南推拿职业学院、黑龙江冰雪体育职业学院、黄河水利职业技术学院（中外合作办学）、石家庄职业技术学院、广东环境保护工程职业学院、江西应用技术职业学院、广东职业技术学院、安徽国防科技职业学院、浙江纺织服装职业技术学院、大庆职业学院、汉中职业技术学院、河南物流职业学院、锦州师范高等专科学校、大连职业技术学院、安徽交通职业技术学院、新疆铁道职业技术学院
	民办	湖北文理学院理工学院、河北外国语学院、四川国际标榜职业学院、武汉传媒学院、广东南方职业学院、三亚航空旅游职业学院

续表

分数段	院校分类	可报考院校
省位次 444277 名~446199 名（专科线上 36 分~40 分）	公办	辽宁省交通高等专科学校、和田师范专科学校、浙江国际海运职业技术学院、廊坊燕京职业技术学院、湖北三峡职业技术学院、渤海船舶职业学院、鹤壁职业技术学院(较高收费)、北京劳动保障职业学院、广东农工商职业技术学院、克拉玛依职业技术学院、宝鸡职业技术学院、河南质量工程职业学院、长江职业学院、江苏旅游职业学院、甘肃建筑职业技术学院、吉林化工学院、山西水利职业技术学院、连云港职业技术学院(较高收费)、广东交通职业技术学院、哈密职业技术学院
	民办	郑州电力职业技术学院、南昌理工学院、齐鲁理工学院、苏州百年职业学院、民办合肥滨湖职业技术学院、郑州商学院(较高收费)、广州城建职业学院、广州松田职业学院、广州华商职业学院、西南交通大学希望学院、广东新安职业技术学院、杭州万向职业技术学院
省位次 446694 名~448486 名（专科线上 31 分~35 分）	公办	江苏食品药品职业技术学院、九江职业大学、广东司法警官职业学院、山西职业技术学院、朝阳师范高等专科学校、广东工贸职业技术学院、重庆三峡职业学院、三门峡职业技术学院、河南艺术职业学院、新疆石河子职业技术学院、福建林业职业技术学院、江苏财会职业学院、保险职业学院、沈阳职业技术学院、福建水利电力职业技术学院、广东食品药品职业学院、河南工业和信息化职业学院、天津国土资源和房屋职业学院、山东商务职业学院、苏州工业园区职业技术学院、辽宁医药职业学院、闽西职业技术学院
	民办	扬州中瑞酒店职业学院、四川文化艺术学院、四川华新现代职业学院、浙江育英职业技术学院、烟台大学文经学院、广元中核职业技术学院、广西培贤国际职业学院、云南经济管理学院、重庆经贸职业学院、德州科技职业学院
省位次 448936 名~450666 名（专科线上 26 分~30 分）	公办	青岛酒店管理职业技术学院、黔东南民族职业技术学院、湖南工艺美术职业学院、嘉兴职业技术学院、漳州职业技术学院、鹤壁职业技术学院(单列专业)、承德石油高等专科学校、辽源职业学院、江西司法警官职业学院、温州科技职业学院、广东建设职业技术学院、中山火炬职业技术学院、湖南城建职业技术学院、濮阳职业技术学院、运城幼儿师范高等转接学校、烟台汽车工程职业学院、广东茂名农林科技职业学院
	民办	武汉晴川学院、四川城市职业学院、汉口学院、宁夏理工学院、大连枫叶职业技术学院、西安高新科技职业学院、山东海事职业学院、中国矿业大学银川学院、武汉工程科技学院、成都信息工程大学银杏酒店管理学院、山东现代学院、云南工程职业学院、西安汽车职业大学
省位次 451088 名~452805 名（专科线上 21 分~25 分）	公办	许昌学院(中外合作办学)、吉林电子信息职业技术学院、山东信息职业技术学院、无锡工艺职业技术学院、白城医学高等专科学校、武汉航海职业技术学院、平顶山职业技术学院、天津城市建设管理职业技术学院、天津城市职业学院、牡丹江大学、陕西航空职业技术学院、漯河职业技术学院、塔里木职业技术学院、湖南司法警官职业学院、新疆职业大学、广东工程职业技术学院、河南轻工职业学院、台州科技职业学院、潍坊工程职业学院
	民办	武汉信息传播职业技术学院、江西工程学院、陕西服装工程学院、湖北健康职业学院、华北理工大学轻工学院、广州珠江职业技术学院、江西航空职业技术学院、上海思博职业技术学院

续表

分数段	院校分类	可报考院校
省位次 453190 名~454776 名（专科线上 16 分~20 分）	公办	济源职业技术学院、新疆师范高等专科学校、江西陶瓷工艺美术职业技术学院、河南地矿职业学院、阜新高等专科学校、大兴安岭职业学院、常州纺织服装职业技术学院、包头铁道职业技术学院、沙洲职业工学院、湖北城市建设职业技术学院、濮阳职业技术学院（较高收费）、山西建筑职业技术学院、常州工程职业技术学院、乌鲁木齐职业大学、山西交通职业技术学院、吉林交通职业技术学院、江西财经职业学院、兰州资源环境职业技术学院
	民办	长江大学工程技术学院、武汉工商学院、潍坊科技学院、哈尔滨传媒职业学院、南昌工学院、山东圣翰财贸职业学院、石家庄财经职业学院、四川西南航空职业学院、武昌首义学院、燕京理工学院、石家庄医学高等专科学校、上海中侨职业技术学院、保定理工学院、安徽外国语学院、上海震旦职业学院
省位次 455158 名~456681 名（专科线上 11 分~15 分）	公办	天津海运职业学院、湖南安全技术职业学院、黑龙江司法警官职业学院、聊城职业技术学院、长沙职业技术学院、哈尔滨幼儿师范高等专科学校、盐城幼儿师范高等专科学校、江苏城乡建设职业学院、广东水利电力职业技术学院、商洛职业技术学院、广州卫生职业技术学院、福州职业技术学院、山东化工职业学院、辽宁经济职业技术学院、滨州职业学院、厦门海洋职业技术学院、青岛港湾职业技术学院、荆州职业技术学院、惠州城市职业学院
	民办	苏州高博软件技术职业学院、正德职业技术学院、上海杉达学院、厦门南洋职业学院、四川科技职业学院、武汉科技职业学院、日照航海工程职业学院、江海职业技术学院、大连财经学院、石家庄科技职业学院、南昌职业大学、海南科技职业大学、北京汇佳职业学院、江西科技职业学院、重庆房地产职业学院
省位次 457092 名~458525 名（专科线上 6 分~10 分）	公办	郑州工程技术学院(中外合作办学)、三门峡职业技术学院（软件类）、河北交通职业技术学院、湖北轻工职业技术学院、咸宁职业技术学院、广东理工职业学院、开封文化艺术职业学院、天津石油职业技术学院、黑龙江建筑职业技术学院、泰州职业技术学院、六安职业技术学院、九江职业技术学院、莱芜职业技术学院、湖南体育职业学院、亳州职业技术学院、江苏财经职业技术学院、重庆医药高等专科学校（较高收费）、天津体育职业学院、广西体育高等专科学校、江苏航空职业技术学院、辽宁轨道交通职业学院、浙江农业商贸职业学院、漳州卫生职业学院、辽宁轻工职业学院、清远职业技术学院、河南艺术职业学院（较高收费）、洛阳职业学院（较高收费）、三门峡社会管理职业学院、鹤岗师范高等专科学校、辽宁建筑职业学院、湖北工程职业学院、江西冶金职业技术学院、中山职业技术学院、江阴职业技术学院、山东水利职业学院、广西建设职业技术学院、海南职业技术学院、安康职业技术学院
	民办	西安欧亚学院、青岛黄海学院、哈尔滨北方航空职业技术学院、广东工商职业技术大学、湖北商贸学院、西安思源学院、泉州海洋职业学院、山东协和学院、山东外事职业大学、广州科技职业技术大学、鹤壁能源化工职业学院、长江艺术工程职业学院、西安信息职业大学、江西应用科技学院、浙江长征职业技术学院、黄冈科技职业学院、黄河交通学院、西安外事学院、昆山登云科技职业学院、山东力明科技职业学院、西安交通工程学院、共青科技职业学院、山东华宇工学院

分数段	院校分类	可报考院校
省位次458886名~460554名（专科线上5分以内）	公办	天津生物工程职业技术学院、陕西青年职业学院、江西工业工程职业技术学院、长白山职业技术学院、湖南化工职业技术学院、平顶山工业职业技术学院（较高收费）、商丘职业技术学院（较高收费）、汝州职业技术学院、河南护理职业学院（较高收费）、镇江市高等专科学校、江苏安全技术职业学院、荆州理工职业学院、荆门职业学院、甘肃警察职业学院、新乡职业技术学院（较高收费）、长春汽车工业高等专科学校、齐齐哈尔高等师范专科学校、浙江医药高等专科学校、伊春职业学院、哈尔滨职业技术学院、襄阳汽车职业技术学院、珠海城市职业技术学院、安阳师范学院（软件类）、连云港职业技术学院、广东南华工商职业学院、黎明职业大学、黑龙江能源职业学院、陕西邮电职业技术学院、河南水利与环境职业学院（较高收费）、永城职业学院（较高收费）、三门峡职业技术学院（中外合作办学）、商丘职业技术学院（软件类）、南阳农业职业学院、天津工业职业学院、三明医学科技职业学院、内蒙古建筑职业技术学院、吉林铁道职业技术学院、黑龙江交通职业技术学院、宿迁职业技术学院、山东交通职业学院、湖北铁道运输职业学院、陕西能源职业技术学院、新疆工业职业技术学院、辽宁铁道职业技术学院、永城职业学院、驻马店职业技术学院、河南女子职业学院、河南对外经济贸易职业学院、濮阳石油化工职业技术学院、南阳科技职业学院、兰考三农职业学院、许昌电气职业学院、天津商务职业学院、鄂州职业大学、随州职业技术学院
	民办	江西新能源科技职业学院、无锡南洋职业技术学院、新疆现代职业技术学院、焦作工贸职业学院、郑州电子商务职业学院、武汉纺织大学外经贸学院、绍兴职业技术学院、安徽文达信息工程学院、西安翻译学院、渤海理工职业学院、曲阜远东职业技术学院、四川电影电视学院、云南医药健康职业学院、山东协和学院（较高收费）、郑州信息工程职业学院（较高收费）、林州建筑职业技术学院、信阳涉外职业技术学院、四川大学锦城学院、海口经济学院、江西泰豪动漫职业学院、上海工商职业技术学院、上海济光职业技术学院、厦门软件职业技术学院、九州职业技术学院、武汉外语外事职业学院、江西服装学院、郑州工业应用技术学院、长垣烹饪职业技术学院、中原工学院信息商务学院、武昌工学院、山东外国语职业技术大学、三亚理工职业学院、宿迁泽达职业技术学院、西安城市建设职业学院、青岛恒星科技学院、郑州亚欧交通职业学院（中外合作办学）、黄河科技学院（中外合作办学）、郑州升达经贸管理学院（较高收费）、商丘工学院、郑州城市职业学院、漯河食品职业学院、郑州理工职业学院、郑州信息工程职业学院、许昌陶瓷职业学院、河南科技职业大学、郑州电子信息职业技术学院、嵩山少林武术职业学院、郑州轨道工程职业学院、郑州体育职业学院、郑州商贸旅游职业学院、鹤壁汽车工程职业学院、南阳职业学院、郑州黄河护理职业学院、洛阳科技职业学院、信阳航空职业学院、上海东海职业技术学院、上海工商外国语职业学院、金肯职业技术学院、武昌职业学院、武汉商贸职业学院、武汉光谷职业学院
专科线下降分录取高校	公办	辽宁农业职业技术学院、新疆农业职业技术学院、黑龙江农业经济职业学院、南通科技职业学院、辽宁职业学院、黑龙江农业工程职业学院、徐州生物工程职业技术学院、江西生物科技职业学院、江西农业工程职业学院、湖北生态工程职业技术学院

续表

分数段	院校分类	可报考院校
高职高专批平行志愿无实际投档	公办	辽宁民族师范高等专科学校、连云港师范高等专科学校(较高收费)、广西幼儿师范高等专科学校、辽宁特殊教育师范高等专科学校、邢台职业技术学院(较高收费)、泊头职业学院、包头钢铁职业技术学院、天津渤海职业技术学院、衡水职业技术学院、邯郸职业技术学院、河北能源职业技术学院、佳木斯职业学院、河北旅游职业学院、冀中职业学院、黑龙江民族职业学院、晋城职业技术学院、长治职业技术学院、山西机电职业技术学院、兴安职业技术学院、辽宁现代服务职业技术学院、辽宁地质工程职业学院、四平职业大学、临沂职业学院、河北劳动关系职业学院、黑龙江农业职业技术学院、黑龙江农垦职业学院、黑龙江林业职业技术学院、漳州城市职业学院、江西机电职业技术学院、赤峰工业职业技术学院、石嘴山工贸职业技术学院、保险职业学院(较高收费)、汕尾职业技术学院、罗定职业技术学院、阳江职业技术学院、湛江幼儿师范专科学校、新疆交通职业技术学院、广西机电职业技术学院、海南体育职业技术学院、吐鲁番职业技术学院、博尔塔拉职业技术学院、宁夏职业技术学院、伊犁职业技术学院、新疆轻工职业技术学院、黎明职业大学(较高收费)、临汾职业技术学院、内蒙古化工职业学院、辽宁工程职业学院、辽宁生态工程职业学院、辽宁冶金职业技术学院、铁岭卫生职业学院、黑龙江商业职业学院、江西应用工程职业学院、山东经贸职业学院、怀化职业技术学院、承德应用技术职业学院、江西婺源茶业职业学院、巴音郭楞职业技术学院、黑龙江旅游职业技术学院、江汉艺术职业学院、湖北财税职业学院(较高收费)、武汉民政职业学院(较高收费)、吉安职业技术学院、松原职业技术学院、七台河职业学院
	民办	辽宁理工学院、西安科技大学高新学院(较高收费)、大连艺术学院、长春光华学院、长春大学旅游学院、吉林师范大学博达学院、武昌理工学院(较高收费)、石家庄医学高等专科学校(较高收费)、辽宁传媒学院、哈尔滨城市职业学院、石家庄工程职业学院、石家庄城市经济职业学院、山东工程职业技术大学(较高收费)、潍坊工商职业学院、广西英华国际职业学院、陕西旅游烹饪职业学院、安徽绿海商务职业学院、江西枫林涉外经贸职业学院、广西理工职业技术学院、齐齐哈尔理工职业学院、齐齐哈尔工程学院、运城职业技术学院、大连航运职业技术学院、大连汽车职业技术学院、蚌埠经济技术职业学院、明达职业技术学院、太湖创意职业技术学院、安徽矿业职业技术学院、安徽现代信息工程职业学院、浙江东方职业技术学院、广州东华职业学院、广东酒店管理职业技术学院、广州华夏职业学院、广西蓝天航空职业学院、厦门东海职业技术学院、广西科技职业学院、东营科技职业学院、江西工商职业技术学院、私立华联学院、广东亚视演艺职业学院、新疆科信职业技术学院、三亚城市职业学院、泉州华光职业学院、石家庄理工职业学院、山西信息职业技术学院、景德镇陶瓷职业学院、青岛求实职业学院、桂林山水职业学院、海南健康管理职业学院、眉山药科职业学院、潍坊环境工程职业学院、江南影视艺术职业学院、厦门华天涉外职业技术学院、北京培黎职业学院(较高收费)、石家庄科技信息职业学院、黑龙江三江美术职业学院、上海思博职业技术学院(较高收费)、赣西科技职业学院、湖南应用技术学院、广州涉外经济职业学院、四川工业科技学院、新疆天山职业技术学院、长春信息技术职业学院

第八节 各分数段对应可报考院校统计表格使用说明

一、2022届考生高考前使用说明

高考前,各位考生及家长可以根据考生平时大型考试的成绩来初步定位考生的院校范围,具体方法见表2-10。

表2-10 高考前初步定位考生院校范围操作方法

操作步骤	事项
第一步	查询考生某次大型考试的成绩及该次考试的批次线(具体可以咨询考生的班主任老师)
第二步	计算线差(例如一本线上XX分、二本线上XX分)
第三步	定位考生分数段
第四步	定位考生院校范围:考生成绩所在分数段及上一个、下一个分数段内的高校

举例说明:

假设某一文科考生(理科考生方法相同),其院校范围定位的步骤是:

第一步:查询考生某次大型考试的成绩及该次考试的批次线。假设该次考试考生成绩为630分,该次考试划定的一本线为552分。

第二步:计算线差。该考生本次考试的线差为一本线上78分(630分减去552分)。

第三步:定位考生分数段。该考生线差为一本线上78分,其分数段为"一本线上76分~80分"。

第四步:定位考生院校范围。该考生分数段为"一本线上76分~80分",故"一本线上81分~85分"、"一本线上76分~80分"、"一本线上71分~75分"这三个分数段对应可报考院校为考生的院校范围(见表2-11)。

表2-11 本科一批(理科)各分数段对应可报考院校统计表(部分节选)

分数段	院校分类	可报考院校
省位次720名~966名 (一本线上81分~85分)	原985	华东师范大学(720/925/786)、北京航空航天大学(720/—/—)……
	原211	上海财经大学(840/669/1066)
省位次1031名~1351名 (一本线上76分~80分)	原985	天津大学(1031/1077/893)、山东大学(1195/1298/1422)……
	原211	对外经济贸易大学(1031/1401/3133)、中国政法大学(1109/786/740)……
省位次1425名~1802名 (一本线上71分~75分)	原985	中国农业大学(1425/1401/1501)、北京师范大学(珠海校区)(1425/—/—)……
	原211	中国传媒大学(1511/1657/2999)、北京外国语大学(1802/4240/786)
	保研资格	中国社会科学院大学(1425/1146/1769)

二、2022届考生高考后使用说明

1. 本科一批、高职高专批考生报考使用说明(见表2-12)

表2-12 本科一批、高职高专批考生报考使用说明

操作步骤	事项	
第一步:查找省位次	通过"河南省2022年普通高校招生分数段统计表"查找省位次	
第二步:确定分数段	按照省位次定位考生分数段	
第三步:选择院校	在排名分数段以上分数段的院校	冲一冲:选择一所院校作为平行志愿1
	在排名分数段内的院校	冲一冲:选择一所院校作为平行志愿2
	下一个分数段的院校	稳一稳:选择两所院校作为平行志愿3、4
	再下一个分数段的院校	保一保:选择一所院校作为平行志愿5
	再下一个分数段的院校	垫一垫:选择一所院校作为平行志愿6
第四步:确定志愿	结合专业测评结果及近三年专业录取位次,筛选出适合考生的院校和专业	
特别提醒: 1. 建议每个院校志愿都选择同意"专业调剂"选项,这样可以降低退档的风险。 2. 保底院校建议以省内高校为主,尽量不要选择近三年录取位次波动比较大的高校、招生计划明显减少的高校、较高收费(含中外合作办学)和招生计划较少的高校。		

举例说明:

假设某一文科考生(理科考生方法相同)高考分数635分,其填报志愿的步骤是:

第一步:查找省位次。假设通过当年河南省招生办公室公布的"河南省2022年普通高校招生分数段统计表(文科)",查找得知此分数对应的累计考生人数为823人,即该考生的最低省位次为第823名。

第二步:确定分数段。该考生最低省位次为第823名,对应2021年分数段为"省位次720名~966名"。

第三步:选择院校。该考生需要参考的表格是"本科一批(文科)各分数段对应可报考院校统计表",该生的分数段是"省位次720名~966名",我们在其以上的分数段、该分数段及下面三个分数段内按照下表中"填报方案"要求进行院校选择。(见表2-13)

表2-13 本科一批(文科)各分数段对应可报考院校统计表(部分节选)

分数段	院校分类	可报考院校	填报方案
……	……	……	
省位次454名~667名 (一本线上86分~90分)	原985	武汉大学(454/487/523)……	冲一冲:选择一所院校作为平行志愿1
省位次720名~966名 (一本线上81分~85分)	原985	华东师范大学(720/925/786)……	冲一冲:选择一所院校作为平行志愿2
	原211	上海财经大学(840/669/1066)	
省位次1031名~1351名 (一本线上76分~80分)	原985	天津大学(1031/1077/893)……	稳一稳:选择两所院校作为平行志愿3、4
	原211	对外经济贸易大学(1031/1401/3133)……	
省位次1425名~1802名 (一本线上71分~75分)	原985	中国农业大学(1425/1401/1501)……	保一保:选择一所院校作为平行志愿5
	原211	中国传媒大学(1511/1657/2999)……	
	保研资格	中国社会科学院大学(1425/1146/1769)	

续表

分数段	院校分类	可报考院校	填报方案
省位次1917名~2380名（一本线上66分~70分）	原985	中国海洋大学（1917/1981/1980）……	垫一垫：选择一所院校作为平行志愿6
	原211	中南财经政法大学（1917/1856/1670）……	
	保研资格	西南政法大学（较高收费）（2380/2635/2721）	

特别提醒：高考出分后请参照省位次进行报考，一定不要使用分数或者线差（例如一本线上XX分）报考。

第四步：通过本书对应章节依次查找每个意向院校的信息，通过本书附赠的"志愿填报卡"查询往年专业录取分数线、录取位次等信息，通过当年的《招生考试友》查找当年的招生院校、专业等信息，进而筛选出目标院校和专业。

2.本科二批考生报考使用说明（见表2-14）

表2-14　本科二批考生报考使用说明

操作步骤	事项	
第一步：查找省位次	通过"河南省2022年普通高校招生分数段统计表"查找省位次	
第二步：确定分数段	按照省位次定位考生分数段	
第三步：选择院校	在排名分数段以上分数段的院校	冲一冲：选择一所院校作为平行志愿1
	在排名分数段内的院校	冲一冲：选择两所院校作为平行志愿2、3
	下一个分数段的院校	稳一稳：选择三所院校作为平行志愿4、5、6
	再下一个分数段的院校	保一保：选择两所院校作为平行志愿7、8
	再下一个分数段的院校	垫一垫：选择一所院校作为平行志愿9
第四步：确定志愿	结合专业测评结果及近三年专业录取位次，筛选出适合考生的院校和专业	

特别提醒：
1.建议每个院校志愿都选择同意"专业调剂"选项，这样可以降低退档的风险。
2.保底院校建议以省内高校为主，尽量不要选择近三年录取位次波动比较大的高校、招生计划明显减少的高校、较高收费（含中外合作办学）和招生计划较少的高校。

举例说明：

假设某一理科考生（文科考生方法相同）高考分数470分，其填报志愿的步骤是：

第一步：查找省位次。假设通过当年河南省招生办公室公布的"河南省2022年普通高校招生分数段统计表（理科）"，查找得知此分数对应的累计考生人数为201985人，即该考生的最低省位次为第201985名。

第二步：确定分数段。该考生最低省位次为第201985名，对应2021年分数段为"省位次197054名~203404名"。

第三步：选择院校。该考生需要参考的表格是"本科二批（理科）各分数段对应可报考院校统计表"，该生的分数段是"省位次197054名~203404名"，我们在其以上的分数段、该分数段及下面三个分数段内按照下表中"填报方案"要求进行院校选择。（见表2-15）

表2-15　本科二批(理科)各分数段对应可报考院校统计表(部分节选)

分数段	院校分类	对应可报考院校名单	填报方案
……	……	……	
省位次189083名~195410名（二本线上66分~70分）	保研资格	广西艺术学院（190631/197169/204917）……	冲一冲:选择一所院校作为平行志愿1
	公办	天津城建大学（较高收费）（189083/221408/126087）……	
	民办	苏州科技大学天平学院（189083/191461/193825）……	
省位次197054名~203404名（二本线上61分~65分）	保研资格	河南农业大学（中外合作办学）（200256/265198/—）……	冲一冲:选择两所院校作为平行志愿2、3
	公办	四川文理学院（197054/138907/137646）……	
	民办	长沙理工大学城南学院（197054/192920/189057）……	
省位次205000名~211482名（二本线上56分~60分）	保研资格	河南中医药大学（与嵩山少林武术职业学院联办）（前两年就读嵩山）（208283/220020/265263）	稳一稳:选择三所院校作为平行志愿4、5、6
	公办	长春工程学院（较高收费）（205000/202887/206509）……	
	民办	南京财经大学红山学院（205000/204297/197053）……	
省位次213085名~219532名（二本线上51分~55分）	保研资格	新疆农业大学（其他单列）（214734/205778/—）……	保一保:选择两所院校作为平行志愿7、8
	公办	吉林化工学院（较高收费）（213085/211459/218977）……	
	民办	湖北恩施学院（213085/207250/238977）……	
省位次221117名~227590名（二本线上46分~50分）	保研资格	新疆农业大学（较高收费）（222771/218640/220514）……	垫一垫:选择一所院校作为平行志愿9
	公办	廊坊师范学院（221117/137488/139124）……	
	民办	武汉晴川学院（221117/220020/222067）……	
特别提醒:高考出分后请参照省位次进行报考,一定不要使用分数或者线差(例如一本线上XX分)报考。			

第四步:通过本书对应章节依次查找每个意向院校的信息,通过本书附赠的"志愿填报卡"查询往年专业录取分数线、录取位次等信息,通过当年的《招生考试友》查找当年的招生院校、专业等信息,进而筛选出目标院校和专业。

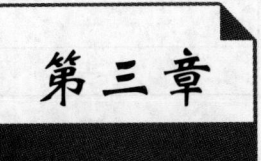

第三章 2019-2021年河南省普通高校招生平行投档信息统计

第一节 2019-2021年河南省普通高校招生录取控制分数线（见表3-1）

表3-1 2019-2021年河南省普通高校招生录取控制分数线

年份	科类	本科一批	本科二批	高职高专批
2021	文科综合	558	466	200
	理科综合	518	400	200
2020	文科综合	556	465	180
	理科综合	544	418	180
2019	文科综合	536	447	160
	理科综合	502	385	160

第二节 2019-2021年河南省普通高校招生分数段统计（文科）（见表3-2）

表3-2 2019-2021年河南省普通高校招生分数段统计（文科）

分数	2021年考生人数	2020年考生人数	2019年考生人数
688	—	—	—
685	—	—	—
683	—	—	—
679	—	—	—
677	—	—	—
676	—	—	—
675	10	—	—
674	15	—	—
673	16	—	—

续表

分数	2021年考生人数	2020年考生人数	2019年考生人数
672	22	—	—
671	26	11	—
670	38	13	—
669	52	17	—
668	63	18	—
667	70	23	—
666	80	28	—
665	90	33	—
664	96	34	—
663	108	40	—
662	121	46	—
661	138	54	—
660	151	59	—
659	174	65	—
658	190	75	—
657	209	83	12
656	233	92	14
655	251	104	24
654	275	116	27
653	300	131	30
652	328	147	31
651	354	157	40
650	383	175	41
649	422	197	46
648	454	212	51
647	507	235	52
646	561	259	57
645	617	285	62
644	667	316	65
643	720	345	72
642	785	370	78
641	840	412	87
640	896	449	94
639	966	487	95
638	1031	528	112
637	1109	568	125
636	1195	625	143
635	1273	669	161

续表

分数	2021年考生人数	2020年考生人数	2019年考生人数
634	1351	719	181
633	1425	786	207
632	1511	840	224
631	1610	925	247
630	1708	989	263
629	1802	1077	286
628	1917	1146	309
627	2026	1221	339
626	2133	1298	366
625	2250	1401	393
624	2380	1479	431
623	2519	1563	473
622	2650	1657	523
621	2798	1757	551
620	2955	1856	593
619	3125	1981	634
618	3294	2080	677
617	3477	2213	740
616	3636	2360	786
615	3798	2509	840
614	3948	2635	893
613	4108	2756	952
612	4295	2903	1006
611	4474	3072	1066
610	4672	3216	1119
609	4834	3375	1192
608	5050	3546	1263
607	5241	3712	1334
606	5444	3880	1422
605	5658	4047	1501
604	5874	4240	1582
603	6107	4444	1670
602	6319	4631	1769
601	6544	4835	1874
600	6776	5041	1980
599	7011	5253	2092
598	7239	5502	2198

续表

分数	2021年考生人数	2020年考生人数	2019年考生人数
597	7506	5757	2323
596	7782	6006	2454
595	8043	6277	2584
594	8313	6558	2721
593	8604	6823	2851
592	8893	7135	2999
591	9192	7416	3133
590	9516	7699	3276
589	9839	7989	3439
588	10158	8305	3613
587	10498	8623	3798
586	10825	8914	3996
585	11165	9226	4158
584	11502	9521	4346
583	11833	9896	4534
582	12151	10223	4720
581	12520	10573	4920
580	12890	10935	5130
579	13277	11327	5335
578	13628	11728	5568
577	14016	12113	5801
576	14388	12523	6019
575	14815	12939	6265
574	15227	13354	6530
573	15646	13776	6809
572	16090	14212	7095
571	16517	14622	7330
570	17000	15089	7586
569	17492	15522	7861
568	17951	15995	8150
567	18414	16461	8467
566	18908	16955	8791
565	19410	17463	9096
564	19891	17959	9433
563	20389	18448	9781
562	20879	18922	10145
561	21385	19417	10480

续表

分数	2021年考生人数	2020年考生人数	2019年考生人数
560	21943	19958	10833
559	22467	20516	11213
558	22987	21036	11576
557	23563	21554	11925
556	24136	22087	12293
555	24689	22667	12684
554	25301	23278	13072
553	25867	23819	13502
552	26451	24442	13923
551	27046	25030	14347
550	27622	25620	14816
549	28244	26203	15243
548	28836	26807	15742
547	29417	27436	16220
546	30047	28075	16694
545	30649	28679	17222
544	31286	29350	17701
543	31926	30010	18264
542	32574	30668	18748
541	33219	31333	19304
540	33915	31965	19901
539	34627	32593	20442
538	35289	33302	21014
537	36000	33976	21573
536	36701	34661	22094
535	37377	35387	22657
534	38026	36096	23231
533	38698	36818	23814
532	39426	37527	24466
531	40157	38285	25044
530	40857	39072	25644
529	41562	39782	26327
528	42273	40496	26973
527	43003	41219	27625
526	43777	41943	28282
525	44512	42716	28958
524	45291	43484	29666

续表

分数	2021年考生人数	2020年考生人数	2019年考生人数
523	46101	44287	30353
522	46841	45097	31022
521	47608	45874	31726
520	48420	46713	32432
519	49184	47502	33155
518	49952	48340	33889
517	50796	49174	34592
516	51641	50004	35312
515	52443	50859	36043
514	53242	51662	36824
513	54068	52560	37576
512	54859	53447	38378
511	55670	54267	39143
510	56491	55140	39988
509	57325	55983	40747
508	58200	56870	41600
507	59025	57786	42372
506	59906	58638	43190
505	60750	59518	44033
504	61580	60432	44849
503	62413	61327	45680
502	63254	62281	46498
501	64100	63123	47369
500	64927	63994	48216
499	65834	64955	49036
498	66708	65884	49902
497	67589	66799	50809
496	68472	67788	51728
495	69370	68747	52623
494	70291	69685	53547
493	71190	70609	54421
492	72125	71597	55314
491	73024	72538	56263
490	73919	73446	57200
489	74794	74425	58141
488	75691	75350	59071
487	76616	76341	59948

分数	2021年考生人数	2020年考生人数	2019年考生人数
486	77519	77287	60831
485	78405	78230	61760
484	79316	79205	62681
483	80250	80203	63611
482	81132	81118	64567
481	82022	82115	65551
480	82978	83122	66524
479	83858	84136	67483
478	84787	85132	68501
477	85681	86190	69468
476	86581	87172	70457
475	87514	88087	71426
474	88448	89051	72400
473	89423	90033	73356
472	90400	91034	74353
471	91379	92059	75322
470	92392	93080	76314
469	93316	94118	77312
468	94296	95112	78368
467	95210	96094	79351
466	96112	97100	80381
465	97046	98090	81393
464	97930	99115	82409
463	98832	100093	83390
462	99769	101122	84369
461	100660	102138	85360
460	101621	103143	86358
459	102514	104203	87350
458	103446	105191	88309
457	104383	106214	89311
456	105269	107245	90374
455	106136	108265	91397
454	107024	109277	92428
453	107929	110292	93423
452	108809	111286	94382
451	109654	112345	95426
450	110592	113304	96480

分数	2021年考生人数	2020年考生人数	2019年考生人数
449	111572	114288	97560
448	112491	115258	98590
447	113468	116267	99577
446	114404	117304	100550
445	115305	118360	101558
444	116212	119398	102602
443	117106	120435	103623
442	118040	121493	104607
441	118982	122516	105620
440	119888	123509	106634
439	120864	124531	107616
438	121825	125508	108613
437	122730	126529	109669
436	123710	127544	110683
435	124587	128552	111672
434	125544	129575	112659
433	126501	130604	113696
432	127458	131624	114752
431	128325	132665	115802
430	129277	133668	116845
429	130194	134657	117876
428	131113	135737	118883
427	132034	136727	119914
426	132982	137768	120925
425	133879	138749	121905
424	134824	139755	122900
423	135755	140776	123909
422	136731	141785	124956
421	137727	142768	125947
420	138600	143812	126952
419	139565	144844	127939
418	140519	145887	128874
417	141441	146967	129889
416	142453	148017	130932
415	143362	149065	131947
414	144294	150098	132954
413	145244	151112	133965

续表

分数	2021年考生人数	2020年考生人数	2019年考生人数
412	146199	152087	135003
411	147175	153134	136032
410	148109	154177	137034
409	149040	155199	138055
408	149994	156295	139092
407	150941	157407	140093
406	151882	158441	141158
405	152895	159470	142142
404	153847	160534	143191
403	154810	161586	144158
402	155754	162622	145119
401	156758	163644	146152
400	157726	164715	147244
399	158709	165734	148260
398	159706	166825	149329
397	160697	167851	150379
396	161619	168905	151420
395	162625	169981	152428
394	163613	171006	153487
393	164630	172081	154546
392	165608	173096	155583
391	166551	174167	156614
390	167526	175268	157627
389	168512	176296	158646
388	169516	177416	159614
387	170581	178550	160632
386	171586	179603	161613
385	172582	180620	162681
384	173558	181734	163719
383	174478	182820	164742
382	175456	183875	165832
381	176451	184983	166841
380	177476	186060	167784
379	178501	187124	168832
378	179481	188254	169884
377	180490	189307	170913
376	181478	190385	171978

续表

分数	2021年考生人数	2020年考生人数	2019年考生人数
375	182464	191483	173025
374	183484	192561	174106
373	184547	193652	175153
372	185479	194763	176199
371	186460	195875	177235
370	187469	196985	178276
369	188409	198119	179323
368	189476	199197	180362
367	190485	200314	181331
366	191554	201339	182362
365	192572	202429	183348
364	193591	203575	184359
363	194637	204711	185320
362	195624	205841	186386
361	196657	206979	187411
360	197624	208082	188433
359	198650	209168	189401
358	199644	210263	190378
357	200657	211372	191370
356	201669	212486	192341
355	202693	213600	193345
354	203694	214701	194316
353	204689	215813	195332
352	205683	216939	196285
351	206722	217993	197247
350	207734	219081	198167
349	208753	220158	199205
348	209758	221223	200175
347	210727	222243	201147
346	211712	223277	202126
345	212721	224343	203107
344	213717	225358	204072
343	214731	226396	205051
342	215802	227482	206006
341	216793	228530	206978
340	217789	229594	207948
339	218794	230666	208898

分数	2021年考生人数	2020年考生人数	2019年考生人数
338	219793	231723	209789
337	220807	232767	210702
336	221808	233823	211594
335	222791	234890	212500
334	223767	235911	213352
333	224764	237013	214302
332	225724	238075	215204
331	226706	239163	216079
330	227648	240200	216956
329	228592	241241	217835
328	229591	242283	218728
327	230524	243353	219607
326	231496	244367	220478
325	232444	245461	221332
324	233380	246571	222170
323	234311	247603	223022
322	235219	248680	223850
321	236149	249700	224683
320	237038	250775	225516
319	237976	251853	226339
318	238868	252901	227206
317	239765	253934	228050
316	240688	254952	228868
315	241559	255990	229677
314	242438	257056	230455
313	243378	258061	231234
312	244235	259096	232010
311	245107	260118	232762
310	245966	261167	233501
309	246819	262221	234262
308	247689	263211	235044
307	248573	264214	235831
306	249455	265265	236561
305	250321	266264	237291
304	251221	267248	238011
303	252069	268234	238765
302	252885	269166	239472

续表

分数	2021年考生人数	2020年考生人数	2019年考生人数
301	253719	270152	240177
300	254567	271103	240893
299	255359	272124	241605
298	256171	273026	242282
297	256999	274020	242998
296	257819	274994	243684
295	258633	275919	244320
294	259407	276857	244964
293	260231	277851	245662
292	260961	278796	246275
291	261811	279751	246881
290	262550	280648	247480
289	263277	281525	248065
288	264058	282382	248721
287	264756	283328	249350
286	265509	284255	249968
285	266241	285151	250518
284	266960	286131	251092
283	267702	287062	251741
282	268451	287969	252303
281	269173	288880	252867
280	269844	289840	253432
279	270565	290701	253990
278	271301	291580	254542
277	271974	292459	255078
276	272642	293302	255646
275	273333	294169	256108
274	274006	295026	256628
273	274712	295840	257128
272	275367	296665	257659
271	275973	297473	258207
270	276561	298283	258722
269	277143	299093	259205
268	277796	299928	259665
267	278355	300758	260147
266	278968	301525	260606
265	279558	302342	261070

续表

分数	2021年考生人数	2020年考生人数	2019年考生人数
264	280159	303147	261549
263	280715	303966	261995
262	281294	304696	262451
261	281858	305513	262936
260	282418	306296	263364
259	282939	307090	263774
258	283474	307901	264234
257	284006	308659	264655
256	284563	309431	265084
255	285080	310194	265494
254	285600	310932	265882
253	286119	311744	266297
252	286634	312492	266669
251	287136	313212	267054
250	287643	313921	267433
249	288144	314650	267780
248	288640	315404	268133
247	289105	316137	268469
246	289571	316821	268809
245	290064	317537	269154
244	290545	318230	269520
243	291008	318910	269872
242	291470	319599	270218
241	291870	320236	270567
240	292273	320855	270867
239	292709	321518	271209
238	293124	322187	271545
237	293534	322860	271837
236	293920	323473	272139
235	294344	324103	272410
234	294717	324767	272683
233	295099	325378	272963
232	295452	326034	273264
231	295822	326617	273531
230	296154	327216	273807
229	296508	327819	274055
228	296895	328414	274324

续表

分数	2021年考生人数	2020年考生人数	2019年考生人数
227	297223	328948	274592
226	297532	329528	274836
225	297842	330044	275091
224	298146	330572	275348
223	298460	331092	275578
222	298773	331646	275827
221	299047	332173	276051
220	299310	332687	276261
219	299586	333203	276482
218	299856	333708	276706
217	300151	334175	276917
216	300441	334629	277148
215	300735	335100	277382
214	301008	335578	277594
213	301249	336011	277813
212	301522	336464	278016
211	301758	336931	278206
210	301992	337374	278414
209	302237	337792	278600
208	302462	338252	278779
207	302698	338657	278965
206	302908	339081	279136
205	303126	339518	279325
204	303340	339925	279466
203	303545	340306	279634
202	303749	340668	279801
201	303931	340997	279953
200	304110	341345	280105
199	304284	341698	280237
198	304484	342040	280375
197	304652	342387	280491
196	304814	342748	280647
195	304991	343072	280767
194	305142	343428	280924
193	305302	343756	281058
192	305492	344073	281178
191	305638	344399	281288
分数	2021年考生人数	2020年考生人数	2019年考生人数

续表

分数	2021年考生人数	2020年考生人数	2019年考生人数
190	305782	344703	281418
189	305930	344966	281541
188	306054	345210	281642
187	306193	345483	281762
186	306322	345764	281881
185	306472	346050	281978
184	306589	346324	282084
183	306707	346569	282174
182	306830	346844	282278
181	306942	347059	282375
180	307062	347337	282471
179	307181	347565	282561
178	307297	347815	282665
177	307403	348042	282753
176	307481	348257	282847
175	307581	348481	282920
174	307679	348711	283013
173	307773	348915	283089
172	307858	349110	283162
171	307933	349291	283237
170	308017	349470	283308
169	308088	349658	283382
168	308168	349864	283445
167	308237	350063	283506
166	308307	350221	283570
165	308386	350413	283635
164	308455	350570	283700
163	308524	350739	283761
162	308582	350901	283818
161	308637	351053	283858
160	308701	351199	283907
159	308757	351340	283952
158	308806	351460	284002
157	308855	351598	284064
156	308915	351702	284111
155	308967	351833	284153
154	309003	351947	284205

续表

分数	2021年考生人数	2020年考生人数	2019年考生人数
153	309040	352057	284248
152	309068	352170	284275
151	309103	352268	284313
150	309136	352368	284351
149	309167	352478	284389
148	309207	352569	284414
147	309250	352668	284445
146	309278	352762	284481
145	309313	352861	284514
144	309349	352950	284546
143	309394	353030	284572
142	309423	353112	284606
141	309453	353185	284624
140	309470	353260	284657
139	309503	353334	284687
138	309530	353414	284713
137	309567	353497	284737
136	309593	353580	284756
135	309616	353649	284779
134	309642	353714	284797
133	309669	353793	284821
132	309685	353845	284842
131	309710	353907	284864
130	309727	353976	284873
129	309747	354033	284888
128	309765	354098	284904
127	309782	354150	284922
126	309801	354209	284934
125	309818	354253	284949
124	309834	354298	284960
123	309852	354342	284969
122	309870	354385	284984
121	309886	354429	284996
120	309897	354473	285005
119	309912	354513	285017
118	309920	354566	285026
117	309930	354609	285037

续表

分数	2021年考生人数	2020年考生人数	2019年考生人数
116	309943	354648	285045
115	309955	354689	285056
114	309967	354720	285063
113	309977	354755	285071
112	309986	354790	285076
111	309993	354814	285090
110	309997	354853	285100
109	310010	354892	285109
108	310016	354920	285120
107	310021	354944	285126
106	310040	354975	285131
105	310047	355005	285141
104	310052	355031	285149
103	310058	355071	285157
102	310070	355098	285163
101	310079	355127	285168
100	310088	355150	285171

第三节 2019-2021年河南省普通高校招生分数段统计（理科）（见表3-3）

表3-3 2019-2021年河南省普通高校招生分数段统计（理科）

分数	2021年考生人数	2020年考生人数	2019年考生人数
715	—	11	—
714	—	16	—
713	—	18	—
712	—	20	—
711	—	22	—
710	—	27	—
709	—	37	—
708	15	45	—
707	18	54	—
706	20	65	—
705	26	79	—
704	33	87	—

续表

分数	2021年考生人数	2020年考生人数	2019年考生人数
703	39	107	—
702	49	126	—
701	59	151	—
700	68	169	—
699	83	197	—
698	97	235	—
697	111	268	11
696	122	298	13
695	143	335	16
694	159	376	21
693	179	443	26
692	203	491	30
691	227	556	32
690	255	627	37
689	286	705	45
688	315	774	48
687	348	848	53
686	383	953	66
685	426	1036	83
684	472	1159	96
683	513	1272	112
682	551	1377	121
681	604	1521	142
680	659	1660	157
679	716	1784	173
678	774	1919	194
677	836	2065	220
676	902	2213	248
675	982	2370	271
674	1046	2546	296
673	1115	2742	331
672	1184	2936	364
671	1290	3152	414
670	1390	3375	455
669	1500	3612	496
668	1606	3845	527
667	1730	4082	574
分数	2021年考生人数	2020年考生人数	2019年考生人数

续表

分数	2021年考生人数	2020年考生人数	2019年考生人数
666	1839	4347	612
665	1945	4594	660
664	2055	4878	723
663	2171	5152	781
662	2315	5463	839
661	2447	5753	893
660	2582	6046	970
659	2750	6356	1032
658	2928	6676	1115
657	3071	7026	1186
656	3232	7373	1275
655	3427	7724	1372
654	3618	8089	1465
653	3815	8491	1584
652	4022	8900	1689
651	4219	9274	1801
650	4428	9653	1899
649	4632	10081	2012
648	4866	10506	2113
647	5113	10957	2230
646	5337	11437	2358
645	5586	11903	2497
644	5865	12396	2638
643	6115	12897	2783
642	6374	13368	2921
641	6621	13884	3085
640	6896	14443	3242
639	7225	14936	3434
638	7501	15517	3641
637	7791	16139	3812
636	8107	16698	4028
635	8421	17277	4241
634	8730	17857	4436
633	9067	18475	4651
632	9454	19083	4877
631	9815	19649	5104
630	10181	20308	5342

续表

分数	2021年考生人数	2020年考生人数	2019年考生人数
629	10535	20922	5572
628	10919	21581	5793
627	11294	22276	6047
626	11699	22973	6306
625	12135	23684	6574
624	12534	24312	6877
623	12952	25056	7166
622	13376	25751	7457
621	13845	26493	7757
620	14309	27221	8056
619	14767	27959	8371
618	15229	28686	8715
617	15697	29485	9020
616	16166	30260	9395
615	16706	31039	9736
614	17248	31866	10078
613	17797	32658	10464
612	18358	33477	10848
611	18927	34290	11219
610	19481	35130	11615
609	20081	35994	12015
608	20660	36876	12435
607	21254	37744	12858
606	21866	38611	13279
605	22560	39525	13725
604	23232	40431	14189
603	23896	41377	14629
602	24547	42274	15084
601	25226	43222	15554
600	25941	44162	16048
599	26645	45122	16510
598	27341	46111	17020
597	28109	47088	17549
596	28854	48117	18059
595	29573	49113	18563
594	30319	50132	19118
593	31136	51170	19684

续表

分数	2021年考生人数	2020年考生人数	2019年考生人数
592	31893	52176	20281
591	32664	53210	20850
590	33462	54281	21457
589	34265	55355	22024
588	35077	56402	22618
587	35958	57472	23239
586	36819	58573	23893
585	37676	59698	24522
584	38526	60827	25153
583	39420	61893	25787
582	40304	63035	26424
581	41207	64188	27095
580	42114	65365	27764
579	43027	66467	28476
578	43977	67627	29151
577	44925	68843	29841
576	45897	69982	30538
575	46947	71135	31251
574	47907	72367	31945
573	48861	73543	32636
572	49827	74766	33407
571	50842	75906	34124
570	51895	77140	34852
569	52925	78357	35574
568	53926	79540	36336
567	54949	80773	37129
566	55959	82003	37938
565	57047	83217	38753
564	58092	84489	39606
563	59195	85729	40404
562	60300	87025	41266
561	61408	88293	42168
560	62527	89567	43018
559	63644	90901	43868
558	64821	92191	44724
557	66016	93476	45612
556	67119	94834	46572

分数	2021年考生人数	2020年考生人数	2019年考生人数
555	68314	96089	47516
554	69571	97420	48470
553	70771	98716	49387
552	71998	100103	50338
551	73198	101503	51294
550	74466	102795	52220
549	75663	104116	53206
548	76893	105494	54135
547	78166	106820	55105
546	79430	108151	56118
545	80734	109540	57178
544	81978	110870	58177
543	83173	112214	59191
542	84384	113569	60165
541	85633	114968	61214
540	86942	116385	62311
539	88238	117811	63318
538	89520	119222	64379
537	90783	120651	65427
536	92075	122058	66504
535	93448	123435	67572
534	94763	124788	68627
533	96108	126208	69714
532	97392	127600	70806
531	98686	128942	71851
530	99984	130372	73020
529	101319	131782	74158
528	102673	133199	75279
527	104040	134593	76393
526	105431	135998	77523
525	106846	137488	78652
524	108202	138907	79803
523	109592	140403	81012
522	111038	141799	82193
521	112446	143264	83314
520	113880	144698	84432
519	115307	146141	85649

续表

分数	2021年考生人数	2020年考生人数	2019年考生人数
518	116712	147501	86875
517	118136	148936	88095
516	119572	150331	89282
515	121053	151757	90542
514	122496	153171	91816
513	123956	154550	93105
512	125339	155958	94355
511	126766	157359	95599
510	128279	158828	96807
509	129750	160203	98103
508	131200	161609	99361
507	132697	163015	100680
506	134151	164447	101963
505	135597	165842	103209
504	137053	167247	104489
503	138510	168670	105793
502	139904	170132	107111
501	141361	171454	108397
500	142881	172921	109722
499	144391	174394	111061
498	145875	175789	112391
497	147350	177201	113728
496	148869	178596	115107
495	150381	179984	116429
494	151865	181490	117785
493	153381	182908	119172
492	154848	184345	120507
491	156390	185784	121907
490	157920	187213	123275
489	159463	188599	124682
488	160983	190039	126087
487	162483	191461	127545
486	164055	192920	129013
485	165585	194389	130391
484	167136	195845	131781
483	168671	197169	133227
482	170142	198608	134658

续表

续表

分数	2021年考生人数	2020年考生人数	2019年考生人数
481	171656	200016	136160
480	173219	201440	137646
479	174842	202887	139124
478	176475	204297	140526
477	178120	205778	141960
476	179665	207250	143428
475	181262	208687	144952
474	182785	210109	146428
473	184349	211459	147855
472	185975	212907	149279
471	187565	214321	150749
470	189083	215801	152213
469	190631	217220	153726
468	192193	218640	155299
467	193798	220020	156834
466	195410	221408	158333
465	197054	222839	159888
464	198637	224244	161404
463	200256	225637	162953
462	201854	227021	164407
461	203404	228392	165929
460	205000	229756	167432
459	206643	231205	168910
458	208283	232685	170400
457	209890	234014	171994
456	211482	235408	173485
455	213085	236806	175024
454	214734	238237	176534
453	216337	239641	178112
452	217907	241022	179660
451	219532	242386	181267
450	221117	243730	182812
449	222771	245038	184336
448	224338	246379	185877
447	225988	247757	187430
446	227590	249117	189057
445	229192	250424	190661

续表

分数	2021年考生人数	2020年考生人数	2019年考生人数
444	230786	251828	192243
443	232325	253224	193825
442	233927	254580	195442
441	235515	255937	197053
440	237132	257231	198658
439	238693	258623	200217
438	240321	259953	201696
437	241940	261238	203316
436	243532	262570	204917
435	245065	263849	206509
434	246717	265198	208112
433	248295	266534	209699
432	249868	267893	211300
431	251493	269150	212792
430	253042	270424	214312
429	254608	271775	215808
428	256159	273118	217384
427	257747	274383	218977
426	259330	275609	220514
425	260851	276885	222067
424	262361	278111	223648
423	263892	279339	225127
422	265432	280614	226764
421	266965	281879	228295
420	268493	283127	229909
419	269968	284340	231433
418	271535	285539	232966
417	273082	286788	234488
416	274530	288004	235936
415	276009	289156	237441
414	277505	290319	238977
413	279013	291515	240565
412	280640	292721	242062
411	282125	293890	243516
410	283600	295095	244999
409	284988	296276	246460
408	286455	297446	247892

续表

分数	2021年考生人数	2020年考生人数	2019年考生人数
407	287920	298628	249416
406	289382	299822	250790
405	290800	300980	252264
404	292189	302145	253798
403	293683	303342	255219
402	295123	304554	256652
401	296564	305684	258045
400	297990	306756	259513
399	299464	307862	260916
398	300860	308943	262381
397	302239	310060	263856
396	303678	311189	265263
395	305066	312240	266754
394	306512	313381	268221
393	307958	314483	269668
392	309359	315606	271093
391	310754	316676	272463
390	312127	317769	273805
389	313390	318845	275178
388	314712	319966	276546
387	316017	321046	277885
386	317337	322130	279199
385	318688	323233	280520
384	319936	324305	281872
383	321298	325347	283159
382	322619	326354	284500
381	323916	327432	285813
380	325201	328522	287121
379	326501	329507	288314
378	327739	330483	289541
377	328956	331481	290804
376	330152	332556	292144
375	331449	333566	293411
374	332635	334598	294694
373	333837	335607	295910
372	335103	336590	297098
371	336342	337467	298324

续表

分数	2021年考生人数	2020年考生人数	2019年考生人数
370	337562	338443	299513
369	338774	339363	300716
368	339984	340374	301945
367	341260	341362	303116
366	342443	342287	304270
365	343595	343284	305452
364	344792	344195	306643
363	345910	345124	307790
362	347076	346093	308904
361	348237	347054	310036
360	349363	348047	311169
359	350512	348951	312238
358	351616	349844	313379
357	352759	350773	314528
356	353925	351680	315698
355	355056	352584	316823
354	356200	353488	317880
353	357342	354373	318932
352	358450	355317	319985
351	359516	356216	321021
350	360652	357092	322076
349	361705	357968	323147
348	362820	358905	324214
347	363896	359761	325199
346	364977	360667	326204
345	366020	361541	327228
344	367121	362358	328189
343	368119	363272	329205
342	369106	364119	330199
341	370148	364980	331208
340	371134	365881	332187
339	372139	366728	333108
338	373202	367587	334091
337	374211	368399	335039
336	375206	369237	336003
335	376195	370014	336961
334	377182	370822	337853

续表

分数	2021年考生人数	2020年考生人数	2019年考生人数
333	378146	371656	338791
332	379179	372447	339721
331	380279	373266	340626
330	381264	374107	341514
329	382293	374862	342441
328	383281	375675	343323
327	384210	376510	344254
326	385153	377330	345103
325	386069	378124	345975
324	386979	378890	346849
323	387897	379664	347709
322	388828	380446	348525
321	389729	381259	349343
320	390620	382059	350172
319	391524	382852	351014
318	392430	383618	351805
317	393342	384391	352639
316	394239	385137	353399
315	395179	385845	354162
314	396105	386613	354926
313	397005	387364	355658
312	397807	388069	356456
311	398638	388801	357193
310	399514	389527	357953
309	400374	390263	358677
308	401229	391008	359459
307	402043	391763	360176
306	402848	392493	360920
305	403678	393189	361674
304	404499	393919	362358
303	405312	394668	363054
302	406113	395401	363748
301	406940	396138	364411
300	407732	396822	365066
299	408563	397511	365757
298	409340	398229	366418
297	410094	398938	367049

续表

分数	2021年考生人数	2020年考生人数	2019年考生人数
296	410866	399630	367698
295	411653	400314	368316
294	412416	400947	368971
293	413163	401615	369553
292	413902	402307	370175
291	414635	403015	370803
290	415412	403692	371396
289	416144	404385	372016
288	416885	405063	372589
287	417605	405742	373170
286	418301	406423	373741
285	419012	407091	374314
284	419727	407733	374874
283	420453	408411	375438
282	421149	409058	376042
281	421796	409716	376608
280	422454	410375	377151
279	423123	410996	377698
278	423765	411657	378213
277	424438	412326	378754
276	425090	412987	379243
275	425697	413599	379752
274	426369	414194	380241
273	427049	414845	380742
272	427653	415436	381223
271	428302	416089	381711
270	428892	416675	382220
269	429517	417301	382707
268	430120	417967	383144
267	430749	418534	383609
266	431380	419160	384041
265	431962	419800	384475
264	432550	420425	384893
263	433155	421047	385319
262	433732	421653	385748
261	434307	422252	386186
260	434859	422837	386595

续表

分数	2021年考生人数	2020年考生人数	2019年考生人数
259	435417	423399	387023
258	435998	423982	387416
257	436499	424551	387837
256	437059	425150	388197
255	437595	425718	388606
254	438140	426344	389008
253	438705	426855	389350
252	439233	427467	389742
251	439728	428032	390094
250	440238	428542	390490
249	440763	429091	390850
248	441245	429651	391215
247	441747	430178	391555
246	442215	430769	391914
245	442647	431325	392276
244	443114	431853	392618
243	443595	432381	392959
242	444060	432911	393296
241	444547	433423	393616
240	445014	433991	393964
239	445438	434494	394286
238	445896	435049	394591
237	446311	435584	394854
236	446728	436104	395128
235	447179	436617	395409
234	447618	437131	395687
233	448064	437656	395957
232	448501	438203	396268
231	448918	438746	396549
230	449315	439267	396828
229	449726	439768	397104
228	450128	440250	397353
227	450521	440743	397624
226	450903	441249	397840
225	451285	441760	398118
224	451633	442315	398375
223	451974	442810	398594

续表

分数	2021年考生人数	2020年考生人数	2019年考生人数
222	452325	443281	398845
221	452677	443779	399096
220	453026	444277	399318
219	453382	444795	399547
218	453704	445259	399758
217	454032	445751	400000
216	454376	446199	400207
215	454702	446694	400438
214	455017	447174	400676
213	455308	447612	400876
212	455597	448065	401100
211	455911	448486	401306
210	456186	448936	401483
209	456476	449393	401654
208	456752	449800	401839
207	457006	450210	402008
206	457281	450666	402195
205	457553	451088	402381
204	457845	451504	402550
203	458113	451962	402720
202	458390	452394	402877
201	458630	452805	403058
200	458864	453190	403223
199	459117	453604	403376
198	459356	453983	403517
197	459596	454358	403669
196	459792	454776	403800
195	459997	455158	403958
194	460221	455548	404116
193	460400	455919	404280
192	460593	456317	404399
191	460774	456681	404523
190	460973	457092	404668
189	461158	457506	404809
188	461360	457817	404915
187	461527	458170	405019
186	461722	458525	405138

续表

分数	2021年考生人数	2020年考生人数	2019年考生人数
185	461893	458886	405251
184	462049	459239	405350
183	462202	459583	405460
182	462368	459924	405558
181	462526	460216	405657
180	462670	460554	405762
179	462822	460857	405864
178	462962	461152	405959
177	463097	461433	406064
176	463240	461726	406159
175	463368	462004	406244
174	463495	462267	406309
173	463602	462530	406411
172	463714	462794	406491
171	463831	463032	406555
170	463930	463291	406625
169	464029	463539	406709
168	464140	463790	406787
167	464242	464044	406865
166	464342	464260	406925
165	464444	464477	407006
164	464526	464706	407068
163	464595	464926	407115
162	464679	465113	407166
161	464756	465352	407230
160	464826	465519	407280
159	464907	465729	407355
158	464973	465933	407410
157	465042	466091	407468
156	465111	466239	407497
155	465179	466416	407538
154	465242	466586	407578
153	465301	466750	407618
152	465355	466922	407645
151	465422	467074	407686
150	465469	467233	407727
149	465506	467380	407769

续表

分数	2021年考生人数	2020年考生人数	2019年考生人数
148	465544	467515	407810
147	465602	467650	407856
146	465637	467777	407885
145	465680	467893	407910
144	465725	468001	407949
143	465753	468109	407986
142	465790	468207	408013
141	465814	468301	408037
140	465855	468378	408059
139	465885	468458	408083
138	465915	468534	408103
137	465945	468613	408126
136	465973	468684	408148
135	466000	468766	408173
134	466020	468851	408190
133	466032	468933	408221
132	466058	469006	408244
131	466080	469086	408257
130	466099	469155	408277
129	466121	469225	408290
128	466142	469278	408309
127	466164	469338	408322
126	466183	469403	408343
125	466195	469463	408354
124	466210	469520	408364
123	466233	469558	408381
122	466252	469605	408391
121	466265	469651	408397
120	466281	469706	408406
119	466293	469752	408418
118	466307	469808	408430
117	466320	469845	408436
116	466330	469883	408443
115	466338	469928	408454
114	466349	469968	408463
113	466356	470003	408468
112	466369	470038	408483

续表

分数	2021 年考生人数	2020 年考生人数	2019 年考生人数
111	466380	470073	408489
110	466389	470100	408494
109	466402	470125	408503
108	466411	470155	408509
107	466420	470179	408517
106	466429	470213	408520
105	466439	470243	408529
104	466448	470269	408534
103	466460	470304	408541
102	466470	470332	408547
101	466478	470351	408551
100	466487	470378	408557

第四节 2019-2021年河南省普通高校招生本科一批院校平行投档信息统计（文科）（见表3-4）

（表格说明详见本章第八节）

表3-4 2019-2021年河南省普通高校招生本科一批院校平行投档信息统计（文科）

院校基本信息·本科一批（文科）					2021年投档情况				2020年投档情况				2019年投档情况			2021年同位次分数
院校代码	院校名称	所在区域	所在地	城市分类	院校类型	院校分类	招生计划	投档线	线差	位次	招生计划	实际投档	投档线	位次	招生计划	实际投档	投档线	位次	
1115	清华大学	北京	北京	一线	综合	原985一流大学A类	2	677	119	52	2	4	669	17	2	3	655	24	671
1105	北京大学	北京	北京	一线	综合	原985一流大学A类	32	669	111	—	32	32	661	54	32	32	648	51	669
1290	上海交通大学	上海	上海	一线	综合	原985一流大学A类	1	667	109	70	1	1	658	75	1	1	643	72	666
1130	复旦大学	上海	上海	一线	综合	原985一流大学A类	6	663	105	108	—	—	—	—	—	—	—	—	662
1130	复旦大学（其他单列）	上海	上海	一线	综合	原985一流大学A类	10	663	105	108	11	12	657	83	11	11	638	112	661
1110	中国人民大学	北京	北京	一线	综合	原985一流大学A类	40	662	104	121	38	38	652	147	42	42	637	125	658
1160	南京大学	江苏	南京	新一线	综合	原985一流大学A类	16	659	101	174	16	16	649	197	16	16	634	181	657
1195	浙江大学	浙江	杭州	新一线	综合	原985一流大学A类	21	658	100	190	17	17	649	197	21	21	634	181	658
1165	南开大学	天津	天津	新一线	综合	原985一流大学A类	41	650	92	383	41	41	640	449	45	45	624	431	648
1180	武汉大学	湖北	武汉	新一线	综合	原985一流大学A类	99	648	90	454	91	91	639	487	107	107	622	523	646

续表

院校基本信息·本科一批（文科）

院校代码	院校名称	所在区域	所在地	城市分类	院校类型	院校分类	2021年投档情况 招生计划	投档线	线差	位次	2020年投档情况 招生计划	实际投档	投档线	位次	2021年同位次分数	2019年投档情况 招生计划	实际投档	投档线	位次	2021年同位次分数
1400	北京师范大学	北京	北京	一线	师范	原985 一流大学A类	39	647	89	507	—	—	—	—	—	—	—	—	—	—
1310	同济大学	上海	上海	一线	工科	原985 一流大学A类	15	645	87	617	15	15	635	669	643	15	15	620	677	645
1190	厦门大学	福建	厦门	二线	综合	原985 一流大学A类	29	644	86	667	29	29	635	925	643	27	27	618	786	643
1410	华东师范大学	上海	上海	一线	师范	原985 一流大学A类	36	643	85	720	39	44	631	669	641	30	33	616	634	641
1485	北京航空航天大学	北京	北京	一线	工科	原985 一流大学A类	10	643	85	720	—	—	—	—	—	33	33	619	840	644
1215	中山大学	广东	广州	一线	综合	原985 一流大学A类	51	642	84	785	31	31	632	840	641	22	22	615	1066	641
1175	四川大学	四川	成都	新一线	综合	原985 一流大学A类	9	641	83	840	13	13	630	989	638	16	16	611	1066	637
1125	东南大学	江苏	南京	新一线	综合	原985 一流大学A类	14	641	83	840	14	15	630	989	638	13	13	614	893	640
1445	上海财经大学	上海	上海	一线	财经	原211 一流学科	12	640	82	896	42	42	631	925	639	42	42	613	952	639
1140	华中科技大学	湖北	武汉	新一线	综合	原985 一流大学A类	42	640	82	896	2	2	630	—	—	6	6	611	1066	637
1185	西安交通大学	陕西	西安	新一线	综合	原985 一流大学A类	2	639	81	966	—	—	631	1077	637	15	15	614	893	640
1400	北京师范大学（其他单列）	北京	北京	一线	师范	原985 一流大学A类	25	638	80	1031	25	21	629	1077	637	15	15	614	893	640
1305	天津大学	天津	天津	新一线	工科	原985 一流大学A类	31	638	80	1031	27	27	625	1401	633	26	26	591	3133	618
1450	对外经济贸易大学	北京	北京	一线	财经	原211 一流学科	55	637	79	1109	52	52	633	786	641	48	48	617	740	642
1465	中国政法大学	北京	北京	一线	政法	原211 一流学科														

· 262 ·

院校基本信息·本科一批（文科）

院校代码	院校名称	所在区域	所在地	城市分类	院校类型	院校分类	2021年投档情况 招生计划	投档线	线差	位次	2020年投档情况 招生计划	实际投档	投档线	位次	2021年同位次分数	2019年投档情况 招生计划	实际投档	投档线	位次	2021年同位次分数
1170	山东大学	山东	济南	二线	综合	原985 一流大学A类	55	636	78	1195	54	57	626	1422	633	57	58	606	1422	633
1210	中南大学	湖南	长沙	新一线	综合	原985 一流大学A类	23	636	78	1195	20	20	627	1298	634	20	20	609	1192	636
1460	中央财经大学	北京	北京	一线	财经	原211 一流学科	32	636	78	1195	26	26	632	840	635	26	26	610	1119	636
1440	上海外国语大学	上海	上海	一线	语言	原211 一流学科	9	635	77	1273	11	11	626	1298	641	9	9	613	952	639
1135	湖南大学	湖南	长沙	新一线	综合	原985 一流大学B类	32	634	76	1351	34	35	624	1479	634	37	37	602	1769	629
1355	重庆大学	重庆	重庆	新一线	综合	原985 一流大学A类	12	634	76	1351	18	18	629	1221	632	18	18	608	1263	635
1490	北京理工大学	北京	北京	一线	工科	原985 一流大学A类	10	634	76	1351	10	10	629	1077	637	8	8	611	1066	637
0191	中国社会科学院大学	北京	北京	一线	综合	保研资格	23	633	75	1425	23	23	628	1146	636	22	22	602	1769	629
1375	中国农业大学	北京	北京	一线	农业	原985 一流大学A类	15	633	75	1425	14	15	625	1401	633	15	15	605	1501	632
1401	北京师范大学（珠海校区）	广东	珠海	二线	师范		8	633	75	1425	—	—	—	—	—	—	—	—	—	—
1470	中国传媒大学	北京	北京	一线	语言	原211 一流学科	20	632	74	1511	21	21	622	1657	630	26	27	592	2999	619
1100	中央民族大学	北京	北京	一线	民族	原985 一流大学A类	24	631	73	1610	23	23	622	1657	630	19	19	600	1980	627
1145	吉林大学	吉林	长春	二线	综合	原985 一流大学A类	62	631	73	1610	65	65	621	1757	629	69	71	603	1670	630
1495	哈尔滨工业大学	黑龙江	哈尔滨	二线	工科	原985 一流大学A类	18	631	73	1610	15	15	623	1563	631	12	13	600	1980	627
1173	山东大学威海分校	山东	威海	三线	综合	原985 一流大学A类	20	630	72	1708	24	24	620	1856	628	22	22	600	1980	627
1250	电子科技大学	四川	成都	新一线	工科	原985 一流大学A类	10	630	72	1708	7	7	621	1757	629	12	12	601	1874	628

续表

院校基本信息·本科一批（文科）

院校代码	院校名称	所在区域	所在地	城市分类	院校类型	院校分类	2021年投档情况					2020年投档情况				2019年投档情况			
							招生计划	投档线	线差	位次		招生计划	实际投档	投档线	位次	2021年同位次分数	招生计划	实际投档	投档线	位次	2021年同位次分数
1280	华南理工大学	广东	广州	一线	工科	原985一流大学A类	23	630	72	1708		23	23	623	1563	631	22	22	604	1582	631
1430	北京外国语大学	北京	北京	一线	语言	原211一流学科	16	629	71	1802		16	16	620	4240	612	13	13	616	786	641
1205	中南财经政法大学	湖北	武汉	新一线	财经	原211一流学科	106	628	70	1917		105	105	604	4240	612	106	106	603	1670	630
1330	中国海洋大学	山东	青岛	新一线	综合	原985一流大学A类	31	628	70	1917		33	33	619	1981	627	34	35	600	2198	625
1155	兰州大学	甘肃	兰州	二线	综合	原985一流大学A类	32	627	69	2026		25	25	618	2080	626	33	35	598	2198	625
1165	南开大学（较高收费）	天津	天津	新一线	综合	原985一流大学A类	5	627	69	2026		—	—	—	—	—	—	—	—	—	—
1455	西南财经大学	四川	成都	新一线	财经	原211一流学科	30	627	69	2026		27	27	619	1981	627	31	31	600	1980	627
1515	西北工业大学	陕西	西安	新一线	工科	原985一流大学A类	7	626	68	2133		7	7	615	2509	623	7	7	601	1874	628
1415	华中师范大学	湖北	武汉	新一线	师范	原211一流学科	50	626	68	2133		47	47	617	2213	625	41	41	606	1422	633
1790	上海大学	上海	上海	一线	综合	原211一流学科	15	625	67	2250		15	15	620	1856	628	6	6	590	3276	618
1173	山东大学威海分校（较高收费）	山东	威海	三线	综合	原985一流大学A类	2	625	67	2250		2	2	619	1981	627	5	5	598	2198	625
1230	北京科技大学	北京	北京	一线	工科	原211一流学科	23	625	67	2250		23	23	618	2080	626	23	24	598	2198	625
1255	东北大学	辽宁	沈阳	新一线	工科	原985一流大学B类	37	625	67	2250		37	37	616	2360	624	22	22	595	2584	622
1390	北京中医药大学	北京	北京	一线	医药	原211一流学科	5	624	66	2380		7	7	612	2903	620	6	7	596	2454	623
1235	北京邮电大学	北京	北京	一线	工科	原211一流学科	14	624	66	2380		9	9	605	4047	613	13	13	601	1874	628

续表

院校基本信息·本科一批（文科）						2021年投档情况				2020年投档情况				2021年同位次分数	2019年投档情况				2021年同位次分数
院校代码	院校名称	所在区域	所在地	城市分类	院校类型	院校分类	招生计划	投档线	线差	位次	招生计划	实际投档	投档线	位次		招生计划	实际投档	投档线	位次	
1425	西南大学	重庆	重庆	新一线	综合	原211	17	624	66	2380	25	25	614	2635	622	25	26	599	2092	626
1830	苏州大学	江苏	苏州	新一线	综合	原211一流学科	25	624	66	2380	29	32	619	1981	627	30	35	603	1670	630
1855	南京师范大学	江苏	南京	新一线	师范	原211一流学科	24	624	66	2380	16	16	618	2080	626	23	24	599	2092	626
2030	西南政法大学（较高收费）	重庆	重庆	新一线	政法	保研资格	5	624	66	2380	6	6	614	2635	622	6	6	594	2721	621
1520	暨南大学	广东	广州	一线	综合	原211一流学科	21	624	65	2519	14	15	614	2635	622	17	18	599	2092	626
1790	上海大学（较高收费）	上海	上海	一线	综合	原211一流学科	5	623	65	2519	4	4	617	2213	625	4	4	600	1980	627
2030	西南政法大学	重庆	重庆	新一线	政法	保研资格	54	623	65	2519	43	44	617	2213	625	40	42	597	2323	624
0110	中国人民公安大学	北京	北京	一线	政法	原211一流学科	3	622	64	2650	3	3	609	3375	617	—	—	—	—	—
1335	中国地质大学（北京）	北京	北京	一线	工科	原211一流学科	5	622	64	2650	5	5	613	2756	621	5	5	593	2851	620
1505	南京航空航天大学	江苏	南京	新一线	工科	原211一流学科	26	622	64	2650	16	16	612	2903	620	16	16	592	2999	619
1810	华东政法大学	上海	上海	一线	政法	保研资格	61	622	64	2650	63	64	613	2756	621	62	62	598	2198	625
1275	华东理工大学	上海	上海	一线	工科	原211一流学科	40	621	63	2798	40	40	612	2903	620	40	42	591	3133	618
1380	北京林业大学	北京	北京	一线	林业	原211一流学科	13	621	63	2798	13	13	613	2756	621	13	13	598	2198	625
1985	华南师范大学	广东	广州	一线	师范	原211一流学科	15	621	63	2798	13	13	610	3216	618	13	13	595	2584	622
1180	武汉大学	湖北	武汉	新一线	综合	原985一流大学A类	3	620	62	2955	4	4	612	2903	620	3	3	581	4920	608
1220	华北电力大学（北京）	北京	北京	一线	工科	原211一流学科	10	620	62	2955	10	10	610	3216	618	10	10	591	3133	618
1420	陕西师范大学	陕西	西安	新一线	师范	原211一流学科	44	620	62	2955	41	43	611	3072	619	20	21	596	2454	623

院校基本信息·本科一批(文科) 续表

院校代码	院校名称	所在区域	所在地	城市分类	院校类型	院校分类	2021年投档情况			2020年投档情况				2019年投档情况		
							招生计划	投档线	线差	位次	招生计划	实际投档	投档线	位次	2021年同位次分数	招生计划	实际投档	投档线	位次	2021年同位次分数
2090	西北大学	陕西	西安	新一线	综合	原211 一流学科	24	620	62	2955	13	13	611	3072	619	16	17	593	2851	620
1325	西南交通大学	四川	成都	新一线	工科	原211 一流学科	25	619	61	3125	23	23	610	3216	618	29	29	592	2999	619
1330	中国海洋大学(较高收费)	山东	青岛	新一线	综合	原985 一流大学A类	4	619	61	3125	4	4	609	3375	617	3	3	589	3439	617
1935	湖南师范大学	湖南	长沙	新一线	师范	原211 一流学科	20	619	61	3125	16	16	611	3072	619	14	14	592	2999	619
1965	深圳大学	广东	深圳	一线	综合	保研资格	21	619	61	3125	18	18	613	2756	621	19	19	595	2584	622
2225	首都师范大学	北京	北京	一线	师范	原211 一流学科	6	619	61	3125	8	8	608	3546	616	6	6	588	3613	616
1120	北京交通大学	北京	北京	一线	工科	原211 一流学科	8	618	60	3294	4	4	620	1856	628	5	5	608	1263	635
1345	中国矿业大学(北京)	北京	北京	一线	工科	原211 一流学科	11	618	60	3294	11	11	608	3546	616	11	11	589	3439	617
1270	河海大学	江苏	南京	新一线	工科	原211 一流学科	30	617	59	3477	22	22	607	3712	615	25	26	590	3276	622
1225	北京化工大学	北京	北京	一线	工科	原211 一流学科	19	616	58	3636	17	17	606	3880	614	17	17	587	3798	618
1340	中国地质大学(武汉)	湖北	武汉	新一线	工科	原211 一流学科	16	616	58	3636	16	17	611	3072	619	16	16	592	2999	615
1315	武汉理工大学	湖北	武汉	新一线	工科	原211 一流学科	41	615	57	3798	39	39	608	3546	616	39	40	592	2999	619
1370	西北农林科技大学	陕西	咸阳	三线	农业	原985 一流大学B类	40	615	57	3798	38	40	606	3880	614	36	37	587	3798	615
1430	北京外国语大学(较高收费)	北京	北京	一线	语言	原211 一流学科	4	615	57	3798	3	4	618	2080	626	3	3	596	2454	623
1895	福州大学	福建	福州	二线	工科	原211 一流学科	10	615	57	3798	10	10	609	3375	617	11	13	586	3996	613
1405	东北师范大学	吉林	长春	二线	师范	原211 一流学科	36	614	56	3948	50	50	605	4047	613	45	45	585	4158	612

院校基本信息·本科一批（文科）

院校代码	院校名称	所在区域	所在地	城市分类	院校类型	院校分类	2021年投档情况			2020年投档情况				2021年同位次分数	2019年投档情况				2021年同位次分数
							招生计划	投档线	线差	位次	招生计划	实际投档	投档线	位次		招生计划	实际投档	投档线	位次	
2115	西北政法大学	陕西	西安	新一线	政法	保研资格	42	614	56	3948	40	40	605	4047	613	40	40	583	4534	610
1455	西南财经大学（较高收费）	四川	成都	新一线	财经	原211一流学科	4	613	55	4108	—	—	—	—	—	—	—	—	—	—
6000	郑州大学	河南	郑州	新一线	综合	原211一流大学B类	550	613	55	4108	485	490	606	3880	614	712	719	584	4346	611
1240	长安大学	陕西	西安	新一线	工科	原211一流学科	17	612	54	4295	14	14	603	4444	611	35	35	580	5130	607
1320	西安电子科技大学	陕西	西安	新一线	工科	原211一流学科	47	612	54	4295	50	50	604	4240	612	17	17	583	4534	610
1375	中国农业大学（较高收费）	北京	北京	一线	农业	原985一流大学A类	6	612	54	4295	6	6	611	3072	619	6	6	592	2999	619
1885	安徽大学	安徽	合肥	二线	综合	原211一流学科	34	612	54	4295	25	28	605	4047	613	34	35	584	4346	611
1910	南昌大学	江西	南昌	二线	综合	原211一流学科	34	612	54	4295	33	34	605	4047	613	30	30	583	4534	610
2080	云南大学	云南	昆明	二线	综合	原211一流大学B类	23	612	54	4295	20	20	596	6006	603	21	21	555	12684	580
1285	大连海事大学	辽宁	大连	二线	工科	原211一流学科	13	611	53	4474	14	14	604	4240	612	25	25	579	5335	606
1300	中国石油大学（华东）	山东	青岛	二线	工科	原211一流学科	25	611	53	4474	26	26	602	4631	610	26	26	578	5568	605
1350	中国矿业大学	江苏	徐州	二线	工科	原211一流学科	24	611	53	4474	26	26	604	4240	612	32	32	573	6809	599
1365	南京农业大学	江苏	南京	新一线	农业	原211一流学科	31	611	53	4474	31	31	601	5041	608	5	5	574	6530	601
1145	吉林大学（其他单列）	吉林	长春	二线	综合	原985一流大学A类	4	610	52	4672	4	5	600	4835	608	5	5	574	6530	601
1265	合肥工业大学	安徽	合肥	二线	工科	原211一流学科	15	610	52	4672	15	15	601	—	—	13	13	579	5335	606

院校代码	院校名称	所在区域	所在地	城市分类	院校类型	院校分类	2021年招生计划	2021年投档线	2021年线差	2021年投档位次	2020年招生计划	2020年实际投档	2020年投档线	2020年投档位次	2021年同位次分数	2019年招生计划	2019年实际投档	2019年投档线	2019年投档位次	2021年同位次分数
1295	中国石油大学（北京）	北京	北京	一线	工科	原211	11	610	52	4672	11	11	582	10223	587	7	7	591	3133	618
1630	河北工业大学	天津	天津	新一线	工科	原211	10	610	52	4672	10	10	603	4444	611	8	8	582	4720	609
1690	辽宁大学	辽宁	沈阳	新一线	综合	原211一流学科	49	609	51	5041	46	46	603	4444	611	49	49	582	4720	609
1360	华中农业大学	湖北	武汉	新一线	农业	原211一流学科	53	609	51	5041	46	46	603	4444	611	41	42	586	3996	613
1427	西南大学（荣昌校区）	重庆	重庆	新一线	综合	原211一流学科	7	609	51	4834	7	7	588	8305	594	4	4	578	5568	605
1435	北京语言大学	北京	北京	一线	语言	原211一流学科	22	609	51	4834	21	21	600	5041	608	19	19	595	2584	622
1500	哈尔滨工程大学	黑龙江	哈尔滨	二线	工科	原211保研资格	26	609	51	4834	24	24	600	5041	608	23	23	578	5568	605
2365	太原理工大学	山西	太原	二线	工科	原211一流学科	10	609	51	4834	8	8	601	4835	616	14	14	577	5801	604
2500	首都经济贸易大学	北京	北京	一线	财经	原211	9	609	51	4834	67	73	597	5757	604	93	94	576	6019	603
2750	海南大学	海南	海口	三线	综合	原985一流大学A类	55	609	51	4834	8	8	601	3546	616	8	8	588	3613	616
1190	厦门大学（异地校区）	马来西亚	雪兰莪	—	综合	原211	9	608	50	5050	5	5	602	4631	610	7	7	537	21573	560
1395	中国药科大学	江苏	南京	二线	医药	原211	5	608	50	5050	2	2	594	6558	600	2	2	595	2584	622
1405	东北师范大学（较高收费）	吉林	长春	二线	师范	原211一流学科	2	608	50	5050	14	14	598	5502	605	30	30	582	4720	609
1880	宁波大学	浙江	宁波	二线	综合	一流学科	10	608	50	5050	14	14	600	5041	608	30	30	579	5335	606
2000	广西大学	广西	南宁	二线	综合	原211一流学科	31	608	50	5050	30	30	601	4835	608	25	25	582	4720	606
2305	贵州大学	贵州	贵阳	二线	综合	一流学科	20	608	50	5050	16	17	601	4835	608	14	15	578	5568	605

第三章 2019-2021年河南省普通高校招生平行投档信息统计

续表

院校基本信息·本科一批(文科)

院校代码	院校名称	所在区域	所在地	城市分类	院校类型	院校分类	2021年投档情况 招生计划	投档线	线差	位次	2020年投档情况 招生计划	实际投档	投档线	位次	2021年同位次分数	2019年投档情况 招生计划	实际投档	投档线	位次	2021年同位次分数
1180	武汉大学(其他单列)	湖北	武汉	新一线	综合	原985 一流大学A类	8	607	49	5241	5	5	623	1563	631	—	—	—	—	607
1200	华北电力大学(保定)	河北	保定	三线	工科	原211 一流学科	17	607	49	5241	15	15	602	4631	610	15	15	580	5130	607
1268	合肥工业大学(宣城校区)	安徽	宣城	四线	工科	原211 一流学科	23	607	49	5241	23	23	597	5757	604	24	24	576	6019	603
1565	北京第二外国语学院	北京	北京	一线	语言	公办	13	607	49	5241	10	10	602	4631	610	11	11	583	4534	610
2240	南京审计大学(较高收费)	江苏	南京	新一线	财经	公办	2	607	49	5241	2	2	594	6558	600	—	—	—	—	—
1385	东北林业大学	黑龙江	哈尔滨	二线	林业	原211 一流学科	41	606	48	5444	42	42	598	5502	605	42	42	574	6530	601
1113	中国人民大学(苏州校区)	江苏	苏州	新一线	综合	原985 一流大学A类	4	604	46	5874	3	3	636	625	644	3	3	616	786	641
2575	浙江师范大学	浙江	金华	二线	师范	保研资格	8	605	47	5658	8	8	597	5757	604	10	10	577	5801	604
1860	南京信息工程大学	江苏	南京	新一线	综合	一流学科	32	605	47	5658	19	19	599	5253	606	19	19	576	6019	603
1170	山东大学(医护类)	山东	济南	二线	综合	原985 一流大学A类	2	605	47	5658	—	—	—	—	—	—	—	—	—	—
1175	四川大学(其他单列)	四川	成都	新一线	综合	原985 一流大学A类	5	604	46	5874	11	11	593	6823	599	11	11	569	7861	595
1680	内蒙古大学	内蒙古	呼和浩特	三线	综合	原211 一流学科	12	604	46	5874	23	23	595	6277	602	25	25	571	7330	597
1760	东北农业大学	黑龙江	哈尔滨	二线	农业	一流学科	19	604	46	5874	12	12	601	4835	608	12	12	581	4920	608
2110	西安外国语大学	陕西	西安	新一线	语言	保研资格	106	604	46	5874	99	99	598	5502	605	99	99	578	5568	605
2390	上海师范大学	上海	上海	一线	师范	原211	20	604	46	5874	20	20	593	6823	599	17	17	568	8150	594
2755	宁夏大学	宁夏	银川	三线	综合	一流学科	20	604	46	5874	16	16	591	7416	597	8	8	558	11576	583
3835	南京中医药大学	江苏	南京	新一线	医药	一流学科	20	604	46	5874	16	16	591	7416	597	8	8	558	11576	583
4065	浙江财经大学	浙江	杭州	新一线	财经	公办	7	604	46	5874	7	10	597	5757	604	15	16	571	7330	597

·269·

院校基本信息・本科一批（文科）

院校代码	院校名称	所在区域	所在地	城市分类	院校类型	院校分类	2021年投档情况 招生计划	投档线	线差	位次	2020年投档情况 招生计划	实际投档	投档线	位次	2021年同位次分数	2019年投档情况 招生计划	实际投档	投档线	位次	2021年同位次分数
1121	北京交通大学（威海校区）	山东	威海	三线	工科	原211	5	603	45	6107	6	6	597	5757	604	5	5	578	6019	605
1840	上海海关学院	上海	上海	一线	综合	保研资格	10	603	45	6107	30	30	596	5757	603	32	32	576	5568	605
0195	江苏大学	江苏	镇江	三线	综合	公办	3	602	44	6319	5	5	592	6006	598	7	7	572	7095	598
2240	南京审计大学	江苏	南京	新一线	财经	一流学科	52	602	44	6319	42	42	596	7135	603	57	57	553	13502	603
2505	南京林业大学	江苏	南京	新一线	林业	一流学科	6	602	44	6319	6	6	596	6006	603	10	10	572	7095	598
5995	郑州大学（中外合作办学）	河南	郑州	新一线	综合	一流大学B类	135	602	44	6319	150	150	596	6006	603	280	283	567	8467	593
1740	延边大学	吉林	延边	四线	综合	一流学科	21	601	43	6544	19	19	591	7416	597	20	20	570	7586	598
2525	天津工业大学	天津	天津	新一线	工科	一流学科	10	601	43	6544	30	30	591	7416	597	20	20	581	8791	592
4060	浙江工商大学	浙江	杭州	新一线	财经	保研资格	11	601	43	6544	13	13	600	5041	608	29	29	566	4920	608
5610	上海政法学院	上海	上海	一线	政法	公办	58	601	43	6544	58	59	596	6006	603	58	58	572	7095	598
9901	中央戏剧学院	北京	北京	一线	艺术	保研资格	10	601	43	6544	2	1	559	20516	562	—	—	—	—	—
1150	江南大学（较高收费）	江苏	无锡	二线	综合	原211	3	600	42	6776	56	57	591	7416	597	2	2	589	3439	617
1930	湘潭大学	湖南	湘潭	四线	综合	保研资格	55	600	42	6776	26	27	611	3072	619	48	49	594	2721	621
1150	江南大学	江苏	无锡	二线	综合	原211	34	599	41	7011	28	28	591	7416	597	19	19	569	7861	595
1795	上海海事大学	上海	上海	一线	工科	保研资格	28	599	41	7011	16	16	593	6823	599	28	28	572	7095	598
1845	南京工业大学	江苏	南京	新一线	工科	保研资格	9	599	41	7011	12	12	593	6823	599	16	16	572	7095	598
2255	浙江理工大学	浙江	杭州	新一线	工科	保研资格	16	599	41	7011	18	18	592	7135	598	20	20	570	7586	596
2860	上海理工大学	上海	上海	一线	工科	保研资格	22	599	41	7011	12	14	594	6558	600	22	22	578	5568	605
1835	扬州大学	江苏	扬州	三线	综合	保研资格	36	598	40	7239	41	41	596	6006	603	43	43	574	6530	601
2230	天津财经大学	天津	天津	新一线	财经	保研资格	32	598	40	7239	3	3	598	5502	605	5	5	572	7095	598
2290	中国计量大学	浙江	杭州	新一线	工科	一流学科	2	598	40	7239	10	10	590	7699	596	21	21	565	9096	591
2450	成都理工大学	四川	成都	新一线	工科	公办	8	598	40	7239	—	—	—	—	—	—	—	—	—	—

第三章 2019-2021年河南省普通高校招生平行投档信息统计

续表

院校代码	院校名称	所在区域	所在地城市	城市分类	院校类型	院校分类	2021招生计划	2021投档线	2021线差	2021位次	2020招生计划	2020实际投档	2020投档线	2020位次	2021同位次分数	2019招生计划	2019实际投档	2019投档线	2019位次	2021同位次分数
4055	杭州师范大学	浙江	杭州	新一线	师范	保研资格	43	598	40	7239	19	19	597	5757	604	16	16	575	6265	602
6005	河南大学	河南	开封	四线	综合	一流学科	670	598	40	7239	714	721	591	7416	597	768	783	568	8150	594
9919	上海戏剧学院	上海	上海	一线	艺术	公办	2	598	40	7239	—	—	—	—	—	—	—	—	—	—
0001	北京体育大学	北京	北京	一线	体育	一流学科	16	597	39	7506	—	—	—	—	—	—	—	—	—	—
2265	南京财经大学	江苏	南京	新一线	财经	公办	33	596	38	7782	28	28	601	4835	608	22	22	580	5130	607
1725	东北财经大学	辽宁	大连	二线	财经	保研资格	12	595	37	8043	11	11	607	3712	615	11	11	587	3798	615
1795	上海理工大学	上海	上海	一线	工科	保研资格	7	595	37	8043	7	7	588	8305	594	7	8	561	10480	587
1805	上海对外经贸大学（较高收费）	上海	上海	一线	财经	保研资格	6	595	37	8043	6	6	603	4444	611	6	6	583	4534	610
2120	新疆大学	新疆	乌鲁木齐	三线	综合	一流大学B类	72	595	37	8043	72	72	583	9896	588	66	66	561	10480	587
2210	湖北大学	湖北	武汉	新一线	综合	保研资格	32	595	37	8043	34	35	590	7699	596	39	39	572	7095	598
2215	中国民航大学	天津	天津	新一线	工科	保研资格	8	595	37	8043	13	13	591	7416	592	10	10	569	6530	595
2220	武汉科技大学	湖北	武汉	新一线	工科	保研资格	36	595	37	8043	36	40	589	7989	595	37	38	567	7861	593
2230	天津财经大学（较高收费）	天津	天津	新一线	财经	保研资格	2	595	37	8043	2	2	592	7135	598	2	2	567	8467	593
2380	北京信息科技大学	北京	北京	一线	工科	保研资格	6	595	37	8043	6	6	588	8305	594	6	6	569	7861	595
2395	集美大学	福建	厦门	二线	综合	保研资格	14	595	37	8043	19	19	593	6823	599	20	20	574	6530	601
2515	西南石油大学	四川	成都	新一线	工科	一流学科	32	595	37	8043	31	31	587	8623	592	30	30	562	10145	588
2785	武汉科技大学	湖北	保定	二线	工科	保研资格	23	595	37	8043	23	23	589	7989	595	33	33	567	8467	593
3020	西南民族大学	四川	成都	新一线	民族	保研资格	14	595	37	8043	16	16	588	8305	594	16	16	565	9096	591
4395	山东师范大学	山东	济南	二线	师范	保研资格	29	595	37	8043	29	29	589	7989	595	38	38	566	8791	592
1103	中南民族大学	湖北	武汉	新一线	民族	保研资格	40	594	36	8313	40	40	591	7416	597	46	46	569	7861	595
1970	华南农业大学	广东	广州	一线	农业	保研资格	10	594	36	8313	13	13	589	7989	595	20	20	571	7330	597
2250	天津师范大学	天津	天津	新一线	师范	保研资格	35	594	36	8313	42	42	589	7989	595	62	62	556	12293	581
2405	天津外国语大学	天津	天津	新一线	语言	保研资格	92	594	36	8313	46	46	594	6558	600	72	75	557	11925	582
2910	四川外国语大学	重庆	重庆	新一线	语言	保研资格	21	594	36	8313	13	13	593	6823	599	15	15	564	9433	590
3040	上海电力大学	上海	上海	一线	工科	公办	10	594	36	8313	18	18	587	8623	592	18	18	564	9433	590

院校基本信息 · 本科一批（文科）

院校代码	院校名称	所在区域	所在地城市	城市分类	院校类型	院校分类	2021年招生计划	2021投档线	2021位次	2020年招生计划	2020实际投档	2020投档线	2020位次	2021年同位次分数	2019年招生计划	2019实际投档	2019投档线	2019位次	2021年同位次分数
4205	福建师范大学	福建	福州	二线	师范	保研资格	36	594	36	8313	32	32	589	7989	595	44	44	571	7330	597
4485	山东财经大学	山东	济南	二线	财经	保研资格	45	594	36	8313	42	42	586	8623	592	47	47	566	8791	592
5080	四川师范大学	四川	成都	二线	师范	保研资格	28	594	36	8313	26	26	590	7699	596	24	24	567	8467	593
1635	燕山大学	河北	秦皇岛	三线	工科	保研资格	20	593	35	8604	20	21	589	7989	595	20	20	568	8150	594
1690	辽宁大学（较高收费）	辽宁	沈阳	四线	综合	原211	5	593	35	8604	—	—	—	—	—	—	—	—	—	—
1740	延边大学（较高收费）	吉林	延边	新一线	综合	原211 一流学科	2	593	35	8604	2	2	581	10573	586	2	2	550	14816	574
2205	青岛大学	山东	青岛	新一线	综合	保研资格	19	593	35	8604	19	19	589	7989	595	21	21	572	7095	598
2300	长沙理工大学	湖南	长沙	新一线	工科	保研资格	21	593	35	8604	17	17	586	8914	591	14	14	542	18748	566
2320	北方工业大学	北京	北京	一线	工科	保研资格	9	593	35	8604	9	9	592	7135	598	9	9	570	7586	596
2390	上海海洋大学	上海	上海	一线	农业	保研资格	15	593	35	8604	15	15	588	8305	594	16	16	558	8467	593
2875	上海师范大学	上海	上海	一线	师范	一流学科	26	593	35	8604	29	29	592	7135	598	9	9	563	9781	589
2895	武汉工程大学	湖北	武汉	新一线	工科	保研资格	14	593	35	8604	14	14	584	9521	589	13	13	563	9781	589
2930	广东工业大学	广东	广州	一线	工科	保研资格	10	593	35	8604	11	11	588	8305	594	10	10	567	8467	593
5055	重庆师范大学	重庆	重庆	新一线	师范	保研资格	32	593	35	8604	31	31	588	8305	594	32	32	565	9096	591
1660	山西大学	山西	太原	二线	综合	一流学科	25	593	34	8893	29	29	595	7861	595	30	30	566	8791	592
1960	广东外语外贸大学	广东	广州	一线	语言	保研资格	14	593	34	8893	16	16	595	3996	608	15	15	586	3996	613
2035	重庆邮电大学	重庆	重庆	新一线	工科	保研资格	17	592	34	8893	2	2	601	4835	599	4	4	569	7861	595
2125	青海大学	青海	西宁	四线	综合	原211 一流学科	20	592	34	8893	20	20	585	9226	590	18	18	560	10833	585
2565	南通大学	江苏	南通	二线	综合	保研资格	30	592	34	8893	44	44	583	9896	588	43	43	558	11576	583
2890	重庆工商大学	重庆	重庆	新一线	财经	公办	29	592	34	8893	33	33	586	8914	591	33	33	564	9433	590
2920	山西工商大学	山西	太原	二线	综合	保研资格	15	592	34	8893	13	13	587	8623	592	14	14	563	9781	589
3280	河北师范大学	河北	石家庄	二线	师范	保研资格	11	592	34	8893	31	31	583	9896	588	26	26	561	10480	587
3400	山西师范大学	山西	晋中	四线	师范	保研资格	2	592	34	8893	2	2	588	8305	594	2	2	568	8150	594
4350	济南大学	山东	济南	二线	综合	保研资格	28	592	34	8893	32	32	588	8305	594	32	32	568	8150	594

第三章 2019—2021年河南省普通高校招生平行投档信息统计

续表

院校代码	院校名称	所在区域	所在地	城市分类	院校类型	院校分类	2021招生计划	2021投档线	2021线差	2021位次	2020招生计划	2020实际投档	2020投档线	2020位次	2021年同位次分数	2019招生计划	2019实际投档	2019投档线	2019位次	2021年同位次分数
1296	中国石油大学（北京）克拉玛依校区	新疆	克拉玛依	五线	工科	原211	19	591	33	9192	14	15	580	10935	585	13	13	561	10480	587
1725	东北财经大学（较高收费）	辽宁	大连	二线	财经	保研资格	10	591	33	9192	11	11	580	10935	585	10	—	559	11213	584
1315	武汉理工大学（较高收费）	湖北	武汉	新一线	工科	原211、一流学科	3	590	32	9516	3	3	611	3072	619	3	3	592	2999	619
2340	汕头大学	广东	汕头	三线	综合	保研资格	15	590	32	9516	15	15	577	12113	582	15	15	578	5568	605
2315	南京邮电大学	江苏	南京	新一线	工科	一流学科	23	590	32	9516	20	20	601	4835	608	20	20	579	5335	606
1975	广州中医药大学	广东	广州	一线	医药	一流学科	11	590	32	9516	11	11	594	6558	600	11	11	578	5568	605
2620	成都中医药大学	四川	成都	新一线	医药	一流学科	11	590	32	9516	10	10	581	10573	586	8	8	555	12684	580
2850	广州大学	广东	广州	一线	综合	保研资格	11	590	32	9516	6	6	599	5253	606	6	6	579	5335	606
2865	重庆交通大学	重庆	重庆	一线	工科	保研资格	13	590	32	9516	13	13	586	8914	591	12	12	563	9781	589
3890	江西师范大学	江西	南昌	二线	师范	保研资格	46	590	32	9516	42	49	583	9896	588	26	26	565	10833	585
4260	苏州科技大学	江苏	苏州	新一线	工科	公办	37	590	32	9516	32	32	585	9226	590	15	15	562	9096	591
5100	西华大学	四川	成都	新一线	综合	保研资格	20	590	32	9516	24	24	584	9521	589	19	19	562	9096	591
2100	湖南科技大学	湖南	湘潭	四线	综合	保研资格	6	589	31	9839	19	19	564	17959	567	—	—	—	—	—
2425	成都理工大学	四川	成都	新一线	工科	一流学科	8	589	31	9839	8	8	583	9521	589	14	15	562	10145	588
2450	西安科技大学（异地校区）	陕西	西安	新一线	工科	保研资格	6	589	31	9839	4	4	583	8305	594	6	6	566	8791	592
2535	西安联合大学	陕西	西安	新一线	综合	公办	7	589	31	9839	4	4	588	9896	588	4	4	572	10145	588
2550	北京联合大学	北京	北京	一线	综合	公办	50	589	31	9839	43	43	583	8305	594	43	43	572	8791	598
3595	大连外国语大学	辽宁	大连	二线	语言	保研资格	30	589	31	9839	20	21	586	8914	591	17	18	563	7095	598
4100	安徽理工大学	安徽	芜湖	三线	工科	公办	10	589	31	9839	10	10	583	9896	588	14	14	551	14347	576
5035	重庆工商大学	重庆	重庆	新一线	财经	保研资格	6	589	31	9839	7	7	584	9521	589	7	7	563	9781	589
5230	昆明理工大学	云南	昆明	二线	工科	保研资格	5	588	30	10158	—	—	—	—	—	—	—	—	—	—
1550	北京工商大学	北京	北京	一线	财经	保研资格	10	588	30	10158	8	8	581	10573	586	8	8	561	9781	589
1966	深圳大学	广东	深圳	一线	综合	公办	10	588	30	10158	—	—	—	—	—	—	—	—	—	—
2095	陕西科技大学	陕西	西安	新一线	工科	保研资格	10	588	30	10158	10	10	582	10223	587	10	10	561	10480	587

院校基本信息·本科一批（文科）

院校代码	院校名称	所在区域	所在地	城市分类	院校类型	院校分类	2021年投档情况 招生计划	投档线	线差	位次	2020年投档情况 招生计划	实际投档	投档线	位次	2021年同位次分数	2019年投档情况 招生计划	实际投档	投档线	位次	2021年同位次分数
2130	石河子大学	新疆	石河子	—	综合	原211	60	588	30	10158	63	63	578	11728	583	56	57	555	12684	580
2600	天津中医药大学	天津	天津	一线	医药	一流学科	14	588	30	10158	19	19	579	11327	584	19	19	544	17701	568
2875	上海海洋大学（较高收费）	上海	上海	一线	农业	一流学科	10	588	30	10158	7	7	579	11327	584	5	5	553	13502	578
2925	上海立信会计金融学院	上海	上海	一线	财经	公办	40	588	30	10158	14	14	593	6823	599	14	14	586	3996	613
4025	浙江农林大学	浙江	杭州	一线	农业	公办	19	588	30	10158	24	24	579	11327	584	31	31	551	14347	576
4550	湖北工业大学	湖北	武汉	一线	工科	保研资格	14	588	30	10158	14	14	585	9226	590	14	14	563	9781	589
5590	成都大学	四川	成都	新一线	综合	公办	17	588	30	10158	7	7	583	9896	588	10	10	558	11576	583
9907	中国戏曲学院	北京	北京	一线	艺术	一流学科	4	588	30	10158	3	3	577	12113	582	—	—	—	—	—
0015	上海体育学院	上海	上海	一线	体育	一流学科	8	587	29	10498	12	12	571	14622	575	—	—	558	11576	583
2105	西安邮电大学	陕西	西安	新一线	工科	公办	14	587	29	10498	12	12	590	7699	596	6	6	569	7861	595
2270	江苏科技大学	江苏	镇江	三线	工科	公办	20	587	29	10498	27	27	580	10935	585	29	29	560	10833	585
2385	安徽财经大学	安徽	蚌埠	三线	财经	保研资格	33	587	29	10498	33	33	581	10573	586	34	34	558	11576	583
3200	天津科技大学	天津	天津	一线	工科	保研资格	54	587	29	10498	46	46	582	10223	587	40	40	565	9096	591
3695	黑龙江大学	黑龙江	哈尔滨	二线	综合	保研资格	45	587	29	10498	46	46	580	10935	585	47	47	563	9781	589
4400	西安建筑大学	山东	济宁	三线	师范	保研资格	21	587	29	10498	18	18	580	10935	585	20	20	556	12293	581
4415	湖南工商大学	湖南	长沙	新一线	工科	保研资格	2	587	29	10498	2	2	581	10573	586	3	3	553	13502	578
4775	华侨大学	福建	泉州	三线	综合	公办	11	587	29	10498	11	11	557	21554	560	13	13	557	11925	582
2325	黑龙江中医药大学	黑龙江	哈尔滨	二线	医药	保研资格	30	586	28	10825	25	23	584	9521	589	27	27	574	6530	601
2610	海南大学（较高收费）	海南	海口	三线	综合	原211	12	586	28	10825	12	12	576	12523	580	12	12	560	10833	585
2750	宁夏大学（较高收费）	宁夏	银川	三线	综合	原211	15	586	28	10825	17	18	576	12523	580	17	20	554	13072	579
2755	广东财经大学	广东	广州	一线	财经	公办	8	586	28	10825	8	8	578	11728	583	5	5	554	13072	579
4880	西北师范大学	甘肃	兰州	二线	师范	公办	10	586	28	10825	20	20	—	—	—	25	25	557	11925	582
5410	天津理工大学	新疆	三线	工科	公办		21	585	27	11165	30	30	580	10935	585	33	33	559	11213	584
2870		天津	天津	一线	工科		33	585	27	11165	30	30	580	10935	585	33	33	559	11213	584

第三章 2019—2021年河南省普通高校招生平行投档信息统计

续表

院校基本信息·本科一批(文科)

院校代码	院校名称	所在区域	所在地	城市分类	院校类型	院校分类	2021年投档情况 招生计划	投档线	线差	位次	2020年投档情况 招生计划	实际投档	投档线	位次	2021年同位次分数	2019年投档情况 招生计划	实际投档	投档线	位次	2021年同位次分数
3595	大连外国语大学	辽宁	大连	二线	语言	保研资格	1	585	27	11165	—	—	—	—	—	—	—	—	—	—
1880	宁波大学(较高收费)	浙江	宁波	新一线	综合	一流学科	5	584	26	11502	3	3	577	—	582	—	—	—	—	—
2615	湖南中医药大学	湖南	长沙	新一线	医药	保研资格	23	584	26	11502	23	23	575	12939	579	22	22	566	8791	592
2915	西安石油大学	陕西	西安	新一线	工科	保研资格	11	584	26	11502	11	11	579	11327	584	14	14	557	11925	582
3175	北京印刷学院	北京	北京	一线	工科	公办	16	584	26	11502	16	16	582	10223	587	16	16	561	10480	587
5390	西安财经大学	陕西	西安	新一线	财经	保研资格	22	584	26	11502	22	22	574	13354	578	14	14	545	17222	569
1425	西南大学(较高收费)	重庆	重庆	新一线	综合	原211 一流学科	6	583	25	11833	5	5	609	3375	617	7	7	589	3439	617
2305	贵州大学(较高收费)	贵州	贵阳	二线	综合	原211 一流学科	7	583	25	11833	7	7	570	15089	574	9	9	542	18748	566
2330	西安工业大学	陕西	西安	新一线	工科	保研资格	4	583	25	11833	14	14	581	10573	586	18	18	560	10833	585
6080	河南财经政法大学	河南	郑州	新一线	财经	保研资格	890	583	25	11833	970	1009	579	11327	584	956	985	557	11925	582
2310	南方医科大学	广东	广州	一线	医药	保研资格	18	582	24	12151	15	15	592	7135	598	20	20	571	7330	597
2780	山东科技大学	山东	青岛	新一线	综合	保研资格	18	582	24	12151	12	12	578	11728	583	20	20	558	11576	583
3240	天津商业大学	天津	天津	新一线	财经	保研资格	86	582	24	12151	87	87	577	12113	582	111	116	545	17222	569
2250	天津外国语大学(较高收费)	天津	天津	新一线	语言	保研资格	5	581	23	12520	5	5	576	12523	580	—	—	—	—	—
2440	长江大学	湖北	荆州	三线	综合	保研资格	40	581	23	12520	28	28	578	11728	583	15	15	558	11576	583
2510	西南科技大学	四川	绵阳	三线	工科	保研资格	18	581	23	12520	18	19	576	12523	580	18	18	555	12684	580
2855	广州医科大学	广东	广州	一线	医药	保研资格	6	581	23	12520	6	6	577	12113	582	6	6	556	12293	581
2880	常州大学	江苏	常州	二线	工科	公办	25	581	23	12520	28	28	578	11728	583	28	28	561	10480	587
3200	天津科技大学	天津	天津	新一线	工科	保研资格	5	581	23	12520	5	5	576	12523	580	5	5	552	13923	577
4300	江西中医药大学	江西	南昌	二线	医药	公办	4	580	22	12890	2	4	561	19417	564	—	—	—	—	—
4525	成都大学	四川	成都	新一线	综合	公办	45	580	22	12890	61	61	566	16955	570	—	—	—	—	—
4700	湖南农业大学	湖南	长沙	新一线	农业	公办	21	580	22	12890	24	24	575	12939	579	13	14	550	14816	574
5095	成都信息工程大学	四川	成都	新一线	工科	公办	9	580	22	12890	16	16	575	12939	579	13	13	558	11576	583
6823	浙大城市学院	浙江	杭州	新一线	工科	—	40	580	22	12890	47	47	576	12523	580	45	45	554	13072	579
1640	石家庄铁道大学	河北	石家庄	二线	工科	保研资格	10	579	21	13277	10	10	578	11728	583	10	10	555	12684	580

续表

院校代码	院校名称	所在区域	所在地	城市分类	院校类型	院校分类	2021年投档情况 招生计划	投档线	线差	位次	2020年投档情况 招生计划	实际投档	投档线	位次	2021年同位次分数	2019年投档情况 招生计划	实际投档	投档线	位次	2021年同位次分数
2400	北京物资学院	北京	北京	一线	财经	公办	13	579	21	13277	10	10	587	8623	592	10	10	566	8791	592
2520	西安工程大学	陕西	西安	新一线	工科	公办	22	579	21	13277	27	27	578	11925	582	30	30	557	11925	582
2800	中南林业科技大学	湖南	长沙	新一线	林业	保研资格	28	579	21	13277	26	26	578	12113	583	—	—	—	—	—
2885	华东交通大学	江西	南昌	二线	工科	保研资格	24	579	21	13277	26	26	577	12113	582	21	21	562	10145	588
2905	三峡大学	湖北	宜昌	三线	综合	保研资格	34	579	21	13277	35	35	577	12113	582	27	27	555	12684	580
4735	吉林财经大学	吉林	长春	二线	财经	公办	15	579	21	13277	19	19	575	12939	579	18	18	538	17701	568
3690	吉林工业大学	吉林	长春	二线	工科	保研资格	35	578	21	13277	32	32	578	11728	583	35	35	557	11925	582
3725	哈尔滨商业大学	黑龙江	哈尔滨	二线	财经	保研资格	24	578	20	13628	23	23	573	13776	577	26	26	538	17701	561
3880	南京工程学院	江苏	南京	新一线	工科	公办	24	578	20	13628	44	44	571	14622	575	49	49	544	21014	568
1745	长春理工大学	吉林	长春	二线	工科	保研资格	7	577	19	14016	7	7	—	14622	575	9	9	551	14347	576
2250	天津外国语大学（其他单列）	天津	天津	新一线	语言	保研资格	6	577	19	14016	—	—	571	14622	575	—	—	—	—	—
2295	南华大学	湖南	衡阳	三线	综合	保研资格	11	577	19	14016	8	8	576	12523	580	8	8	561	10480	587
2430	南昌航空大学	江西	南昌	二线	工科	保研资格	15	577	19	14016	5	7	570	15089	574	2	2	559	10480	584
2530	中北大学	山西	太原	二线	工科	保研资格	6	577	19	14016	3	2	568	15995	572	5	5	561	10480	587
3035	中国劳动关系学院	北京	北京	一线	综合	公办	7	577	19	14016	—	—	576	11327	584	—	—	562	10145	588
3815	上海应用技术大学	上海	上海	一线	工科	公办	19	577	19	14016	17	17	579	17463	569	21	21	—	—	—
4010	浙江科技大学	浙江	杭州	新一线	工科	公办	3	577	19	14016	15	15	565	16461	571	29	31	557	11925	582
4575	武汉纺织大学	湖北	武汉	新一线	工科	公办	24	577	19	14016	29	29	567	16461	571	—	—	—	—	—
3780	上海工程技术大学	上海	上海	一线	工科	公办	7	576	18	14388	8	8	567	15089	574	18	18	545	17222	569
4040	湖州师范学院	浙江	湖州	三线	师范	公办	14	576	18	14388	12	12	570	13776	577	1774	1827	549	15243	573
6030	河南师范大学	河南	新乡	新一线	师范	公办	1818	576	18	14388	1456	1514	573	13776	577	6	6	551	14347	576
2810	安徽工程大学	安徽	马鞍山	三线	工科	保研资格	11	575	17	14815	7	7	589	7989	595	7	7	—	—	—
4065	浙江师范大学（较高收费）	浙江	杭州	新一线	师范	保研资格	4	575	17	14815	4	4	570	15089	574	102	102	546	16694	570
5010	海南师范大学	海南	海口	三线	师范	公办	110	575	17	14815	110	110	562	18922	565	—	—	—	—	—
5455	甘肃政法大学	甘肃	兰州	三线	政法	公办	27	575	17	14815	27	27	562	18922	565	27	27	—	—	—
1103	中南民族大学（少数民族）	湖北	武汉	新一线	民族	公办	47	573	15	15646	49	49	569	15522	573	48	48	555	12684	580

第三章 2019—2021年河南省普通高校招生平行投档信息统计

续表

院校代码	院校名称	所在区域	所在地	城市分类	院校类型	院校分类	2021招生计划	2021投档线	2021线差	2021位次	2020招生计划	2020实际投档	2020投档线	2020位次	2021年同位次分数	2019招生计划	2019实际投档	2019投档线	2019位次	2021年同位次分数
4125	安徽建筑大学	安徽	合肥	二线	工科	公办	8	573	15	15646	8	8	571	14622	575	4	4	544	17701	568
4195	福建农林大学	福建	福州	二线	农业	保研资格	2	573	15	15646	2	2	554	23278	557	2	2	564	9433	590
4420	齐鲁工业大学	山东	济南	一线	综合	一流学科	22	573	15	15646	15	15	569	15522	573	24	24	541	19304	565
6009	河南工业大学(中外合作办学)	河南	郑州	新一线	综合	中外合作	280	573	15	15646	284	287	566	16955	570	439	448	544	17701	568
6105	河南工业大学	河南	郑州	新一线	工科	公办	358	573	15	15646	378	389	556	22087	559	530	541	545	17222	569
2345	宁波诺丁汉大学	浙江	宁波	新一线	综合	中外合作	20	572	14	16090	12	12	569	15522	573	20	20	553	12293	581
2655	湖北中医药大学	湖北	武汉	新一线	医药	保研资格	40	572	14	16090	29	29	575	12939	579	29	29	556	13502	578
3690	吉林财经大学	吉林	长春	二线	财经	保研资格	4	572	14	16090	4	4	566	16955	570	4	4	553	12293	581
4305	赣南师范大学	江西	赣州	三线	师范	公办	8	572	14	16090	7	7	566	16955	570	6	6	539	20442	562
4370	山东理工大学	山东	淄博	三线	工科	保研资格	18	572	14	16090	18	18	570	15089	574	20	20	555	12684	580
4690	吉首大学	湖南	湘西	四线	综合	保研资格	12	572	14	16090	12	12	566	16955	570	12	12	539	20442	562
4770	湖南理工学院	湖南	岳阳	三线	工科	公办	2	572	14	16090	3	3	560	19958	563	—	—	—	—	—
5105	四川轻化工学院	四川	自贡	三线	工科	公办	4	572	14	16090	4	4	562	18922	565	4	1	538	21014	561
5135	西华师范大学	四川	南充	三线	师范	保研资格	57	572	14	16090	34	34	568	15995	572	30	30	547	16220	571
6085	河南科技大学	河南	洛阳	三线	综合	保研资格	284	572	14	16090	396	416	569	15522	573	467	490	539	20442	562
2795	沈阳工业大学	辽宁	沈阳	新一线	工科	保研资格	11	571	13	16517	7	9	574	13354	578	8	8	554	13072	579
3665	长春中医药大学	吉林	长春	二线	医药	保研资格	5	571	13	16517	5	5	563	18448	566	—	—	—	—	—
4090	安徽农业大学	安徽	合肥	二线	农业	公办	8	571	13	16517	3	3	563	18448	566	5	5	537	21573	560
4310	江西科技师范大学	江西	南昌	三线	师范	公办	3	571	13	17000	2	2	564	17959	567	3	3	548	15742	572
2350	大连理工大学	辽宁	大连	二线	工科	民族	4	570	12	17000	10	16	564	18448	566	5	5	560	10833	585
2410	青岛理工大学	山东	青岛	新一线	工科	保研资格	13	570	12	17000	4	4	583	9896	588	13	13	559	11925	582
4200	福建医科大学	福建	福州	二线	医药	保研资格	14	570	12	17000	10	16	564	15089	574	12	12	557	11213	584
4890	北京师范大学-香港浸会大学联合国际学院	广东	珠海	二线	综合	内地合作	21	570	12	17000	13	13	572	14212	576	27	27	549	15243	584
6603	浙大宁波理工学院	浙江	宁波	新一线	工科	公办	51	570	11	17492	45	45	568	15995	572	42	42	563	9781	589
1189	西交利物浦大学	江苏	苏州	二线	中外合作	中外合作	15	569	11	17492	10	10	564	17959	567	16	9	537	21573	560
1765	哈尔滨医科大学	黑龙江	哈尔滨	二线	医药	保研资格	15	569	11	17492	10	10	564	17959	567	16	9	537	21573	560

院校基本信息·本科一批（文科）

院校代码	院校名称	所在区域	所在地	城市分类	院校类型	院校分类	2021年投档情况 招生计划	投档线	线差	位次	2020年投档情况 招生计划	实际投档	投档线	位次	2021年同位次分数	2019年投档情况 招生计划	实际投档	投档线	位次	2021年同位次分数
2285	沈阳建筑大学	辽宁	沈阳	新一线	工科	保研资格	2	569	11	17492	2	2	568	15995	572	2	2	539	20442	562
3530	大连工业大学	辽宁	大连	二线	工科	保研资格	8	569	11	17492	—	—	—	—	—	9	9	551	14347	576
3815	上海应用技术大学（较高收费）	上海	上海	一线	工科	公办	7	569	11	17492	6	6	572	14212	576	—	—	—	—	—
4205	福建师范大学（较高收费）	福建	福州	二线	师范	保研资格	8	569	11	17492	8	8	562	18922	565	—	—	—	—	—
4345	南昌工程学院	江西	南昌	二线	工科	公办	10	569	11	17492	10	10	566	16955	570	10	10	544	17701	568
6010	河南农业大学	河南	郑州	新一线	农业	保研资格	448	569	11	17492	500	505	565	17463	569	477	491	543	18264	567
4385	山东农业大学	山东	泰安	四线	农业	保研资格	19	569	11	17492	8	8	568	15995	572	19	19	548	15742	573
2780	山东科技大学（较高收费）	山东	济南	二线	工科	保研资格	13	568	11	17492	14	14	571	14622	575	4	4	549	15243	572
5595	上海电机学院	上海	上海	一线	工科	公办	5	568	10	17951	4	4	559	22087	562	—	—	—	—	—
6005	河南大学（医护类）	河南	开封	四线	综合	一流学科	45	568	10	17951	21	21	560	19958	563	—	—	—	—	—
6095	郑州轻工业大学	河南	郑州	新一线	工科	保研资格	488	568	10	17951	497	522	563	17959	567	523	539	543	18264	567
1695	辽宁工程技术大学	辽宁	阜新	五线	工科	保研资格	15	567	9	18414	15	15	564	18448	567	15	15	545	17222	569
5420	甘肃中医药大学	甘肃	兰州	三线	医药	保研资格	2	567	9	18414	4	4	559	20516	562	—	—	—	—	—
3015	北方民族大学	宁夏	银川	三线	民族	公办	9	566	8	18908	8	5	556	22087	559	—	—	—	—	—
3860	江苏海洋大学	江苏	连云港	三线	工科	公办	6	566	8	18908	—	—	—	—	—	—	—	—	—	—
6110	郑州轻工业大学（医护类）	河南	郑州	新一线	工科	公办	178	566	8	18908	250	263	561	19417	564	352	370	539	20442	562
2110	西安外国语大学	陕西	西安	新一线	语言	公办	6	565	7	19410	3	3	586	8914	591	4	4	561	10480	587
2375	东北石油大学	黑龙江	大庆	三线	工科	保研资格	25	565	7	19410	21	21	564	17959	564	22	13	542	18748	566
5110	川北医学院	四川	南充	四线	医药	公办	10	565	7	19410	10	10	561	19417	564	5	5	539	20442	562
6100	河南理工大学	河南	焦作	四线	工科	保研资格	424	565	7	19410	429	438	561	19417	564	455	464	540	19901	563
3060	河南民用航空飞行学院	四川	德阳	四线	工科	公办	6	564	6	19891	4	4	566	16955	570	4	4	540	20442	562
3310	华南理工大学	河北	唐山	三线	工科	保研资格	7	564	6	19891	4	4	569	15522	573	4	4	539	20442	562
6065	信阳师范学院	河南	信阳	三线	师范	公办	835	564	6	19891	335	342	563	18448	566	185	185	539	20442	562
6070	南阳师范学院	河南	南阳	三线	师范	公办	25	564	6	19891	35	36	560	19958	563	30	31	536	22094	559
6075	南阳理工学院	河南	南阳	三线	工科	公办	15	563	5	20389	14	14	559	20516	562	10	10	538	21014	561
0120	中国人民警察大学	河北	廊坊	三线	政法	公办	8	562	4	20879	—	—	—	—	—	—	—	—	—	—

院校基本信息·本科一批(文科)

院校代码	院校名称	所在区域	所在地	城市分类	院校类型	院校分类	2021年招生计划	2021年投档线	2021年线差	2021年位次	2020年招生计划	2020年实际投档	2020年投档线	2020年位次	2021年同位次分数	2019年招生计划	2019年实际投档	2019年投档线	2019年位次	2021年同位次分数
5595	上海电机学院(较高收费)	上海	上海	一线	工科	公办	2	562	4	20879	—	—	—	—	—	—	—	—	—	—
6035	洛阳师范学院	河南	洛阳	三线	师范	公办	101	562	4	20879	—	—	—	—	—	—	—	—	—	—
6080	河南财经政法大学(较高收费)	河南	郑州	新一线	财经	保研资格	415	562	4	20879	260	265	561	19417	564	120	125	551	14347	576
2435	江西理工大学	江西	赣州	三线	工科	保研资格	13	561	3	21385	13	13	573	13776	577	22	22	539	15243	573
2815	安徽医科大学	安徽	合肥	二线	医药	保研资格	1	561	3	21385	—	—	—	—	—	14	14	554	13072	579
4275	东华理工大学	江西	南昌	二线	工科	公办	13	561	3	21385	15	15	575	12939	579	—	—	—	—	—
6015	河南中医药大学	河南	郑州	新一线	医药	保研资格	716	561	3	21385	736	765	560	19958	563	748	785	538	21014	565
6090	郑州航空工业管理学院	河南	郑州	新一线	财经	公办	463	561	3	21385	388	407	560	19958	563	200	214	541	19304	562
6115	中原工学院	河南	郑州	新一线	工科	公办	231	559	3	22467	176	188	559	20516	562	98	102	532	20442	555
1915	江西财经大学	江西	南昌	二线	财经	保研资格	30	559	1	22467	28	29	601	4835	608	28	31	580	5130	607
6025	河南科技学院	河南	新乡	新一线	师范	公办	90	559	1	22467	13	95	556	22087	559	35	35	536	22094	559
6931	北京理工大学珠海学院	广东	珠海	二线	综合	民办	2	559	1	22467	—	—	—	—	—	—	—	—	—	—
1805	上海对外经贸大学	上海	上海	一线	财经	保研资格	43	558	0	22987	39	39	603	4444	611	37	37	589	3439	617
2350	大连民族大学(少数民族)	辽宁	大连	二线	民族	公办	5	558	0	22987	7	7	560	19958	563	5	6	542	18748	566
2360	温州肯恩大学(中外合作)	浙江	温州	三线	综合	中外合作	14	558	0	22987	11	10	556	22087	559	13	13	551	14347	576
5310	西藏民族大学	陕西	咸阳	三线	民族	保研资格	5	558	0	22987	—	—	—	—	—	—	—	—	—	—
6015	河南中医药大学(异地校区)	河南	洛阳	三线	医药	保研资格	40	558	0	22987	—	—	—	—	—	—	—	—	—	—
6020	新乡医学院	河南	新乡	新一线	医药	公办	238	558	0	22987	250	202	556	22087	559	250	194	536	22094	559
6012	河南农业大学(中外合作办学)	河南	郑州	新一线	农业	保研资格	70	554	-4	25301	70	70	545	28679	548	50	50	526	28282	548
2515	西南石油大学(较高收费)	四川	成都	新一线	工科	一流学科	3	—	—	—	—	—	—	—	—	—	—	—	—	—

第五节 2019—2021年河南省普通高校招生本科二批院校平行投档信息统计(文科)(见表3-5)

(表格说明详见本章第八节)

表3-5 2019—2021年河南省普通高校招生本科二批院校平行投档信息统计(文科)

院校基本信息·本科二批					2021年投档情况				2020年投档情况				2019年投档情况			
院校代码	院校名称	所在区域	所在地	城市分类	院校类型	院校分类	招生计划	投档线	线差	位次	招生计划	实际投档	投档线	位次	2021年同位次分数	招生计划	实际投档	投档线	位次	2021年同位次分数
2750	海南大学	海南	儋州	五线	综合	原211	7	575	109	14815	24	24	571	14622	575	32	32	545	17222	569
3020	西南民族大学	四川	成都	新一线	民族	一流学科	8	571	105	16517	8	8	569	15522	573	8	8	548	15742	572
3960	浙江传媒学院	浙江	杭州	新一线	语言	保研资格	30	569	103	17492	37	37	566	16955	570	34	34	545	17222	569
3930	江苏师范大学	江苏	徐州	二线	师范	公办	32	566	100	18908	37	37	560	19958	563	43	43	544	17701	568
5240	云南师范大学	云南	昆明	二线	师范	保研资格	18	566	100	18908	17	17	567	16461	571	16	16	541	19304	565
2890	重庆工商大学	重庆	重庆	新一线	综合	公办	10	565	99	19410	5	5	565	17463	569	2	2	541	19304	565
4050	温州大学	浙江	温州	二线	综合	公办	17	564	98	19891	8	8	563	18448	567	19	19	543	18264	567
5605	上海商学院	上海	上海	一线	财经	公办	15	564	98	19891	16	16	563	17463	569	16	16	538	21014	563
3995	嘉兴学院	浙江	嘉兴	二线	财经	公办	10	563	97	20389	12	12	560	19958	563	22	22	538	21014	563
5055	鲁东大学	山东	烟台	二线	师范	保研资格	3	563	97	20389	5	5	565	17463	569	3	3	546	16694	570
4480	湖北师范大学	湖北	黄石	四线	师范	公办	7	562	96	20879	31	31	558	21036	561	9	9	539	20442	562
4595	广东警官学院	广东	广州	一线	政法	公办	32	562	96	20879	2	2	559	20516	562	33	33	539	20442	562
4885	大连交通大学	辽宁	大连	二线	工科	公办	2	562	96	20879	32	32	560	19417	563	2	2	542	18748	566
2555	大连海事大学						3	561	95	21385	3	3	560	19958	563	3	3	541	19304	565
3285	河北经贸大学	河北	石家庄	二线	财经	保研资格	24	561	95	21385	25	25	561	19417	564	27	27	541	19304	565
3370	山西师范大学	山西	临汾	四线	师范	保研资格	12	561	95	21385	12	12	559	20516	562	16	16	537	21573	560
3520	辽宁师范大学	辽宁	大连	二线	师范	保研资格	41	561	95	21385	33	33	563	18448	566	33	33	539	19304	565
4375	山东政法学院	山东	济南	二线	政法	公办	18	561	95	21385	18	18	560	19958	563	18	18	539	20442	562

续表

院校基本信息·本科二批（文科）

院校代码	院校名称	所在区域	所在地	城市分类	院校类型	院校分类	2021年投档情况 招生计划	投档线	线差	位次	2020年投档情况 招生计划	实际投档	投档线	位次	2021年同位次分数	2019年投档情况 招生计划	实际投档	投档线	位次	2021年同位次分数
4840	广东第二师范学院	广东	广州	一线	师范	公办	6	561	95	21385	6	6	559	20516	562	6	6	538	21014	561
4915	广西师范学院	广西	桂林	三线	师范	公办	30	561	95	21385	22	22	560	19958	563	22	22	540	19901	563
5035	重庆理工大学	重庆	重庆	新一线	工科	公办	17	561	95	21385	17	17	565	17463	569	18	18	542	18748	566
7205	湖南第一师范学院	湖南	长沙	新一线	师范	公办	5	560	94	21385	7	7	558	21036	561	7	7	537	21573	560
2545	河北工程大学	河北	邯郸	三线	工科	公办	3	560	94	21943	4	4	557	21554	560	4	4	533	23814	556
2885	南京晓庄学院	江苏	南京	新一线	师范	公办	8	560	94	21943	9	9	558	21036	561	8	8	540	19901	563
3920	华东交通大学	江西	南昌	二线	工科	公办	15	560	94	21943	38	38	558	21036	563	28	28	537	21573	560
4390	山东中医药大学	山东	济南	二线	医药	保研资格	2	560	94	21943	3	3	560	19958	562	3	3	539	20442	562
5010	海南师范大学	海南	海口	二线	师范	保研资格	8	560	94	21943	8	8	559	20516	561	6	6	542	18748	566
5390	西安财经大学	陕西	西安	新一线	财经	公办	2	560	94	21943	2	2	564	17959	567	14	14	544	17701	568
5858	浙江外国语学院	浙江	杭州	新一线	语言	公办	35	560	94	21943	32	32	564	17959	567	35	35	541	19304	565
2550	北京联合大学	北京	北京	一线	综合	公办	18	559	93	22467	16	16	566	16955	570	5	5	546	16694	570
2920	中国劳动关系学院	北京	北京	一线	财经	公办	21	559	93	22467	21	21	559	20516	562	31	31	538	21014	561
3035	山西师范大学	山西	太原	二线	师范	保研资格	40	559	93	22467	38	39	557	21554	560	39	39	535	22657	558
3180	北京农学院	北京	北京	一线	农业	公办	10	559	93	22467	10	10	558	21036	561	10	10	536	22094	559
3865	江苏第二师范学院	江苏	南京	新一线	师范	公办	41	559	93	22467	36	36	557	21554	560	36	36	535	22657	558
3945	江苏警官学院	江苏	南京	新一线	政法	公办	4	559	93	22467	2	2	562	18922	565	1	1	541	19304	565
3980	绍兴文理学院	浙江	绍兴	二线	师范	公办	30	559	93	22467	20	20	557	22087	559	20	20	535	22657	558
4165	淮北师范大学	安徽	淮北	五线	师范	公办	14	559	93	22467	13	13	556	21554	556	11	11	534	23231	557
4565	湖北经工业大学	湖北	武汉	新一线	工科	公办	10	559	93	22467	10	10	561	19417	564	10	10	541	19304	565
4615	湖北师范学院	湖北	武汉	新一线	师范	公办	32	559	93	22467	29	30	559	20516	562	30	30	541	19304	565
4785	五邑大学	广东	江门	三线	综合	公办	1	559	93	22467	1	1	559	24442	552	1	1	536	22094	559
5105	四川轻化工大学	四川	自贡	五线	工科	公办	8	559	93	22467	8	8	554	23278	557	8	8	530	25644	553
5280	云南财经大学	云南	昆明	二线	财经	保研资格	30	559	93	22467	28	28	558	21036	561	30	30	537	21573	560
5300	西藏大学	西藏	拉萨	四线	综合	原211一流学科	18	559	93	22467	31	31	552	24442	555	30	30	524	29666	546
7501	上海第二工业大学	上海	上海	一线	工科	公办	28	559	93	22467	28	28	560	19958	563	35	35	537	21573	560

续表

院校基本信息·本科二批(文科)

院校代码	院校名称	所在区域	所在地	城市分类	院校类型	院校分类	2021年投档情况			2020年投档情况				2019年投档情况		
							招生计划	投档线	线差	位次	招生计划	实际投档	投档线	位次	2021年同位次分数	招生计划	实际投档	投档线	位次	2021年同位次分数
2350	大连民族大学	辽宁	大连	二线	民族	公办	2	558	92	22987	2	2	560	19958	563	2	2	540	19901	563
3165	北京石油化工学院	北京	北京	一线	工科	公办	4	558	92	22987	3	3	556	22087	558	6	6	535	22657	558
3860	江苏海洋大学	江苏	连云港	三线	工科	公办	14	558	92	22987	22	22	556	22087	557	27	27	534	22231	557
4355	聊城大学	山东	聊城	四线	综合	保研资格	10	558	92	22987	8	8	558	21036	561	11	11	536	22094	559
5260	云南中医药大学	云南	昆明	二线	医药	公办	7	558	92	22987	8	8	558	22087	559	6	6	537	22657	558
5410	西南林业大学	云南	昆明	二线	师范	公办	16	558	92	22987	19	20	556	21554	560	15	16	535	21573	560
5858	浙江外国语学院(较高收费)	浙江	杭州	一线	语言	公办	1	558	92	22987	1	1	554	23278	557	—	—	—	—	—
3275	河北医科大学	河北	石家庄	二线	医药	保研资格	6	557	91	23563	6	6	555	23278	557	6	6	533	23814	556
3550	沈阳航空航天大学	辽宁	沈阳	二线	工科	保研资格	4	557	91	23563	4	4	556	22087	557	4	4	534	22094	557
4815	东莞理工学院	广东	东莞	新一线	工科	公办	6	557	91	23563	6	6	555	22667	558	6	6	534	21573	560
5050	河北文理学院	云南	昆明	二线	综合	公办	6	557	91	23563	5	5	555	22667	558	5	5	537	23231	557
5285	重庆民族大学	重庆	重庆	新一线	民族	保研资格	14	557	91	23563	14	14	554	21554	560	10	10	538	21014	561
5415	兰州交通大学	甘肃	兰州	二线	工科	保研资格	7	557	91	23563	21	22	557	22087	557	19	20	520	32432	542
6082	河南财经政法大学(与俄罗斯人民友谊大学联办)	河南	郑州	新一线	财经	公办	56	557	91	23563	55	55	554	23278	557	83	87	536	22094	559
7208	湖南财政经济学院	湖南	长沙	新一线	财经	公办	15	557	91	23563	14	14	558	21036	561	14	14	533	22094	559
7563	湖北第二师范学院	湖北	武汉	新一线	师范	公办	22	557	91	23563	18	21	554	23278	557	22	22	534	23814	556
8857	武汉商学院	湖北	武汉	新一线	财经	公办	12	557	91	23563	10	10	551	25030	554	36	36	534	23231	557
2430	南昌航空大学(较高收费)	江西	南昌	二线	工科	保研资格	6	556	90	24136	8	8	560	19958	563	6	6	535	22657	558
2890	重庆工商大学(较高收费)	重庆	重庆	新一线	财经	保研资格	6	556	90	24136	6	6	551	19417	564	21	21	541	17701	568
3100	中华女子学院	北京	北京	一线	语言	公办	25	556	90	24136	25	25	557	21554	560	29	29	544	21573	560
3490	大连大学	辽宁	大连	二线	综合	公办	17	556	90	24136	22	22	561	19958	563	21	21	541	19304	565
3720	哈尔滨师范大学	黑龙江	哈尔滨	二线	师范	保研资格	44	556	90	24136	63	63	556	22087	559	63	63	535	22657	558
4135	安徽中医药大学	安徽	合肥	二线	医药	公办	14	556	90	24136	9	9	555	22667	558	—	—	—	—	—
4305	赣南师范大学	江西	赣州	三线	师范	公办	19	556	90	24136	26	26	552	24442	555	26	26	531	25044	554
4475	临沂大学	山东	临沂	三线	综合	公办	12	556	90	24136	19	19	554	23278	557	20	20	534	23231	557

第三章 2019—2021年河南省普通高校招生平行投档信息统计

续表

院校基本信息·本科二批(文科)

院校代码	院校名称	所在区域	所在地	城市分类	院校类型	院校分类	2021年投档情况 招生计划	投档线	线差	位次	2020年投档情况 招生计划	实际投档	投档线	位次	2021年同位次分数	2019年投档情况 招生计划	实际投档	投档线	位次	2021年同位次分数
4830	广东医科大学	广东	东莞	新一线	医药	公办	4	556	90	24136	7	7	555	22667	558	4	4	535	22657	558
4870	广东技术师范大学	广东	广州	一线	师范	公办	11	556	90	24136	10	12	555	22667	558	10	10	533	23814	556
4925	广西电子科技大学	广西	桂林	三线	工科	公办	18	556	90	24136	19	19	555	22667	558	18	18	534	23231	557
5250	西南林业大学	云南	昆明	二线	林业	保研资格	18	556	90	24136	15	15	553	23819	556	17	17	533	23814	556
5330	延安大学	陕西	延安	四线	综合	公办	18	556	90	24136	18	18	555	22667	558	24	24	534	23231	557
5345	陕西理工大学	陕西	汉中	五线	工科	公办	6	556	90	24136	6	6	551	25030	554	8	8	533	23814	556
5395	西安文理学院	陕西	西安	新一线	师范	公办	16	556	90	24136	10	10	552	24442	555	12	13	528	26973	551
5455	甘肃政法大学	甘肃	兰州	二线	政法	公办	9	556	90	24136	7	7	556	22087	559	32	32	533	23814	556
6083	河南财经政法大学(与河南省人民检察院联办,就读在河南检察职业学院)	河南	郑州	新一线	财经	保研资格	98	556	90	24136	98	98	552	24442	555	100	100	527	27625	549
9922	南京艺术学院	江苏	南京	新一线	艺术	保研资格	8	556	90	24136	6	6	553	23819	556	6	6	529	26327	552
2435	江西理工大学	江西	南昌	二线	工科	保研资格	7	555	89	24689	8	8	553	23819	556	9	9	531	25044	554
3925	江苏理工学院	江苏	常州	二线	工科	公办	24	555	89	24689	16	16	554	23278	557	25	25	533	23814	556
3985	台州学院	浙江	台州	二线	综合	公办	8	555	89	24689	10	10	553	23819	556	19	19	527	27625	549
4020	浙江海洋大学	浙江	舟山	二线	农业	公办	20	555	89	24689	12	12	560	19958	563	16	16	540	19901	563
4300	江西中医药大学	江西	南昌	二线	医药	公办	6	555	89	24689	4	4	535	33387	537	6	6	531	23814	554
4430	江苏第二师范学院	江苏	南京	新一线	师范	公办	16	555	89	24689	15	15	552	24442	555	11	11	531	25044	554
5040	重庆第二师范学院	重庆	重庆	新一线	师范	公办	23	555	89	24689	22	22	559	20516	562	22	22	539	20442	562
5570	厦门理工学院	福建	厦门	二线	工科	公办	10	555	88	25301	7	7	551	25030	554	7	7	541	26327	552
0019	武汉体育学院	湖北	武汉	新一线	体育	保研资格	12	554	88	25301	4	5	560	19958	563	5	6	533	19304	565
3265	河北中医学院	河北	石家庄	二线	医药	保研资格	30	554	88	25301	33	33	556	22087	559	30	30	535	23814	556
3525	沈阳师范大学	辽宁	沈阳	新一线	师范	保研资格	39	554	88	25301	33	33	556	22087	559	27	27	534	22657	558
3640	吉林师范大学	吉林	四平	五线	师范	保研资格	8	554	88	25301	33	33	558	21036	561	30	30	537	21573	560
4435	青岛农业大学	山东	青岛	新一线	农业	公办	12	554	88	25301	9	9	556	22087	559	8	8	534	23231	557
4790	长沙师范学院	湖南	长沙	二线	师范	公办	12	554	88	25301	14	14	552	24442	555	11	11	528	26973	551
4955	南宁师范大学	广西	南宁	二线	师范	公办	12	554									17	17			

院校基本信息·本科二批（文科）

院校代码	院校名称	所在区域	所在地	城市分类	院校类型	院校分类	2021年投档情况 招生计划	投档线	线差	位次	2020年投档情况 招生计划	实际投档	投档线	位次	2021年同位次分数	2019年投档情况 招生计划	实际投档	投档线	位次	2021年同位次分数
5030	重庆三峡学院	重庆	重庆	新一线	综合	公办	12	554	88	25620	17	17	550	25620	553	16	16	527	27625	549
5450	兰州财经大学	甘肃	兰州	二线	财经	公办	16	554	88	25301	18	18	555	22667	558	29	29	533	23814	556
5705	河北金融学院	河北	保定	三线	财经	公办	18	554	88	25301	16	16	555	22667	558	16	16	534	23231	557
6115	中原工学院	河南	郑州	一线	工科	公办	60	554	88	25301	53	54	549	26203	552	218	218	531	25044	554
3150	北京服装学院	北京	北京	一线	艺术	保研资格	11	553	87	25867	12	12	554	21554	560	155	155	536	21573	560
3225	天津职业技术师范大学	天津	天津	新一线	师范	公办	12	553	87	25867	12	12	557	21554	560	14	14	534	23231	557
3400	山西中医药大学	山西	晋中	四线	医药	保研资格	16	553	87	25867	16	16	557	26203	552	12	12	536	22094	559
3910	盐城师范学院	江苏	盐城	四线	师范	公办	10	553	87	25867	20	20	549	26203	552	25	25	527	27625	549
4225	福建中医药大学	福建	福州	二线	医药	保研资格	13	553	87	25867	13	13	557	21554	560	20	20	535	22657	558
4235	闽南师范大学	福建	漳州	三线	师范	公办	63	553	87	25867	54	54	553	23819	556	49	49	533	23814	556
4255	江西农业大学	江西	南昌	二线	农业	保研资格	7	553	87	25867	13	13	553	36096	536	19	19	537	22094	559
4365	烟台大学	山东	烟台	三线	综合	公办	10	553	87	25867	10	10	558	21036	561	10	10	537	21573	560
4750	湖南文理学院	湖南	常德	四线	综合	公办	8	553	87	25867	9	9	552	24442	555	9	9	528	26973	551
4755	衡阳师范学院	湖南	衡阳	四线	师范	公办	9	553	87	25867	9	9	550	25620	554	9	9	528	25044	554
5045	长江师范学院	重庆	重庆	新一线	师范	公办	2	553	87	25867	4	4	551	25030	554	3	3	531	26973	551
5550	云南警官学院	云南	昆明	二线	政法	公办	2	553	87	25867	2	2	548	26807	551	2	2	528	25044	554
3950	浙江水利水电学院	浙江	杭州	新一线	工科	公办	15	553	87	25867	19	19	552	24442	555	13	13	530	26644	553
7132	常熟理工学院	江苏	苏州	新一线	综合	公办	15	552	86	26451	24	24	553	23819	556	32	32	531	26973	551
4150	安庆师范大学	安徽	安庆	三线	师范	公办	14	552	86	26451	10	10	550	25030	554	10	10	527	25044	554
4380	齐鲁工业大学	山东	济南	二线	工科	公办	24	552	86	26451	5	5	551	23819	556	5	5	532	26973	551
4495	山东工商学院	山东	烟台	三线	财经	公办	18	552	86	26451	18	18	550	26620	553	18	18	528	24466	554
5005	海南医学院	海南	海口	三线	医药	公办	18	552	86	26451	22	22	554	23278	557	22	22	529	26327	552
5245	大理大学	云南	大理	四线	综合	公办	24	552	86	26451	15	15	551	23030	556	15	15	529	24466	552
5655	海南热带海洋学院	海南	三亚	三线	综合	公办	10	552	86	26451	10	10	552	23278	557	10	10	532	26327	552
6065	重庆科技学院	重庆	重庆	新一线	工科	公办	641	552	86	26451	891	930	552	24442	555	1177	1201	529	24466	555
3350	河北地质大学（校高收费）	河北	石家庄	三线	财经	公办	3	551	85	27046	3	3	543	30010	546	3	3	521	31726	543
	信阳师范学院	河南	信阳	四线	师范	公办														

· 284 ·

第三章 2019-2021年河南省普通高校招生平行投档信息统计

院校基本信息·本科二批（文科）

院校代码	院校名称	所在区域	所在地	城市分类	院校类型	院校分类	2021年招生计划	2021投档线	线差	位次	2020招生计划	2020实际投档	2020投档线	位次	2021年同位次分数	2019招生计划	2019实际投档	2019投档线	位次	2021年同位次分数
3360	山西农业大学	山西	晋中	四线	农业	保研资格	10	551	85	27046	10	10	553	23819	556	10	10	532	24466	555
3630	长春工业大学	吉林	长春	二线	工科	保研资格	19	551	85	27046	18	18	552	24442	555	21	21	531	25044	554
3635	吉林农业大学	吉林	长春	二线	农业	保研资格	10	551	85	27046	13	13	549	26203	552	34	34	530	25644	553
4045	合肥师范学院	安徽	合肥	二线	师范	公办	43	551	85	27046	43	43	550	26203	552	25	25	529	26327	552
4210	闽江学院	福建	福州	二线	工科	公办	53	551	85	27046	55	55	549	26620	553	55	55	527	27625	549
5570	厦门理工学院（其他单列）	福建	厦门	二线	工科	公办	6	551	85	27046	6	6	548	26807	551	8	8	528	24466	551
1765	哈尔滨医科大学	黑龙江	大庆	三线	医药	保研资格	15	551	84	27046	17	17	550	25620	553	17	17	528	26973	551
2920	山西财经大学（较高收费）	山西	太原	二线	财经	保研资格	6	550	84	27622	3	3	555	22667	558	2	2	540	19901	563
3210	天津城建大学	天津	天津	新一线	工科	公办	12	550	84	27622	10	10	559	20516	562	10	10	537	21573	560
3325	承德医学院	河北	承德	四线	医药	公办	2	550	84	27622	2	2	552	24442	555	2	2	528	26973	551
3495	沈阳大学	辽宁	沈阳	新一线	综合	公办	35	550	84	27622	36	36	558	21036	561	39	39	536	22094	559
3545	沈阳理工大学	辽宁	沈阳	新一线	工科	公办	11	550	84	27622	13	13	554	23278	557	9	9	533	23814	556
4145	阜阳师范大学	安徽	阜阳	三线	师范	公办	22	550	84	27622	22	22	548	26807	551	25	25	525	28958	547
4340	南昌师范学院	江西	南昌	二线	师范	公办	9	550	84	27622	10	10	548	26807	551	11	11	523	30353	545
4500	山东管理学院	山东	济南	二线	综合	公办	20	550	84	27622	20	20	552	24442	555	20	20	532	24466	555
4545	湖北文理学院	湖北	襄阳	三线	综合	公办	31	550	84	27622	30	30	551	25030	554	24	24	529	26327	552
4795	广东技术师范大学	广东	广州	一线	师范	公办	26	550	84	27622	5	7	566	16955	570	5	5	548	15742	572
5190	遵义医科大学	贵州	遵义	三线	医药	公办	50	550	84	27622	3	3	542	30668	546	3	3	519	33155	541
6031	河南师范大学（中外合作办学）	河南	新乡	三线	师范	保研资格	1041	550	84	27622	1058	1090	543	30010	544	1114	1125	526	28282	548
6035	洛阳师范学院	河南	洛阳	三线	师范	公办	75	550	84	27622	68	71	547	27436	550	44	45	531	25044	554
6090	郑州工业管理学院	河南	郑州	新一线	财经	公办	78	550	84	27622	70	74	535	35387	537	71	71	512	38378	533
6621	苏州城市学院	江苏	苏州	新一线	综合	公办	6	550	84	27622	8	8	549	26203	552	8	8	527	27625	549
7292	西安航空学院	陕西	西安	二线	工科	公办	14	549	83	28244	10	10	546	28075	549	10	10	527	27625	549
2650	广西医科大学	广西	南宁	三线	医药	保研资格	52	549	83	28244	40	40	553	23819	556	39	39	532	24466	555
3080	华北科技学院	河北	廊坊	三线	工科	公办	17	549	83	28244	17	17	548	26807	551	26	26	525	28958	547
3410	太原师范学院	山西	晋中	四线	师范	公办		549												

·285·

院校基本信息·本科二批（文科）

院校代码	院校名称	所在区域	所在地	城市分类	院校类型	院校分类	2021年投档情况 招生计划	投档线	线差	位次	2020年投档情况 招生计划	实际投档	投档线	位次	2021年同位次分数	2019年投档情况 招生计划	实际投档	投档线	位次	2021年同位次分数
3415	山西大同大学	山西	大同	四线	综合	公办	12	549	83	28244	10	10	552	24442	555	12	12	530	25644	553
3620	北华大学	吉林	吉林	四线	综合	公办	65	549	83	28244	34	34	551	25030	554	34	38	531	25044	554
4040	湖州师范学院	浙江	湖州	三线	师范	公办	22	549	83	28244	40	40	554	23278	557	12	12	533	23814	556
4230	泉州师范学院	福建	泉州	二线	师范	公办	31	549	83	28244	29	29	547	27436	550	40	40	525	28958	547
4315	井冈山大学	江西	吉安	四线	师范	公办	11	549	83	28244	7	7	547	27436	550	7	7	527	27625	549
4345	南昌工程学院	江西	南昌	二线	工科	公办	10	549	83	28244	6	6	549	26203	552	6	6	527	27625	549
4965	广西民族大学	广西	南宁	二线	民族	公办	22	549	83	28244	12	12	526	40496	530	40	40	496	49036	515
6620	无锡学院	江苏	无锡	二线	综合	公办	8	549	83	28244	6	6	524	43484	526				51728	519
6698	南昌医学院	江西	南昌	二线	医药	公办	8	549	83	28244	13	13	528	22087	552	16	16	499	25044	558
0005	首都体育学院	北京	北京	一线	体育	公办	6	549	83	28244	7	7	556	22087	559	6	6	535	25044	549
0023	成都体育学院	四川	成都	二线	体育	公办	18	548	82	28836	23	23	546	28075	549	23	23	518	33889	540
2900	太原科技大学	山西	太原	二线	工科	公办	20	548	82	28836	16	16	542	22087	559	16	16	530	22657	558
3010	西北民族大学	甘肃	兰州	二线	民族	保研资格	12	548	82	28836	11	11	551	25030	554	16	16	528	25644	553
4860	岭南师范学院	广东	湛江	二线	师范	公办	8	548	82	28836	8	8	551	26807	551	4	6	515	26973	551
5450	兰州财经大学（较高收费）	甘肃	兰州	二线	财经	保研资格	6	548	82	28836	4	4	543	30010	546	3	3	528	36043	536
5490	防灾科技学院	河北	廊坊	三线	工科	公办	33	547	82	28836	35	35	542	30668	544	35	35	522	31022	544
3020	西南民族大学（少数民族）	四川	成都	新一线	民族	公办	45	547	81	29417	49	49	551	25030	554	46	46	525	28958	547
3315	北华航天工业学院	河北	廊坊	三线	工科	公办	6	547	81	29417	11	11	542	25030	554	11	11	531	25044	553
3450	内蒙古师范学院	内蒙古	呼和浩特	三线	师范	公办	20	547	81	29417	31	31	545	28679	548	25	25	524	29666	545
3460	内蒙古科技大学	内蒙古	包头	四线	综合	保研资格	10	547	81	29417	19	19	543	30010	546	18	22	523	30353	545
3695	黑龙江大学	黑龙江	哈尔滨	二线	综合	保研资格	18	547	81	29417	19	19	560	19958	563	19	19	538	21014	561
4070	丽水学院	浙江	丽水	三线	师范	公办	20	547	81	29417	20	20	549	26203	552	20	20	527	27625	549
4280	景德镇陶瓷大学	江西	景德镇	四线	工科	公办	8	547	81	29417	9	9	551	28075	554	10	10	525	28958	547
4310	江西科技师范大学	江西	南昌	二线	师范	公办	7	547	81	29417	7	7	553	23819	556	10	10	531	25044	554
4590	湖北医药学院	湖北	十堰	四线	医药	公办	15	547	81	29417	8	8	543	30010	546	11	11	523	28958	545
4600	黄冈师范学院	湖北	黄冈	四线	师范	公办	26	547	81	29417	30	30	543	30010	546	32	32	520	32432	542

续表

第三章 2019-2021年河南省普通高校招生平行投档信息统计

院校基本信息·本科二批(文科)

院校代码	院校名称	所在区域	所在地	城市分类	院校类型	院校分类	2021年投档情况			2020年投档情况				2019年投档情况		
							招生计划	投档线	线差	位次	招生计划	实际投档	投档线	位次	2021年同位次分数	招生计划	实际投档	投档线	位次	2021年同位次分数
4625	湖北民族大学	湖北	恩施	四线	民族	公办	44	547	81	29417	23	23	547	27436	550	24	24	526	28282	548
4930	桂林理工大学	广西	桂林	三线	工科	公办	18	547	81	29417	28	28	549	26203	552	13	13	530	25644	553
4975	广西财经学院	广西	南宁	三线	财经	公办	12	547	81	29417	11	11	546	28075	549	15	15	530	25644	553
5385	威阳师范学院	陕西	威阳	三线	师范	公办	14	547	81	29417	11	11	547	27436	550	11	11	524	29666	546
5640	徐州工程学院	江苏	徐州	二线	工程	公办	35	547	81	29417	35	35	547	27436	550	35	35	526	28282	548
5690	四川警察学院	四川	泸州	四线	政法	公办	2	547	81	29417	5	5	540	31965	542	—	—	—	—	—
6079	南阳理工学院(与南阳医学高等专科学校联办,就读在南阳医专)	河南	南阳	三线	工科	公办	25	547	81	29417	20	20	542	30668	544	60	61	519	33155	541
2350	大连民族大学(少数民族)	辽宁	大连	二线	民族	公办	3	546	80	30047	3	3	536	34661	538	49	49	516	35312	537
2935	辽宁科技大学	辽宁	鞍山	四线	综合	保研资格	8	546	80	30047	4	4	556	22087	559	3	3	535	22657	558
4540	湖北科技学院	湖北	威宁	三线	师范	公办	28	546	80	30047	24	24	547	27436	550	22	22	526	28282	548
5570	厦门理工学院(较高收费)	福建	厦门	二线	综合	公办	10	546	80	30047	3	3	534	36096	536	3	3	532	24466	555
6087	华北水利水电大学(与河南经贸职业学院联办,就读在河南经贸职业学院)	河南	郑州	新一线	工科	保研资格	60	546	80	30047	65	65	542	30668	544	60	61	519	33155	541
7156	福建江夏学院	福建	福州	二线	政法	公办	7	546	80	30047	8	8	543	31333	543	10	10	516	35312	537
7461	福建农林大学	福建	福州	二线	农业	公办	53	546	80	30047	52	52	547	27436	550	49	49	526	28282	548
2555	大连交通大学(较高收费)	辽宁	大连	二线	工科	公办	4	545	79	30649	4	4	536	34661	538	1	1	541	19304	565
3245	石家庄铁道大学	河北	石家庄	二线	师范	公办	15	545	79	30649	15	15	541	31022	543	15	15	522	31022	544
3570	锦州医科大学	辽宁	锦州	四线	医药	保研资格	4	545	79	30649	4	4	538	33302	540	4	4	519	33155	541
4195	福建科技学院	福建	泉州	二线	工科	公办	15	545	79	30649	20	20	541	31333	543	20	20	530	25644	553
4705	湖南城市学院	湖南	益阳	四线	综合	公办	11	545	79	30649	13	13	535	33387	537	16	16	518	33889	540
4920	广西科技大学	广西	柳州	四线	师范	保研资格	2	545	79	30649	4	4	543	30010	546	4	4	529	26327	552
5465	青海师范大学	青海	西宁	四线	师范	公办	15	545	79	30649	10	10	546	28075	549	8	8	526	28282	548
5635	金陵科技学院	江苏	南京	新一线	综合	公办	21	545	79	30649	21	21	556	22087	559	21	21	534	23231	557
6107	河南工业大学(中外合作办学)	河南	郑州	新一线	工科	公办	134	545	79	30649	149	158	539	32593	541	159	162	517	34592	539
6170	河南师范大学	河南	新乡	新一线	师范	公办	1162	545	79	30649	945	964	544	29350	547	958	977	521	31726	543
3350	河北地质大学	河北	石家庄	二线	财经	公办	14	544	78	31286	16	16	558	21036	561	16	16	536	22094	559

院校代码	院校名称	所在区域	所在地	城市分类	院校类型	院校分类	2021年招生计划	2021年投档线	2021年线差	2021年位次	2020年招生计划	2020年实际投档	2020年投档线	2020年投档位次	2021年同位次分数	2019年招生计划	2019年实际投档	2019年投档线	2019年投档位次	2021年同位次分数
3565	大连海洋大学	辽宁	大连	二线	农业	保研资格	7	544	78	31286	7	7	557	21554	560	6	6	539	20442	562
4215	莆田学院	福建	莆田	三线	综合	公办	31	544	78	31286	31	31	541	31333	543	28	28	543	31726	543
3675	长春师范大学	吉林	长春	二线	师范	公办	55	543	77	31926	55	55	551	25030	554	56	59	521	25044	554
3710	齐齐哈尔大学	黑龙江	齐齐哈尔	四线	综合	公办	38	543	77	31926	40	41	545	28679	548	43	43	525	28958	547
3715	黑龙江八一农垦大学	黑龙江	大庆	三线	农业	保研资格	12	543	77	31926	22	22	540	31965	542	22	22	519	33155	541
3855	常州工学院	江苏	常州	二线	工科	公办	13	543	77	31926	13	13	550	25620	553	15	15	528	26973	551
3905	淮阴师范学院	江苏	淮安	三线	师范	公办	21	543	77	31926	30	30	543	30010	546	30	30	523	30353	545
4450	潍坊医学院	山东	潍坊	三线	医药	公办	14	543	77	31926	14	14	543	30010	546	14	14	522	28958	544
5340	昆明师范学院	云南	昆明	二线	综合	公办	12	543	77	31926	12	12	546	28075	549	10	10	525	28958	547
5560	南阳师范学院	河南	南阳	三线	师范	公办	597	543	77	31926	664	677	536	34661	538	857	866	512	38378	533
6070	长沙师范学院	湖南	长沙	新一线	师范	公办	4	543	77	31926	4	4	535	35387	537	—	—	—	—	—
7206	贵州警察学院	贵州	贵阳	二线	政法	公办	3	542	76	32574	3	3	540	31965	538	3	3	496	51728	515
9199	衢州学院	浙江	衢州	四线	工科	公办	15	542	76	32574	10	10	536	34461	542	10	10	520	32432	542
4035	巢湖学院	安徽	合肥	二线	师范	公办	16	542	76	32574	15	15	541	31333	543	15	15	515	36043	536
4160	福建农林大学（较高收费）	福建	福州	二线	农业	保研资格	15	542	76	32574	15	15	546	31965	542	17	17	520	32432	540
4195	潍坊学院	山东	潍坊	三线	综合	公办	20	542	76	32574	21	21	546	28075	549	18	18	524	29666	546
4410	乐山师范学院	四川	乐山	四线	师范	公办	4	542	76	32574	5	5	546	36096	542	5	5	518	33889	540
5125	西藏民族大学	西藏	咸阳	四线	民族	公办	35	542	76	32574	35	35	534	36096	536	65	65	511	39143	532
5310	西安文理学院	陕西	西安	新一线	师范	公办	16	542	76	32574	6	6	543	30010	546	8	8	529	26327	552
5620	宝鸡文理学院	陕西	宝鸡	三线	综合	公办	9	542	76	32574	9	9	544	29350	547	9	9	519	33155	541
6639	南京审计大学金审学院	江苏	南京	新一线	综合	民办	11	542	76	32574	8	8	543	30010	546	8	8	522	31022	552
7037	天津中德应用技术大学	天津	天津	新一线	工科	公办	14	541	75	33219	13	13	541	31333	543	7	7	521	31726	544
7701	保定学院	河北	保定	三线	师范	保研资格	13	541	75	33219	6	6	552	24442	555	8	8	529	26327	552
2630	山西医科大学	山西	晋中	四线	医药	公办	7	541	75	33219	25	25	531	38285	533	17	17	535	22657	558
3240	天津商业大学	天津	天津	新一线	财经	公办	32	541	75	33219	—	—	—	—	—	—	—	—	—	—
3420	太原工业学院	山西	太原	二线	工科	公办	8	541	75	33219	9	9	544	29350	547	10	10	524	29666	546

第三章 2019-2021年河南省普通高校招生平行投档信息统计

院校基本信息·本科二批（文科） 续表

院校代码	院校名称	所在区域	所在地	城市分类	院校类型	院校分类	招生计划	投档线	线差	位次	招生计划	实际投档	投档线	位次	2021年同位次分数	招生计划	实际投档	投档线	位次	2021年同位次分数
							2021年投档情况				2020年投档情况					2019年投档情况				
3540	辽宁工业大学	辽宁	锦州	四线	工科	公办	16	541	75	33219	16	16	552	24442	555	16	16	531	25044	554
4465	山东第一医科大学	山东	泰安	四线	医药	公办	5	541	75	33219	5	5	547	27436	550	5	5	522	31022	544
5505	新疆师范大学	新疆	乌鲁木齐	三线	师范	公办	75	541	75	33219	108	108	534	36096	536	105	105	513	37576	534
5685	北部湾大学	广西	钦州	五线	综合	公办	4	541	75	33219	4	4	539	32593	541	4	4	508	41600	528
7126	泰州学院	江苏	泰州	三线	师范	公办	36	541	75	33219	39	39	535	35387	537	29	29	510	39988	531
7254	四川旅游学院	四川	成都	新一线	综合	公办	25	540	75	33915	17	17	542	30668	544	17	17	520	32432	542
3220	天津农学院	天津	天津	新一线	农业	公办	27	540	74	33915	24	24	552	24442	555	29	29	526	25044	548
3745	黑龙江科技大学	黑龙江	哈尔滨	二线	工科	保研资格	48	540	74	33915	67	67	545	29350	547	55	55	522	28282	544
4725	肇庆学院	广东	肇庆	三线	综合	公办	50	540	74	33915	4	4	544	29350	547	4	4	506	43190	526
4875	湖南工程学院	湖南	湘潭	三线	工科	公办	4	540	74	33915	5	5	539	32593	541	5	5	516	35312	537
5120	绵阳师范学院	四川	绵阳	三线	师范	公办	12	540	74	33915	12	12	537	33976	539	12	12	514	36824	535
5335	陕西学前师范学院	陕西	西安	新一线	师范	公办	21	540	74	33915	23	23	537	33976	539	31	31	514	36824	535
5380	渭南师范学院	陕西	渭南	四线	师范	公办	14	540	74	33915	17	17	531	38285	533	8	8	506	43190	526
5650	湖南科技学院	湖南	永州	四线	综合	公办	17	540	74	33915	12	12	542	30668	544	6	6	522	31022	544
6088	河南科技大学（与三门峡市政府联办应用工程学院，就读地在三门峡市）	河南	三门峡	五线	综合	保研资格	40	540	74	33915	40	40	535	35387	537	40	40	512	38378	533
6606	厦门大学嘉庚学院	福建	漳州	三线	综合	民办	40	540	74	33915	40	40	539	32593	541	39	39	521	31726	543
6967	嘉兴南湖学院	浙江	嘉兴	二线	财经	公办	6	540	74	33915	9	9	501	63123	502	8	8	480	66524	498
3660	吉林建筑大学	吉林	长春	二线	工科	公办	12	539	73	34627	6	6	541	31333	543	4	4	523	30353	545
4320	上饶师范学院	江西	上饶	三线	师范	公办	19	539	73	34627	21	21	535	35387	537	9	9	511	39143	532
4565	武汉轻工大学（较高收费）	湖北	武汉	新一线	工科	公办	25	539	73	34627	25	25	524	43484	526	25	25	516	35312	537
5130	内江师范学院	四川	内江	五线	师范	公办	25	539	73	34627	3	3	537	33976	539	1	1	517	35312	537
5235	云南农业大学（较高收费）	云南	昆明	二线	农业	保研资格	2	539	73	34627	2	2	533	36818	535	25	25	516	34592	539
5855	山西传媒学院	山西	晋中	四线	艺术	公办	27	539	73	34627	20	20	545	28679	548	11	11	525	28958	547
7155	福建商学院	福建	福州	二线	财经	公办	33	538	72	35289	17	17	534	36096	536	15	15	513	37576	534
3740	黑龙江工程学院	黑龙江	哈尔滨	二线	工科	公办	9	538	72	35289	16	16	534	36096	536	—	—	—	—	—
6065	信阳师范学院（医护类）	河南	信阳	三线	师范	公办	10	538	72	35289	10	10	524	43484	526	—	—	—	—	—

院校基本信息·本科二批(文科)

院校代码	院校名称	所在区域	所在地城市分类	院校类型	院校分类	2021年投档情况 招生计划	投档线	线差	位次	2020年投档情况 招生计划	实际投档	投档线	位次	2021年同位次分数	2019年投档情况 招生计划	实际投档	投档线	位次	2021年同位次分数
9945	云南艺术学院	云南	昆明	二线	艺术	公办	1	538	72	35289	—	—	—	—	—	—	—	—	—
3340	廊坊师范学院	河北	廊坊	三线	师范	公办	10	537	71	36000	10	10	541	31333	543	10	10	517	34592	539
3490	大连大学(较高收费)	辽宁	大连	二线	综合	公办	17	537	71	36000	15	15	537	33976	539	15	15	519	33155	541
4265	九江学院	江西	九江	三线	综合	公办	31	537	71	36000	31	31	545	28679	548	28	28	526	28282	548
5215	贵阳学院	贵州	贵阳	二线	综合	公办	5	537	71	36000	5	5	537	27527	534	5	5	533	38378	533
5420	甘肃中医药大学	甘肃	兰州	三线	医药	公办	2	537	71	36000	54	54	541	58638	548	38	38	512	23814	548
5525	新疆师范大学	新疆	乌鲁木齐	二线	师范	保研资格	48	537	71	36000	1072	1041	506	31333	545	9	9	523	30353	545
6050	安阳师范学院	河南	安阳	四线	师范	公办	1209	537	71	36000	408	396	536	34661	538	1336	1297	513	30353	534
6155	河南工程学院	河南	郑州	新一线	工科	民办	331	537	71	36000	15	15	542	30668	544	292	289	508	37576	545
6948	南京理工大学紫金学院	江苏	南京	新一线	综合	公办	13	537	71	36000	28	28	529	37527	531	15	15	507	42372	527
7195	汉江师范学院	湖北	十堰	四线	师范	公办	24	537	71	36000	15	15	532	39782	534	22	22	523	30668	528
8176	太原学院	山西	太原	二线	工科	公办	9	536	70	36000	17	17	533	36818	535	8	8	511	39143	532
3590	湖海大学(较高收费)	辽宁	锦州	四线	综合	保研资格	10	536	70	36701	10	10	554	23278	557	10	10	534	23231	557
3625	长春大学	吉林	长春	二线	综合	公办	7	536	70	36701	31	31	518	48340	520	23	23	529	42372	552
4510	湖北理工学院	湖北	黄石	四线	工科	公办	39	536	70	36701	14	14	541	31333	543	7	7	534	26327	552
5710	吉林师范大学	吉林	长春	二线	师范	公办	35	536	70	36701	35	35	539	32593	541	35	35	519	33155	541
6160	洛阳学院	河南	洛阳	三线	综合	公办	593	536	70	36701	604	628	523	44287	525	617	648	519	33155	541
8730	唐山师范学院	河北	唐山	四线	师范	公办	8	535	69	36701	8	8	533	34661	538	10	10	514	36824	534
3345	宿迁学院	江苏	宿迁	四线	综合	公办	10	535	69	37377	4	4	536	36818	535	4	4	513	37576	535
3395	长治医学院	山西	长治	四线	医药	公办	4	535	69	37377	4	4	537	22667	558	10	10	516	35312	534
3520	辽宁师范大学(较高收费)	辽宁	大连	二线	师范	保研资格	10	535	69	37377	51	51	555	36818	535	51	51	536	22094	559
3590	攀枝花学院	四川	攀枝花	四线	综合	公办	47	535	69	37377	10	10	548	33976	539	6	6	532	24466	531
5085	湖海大学	辽宁	锦州	四线	综合	公办	3	535	69	37377	4	4	537	26807	551	7	7	510	39988	555
5235	云南农业大学	云南	昆明	二线	农业	公办	3	535	69	37377	6	6	548	26807	551	6	6	532	24466	531
5575	三明学院	福建	三明	三线	综合	公办	19	535	69	37377	28	28	535	35387	537	24	24	513	28282	534
5670	兰州城市学院	甘肃	兰州	三线	综合	公办	3	535	69	37377	3	3	533	36818	535	3	3	515	36043	536

续表

第三章 2019—2021年河南省普通高校招生平行投档信息统计

院校基本信息·本科二批(文科)

院校代码	院校名称	所在区域	所在地城市	城市分类	院校类型	院校分类	2021年投档情况 招生计划	2021年投档情况 投档线	2021年投档情况 线差	2021年投档情况 位次	2020年投档情况 招生计划	2020年投档情况 实际投档	2020年投档情况 投档线	2020年投档情况 位次	2021年同位次分数	2019年投档情况 招生计划	2019年投档情况 实际投档	2019年投档情况 投档线	2019年投档情况 位次	2021年同位次分数
7502	荆楚理工学院	湖北	荆门	五线	工科	公办	3	535	69	37377	17	17	538	33302	540	13	13	517	34592	539
3665	长春中医药大学	吉林	长春	二线	医药	公办	8	534	68	38026	—	—	—	—	—	—	—	—	—	—
4865	嘉应学院	广东	梅州	二线	综合	公办	10	534	68	38026	11	11	539	32593	541	11	11	511	39143	532
5000	海南热带海洋学院	海南	三亚	三线	综合	公办	62	534	68	38026	64	67	531	38285	533	68	68	518	33889	540
5675	宁夏师范学院	宁夏	固原	五线	师范	公办	7	534	68	38026	7	7	535	35387	537	4	4	509	40747	530
6613	北京中医药大学东方学院	河北	沧州	四线	医药	民办	9	533	67	38698	9	9	535	35387	537	9	9	525	28958	534
2610	黑龙江中医药大学(异地校区)	黑龙江	唐山	三线	医药	保研资格	16	533	67	38698	16	16	527	42716	527	18	18	459	87350	547
3295	唐山学院	河北	唐山	三线	综合	公办	5	533	67	38698	5	5	533	36818	535	33	33	512	38378	533
3455	内蒙古民族大学	内蒙古	通辽	四线	综合	公办	17	533	67	38698	27	27	525	42716	535	3	3	533	23814	475
4440	吉首大学	湖南	湘西	五线	综合	公办	10	533	67	38698	10	10	554	23278	557	10	10	511	39143	533
4690	滨州学院	山东	滨州	四线	综合	公办	4	533	67	38698	2	2	533	36818	535	3	3	509	40747	556
4760	怀化学院	湖南	怀化	五线	师范	保研资格	10	532	67	38698	7	7	532	37527	534	8	8	510	39988	530
5140	宜宾学院	四川	宜宾	四线	综合	公办	8	532	66	39426	10	10	532	37527	534	7	7	512	38378	531
3730	哈尔滨学院	黑龙江	哈尔滨	三线	综合	公办	63	532	66	39426	58	59	531	36818	535	54	54	513	37576	532
4405	德州学院	山东	德州	三线	综合	公办	8	532	66	39426	10	10	533	37527	534	20	20	507	42372	534
5270	玉溪师范学院	云南	玉溪	五线	师范	公办	10	532	66	39426	9	9	532	36818	535	8	8	513	37576	533
6013	河南农业大学(办学地点在许昌)	河南	许昌	四线	农业	保研资格	220	532	66	39426	125	125	533	38285	533	300	346	507	42372	527
6215	河南财政金融学院	河南	郑州	新一线	财经	公办	1153	532	66	39426	1045	1045	530	36461	538	1019	1019	510	39988	531
7106	哈尔滨金融学院	黑龙江	哈尔滨	三线	财经	公办	66	532	66	39426	66	66	536	34461	538	66	66	514	36824	535
7161	景德镇学院	江西	景德镇	四线	综合	公办	4	532	66	39426	6	6	528	40496	530	6	17	501	47369	521
7233	广西警察学院	广西	南宁	二线	政法	公办	4	532	66	39426	16	16	516	50004	517	—	—	—	—	—
7460	南京特殊教育师范学院	江苏	南京	新一线	师范	公办	43	532	66	39426	43	43	528	40496	530	52	52	501	47369	521
7629	齐鲁医药学院	山东	淄博	二线	医药	民办	14	532	66	39426	14	14	517	49174	519	15	15	503	45680	523
4710	邵阳学院	湖南	邵阳	四线	工科	公办	5	531	65	40157	5	6	529	39782	531	5	6	510	39988	531
4845	韶关学院	广东	韶关	四线	综合	公办	6	531	65	40157	17	20	527	41219	529	10	13	496	51728	515
5475	青海民族大学	青海	西宁	四线	民族	保研资格	16	531	65	40157	8	8	528	40496	530	12	12	514	36824	535

续表

院校代码	院校名称	所在区域	所在地	城市分类	院校类型	院校分类	2021年投档情况 招生计划	投档线	线差	位次	2020年投档情况 招生计划	实际投档	投档线	位次	2021年同位次分数	2019年投档情况 招生计划	实际投档	投档线	位次	2021年同位次分数
5540	四川文理学院	四川	达州	五线	综合	公办	11	531	65	40157	10	10	528	40496	530	8	8	506	43190	526
6055	商丘师范学院	河南	商丘	三线	师范	公办	1048	531	65	40157	852	861	530	39072	532	1009	1019	506	43190	526
6963	湖州师范学院	浙江	湖州	三线	师范	公办	20	531	65	40157	12	12	493	70609	493	22	22	460	86358	476
7153	宁德师范学院	福建	宁德	三线	师范	公办	30	531	65	40157	32	32	527	41219	529	32	32	509	44033	525
3435	长治师范学院	山西	长治	四线	师范	公办	7	530	64	40157	6	6	530	39072	532	4	4	515	36043	530
3525	沈阳师范学院	辽宁	沈阳	四线	师范	保研资格	4	530	64	40157	9	6	477	86190	476	—	—	—	—	—
4855	韩山师范学院	广东	潮州	四线	师范	公办	6	530	64	40157	4	4	529	39782	531	3	3	478	68501	495
5145	西昌学院	四川	凉山	五线	综合	公办	2	530	64	40157	5	5	520	46713	522	5	5	505	44033	516
7041	吉林师范大学(较高收费)	吉林	新余	新一线	师范	保研资格	10	530	64	40857	5	5	525	42716	527	7	15	512	38378	525
7164	沧州师范学院	河北	沧州	五线	师范	公办	5	529	63	41562	5	5	524	43484	526	5	5	519	38378	533
3645	新余学院	江西	新余	三线	综合	公办	4	529	63	41562	5	5	531	38285	533	8	8	535	33155	541
3640	长春工程学院	吉林	长春	二线	工科	公办	6	529	63	41562	4	4	558	21036	561	3	3	519	22657	558
5185	贵州中医药大学	贵州	贵阳	二线	医药	保研资格	17	529	63	41562	18	20	533	36818	535	20	20	512	38378	533
5265	曲靖师范学院	云南	曲靖	四线	师范	公办	50	529	63	41562	50	50	527	41219	529	50	50	506	43190	526
6022	新乡医学院(中外课程合作)	河南	新乡	三线	医药	公办	632	529	63	41562	552	558	537	33976	539	677	711	515	36043	526
6025	河南师范学院	河南	新乡	三线	师范	公办	730	529	63	41562	787	803	525	42716	527	803	811	502	46498	522
6060	周口师范学院	河南	周口	三线	师范	公办	42	529	63	41562	33	33	528	40496	530	19	19	506	43190	526
6972	集美大学诚毅学院	福建	厦门	二线	综合	民办	26	529	63	41562	27	27	519	47502	521	28	28	509	40747	530
7152	武夷学院	福建	南平	四线	综合	公办	17	529	63	41562	17	17	529	39782	531	19	19	506	43190	526
7228	六盘水师范学院	贵州	六盘水	五线	师范	公办	2	529	63	41562	2	2	519	47502	521	2	2	496	51728	515
7348	琼台师范学院	海南	海口	三线	师范	公办	42	528	62	42273	32	33	526	41943	528	16	16	504	44849	524
3250	衡水学院	河北	衡水	四线	师范	公办	6	528	62	42273	6	6	532	37527	534	6	6	510	39988	531
3260	张家口学院	河北	张家口	四线	综合	公办	13	528	62	42273	8	10	535	35387	537	10	10	512	38378	533
3300	河北建筑工程学院	河北	张家口	四线	工科	公办	8	528	62	42273	7	7	519	47502	521	8	8	507	42372	527
3430	晋中学院	山西	晋中	四线	师范	公办	8	528	62	42273	8	7	529	39782	531	6	6	503	45680	523
4780	湖南女子学院	湖南	长沙	新一线	语言	公办	26	528	62		25	25	528	40496	530	4	6			

续表

第三章 2019–2021年河南省普通高校招生平行投档信息统计

院校基本信息·本科二批(文科)

院校代码	院校名称	所在区域	所在地	城市分类	院校类型	院校分类	2021年投档情况 招生计划	投档线	线差	位次	2020年投档情况 招生计划	实际投档	投档线	位次	2021年同位次分数	2019年投档情况 招生计划	实际投档	投档线	位次	2021年同位次分数
5430	天水师范学院	甘肃	天水	五线	师范	公办	8	528	62	42273	2	2	528	40496	530	2	2	503	45680	523
6119	中原工学院(中外合作办学)	河南	郑州	新一线	工科	公办	21	528	62	42273	22	22	526	41943	528	21	21	507	42372	527
6950	南京传媒学院	江苏	南京	新一线	艺术	民办	32	528	62	42273	80	81	519	47502	521	79	79	499	49036	519
7221	桂林航天工业学院	广西	桂林	三线	工科	公办	10	528	62	42273	11	11	537	33976	539	13	13	516	35312	537
7401	兰州文理学院	甘肃	兰州	三线	综合	公办	10	528	62	42273	8	8	532	37527	534	8	8	510	39988	531
8139	河北环境工程学院	河北	秦皇岛	三线	综合	公办	9	528	62	42273	10	10	525	42716	527	7	8	503	45680	523
8691	山东文理学院	山东	济南	二线	综合	公办	15	528	62	42273	10	10	515	50859	516	—	—	—	41600	528
3380	运城师范学院	山西	运城	四线	师范	公办	24	527	61	43003	24	24	530	39072	532	35	35	508	—	—
3640	吉林师范大学(异地校区)	吉林	四平	五线	师范	保研资格	3	527	61	43003	—	—	—	—	—	—	—	—	26973	551
4110	皖西学院	安徽	六安	二线	师范	公办	10	527	61	43003	35	43	548	26807	551	14	14	522	31022	544
4220	福建工程学院	福建	福州	二线	工科	公办	29	527	61	43003	8	8	543	30010	546	8	8	505	44033	525
4715	湘南学院	湖南	郴州	四线	综合	公办	6	527	61	43003	9	9	522	45097	524	9	9	512	38378	533
4970	梧州学院	广西	梧州	四线	综合	公办	8	527	61	43003	35	35	533	36818	535	33	33	506	43190	526
5580	龙岩学院	福建	龙岩	四线	综合	公办	28	527	61	43003	6	6	527	41219	529	10	10	499	49036	519
5625	安康学院	陕西	安康	五线	医药	保研资格	50	527	61	43003	50	50	521	45874	523	50	50	509	40747	530
6015	河南中医药大学	河南	郑州	新一线	医药	公办	734	527	61	43003	692	700	531	38285	533	676	683	528	26973	551
6040	许昌学院	河南	许昌	三线	综合	公办	1	527	61	43003	—	—	548	26807	546	—	—	522	31022	544
6060	山东协和学院(较高收费)	山东	济南	二线	医药	民办	2	526	60	43777	2	2	523	44287	525	2	2	501	47369	521
4445	莆田学院	福建	莆田	二线	综合	公办	26	526	60	43777	10	10	517	49174	519	—	—	497	50809	516
5565	福建技术师范学院	福建	福州	二线	师范	公办	6	526	60	43777	3	3	528	40496	522	3	3	495	52623	514
7148	亳州学院	安徽	亳州	四线	师范	公办	6	526	60	43777	6	6	520	46713	520	6	6	495	52623	514
9844	西安美术学院	陕西	西安	新一线	艺术	公办	24	525	59	44512	29	33	518	48340	530	24	24	501	47369	521
3010	西北民族大学(少数民族)	甘肃	兰州	三线	民族	公办	4	525	59	44512	12	12	525	42716	527	8	8	502	46498	522
5856	山西工程技术学院	山西	阳泉	五线	工科	公办	28	525	59	44512	28	28	531	38285	533	18	18	510	39988	531
5859	山东农业工程学院	山东	德州	三线	综合	公办	2	525	59	44512	4	4	521	45874	523	6	6	491	56263	510
5862	滇西应用技术大学	云南	大理	四线	综合	公办	—	—	—	—	—	—	—	—	—	—	—	—	—	—

院校基本信息·本科二批(文科)

院校代码	院校名称	所在区域	所在地	城市分类	院校类型	院校分类	2021年招生计划	2021年投档线	2021年线差	2021年投档位次	2020年招生计划	2020年实际投档	2020年投档线	2020年投档位次	2021年同位次分数	2019年招生计划	2019年实际投档	2019年投档线	2019年投档位次	2021年同位次分数
6165	新乡学院	河南	新乡	三线	工科	公办	735	525	59	44512	761	784	525	42716	527	767	782	503	45680	523
6695	赣南科技学院	江西	赣州	三线	工科	公办	10	525	59	44512	10	10	505	59518	506	10	10	485	61760	503
7147	池州学院	安徽	池州	五线	师范	公办	7	525	59	44512	13	13	524	43484	526	—	—	520	48216	520
3405	忻州师范学院	山西	忻州	三线	师范	公办	14	524	58	45291	10	10	532	37527	534	14	14	507	42372	527
3640	吉林师范大学(其他单列)	吉林	长春	二线	师范	公办	8	524	58	45291	11	11	509	55983	510	—	—	—	—	—
6069	信阳师范学院(中外合作办学)	河南	信阳	三线	师范	公办	78	524	58	45291	120	121	518	48340	520	98	98	495	52623	514
6150	黄淮学院	河南	驻马店	三线	师范	公办	497	524	58	45291	602	614	520	46713	522	643	649	498	49902	518
7617	长沙师范大学(较高收费)	湖南	长沙	二线	师范	公办	8	524	58	45291	8	8	484	79205	484	8	10	504	44849	523
5010	海南师范学院	海南	海口	三线	师范	保研资格	5	523	57	46101	302	308	523	44287	525	301	304	501	47369	521
6120	河南城建学院	河南	平顶山	四线	工科	公办	284	523	57	46101	—	—	—	—	—	—	—	—	—	—
6398	郑州航空工业管理学院(南乌拉尔学院)	河南	郑州	新一线	财经	公办	25	523	57	46101	3	3	520	46713	522	4	4	498	49902	518
7163	萍乡学院	江西	萍乡	五线	综合	公办	5	523	57	46101	3	3	527	41219	529	3	6	506	43190	526
7176	阿坝师范学院	四川	阿坝	五线	师范	公办	10	523	57	46101	6	6	519	47502	521	10	10	497	48216	516
7259	济宁师范学院	山东	济宁	五线	师范	公办	6	522	56	46841	26	26	523	44287	525	26	29	497	50809	520
3685	通化师范学院	吉林	通化	五线	师范	公办	34	522	56	46841	26	26	523	44287	525	26	26	500	48216	520
3760	牡丹江师范学院	黑龙江	牡丹江	五线	师范	公办	38	522	56	46841	25	25	528	40496	530	26	26	504	44849	524
5545	安顺学院	贵州	安顺	四线	农业	公办	4	522	56	46841	5	5	518	48340	520	4	4	497	50809	516
6045	河南牧业经济学院	河南	郑州	新一线	综合	公办	1397	522	56	46841	1570	1617	520	46713	522	1655	1688	502	46498	522
6075	南阳理工学院	河南	南阳	三线	工科	公办	299	522	56	46841	309	312	533	36818	535	313	319	513	37576	534
6598	广西科技师范学院	广西	来宾	五线	师范	民办	14	521	55	46841	14	14	520	46713	522	14	14	498	49902	518
7228	上海财经大学浙江学院	浙江	金华	三线	财经	民办	18	521	55	47608	23	23	514	48340	515	22	22	497	49902	516
3015	北方民族大学(少数民族)	宁夏	银川	三线	民族	公办	20	521	55	47608	20	20	514	51662	515	26	26	497	47369	521
3255	邯郸师范学院	河北	邯郸	五线	师范	公办	5	521	55	47608	18	19	518	41943	521	22	22	501	41600	528
3670	白城师范学院	吉林	白城	三线	师范	公办	53	521	55	47608	49	49	519	47502	521	38	38	508	50809	516
3675	长城师范学院	吉林	长春	二线	师范	公办	14	521	55	47608	10	10	513	52560	514	10	10	497	50809	516
4850	惠州学院	广东	惠州	三线	综合	公办	4	521	55	47608	12	12	546	28075	549	14	14	524	29666	546

本科二批（文科）

院校代码	院校名称	所在区域	所在地	城市分类	院校类型	院校分类	2021招生计划	2021投档线	线差	位次	2020招生计划	2020实际投档	投档线	位次	2021年同位次分数	2019招生计划	2019实际投档	投档线	位次	2021年同位次分数
5435	河西学院	甘肃	张掖	五线	综合	公办	12	521	55	47608	12	12	521	45874	523	12	13	498	49902	518
5500	新疆农业大学	新疆	乌鲁木齐	三线	农业	保研资格	63	521	55	47608	52	52	512	53447	513	—	—	—	—	—
5585	红河学院	云南	红河	四线	综合	公办	22	521	55	47608	20	20	519	47502	521	18	18	497	50809	516
5615	陇东学院	甘肃	庆阳	五线	师范	公办	4	521	55	47608	4	4	514	51662	515	—	—	—	—	—
6125	平顶山学院	河南	平顶山	四线	综合	公办	939	521	55	47608	867	884	520	46713	522	824	840	498	49902	518
6617	南京师范大学中北学院	江苏	镇江	三线	师范	民办	36	521	55	47608	41	41	520	46713	522	41	41	500	48216	520
7051	吕梁学院	山西	吕梁	四线	师范	公办	8	521	55	47608	15	15	519	47502	521	15	15	497	50809	516
7283	昭通学院	云南	昭通	四线	师范	公办	3	521	55	47608	3	3	518	48340	520	3	3	497	50809	516
2610	黑龙江中医药大学	黑龙江	哈尔滨	二线	医药	保研资格	2	520	54	48420	2	2	550	25620	553	—	—	—	—	—
3463	内蒙古科技大学包头师范学院	内蒙古	包头	四线	师范	公办	13	520	54	48420	17	17	518	48340	520	17	17	497	50809	516
3680	吉林工程技术师范学院	吉林	长春	二线	师范	公办	30	520	54	48420	35	36	518	48340	520	35	36	497	50809	516
3765	大庆师范学院	黑龙江	大庆	三线	师范	公办	59	520	54	48420	54	54	518	48340	520	54	54	497	50809	516
5200	黔南民族师范学院	贵州	黔南	四线	师范	公办	8	520	54	48420	10	10	517	49174	519	13	13	497	50809	516
5680	百色学院	广西	百色	五线	综合	公办	20	520	54	48420	18	18	518	48340	520	14	14	498	49902	518
5700	凯里学院	贵州	黔东南	四线	综合	公办	5	520	54	48420	—	—	—	—	—	—	—	—	—	—
6004	郑州大学（体育学院）	河南	郑州	新一线	体育	保研资格	195	520	54	48420	195	195	516	50004	517	195	195	495	52623	514
6108	河南工业大学（与漯河市政府合办漯河就读地在漯河）	河南	漯河	四线	工科	公办	72	520	54	48420	40	40	517	49174	519	70	70	494	53547	513
6135	安阳工学院	河南	安阳	四线	工科	公办	375	520	54	48420	355	359	521	45874	523	326	326	500	48216	520
6250	郑州工程技术学院	河南	郑州	新一线	工科	公办	353	520	54	48420	278	278	521	45874	523	311	317	500	48216	520
6696	赣东学院	江西	抚州	四线	工科	公办	7	520	54	48420	5	13	501	63123	502	4	4	482	64567	500
6766	燕山大学里仁学院	河北	秦皇岛	三线	工科	民办	4	520	54	48420	4	4	525	42716	527	4	4	504	44849	524
7304	兴义民族师范学院	贵州	黔西南	五线	师范	公办	3	520	54	48420	3	3	515	50859	516	3	3	497	50809	516
7600	甘肃民族师范学院	甘肃	甘南	五线	师范	公办	4	520	54	48420	4	4	517	49174	519	4	4	497	50809	516
5530	浙江万里学院	浙江	宁波	新一线	工科	公办	50	519	53	49184	40	40	514	51662	515	40	40	488	59071	506
5535	河池学院	广西	河池	五线	综合	公办	10	519	53	49184	10	10	517	49174	519	10	10	506	50809	516
5535	贺州学院	广西	贺州	五线	综合	公办	5	519	53	49184	4	4	517	49174	519	3	5	495	52623	514

续表

院校基本信息·本科二批（文科）

院校代码	院校名称	所在区域	所在地	城市分类	院校类型	院校分类	2021年投档情况					2020年投档情况				2021年同位次分数	2019年投档情况			2021年同位次分数
							招生计划	投档线	线差	位次		招生计划	实际投档	投档线	位次		招生计划	实际投档	投档线	位次
5630	贵州工程应用技术学院	贵州	毕节	四线	师范	公办	4	519	53	49184		4	4	516	50004	517	4	4	492	55314	511
6125	平顶山学院（医护类）	河南	平顶山	四线	师范	公办	77	519	53	49184		59	59	515	50859	516	29	29	499	49036	519
6214	河南工学院	河南	新乡	三线	工科	公办	300	519	53	49184		158	158	520	46713	522	210	210	498	49902	518
6627	南京邮电大学通达学院	江苏	扬州	三线	综合	民办	10	519	53	49184		10	10	518	48340	520	29	29	498	49902	518
6636	河北师范大学汇华学院	河北	石家庄	二线	综合	民办	29	519	53	49184		29	29	516	50004	517	25	25	514	52623	514
6642	山西工学院	山西	朔州	五线	工科	民办	6	519	53	49184		7	7	497	66799	497	6	13	470	76314	487
6897	四川外国语大学成都学院	四川	成都	新一线	语言	民办	24	519	53	49184		25	26	527	42716	527	28	25	507	42372	527
6931	北京理工大学珠海学院	广东	珠海	二线	综合	民办	36	519	53	49184		24	24	524	43484	526	9	9	507	52623	523
7063	集宁师范学院	内蒙古	乌兰察布	五线	师范	公办	17	519	53	49184		17	17	516	50004	519	14	14	495	53547	513
7064	呼和浩特民族学院	内蒙古	呼和浩特	三线	语言	公办	9	519	53	49184		9	9	517	49174	519	17	17	494	54421	514
3615	辽东学院	辽宁	丹东	三线	财经	公办	33	518	52	49952		26	26	514	51662	515	31	31	493	49036	512
4960	玉林师范学院	广西	玉林	三线	师范	公办	20	518	52	49952		20	20	514	51662	515	20	20	499	49036	519
5205	贵州财经大学	贵州	贵阳	三线	财经	公办	15	518	52	49952		15	15	520	46713	522	15	15	499	45680	523
5520	伊犁师范大学	新疆	伊犁	五线	师范	公办	73	518	52	49952		102	102	517	51662	515	92	92	492	54421	512
6037	南阳师范学院（中外合作办学）	河南	南阳	三线	师范	公办	170	518	52	49952		270	270	512	53447	513	270	270	485	61760	511
6070	洛阳师范学院（异地校区）	河南	洛阳	三线	师范	公办	70	518	52	49952		70	70	517	49174	519	35	35	495	52623	519
6145	信阳农林学院	河南	信阳	三线	农业	公办	676	518	52	49952		801	809	517	49174	519	810	818	495	52623	514
6607	东南大学成贤学院	江苏	南京	新一线	工科	民办	15	518	52	49952		10	10	509	55983	510	28	28	488	59071	506
6608	山东石油化工学院	山东	东营	四线	工科	公办	23	518	52	49952		28	28	515	50859	510	44	44	494	53547	513
6625	扬州大学广陵学院	江苏	扬州	三线	综合	民办	42	518	52	49952		48	48	515	50004	516	44	44	494	50809	516
6864	长沙理工大学城南学院	湖南	长沙	二线	工科	民办	16	518	52	49952		16	16	516	50004	517	16	16	497	53547	516
7287	文山学院	云南	文山	五线	师范	公办	5	518	52	49952		5	5	516	50004	517	5	5	494	53547	514
7293	滇西科技师范学院	云南	临沧	五线	师范	公办	8	518	51	49952		10	10	517	49174	519	6	6	495	52623	519
3585	鞍山师范学院	辽宁	鞍山	三线	师范	公办	45	517	51	50796		32	32	531	38285	533	31	31	511	39143	532
3770	绥化学院	黑龙江	绥化	四线	师范	公办	18	517	51	50796		20	20	517	49174	519	20	20	497	50809	516
4975	广西财经学院（较高收费）	广西	南宁	三线	财经	公办	3	517	51	50796		—	—	—	—	—	—	—	—	—	—

第三章 2019—2021年河南省普通高校招生平行投档信息统计

续表 本科二批（文科）

院校代码	院校名称	所在区域	所在地	城市分类	院校类型	院校分类	2021年招生计划	2021投档线	2021线差	2021位次	2020招生计划	2020实际投档	2020投档线	2020位次	2021年同位次分数	2019招生计划	2019实际投档	2019投档线	2019位次	2021年同位次分数
5495	呼伦贝尔学院	内蒙古	呼伦贝尔	五线	综合	公办	8	517	51	50796	8	8	517	50004	517	8	8	494	53547	513
5660	商洛学院	陕西	商洛	五线	综合	公办	7	517	51	50796	6	6	525	42716	527	6	9	503	45680	523
6058	商丘师范学院（与商丘职业技术学院联办）（就读在商丘职业技术学院）	河南	商丘	三线	师范	公办	20	517	51	50796	20	20	512	50004	513	20	20	492	55314	511
6763	华北理工大学冀唐学院	河北	唐山	三线	医药	民办	25	517	51	50796	27	27	516	53447	517	—	—	—	—	—
6821	阜阳师范大学信息工程学院	安徽	阜阳	四线	师范	民办	12	517	51	50796	7	7	511	54267	512	7	7	488	59071	506
6876	湘潭大学兴湘学院	湖南	湘潭	三线	综合	民办	4	517	51	50796	4	4	515	50859	516	4	4	495	52623	514
9958	安徽艺术学院	安徽	合肥	二线	艺术	公办	3	517	51	50796	—	—	—	—	—	—	—	—	—	—
0012	哈尔滨体育学院	黑龙江	哈尔滨	二线	体育	公办	18	516	50	51641	8	8	517	49174	519	12	12	495	52623	514
3735	黑河学院	黑龙江	黑河	四线	综合	公办	34	516	50	51641	23	23	518	48340	520	23	23	497	50809	516
4685	喀什大学（中外合作办学）（较高收费）	新疆	喀什	四线	师范	公办	3	516	50	51641	4	4	507	57786	508	2	2	487	59948	505
5510	安阳师范学院（较高收费）	河南	安阳	四线	师范	公办	205	516	50	51641	169	170	513	52560	514	117	117	484	62681	502
6052	湖南人文科技学院	湖南	娄底	四线	师范	公办	70	516	50	51641	70	70	513	55983	510	70	70	493	54421	510
6624	江苏大学京江学院	江苏	镇江	三线	综合	民办	21	516	50	51641	4	4	509	55983	513	4	4	488	59071	506
6700	赣南师范大学科技学院	江西	赣州	三线	师范	民办	4	516	50	51641	10	10	512	52560	513	14	14	490	57200	509
6843	湖北师范大学文理学院	湖北	武汉	新一线	综合	民办	12	516	50	51641	6	6	514	51662	515	6	6	494	53547	513
6867	湖南师范大学树达学院	湖南	湘潭	三线	师范	民办	55	516	50	51641	60	60	513	52560	514	62	62	493	55314	512
6952	南京师范大学泰州学院	江苏	泰州	三线	综合	民办	13	516	50	51641	13	13	516	50004	517	11	11	492	53547	511
7400	河套学院	内蒙古	巴彦淖尔	五线	综合	公办	57	516	50	51641	41	41	516	50004	517	34	34	495	52623	514
8386	黑龙江工业学院	黑龙江	鸡西	五线	工科	公办	14	516	50	51641	7	7	512	49174	513	5	5	477	69468	494
9938	广西艺术学院	广西	南宁	四线	艺术	公办	8	515	49	52443	5	5	517	49174	519	5	5	494	53547	513
3470	内蒙古艺术学院	内蒙古	呼和浩特	四线	艺术	公办	14	515	49	52443	7	7	517	49174	519	9	9	494	53547	513
3675	赤峰学院	内蒙古	赤峰	四线	师范	公办	11	515	49	52443	10	10	516	50004	517	9	9	496	51728	515
4950	广西中医药大学（较高收费）	广西	南宁	二线	医药	公办 保研资格	4	515	49	52443	4	4	558	21036	561	4	4	533	23814	556
6098	华北水利水电大学（与嵩山少林武术职业学院联办，就读地详见专业说明）（较高收费）	河南	郑州	新一线	工科	公办 保研资格	210	515	49	52443	210	231	505	59518	506	210	221	480	66524	498

续表

院校代码	院校基本信息·本科二批(文科)					2021年投档情况				2020年投档情况				2021年同位次分数	2019年投档情况			2021年同位次分数
	院校名称	所在区域	所在地	城市分类	院校类型	院校分类	招生计划	投档线	线差	位次	招生计划	实际投档	投档线	位次		招生计划	实际投档	投档线	位次	
6153	黄淮学院(中外合作办学)	河南	驻马店	三线	师范	公办	38	515	49	52443	49	50	509	55983	510	53	53	484	62681	502
6616	南京工业大学浦江学院	江苏	南京	一线	综合	民办	10	515	49	52443	10	10	512	55983	510	10	10	492	55314	511
6628	南京财经大学红山学院	江苏	镇江	三线	财经	民办	64	515	49	52443	64	64	513	52560	514	64	64	494	53547	513
6868	南京理工学院	湖南	岳阳	三线	工科	民办	2	515	49	52443	2	2	511	54267	512	2	2	490	57200	509
6875	南华大学船山学院	湖南	衡阳	三线	综合	民办	4	515	49	52443	4	4	509	53447	514	3	3	488	59071	506
6892	四川科技大学南都学院	四川	成都	一线	工科	民办	8	515	49	52443	14	14	514	51662	515	6	6	496	51728	515
6894	电子科技大学成都学院	四川	成都	一线	艺术	民办	8	515	49	52443	6	6	512	52560	513	8	8	515	52623	514
6988	西安交通大学城市学院	陕西	西安	一线	工科	民办	6	515	49	52443	6	6	508	56870	509	—	—	506	—	—
7331	新疆工程学院	新疆	乌鲁木齐	二线	工科	公办	4	515	49	52443	4	4	512	53447	513	8	8	488	51728	515
8212	鄂尔多斯应用技术学院	内蒙古	鄂尔多斯	四线	综合	公办	12	514	48	53242	12	12	514	50859	516	10	10	491	56263	510
6629	江苏科技大学苏州理工学院	江苏	苏州	一线	综合	民办	4	514	48	53242	4	4	515	53447	511	6	6	492	58141	511
6632	江苏工程大学科信学院	河北	邯郸	三线	工科	民办	5	514	48	53242	8	8	504	60432	505	74	74	489	92428	508
6754	天津外国语大学滨海外事学院	天津	天津	一线	语言	民办	7	514	48	53242	43	43	509	55983	510	33	33	454	97560	469
6922	新疆财经大学商务学院	新疆	昌吉	五线	财经	公办	49	514	48	53242	81	81	504	56870	505	33	33	454	97560	469
6923	新疆科技学院	新疆	阿克苏	五线	综合	公办	28	514	48	53242	30	30	508	68747	495	22	22	464	65551	499
7152	武夷学院(较高收费)	福建	南平	五线	综合	公办	2	514	48	53242	6	6	495	68747	495	11	11	474	72400	491
3700	佳木斯大学	黑龙江	佳木斯	五线	综合	公办	55	513	47	54068	—	—	—	—	—	—	—	523	30353	545
4950	广西中医药大学(较高收费)	广西	南宁	二线	医药	保研资格	1	513	47	54068	1	1	509	55983	510	1	1	491	56263	510
5315	西藏农牧学院	西藏	林芝	五线	农业	公办	4	513	47	54068	4	4	511	54267	512	2	2	510	56263	510
5515	昌吉学院	新疆	昌吉	五线	师范	公办	110	513	47	54068	105	105	511	54267	512	100	100	491	56263	510
5665	榆林学院	陕西	榆林	五线	师范	公办	15	513	47	54068	12	12	529	39782	531	11	13	506	43190	526
6017	河南中医药大学(与嵩山少林武术职业学院就读嵩山)	河南	郑州	二线	医药	保研资格	120	513	47	54068	120	127	506	58638	507	60	65	481	65551	499
6622	江苏大学应用技术学院	江苏	苏州	一线	综合	民办	34	513	47	54068	34	34	512	53447	513	34	34	492	55314	511
6623	苏州大学应用技术学院	江苏	苏州	一线	综合	民办	18	513	47	54068	20	20	510	55140	511	20	20	488	59071	506
6664	成都理工大学工程技术学院	四川	成都	一线	综合	民办	36	513	47	54068	23	24	516	50004	517	31	35	495	52623	514
6677	西南财经锦城学院天府学院	四川	成都	一线	财经	民办	7	513	47	54068	22	22	510	55140	511	15	19	492	55314	511

298

第三章 2019—2021年河南省普通高校招生平行投档信息统计

续表

本科二批（文科）

院校代码	院校名称	所在区域	所在地	城市分类	院校类型	院校分类	2021年招生计划	2021投档线	线差	位次	2020招生计划	2020实际投档	2020投档线	2020位次	2021同位次分数	2019招生计划	2019实际投档	2019投档线	2019位次	2021同位次分数
6812	中国矿业大学徐海学院	江苏	徐州	二线	工科	民办	29	513	47	54068	32	32	509	55983	510	29	29	488	59071	506
6849	湖北师范大学文理学院	湖北	黄石	四线	师范	民办	15	513	47	54068	16	16	506	57200	509	—	—	490	57200	509
6949	南京航空航天大学金城学院	江苏	南京	一线	工科	民办	19	513	47	54068	10	10	511	54267	512	13	13	493	54421	512
9951	新疆艺术学院	新疆	乌鲁木齐	二线	艺术	公办	6	513	47	54068	5	5	511	54267	512	6	6	493	54421	512
6060	周口师范学院（其他单列）	河南	周口	三线	师范	公办	70	512	46	54859	—	—	—	—	—	—	—	—	—	—
6078	南阳理工学院（中外合作办学）	河南	南阳	三线	工科	公办	120	512	46	54859	159	161	506	58638	507	149	149	475	63611	501
6626	江苏师范大学科文学院	江苏	徐州	二线	综合	民办	66	512	46	54859	51	51	510	55140	511	71	71	489	58141	508
6669	福州师范大学协和学院	福建	福州	二线	综合	民办	15	512	46	54859	15	15	509	55983	510	19	19	487	59948	505
6711	重庆外语外事学院	重庆	重庆	二线	语言	民办	29	512	46	54859	29	30	510	53447	513	33	33	494	53547	513
6862	武汉政法学院	湖北	武汉	一线	政法	民办	50	512	46	54859	41	41	512	53447	513	39	39	493	54421	512
6921	新疆政法学院	新疆	图木舒克	—	综合	公办	16	512	46	54859	—	—	—	—	—	57	57	490	57200	509
7610	三江学院	江苏	南京	一线	综合	民办	54	512	46	54859	55	55	509	55140	511	11	11	475	71426	492
9956	内蒙古艺术学院	内蒙古	呼和浩特	二线	艺术	公办	10	512	46	54859	6	6	509	56870	509	23	23	492	55314	511
6663	江西财经大学科技学院	江西	九江	三线	财经	民办	13	511	45	55670	12	12	508	56870	509	18	18	485	61760	503
6693	重庆财经大学科技学院	重庆	重庆	一线	综合	民办	18	511	45	55670	18	18	506	58638	507	22	22	485	61760	503
6713	重庆师范大学科技学院	重庆	重庆	一线	综合	民办	21	511	45	55670	20	20	506	58638	507	28	28	492	55314	511
6765	石家庄铁道大学四方学院	河北	石家庄	二线	工科	民办	10	511	45	55670	10	10	507	57786	508	10	10	489	58141	508
6650	潍坊理工学院	山东	潍坊	三线	综合	民办	3	510	44	56491	3	3	507	53447	513	3	3	488	59071	506
6966	浙江工商大学杭州商学院	浙江	杭州	二线	财经	民办	29	510	44	56491	21	21	508	56870	509	24	24	494	53547	513
9133	四川电影电视学院	四川	成都	新一线	艺术	民办	2	510	44	56491	2	2	512	47502	521	1	4	482	64567	500
3110	塔里木大学	新疆	阿拉尔	—	综合	公办	64	509	43	57325	86	86	519	47502	521	60	60	499	49036	519
6501	河南开封科技传媒学院	河南	开封	四线	综合	民办	944	509	43	57325	977	1022	511	54267	512	1137	1148	491	56263	510
6604	重庆人文科技学院	重庆	重庆	一线	综合	民办	28	509	43	57325	24	24	504	60432	505	27	27	477	69468	494
6618	南京医科大学康达学院	江苏	连云港	三线	综合	民办	12	509	43	57325	14	13	465	60432	463	4	4	500	48216	520
6859	湖北工程学院新技术学院	湖北	孝感	四线	工科	民办	18	509	43	57325	18	18	504	60432	505	14	14	486	60831	504
6932	珠海科技学院	广东	珠海	二线	综合	民办	24	509	43	57325	21	22	527	41219	529	21	22	513	37576	534

· 299 ·

续表

院校代码	院校基本信息					2021年投档情况				2020年投档情况				2019年投档情况	
	院校名称	所在区域	所在地	城市分类	院校类型	院校分类	招生计划	投档线	线差	位次	招生计划	实际投档	投档线	位次	2021年同位次分数	招生计划	实际投档	投档线	位次	2021年同位次分数
6976	北京科技大学天津学院	天津	天津	新一线	综合	民办	35	509	43	57325	42	59	505	59518	506	57	69	485	61760	503
6979	武汉传媒学院	湖北	武汉	新一线	艺术	民办	2	509	43	57325	6	6	507	57786	503	5	5	479	67483	497
5000	海南热带海洋学院（较高收费）	海南	三亚	三线	综合	公办	9	508	42	58200	6	6	509	55983	510	6	6	490	57200	509
6502	中原科技学院	河南	郑州	新一线	师范	民办	1124	508	42	58200	1735	1752	506	58638	507	1992	2012	484	62681	502
6601	天津仁爱学院	天津	天津	新一线	综合	民办	43	508	42	58200	9	9	509	55983	510	6	5	493	54421	512
6667	南昌大学科学技术学院	江西	南昌	二线	综合	民办	27	508	42	58200	30	30	504	56870	505	44	44	479	67483	497
6691	南通大学杏林学院	江苏	南通	三线	综合	民办	7	508	42	58200	7	7	509	55983	510	7	7	487	59948	505
6712	南京大学科技学院	江苏	常德	四线	财经	民办	36	508	42	58200	34	34	504	60432	505	29	29	487	59948	505
6872	湖南文理学院芙蓉学院	湖南	常德	四线	综合	民办	4	508	42	58200	4	4	504	60432	505	34	34	487	54421	504
6874	吉首大学张家界学院	重庆	张家界	五线	综合	民办	6	508	42	58200	7	7	496	67788	496	7	7	486	62681	502
6886	广西中医药大学赛恩斯新医药学院	广西	南宁	二线	医药	民办	49	508	42	58200	40	40	504	60432	505	38	38	484	56263	504
6955	宁波大学科学技术学院	浙江	宁波	二线	综合	民办	10	508	42	58200	10	10	503	61327	504	23	23	491	65551	499
6970	浙江财经大学东方学院	浙江	嘉兴	二线	财经	民办	27	508	42	58200	38	38	504	60432	505	38	38	481	65551	499
3965	宁波工程学院	浙江	宁波	二线	工科	公办	20	507	41	59025	20	20	558	21036	561	30	30	536	22094	559
6042	许昌学院（中外合作办学）	河南	许昌	四线	综合	公办	203	507	41	59025	149	149	500	63994	501	133	136	476	70457	493
6661	天津财经大学珠江学院	天津	天津	新一线	财经	民办	96	507	41	59025	138	138	504	58638	506	84	89	487	59948	505
6672	江西农业大学南昌商学院	江西	南昌	二线	综合	民办	6	507	41	59025	82	82	504	60432	505	14	14	485	63611	503
6692	湖北工业大学工程技术学院	湖北	武汉	新一线	工科	民办	18	507	41	59025	14	14	504	60432	505	21	21	483	61760	503
6844	武汉工程大学邮电与信息工程学院	湖北	武汉	新一线	工科	民办	19	507	41	59025	13	13	504	59518	506	21	21	485	62681	502
6851	三峡大学科技学院	湖北	宜昌	三线	工科	民办	18	507	41	59025	18	18	505	59518	506	20	20	485	61760	503
6953	浙江工业大学之江学院	浙江	绍兴	二线	综合	民办	18	507	41	59025	13	13	505	59518	506	13	13	487	63611	501
6954	浙江师范大学行知学院	浙江	金华	三线	综合	民办	18	507	41	59025	18	18	505	59518	506	18	18	488	61760	503
5575	三明学院	福建	三明	三线	综合	公办	16	506	40	59906	8	8	506	67788	496	6	6	475	71426	492
6057	商丘师范学院（中外合作办学）	河南	商丘	三线	师范	公办	110	506	40	59906	345	359	496	64955	499	345	362	—	—	—
6682	福建师范大学协和学院	福建	福州	二线	师范	民办	24	506	40	59906	24	24	499	64955	499	23	23	478	68501	495
6703	南昌大学共青学院	江西	九江	三线	综合	民办	6	506	40	59906	6	16	496	67788	496	6	6	486	60831	504

第三章 2019—2021 年河南省普通高校招生平行投档信息统计

续表

院校代码	院校名称	所在区域	所在地	城市分类	院校类型	院校分类	2021年招生计划	2021年投档线	2021年线差	2021年位次	2020年招生计划	2020年实际投档	2020年投档线	2020年位次	2021年同位次分数	2019年招生计划	2019年实际投档	2019年投档线	2019年位次	2021年同位次分数
6842	长江大学文理学院	湖北	荆州	三线	工科	民办	22	506	40	59906	21	21	504	60432	505	21	21	484	62681	502
6850	武汉文理学院	湖北	武汉	一线	财经	民办	27	506	40	59906	28	28	505	59518	506	29	29	483	63611	501
6884	桂林学院	广西	桂林	三线	综合	民办	22	506	40	59906	18	18	503	61327	504	16	16	484	62681	502
6885	南宁师范大学师园学院	广西	南宁	二线	综合	民办	22	506	40	59906	24	24	498	65884	498	20	20	472	74353	489
6889	重庆大学城市科技学院	重庆	重庆	一线	工科	民办	10	506	40	59906	21	21	505	59518	506	21	21	488	59071	506
6915	青海大学昆仑学院	青海	西宁	四线	综合	民办	10	506	40	59906	10	10	502	62281	503	10	10	480	66524	498
7279	贵州师范学院	贵州	贵阳	二线	财经	公办	2	506	40	59906	2	2	475	88087	474	—	—	485	61760	503
6630	南昌航空大学科技学院	江西	九江	三线	工科	民办	22	506	39	60750	15	15	505	59518	506	15	15	485	61760	503
6697	常州大学怀德学院	江苏	泰州	三线	综合	民办	12	505	39	60750	12	12	493	70609	493	11	11	462	84369	478
6714	重庆工商大学派斯学院	重庆	重庆	一线	财经	民办	4	505	39	60750	4	4	501	63123	502	4	4	480	66524	498
6817	合肥城市学院	安徽	合肥	二线	工科	民办	3	505	39	60750	3	3	487	76341	487	3	3	450	96480	465
6857	武汉体育学院体育科技学院	湖北	武汉	一线	体育	民办	7	505	38	61580	41	46	501	63123	502	61	61	479	67483	497
6877	中南林业科技大学涉外学院	湖南	长沙	一线	综合	民办	26	504	38	61580	22	22	516	50004	547	22	22	496	51728	515
6836	武昌首义学院	湖北	武汉	一线	工科	民办	22	504	38	61580	30	30	544	29350	547	26	26	521	31726	543
7098	吉林警察学院	吉林	长春	二线	政法	公办	16	504	38	61580	4	4	498	65884	498	4	4	475	71426	492
7602	西安培华学院	陕西	西安	一线	综合	民办	46	503	37	62413	31	31	498	65884	498	31	31	488	59071	506
6649	山东财经大学东方学院	山东	泰安	四线	财经	民办	31	503	37	62413	17	23	496	67788	496	13	19	481	65551	499
6931	北京理工大学珠海学院(较高收费)	广东	珠海	四线	综合	民办	14	502	36	63254	40	40	523	44287	525	33	33	505	44033	525
3750	齐齐哈尔医学院	黑龙江	齐齐哈尔	四线	医药	公办 保研资格	36	502	36	63254	6	6	493	70609	493	—	—	—	—	—
5500	新疆农业大学(较高收费)	新疆	乌鲁木齐	二线	农业	民办	20	502	36	63254	842	850	501	63123	502	785	787	481	65551	499
6130	黄河科技学院	河南	郑州	一线	工科	民办	731	502	36	63254	20	20	502	62281	503	14	14	487	66524	498
6612	天津理工大学中环信息学院	天津	天津	一线	综合	民办	15	502	36	63254	29	29	492	71597	492	14	14	487	59948	505
6660	烟台科技学院	山东	烟台	二线	综合	民办	19	502	36	63254	5	5	502	62281	503	2	2	479	67483	497
6983	西南交通大学希望学院	四川	成都	一线	财经	民办	5	502	36	63254	10	10	520	46713	522	12	12	497	50809	516
7229	桂林旅游学院	广西	桂林	三线	财经	公办	11	502	36	—	—	—	—	—	—	—	—	—	—	—

续表

院校基本信息·本科二批(文科)

院校代码	院校名称	所在区域	所在地	城市分类	院校类型	院校分类	2021年投档情况 招生计划	投档线	线差	位次	2020年投档情况 招生计划	实际投档	投档线	位次	2021年同位次分数	2019年投档情况 招生计划	实际投档	投档线	位次	2021年同位次分数
7614	烟台南山学院	山东	烟台	二线	工科	民办	56	502	36	63254	64	64	500	63994	501	53	53	485	61760	503
9700	成都东软学院	四川	成都	新一线	工科	民办	34	502	36	63254	18	18	497	66799	497	18	18	474	72400	491
6047	河南牧业经济学院(中外合作)(英才校区)	河南	郑州	二线	农业	公办	372	501	35	64100	372	376	471	92059	470	300	315	470	76314	487
6686	西安科技大学高新学院	陕西	西安	新一线	工科	民办	2	501	35	64100	4	3	492	71597	492	6	6	479	67483	497
6752	天津商业大学宝德学院	天津	天津	新一线	财经	民办	32	501	35	64100	39	39	493	70609	493	43	43	480	66524	498
6784	辽宁中医药大学杏林学院	辽宁	沈阳	新一线	医药	民办	48	501	35	64100	52	52	498	64955	499	54	54	476	70457	493
6838	武昌理工学院	湖北	武汉	新一线	工科	民办	10	501	35	64100	14	14	494	69685	494	24	24	466	80381	482
6959	浙江农林大学暨阳学院	浙江	绍兴	二线	林业	民办	15	501	35	64100	17	17	487	76341	487	16	16	465	96480	465
6137	安阳师范学院(中外合作)	河南	安阳	四线	师范	公办	43	500	34	64927	30	30	500	63994	501	30	30	485	61760	503
6602	电子科技大学中山学院	广东	中山	二线	工科	民办	49	500	34	64927	27	29	499	64955	499	27	28	485	61760	503
6837	汉口学院	湖北	武汉	新一线	综合	民办	17	500	34	64927	20	32	499	64955	499	18	18	483	63611	501
3625	长春大学(较高收费)	吉林	长春	二线	综合	公办	3	499	33	65834	2	2	537	33976	539	2	2	516	35312	537
6856	武汉华夏理工学院	湖北	武汉	新一线	工科	民办	12	499	33	65834	14	14	498	65884	498	19	19	480	66524	498
6863	绍兴文理学院元培学院	浙江	绍兴	二线	综合	民办	4	499	33	65834	13	13	497	66799	497	11	11	489	58141	508
6964	新乡工程学院	河南	新乡	四线	财经	民办	20	499	33	65834	33	33	484	79205	484	35	35	456	90374	472
6503	广东外语外贸大学南国商学院	广东	广州	一线	财经	民办	830	498	32	66708	630	643	506	58638	507	640	647	489	58141	508
6676	新乡医学院三全学院	河南	新乡	四线	医药	民办	6	498	32	66708	8	8	495	68747	495	8	9	478	68501	495
6678	四川大学锦江学院	四川	眉山	四线	综合	民办	2	498	32	66708	2	2	515	50859	516	2	2	489	58141	508
6705	内蒙古大学创业学院	内蒙古	呼和浩特	二线	综合	民办	12	498	32	66708	13	13	488	75350	488	14	14	465	81393	481
6764	河北地质大学华信学院	河北	石家庄	二线	财经	民办	20	498	32	66708	27	27	502	62281	503	22	22	473	73356	490
6870	湘潭理工学院	湖南	湘潭	四线	工科	民办	7	498	32	66708	8	1	501	63123	502	11	11	480	66524	498
6978	西安建筑科技大学华清学院	陕西	西安	新一线	工科	民办	10	498	32	66708	13	13	495	68747	495	11	11	468	78368	485
6990	西安工程大学临潼电与信息工程学院	陕西	西安	新一线	工科	民办	13	498	32	66708	9	9	488	76341	487	13	13	481	65551	499
7616	武汉生物工程学院	湖北	武汉	新一线	工科	民办	9	498	32	66708	8	8	487	76341	487	10	10	485	65551	499
9378	厦门华厦学院	福建	厦门	二线	综合	民办	10	498	32	66708	11	11	498	65884	498	11	11	478	68501	495
9679	重庆工程学院	重庆	重庆	新一线	工科	民办		498					489	74425	489			454	92428	469

302

第三章 2019—2021年河南省普通高校招生平行投档信息统计

续表

院校基本信息·本科二批（文科）

院校代码	院校名称	所在区域	所在地	城市分类	院校类型	院校分类	2021年投档情况 招生计划	投档线	线差	位次	2020年投档情况 招生计划	实际投档	投档线	位次	2021年同位次分数	2019年投档情况 招生计划	实际投档	投档线	位次	2021年同位次分数
6974	青岛城市学院	山东	青岛	新一线	工科	民办	19	497	31	67589	17	17	497	66799	497	18	18	481	65551	499
6195	郑州升达经贸管理学院	河南	郑州	新一线	财经	民办	1576	496	30	68472	1674	1707	491	72538	491	1776	1794	467	79351	483
6504	郑州经贸学院	河南	郑州	新一线	财经	民办	1162	496	30	68472	1158	1193	494	69685	494	1053	1085	476	70457	493
6811	无锡太湖学院	江苏	无锡	二线	综合	民办	114	496	30	68472	98	98	488	75350	488	102	102	468	78368	485
6854	武汉城市学院	湖北	武汉	新一线	综合	民办	20	496	30	68472	20	20	500	63994	501	17	19	498	49902	518
6674	广州商学院	广东	广州	一线	工科	民办	14	495	29	69370	8	8	513	52560	514	8	8	498	49902	518
6977	燕京理工学院	河北	廊坊	四线	综合	民办	5	495	29	69370	4	4	497	66799	497	2	2	480	66524	498
3775	吉林农业科技学院	吉林	吉林	四线	农业	公办	22	494	28	70291	23	23	526	41943	528	23	23	506	43190	526
6505	新乡医学院三全学院	河南	新乡	三线	医药	民办	600	494	28	70291	645	651	494	69685	494	645	658	488	73356	490
6675	广州南方学院	广东	广州	一线	综合	民办	29	494	28	70291	34	38	499	64955	499	20	20	484	59071	506
6833	烟台理工学院	山东	烟台	二线	综合	民办	8	494	28	70291	10	10	504	60432	505	10	10	480	62681	502
6879	广州商学院	广东	广州	一线	财经	民办	6	494	28	70291	6	6	498	65884	498	17	17	484	66524	498
6899	贵州黔南经济学院	贵州	黔南	四线	财经	民办	4	494	28	70291	4	4	507	57786	508	4	4	481	65551	499
7624	西京学院	陕西	西安	新一线	工科	民办	24	494	28	70291	18	18	489	74425	489	30	30	470	70457	493
7635	天津天狮学院	天津	天津	新一线	综合	民办	21	494	28	70291	30	32	494	69685	494	20	20	471	75322	488
9848	湖南应用技术学院	湖南	常德	四线	综合	民办	4	493	27	71190	4	4	492	71597	492	4	4	476	78368	485
6858	湖北文理学院理工学院	湖北	襄阳	三线	工科	民办	6	493	27	71190	6	6	493	70609	493	6	6	493	70457	493
7605	北京城市学院	北京	北京	一线	综合	民办	20	492	26	72125	21	27	509	55983	510	13	16	494	53547	513
6689	福建农林大学金山学院	福建	福州	二线	农业	民办	10	492	26	72125	10	10	484	79205	484	10	10	466	80381	482
6883	广西民族大学相思湖学院	广西	南宁	二线	民族	民办	3	492	26	72125	24	24	483	80203	483	22	22	462	84369	478
6996	上海视觉艺术学院	上海	上海	一线	艺术	民办	3	492	26	72125	3	3	543	30010	546	35	41	518	33889	540
7623	西安外事学院	陕西	西安	新一线	综合	民办	50	492	26	72125	43	43	490	73446	490	3	3	471	75322	488
8121	河北东方学院	河北	廊坊	三线	综合	民办	19	492	26	72125	10	10	489	74425	489	5	5	468	78368	485
8127	河北工程技术学院	河北	石家庄	三线	工科	民办	3	492	26	72125	2	2	494	69685	494	4	4	470	76314	487
9940	四川美术学院	重庆	重庆	新一线	艺术	公办	3	491	25	73024	3	3	560	19958	563	2	2	536	22004	559
6003	郑州西亚斯学院	河南	郑州		综合	民办	2008				1973	1973	487	76341	487	2100	2142	466	80381	482

院校基本信息·本科二批（文科）

院校代码	院校名称	所在区域	所在地	城市分类	院校类型	院校分类	2021年投档情况 招生计划	投档线	线差	位次	2020年投档情况 招生计划	实际投档	投档线	位次	2021年同位次分数	2019年投档情况 招生计划	实际投档	投档线	位次	2021年同位次分数
6185	郑州财经学院	河南	郑州	新一线	财经	民办	1359	491	25	73024	1415	1415	488	75350	488	1298	1298	466	80381	482
6846	湖北经济学院法商学院	湖北	武汉	新一线	财经	民办	60	491	25	73024	60	60	488	75350	488	66	66	467	79351	482
6991	西安财经大学行知学院	陕西	西安	新一线	财经	民办	25	491	25	73024	25	25	485	78230	485	24	24	474	72400	491
5850	吉林财经大学	吉林	长春	新一线	财经	公办	3	490	24	73919	3	3	532	37527	534	3	3	506	43190	526
6643	晋中信息学院	山西	晋中	四线	医药	民办	27	490	24	73919	17	17	490	73446	490	24	24	474	72400	491
6845	湖北商贸学院	湖北	武汉	新一线	农业	民办	30	490	24	73919	23	23	493	73446	493	30	30	472	79351	483
6852	武汉工程科技学院	湖北	武汉	新一线	工科	民办	20	490	24	73919	20	20	490	70609	490	20	20	474	74353	489
6861	桂林信息科技学院	广西	桂林	四线	工科	民办	20	490	24	73919	30	30	488	79205	488	20	20	461	85360	477
6887	武汉信息科技学院	湖北	武汉	新一线	财经	民办	18	490	24	73919	15	15	484	73446	484	15	15	472	76314	487
6913	西安思源学院	陕西	西安	新一线	工科	民办	10	490	24	73919	39	41	486	75350	486	39	39	470	74353	489
7627	南宁学院	广西	南宁	二线	工科	民办	44	489	23	74794	7	7	488	77287	488	27	32	463	83390	479
9061	兰州财经大学陇桥学院	甘肃	兰州	二线	财经	民办	10	489	23	74794	26	26	482	82115	482	6	6	470	86358	476
6508	信阳学院	河南	信阳	三线	师范	民办	2326	489	23	74794	2543	2543	481	81118	481	2310	2310	460	72400	482
6781	大连医科大学中山学院	辽宁	大连	二线	医药	民办	26	489	23	74794	26	26	482	82115	482	27	27	474	72400	482
6905	昆明医科大学海源学院	云南	昆明	二线	医药	民办	5	489	23	74794	5	5	485	78230	485	5	5	467	79351	483
6180	郑州科技学院	河南	郑州	新一线	工科	民办	1049	488	22	75691	1118	1129	484	79205	484	1128	1133	466	80381	482
6699	江西财经大学现代经济管理学院	江西	九江	三线	财经	民办	10	488	22	75691	13	13	512	53447	513	13	13	490	57200	509
6721	宁夏大学新华学院	宁夏	银川	三线	综合	民办	7	488	22	75691	7	2	482	81118	482	5	5	467	81393	481
6813	蚌埠工商学院	安徽	蚌埠	三线	财经	民办	15	488	22	75691	7	7	499	64955	499	15	15	508	41600	528
6631	华北理工大学轻工学院	河北	唐山	三线	工科	民办	15	487	21	76616	15	15	466	97100	464	4	4	474	72400	491
6685	西安理工大学高科学院	陕西	西安	新一线	工科	民办	4	487	21	76616	5	5	485	78230	485	5	5	465	81393	481
6908	昆明城市学院	云南	昆明	二线	综合	民办	8	487	21	76616	10	10	486	77287	486	18	18	475	69685	492
6997	昆明文理学院	云南	昆明	二线	工科	民办	12	487	21	76616	14	14	494	77287	494	10	10	461	71426	492
9828	山西工商学院	山西	太原	二线	工科	民办	21	486	20	77519	21	21	483	80203	483	21	21	457	85360	477
6506	郑州工商学院	河南	郑州	新一线	财经	民办	1406	486	20	77519	1229	1229	482	81118	482	1198	1198	464	89311	473
6825	厦门工学院	福建	厦门	二线	工科	民办	43	486	20	77519	38	38	485	78230	485	36	36	464	82409	480

· 304 ·

续表

院校代码	院校名称	所在区域	所在地	城市分类	院校类型	院校分类	2021年投档情况				2020年投档情况				2021年同位次分数	2019年投档情况				2021年同位次分数
							招生计划	投档线	线差	位次	招生计划	实际投档	投档线	位次		招生计划	实际投档	投档线	位次	
6848	湖北汽车工业学院科技学院	湖北	十堰	四线	工科	民办	9	486	20	77519	10	10	479	84136	478	9	9	460	86358	476
6998	昆明理工大学津桥学院	云南	昆明	二线	工科	民办	10	486	20	77519	10	11	491	72538	491	11	11	470	76314	487
6690	皖江工学院	安徽	马鞍山	三线	综合	民办	5	485	19	78405	5	5	479	84136	478	5	3	451	95426	466
6796	长春人文学院	吉林	长春	二线	综合	民办	34	485	19	78405	18	18	507	57786	508	24	24	487	59948	505
6816	马鞍山学院	安徽	马鞍山	三线	工科	民办	5	485	19	78405	4	4	482	76341	482	4	3	447	99577	462
7621	西安翻译学院	陕西	西安	新一线	语言	民办	76	485	19	78405	53	53	487	76341	487	43	43	474	72400	491
7634	潍坊科技学院	山东	潍坊	三线	综合	民办	22	485	19	78405	22	22	483	80203	483	27	27	483	63611	501
3515	辽宁科技学院	辽宁	本溪	五线	工科	公办	17	484	18	79316	18	18	529	39782	531	16	16	510	39988	531
6647	青岛农业大学海都学院	山东	烟台	二线	综合	民办	10	484	18	79316	15	7	473	90033	472	15	15	486	60831	504
6985	成都银杏酒店管理学院	四川	成都	新一线	财经	民办	21	484	18	79316	6	6	487	76341	487	24	3	475	71426	492
6684	闽南科技学院	福建	泉州	二线	综合	民办	14	483	17	80250	16	16	473	90033	472	15	13	449	97560	464
7603	吉林外国语大学(较高收费)	吉林	长春	二线	语言	民办	5	483	17	80250	2	2	503	60831	504	2	2	486	60831	504
6510	郑州商学院	河南	郑州	新一线	财经	民办	1715	482	16	81132	1660	1677	476	87172	475	1710	1727	455	91397	470
9840	江西工程学院	江西	新余	五线	工科	民办	6	482	16	81132	8	8	475	88087	474	8	12	473	73356	490
7611	浙江树人学院	浙江	绍兴	二线	综合	民办	44	482	16	81132	44	44	475	88087	474	50	44	451	95426	466
6200	商丘学院	河南	商丘	三线	综合	民办	526	481	15	82022	508	520	475	88087	474	780	792	453	93423	468
6645	山西晋中理工学院	山西	晋中	四线	工科	民办	5	481	15	82022	5	5	476	87172	475	6	6	460	86358	476
7628	湖南涉外经济学院	湖南	长沙	新一线	综合	民办	36	481	15	82022	36	36	479	84136	478	39	39	460	86358	476
7626	南昌理工学院	江西	南昌	二线	综合	民办	11	481	15	82022	26	26	483	83122	479	48	68	461	85360	477
7622	西安欧亚学院	陕西	西安	新一线	财经	民办	49	481	15	82022	44	44	480	83122	479	21	21	473	73356	490
7618	陕西国际商贸学院	陕西	西安	新一线	财经	民办	20	481	15	82022	15	15	478	85132	477	13	13	456	90374	472
9860	四川工业科技学院	四川	德阳	四线	综合	民办	8	481	15	82022	10	10	481	82115	480	5	5	457	89311	473
3555	沈阳化工大学	辽宁	沈阳	二线	工科	保研资格	11	480	14	82978	11	11	551	25030	554	13	13	530	25644	553
7620	广东培正学院	广东	广州	一线	财经	民办	10	480	14	82978	10	10	481	89051	480	10	10	455	91397	470
9728	福州外语外贸学院	福建	福州	二线	财经	民办	34	480	14	82978	32	32	474	92428	473	34	34	454	92428	469
6175	郑州工业应用技术学院	河南	郑州	新一线	工科	民办	1098	479	13	83858	1077	1077	478	85132	477	1183	1183	458	88309	474

院校基本信息·本科二批(文科)

院校代码	院校名称	所在区域	所在地	城市分类	院校类型	院校分类	2021年投档情况				2020年投档情况					2019年投档情况				
							招生计划	投档线	线差	位次	招生计划	实际投档	投档线	位次	2021年同位次分数	招生计划	实际投档	投档线	位次	2021年同位次分数
6679	绵阳城市学院	四川	绵阳	三线	工科	民办	10	479	13	83858	7	9	497	66799	495	5	5	478	68501	495
6847	湖北恩施学院	湖北	恩施	四线	工科	民办	26	479	13	83858	15	16	495	68747	495	15	15	477	69468	494
7608	上海杉达学院	上海	上海	一线	工科	民办	67	479	13	83858	80	80	469	94118	468	82	82	447	99577	462
8668	安徽外国语学院	安徽	合肥	二线	语言	民办	2	479	13	83858	5	5	516	25620	553	7	7	530	50809	516
3015	北方民族大学	宁夏	银川	三线	民族	公办	10	479	13	83858	5	5	550	50004	517	5	5	497	25644	553
6694	南昌理工学院	江西	南昌	三线	工科	民办	16	478	12	84787	10	10	495	68747	495	16	16	465	81393	481
6855	武汉纺织大学外经贸学院	湖北	武汉	二线	财经	民办	16	478	12	84787	17	17	494	69685	494	10	10	479	67483	497
6882	南昌交通学院	江西	南昌	三线	工科	民办	30	478	12	84787	25	25	476	87172	475	25	25	457	89311	473
6980	广州软件学院	广东	广州	一线	工科	民办	12	478	12	84787	12	12	484	79205	484	12	12	466	80381	482
6994	延安大学西安创新学院	陕西	西安	新一线	工科	民办	12	478	12	84787	22	22	470	93080	469	18	18	475	71426	492
8609	西安交通工程学院	陕西	西安	新一线	工科	民办	40	478	12	84787	39	39	473	90033	472	55	57	450	96480	465
9710	宁波财经学院	浙江	宁波	新一线	财经	民办	45	478	12	84787	36	36	475	88087	474	38	38	454	92428	469
4270	宜春学院	江西	宜春	三线	综合	公办	21	477	11	85681	30	30	543	30010	546	29	29	522	31022	544
5170	贵州师范学院	贵州	贵阳	二线	师范	保研资格	6	477	11	85681	2	2	536	34661	538	5	5	511	39143	532
6202	商丘学院(应用科技学院,办学地点在开封)	河南	开封	四线	综合	民办	860	477	11	85681	926	926	472	91034	471	490	490	453	93423	468
6507	安阳学院(异地校区)	河南	新乡	三线	综合	民办	1670	477	11	85681	1641	1641	474	89051	473	1296	1296	455	91397	470
6595	四川文化艺术学院	四川	绵阳	三线	艺术	民办	5	477	11	85681	4	4	496	67788	496	9	9	469	77312	486
6682	福建师范大学协和学院(较高收费)	福建	福州	二线	综合	民办	4	477	11	85681	4	4	483	80203	483	3	3	460	86358	476
6969	北京邮电大学世纪学院	北京	北京	一线	综合	民办	21	477	11	85681	31	29	467	96094	466	26	22	466	83390	479
7229	桂林旅游学院	广西	桂林	三线	财经	公办	6	477	11	85681	6	0	—	—	—	4	4	463	—	—
9870	新疆天山职业技术大学	新疆	乌鲁木齐	三线	工科	民办	17	477	11	85681	16	16	466	97100	464	20	20	451	95426	466
6984	东莞城市学院	广东	东莞	三线	综合	民办	16	477	11	85681	14	14	473	90033	472	20	20	465	81393	481
7608	上海杉达学院(较高收费)	上海	上海	一线	财经	民办	3	476	10	86581	6	6	469	94118	468	—	—	—	—	—
7613	江西科技学院	江西	南昌	三线	综合	民办	16	476	10	86581	53	53	478	85132	477	55	55	461	85360	483
7615	青岛滨海学院	山东	青岛	新一线	综合	民办	50	476	10	86581	50	52	472	91034	471	42	42	453	93423	468
8542	南通理工学院	江苏	南通	三线	工科	民办	48	476	10	86581	48	48	476	91034	471	42	42	453	93423	468

续表

院校代码	院校名称	所在区域	所在地	城市分类	院校类型	院校分类	2021年投档情况 招生计划	投档线	线差	位次	2020年投档情况 招生计划	实际投档	投档线	位次	2021年同位次分数	2019年投档情况 招生计划	实际投档	投档线	位次	2021年同位次分数
9601	北海艺术设计学院	广西	北海	四线	艺术	民办	10	476	10	86581	13	13	468	95112	467	11	11	448	98590	463
9677	重庆机电职业技术大学	重庆	重庆	新一线	工科	民办	13	476	10	86581	—	—	—	—	—	—	—	447	99577	462
6605	大连理工大学城市学院	辽宁	大连	二线	工科	民办	13	475	9	87514	8	8	470	93080	469	15	15	498	49902	518
6610	北京工业大学耿丹学院	北京	北京	一线	综合	民办	10	475	9	87514	13	13	465	98090	463	2	2	470	76314	487
6615	上海师范大学天华学院	上海	上海	一线	师范	民办	74	475	9	87514	64	64	484	79205	484	26	26	462	84369	478
6909	云南艺术学院文华学院	云南	昆明	二线	艺术	民办	7	475	9	87514	10	10	476	87172	475	14	15	450	96480	465
6971	华南农业大学珠江学院	广东	广州	一线	农业	民办	4	475	9	87514	9	9	471	92059	470	4	4	453	93423	468
9862	云南经济管理学院	云南	昆明	二线	财经	民办	17	475	9	87514	3	3	466	97100	464	4	4	454	92428	469
2630	山西医科大学（异地校区）	山西	吕梁	四线	医药	保研资格	810	474	8	88448	1140	1144	473	90033	472	860	860	452	94382	467
6205	商丘工学院	河南	商丘	三线	工科	民办	43	474	8	88448	43	43	470	92059	469	28	28	453	93423	468
6646	青岛工学院	山东	青岛	新一线	综合	民办	68	474	8	88448	63	56	465	98090	463	63	63	472	74353	489
6655	大连财经学院	辽宁	大连	二线	财经	民办	21	474	8	88448	18	18	481	82115	480	18	18	459	87350	475
6798	长春建筑学院	吉林	长春	二线	工科	民办	144	474	8	88448	113	113	474	89051	473	109	109	458	88309	474
6975	三亚学院	海南	三亚	二线	综合	民办	2	474	8	88448	—	—	—	—	—	—	—	—	—	—
7608	上海杉达学院（其他单列）	上海	上海	一线	财经	民办	12	473	7	89423	12	12	536	34661	538	8	8	519	33155	541
4685	湖南人文科技学院（应用技术学院）	湖南	娄底	四线	师范	公办	60	473	7	89423	80	80	470	93080	469	100	100	450	96480	465
6133	黄河科技学院（应用技术学院）（专业办学地点在济源市）	河南	济源	—	工科	民办	940	473	7	89423	867	867	469	94118	468	924	924	449	97560	464
6226	黄河交通学院	河南	焦作	四线	工科	民办	33	473	7	89423	31	31	472	91034	471	28	28	456	90374	472
6648	齐鲁理工学院	山东	济南	二线	综合	民办	57	473	7	89423	72	72	469	94118	468	64	64	450	96480	465
6670	辽宁师范大学海华学院	辽宁	大连	二线	师范	民办	10	473	7	89423	10	10	490	73446	490	14	14	473	73356	490
6687	广州华商学院	广东	广州	一线	财经	民办	20	473	7	89423	23	23	490	92059	473	25	25	455	92428	469
6706	内蒙古鸿德文理学院	内蒙古	呼和浩特	三线	师范	民办	185	473	7	89423	165	165	471	63994	470	148	155	454	91397	470
7625	宁夏理工学院	宁夏	石嘴山	五线	财经	民办	37	473	7	89423	23	23	490	98090	473	10	10	484	62681	502
8177	山西应用科技学院	山西	太原	三线	综合	民办	25	473	7	89423	13	13	465	89051	463	—	—	—	—	—
9436	河北外国语学院	河北	石家庄	三线	综合	民办	57	473	7	89423	32	32	474	89051	473	19	19	455	91397	470
9553	山东现代学院	山东	济南	二线	综合	民办	57	473	7	89423	32	32	474	89051	473	19	19	455	91397	470

院校基本信息·本科二批（文科） 续表

院校代码	院校名称	所在区域	所在地	城市分类	院校类型	院校分类	2021年投档情况					2020年投档情况					2019年投档情况		
							招生计划	投档线	线差	位次	招生计划	实际投档	投档线	位次	2021年同位次分数	招生计划	实际投档	投档线	位次	2021年同位次分数
9554	青岛黄海学院	山东	青岛	新一线	综合	民办	21	473	7	89423	16	16	469	468	18	18	452	94382	467
9727	泉州信息工程学院	福建	泉州	二线	工科	民办	18	473	7	89423	15	15	470	468	18	18	451	95426	466
9844	山东协和学院	山东	济南	二线	医药	民办	80	473	7	89423	82	82	470	469	80	80	453	93423	468
6132	黄河科技学院（中外合作办学）	河南	郑州	新一线	综合	民办	170	472	6	90400	160	160	468	467	160	160	449	97560	464
6205	商丘工学院	河南	商丘	三线	工科	民办	100	472	6	90400	—	—	—	—	—	—	—	—	—
6304	河南科技职业大学	河南	周口	三线	工科	民办	470	472	6	90400	560	560	467	466	382	382	447	96480	462
6596	沈阳城市学院	辽宁	沈阳	新一线	工科	民办	15	472	6	90400	15	15	509	510	15	15	491	56263	510
6652	沧州交通学院	河北	沧州	三线	工科	民办	42	472	6	90400	42	42	465	463	44	44	447	92428	462
6681	阳光学院	福建	福州	二线	综合	民办	30	472	6	90400	25	25	473	472	24	24	454	94382	469
6683	长春光华学院	吉林	长春	二线	综合	民办	12	472	6	90400	9	9	465	463	37	37	447	99577	462
6791	福州工商学院	福建	福州	二线	财经	民办	8	472	6	90400	11	11	500	501	10	10	471	75322	488
6806	黑龙江财经学院	黑龙江	哈尔滨	二线	财经	民办	21	472	6	90400	38	38	468	467	39	39	449	97560	464
6888	南宁理工学院	广西	桂林	二线	工科	民办	32	472	6	90400	28	28	478	477	20	20	460	86358	476
6993	西安交通工程学院	陕西	西安	新一线	工科	民办	55	472	6	90400	31	31	467	466	41	41	447	99577	462
7601	仰恩大学	福建	泉州	二线	综合	民办	12	472	6	90400	25	25	469	468	25	25	450	96480	465
7630	闽南理工学院	福建	泉州	二线	工科	民办	23	472	6	90400	—	—	—	—	—	—	—	—	—
8216	山东工程职业技术大学	山东	济南	二线	工科	民办	3	472	6	90400	4	4	467	466	4	4	448	96480	465
8664	安徽三联学院	安徽	合肥	二线	工科	民办	11	472	6	90400	33	33	465	463	23	23	447	99577	462
8665	安徽文达信息工程学院	安徽	合肥	二线	工科	民办	23	471	5	91379	25	25	469	468	35	35	454	94382	469
6907	丽江文化旅游学院	云南	丽江	五线	综合	民办	53	471	5	91379	61	61	470	469	67	67	450	96480	465
6939	大连科技学院	辽宁	大连	二线	工科	民办	32	471	5	91379	33	33	465	463	39	39	447	99577	462
6992	陕西科技大学镐京学院	陕西	西安	新一线	工科	民办	27	471	5	91379	32	32	469	468	35	35	454	92428	469
8015	吉利学院	四川	成都	新一线	综合	民办	4	471	5	91379	7	3	469	468	—	—	454	94118	463
8218	山东外国语学院	山东	日照	四线	语言	民办	20	471	5	91379	20	9	465	463	2	2	447	98590	463
8720	江西应用科技学院	江西	南昌	二线	综合	民办	4	471	5	91379	2	4	467	466	4	4	448	96094	465
9259	陕西服装工程学院	陕西	西安	新一线	工科	民办	27	471	5	91379	20	20	466	464	18	18	451	95426	466

本科二批（文科）续表

院校代码	院校名称	所在区域	所在地	城市分类	院校类型	院校分类	2021招生计划	2021投档线	2021线差	2021位次	2020招生计划	2020实际投档	2020投档线	2020位次	2021年同位次分数	2019招生计划	2019实际投档	2019投档线	2019位次	2021年同位次分数
9381	泉州职业技术大学	福建	泉州	三线	综合	民办	10	471	5	91379	20	9	465	98090	463	—	—	—	—	—
9551	青岛恒星科技大学	山东	青岛	新一线	综合	民办	25	471	5	91379	25	27	466	97100	464	17	15	447	99577	462
9866	西安汽车职业大学	陕西	西安	新一线	工科	民办	5	471	5	91379	34	24	465	98090	463	20	1	448	98590	463
6597	北京第二外国语学院中瑞酒店管理学院	北京	北京	一线	语言	民办	9	470	4	92392	10	2	466	97100	464	8	8	447	99577	462
6609	文华学院	湖北	武汉	新一线	工科	民办	26	470	4	92392	21	21	515	50859	516	22	22	496	51728	515
6707	银川科技学院	宁夏	银川	二线	综合	民办	43	470	4	92392	37	37	466	97100	464	30	30	451	95426	466
6809	哈尔滨剑桥学院	黑龙江	哈尔滨	二线	综合	民办	2	470	4	92392	4	2	466	97100	464	3	3	449	97560	464
6910	兰州博文科技学院	甘肃	兰州	二线	工科	民办	9	470	4	92392	6	6	496	67788	496	6	6	478	68501	495
8043	辽宁传媒学院	辽宁	沈阳	二线	艺术	民办	27	470	4	92392	17	17	465	98090	463	15	4	447	99577	462
8390	哈尔滨信息工程学院	黑龙江	哈尔滨	二线	工科	民办	12	470	4	92392	19	19	467	96094	466	58	58	448	98590	463
8778	山东英才学院	山东	济南	二线	综合	民办	7	470	4	92392	8	2	465	98090	463	17	15	469	77312	486
9538	南昌工学院	江西	南昌	二线	工科	民办	6	470	4	92392	—	—	—	—	—	1	1	469	77312	486
9540	江西服装学院	江西	南昌	二线	艺术	民办	8	470	4	92392	9	7	465	98090	463	5	5	451	95426	466
9592	广东东软学院	广东	佛山	新一线	工科	民办	26	470	4	92392	31	31	467	96094	466	30	17	447	99577	462
9851	广东理工学院	广东	肇庆	三线	工科	民办	7	470	4	92392	4	1	474	89051	473	—	—	—	—	—
9853	广州工商学院	广东	佛山	新一线	综合	民办	17	470	4	92392	42	42	465	98090	463	47	46	447	99577	462
9868	银川能源学院	宁夏	银川	二线	工科	民办	42	469	3	93316	20	20	467	96094	466	16	12	447	99577	462
9985	温州商学院	浙江	温州	二线	综合	民办	16	469	3	93316	9	9	467	96094	466	19	16	448	98590	463
6640	大连工业大学艺术与信息工程学院	辽宁	大连	二线	工科	民办	24	469	3	93316	16	16	465	98090	463	30	30	451	95426	466
6656	沈阳科技学院	辽宁	沈阳	三线	工科	民办	27	469	3	93316	18	18	474	89051	473	18	18	455	91397	470
6786	沈阳工学院	辽宁	抚顺	五线	工科	民办	27	469	3	93316	16	16	465	98090	463	18	18	448	98590	463
6787	长春电子科技学院	吉林	长春	二线	工科	民办	18	469	3	93316	29	29	467	96094	466	38	38	448	98590	463
6794	长春科技学院	吉林	长春	二线	综合	民办	32	469	3	93316	29	24	465	94118	468	25	25	448	97560	464
6802	哈尔滨石油学院	黑龙江	哈尔滨	二线	工科	民办	11	469	3	93316	35	4	469	94118	468	16	17	449	97560	464
6807	北京工商大学嘉华学院	北京	北京	一线	财经	民办	10	469	3	93316	16	24	469	94118	468	25	25	448	97560	464
6934	哈尔滨广厦学院	黑龙江	哈尔滨	二线	综合	民办	11	469	3	93316	16	4	469	94118	468	16	17	449	97560	464
7603	吉林外国语大学	吉林	长春	二线	语言	民办	79	469	3	93316	74	75	514	51662	515	77	79	490	57200	509

院校基本信息·本科二批（文科）

院校代码	院校名称	所在区域	所在地	城市分类	院校类型	院校分类	2021年招生计划	2021年投档线	2021年线差	2021年位次	2020年招生计划	2020年实际投档	2020年投档线	2020年位次	2021年同位次分数	2019年招生计划	2019年实际投档	2019年投档线	2019年位次	2021年同位次分数
7607	黑龙江东方学院	黑龙江	哈尔滨	二线	综合	民办	60	469	3	93316	50	50	471	92059	470	50	50	451	95426	466
9432	河北科技学院	河北	唐山	三线	工科	民办	7	469	3	93316	—	—	—	—	—	—	—	—	—	—
9852	广东科技学院	广东	东莞	三线	综合	民办	30	469	3	93316	30	23	466	97100	464	20	20	459	87350	—
3870	湖北工程学院	湖北	孝感	三线	工科	公办	24	468	2	94296	22	22	544	29350	547	20	20	524	29666	546
4610	淮阴工学院	江苏	淮安	三线	工科	公办	19	468	2	94296	12	12	553	23819	556	370	313	531	25044	554
5994	郑州西亚斯学院（中外合作办学）	河南	郑州	新一线	综合	民办	262	468	2	94296	302	239	465	98090	463	20	12	448	99577	475
6614	辽宁工程学院	辽宁	葫芦岛	四线	综合	民办	32	468	2	94296	20	20	465	98090	463	20	20	448	99577	463
6654	辽宁财贸学院	辽宁	锦州	四线	财经	民办	30	468	2	94296	22	22	465	98090	463	20	20	448	99577	462
6671	哈尔滨远东理工学院	黑龙江	哈尔滨	二线	工科	民办	20	468	2	94296	14	14	467	96094	466	15	13	447	99577	462
6805	哈尔滨城市建设学院	黑龙江	哈尔滨	二线	工科	民办	21	468	2	94296	15	15	467	96094	466	22	22	448	98590	463
6832	泰山科技学院	山东	泰安	四线	综合	民办	6	468	2	94296	6	6	481	82115	480	6	2	447	99577	462
6879	广州商学院（较高收费）	广东	广州	一线	财经	民办	12	468	2	94296	8	5	475	88087	474	5	5	463	83390	479
6891	成都理工大学工程技术学院	四川	乐山	四线	工科	民办	7	468	2	94296	7	3	512	53447	513	7	7	490	57200	509
6895	四川工商学院	四川	眉山	四线	综合	民办	3	468	2	94296	3	3	509	55983	510	3	3	491	56263	510
6926	保定理工学院	河北	保定	三线	工科	民办	8	468	2	94296	4	0	470	93080	469	15	15	455	91397	462
6933	首都师范大学科德学院	北京	北京	一线	语言	民办	3	468	2	94296	34	34	465	98090	463	35	35	447	99577	462
6943	大连东软信息学院	辽宁	大连	二线	工科	民办	44	468	2	94296	11	9	550	25620	553	10	10	528	26973	551
6981	广州华立学院	广东	广州	一线	综合	民办	10	468	2	94296	22	22	465	98090	463	9	9	447	99577	462
8389	齐齐哈尔工程学院	黑龙江	齐齐哈尔	四线	工科	民办	2	468	2	94296	34	34	465	98090	463	15	15	447	99577	462
4175	山东女子学院	山东	济南	二线	综合	公办	20	467	1	95210	30	30	530	39072	532	30	30	513	37576	534
4425	铜陵学院	安徽	铜陵	四线	财经	公办	30	467	1	95210	16	4	465	98090	463	56	30	448	98590	463
6615	上海师范大学天华学院（较高收费）	上海	上海	一线	综合	民办	6	467	1	95210	23	26	502	62281	503	25	25	484	62681	502
6662	广州新华学院	广东	东莞	三线	综合	民办	56	467	1	95210	45	45	476	87172	475	39	39	455	91397	470
6793	长春工业大学人文信息学院	吉林	长春	二线	工科	民办	48	467	1	95210	19	19	474	89051	473	24	24	452	94382	467
6797	吉林建筑科技学院	吉林	长春	二线	工科	民办	18	467	1	95210	19	19	503	61327	504	19	19	483	63611	501
6800	吉林师范大学博达学院	吉林	四平	五线	师范	民办	26	467	1	95210										

续表

院校代码	院校名称	所在区域	所在地	城市分类	院校类型	院校分类	2021年投档情况 招生计划	投档线	线差	位次	2020年投档情况 招生计划	实际投档	投档线	位次	2021年同位次分数	2019年投档情况 招生计划	实际投档	投档线	位次	2021年同位次分数
6808	黑龙江外国语学院	黑龙江	哈尔滨	二线	师范	民办	95	467	1	95210	50	50	468	95112	467	50	50	449	97560	464
6810	黑龙江工程学院昆仑旅游学院	黑龙江	哈尔滨	二线	工科	民办	100	467	1	95210	21	21	465	98090	463	21	10	447	99577	462
6838	武昌理工学院(较高收费)	湖北	武汉	新一线	工科	民办	4	467	1	95210	—	—	—	—	—	—	—	—	—	—
7612	安徽新华学院	安徽	合肥	二线	工科	民办	30	467	1	95210	11	11	471	92059	470	8	8	458	88309	474
9083	广西城市职业大学	广西	崇左	五线	综合	民办	40	467	1	95210	82	82	—	—	—	—	—	—	—	—
9539	海南科技职业大学	海南	海口	三线	工科	民办	10	467	1	95210	—	—	—	—	—	—	—	—	—	—
8226	南昌职业大学	江西	南昌	二线	综合	民办	5	467	1	95210	—	—	—	—	—	—	—	—	—	—
0006	天津体育学院	天津	天津	新一线	体育	公办	8	466	0	96112	5	5	554	23278	557	5	5	533	23814	556
3480	内蒙古财经大学	内蒙古	呼和浩特	三线	财经	保研资格	20	466	0	96112	20	20	547	27436	550	20	20	528	26973	551
5405	甘肃农业大学	甘肃	兰州	三线	农业	保研资格	4	466	0	96112	3	3	545	28679	548	4	4	523	30353	545
6665	西安明德理工学院	陕西	西安	新一线	综合	民办	20	466	0	96112	9	5	488	75350	488	8	8	479	67483	497
6689	福建农林大学金山学院	福建	福州	二线	农业	民办	4	466	0	96112	4	1	470	93080	469	4	4	449	97560	464
6702	南昌应用技术师范学院	江西	南昌	二线	工科	民办	12	466	0	96112	15	15	505	59518	506	15	15	485	61760	503
6792	长春大学旅游学院	吉林	长春	二线	综合	民办	64	466	0	96112	51	51	472	91034	471	54	54	452	94382	467
6795	长春财经学院	吉林	长春	二线	财经	民办	25	466	0	96112	26	26	503	61327	504	26	26	479	67483	497
6799	长春科技学院	吉林	长春	二线	综合	民办	85	466	0	96112	90	95	473	90033	472	88	88	478	68501	495
6803	黑龙江工商学院	黑龙江	哈尔滨	二线	财经	民办	45	466	0	96112	45	45	466	97100	464	70	70	447	99577	462
6841	云南大学滇池学院	云南	昆明	二线	综合	民办	36	466	0	96112	49	49	484	79205	484	45	45	478	68501	495
6906	荆州学院	湖北	荆州	三线	工科	民办	44	466	0	96112	36	28	499	64955	499	40	46	447	99577	462
6946	上海外国语大学贤达经济人文学院	上海	上海	一线	综合	民办	14	466	0	96112	14	7	465	98090	463	14	12	449	97560	464
6975	三亚学院(较高收费)	海南	三亚	四线	综合	民办	5	466	0	96112	5	2	467	96094	466	2	2	447	99577	462
7039	河北民族师范学院	河北	承德	三线	师范	公办	10	466	0	96112	11	11	526	41943	528	15	15	500	48216	520
7606	辽宁对外经贸学院	辽宁	大连	二线	财经	民办	42	466	0	96112	40	40	467	96094	466	40	40	448	98590	463
7609	上海建桥学院	上海	上海	一线	综合	民办	136	466	0	96112	119	116	465	98090	463	128	128	455	91397	470
7636	海口经济学院	海南	海口	三线	财经	民办	49	466	0	96112	14	28	466	97100	464	26	30	448	98590	463

续表

院校基本信息·本科二批(文科)

院校代码	院校名称	所在区域	所在地	城市分类	院校类型	院校分类	2021年投档情况				2020年投档情况			2021年同位次分数	2019年投档情况			2021年同位次分数
							招生计划	投档线	线差	位次	招生计划	实际投档	投档线	位次		招生计划	实际投档	投档线	位次	
8454	上海中侨职业技术大学	上海	上海	一线	综合	民办	32	466	0	96112	—	—	—	—	—	—	—	—	—
8596	浙江越秀外国语学院	浙江	绍兴	三线	语言	民办	30	466	0	96112	29	29	487	76341	487	29	29	469	77312	486
9835	上海立达学院	上海	上海	一线	综合	民办	30	466	0	96112	7	1	477	86190	476	—	—	—	—	—
9845	山东华宇工学院	山东	德州	三线	工科	民办	50	466	0	96112	10	7	486	77287	486	10	10	473	73356	490
9858	广西外国语学院	广西	南宁	三线	综合	民办	46	466	0	96112	30	21	483	80203	483	16	16	479	67483	497
6597	北京第二外国语学院中瑞酒店管理学院(较高收费)	北京	北京	一线	语言	民办	1	—	—	—	—	—	—	—	—	—	—	—	—	—
6701	景德镇艺术职业大学	江西	景德镇	四线	工科	民办	3	—	—	—	2	2	499	64955	499	2	2	479	67483	497
6951	南京理工大学泰州科技学院	江苏	泰州	三线	工科	民办	2	—	—	—	4	4	512	53447	513	12	12	491	56263	510
8596	浙江越秀外国语学院(较高收费)	浙江	绍兴	三线	语言	民办	2	—	—	—	2	1	488	75350	488	—	—	—	—	—

312

第六节 2019-2021年河南省普通高校招生本科一批院校平行投档信息统计（理科）（见表3-6）

（表格说明详见本章第八节）

表3-6 2019-2021年河南省普通高校招生本科一批院校平行投档信息统计（理科）

院校代码	院校名称	所在区域	所在地	城市分类	院校类型	院校分类	2021年投档情况				2020年投档情况					2019年投档情况				
							招生计划	投档线	线差	位次	招生计划	实际投档	投档线	位次	2021年同位次分数	招生计划	实际投档	投档线	位次	2021年同位次分数
1115	清华大学	北京	北京	一线	综合	原985一流大学A类	62	699	181	83	57	61	704	87	698	59	62	685	83	699
1105	北京大学	北京	北京	一线	综合	原985一流大学A类	27	697	179	111	29	29	703	107	697	25	25	684	96	698
1290	上海交通大学	上海	上海	一线	综合	原985一流大学A类	14	692	174	203	8	12	699	197	692	12	14	678	194	692
1130	复旦大学	上海	上海	一线	综合	原985一流大学A类	11	691	173	227	8	8	696	298	688	8	9	679	173	693
1106	北京大学医学部	北京	北京	一线	医药	原985一流大学A类	34	690	172	255	33	33	696	298	688	30	30	674	296	688
2260	上海交通大学医学院	上海	上海	一线	医药	原985一流大学A类	4	689	171	286	5	6	695	335	687	5	5	676	248	690
1106	北京大学医学部（其他单列）	北京	北京	一线	医药	原985一流大学A类	3	688	170	315	3	3	693	443	684	6	6	671	414	685
1195	浙江大学	浙江	杭州	新一线	综合	原985一流大学A类	38	686	168	383	40	40	691	556	681	44	44	669	496	681
1131	复旦大学医学院	上海	上海	一线	医药	原985一流大学A类	9	684	166	472	3	3	693	443	684	3	3	677	220	683
1130	复旦大学（其他单列）	上海	上海	一线	综合	原985一流大学A类	34	681	163	604	—	—	—	—	—	—	—	—	—	—

院校基本信息·本科一批(理科)

院校代码	院校名称	所在区域	所在地	城市分类	院校类型	院校分类	2021年投档情况				2020年投档情况			2021年同位次分数	2019年投档情况			2021年同位次分数
							招生计划	投档线	线差	位次	招生计划	实际投档	投档线	位次	招生计划	实际投档	投档线	位次
1525	中国科学技术大学	安徽	合肥	二线	工科	原985一流大学A类	91	679	161	716	30	30	690	627	30	30	667	574	681
1106	北京大学医学部(医护类)	北京	北京	一线	综合	原985一流大学A类	5	678	160	774	—	—	—	—	—	—	—	—	—
0175	中国科学院大学	北京	北京	一线	综合	一流学科	31	677	159	836	31	31	687	848	40	40	663	839	676
1160	南京大学	江苏	南京	新一线	综合	原985一流大学A类	66	677	159	836	38	38	689	705	31	31	662	781	677
2260	上海交通大学医学院(医护类)	上海	上海	一线	医药	原985一流大学A类	13	675	157	982	—	—	—	—	—	—	—	—	—
1485	北京航空航天大学	北京	北京	一线	工科	原985一流大学A类	136	674	156	1046	114	114	684	1159	122	122	658	1115	673
1110	中国人民大学	北京	北京	一线	综合	原985一流大学A类	39	671	153	1290	38	38	687	848	43	43	656	1275	671
1290	上海交通大学医学院(其他单列)	上海	上海	一线	综合	原985一流大学A类	68	669	151	1500	—	—	681	1521	9	9	655	1372	670
1196	浙江大学医学院	浙江	杭州	新一线	医药	原985一流大学A类	13	668	150	1606	11	11	681	1521	—	—	—	—	—
1195	浙江大学(较高收费)	浙江	嘉兴	二线	综合	原985一流大学A类	3	667	149	1730	66	66	681	1521	77	77	656	1275	671
1310	同济大学	上海	上海	一线	工科	原985一流大学A类	114	667	149	1730	53	53	678	1919	37	37	645	2497	671
1497	哈尔滨工业大学(深圳)	广东	深圳	一线	工科	原985一流大学A类	54	667	149	1730	68	68	678	1919	102	102	646	2358	661
1165	南开大学	天津	天津	新一线	综合	原985一流大学A类	60	665	147	1945	103	103	677	2065	120	121	644	2638	659
1490	北京理工大学	北京	北京	一线	工科	原985一流大学A类	69	664	146	2055	8	8	671	3152	8	8	624	6877	640
1310	同济大学(较高收费)	上海	上海	一线	工科	原985一流大学A类	8	660	142	2582									

314

续表

院校基本信息·本科一批（理科）						2021年投档情况				2020年投档情况				2021年同位次分数	2019年投档情况				2021年同位次分数
院校代码	院校名称	所在区域	所在地	城市分类	院校类型	院校分类	招生计划	投档线	线差	位次	招生计划	实际投档	投档线	位次		招生计划	实际投档	投档线	位次	
1310	同济大学（医护类）	上海	上海	一线	工科	原985 一流大学A类	10	659	141	2750	—	—	—	—	—	—	—	—	—	—
1140	华中科技大学	湖北	武汉	新一线	综合	原985 一流大学A类	337	658	140	2928	386	390	669	3612	654	391	399	638	3641	653
1185	西安交通大学	陕西	西安	新一线	综合	原985 一流大学A类	154	658	140	2928	105	114	674	2546	660	106	106	643	2783	658
1495	哈尔滨工业大学	黑龙江	哈尔滨	二线	工科	原985 一流大学A类	90	656	138	3232	70	70	670	3375	655	101	101	633	4651	648
1180	武汉大学	湖北	武汉	新一线	综合	原985 一流大学A类	398	654	136	3618	407	407	666	4347	650	400	400	635	4241	650
1495	哈尔滨工业大学（较高收费）	黑龙江	哈尔滨	二线	工科	原985 一流大学A类	5	654	136	3618	—	—	—	—	—	—	—	—	—	—
1290	上海交通大学（较高收费）	上海	上海	一线	综合	原985 一流大学A类	30	653	135	3815	—	—	—	—	—	—	—	—	—	—
1305	天津大学	天津	天津	新一线	工科	原985 一流大学A类	77	652	134	4022	82	82	665	4594	649	121	121	634	4436	649
1125	东南大学	江苏	南京	新一线	综合	原985 一流大学A类	149	651	133	4219	151	153	666	4347	650	159	162	633	4651	648
1165	南开大学（其他单列）	天津	天津	新一线	综合	原985 一流大学A类	35	651	133	4219	—	—	—	—	—	—	—	—	—	—
1250	电子科技大学	四川	成都	新一线	工科	原985 一流大学A类	178	651	133	4219	163	164	665	4594	649	189	191	632	4877	647
0305	国防科技大学	湖南	长沙	新一线	综合	原985 军校 一流大学A类	50	650	132	4428	50	50	664	4878	647	50	50	634	4436	649
1410	华东师范大学	上海	上海	一线	师范	原985 一流大学A类	56	650	132	4428	63	67	660	6046	643	69	76	629	5572	645
1190	厦门大学	福建	厦门	二线	综合	原985 一流大学A类	101	649	131	4632	82	82	662	5463	645	93	93	631	5104	647

院校基本信息·本科一批(理科)

院校代码	院校名称	所在区域	所在地	城市分类	院校类型	院校分类	2021年投档情况				2020年投档情况				2019年投档情况		
							招生计划	投档线	线差	位次	招生计划	实际投档	投档线	位次	2021年同位次分数	招生计划	实际投档	投档线	位次	2021年同位次分数
1290	上海交通大学(农林矿)	上海	上海	一线	综合	原985一流大学A类	10	648	130	4866	—	—	—	—	—	—	—	—	—	—
1235	北京邮电大学	北京	北京	一线	工科	原211一流学科	127	646	128	5337	121	121	662	5463	645	120	126	630	5342	643
1251	电子科技大学(沙河校区)	四川	成都	新一线	工科	原985一流大学A类	61	646	128	5337	68	68	661	5753	644	46	46	627	6047	645
1215	中山大学	广东	广州	一线	综合	原985一流大学A类	119	645	127	5586	127	127	659	7026	639	123	123	630	5342	645
1515	西北工业大学	陕西	西安	新一线	工科	原985一流大学A类	234	645	127	5586	210	210	657	7026	642	224	224	629	5572	638
1280	华南理工大学	广东	广州	一线	工科	原985一流大学A类	98	644	126	5865	106	106	656	6356	639	93	93	629	7457	645
1175	四川大学	四川	成都	新一线	综合	原985一流大学A类	181	642	124	6374	174	177	661	7026	642	184	184	624	6877	640
1445	上海财经大学	上海	上海	一线	财经	原211一流学科	45	642	124	6374	45	46	652	5753	644	43	43	575	31251	592
1450	对外经济贸易大学	北京	北京	一线	财经	原211一流学科	35	642	124	6374	36	36	652	8900	633	37	37	527	76393	548
0191	中国社会科学院大学	北京	北京	一线	综合	保研资格	6	641	123	6621	6	6	660	6046	643	7	7	625	6574	641
1496	哈尔滨工业大学(威海)	山东	威海	三线	工科	原985一流大学A类	136	641	123	6621	138	145	656	7373	638	138	138	618	8715	634
1170	山东大学	山东	济南	二线	综合	原985一流大学A类	253	638	120	7501	250	255	655	7724	637	243	248	618	8715	634
1490	北京理工大学(其他单列)	北京	北京	一线	工科	原985一流大学A类	63	638	120	7501	—	—	—	—	—	—	—	—	—	—
1355	重庆大学	重庆	重庆	新一线	综合	原985一流大学A类	144	637	119	7791	143	143	654	8089	636	124	126	621	7757	637
1400	北京师范大学	北京	北京	一线	师范	原985一流大学A类	78	636	118	8107	—	—	—	—	—	—	—	—	—	—

本科一批(理科) 续表

院校代码	院校名称	所在区域	所在城市	城市分类	院校类型	院校分类	2021年招生计划	2021年投档线	2021年线差	2021年位次	2020年招生计划	2020年实际投档	2020年投档线	2020年位次	2021年同位次分数	2019年招生计划	2019年实际投档	2019年投档线	2019年位次	2021年同位次分数
1185	西安交通大学(医护类)	陕西	西安	新一线	综合	原985 一流大学A类	70	635	117	8421	57	57	618	28686	596	—	—	—	—	—
1320	西安电子科技大学	陕西	西安	新一线	工科	原985 一流学科	260	635	117	8421	205	205	653	8491	634	257	260	618	8715	634
1135	湖南大学	湖南	长沙	新一线	综合	原985 一流大学A类	252	633	115	9067	247	249	650	9653	631	243	243	610	11615	626
1245	大连理工大学	辽宁	大连	二线	工科	原985 一流大学B类	214	633	115	9067	214	216	651	9274	632	223	230	618	8715	626
1145	吉林大学	吉林	长春	二线	综合	原985 一流大学A类	15	632	114	9454	20	20	650	9653	631	22	22	613	10464	629
1210	中南大学	湖南	长沙	新一线	综合	原985 一流大学A类	369	632	114	9454	352	352	611	34290	588	351	351	623	7166	639
1460	中国政法大学	北京	北京	一线	政法	原985 一流学科	62	632	114	9454	66	66	659	6356	642	64	64	625	6574	641
1465	中央财经大学	北京	北京	一线	财经	原985 一流学科	45	631	113	9815	48	48	655	7724	637	44	44	625	6574	641
1490	北京理工大学(较高收费)	北京	北京	一线	工科	原985 一流大学A类	3	631	113	9815	5	5	597	47088	574	5	5	623	7166	639
1251	电子科技大学(沙河校区)(较高收费)	四川	成都	新一线	工科	原985 一流大学A类	38	630	112	10181	37	37	649	10081	630	37	37	612	10848	628
3830	南京医科大学	江苏	南京	新一线	医药	保研资格	10	630	112	10181	10	11	632	19083	610	—	—	—	—	—
1401	北京师范大学(珠海校区)	广东	珠海	二线	师范	原211 一流大学A类	17	629	111	10535	—	—	—	—	—	—	—	—	—	—
1430	北京外国语大学	北京	北京	一线	语言	原211 一流学科	16	629	111	10535	16	16	650	9653	631	16	16	610	11615	626
1196	浙江大学医学院(较高收费)	浙江	嘉兴	二线	医药	原985 一流大学A类	5	628	110	10919	—	—	—	—	—	222	233	—	—	—
1255	东北大学	辽宁	沈阳	新一线	工科	原985 B类	104	628	110	10919	173	182	645	11903	625	222	233	607	12858	623

院校基本信息·本科一批（理科）（续表）

院校代码	院校名称	所在区域	所在地	城市分类	院校类型	院校分类	2021年投档情况					2020年投档情况					2019年投档情况				
							招生计划	投档线	线差	位次	招生计划	实际投档	投档线	位次	2021年同位次分数	招生计划	实际投档	投档线	位次	2021年同位次分数
1440	上海外国语大学	上海	上海	一线	语言	原211	16	628	110	10919	16	16	645	10957	625	16	16	603	14629	619
1173	山东大学威海分校	山东	威海	三线	综合	原985 一流大学A类	88	627	109	11294	90	91	645	11903	625	88	89	608	12435	624
1190	厦门大学（医护类）	福建	厦门	二线	综合	原985 一流大学A类	15	627	109	11294	15	15	647	11903	627	23	23	597	22024	613
1375	中国农业大学	北京	北京	一线	农业	原985 一流大学A类	113	627	109	11294	107	110	644	10957	625	107	107	589	17549	624
1505	南京航空航天大学	江苏	南京	二线	工科	原211 一流学科	172	627	109	11294	182	183	643	12396	624	179	179	580	27764	605
6000	郑州大学（其他单列）	河南	郑州	新一线	综合	原211 一流大学B类	180	627	109	11294	—	—	—	—	—	—	—	—	—	597
1145	吉林大学	吉林	长春	二线	综合	原985 一流大学A类	545	626	108	11699	516	521	646	11437	626	524	534	604	14189	620
1305	天津大学（医护类）	天津	天津	二线	工科	原985 一流大学A类	13	626	108	11699	—	—	—	—	—	—	—	—	—	633
1120	北京交通大学	北京	北京	一线	工科	原211 一流学科	131	625	107	12135	110	112	643	12897	623	122	128	617	9020	620
1430	北京外国语大学（其他单列）	北京	北京	一线	语言	原211 一流学科	104	625	107	12135	150	153	646	11437	626	148	149	612	10848	628
1155	兰州大学	甘肃	兰州	二线	综合	原985 一流大学A类	151	625	107	12135	125	125	644	12396	624	126	126	617	14189	620
1230	北京科技大学	北京	北京	一线	工科	原211 一流学科	2	625	107	12135	—	—	—	—	—	—	—	—	—	—
1510	南京理工大学	江苏	南京	二线	工科	原211 一流学科	144	625	107	12135	137	137	646	11437	626	127	127	613	10464	629
1180	武汉大学	湖北	武汉	新一线	综合	原985 一流大学A类	4	624	106	12534	5	5	653	8491	634	—	—	—	—	622
1330	中国海洋大学	山东	青岛	新一线	综合	原985 一流大学A类	91	624	106	12534	82	84	644	12396	624	94	96	606	13279	622

第三章 2019-2021 年河南省普通高校招生平行投档信息统计

院校基本信息·本科一批（理科）

院校代码	院校名称	所在区域	所在地	城市分类	院校类型	院校分类	2021年投档情况 招生计划	投档线	线差	位次	2020年投档情况 招生计划	实际投档	投档线	位次	2021年同位次分数	2019年投档情况 招生计划	实际投档	投档线	位次	2021年同位次分数
1355	重庆大学（较高收费）	重庆	重庆	新一线	综合	原985一流大学A类	5	624	106	12534	7	7	641	13884	620	8	8	595	18563	611
1100	中央民族大学	北京	北京	一线	民族	原985一流大学A类	27	623	105	12952	21	21	644	12396	624	17	17	608	12435	624
1275	华东理工大学	上海	上海	一线	工科	原211一流学科	101	623	105	12952	107	108	643	12897	623	108	112	609	12015	625
1560	北京工业大学	北京	北京	一线	工科	原211一流学科	9	623	105	12952	9	11	643	12897	623	19	19	610	11615	626
1220	华北电力大学（北京）	北京	北京	一线	工科	原211一流学科	105	622	104	13376	105	105	641	13884	620	105	105	606	13279	622
1455	西南财经大学	四川	成都	新一线	财经	原211一流学科	49	622	104	13376	48	49	640	14443	619	53	54	596	18059	612
1125	东南大学（医护类）	江苏	南京	新一线	综合	原985一流大学A类	13	621	103	13845	10	10	631	19649	609	—	—	—	—	—
1175	四川大学（较高收费）	四川	成都	新一线	综合	原985一流大学A类	16	621	103	13845	14	14	638	15517	617	—	—	—	—	—
1605	天津医科大学	天津	天津	新一线	医药	原211一流学科	46	621	103	13845	46	46	637	16139	616	43	43	591	20850	607
1790	上海大学	上海	上海	一线	综合	原211一流学科	201	621	103	13845	197	197	640	14443	619	185	187	609	12015	625
1830	苏州大学	江苏	苏州	新一线	综合	原211一流学科	123	621	103	13845	124	131	637	16139	616	116	131	606	13279	622
1205	中南财经政法大学	湖北	武汉	新一线	财经	原211一流学科	136	620	102	14309	136	136	639	16139	616	142	142	563	40404	581
1245	大连理工大学	辽宁	大连	二线	工科	原985一流大学A类	10	620	102	14309	10	10	638	14936	618	6	6	604	14189	620
1251	电子科技大学（沙河校区）（医护类）	四川	成都	新一线	工科	原985一流大学A类	10	620	102	14309	8	8	638	15517	617	3	3	594	19118	610
1415	华中师范大学	湖北	武汉	新一线	师范	原211一流学科	78	620	102	14309	88	88	639	14936	618	71	71	603	14629	619
1245	大连理工大学（其他单列）	辽宁	大连	二线	工科	原985一流大学A类	15	619	101	14767	15	15	638	15517	617	15	15	599	16510	615

续表

院校基本信息·本科一批（理科） 续表

院校代码	院校名称	所在区域	所在地	城市分类	院校类型	院校分类	2021年投档情况 招生计划	投档线	线差	位次	2020年投档情况 招生计划	实际投档	投档线	位次	2021年同位次分数	2019年投档情况 招生计划	实际投档	投档线	位次	2021年同位次分数
1470	中国传媒大学	北京	北京	一线	语言	原211	47	619	101	14767	44	44	637	16139	616	31	33	612	10848	628
1210	中南大学（较高收费）	湖南	长沙	新一线	综合	原985 一流大学A类	16	618	100	15229	16	16	638	15517	617	392	400	598	15554	620
1315	武汉理工大学	湖北	武汉	新一线	工科	原211 一流学科	2	618	100	15229	3	4	639	14936	618	3	3	601	14189	617
1430	北京外国语大学（较高收费）	北京	北京	一线	语言	原211 一流学科	8	617	100	15229	10	10	555	96089	533	10	10	626	6306	642
1460	中央财经大学（较高收费）	北京	北京	一线	财经	原211 一流学科	53	617	99	15697	57	58	640	14443	619	57	61	608	14629	619
1520	暨南大学	广东	广州	一线	综合	原211 一流学科	33	616	98	16166	33	33	637	16139	616	29	30	603	12435	624
1237	北京邮电大学（宏福校区）	北京	北京	一线	工科	原211 一流学科	100	616	98	16166	100	100	636	16698	615	97	97	602	15084	618
1260	东华大学	上海	上海	一线	工科	原211 一流学科	44	616	98	16166	49	49	633	18475	611	35	35	600	16048	616
1855	南京师范大学	江苏	南京	新一线	师范	原211 一流学科	—	—	—	—	—	—	—	—	—	—	—	—	—	—
1305	天津大学（其他单列）	天津	天津	新一线	工科	原985 一流大学A类	119	615	97	16706	30	30	633	18475	611	30	30	600	18059	612
1320	西安电子科技大学（较高收费）	陕西	西安	新一线	工科	原211 一流学科	20	615	97	16706	139	141	639	14936	618	170	170	596	18059	612
1325	西南交通大学	四川	成都	新一线	工科	原211 一流学科	217	615	97	16706	224	224	635	17277	613	230	230	596	18059	612
1500	哈尔滨工程大学	黑龙江	哈尔滨	二线	工科	原211 一流学科	222	615	97	16706	224	224	635	17857	612	230	230	596	12858	623
1965	深圳大学	广东	深圳	一线	综合	保研资格	42	615	97	16706	36	36	634	17857	612	36	37	607	18059	612
2090	西北大学	陕西	西安	新一线	综合	原211 一流学科	27	615	97	16706	26	26	636	16698	615	25	26	600	16048	616

第三章 2019-2021年河南省普通高校招生平行投档信息统计

续表

院校代码	院校名称	所在区域	所在地	城市分类	院校类型	院校分类	2021年招生计划	2021年投档线	2021年线差	2021年投档位次	2020年招生计划	2020年实际投档	2020年投档线	2020年投档位次	2021年同位次分数	2019年招生计划	2019年实际投档	2019年投档线	2019年投档位次	2021年同位次分数
2200	首都医科大学	北京	北京	一线	医药	保研资格	25	615	97	16706	25	26	650	9653	631	25	25	635	4241	650
1258	东北大学秦皇岛分校	河北	秦皇岛	三线	工科	原985一流大学B类	161	614	96	17248	121	123	635	17857	613	138	141	596	18059	612
1275	华东理工大学(较高收费)	上海	上海	一线	工科	原211一流学科	9	614	96	17248	3	3	634	17277	612	2	2	589	22024	605
3275	河北医科大学	河北	石家庄	二线	医药	保研资格	11	614	96	17248	11	11	635	17277	613	11	11	599	16510	615
1248	大连理工大学(盘锦校区)	辽宁	盘锦	四线	工科	原985一流大学A类	52	613	95	17797	52	53	635	17857	613	52	53	599	16510	615
1270	河海大学	江苏	南京	新一线	工科	原211一流学科	190	613	95	17797	197	197	633	18475	611	181	190	596	16510	615
1425	西南大学	重庆	重庆	新一线	综合	原211一流学科	69	613	95	17797	86	95	631	19649	609	87	92	573	32636	591
1985	华南师范大学	广东	广州	一线	师范	原211一流学科	18	613	95	17797	12	12	630	20308	608	12	12	572	33407	590
1145	吉林大学(其他单列)	吉林	长春	二线	综合	原985一流大学A类	5	612	94	18358	8	8	629	20922	607	42	43	596	16510	612
1173	山东大学威海分校(较高收费)	山东	威海	三线	综合	原985一流大学A类	47	612	94	18358	45	45	628	21581	606	118	122	603	14629	619
1225	北京化工大学	北京	北京	一线	工科	原211一流学科	130	612	94	18358	127	127	637	16139	616	—	37	584	25153	601
2030	西南政法大学	重庆	重庆	新一线	政法	保研资格	27	612	94	18358	36	37	626	22973	604	—	38	584	25153	601
1131	复旦大学医学院(其他单列)	上海	上海	一线	医药	原985一流大学A类	22	611	93	18927	—	—	—	—	—	—	—	—	—	—
1515	西北工业大学(较高收费)	陕西	西安	新一线	工科	原985一流大学A类	20	611	93	18927	20	20	629	20922	607	20	20	601	15554	617
1630	河北工业大学	天津	天津	新一线	工科	原211一流学科	16	610	92	19481	20	20	632	19083	610	36	36	596	18059	612
2030	西北工业大学(较高收费)	重庆	重庆	新一线	工科	原985一流大学A类	3	610	92	19481	3	3	626	22973	604	3	3	594	19118	610
2605	中国医科大学	辽宁	沈阳	新一线	医药	保研资格	31	610	92	19481	33	33	632	19083	610	33	33	555	47516	574

续表

院校基本信息·本科一批(理科)

院校代码	院校名称	所在区域	所在地	城市分类	院校类型	院校分类	2021年投档情况 招生计划	投档线	线差	位次	2020年投档情况 招生计划	实际投档	投档线	位次	2021年同位次分数	2019年投档情况 招生计划	实际投档	投档线	位次	2021年同位次分数
1200	华北电力大学(保定)	河北	保定	三线	工科	原211	128	609	91	20081	130	133	631	19649	609	130	134	598	17020	614
1295	中国石油大学(北京)	北京	北京	一线	工科	原211一流学科	97	609	91	20081	95	100	631	19649	609	96	101	591	20850	607
1155	兰州大学(较高收费)	甘肃	兰州	二线	综合	原985一流大学A类	23	606	88	21866	23	23	624	24312	602	20	20	587	23239	603
1265	合肥工业大学	安徽	合肥	二线	工科	原211一流学科	248	606	88	21866	245	245	628	21581	606	247	249	586	23893	603
1340	中国地质大学(武汉)	湖北	武汉	新一线	工科	原211一流学科	208	606	88	21866	208	218	628	21581	606	210	214	594	19118	610
1790	上海大学(较高收费)	上海	上海	一线	综合	原211一流学科	31	606	88	21866	37	37	628	21581	606	35	36	599	16510	615
1150	江南大学	江苏	无锡	二线	综合	原211一流学科	131	605	87	22560	148	152	626	22973	604	148	152	600	16048	616
1390	北京中医药大学	北京	北京	一线	医药	原211一流学科	64	605	87	22560	61	61	633	18475	611	62	62	590	21457	606
2115	西北政法大学	陕西	西安	新一线	政法	保研资格	16	604	86	23232	16	16	623	25056	601	16	18	584	25153	601
0445	陆军军医大学	重庆	重庆	新一线	医药	原985	23	604	86	23232	23	23	607	37744	584	23	23	608	12435	624
1145	吉林大学(农林类)	吉林	长春	二线	综合	原985一流大学A类	43	604	86	23232	43	43	617	29485	595	30	30	577	29841	594
1180	武汉大学(医护类)	湖北	武汉	新一线	综合	原985一流大学A类	7	604	86	23232	5	5	622	25751	600	4	4	—	—	—
1395	中国药科大学	江苏	南京	新一线	医药	原211一流学科	98	604	86	23232	98	100	626	22973	604	99	99	587	23239	603
1560	北京工业大学	北京	北京	一线	工科	原211一流学科	6	604	85	23896	6	6	627	22276	605	—	—	—	—	—
1240	长安大学	陕西	西安	新一线	工科	原211一流学科	244	603	85	23896	235	240	622	25751	600	240	245	583	25787	600
1910	南昌大学	江西	南昌	二线	综合	原211一流学科	137	603	85	23896	128	135	622	25751	600	132	132	579	28476	596

第三章 2019-2021年河南省普通高校招生平行投档信息统计

续表

院校基本信息·本科一批（理科）

院校代码	院校名称	所在区域	所在地	城市分类	院校类型	院校分类	2021年投档情况					2020年投档情况					2019年投档情况			
							招生计划	投档线	线差	位次	招生计划	实际投档	投档线	位次	2021年同位次分数	招生计划	实际投档	投档线	位次	2021年同位次分数
6000	郑州大学	河南	郑州	新一线	综合	原211 一流大学B类	2844	603	85	23896	3067	3098	624	29485	602	3112	3174	585	24522	602
1258	东北大学秦皇岛分校（较高收费）	河北	秦皇岛	三线	工科	原985 一流大学B类	13	602	84	24547	25	26	617	24312	595	—	—	—	—	—
1345	中国矿业大学（北京）	北京	北京	一线	工科	原211 一流学科	119	602	84	24547	124	126	626	22973	604	115	118	590	21457	606
1420	陕西师范大学	陕西	西安	新一线	师范	原211 一流学科	113	602	84	24547	115	117	626	20308	608	20	21	592	20281	608
1520	暨南大学（其他单列）	广东	广州	一线	综合	原211 一流学科	3	602	84	24547	3	3	630	23239	606	4	4	590	21457	606
1935	湖南师范大学	湖南	长沙	新一线	师范	原211 一流学科	45	602	84	24547	37	37	623	18059	603	27	27	587	23239	603
2315	南京邮电大学	江苏	南京	新一线	工科	原211 一流学科	92	602	84	24547	89	89	634	21581	612	89	89	596	18059	612
2420	杭州电子科技大学	浙江	杭州	新一线	工科	保研资格	85	602	84	24547	80	80	628	25056	606	80	82	592	20281	608
1113	中国人民大学（苏州校区）	江苏	苏州	新一线	综合	原985 一流大学A类	4	601	83	25226	3	3	667	4082	651	3	3	640	3242	655
1350	中国矿业大学	江苏	徐州	二线	工科	原211 一流学科	365	601	83	25226	322	322	621	26493	599	332	332	575	31251	592
1370	西北农林科技大学	陕西	咸阳	三线	农业	原985 一流大学B类	395	601	83	25226	341	348	622	25751	600	348	355	581	27095	598
1405	东北师范大学	吉林	长春	二线	师范	原211 一流学科	82	601	83	25226	112	112	618	28686	596	107	107	581	27095	598
1810	华东政法大学	上海	上海	一线	政法	保研资格	70	601	83	25226	69	70	623	25056	601	64	64	594	19118	610
1830	苏州大学（较高收费）	江苏	苏州	新一线	综合	原211 一流学科	3	601	83	25226	3	3	625	23684	603	10	10	581	27095	598
1885	安徽大学	安徽	合肥	二线	综合	原211 一流学科	53	601	83	25226	42	50	626	22973	604	56	56	589	22024	605
2365	太原理工大学	山西	太原	二线	工科	原211 一流学科	91	601	83	25226	90	92	623	25056	601	96	98	579	28476	596

院校基本信息·本科一批（理科） 续表

院校代码	院校名称	所在区域	所在地	城市分类	院校类型	院校分类	2021年投档情况 招生计划	2021 投档线	2021 线差	2021 位次	2020年投档情况 招生计划	2020 实际招生	2020 投档线	2020 位次	2021年同位次分数	2019年投档情况 招生计划	2019 实际招生	2019 投档线	2019 位次	2021年同位次分数
1365	南京农业大学	江苏	南京	新一线	农业	原211 一流学科	235	598	80	27341	233	235	619	27959	597	232	234	580	27764	597
1268	合肥工业大学(宣城校区)	安徽	宣城	四线	工科	原211 一流学科	171	598	80	27341	165	165	621	26493	599	164	167	580	27764	597
1248	大连理工大学(盘锦校区)(较高收费)	辽宁	盘锦	四线	工科	原985 一流大学A类	20	598	80	27341	20	20	621	26493	599	15	15	580	27764	597
2420	杭州电子科技大学(较高收费)	浙江	杭州	新一线	工科	保研资格	10	599	81	26645	10	10	621	26493	599	10	10	578	29151	595
2080	云南大学	云南	昆明	二线	综合	原211 一流学科	48	599	81	26645	45	45	622	25751	600	49	49	584	25153	601
2025	重庆医科大学	重庆	重庆	一线	医药	保研资格	53	599	81	26645	18	18	623	25056	601	20	20	591	20850	607
1895	福州大学	福建	福州	二线	工科	原211 一流学科	60	599	81	26645	69	69	627	22276	605	79	81	592	20281	608
1765	哈尔滨医科大学	黑龙江	哈尔滨	二线	医药	保研资格	45	599	81	26645	50	50	608	36876	585	51	51	578	29151	595
1690	辽宁大学	辽宁	沈阳	新一线	综合	原211 一流学科	69	599	81	26645	67	67	621	26493	599	67	67	580	27764	597
1340	中国地质大学(武汉)(较高收费)	湖北	武汉	新一线	工科	原211 一流学科	6	599	81	26645	6	6	615	31039	593	—	—	—	—	—
1325	西南交通大学(较高收费)	四川	成都	新一线	工科	原211 一流学科	16	599	81	26645	15	17	624	24312	602	15	15	588	22618	604
2225	重庆邮电大学(较高收费)	重庆	重庆	一线	工科	保研资格	12	600	82	25941	12	12	627	22276	605	10	10	592	20281	608
2035	暨南大学(较高收费)	广东	广州	一线	综合	原211 一流学科	20	600	82	25941	98	103	618	28686	596	87	91	595	21457	606
1520	首都师范大学	北京	北京	一线	师范	原211 一流学科	20	600	82	25941	20	20	623	24312	602	16	16	592	21457	606
1335	中国地质大学(北京)	北京	北京	一线	工科	原211 一流学科	75	600	82	25941	75	75	621	26493	599	76	76	590	18563	611
1285	大连海事大学	辽宁	大连	二线	工科	原211 一流学科	131	600	82	25941	139	142	617	29485	595	148	148	515	90542	537
0450	空军军医大学	陕西	西安	新一线	综合	原211 一流学科 军校	32	600	82	25941	32	32	628	21581	606	32	32	607	12858	623

院校基本信息·本科一批(理科)

院校代码	院校名称	所在区域	所在地	城市分类	院校类型	院校分类	2021年招生计划	2021年投档线	线差	位次	2020年招生计划	2020年实际投档	2020年投档线	位次	2021年同位次分数	2019年招生计划	2019年实际投档	2019年投档线	位次	2021年同位次分数
1375	中国农业大学(较高收费)	北京	北京	一线	农业	原985 一流大学A类	9	598	80	27341	9	9	617	29485	595	9	9	595	18563	611
2305	贵州大学	贵州	贵阳	二线	综合	原211 一流学科	62	598	80	27341	56	59	619	27959	597	64	67	577	29841	594
1175	四川大学(医护类)	四川	成都	新一线	综合	原985 一流大学A类	12	597	79	28109	12	12	601	43222	578	12	12	585	24522	602
1300	中国石油大学(华东)	山东	青岛	新一线	工科	原211 一流学科	272	597	79	28109	270	270	623	25056	601	259	259	584	25153	601
1360	华中农业大学	湖北	武汉	新一线	农业	原211 一流学科	296	597	79	28109	286	292	615	31039	593	278	284	581	27095	598
1380	北京林业大学	北京	北京	一线	林业	原211 一流学科	109	597	79	28109	108	108	604	40431	581	108	108	594	19118	610
2000	广西大学	广西	南宁	二线	综合	原211 一流学科	72	596	78	28854	55	55	618	28686	596	66	66	579	28476	596
1100	中央民族大学(较高收费)	北京	北京	一线	民族	原985 一流大学A类	4	596	78	28854	4	4	616	30260	594	4	4	568	36336	586
1330	中国海洋大学(较高收费)	山东	青岛	新一线	综合	原985 一流大学A类	27	596	78	28854	32	32	614	31866	592	8	8	580	27764	597
1795	上海理工大学	上海	上海	一线	工科	保研资格	112	596	78	28854	109	110	620	27221	598	113	118	582	26424	599
2450	成都理工大学	四川	成都	新一线	工科	一流学科	51	596	78	28854	42	42	617	29485	595	85	85	574	31945	591
2525	天津工业大学	天津	天津	新一线	工科	一流学科	85	596	78	28854	205	205	616	30260	594	235	237	575	31251	592
2570	上海中医药大学	上海	上海	一线	医药	一流学科	25	596	78	28854	25	25	620	27221	598	26	26	583	25787	600
3040	上海电力大学(较高收费)	上海	上海	一线	工科	公办	10	596	78	28854	10	10	614	31866	592	10	10	573	32636	591
4830	广东医科大学	广东	湛江	三线	医药	公办	13	596	78	28854	15	15	622	25751	600	15	15	584	25153	601
5190	遵义医科大学(珠海校区)	广东	珠海	二线	医药	原211 保研资格	7	596	78	28854	7	7	612	33477	589	7	7	565	38753	583
1455	西南财经大学(异地校区)	四川	成都	新一线	财经	保研资格	12	595	77	29573	20	20	609	35994	586	3	3	605	13725	621
1725	东北财经大学	辽宁	大连	二线	财经		16	595	77	29573	17	17	614	31866	592	17	17	588	22618	604

续表

院校代码	院校名称	所在区域	所在地	城市分类	院校类型	院校分类	2021年投档情况 招生计划	投档线	线差	位次	2020年投档情况 招生计划	实际投档	投档线	位次	2021年同位次分数	2019年投档情况 招生计划	实际投档	投档线	位次	2021年同位次分数
1860	南京信息工程大学	江苏	南京	新一线	一流学科	原211	142	595	77	29573	141	141	619	27959	597	143	143	582	26424	599
1880	宁波大学	浙江	宁波	新一线	综合	一流学科	90	595	77	29573	79	—	615	31039	593	72	72	579	28476	596
2415	浙江工业大学	浙江	杭州	新一线	工科	保研资格	82	595	77	29573	87	87	612	33477	589	74	74	580	27764	597
1170	山东大学（医护类）	山东	济南	二线	综合	原985 一流大学A类	6	594	76	30319	8	8	613	32658	591	8	8	529	74158	550
1435	北京语言大学	北京	北京	一线	语言	保研资格	29	594	76	30319	27	27	613	32658	591	25	25	570	34852	588
2090	西北大学（其他单列）	陕西	西安	二线	综合	原211 一流学科	2	594	76	30319	—	—	—	—	—	—	—	—	—	—
2105	西安邮电大学	陕西	西安	二线	工科	公办	58	594	76	30319	60	60	598	46111	575	56	56	546	56118	565
2650	广西医科大学	广西	南宁	二线	医药	保研资格	22	594	76	30319	22	22	611	32658	591	20	20	572	28476	596
2750	海南大学	海南	海口	三线	综合	原211 一流学科	360	594	76	30319	335	341	615	31039	593	395	395	572	33407	590
1121	北京交通大学（威海校区）	山东	威海	三线	工科	原211 一流学科	30	593	75	31136	32	32	611	34290	588	33	35	577	33407	590
1225	北京化工大学（较高收费）	北京	北京	一线	工科	原211 一流学科	22	593	75	31136	20	20	614	31866	592	20	20	593	29841	594
2500	首都经济贸易大学	北京	北京	一线	财经	保研资格	18	593	75	31136	24	25	606	38611	583	24	24	581	19684	609
1145	吉林大学（医护类）	吉林	长春	二线	综合	原985 一流大学A类	13	592	74	31893	13	13	589	55355	566	8	8	581	27095	598
1910	南昌大学（较高收费）	江西	南昌	二线	综合	原211 一流学科	35	592	74	31893	35	35	617	29485	595	35	35	577	29841	594
2025	重庆医科大学（较高收费）	重庆	重庆	新一线	医药	保研资格	5	592	74	31893	5	5	627	22276	605	—	—	572	33407	590
2805	西安理工大学	陕西	西安	二线	工科	保研资格	74	592	74	31893	79	83	613	32658	591	89	98	572	33407	590
1140	华中科技大学（医护类）	湖北	武汉	新一线	综合	原985 一流大学A类	16	591	73	32664	—	—	—	—	—	—	—	—	—	—
2220	武汉科技大学	湖北	武汉	新一线	工科	一流学科	135	591	73	32664	135	138	611	34290	588	134	142	574	31945	591
1385	东北林业大学	黑龙江	哈尔滨	二线	林业	原211 一流学科	270	590	72	33462	269	277	612	33477	589	263	268	569	35574	587

第三章 2019-2021年河南省普通高校招生平行投档信息统计

院校代码	院校名称	所在区域	所在地	城市分类	院校类型	院校分类	2021年招生计划	2021年投档线	2021年线差	2021年位次	2020年招生计划	2020年实际投档	2020年投档线	2020年位次	2021年同位次分数	2019年招生计划	2019年实际投档	2019年投档线	2019年位次	2021年同位次分数
1895	福州大学(较高收费)	福建	福州	二线	工科	原211	10	590	72	33462	10	10	615	31039	593	10	10	571	34124	589
1960	北京信息科技大学	北京	北京	一线	工科	保研资格	54	590	72	33462	54	57	615	31039	586	16	16	559	43868	578
2380	广东外语外贸大学	广东	广州	一线	语言	原211	16	590	72	33462	16	16	609	35994	586	16	16	578	29151	595
1270	河海大学(其他单列)	江苏	南京	新一线	综合	一流学科	5	589	71	34265	5	5	620	27221	598	9	9	580	27764	597
2090	西北大学(较高收费)	陕西	西安	新一线	综合	一流学科	10	589	71	34265	10	10	611	34290	588	10	10	575	31251	592
2110	西安外国语大学	陕西	西安	新一线	语言	保研资格	7	589	71	34265	7	8	612	33477	589	10	10	562	41266	580
2240	南京审计大学	江苏	南京	新一线	财经	公办	91	589	71	34265	84	84	612	33477	589	89	89	572	33407	590
2355	四川农业大学	四川	雅安	五线	农业	一流学科	156	589	71	34265	165	170	610	36876	585	162	165	561	42168	579
2570	上海中医药大学(较高收费)	上海	上海	一线	医药	一流学科	3	589	71	34265	3	3	608	35130	587	2	2	567	37129	585
2750	海南大学(其他单列)	海南	海口	三线	综合	原211	20	589	71	34265	15	15	611	34290	589	15	15	570	34852	588
3040	上海电力大学	上海	上海	一线	工科	公办	137	589	71	34265	129	130	612	33477	588	129	132	568	36336	586
5995	郑州大学(中外合作办学)	河南	郑州	新一线	综合	一流学科	845	589	71	34265	1095	1106	606	38611	583	1380	1394	558	44724	577
0195	上海海关学院	上海	上海	一线	综合	公办	3	588	70	35077	7	7	612	33477	589	5	5	571	34124	589
1370	西北农林科技大学(较高收费)	陕西	西安	新一线	农业	原985	14	588	70	35077	13	13	600	44162	577	4	4	568	36336	586
1380	北京林业大学(较高收费)	北京	北京	一线	林业	原211	4	588	70	35077	4	4	555	96089	533	8	8	564	39606	582
1405	东北师范大学(较高收费)	吉林	长春	二线	师范	原211	10	588	70	35077	5	5	614	31866	592	8	8	571	34124	589
2035	重庆邮电大学(较高收费)	重庆	重庆	新一线	工科	一流学科	10	588	70	35077	10	10	609	35994	586	10	10	559	43868	578
2755	宁夏大学	宁夏	银川	三线	综合	一流学科	55	588	70	35077	50	50	604	40431	581	40	40	555	47516	574

续表

院校代码	院校名称	院校基本信息				2021年投档情况				2020年投档情况			2021年同位次分数	2019年投档情况			2021年同位次分数
		所在区域	所在地	城市分类	院校类型	院校分类	招生计划	投档线	线差	位次	招生计划	实际投档	投档线	位次	招生计划	实际投档	投档线	位次	
5835	成都医学院	四川	成都	新一线	医药	公办	20	588	70	35077	20	20	590	54281	567	20	20	563	40404	581
1270	河海大学(较高收费)	江苏	南京	新一线	工科	原211 一流学科	8	587	69	35958	10	10	606	38611	583	—	—	—	—	—
1315	武汉理工大学(较高收费)	湖北	武汉	新一线	工科	原211 一流学科	16	587	69	35958	16	16	630	20308	608	22	22	558	44724	606
2320	北方工业大学	北京	北京	一线	工科	保研资格	85	587	69	35958	95	97	607	37744	584	95	95	557	45612	576
1635	燕山大学	河北	秦皇岛	三线	工科	保研资格	42	587	69	35958	44	46	609	35994	586	47	49	576	30538	593
5190	遵义医科大学	贵州	遵义	三线	医药	保研资格	15	587	69	35958	15	15	606	38611	583	15	15	578	21457	577
1265	合肥工业大学(较高收费)	安徽	合肥	二线	工科	原211 一流学科	3	586	68	36819	4	4	614	31866	592	4	4	568	36336	586
1895	福州大学(异地校区)	福建	泉州	二线	工科	原211 一流学科	12	586	68	36819	—	—	—	—	—	—	—	—	—	—
1966	深圳技术大学	广东	深圳	一线	工科	公办	42	586	68	36819	32	32	612	33477	589	35	35	567	37129	585
4065	浙江财经大学	浙江	杭州	二线	财经	公办	16	586	68	36819	16	16	611	34290	588	15	18	566	37938	584
6005	河南大学	河南	开封	三线	综合	一流学科	1672	586	68	36819	1544	1575	607	37744	584	1723	1775	563	40404	581
1255	东北大学(较高收费)	辽宁	沈阳	新一线	工科	原985 B类	5	585	67	37676	—	—	—	—	—	4	4	—	—	—
1425	西南大学(较高收费)	重庆	重庆	新一线	综合	原211 一流学科	54	585	67	37676	53	44	546	108151	524	53	54	557	45612	576
1740	延边大学	吉林	延边	四线	综合	原211 一流学科	39	585	67	37676	37	37	604	40431	581	44	44	561	42168	579
1760	东北农业大学	黑龙江	哈尔滨	二线	农业	原211 一流学科	179	585	67	37676	181	192	606	38611	583	188	188	527	76393	548
1930	湘潭大学	湖南	湘潭	四线	综合	保研资格	96	585	67	37676	92	97	602	42274	579	98	98	563	40404	581
2230	天津财经大学	天津	天津	新一线	财经	保研资格	5	585	67	37676	5	5	604	40431	581	5	5	578	21457	595
2255	浙江理工大学	浙江	杭州	二线	工科	保研资格	109	585	67	37676	98	100	613	32658	591	90	100	565	38753	583
5115	西南医科大学	四川	泸州	四线	医药	保研资格	26	585	67	37676	24	24	611	34290	588	40	40	565	38753	583
1120	北京交通大学(较高收费)	北京	北京	一线	工科	一流学科	12	584	66	38526	15	15	635	17277	613	17	17	597	17549	613

第三章 2019—2021年河南省普通高校招生平行投档信息统计

续表

院校基本信息·本科一批(理科)

院校代码	院校名称	所在区域	所在地	城市分类	院校类型	院校分类	2021年投档情况 招生计划	投档线	线差	位次	2020年投档情况 招生计划	实际投档	投档线	位次	2021年同位次分数	2019年投档情况 招生计划	实际投档	投档线	位次	2021年同位次分数
1500	哈尔滨工程大学(其他单列)	黑龙江	哈尔滨	二线	工科	原211一流学科	12	584	66	38526	14	14	586	58573	563	—	—	—	—	—
1680	内蒙古大学	内蒙古	呼和浩特	三线	综合	原211一流学科	39	584	66	38526	40	40	602	42274	579	40	40	562	41266	580
2515	西南石油大学	四川	成都	新一线	工科	一流学科	152	584	66	38526	154	154	605	39525	582	160	160	547	43018	579
2630	山西医科大学	山西	晋中	四线	医药	保研资格	35	584	66	38526	20	21	621	26493	599	27	27	578	55105	566
2855	广州医科大学	广东	广州	一线	医药	一流学科	21	584	66	38526	21	22	616	30260	594	21	21	582	29151	595
1975	广州中医药大学	广东	广州	一线	医药	保研资格	61	583	65	39420	51	55	611	34290	588	21	21	571	31945	591
2100	西安建筑科技大学	陕西	西安	新一线	工科	保研资格	61	583	65	39420	44	44	612	45122	576	42	44	574	26424	599
2265	南京财经大学	江苏	南京	新一线	财经	公办	8	582	65	39420	—	—	—	—	589	35	35	571	34124	589
2240	南京审计大学(较高收费)	江苏	南京	新一线	财经	保研资格	19	582	65	39420	17	17	599	45122	576	—	—	—	—	—
4060	浙江工商大学	浙江	杭州	新一线	财经	保研资格	136	583	65	39420	126	139	606	38611	583	30	30	578	29151	595
2895	武汉工程大学	湖北	武汉	新一线	工科	保研资格	5	583	65	39420	—	—	604	40431	581	136	136	563	40404	587
2415	浙江工业大学(较高收费)	浙江	杭州	新一线	工科	保研资格	61	583	65	39420	63	63	608	36876	585	50	51	569	35574	590
2330	西安工业大学	陕西	西安	新一线	工科	保研资格	68	582	64	40304	29	29	603	41377	580	29	29	572	33407	590
2280	北京工业大学	北京	北京	一线	工科	保研资格	34	582	64	40304	61	63	608	36876	585	—	—	—	—	—
2850	广州大学	广东	广州	一线	综合	保研资格	25	582	64	40304	30	30	609	35994	586	30	30	570	34852	588
2875	上海海洋大学	上海	上海	一线	农业	保研资格	104	582	64	40304	99	102	606	38611	583	105	105	561	42168	579
2930	广东工业大学	广东	广州	一线	工科	保研资格	65	582	64	40304	65	74	604	40431	581	65	71	575	31251	592
4055	杭州师范大学	浙江	杭州	新一线	师范	保研资格	91	582	64	40304	55	55	611	34290	588	61	61	570	34852	588
1150	江南大学(较高收费)	江苏	无锡	二线	综合	原211一流学科	5	581	63	41207	3	3	613	32658	591	3	3	552	50338	571
1285	大连海事大学(较高收费)	辽宁	大连	二线	工科	原211一流学科	24	581	63	41207	15	15	602	42274	579	37	39	579	—	—
1550	北京工商大学	北京	北京	一线	财经	保研资格	50	581	63	41207	50	51	604	40431	581	69	69	533	69714	553
2205	青岛大学	山东	青岛	新一线	综合	保研资格	71	581	63	41207	71	71	599	45122	576	89	90	570	34852	588
2300	长沙理工大学	湖南	长沙	新一线	工科	保研资格	123	581	63	41207	115	120	609	35994	586	—	—	—	—	—

院校代码	院校名称	所在区域	所在地	城市分类	院校类型	院校分类	2021年投档情况 招生计划	投档线	线差	位次	2020年投档情况 招生计划	实际投档	投档线	位次	2021年同位次分数	2019年投档情况 招生计划	实际投档	投档线	位次	2021年同位次分数
2450	成都理工大学(异地校区)	四川	宜宾	四线	工科	—	58	581	63	41207	58	58	598	46111	575	—	—	—	—	—
4130	蚌埠医学院	安徽	蚌埠	三线	医药	—	10	581	63	41207	10	10	601	43222	578	5	5	555	47516	574
4925	桂林电子科技大学	广西	桂林	三线	工科	保研资格	113	581	63	41207	95	100	603	41377	580	10	10	560	43018	579
5610	上海政法学院	上海	上海	一线	政法	公办	66	581	63	41207	66	67	605	39525	582	66	66	562	41266	580
1240	长安大学(较高收费)	陕西	西安	新一线	工科	原211一流学科	30	580	62	42114	30	30	586	58573	563	10	10	575	31251	—
1565	北京第二外国语学院	北京	北京	一线	语言	公办	20	580	62	42114	22	22	592	52176	569	19	19	583	25787	600
1835	扬州大学	江苏	扬州	三线	综合	保研资格	92	580	62	42114	78	82	569	78357	546	68	68	574	31945	591
2125	青海大学	青海	西宁	四线	综合	原211一流学科	135	580	62	42114	120	132	601	43222	578	121	127	556	46572	575
2505	南京林业大学	江苏	南京	新一线	林业	一流学科	112	580	62	42114	102	102	607	37744	584	98	98	568	36336	586
2860	上海海事大学	上海	上海	一线	工科	保研资格	74	580	62	42114	78	79	607	37744	584	78	78	563	40404	581
2905	三峡大学(较高收费)	湖北	宜昌	三线	综合	保研资格	3	580	62	42114	3	3	600	44162	577	3	6	554	48470	573
3835	南京中医药大学	江苏	南京	新一线	医药	一流学科	53	580	62	42114	52	52	603	42274	581	45	45	560	43018	579
3890	成都中医药大学	四川	成都	新一线	医药	一流学科	60	580	62	42114	54	54	604	40431	579	53	53	558	44724	578
4485	苏州大学	江苏	苏州	新一线	综合	一流学科	86	580	62	42114	63	63	602	42274	581	58	58	562	43868	579
5035	山东财经大学	山东	济南	二线	财经	公办	60	580	62	42114	94	96	606	38611	583	81	81	559	44724	577
5095	重庆对外经贸大学(较高收费)	重庆	重庆	新一线	财经	公办	78	580	62	42114	53	55	602	42274	581	56	60	562	41266	580
1805	上海对外经贸大学(较高收费)	上海	上海	一线	财经	保研资格	10	580	62	42114	10	10	604	40431	581	10	10	580	27764	597
1885	安徽大学	安徽	合肥	二线	综合	原211一流学科B类	21	579	61	43027	21	21	592	52176	569	—	—	—	—	—
1895	福州大学(其他单列)	福建	福州	二线	综合	原211一流学科	12	579	61	43027	6	6	599	45122	576	6	5	562	41266	580
2120	新疆大学	新疆	乌鲁木齐	新一线	综合	原211一流学科	380	579	61	43027	380	382	594	50132	571	364	364	547	55105	566
2210	湖北大学	湖北	武汉	新一线	综合	保研资格	115	579	61	43027	115	120	607	37744	584	109	109	566	37938	584
2535	西安科技大学	陕西	西安	新一线	工科	保研资格	74	579	61	43027	60	66	609	35994	586	38	42	570	34852	588

第三章 2019-2021年河南省普通高校招生平行投档信息统计

续表

院校代码	院校名称	所在区域	所在地	城市分类	院校类型	院校分类	2021招生计划	2021投档线	2021线差	2021位次	2020招生计划	2020实际投档	2020投档线	2020位次	2021年同位次分数	2019招生计划	2019实际投档	2019投档线	2019位次	2021年同位次分数
2785	河北大学	河北	保定	三线	综合	保研资格	79	579	61	43027	79	79	596	48117	573	74	74	545	57178	564
4205	福建师范大学	福建	福州	二线	师范	保研资格	51	579	61	43027	64	64	598	46111	575	83	83	558	44724	577
5255	昆明医科大学	云南	昆明	二线	医药	保研资格	17	579	61	43027	14	14	621	26493	599	14	14	560	43018	579
1845	南京工业大学	江苏	南京	新一线	工科	一流学科	201	578	60	43977	178	178	614	31866	592	168	168	576	30538	593
2095	陕西科技大学	陕西	西安	新一线	工科	保研资格	73	578	60	43977	62	63	599	45122	576	63	63	558	44724	577
2390	上海师范大学	上海	上海	一线	师范	保研资格	125	578	60	43977	142	142	609	35994	586	129	129	571	34124	584
2405	天津师范大学	天津	天津	新一线	师范	保研资格	207	578	60	43977	142	142	602	42274	579	157	163	557	45612	576
2525	天津工业大学（较高收费）	天津	天津	新一线	工科	一流学科	269	578	60	43977	213	213	600	50132	571	—	—	—	—	—
2870	陕西科技大学（较高收费）	陕西	西安	新一线	工科	保研资格	2	578	60	43977	2	2	597	47088	574	2	2	551	51294	570
3400	山西中医药大学	山西	晋中	四线	医药	保研资格	27	578	60	43977	35	35	594	42274	577	208	208	549	53206	568
2080	云南大学	云南	昆明	二线	综合	一流大学B类	5	577	59	44925	5	5	582	63035	559	—	—	—	—	—
2105	西安邮电大学（较高收费）	陕西	西安	新一线	工科	公办	10	577	59	44925	10	10	602	42274	579	10	10	557	45612	576
2780	山东科技大学	山东	青岛	二线	工科	一流学科	58	577	59	44925	71	71	597	47088	574	59	59	561	42168	579
5080	四川师范大学	四川	成都	新一线	师范	保研资格	53	577	59	44925	48	48	600	44162	577	34	34	557	45612	576
1500	哈尔滨工程大学（较高收费）	黑龙江	哈尔滨	二线	工科	原211	15	576	58	45897	14	14	572	74766	549	8	8	577	29841	594
2365	太原理工大学（较高收费）	山西	太原	二线	工科	一流学科	10	576	58	45897	22	22	600	44162	577	22	22	557	45612	576
2860	上海海事大学（较高收费）	上海	上海	一线	工科	保研资格	22	576	58	45897	78	78	600	44162	577	82	82	560	43018	579
4350	济南大学	山东	济南	二线	综合	保研资格	84	576	58	45897	78	78	604	40431	581	83	83	566	37938	584
4550	湖北工业大学	湖北	武汉	新一线	工科	保研资格	79	576	58	45897	59	73	604	40431	581	83	83	566	37938	584
1190	厦门大学（异地校区）	马来西亚	雪兰莪州	—	综合	原985一流大学A类	43	575	57	46947	40	40	596	48117	573	38	38	553	49387	572
1315	武汉理工大学（其他单列）	湖北	武汉	新一线	工科	原211一流学科	15	575	57	46947	17	17	613	32658	591	15	15	572	33407	590
2340	汕头大学	广东	汕头	三线	综合	保研资格	37	575	57	46947	37	37	589	55355	566	37	38	576	30538	593

331

院校基本信息·本科一批（理科）

院校代码	院校名称	所在区域	所在地	城市分类	院校类型	院校分类	2021年投档情况 招生计划	投档线	线差	位次	2020年投档情况 招生计划	实际投档	投档线	位次	2021年同位次分数	2019年投档情况 招生计划	实际投档	投档线	位次	2021年同位次分数
2530	中北大学	山西	太原	二线	工科	保研资格	126	575	57	46947	127	127	600	44162	577	135	136	555	47516	574
2565	南通大学	江苏	南通	二线	综合	保研资格	223	575	57	46947	191	191	598	46111	575	186	186	555	47516	574
2615	四川外国语大学	重庆	重庆	新一线	语言	保研资格	20	575	57	46947	15	15	595	49113	572	57	57	537	65427	557
2910	湖南中医药大学	湖南	长沙	新一线	医药	保研资格	52	575	57	46947	191	191	595	49113	572	186	186	537	65427	557
5620	西安医学院	陕西	西安	新一线	医药	公办	19	575	57	46947	22	27	590	53210	568	15	17	569	35574	587
1795	上海外国语大学(较高收费)	上海	上海	一线	语言	保研资格	30	574	57	46947	33	36	575	54281	552	27	29	573	32636	591
2270	江苏理工大学(较高收费)	江苏	镇江	三线	工科	保研资格	164	574	56	47907	152	152	590	71135	567	150	150	504	104489	526
2500	首都经济贸易大学	北京	北京	一线	财经	保研资格	5	574	56	47907	—	—	547	106820	525	—	—	573	32636	591
2575	浙江师范大学	浙江	金华	新一线	师范	保研资格	16	574	56	47907	13	13	598	46111	575	15	16	559	43868	578
2865	重庆交通大学	重庆	重庆	新一线	工科	保研资格	101	574	56	47907	101	102	596	48117	573	99	101	554	48470	573
2920	山西财经大学	山西	太原	二线	财经	保研资格	19	574	56	47907	19	20	600	44162	577	31	31	555	47516	574
5055	重庆科技大学	重庆	重庆	新一线	工科	保研资格	36	574	56	47907	36	35	602	42274	579	39	39	555	47516	574
1103	中南民族大学	湖北	武汉	新一线	民族	保研资格	93	573	55	48861	81	81	601	43222	578	81	81	560	43018	579
1427	西南大学(荣昌校区)	重庆	重庆	新一线	综合	原211一流学科	40	573	55	48861	31	33	572	74766	549	25	26	573	32636	591
1660	山西大学	山西	太原	二线	综合	保研资格	68	573	55	48861	47	48	601	43222	578	68	71	524	79803	545
1745	长春理工大学	吉林	长春	二线	工科	保研资格	33	573	55	48861	33	38	599	45122	576	71	71	558	48470	573
1970	华南农业大学	广东	广州	一线	农业	保研资格	143	573	55	48861	128	134	599	45122	576	123	135	558	44724	577
5230	昆明医科大学	云南	昆明	二线	医药	保研资格	116	573	55	48861	77	77	602	42274	579	77	77	561	40404	581
5485	宁夏医科大学	宁夏	银川	三线	医药	保研资格	20	573	55	48861	20	20	593	51170	570	11	11	563	42168	579
7501	上海第二工业大学	上海	上海	一线	工科	公办	112	573	55	48861	112	113	598	46111	575	92	92	556	46572	575
9919	上海戏剧学院	上海	上海	一线	艺术	公办	2	573	55	48861	—	—	587	57472	564	—	—	543	59191	563
2120	新疆大学	新疆	乌鲁木齐	二线	综合	一流大学B类	80	572	54	49827	59	59	587	57472	564	30	30	543	59191	563
2275	青岛科技大学	山东	青岛	二线	工科	保研资格	61	572	54	49827	61	61	592	52176	569	61	61	542	60165	562
2325	华侨大学	福建	泉州	二线	综合	保研资格	104	572	54	49827	109	110	593	51170	570	119	119	542	60165	562
2890	重庆工商大学	重庆	重庆	新一线	综合	公办	64	572	54	49827	80	82	596	48117	573	80	82	552	50338	571

·332·

第三章 2019-2021年河南省普通高校招生平行投档信息统计

续表

本科一批（理科）

院校代码	院校名称	所在区域	所在地	城市分类	院校类型	院校分类	2021年投档情况 招生计划	投档线	线差	位次	2020年投档情况 招生计划	实际投档	投档线	位次	2021年同位次分数	2019年投档情况 招生计划	实际投档	投档线	位次	2021年同位次分数
0001	北京体育大学	北京	北京	一线	体育	公办	23	571	53	50842	—	—	—	—	—	—	—	—	—	—
5590	成都大学	四川	成都	新一线	综合	保研资格	111	572	54	49827	38	38	598	46111	575	30	30	551	51294	570
5100	西华大学	四川	成都	新一线	师范	保研资格	60	572	54	49827	56	56	593	50132	571	61	61	553	49387	572
4260	江西师范大学	江西	南昌	二线	师范	保研资格	57	572	54	49827	40	52	594	50132	571	27	27	552	50338	571
1296	中国石油大学（北京）克拉玛依校区	新疆	克拉玛依	五线	工科	保研资格	125	571	53	50842	108	115	588	56402	565	81	86	541	61214	561
2320	北方工业大学（较高收费）	北京	北京	一线	工科	保研资格	5	571	53	50842	3	4	592	52176	569	4	4	545	57178	564
2405	天津中医药大学	天津	天津	新一线	医药	一流学科	30	571	53	50842	30	30	593	51170	570	30	30	549	53206	568
2600	天津师范大学	天津	天津	新一线	师范	一流学科	156	571	53	50842	149	149	588	56402	565	137	144	523	81012	544
1340	中国地质大学（武汉）（其他单列）	湖北	武汉	新一线	工科	原211 一流学科	6	570	52	51895	6	6	575	71135	552	3	3	574	31945	591
1690	辽宁大学（较高收费）	辽宁	沈阳	新一线	综合	原211 一流学科	7	570	52	51895	2	2	590	54281	567	2	2	545	57178	573
1740	延边大学	吉林	延边	四线	综合	原211 一流学科	2	570	52	51895	171	171	596	48117	573	160	160	554	48470	573
2395	集美大学	福建	厦门	二线	综合	保研资格	166	570	52	51895	6	6	589	55355	566	4	4	545	57178	564
2575	浙江师范大学（较高收费）	浙江	金华	三线	师范	保研资格	8	570	52	51895	29	29	592	52176	569	15	15	553	49387	572
2875	上海海洋大学（较高收费）	上海	上海	一线	农业	一流学科	24	570	52	51895	78	86	597	47088	574	97	97	553	49387	572
2915	西安石油大学	陕西	西安	新一线	工科	保研资格	87	570	52	51895	19	19	595	49113	572	20	20	549	53206	572
3020	西南民族大学	四川	成都	新一线	民族	保研资格	17	570	52	51895	272	272	595	49113	571	276	276	559	43868	578
3200	天津科技大学	天津	天津	新一线	工科	保研资格	314	570	52	51895	127	127	594	50132	572	115	115	549	53206	568
3550	沈阳航空航天大学	辽宁	沈阳	新一线	工科	保研资格	145	570	52	51895	42	42	592	52176	569	27	27	549	53206	568
4100	安徽师范大学	安徽	芜湖	三线	师范	保研资格	46	570	52	51895	40	40	592	52176	565	18	19	549	53206	568
4295	赣南医学院	江西	赣州	三线	医药	公办	27	570	52	51895	27	27	588	56402	569	27	27	549	53206	568
1840	江苏大学	江苏	镇江	三线	综合	保研资格	200	569	51	52925	150	150	611	34290	588	148	148	574	31945	591
2235	东北电力大学（较高收费）	吉林	吉林	四线	工科	保研资格	23	569	51	52925	21	21	568	79540	545	15	15	560	43018	579

续表

院校基本信息·本科一批(理科)

院校代码	院校名称	所在区域	所在地	城市分类	院校类型	院校分类	2021年投档情况 招生计划	投档线	线差	位次	2020年投档情况 招生计划	实际投档	投档线	位次	2021年同位次分数	2019年投档情况 招生计划	实际投档	投档线	位次	2021年同位次分数
3010	西北民族大学	甘肃	兰州	二线	民族	保研资格	4	569	51	52925	4	4	581	64188	558	—	—	—	—	—
3900	徐州医科大学	江苏	徐州	三线	医药	保研资格	30	569	51	52925	30	30	598	46111	575	30	31	583	25787	575
4395	山东师范大学	山东	济南	二线	师范	保研资格	56	569	51	52925	51	51	601	43222	578	43	43	560	43018	579
4815	东莞理工学院	广东	东莞	新一线	工科	公办	37	569	51	52925	37	37	594	50132	571	29	29	556	46572	600
1640	石家庄铁道大学	河北	石家庄	四线	工科	保研资格	98	568	50	53926	106	—	594	50132	571	98	98	551	51294	570
1930	湘潭大学(较高收费)	湖南	湘潭	四线	综合	保研资格	5	568	50	53926	5	5	589	55355	566	5	5	542	60165	562
2510	西南科技大学	四川	绵阳	四线	工科	保研资格	89	568	50	53926	89	93	594	50132	571	92	92	538	64379	572
2555	大连交通大学	辽宁	大连	二线	工科	公办	47	568	50	53926	47	47	595	49113	572	60	60	553	48470	558
2605	中国医科大学(较高收费)	辽宁	沈阳	新一线	医药	保研资格	6	568	50	53926	4	4	—	—	—	4	4	554	—	573
4880	广东财经大学	广东	广州	一线	财经	公办	14	568	50	53926	—	—	—	—	—	—	—	540	62311	560
2130	石河子大学	新疆	石河子	—	综合	一流学科	308	567	49	54949	307	322	585	59698	562	310	326	540	62311	560
2215	中国民航大学	天津	天津	新一线	工科	保研资格	246	567	49	54949	190	194	584	60827	561	201	199	507	100680	529
2560	温州医科大学	浙江	温州	二线	医药	保研资格	78	567	49	54949	78	78	591	53210	568	78	78	573	32636	591
2795	沈阳工业大学	辽宁	沈阳	新一线	工科	保研资格	69	567	49	54949	63	69	591	53210	568	62	62	547	55105	566
2885	华东交通大学	江西	南昌	二线	工科	保研资格	102	567	49	54949	94	98	593	51170	570	88	90	553	49387	572
2905	三峡大学	湖北	宜昌	三线	综合	保研资格	130	567	49	54949	127	140	596	48117	573	135	150	554	48470	573
3780	上海工程技术大学	上海	上海	一线	工科	保研资格	158	567	49	54949	155	158	585	59698	562	61	64	567	37129	585
6000	郑州大学(医护类)	河南	郑州	新一线	综合	原211 一流大学B类	200	567	49	54949	200	202	583	61893	560	100	101	555	47516	574
2255	浙江理工大学(较高收费)	浙江	杭州	新一线	工科	保研资格	5	567	48	55959	5	5	587	57472	564	5	5	546	56118	565
2310	南方医科大学	广东	广州	一线	医药	保研资格	52	566	48	55959	45	45	630	20308	608	50	54	596	18059	612
2550	北京联合大学	北京	北京	一线	综合	公办	7	566	48	55959	7	9	597	47088	574	7	7	545	57178	564
3595	大连外国语大学	辽宁	大连	二线	语言	公办	39	566	48	55959	37	37	594	50132	571	37	37	536	66504	556
4065	浙江财经大学	浙江	杭州	新一线	财经	一流学科	3	566	48	55959	3	3	603	41377	580	—	—	525	78652	—
6006	河南大学(软件类)	河南	开封	四线	综合	一流学科	706	566	48	55959	646	659	581	64188	558	700	714	—	—	546

第三章 2019-2021年河南省普通高校招生平行投档信息统计

续表

院校基本信息·本科一批（理科）

院校代码	院校名称	所在区域	所在地城市	城市分类	院校类型	院校分类	2021年投档情况			2020年投档情况				2019年投档情况			
							招生计划	投档线	线差	位次	招生计划	实际投档	投档线	位次	2021年同位次分数	招生计划	实际投档	投档线	位次	2021年同位次分数
1630	河北工业大学（较高收费）	天津	天津	新一线	工科	原211	4	565	47	57047	—	—	—	—	—	—	—	—	—	—
2095	陕西科技大学（其他单列）	陕西	西安	新一线	工科	保研资格	12	565	47	57047	—	—	—	—	—	—	—	—	—	—
2385	安徽财经大学	安徽	蚌埠	三线	财经	保研资格	74	565	47	57047	76	76	588	56402	565	73	73	544	58177	563
2805	西安理工大学（较高收费）	陕西	西安	新一线	工科	保研资格	10	565	47	57047	10	10	582	63035	559	—	—	—	—	—
3695	黑龙江大学（较高收费）	黑龙江	哈尔滨	二线	综合	保研资格	51	565	47	57047	50	50	589	55355	566	49	49	551	51294	570
1725	东北财经大学（较高收费）	辽宁	大连	二线	财经	保研资格	15	564	46	58092	14	14	593	51170	570	18	18	551	51294	570
2250	天津外国语大学	天津	天津	新一线	语言	保研资格	31	564	46	58092	37	37	606	38611	583	46	46	567	37129	585
3705	西安科技大学（较高收费）	陕西	西安	新一线	工科	保研资格	258	564	46	58092	318	324	579	66467	556	318	324	541	48470	573
4060	哈尔滨理工大学	黑龙江	哈尔滨	二线	工科	保研资格	20	563	45	59195	20	20	591	50132	568	10	10	543	59191	563
2535	浙江工商大学（较高收费）	浙江	杭州	新一线	财经	保研资格	6	563	45	59195	8	8	585	59698	562	4	4	541	61214	561
2600	天津中医药大学	天津	天津	新一线	医药	一流学科	4	563	45	59195	4	4	588	56402	565	19	19	541	61214	561
2750	海南大学（较高收费）	海南	海口	三线	综合	原211	30	563	45	59195	17	19	588	61893	560	15	15	523	81012	544
4025	浙江农林大学	浙江	杭州	新一线	林业	公办	112	563	45	59195	109	109	583	58573	563	102	102	542	60165	562
4775	湖南工商大学	湖南	长沙	新一线	财经	公办	48	563	45	59195	39	39	586	61893	562	23	24	539	63318	559
3530	大连工业大学	辽宁	大连	二线	工科	公办	102	562	44	60300	102	116	585	59698	563	98	108	530	73020	551
3880	南京工程学院	江苏	南京	新一线	工科	公办	208	562	44	60300	214	214	581	64188	558	210	210	543	59191	563
4735	湖南工业大学	湖南	株洲	三线	工科	公办	156	562	44	60300	140	198	586	58573	563	141	193	543	59191	563
5055	重庆工商大学	重庆	重庆	新一线	财经	公办	3	562	44	60300	3	3	573	73543	550	—	—	—	—	—
5390	西安财经大学（较高收费）	陕西	西安	新一线	财经	公办	32	562	44	60300	34	34	577	68843	554	34	34	522	82193	543
5415	兰州工业学院	甘肃	兰州	二线	工科	公办	149	562	44	60300	105	110	584	60827	561	110	116	522	82193	543
1155	兰州大学（医护类）	甘肃	兰州	二线	师范	原985一流大学A类	10	561	43	61408	—	—	—	—	—	—	—	—	—	—
2235	东北电力大学	吉林	吉林	三线	工科	保研资格	184	561	43	61408	166	173	596	48117	573	172	175	554	48470	573
2305	贵州大学（较高收费）	贵州	贵阳	二线	综合	原211一流学科	22	561	43	61408	9	9	571	75906	548	8	7	502	107111	524

·335·

院校基本信息·本科一批(理科)

院校代码	院校名称	所在区域	所在地	城市分类	院校类型	院校分类	2021年投档情况 招生计划	投档线	线差	位次	2020年投档情况 招生计划	实际投档	投档线	位次	2021年同位次分数	2019年投档情况 招生计划	实际投档	投档线	位次	2021年同位次分数
2430	南昌航空大学	江西	南昌	二线	工科	保研资格	109	561	43	61408	47	55	586	58573	563	33	33	559	43868	578
2580	安徽理工大学	安徽	淮南	四线	工科	保研资格	196	561	43	61408	196	196	585	59698	562	178	178	539	63318	559
3280	河北师范大学	河北	石家庄	二线	师范	保研资格	39	561	43	61408	35	35	585	59698	562	44	44	544	73020	563
4400	曲阜师范大学	山东	济宁	三线	师范	保研资格	41	561	43	61408	39	39	581	64188	558	42	42	530	58177	551
1880	宁波大学(较高收费)	浙江	宁波	二线	综合	一流学科	10	560	42	62527	2	2	579	66467	556	—	—	—	—	—
3175	北京印刷学院	北京	北京	一线	工科	公办	39	560	42	62527	36	36	587	57472	564	36	36	538	64379	546
3880	南京工程学院	江苏	南京	一线	工科	保研资格	13	560	42	62527	12	12	576	69982	553	11	11	525	79803	545
5400	兰州理工大学(较高收费)	甘肃	兰州	三线	工科	保研资格	10	560	42	61408	10	10	581	64188	558	5	5	524	78652	558
1715	沈阳理工大学	辽宁	沈阳	二线	工科	保研资格	53	559	41	63644	56	56	581	64188	558	56	56	521	83314	542
2520	西安工程大学	陕西	西安	新一线	工科	保研资格	162	559	41	63644	154	163	594	50132	571	125	131	554	48470	573
2810	安徽工业大学	安徽	马鞍山	三线	工科	保研资格	84	559	41	63644	73	77	584	61893	560	77	77	547	71851	552
3545	江西中医药大学	江西	南昌	二线	医药	保研资格	79	559	41	63644	72	72	583	57472	564	70	70	531	55105	566
4300	沈阳工业大学	辽宁	沈阳	二线	工科	公办	12	559	41	63644	14	15	587	57472	564	17	17	538	56118	565
2810	西北师范大学	甘肃	兰州	三线	师范	保研资格	40	559	41	63644	32	32	585	59698	562	31	31	546	64379	558
6080	河南财经政法大学	河南	郑州	新一线	财经	保研资格	1435	559	41	63644	1515	1545	585	60827	562	1213	1262	538	62311	561
6823	浙江外国语学院	浙江	杭州	新一线	语言	保研资格	140	558	40	64821	133	133	575	71135	552	105	105	540	62311	560
2250	天津城市大学(较高收费)	天津	天津	新一线	综合	保研资格	5	558	40	64821	5	5	578	67627	555	—	—	553	107111	—
2295	南华大学	湖南	衡阳	三线	综合	保研资格	99	558	40	64821	102	110	589	55355	566	77	77	502	49387	524
2800	中南林业科技大学	湖南	长沙	新一线	林业	保研资格	109	558	40	64821	105	105	589	55355	566	101	101	553	56118	572
4575	武汉纺织大学	湖北	武汉	新一线	工科	公办	104	557	39	66016	80	93	579	66467	555	90	98	549	53206	568
2300	长沙理工大学	湖南	长沙	新一线	工科	保研资格	10	557	39	66016	8	8	589	55355	566	4	4	541	61214	524
2435	江西理工大学	江西	赣州	新一线	工科	保研资格	136	557	39	66016	132	132	608	36876	585	134	149	545	57178	564
2620	成都中医药大学	四川	成都	新一线	医药	一流学科	28	557	39	66016	18	18	581	64188	558	20	20	563	40404	581
2655	湖北中医药大学	湖北	武汉	新一线	医药	保研资格	61	557	39	66016	62	62	589	55355	566	62	62	541	61214	561
3310	华北理工大学	河北	唐山	三线	综合	保研资格	168	557	39	66016	136	136	589	55355	566	121	121	545	57178	564
4010	浙江科技学院	浙江	杭州	新一线	工科	公办	137	557	39	66016	103	103	579	66467	556	—	—	—	—	—

第三章 2019-2021年河南省普通高校招生平行投档信息统计

续表

院校基本信息·本科一批（理科）

院校代码	院校名称	所在区域	所在地	城市分类	院校类型	院校分类	2021年投档情况 招生计划	投档线	线差	位次	2020年投档情况 招生计划	实际投档	投档线	位次	2021年同位次分数	2019年投档情况 招生计划	实际投档	投档线	位次	2021年同位次分数
4525	江汉大学	湖北	武汉	新一线	综合	公办	132	557	39	66016	75	89	564	84489	541	—	—	—	—	—
5400	兰州理工大学	甘肃	兰州	二线	工科	保研资格	131	557	39	66016	129	133	579	66467	556	134	139	529	74158	550
1640	石家庄铁道大学（较高收费）	河北	石家庄	二线	工科	保研资格	10	556	38	67119	10	10	583	61893	560	10	10	525	78652	546
3240	天津商业大学	天津	天津	新一线	财经	保研资格	370	556	38	67119	359	359	579	66467	556	335	335	522	82193	543
4030	浙江中医药大学	浙江	杭州	一线	医药	保研资格	70	556	38	67119	70	70	595	49113	572	70	70	552	50338	571
4415	山东建筑大学	山东	济南	二线	工科	保研资格	54	555	37	68314	58	58	583	61893	560	57	57	540	62311	560
1805	上海对外经贸大学	上海	上海	一线	财经	保研资格	52	555	37	68314	52	57	617	29485	595	38	38	583	25787	600
4125	安徽建筑大学	安徽	合肥	二线	工科	保研资格	95	555	37	68314	100	100	574	72367	551	96	96	521	83314	542
4420	齐鲁工业大学	山东	济南	二线	工科	保研资格	12	555	37	68314	12	12	575	71135	552	12	12	519	85649	540
4690	吉首大学	湖南	湘西	五线	综合	公办	19	554	36	69571	22	22	599	45122	576	22	22	525	78652	546
2400	北京建筑大学	北京	北京	一线	工科	公办	216	554	36	69571	220	220	564	84489	541	89	89	543	43018	579
2625	新疆医科大学	新疆	乌鲁木齐	二线	医药	保研资格	6	554	36	69571	4	4	581	64188	558	4	4	541	59191	563
3690	吉林财经大学	吉林	长春	二线	财经	保研资格	2	554	36	69571	2	2	574	72367	551	4	4	532	70806	552
4700	湖南农业大学（较高收费）	湖南	长沙	新一线	农业	保研资格	5	554	36	69571	—	—	—	—	—	—	—	—	—	—
5455	甘肃政法大学	甘肃	兰州	二线	政法	公办	11	553	35	70771	13	14	565	83217	539	—	—	—	—	—
0015	上海应用技术大学	上海	上海	一线	工科	公办	42	553	35	70771	41	41	562	87025	542	236	238	554	48470	573
3815	上海体育学院	上海	上海	一线	体育	一流学科	234	553	35	70771	244	246	590	54281	567	11	11	529	74158	550
4040	湖州师范学院	浙江	湖州	三线	师范	公办	15	553	35	70771	17	17	574	72367	551	63	63	523	75906	548
4700	湖南农业大学	湖南	长沙	新一线	农业	保研资格	57	553	35	70771	54	54	571	75906	548	11	11	501	108397	523
5420	甘肃中医药大学	甘肃	兰州	二线	医药	保研资格	11	553	35	70771	11	11	578	67627	555	7	7	541	61214	561
6030	河南师范大学	河南	新乡	三线	师范	保研资格	2856	553	35	70771	2181	2246	576	69982	553	2801	2913	527	76393	548
6603	浙大宁波理工学院	浙江	宁波	新一线	工科	公办	154	553	35	70771	165	165	575	71135	552	136	136	529	74158	550
1385	东北林业大学（较高收费）	黑龙江	哈尔滨	二线	林业	原211 一流学科	60	552	34	71998	60	60	547	106820	525	60	60	539	63318	559
2545	河北工程大学	河北	邯郸	三线	工科	保研资格	35	552	34	71998	40	40	585	59698	562	40	40	545	57178	564

· 337 ·

院校基本信息·本科一批（理科）

院校代码	院校名称	所在区域	所在地	城市分类	院校类型	院校分类	招生计划	2021年投档情况 投档线	线差	位次	2020年投档情况 招生计划	实际投档	投档线	位次	2021年同位次分数	2019年投档情况 招生计划	实际投档	投档线	位次	2021年同位次分数
3815	上海应用技术大学（较高收费）	上海	上海	一线	工科	公办	26	552	34	71998	23	23	570	77140	547	—	—	546	56118	—
3890	苏州科技大学（较高收费）	江苏	苏州	新一线	工科	公办	7	552	34	71998	7	7	576	69982	553	4	4	565	78652	565
5010	海南师范大学	海南	海口	三线	师范	公办	104	552	34	71998	98	98	573	73543	550	80	80	525	88095	546
6009	河南大学（中外合作办学）	河南	开封	四线	综合	一流学科	773	551	33	71998	780	796	564	84489	541	1024	1044	517	69714	539
3200	天津科技大学（较高收费）	天津	天津	新一线	工科	保研资格	22	552	34	73198	18	18	584	60827	561	20	20	533	94355	553
3280	河北科技大学（较高收费）	河北	石家庄	二线	工科	保研资格	15	551	33	73198	3	3	573	73543	550	—	—	512	44724	534
1189	西安外国语大学（较高收费）	陕西	西安	新一线	语言	保研资格	129	551	33	74466	115	115	547	106820	525	108	108	559	43868	577
2110	西安建筑科技大学	陕西	西安	新一线	工科	保研资格	4	550	32	74466	2	2	578	67627	555	2	2	578	43868	578
2285	河北科技大学（较高收费）	河北	石家庄	二线	工科	保研资格	94	550	32	74466	79	79	571	75906	548	74	74	512	94355	534
2580	安徽理工大学（较高收费）	安徽	淮南	四线	工科	保研资格	4	550	32	74466	4	4	571	75906	548	2	2	524	79803	545
2880	常州大学（较高收费）	江苏	常州	二线	工科	保研资格	5	550	32	74466	2	2	573	73543	550	—	—	—	—	—
3035	中国劳动关系学院	北京	北京	一线	财经	公办	2	550	32	74466	—	—	—	85729	540	—	—	—	79803	545
4770	湖南理工学院	湖南	岳阳	三线	工科	公办	16	550	32	74466	3	5	563	85729	540	16	16	510	96807	532
5105	四川轻化工大学	四川	自贡	五线	工科	公办	16	549	31	75663	16	16	569	78357	546	16	16	510	96807	532
4305	赣南师范大学	江西	赣州	三线	师范	公办	36	549	31	75663	34	34	566	82003	543	22	22	514	91816	536
2900	太原师范大学	山西	太原	二线	师范	公办	82	548	30	76893	82	82	572	74766	549	82	82	528	75279	549
3690	吉林财经大学	吉林	长春	二线	财经	保研资格	67	548	30	76893	54	55	584	60827	561	51	51	543	59191	563
5310	南昌工程学院	江西	南昌	二线	工科	公办	10	548	30	76893	—	—	—	67627	555	—	—	—	75279	549
4345	南京理工大学	江苏	南京	一线	工科	保研资格	62	547	29	78166	62	62	578	67627	555	62	62	535	67572	555
6095	华北水利水电大学（少数民族）	河南	郑州	新一线	民族	保研资格	69	547	29	78166	54	54	592	52176	578	43	43	545	57178	564
6095	中南民族大学	湖北	武汉	新一线	民族	保研资格	2527	547	29	78166	2543	2619	571	75906	548	2975	3094	529	74158	550
1103	华北水利水电大学（少数民族）	河南	郑州	新一线	民族	保研资格	98	546	28	79430	110	110	571	75906	548	106	106	539	63318	559
2895	武汉工程大学（较高收费）	湖北	武汉	新一线	工科	保研资格	15	546	28	79430	15	15	549	104116	526	15	15	548	54135	567
4025	浙江农林大学（较高收费）	浙江	杭州	新一线	林业	公办	4	546	28	79430	2	2	570	77140	547	6	6	507	100680	529
6085	河南科技大学（较高收费）	河南	洛阳	三线	综合	保研资格	3283	546	28	79430	3236	3365	576	69982	553	3495	3740	531	71851	552
0120	中国人民警察大学	河北	廊坊	三线	政法	公办	22	545	27	80734	28	28	567	80773	544	22	16	503	105793	525

· 338 ·

第三章 2019—2021年河南省普通高校招生平行投档信息统计

续表

院校代码	院校名称	所在区域	所在地	城市分类	院校类型	院校分类	2021年招生计划	2021投档线	线差	位次	2020招生计划	2020实际投档	2020投档线	位次	2021年同位次分数	2019招生计划	2019实际投档	2019投档线	位次	2021年同位次分数
2505	南京林业大学(较高收费)	江苏	南京	新一线	林业	一流学科	4	545	27	80734	4	4	590	54281	567	4	4	552	50338	571
2635	大连医科大学	辽宁	大连	二线	医药	保研资格	39	545	27	80734	39	39	612	33477	589	39	39	592	20281	608
4195	福建农林大学	福建	福州	二线	农业	保研资格	45	545	27	80734	26	26	562	87025	539	27	27	549	53206	568
4930	广西理工大学(较高收费)	广西	桂林	二线	工科	保研资格	125	545	27	80734	81	81	558	92191	535	—	—	—	—	—
5035	重庆理工大学(较高收费)	重庆	重庆	二线	工科	公办	30	545	27	80734	—	—	—	—	—	—	—	—	—	—
6105	河南工业大学(较高收费)	河南	郑州	新一线	工科	保研资格	1703	545	27	80334	2745	2827	570	77140	547	2718	2827	525	78652	546
2100	西安建筑科技大学(较高收费)	陕西	西安	新一线	工科	保研资格	8	544	26	81978	6	6	596	48117	573	9	—	553	49387	572
2815	安徽医科大学(较高收费)	安徽	合肥	二线	医药	保研资格	1	544	26	81978	—	—	—	—	—	—	—	—	—	—
4310	江西科技师范大学(较高收费)	江西	南昌	二线	师范	公办	15	544	26	81978	21	35	562	87025	539	15	29	502	107111	524
5135	西华师范大学	四川	南充	三线	师范	保研资格	54	544	26	81978	24	24	563	85729	540	18	18	504	104489	526
2610	黑龙江中医药大学	黑龙江	哈尔滨	二线	医药	保研资格	88	543	25	83173	86	86	567	80773	544	86	84	520	107111	524
3665	长春中医药大学	吉林	长春	二线	医药	保研资格	43	543	25	83173	43	45	582	63035	559	38	98	542	60165	541
6014	河南科技大学(迈阿密学院)	河南	开封	四线	综合	一流学科	172	542	24	84384	170	175	590	54281	567	6	6	546	56118	565
2865	重庆交通大学(较高收费)	重庆	重庆	四线	工科	保研资格	8	541	23	85633	8	8	—	—	—	—	—	—	—	—
1635	燕山大学(其他单列)	河北	秦皇岛	三线	工科	保研资格	5	541	23	85633	7	12	—	—	—	—	—	—	—	—
2350	大连民族大学	辽宁	大连	二线	民族	公办	18	541	23	85633	27	28	550	110870	522	6	6	542	60165	562
4090	安徽农业大学	安徽	合肥	二线	农业	保研资格	52	541	23	85633	—	—	—	—	527	—	—	—	—	—
6020	新乡医学院	河南	新乡	三线	医药	公办	2261	541	23	85633	2082	2228	577	68843	554	2002	2162	535	67572	555
6110	郑州轻工业大学	河南	郑州	新一线	工科	公办	1610	541	23	85633	1885	1979	561	75906	548	1642	1757	514	91816	536
7113	上海健康医学院	上海	上海	一线	医药	公办	80	541	23	85633	80	80	571	74766	549	60	60	521	83314	542
3725	哈尔滨商业大学	黑龙江	哈尔滨	二线	财经	公办	123	540	22	86942	124	124	572	83217	542	140	140	531	71851	552
6065	信阳师范学院	河南	信阳	四线	师范	中外合作	795	540	22	86942	410	418	565	101503	528	180	180	516	89282	538
2345	宁波诺丁汉大学	浙江	宁波	二线	综合	中外合作	36	539	21	88238	36	36	551	82003	543	31	31	539	63318	559
4385	辽宁石油化工大学	辽宁	抚顺	四线	工科	保研资格	147	539	21	88238	137	137	566	104116	526	132	132	513	93105	535
2790	山东农业大学	山东	泰安	四线	农业	保研资格	161	539	21	88238	72	72	549	110870	—	16	16	—	—	—
1745	长春理工大学(较高收费)	吉林	长春	二线	工科	保研资格	41	538	20	89520	41	23	544	110870	522	—	—	544	58177	563

续表

院校代码	院校名称	所在区域	所在地	城市分类	院校类型	院校分类	2021年投档情况				2020年投档情况				2021年同位次分数	2019年投档情况				2021年同位次分数
							招生计划	投档线	线差	位次	招生计划	实际投档	投档线	位次		招生计划	实际投档	投档线	位次	

院校基本信息·本科一批(理科)

院校代码	院校名称	所在区域	所在地	城市分类	院校类型	院校分类	招生计划	投档线	线差	位次	招生计划	实际投档	投档线	位次	2021同位次分数	招生计划	实际投档	投档线	位次	2021同位次分数
2095	陕西科技大学(较高收费)	陕西	西安	新一线	工科	保研资格	18	538	20	89520	15	20	557	93476	534	12	12	518	86875	540
4205	福建师范大学(较高收费)	福建	福州	二线	师范	保研资格	33	538	20	89520	18	18	572	74766	549	13	13	524	79803	545
1695	辽宁工程技术大学	辽宁	阜新	五线	工科	保研资格	203	537	19	90783	183	183	569	78357	546	183	183	533	69714	553
3460	内蒙古科技大学	内蒙古	包头	四线	综合	公办	20	537	19	90783	20	20	558	92191	524	—	—	502	107111	524
6035	洛阳师范学院	河南	洛阳	四线	师范	公办	58	536	18	92075	—	—	—	—	—	—	—	—	—	—
6100	河南理工大学	河南	焦作	三线	工科	保研资格	4750	536	18	92075	4975	5124	596	90901	536	5131	5306	515	90542	537
1860	上海师范大学(较高收费)	上海	上海	一线	综合	一流学科	14	535	17	93448	14	14	604	40404	581	12	12	540	40404	581
2390	南京信息工程大学(较高收费)	江苏	南京	二线	工科	一流学科	37	535	17	93448	37	37	596	48117	573	37	37	563	47516	574
3060	中国民用航空飞行学院	四川	德阳	四线	工科	公办	167	535	17	93448	125	140	544	110870	522	104	104	530	73020	560
6075	南阳理工学院	河南	南阳	三线	工科	公办	10	535	17	93448	30	20	557	110870	522	25	25	512	62311	551
4555	湖北汽车工业学院	湖北	十堰	四线	工科	保研资格	40	535	17	93448	40	40	544	93476	534	38	38	534	94355	534
2210	湖北大学(较高收费)	湖北	武汉	新一线	综合	保研资格	13	534	16	94763	—	—	—	—	—	17	17	512	94355	534
6007	河南大学(与开封大学联合办学)(就读地点:开封大学)	河南	开封	四线	综合	一流学科	60	534	16	94763	60	60	555	96089	533	60	60	510	96807	532
6070	南阳师范学院	河南	南阳	三线	师范	公办	308	534	16	94763	187	196	556	94834	533	60	63	508	99361	530
2275	青岛科技大学(较高收费)	山东	青岛	新一线	工科	保研资格	19	533	15	96108	19	19	561	88293	538	19	19	520	84432	541
4200	北方民族大学	宁夏	银川	二线	民族	公办	107	533	15	96108	83	83	545	109540	523	81	81	551	51294	570
4735	福建医科大学	福建	福州	二线	医药	公办	4	533	15	96108	25	25	593	51170	570	—	—	570	—	570
6015	河南中医药大学	河南	洛阳	三线	医药	保研资格	60	533	15	96108	10	10	556	94834	533	—	—	—	—	—
2290	中国计量大学	浙江	杭州	新一线	工科	保研资格	73	532	14	97392	72	72	613	32658	591	70	70	572	33407	590
2815	安徽医科大学	安徽	合肥	二线	医药	保研资格	14	532	14	97392	6	6	637	16139	616	6	6	600	16048	616
3860	江苏海洋大学	江苏	连云港	三线	工科	保研资格	18	532	14	97392	—	—	—	—	—	—	—	—	—	—
4370	山东理工大学	山东	淄博	三线	工科	保研资格	62	532	14	97392	62	62	592	52176	569	60	60	554	48470	573
6005	河南大学(医护类)	河南	开封	四线	综合	一流学科	139	532	14	97392	87	82	544	110870	522	—	—	—	—	—
2230	天津财经大学	天津	天津	新一线	财经	保研资格	61	531	13	98686	77	79	610	35130	587	80	80	573	32636	591

续表

第三章 2019—2021年河南省普通高校招生平行投档信息统计

院校代码	院校名称	所在区域	所在地	城市分类	院校类型	院校分类	保研资格	招生计划	投档线	线差	位次	招生计划	实际投档	投档线	位次	2021年同位次分数	招生计划	实际投档	投档线	位次	2021年同位次分数
									2021年投档情况			2020年投档情况					2019年投档情况				
4010	浙江科技学院（较高收费）	浙江	杭州	新一线	工科	公办		10	531	13	98686	5	5	561	88293	538	5	5	535	67572	555
6125	平顶山学院	河南	平顶山	四线	师范	公办		60	531	13	98686	—	—	—	—	—	—	—	—	—	—
1715	沈阳药科大学（较高收费）	辽宁	沈阳	新一线	医药	保研资格		3	530	12	99984	77	91	600	44162	577	73	82	559	43868	578
2425	湖北科技学院（较高收费）	湖北	湘潭	四线	综合	保研资格		85	530	12	99984	85	91	589	55355	566	5	11	547	55105	566
4550	湖北工业大学（较高收费）	湖北	武汉	新一线	工科	保研资格		25	530	12	99984	35	21	545	109540	523	85	89	513	93105	535
5595	上海电机学院	上海	上海	一线	工科	公办		85	530	12	99984	91	91	589	55355	566	73	82	547	55105	566
1710	沈阳农业大学	辽宁	沈阳	新一线	农业	保研资格		166	529	11	101319	166	189	611	34290	588	156	161	580	27764	597
2925	上海立信会计金融学院	上海	上海	一线	财经	公办		105	529	11	101319	38	38	559	90901	536	38	38	513	93105	535
6015	河南中医药大学	河南	郑州	新一线	医药	保研资格		2526	528	11	101319	2526	2703	559	34290	567	2500	2725	580	27764	566
2440	长江大学	湖北	荆州	三线	综合	保研资格		196	528	10	102673	206	216	590	54281	536	218	229	547	55105	566
4890	北京师范大学—香港浸会大学联合国际学院	广东	珠海	二线	综合	内港合作		40	527	10	102673	37	37	546	108151	524	33	33	547	55105	566
2385	安徽财经大学	安徽	蚌埠	三线	财经	保研资格		2	527	9	104040	—	—	—	—	—	10	10	535	67572	555
3550	沈阳航空航天大学（较高收费）	辽宁	沈阳	新一线	工科	保研资格		30	527	9	104040	40	40	564	84489	541	240	207	502	107111	524
6008	河南大学（与濮阳市联办濮阳工学院）	河南	濮阳	五线	综合	一流学科		280	527	9	104040	240	252	548	105494	525	240	207	506	101963	528
6010	河南农业大学	河南	郑州	新一线	农业	保研资格		4058	526	9	105431	4096	4424	552	100103	529	4017	4419	506	101963	528
4055	杭州师范大学	浙江	杭州	新一线	师范	保研资格		8	526	8	105431	—	—	—	—	—	1541	1695	508	99361	530
6115	中原工学院	河南	郑州	新一线	工科	公办		1852	526	8	105431	1571	1720	552	100103	529	1541	1695	508	99361	530
2515	西南石油大学（较高收费）	四川	成都	新一线	工科	一流学科		9	525	7	106846	—	—	—	—	—	—	—	—	—	—
6090	郑州航空工业管理学院	河南	郑州	新一线	工科	公办		2520	524	7	106846	2738	2902	549	104116	526	2433	2530	504	104489	526
1140	华中科技大学（其他单列）	湖北	武汉	新一线	综合	原985一流大学A类		47	524	6	108202	—	—	—	—	—	14	16	514	91816	536
2350	大连民族大学（少数民族）	辽宁	大连	二线	民族	公办		34	524	6	108202	17	17	559	90901	536	14	16	514	91816	536
2935	辽宁科技大学	辽宁	鞍山	三线	工科	公办		33	524	6	108202	34	34	580	65365	557	34	39	545	57178	564
6080	河南财经政法大学（其他单列）	河南	郑州	新一线	财经	公办		200	524	6	108202	26	16	—	—	—	29	12	—	—	—
6931	北京理工大学珠海学院	广东	珠海	二线	综合	民办		4	524	6	108202	4	4	587	109540	523	8	8	542	107111	524
2780	山东科技大学政法学院（较高收费）	山东	济南	二线	综合	保研资格		10	523	5	109592	—	—	545	57472	564	8	8	542	60165	562

· 341 ·

院校基本信息·本科一批（理科）续表

院校代码	院校名称	所在区域	所在地	城市分类	院校类型	院校分类	2021年招生计划	2021年投档线	2021年线差	2021年位次	2020年招生计划	2020年实际投档	2020年投档线	2020年位次	2021年同位次分数	2019年招生计划	2019年实际投档	2019年投档线	2019年位次	2021年同位次分数
4800	广东以色列理工学院	广东	汕头	三线	工科	中外合作	8	523	5	109592	8	6	580	65365	557	6	6	560	43018	579
6010	河南农业大学（较高收费）	河南	郑州	新一线	农业	保研资格	240	523	5	109592	—	—	—	—	—	—	—	—	—	—
6025	河南科技学院	河南	新乡	三线	师范	公办	815	523	5	109592	711	739	547	106820	525	196	204	502	107111	524
2355	四川农业大学（较高收费）	四川	雅安	五线	农业	原211	16	522	4	111038	—	—	—	—	—	—	—	—	—	—
2360	温州肯恩大学	浙江	温州	二线	综合	中外合作	23	522	4	111038	31	6	550	102795	527	29	29	538	64379	558
5230	昆明理工大学（较高收费）	云南	昆明	二线	工科	保研资格	10	522	4	111038	—	—	—	—	—	—	—	—	—	—
6085	河南科技大学（医护类）	河南	洛阳	三线	综合	保研资格	175	522	4	111038	227	186	544	110870	522	217	199	502	107111	524
6105	河南工业大学（较高收费）	河南	郑州	新一线	工科	保研资格	1270	522	4	111038	—	—	—	—	—	—	—	—	—	—
6165	新乡学院	河南	新乡	三线	综合	公办	61	522	4	111038	30	14	544	110870	522	—	—	—	—	—
2410	青岛农业大学	山东	青岛	新一线	农业	保研资格	73	521	3	112446	73	73	601	43222	578	72	72	564	39606	582
3110	塔里木大学	新疆	阿拉尔	—	综合	公办	15	521	3	112446	—	—	—	—	—	—	—	—	—	—
1255	东北大学（农林矿）	辽宁	沈阳	新一线	工科	原985 一流大学B类	95	520	2	113880	—	—	—	—	—	—	—	—	—	—
1760	东北农业大学（其他单列）	黑龙江	哈尔滨	二线	农业	一流学科	10	520	2	113880	—	—	—	—	—	—	—	—	—	—
1915	江西财经大学	江西	南昌	二线	财经	保研资格	56	520	2	113880	56	59	613	32658	591	56	62	574	31945	591
6100	河南理工大学（较高收费）	河南	焦作	四线	工科	保研资格	450	520	2	113880	—	—	—	—	—	—	—	—	—	—
6150	黄淮学院	河南	驻马店	三线	师范	公办	30	520	2	113880	—	—	—	—	—	—	—	—	—	—
2250	天津外国语大学（其他单列）	天津	天津	新一线	语言	公办	6	519	1	113880	—	—	—	—	—	—	—	—	—	—
6120	河南城建学院	河南	平顶山	四线	工科	公办	742	519	1	115307	617	615	544	110870	522	284	298	502	107111	524
6130	黄河科技学院	河南	郑州	新一线	工科	民办	96	519	1	115307	—	—	—	—	—	—	—	—	—	—
1635	燕山大学	河北	秦皇岛	三线	工科	保研资格	10	518	0	116712	187	187	570	77140	547	186	186	527	76393	548
2375	东北石油大学	黑龙江	大庆	三线	工科	保研资格	294	518	0	116712	10	10	564	84489	541	11	11	519	85649	540
2440	长江大学（较高收费）	湖北	荆州	三线	综合	保研资格	12	518	0	116712	86	86	590	54281	567	86	86	551	51294	570
2540	河北地质大学	河北	石家庄	二线	工科	公办	86	518	0	116712	120	120	595	49113	572	135	135	554	48470	573
2880	常州大学	江苏	常州	三线	工科	公办	132	518	0	116712	—	—	—	—	—	—	—	—	—	—

第三章 2019-2021年河南省普通高校招生平行投档信息统计

续表

本科一批（理科）

院校代码	院校名称	所在区域	所在地	城市分类	院校类型	院校分类	2021年投档情况					2020年投档情况				2021年同位次分数	2019年投档情况				2021年同位次分数
							招生计划	投档线	线差	位次	招生计划	实际投档	投档线	位次		招生计划	实际投档	投档线	位次	
4275	东华理工大学	江西	南昌	二线	工科	公办	77	518	0	116712	69	74	592	52176	569	73	77	549	53206	568
6080	河南财经政法大学（中外合作办学）	河南	郑州	新一线	财经	公办	1165	518	0	116712	760	783	555	96089	533	330	343	515	90542	537
6102	河南理工大学（中外合作办学）	河南	焦作	四线	工科	保研资格	360	518	0	116712	—	—	—	—	—	—	—	—	—	—
6116	中原工学院（中原彼得堡航空学院）	河南	郑州	新一线	工科	公办	60	518	0	116712	60	17	544	110870	522	63	8	502	107111	524
6117	中原工学院（软件类）	河南	郑州	新一线	工科	公办	727	518	0	116712	630	91	544	110870	522	630	170	502	107111	524
6135	安阳工学院	河南	安阳	四线	工科	公办	40	518	0	116712	—	—	—	—	—	—	—	—	—	—
6160	洛阳理工学院	河南	洛阳	三线	综合	公办	78	518	0	116712	—	—	—	—	—	—	—	—	—	—
6395	华北水利水电大学（乌拉尔学院）	河南	郑州	新一线	工科	保研资格	235	518	0	116712	225	141	544	110870	522	155	61	502	107111	524
6012	河南农业大学（中外合作办学）	河南	郑州	新一线	农业	保研资格	85	514	-4	122496	100	105	530	130372	508	350	158	482	134658	505
6396	河南科技大学（农林类）	河南	洛阳	三线	农业	保研资格	678	506	-12	134151	751	654	524	138907	502	857	332	482	134658	505
2935	辽宁科技大学（较高收费）	辽宁	鞍山	三线	工科	保研资格	3	—	—	—	—	—	—	—	—	—	—	—	—	—

第七节 2019—2021年河南省普通高校招生本科二批院校平行投档信息统计(理科)(见表3-7)
(表格说明详见本章第八节)

表 3-7 2019—2021年河南省普通高校招生本科二批院校平行投档信息统计(理科)

院校代码	院校名称	所在区域	所在地	城市分类	院校类型	院校分类	2021年投档情况 招生计划	投档线	线差	位次	2020年投档情况 招生计划	实际投档	投档线	位次	2021年同位次分数	2019年投档情况 招生计划	实际投档	投档线	位次	2021年同位次分数
5180	贵州医科大学	贵州	贵阳	二线	医药	保研资格	4	564	164	58092	6	6	558	92191	535	6	6	542	60165	562
5255	昆明医科大学	云南	昆明	二线	医药	保研资格	1	560	160	62527	1	1	574	72367	551	1	1	512	94355	534
4140	皖南医学院	安徽	芜湖	三线	医药	公办	8	558	158	64821	8	8	583	61893	560	8	8	538	64379	558
3275	河北医科大学	河北	石家庄	二线	医药	保研资格	13	554	154	69571	13	13	566	82003	543	13	13	516	89282	538
1390	北京中医药大学	北京	北京	一线	医药	原211一流学科	13	546	146	79430	14	20	560	89567	537	8	13	516	89282	538
2750	海南大学	海南	儋州	五线	综合	原211一流学科	48	546	146	79430	83	83	569	78357	546	65	65	522	82193	543
4450	潍坊医学院	山东	潍坊	三线	医药	公办	50	541	141	85633	50	50	540	116385	518	50	50	518	86875	540
2925	上海立信会计金融学院	上海	上海	一线	财经	公办	10	540	140	86942	60	62	572	74766	549	60	61	525	78652	546
5390	西安财经大学	陕西	西安	新一线	财经	公办	2	540	140	86942	2	2	564	84489	541	41	43	520	84432	541
0320	陆军工程大学	江苏	南京	新一线	综合	军校	5	538	138	89520	5	5	573	73543	550	5	5	543	59191	563
4885	广东警官学院	广东	广州	一线	政法	公办	2	538	138	89520	2	2	558	92191	535	2	2	514	91816	536
5035	重庆工程学院	重庆	重庆	二线	工科	公办	69	536	136	92075	83	84	567	85729	537	71	71	525	78652	546
2885	华东交通大学	江西	南昌	二线	工科	公办	11	535	135	93448	11	11	563	98716	530	6	6	543	99361	530
3395	长治医学院	山西	长治	四线	医药	保研资格	55	534	134	94763	55	55	553	85729	540	55	55	508	82193	543
4925	桂林电子科技大学	广西	桂林	三线	工科	保研资格	31	534	134	94763	41	45	560	89567	537	41	43	518	86875	540
2430	南昌航空大学(其他单列)	江西	南昌	二线	工科	保研资格	8	533	133	96108	8	8	560	89567	537	—	—	—	—	—
4050	温州大学	浙江	温州	二线	综合	公办	61	532	132	97392	73	73	556	94834	533	39	39	522	82193	543

· 344 ·

第三章 2019-2021年河南省普通高校招生平行投档信息统计

续表

院校代码	院校名称	所在区域	所在地	城市分类	院校类型	院校分类	2021年招生计划	2021投档线	线差	位次	2020招生计划	2020实际投档	2020投档线	2020位次	2021年同位次分数	2019招生计划	2019实际投档	2019投档线	2019位次	2021年同位次分数
3960	浙江传媒学院	浙江	杭州	新一线	语言	公办	48	531	131	98686	52	52	557	534	54	54	515	90542	537
5055	重庆师范大学	重庆	重庆	新一线	师范	保研资格	16	531	131	98686	14	14	558	535	14	14	522	83314	542
7501	上海第二工业大学	上海	上海	一线	工科	公办	44	530	130	99984	44	44	564	541	37	38	521	82193	543
5375	陕西中医药大学	陕西	西安	新一线	医药	公办	10	529	129	101319	8	8	561	538	19	19	513	109722	535
4165	淮北师范大学	安徽	淮北	五线	师范	公办	11	528	128	102673	14	16	549	526	10	11	500	109722	522
4590	武汉轻工大学	湖北	武汉	新一线	工科	公办	45	528	128	102673	45	51	555	533	45	54	520	93105	541
4565	湖北医药学院	湖北	十堰	四线	医药	公办	85	528	128	102673	77	81	556	533	74	74	521	84432	542
4830	广东医科大学	广东	东莞	新一线	医药	公办	8	528	128	102673	8	8	557	534	11	11	512	83314	541
5415	兰州交通大学	甘肃	兰州	二线	工科	保研资格	44	528	128	102673	69	71	555	533	66	68	509	98103	531
6088	河南科技大学（与三门峡市政府联办应用工程学院，就读地在三门峡市）（医护类）	河南	三门峡	五线	综合	保研资格	45	528	128	102673	40	40	552	529	40	40	508	99361	530
9940	四川美术学院	重庆	重庆	新一线	艺术	公办	3	528	128	102673	3	3	543	521	3	3	533	69714	553
2350	大连民族大学	辽宁	大连	二线	民族	公办	5	527	127	104040	18	18	550	527	18	18	503	105793	525
3020	西南民族大学	四川	成都	新一线	民族	保研资格	16	527	127	104040	26	26	552	529	29	29	515	90542	537
2890	北京工商大学	北京	北京	一线	财经	保研资格	53	527	127	104040	48	48	560	537	42	42	517	88095	539
3930	江苏师范大学	江苏	徐州	二线	师范	保研资格	53	527	127	104040	48	48	548	525	4	4	503	105793	525
3945	江苏警官学院	江苏	南京	新一线	政法	公办	6	527	127	104040	3	3	548	525	4	4	503	105793	525
5605	上海商学院	上海	上海	一线	财经	公办	28	527	127	104040	29	29	558	535	29	30	523	81012	544
4150	安庆师范大学	安徽	安庆	三线	师范	公办	26	526	126	105431	11	11	560	537	18	18	516	89282	538
2550	重庆工商大学	重庆	重庆	新一线	综合	公办	26	526	126	105431	23	25	553	530	34	34	497	113728	520
5240	云南师范大学	云南	昆明	二线	师范	保研资格	5	526	126	105431	8	8	548	525	5	5	497	113728	520
7205	湖南第一师范学院	湖南	长沙	新一线	师范	公办	18	526	126	105431	5	5	557	534	12	12	510	96807	532
2870	天津职业技术师范大学	天津	天津	新一线	师范	公办	7	526	126	105431	31	31	556	533	31	31	503	105793	525
5105	四川轻化工大学	四川	自贡	三线	工科	公办	31	525	125	106846	30	30	546	524	30	30	496	115107	519
5410	西北师范大学（其他单列）	甘肃	兰州	二线	师范	保研资格	3	525	125	106846	4	4	547	525	4	4	506	101963	528
5858	浙江外国语学院	浙江	杭州	新一线	语言	公办	33	525	125	106846	36	36	557	534	35	35	513	93105	535

续表

院校基本信息·本科二批(理科)

院校代码	院校名称	所在区域	所在地	城市分类	院校类型	院校分类	2021年投档情况 招生计划	投档线	线差	位次	2020年投档情况 招生计划	实际投档	投档线	位次	2021年同位次分数	2019年投档情况 招生计划	实际投档	投档线	位次	2021年同位次分数
2630	山西医科大学(异地校区)	山西	吕梁	四线	医药	保研资格	25	524	124	108202	25	25	552	100103	529	—	—	514	91816	536
4365	烟台大学	山东	烟台	二线	综合	公办	44	524	124	108202	44	44	553	98716	530	44	44	503	105793	525
5190	遵义医科大学	贵州	遵义	三线	医药	公办	3	524	124	108202	3	3	551	101503	528	5	5	503	105793	525
7252	成都工业学院	四川	成都	新一线	工科	公办	20	524	124	108202	35	35	549	101503	526	26	26	504	104489	526
2435	江西理工大学	江西	南昌	二线	工科	保研资格	20	523	123	108202	21	21	551	101503	528	42	42	505	103209	527
3285	河北经贸大学	河北	石家庄	二线	财经	保研资格	26	523	123	108202	25	25	558	92191	535	27	27	512	90542	537
3490	大连大学	辽宁	大连	二线	综合	公办	80	523	123	109592	57	57	551	101503	528	61	61	515	94355	534
4375	山东政法学院	山东	济南	二线	政法	公办	18	523	123	109592	18	18	548	105494	525	23	23	505	103209	527
4390	山东中医药大学	山东	济南	二线	医药	保研资格	7	523	123	109592	6	6	556	94834	533	7	7	523	81012	544
4915	广西师范大学	广西	桂林	三线	师范	保研资格	29	523	123	109592	30	30	549	101503	526	20	20	517	88095	539
4930	桂林理工大学	广西	桂林	三线	工科	保研资格	4	522	122	109592	32	32	543	112214	521	14	14	507	100680	529
3265	河北中医学院	河北	石家庄	二线	医药	保研资格	23	522	122	111038	11	11	553	98716	530	12	12	508	99361	530
3865	江苏第二师范学院	江苏	南京	新一线	师范	公办	59	522	122	111038	49	49	543	112214	521	77	77	498	112391	521
4105	合肥学院	安徽	合肥	二线	工科	公办	28	522	122	111038	28	31	546	108151	524	28	28	502	107111	524
4135	安徽中医药大学	安徽	合肥	二线	医药	保研资格	24	522	122	111038	32	32	551	101503	528	49	49	498	112391	521
4950	广西中医药大学(较高收费)	广西	南宁	二线	医药	保研资格	1	522	121	111038	1	1	510	158828	489	1	1	458	170400	481
2025	重庆医科大学	重庆	重庆	新一线	医药	保研资格	2	521	121	112446	37	41	559	90901	536	40	42	538	64379	558
2555	大连交通大学	辽宁	大连	二线	工科	公办	24	521	121	112446	24	24	551	101503	528	27	27	504	104489	526
2650	广西医科大学	广西	南宁	二线	医药	保研资格	10	521	121	112446	10	10	547	106820	525	10	10	504	104489	526
3550	沈阳航空航天大学	辽宁	沈阳	二线	工科	公办	16	521	121	112446	16	16	550	102795	527	16	16	505	103209	527
4595	湖北师范大学	湖北	黄石	四线	师范	公办	72	521	121	112446	68	68	549	104116	526	72	72	500	109722	523
4615	湖北经济学院	湖北	武汉	新一线	财经	公办	15	521	121	112446	17	17	548	105494	525	10	10	501	108397	523
4870	广东技术师范大学	广东	广州	一线	师范	公办	40	521	121	112446	34	32	550	102795	527	32	32	513	93105	535
4945	桂林医学院	广西	桂林	三线	医药	公办	20	521	121	112446	18	18	554	97420	531	61	64	518	86875	540
5570	厦门理工学院	福建	厦门	二线	工科	公办	93	521	121	112446	67	67	550	102795	527	67	67	501	108397	523
5655	重庆科技学院	重庆	重庆	新一线	工科	公办	72	521	121	112446	72	72	544	110870	522					

第三章 2019-2021年河南省普通高校招生平行投档信息统计

续表

院校代码	院校名称	所在区域	所在地	城市分类	院校类型	院校分类	招生计划	投档线	线差	位次	招生计划	实际投档	投档线	位次	2021年同位次分数	招生计划	实际投档	投档线	位次	2021年同位次分数
								2021年投档情况					2020年投档情况					2019年投档情况		
7307	甘肃医学院	甘肃	平凉	五线	医药	公办	13	521	121	112446	8	8	551	101503	528	8	8	505	103209	527
3035	中国劳动关系学院	北京	北京	一线	财经	公办	34	520	120	113880	33	34	549	104116	526	35	35	505	103209	527
3860	江苏海洋大学	江苏	连云港	三线	工科	公办	42	520	120	113880	68	68	544	110870	522	63	63	499	111061	521
3920	南京晓庄学院	江苏	南京	二线	师范	公办	49	520	120	113880	47	47	543	112214	521	36	36	502	107111	524
4480	鲁东大学	山东	烟台	二线	综合	公办	37	520	120	113880	37	37	549	104116	526	35	35	506	101963	528
5185	贵州中医药大学	贵州	贵阳	二线	医药	保研资格	14	520	120	113880	16	16	549	104116	526	14	14	472	149279	495
7204	湖南医药学院	湖南	怀化	四线	医药	公办	6	520	120	113880	6	6	556	94834	533	6	8	504	104489	526
7208	湖南财政经济学院	湖南	长沙	新一线	财经	公办	15	520	120	113880	16	16	549	104116	526	16	16	502	107111	524
8857	武汉商学院	湖北	武汉	新一线	财经	公办	9	520	120	113880	19	19	545	109540	523	30	30	502	107111	524
2900	太原科技大学	山西	太原	二线	工科	保研资格	82	519	119	115307	88	88	550	102795	527	101	106	502	101963	528
3100	中华女子学院	北京	北京	一线	语言	公办	20	519	119	115307	20	20	546	108151	524	33	36	502	107111	524
3165	北京石油化工学院	北京	北京	一线	工科	公办	51	519	119	115307	52	52	551	101503	528	49	49	513	93105	535
3370	山西师范大学	山西	临汾	四线	师范	保研资格	14	519	119	115307	14	14	543	112214	521	28	28	498	112391	521
3520	辽宁师范大学	辽宁	大连	二线	师范	保研资格	70	519	119	115307	68	68	523	140403	501	70	70	511	95599	533
4300	江西中医药大学	江西	南昌	二线	医药	公办	11	519	119	115307	13	14	543	112214	521	19	19	501	108397	523
4790	长沙学院	湖南	长沙	新一线	工科	公办	28	519	119	115307	29	33	545	109540	523	17	17	494	117785	517
5345	陕西理工大学	陕西	汉中	五线	工科	公办	27	519	119	115307	27	27	549	104116	526	25	25	506	101963	528
5450	兰州财经大学	甘肃	兰州	二线	财经	公办	38	519	119	115307	40	40	545	109540	523	34	34	493	119172	516
5455	甘肃政法大学	甘肃	兰州	二线	政法	公办	7	519	119	115307	7	7	544	110870	522	17	17	498	112391	521
5635	金陵科技学院	江苏	南京	二线	综合	公办	59	519	119	115307	59	59	549	104116	526	59	59	506	101963	528
7157	厦门医学院	福建	厦门	二线	医药	公办	35	519	119	115307	22	22	550	102795	527	15	15	514	91816	536
7563	湖北第二师范学院	湖北	武汉	新一线	师范	公办	57	519	119	115307	51	53	540	116385	518	57	57	495	116429	518
3180	北京农学院	北京	北京	一线	农业	公办	21	518	118	116712	18	18	545	109540	523	18	18	507	100680	529
3925	江苏理工学院	江苏	常州	二线	工科	公办	61	518	118	116712	75	75	550	102795	527	76	76	501	108397	523
3980	绍兴文理学院	浙江	绍兴	三线	师范	公办	50	518	118	116712	55	55	540	116385	518	55	55	499	111061	521
4785	五邑大学	广东	江门	三线	综合	保研资格	27	518	118	116712	27	32	548	105494	525	27	32	503	105793	525

院校基本信息·本科二批(理科)

院校代码	院校名称	所在区域	所在地	城市分类	院校类型	院校分类	2021年投档情况 招生计划	投档线	线差	位次	2020年投档情况 招生计划	实际投档	投档线	位次	2021年同位次分数	2019年投档情况 招生计划	实际投档	投档线	位次	2021年同位次分数
5300	西藏大学	西藏	拉萨	四线	综合	原211一流学科	92	518	118	116712	77	77	539	117811	517	78	83	489	124682	512
2920	山西财经大学	山西	太原	二线	财经	保研资格	28	517	117	118136	20	20	555	96089	533	32	34	507	100680	529
3320	河北北方学院	河北	张家口	四线	医药	公办	10	517	117	118136	10	10	555	96089	533	10	10	516	89282	538
3325	承德医学院	河北	承德	四线	医药	公办	8	517	117	118136	8	8	569	78357	546	8	8	517	88095	539
3570	锦州医科大学	辽宁	锦州	四线	医药	公办	54	517	117	118136	54	58	544	110870	522	54	57	508	99361	530
4715	湘南学院	湖南	郴州	四线	工科	公办	17	517	117	118136	14	14	539	117811	514	10	10	491	121907	514
4840	广东第二师范学院	广东	广州	一线	师范	公办	8	517	117	118136	8	8	546	108151	524	8	8	502	107111	524
5115	西南医科大学	四川	泸州	四线	医药	公办	14	517	117	118136	16	16	522	141799	500	8	8	496	115107	519
5395	西安第二师范学院	陕西	西安	新一线	师范	公办	11	517	117	118136	4	4	537	120651	515	4	4	501	108397	523
5550	云南警官学院	云南	昆明	二线	政法	公办	4	517	117	118136	8	8	548	105494	525	9	10	—	—	—
5858	浙江外国语学院(较高收费)	浙江	杭州	新一线	语言	公办	1	517	117	118136	1	1	552	100103	529	—	—	—	—	—
6095	华北水利水电大学	河南	郑州	新一线	工科	保研资格	175	517	117	118136	—	—	—	—	—	—	—	—	—	—
6698	南昌医学院	江西	南昌	二线	医药	公办	22	517	116	118136	18	20	510	158828	489	18	22	463	162953	486
2430	南昌航空大学(较高收费)	江西	南昌	二线	工科	保研资格	13	516	116	119572	17	18	550	102795	527	15	20	511	95599	533
3150	北京服装学院	北京	北京	一线	艺术	保研资格	29	516	116	119572	28	30	540	116385	518	28	30	504	104489	526
3695	黑龙江第一医科大学	黑龙江	哈尔滨	二线	医药	公办	45	516	116	119572	43	43	553	98716	530	45	45	513	93105	535
3720	哈尔滨师范大学	黑龙江	哈尔滨	二线	师范	保研资格	4	516	116	119572	30	30	542	102795	517	16	16	489	124682	512
4465	山东第一医科大学	山东	泰安	四线	医药	公办	80	516	116	119572	75	75	550	108151	524	75	75	507	100680	529
4540	湖北科技学院	湖北	咸宁	四线	综合	公办	61	516	116	119572	52	52	546	113569	520	47	48	499	107111	524
5050	重庆文理学院	重庆	重庆	四线	综合	公办	45	516	116	119572	46	46	542	108151	524	48	48	500	109722	522
5260	云南中医药大学	云南	昆明	二线	医药	公办	13	516	116	119572	13	13	546	104116	526	14	14	507	100680	529
5410	西北师范大学	甘肃	兰州	二线	师范	保研资格	13	516	116	119572	15	17	540	116385	518	12	15	503	100680	525
5570	厦门理工学院	福建	厦门	二线	工科	公办	7	516	115	119572	12	12	544	110870	522	12	12	499	111061	521
0005	西北师范大学(其他单列)	甘肃	兰州	二线	师范	公办	81	516	115	119572	81	81	545	109540	523	87	87	500	109722	522
7132	首都体育学院	北京	北京	一线	体育	公办	6	515	115	121053	6	6	547	106820	525	6	6	503	105793	525
1765	哈尔滨医科大学	黑龙江	大庆	三线	医药	保研资格	78	515	115	121053	74	74	547	106820	525	67	67	503	105793	525

第三章 2019—2021 年河南省普通高校招生平行投档信息统计

续表

院校代码	院校名称	所在区域	所在地	城市分类	院校类型	院校分类	2021年招生计划	2021年投档线	线差	位次	2020年招生计划	2020年实际投档	2020年投档线	位次	2021年同位次分数	2019年招生计划	2019年实际投档	2019年投档线	位次	2021年同位次分数
2795	沈阳工业大学	辽宁	辽阳	五线	工科	公办	60	515	115	123956	60	60	545	109540	523	53	53	504	104489	526
3270	河北农业大学	河北	保定	三线	农业	公办	51	515	115	123956	30	30	541	114968	519	30	30	501	108397	523
3315	北华航天工业学院	河北	廊坊	三线	工科	公办	24	515	115	123956	29	29	544	110870	522	28	28	500	109722	522
4225	福建中医药大学	福建	福州	二线	医药	保研资格	81	515	115	123956	81	81	549	104116	526	96	96	502	107111	524
4355	聊城大学	山东	聊城	四线	综合	保研资格	40	515	115	121053	42	42	545	109540	523	79	79	502	107111	524
4475	临沂大学	山东	临沂	二线	综合	公办	37	515	115	121053	35	35	542	113569	520	39	39	500	109722	522
4795	广东金融学院	广东	广州	一线	财经	公办	26	515	115	121053	6	8	564	84489	541	3	5	535	67572	555
5030	重庆三峡学院	重庆	重庆	新一线	综合	公办	38	515	115	121053	38	38	537	120651	515	29	29	494	117785	517
6079	南阳理工学院（与南阳医学高等专科学校联办，就读在南阳医专）	河南	南阳	三线	综合	公办	25	515	115	121053	30	30	535	123435	513	30	30	489	124682	512
6083	河南财经政法大学（与河南省人民检察院联办，就读在河南检察职业学院）	河南	郑州	新一线	财经	保研资格	98	515	115	121053	25	25	534	124788	512	100	100	485	130391	508
3210	天津城建大学（其他单列）	天津	天津	新一线	工科	公办	25	514	114	122496	30	30	546	108151	524	25	25	504	104489	526
4345	南昌工程学院	江西	南昌	二线	工科	公办	20	514	114	122496	24	24	540	116385	518	22	22	494	117785	517
5085	攀枝花学院	四川	攀枝花	五线	综合	公办	9	514	114	122496	11	11	541	114968	519	6	6	485	130391	508
5330	延安大学	陕西	延安	二线	综合	保研资格	15	514	114	122496	10	10	542	92191	535	17	17	499	111061	521
5420	甘肃中医药大学	甘肃	兰州	二线	医药	公办	33	514	114	122496	29	29	545	109540	523	32	33	499	111061	521
5705	杭州金融学院	浙江	杭州	新一线	财经	保研资格	22	514	114	122496	18	18	558	110870	522	18	18	494	117785	517
7338	河北地质大学	河北	石家庄	二线	财经	公办	50	513	113	123956	50	50	544	92191	535	50	50	512	93471	521
3350	河北地质大学	河北	石家庄	二线	综合	公办	64	513	113	123956	58	60	544	110870	522	59	58	499	111061	521
3495	沈阳大学	辽宁	沈阳	新一线	综合	公办	82	513	113	123956	65	65	532	127600	510	61	61	—	—	—
3525	沈阳师范大学（其他单列）	辽宁	沈阳	新一线	师范	保研资格	9	513	113	123956	16	16	544	113569	520	—	—	496	115107	519
3720	哈尔滨师范大学	黑龙江	哈尔滨	二线	师范	公办	96	513	113	123956	132	132	545	105140	523	136	136	501	108397	523
3855	常州工学院	江苏	常州	二线	工科	公办	31	513	113	123956	36	36	538	119222	516	39	39	490	123275	513
3985	台州学院	浙江	台州	三线	综合	公办	94	513	113	123956	100	100	545	105140	523	91	91	501	108397	523
4020	浙江海洋大学	浙江	舟山	三线	农业	公办	89	513	113	123956	61	61	553	98716	530	56	56	512	94355	534

院校基本信息·本科二批（理科） 续表

院校代码	院校名称	所在区域	所在地	城市分类	院校类型	院校分类	2021年投档情况 招生计划	投档线	线差	位次	2020年投档情况 招生计划	实际投档	投档线	位次	2021年同位次分数	2019年投档情况 招生计划	实际投档	投档线	位次	2021年同位次分数
4950	广西中医药大学	广西	南宁	二线	医药	公办	9	513	113	123956	9	9	556	94834	533	9	9	511	95599	533
5255	昆明医科大学（较高收费）	云南	昆明	二线	医药	保研资格	2	513	113	123956	50	50	542	113569	520	—	—	—	—	—
7292	西安航空学院	陕西	西安	新一线	工科	公办	62	513	113	123956	50	50	542	113569	520	50	50	497	113728	520
2890	重庆工商大学（较高收费）	重庆	重庆	新一线	财经	保研资格	5	513	113	123956	5	7	562	87025	539	3	3	521	83314	542
3590	渤海大学	辽宁	锦州	四线	综合	公办	55	512	112	125339	63	63	541	114968	519	63	63	502	107111	524
3950	宁波工程学院	浙江	宁波	新一线	工科	公办	104	512	112	125339	158	158	546	108151	524	165	165	497	113728	520
3965	常熟理工学院	江苏	苏州	二线	综合	公办	120	512	112	125339	72	72	545	109540	523	77	77	505	107111	524
3995	嘉兴学院	浙江	嘉兴	二线	综合	公办	94	512	112	125339	104	104	537	120651	515	18	18	485	130391	508
4305	赣南师范大学	江西	赣州	四线	师范	公办	25	512	112	125339	21	21	546	108151	524	165	165	497	113728	520
4845	韶关学院	广东	韶关	四线	综合	公办	10	512	112	125339	26	26	529	127600	510	62	62	492	120507	515
4955	南宁师范大学	广西	南宁	二线	师范	公办	20	512	112	125339	23	23	532	126208	511	18	18	485	130391	508
7098	吉林工程技术大学	吉林	长春	二线	政法	公办	4	512	112	125339	2	2	533	131782	507	2	2	477	141960	500
2545	河北工程大学	河北	邯郸	三线	工科	保研资格	91	511	111	126766	95	101	549	104116	526	15	15	504	115107	526
2935	辽宁科技大学（其他系列）	辽宁	鞍山	三线	工科	保研资格	18	511	111	126766	311	311	547	106820	525	351	355	496	115107	519
3210	天津城建大学	天津	天津	新一线	工科	公办	329	511	111	126766	25	25	544	110870	522	19	19	503	105793	526
3400	山西大同大学	山西	大同	四线	综合	公办	25	511	111	126766	37	37	546	108151	524	25	25	491	121907	525
3415	山西中医药大学	山西	晋中	四线	医药	保研资格	45	511	111	126766	25	25	536	122058	514	25	25	491	121907	514
3590	山东工商学院	山东	烟台	三线	财经	公办	1	511	111	126766	1	1	531	128942	509	—	—	—	—	—
4390	山东中医药大学（较高收费）	山东	济南	二线	医药	公办	76	511	111	126766	76	76	538	119222	516	76	76	493	119172	516
4495	山东工商学院	山东	烟台	三线	财经	公办	76	511	111	126766	76	76	538	119222	516	76	76	493	119172	516
4710	邵阳学院	湖南	邵阳	四线	工科	公办	34	511	111	126766	34	35	533	126208	511	30	34	482	134658	505
5570	厦门理工学院（较高收费）	福建	厦门	二线	工科	公办	26	511	111	126766	20	20	527	134593	505	17	17	499	111061	521
5650	湖南科技学院	湖南	永州	四线	综合	公办	18	511	111	126766	19	19	527	134593	505	18	18	491	123435	514
5690	四川警察学院	四川	泸州	三线	政法	公办	3	511	111	126766	5	5	535	123435	513	—	—	—	—	—
5715	湖南警察学院	湖南	衡阳	三线	政法	公办	44	511	111	126766	44	44	538	119222	516	44	44	497	113728	520
6621	苏州城市学院	江苏	苏州	新一线	综合	公办	52	511	111	126766	55	55	511	157359	490	54	54	465	159888	488
0019	武汉体育学院	湖北	武汉	新一线	体育	保研资格	21	510	110	128279	18	18	529	131782	507	20	20	487	127545	510

院校代码	院校名称	所在区域	所在地	城市分类	院校类型	院校分类	2021招生计划	2021投档线	2021线差	2021位次	2020招生计划	2020实际投档	2020投档线	2020位次	2021年同位次分数	2019招生计划	2019实际投档	2019投档线	2019位次	2021年同位次分数
2435	江西理工大学(较高收费)	江西	赣州	三线	工科	保研资格	6	510	110	128279	10	10	515	151757	494	6	10	435	206509	459
3410	太原师范学院	山西	晋中	四线	师范	公办	17	510	110	128279	17	17	532	127600	510	30	30	482	134658	505
4020	浙江海洋大学(较高收费)	浙江	舟山	三线	农业	公办	3	510	110	128279	2	2	537	120651	515	2	2	489	124682	512
4040	湖州师范学院	浙江	湖州	三线	师范	公办	39	510	110	128279	29	29	540	116385	518	29	29	496	115107	519
4805	广东海洋大学	广东	湛江	三线	农业	保研资格	32	510	110	128279	26	26	542	113569	520	—	—	500	109722	522
5040	重庆第二师范学院	重庆	重庆	三线	师范	公办	14	510	110	128279	15	15	539	117811	517	9	11	493	119172	516
5490	防灾科技学院	河北	廊坊	三线	工科	公办	137	510	110	128279	136	137	532	127600	510	136	139	485	130391	508
5860	遵义医科大学医学与科技学院	贵州	遵义	三线	医药	民办	6	510	110	128279	6	6	525	137488	503	—	—	—	—	—
6035	洛阳师范学院	河南	洛阳	三线	师范	公办	1303	510	110	128279	1287	1326	533	126208	511	1507	1537	503	130391	508
2920	山西财经大学(较高收费)	山西	太原	二线	财经	保研资格	4	509	109	129750	2	2	544	110870	522	3	3	470	152213	493
4130	蚌埠医学院	安徽	蚌埠	三线	医药	保研资格	10	509	109	129750	10	10	536	122058	514	10	10	491	121907	514
4210	闽江学院	福建	福州	三线	医药	公办	92	509	109	129750	90	90	535	123435	513	90	90	489	113728	512
4295	赣南医学院	江西	赣州	三线	医药	公办	12	509	109	129750	12	12	541	120651	519	12	12	497	124682	520
4430	山东交通学院	山东	济南	二线	工科	公办	47	509	109	129750	40	40	537	114968	515	40	40	489	124682	512
4975	广西财经学院	广西	南宁	二线	财经	公办	18	509	109	129750	26	26	527	134593	505	22	22	473	147855	496
5010	海南师范大学(其他单列)	海南	海口	二线	师范	公办	15	509	109	129750	12	12	543	112214	521	12	12	485	116429	518
6115	中原工学院	河南	郑州	新一线	工科	公办	185	509	109	129750	173	223	533	126208	511	681	767	495	116429	518
7031	河北水利电力学院	河北	沧州	三线	工科	公办	5	509	109	129750	5	5	533	126208	511	5	5	485	130391	508
7221	桂林航天工业学院	广西	桂林	三线	工科	公办	4	508	108	131200	4	4	530	130372	508	—	—	—	—	—
2350	大连民族大学(少数民族)	辽宁	大连	二线	民族	公办	6	508	108	131200	28	28	523	138907	502	27	27	481	136160	504
2625	沈阳理工大学	辽宁	沈阳	二线	工科	公办	55	508	108	131200	60	65	552	100103	529	71	71	511	95599	533
3545	大连海洋大学	辽宁	大连	二线	农业	公办	106	508	108	131200	101	106	543	112214	521	99	99	500	109722	522
3565	新疆理工大学	新疆	乌鲁木齐	三线	工科	公办	84	508	108	131200	110	110	524	100103	529	71	71	511	95599	533
4075	滁州学院	安徽	滁州	三线	师范	公办	10	508	108	131200	10	10	536	122058	514	15	15	489	124682	512
4460	滨州医学院	山东	烟台	三线	医药	公办	50	508	108	131200	50	50	538	119222	516	48	48	530	73020	551
4610	湖北工程学院	湖北	孝感	四线	综合	公办	29	508	108	131200	41	41	542	113569	520	41	41	499	111061	521

本科二批（理科）

院校代码	院校名称	所在区域	所在地城市	城市分类	院校类型	院校分类	2021年招生计划	2021年投档线	2021年线差	2021年位次	2020年招生计划	2020年实际投档	2020年投档线	2020年位次	2021年同位次分数	2019年招生计划	2019年实际投档	2019年投档线	2019年位次	2021年同位次分数
4850	惠州学院	广东	惠州	三线	综合	公办	10	508	108	123435	9	11	535	123435	513	22	22	488	126087	511
6022	新乡医学院（中外课程合作）	河南	新乡	三线	医药	公办	450	508	108	120651	450	468	537	120651	515	450	459	492	120507	515
9199	贵州警察学院	贵州	贵阳	二线	政法	公办	2	508	108	131200	2	2	522	141799	500	2	2	461	165929	484
3010	西北民族大学	甘肃	兰州	二线	民族	公办	19	507	107	131200	29	29	534	124788	512	39	39	493	119172	516
3640	吉林师范大学	吉林	四平	五线	师范	公办	30	507	107	132697	21	21	548	109540	525	20	20	501	108397	523
4120	安徽工程大学	安徽	芜湖	三线	工科	公办	14	507	107	132697	14	14	545	105494	523	14	14	498	112391	521
4435	青岛农业大学（较高收费）	山东	青岛	新一线	农业	公办	14	507	107	132697	14	14	527	134593	505	20	18	483	133227	506
4690	青岛大学	山东	青岛	新一线	综合	保研资格	14	507	107	132697	20	20	545	109540	523	14	14	500	109722	522
4755	衡阳师范学院	湖南	衡阳	三线	师范	公办	14	507	107	132697	14	14	524	138907	502	20	20	498	112391	512
4820	佛山科学技术学院	广东	佛山	新一线	工科	公办	25	507	107	132697	51	53	528	138907	502	51	50	386	279199	412
5005	海南医学院	海南	海口	三线	医药	公办	102	507	107	132697	62	64	536	109540	523	62	63	498	105793	507
5010	海南农业科技大学	海南	海口	三线	农业	公办	40	507	107	132697	41	41	545	120651	515	43	43	503	105793	525
6065	信阳师范学院	河南	信阳	三线	师范	公办	1170	507	107	132697	1453	1514	537	133199	506	1851	1888	492	120507	515
6987	贵州医科大学神奇民族医药学院	贵州	贵阳	二线	医药	民办	3	506	106	132697	5	5	524	133199	506	5	5	477	141960	500
3450	内蒙古师范大学	内蒙古	呼和浩特	三线	师范	保研资格	25	506	106	134151	25	25	528	122058	514	31	31	472	149279	495
4315	井冈山大学	江西	吉安	四线	综合	公办	75	506	106	134151	69	69	536	122058	514	59	63	490	123275	513
4435	青岛农业大学	山东	青岛	新一线	农业	公办	16	506	106	134151	12	12	538	119222	516	12	12	500	109722	522
6925	新疆第二医学院	新疆	克拉玛依	五线	医药	公办	35	506	106	134151	14	14	499	174394	479	29	29	444	192243	467
7206	长沙师范学院	湖南	长沙	二线	师范	公办	4	506	106	134151	4	4	525	137488	503	4	4	472	149279	495
7617	长沙医学院	湖南	长沙	二线	医药	民办	8	506	106	134151	8	8	540	133199	506	8	11	482	134658	505
3080	华北科技学院	河北	廊坊	三线	工科	公办	147	505	105	135597	167	167	544	116385	518	163	163	498	112391	521
3625	长春大学	吉林	长春	二线	综合	公办	66	505	105	135597	62	74	540	110870	522	57	66	500	109722	522
4145	阜阳师范大学	安徽	阜阳	三线	师范	公办	18	505	105	135597	18	18	529	131782	507	15	15	480	137646	503
4340	南昌师范学院	江西	南昌	二线	师范	公办	13	505	105	135597	13	13	529	128942	509	14	14	481	136160	504
4345	南昌工程学院（较高收费）	江西	南昌	二线	工科	公办	4	505	105	135597	4	4	531	128942	509	6	6	484	131781	507
4725	湖南工程学院	湖南	湘潭	四线	工科	公办	20	505	105	135597	20	20	542	113569	520	19	19	498	112391	521

续表

院校基本信息·本科二批(理科)

院校代码	院校名称	所在区域	所在地	城市分类	院校类型	院校分类	2021招生计划	2021投档线	2021线差	2021位次	2020招生计划	2020实际投档	2020投档线	2020位次	2021年同位次分数	2019招生计划	2019实际投档	2019投档线	2019位次	2021年同位次分数
4750	湖南文理学院	湖南	常德	四线	综合	公办	11	505	105	135597	12	12	534	124788	512	10	10	494	117785	517
4835	广东药科大学	广东	云浮	四线	医药	公办	27	505	105	135597	9	9	552	100103	529	4	4	507	100680	529
5250	西南林业大学(较高收费)	云南	昆明	二线	林业	公办	1	505	105	135597	1	1	521	143264	499	1	1	476	143428	499
6082	河南财经政法大学(与俄罗斯人民友谊大学联办)	河南	郑州	新一线	财经	保研资格	219	505	105	135597	225	225	529	131782	507	82	86	483	133227	506
6110	郑州轻工业大学	河南	郑州	新一线	工科	公办	1760	505	105	135597	980	980	530	130372	508	900	900	479	139124	502
6170	郑州师范学院	河南	郑州	新一线	师范	公办	1381	505	105	135597	1212	1236	529	131782	507	1116	1138	482	134658	505
0006	天津体育学院	天津	天津	新一线	体育	公办	9	504	104	137053	12	12	528	133199	506	12	12	481	136160	504
2555	大连交通大学(较高收费)	辽宁	大连	二线	工科	公办	18	504	104	137053	18	18	526	135998	504	4	4	502	107111	524
4280	景德镇陶瓷大学	江西	景德镇	四线	工科	保研资格	32	504	104	137053	36	38	535	124788	512	35	35	493	119172	516
5280	云南财经大学	云南	昆明	二线	财经	保研资格	50	504	104	137053	52	52	548	105494	525	50	50	507	100680	529
5385	咸阳师范学院	陕西	咸阳	三线	师范	公办	13	504	104	137053	13	13	528	133199	506	13	13	479	139124	502
5560	昆明学院	云南	昆明	二线	综合	公办	28	504	104	137053	25	25	534	124788	512	28	28	487	127545	510
7156	福建警察学院	福建	福州	二线	政法	公办	15	504	104	137053	14	14	526	135998	504	12	12	473	147855	496
7252	成都工业学院(异地校区)	四川	宜宾	三线	工科	公办	16	504	104	137053	—	—	—	—	—	—	—	—	—	—
3020	西南民族大学(少数民族)	四川	成都	新一线	民族	公办	100	503	103	138510	91	91	523	140403	501	88	88	487	127545	510
4235	闽南师范大学	福建	漳州	三线	师范	公办	137	503	103	138510	139	139	535	124435	513	155	155	489	124682	512
4380	齐鲁师范学院	山东	济南	二线	师范	公办	5	503	103	138510	5	5	527	134593	505	5	5	478	140526	501
4600	黄冈师范学院	湖北	黄冈	四线	师范	公办	63	503	103	138510	65	65	524	138907	502	63	63	476	143428	499
5180	贵州师范大学(较高收费)	贵州	贵阳	二线	师范	保研资格	2	503	103	138510	—	—	—	—	—	—	—	—	—	—
5245	大理大学	云南	大理	四线	医药	公办	42	503	103	138510	38	38	544	110870	522	38	38	501	108397	523
5390	西安财经大学(较高收费)	陕西	西安	新一线	财经	公办	9	503	103	138510	—	—	—	—	—	—	—	—	—	—
6085	河南科技学院	河南	洛阳	三线	综合	公办	1000	503	103	138510	1000	1000	530	130372	508	800	810	484	131781	507
6639	南京审计大学金审学院	江苏	南京	新一线	综合	民办	11	503	103	139904	11	11	548	105494	525	11	11	484	131781	507
2935	南京科技大学	江苏	南京	新一线	工科	民办	92	502	102	139904	94	94	548	105494	525	94	94	487	105793	525
3015	北方民族大学	宁夏	银川	三线	民族	公办	2	502	102	139904	4	4	520	144698	498	44	46	475	127545	510
6763	华北理工大学冀唐学院	河北	唐山	三线	医药	民办	30	502	102	139904	35	35	529	131782	507	35	35	475	144952	498

续表

院校代码	院校名称	院校基本信息·本科二批(理科)					2021年投档情况				2020年投档情况					2019年投档情况				续表
		所在区域	所在地	城市分类	院校类型	院校分类	招生计划	投档线	线差	位次	招生计划	实际投档	投档线	位次	2021年同位次分数	招生计划	实际投档	投档线	位次	2021年同位次分数
7502	荆楚理工学院	湖北	荆门	五线	工科	公办	84	502	102	139904	59	59	531	128942	509	63	63	483	133227	506
0023	成都体育学院	四川	成都	新一线	体育	公办	19	501	101	141361	20	20	525	137488	515	21	21	476	143428	499
3420	太原工业学院	山西	太原	二线	工科	公办	57	501	101	141361	52	52	537	120651	515	49	49	491	121907	514
4255	江西农业大学	江西	南昌	二线	农业	保研资格	139	501	101	141361	112	112	541	114968	519	101	106	493	119172	516
4760	怀化学院	湖南	怀化	四线	综合	公办	20	501	101	141361	18	18	523	140403	501	5	11	477	141960	500
6088	河南科技大学(与三门峡市政府联办应用工程学院,就读地在三门峡市)	河南	三门峡	五线	综合	保研资格	415	501	101	141361	420	428	527	134593	505	320	326	483	141960	506
3540	辽宁工业大学	辽宁	锦州	三线	工科	公办	147	500	100	142881	127	127	542	113569	520	127	127	503	109722	522
3630	长春工业大学	吉林	长春	二线	工科	公办	87	500	100	142881	68	68	547	106820	525	45	45	477	141960	525
3910	盐城师范学院	江苏	盐城	三线	师范	保研资格	30	500	100	142881	50	50	524	138907	502	63	63	468	155299	491
3930	江苏师范大学(较高收费)	江苏	徐州	二线	师范	保研资格	15	500	100	142881	15	15	527	134593	505	15	15	482	134658	505
4035	衢州学院	浙江	衢州	四线	工科	公办	75	499	99	144391	80	80	522	141799	500	45	52	473	140526	500
4230	龙岩学院	福建	龙岩	四线	综合	公办	101	499	99	144391	108	108	525	137488	503	80	80	478	147855	501
4265	江苏师范大学(其他单列)	江苏	徐州	二线	师范	保研资格	2	499	99	144391	2	2	519	146141	497	2	2	470	152213	493
4705	广东石油化工学院	广东	茂名	四线	综合	公办	34	500	100	142881	48	51	528	133199	506	24	52	481	136160	504
4810	湖南城市学院	湖南	益阳	三线	综合	公办	38	500	100	142881	37	37	528	126208	511	35	50	485	130391	508
5220	贵州理工学院(其他单列)	贵州	贵阳	三线	工科	公办	3	500	100	142881	6	6	517	148936	495	—	—	—	—	—
6620	无锡学院	江苏	无锡	二线	综合	公办	196	500	100	142881	173	173	492	184345	473	144	144	447	187430	471
7461	福建江夏学院	福建	福州	二线	财经	公办	92	500	100	142881	91	91	532	127600	510	94	94	486	129013	509
3465	内蒙古医科大学	内蒙古	呼和浩特	三线	医药	公办	31	499	99	144391	31	31	548	105494	525	31	31	503	105793	525
3590	辽宁大学(其他单列)	辽宁	锦州	四线	医药	公办	25	499	99	144391	25	25	532	127600	499	25	25	468	141960	491
4035	泉州师范学院	福建	泉州	二线	师范	保研资格	101	499	99	144391	108	108	522	141799	500	80	80	478	147855	501
5580	龙岩学院(校高费)	福建	龙岩	四线	综合	公办	2	499	99	144391	2	2	519	146141	497	2	2	470	152213	493
6030	河南师范学院	河南	新乡	三线	师范	公办	2080	499	99	144391	1000	1150	525	127600	510	750	785	473	147855	496
6160	洛阳理工学院	河南	洛阳	三线	综合	公办	1959	498	98	145875	1855	1911	532	123435	503	1815	1851	489	124682	512
2610	黑龙江中医药大学	黑龙江	哈尔滨	二线	医药	公办	60	498	98	145875	59	59	535	137488	513	66	66	482	134658	441
3525	沈阳师范大学	辽宁	沈阳	新一线	师范	公办	191	498	98	145875	130	132	540	116385	518	139	146	499	111061	521
3620	北华大学	吉林	吉林	四线	综合	公办														

第三章 2019—2021年河南省普通高校招生平行投档信息统计

续表

本科二批(理科)

院校代码	院校名称	所在区域	所在地	城市分类	院校类型	院校分类	2021年投档情况 招生计划	投档线	线差	位次	2020年投档情况 招生计划	实际投档	投档线	位次	2021年同位次分数	2019年投档情况 招生计划	实际投档	投档线	位次	2021年同位次分数
4195	福建农林大学	福建	福州	二线	农业	保研资格	124	498	98	145875	131	131	534	124788	512	126	169	485	130391	508
4220	福建工程学院	福建	福州	二线	工科	公办	271	498	98	145875	165	165	507	163015	486	186	100	386	279199	412
5170	贵州师范大学(较高收费)	贵州	贵阳	二线	师范	保研资格	6	498	98	145875	5	5	522	141799	500	10	10	467	156834	490
5240	云南师范大学(较高收费)	云南	昆明	二线	师范	保研资格	6	498	98	145875	6	6	533	126208	511	5	5	487	127545	510
5465	青海师范大学	青海	西宁	四线	师范	保研资格	21	498	98	145875	21	21	531	128942	509	21	21	484	131781	507
6099	华北水利水电大学(与黄河水利职业技术学院联办,就读地在开封)	河南	开封	四线	工科	保研资格	85	498	98	145875	85	87	521	143264	499	100	103	472	149279	495
3480	内蒙古财经大学	内蒙古	呼和浩特	三线	财经	公办	21	497	97	147350	21	21	520	144698	498	21	21	473	147855	496
3635	吉林师范大学	吉林	长春	三线	师范	保研资格	99	497	97	147350	98	103	530	130372	508	87	92	491	121907	514
4235	闽南师范大学	福建	漳州	三线	师范	公办	4	497	97	147350	—	—	—	—	—	—	—	—	—	—
4555	湖北汽车工业学院	湖北	十堰	三线	工科	公办	95	497	97	147350	87	87	528	133199	506	83	83	482	134658	505
4825	仲恺农业工程学院	广东	广州	一线	农业	公办	36	497	97	147350	21	24	499	174394	479	20	21	494	117785	517
5250	西南林业大学	云南	昆明	二线	林业	保研资格	45	497	97	147350	46	46	540	116385	518	44	44	492	120507	515
5335	陕西学前师范学院	陕西	西安	新一线	师范	公办	24	497	97	147350	26	26	518	147501	496	15	15	453	178112	477
6089	河南科技大学(与鹤壁市政府联办,就读地在鹤壁)	河南	鹤壁	三线	综合	保研资格	120	497	97	147350	120	124	518	147501	496	120	120	470	152213	493
6104	河南理工大学(与河南工业职业技术学院联办,就读地在南阳市)	河南	南阳	五线	综合	保研资格	240	497	97	147350	240	245	520	144698	498	240	247	474	146428	497
6113	郑州轻工业大学(与鹤壁市政府联办)(就读地在鹤壁)	河南	郑州	新一线	工科	公办	54	497	97	147350	380	380	512	155958	491	240	240	466	158333	489
7155	福建中德应用技术学院	福建	福州	二线	工科	公办	37	497	97	147350	22	22	531	128842	509	13	13	485	130391	508
7701	天津中德应用技术大学	天津	天津	新一线	工科	公办	159	497	97	147350	108	108	521	143264	499	109	109	472	149279	495
8176	太原学院	山西	太原	二线	工科	公办	23	497	97	147350	35	35	524	138907	502	14	15	477	141960	500
3225	天津职业技术师范大学	天津	天津	新一线	师范	公办	98	496	96	148869	108	108	541	114968	519	68	68	500	109722	522
3665	长春中医药大学	吉林	长春	二线	医药	保研资格	8	496	96	148869	—	—	—	131782	507	9	9	458	170400	481
3950	常熟理工学院	江苏	苏州	新一线	综合	公办	9	496	96	148869	9	9	529	120651	515	3	3	498	112391	521
3965	宁波工程学院(较高收费)	浙江	宁波	二线	工科	公办	6	496	96	148869	6	6	537	143264	499	—	—	—	—	—
4215	莆田学院	福建	莆田	三线	综合	公办	107	496	96	148869	107	107	521	143264	499	101	101	476	143428	499

院校基本信息·本科二批(理科)

院校代码	院校名称	所在区域	所在地	城市分类	院校类型	院校分类	2021年招生计划	2021年投档线	2021年线差	2021年位次	2020年招生计划	2020年实际投档	2020年投档线	2020年位次	2021年同位次分数	2019年招生计划	2019年实际投档	2019年投档线	2019年位次	2021年同位次分数
4920	广西科技大学	广西	柳州	三线	工科	公办	22	496	96	148869	26	26	541	114968	519	44	44	496	115107	519
5120	绵阳师范学院	四川	绵阳	三线	师范	公办	10	496	96	148869	10	10	513	154550	492	10	10	462	164407	485
5310	西藏民族大学	陕西	咸阳	三线	民族	公办	50	496	96	148869	65	65	522	141799	500	35	35	463	162953	486
5640	徐州工程学院	江苏	徐州	二线	工科	公办	76	496	96	148869	76	76	534	124788	512	83	83	489	124682	512
5685	北部湾大学	广西	钦州	五线	综合	公办	13	496	96	148869	12	12	521	143264	499	18	18	471	150749	491
6070	南阳师范学院	河南	南阳	三线	师范	公办	1079	496	96	148869	1043	1043	520	142324	498	1431	1460	468	155299	494
6075	南阳理工学院	河南	南阳	三线	工科	公办	1191	496	96	148869	1123	1123	528	133199	506	1231	1268	483	133227	506
6087	华北水利水电大学(与河南经贸职业学院联办,就读在河南经贸职业学院)	河南	郑州	新一线	工科	保研资格	140	496	96	148869	140	151	518	135998	504	144	—	—	—	515
5855	山西传媒学院	山西	晋中	四线	艺术	公办	11	495	95	150381	15	15	526	135998	504	12	12	—	—	—
5010	海南师范大学(较高收费)	海南	海口	三线	师范	保研资格	3	495	95	150381	—	—	539	117811	517	20	20	492	120507	515
4500	山东管理学院	山东	济南	二线	综合	公办	20	495	95	150381	—	—	—	—	—	—	—	—	—	—
4230	泉州师范学院(较高收费)	福建	泉州	二线	师范	公办	5	495	95	150381	—	—	—	—	—	80	80	484	102795	534
3580	沈阳医学院	辽宁	沈阳	新一线	医药	公办	100	495	95	150381	80	80	550	102795	527	80	80	484	102795	534
6093	郑州工业应用技术学院(与郑州信息科技职业学院联办,就读在河南经贸职业学院)	河南	郑州	新一线	财经	公办	50	495	95	150381	50	50	522	141799	496	280	291	479	139124	493
6107	河南工业大学管理学院(中外合作办学)	河南	郑州	新一线	工科	保研资格	237	495	95	150381	252	280	528	147501	500	50	50	470	152213	502
7221	桂林航天工业学院	广西	桂林	三线	工科	公办	72	495	95	150381	67	67	528	133199	506	74	74	484	133227	507
7233	广西警察学院	广西	南宁	二线	政法	公办	13	495	95	150381	29	29	496	178596	476	—	—	—	—	—
4565	武汉轻工大学(较高收费)	湖北	武汉	新一线	工科	保研资格	35	494	94	151865	35	35	514	153171	493	35	35	475	144952	498
4965	广西民族大学	广西	南宁	二线	民族	公办	41	494	94	151865	28	30	535	123435	513	30	30	482	134658	505
5175	贵州师范大学	贵州	贵阳	三线	师范	公办	12	494	94	151865	8	8	520	144698	498	3	3	462	164407	485
5220	贵州理工学院	贵州	贵阳	三线	工科	公办	9	494	94	151865	8	8	520	144698	498	16	16	454	176534	477
7401	兰州文理学院	甘肃	兰州	三线	综合	公办	10	494	94	151865	7	7	522	141799	500	7	7	473	147855	496
8730	宿迁学院	江苏	宿迁	三线	综合	公办	22	493	93	153381	6	6	503	168670	483	30	30	423	225127	447
3180	北京农学院	北京	北京	一线	农业	公办	6	493	93	153381	6	6	511	157359	490	6	6	484	131781	507
3630	长春工业大学(较高收费)	吉林	长春	二线	工科	保研资格	22	493	93	153381	22	22	508	161609	487	24	24	471	150749	494

· 356 ·

第三章 2019-2021年河南省普通高校招生平行投档信息统计

续表

本科二批（理科）

院校代码	院校名称	所在区域	所在地城市	院校分类类型	院校分类	2021年投档情况				2020年投档情况				2021年同位次分数	2019年投档情况				2021年同位次分数
						招生计划	投档线	线差	位次	招生计划	实际投档	投档线	位次		招生计划	实际投档	投档线	位次	
4510	湖北理工学院	湖北	黄石	四线	工科	公办	96	493	93	153381	93	93	540	116385	518	96	96	499	111061	521
5340	宝鸡文理学院	陕西	宝鸡	四线	师范	公办	44	493	93	153381	24	24	531	128942	509	24	24	483	133227	506
7037	保定学院	河北	保定	三线	师范	公办	13	493	93	153381	7	7	523	140403	501	8	8	477	141960	500
3245	石家庄学院	河北	石家庄	二线	综合	公办	20	492	92	154848	20	20	520	144698	498	20	20	472	149279	495
3464	内蒙古科技大学包头医学院	内蒙古	包头	四线	师范	公办	26	492	92	154848	26	26	533	126208	511	26	26	489	124682	512
3870	淮阴工学院	江苏	淮安	三线	工科	公办	66	492	92	154848	54	54	536	122058	514	56	56	490	123275	513
4860	岭南师范学院	广东	湛江	三线	师范	公办	8	492	92	154848	6	12	517	148936	495	5	7	469	153726	492
4865	嘉应学院	广东	梅州	四线	综合	公办	5	492	93	153381	11	11	510	158828	489	22	22	463	162953	486
6050	安阳师范学院	河南	安阳	三线	师范	公办	1766	492	92	154848	1348	1375	521	143264	499	1672	1705	471	150749	494
6065	信阳师范学院（医护类）	河南	信阳	四线	师范	公办	20	492	92	154848	20	20	501	171454	481	5	—	—	—	—
6090	郑州师范学院	河南	郑州	新一线	师范	公办	165	492	92	154848	162	168	507	163015	486	144	145	442	195442	465
6109	河南工业大学（与河南应用技术职业学院联办，就读在应用）	河南	郑州	新一线	工科	保研资格	120	492	92	154848	120	120	509	160203	488	210	221	458	170400	481
6894	电子科技大学成都学院	四川	成都	新一线	工科	民办	22	492	92	154848	16	16	517	148936	495	24	24	468	155299	491
7126	泰州学院	江苏	泰州	三线	师范	公办	95	492	92	154848	70	70	519	146141	497	80	80	469	153726	492
3225	天津职业技术师范大学（较高收费）	天津	天津	新一线	师范	公办	15	491	91	156390	15	15	515	151757	494	15	15	467	156834	490
3240	天津商业大学	天津	天津	新一线	财经	公办	27	491	91	156390	21	21	530	130372	508	80	83	502	107111	524
3675	长春师范大学	吉林	长春	二线	师范	公办	57	491	91	156390	77	77	535	123435	513	79	83	487	127545	510
4310	江西科技师范大学	江西	南昌	二线	师范	公办	44	491	91	156390	46	46	540	116385	518	16	16	514	91816	536
4455	济宁医学院	山东	济宁	三线	医药	公办	80	491	91	156390	80	80	546	108151	524	80	80	492	120507	515
4470	泰山学院	山东	泰安	四线	综合	公办	25	491	91	156390	20	20	517	148936	495	17	17	470	152213	493
4625	湖北科技学院	湖北	恩施	四线	民族	公办	67	491	91	156390	79	79	537	120651	515	75	75	470	152213	493
4780	湖南女子学院	湖南	长沙	新一线	语言	公办	4	491	91	156390	4	4	519	146141	497	4	6	468	124682	512
4970	梧州学院	广西	梧州	四线	综合	公办	17	491	91	156390	16	16	516	150331	495	16	16	466	155299	491
5130	内江师范学院	四川	内江	四线	师范	公办	22	491	91	156390	9	9	512	155958	491	8	8	463	158333	489
5140	宜宾学院	四川	宜宾	四线	综合	公办	10	491	91	156390	9	9	510	158828	489	8	8	463	162953	486

院校基本信息·本科二批(理科)

院校代码	院校名称	所在区域	所在地	城市分类	院校类型	院校分类	2021年招生计划	2021年投档线	2021年线差	2021年位次	2020年招生计划	2020年实际投档	2020年投档线	2020年位次	2021年同位次分数	2019年招生计划	2019年实际投档	2019年投档线	2019年位次	2021年同位次分数
5380	渭南师范学院	陕西	渭南	四线	师范	公办	26	491	91	156390	13	13	510	158828	489	13	13	456	173485	479
7195	汉江师范学院	湖北	十堰	四线	师范	公办	34	491	91	156390	24	24	514	153171	493	27	27	461	165929	484
7301	兰州工业学院	甘肃	兰州	二线	工科	公办	50	491	91	156390	43	47	524	138907	502	42	46	478	140526	501
7460	南京特殊教育师范学院	江苏	南京	二线	师范	公办	55	491	91	156390	50	50	511	157359	490	47	47	463	162953	486
3660	吉林建筑大学(较高收费)	吉林	长春	二线	工科	公办	8	490	90	157920	8	8	508	161609	487	8	8	479	139124	502
4170	淮南师范学院	安徽	淮南	四线	师范	公办	53	490	90	157920	47	47	522	141799	500	35	35	480	137646	503
6031	河南师范大学(中外合作办学)	河南	新乡	二线	师范	公办	270	490	90	157920	320	346	462	227021	446	220	227	470	152213	493
6905	昆明医科大学海源学院	云南	昆明	四线	医药	民办	25	490	90	157920	25	25	512	155958	491	25	25	456	173485	479
3440	内蒙古工业大学	内蒙古	呼和浩特	二线	工科	保研资格	91	489	89	159463	47	47	540	116385	518	47	47	495	116429	518
4070	丽水学院	浙江	丽水	三线	师范	公办	47	489	89	159463	1	1	499	174394	479	—	—	—	—	—
4770	湖南理工学院	湖南	岳阳	三线	工科	公办	2	489	89	159463	—	—	—	—	—	—	—	—	—	—
4955	南宁师范大学(较高收费)	广西	南宁	三线	师范	公办	10	489	89	159463	9	16	511	157359	490	9	10	466	158333	489
5670	兰州城市学院	甘肃	兰州	二线	综合	公办	83	489	89	159463	30	30	508	161609	487	45	45	414	238977	438
6965	温州医科大学(异地校区)	浙江	温州	二线	医药	保研资格	107	488	88	160983	107	107	508	161609	487	—	—	—	—	—
2610	黑龙江中医药大学(较高收费)	黑龙江	佳木斯	五线	医药	保研资格	8	488	88	160983	5	5	515	151757	494	5	5	459	168910	482
5145	西昌学院	四川	凉山	五线	综合	公办	17	488	88	160983	25	25	502	170132	482	—	—	—	—	—
2550	北京联合大学(较高收费)	北京	北京	一线	综合	公办	22	487	87	162483	7	7	515	151757	494	5	5	461	165929	484
3260	张家口学院	河北	张家口	四线	综合	公办	9	487	87	162483	6	6	505	165842	484	6	6	461	165929	484
3435	长治学院	山西	长治	四线	师范	公办	14	487	87	162483	10	10	505	165842	484	10	10	468	155299	491
3495	沈阳大学(较高收费)	辽宁	沈阳	二线	师范	公办	16	487	87	162483	10	10	506	164447	484	10	10	450	182812	473
3590	渤海大学(较高收费)	辽宁	锦州	四线	综合	公办	10	487	87	162483	6	6	511	157359	490	5	5	463	162953	486
3675	长春师范大学	吉林	长春	二线	师范	公办	5	487	87	162483	5	5	511	157359	490	5	5	464	161404	487
3715	黑龙江八一农垦大学	黑龙江	大庆	三线	农业	公办	168	487	87	162483	126	126	514	153171	493	126	126	466	158333	489
5270	玉溪师范学院	云南	玉溪	三线	师范	公办	12	487	87	162483	10	10	502	170132	482	10	10	—	—	—
6860	湖北师范学院	湖北	十堰	四线	医药	民办	100	487	87	162483	81	85	502	170132	482	81	81	—	—	—
7132	浙江水利水电学院药护学院(较高收费)	浙江	杭州	新一线	工科	公办	4	487	87	162483	—	—	—	—	—	—	—	—	—	—

第三章 2019—2021 年河南省普通高校招生平行投档信息统计

续表

院校基本信息 · 本科二批（理科）

院校代码	院校名称	所在区域	所在地	城市分类	院校类型	院校分类	2021招生计划	2021投档线	2021线差	2021位次	2020招生计划	2020实际投档	2020投档线	2020位次	2021年同位次分数	2019招生计划	2019实际投档	2019投档线	2019位次	2021年同位次分数
7164	新余学院	江西	新余	五线	综合	公办	6	487	87	162483	7	9	521	143264	499	17	17	476	143428	499
7348	琼台师范学院	海南	海口	三线	师范	公办	40	487	87	162483	34	34	509	160203	488	18	18	460	167432	483
4115	黄山学院	安徽	黄山	四线	师范	公办	14	486	86	164055	14	14	514	153171	493	14	14	468	155299	491
5125	乐山师范学院	四川	乐山	四线	师范	公办	4	486	86	164055	5	5	509	160203	488	5	5	448	185877	472
5475	青海民族大学	青海	西宁	四线	民族	公办	20	486	86	164055	18	18	526	135998	504	16	16	480	137646	503
5575	三明学院	福建	三明	三线	综合	公办	44	486	86	164055	63	63	518	147501	496	75	75	476	143428	499
5640	徐州工程学院	江苏	徐州	二线	财经	公办	12	486	86	164055	12	12	506	164447	485	5	5	466	158333	489
6155	河南财政金融学院	河南	郑州	新一线	财经	公办	2091	486	86	164055	2742	2797	524	138907	502	2549	2625	481	136160	504
6215	河南工程学院（较高收费）	河南	郑州	新一线	工科	公办	10	486	86	164055	12	12	507	163015	494	1729	1729	458	170400	481
7041	沧州师范学院	河北	沧州	三线	师范	公办	29	486	86	164055	21	21	520	144698	498	8	8	467	146428	497
7254	衡水学院	河北	衡水	四线	综合	公办	21	486	86	164055	21	21	506	164447	486	21	21	474	146428	497
3295	唐山学院	河北	唐山	三线	工科	公办	25	485	85	165585	25	25	510	158828	498	25	25	456	173485	479
3250	吉林师范大学（较高收费）	吉林	四平	五线	师范	公办	13	485	85	165585	18	18	520	144698	484	18	18	461	165929	484
3640	四川旅游学院	四川	成都	新一线	农业	公办	9	485	85	165585	7	7	539	117811	517	12	14	462	164407	485
4320	上饶师范学院	江西	上饶	三线	师范	公办	30	485	85	165585	30	30	510	158828	489	20	20	464	161404	487
4405	云南师范大学	云南	昆明	新一线	师范	保研资格	23	485	85	165585	21	21	510	165842	489	21	21	493	119172	516
5235	德州学院	山东	德州	三线	综合	公办	190	485	85	165585	70	70	505	158828	484	70	70	458	170400	481
6015	河南中医药大学（医护类）	河南	郑州	新一线	医药	保研资格	1631	485	85	165585	1582	1598	520	144698	498	25	25	474	146428	497
6055	商丘师范学院	河南	商丘	四线	师范	保研资格	120	485	85	165585	120	122	508	161609	487	70	70	458	170400	481
6094	河南理工大学（与平顶山工业职业技术学院联办，就读地在平顶山）	河南	平顶山	四线	工科	保研资格	45	485	85	165585	50	50	500	172921	480	120	121	451	181267	474
6607	东南大学成贤学院	江苏	南京	新一线	综合	民办	64	485	85	165585	61	61	447	247757	433	42	42	406	250790	431
6967	嘉兴南湖学院	浙江	嘉兴	二线	财经	公办	88	485	85	165585	88	88	512	155958	491	88	88	463	162953	486
7106	哈尔滨金融学院	黑龙江	哈尔滨	二线	财经	公办	13	484	84	167136	50	50	510	158828	489	54	54	467	156834	490
5675	宁夏师范学院	宁夏	固原	五线	师范	公办	2	484	84	167136	6	6	512	155958	491	4	4	467	156834	490
7161	景德镇学院	江西	景德镇	四线	综合	公办	2	484	84	167136	6	6	500	172921	480	6	15	421	228295	445

院校基本信息·本科二批（理科）

院校代码	院校名称	所在区域	所在地	城市分类	院校类型	院校分类	2021年投档情况 招生计划	投档线	线差	位次	2020年投档情况 招生计划	实际投档	投档线	位次	2021年同位次分数	2019年投档情况 招生计划	实际投档	投档线	位次	2021年同位次分数
3610	沈阳工程学院	辽宁	沈阳	新一线	工科	公办	118	483	83	168671	98	98	539	117811	517	98	98	492	120507	515
3625	长春大学（较高收费）	吉林	长春	二线	综合	公办	20	483	83	168671	12	12	505	165842	484	8	8	465	159888	488
4445	菏泽学院	山东	菏泽	三线	综合	公办	8	483	83	168671	8	8	510	158828	489	8	8	466	158333	489
5580	龙岩学院	福建	龙岩	四线	综合	公办	86	483	83	168671	77	77	511	157359	490	85	85	473	147855	496
6097	华北水利水电大学（中外合作办学）（较高收费）	河南	郑州	新一线	工科	保研资格	305	483	83	168671	287	287	513	154550	492	262	270	469	153726	492
6948	南京理工大学紫金学院	江苏	南京	新一线	工科	民办	77	483	83	168671	65	65	506	164447	485	65	65	460	167432	483
7153	宁德师范学院	福建	宁德	三线	师范	公办	43	483	83	168671	41	41	505	165842	484	41	41	454	176534	477
3290	湖北文理学院	湖北	襄阳	三线	综合	公办	5	482	82	170142	5	5	519	146141	497	5	5	468	155299	491
4545	许昌学院	河南	许昌	四线	师范	公办	72	482	82	170142	66	66	542	113569	520	41	50	495	116429	518
6040	南京传媒学院	江苏	南京	新一线	综合	民办	1974	482	82	170142	2031	2031	511	157359	490	1979	2019	464	161404	487
6950	上海视觉艺术学院	上海	上海	一线	艺术	民办	17	482	82	170142	60	60	495	179984	475	68	68	449	184336	473
6996	六盘水师范学院	贵州	六盘水	五线	师范	公办	6	482	82	170142	2	2	533	126208	511	2	2	501	108397	523
7278	沈阳体育学院	辽宁	沈阳	新一线	体育	保研资格	8	481	81	170142	6	6	500	172921	478	6	6	446	189057	470
0009	山西医科大学	山西	晋中	四线	医药	公办	18	481	81	171656	14	14	498	175789	480	12	12	450	182812	473
2630	北华大学（较高收费）	吉林	吉林	四线	综合	公办	10	481	81	171656	16	16	503	168670	483	37	44	462	94355	534
3620	铜仁学院	贵州	铜仁	四线	综合	公办	10	481	81	171656	11	11	547	106820	525	10	11	512	258045	485
5695	河南农业大学（办学地点在许昌）	河南	许昌	四线	农业	保研资格	200	481	81	171656	205	213	510	158828	489	480	505	462	164407	485
6013	湖州师范学院	浙江	湖州	三线	师范	公办	50	481	81	171656	38	38	441	255937	428	28	28	401	258045	426
6963	济宁医学院	山东	济宁	三线	医药	公办	10	481	81	171656	10	10	506	164447	485	10	10	459	168910	482
7176	沈阳理工大学（较高收费）	辽宁	沈阳	新一线	工科	公办	10	480	80	171656	10	10	502	170132	482	10	9	456	173485	479
3545	沈阳文理学院（较高收费）	辽宁	沈阳	新一线	综合	公办	6	480	80	173219	6	6	496	178596	476	5	6	415	237441	439
5050	重庆文理学院	重庆	重庆	二线	综合	公办	13	480	80	173219	11	11	521	143264	499	11	11	475	144952	498
5215	贵阳学院	贵州	贵阳	新一线	综合	公办	5	480	80	173219	5	5	499	174394	479	5	5	444	192243	467
5655	重庆科技学院（较高收费）	重庆	重庆	新一线	工科	公办	1368	480	80	173219	1646	1662	502	170132	482	1475	1505	457	171994	480
6250	郑州工程技术学院	河南	郑州	新一线	工科	公办														

第三章 2019-2021年河南省普通高校招生平行投档信息统计

本科二批（理科） 续表

院校代码	院校名称	所在区域	所在地	城市分类	院校类型	院校分类	2021年投档情况 招生计划	投档线	线差	位次	2020年投档情况 招生计划	实际投档	投档线	位次	2021年同位次分数	2019年投档情况 招生计划	实际投档	投档线	位次	2021年同位次分数
9844	山东协和学院（较高收费）	山东	济南	二线	医药	民办	1	480	80	173219	—	—	—	—	—	—	—	—	—	—
3010	西北民族大学（少数民族）	甘肃	兰州	二线	民族	保研资格	43	479	79	174842	54	58	490	187213	471	47	47	459	168910	482
3220	天津农学院	天津	天津	一线	农业	公办	262	479	79	174842	241	241	528	133199	506	209	209	485	130391	508
4510	湖北理工学院（较高收费）	湖北	黄石	四线	工科	公办	8	479	79	174842	4	4	492	184345	473	4	4	435	206509	459
5850	吉林医药学院	吉林	吉林	四线	医药	公办	75	479	79	174842	77	77	539	117811	517	79	79	496	115107	519
6108	河南工业大学（与漯河市政府合办漯河工学院）（就读地在漯河）	河南	漯河	四线	工科	保研资格	170	479	79	174842	145	151	492	184345	473	260	263	445	190661	468
3080	华北科技学院（农林矿）	河北	廊坊	三线	工科	公办	20	478	78	176475	20	20	494	181490	474	17	17	411	243516	436
3430	晋中学院	山西	晋中	四线	师范	公办	24	478	78	176475	28	28	502	170132	482	23	23	454	176534	477
3640	吉林师范大学（异地校区）	吉林	四平	五线	师范	保研资格	8	478	78	176475	—	—	—	—	—	—	—	—	—	—
5710	吉林工商学院	吉林	长春	二线	财经	公办	86	478	78	176475	86	86	510	158828	489	86	86	462	164407	485
6077	南阳理工学院	河南	南阳	三线	工科	公办	670	478	78	176475	659	659	495	179984	475	633	633	450	182812	473
6125	平顶山学院（医护类）	河南	平顶山	四线	师范	公办	37	478	78	176475	59	59	494	181490	474	30	30	450	182812	473
6695	赣南科技学院	江西	赣州	三线	工科	公办	38	478	78	176475	40	42	475	208687	457	37	37	432	211300	456
7341	豫章师范学院	江西	南昌	二线	师范	公办	6	478	78	176475	6	6	497	172201	477	2	10	449	184336	473
6004	郑州大学（体育学院）	河南	郑州	新一线	体育	公办	105	477	77	178120	105	105	489	188599	470	105	105	443	193825	466
6060	周口师范学院	河南	周口	五线	师范	公办	1700	477	77	178120	1802	1820	497	172201	477	1932	1971	449	184336	473
6642	山西应用科技大学	山西	朔州	五线	综合	公办	3	476	76	178120	13	13	476	207250	458	14	14	437	203316	461
5430	滇西应用技术大学	云南	大理	四线	综合	公办	19	476	76	179665	2	2	508	161609	487	3	3	457	171994	480
5862	河北环境工程学院	河北	秦皇岛	四线	工科	公办	16	476	76	179665	18	19	450	243730	435	7	18	394	268221	420
8139	沈阳工程学院	辽宁	沈阳	二线	医药	公办	3	475	75	181262	2	2	522	141799	500	17	2	466	141960	489
3525	长春中医药大学（较高收费）	吉林	长春	二线	农业	保研资格	8	475	75	181262	8	8	490	187213	471	2	2	477	212792	500
3665	河南牧业经济学院	河南	郑州	新一线	工科	公办	1717	475	75	181262	2049	2069	503	168670	483	2051	2092	457	171994	480
6045	赣东学院	江西	抚州	四线	综合	公办	24	475	75	181262	27	35	473	211459	456	29	30	431	212792	455
6696	武夷学院	福建	南平	四线	综合	公办	125	475	75	181262	118	118	514	153171	493	109	109	467	156834	490
7152																				

院校基本信息·本科二批(理科) 续表

院校代码	院校名称	所在区域	所在地	城市分类	院校类型	院校分类	2021年投档情况 招生计划	投档线	线差	位次	2020年投档情况 招生计划	实际	投档线	位次	2021年同位次分数	2019年投档情况 招生计划	实际	投档线	位次	2021年同位次分数
7228	广西科技师范学院	广西	来宾	五线	师范	公办	35	475	75	181262	29	29	494	181490	474	30	30	441	197053	465
3585	鞍山师范学院	辽宁	鞍山	三线	师范	公办	49	474	74	182785	42	42	498	175789	474	43	43	451	181267	474
5505	新疆师范大学	新疆	乌鲁木齐	三线	师范	保研资格	189	474	74	182785	138	163	511	157359	478	115	115	469	153726	492
6114	郑州轻工业大学(与济源职业技术大学联办)	河南	济源	—	工科	公办	200	474	74	182785	200	200	489	183599	470	100	100	444	192243	467
6983	西南交通大学希望学院	四川	成都	新一线	综合	民办	10	474	74	182785	10	10	499	174394	478	—	—	474	146428	497
4195	福建农林大学(较高收费)	福建	福州	二线	农业	保研资格	15	473	73	184349	15	15	523	140403	501	17	17	489	124682	512
5435	河西学院	甘肃	张掖	五线	综合	公办	14	473	73	184349	14	14	496	178596	476	14	14	466	158333	472
5625	安康学院	陕西	安康	四线	师范	公办	15	473	73	184349	8	8	513	154550	492	14	14	466	158333	489
7148	亳州学院	安徽	亳州	四线	工科	公办	24	472	72	184349	13	13	495	179984	475	7	7	436	204917	460
7051	吕梁学院	山西	吕梁	四线	师范	公办	31	473	73	184349	30	30	494	181490	474	30	31	447	185877	471
6608	山东石油化工学院	山东	东营	三线	工科	公办	57	473	73	184349	52	52	477	205778	459	52	52	438	201696	462
6150	黄淮学院	河南	驻马店	三线	师范	公办	1627	473	73	184349	2059	2080	495	179984	475	2121	2163	450	182812	473
6038	洛阳师范学院(软件类)	河南	洛阳	三线	师范	公办	500	473	73	184349	300	300	493	182908	473	300	300	448	185877	472
5220	贵州理工学院	贵州	贵阳	二线	工科	公办	15	473	73	184349	8	8	513	154550	492	14	14	466	158333	489
5565	福建技术师范学院	福建	福州	二线	师范	公办	4	472	72	184349	8	8	485	194389	466	5	5	437	203316	461
5680	百色学院	广西	百色	五线	综合	公办	20	472	72	184349	22	22	478	204297	460	14	14	448	185877	472
5700	凯里学院	贵州	黔东南	四线	师范	公办	15	472	72	185975	10	10	494	181490	474	20	20	443	193825	467
6037	洛阳师范学院(中外合作办学)	河南	洛阳	三线	师范	公办	110	472	72	185975	210	210	488	190039	469	210	210	403	255219	428
6070	南阳师范学院	河南	南阳	三线	师范	公办	30	472	72	185975	30	30	492	184345	473	15	15	448	185877	472
6125	平顶山学院	河南	平顶山	四线	师范	公办	1621	472	72	185975	1467	1482	494	181490	474	1454	1469	449	184336	473
6214	河南工学院	河南	新乡	三线	工科	公办	2373	472	72	185975	2031	2051	498	175789	478	1793	1829	453	178112	477
7259	阿坝师范学院	四川	阿坝	五线	师范	公办	3	472	72	185975	5	5	492	184345	471	4	4	447	187430	471
7600	浙江万里学院	浙江	宁波	新一线	综合	公办	55	472	72	185975	50	50	490	187213	471	50	50	441	197053	465
3015	北方民族大学	宁夏	银川	三线	民族	公办	41	471	71	187565	67	76	477	205778	459	45	48	457	171994	480
3270	河北农业大学(较高收费)(少数民族)	河北	保定	三线	农业	保研资格	4	471	71	187565	—	—	—	—	—	—	—	—	—	—

第三章 2019—2021年河南省普通高校招生平行投档信息统计

续表

本科二批（理科）

院校代码	院校名称	所在区域	所在地	城市分类	院校类型	院校分类	2021年招生计划	2021投档线	2021线差	2021位次	2020招生计划	2020实际投档	2020投档线	2020位次	2021同位次分数	2019招生计划	2019实际投档	2019投档线	2019位次	2021年同位次分数
3345	唐山师范学院	河北	唐山	三线	师范	公办	10	471	71	187565	10	10	494	181490	474	10	10	451	181267	474
3660	吉林建筑大学	吉林	长春	二线	工科	公办	104	471	71	187565	104	106	537	120651	515	104	106	492	120507	515
5200	黔南民族师范学院	贵州	黔南	四线	师范	公办	22	471	71	187565	20	20	492	184345	473	16	16	447	187430	471
5660	商洛学院	陕西	商洛	五线	综合	公办	20	471	71	187565	12	12	499	174394	479	18	18	452	179660	476
6092	郑州航空工业管理学院（中外合作办学）	河南	郑州	二线	财经	公办	376	471	71	187565	377	381	493	182908	473	370	374	440	198658	463
6636	河北师范大学汇华学院	河北	石家庄	二线	师范	民办	16	471	71	187565	16	16	490	187213	471	15	15	443	193825	466
3210	天津城建大学（较高收费）	天津	天津	新一线	工科	公办	55	470	70	187565	62	62	466	221408	449	—	—	488	126087	511
3405	忻州师范学院	山西	忻州	四线	师范	公办	41	470	70	189083	44	44	509	160203	488	31	31	462	164407	485
3463	内蒙古科技大学包头师范学院	内蒙古	包头	四线	师范	公办	18	470	70	189083	14	14	491	185784	472	14	14	474	193825	466
3645	长春工程学院	吉林	长春	二线	工科	公办	100	470	70	189083	99	99	529	131782	507	105	105	488	146428	497
4270	宜春学院	江西	宜春	三线	综合	公办	47	470	70	189083	44	44	521	143264	499	41	41	494	117785	517
4960	玉林师范学院	广西	玉林	三线	师范	公办	10	470	70	189083	10	10	481	200016	463	—	—	—	—	—
5045	长江师范学院	重庆	重庆	新一线	师范	公办	35	470	70	189083	41	46	534	124788	512	37	45	488	126087	511
5195	遵义师范学院	贵州	遵义	三线	师范	公办	8	470	70	189083	4	4	520	144698	498	6	6	467	156834	490
5630	贵州工程应用技术学院	贵州	毕节	三线	师范	公办	6	470	70	189083	6	6	490	187213	471	6	6	422	226764	446
6070	南阳师范学院（农林矿）	河南	南阳	三线	师范	公办	50	470	70	189083	59	62	491	185784	472	72	74	446	189057	470
6623	南阳科技师范学院天平学院	江苏	苏州	新一线	师范	民办	22	470	70	189083	20	20	487	191461	468	20	20	443	193825	466
7293	滇西科技师范学院	云南	临沧	五线	师范	公办	3	470	70	189083	—	—	485	194389	466	10	10	438	201696	462
7400	河套学院	内蒙古	巴彦淖尔	五线	综合	公办	8	469	69	190631	8	8	490	187213	471	60	62	437	203316	461
3680	吉林工程技术师范学院	吉林	长春	二线	师范	公办	60	469	69	190631	55	56	492	184345	473	45	45	448	185877	472
3685	通化师范学院	吉林	通化	五线	师范	公办	45	469	69	190631	45	45	492	184345	473	45	45	448	185877	472
5265	曲靖师范学院	云南	曲靖	四线	师范	公办	15	469	69	190631	14	14	508	161609	487	13	15	466	158333	489
5615	陇东学院	甘肃	庆阳	五线	师范	公办	11	469	69	190631	6	6	494	181490	474	10	10	448	185877	472
6169	洛阳理工学院（与河南机电职业学院联办）（就读在河南机电职业学院）	河南	郑州	新一线	综合	公办	200	469	69	190631	225	225	489	188599	470	225	225	442	195442	465
7012	河北石油职业技术大学	河北	承德	四线	工科	公办	10	469	69	190631	—	—	—	—	—	—	—	—	—	—

院校代码	院校名称	所在区域	所在地	城市分类	院校类型	院校分类	2021年招生计划	2021投档线	投档线差	位次	2020年招生计划	2020实际投档	2020投档线	位次	2021年同位次分数	2019招生计划	2019实际投档	2019投档线	位次	2021年同位次分数
7063	集宁师范学院	内蒙古	乌兰察布	五线	师范	公办	14	469	69	190631	14	14	490	187213	471	14	14	446	189057	470
7163	萍乡学院	江西	萍乡	五线	综合	公办	10	469	69	190631	10	10	493	182908	473	8	15	446	189057	470
7304	甘肃民族师范学院	甘肃	甘南	五线	师范	公办	8	469	69	190631	8	8	492	184345	478	14	14	452	179660	476
8181	山西能源学院	山西	晋中	四线	综合	公办	57	469	69	190631	53	53	498	175789	473	44	44	452	204917	460
9938	广西艺术学院	广西	南宁	二线	艺术	公办	3	469	69	190631	95	95	522	141798	464	4	4	436	144952	498
3445	内蒙古农业大学	内蒙古	呼和浩特	三线	农业	保研资格	97	468	68	192193	52	52	483	197169	500	8	8	448	185877	472
3675	长春师范大学(其他单列)	吉林	长春	三线	师范	公办	14	468	68	192193	10	10	452	241022	437	42	42	475	—	—
3670	白城师范学院	吉林	白城	五线	师范	公办	51	468	68	192193	95	95	492	184799	478	95	95	475	144952	498
3765	大庆师范学院	黑龙江	大庆	四线	师范	保研资格	120	468	68	192193	114	114	490	185784	472	114	114	448	195442	465
3770	绥化学院	黑龙江	绥化	四线	综合	公办	75	468	68	192193	67	67	491	187213	471	67	67	443	193825	466
4505	枣庄学院	山东	枣庄	四线	综合	公办	20	468	68	192193	15	15	498	175789	478	20	20	452	179660	476
6627	南京邮电大学通达学院	江苏	扬州	三线	综合	民办	75	468	68	192193	48	51	495	179984	475	49	49	456	173485	479
6713	重庆财经学院	重庆	重庆	新一线	财经	民办	29	468	68	192193	30	30	488	190039	469	28	28	445	190661	468
7287	文山学院	云南	文山	三线	师范	公办	16	468	68	192193	16	16	484	195845	465	5	5	443	193825	466
2545	河北工程大学(较高收费)	河北	邯郸	三线	工科	保研资格	10	467	67	193798	—	—	—	—	—	—	—	—	—	—
3490	大连大学(较高收费)	辽宁	大连	二线	综合	公办	18	467	67	193798	15	15	505	165842	484	15	15	489	124682	512
4920	广西科技大学(较高收费)	广西	柳州	四线	工科	公办	17	467	67	193798	13	13	492	184345	473	12	12	454	176534	477
5450	兰州财经大学	甘肃	兰州	三线	财经	公办	6	467	67	193798	4	4	541	114968	519	2	2	475	144952	498
6098	华北水利水电大学(与嵩山少林武术职业学院联办,就读地详见专业说明)	河南	郑州	新一线	工科	保研资格	115	467	67	193798	115	127	481	200016	463	114	122	434	208112	458
6165	新乡学院	河南	新乡	三线	综合	公办	2072	467	67	193798	1928	1947	501	171454	481	1965	2004	455	175024	478
5275	楚雄师范学院	云南	楚雄	四线	师范	公办	15	466	66	195410	13	13	492	184345	473	12	12	454	176534	477
5585	红河学院	云南	红河	四线	综合	公办	29	466	66	195410	28	28	497	177201	477	28	28	450	182812	473
6128	平顶山学院	河南	平顶山	四线	师范	公办	290	466	66	195410	280	280	485	194389	466	277	277	442	195442	465
6145	信阳农林学院	河南	信阳	三线	农业	公办	2267	466	66	195410	1978	2018	490	187213	471	1935	1974	444	192243	467
6622	苏州大学应用技术学院	江苏	苏州	新一线	综合	民办	66	466	66	195410	66	66	487	191461	468	66	66	445	190661	468

第三章 2019-2021 年河南省普通高校招生平行投档信息统计

续表

院校基本信息·本科二批（理科）

院校代码	院校名称	所在区域	所在地	城市分类	院校类型	院校分类	2021年投档情况 招生计划	投档线	线差	位次	2020年投档情况 招生计划	实际投档	投档线	位次	2021年同位次分数	2019年投档情况 招生计划	实际投档	投档线	位次	2021年同位次分数
6625	扬州大学广陵学院	江苏	扬州	三线	综合	民办	62	466	66	195410	56	56	483	197169	464	60	60	439	200217	463
6700	赣南师范大学科技学院	江西	赣州	三线	师范	民办	3	466	66	195410	3	3	477	205778	459	3	3	436	204917	460
6891	成都理工大学工程技术学院	四川	乐山	四线	工科	民办	13	466	66	195410	13	13	484	195845	465	13	13	444	192243	467
6897	四川外国语大学成都学院	四川	成都	新一线	语言	民办	23	466	66	195410	21	22	475	208687	457	22	22	470	152213	493
6972	集美大学诚毅学院	福建	厦门	二线	综合	民办	45	466	66	195410	45	45	496	178596	476	43	43	455	175024	478
5540	四川文理学院	四川	达州	五线	综合	公办	11	465	65	197054	4	4	524	138907	502	7	7	480	137646	503
6053	安阳师范学院	河南	安阳	四线	师范	公办	400	465	65	197054	350	350	484	195845	465	390	390	435	206509	459
6058	商丘师范学院（与商丘职业技术学院联办）	河南	商丘	三线	师范	公办	80	465	65	197054	80	80	486	192920	467	80	80	440	198658	463
6135	商丘师范学院（软件类）	河南	商丘	三线	师范	民办	2350	465	65	197054	2237	2259	499	174394	479	2317	2317	454	176534	477
6864	长沙理工大学城南学院（较高收费）	湖南	长沙	新一线	工科	民办	47	465	65	197054	47	48	486	192920	467	47	47	446	189057	470
7152	武夷学院	福建	南平	二线	综合	公办	3	465	65	197054	5	5	472	212907	455	11	11	419	231433	443
3730	哈尔滨学院	黑龙江	哈尔滨	二线	综合	公办	132	464	64	198637	108	109	511	157359	490	122	122	466	158333	489
3735	齐齐哈尔医学院	黑龙江	齐齐哈尔	四线	医药	公办	77	464	64	198637	62	62	491	185784	472	60	60	444	192243	467
3750	黑河学院	黑龙江	黑河	五线	综合	公办	186	464	64	198637	182	182	538	119222	516	139	139	493	119172	516
6070	南阳师范学院	河南	南阳	四线	师范	公办	617	464	64	198637	348	372	484	195845	465	386	394	434	208112	458
6118	中原工学院（与河南职业技术学院联办，就读在河南职业技术学院）	河南	郑州	新一线	工科	公办	160	464	64	198637	100	100	496	178596	476	100	100	451	181267	474
6613	北京中医药大学东方学院	河北	沧州	三线	医药	民办	11	464	64	198637	11	11	520	144698	498	11	11	479	139124	502
6617	南京师范大学中北学院	江苏	镇江	三线	师范	民办	63	464	64	198637	58	58	488	190039	469	53	53	446	189057	470
6629	江苏科技大学苏州理工学院	江苏	苏州	新一线	工科	民办	78	464	64	198637	78	78	484	195845	465	70	70	441	197053	465
6632	河北工程大学科信学院	河北	邯郸	三线	工科	民办	50	464	64	198637	47	51	487	191461	468	42	46	440	198658	463
7273	兴义民族师范学院	贵州	黔西南	五线	师范	公办	1	464	64	198637	1	1	476	178596	476	1	2	448	185877	472
9133	四川电影电视学院	四川	成都	新一线	艺术	民办	2	464	64	198637	2	2	496	207250	458	2	2	426	220514	450
5205	贵州民族大学	贵州	贵阳	三线	民族	公办	20	464	64	198637	20	20	487	191461	468	70	70	441	197053	465
6012	河南农业大学	河南	郑州	新一线	农业	保研资格	320	463	63	200256	328	328	434	265198	422	—	—	433	209699	457
6052	安阳师范学院（中外合作办学）	河南	安阳	四线	师范	公办	50	463	63	200256	50	50	479	202887	461	50	50	—	—	—

·365·

续表

院校代码	院校名称	所在区域	所在地	城市分类	院校类型	院校分类	2021年投档情况 招生计划	投档线	线差	位次	2020年投档情况 招生计划	实际投档	投档线	位次	2021年同位次分数	2019年投档情况 招生计划	实际投档	投档线	位次	2021年同位次分数
6069	信阳师范学院(中外合作办学)	河南	信阳	三线	师范	公办	341	463	63	200256	282	285	482	198608	464	336	339	434	208112	458
6162	洛阳理工学院(中外合作办学)	河南	洛阳	三线	综合	公办	80	463	63	200256	80	80	490	187213	471	80	80	449	184336	473
6618	南京医科大学康达学院	江苏	连云港	三线	医药	民办	20	463	63	200256	18	18	515	151757	494	—	—	505	134658	505
6868	湖南理工学院南湖学院	湖南	岳阳	三线	综合	民办	2	463	63	200256	2	2	471	214321	454	8	8	482	234488	441
6876	湘潭大学兴湘学院	湖南	湘潭	三线	综合	民办	6	463	63	200256	6	6	477	205778	459	2	2	417	192243	467
6951	南京理工大学紫金学院	江苏	泰州	三线	综合	民办	78	463	63	200256	76	76	486	192920	467	68	68	444	173485	474
6988	西安交通大学城市学院	陕西	西安	新一线	综合	民办	30	463	63	200256	30	30	490	175789	478	30	30	446	189057	470
7283	昭通学院	云南	昭通	四线	师范	公办	2	463	63	200256	2	2	498	187213	471	2	2	456	192243	479
8386	黑龙江工业学院	黑龙江	鸡西	五线	工科	公办	123	463	63	200256	103	103	459	167247	483	110	110	451	171994	480
3255	邯郸学院	河北	邯郸	三线	师范	公办	14	462	62	201854	10	10	475	208687	457	5	5	419	231433	443
4685	湖南人文科技学院(较高收费)	湖南	娄底	四线	师范	公办	2	462	62	201854	3	3	504	195845	465	2	2	457	171994	480
5045	长江师范学院(较高收费)	重庆	重庆	新一线	师范	公办	8	462	62	201854	5	8	484	231205	443	—	—	445	190661	468
5850	吉林医药学院	吉林	吉林	四线	医药	公办	4	462	62	201854	2	2	487	191461	468	2	2	445	190661	468
6119	中原工学院(中外合作办学)	河南	郑州	新一线	工科	公办	69	462	62	201854	70	71	487	172921	480	72	76	445	181267	472
6598	上海财经大学浙江学院	浙江	金华	二线	财经	民办	36	462	62	201854	36	36	500	194389	466	36	36	457	171994	480
6624	江苏大学京江学院	江苏	镇江	三线	综合	民办	79	462	62	201854	75	75	485	200016	463	75	75	441	197053	465
6678	四川大学锦江学院	四川	眉山	四线	综合	民办	9	462	62	201854	13	13	481	200016	463	13	13	451	181267	474
6812	中国矿业大学徐海学院	江苏	徐州	三线	工科	民办	65	462	62	201854	60	60	482	198608	464	65	65	440	198658	463
6867	湖南科技大学潇湘学院	湖南	湘潭	三线	综合	民办	8	462	62	201854	8	8	482	198608	464	8	8	448	185877	472
6895	四川中医药高等专科学校	四川	眉山	四线	医药	民办	2	462	62	201854	2	2	475	208687	457	2	2	449	184336	473
6898	贵州中医药大学时珍学院	贵州	贵阳	三线	医药	民办	8	462	62	201854	10	10	489	188599	468	10	10	424	223648	448
7284	普洱学院	云南	普洱	五线	师范	公办	10	462	62	201854	10	10	482	198608	464	29	29	441	197053	467
9700	成都东软学院	四川	成都	新一线	工科	民办	60	462	62	201854	36	36	482	198608	464	29	29	444	192243	465
3315	北华航天工业学院	河北	廊坊	三线	工科	公办	10	461	61	203404	10	10	482	198608	470	10	10	444	192243	467
3360	山西农业大学(较高收费)	山西	晋中	四线	农业	公办	94	461	61	203404	91	95	538	119222	516	98	98	491	121907	514
5495	呼伦贝尔学院	内蒙古	呼伦贝尔	五线	综合	公研资格	23	461	61	203404	23	23	486	192920	467	23	23	443	193825	466

· 366 ·

第三章 2019-2021 年河南省普通高校招生平行投档信息统计

续表

院校基本信息·本科二批（理科）

院校代码	院校名称	所在区域	所在地	城市分类	院校类型	院校分类	2021年投档情况					2020年投档情况					2019年投档情况			
							招生计划	投档线	线差	位次	招生计划	实际投档	投档线	位次	2021年同位次分数	招生计划	实际投档	投档线	位次	2021年同位次分数
5500	新疆农业大学	新疆	乌鲁木齐	三线	农业	保研资格	292	461	61	203404	228	228	503	168670	192	204	457	171994	480
5520	伊犁师范大学	新疆	伊犁	五线	师范	保研资格	262	461	61	203404	269	269	481	200016	208	208	434	208112	458
5665	榆林学院	陕西	榆林	四线	师范	公办	33	461	61	203404	21	21	522	172921	20	20	453	178112	477
6085	河南科技大学（中外合作办学）	河南	洛阳	三线	综合	保研资格	480	461	61	203404	240	240	500	141799	240	240	475	144952	498
6153	黄淮学院	河南	驻马店	三线	综合	公办	91	461	61	203404	90	92	480	201440	86	86	433	209699	457
6677	西南财经大学天府学院	四川	成都	新一线	财经	民办	9	461	61	203404	24	24	482	198608	15	19	447	187430	471
6691	南昌大学科学技术学院	江西	九江	三线	综合	民办	25	461	61	203404	25	25	477	205778	25	25	431	212792	455
6765	石家庄铁道大学四方学院	河北	石家庄	二线	工科	民办	60	461	61	203404	60	66	484	195845	60	60	440	198658	463
6961	浙江中医药大学滨江学院	浙江	杭州	新一线	医药	民办	50	461	61	203404	50	50	499	174394	50	50	462	164407	485
6980	广州软件学院	广东	广州	一线	工科	民办	19	461	61	203404	19	19	479	202887	19	19	444	192243	467
9679	重庆工程学院	重庆	重庆	新一线	工科	民办	34	461	61	203404	33	33	473	211459	33	33	411	243516	436
9958	安徽艺术学院	安徽	合肥	二线	艺术	公办	2	461	61	203404	—	—	—	—	—	—	—	—	—
3645	长春工程学院（较高收费）	吉林	长春	二线	工科	公办	32	460	60	203404	—	—	—	—	—	—	—	—	—
5510	喀什大学	新疆	喀什	五线	师范	公办	353	460	60	205000	280	283	481	200016	183	183	438	201696	462
6045	河南牧业经济学院（农林矿）	河南	郑州	新一线	农业	公办	1020	460	60	205000	1060	1072	480	201440	700	707	440	198658	463
6628	南京财经大学红山学院	江苏	镇江	三线	综合	民办	56	460	60	205000	56	56	478	204297	56	56	441	197053	465
6843	湖北大学知行学院	湖北	武汉	新一线	师范	民办	13	460	60	205000	12	13	479	202887	11	11	436	204917	460
6849	湖北师范大学文理学院	湖北	黄石	四线	师范	民办	21	460	60	205000	22	22	477	205778	17	17	435	206509	459
6949	南京航空航天大学金城学院	江苏	南京	新一线	工科	民办	54	460	60	205000	35	37	491	185784	34	34	457	171994	480
7503	茅台学院	贵州	遵义	三线	工科	民办	24	460	60	205000	26	26	480	201440	46	46	428	217384	452
3760	山西工程技术学院	山西	阳泉	五线	工科	公办	64	459	59	206643	51	51	499	174394	50	50	451	181267	474
5856	牡丹江师范学院	黑龙江	牡丹江	五线	师范	公办	66	459	59	206643	51	51	520	144698	47	48	473	147855	496
6158	河南工程学院（软件类）	河南	郑州	新一线	工科	公办	600	459	59	206643	—	—	—	—	—	—	—	—	—
6697	南昌大学科技学院	江西	九江	三线	综合	民办	18	459	59	206643	29	52	474	210109	44	48	436	204917	460
6923	新疆航空航天大学科技学院	新疆	阿克苏	五线	工科	民办	202	459	59	206643	202	202	474	210109	174	172	385	280520	412
7064	呼和浩特民族学院	内蒙古	呼和浩特	三线	语言	公办	7	459	59	206643	11	11	484	195845	8	8	402	256652	427

院校基本信息·本科二批(理科)

院校代码	院校名称	所在区域	所在地	城市分类	院校类型	院校分类	2021年招生计划	2021投档线	线差	位次	2020年招生计划	2020实际投档	2020投档线	位次	2021年同位次分数	2019年招生计划	2019实际投档	2019投档线	位次	2021年同位次分数
3455	内蒙古民族大学	内蒙古	通辽	五线	综合	公办	54	458	58	208283	54	54	512	155958	491	54	54	466	158333	489
3470	赤峰学院	内蒙古	赤峰	四线	综合	公办	17	458	58	208283	20	20	489	188599	470	20	20	435	206509	459
6017	河南中医药大学(与嵩山少林武术职业学院联办)(前两年就读嵩山)	河南	郑州	新一线	医药	保研资格	240	458	58	208283	240	250	467	220020	450	60	65	396	265263	422
6616	南京工业大学浦江学院	江苏	南京	二线	综合	民办	50	458	58	208283	30	30	493	182908	457	30	30	433	220514	457
6626	江苏师范大学科文学院	江苏	徐州	三线	综合	民办	101	458	58	208283	111	111	475	208687	456	86	86	433	209699	457
6693	江西师范大学科学技术学院	江西	九江	三线	综合	民办	18	458	58	208283	18	18	473	211459	457	18	18	433	209699	457
6859	湖北工程学院新技术学院	湖北	孝感	四线	工科	民办	31	458	58	208283	31	31	474	210109	456	25	25	426	225127	447
6892	四川传媒学院	四川	成都	新一线	艺术	民办	12	458	58	208283	6	6	491	185784	472	4	4	446	189057	470
6921	新疆政法学院	新疆	图木舒克	—	—	公办	32	458	58	208283	12	12	438	259953	425	—	—	423	225127	447
6922	新疆科技学院	新疆	巴音郭楞	五线	综合	公办	101	458	58	208283	149	149	471	214321	454	23	23	400	259513	425
6966	浙江师范大学行知学院	浙江	杭州	新一线	财经	民办	41	458	63	208283	39	39	419	284340	409	36	36	452	179660	476
5040	重庆第二师范学院(其他单列)	重庆	重庆	新一线	师范	公办	6	457	57	209890	3	3	487	191461	468	—	—	423	225127	447
6060	周口师范学院	河南	周口	三线	师范	公办	110	457	57	209890	—	—	—	—	—	—	—	—	—	—
6630	常州大学怀德学院	江苏	常州	三线	综合	民办	43	457	57	209890	30	30	472	214321	455	30	30	433	209699	457
6783	锦州医科大学医疗学院	辽宁	锦州	四线	医药	民办	145	457	57	209890	135	140	575	212907	457	138	138	439	200217	463
6878	湖南师范大学树达学院	湖南	长沙	三线	师范	民办	5	457	57	209890	53	10	477	205778	459	7	7	433	206509	457
6952	南京师范大学泰州学院	江苏	泰州	三线	师范	民办	74	457	57	209890	53	53	477	205778	459	48	48	435	206509	457
7616	武汉生物工程学院	湖北	武汉	二线	工科	民办	42	457	56	209890	36	36	474	201440	462	35	35	433	182812	473
0012	哈尔滨体育学院	黑龙江	哈尔滨	二线	体育	公办	36	458	56	211482	12	12	480	214321	454	18	18	450	209699	457
5515	昌吉学院	新疆	昌吉	五线	师范	公办	55	458	56	211482	60	60	471	214321	454	58	58	387	278885	413
6042	许昌学院(中外合作办学)(较高收费)	河南	许昌	四线	工科	公办	478	458	56	211482	553	564	471	214321	454	553	581	423	225127	447
6122	河南城建学院(中外合作办学)(较高收费)	河南	平顶山	四线	工科	公办	280	458	56	211482	280	283	477	205778	459	280	283	430	214312	454
6604	昌吉学院(中外合作办学)(较高收费)	新疆	昌吉	五线	综合	民办	25	458	56	211482	20	20	474	210109	456	17	17	428	217384	452
6755	天津人文科技学院临床医学院	天津	天津	新一线	医药	民办	126	458	56	211482	126	126	511	157359	490	126	126	477	141960	500
6899	贵州黔南经济学院	贵州	黔南	—	财经	民办	3	458	56	211482	6	6	479	202887	461	6	6	436	204917	460

院校基本信息·本科二批（理科）

院校代码	院校名称	所在区域	所在地城市	城市分类	院校类型	院校分类	2021年投档情况 招生计划	投档线	线差	位次	2020年投档情况 招生计划	实际投档	投档线	位次	2021年同位次分数	2019年投档情况 招生计划	实际投档	投档线	位次	2021年同位次分数
3655	吉林化工学院（较高收费）	吉林	吉林	四线	工科	公办	15	455	55	213085	15	15	473	211459	456	15	15	427	218977	451
5535	贺州学院	广西	贺州	五线	综合	公办	30	455	55	213085	25	25	493	182908	473	18	29	448	185877	472
6847	湖北恩施学院	湖北	恩施	四线	工科	民办	14	455	55	213085	21	24	476	207250	458	—	—	414	238977	438
6850	武汉文理学院	湖北	武汉	新一线	财经	民办	32	455	55	213085	41	41	471	214321	471	40	40	427	218977	451
6875	南华大学船山学院	湖南	衡阳	三线	工科	民办	6	455	55	213085	6	6	437	261238	424	6	6	441	197053	465
8212	鄂尔多斯应用技术学院	内蒙古	鄂尔多斯	四线	综合	公办	32	455	55	213085	32	32	488	190039	469	30	30	443	193825	466
3775	吉林农业科技学院	吉林	吉林	四线	农业	公办	127	454	54	214734	126	126	501	171454	481	132	132	455	175024	478
5315	西藏农牧学院	西藏	林芝	五线	农业	公办	81	454	54	214734	81	81	471	214321	454	78	78	433	209699	457
5500	新疆农业大学（其他单列）	新疆	乌鲁木齐	三线	农业	保研资格	10	454	54	214734	8	8	477	205778	459	—	—	—	—	—
5545	安顺学院	贵州	安顺	四线	综合	公办	6	454	54	214734	6	6	492	184345	473	7	7	448	185877	472
6072	南阳师范学院	河南	南阳	三线	师范	公办	178	454	54	214734	233	235	468	218640	451	150	153	420	229909	444
6711	重庆外语外事学院	重庆	重庆	新一线	语言	民办	19	454	54	214734	19	19	470	215801	453	20	20	456	173485	479
6714	重庆工商大学派斯学院	重庆	重庆	新一线	财经	民办	5	454	54	214734	5	5	468	218640	451	6	6	431	250790	431
6842	长江大学文理学院	湖北	荆州	三线	工科	民办	21	454	54	214734	26	26	465	222839	448	22	22	432	211300	456
7064	呼和浩特民族学院	内蒙古	呼和浩特	三线	语言	公办	6	454	54	214734	2	2	487	191461	468	2	2	419	231433	443
7229	桂林旅游学院	广西	桂林	三线	财经	公办	15	454	54	214734	13	13	493	182908	473	16	16	445	190661	468
3635	吉林农业大学（中外合作办学）	吉林	长春	二线	农业	保研资格	18	453	53	216337	16	11	430	270424	418	8	8	463	162953	486
4185	宿州学院	安徽	宿州	四线	师范	公办	12	453	53	216337	10	10	510	158828	489	10	10	464	161404	487
4855	韩山师范学院	广东	潮州	三线	师范	公办	4	453	53	216337	6	6	517	148936	495	1	1	415	237441	439
5665	新乡医学院三全学院	河南	新乡	三线	医药	民办	2292	453	53	216337	2447	2594	476	207250	458	2450	2622	435	206509	459
6505	榆林学院	陕西	榆林	四线	师范	公办	11	453	53	216337	23	23	474	210109	456	37	37	436	204917	460
6838	武昌理工学院	湖北	武汉	新一线	工科	民办	157	452	52	216337	148	148	473	211459	456	163	163	431	212792	455
7610	三江学院	江苏	南京	二线	综合	民办	113	452	52	217907	92	92	523	140403	501	94	94	478	140526	501
3515	辽宁科技学院	辽宁	本溪	五线	工科	公办	85	452	52	217907	80	83	524	138907	502	71	71	478	140526	501
5000	海南热带海洋学院	海南	三亚	三线	综合	公办	290	452	52	217907	285	285	477	205778	459	176	176	420	229909	444
5515	昌吉学院	新疆	昌吉	五线	师范	公办														

院校基本信息·本科二批（理科）

院校代码	院校名称	所在区域	所在地	城市分类	院校类型	院校分类	招生计划	投档线	线差	位次	招生计划	实际投档	投档线	位次	2021年同位次分数	招生计划	实际投档	投档线	位次	2021年同位次分数
6127	平顶山学院（中外合作办学）	河南	平顶山	四线	师范	公办	100	452	52	217907	160	160	468	218640	451	160	160	419	231433	443
6692	江西农业大学南昌商学院	江西	九江	三线	综合	民办	15	452	52	217907	17	22	466	221408	449	17	22	429	215808	453
6699	江西财经大学现代经济管理学院	江西	九江	三线	财经	民办	10	452	52	217907	7	7	448	246379	434	7	7	452	179660	476
6712	重庆对外经贸学院	重庆	重庆	新一线	财经	民办	24	452	52	217907	26	26	470	215801	453	26	26	433	209699	457
6754	天津外国语大学滨海外事学院	天津	天津	新一线	语言	民办	6	452	52	217907	35	35	467	220020	450	64	67	428	218977	451
6784	辽宁中医药大学杏林学院	辽宁	沈阳	新一线	医药	民办	72	452	52	217907	68	68	469	217220	452	66	66	427	217384	452
6960	温州医科大学仁济学院	浙江	温州	二线	医药	民办	70	452	52	217907	70	70	477	205778	459	70	70	439	200217	463
7279	贵州商学院	贵州	贵阳	二线	财经	公办	2	452	52	217907	2	1	426	275609	415	—	—	—	—	—
7602	西安培华学院	陕西	西安	新一线	财经	民办	38	452	52	217907	14	14	472	212907	455	23	23	427	214312	454
3775	吉林农业科技学院	吉林	吉林	四线	农业	公办	8	451	51	219532	8	8	440	257231	427	2	2	430	218977	451
6047	河南牧业经济学院（中外合作）（英才校区）	河南	郑州	新一线	农业	公办	248	451	51	219532	248	248	467	220020	450	—	—	416	239936	440
6057	商丘师范学院（中外合作办学）	河南	商丘	三线	师范	公办	250	451	51	219532	270	278	468	218640	451	260	273	423	225127	447
6065	信阳师范学院（较高收费）	河南	信阳	三线	师范	公办	300	451	51	219532	—	—	—	—	—	—	—	—	—	—
6702	南昌应用技术师范学院	江西	南昌	二线	工科	民办	12	451	51	219532	15	15	468	218640	451	15	15	431	212792	455
6801	吉林动画学院	吉林	长春	二线	艺术	民办	10	451	51	219532	10	10	471	214321	454	10	10	434	208112	458
6848	广西中医药大学赛恩斯新医药学院	广西	南宁	二线	医药	民办	38	451	51	219532	37	37	467	220020	450	42	42	419	231433	443
6886	湖北汽车工业学院科技学院	湖北	十堰	三线	工科	民办	71	451	51	219532	60	60	473	211459	456	52	52	434	208112	458
3680	廊坊师范学院	河北	廊坊	三线	师范	公办	10	451	51	221117	10	10	462	227021	446	10	10	479	139124	502
3340	吉林工程技术师范学院	吉林	长春	二线	师范	公办	10	451	51	221117	57	57	525	137488	503	5	5	415	237441	439
3755	牡丹江师范学院	黑龙江	牡丹江	四线	师范	公办	170	451	51	221117	57	57	540	116385	518	107	107	497	113728	520
6137	安阳工学院（中外合作办学）	河南	安阳	四线	工科	公办	254	451	51	221117	292	292	464	224244	448	179	179	415	237441	439
6672	武昌工学院	湖北	武汉	新一线	工科	民办	12	450	50	221117	22	39	467	220020	450	22	22	425	222067	449
6839	武汉晴川学院	湖北	武汉	新一线	工科	民办	38	450	50	221117	35	35	493	182908	473	35	35	451	181267	474
7608	上海杉达学院	上海	上海	一线	财经	民办	2	450	50	221117	3	3	460	229756	444	1	1	435	206509	459
3655	吉林化工学院	吉林	吉林	四线	工科	公办	191	449	49	222771	191	191	519	146141	497	191	191	471	150749	494

第三章 2019—2021年河南省普通高校招生平行投档信息统计

院校基本信息·本科二批（理科） 续表

院校代码	院校名称	所在区域	所在地	城市分类	院校类型	院校分类	2021年投档情况 招生计划	投档线	线差	位次	2020年投档情况 招生计划	实际投档	投档线	位次	2021年同位次分数	2019年投档情况 招生计划	实际投档	投档线	位次	2021年同位次分数
5500	新疆农业大学（较高收费）	新疆	乌鲁木齐	二线	农业	保研资格	10	449	49	222771	6	6	468	218640	451	8	10	426	220514	450
6060	周口师范学院	河南	周口	三线	师范	公办	240	449	49	222771	120	120	466	221408	449	120	120	398	262381	423
6609	文华学院	湖北	武汉	新一线	综合	民办	39	449	49	222771	39	39	489	188599	470	38	38	471	187430	471
6872	湖南文理学院芙蓉学院	湖南	常德	四线	综合	民办	2	449	49	222771	2	2	465	222839	448	2	2	436	204917	460
6877	中南林业科技大学涉外学院	湖南	长沙	二线	综合	民办	12	449	49	222771	19	19	420	283127	410	38	38	447	198658	463
6953	浙江财经大学东方学院	浙江	绍兴	二线	财经	民办	77	449	49	222771	72	72	468	218640	451	69	69	425	212792	449
6991	西安财经大学行知学院	陕西	西安	新一线	财经	民办	11	449	49	222771	11	11	470	215801	453	12	12	431	222067	455
3520	辽宁师范大学（较高收费）	辽宁	大连	二线	师范	保研资格	10	448	48	224338	10	10	521	143264	499	2	4	480	137646	503
6120	河南城建学院	河南	平顶山	四线	工科	公办	1813	448	48	224338	1767	1802	510	158828	489	2092	2134	462	164407	485
6643	晋中信息学院	山西	晋中	四线	综合	民办	36	448	48	224338	27	27	466	221408	449	40	40	421	228295	445
6667	南通大学杏林学院	江苏	南通	二线	综合	民办	93	448	48	224338	70	70	469	217220	452	71	71	427	218977	451
6669	福州大学至诚学院	福建	福州	二线	综合	民办	81	448	48	224338	85	85	466	221408	449	76	76	429	215808	453
3685	通化师范学院（较高收费）	吉林	通化	五线	师范	民办	10	447	47	225988	10	10	453	239641	438	10	10	407	249416	432
5530	河池学院	广西	河池	五线	综合	公办	9	447	47	225988	15	15	493	182908	473	15	15	449	184336	473
3455	内蒙古民族大学（较高收费）	内蒙古	通辽	五线	综合	保研资格	34	447	47	225988	43	49	482	198608	464	41	41	444	192243	467
6862	武汉大学昆仑学院	湖北	武汉	新一线	综合	民办	15	447	47	225988	15	15	472	212907	455	16	16	431	212792	455
6915	青海大学昆仑学院	青海	西宁	四线	综合	民办	38	447	47	225988	46	46	460	229756	444	48	48	436	204917	460
6990	西安建筑科技大学华清学院	陕西	西安	新一线	工科	民办	12	447	47	225988	10	10	462	227021	446	5	5	426	220514	450
9860	四川工业科技学院	四川	德阳	四线	工科	民办	20	446	46	227590	10	10	473	211459	456	—	—	—	—	—
3745	黑龙江科技大学（中外合作办学）	黑龙江	哈尔滨	二线	工科	保研资格	124	446	46	227590	105	105	540	116385	518	117	117	493	119172	516
5000	海南热带海洋学院	海南	三亚	四线	综合	公办	8	446	46	227590	7	7	442	254580	429	5	1	446	189057	470
6167	新乡学院（中外合作办学）	河南	新乡	新一线	工科	公办	120	446	46	227590	120	120	457	234014	441	120	120	409	246460	434
6502	中原科技学院	河南	郑州	新一线	师范	民办	1464	446	46	227590	2164	2207	472	212907	455	2352	2423	420	218977	451
6682	福建师范大学协和学院	福建	福州	二线	师范	民办	27	446	46	227590	27	27	459	231205	443	27	27	427	229909	444
6781	大连医科大学中山学院	辽宁	大连	二线	医药	民办	43	446	46	227590	43	43	482	198608	464	43	43	453	178112	477
6811	无锡太湖学院	江苏	无锡	二线	综合	民办	133	446	46	227590	104	104	456	235408	441	115	115	417	234488	441

续表

院校基本信息·本科二批(理科)

院校代码	院校名称	所在区域	所在地	城市分类	院校类型	院校分类	2021年投档情况 招生计划	2021年投档情况 投档线	2021年投档情况 线差	2021年投档情况 位次	2020年投档情况 招生计划	2020年投档情况 实际投档	2020年投档情况 投档线	2020年投档情况 位次	2021年同位次分数	2019年投档情况 招生计划	2019年投档情况 实际投档	2019年投档情况 投档线	2019年投档情况 位次	2021年同位次分数
6852	武昌工学院	湖北	武汉	新一线	工科	民办	32	446	46	227590	30	30	462	227021	446	30	30	436	204917	460
6885	南宁师范大学师园学院	广西	南宁	二线	综合	民办	22	446	46	227590	18	18	462	227021	446	12	12	418	232966	442
7614	烟台南山学院	山东	烟台	二线	工科	民办	110	446	46	227590	113	114	465	222839	448	113	113	431	212792	455
3380	运城学院	山西	运城	四线	师范	公办	50	445	45	229192	50	50	510	158828	489	40	40	464	161404	487
3615	辽东学院	辽宁	丹东	四线	财经	公办	104	445	45	229192	91	91	499	174394	479	86	86	455	175024	478
6685	右江民族医学院	广西	百色	五线	医药	公办	421	445	45	229192	410	414	551	101503	528	385	393	497	113728	520
6078	南阳理工学院(中外合作办学)	河南	南阳	三线	工科	公办	12	445	45	229192	10	10	482	198608	464	10	10	435	206509	437
4940	西安理工学院	陕西	西安	二线	综合	公办	26	445	45	229192	65	65	457	234014	441	65	65	413	212792	437
6703	南昌理工学院	江西	九江	三线	综合	民办	4	445	45	229192	4	5	471	214321	454	4	4	431	240565	455
6799	长春科技学院	吉林	长春	三线	综合	民办	8	445	45	229192	15	15	453	239641	438	10	10	416	235936	440
9945	云南艺术学院(较高收费)	云南	昆明	二线	艺术	公办	1	445	45	229192	—	—	—	—	—	—	—	—	—	—
4685	湖南人文科技学院	湖南	娄底	四线	师范	公办	6	444	44	230786	6	6	523	140403	501	13	13	472	149279	495
6180	郑州科技学院	河南	郑州	新一线	工科	民办	2085	444	44	230786	1935	1959	467	220020	450	1966	2003	424	223648	448
6976	北京科技大学天津学院	天津	天津	新一线	工科	民办	273	443	43	232325	275	275	462	227021	446	245	250	425	222067	449
6879	广州商学院	广东	广州	一线	财经	民办	8	443	43	232325	8	8	476	207250	458	15	15	431	212792	455
6954	浙江师范大学行知学院	浙江	金华	三线	财经	民办	52	442	42	232325	52	52	458	232685	442	52	52	415	237441	439
5525	新疆财经大学	新疆	乌鲁木齐	三线	保研资格	公办	112	442	42	233927	96	96	518	147501	496	60	60	476	143428	499
6048	河南牧业经济学院(软件类)	河南	郑州	新一线	农业	公办	540	442	42	233927	7	7	418	285539	408	8	8	429	215808	453
6874	吉首大学张家界学院	湖南	张家界	五线	综合	民办	88	442	42	233927	49	49	510	158845	441	56	56	464	161404	487
6931	北京理工大学珠海学院	广东	珠海	二线	综合	民办	66	442	42	233927	66	66	456	235408	465	44	48	415	237441	466
6955	宁波大学科学技术学院	浙江	宁波	二线	综合	民办	48	442	42	233927	66	66	484	195845	443	47	47	443	193825	466
6978	武汉工程大学邮电与信息工程学院	湖北	武汉	新一线	工科	民办	48	441	41	233927	47	47	459	231205	437	27	27	416	235936	440
7624	西京学院	陕西	西安	二线	工科	民办	48	441	41	235515	29	29	452	241022	433	44	44	408	247892	433
6508	信阳学院	河南	信阳	三线	师范	民办	1885	441	41	235515	1861	1867	447	247757	447	1874	1874	413	240565	437
6689	福建农林大学金山学院	福建	福州	二线	农业	民办	38	440	—	—	36	36	486	192920	486	36	36	444	192243	—
3110	塔里木大学	新疆	阿拉尔	—	综合	公办	609	440	40	237132	505	505	486	192920	467	350	350	444	192243	467

·372·

续表

院校代码	院校名称	所在区域	所在地	城市分类	院校类型	院校分类	2021年投档情况					2020年投档情况				2021年同位次分数	2019年投档情况				2021年同位次分数
							招生计划	投档线	线差	位次		招生计划	实际投档	投档线	位次		招生计划	实际投档	投档线	位次	
6127	平顶山学院（中外合作办学）（较高收费）	河南	平顶山	四线	师范	公办	220	440	40	237132	—	—	—	—	—	—	—	—	—	—
6957	浙江理工大学科技与艺术学院	浙江	绍兴	二线	工科	民办	52	440	40	237132	52	52	453	239641	438	52	52	409	246460	434
6970	浙江财经大学东方学院	浙江	嘉兴	二线	财经	民办	71	440	40	237132	54	54	467	220020	450	54	54	427	218977	451
7605	北京城市学院	北京	北京	一线	综合	民办	42	440	40	237132	44	44	479	202887	461	36	36	447	187430	471
9061	南宁学院	广西	南宁	二线	综合	民办	25	440	40	237132	11	11	456	228392	441	13	13	426	220514	450
9840	江西工程学院	江西	新余	三线	工科	民办	18	440	40	237132	15	15	461	205778	445	16	21	416	235936	440
6130	黄河科技学院	河南	郑州	新一线	综合	民办	2099	439	39	238693	2048	2109	472	212907	455	1983	1997	431	214312	454
6856	武汉华夏理工学院	湖北	武汉	新一线	工科	民办	22	439	39	238693	20	20	477	229756	459	4	9	437	203316	461
6789	燕京理工学院	河北	廊坊	三线	综合	民办	8	439	39	238693	7	16	460	229756	444	19	19	430	220514	455
6631	华北理工大学轻工学院	河北	唐山	三线	工科	民办	55	438	38	240321	114	127	460	224244	448	115	115	421	214312	454
6612	电子科技大学中山学院	广东	中山	三线	工科	民办	119	438	38	240321	123	129	453	229756	444	123	115	421	228295	445
6602	新疆工程学院（较高收费）	新疆	乌鲁木齐	新一线	工科	公办	101	438	38	240321	—	—	—	—	—	—	—	440	198658	463
7331	齐齐哈尔医学院	黑龙江	齐齐哈尔	四线	医药	公办	23	439	39	238693	—	—	—	135998	504	147	148	481	136160	504
3710	青岛农业大学海都学院	山东	烟台	二线	综合	民办	80	438	38	240321	70	70	456	235408	441	70	70	425	222067	449
6647	内蒙古大学创业学院	内蒙古	呼和浩特	三线	综合	民办	150	437	37	241940	150	154	526	283623	409	67	67	433	209699	457
6705	马鞍山学院	安徽	马鞍山	三线	工科	民办	72	437	37	241940	67	59	419	284340	419	50	50	430	228295	429
6816	桂林学院	广西	桂林	三线	综合	民办	18	437	37	241940	17	17	439	258623	426	16	16	404	253798	429
6884	西安外事学院	陕西	西安	新一线	综合	民办	25	437	37	241940	26	26	445	250424	431	26	18	391	272463	417
7623	西安交通工程学院	陕西	西安	新一线	工科	民办	37	437	37	241940	18	18	449	245038	435	10	10	401	258045	426
9710	西安升达经贸管理学院	陕西	西安	新一线	财经	民办	24	437	37	241940	33	33	453	239641	438	42	44	412	242062	436
6195	郑州升达经贸管理学院	河南	郑州	新一线	财经	民办	2774	436	36	243532	2657	2710	454	238237	436	2699	2753	424	233648	435
6721	宁夏大学新华学院	宁夏	银川	三线	综合	民办	10	436	36	243532	10	10	451	242386	439	8	8	411	244999	436
6752	天津大学仁爱学院	天津	天津	二线	财经	民办	43	436	36	243532	53	53	449	245038	435	56	56	407	249416	432
6883	广西民族大学相思湖学院	广西	南宁	二线	民族	民办	38	436	36	243532	36	44	441	255937	428	18	18	402	256652	427

续表

院校基本信息·本科二批（理科）

院校代码	院校名称	所在区域	所在地	城市分类	院校类型	院校分类	2021年招生计划	2021投档线	2021线差	2021位次	2020招生计划	2020实际投档	2020投档线	2020位次	2021年同位次分数	2019招生计划	2019实际投档	2019投档线	2019位次	2021年同位次分数
8121	河北东方学院	河北	廊坊	三线	综合	民办	27	436	36	243532	10	10	458	232685	442	—	—	—	—	—
9828	山西工商学院	山西	太原	二线	财经	民办	14	436	36	243532	14	14	455	236806	440	8	13	410	244999	435
5410	西北师范大学（较高收费）	甘肃	兰州	二线	师范	保研资格	8	435	35	245065	4	4	541	114968	519	—	—	—	—	—
6003	郑州西亚斯学院	河南	郑州	一线	综合	民办	3179	435	35	245065	3181	3181	451	242386	421	3040	3101	470	189057	434
6968	中国计量大学现代科技学院	浙江	金华	二线	工科	民办	35	435	35	245065	30	24	433	266534	436	30	30	446	246460	470
7627	西安思源学院	陕西	西安	一线	综合	民办	54	435	35	245065	39	45	456	235408	441	26	29	419	252264	443
7629	潍坊医药学院	山东	淄博	三线	医药	民办	31	435	35	245065	31	31	430	270424	496	33	33	431	212792	455
7634	齐鲁医药学院	山东	潍坊	三线	医药	民办	38	435	35	245065	38	38	447	247757	418	75	75	405	231433	493
8542	南通理工学院	江苏	南通	二线	工科	民办	89	435	35	245065	87	87	451	242386	433	—	—	—	—	430
4860	岭南师范学院	广东	湛江	三线	师范	公办	5	434	34	246717	3	3	435	263849	423	—	—	—	—	412
6673	武汉设计工程学院	湖北	武汉	一线	农业	民办	12	434	34	246717	9	9	461	228392	445	9	9	426	220514	450
6185	西安科技大学高新学院	陕西	西安	一线	工科	民办	4	434	34	246717	4	4	439	258623	426	4	4	421	228295	445
6686	武汉体育学院体育科技学院	湖北	武汉	一线	体育	民办	4	434	34	246717	3	3	451	242386	431	3	3	397	263856	423
6857	浙江树人学院	浙江	绍兴	二线	综合	民办	96	434	34	246717	76	76	441	255937	428	70	66	386	279199	412
7611	南昌理工学院	湖北	襄阳	二线	财经	民办	126	433	33	248295	104	104	466	221408	449	97	102	430	214312	454
6660	烟台科技学院	山东	烟台	三线	综合	民办	66	433	33	248295	51	42	419	284340	409	43	43	434	208112	458
6661	天津财经大学珠江学院	天津	天津	新一线	财经	民办	20	433	33	248295	8	8	466	221408	431	4	4	477	141960	500
6813	蚌埠工学院	安徽	蚌埠	三线	工科	民办	18	433	33	248295	15	15	431	250424	445	22	22	437	222067	449
6838	武昌理工学院	湖北	武汉	新一线	工科	民办	22	433	33	248295	22	22	466	221408	422	4	3	425	203316	461
6858	湖北文理学院理工学院	湖北	襄阳	三线	财经	民办	4	433	33	248295	3	3	422	280614	412	—	—	—	—	—
6870	湘潭理工学院	湖南	湘潭	四线	财经	民办	60	432	32	249868	70	70	440	257231	427	68	68	401	258045	426
6964	绍兴文理学院元培学院	浙江	绍兴	三线	师范	民办	1460	431	31	251493	1451	1485	478	204297	460	2071	2092	435	205509	459
6501	河南开封科技传媒学院	河南	开封	四线	工科	民办	2330	431	31	251493	2320	2349	448	246379	434	2215	2237	409	246460	434
6504	郑州经贸学院	河南	郑州	新一线	财经	民办	431	431	31	251493	5	5	422	280614	412	5	5	402	256652	427
6682	福建师范大学协和学院	福建	福州	二线	综合	民办	5	431	31	251493	5	5	431	255937	428	3	3	398	262381	423
6909	云南艺术学院文华学院	云南	昆明	二线	艺术	民办	2	431	31	251493	2	2	441	255937	428	—	—	—	—	—

第三章 2019-2021年河南省普通高校招生平行投档信息统计

续表

院校基本信息·本科二批(理科)

院校代码	院校名称	所在区域	所在地	城市分类	院校类型	院校分类	2021年投档情况 招生计划	投档线	线差	位次	2020年投档情况 招生计划	实际投档	投档线	位次	2021年同位次分数	2019年投档情况 招生计划	实际投档	投档线	位次	2021年同位次分数
7331	新疆工程学院	新疆	乌鲁木齐	三线	工科	公办	196	431	31	251493	107	107	486	192920	467	110	110	440	198658	463
6040	许昌学院(较高收费)	河南	许昌	四线	工科	公办	180	430	30	253042	—	—	—	—	—	—	—	—	—	—
6398	郑州航空工业管理学院(乌拉尔学院)	河南	郑州	一线	财经	公办	239	430	30	253042	—	—	—	—	—	—	—	—	—	—
6679	绵阳城市学院	四川	绵阳	三线	工科	民办	10	430	30	253042	8	8	429	211775	417	5	9	431	212792	455
6686	西安科技大学高新学院(较高收费)	陕西	西安	新一线	工科	民办	4	430	30	253042	8	8	429	211775	417	—	—	—	—	—
6846	湖北经济学院法商学院	湖北	武汉	新一线	财经	民办	30	430	30	253042	30	23	420	283127	410	24	49	435	206509	434
6959	浙江农林大学暨阳学院	浙江	绍兴	二线	林业	民办	50	430	30	253042	48	48	444	251828	430	49	49	404	259513	429
6200	商丘学院	河南	商丘	三线	综合	民办	800	429	29	254608	849	869	443	253224	429	1707	1707	400	255219	425
6506	郑州工商学院	河南	郑州	一线	工科	民办	3268	429	29	254608	3403	3437	446	249117	432	3310	3315	403	252219	428
6596	沧州交通学院	河北	沧州	三线	工科	民办	70	429	29	254608	70	73	470	215801	453	65	65	429	215808	453
6676	广东外语外贸大学南国商学院	广东	广州	一线	财经	民办	6	429	29	254608	4	4	447	247757	433	4	5	440	198658	463
6684	闽南科技学院	福建	泉州	三线	工科	民办	22	429	29	254608	20	20	438	259953	428	21	21	396	265263	422
6845	湖北科技学院	湖北	武汉	二线	财经	民办	25	429	29	254608	25	40	441	255937	425	22	22	421	228295	445
6997	昆明文理学院	云南	昆明	二线	工科	民办	14	429	29	254608	12	12	447	247757	433	16	16	406	250790	431
6998	昆明理工大学津桥学院	云南	昆明	二线	工科	民办	30	429	29	254608	30	32	453	239641	438	30	32	408	247892	433
9677	重庆理工大学	重庆	重庆	新一线	工科	公办	17	429	29	254608	17	17	445	250424	431	19	19	393	269668	419
9951	新疆艺术学院	新疆	乌鲁木齐	三线	艺术	公办	1	429	29	254608	—	—	—	—	—	—	—	—	—	—
6595	四川文化艺术学院	四川	绵阳	三线	艺术	民办	5	428	28	256159	6	6	440	257231	427	11	11	407	249416	432
6605	大连理工大学城市学院(较高收费)	辽宁	大连	二线	工科	民办	87	428	28	256159	80	80	439	258623	426	75	55	386	279199	412
6838	武昌理工学院	湖北	武汉	新一线	工科	民办	2	428	28	256159	3	3	418	285539	408	—	18	435	206509	459
8015	吉利学院	四川	成都	新一线	财经	民办	46	428	28	256159	5	5	429	211775	417	17	18	435	206509	459
4410	潍坊学院	山东	潍坊	二线	综合	公办	32	427	27	257747	37	38	527	134593	505	35	35	483	133227	506
6510	郑州商学院	河南	郑州	一线	财经	民办	2603	427	27	257747	2632	2658	443	253224	429	2225	2247	404	253798	429
6690	皖江工学院	安徽	马鞍山	三线	综合	民办	25	427	27	257747	15	23	445	250424	431	15	15	411	243516	436
6764	河北地质大学华信学院	河北	石家庄	二线	财经	民办	45	427	27	257747	38	38	456	235408	441	38	38	417	234488	441

院校代码	院校名称	所在区域	所在地	城市分类	院校类型	院校分类	招生计划	2021年投档情况 投档线	线差	位次	招生计划	2020年投档情况 实际投档	投档线	位次	2021年同位次分数	招生计划	2019年投档情况 实际投档	投档线	位次	2021年同位次分数
7628	陕西国际商贸学院	陕西	西安	新一线	财经	民办	23	427	27	257747	15	15	447	247757	433	17	17	407	249416	432
7635	天津天狮学院	天津	天津	新一线	综合	民办	62	427	27	257747	86	86	444	251828	430	91	115	411	243516	436
8177	山西应用科技学院	山西	太原	二线	综合	民办	13	427	27	257747	13	13	430	270424	418	—	—	—	—	—
9730	福州理工学院	福建	福州	二线	综合	民办	47	427	27	257747	36	36	438	259953	425	—	—	396	265263	422
9852	广东科技学院	广东	东莞	三线	综合	民办	30	427	27	257747	30	30	441	259937	428	36	36	425	222067	449
9870	新疆天山职业技术大学	新疆	乌鲁木齐	二线	工科	民办	43	426	27	257747	24	24	428	273118	416	20	20	425	141960	500
3740	黑龙江工程学院	黑龙江	哈尔滨	二线	工科	公办	141	426	26	259330	108	108	523	140403	501	109	109	477	130391	508
4045	合肥师范学院	安徽	合肥	二线	师范	公办	40	426	26	259330	40	40	531	128942	509	25	25	485	130391	508
6132	黄河科技学院(中外合作办学)	河南	郑州	新一线	工科	民办	130	426	26	259330	140	140	438	259953	425	140	142	399	260916	424
6615	宁波财经学院	浙江	宁波	二线	财经	民办	18	426	26	259330	22	11	425	276885	414	—	—	418	228295	445
8609	上海师范大学天华学院	上海	上海	一线	综合	民办	72	426	26	259330	73	73	438	259953	425	54	54	392	271093	418
6994	延安大学西安创新学院	陕西	西安	新一线	综合	民办	28	425	25	259330	28	28	452	241022	437	19	19	440	198658	463
6649	山东财经大学东方学院	山东	泰安	四线	财经	民办	19	425	25	260851	19	19	472	212907	455	—	—	—	—	—
7601	仰恩大学	福建	泉州	二线	综合	民办	8	425	25	260851	—	—	—	—	—	—	—	—	—	—
8665	安徽文达信息工程学院	安徽	合肥	二线	工科	民办	41	425	25	260851	39	39	426	275609	415	23	23	391	243516	436
9592	广东东软学院	广东	佛山	三线	工科	民办	22	425	25	260851	19	19	439	261238	424	11	11	398	272463	417
9851	广东理工学院	广东	肇庆	三线	工科	民办	27	425	25	260851	32	32	447	247757	433	30	30	407	249416	432
6180	郑州科技学院(较高收费)	河南	郑州	新一线	工科	民办	120	424	24	262361	75	76	431	269150	419	—	—	—	—	—
6202	商丘学院(应用科技学院,办学地点在开封)	河南	开封	四线	综合	民办	1060	424	24	262361	994	994	439	258623	426	750	750	—	—	—
6646	青岛工学院	山东	青岛	新一线	综合	民办	107	424	24	262361	107	107	439	258623	426	78	78	405	252264	430
6648	齐鲁理工学院	山东	济南	二线	综合	民办	42	424	24	262361	39	39	443	253224	429	37	37	416	235936	440
6832	泰山科技学院	山东	泰安	四线	综合	民办	20	424	24	262361	24	24	443	253224	429	24	10	385	280520	412
6956	杭州电子科技大学信息工程学院	浙江	杭州	新一线	工科	民办	83	424	24	262361	73	73	499	174394	479	55	55	459	168910	482
6993	西安工业大学北方信息工程学院	陕西	西安	新一线	工科	民办	60	424	24	262361	64	64	435	263849	423	69	57	385	280520	412
9858	广西外国语学院	广西	南宁	二线	综合	民办	22	424	24	262361	20	20	432	267893	420	15	15	405	252264	430

第三章 2019—2021年河南省普通高校招生平行投档信息统计

续表

本科二批（理科）

院校代码	院校名称	所在区域	所在地	城市分类	院校类型	院校分类	2021年投档情况 招生计划	投档线	线差	位次	2020年投档情况 招生计划	实际投档	投档线	位次	2021年同位次分数	2019年投档情况 招生计划	实际投档	投档线	位次	2021年同位次分数
4090	安徽农业大学	安徽	合肥	二线	农业	保研资格	10	423	23	263892	—	—	—	—	—	—	—	—	—	—
4975	广西财经学院（较高收费）	广西	南宁	二线	财经	公办	4	423	23	263892	—	—	—	—	—	—	—	—	—	—
6025	河南科技学院	河南	新乡	三线	师范	公办	2430	423	23	263892	2196	2262	514	153171	493	2796	2908	470	152213	493
6992	陕西科技大学镐京学院	陕西	西安	新一线	工科	民办	48	423	23	263892	48	48	438	181879	411	45	45	408	247892	426
6655	大连财经学院	辽宁	大连	二线	财经	民办	62	422	22	263892	57	57	438	259953	425	57	57	401	258045	425
6661	天津财经大学珠江学院	天津	天津	新一线	财经	民办	10	422	22	265432	10	10	431	269150	419	10	11	400	259513	425
7621	西安翻译学院	陕西	西安	新一线	语言	民办	37	422	22	265432	22	22	452	241022	437	30	30	415	237441	439
8218	西安外国语学院	陕西	西安	新一线	语言	民办	10	422	22	265432	10	10	423	271775	417	—	—	—	—	—
8596	河北外国语学院	河北	石家庄	四线	语言	民办	26	422	22	265432	25	25	431	228392	419	27	27	403	255219	428
9378	厦门华厦学院	福建	厦门	二线	综合	民办	31	422	22	265432	12	12	461	228392	445	21	21	425	222067	449
9436	浙江越秀外国语学院	浙江	绍兴	二线	综合	民办	25	422	22	265432	53	53	436	262570	412	45	45	393	209699	419
9728	山东外国语职业技术大学	山东	日照	二线	综合	民办	60	422	22	265432	26	26	423	251828	430	10	10	433	252264	430
6507	安阳学院（异地校区）	河南	新乡	三线	综合	民办	1935	421	21	266965	1228	1267	444	262570	458	1059	1065	395	266754	421
6706	内蒙古鸿德文理学院	内蒙古	呼和浩特	三线	综合	民办	20	421	21	266965	17	17	433	172921	480	15	15	405	211300	456
6887	桂林信息科技学院	广西	桂林	二线	工科	民办	54	421	21	266965	47	47	476	207250	458	47	47	432	149279	495
6932	珠海科技学院	广东	珠海	二线	综合	民办	46	421	21	266965	44	46	500	172921	480	54	57	472	237441	439
7608	上海杉达学院	上海	上海	一线	综合	民办	122	421	21	266965	111	111	423	279339	412	100	100	415	268221	427
7618	湖南涉外经济学院	湖南	长沙	新一线	财经	民办	49	421	21	266965	52	53	439	258623	426	53	53	402	256652	439
6931	北京理工大学珠海学院（较高收费）	广东	珠海	二线	工科	民办	33	420	20	268493	41	55	433	266534	421	43	49	394	268221	420
6971	华南农业大学珠江学院	广东	广州	一线	农业	民办	4	420	20	268493	2	6	436	262570	423	4	4	406	250790	431
6981	广州南方学院	广东	广州	一线	综合	民办	13	420	20	268493	12	9	421	281879	411	15	15	426	220514	437
7625	宁波财经学院	宁夏	石嘴山	五线	工科	民办	382	420	20	268493	358	358	435	263849	423	277	290	413	240565	450
8216	山东工程职业技术大学	山东	济南	二线	工科	民办	7	420	20	268493	6	6	431	269150	419	—	—	—	—	—
8664	安徽三联学院	安徽	合肥	二线	工科	民办	9	420	20	268493	—	—	425	276885	414	56	56	402	256652	427
9727	泉州信息工程学院	福建	泉州	三线	工科	民办	82	420	20	268493	84	84	425	276885	414	56	56	402	256652	427
6205	商丘工学院	河南	商丘	三线	工科	民办	2584	419	19	269968	2440	2508	438	259953	425	2030	2058	399	260916	424

续表

院校基本信息·本科二批(理科)

院校代码	院校名称	所在区域	所在地	城市分类	院校类型	院校分类	2021年投档情况 招生计划	2021年投档情况 投档线	2021年投档情况 线差	2021年投档情况 位次	2020年投档情况 招生计划	2020年投档情况 实际投档	2020年投档情况 投档线	2020年投档情况 位次	2021年同位次分数	2019年投档情况 招生计划	2019年投档情况 实际投档	2019年投档情况 投档线	2019年投档情况 位次	2021年同位次分数
6683	福州工商学院	福建	福州	二线	工科	民办	35	419	19	269968	30	30	427	274383	416	27	27	396	265263	422
6943	闽南理工学院	福建	泉州	二线	工科	民办	147	419	19	269968	147	147	436	262570	423	156	156	400	259513	425
7630	大连东软信息学院	辽宁	大连	二线	工科	民办	65	419	19	269968	59	59	432	267893	420	67	67	398	262381	423
8778	山东英才学院	山东	济南	二线	综合	民办	12	419	19	269968	15	15	418	285539	408	24	24	413	240565	437
9554	青岛黄海学院	山东	青岛	二线	综合	民办	39	419	19	269968	32	35	444	251828	430	32	32	406	250790	431
6841	荆州学院	湖北	荆州	三线	工科	民办	77	418	18	271535	91	91	431	269968	419	80	80	427	218977	451
8258	西安信息职业大学	陕西	西安	二线	工科	民办	81	418	18	271535	85	85	433	266534	421	95	95	387	277885	413
9601	北海艺术设计学院	广西	北海	四线	艺术	民办	9	418	18	271535	13	13	429	271775	417	15	15	391	272463	417
4610	湖北工程学院(较高收费)	湖北	孝感	四线	综合	公办	40	417	17	273082	25	25	489	188599	470	25	25	447	187430	471
6133	黄河科技学院(应用技术学院)(各专业办学地点在济源市)	河南	济源	—	综合	民办	1040	417	17	273082	820	820	433	266534	421	750	750	394	268221	420
6226	黄河交通学院	河南	焦作	四线	工科	民办	2710	417	17	273082	2683	2684	434	265198	422	2416	2416	395	266754	421
6304	河南科技职业大学	河南	周口	三线	工科	民办	1830	417	17	273082	1700	1725	432	267893	420	1240	1240	389	275178	415
6640	温州商学院	浙江	温州	二线	综合	民办	58	417	17	273082	58	58	429	271775	417	53	53	392	271093	418
6670	辽宁师范大学海华学院	辽宁	大连	二线	师范	民办	53	417	17	273082	28	28	461	228392	445	36	36	392	271093	418
6687	广州华商学院	广东	广州	一线	综合	民办	10	417	17	273082	8	8	428	269150	416	19	19	430	214312	454
6804	哈尔滨德强学院	黑龙江	哈尔滨	二线	工科	民办	37	417	17	273082	37	37	428	269150	416	47	47	395	266754	421
6806	黑龙江财经学院	黑龙江	哈尔滨	二线	财经	民办	24	417	17	273082	40	40	431	269150	419	39	39	399	260916	424
6807	哈尔滨广厦学院	黑龙江	哈尔滨	二线	综合	民办	22	417	17	273082	38	38	421	281879	411	18	18	396	265263	422
6906	云南大学滇池学院	云南	昆明	二线	综合	民办	20	417	17	273082	20	20	464	224244	448	25	25	418	232966	442
6926	保定理工学院	河北	保定	三线	工科	民办	342	417	17	273082	—	—	—	—	—	—	—	—	—	—
6939	大连科技学院	辽宁	大连	二线	工科	民办	121	417	17	273082	75	75	423	279339	412	69	69	404	253798	429
7622	西安欧亚学院	陕西	西安	二线	财经	民办	50	417	17	273082	47	47	445	250424	431	46	46	411	243516	436
8390	哈尔滨信息工程学院	黑龙江	哈尔滨	二线	工科	民办	64	417	17	273082	87	87	432	267893	420	102	102	393	269668	419
9259	陕西服装工程学院	陕西	西安	二线	工科	民办	11	417	17	273082	22	22	427	274383	416	26	26	399	260916	424
9381	泉州职业技术大学	福建	泉州	二线	综合	民办	25	417	17	273082	15	15	428	273118	416	—	—	—	—	—

续表

院校基本信息·本科二批（理科）							2021年投档情况				2020年投档情况				2021年同位次分数	2019年投档情况				2021年同位次分数
院校代码	院校名称	所在区域	所在地	城市分类	院校类型	院校分类	招生计划	投档线	线差	位次	招生计划	实际投档	投档线	位次		招生计划	实际投档	投档线	位次	
9540	江西服装学院	江西	南昌	二线	艺术	民办	7	417	17	273082	1	6	418	285539	408	4	4	402	256652	427
9551	青岛恒星科技学院	山东	青岛	新一线	综合	民办	25	417	17	273082	20	20	431	269150	419	18	18	402	256652	427
3575	辽宁中医药大学杏林学院	辽宁	沈阳	新一线	医药	保研资格	10	416	16	274530	—	—	—	—	—	—	—	—	—	—
6645	山西晋中理工学院	山西	晋中	四线	工科	民办	10	416	16	274530	10	10	460	229756	444	9	9	416	235936	440
6766	燕山大学里仁学院	河北	秦皇岛	三线	工科	民办	31	416	16	274530	31	31	503	168670	483	26	26	462	164407	485
6786	三亚学院（较高收费）	海南	三亚	三线	综合	民办	154	416	16	274530	144	144	428	273118	416	142	142	395	266754	421
6975	广东培正学院	广东	广州	一线	财经	民办	5	416	16	274530	5	7	418	285539	408	10	10	411	243516	436
7620	辽宁传媒学院	辽宁	沈阳	新一线	艺术	民办	5	416	16	274530	—	—	—	—	—	—	—	—	—	—
8043	南昌职业大学	江西	南昌	二线	综合	民办	5	416	16	274530	10	10	454	238237	439	—	—	—	—	—
9539	商丘工学院（医护类）	河南	商丘	三线	综合	民办	180	415	15	276009	—	—	—	—	—	—	—	—	—	—
6205	上海师范大学天华学院（较高收费）	上海	上海	一线	综合	民办	18	415	15	276009	13	13	433	266534	421	—	—	—	—	—
6615	沈阳科技学院	辽宁	沈阳	新一线	工科	民办	105	415	15	276009	96	96	428	273118	416	94	94	392	271093	418
6787	武汉纺织大学外经贸学院	湖北	武汉	新一线	财经	民办	37	415	15	276009	39	39	458	232685	442	30	30	425	222067	449
6855	池州学院	安徽	池州	五线	师范	公办	8	415	15	276009	7	7	519	146141	497	10	10	469	153726	492
7147	广西城市职业大学	广西	崇左	五线	综合	民办	10	415	15	276009	—	—	—	—	—	—	—	—	—	—
8226	山东协和学院	山东	济南	新一线	综合	民办	18	415	15	276009	82	82	450	243730	435	82	82	411	243516	436
9432	广州工商学院	广东	佛山	二线	财经	民办	83	415	15	276009	—	—	—	—	—	—	—	—	—	—
9844	河北科技学院	河北	唐山	二线	工科	民办	3	415	15	276009	6	6	424	278111	417	4	4	407	249416	432
9853	广西城市职业大学	广西	崇左	五线	综合	民办	119	415	15	276009	120	120	429	271775	418	155	72	385	280520	412
9862	云南经济管理学院	云南	昆明	二线	财经	民办	13	415	15	276009	72	72	430	270424	418	70	70	391	272463	417
9866	西安汽车职业大学	陕西	西安	新一线	综合	民办	23	415	15	276009	70	70	427	274383	416	43	43	388	276546	414
9868	银川能源学院	宁夏	银川	三线	工科	民办	82	414	14	277505	116	116	424	278111	413	115	115	390	273805	416
6652	西安汽车职业大学	陕西	西安	新一线	综合	民办	84	414	14	277505	—	—	—	—	—	—	—	—	—	—
6656	大连工业大学艺术与信息工程学院	辽宁	大连	二线	工科	民办	120	414	14	277505	116	116	424	278111	413	115	115	390	273805	416
6671	沈阳城市建设学院	辽宁	沈阳	新一线	工科	民办	59	414	14	277505	59	59	435	263849	423	40	40	395	266754	421
6681	阳光学院	福建	福州	二线	工科	民办	59	414	14	277505	59	59	435	263849	423	40	40	395	266754	421

院校基本信息·本科二批(理科) 续表

院校代码	院校名称	所在区域	所在地	城市分类	院校类型	院校分类	2021年投档情况 招生计划	投档线	线差	位次	2020年投档情况 招生计划	实际投档	投档线	投档位次	2021年同位次分数	2019年投档情况 招生计划	实际投档	投档线	投档位次	2021年同位次分数
6689	福建农林大学金山学院(较高收费)	福建	福州	二线	农业	民办	3	414	14	277505	3	3	429	271775	417	3	3	390	273805	416
6802	哈尔滨石油学院	黑龙江	哈尔滨	二线	工科	民办	113	414	14	277505	116	116	431	269150	419	107	107	393	269668	419
6805	哈尔滨远东理工学院	黑龙江	哈尔滨	二线	工科	民办	49	414	14	277505	55	55	431	269150	419	48	48	398	262381	423
6808	黑龙江外国语学院	黑龙江	哈尔滨	二线	师范	民办	35	414	14	277505	60	60	430	270424	418	60	60	385	280520	412
6809	哈尔滨剑桥学院	黑龙江	哈尔滨	二线	综合	民办	28	414	14	277505	46	46	429	269150	419	47	47	391	272463	417
6907	丽江文化旅游学院	云南	丽江	五线	综合	民办	77	414	14	277505	69	69	432	267893	420	53	53	398	260916	424
6985	成都银杏酒店管理学院	四川	成都	四线	财经	民办	19	414	14	277505	4	4	459	231205	443	5	5	399	262381	423
6654	辽宁理工学院	辽宁	锦州	四线	综合	民办	126	413	13	277505	114	114	448	246379	434	114	114	390	273805	416
6665	西安明德理工学院	陕西	西安	新一线	综合	民办	49	413	13	279013	25	33	429	271775	417	15	15	443	193825	466
6707	银川科技学院	宁夏	银川	三线	综合	民办	84	413	13	279013	75	79	429	271775	417	67	68	395	266754	421
6879	广州商学院	广东	广州	一线	财经	民办	12	413	13	279013	8	8	428	273118	416	3	1	393	269668	419
7608	上海杉达学院(其他单列)	上海	上海	一线	综合	民办	2	413	13	279013	—	—	—	—	—	—	—	—	—	—
8389	齐齐哈尔工程学院	黑龙江	齐齐哈尔	四线	综合	民办	110	413	13	279013	98	98	429	271775	417	60	105	385	280520	412
9083	海南科技职业大学	海南	海口	三线	工科	民办	79	413	13	279013	215	216	431	269150	419	281	281	388	275546	414
9727	泉州信息工程学院(较高收费)	福建	泉州	三线	工科	民办	15	413	13	279013	5	5	420	283127	410	—	—	—	—	—
3905	淮阴师范学院	江苏	淮安	三线	师范	公办	40	412	12	280640	40	40	523	140403	501	40	40	479	139124	502
5994	郑州西亚斯学院	河南	郑州	新一线	综合	民办	488	412	12	280640	448	448	426	275609	415	380	380	393	269668	419
6606	厦门大学嘉庚学院	福建	漳州	三线	综合	民办	84	412	12	280640	85	85	519	146141	497	82	82	479	266754	502
6803	黑龙江工程学院(中外合作办学)	黑龙江	哈尔滨	二线	工科	公办	128	412	12	280640	115	115	420	283127	410	70	70	395	266754	421
6810	哈尔滨工程大学昆仑旅游学院	黑龙江	哈尔滨	二线	农业	民办	100	412	12	280640	19	19	426	275609	415	19	19	394	268221	420
6969	北京邮电大学世纪学院	北京	北京	一线	综合	民办	146	412	12	280640	118	132	454	238237	439	70	101	408	247892	433
9553	山东现代大学	山东	济南	二线	综合	民办	138	412	12	280640	64	64	454	238237	439	40	40	439	237441	439
6610	北京工业大学耿丹学院	北京	北京	一线	工科	民办	15	412	12	282125	15	16	457	234014	441	31	31	434	208112	458
6793	长春工业大学人文信息学院	吉林	长春	二线	综合	民办	42	411	11	282125	39	39	446	249117	432	61	61	412	235936	440
6975	三亚学院	海南	三亚	三线	综合	民办	137	411	11	282125	65	65	425	276885	414	190	190	412	242062	436
7609	上海建桥学院	上海	上海	一线	综合	民办	181	411	11	282125	199	199	411	—	—	—	—	—	—	—

第三章 2019—2021年河南省普通高校招生平行投档信息统计

续表

院校代码	院校名称	所在区域	所在地	城市分类	院校类型	院校分类	2021年投档情况 招生计划	投档线	线差	位次	2020年投档情况 招生计划	实际投档	投档线	位次	2021年同位次分数	2019年投档情况 招生计划	实际投档	投档线	位次	2021年同位次分数
8596	浙江越秀外国语学院(较高收费)	浙江	绍兴	二线	语言	民办	2	411	11	282125	2	0	—	—	—	1	1	439	202217	463
9848	湖南应用技术学院	湖南	常德	四线	综合	民办	6	411	11	282125	6	6	464	224244	448	6	6	422	226764	446
4440	滨州学院	山东	滨州	四线	师范	公办	23	410	10	283600	8	8	518	147501	496	7	7	477	141960	500
5185	贵州中医药大学(较高收费)	贵州	贵阳	二线	医药	保研资格	15	410	10	283600	2	2	505	165842	484	2	2	465	159888	488
5235	云南财贸学院	云南	昆明	二线	综合	民办	3	410	10	283600	—	—	—	—	—	—	—	—	—	—
6614	辽宁财贸学院	辽宁	葫芦岛	四线	农业	民办	40	410	10	283600	30	30	431	269150	419	30	20	386	279199	612
6663	甘肃农业大学(较高收费)	辽宁			综合	民办	20	410	10	283600	30	30	492	184345	473	20	20	453	178112	477
6889	重庆移通学院	重庆	新—线	工科	民办		39	410	10	283600	31	31	486	192920	467	31	31	446	189057	470
6946	上海外国语大学贤达经济人文学院	上海	一线	财经	民办		44	410	10	283600	45	48	419	284340	409	44	46	388	276546	414
7606	辽宁对外经贸学院	辽宁	大连	二线	财经	民办	106	410	10	283600	98	108	424	278111	413	98	98	395	266754	421
7607	黑龙江东方学院	黑龙江	哈尔滨	二线	综合	民办	90	410	10	283600	70	70	434	265198	422	70	70	394	268221	420
8454	上海中侨职业技术大学	上海	一线	综合	民办		28	410	10	283600	—	—	—	—	—	—	—	—	—	—
4175	铜陵学院	安徽	铜陵	四线	财经	公办	49	409	9	284988	10	10	526	135998	504	10	10	479	139124	502
6675	广州南方学院	广东	广州	一线	综合	民办	26	409	9	284988	21	25	483	197169	464	15	15	449	184336	473
8720	江西应用科技学院	江西	南昌	二线	综合	民办	4	409	9	284988	6	12	434	265198	422	4	4	407	249416	432
5285	云南民族大学	云南	昆明	二线	民族	公办	7	408	8	286455	7	7	545	109540	523	9	9	497	113728	520
6908	昆明城市学院	云南	昆明	二线	综合	民办	12	408	8	286455	10	10	452	241022	437	12	12	414	238977	438
6934	北京工商大学嘉华学院	北京	北京	一线	财经	民办	18	408	8	286455	30	36	418	285539	408	31	33	389	275178	415
7636	海口经济学院	海南	海口	二线	财经	民办	40	408	8	286455	15	39	418	267893	420	43	52	389	275178	415
8461	北京兴伟学院	北京	北京	一线	工科	民办	10	408	8	286455	10	10	418	285539	408	10	10	388	276546	414
5405	甘肃农业大学	甘肃	兰州	二线	农业	保研资格	63	407	7	287920	62	67	527	134593	505	63	63	485	130391	508
6791	长春光华学院	吉林	长春	二线	综合	民办	7	407	7	287920	6	6	463	225637	447	7	7	416	235936	440
6825	厦门工学院	福建	厦门	二线	工科	民办	172	407	7	287920	162	162	453	239641	438	123	123	413	240565	437
6946	上海外国语大学贤达经济人文学院(较高收费)	上海	上海	一线	财经	民办	13	407	7	287920	11	11	419	284340	409	11	12	388	276546	414
9835	上海立达学院	上海	上海	一线	综合	民办	81	407	7	287920	10	6	418	285539	408	—	—	—	—	—

续表

院校基本信息·本科二批(理科)

院校代码	院校名称	所在区域	所在地	城市分类	院校类型	院校分类	2021年投档情况 招生计划	投档线	线差	位次	2020年投档情况 招生计划	实际投档	投档线	位次	2021年同位次分数	2019年投档情况 招生计划	实际投档	投档线	位次	2021年同位次分数
4875	肇庆学院	广东	肇庆	三线	综合	公办	38	406	6	289382	5	5	528	133199	506	5	5	480	137646	503
6821	阜阳师范大学信息工程学院	安徽	阜阳	三线	综合	民办	8	406	6	289382	3	3	477	205778	459	3	3	425	222067	449
6836	武汉东湖学院	湖北	武汉	一线	综合	民办	85	406	6	289382	70	84	472	212907	455	49	49	441	197053	465
6851	三峡大学科技学院	湖北	宜昌	三线	工科	民办	32	406	6	289382	32	32	481	200016	481	32	32	439	200217	463
6861	武汉工程大学邮电与信息工程学院	湖北	武汉	一线	工科	民办	20	406	6	289382	14	14	481	200016	463	14	14	434	208112	458
6913	兰州工商学院	甘肃	兰州	二线	财经	民办	20	405	5	289382	13	13	466	221408	449	32	32	420	229909	463
5857	营口理工学院	辽宁	营口	四线	工科	公办	110	405	5	290800	80	80	513	154550	492	80	80	465	159888	488
6882	柳州工学院	广西	柳州	三线	工科	民办	100	404	5	290800	105	105	444	251828	430	99	99	408	247892	444
6662	广州新华学院	广东	东莞	新一线	综合	民办	56	404	4	289382	25	28	460	229756	444	25	25	440	198658	433
6869	湖南农业大学东方科技学院	湖南	长沙	二线	农业	民办	6	404	4	292189	4	4	484	195845	465	6	6	441	199088	488
6933	首都师范大学科德学院	北京	北京	一线	语言	民办	3	404	4	292189	4	2	428	273118	416	—	—	—	—	—
6974	青岛城市学院	山东	青岛	新一线	工科	民办	30	404	4	292189	32	32	463	225637	447	41	41	425	222067	449
7039	河北民族师范大学	河北	承德	四线	师范	公办	10	404	4	292189	8	8	501	171454	481	15	15	446	189057	470
7626	南昌理工学院	江西	南昌	二线	综合	民办	38	404	4	292189	32	32	469	217220	452	40	40	433	209699	457
3255	邯郸学院(较高收费)	河北	邯郸	三线	师范	公办	3	403	3	293683	38	38	536	122058	514	37	37	491	121907	514
3575	辽宁中医药大学(异地校区)	辽宁	沈阳	新一线	医药	保研资格	57	403	3	293683	47	47	540	116385	518	47	47	496	115107	519
3590	渤海大学	辽宁	锦州	四线	综合	公办	6	403	3	293683	—	—	—	—	—	—	—	—	—	—
3850	河南科技学院艺术职业大学	河南	新乡	新一线	工科	公办	120	403	3	293683	320	323	475	208687	457	200	200	439	200217	463
6025	盐城师范学院	江苏	盐城	二线	师范	公办	38	403	3	293683	38	38	461	228392	445	43	43	427	218977	451
6701	景德镇艺术职业大学	江西	景德镇	三线	工科	民办	3	403	3	293683	3	3	468	218640	451	43	43	423	225127	447
6795	长春财经学院	吉林	长春	二线	财经	民办	44	403	3	293683	43	36	469	217220	452	30	30	428	217384	452
6796	长春人文学院	吉林	长春	二线	综合	民办	60	403	3	293683	36	29	484	195845	465	26	26	443	193825	466
6844	湖北工业大学工程技术学院	湖北	武汉	一线	工科	民办	28	403	3	293683	28	28	460	195845	465	26	26	421	228295	445
6984	东莞城市学院	广东	东莞	新一线	工科	民办	13	403	3	293683	15	15	462	227021	444	9	9	412	242062	436
9538	南昌师范学院	江西	南昌	二线	师范	公办	12	402	2	293683	8	8	462	227021	446	17	23	412	242062	436
4155	安徽科技学院	安徽	蚌埠	三线	师范	公办	51	402	2	295123	15	15	542	113569	520	15	15	497	113728	520

· 382 ·

第三章 2019-2021年河南省普通高校招生平行投档信息统计

续表

本科二批（理科）

院校代码	院校名称	所在区域	所在地	城市分类	院校类型	院校分类	2021年招生计划	2021年投档线	2021年线差	2021年位次	2020年招生计划	2020年实际投档	2020年投档线	2020年位次	2021年同位次分数	2019年招生计划	2019年实际投档	2019年投档线	2019年位次	2021年同位次分数
6597	北京第二外国语学院中瑞酒店管理学院	北京	北京	一线	语言	民办	27	402	2	295123	25	35	418	285539	408	12	15	387	277885	413
6694	南昌交通学院	江西	南昌	三线	工科	民办	49	402	2	295123	53	53	472	212907	455	49	49	428	217384	452
6792	长春大学旅游学院	吉林	长春	二线	综合	民办	56	402	2	295123	59	59	438	259953	425	56	56	396	265263	422
6889	重庆移通学院（较高收费）	重庆	重庆	一线	工科	民办	3	402	2	295123	—	—	—	—	—	—	—	—	—	—
7615	青岛滨海学院	山东	青岛	二线	综合	民办	55	402	2	295123	52	52	455	236806	440	50	50	417	234488	441
8127	河北外国语学院	河北	石家庄	二线	语言	民办	10	402	2	295123	2	2	476	207250	458	6	6	429	215808	453
8668	安徽外国语学院	安徽	合肥	二线	语言	民办	10	402	2	295123	5	5	480	201440	462	5	5	457	171994	480
3300	河北建筑工程学院	河北	张家口	四线	工科	公办	42	401	1	295564	42	42	538	119222	516	20	20	496	115107	519
3460	内蒙古科技大学	内蒙古	包头	四线	综合	保研资格	111	401	1	295564	102	102	528	133199	506	103	104	483	133227	506
3985	台州学院（较高收费）	浙江	台州	二线	综合	公办	8	401	1	295564	—	—	—	—	—	—	—	—	—	—
6597	北京第二外国语学院中瑞酒店管理学院	北京	北京	一线	语言	民办	3	401	1	295564	—	—	—	—	—	—	—	—	—	—
6601	天津仁爱学院	天津	天津	新一线	综合	民办	323	401	1	296564	327	327	462	227021	446	324	324	420	229909	444
6681	阳光学院（较高收费）	福建	福平	二线	工科	民办	6	401	1	296564	—	—	—	—	—	—	—	—	—	—
6800	吉林师范大学博达学院	吉林	四平	五线	师范	民办	37	401	1	296564	23	24	465	222839	448	23	23	424	223648	448
6817	合肥城市学院	安徽	合肥	二线	工科	民办	26	401	1	296564	16	16	476	207250	458	16	16	435	206509	459
6888	南宁建设工程学院	广西	南宁	三线	工科	民办	68	401	1	296564	42	42	454	238237	439	30	30	416	235936	440
7229	桂林理工大学	广西	桂林	三线	工科	民办	4	401	1	296564	4	1	439	258623	426	3	3	397	263856	423
7603	吉林外国语大学（较高收费）	吉林	长春	二线	语言	民办	4	401	1	296564	2	4	474	210109	456	2	2	431	212792	455
7609	上海新华学院	上海	上海	一线	综合	民办	6	401	1	296564	5	5	433	266534	421	5	0	404	253798	429
7612	安徽新华学院	安徽	合肥	二线	综合	民办	30	401	1	297990	9	9	445	250424	431	7	7	431	—	—
3555	沈阳化工大学	辽宁	沈阳	二线	工科	保研资格	156	400	0	297990	156	156	545	109540	523	154	154	499	111061	521
3700	佳木斯大学	黑龙江	佳木斯	五线	综合	保研资格	151	400	0	297990	228	228	517	149936	495	245	245	473	147855	496
4160	巢湖学院	安徽	合肥	二线	师范	公办	23	400	0	297990	20	20	524	138907	502	20	20	482	134658	505
5575	三明学院	福建	三明	三线	综合	公办	39	400	0	297990	21	21	472	212907	455	16	16	424	223648	448
5685	北部湾大学（较高收费）	广西	钦州	五线	综合	公办	19	400	0	297990	3	3	489	188599	470	2	2	444	192243	467

· 383 ·

院校基本信息·本科二批(理科)

院校代码	院校名称	所在区域	所在地	城市分类	院校类型	院校分类	2021年投档情况					2020年投档情况			2019年投档情况		
							招生计划	投档线	线差	位次	招生计划	实际投档	投档线	位次	2021年同位次分数	招生计划	实际投档	投档线	位次	2021年同位次分数
5859	山东农业工程学院	山东	德州	三线	综合	公办	32	400	0	297990	32	32	515	151757	494	22	22	476	143428	499
6175	郑州工业应用技术学院	河南	郑州	新一线	工科	民办	1476	400	0	297990	1455	1455	461	228392	445	1469	1469	419	231433	443
6503	新乡工程学院	河南	新乡	三线	工科	民办	1900	400	0	297990	1260	1285	473	211459	461	1250	1275	437	203316	461
6664	成都锦城学院	四川	成都	新一线	综合	民办	102	400	0	297990	48	53	502	170132	486	30	34	463	162953	486
6674	成都电子信息学院	广东	广州	一线	工科	民办	126	400	0	297990	67	67	463	225637	456	67	70	440	198658	463
6794	长春建筑学院	吉林	长春	二线	工科	民办	87	400	0	297990	67	67	456	235408	447	67	67	413	240565	437
6797	长春电子科技学院	吉林	长春	二线	工科	民办	99	400	0	297990	106	106	443	253224	441	107	107	398	262381	423
6798	长春科技学院	吉林	长春	二线	工科	民办	142	400	0	297990	124	127	442	254580	429	124	126	401	258045	426
6799	烟台科技学院	山东	烟台	二线	工科	民办	221	400	0	297990	211	222	446	249117	432	219	219	405	252264	430
6833	烟台理工学院	山东	烟台	二线	综合	民办	12	400	0	297990	10	10	471	214321	454	10	10	429	215808	453
6837	汉口学院	湖北	武汉	新一线	工科	民办	29	400	0	297990	24	24	467	220020	450	27	31	435	206509	459
6854	武汉城市学院	湖北	武汉	新一线	工科	民办	32	400	0	297990	32	32	505	165842	484	28	24	467	156834	490
6910	兰州博文科技学院	甘肃	兰州	二线	工科	民办	31	400	0	297990	24	24	459	231205	443	24	24	415	237441	439
6911	兰州信息科技学院	甘肃	兰州	二线	工科	民办	44	400	0	297990	34	34	469	217220	452	30	30	426	220514	450
6986	贵阳信息科技学院	贵州	贵阳	二线	综合	民办	12	400	0	297990	12	12	483	197169	464	16	16	438	201696	462
7603	吉林外国语大学	吉林	长春	二线	语言	民办	67	400	0	297990	63	64	479	202887	461	63	63	434	208112	458
7613	江西科技学院	江西	南昌	二线	综合	民办	9	400	0	297990	9	9	464	224244	448	9	9	424	223648	448
9845	山东华宇工学院	山东	德州	三线	工科	民办	50	400	0	297990	40	40	451	242386	436	20	20	413	240565	437

第八节 2019-2021年河南省普通高校招生平行投档信息统计表格说明

一、院校基本信息

1. 院校代码:4位阿拉伯数字,河南省招生办公室给各招生单位编制的代码,仅为方便河南考生网上填报高考志愿使用,无其他含义。

2. 院校名称:各招生单位的名称。如同一院校有若干个招生计划,河南省招生办公室会在主招生计划以外的单列招生计划的院校名称后面加上不同的标注,以便区分。

3. 所在区域:高校所在的省份或直辖市(厦门大学马来西亚分校为所在国家),本书以高校实际所在区域进行标注。

4. 所在地:高校所在的城市(厦门大学马来西亚分校为所在州),本书以高校实际所在城市进行标注。省管县(市、区)如有代管城市,标注的是其代管城市;如昆山市是江苏省辖县级市,由苏州市代管,则所在地标注为其代管城市"苏州"。省管县(市、区)如无代管城市,直接标注省管县(市、区)名称。

5. 城市分类:数据来源于"第一财经·新一线城市研究所"发布的《2021城市商业魅力排行榜》。第一财经·新一线城市研究所依然沿用商业资源集聚度、城市枢纽性、城市人活跃度、生活方式多样性和未来可塑性五大一级维度,透过170个主流消费品牌的商业门店数据、17家各领域头部互联网公司的用户行为数据和数据机构的城市大数据,衡量337座中国地级及以上城市的商业魅力。算法综合第一财经·新一线城市研究所专家委员会打分的方式及主成分分析法综合得出最终结果,评选出一线城市、新一线城市、二线城市、三线城市、四线城市、五线城市。

6. 院校类型:根据教育部对学科门类的划分和高校各学科门类的比例,对高校进行类别的划分,主要反映大学的学科特点。

7. 院校分类

(1)原985、原211:2017年教育部公布"双一流(一流大学和一流学科)建设高校及建设学科名单"后,将"985工程"和"211工程"等重点建设项目统筹为"双一流"建设。但由于社会上目前比较认可的还是"985工程"和"211工程",本书特将原985、原211高校进行标注。

(2)一流大学:原"985工程"建设高校总共39所,全部入选"双一流"中的"世界一流大学建设高校",本书将"双一流"中的"世界一流大学建设高校"简称为"一流大学"。其中36所高校入选首批"双一流"中的"世界一流大学建设高校"A类,3所高校(湖南大学、东北大学、西北农林科技大学)入选首批"双一流"中的"世界一流大学建设高校"B类。

(3)一流学科:原"211工程"建设高校总共112所(含39所"985工程"建设高校),其中3所高校(郑州大学、新疆大学、云南大学)入选首批"双一流"中的"世界一流大学建设高校"B类,剩余未入选原"985工程"建设高校的原"211工程"建设高校全部入选首批"双一流"中的"世界一流学科建设高校"。另有部分未入选原"211工程"建设高校的高校,入选首批"双一流"中的"世界一流学科建设高校"。

(4)中外合作:本书中标注的"中外合作"指的是办学实力比较强的中外合作办学机构,均为民营机制高校。

(5)内港合作:本书中标注的"内港合作"指的是办学实力比较强的内港合作办学机构,均为民营机制高校。

(6)军校:军队院校。

(7)保研资格:全国366所高校具有推荐优秀应届本科毕业生免试攻读硕士研究生(俗称"保研")资格,本书将未入选首批"双一流"的具有保研资格的高校标注为"保研资格"。

(8)公办:本书中标注的"公办"指的是不具备"推荐优秀应届本科毕业生免试攻读硕士研究生(俗称

'保研')资格"的其他公办高校。

(9)民办:本书中标注的"民办"指的是除标注"中外合作"、"内港合作"外的所有民营机制的高校。

二、投档情况

(1)招生计划:当年该招生单位在河南省投放的招生计划人数。

(2)实际投档:当年该招生单位在河南省投档中实际投档的人数。如果实际投档人数大于或等于招生计划,说明该校当年在河南省投档满额;如果实际投档人数小于招生计划,说明该校当年在河南省投档未满额;2021年本科一批、本科二批各院校平行志愿实际投档人数,河南省招生办公室暂未公布,故本书没有注明,在河南省招生办公室公布后,2021年实际投档未满额高校的招生计划与实际投档人数会以电子版形式发送。

(3)投档线:当年该招生单位在河南省实际投档的最后一名考生的成绩。

(4)线差:当年该招生单位在河南省实际投档的最后一名考生的成绩与该招生单位所在招生批次的录取控制线(批次线)的差值。

(5)位次:当年该招生单位在河南省实际投档的最后一名考生的成绩对应的最低位次。

(6)2021年同位次分数:2020年、2019年投档线按照位次对应的2021年分数,以便直观了解各高校近三年在河南省投档的波动情况。

第四章 "双一流"建设学科

世界一流大学和一流学科建设,简称"双一流"。建设世界一流大学和一流学科,是中共中央、国务院做出的重大战略决策,也是中国高等教育领域继"211工程"、"985工程"之后的又一国家战略,有利于提升中国高等教育综合实力和国际竞争力,为实现"两个一百年"奋斗目标和实现中华民族伟大复兴的中国梦提供有力支柱。"双一流"建设吹响了中国高校冲刺国际前列、打造世界顶尖学府和顶尖学科的"冲锋号"。

2015年8月18日,中央全面深化改革领导小组会议审议通过《统筹推进世界一流大学和一流学科建设总体方案》,对新时期高等教育重点建设做出新部署,**将"211工程"、"985工程"及"优势学科创新平台"等重点建设项目,统一纳入世界一流大学和一流学科建设**,并于同年11月由国务院印发,决定统筹推进建设世界一流大学和一流学科。

2017年9月21日,教育部、财政部、国家发展和改革委员会联合发布《关于公布世界一流大学和一流学科建设高校及建设学科名单的通知》,正式公布世界一流大学和一流学科建设高校及建设学科名单,首批双一流建设高校共计137所,其中世界一流大学建设高校42所(A类36所,B类6所),世界一流学科建设高校95所;双一流建设学科共计465个(其中自定学科44个)。可能目前部分高校的入选学科实力和世界一流学科相比还有一定的差距,但入选后受到政策和资金的支持,将会迎来飞速的发展。现将建设学科名单汇总(见表4-1),以供志愿填报时参考。

表4-1 "双一流"建设学科名单

代码	院校名称	"双一流"建设学科
0001	北京体育大学	体育学
0015	上海体育学院	体育学
0103	外交学院	政治学(自定)
0110	中国人民公安大学	公安学(自定)
0175	中国科学院大学	化学、材料科学与工程
0305	国防科技大学	信息与通信工程、计算机科学与技术、航空宇航科学与技术、软件工程、管理科学与工程
0440	海军军医大学	基础医学
0450	空军军医大学	临床医学(自定)
1100	中央民族大学	民族学
1105	北京大学	哲学、理论经济学、应用经济学、法学、政治学、社会学、马克思主义理论、心理学、中国语言文学、外国语言文学、考古学、中国史、世界史、数学、物理学、化学、地理学、地球物理学、地质学、生物学、生态学、统计学、力学、材料科学与工程、电子科学与技术、控制科学与工程、计算机科学与技术、环境科学与工程、软件工程、基础医学、临床医学、口腔医学、公共卫生与预防医学、药学、护理学、艺术学理论、现代语言学、语言学、机械及航空航天和制造工程、商业与管理、社会政策与管理

续表

代码	院校名称	"双一流"建设学科
1110	中国人民大学	哲学、理论经济学、应用经济学、法学、政治学、社会学、马克思主义理论、新闻传播学、中国史、统计学、工商管理、农林经济管理、公共管理、图书情报与档案管理
1115	北京协和医学院(清华大学医学部)	生物学、生物医学工程、临床医学、药学
1115	清华大学	法学、政治学、马克思主义理论、数学、物理学、化学、生物学、力学、机械工程、仪器科学与技术、材料科学与工程、动力工程及工程热物理、电气工程、信息与通信工程、控制科学与工程、计算机科学与技术、建筑学、土木工程、水利工程、化学工程与技术、核科学与技术、环境科学与工程、生物医学工程、城乡规划学、风景园林学、软件工程、管理科学与工程、工商管理、公共管理、设计学、会计与金融、经济学和计量经济学、统计学与运筹学、现代语言学
1120	北京交通大学	系统科学
1125	东南大学	材料科学与工程、电子科学与技术、信息与通信工程、控制科学与工程、计算机科学与技术、建筑学、土木工程、交通运输工程、生物医学工程、风景园林学、艺术学理论
1130	复旦大学	哲学、政治学、中国语言文学、中国史、数学、物理学、化学、生物学、生态学、材料科学与工程、环境科学与工程、基础医学、临床医学、中西医结合、药学、机械及航空航天和制造工程、现代语言学
1135	湖南大学	化学、机械工程
1140	华中科技大学	机械工程、光学工程、材料科学与工程、动力工程及工程热物理、电气工程、计算机科学与技术、基础医学、公共卫生与预防医学
1145	吉林大学	考古学、数学、物理学、化学、材料科学与工程
1150	江南大学	轻工技术与工程、食品科学与工程
1155	兰州大学	化学、大气科学、生态学、草学
1160	南京大学	哲学、中国语言文学、外国语言文学、物理学、化学、天文学、大气科学、地质学、生物学、材料科学与工程、计算机科学与技术、化学工程与技术、矿业工程、环境科学与工程、图书情报与档案管理
1165	南开大学	世界史、数学、化学、统计学、材料科学与工程
1170	山东大学	数学、化学
1175	四川大学	数学、化学、材料科学与工程、基础医学、口腔医学、护理学
1180	武汉大学	理论经济学、法学、马克思主义理论、化学、地球物理学、生物学、测绘科学与技术、矿业工程、口腔医学、图书情报与档案管理
1185	西安交通大学	力学、机械工程、材料科学与工程、动力工程及工程热物理、电气工程、信息与通信工程、管理科学与工程、工商管理
1190	厦门大学	化学、海洋科学、生物学、生态学、统计学
1195	浙江大学	化学、生物学、生态学、机械工程、光学工程、材料科学与工程、电气工程、控制科学与工程、计算机科学与技术、农业工程、环境科学与工程、软件工程、园艺学、植物保护、基础医学、药学、管理科学与工程、农林经济管理
1200	华北电力大学(保定)	电气工程(自定)

续表

代码	院校名称	"双一流"建设学科
1205	中南财经政法大学	法学(自定)
1210	中南大学	数学、材料科学与工程、冶金工程、矿业工程
1215	中山大学	哲学、数学、化学、生物学、生态学、材料科学与工程、电子科学与技术、基础医学、临床医学、药学、工商管理
1220	华北电力大学(北京)	电气工程(自定)
1225	北京化工大学	化学工程与技术(自定)
1230	北京科技大学	科学技术史、材料科学与工程、冶金工程、矿业工程
1235	北京邮电大学	信息与通信工程、计算机科学与技术
1240	长安大学	交通运输工程(自定)
1245	大连理工大学	化学、工程
1250	电子科技大学	电子科学与技术、信息与通信工程
1255	东北大学	控制科学与工程
1260	东华大学	纺织科学与工程
1265	合肥工业大学	管理科学与工程(自定)
1270	河海大学	水利工程、环境科学与工程
1275	华东理工大学	化学、材料科学与工程、化学工程与技术
1280	华南理工大学	化学、材料科学与工程、轻工技术与工程、农学
1285	大连海事大学	交通运输工程(自定)
1290	上海交通大学	数学、化学、生物学、机械工程、材料科学与工程、信息与通信工程、控制科学与工程、计算机科学与技术、土木工程、化学工程与技术、船舶与海洋工程、基础医学、临床医学、口腔医学、药学、电子电气工程、商业与管理
1295	中国石油大学(北京)	石油与天然气工程、地质资源与地质工程
1300	中国石油大学(华东)	石油与天然气工程、地质资源与地质工程
1305	天津大学	化学、材料科学与工程、化学工程与技术、管理科学与工程
1310	同济大学	建筑学、土木工程、测绘科学与技术、环境科学与工程、城乡规划学、风景园林学、艺术与设计
1315	武汉理工大学	材料科学与工程
1320	西安电子科技大学	信息与通信工程、计算机科学与技术
1325	西南交通大学	交通运输工程
1330	中国海洋大学	海洋科学、水产
1335	中国地质大学(北京)	地质学、地质资源与地质工程
1340	中国地质大学(武汉)	地质学、地质资源与地质工程
1345	中国矿业大学(北京)	安全科学与工程、矿业工程
1350	中国矿业大学(徐州)	安全科学与工程、矿业工程
1355	重庆大学	机械工程(自定)、电气工程(自定)、土木工程(自定)
1360	华中农业大学	生物学、园艺学、畜牧学、兽医学、农林经济管理
1365	南京农业大学	作物学、农业资源与环境

续表

代码	院校名称	"双一流"建设学科
1370	西北农林科技大学	农学
1375	中国农业大学	生物学、农业工程、食品科学与工程、作物学、农业资源与环境、植物保护、畜牧学、兽医学、草学
1380	北京林业大学	风景园林学、林学
1385	东北林业大学	林业工程、林学
1390	北京中医药大学	中医学、中西医结合、中药学
1395	中国药科大学	中药学
1400	北京师范大学	教育学、心理学、中国语言文学、中国史、数学、地理学、系统科学、生态学、环境科学与工程、戏剧与影视学、语言学
1405	东北师范大学	马克思主义理论、世界史、数学、化学、统计学、材料科学与工程
1410	华东师范大学	教育学、生态学、统计学
1415	华中师范大学	政治学、中国语言文学
1420	陕西师范大学	中国语言文学(自定)
1425	西南大学	生物学
1430	北京外国语大学	外国语言文学
1440	上海外国语大学	外国语言文学
1445	上海财经大学	统计学
1450	对外经济贸易大学	应用经济学(自定)
1455	西南财经大学	应用经济学(自定)
1460	中央财经大学	应用经济学
1465	中国政法大学	法学
1470	中国传媒大学	新闻传播学、戏剧与影视学
1485	北京航空航天大学	力学、仪器科学与技术、材料科学与工程、控制科学与工程、计算机科学与技术、航空宇航科学与技术、软件工程
1490	北京理工大学	材料科学与工程、控制科学与工程、兵器科学与技术
1495	哈尔滨工业大学	力学、机械工程、材料科学与工程、控制科学与工程、计算机科学与技术、土木工程、环境科学与工程
1500	哈尔滨工程大学	船舶与海洋工程
1505	南京航空航天大学	力学
1510	南京理工大学	兵器科学与技术
1515	西北工业大学	机械工程、材料科学与工程
1520	暨南大学	药学(自定)
1525	中国科学技术大学	数学、物理学、化学、天文学、地球物理学、生物学、科学技术史、材料科学与工程、计算机科学与技术、核科学与技术、安全科学与工程
1560	北京工业大学	土木工程(自定)
1605	天津医科大学	临床医学(自定)
1630	河北工业大学	电气工程(自定)

续表

代码	院校名称	"双一流"建设学科
1680	内蒙古大学	生物学(自定)
1690	辽宁大学	应用经济学(自定)
1740	延边大学	外国语言文学(自定)
1760	东北农业大学	畜牧学(自定)
1790	上海大学	机械工程(自定)
1830	苏州大学	材料科学与工程(自定)
1855	南京师范大学	地理学
1860	南京信息工程大学	大气科学
1880	宁波大学	力学
1885	安徽大学	材料科学与工程(自定)
1895	福州大学	化学(自定)
1910	南昌大学	材料科学与工程
1935	湖南师范大学	外国语言文学(自定)
1975	广州中医药大学	中医学
1985	华南师范大学	物理学
2000	广西大学	土木工程(自定)
2080	云南大学	民族学、生态学
2090	西北大学	地质学
2120	新疆大学	马克思主义理论(自定)、化学(自定)、计算机科学与技术(自定)
2125	青海大学	生态学(自定)
2130	石河子大学	化学工程与技术(自定)
2225	首都师范大学	数学
2305	贵州大学	植物保护(自定)
2315	南京邮电大学	电子科学与技术
2355	四川农业大学	作物学(自定)
2365	太原理工大学	化学工程与技术(自定)
2450	成都理工大学	地质学
2505	南京林业大学	林业工程
2515	西南石油大学	石油与天然气工程
2525	天津工业大学	纺织科学与工程
2570	上海中医药大学	中医学、中药学
2600	天津中医药大学	中药学
2620	成都中医药大学	中药学
2750	海南大学	作物学(自定)
2755	宁夏大学	化学工程与技术(自定)
2875	上海海洋大学	水产
3835	南京中医药大学	中药学

续表

续表

代码	院校名称	"双一流"建设学科
5300	西藏大学	生态学(自定)
6000	郑州大学	临床医学(自定)、材料科学与工程(自定)、化学(自定)
6005	河南大学	生物学
9900	中央音乐学院	音乐与舞蹈学
9901	中央戏剧学院	戏剧与影视学
9902	中央美术学院	美术学、设计学
9908	中国音乐学院	音乐与舞蹈学(自定)
9920	上海音乐学院	音乐与舞蹈学
9925	中国美术学院	美术学

第五章 第四轮学科评估

第一节 本科专业类与研究生一级学科的对应关系

由于研究生的学科设置和本科生的专业设置不是一一对应关系,部分学科从名称上可能无法直接看出对应的专业类,比如研究生的控制科学与工程一级学科与本科生的自动化类这一专业类大体对应。**为方便考生和家长查询,我们标注了本科专业类和研究生一级学科的对应关系,请考生和家长自行查询。**(见表5-1)

表5-1 本科专业类与研究生一级学科的对应关系

序号	学科门类	本科专业类	研究生一级学科	本科专业
1	哲学	哲学类	哲学	哲学;逻辑学;宗教学;伦理学
2	经济学	经济学类	理论经济学	经济学;经济统计学;国民经济管理;资源与环境经济学;商务经济学;能源经济;劳动经济学;经济工程;数字经济
3	经济学	财政学类	应用经济学	财政学;税收学
4	经济学	金融学类	应用经济学	金融学;金融工程;保险学;投资学;金融数学;信用管理;经济与金融;精算学;互联网金融;金融科技
5	经济学	经济与贸易类	应用经济学	国际经济与贸易;贸易经济
6	法学	法学类	法学	法学;知识产权;监狱学;信用风险管理与法律防控;国际经贸规则;司法警察学;社区矫正
7	法学	政治学类	政治学	政治学与行政学;国际政治;外交学;国际事务与国际关系;政治学、经济学与哲学;国际组织与全球治理
8	法学	社会学类	社会学	社会学;社会工作;人类学;女性学;家政学;老年学;社会政策
9	法学	民族学类	民族学	民族学
10	法学	马克思主义理论类	马克思主义理论	科学社会主义;中国共产党历史;思想政治教育;马克思主义理论
11	法学	公安学类	公安学	治安学;侦查学;边防管理;禁毒学;警犬技术;经济犯罪侦查;边防指挥;消防指挥;警卫学;公安情报学;犯罪学;公安管理学;涉外警务;国内安全保卫;警务指挥与战术;技术侦查学;海警执法;公安政治工作;移民管理;出入境管理;反恐警务;消防政治工作
12	教育学	教育学类	教育学	教育学;科学教育;人文教育;教育技术学;艺术教育;学前教育;小学教育;特殊教育;华文教育;教育康复学;卫生教育;认知科学与技术;融合教育

续表

序号	学科门类	本科专业类	研究生一级学科	本科专业
13	教育学	体育学类	体育学	体育教育;运动训练;社会体育指导与管理;武术与民族传统体育;运动人体科学;运动康复;休闲体育;体能训练;冰雪运动;电子竞技运动与管理;智能体育工程;体育旅游;运动能力开发
14	文学	中国语言文学类	中国语言文学	汉语言文学;汉语言;汉语国际教育;中国少数民族语言文学;古典文献学;应用语言学;秘书学;中国语言与文化;手语翻译
15	文学	外国语言文学类	外国语言文学	桑戈语;英语;俄语;德语;法语;西班牙语;阿拉伯语;日语;波斯语;朝鲜语;菲律宾语;语言学;塔玛齐格特语;爪哇语;旁遮普语;梵语巴利语;印度尼西亚语;印地语;柬埔寨语;老挝语;缅甸语;马来语;蒙古语;僧伽罗语;泰语;乌尔都语;希伯来语;越南语;豪萨语;斯瓦希里语;阿尔巴尼亚语;保加利亚语;波兰语;捷克语;斯洛伐克语;罗马尼亚语;葡萄牙语;瑞典语;塞尔维亚语;土耳其语;希腊语;匈牙利语;意大利语;泰米尔语;普什图语;世界语;孟加拉语;尼泊尔语;克罗地亚语;荷兰语;芬兰语;乌克兰语;挪威语;丹麦语;冰岛语;爱尔兰语;拉脱维亚语;立陶宛语;斯洛文尼亚语;爱沙尼亚语;马耳他语;哈萨克语;乌兹别克语;祖鲁语;拉丁语;翻译;商务英语;阿姆哈拉语;吉尔吉斯语;索马里语;土库曼语;加泰罗尼亚语;约鲁巴语;亚美尼亚语;马达加斯加语;格鲁吉亚语;阿塞拜疆语;阿非利卡语;马其顿语;塔吉克语;茨瓦纳语;恩德贝莱语;科摩罗语;克里奥尔语;绍纳语;提格雷尼亚语;白俄罗斯语;毛利语;汤加语;萨摩亚语;库尔德语;比斯拉马语;达里语;德顿语;迪维希语;斐济语;库克群岛毛利语;隆迪语;卢森堡语;卢旺达语;纽埃语;皮金语;切瓦语;塞苏陀语
16	文学	新闻传播学类	新闻传播学	新闻学;广播电视学;广告学;传播学;编辑出版学;网络与新媒体;数字出版;时尚传播;国际新闻与传播
17	文学	新闻传播学类(交叉专业)	新闻传播学	会展
18	历史学	历史学类	中国史;世界史;考古学	历史学;世界史;考古学;文物与博物馆学;文物保护技术;外国语言与外国历史;文化遗产;古文字学
19	理学	数学类	数学	数学与应用数学;信息与计算科学;数理基础科学;数据计算及应用
20	理学	物理学类	物理学	物理学;应用物理学;核物理;声学;系统科学与工程;量子信息科学
21	理学	化学类	化学	化学;应用化学;化学生物学;分子科学与工程;能源化学;化学测量学与技术
22	理学	天文学类	天文学	天文学
23	理学	地理科学类	地理学	地理科学;自然地理与资源环境;人文地理与城乡规划;地理信息科学
24	理学	大气科学类	大气科学	大气科学;应用气象学;气象技术与工程
25	理学	海洋科学类	海洋科学	海洋科学;海洋技术;海洋资源与环境;军事海洋学
26	理学	地球物理学类	地球物理学	地球物理学;空间科学与技术;防灾减灾科学与工程
27	理学	地质学类	地质学	地质学;地球化学;地球信息科学与技术;古生物学

续表

序号	学科门类	本科专业类	研究生一级学科	本科专业
28	理学	生物科学类	生物学;生态学	生物科学;生物技术;生物信息学;生态学;整合科学;神经科学
29	理学	心理学类	心理学	心理学;应用心理学
30	理学	统计学类	统计学	统计学;应用统计学
31	工学	力学类	力学	理论与应用力学;工程力学
32	工学	机械类	机械工程	机械工程;机械设计制造及其自动化;材料成型及控制工程;机械电子工程;工业设计;过程装备与控制工程;车辆工程;汽车服务工程;机械工艺技术;微机电系统工程;机电技术教育;汽车维修工程教育;智能制造工程;智能车辆工程;仿生科学与工程;新能源汽车工程;增材制造工程;智能交互设计;应急装备技术与工程
33	工学	仪器类	仪器科学与技术	测控技术与仪器;精密仪器;智能感知工程
34	工学	材料类	材料科学与工程;冶金工程	材料科学与工程;材料物理;材料化学;冶金工程;金属材料工程;无机非金属材料工程;高分子材料与工程;复合材料与工程;粉体材料科学与工程;宝石及材料工艺学;焊接技术与工程;功能材料;纳米材料与技术;新能源材料与器件;材料设计科学与工程;复合材料成型工程;智能材料与结构
35	工学	能源动力类	动力工程及工程热物理	能源与动力工程;能源与环境系统工程;新能源科学与工程;储能科学与工程;能源服务工程
36	工学	电气类	电气工程	电气工程及其自动化;智能电网信息工程;光源与照明;电气工程与智能控制;电机电器智能化;电缆工程;能源互联网工程
37	工学	电子信息类	电子科学与技术;信息与通信工程;光学工程	电子信息工程;电子科学与技术;通信工程;微电子科学与工程;光电信息科学与工程;信息工程;广播电视工程;水声工程;电子封装技术;集成电路设计与集成系统;医学信息工程;电磁场与无线技术;电波传播与天线;电子信息科学与技术;电信工程及管理;应用电子技术教育;人工智能;海洋信息工程;柔性电子学;智能测控工程
38	工学	自动化类	控制科学与工程	自动化;轨道交通信号与控制;机器人工程;邮政工程;核电技术与控制工程;智能装备与系统;工业智能;智能工程与创意设计
39	工学	计算机类	计算机科学与技术;软件工程	计算机科学与技术;软件工程;网络工程;信息安全;物联网工程;数字媒体技术;智能科学与技术;空间信息与数字技术;电子与计算机工程;数据科学与大数据技术;网络空间安全;新媒体技术;电影制作;保密技术;服务科学与工程;虚拟现实技术;区块链工程;密码科学与技术
40	工学	土木类	土木工程	土木工程;建筑环境与能源应用工程;给排水科学与工程;建筑电气与智能化;城市地下空间工程;道路桥梁与渡河工程;铁道工程;智能建造;土木、水利与海洋工程;土木、水利与交通工程;城市水系统工程
41	工学	水利类	水利工程	水利水电工程;水文与水资源工程;港口航道与海岸工程;水务工程;水利科学与工程
42	工学	测绘类	测绘科学与技术	测绘工程;遥感科学与技术;导航工程;地理国情监测;地理空间信息工程

续表

序号	学科门类	本科专业类	研究生一级学科	本科专业
43	工学	化工与制药类	化学工程与技术	化学工程与工艺;制药工程;资源循环科学与工程;能源化学工程;化学工程与工业生物工程;化工安全工程;涂料工程;精细化工
44	工学	地质类	地质资源与地质工程	地质工程;勘查技术与工程;资源勘查工程;地下水科学与工程;旅游地学与规划工程
45	工学	矿业类	矿业工程;石油与天然气工程	采矿工程;石油工程;矿物加工工程;油气储运工程;矿物资源工程;海洋油气工程;智能采矿工程
46	工学	纺织类	纺织科学与工程	纺织工程;服装设计与工程;非织造材料与工程;服装设计与工艺教育;丝绸设计与工程
47	工学	轻工类	轻工技术与工程	轻化工程;包装工程;印刷工程;香料香精技术与工程;化妆品技术与工程
48	工学	交通运输类	交通运输工程	交通运输;交通工程;航海技术;轮机工程;飞行技术;交通设备与控制工程;救助与打捞工程;船舶电子电气工程;轨道交通电气与控制;邮轮工程与管理;智慧交通
49	工学	海洋工程类	船舶与海洋工程	船舶与海洋工程;海洋工程与技术;海洋资源开发技术;海洋机器人
50	工学	航空航天类	航空宇航科学与技术	航空航天工程;飞行器设计与工程;飞行器制造工程;飞行器动力工程;飞行器环境与生命保障工程;飞行器质量与可靠性;飞行器适航技术;飞行器控制与信息工程;无人驾驶航空器系统工程;智能飞行器技术
51	工学	兵器类	兵器科学与技术	武器系统与工程;武器发射工程;探测制导与控制技术;弹药工程与爆炸技术;特种能源技术与工程;装甲车辆工程;信息对抗技术;智能无人系统技术
52	工学	核工程类	核科学与技术	核工程与核技术;辐射防护与核安全;工程物理;核化工与核燃料工程
53	工学	农业工程类	农业工程	农业工程;农业机械化及其自动化;农业电气化;农业建筑环境与能源工程;农业水利工程;土地整治工程;农业智能装备工程
54	工学	林业工程类	林业工程	森林工程;木材科学与工程;林产化工;家具设计与工程
55	工学	环境科学与工程类	环境科学与工程	环境工程;环境工程;环境科学;环境生态工程;环保设备工程;资源环境科学;水质科学与技术
56	工学	生物医学工程类	生物医学工程	生物医学工程;假肢矫形工程;临床工程技术;康复工程
57	工学	食品科学与工程类	食品科学与工程	食品科学与工程;食品质量与安全;粮食工程;乳品工程;酿酒工程;葡萄与葡萄酒工程;食品营养与检验教育;烹饪与营养教育;食品安全与检测;食品营养与健康;食用菌科学与工程;白酒酿造工程
58	工学	建筑类	建筑学;城乡规划学;风景园林学	建筑学;城乡规划;风景园林;历史建筑保护工程;人居环境科学与技术;城市设计;智慧建筑与建造
59	工学	安全科学与工程类	安全科学与工程	安全工程;应急技术与管理;职业卫生工程

续表

序号	学科门类	本科专业类	研究生一级学科	本科专业
60	工学	生物工程类	生物工程	生物工程;生物制药;合成生物学
61	工学	公安技术类	公安技术	刑事科学技术;消防工程;交通管理工程;安全防范工程;公安视听技术;抢险救援指挥与技术;火灾勘查;网络安全与执法;核生化消防;海警舰艇指挥与技术;数据警务技术;食品药品环境犯罪侦查技术
62	农学	植物生产类	园艺学;作物学;植物保护	农学;园艺;植物保护;植物科学与技术;种子科学与工程;设施农业科学与工程;茶学;烟草;应用生物科学;农艺教育;园艺教育;智慧农业;菌物科学与工程;农药化肥;生物农药科学与工程
63	农学	自然保护与环境生态类	农业资源与环境	农业资源与环境;野生动物与自然保护区管理;水土保持与荒漠化防治;生物质科学与工程;土地科学与技术
64	农学	动物生产类	畜牧学	动物科学;蚕学;蜂学;经济动物学;马业科学;饲料工程;智慧牧业科学与工程
65	农学	动物医学类	兽医学	动物医学;动物药学;动植物检疫;实验动物学;中兽医学;兽医公共卫生
66	农学	林学类	林学	林学;园林;森林保护;经济林
67	农学	水产类	水产	水产养殖学;海洋渔业科学与技术;水族科学与技术;水生动物医学
68	农学	草学类	草学	草业科学;草坪科学与工程
69	医学	基础医学类	基础医学	基础医学;生物医学;生物医学科学
70	医学	临床医学类	临床医学	临床医学;麻醉学;医学影像学;眼视光医学;精神医学;放射医学;儿科学
71	医学	口腔医学类	口腔医学	口腔医学
72	医学	公共卫生与预防医学类	公共卫生与预防医学	预防医学;食品卫生与营养学;妇幼保健医学;卫生监督;全球健康学;运动与公共健康
73	医学	中医学类	中医学	中医学;针灸推拿学;藏医学;蒙医学;维医学;壮医学;哈医学;傣医学;回医学;中医康复学;中医养生学;中医儿科学;中医骨伤科学
74	医学	中西医结合类	中西医结合	中西医临床医学
75	医学	药学类	药学	药学;药物制剂;临床药学;药事管理;药物分析;药物化学;海洋药学;化妆品科学与技术
76	医学	中药学类	中药学	中药学;中药资源与开发;藏药学;蒙药学;中药制药;中草药栽培与鉴定
77	医学	法医学类	特种医学	法医学
78	医学	医学技术类	医学技术	医学检验技术;医学实验技术;医学影像技术;眼视光学;康复治疗学;口腔医学技术;卫生检验与检疫;听力与言语康复学;康复物理治疗;康复作业治疗;智能医学工程;生物医药数据科学;智能影像工程

续表

序号	学科门类	本科专业类	研究生一级学科	本科专业
79	医学	护理学类	护理学	护理学;助产学
80	管理学	管理科学与工程类	管理科学与工程	管理科学;信息管理与信息系统;工程管理;房地产开发与管理;工程造价;保密管理;邮政管理;大数据管理与应用;工程审计;计算金融;应急管理
81	管理学	工商管理类	工商管理	工商管理;市场营销;会计学;财务管理;国际商务;人力资源管理;审计学;资产评估;物业管理;文化产业管理;劳动关系;体育经济与管理;财务会计教育;市场营销教育;零售业管理;创业管理
82	管理学	农业经济管理类	农林经济管理	农林经济管理;农村区域发展
83	管理学	公共管理类	公共管理	公共事业管理;行政管理;劳动与社会保障;土地资源管理;城市管理;海关管理;交通管理;海事管理;公共关系学;健康服务与管理;海警后勤管理;医疗产品管理;医疗保险;养老服务管理;海关检验检疫安全;海外安全管理;自然资源登记与管理
84	管理学	图书情报与档案管理类	图书情报与档案管理	图书馆学;档案学;信息资源管理
85	管理学	物流管理与工程类	工商管理	物流管理;物流工程;采购管理;供应链管理
86	管理学	工业工程类	管理科学与工程	工业工程;标准化工程;质量管理工程
87	管理学	电子商务类	工商管理	电子商务;电子商务及法律;跨境电子商务
88	管理学	旅游管理类	工商管理	旅游管理;酒店管理;会展经济与管理;旅游管理与服务教育
89	艺术学	艺术学理论类	艺术学理论	艺术史论;艺术管理;非物质文化遗产保护
90	艺术学	音乐与舞蹈学类	音乐与舞蹈学	音乐表演;音乐学;作曲与作曲技术理论;舞蹈表演;舞蹈学;舞蹈编导;舞蹈教育;航空服务艺术与管理;流行音乐;音乐治疗;流行舞蹈;音乐教育
91	艺术学	戏剧与影视学类	戏剧与影视学	表演;戏剧学;电影学;戏剧影视文学;广播电视编导;戏剧影视导演;戏剧影视美术设计;录音艺术;播音与主持艺术;动画;影视摄影与制作;影视技术;戏剧教育
92	艺术学	美术学类	美术学	美术学;绘画;雕塑;摄影;书法学;中国画;实验艺术;跨媒体艺术;文物保护与修复;漫画;纤维艺术
93	艺术学	设计学类	设计学	艺术设计学;视觉传达设计;环境设计;产品设计;服装与服饰设计;公共艺术;工艺美术;数字媒体艺术;艺术与科技;陶瓷艺术设计;新媒体艺术;包装设计

第二节 第四轮学科评估结果

学科评估是教育部学位与研究生教育发展中心(简称学位中心)按照国务院学位委员会和中华人民共和国教育部颁布的《学位授予和人才培养学科目录》(简称学科目录),对具有博士、硕士学位授予权的一级学科进行整体水平的评估。学科评估是学位中心以第三方方式开展的非行政性、服务性评估项目,2002年首次开展,截至目前已完成了四轮。

第四轮学科评估于2016年4月启动,按照"自愿申请、免费参评"原则,采用"客观评价与主观评价相结合"的方式进行。评估体系在前三轮的基础上进行诸多创新;评估数据以"公共数据和单位填报相结合"的方式获取;评估结果按"分档"方式呈现,具体方法是按"学科整体水平得分"的位次百分位,将前70%的学科分9档公布:前2%(或前2名)为A+,2%~5%为A(不含2%,下同),5%~10%为A-,10%~20%为B+,20%~30%为B,30%~40%为B-,40%~50%为C+,50%~60%为C,60%~70%为C-。

公布评估结果旨在为参评单位了解学科优势与不足、促进学科内涵建设、提高研究生培养质量提供客观信息,为学生选报学科、专业提供参考,同时也便于社会各界了解中国高校和科研单位学科内涵建设的状况和成效。

由于学科评估起点较高,大部分高校尤其是本科二批招生高校参评或入选数量较少甚至没有,**故建议报考本科一批招生院校的考生重点参考第四轮学科评估结果**(见表5-2)。

表格按照高校在河南的招生代码进行排序,学科方面按照评估结果分档从高到低进行排序,使用更加方面、快捷。

表5-2 第四轮学科评估结果

代码	院校名称	第四轮学科评估结果
0001	北京体育大学	体育学 A+;心理学 C-
0005	首都体育学院	体育学 B+
0006	天津体育学院	体育学 A-
0009	沈阳体育学院	体育学 B+
0010	吉林体育学院	体育学 B
0015	上海体育学院	体育学 A+
0017	南京体育学院	体育学 B-
0018	山东体育学院	体育学 B-
0019	武汉体育学院	体育学 A-
0021	广州体育学院	体育学 B
0023	成都体育学院	体育学 A-
0025	西安体育学院	体育学 B
0110	中国人民公安大学	法学 B
0210	战略支援部队信息工程大学	测绘科学与技术 A+;信息与通信工程 A-;计算机科学与技术 A-;软件工程 B;控制科学与工程 B-;电子科学与技术 C+;仪器科学与技术 C
0305	国防科技大学	系统科学 A+;计算机科学与技术 A+;软件工程 A+;管理科学与工程 A+;光学工程 A;信息与通信工程 A;控制科学与工程 A;机械工程 A-;数学 B+;物理学 B+;仪器科学与技术 B+;材料科学与工程 B+;电子科学与技术 B+;航空宇航科学与技术 B+;力学 B;外国语言文学 C;生物医学工程 C
0320	陆军工程大学	信息与通信工程 A-;土木工程 A-;计算机科学与技术 B+;软件工程 B+;大气科学 B;机械工程 B;电子科学与技术 B-;兵器科学与技术 C+;数学 C;光学工程 C;海洋科学 C-
0440	海军军医大学	护理学 A+;基础医学 A-;药学 A-;临床医学 B+;公共卫生与预防医学 B+;中西医结合 B;公共管理 B;中药学 C+
0450	空军军医大学	口腔医学 A+;生物学 B+;临床医学 B+;公共卫生与预防医学 B+;药学 B+;心理学 B;生物医学工程 B;基础医学 B;中西医结合 B-;护理学 B-;中药学 C+

续表

代码	院校名称	第四轮学科评估结果
0480	海军工程大学	电气工程 A-;船舶与海洋工程 B+;动力工程及工程热物理 B;控制科学与工程 B;信息与通信工程 B-;核科学与技术 C+;材料科学与工程 C-;兵器科学与技术 C-
0485	海军航空大学	信息与通信工程 B+;控制科学与工程 B;航空宇航科学与技术 B-;仪器科学与技术 C;电子科学与技术 C;计算机科学与技术 C-;软件工程 C-
0510	空军工程大学	电子科学与技术 B+;信息与通信工程 B+;控制科学与工程 B;航空宇航科学与技术 B;管理科学与工程 B;计算机科学与技术 B-;兵器科学与技术 B-;交通运输工程 C+
0630	火箭军工程大学	控制科学与工程 A-;计算机科学与技术 B;兵器科学与技术 B-;机械工程 C+;航空宇航科学与技术 C+;信息与通信工程 C-
0800	战略支援部队航天工程大学	信息与通信工程 B-;航空宇航科学与技术 C;兵器科学与技术 C
0840	陆军勤务学院	应用经济学 B-
1100	中央民族大学	民族学 A+;社会学 B+;中国语言文学 B+;哲学 B;音乐与舞蹈学 B;美术学 B;法学 B-;中国史 B-;公共管理 B-;理论经济学 C+;教育学 C+;生态学 C+;工商管理 C+;马克思主义理论 C;新闻传播学 C;考古学 C;统计学 C;应用经济学 C-;计算机科学与技术 C-
1103	中南民族大学	民族学 A-;马克思主义理论 B-;化学 C+;工商管理 C+;法学 C;教育学 C;中国语言文学 C;生物学 C-
1105	北京大学	哲学 A+;应用经济学 A+;政治学 A+;社会学 A+;心理学 A+;中国语言文学 A+;外国语言文学 A+;考古学 A+;世界史 A+;数学 A+;物理学 A+;化学 A+;地理学 A+;大气科学 A+;生物学 A+;统计学 A+;力学 A+;计算机科学与技术 A+;基础医学 A+;口腔医学 A+;艺术学理论 A+;理论经济学 A;法学 A;马克思主义理论 A;中国史 A;生态学 A;电子科学与技术 A;环境科学与工程 A;软件工程 A;药学 A;工商管理 A;公共管理 A;教育学 A-;临床医学 A-;公共卫生与预防医学 A-;新闻传播学 B+;地质学 B+;信息与通信工程 B+;测绘科学与技术 B+;核科学与技术 B+;生物医学工程 B+;护理学 B+;图书情报与档案管理 B+;地球物理学 B;科学技术史 B;中西医结合 B;天文学 B-;管理科学与工程 B-;戏剧与影视学 C+
1110	中国人民大学	理论经济学 A+;应用经济学 A+;法学 A+;社会学 A+;马克思主义理论 A+;新闻传播学 A+;统计学 A+;工商管理 A+;公共管理 A+;哲学 A;政治学 A;中国语言文学 A-;中国史 A-;图书情报与档案管理 A-;外国语言文学 B+;计算机科学与技术 B+;农林经济管理 B+;世界史 B;数学 B;物理学 B;软件工程 B;考古学 B-;艺术学理论 B-;美术学 B-;化学 C+;环境科学与工程 C+;管理科学与工程 C+;生态学 C;音乐与舞蹈学 C;设计学 C-
1115	北京协和医学院(清华大学医学部)	基础医学 A+;药学 A+;临床医学 A;护理学 A-;公共卫生与预防医学 B;中药学 B-;中西医结合 C+;图书情报与档案管理 C;公共管理 C-
1115	清华大学	马克思主义理论 A+;化学 A+;生物学 A+;力学 A+;机械工程 A+;仪器科学与技术 A+;材料科学与工程 A+;动力工程及工程热物理 A+;电气工程 A+;控制科学与工程 A+;计算机科学与技术 A+;建筑学 A+;水利工程 A+;核科学与技术 A+;环境科学与工程 A+;城乡规划学 A+;风景园林学 A+;管理科学与工程 A+;工商管理 A+;公共管理 A+;设计学 A+;法学 A;数学 A;物理学 A;电子科学与技术 A;信息与通信工程 A;土木工程 A;化学工程与技术 A;软件工程 A;应用经济学 A-;政治学 A-;社会学 A-;外国语言文学 A-;新闻传播学 A-;生物医学工程 A-;艺术学理论 A-;美术学 A-;哲学 B+;理论经济学 B+;教育学 B+;体育学 B+;中国语言文学 B+;中国史 B+;生态学 B+;统计学 B+;光学工程 B+;安全科学与工程 B+;世界史 B-;航空宇航科学与技术 B-;大气科学 C+;科学技术史 C+;心理学 C-;交通运输工程 C-

续表

代码	院校名称	第四轮学科评估结果
1120	北京交通大学	系统科学 A+;信息与通信工程 A-;计算机科学与技术 A-;交通运输工程 A-;工商管理 A-;应用经济学 B+;马克思主义理论 B+;统计学 B+;机械工程 B+;土木工程 B+;软件工程 B+;管理科学与工程 B+;力学 B;光学工程 B;电气工程 B;外国语言文学 B-;数学 B-;电子科学与技术 B-;控制科学与工程 B-;安全科学与工程 B-;物理学 C+;法学 C;材料科学与工程 C;动力工程及工程热物理 C;建筑学 C;环境科学与工程 C;城乡规划学 C;设计学 C-
1125	东南大学	建筑学 A+;土木工程 A+;交通运输工程 A+;生物医学工程 A+;艺术学理论 A+;电子科学与技术 A;仪器科学与技术 A-;信息与通信工程 A-;控制科学与工程 A-;城乡规划学 A-;风景园林学 A-;管理科学与工程 A-;哲学 B+;应用经济学 B+;机械工程 B+;动力工程及工程热物理 B+;电气工程 B+;计算机科学与技术 B+;化学工程与技术 B+;环境科学与工程 B+;软件工程 B+;光学工程 B;材料科学与工程 B;工商管理 B;设计学 B;力学 B-;公共管理 B-;测绘科学与技术 C+
1130	复旦大学	哲学 A+;理论经济学 A+;政治学 A+;中国史 A+;数学 A+;马克思主义理论 A;中国语言文学 A;新闻传播学 A;物理学 A;化学 A;基础医学 A;临床医学 A;工商管理 A;应用经济学 A-;社会学 A-;外国语言文学 A-;生物学 A-;生态学 A-;电子科学与技术 A-;公共卫生与预防医学 A-;中西医结合 A-;药学 A-;公共管理 A-;法学 B+;世界史 B+;统计学 B+;材料科学与工程 B+;计算机科学与技术 B+;环境科学与工程 B+;生物医学工程 B+;软件工程 B+;管理科学与工程 B+;光学工程 B;护理学 B;考古学 B-;力学 C+;信息与通信工程 C
1135	湖南大学	化学 A-;机械工程 A-;土木工程 A-;工商管理 A-;设计学 A-;应用经济学 B+;马克思主义理论 B+;外国语言文学 B+;数学 B+;电气工程 B+;计算机科学与技术 B+;环境科学与工程 B+;法学 B;新闻传播学 B;物理学 B;统计学 B;材料科学与工程 B;控制科学与工程 B;建筑学 B;化学工程与技术 B;城乡规划学 B;管理科学与工程 B;理论经济学 B-;中国史 B-;力学 B-;电子科学与技术 B-;公共管理 B-;生物学 C+;信息与通信工程 C+;中国语言文学 C;交通运输工程 C
1140	华中科技大学	机械工程 A+;光学工程 A+;生物医学工程 A+;公共卫生与预防医学 A+;新闻传播学 A;电气工程 A;计算机科学与技术 A;物理学 A-;生物学 A-;动力工程及工程热物理 A-;控制科学与工程 A-;临床医学 A-;工商管理 A-;公共管理 A-;哲学 B+;理论经济学 B+;应用经济学 B+;社会学 B+;马克思主义理论 B+;教育学 B+;数学 B+;化学 B+;力学 B+;材料科学与工程 B+;电子科学与技术 B+;信息与通信工程 B+;建筑学 B+;土木工程 B+;环境科学与工程 B+;城乡规划学 B+;基础医学 B+;药学 B+;管理科学与工程 B+;外国语言文学 B;统计学 B;水利工程 B;中西医结合 B;护理学 B;法学 B-;中国语言文学 B-;风景园林学 B-;设计学 B-;船舶与海洋工程 C+;口腔医学 C
1145	吉林大学	马克思主义理论 A;化学 A;哲学 A-;法学 A-;政治学 A-;考古学 A-;数学 A-;物理学 A-;机械工程 A-;计算机科学与技术 A-;工商管理 A-;理论经济学 B+;应用经济学 B+;社会学 B+;中国语言文学 B+;生物学 B+;统计学 B+;仪器科学与技术 B+;材料科学与工程 B+;电子科学与技术 B+;地质资源与地质工程 B+;农业工程 B+;软件工程 B+;兽医学 B+;公共管理 B+;外国语言文学 B;中国史 B;世界史 B;地质学 B;控制科学与工程 B;交通运输工程 B;环境科学与工程 B;食品科学与工程 B;基础医学 B;临床医学 B;药学 B;图书情报与档案管理 B;动力工程及工程热物理 B-;信息与通信工程 B-;水利工程 B-;化学工程与技术 B-;畜牧学 B-;口腔医学 B-;公共卫生与预防医学 B-;护理学 B-;管理科学与工程 B-;新闻传播学 C;地球物理学 C;力学 C;土木工程 C;心理学 C-;体育学 C-;生物医学工程 C-;植物保护 C-;戏剧与影视学 C-;设计学 C-

代码	院校名称	第四轮学科评估结果
1150	江南大学	轻工技术与工程 A+;食品科学与工程 A+;设计学 A-;控制科学与工程 B+;化学工程与技术 B+;纺织科学与工程 B;软件工程 B;马克思主义理论 B-;计算机科学与技术 B-;环境科学与工程 B-;美术学 B-;教育学 C+;机械工程 C+;药学 C+;工商管理 C+;应用经济学 C;光学工程 C;材料科学与工程 C
1155	兰州大学	草学 A+;生态学 A;民族学 B+;马克思主义理论 B+;数学 B+;物理学 B+;化学 B+;地理学 B+;生物学 B+;公共管理 B+;中国史 B;力学 B;计算机科学与技术 B;工商管理 B;应用经济学 B-;法学 B-;中国语言文学 B-;新闻传播学 B-;大气科学 B-;基础医学 B-;哲学 C+;外国语言文学 C+;材料科学与工程 C+;电子科学与技术 C+;核科学与技术 C+;环境科学与工程 C+;临床医学 C+;药学 C+;社会学 C;化学工程与技术 C;理论经济学 C-;地质学 C-;信息与通信工程 C-;畜牧学 C-;口腔医学 C-
1160	南京大学	天文学 A+;地质学 A+;图书情报与档案管理 A+;哲学 A;社会学 A;中国语言文学 A;外国语言文学 A;中国史 A;物理学 A;生物学 A;计算机科学与技术 A;环境科学与工程 A;软件工程 A;工商管理 A;理论经济学 A-;法学 A-;数学 A-;化学 A-;地理学 A-;生态学 A-;电子科学与技术 A-;应用经济学 B+;政治学 B+;马克思主义理论 B+;新闻传播学 B+;考古学 B+;世界史 B+;材料科学与工程 B+;城乡规划学 B+;管理科学与工程 B+;公共管理 B+;大气科学 B;光学工程 B;信息与通信工程 B;建筑学 B;地质资源与地质工程 B;统计学 B-;水利工程 B-;海洋科学 C+;生物医学工程 C+;控制科学与工程 C
1165	南开大学	理论经济学 A;数学 A;化学 A;统计学 A;工商管理 A;应用经济学 A-;政治学 A-;马克思主义理论 A-;中国语言文学 A-;中国史 A-;世界史 A-;物理学 A-;生物学 A-;环境科学与工程 A-;哲学 B+;法学 B+;社会学 B+;外国语言文学 B+;生态学 B+;光学工程 B+;计算机科学与技术 B+;公共管理 B+;图书情报与档案管理 B+;材料科学与工程 B;电子科学与技术 B;控制科学与工程 B;软件工程 B;药学 B;管理科学与工程 B;考古学 B-;基础医学 B-;临床医学 B-;信息与通信工程 C;新闻传播学 C-;口腔医学 C-
1170	山东大学	数学 A+;马克思主义理论 A;中国语言文学 A;应用经济学 A-;外国语言文学 A-;控制科学与工程 A-;药学 A-;工商管理 A-;哲学 B+;理论经济学 B+;法学 B+;政治学 B+;考古学 B+;中国史 B+;物理学 B+;化学 B+;生物学 B+;统计学 B+;机械工程 B+;材料科学与工程 B+;电气工程 B+;计算机科学与技术 B+;土木工程 B+;环境科学与工程 B+;软件工程 B+;基础医学 B+;临床医学 B+;护理学 B+;动力工程及工程热物理 B;信息与通信工程 B;口腔医学 B;公共卫生与预防医学 B;管理科学与工程 B;公共管理 B;社会学 B-;新闻传播学 B-;生态学 B-;光学工程 B-;电子科学与技术 B-;世界史 C+;化学工程与技术 C+;生物医学工程 C+;力学 C;水利工程 C-
1175	四川大学	口腔医学 A+;中国语言文学 A;马克思主义理论 A-;数学 A-;化学 A-;生物学 A-;材料科学与工程 A-;化学工程与技术 A-;生物医学工程 A-;软件工程 A-;临床医学 A-;药学 A-;护理学 A-;管理科学与工程 A-;工商管理 A-;公共管理 A-;法学 B+;外国语言文学 B+;新闻传播学 B+;考古学 B+;中国史 B+;生态学 B+;计算机科学与技术 B+;水利工程 B+;环境科学与工程 B+;基础医学 B+;中西医结合 B+;美术学 B+;哲学 B;理论经济学 B;世界史 B;物理学 B;机械工程 B;光学工程 B;信息与通信工程 B;土木工程 B;轻工技术与工程 B;公共卫生与预防医学 B;艺术学理论 B;设计学 B;应用经济学 B-;政治学 B-;统计学 B-;力学 B-;电气工程 B-;核科学与技术 B-;社会学 C+;民族学 C+;仪器科学与技术 C+;动力工程及工程热物理 C+;食品科学与工程 C+;城乡规划学 C+;图书情报与档案管理 C+;系统科学 C;电子科学与技术 C;控制科学与工程 C;风景园林学 C;纺织科学与工程 C-

续表

代码	院校名称	第四轮学科评估结果
1180	武汉大学	马克思主义理论 A+;地球物理学 A+;测绘科学与技术 A+;图书情报与档案管理 A+;法学 A;生物学 A;软件工程 A;公共管理 A;哲学 A-;理论经济学 A-;中国语言文学 A-;新闻传播学 A-;数学 A-;物理学 A-;化学 A-;地理学 A-;计算机科学与技术 A-;水利工程 A-;工商管理 A-;应用经济学 B+;外国语言文学 B+;中国史 B+;世界史 B+;生态学 B+;土木工程 B+;环境科学与工程 B+;口腔医学 B+;药学 B+;管理科学与工程 B+;政治学 B;社会学 B;考古学 B;统计学 B;机械工程 B;电气工程 B;电子科学与技术 B;信息与通信工程 B;建筑学 B;城乡规划学 B;基础医学 B;临床医学 B;材料科学与工程 B-;动力工程及工程热物理 B-;控制科学与工程 B-;护理学 B-;力学 C+;仪器科学与技术 C+;轻工技术与工程 C+;公共卫生与预防医学 C+;光学工程 C;生物医学工程 C
1185	西安交通大学	动力工程及工程热物理 A+;电气工程 A+;数学 A;力学 A;机械工程 A;工商管理 A;应用经济学 A-;马克思主义理论 A-;材料科学与工程 A-;电子科学与技术 A-;控制科学与工程 A-;计算机科学与技术 A-;管理科学与工程 A-;公共管理 A-;物理学 B+;仪器科学与技术 B+;信息与通信工程 B+;化学工程与技术 B+;核科学与技术 B+;生物医学工程 B+;统计学 B;软件工程 B;基础医学 B;临床医学 B;药学 B;哲学 B-;法学 B-;社会学 B-;外国语言文学 B-;生物学 B-;环境科学与工程 B-;护理学 B-;化学 C+;土木工程 C+;口腔医学 C+;公共卫生与预防医学 C+;新闻传播学 C;航空宇航科学与技术 C;理论经济学 C-;建筑学 C-;中西医结合 C-
1190	厦门大学	海洋科学 A+;应用经济学 A;化学 A;统计学 A;工商管理 A;法学 A-;生物学 A-;理论经济学 B+;政治学 B+;教育学 B+;外国语言文学 B+;新闻传播学 B+;中国史 B+;数学 B+;物理学 B+;生态学 B+;计算机科学与技术 B+;化学工程与技术 B+;环境科学与工程 B+;公共管理 B+;戏剧与影视学 B+;哲学 B;社会学 B;马克思主义理论 B;中国语言文学 B;世界史 B;仪器科学与技术 B;材料科学与工程 B;电子科学与技术 B;信息与通信工程 B;软件工程 B;管理科学与工程 B;民族学 B-;机械工程 B-;控制科学与工程 B-;公共卫生与预防医学 B-;药学 B-;音乐与舞蹈学 B-;考古学 C+;建筑学 C+;基础医学 C+;艺术学理论 C+;光学工程 C;土木工程 C;生物医学工程 C;临床医学 C;美术学 C;力学 C-;中医学 C-;设计学 C-
1195	浙江大学	生态学 A+;光学工程 A+;控制科学与工程 A+;计算机科学与技术 A+;农业工程 A+;软件工程 A+;园艺学 A+;农业资源与环境 A+;植物保护 A+;临床医学 A+;农林经济管理 A+;中国语言文学 A;外国语言文学 A;机械工程 A;材料科学与工程 A;动力工程及工程热物理 A;土木工程 A;化学工程与技术 A;环境科学与工程 A;药学 A;管理科学与工程 A;公共管理 A;理论经济学 A-;法学 A-;马克思主义理论 A-;教育学 A-;数学 A-;物理学 A-;化学 A-;生物学 A-;电气工程 A-;电子科学与技术 A-;生物医学工程 A-;食品科学与工程 A-;作物学 A-;畜牧学 A-;基础医学 A-;工商管理 A-;设计学 A-;哲学 B+;应用经济学 B+;心理学 B+;体育学 B+;新闻传播学 B+;力学 B+;信息与通信工程 B+;建筑学 B+;护理学 B+;社会学 B;考古学 B;世界史 B;兽医学 B;口腔医学 B;公共卫生与预防医学 B;中国史 B-;海洋科学 B-;地质学 C+;船舶与海洋工程 C-;航空宇航科学与技术 C-
1200	华北电力大学(保定)	参看本部代码 1220
1205	中南财经政法大学	应用经济学 A-;法学 A-;统计学 B+;工商管理 B+;公共管理 B+;理论经济学 B;哲学 C+;马克思主义理论 C+;农林经济管理 C+;管理科学与工程 C;外国语言文学 C-

续表

代码	院校名称	第四轮学科评估结果
1210	中南大学	冶金工程 A+;矿业工程 A+;护理学 A+;马克思主义理论 A-;机械工程 A-;材料科学与工程 A-;控制科学与工程 A-;计算机科学与技术 A-;土木工程 A-;安全科学与工程 A-;临床医学 A-;管理科学与工程 A-;法学 B+;数学 B+;生物学 B+;统计学 B+;测绘科学与技术 B+;化学工程与技术 B+;地质资源与地质工程 B+;交通运输工程 B+;基础医学 B+;药学 B+;工商管理 B+;物理学 B;化学 B;公共管理 B;哲学 B-;社会学 B-;心理学 B-;动力工程及工程热物理 B-;环境科学与工程 B-;公共卫生与预防医学 B-;电子科学与技术 C+;地质学 C;力学 C;电气工程 C;信息与通信工程 C;口腔医学 C
1215	中山大学	生态学 A+;工商管理 A+;马克思主义理论 A;公共管理 A;哲学 A-;中国语言文学 A-;中国史 A-;数学 A-;物理学 A-;化学 A-;生物学 A-;基础医学 A-;临床医学 A-;药学 A-;理论经济学 B+;应用经济学 B+;法学 B+;社会学 B+;民族学 B+;外国语言文学 B+;地理学 B+;海洋科学 B+;计算机科学与技术 B+;环境科学与工程 B+;口腔医学 B+;公共卫生与预防医学 B+;图书情报与档案管理 B+;政治学 B;新闻传播学 B;考古学 B;统计学 B;材料科学与工程 B;电子科学与技术 B;软件工程 B;护理学 B;管理科学与工程 B;心理学 B-;世界史 B-;力学 B-;光学工程 B-;信息与通信工程 B-;生物医学工程 B-;大气科学 C;地质学 C;水利工程 C;化学工程与技术 C;交通运输工程 C;中西医结合 C
1220	华北电力大学（北京）	电气工程 A;动力工程及工程热物理 A-;管理科学与工程 B+;工商管理 B+;控制科学与工程 B;计算机科学与技术 B-;环境科学与工程 B-;软件工程 B-;信息与通信工程 C+;马克思主义理论 C;数学 C;机械工程 C;材料科学与工程 C;水利工程 C;公共管理 C;法学 C-;外国语言文学 C-;物理学 C-;电子科学与技术 C-
1225	北京化工大学	化学工程与技术 A;材料科学与工程 A-;化学 B+;控制科学与工程 B+;环境科学与工程 B;机械工程 B-;动力工程及工程热物理 B-;计算机科学与技术 C+;安全科学与工程 C+;管理科学与工程 C+;工商管理 C+;物理学 C;轻工技术与工程 C;软件工程 C;马克思主义理论 C-;数学 C-;药学 C-
1230	北京科技大学	科学技术史 A+;冶金工程 A+;材料科学与工程 A;机械工程 B+;控制科学与工程 B+;计算机科学与技术 B+;矿业工程 B+;环境科学与工程 B+;安全科学与工程 B+;马克思主义理论 B;外国语言文学 B;化学 B;动力工程及工程热物理 B;土木工程 B;管理科学与工程 B;工商管理 B;数学 B-;物理学 B-;力学 B-;仪器科学与技术 C+;信息与通信工程 C+;公共管理 C+;应用经济学 C;统计学 C-;化学工程与技术 C-
1235	北京邮电大学	信息与通信工程 A+;计算机科学与技术 A;电子科学与技术 A-;软件工程 B+;管理科学与工程 B+;光学工程 B-;控制科学与工程 B-;工商管理 B-;机械工程 C+;公共管理 C+;生物医学工程 C-
1240	长安大学	地质资源与地质工程 B+;交通运输工程 B+;土木工程 B;测绘科学与技术 B;机械工程 B-;环境科学与工程 B-;城乡规划学 B-;马克思主义理论 C+;计算机科学与技术 C+;水利工程 C;工商管理 C;公共管理 C;力学 C-;材料科学与工程 C-;建筑学 C-;软件工程 C-
1245	大连理工大学	机械工程 A;化学工程与技术 A;力学 A-;土木工程 A-;环境科学与工程 A-;管理科学与工程 A-;工商管理 A-;数学 B+;材料科学与工程 B+;动力工程及工程热物理 B+;信息与通信工程 B+;控制科学与工程 B+;计算机科学与技术 B+;水利工程 B+;软件工程 B+;应用经济学 B;物理学 B;化学 B;仪器科学与技术 B;建筑学 B;城乡规划学 B;公共管理 B;哲学 B-;电气工程 B-;电子科学与技术 B-;生物医学工程 B-;生物学 C+;光学工程 C+;船舶与海洋工程 C+;交通运输工程 C;安全科学与工程 C

续表

代码	院校名称	第四轮学科评估结果
1250	电子科技大学	电子科学与技术 A+;信息与通信工程 A+;计算机科学与技术 A;光学工程 A-;仪器科学与技术 B+;生物医学工程 B+;软件工程 B+;管理科学与工程 B+;工商管理 B+;机械工程 B;材料科学与工程 B;控制科学与工程 B;公共管理 B;电气工程 C;化学工程与技术 C-
1255	东北大学	控制科学与工程 A;材料科学与工程 A-;计算机科学与技术 A-;软件工程 A-;机械工程 B+;冶金工程 B+;矿业工程 B+;管理科学与工程 B+;公共管理 B+;哲学 B;化学 B;信息与通信工程 B;工商管理 B;物理学 B-;动力工程及工程热物理 B-;土木工程 B-;生物医学工程 B-;安全科学与工程 B-;数学 C+;电气工程 C+;环境科学与工程 C+;生物学 C;力学 C;测绘科学与技术 C;化学工程与技术 C-;地质资源与地质工程 C-
1260	东华大学	纺织科学与工程 A+;材料科学与工程 B+;设计学 B+;机械工程 B;控制科学与工程 B;环境科学与工程 B;管理科学与工程 B;工商管理 B;化学 B-;计算机科学与技术 B-;软件工程 B-;数学 C+;土木工程 C+;科学技术史 C;化学工程与技术 C;艺术学理论 C;美术学 C;物理学 C-;信息与通信工程 C-;生物医学工程 C-
1265	合肥工业大学	管理科学与工程 A;马克思主义理论 B+;机械工程 B+;仪器科学与技术 B+;计算机科学与技术 B+;工商管理 B+;材料科学与工程 B;电气工程 B;土木工程 B;化学工程与技术 B;食品科学与工程 B;软件工程 B;数学 B-;电子科学与技术 B-;信息与通信工程 B-;控制科学与工程 B-;建筑学 B-;地质学 C+;环境科学与工程 C+;城乡规划学 C+;生物学 C-;力学 C-;光学工程 C-;动力工程及工程热物理 C-;水利工程 C-
1270	河海大学	水利工程 A+;土木工程 A-;环境科学与工程 A-;马克思主义理论 B+;管理科学与工程 B+;工商管理 B+;社会学 B;力学 B;计算机科学与技术 B;农业工程 B;软件工程 B;电气工程 B-;信息与通信工程 B-;测绘科学与技术 B-;地质资源与地质工程 B-;公共管理 B-;海洋科学 C+;法学 C;地理学 C;机械工程 C;材料科学与工程 C;控制科学与工程 C;数学 C-;动力工程及工程热物理 C-;交通运输工程 C-
1275	华东理工大学	化学工程与技术 A+;社会学 B+;化学 B+;材料科学与工程 B+;动力工程及工程热物理 B+;控制科学与工程 B+;环境科学与工程 B+;药学 B+;管理科学与工程 B+;机械工程 B;计算机科学与技术 B;应用经济学 B-;马克思主义理论 B-;数学 B-;工商管理 B-;生物学 C+;公共管理 C+;法学 C;物理学 C;安全科学与工程 C;外国语言文学 C-
1280	华南理工大学	轻工技术与工程 A+;机械工程 A-;材料科学与工程 A-;建筑学 A-;化学工程与技术 A-;环境科学与工程 A-;食品科学与工程 A-;管理科学与工程 A-;数学 B+;信息与通信工程 B+;控制科学与工程 B+;计算机科学与技术 B+;土木工程 B+;生物医学工程 B+;城乡规划学 B+;风景园林学 B+;软件工程 B+;工商管理 B+;马克思主义理论 B;化学 B;电气工程 B;电子科学与技术 B;法学 B-;外国语言文学 B-;新闻传播学 B-;生物学 B-;交通运输工程 B-;公共管理 B-;物理学 C+;力学 C+;动力工程及工程热物理 C+;安全科学与工程 C+;水利工程 C-
1285	大连海事大学	交通运输工程 B+;法学 B;马克思主义理论 B;计算机科学与技术 B;船舶与海洋工程 B;环境科学与工程 B;信息与通信工程 B-;控制科学与工程 B-;管理科学与工程 B-;工商管理 C+;外国语言文学 C;软件工程 C;机械工程 C-;公共管理 C-

续表

代码	院校名称	第四轮学科评估结果
1290	上海交通大学	生物学 A+;机械工程 A+;船舶与海洋工程 A+;临床医学 A+;工商管理 A+;外国语言文学 A;数学 A;物理学 A;材料科学与工程 A;动力工程及工程热物理 A;信息与通信工程 A;控制科学与工程 A;计算机科学与技术 A;生物医学工程 A;管理科学与工程 A;法学 A-;新闻传播学 A-;化学 A-;仪器科学与技术 A-;电子科学与技术 A-;环境科学与工程 A-;软件工程 A-;基础医学 A-;药学 A-;公共管理 A-;科学技术史 B+;生态学 B+;力学 B+;电气工程 B+;土木工程 B+;化学工程与技术 B+;口腔医学 B+;护理学 B+;设计学 B+;马克思主义理论 B;统计学 B;核科学与技术 B;园艺学 B;中国语言文学 B-;食品科学与工程 B-;风景园林学 B-;公共卫生与预防医学 B-;政治学 C+;天文学 C+;建筑学 C+;交通运输工程 C+;航空宇航科学与技术 C+;中西医结合 C+;中国史 C;畜牧学 C-
1295	中国石油大学(北京)	参看本部代码1300
1300	中国石油大学(华东)	地质资源与地质工程 A+;石油与天然气工程 A+;化学工程与技术 A-;安全科学与工程 B+;马克思主义理论 B;机械工程 B;动力工程及工程热物理 B;管理科学与工程 B;化学 B-;地球物理学 B-;地质学 B-;材料科学与工程 B-;控制科学与工程 B-;计算机科学与技术 B-;环境科学与工程 B-;外国语言文学 C+;数学 C+;力学 C+;工商管理 C+;应用经济学 C;测绘科学与技术 C;物理学 C-
1305	天津大学	化学工程与技术 A+;机械工程 A;光学工程 A;仪器科学与技术 A;管理科学与工程 A;力学 A-;材料科学与工程 A-;动力工程及工程热物理 A-;建筑学 A-;土木工程 A-;水利工程 A-;环境科学与工程 A-;城乡规划学 A-;软件工程 A-;电气工程 B+;电子科学与技术 B+;信息与通信工程 B+;控制科学与工程 B+;计算机科学与技术 B+;生物医学工程 B+;风景园林学 B+;工商管理 B+;公共管理 B+;教育学 B;船舶与海洋工程 B
1310	同济大学	土木工程 A+;环境科学与工程 A+;城乡规划学 A+;管理科学与工程 A+;设计学 A;数学 A-;机械工程 A-;计算机科学与技术 A-;建筑学 A-;交通运输工程 A-;风景园林学 A-;软件工程 A-;马克思主义理论 B+;外国语言文学 B+;物理学 B+;化学 B+;海洋科学 B+;生物学 B+;力学 B+;材料科学与工程 B+;控制科学与工程 B+;测绘科学与技术 B+;工商管理 B+;公共管理 B+;哲学 B;应用经济学 B;法学 B;动力工程及工程热物理 B;地质资源与地质工程 B;基础医学 B;临床医学 B;政治学 B-;生物医学工程 B-;口腔医学 B-;教育学 C+;地球物理学 C+;电气工程 C+;信息与通信工程 C+;新闻传播学 C;水利工程 C;体育学 C-;中国语言文学 C-;公共卫生与预防医学 C-;药学 C-
1315	武汉理工大学	材料科学与工程 A+;马克思主义理论 B+;机械工程 B+;交通运输工程 B+;设计学 B+;应用经济学 B;信息与通信工程 B;计算机科学与技术 B;土木工程 B;环境科学与工程 B;管理科学与工程 B;力学 B-;矿业工程 B-;船舶与海洋工程 B-;软件工程 B-;安全科学与工程 B-;工商管理 B-;艺术学理论 B-;动力工程及工程热物理 C+;控制科学与工程 C+;化学工程与技术 C+;仪器科学与技术 C;法学 C-;电子科学与技术 C-;城乡规划学 C-
1320	西安电子科技大学	电子科学与技术 A+;信息与通信工程 A;计算机科学与技术 A-;机械工程 B+;控制科学与工程 B+;软件工程 B+;光学工程 B;仪器科学与技术 B;管理科学与工程 B-;材料科学与工程 C+;生物医学工程 C+

续表

代码	院校名称	第四轮学科评估结果
1325	西南交通大学	交通运输工程 A+;土木工程 A-;马克思主义理论 B+;机械工程 B+;电气工程 B+;信息与通信工程 B+;计算机科学与技术 B+;管理科学与工程 B+;工商管理 B+;力学 B;材料科学与工程 B;测绘科学与技术 B;电子科学与技术 B-;控制科学与工程 B-;建筑学 B-;软件工程 B-;外国语言文学 C+;物理学 C+;地质资源与地质工程 C+;城乡规划学 C+;公共管理 C+;设计学 C+;中国语言文学 C;数学 C;统计学 C;环境科学与工程 C;生物医学工程 C;药学 C-
1330	中国海洋大学	海洋科学 A+;水产 A+;生物学 B+;环境科学与工程 B+;食品科学与工程 B+;药学 B+;应用经济学 B;法学 B;外国语言文学 B;生态学 B;计算机科学与技术 B;水利工程 B;软件工程 B;工商管理 B;数学 C+;地理学 C+;大气科学 C+;农林经济管理 C+;公共管理 C+;政治学 C;中国语言文学 C;化学 C;材料科学与工程 C;信息与通信工程 C;化学工程与技术 C;物理学 C-;地质学 C-;光学工程 C-;控制科学与工程 C-;土木工程 C-;地质资源与地质工程 C-
1335	中国地质大学(北京)	参看本部代码1340
1340	中国地质大学(武汉)	地质学 A+;地质资源与地质工程 A+;环境科学与工程 B+;公共管理 B+;马克思主义理论 B;海洋科学 B;计算机科学与技术 B;土木工程 B;水利工程 B;测绘科学与技术 B;软件工程 B;安全科学与工程 B;应用经济学 B-;地球物理学 B-;材料科学与工程 B-;石油与天然气工程 B-;管理科学与工程 B-;工商管理 B-;控制科学与工程 C+;设计学 C+;外国语言文学 C;数学 C;化学 C;地理学 C;机械工程 C;仪器科学与技术 C;物理学 C-;统计学 C-;信息与通信工程 C-
1345	中国矿业大学(北京)	参看本部代码1350
1350	中国矿业大学(徐州)	矿业工程 A+;安全科学与工程 A+;测绘科学与技术 A-;地质资源与地质工程 A-;机械工程 B+;土木工程 B+;化学工程与技术 B+;管理科学与工程 B+;数学 B;力学 B;电气工程 B;计算机科学与技术 B;环境科学与工程 B;公共管理 B;马克思主义理论 B-;信息与通信工程 B-;控制科学与工程 B-;工商管理 B-;外国语言文学 C+;地质学 C+;应用经济学 C;统计学 C;材料科学与工程 C;动力工程及工程热物理 C;城乡规划学 C;物理学 C-;化学 C-;软件工程 C-
1355	重庆大学	机械工程 A-;仪器科学与技术 A-;电气工程 A-;法学 B+;数学 B+;材料科学与工程 B+;计算机科学与技术 B+;建筑学 B+;土木工程 B+;化学工程与技术 B+;矿业工程 B+;环境科学与工程 B+;生物医学工程 B+;城乡规划学 B+;软件工程 B+;管理科学与工程 B+;工商管理 B+;应用经济学 B;物理学 B;生态学 B;动力工程及工程热物理 B;控制科学与工程 B;风景园林学 B;安全科学与工程 B;戏剧与影视学 B;外国语言文学 B-;统计学 B-;力学 B-;冶金工程 B-;电子科学与技术 B-;信息与通信工程 B-;公共管理 B-;新闻传播学 C+;生物学 C+;光学工程 C+;理论经济学 C;马克思主义理论 C;化学 C;美术学 C;设计学 C-
1360	华中农业大学	园艺学 A+;畜牧学 A+;兽医学 A+;生物学 A;食品科学与工程 A-;作物学 A-;农林经济管理 A-;风景园林学 B+;农业资源与环境 B+;植物保护 B+;水产 B+;公共管理 B+;农业工程 B;生态学 C+;轻工技术与工程 C;环境科学与工程 C;工商管理 C;林学 C-
1365	南京农业大学	作物学 A+;农业资源与环境 A+;植物保护 A+;农林经济管理 A+;公共管理 A;食品科学与工程 A-;园艺学 A-;畜牧学 B+;兽医学 B+;农业工程 B;水产 B-;图书情报与档案管理 B-;环境科学与工程 C+;风景园林学 C+;草学 C+;工商管理 C

·407·

续表

代码	院校名称	第四轮学科评估结果
1370	西北农林科技大学	林学 A-;生物学 B+;生态学 B+;农业工程 B+;食品科学与工程 B+;作物学 B+;园艺学 B+;农业资源与环境 B+;植物保护 B+;畜牧学 B+;兽医学 B+;草学 B+;农林经济管理 B+;风景园林学 B+;水利工程 B-;环境科学与工程 B-;社会学 C;计算机科学与技术 C;化学工程与技术 C-;轻工技术与工程 C-
1375	中国农业大学	农业工程 A+;食品科学与工程 A+;作物学 A+;畜牧学 A+;兽医学 A+;草学 A+;生物学 A;农业资源与环境 A-;植物保护 A-;生态学 B+;水利工程 B+;园艺学 B+;农林经济管理 B+;公共管理 B+;社会学 B;机械工程 B;环境科学与工程 B;计算机科学与技术 B-;工商管理 B-;化学 C+;数学 C;马克思主义理论 C-;电气工程 C-;土木工程 C-;图书情报与档案管理 C-
1380	北京林业大学	风景园林学 A+;林学 A+;生物学 B;生态学 B;林业工程 B;农林经济管理 B;环境科学与工程 B-;机械工程 C+;草学 C+;设计学 C+;外国语言文学 C;工商管理 C;统计学 C-;城乡规划学 C-;管理科学与工程 C-
1385	东北林业大学	林业工程 A+;风景园林学 B+;林学 B+;生物学 B;生态学 B;农林经济管理 B;马克思主义理论 C+;机械工程 C+;交通运输工程 C+;管理科学与工程 C-
1390	北京中医药大学	中医学 A+;中西医结合 A+;中药学 B+
1395	中国药科大学	药学 A+;中药学 B+;中西医结合 C+;工商管理 C-
1400	北京师范大学	教育学 A+;心理学 A+;中国语言文学 A+;中国史 A+;地理学 A+;戏剧与影视学 A+;数学 A;环境科学与工程 A;哲学 A-;理论经济学 A-;马克思主义理论 A-;外国语言文学 A-;生态学 A-;统计学 A-;公共管理 A-;法学 B+;体育学 B+;世界史 B+;物理学 B+;化学 B+;生物学 B+;艺术学理论 B+计算机科学与技术 B;工商管理 B;政治学 B-;社会学 B-;系统科学 B-;应用经济学 C+;新闻传播学 C+;水利工程 C+;测绘科学与技术 C+;图书情报与档案管理 C+;音乐与舞蹈学 C+;核科学与技术 C;考古学 C-;天文学 C-;美术学 C-
1405	东北师范大学	马克思主义理论 A+;教育学 A;生态学 A;统计学 A;世界史 A-;生物学 A-;中国语言文学 B+;外国语言文学 B+;数学 B+;物理学 B+;化学 B+;地理学 B+;音乐与舞蹈学 B+;美术学 B+;政治学 B;体育学 B;中国史 B;理论经济学 B-;应用经济学 B-;心理学 B-;戏剧与影视学 B-
1410	华东师范大学	教育学 A+;世界史 A+;体育学 A;中国语言文学 A;地理学 A;统计学 A;软件工程 A;马克思主义理论 A-;心理学 A-;外国语言文学 A-;数学 A-;生态学 A-;哲学 B+;政治学 B+;社会学 B+;新闻传播学 B+;中国史 B+;物理学 B+;化学 B+;生物学 B+;计算机科学与技术 B+;公共管理 B+;应用经济学 B;电子科学与技术 B;环境科学与工程 B;工商管理 B;图书情报与档案管理 B-;理论经济学 C+;信息与通信工程 C+;海洋科学 C-
1415	华中师范大学	马克思主义理论 A;教育学 A;政治学 A-;中国史 A-;心理学 B+;体育学 B+;中国语言文学 B+;数学 B+;物理学 B+;化学 B+;图书情报与档案管理 B+;社会学 B;外国语言文学 B;地理学 B;生物学 B;统计学 B;公共管理 B;世界史 B-;计算机科学与技术 B-;应用经济学 C+;法学 C+;管理科学与工程 C+;美术学 C+;理论经济学 C;软件工程 C;音乐与舞蹈学 C;新闻传播学 C-;生态学 C-;设计学 C-
1420	陕西师范大学	马克思主义理论 B+;教育学 B+;心理学 B+;中国语言文学 B+;中国史 B+;数学 B+;化学 B+;生物学 B+;哲学 B;外国语言文学 B;新闻传播学 B;物理学 B;地理学 B;理论经济学 B-;民族学 B-;体育学 B-;世界史 B-;生态学 C+;考古学 C;应用经济学 C-;政治学 C-

续表

代码	院校名称	第四轮学科评估结果
1425	西南大学	马克思主义理论 A-；教育学 A-；心理学 A-；中国语言文学 B+；外国语言文学 B+；化学 B+；农业资源与环境 B+；畜牧学 B+；中国史 B；数学 B；生物学 B；计算机科学与技术 B；食品科学与工程 B；作物学 B；植物保护 B；农林经济管理 B；戏剧与影视学 B；美术学 B；哲学 B-；地理学 B-；统计学 B-；软件工程 B-；园艺学 B-；生态学 C+；农业工程 C+；风景园林学 C+；工商管理 C+；音乐与舞蹈学 C+；社会学 C；体育学 C；物理学 C；兽医学 C；水产 C；新闻传播学 C-；世界史 C-；环境科学与工程 C-；公共管理 C-
1430	北京外国语大学	外国语言文学 A+；政治学 B-；法学 C+；中国语言文学 C+；新闻传播学 C+；管理科学与工程 C+
1435	北京语言大学	中国语言文学 B+；外国语言文学 B+；计算机科学与技术 C+
1440	上海外国语大学	外国语言文学 A+；政治学 B+；新闻传播学 B-；工商管理 B-；中国语言文学 C+
1445	上海财经大学	应用经济学 A；工商管理 A；统计学 A-；理论经济学 B+；马克思主义理论 B+；法学 B；管理科学与工程 B；公共管理 B；外国语言文学 C+
1450	对外经济贸易大学	应用经济学 A；工商管理 A；法学 A-；外国语言文学 A-；统计学 B+；理论经济学 B；政治学 B；公共管理 B
1455	西南财经大学	应用经济学 A-；工商管理 A-；理论经济学 B+；法学 B；马克思主义理论 B-；公共管理 B-；社会学 C+；管理科学与工程 C+；计算机科学与技术 C-
1460	中央财经大学	应用经济学 A+；工商管理 A-；理论经济学 B+；马克思主义理论 B+；统计学 B+；法学 B；公共管理 B；社会学 B-；管理科学与工程 C+
1465	中国政法大学	法学 A+；政治学 B+；马克思主义理论 B；社会学 B-；哲学 C+；理论经济学 C+；外国语言文学 C+；新闻传播学 C；应用经济学 C-
1470	中国传媒大学	新闻传播学 A+；戏剧与影视学 A+；艺术学理论 A-；设计学 B+；信息与通信工程 B；音乐与舞蹈学 B；美术学 B；中国语言文学 B-；电子科学与技术 C+；计算机科学与技术 C+；外国语言文学 C
1485	北京航空航天大学	仪器科学与技术 A+；材料科学与工程 A+；航空宇航科学与技术 A+；软件工程 A+；控制科学与工程 A；计算机科学与技术 A；管理科学与工程 A；外国语言文学 A-；力学 A-；机械工程 A-；信息与通信工程 A-；交通运输工程 A-；生物医学工程 A-；公共管理 A-；法学 B+；光学工程 B+；动力工程及工程热物理 B+；电子科学与技术 B+；工商管理 B；马克思主义理论 B-；环境科学与工程 B-；电气工程 C+；土木工程 C+
1490	北京理工大学	兵器科学与技术 A+；机械工程 A；控制科学与工程 A；光学工程 A-；材料科学与工程 A-；信息与通信工程 A-；计算机科学与技术 A-；化学工程与技术 A-；管理科学与工程 A-；力学 B+；动力工程及工程热物理 B+；电子科学与技术 B+；软件工程 B+；安全科学与工程 B+；工商管理 B+；应用经济学 B；教育学 B；仪器科学与技术 B；航空宇航科学与技术 B；生物医学工程 B；设计学 B；理论经济学 C+；法学 C+；马克思主义理论 C+；外国语言文学 C+；公共管理 C
1495	哈尔滨工业大学	机械工程 A+；控制科学与工程 A+；环境科学与工程 A+；力学 A；材料科学与工程 A；计算机科学与技术 A；土木工程 A；管理科学与工程 A；数学 A-；光学工程 A-；仪器科学与技术 A-；动力工程及工程热物理 A-；电气工程 A-；信息与通信工程 A-；化学工程与技术 A-；城乡规划学 A-；软件工程 A-；物理学 B+；建筑学 B+；交通运输工程 B+；航空宇航科学与技术 B+；工商管理 B+；统计学 B；电子科学与技术 B；生物医学工程 B；风景园林学 B；公共管理 B；设计学 B；外国语言文学 B-；社会学 C+；马克思主义理论 C+；化学 C+；食品科学与工程 C+；海洋科学 C；生物学 C；科学技术史 C

续表

代码	院校名称	第四轮学科评估结果
1500	哈尔滨工程大学	船舶与海洋工程 A+;控制科学与工程 A-;动力工程及工程热物理 B+;信息与通信工程 B+;计算机科学与技术 B+;核科学与技术 B+;管理科学与工程 B+;马克思主义理论 B;力学 B;机械工程 B;光学工程 B;材料科学与工程 B;软件工程 B;仪器科学与技术 B-;化学工程与技术 B-;工商管理 C+;土木工程 C;公共管理 C;社会学 C-;电气工程 C-;电子科学与技术 C-;生物医学工程 C-
1505	南京航空航天大学	力学 A-;机械工程 A-;管理科学与工程 A-;电气工程 B+;控制科学与工程 B+;计算机科学与技术 B+;航空宇航科学与技术 B+;软件工程 B+;马克思主义理论 B;材料科学与工程 B;动力工程及工程热物理 B;信息与通信工程 B;交通运输工程 B;工商管理 B;数学 B-;仪器科学与技术 B-;外国语言文学 C+;物理学 C+;光学工程 C+;化学 C;电子科学与技术 C;土木工程 C;核科学与技术 C-;生物医学工程 C-
1510	南京理工大学	兵器科学与技术 A+;化学工程与技术 A-;机械工程 B+;光学工程 B+;控制科学与工程 B+;计算机科学与技术 B+;力学 B;材料科学与工程 B;电子科学与技术 B;信息与通信工程 B;环境科学与工程 B;软件工程 B;管理科学与工程 B;马克思主义理论 B-;数学 B-;仪器科学与技术 B-;动力工程及工程热物理 C+;安全科学与工程 C+;工商管理 C+;图书情报与档案管理 C+;设计学 C+;电气工程 C;航空宇航科学与技术 C;外国语言文学 C-;物理学 C-;化学 C-;土木工程 C-
1515	西北工业大学	航空宇航科学与技术 A+;材料科学与工程 A;计算机科学与技术 A-;力学 B+;机械工程 B+;电子科学与技术 B+;控制科学与工程 B+;软件工程 B+;管理科学与工程 B+;数学 B;物理学 B;电气工程 B;信息与通信工程 B;兵器科学与技术 B;化学 B-;光学工程 B-;仪器科学与技术 B-;动力工程及工程热物理 B-;交通运输工程 B-;船舶与海洋工程 B-;工商管理 B-;设计学 B-;生物医学工程 C+;生物学 C-;土木工程 C-;公共管理 C-
1520	暨南大学	新闻传播学 A-;应用经济学 B+;中国语言文学 B+;生物学 B+;工商管理 B+;政治学 B;中国史 B;计算机科学与技术 B;中药学 B;理论经济学 B-;法学 B-;外国语言文学 B-;生态学 B-;统计学 B-;生物医学工程 B-;基础医学 B-;药学 B-;管理科学与工程 B-;世界史 C+;数学 C+;化学 C+;力学 C+;光学工程 C+;环境科学与工程 C+;食品科学与工程 C+;临床医学 C+;中西医结合 C+;公共管理 C+;信息与通信工程 C;材料科学与工程 C-
1525	中国科学技术大学	物理学 A+;化学 A+;天文学 A+;地球物理学 A+;科学技术史 A+;核科学与技术 A+;安全科学与工程 A+;数学 A;生物学 A;统计学 A-;材料科学与工程 A-;计算机科学与技术 A-;环境科学与工程 A-;软件工程 A-;管理科学与工程 A-;生态学 B+;力学 B+;仪器科学与技术 B+;动力工程及工程热物理 B+;信息与通信工程 B+;控制科学与工程 B+;工商管理 B+;地质学 B;电子科学与技术 B;公共管理 B;光学工程 B-;生物医学工程 B-;大气科学 C-
1550	北京工商大学	应用经济学 B;食品科学与工程 B;工商管理 B;化学工程与技术 C+;计算机科学与技术 C;环境科学与工程 C;理论经济学 C-;法学 C-;马克思主义理论 C-;新闻传播学 C-;控制科学与工程 C-;管理科学与工程 C-
1560	北京工业大学	土木工程 A;环境科学与工程 A-;统计学 B+;机械工程 B+;光学工程 B+;材料科学与工程 B+;控制科学与工程 B+;计算机科学与技术 B+;软件工程 B+;数学 B;电子科学与技术 B;化学工程与技术 B;生物医学工程 B;物理学 B-;力学 B-;动力工程及工程热物理 B-;建筑学 B-;交通运输工程 B-;仪器科学与技术 C+;信息与通信工程 C+;教育学 C;城乡规划学 C;设计学 C;生物学 C-;水利工程 C-

续表

代码	院校名称	第四轮学科评估结果
1565	北京第二外国语学院	外国语言文学 B;工商管理 B;中国语言文学 C
1605	天津医科大学	基础医学 B+;临床医学 B;药学 B;护理学 B;口腔医学 B-;公共卫生与预防医学 B-;中西医结合 B-;生物医学工程 C+
1630	河北工业大学	化学工程与技术 B+;机械工程 B;材料科学与工程 B;电气工程 B;工商管理 B;控制科学与工程 B-;管理科学与工程 B-;马克思主义理论 C+;电子科学与技术 C+;计算机科学与技术 C+;土木工程 C+;动力工程及工程热物理 C;仪器科学与技术 C-;生物医学工程 C-
1635	燕山大学	机械工程 A-;材料科学与工程 B+;控制科学与工程 B;计算机科学与技术 B;化学工程与技术 B;仪器科学与技术 B-;软件工程 B-;管理科学与工程 B-;光学工程 C+;电气工程 C+;电子科学与技术 C+;工商管理 C;马克思主义理论 C-;力学 C-;信息与通信工程 C-;土木工程 C-;环境科学与工程 C-;公共管理 C-
1640	石家庄铁道大学	土木工程 B+;交通运输工程 C+;机械工程 C;计算机科学与技术 C;力学 C-;管理科学与工程 C-
1660	山西大学	物理学 B+;哲学 B;体育学 B;化学 B;计算机科学与技术 B;环境科学与工程 B;政治学 B-;马克思主义理论 B-;中国语言文学 B-;数学 B-;生物学 B-;科学技术史 B-;生态学 B-;化学工程与技术 B-;法学 C+;教育学 C+;外国语言文学 C+;中国史 C+;光学工程 C+;控制科学与工程 C+;软件工程 C+;理论经济学 C;管理科学与工程 C;工商管理 C;音乐与舞蹈学 C;美术学 C;考古学 C-;图书情报与档案管理 C-
1680	内蒙古大学	民族学 B;中国语言文学 B;生物学 B;生态学 B;马克思主义理论 B-;数学 B-;物理学 B-;化学 B-;计算机科学与技术 B-;法学 C+;中国史 C+;应用经济学 C;外国语言文学 C-;环境科学与工程 C-;软件工程 C-
1690	辽宁大学	应用经济学 B+;法学 B+;马克思主义理论 B+;工商管理 B+;理论经济学 B;哲学 B-;中国语言文学 B-;统计学 B-;公共管理 B-;新闻传播学 C+;化学 C+;政治学 C;外国语言文学 C;物理学 C;生态学 C;戏剧与影视学 C;中国史 C-;世界史 C-;数学 C-;生物学 C-;图书情报与档案管理 C-
1695	辽宁工程技术大学	安全科学与工程 B;测绘科学与技术 B-;矿业工程 B-;力学 C+;机械工程 C+;土木工程 C+;管理科学与工程 C+;电气工程 C;软件工程 C
1710	沈阳农业大学	园艺学 B+;食品科学与工程 B;作物学 B;农业资源与环境 B;农业工程 B-;植物保护 B-;农林经济管理 B-;兽医学 C+;风景园林学 C;林学 C-
1715	沈阳药科大学	药学 A;中药学 B
1725	东北财经大学	应用经济学 A;统计学 A-;工商管理 A-;管理科学与工程 B+;理论经济学 B;公共管理 B;法学 C
1740	延边大学	外国语言文学 B+;药学 B-;世界史 C+;化学 C;生物学 C;临床医学 C;中国语言文学 C-;护理学 C-;音乐与舞蹈学 C-
1745	长春理工大学	光学工程 A-;机械工程 B;仪器科学与技术 B;计算机科学与技术 B;物理学 B-;材料科学与工程 C+;电子科学与技术 C+;信息与通信工程 C+;马克思主义理论 C;软件工程 C;化学 C-;控制科学与工程 C-;生物医学工程 C-
1760	东北农业大学	农业工程 B+;食品科学与工程 B+;兽医学 B+;畜牧学 B;农林经济管理 B;作物学 B-;风景园林学 C+;园艺学 C+;农业资源与环境 C+;草学 C+;植物保护 C;公共管理 C-

续表

代码	院校名称	第四轮学科评估结果
1765	哈尔滨医科大学	公共卫生与预防医学 A-;临床医学 B+;药学 B+;生物学 B;护理学 B;公共管理 B;生物医学工程 B-;基础医学 B-;口腔医学 B-
1790	上海大学	社会学 A-;美术学 A-;马克思主义理论 B+;新闻传播学 B+;数学 B+;力学 B+;机械工程 B+;材料科学与工程 B+;戏剧与影视学 B+;应用经济学 B;中国语言文学 B;物理学 B;冶金工程 B;信息与通信工程 B;控制科学与工程 B;计算机科学与技术 B;环境科学与工程 B;管理科学与工程 B;图书情报与档案管理 B;设计学 B;外国语言文学 B-;世界史 B-;土木工程 B-;软件工程 B-;工商管理 B-;法学 C+;中国史 C+;化学 C+;电气工程 C+;电子科学与技术 C+;化学工程与技术 C+;哲学 C;生物学 C;统计学 C;仪器科学与技术 C;理论经济学 C-
1795	上海理工大学	光学工程 B+;动力工程及工程热物理 B+;管理科学与工程 B+;系统科学 B;机械工程 B;生物医学工程 B;仪器科学与技术 C+;控制科学与工程 C+;计算机科学与技术 C+;外国语言文学 C;新闻传播学 C;数学 C;土木工程 C;环境科学与工程 C;软件工程 C;工商管理 C;公共管理 C;物理学 C-;电气工程 C-;交通运输工程 C-;食品科学与工程 C-
1805	上海对外经贸大学	应用经济学 B;外国语言文学 B;工商管理 B-;法学 C+
1810	华东政法大学	法学 A;政治学 B;马克思主义理论 C+;应用经济学 C
1830	苏州大学	软件工程 A-;设计学 A-;法学 B+;马克思主义理论 B+;体育学 B+;中国语言文学 B+;外国语言文学 B+;数学 B+;化学 B+;光学工程 B+;材料科学与工程 B+;纺织科学与工程 B+;基础医学 B+;药学 B+;政治学 B;物理学 B;计算机科学与技术 B;化学工程与技术 B;工商管理 B;哲学 B-;应用经济学 B-;教育学 B-;新闻传播学 B-;统计学 B-;信息与通信工程 B-;临床医学 B-;美术学 B-;心理学 C+;中国史 C+;风景园林学 C+;公共卫生与预防医学 C+;护理学 C+;社会学 C;生物学 C;机械工程 C;生物医学工程 C;公共管理 C;图书情报与档案管理 C;电子科学与技术 C-;艺术学理论 C-;戏剧与影视学 C-
1835	扬州大学	兽医学 A-;马克思主义理论 B;中国语言文学 B;化学 B;作物学 B;畜牧学 B;外国语言文学 B-;数学 B-;体育学 C+;生物学 C+;水利工程 C+;植物保护 C+;法学 C;教育学 C;中国史 C;计算机科学与技术 C;农业工程 C;工商管理 C;土木工程 C-;食品科学与工程 C-;园艺学 C-;农业资源与环境 C-;草学 C-;中西医结合 C-;戏剧与影视学 C-
1840	江苏大学	农业工程 A-;机械工程 B+;动力工程及工程热物理 B+;食品科学与工程 B+;材料科学与工程 B;控制科学与工程 B;计算机科学与技术 B;环境科学与工程 B;管理科学与工程 B;马克思主义理论 B-;数学 C+;仪器科学与技术 C+;电气工程 C+;化学工程与技术 C+;交通运输工程 C+;软件工程 C+;药学 C+;应用经济学 C;外国语言文学 C;化学 C;力学 C;光学工程 C;临床医学 C;工商管理 C;教育学 C-;生物学 C-;统计学 C-;基础医学 C-;公共管理 C-;美术学 C-
1845	南京工业大学	化学工程与技术 A;材料科学与工程 B+;安全科学与工程 B+;动力工程及工程热物理 B;土木工程 B;轻工技术与工程 B;控制科学与工程 C+;环境科学与工程 C+;城乡规划学 C+;药学 C;化学 C;建筑学 C;管理科学与工程 C;工商管理 C;机械工程 C-;软件工程 C-
1855	南京师范大学	马克思主义理论 A;教育学 A;中国语言文学 A-;外国语言文学 A-;地理学 A-;美术学 A-;法学 B+;心理学 B+;新闻传播学 B+;数学 B+;生物学 B+;哲学 B;体育学 B;化学 B;音乐与舞蹈学 B;应用经济学 B-;政治学 B-;中国史 B-;物理学 B-;统计学 B-;戏剧与影视学 B-;设计学 B-;生态学 C+;社会学 C;考古学 C

续表

代码	院校名称	第四轮学科评估结果
1860	南京信息工程大学	大气科学 A+;计算机科学与技术 B;数学 B-;科学技术史 B-;环境科学与工程 B-;信息与通信工程 C+;软件工程 C+;管理科学与工程 C+;生态学 C;地理学 C;光学工程 C-;工商管理 C-
1880	宁波大学	外国语言文学 B;水产 B;体育学 B-;数学 B-;信息与通信工程 B-;应用经济学 C+;法学 C+;教育学 C+;物理学 C;力学 C;土木工程 C;食品科学与工程 C;马克思主义理论 C-;化学 C-
1885	安徽大学	应用经济学 B;法学 B;新闻传播学 B;数学 B;生态学 B;统计学 B;计算机科学与技术 B;马克思主义理论 B-;中国语言文学 B-;化学 B-;电子科学与技术 B-;软件工程 B-;哲学 C+;社会学 C+;外国语言文学 C+;控制科学与工程 C+;理论经济学 C;中国史 C;生物学 C;材料科学与工程 C;考古学 C-;物理学 C-;光学工程 C-;环境科学与工程 C-
1895	福州大学	化学 A-;管理科学与工程 B+;工商管理 B+;数学 B;机械工程 B;土木工程 B;化学工程与技术 B;法学 B-;电气工程 B-;电子科学与技术 B-;计算机科学与技术 B-;软件工程 B-;马克思主义理论 C+;材料科学与工程 C+;信息与通信工程 C+;设计学 C+;建筑学 C;环境科学与工程 C;食品科学与工程 C;城乡规划学 C;公共管理 C;美术学 C;外国语言文学 C-;生物学 C-
1910	南昌大学	食品科学与工程 A;新闻传播学 B-;化学 B-;生物学 B-;机械工程 B-;材料科学与工程 B-;化学工程与技术 B-;环境科学与工程 B-;临床医学 B-;管理科学与工程 B-;公共管理 B-;哲学 C+;应用经济学 C+;中国语言文学 C+;数学 C+;物理学 C+;计算机科学与技术 C+;基础医学 C+;生态学 C;信息与通信工程 C;药学 C;工商管理 C;设计学 C;外国语言文学 C-;中国史 C-;力学 C-;水利工程 C-;护理学 C-
1915	江西财经大学	应用经济学 A-;统计学 A-;工商管理 B+;理论经济学 B;法学 B;管理科学与工程 B;公共管理 B-;马克思主义理论 C+;计算机科学与技术 C-
1930	湘潭大学	法学 B+;马克思主义理论 B+;数学 B+;材料科学与工程 B;化学工程与技术 B;公共管理 B;理论经济学 B-;物理学 B-;化学 B-;政治学 C+;中国语言文学 C+;外国语言文学 C+;统计学 C+;力学 C+;图书情报与档案管理 C+;机械工程 C;计算机科学与技术 C;环境科学与工程 C;软件工程 C;工商管理 C
1935	湖南师范大学	教育学 B+;外国语言文学 B+;数学 B+;哲学 B;法学 B;马克思主义理论 B;体育学 B;中国语言文学 B;新闻传播学 B;物理学 B;化学 B;地理学 B;生物学 B;音乐与舞蹈学 B;美术学 B;政治学 B-;心理学 B-;中国史 B-;生态学 B-;理论经济学 C+;统计学 C+;设计学 C;社会学 C-;世界史 C-;基础医学 C-
1960	广东外语外贸大学	外国语言文学 A;应用经济学 B-;工商管理 B-;法学 C+;政治学 C;中国语言文学 C-;管理科学与工程 C-
1965	深圳大学	光学工程 B+;理论经济学 B;新闻传播学 B;信息与通信工程 B;计算机科学与技术 B;生物医学工程 B;法学 B-;建筑学 B-;城乡规划学 B-;工商管理 B-;政治学 C+;心理学 C+;土木工程 C+;管理科学与工程 C+;艺术学理论 C+;美术学 C+;设计学 C+;哲学 C;马克思主义理论 C;体育学 C;外国语言文学 C;材料科学与工程 C;教育学 C-;中国语言文学 C-;机械工程 C-;电子科学与技术 C-;控制科学与工程 C-;戏剧与影视学 C-

续表

代码	院校名称	第四轮学科评估结果
1970	华南农业大学	兽医学 A-;农业工程 B+;食品科学与工程 B+;畜牧学 B+;农林经济管理 B+;作物学 B;园艺学 B;农业资源与环境 B;植物保护 B;风景园林学 B-;草学 B-;林学 C+;计算机科学与技术 C;公共管理 C;化学工程与技术 C-;环境科学与工程 C-
1975	广州中医药大学	中西医结合 A-;中医学 B+;中药学 B;药学 C-
1985	华南师范大学	心理学 A+;马克思主义理论 A-;教育学 A-;体育学 A-;数学 B+;物理学 B+;中国语言文学 B;化学 B;地理学 B;哲学 B-;理论经济学 B-;政治学 B-;外国语言文学 B-;生物学 B-;生态学 B-;音乐与舞蹈学 B-;应用经济学 C+;世界史 C+;美术学 C+;中国史 C;法学 C-
2000	广西大学	应用经济学 B;化学工程与技术 B;马克思主义理论 B-;生物学 B-;生态学 B-;计算机科学与技术 B-;土木工程 B-;公共管理 B-;外国语言文学 C+;数学 C+;电气工程 C+;轻工技术与工程 C+;软件工程 C+;畜牧学 C+;兽医学 C+;工商管理 C+;中国语言文学 C;新闻传播学 C;物理学 C;机械工程 C;环境科学与工程 C;作物学 C;植物保护 C;哲学 C-;法学 C-;统计学 C-;材料科学与工程 C-
2025	重庆医科大学	临床医学 B+;基础医学 B-;药学 B-;护理学 B-;口腔医学 C+;公共卫生与预防医学 C
2030	西南政法大学	法学 A;政治学 C+;新闻传播学 C+;应用经济学 C;马克思主义理论 C;工商管理 C;哲学 C-;外国语言文学 C-;公共管理 C-
2035	重庆邮电大学	信息与通信工程 B+;计算机科学与技术 B+;控制科学与工程 B-;软件工程 B-;马克思主义理论 C+;电子科学与技术 C+;管理科学与工程 C
2080	云南大学	民族学 A+;生态学 A-;政治学 B+;生物学 B+;理论经济学 B;中国史 B;数学 B;化学 B;统计学 B;工商管理 B;图书情报与档案管理 B;法学 B-;马克思主义理论 B-;中国语言文学 B-;计算机科学与技术 B-;软件工程 B-;社会学 C+;世界史 C+;物理学 C+;系统科学 C+;信息与通信工程 C+;公共管理 C+;哲学 C;应用经济学 C;教育学 C;外国语言文学 C-;新闻传播学 C-;地理学 C-;艺术学理论 C-;美术学 C-
2090	西北大学	考古学 A+;理论经济学 A-;世界史 B+;化学 B+;地质学 B+;化学工程与技术 B+;软件工程 B+;中国语言文学 B;中国史 B;数学 B;物理学 B;地理学 B;生物学 B;科学技术史 B;生态学 B;地质资源与地质工程 B;计算机科学与技术 B-;应用经济学 C+;新闻传播学 C+;统计学 C+;城乡规划学 C+;外国语言文学 C;光学工程 C-;电子科学与技术 C-;信息与通信工程 C-;环境科学与工程 C-
2095	陕西科技大学	轻工技术与工程 B+;化学工程与技术 B;材料科学与工程 B-;设计学 C+;食品科学与工程 C;软件工程 C;机械工程 C-;控制科学与工程 C-;环境科学与工程 C-
2100	西安建筑科技大学	建筑学 B+;土木工程 B+;环境科学与工程 B+;城乡规划学 B+;风景园林学 B+;材料科学与工程 B;管理科学与工程 B-;机械工程 C+;美术学 C+;冶金工程 C
2105	西安邮电大学	信息与通信工程 B-;计算机科学与技术 C+;电子科学与技术 C;软件工程 C;应用经济学 C-
2110	西安外国语大学	外国语言文学 B+
2115	西北政法大学	法学 B+;哲学 C

续表

代码	院校名称	第四轮学科评估结果
2120	新疆大学	马克思主义理论 B;数学 B;理论经济学 B-;中国语言文学 B-;化学 B-;计算机科学与技术 B-;化学工程与技术 B-;法学 C+;地理学 C+;生物学 C+;生态学 C+;机械工程 C+;电气工程 C+;软件工程 C+;政治学 C-;新闻传播学 C-
2125	青海大学	草学 B-;作物学 C;临床医学 C-
2130	石河子大学	化学工程与技术 B-;农业工程 B-;工商管理 C+;作物学 C;园艺学 C;畜牧学 C;基础医学 C;应用经济学 C-;教育学 C-;兽医学 C-;临床医学 C-;农林经济管理 C-
2200	首都医科大学	临床医学 A-;护理学 A-;生物学 B+;公共卫生与预防医学 B+;药学 B+;基础医学 B;口腔医学 B;生物医学工程 B-;中医学 C+;中西医结合 C;中药学 C-
2205	青岛大学	物理学 C+;生物学 C+;系统科学 C+;材料科学与工程 C+;计算机科学与技术 C+;纺织科学与工程 C+;基础医学 C+;临床医学 C+;管理科学与工程 C+;理论经济学 C;中国语言文学 C;外国语言文学 C;控制科学与工程 C;软件工程 C;护理学 C;工商管理 C;法学 C-;政治学 C-;数学 C-;机械工程 C-;化学工程与技术 C-;环境科学与工程 C-;公共卫生与预防医学 C-;药学 C-;音乐与舞蹈学 C-
2210	湖北大学	生物学 B;理论经济学 B-;马克思主义理论 B-;中国语言文学 B-;数学 B-;哲学 C+;材料科学与工程 C+;工商管理 C+;教育学 C;体育学 C;中国史 C;化学 C;地理学 C;生态学 C;电子科学与技术 C;外国语言文学 C-;物理学 C-;公共管理 C-
2215	中国民航大学	控制科学与工程 C+;计算机科学与技术 C+;交通运输工程 C+;安全科学与工程 C+;信息与通信工程 C;数学 C-;航空宇航科学与技术 C-
2220	武汉科技大学	机械工程 B;材料科学与工程 B;冶金工程 B;控制科学与工程 B;化学工程与技术 B;安全科学与工程 B-;计算机科学与技术 C+;矿业工程 C+;公共管理 C+;马克思主义理论 C;软件工程 C;管理科学与工程 C;工商管理 C;土木工程 C-;公共卫生与预防医学 C-
2225	首都师范大学	马克思主义理论 A-;教育学 A-;中国语言文学 A-;世界史 A-;美术学 A-;中国史 B+;数学 B+;地理学 B+;生物学 B+;统计学 B+;音乐与舞蹈学 B+;心理学 B;外国语言文学 B;生态学 B;考古学 B-;计算机科学与技术 B-;软件工程 B-;政治学 C+;化学 C+;法学 C;设计学 C;科学技术史 C-
2230	天津财经大学	应用经济学 B+;工商管理 B+;管理科学与工程 B-;理论经济学 C+;公共管理 C
2235	东北电力大学	电气工程 B;动力工程及工程热物理 B-;控制科学与工程 C+;计算机科学与技术 C;化学工程与技术 C;土木工程 C-
2240	南京审计大学	工商管理 B;应用经济学 C;理论经济学 C-
2250	天津外国语大学	外国语言文学 B;中国语言文学 C-
2255	浙江理工大学	机械工程 B;纺织科学与工程 B;艺术学理论 B-;设计学 B-;马克思主义理论 C+;数学 C+;计算机科学与技术 C+;软件工程 C+;应用经济学 C;化学 C;生物学 C;材料科学与工程 C;管理科学与工程 C;控制科学与工程 C-
2265	南京财经大学	应用经济学 B;工商管理 B;食品科学与工程 B-;理论经济学 C+;统计学 C+;法学 C-;马克思主义理论 C-;软件工程 C-;管理科学与工程 C-

续表

代码	院校名称	第四轮学科评估结果
2270	江苏科技大学	材料科学与工程 B-;管理科学与工程 B-;控制科学与工程 C;船舶与海洋工程 C;工商管理 C;生物学 C-;机械工程 C-;计算机科学与技术 C-;软件工程 C-
2275	青岛科技大学	化学工程与技术 B+;化学 B;材料科学与工程 B-;机械工程 C+;动力工程及工程热物理 C+;控制科学与工程 C;软件工程 C;环境科学与工程 C-;安全科学与工程 C-
2280	北京建筑大学	建筑学 B;土木工程 B;城乡规划学 B-;测绘科学与技术 C+;环境科学与工程 C+;控制科学与工程 C;交通运输工程 C;风景园林学 C
2285	沈阳建筑大学	土木工程 B+;机械工程 B;建筑学 B;城乡规划学 B;风景园林学 B-;计算机科学与技术 C+;材料科学与工程 C-
2290	中国计量大学	仪器科学与技术 B;光学工程 B-;控制科学与工程 B-;管理科学与工程 C+;生物学 C;材料科学与工程 C;电子科学与技术 C-
2295	南华大学	核科学与技术 B-;安全科学与工程 C+;基础医学 C+;矿业工程 C;软件工程 C;马克思主义理论 C-;土木工程 C-
2300	长沙理工大学	土木工程 B+;交通运输工程 B;工商管理 B;电气工程 B-;水利工程 B-;应用经济学 C+;马克思主义理论 C;数学 C;机械工程 C;动力工程及工程热物理 C;电子科学与技术 C;统计学 C-;计算机科学与技术 C-;食品科学与工程 C-;管理科学与工程 C-
2305	贵州大学	植物保护 B+;数学 B-;生物学 B-;机械工程 B-;软件工程 B-;法学 C+;材料科学与工程 C+;计算机科学与技术 C+;生态学 C;电子科学与技术 C;土木工程 C;化学工程与技术 C;林学 C;公共管理 C;应用经济学 C-;物理学 C-;化学 C-;冶金工程 C-
2310	南方医科大学	基础医学 B+;公共卫生与预防医学 B+;中西医结合 B+;生物医学工程 B;临床医学 B;药学 B;护理学 B;口腔医学 C-;中药学 C-
2315	南京邮电大学	光学工程 B+;电子科学与技术 B+;信息与通信工程 B+;软件工程 B;计算机科学与技术 B-;控制科学与工程 C+;管理科学与工程 C;工商管理 C;仪器科学与技术 C-
2320	北方工业大学	计算机科学与技术 B-;数学 C+;控制科学与工程 C+;工商管理 C+;马克思主义理论 C;机械工程 C;土木工程 C;软件工程 C;法学 C-;统计学 C-;电子科学与技术 C-;设计学 C-
2325	华侨大学	工商管理 B;应用经济学 B-;机械工程 B-;土木工程 B-;化学工程与技术 B-;哲学 C+;法学 C+;政治学 C+;材料科学与工程 C+;建筑学 C+;中国语言文学 C;光学工程 C;软件工程 C;化学 C-;计算机科学与技术 C-;管理科学与工程 C-
2330	西安工业大学	光学工程 B-;机械工程 C+;材料科学与工程 C+;计算机科学与技术 C;控制科学与工程 C-
2340	汕头大学	数学 C+;生物学 C+;临床医学 C+;新闻传播学 C;化学 C;土木工程 C;基础医学 C;药学 C;工商管理 C

续表

代码	院校名称	第四轮学科评估结果
2355	四川农业大学	畜牧学 A-;作物学 B+;风景园林学 B;农业资源与环境 B;兽医学 B;林学 B;草学 B;生物学 B-;农林经济管理 B-;园艺学 C+;食品科学与工程 C;植物保护 C
2365	太原理工大学	机械工程 B+;化学工程与技术 B+;矿业工程 B;材料科学与工程 B-;电气工程 B-;计算机科学与技术 B-;土木工程 B-;环境科学与工程 B-;安全科学与工程 B-;力学 C+;光学工程 C+;电子科学与技术 C+;水利工程 C+;生物医学工程 C;动力工程及工程热物理 C-;控制科学与工程 C-;地质资源与地质工程 C-;软件工程 C-
2375	东北石油大学	化学工程与技术 B;石油与天然气工程 B;地质资源与地质工程 B-;机械工程 C;动力工程及工程热物理 C;仪器科学与技术 C-;工商管理 C-
2380	北京信息科技大学	仪器科学与技术 C+;机械工程 C;管理科学与工程 C;控制科学与工程 C-;计算机科学与技术 C-
2385	安徽财经大学	应用经济学 B-;统计学 B-;工商管理 B-;法学 C-;管理科学与工程 C-;公共管理 C-
2390	上海师范大学	教育学 B+;中国语言文学 B+;马克思主义理论 B;心理学 B;中国史 B;世界史 B;数学 B;美术学 B;哲学 B-;化学 B-;环境科学与工程 B-;音乐与舞蹈学 B-;戏剧与影视学 B-;政治学 C+;外国语言文学 C+;物理学 C+;生物学 C+;应用经济学 C;计算机科学与技术 C;法学 C-;体育学 C-;新闻传播学 C-;地理学 C-;化学工程与技术 C-
2395	集美大学	食品科学与工程 C+;水产 C+;体育学 C-;数学 C-
2400	北京物资学院	管理科学与工程 C+;工商管理 C+
2405	天津师范大学	政治学 B+;马克思主义理论 B+;心理学 B+;世界史 B+;教育学 B;中国语言文学 B;外国语言文学 C+;新闻传播学 C+;中国史 C+;法学 C;物理学 C;化学 C;地理学 C;生物学 C;数学 C-;图书情报与档案管理 C-
2410	青岛理工大学	土木工程 B;机械工程 C+;建筑学 C+;环境科学与工程 C;风景园林学 C-
2415	浙江工业大学	化学工程与技术 A-;机械工程 B+;工商管理 B+;控制科学与工程 B;计算机科学与技术 B;环境科学与工程 B;软件工程 B;药学 B;应用经济学 B-;设计学 B-;物理学 C+;材料科学与工程 C+;动力工程及工程热物理 C+;土木工程 C+;食品科学与工程 C+;教育学 C;中国语言文学 C;数学 C;信息与通信工程 C;管理科学与工程 C
2420	杭州电子科技大学	电子科学与技术 B+;控制科学与工程 B+;计算机科学与技术 B+;工商管理 B-;机械工程 C+;软件工程 C+;管理科学与工程 C+;信息与通信工程 C
2425	湖南科技大学	马克思主义理论 B;应用经济学 B-;机械工程 B-;计算机科学与技术 C+;土木工程 C+;安全科学与工程 C+;外国语言文学 C;化学 C;控制科学与工程 C-;矿业工程 C-;软件工程 C-
2430	南昌航空大学	环境科学与工程 B-;马克思主义理论 C+;仪器科学与技术 C+;软件工程 C+;光学工程 C;材料科学与工程 C
2435	江西理工大学	冶金工程 C+;矿业工程 C;马克思主义理论 C-;材料科学与工程 C-;计算机科学与技术 C-;测绘科学与技术 C-;工商管理 C-

续表

代码	院校名称	第四轮学科评估结果
2440	长江大学	地质资源与地质工程 B-;石油与天然气工程 C+;地球物理学 C-;风景园林学 C-;作物学 C-
2450	成都理工大学	地质资源与地质工程 B+;地质学 B-;土木工程 B-;管理科学与工程 C+;数学 C;马克思主义理论 C-;地球物理学 C-;化学工程与技术 C-;石油与天然气工程 C-;核科学与技术 C-
2500	首都经济贸易大学	应用经济学 B+;统计学 B+;工商管理 B+;管理科学与工程 B;理论经济学 B-;公共管理 C+
2505	南京林业大学	林业工程 A+;林学 A+;风景园林学 A-;机械工程 C+;轻工技术与工程 C+;土木工程 C;化学工程与技术 C;环境科学与工程 C;交通运输工程 C-
2510	西南科技大学	环境科学与工程 B-;材料科学与工程 C+;控制科学与工程 C+;马克思主义理论 C;生物学 C-
2515	西南石油大学	石油与天然气工程 A+;化学工程与技术 B+;机械工程 B;地质资源与地质工程 B;马克思主义理论 C;材料科学与工程 C;软件工程 C;管理科学与工程 C;数学 C-;仪器科学与技术 C-;计算机科学与技术 C-;工商管理 C-
2520	西安工程大学	纺织科学与工程 C+;控制科学与工程 C;设计学 C
2525	天津工业大学	纺织科学与工程 A+;材料科学与工程 B-;计算机科学与技术 B-;机械工程 C+;控制科学与工程 C+;化学工程与技术 C+;环境科学与工程 C+;软件工程 C+;电子科学与技术 C;信息与通信工程 C;管理科学与工程 C;设计学 C;应用经济学 C-;工商管理 C-
2530	中北大学	仪器科学与技术 B+;信息与通信工程 B;机械工程 B-;材料科学与工程 B-;化学工程与技术 B-;数学 C;计算机科学与技术 C;安全科学与工程 C;电子科学与技术 C-;兵器科学与技术 C-
2535	西安科技大学	安全科学与工程 A-;马克思主义理论 B-;土木工程 B-;机械工程 C+;测绘科学与技术 C+;地质资源与地质工程 C+;矿业工程 C+;信息与通信工程 C-;管理科学与工程 C-
2540	河北科技大学	化学工程与技术 C+;环境科学与工程 C
2545	河北工程大学	计算机科学与技术 C
2550	北京联合大学	软件工程 B-;工商管理 C+;考古学 C-
2555	大连交通大学	机械工程 B;材料科学与工程 C+;交通运输工程 C;软件工程 C;力学 C-;环境科学与工程 C-
2560	温州医科大学	临床医学 B-;药学 B-;生物学 C+;生物医学工程 C+;中药学 C;护理学 C;基础医学 C-;口腔医学 C-
2565	南通大学	基础医学 B-;信息与通信工程 C+;马克思主义理论 C;机械工程 C;临床医学 C;中国语言文学 C-;控制科学与工程 C-
2570	上海中医药大学	中医学 A+;中西医结合 A+;中药学 A+

续表

代码	院校名称	第四轮学科评估结果
2575	浙江师范大学	教育学 B+;中国语言文学 B+;数学 B+;马克思主义理论 B;心理学 B-;外国语言文学 B-;软件工程 B-;工商管理 B-;音乐与舞蹈学 B-;美术学 B-;社会学 C+;体育学 C+;物理学 C+;化学 C+;地理学 C+;生物学 C+;计算机科学与技术 C+;政治学 C;世界史 C;中国史 C-;生态学 C-
2580	安徽理工大学	安全科学与工程 B;土木工程 B-;矿业工程 B-;环境科学与工程 C+;机械工程 C;化学工程与技术 C;地质资源与地质工程 C-
2600	天津中医药大学	中药学 A-;中医学 B+;中西医结合 B+;药学 C+;护理学 C+
2605	中国医科大学	临床医学 B+;生物学 B;基础医学 B;口腔医学 B;公共卫生与预防医学 B;药学 B;护理学 B-
2610	黑龙江中医药大学	中药学 A+;中医学 B+;中西医结合 B;药学 B-
2615	湖南中医药大学	中医学 B;中西医结合 B-;药学 C+;中药学 C-
2620	成都中医药大学	中医学 B+;中药学 B+;中西医结合 C+;药学 C;护理学 C-
2625	新疆医科大学	药学 B-;临床医学 C+;公共卫生与预防医学 C;中西医结合 C;基础医学 C-;护理学 C-
2630	山西医科大学	生物学 B-;临床医学 B-;公共卫生与预防医学 C+;护理学 C+;基础医学 C;药学 C
2635	大连医科大学	中西医结合 B+;生物学 B;基础医学 B;临床医学 B;口腔医学 C+;药学 C+;护理学 C
2650	广西医科大学	基础医学 C+;临床医学 C+;口腔医学 C+;公共卫生与预防医学 C+;药学 C+;护理学 C+
2655	湖北中医药大学	中药学 B-;中医学 C+;中西医结合 C-;药学 C-
2750	海南大学	法学 B;工商管理 B;马克思主义理论 C+;信息与通信工程 C+;化学工程与技术 C+;应用经济学 C;材料科学与工程 C;食品科学与工程 C;园艺学 C;中国语言文学 C-;计算机科学与技术 C-;风景园林学 C-;作物学 C-;水产 C-
2755	宁夏大学	民族学 B-;草学 B-;数学 C+;水利工程 C+;中国语言文学 C-;外国语言文学 C-;生物学 C-;生态学 C-
2780	山东科技大学	控制科学与工程 B;测绘科学与技术 B;矿业工程 B;安全科学与工程 B;机械工程 B-;计算机科学与技术 B-;土木工程 B-;地质资源与地质工程 B-;管理科学与工程 B-;化学工程与技术 C;材料科学与工程 C-;电气工程 C-;信息与通信工程 C-
2785	河北大学	中国语言文学 B;新闻传播学 B;马克思主义理论 B-;教育学 B-;中国史 B-;化学 B-;生物学 B-;光学工程 B-;哲学 C+;理论经济学 C+;法学 C+;计算机科学与技术 C+;软件工程 C+;管理科学与工程 C+;应用经济学 C;生态学 C;统计学 C;公共管理 C;图书情报与档案管理 C;外国语言文学 C-;数学 C-;仪器科学与技术 C-;电子科学与技术 C-;临床医学 C-;工商管理 C-;美术学 C-
2790	辽宁石油化工大学	化学工程与技术 B;控制科学与工程 C+;马克思主义理论 C-;动力工程及工程热物理 C-;安全科学与工程 C-
2795	沈阳工业大学	电气工程 B+;仪器科学与技术 B;机械工程 B-;材料科学与工程 B-;化学工程与技术 C+;管理科学与工程 C+

续表

代码	院校名称	第四轮学科评估结果
2800	中南林业科技大学	生态学 B;林学 B;林业工程 B-;风景园林学 B-;生物学 C+;食品科学与工程 C+;土木工程 C;环境科学与工程 C-;工商管理 C-
2805	西安理工大学	控制科学与工程 B+;水利工程 B+;管理科学与工程 B+;马克思主义理论 B;机械工程 B;材料科学与工程 B;仪器科学与技术 B-;电子科学与技术 B-;土木工程 B-;环境科学与工程 B-;工商管理 B-;电气工程 C+;计算机科学与技术 C;信息与通信工程 C-;轻工技术与工程 C-;农业工程 C-;设计学 C-
2810	安徽工业大学	材料科学与工程 C+;化学工程与技术 C+;马克思主义理论 C;机械工程 C;冶金工程 C;计算机科学与技术 C;管理科学与工程 C;工商管理 C;应用经济学 C-
2815	安徽医科大学	公共卫生与预防医学 B;药学 B;临床医学 B-;基础医学 C+;护理学 C+;口腔医学 C;心理学 C-;生物学 C-;公共管理 C-
2850	广州大学	土木工程 B+;数学 B;统计学 B-;法学 C+;马克思主义理论 C+;教育学 C+;工商管理 C+;美术学 C+;心理学 C;公共管理 C;音乐与舞蹈学 C;戏剧与影视学 C;中国语言文学 C-;地理学 C-;机械工程 C-;环境科学与工程 C-
2855	广州医科大学	临床医学 B-;基础医学 C;药学 C;护理学 C;公共卫生与预防医学 C-
2860	上海海事大学	交通运输工程 B;管理科学与工程 B;外国语言文学 B-;法学 C+;电气工程 C+;信息与通信工程 C;工商管理 C;机械工程 C-;计算机科学与技术 C-;船舶与海洋工程 C-
2865	重庆交通大学	土木工程 B;水利工程 B;交通运输工程 B;管理科学与工程 B-;马克思主义理论 C;机械工程 C-;计算机科学与技术 C-;工商管理 C-
2870	天津理工大学	计算机科学与技术 B;管理科学与工程 B;材料科学与工程 B-;软件工程 B-;控制科学与工程 C+;化学工程与技术 C+;电子科学与技术 C;工商管理 C;光学工程 C-;电气工程 C-;信息与通信工程 C-
2875	上海海洋大学	水产 A+;食品科学与工程 B+;海洋科学 B-;生物学 B-;计算机科学与技术 C+;环境科学与工程 C-;农林经济管理 C-
2880	常州大学	化学工程与技术 B-;计算机科学与技术 C+;材料科学与工程 C;环境科学与工程 C;机械工程 C-;安全科学与工程 C-
2885	华东交通大学	控制科学与工程 B-;交通运输工程 B-;土木工程 C+;信息与通信工程 C
2890	重庆工商大学	应用经济学 B-;工商管理 B-;统计学 C+;环境科学与工程 C+;马克思主义理论 C-;管理科学与工程 C-
2895	武汉工程大学	化学工程与技术 B+;马克思主义理论 C+;材料科学与工程 C+;化学 C-;动力工程及工程热物理 C-;计算机科学与技术 C-
2900	太原科技大学	机械工程 B;材料科学与工程 C+;控制科学与工程 C-
2905	三峡大学	电气工程 B-;土木工程 B-;水利工程 B-;马克思主义理论 C+;中国语言文学 C;计算机科学与技术 C;管理科学与工程 C;工商管理 C;生物学 C-;生态学 C-
2910	四川外国语大学	外国语言文学 B+
2915	西安石油大学	化学工程与技术 C;石油与天然气工程 C;计算机科学与技术 C-

续表

代码	院校名称	第四轮学科评估结果
2920	山西财经大学	工商管理 B+;应用经济学 B;统计学 B;理论经济学 C+;法学 C;马克思主义理论 C;管理科学与工程 C-
2930	广东工业大学	控制科学与工程 A-;机械工程 B+;化学工程与技术 B;设计学 B;材料科学与工程 B-;管理科学与工程 B-;土木工程 C+;环境科学与工程 C+;软件工程 C+;计算机科学与技术 C;工商管理 C;仪器科学与技术 C-;信息与通信工程 C-
2935	辽宁科技大学	化学工程与技术 B-;软件工程 C+;机械工程 C;控制科学与工程 C;材料科学与工程 C-;冶金工程 C-;工商管理 C-
3010	西北民族大学	民族学 C+;中国语言文学 C+;音乐与舞蹈学 C;社会学 C-
3015	北方民族大学	民族学 C-
3020	西南民族大学	民族学 B+;中国语言文学 C+;美术学 C+;哲学 C;应用经济学 C;法学 C;外国语言文学 C-;畜牧学 C-;音乐与舞蹈学 C-
3040	上海电力大学	电气工程 B-;动力工程及工程热物理 C+;化学工程与技术 C+
3150	北京服装学院	设计学 B+;美术学 B-;艺术学理论 C+
3175	北京印刷学院	设计学 B-;新闻传播学 C+;美术学 C+;材料科学与工程 C-
3180	北京农学院	园艺学 C+;农林经济管理 C;兽医学 C-
3200	天津科技大学	轻工技术与工程 B+;食品科学与工程 B+;化学工程与技术 C+;机械工程 C;药学 C;管理科学与工程 C;仪器科学与技术 C-;环境科学与工程 C-;工商管理 C-
3210	天津城建大学	土木工程 C+;城乡规划学 C;管理科学与工程 C-
3220	天津农学院	水产 C
3225	天津职业技术师范大学	教育学 C-;机械工程 C-;控制科学与工程 C-
3240	天津商业大学	工商管理 C;应用经济学 C-;动力工程及工程热物理 C-
3265	河北中医学院	中西医结合 C;中医学 C-
3270	河北农业大学	生物学 B-;食品科学与工程 B-;作物学 B-;园艺学 B-;林学 B-;风景园林学 C+;农业资源与环境 C+;植物保护 C+;畜牧学 C+;农业工程 C;兽医学 C;农林经济管理 C;生态学 C-
3275	河北医科大学	基础医学 B-;临床医学 B-;中西医结合 B-;药学 B-;生物学 C+;口腔医学 C-;公共卫生与预防医学 C-
3280	河北师范大学	马克思主义理论 B;中国语言文学 B;数学 B;生态学 B;体育学 B-;物理学 B-;生物学 B-;教育学 C+;考古学 C+;中国史 C+;地理学 C+;美术学 C+;外国语言文学 C;化学 C;音乐与舞蹈学 C;哲学 C-;心理学 C-;世界史 C-;艺术学理论 C-
3285	河北经贸大学	应用经济学 C+;工商管理 C+;法学 C;统计学 C
3310	华北理工大学	冶金工程 C+;数学 C;化学工程与技术 C;公共卫生与预防医学 C;护理学 C;机械工程 C-;材料科学与工程 C-;矿业工程 C-;基础医学 C-
3350	河北地质大学	工商管理 C-
3360	山西农业大学	兽医学 B-;作物学 C+;农业资源与环境 C+;畜牧学 C+;园艺学 C;植物保护 C-;草学 C-

续表

代码	院校名称	第四轮学科评估结果
3370	山西师范大学	戏剧与影视学 B;化学 B-;马克思主义理论 C+;教育学 C+;体育学 C+;数学 C-;美术学 C-
3440	内蒙古工业大学	化学工程与技术 B-;材料科学与工程 C;动力工程及工程热物理 C;力学 C-;建筑学 C-;土木工程 C-
3445	内蒙古农业大学	草学 B+;食品科学与工程 B;畜牧学 B;农业工程 B-;兽医学 C+;林学 C+;水利工程 C;农业资源与环境 C;农林经济管理 C;林业工程 C-;作物学 C-
3450	内蒙古师范大学	科学技术史 B+;教育学 C+;中国语言文学 C+;民族学 C;心理学 C;美术学 C;地理学 C-
3460	内蒙古科技大学	冶金工程 B-;矿业工程 C-
3465	内蒙古医科大学	临床医学 C-
3480	内蒙古财经大学	工商管理 B-;应用经济学 C-;统计学 C-
3490	大连大学	软件工程 B-;计算机科学与技术 C;化学 C-
3495	沈阳大学	环境科学与工程 C;材料科学与工程 C-;工商管理 C-
3520	辽宁师范大学	教育学 B;心理学 B;马克思主义理论 B-;体育学 B-;地理学 B-;中国语言文学 C+;外国语言文学 C+;数学 C+;物理学 C+;化学 C+;生物学 C+;计算机科学与技术 C+;中国史 C;政治学 C-;生态学 C-;音乐与舞蹈学 C-;戏剧与影视学 C-;美术学 C-
3525	沈阳师范大学	教育学 B;中国语言文学 C+;美术学 C+;法学 C;生态学 C;公共管理 C;音乐与舞蹈学 C;哲学 C-;社会学 C-;马克思主义理论 C-;体育学 C-;数学 C-;生物学 C-;化学工程与技术 C-
3530	大连工业大学	食品科学与工程 B+;轻工技术与工程 B;设计学 C+;控制科学与工程 C;纺织科学与工程 C;光学工程 C-;化学工程与技术 C-
3540	辽宁工业大学	控制科学与工程 C+;管理科学与工程 C-
3545	沈阳理工大学	机械工程 C+;材料科学与工程 C-;计算机科学与技术 C-;工商管理 C-
3550	沈阳航空航天大学	计算机科学与技术 B-;航空宇航科学与技术 B-;机械工程 C;动力工程及工程热物理 C;安全科学与工程 C;工商管理 C;设计学 C;信息与通信工程 C-;控制科学与工程 C-
3555	沈阳化工大学	化学工程与技术 B;材料科学与工程 C-;动力工程及工程热物理 C-;控制科学与工程 C-
3565	大连海洋大学	水产 B;海洋科学 C
3570	锦州医科大学	临床医学 C;生物学 C-;基础医学 C-
3575	辽宁中医药大学	中西医结合 B+;中医学 B;药学 B-;中药学 B-
3590	渤海大学	马克思主义理论 C;教育学 C;控制科学与工程 C;食品科学与工程 C;中国语言文学 C-;数学 C-
3595	大连外国语大学	外国语言文学 B
3620	北华大学	林学 C+;马克思主义理论 C;风景园林学 C;林业工程 C-
3630	长春工业大学	机械工程 B-;化学工程与技术 B-;材料科学与工程 C+;统计学 C;控制科学与工程 C;计算机科学与技术 C

续表

代码	院校名称	第四轮学科评估结果
3635	吉林农业大学	兽医学 B;食品科学与工程 B-;作物学 B-;农业资源与环境 B-;植物保护 B-;农林经济管理 B-;生物学 C+;畜牧学 C+;生态学 C-
3640	吉林师范大学	哲学 C;教育学 C;中国语言文学 C;数学 C;物理学 C;外国语言文学 C-;中国史 C-;化学 C-
3660	吉林建筑大学	建筑学 C;土木工程 C;环境科学与工程 C-;城乡规划学 C-;管理科学与工程 C-
3665	长春中医药大学	中医学 B-;中药学 B-
3675	长春师范大学	马克思主义理论 C-;教育学 C-
3690	吉林财经大学	工商管理 B-;应用经济学 C+;统计学 C+;理论经济学 C
3695	黑龙江大学	外国语言文学 A;哲学 B+;法学 B;马克思主义理论 B;中国语言文学 B;图书情报与档案管理 B;化学 B-;电子科学与技术 C+;公共管理 C+;理论经济学 C;政治学 C;生物学 C;信息与通信工程 C;数学 C-;生态学 C-;控制科学与工程 C-;计算机科学与技术 C-;化学工程与技术 C-;软件工程 C-
3700	佳木斯大学	材料科学与工程 C
3705	哈尔滨理工大学	机械工程 B;电气工程 B;计算机科学与技术 B;管理科学与工程 B;工商管理 B;马克思主义理论 B-;仪器科学与技术 B-;材料科学与工程 C+;控制科学与工程 C+;软件工程 C+;数学 C;化学工程与技术 C-
3715	黑龙江八一农垦大学	农业工程 C+;食品科学与工程 C+;兽医学 C+;作物学 C-
3720	哈尔滨师范大学	马克思主义理论 B+;教育学 B;中国语言文学 B;美术学 B;外国语言文学 B-;地理学 B-;戏剧与影视学 C+;世界史 C;数学 C;生物学 C;体育学 C-;物理学 C-;化学 C-
3725	哈尔滨商业大学	工商管理 B;应用经济学 B-;食品科学与工程 B-;环境科学与工程 C-;管理科学与工程 C-;公共管理 C-
3745	黑龙江科技大学	安全科学与工程 C;电气工程 C-
3780	上海工程技术大学	机械工程 C+;工商管理 C+;材料科学与工程 C-
3815	上海应用技术大学	化学工程与技术 B-;机械工程 C-
3830	南京医科大学	公共卫生与预防医学 A+;基础医学 B+;临床医学 B+;口腔医学 B+;护理学 B+;药学 B
3835	南京中医药大学	中医学 A-;中西医结合 A-;中药学 A-;护理学 B+;药学 B-;公共管理 C-
3890	苏州科技大学	城乡规划学 B;土木工程 B-;环境科学与工程 C+;世界史 C;风景园林学 C;光学工程 C-;建筑学 C-
3900	徐州医科大学	基础医学 C+;临床医学 C+;药学 C+
3930	江苏师范大学	教育学 B;中国语言文学 B;马克思主义理论 B-;数学 B-;统计学 B-;应用经济学 C;地理学 C;生物学 C;光学工程 C;体育学 C-;外国语言文学 C-;化学 C-
4020	浙江海洋大学	海洋科学 B;水产 C+
4025	浙江农林大学	林学 B+;风景园林学 B;生态学 C+;林业工程 C+;农业资源与环境 C+;生物学 C;农林经济管理 C-
4030	浙江中医药大学	中医学 B;中药学 B;中西医结合 B-;药学 C+;护理学 C+;临床医学 C-

续表

代码	院校名称	第四轮学科评估结果
4050	温州大学	马克思主义理论 B-;教育学 C+;数学 C+;化学 C+;计算机科学与技术 C+;中国语言文学 C
4055	杭州师范大学	外国语言文学 B;艺术学理论 B;教育学 B-;生物学 B-;公共管理 B-;美术学 B-;马克思主义理论 C+;中国语言文学 C+;数学 C+;化学 C+;生态学 C+;心理学 C;物理学 C;法学 C-;体育学 C-;中国史 C-;护理学 C-
4060	浙江工商大学	统计学 A-;应用经济学 B+;工商管理 B+;外国语言文学 B;食品科学与工程 B;法学 B-;计算机科学与技术 B-;马克思主义理论 C+;公共管理 C+;信息与通信工程 C;环境科学与工程;管理科学与工程 C
4065	浙江财经大学	应用经济学 B+;工商管理 B;公共管理 B-;统计学 C+;理论经济学 C;法学 C-
4090	安徽农业大学	生物学 B;生态学 B-;园艺学 B-;作物学 C+;植物保护 C+;畜牧学 C;林学 C;食品科学与工程 C-;风景园林学 C-;农业资源与环境 C-
4100	安徽师范大学	马克思主义理论 B;化学 B;教育学 B-;中国语言文学 B-;生态学 B-;体育学 C+;地理学 C+;生物学 C+;音乐与舞蹈学 C+;中国史 C;数学 C;物理学 C;美术学 C;哲学 C-;新闻传播学 C-;统计学 C-
4120	安徽工程大学	控制科学与工程 C+
4125	安徽建筑大学	城乡规划学 B-;建筑学 C+;土木工程 C+;材料科学与工程 C-
4130	蚌埠医学院	基础医学 C-;临床医学 C-
4135	安徽中医药大学	中医学 B-;中药学 B-;中西医结合 C+;药学 C-
4165	淮北师范大学	化学 C;教育学 C-;软件工程 C-
4195	福建农林大学	生态学 B+;风景园林学 B+;植物保护 B+;林学 B+;生物学 B;食品科学与工程 B;林业工程 B-;园艺学 B-;农业资源与环境 B-;农林经济管理 B-;马克思主义理论 C+;作物学 C+;公共管理 C+;畜牧学 C;统计学 C-;兽医学 C-;工商管理 C-
4205	福建师范大学	马克思主义理论 A-;体育学 A-;音乐与舞蹈学 A-;中国语言文学 B+;地理学 B+;理论经济学 B;外国语言文学 B;数学 B;美术学 B;教育学 B-;世界史 B-;物理学 B-;生物学 B-;生态学 B-;戏剧与影视学 B-;心理学 C+;中国史 C+;化学 C+;统计学 C+;光学工程 C+;计算机科学与技术 C+;法学 C;图书情报与档案管理 C;艺术学理论 C;环境科学与工程 C-;软件工程 C-
4225	福建中医药大学	中西医结合 B;中医学 B-;中药学 C-;护理学 C-
4255	江西农业大学	畜牧学 B;林学 B-;风景园林学 C;作物学 C;兽医学 C;公共管理 C;农林经济管理 C-
4260	江西师范大学	马克思主义理论 A-;教育学 B;心理学 B;中国语言文学 B-;数学 B-;化学 B-;体育学 C+;外国语言文学 C+;管理科学与工程 C+;音乐与舞蹈学 C+;中国史 C;物理学 C;地理学 C;计算机科学与技术 C;美术学 C-
4275	东华理工大学	工商管理 C+;测绘科学与技术 C;地质资源与地质工程 C;核科学与技术 C;计算机科学与技术 C-
4280	景德镇陶瓷大学	美术学 B+;设计学 B+;材料科学与工程 C+
4300	江西中医药大学	中药学 B+;中医学 C+;中西医结合 C
4305	赣南师范大学	马克思主义理论 C;教育学 C;社会学 C-

续表

代码	院校名称	第四轮学科评估结果
4350	济南大学	化学工程与技术 B;材料科学与工程 B-;计算机科学与技术 B-;应用经济学 C+;环境科学与工程 C+;临床医学 C+;工商管理 C+;社会学 C;中国语言文学 C;化学 C;控制科学与工程 C;物理学 C-;机械工程 C-;土木工程 C-;药学 C-;管理科学与工程 C-
4355	聊城大学	政治学 C-;世界史 C-;软件工程 C-
4365	烟台大学	法学 B;数学 C;药学 C;土木工程 C-
4370	山东理工大学	机械工程 B-;化学工程与技术 B-;农业工程 C+;应用经济学 C;电气工程 C
4385	山东农业大学	作物学 B+;园艺学 B+;植物保护 B;农业资源与环境 B-;畜牧学 B-;兽医学 B-;林学 B-
4390	山东中医药大学	中医学 B;中西医结合 C+;中药学 C+;药学 C
4395	山东师范大学	马克思主义理论 B+;教育学 B+;中国语言文学 B+;心理学 B;化学 B;音乐与舞蹈学 B;美术学 B;体育学 B-;外国语言文学 B-;数学 B-;物理学 B-;地理学 B-;生物学 B-;管理科学与工程 C+;戏剧与影视学 C+;世界史 C;中国史 C-
4400	曲阜师范大学	体育学 B;马克思主义理论 B-;教育学 B-;中国语言文学 B-;外国语言文学 B-;数学 B-;统计学 B-;中国史 C+;物理学 C+;化学 C;控制科学与工程 C;音乐与舞蹈学 C;心理学 C-
4415	山东建筑大学	建筑学 B-;土木工程 B-;城乡规划学 B-;机械工程 C-;控制科学与工程 C-;管理科学与工程 C-
4420	齐鲁工业大学	轻工技术与工程 B-;机械工程 C-;化学工程与技术 C-;工商管理 C-;设计学 C-
4435	青岛农业大学	农业工程 C;兽医学 C;食品科学与工程 C-;风景园林学 C-;农业资源与环境 C-;植物保护 C-;畜牧学 C-
4480	鲁东大学	外国语言文学 C;教育学 C-;中国语言文学 C-
4485	山东财经大学	应用经济学 B+;工商管理 B+;管理科学与工程 B-;公共管理 B-;统计学 C+;理论经济学 C;计算机科学与技术 C;马克思主义理论 C-
4525	江汉大学	化学工程与技术 C
4550	湖北工业大学	轻工技术与工程 B-;设计学 B-;土木工程 C+;工商管理 C+;机械工程 C;仪器科学与技术 C-;材料科学与工程 C-;计算机科学与技术 C-
4565	武汉轻工大学	食品科学与工程 B-
4575	武汉纺织大学	纺织科学与工程 B-;设计学 B-;马克思主义理论 C;机械工程 C;环境科学与工程 C;管理科学与工程 C;计算机科学与技术 C-
4595	湖北师范大学	教育学 C-;数学 C-;化学 C-
4625	湖北民族大学	民族学 C
4690	吉首大学	哲学 C;体育学 C;民族学 C-;生态学 C-

续表

代码	院校名称	第四轮学科评估结果
4700	湖南农业大学	作物学 B+;园艺学 B+;生物学 B;农业资源与环境 B;生态学 B-;植物保护 B-;畜牧学 B-;兽医学 B-;农林经济管理 C+;公共管理 C+;草学 C;水产 C-
4735	湖南工业大学	设计学 C+;生物医学工程 C;电气工程 C-;计算机科学与技术 C-;工商管理 C-
4775	湖南工商大学	工商管理 C-
4805	广东海洋大学	食品科学与工程 B-;水产 B-;海洋科学 C+
4830	广东医科大学	临床医学 C
4835	广东药科大学	药学 B
4880	广东财经大学	法学 B-;工商管理 B-;应用经济学 C+;马克思主义理论 C-;统计学 C-;管理科学与工程 C-
4915	广西师范大学	马克思主义理论 B+;教育学 B;中国语言文学 B;化学 B-;软件工程 B-;美术学 B-;体育学 C+;外国语言文学 C+;计算机科学与技术 C+;物理学 C;应用经济学 C-;法学 C-;世界史 C-;统计学 C-;环境科学与工程 C-;音乐与舞蹈学 C-
4925	桂林电子科技大学	机械工程 B-;仪器科学与技术 B-;信息与通信工程 B-;计算机科学与技术 B-;软件工程 C+;数学 C;材料科学与工程 C;电子科学与技术 C
4930	桂林理工大学	环境科学与工程 B;统计学 C;材料科学与工程 C;土木工程 C;地质资源与地质工程 C;工商管理 C;计算机科学与技术 C-;测绘科学与技术 C-;软件工程 C-
4945	桂林医学院	基础医学 C-
4950	广西中医药大学	中医学 C+;中西医结合 C-;中药学 C-
4955	南宁师范大学	马克思主义理论 C-;教育学 C-
4965	广西民族大学	民族学 B;中国语言文学 B-;外国语言文学 B-;科学技术史 C+;马克思主义理论 C;政治学 C-;数学 C-
5010	海南师范大学	马克思主义理论 B-;中国语言文学 C+;化学 C+;生态学 C+;教育学 C-
5035	重庆理工大学	工商管理 B-;机械工程 C+;仪器科学与技术 C;材料科学与工程 C-
5055	重庆师范大学	教育学 B;数学 B;马克思主义理论 C+;中国语言文学 C+;考古学 C+;外国语言文学 C;美术学 C;地理学 C-;生物学 C-;系统科学 C-
5080	四川师范大学	教育学 B;中国语言文学 B;数学 B-;外国语言文学 C+;戏剧与影视学 C+;理论经济学 C;物理学 C;美术学 C;哲学 C-;中国史 C-;地理学 C-;软件工程 C-;工商管理 C-
5095	成都信息工程大学	信息与通信工程 C+;计算机科学与技术 C+;软件工程 C+;统计学 C;管理科学与工程 C
5100	西华大学	马克思主义理论 C+;动力工程及工程热物理 C;食品科学与工程 C;机械工程 C-;计算机科学与技术 C-;软件工程 C-;工商管理 C-
5105	四川轻化工大学	化学工程与技术 C-;管理科学与工程 C-
5115	西南医科大学	临床医学 C-
5135	西华师范大学	政治学 B-;生态学 C+;马克思主义理论 C;中国语言文学 C;数学 C-
5170	贵州师范大学	马克思主义理论 B;地理学 B-;中国语言文学 C+;数学 C+;教育学 C;心理学 C;政治学 C-;生态学 C-
5180	贵州医科大学	基础医学 C+;药学 C+;临床医学 C;公共卫生与预防医学 C

续表

代码	院校名称	第四轮学科评估结果
5185	贵州中医药大学	中医学 C;中药学 C
5190	遵义医科大学	药学 C;临床医学 C-
5205	贵州财经大学	工商管理 C+;应用经济学 C;马克思主义理论 C;统计学 C-;公共管理 C-
5230	昆明理工大学	冶金工程 B+;环境科学与工程 B+;材料科学与工程 B;机械工程 B-;力学 C+;计算机科学与技术 C+;建筑学 C+;土木工程 C+;矿业工程 C+;管理科学与工程 C+;哲学 C;法学 C;生物学 C;化学工程与技术 C;地质资源与地质工程 C;数学 C-;动力工程及工程热物理 C-;控制科学与工程 C-;测绘科学与技术 C-;交通运输工程 C-;城乡规划学 C-;软件工程 C-;安全科学与工程 C-;工商管理 C-
5235	云南农业大学	植物保护 B;畜牧学 B;作物学 C+;食品科学与工程 C;农业资源与环境 C;草学 C;科学技术史 C-;农业工程 C-;园艺学 C-
5240	云南师范大学	地理学 B+;教育学 B-;体育学 C+;农业工程 C+;马克思主义理论 C;中国语言文学 C;数学 C;戏剧与影视学 C;哲学 C-;应用经济学 C-;社会学 C-;外国语言文学 C-;中国史 C-;生物学 C-;光学工程 C-
5250	西南林业大学	林学 B;风景园林学 B-;生态学 C;林业工程 C
5255	昆明医科大学	临床医学 B-;基础医学 C;口腔医学 C;公共卫生与预防医学 C;药学 C
5260	云南中医药大学	中医学 C-
5280	云南财经大学	应用经济学 B;统计学 B;工商管理 B;管理科学与工程 C;公共管理 C;理论经济学 C-;马克思主义理论 C-
5285	云南民族大学	民族学 B;社会学 B-;中国语言文学 C-;化学 C-
5310	西藏民族大学	民族学 C
5330	延安大学	马克思主义理论 C;政治学 C-
5375	陕西中医药大学	中医学 C;中药学 C;中西医结合 C-
5390	西安财经大学	应用经济学 C+;统计学 C+;工商管理 C+
5400	兰州理工大学	土木工程 B;机械工程 B-;材料科学与工程 B-;控制科学与工程 B-;动力工程及工程热物理 C+;化学工程与技术 C;马克思主义理论 C-
5405	甘肃农业大学	草学 B+;畜牧学 B-;兽医学 B-;作物学 C+;园艺学 C+;农业工程 C;食品科学与工程 C-;林学 C-
5410	西北师范大学	教育学 B+;中国语言文学 B;数学 B;马克思主义理论 B-;外国语言文学 B-;物理学 B-;化学 B-;地理学 B-;美术学 B-;心理学 C+;体育学 C+;中国史 C+;音乐与舞蹈学 C+;戏剧与影视学 C+
5415	兰州交通大学	土木工程 B;交通运输工程 B;环境科学与工程 B;机械工程 B-;信息与通信工程 C-;化学工程与技术 C-
5420	甘肃中医药大学	中医学 C;中药学 C
5450	兰州财经大学	统计学 C+;应用经济学 C;理论经济学 C-;工商管理 C-
5455	甘肃政法大学	法学 B-
5465	青海师范大学	计算机科学与技术 B-;地理学 C+
5485	宁夏医科大学	临床医学 C+;基础医学 C

续表

代码	院校名称	第四轮学科评估结果
5500	新疆农业大学	草学 B;水利工程 C+;畜牧学 C;农林经济管理 C;园艺学 C-;兽医学 C-;公共管理 C-
5505	新疆师范大学	马克思主义理论 B;美术学 B;教育学 B-;民族学 C+;体育学 C+;中国语言文学 C+
5525	新疆财经大学	工商管理 B-;应用经济学 C+;统计学 C
5590	成都大学	药学 C-
5610	上海政法学院	法学 B-
6000	郑州大学	马克思主义理论 B+;考古学 B+;化学 B+;材料科学与工程 B+;水利工程 B+;化学工程与技术 B+;公共管理 B+;法学 B;新闻传播学 B;数学 B;土木工程 B;软件工程 B;临床医学 B;药学 B;外国语言文学 B-;中国史 B-;物理学 B-;基础医学 B-;图书情报与档案管理 B-;应用经济学 C+;体育学 C+;中国语言文学 C+;世界史 C+;动力工程及工程热物理 C+;信息与通信工程 C+;控制科学与工程 C+;计算机科学与技术 C+;公共卫生与预防医学 C+;护理学 C+;工商管理 C+;政治学 C;生物学 C;统计学 C;力学 C;机械工程 C;电气工程 C;环境科学与工程 C;管理科学与工程 C;电子科学与技术 C-;建筑学 C-;城乡规划学 C-;安全科学与工程 C-;音乐与舞蹈学 C-
6005	河南大学	教育学 B+;中国语言文学 B+;地理学 B+;马克思主义理论 B;外国语言文学 B;生物学 B;应用经济学 B-;法学 B-;体育学 B-;新闻传播学 B-;中国史 B-;化学 B-;工商管理 B-;音乐与舞蹈学 B-;哲学 C+;理论经济学 C+;考古学 C+;数学 C+;物理学 C+;统计学 C+;心理学 C;世界史 C;生态学 C;戏剧与影视学 C;计算机科学与技术 C-;化学工程与技术 C-;临床医学 C-;公共管理 C-;艺术学理论 C-;美术学 C-
6010	河南农业大学	农业工程 B;作物学 B;兽医学 B;风景园林学 B-;食品科学与工程 C+;畜牧学 C+;农林经济管理 C+;生物学 C;农业资源与环境 C;植物保护 C;林学 C;马克思主义理论 C-;园艺学 C-;草学 C-;管理科学与工程 C-
6015	河南中医药大学	中医学 C+;中药学 C+
6020	新乡医学院	基础医学 C;临床医学 C;药学 C-
6030	河南师范大学	物理学 B;化学 B;生物学 B;教育学 B-;环境科学与工程 B-;马克思主义理论 C+;外国语言文学 C+;数学 C+;政治学 C;体育学 C;统计学 C;音乐与舞蹈学 C;美术学 C;哲学 C-;中国语言文学 C-;计算机科学与技术 C-
6065	信阳师范学院	马克思主义理论 C+;数学 C-
6080	河南财经政法大学	工商管理 B-;应用经济学 C+;法学 C
6085	河南科技大学	机械工程 B-;材料科学与工程 B-;控制科学与工程 B-;食品科学与工程 C;马克思主义理论 C-
6095	华北水利水电大学	水利工程 B;管理科学与工程 B-;地质资源与地质工程 C+;土木工程 C;工商管理 C;数学 C-;动力工程及工程热物理 C-;农业工程 C-
6100	河南理工大学	安全科学与工程 A-;矿业工程 B;测绘科学与技术 B-;马克思主义理论 C+;机械工程 C+;地质资源与地质工程 C+;公共管理 C+;控制科学与工程 C;计算机科学与技术 C;软件工程 C;数学 C-;材料科学与工程 C-;电气工程 C-;土木工程 C-;工商管理 C-
6105	河南工业大学	食品科学与工程 B-;马克思主义理论 C-;计算机科学与技术 C-
6110	郑州轻工业大学	化学工程与技术 C+;食品科学与工程 C+;机械工程 C;电气工程 C;计算机科学与技术 C;软件工程 C
6115	中原工学院	纺织科学与工程 C

续表

代码	院校名称	第四轮学科评估结果
9900	中央音乐学院	音乐与舞蹈学 A+
9901	中央戏剧学院	戏剧与影视学 A-;艺术学理论 B+
9902	中央美术学院	美术学 A+;设计学 A;艺术学理论 B+;建筑学 C+
9905	北京电影学院	戏剧与影视学 A-;美术学 B+;艺术学理论 B-
9906	北京舞蹈学院	音乐与舞蹈学 A-
9907	中国戏曲学院	戏剧与影视学 B+;音乐与舞蹈学 C+
9908	中国音乐学院	音乐与舞蹈学 A
9910	天津美术学院	美术学 B+;设计学 B-
9911	天津音乐学院	音乐与舞蹈学 B+
9915	鲁迅美术学院	美术学 B+;设计学 B;艺术学理论 C
9916	沈阳音乐学院	音乐与舞蹈学 B+;艺术学理论 C
9917	吉林艺术学院	音乐与舞蹈学 B-;戏剧与影视学 B-;美术学 B-;设计学 C+
9919	上海戏剧学院	戏剧与影视学 A-;艺术学理论 B;音乐与舞蹈学 C+;设计学 C
9920	上海音乐学院	音乐与舞蹈学 A+;艺术学理论 B+;戏剧与影视学 B
9922	南京艺术学院	美术学 A;音乐与舞蹈学 A-;设计学 A-;艺术学理论 B+;戏剧与影视学 B+
9925	中国美术学院	美术学 A+;设计学 A+;艺术学理论 A-;戏剧与影视学 B+
9928	山东工艺美术学院	设计学 B;美术学 C
9930	湖北美术学院	美术学 B+;设计学 B;艺术学理论 C+
9935	广州美术学院	美术学 B+;设计学 B+;艺术学理论 B
9936	星海音乐学院	音乐与舞蹈学 B+
9938	广西艺术学院	美术学 B+;音乐与舞蹈学 B;设计学 B;艺术学理论 C+
9940	四川美术学院	美术学 A-;设计学 B+;艺术学理论 C+;戏剧与影视学 C
9941	四川音乐学院	音乐与舞蹈学 B+
9945	云南艺术学院	戏剧与影视学 B;美术学 B;音乐与舞蹈学 B-;设计学 C;艺术学理论 C-
9948	西安美术学院	美术学 A;设计学 B+;艺术学理论 B
9949	西安音乐学院	音乐与舞蹈学 B+
9957	哈尔滨音乐学院	音乐与舞蹈学 B;艺术学理论 B-
—	贵州民族大学	社会学 C;民族学 C-;中国语言文学 C-
—	南京政治学院	马克思主义理论 B+;图书情报与档案管理 B;新闻传播学 B-

第六章 院校索引

考生及家长在使用本书前面章节时可能会遇到以下一些问题：想查询某一高校学科评估结果，想查询某一高校基本信息及近三年投档情况，想查询某一高校在河南省本科一批、本科二批投档线，但必须翻几遍书才能够找到，甚至会出现找不到的情况。为了方便家长快速查询到某一高校的以上信息，特编写本章索引表，具体使用方法如下。

一、查询院校学科评估结果

1. 假设想查询的高校为郑州大学，其第一个字的拼音首字母为"Z"。
2. 在首字母为"Z"的院校组中查询，找出"郑州大学"。
3. 郑州大学在河南省一共有四个招生单位，分别是"5995 郑州大学（中外合作办学）"、"6000 郑州大学"、"6000 郑州大学"（其他单列）、"6000 郑州大学（医护类）"。
4. 多数高校的单列计划和主招生计划的院校代码一致，但也会有部分高校单列计划的院校代码和主招生计划的院校代码不一致的情况。一般情况下，院校名称后面没有括号的为主招生计划。我们可以判断出郑州大学主招生计划在河南省招生的院校代码为"6000"。
5. 翻到本书第五章"第四轮学科评估"第二节"第四轮学科评估结果"，可以根据院校代码查询到郑州大学的学科评估结果；如果第五章第二节未查询到某院校代码，说明该院校代码代表的高校无第四轮学科评估结果。

二、查询院校基本情况及近三年投档情况

1. 假设想查询的高校为重庆大学，其第一个字的拼音首字母为"C"。
2. 在首字母为"C"的院校组中查询，找出"重庆大学"。
3. 重庆大学在河南省一共有两个招生单位，分别是"1355 重庆大学"和"1355 重庆大学（较高收费）"。
4. 假设想要查询的是"1355 重庆大学"理科一本的近三年投档情况，我们找到"1355 重庆大学"对应的 2021 年理科一本投档线为"637"。
5. 翻看本书第三章"2019-2021 年河南省普通高校招生平行投档信息统计"的第六节"2019-2021 年河南省普通高校招生本科一批院校平行投档信息统计表（理科）"，本部分是按照 2021 年高校在河南省的投档分数线由高到低进行排序，我们可以在 2021 年投档线为"637"的院校中快速查询到"1355 重庆大学"的基本信息及近三年的投档情况。

三、查询院校本科一批、本科二批投档分数线

1. 假设想查询的高校为新乡医学院，其第一个字的拼音首字母为"X"。
2. 在首字母为"X"的院校组中查询，找出"新乡医学院"。
3. 新乡医学院在河南省一共有两个招生单位，分别是"6020 新乡医学院"和"6022 新乡医学院（中外课程合作）"。
4. "6020 新乡医学院"对应的文科一本为 558、理科一本为 541，文科二本、理科二本为"一"，代表"6020 新乡医学院"2021 年在河南省文科一本投档线为 558 分、理科一本投档线为 541 分，文科二本、理科二本没有招生计划；"6022 新乡医学院（中外课程合作）"对应的文科一本、理科一本为"一"，文科二本为 529、理科二本为 508，代表"6022 新乡医学院（中外课程合作）"2021 年在河南省文科一本、理科一本没有招生计划，文

科二本投档线为 529 分、理科二本投档线为 508 分。

5. 个别高校提档线为"无",代表该高校 2021 年虽然在河南投放了招生计划,但该高校正常投档时实际投档数为"0",即正常投档时该高校没有收到任何一个考生的档案,故没有投档分数线。

6. 如果一个高校在同一个科类的两个批次(例如理科一本和理科二本)均标注有分数,证明该招生单位 2021 年在河南省两个批次均有招生计划,本科二批考生报考时可以重点关注此类高校。

四、院校索引(见表6-1)

表6-1 院校索引

首字母	院校名称	院校代码	文科一本	文科二本	理科一本	理科二本
A	阿坝师范学院	7259	—	523	—	472
A	安徽财经大学	2385	587	—	565	—
A	安徽财经大学(较高收费)	2385	—	—	527	—
A	安徽大学	1885	612	—	601	—
A	安徽大学(较高收费)	1885	—	—	579	—
A	安徽工程大学	4120	—	—	—	507
A	安徽工业大学	2810	575	—	559	—
A	安徽建筑大学	4125	573	—	555	—
A	安徽科技学院	4155	—	—	—	402
A	安徽理工大学	2580	—	—	561	—
A	安徽理工大学(较高收费)	2580	—	—	550	—
A	安徽农业大学	4090	571	—	541	423
A	安徽三联学院	8664	—	472	—	420
A	安徽师范大学	4100	589	—	570	—
A	安徽外国语学院	8668	—	479	—	402
A	安徽文达信息工程学院	8665	—	472	—	425
A	安徽新华学院	7612	—	467	—	401
A	安徽医科大学	2815	561	—	532	—
A	安徽医科大学(较高收费)	2815	—	—	544	—
A	安徽艺术学院	9958	—	517	—	461
A	安徽中医药大学	4135	—	556	—	522
A	安康学院	5625	—	527	—	473
A	安庆师范大学	4150	—	552	—	526
A	安顺学院	5545	—	522	—	454
A	安阳工学院	6135	—	520	518	465
A	安阳工学院(中外合作办学)	6137	—	500	—	450
A	安阳师范学院	6050	—	537	—	492
A	安阳师范学院(软件类)	6053	—	—	—	465
A	安阳师范学院(中外合作办学)	6052	—	516	—	463
A	安阳学院(异地校区)	6507	—	477	—	421
A	鞍山师范学院	3585	—	517	—	474

续表

首字母	院校名称	院校代码	文科一本	文科二本	理科一本	理科二本
B	白城师范学院	3670	—	521	—	468
B	百色学院	5680	—	520	—	472
B	蚌埠工商学院	6813	—	488	—	433
B	蚌埠医学院	4130	—	—	581	509
B	宝鸡文理学院	5340	—	542	—	493
B	保定理工学院	6926	—	468	—	417
B	保定学院	7037	—	542	—	493
B	北部湾大学	5685	—	541	—	496
B	北部湾大学(较高收费)	5685	—	—	—	400
B	北方工业大学	2320	593	—	587	—
B	北方工业大学(较高收费)	2320	—	—	571	—
B	北方民族大学	3015	566	478	533	502
B	北方民族大学(少数民族)	3015	—	521	—	471
B	北海艺术设计学院	9601	—	476	—	418
B	北华大学	3620	—	549	—	498
B	北华大学(较高收费)	3620	—	—	—	481
B	北华航天工业学院	3315	—	547	—	515
B	北华航天工业学院(较高收费)	3315	—	—	—	461
B	北京城市学院	7605	—	493	—	440
B	北京大学	1105	669	—	697	—
B	北京大学医学部	1106	—	—	690	—
B	北京大学医学部(其他单列)	1106	—	—	688	—
B	北京大学医学部(医护类)	1106	—	—	678	—
B	北京第二外国语学院	1565	607	—	580	—
B	北京第二外国语学院中瑞酒店管理学院	6597	—	470	—	402
B	北京第二外国语学院中瑞酒店管理学院(较高收费)	6597	—	无	—	401
B	北京服装学院	3150	—	553	—	516
B	北京工商大学	1550	588	—	581	—
B	北京工商大学嘉华学院	6934	—	469	—	408
B	北京工业大学	1560	—	—	623	—
B	北京工业大学(较高收费)	1560	—	—	604	—
B	北京工业大学耿丹学院	6610	—	475	—	411
B	北京航空航天大学	1485	643	—	674	—
B	北京化工大学	1225	616	—	612	—
B	北京化工大学(较高收费)	1225	—	—	593	—

续表

首字母	院校名称	院校代码	文科一本	文科二本	理科一本	理科二本
B	北京建筑大学	2280	—	—	582	—
B	北京交通大学	1120	618	—	625	—
B	北京交通大学(较高收费)	1120	—	—	584	—
B	北京交通大学(威海校区)	1121	603	—	593	—
B	北京科技大学	1230	625	—	625	—
B	北京科技大学天津学院	6976	—	509	—	444
B	北京理工大学	1490	634	—	664	—
B	北京理工大学(较高收费)	1490	—	—	631	—
B	北京理工大学(其他单列)	1490	—	—	638	—
B	北京理工大学珠海学院	6931	559	519	524	442
B	北京理工大学珠海学院(较高收费)	6931	—	503	—	420
B	北京联合大学	2550	589	559	566	526
B	北京联合大学(较高收费)	2550	—	—	—	487
B	北京林业大学	1380	621	—	597	—
B	北京林业大学(较高收费)	1380	—	—	588	—
B	北京农学院	3180	—	559	—	518
B	北京农学院(较高收费)	3180	—	—	—	493
B	北京师范大学	1400	647	—	636	—
B	北京师范大学(其他单列)	1400	639	—	—	—
B	北京师范大学(珠海校区)	1401	633	—	629	—
B	北京师范大学-香港浸会大学联合国际学院	4890	570	—	528	—
B	北京石油化工学院	3165	—	558	—	519
B	北京体育大学	0001	597	—	571	—
B	北京外国语大学	1430	629	—	629	—
B	北京外国语大学(较高收费)	1430	615	—	618	—
B	北京外国语大学(其他单列)	1430	—	—	625	—
B	北京物资学院	2400	579	—	554	—
B	北京信息科技大学	2380	595	—	590	—
B	北京印刷学院	3175	584	—	560	—
B	北京邮电大学	1235	624	—	646	—
B	北京邮电大学(宏福校区)	1237	—	—	616	—
B	北京邮电大学世纪学院	6969	—	477	—	412
B	北京语言大学	1435	609	—	594	—
B	北京中医药大学	1390	625	—	605	546
B	北京中医药大学东方学院	6613	—	534	—	464
B	滨州学院	4440	—	533	—	410

续表

首字母	院校名称	院校代码	文科一本	文科二本	理科一本	理科二本
B	滨州医学院	4460	—	—	—	508
B	亳州学院	7148	—	526	—	473
B	渤海大学	3590	—	535	—	512
B	渤海大学(较高收费)	3590	—	536	—	487
B	渤海大学(其他单列)	3590	—	—	—	499
B	渤海大学(异地校区)	3590	—	—	—	403
C	沧州交通学院	6596	—	472	—	429
C	沧州师范学院	7041	—	530	—	486
C	昌吉学院	5515	—	513	—	452
C	昌吉学院(较高收费)	5515	—	—	—	456
C	常熟理工学院	3950	—	552	—	512
C	常熟理工学院(较高收费)	3950	—	—	—	496
C	常州大学	2880	581	—	518	—
C	常州大学(较高收费)	2880	—	—	550	—
C	常州大学怀德学院	6630	—	505	—	457
C	常州工学院	3855	—	543	—	513
C	长安大学	1240	612	—	603	—
C	长安大学(较高收费)	1240	—	—	580	—
C	长春财经学院	6795	—	466	—	403
C	长春大学	3625	—	536	—	505
C	长春大学(较高收费)	3625	—	499	—	483
C	长春大学旅游学院	6792	—	466	—	402
C	长春电子科技学院	6794	—	469	—	400
C	长春工程学院	3645	—	529	—	470
C	长春工程学院(较高收费)	3645	—	—	—	460
C	长春工业大学	3630	—	551	—	500
C	长春工业大学(较高收费)	3630	—	—	—	493
C	长春工业大学人文信息学院	6793	—	467	—	411
C	长春光华学院	6791	—	472	—	407
C	长春建筑学院	6798	—	474	—	400
C	长春科技学院	6799	—	466	—	400
C	长春科技学院(较高收费)	6799	—	—	—	445
C	长春理工大学	1745	577	—	573	—
C	长春理工大学(较高收费)	1745	—	—	538	—
C	长春人文学院	6796	—	485	—	403
C	长春师范大学	3675	—	543	—	491
C	长春师范大学(较高收费)	3675	—	515	—	487

续表

首字母	院校名称	院校代码	文科一本	文科二本	理科一本	理科二本
C	长春师范大学(其他单列)	3675	—	521	—	468
C	长春中医药大学	3665	571	534	543	496
C	长春中医药大学(较高收费)	3665	—	—	—	475
C	长江大学	2440	581	—	528	—
C	长江大学(较高收费)	2440	—	—	518	—
C	长江大学文理学院	6842	—	506	—	454
C	长江师范学院	5045	—	553	—	470
C	长江师范学院(较高收费)	5045	—	—	—	462
C	长沙理工大学	2300	593	—	581	—
C	长沙理工大学(较高收费)	2300	—	—	557	—
C	长沙理工大学城南学院	6864	—	518	—	465
C	长沙师范学院	7206	—	543	—	506
C	长沙学院	4790	—	554	—	519
C	长沙医学院	7617	—	524	—	506
C	长治学院	3435	—	530	—	487
C	长治医学院	3395	—	535	—	534
C	巢湖学院	4160	—	542	—	400
C	成都大学	5590	588	—	572	—
C	成都东软学院	9700	—	502	—	462
C	成都工业学院	7252	—	—	—	524
C	成都工业学院(异地校区)	7252	—	—	—	504
C	成都锦城学院	6664	—	513	—	400
C	成都理工大学	2450	598	—	596	—
C	成都理工大学(异地校区)	2450	589	—	581	—
C	成都理工大学工程技术学院	6891	—	468	—	466
C	成都体育学院	0023	—	548	—	501
C	成都信息工程大学	5095	580	—	580	—
C	成都医学院	5835	—	—	588	—
C	成都银杏酒店管理学院	6985	—	484	—	414
C	成都中医药大学	2620	590	—	557	—
C	承德医学院	3325	—	550	—	517
C	池州学院	7147	—	525	—	415
C	赤峰学院	3470	—	515	—	458
C	重庆财经学院	6713	—	511	—	468
C	重庆城市科技学院	6663	—	511	—	410
C	重庆大学	1355	634	—	637	—
C	重庆大学(较高收费)	1355	—	—	624	—

首字母	院校名称	院校代码	文科一本	文科二本	理科一本	理科二本
C	重庆第二师范学院	5040	—	555	—	510
C	重庆第二师范学院(较高收费)	5040	—	—	—	457
C	重庆对外经贸学院	6712	—	508	—	452
C	重庆工程学院	9679	—	498	—	461
C	重庆工商大学	2890	592	565	572	526
C	重庆工商大学(较高收费)	2890	—	556	—	512
C	重庆工商大学派斯学院	6714	—	505	—	454
C	重庆机电职业技术大学	9677	—	476	—	429
C	重庆交通大学	2865	590	—	574	—
C	重庆交通大学(较高收费)	2865	—	—	542	—
C	重庆科技学院	5655	—	552	—	521
C	重庆科技学院(较高收费)	5655	—	—	—	480
C	重庆理工大学	5035	589	561	580	536
C	重庆理工大学(较高收费)	5035	—	—	545	—
C	重庆人文科技学院	6604	—	509	—	456
C	重庆三峡学院	5030	—	554	—	515
C	重庆师范大学	5055	593	563	574	531
C	重庆师范大学(较高收费)	5055	—	—	562	—
C	重庆外语外事学院	6711	—	512	—	454
C	重庆文理学院	5050	—	557	—	516
C	重庆文理学院(较高收费)	5050	—	—	—	480
C	重庆医科大学	2025	—	—	599	521
C	重庆医科大学(较高收费)	2025	—	—	592	—
C	重庆移通学院	6889	—	506	—	410
C	重庆移通学院(较高收费)	6889	—	—	—	402
C	重庆邮电大学	2035	592	—	600	—
C	重庆邮电大学(较高收费)	2035	—	—	588	—
C	滁州学院	4075	—	—	—	508
C	楚雄师范学院	5275	—	—	—	466
C	川北医学院	5110	565	—	567	—
D	大理大学	5245	—	552	—	503
D	大连财经学院	6655	—	474	—	422
D	大连大学	3490	—	556	—	523
D	大连大学(较高收费)	3490	—	537	—	467
D	大连东软信息学院	6943	—	468	—	419
D	大连工业大学	3530	569	—	562	—
D	大连工业大学艺术与信息工程学院	6656	—	469	—	414

续表

首字母	院校名称	院校代码	文科一本	文科二本	理科一本	理科二本
D	大连海事大学	1285	611	—	600	—
D	大连海事大学（较高收费）	1285	—	—	581	—
D	大连海洋大学	3565	—	544	—	508
D	大连交通大学	2555	—	561	568	521
D	大连交通大学（较高收费）	2555	—	545	—	504
D	大连科技学院	6939	—	471	—	417
D	大连理工大学	1245	—	—	633	—
D	大连理工大学（较高收费）	1245	—	—	620	—
D	大连理工大学（盘锦校区）	1248	—	—	613	—
D	大连理工大学（盘锦校区）（较高收费）	1248	—	—	598	—
D	大连理工大学（其他单列）	1245	—	—	619	—
D	大连理工大学城市学院	6605	—	475	—	428
D	大连民族大学	2350	570	558	541	527
D	大连民族大学（少数民族）	2350	558	546	524	508
D	大连外国语大学	3595	589	—	566	—
D	大连外国语大学（较高收费）	3595	585	—	—	—
D	大连医科大学	2635	—	—	545	—
D	大连医科大学中山学院	6781	—	489	—	446
D	大庆师范学院	3765	—	520	—	468
D	德州学院	4405	—	532	—	485
D	滇西科技师范学院	7293	—	518	—	470
D	滇西应用技术大学	5862	—	525	—	476
D	电子科技大学	1250	630	—	651	—
D	电子科技大学（沙河校区）	1251	—	—	646	—
D	电子科技大学（沙河校区）（较高收费）	1251	—	—	630	—
D	电子科技大学（沙河校区）（医护类）	1251	—	—	620	—
D	电子科技大学成都学院	6894	—	515	—	492
D	电子科技大学中山学院	6602	—	500	—	438
D	东北财经大学	1725	595	—	595	—
D	东北财经大学（较高收费）	1725	591	—	564	—
D	东北大学	1255	625	—	628	—
D	东北大学（较高收费）	1255	—	—	585	—
D	东北大学（农林矿）	1255	—	—	520	—
D	东北大学秦皇岛分校	1258	—	—	614	—

续表

首字母	院校名称	院校代码	文科一本	文科二本	理科一本	理科二本
D	东北大学秦皇岛分校(较高收费)	1258	—	—	602	—
D	东北电力大学	2235	—	—	561	—
D	东北电力大学(较高收费)	2235	—	—	569	—
D	东北林业大学	1385	606	—	590	—
D	东北林业大学(较高收费)	1385	—	—	552	—
D	东北农业大学	1760	604	—	585	—
D	东北农业大学(其他单列)	1760	—	—	520	—
D	东北师范大学	1405	614	—	601	—
D	东北师范大学(较高收费)	1405	608	—	588	—
D	东北石油大学	2375	565	—	518	—
D	东莞城市学院	6984	—	476	—	403
D	东莞理工学院	4815	—	557	569	—
D	东华大学	1260	—	—	616	—
D	东华理工大学	4275	561	—	518	—
D	东南大学	1125	640	—	651	—
D	东南大学(医护类)	1125	—	—	621	—
D	东南大学成贤学院	6607	—	518	—	485
D	对外经济贸易大学	1450	638	—	642	—
E	鄂尔多斯应用技术学院	8212	—	515	—	455
F	防灾科技学院	5490	—	548	—	510
F	佛山科学技术学院	4820	—	—	—	507
F	福建工程学院	4220	—	527	—	498
F	福建技术师范学院	5565	—	526	—	472
F	福建江夏学院	7461	—	546	—	500
F	福建警察学院	7156	—	546	—	504
F	福建农林大学	4195	573	545	545	498
F	福建农林大学(较高收费)	4195	—	542	—	473
F	福建农林大学金山学院	6689	—	492	—	441
F	福建农林大学金山学院(较高收费)	6689	—	466	—	414
F	福建商学院	7155	—	539	—	497
F	福建师范大学	4205	594	—	579	—
F	福建师范大学(较高收费)	4205	569	—	538	—
F	福建师范大学协和学院	6682	—	506	—	446
F	福建师范大学协和学院(较高收费)	6682	—	477	—	431
F	福建医科大学	4200	570	—	533	—
F	福建中医药大学	4225	—	553	—	515
F	福州大学	1895	615	—	599	—

续表

首字母	院校名称	院校代码	文科一本	文科二本	理科一本	理科二本
F	福州大学(较高收费)	1895	—	—	590	—
F	福州大学(其他单列)	1895	—	—	579	—
F	福州大学(异地校区)	1895	—	—	586	—
F	福州大学至诚学院	6669	—	512	—	448
F	福州工商学院	6683	—	472	—	419
F	福州理工学院	9730	—	—	—	427
F	福州外语外贸学院	9728	—	480	—	422
F	阜阳师范大学	4145	—	550	—	505
F	阜阳师范大学信息工程学院	6821	—	517	—	406
F	复旦大学	1130	663	—	691	—
F	复旦大学(其他单列)	1130	663	—	681	—
F	复旦大学医学院	1131	—	—	684	—
F	复旦大学医学院(其他单列)	1131	—	—	611	—
G	甘肃民族师范学院	7304	—	520	—	469
G	甘肃农业大学	5405	—	466	—	407
G	甘肃医学院	7307	—	—	—	521
G	甘肃政法大学	5455	575	556	554	519
G	甘肃中医药大学	5420	567	537	553	514
G	赣东学院	6696	—	520	—	475
G	赣南科技学院	6695	—	525	—	478
G	赣南师范大学	4305	572	556	549	512
G	赣南师范大学科技学院	6700	—	516	—	466
G	赣南医学院	4295	—	—	570	509
G	广东财经大学	4880	586	—	568	—
G	广东第二师范学院	4840	—	561	—	517
G	广东东软学院	9592	—	470	—	425
G	广东工业大学	2930	593	—	582	—
G	广东海洋大学	4805	—	—	—	510
G	广东技术师范大学	4870	—	556	—	521
G	广东金融学院	4795	—	550	—	515
G	广东警官学院	4885	—	562	—	538
G	广东科技学院	9852	—	469	—	427
G	广东理工学院	9851	—	470	—	425
G	广东培正学院	7620	—	480	—	416
G	广东石油化工学院	4810	—	—	—	500
G	广东外语外贸大学	1960	592	—	590	—
G	广东外语外贸大学南国商学院	6676	—	498	—	429

续表

首字母	院校名称	院校代码	文科一本	文科二本	理科一本	理科二本
G	广东药科大学	4835	—	—	—	505
G	广东医科大学	4830	—	556	596	528
G	广东以色列理工学院	4800	—	—	523	—
G	广西财经学院	4975	—	547	—	509
G	广西财经学院(较高收费)	4975	—	517	—	423
G	广西城市职业大学	8226	—	467	—	415
G	广西大学	2000	608	—	597	—
G	广西警察学院	7233	—	532	—	495
G	广西科技大学	4920	—	545	—	496
G	广西科技大学(较高收费)	4920	—	—	—	467
G	广西科技师范学院	7228	—	522	—	475
G	广西民族大学	4965	—	549	—	494
G	广西民族大学相思湖学院	6883	—	492	—	436
G	广西师范大学	4915	—	561	—	523
G	广西外国语学院	9858	—	466	—	424
G	广西医科大学	2650	—	549	594	521
G	广西艺术学院	9938	—	516	—	469
G	广西中医药大学	4950	—	515	—	513
G	广西中医药大学(较高收费)	4950	—	513	—	522
G	广西中医药大学赛恩斯新医药学院	6886	—	508	—	451
G	广州城市理工学院	6674	—	495	—	400
G	广州大学	2850	590	—	582	—
G	广州工商学院	9853	—	470	—	415
G	广州华立学院	6981	—	468	—	420
G	广州华商学院	6687	—	473	—	417
G	广州南方学院	6675	—	494	—	409
G	广州软件学院	6980	—	478	—	461
G	广州商学院	6879	—	494	—	443
G	广州商学院(较高收费)	6879	—	468	—	413
G	广州新华学院	6662	—	467	—	404
G	广州医科大学	2855	581	—	584	—
G	广州中医药大学	1975	590	—	583	—
G	贵阳信息科技学院	6986	—	—	—	400
G	贵阳学院	5215	—	537	—	480
G	贵州财经大学	5205	—	518	—	463
G	贵州大学	2305	608	—	598	—
G	贵州大学(较高收费)	2305	583	—	561	—

续表

首字母	院校名称	院校代码	文科一本	文科二本	理科一本	理科二本
G	贵州工程应用技术学院	5630	—	519	—	470
G	贵州警察学院	9199	—	543	—	508
G	贵州理工学院	5220	—	—	—	494
G	贵州理工学院(较高收费)	5220	—	—	—	472
G	贵州理工学院(其他单列)	5220	—	—	—	500
G	贵州黔南经济学院	6899	—	494	—	456
G	贵州商学院	7279	—	506	—	452
G	贵州师范大学(较高收费)	5170	—	477	—	498
G	贵州师范学院	5175	—	—	—	494
G	贵州医科大学	5180	—	—	—	564
G	贵州医科大学(较高收费)	5180	—	—	—	503
G	贵州医科大学神奇民族医药学院	6987	—	—	—	507
G	贵州中医药大学	5185	—	529	—	520
G	贵州中医药大学(较高收费)	5185	—	—	—	410
G	贵州中医药大学时珍学院	6898	—	—	—	462
G	桂林电子科技大学	4925	—	556	581	534
G	桂林航天工业学院	7221	—	528	—	495
G	桂林航天工业学院(较高收费)	7221	—	—	—	509
G	桂林理工大学	4930	—	547	545	523
G	桂林旅游学院	7229	—	502	—	454
G	桂林旅游学院(较高收费)	7229	—	477	—	401
G	桂林信息科技学院	6887	—	490	—	421
G	桂林学院	6884	—	506	—	437
G	桂林医学院	4945	—	—	—	521
G	国防科技大学	0305	—	—	650	—
H	哈尔滨工程大学	1500	609	—	615	—
H	哈尔滨工程大学(较高收费)	1500	—	—	576	—
H	哈尔滨工程大学(其他单列)	1500	—	—	584	—
H	哈尔滨工业大学	1495	631	—	656	—
H	哈尔滨工业大学(较高收费)	1495	—	—	654	—
H	哈尔滨工业大学(深圳)	1497	—	—	667	—
H	哈尔滨工业大学(威海)	1496	—	—	641	—
H	哈尔滨广厦学院	6807	—	469	—	417
H	哈尔滨华德学院	6804	—	—	—	417
H	哈尔滨剑桥学院	6809	—	470	—	414
H	哈尔滨金融学院	7106	—	532	—	485
H	哈尔滨理工大学	3705	—	—	564	—

首字母	院校名称	院校代码	文科一本	文科二本	理科一本	理科二本
H	哈尔滨商业大学	3725	578	—	540	—
H	哈尔滨师范大学	3720	—	556	—	513
H	哈尔滨师范大学(较高收费)	3720	—	—	—	516
H	哈尔滨石油学院	6802	—	469	—	414
H	哈尔滨体育学院	0012	—	516	—	456
H	哈尔滨信息工程学院	8390	—	470	—	417
H	哈尔滨学院	3730	—	532	—	464
H	哈尔滨医科大学	1765	569	550	599	515
H	哈尔滨远东理工学院	6805	—	468	—	414
H	海口经济学院	7636	—	466	—	408
H	海南大学	2750	609	575	594	546
H	海南大学(较高收费)	2750	586	—	563	—
H	海南大学(其他单列)	2750	—	—	589	—
H	海南科技职业大学	9083	—	467	—	413
H	海南热带海洋学院	5000	—	534	—	452
H	海南热带海洋学院(较高收费)	5000	—	508	—	446
H	海南师范大学	5010	575	560	552	507
H	海南师范大学(较高收费)	5010	—	523	—	495
H	海南师范大学(其他单列)	5010	—	—	—	509
H	海南医学院	5005	—	552	547	507
H	邯郸学院	3255	—	521	—	462
H	邯郸学院(较高收费)	3255	—	—	—	403
H	韩山师范学院	4855	—	530	—	453
H	汉江师范学院	7195	—	537	—	491
H	汉口学院	6837	—	500	—	400
H	杭州电子科技大学	2420	—	—	602	—
H	杭州电子科技大学(较高收费)	2420	—	—	599	—
H	杭州电子科技大学信息工程学院	6956	—	—	—	424
H	杭州师范大学	4055	598	—	582	—
H	杭州师范大学(较高收费)	4055	—	—	526	—
H	杭州医学院	7338	—	—	—	514
H	合肥城市学院	6817	—	505	—	401
H	合肥工业大学	1265	610	—	606	—
H	合肥工业大学(较高收费)	1265	—	—	586	—
H	合肥工业大学(宣城校区)	1268	607	—	598	—
H	合肥师范学院	4045	—	551	—	426
H	合肥学院	4105	—	—	—	522

续表

首字母	院校名称	院校代码	文科一本	文科二本	理科一本	理科二本
H	河北北方学院	3320	—	—	—	517
H	河北大学	2785	595	—	579	—
H	河北地质大学	3350	—	544	—	513
H	河北地质大学(较高收费)	3350	—	551	—	—
H	河北地质大学华信学院	6764	—	498	—	427
H	河北东方学院	8121	—	492	—	436
H	河北工程大学	2545	—	560	552	511
H	河北工程大学(较高收费)	2545	—	—	—	467
H	河北工程大学科信学院	6632	—	514	—	464
H	河北工程技术学院	8127	—	492	—	402
H	河北工业大学	1630	610	—	610	—
H	河北工业大学(较高收费)	1630	—	—	565	—
H	河北环境工程学院	8139	—	528	—	476
H	河北建筑工程学院	3300	—	528	—	401
H	河北金融学院	5705	—	554	—	514
H	河北经贸大学	3285	—	561	—	523
H	河北科技大学	2540	—	—	518	—
H	河北科技学院	9432	—	469	—	415
H	河北民族师范学院	7039	—	466	—	404
H	河北农业大学	3270	—	—	—	515
H	河北农业大学(较高收费)	3270	—	—	—	471
H	河北师范大学	3280	592	—	561	—
H	河北师范大学(较高收费)	3280	—	—	551	—
H	河北师范大学汇华学院	6636	—	519	—	471
H	河北石油职业技术大学	7012	—	—	—	469
H	河北水利电力学院	7031	—	—	—	509
H	河北外国语学院	9436	—	473	—	422
H	河北医科大学	3275	—	557	614	554
H	河北中医学院	3265	—	554	—	522
H	河池学院	5530	—	519	—	447
H	河海大学	1270	617	—	613	—
H	河海大学(较高收费)	1270	—	—	587	—
H	河海大学(其他单列)	1270	—	—	589	—
H	河南财经政法大学	6080	583	—	559	—
H	河南财经政法大学(较高收费)	6080	562	—	518	—
H	河南财经政法大学(其他单列)	6080	—	—	524	—
H	河南财经政法大学(与俄罗斯人民友谊大学联办)	6082	—	557	—	505

续表

首字母	院校名称	院校代码	文科一本	文科二本	理科一本	理科二本
H	河南财经政法大学(与河南省人民检察院联办,就读在河南检察职业学院)	6083	—	556	—	515
H	河南财政金融学院	6215	—	532	—	486
H	河南城建学院	6120	—	523	519	448
H	河南城建学院(中外合作办学)(较高收费)	6122	—	—	—	456
H	河南大学	6005	598	—	586	—
H	河南大学(迈阿密学院)	6014	—	—	543	—
H	河南大学(软件类)	6006	—	—	566	—
H	河南大学(医护类)	6005	568	—	532	—
H	河南大学(与开封大学联合办学)(就读地点:开封大学)	6007	—	—	534	—
H	河南大学(与濮阳市联办濮阳工学院)	6008	—	—	527	—
H	河南大学(中外合作办学)	6009	573	—	552	—
H	河南工程学院	6155	—	537	—	486
H	河南工程学院(软件类)	6158	—	—	—	459
H	河南工学院	6214	—	519	—	472
H	河南工业大学	6105	573	—	545	—
H	河南工业大学(较高收费)	6105	—	—	522	—
H	河南工业大学(与河南应用技术职业学院联办,就读在应院)	6109	—	—	—	492
H	河南工业大学(与漯河市政府合办漯河工学院)(就读地在漯河)	6108	—	520	—	479
H	河南工业大学(中外合作办学)	6107	—	545	—	495
H	河南开封科技传媒学院	6501	—	509	—	431
H	河南科技大学	6085	572	—	546	503
H	河南科技大学(较高收费)	6085	—	—	—	461
H	河南科技大学(农林类)	6396	—	—	506	—
H	河南科技大学(医护类)	6085	—	—	522	—
H	河南科技大学(与河南工业职业技术学院联办,就读地在南阳市)	6089	—	—	—	497
H	河南科技大学(与三门峡市政府联办应用工程学院,就读地在三门峡市)	6088	—	540	—	501

续表

首字母	院校名称	院校代码	文科一本	文科二本	理科一本	理科二本
H	河南科技大学(与三门峡市政府联办应用工程学院,就读地在三门峡市)(医护类)	6088	—	—	—	528
H	河南科技学院	6025	559	529	523	423
H	河南科技学院(较高收费)	6025	—	—	—	403
H	河南科技职业大学	6304	—	472	—	417
H	河南理工大学	6100	565	—	536	—
H	河南理工大学(较高收费)	6100	—	—	520	—
H	河南理工大学(与鹤壁市政府联办工程技术学院)(就读在鹤壁)	6104	—	—	—	497
H	河南理工大学(与平顶山工业职业技术学院联办,就读地在平顶山)	6094	—	—	—	485
H	河南理工大学(中外合作办学)	6102	—	—	518	—
H	河南牧业经济学院	6045	—	522	—	475
H	河南牧业经济学院(农林矿)	6045	—	—	—	460
H	河南牧业经济学院(软件类)	6048	—	—	—	442
H	河南牧业经济学院(中外合作)(英才校区)	6047	—	501	—	451
H	河南农业大学	6010	569	—	527	—
H	河南农业大学(办学就读地点在许昌)	6013	—	532	—	481
H	河南农业大学(较高收费)	6010	—	—	523	—
H	河南农业大学(中外合作办学)	6012	554	—	514	463
H	河南师范大学	6030	576	—	553	499
H	河南师范大学(中外合作办学)	6031	—	550	—	490
H	河南中医药大学	6015	561	527	529	—
H	河南中医药大学(医护类)	6015	—	—	—	485
H	河南中医药大学(异地校区)	6015	558	—	533	—
H	河南中医药大学(与嵩山少林武术职业学院联办)(前两年就读嵩山)	6017	—	513	—	458
H	河套学院	7400	—	516	—	470
H	河西学院	5435	—	521	—	473
H	菏泽学院	4445	—	526	—	483
H	贺州学院	5535	—	519	—	455
H	黑河学院	3735	—	516	—	464
H	黑龙江八一农垦大学	3715	—	543	—	487
H	黑龙江财经学院	6806	—	472	—	417
H	黑龙江大学	3695	587	547	565	516

续表

首字母	院校名称	院校代码	文科一本	文科二本	理科一本	理科二本
H	黑龙江东方学院	7607	—	469	—	410
H	黑龙江工程学院	3740	—	538	—	426
H	黑龙江工程学院昆仑旅游学院	6810	—	467	—	412
H	黑龙江工商学院	6803	—	466	—	412
H	黑龙江工业学院	8386	—	516	—	463
H	黑龙江科技大学	3745	—	540	—	446
H	黑龙江外国语学院	6808	—	467	—	414
H	黑龙江中医药大学	2610	586	520	543	498
H	黑龙江中医药大学（异地校区）	2610	—	533	—	488
H	衡水学院	3250	—	528	—	485
H	衡阳师范学院	4755	—	553	—	507
H	红河学院	5585	—	521	—	466
H	呼和浩特民族学院	7064	—	519	—	459
H	呼和浩特民族学院（较高收费）	7064	—	—	—	454
H	呼伦贝尔学院	5495	—	517	—	461
H	湖北大学	2210	595	—	579	—
H	湖北大学（较高收费）	2210	—	—	534	—
H	湖北大学知行学院	6843	—	516	—	460
H	湖北第二师范学院	7563	—	557	—	519
H	湖北恩施学院	6847	—	479	—	455
H	湖北工程学院	4610	—	468	—	508
H	湖北工程学院（较高收费）	4610	—	—	—	417
H	湖北工程学院新技术学院	6859	—	509	—	458
H	湖北工业大学	4550	588	—	576	—
H	湖北工业大学（较高收费）	4550	—	—	530	—
H	湖北工业大学工程技术学院	6844	—	507	—	403
H	湖北经济学院	4615	—	559	—	521
H	湖北经济学院法商学院	6846	—	491	—	430
H	湖北科技学院	4540	—	546	—	516
H	湖北理工学院	4510	—	536	—	493
H	湖北理工学院（较高收费）	4510	—	—	—	479
H	湖北民族大学	4625	—	547	—	491
H	湖北汽车工业学院	4555	—	—	535	497
H	湖北汽车工业学院科技学院	6848	—	486	—	451
H	湖北商贸学院	6845	—	490	—	429
H	湖北师范大学	4595	—	562	—	521
H	湖北师范大学文理学院	6849	—	513	—	460

续表

首字母	院校名称	院校代码	文科一本	文科二本	理科一本	理科二本
H	湖北文理学院	4545	—	550	—	482
H	湖北文理学院理工学院	6858	—	493	—	433
H	湖北医药学院	4590	—	547	—	528
H	湖北医药学院药护学院	6860	—	—	—	487
H	湖北中医药大学	2655	572	—	557	—
H	湖南财政经济学院	7208	—	557	—	520
H	湖南城市学院	4705	—	545	—	500
H	湖南大学	1135	634	—	633	—
H	湖南第一师范学院	7205	—	561	—	526
H	湖南工程学院	4725	—	540	—	505
H	湖南工商大学	4775	587	—	563	—
H	湖南工学院	5715	—	—	—	511
H	湖南工业大学	4735	579	—	562	—
H	湖南工业大学(其他单列)	4735	—	—	533	—
H	湖南工业大学科技学院	6878	—	—	—	457
H	湖南科技大学	2425	589	—	530	—
H	湖南科技大学潇湘学院	6867	—	516	—	462
H	湖南科技学院	5650	—	540	—	511
H	湖南理工学院	4770	572	—	550	489
H	湖南理工学院南湖学院	6868	—	515	—	463
H	湖南农业大学	4700	580	—	553	—
H	湖南农业大学(较高收费)	4700	—	—	554	—
H	湖南农业大学东方科技学院	6869	—	—	—	404
H	湖南女子学院	4780	—	528	—	491
H	湖南人文科技学院	4685	—	473	—	444
H	湖南人文科技学院(较高收费)	4685	—	516	—	462
H	湖南涉外经济学院	7618	—	481	—	421
H	湖南师范大学	1935	619	—	602	—
H	湖南文理学院	4750	—	553	—	505
H	湖南文理学院芙蓉学院	6872	—	508	—	449
H	湖南医药学院	7204	—	—	—	520
H	湖南应用技术学院	9848	—	494	—	411
H	湖南中医药大学	2615	584	—	575	—
H	湖州师范学院	4040	576	549	553	510
H	湖州学院	6963	—	531	—	481
H	华北电力大学(保定)	1200	607	—	609	—
H	华北电力大学(北京)	1220	620	—	622	—

首字母	院校名称	院校代码	文科一本	文科二本	理科一本	理科二本
H	华北科技学院	3080	—	549	—	505
H	华北科技学院(农林矿)	3080	—	—	—	478
H	华北理工大学	3310	564	—	557	—
H	华北理工大学冀唐学院	6763	—	517	—	502
H	华北理工大学轻工学院	6631	—	487	—	438
H	华北水利水电大学	6095	568	—	547	517
H	华北水利水电大学(乌拉尔学院)(较高收费)	6395	—	—	518	—
H	华北水利水电大学(与河南经贸职业学院联办,就读在河南经贸职业学院)	6087	—	546	—	496
H	华北水利水电大学(与黄河水利职业技术学院联办,就读地在开封)	6099	—	—	—	498
H	华北水利水电大学(与嵩山少林武术职业学院联办,就读地详见专业说明)(较高收费)	6098	—	515	—	467
H	华北水利水电大学(中外合作办学)(较高收费)	6097	—	—	—	483
H	华东交通大学	2885	579	560	567	535
H	华东理工大学	1275	621	—	623	—
H	华东理工大学(较高收费)	1275	—	—	614	—
H	华东师范大学	1410	643	—	650	—
H	华东政法大学	1810	622	—	601	—
H	华南理工大学	1280	630	—	644	—
H	华南农业大学	1970	594	—	573	—
H	华南农业大学珠江学院	6971	—	475	—	420
H	华南师范大学	1985	621	—	613	—
H	华侨大学	2325	586	—	572	—
H	华中科技大学	1140	640	—	658	—
H	华中科技大学(其他单列)	1140	—	—	524	—
H	华中科技大学(医护类)	1140	—	—	591	—
H	华中农业大学	1360	609	—	597	—
H	华中师范大学	1415	626	—	620	—
H	怀化学院	4760	—	533	—	501
H	淮北师范大学	4165	—	559	—	528
H	淮南师范学院	4170	—	—	—	490
H	淮阴工学院	3870	—	468	—	492
H	淮阴师范学院	3905	—	543	—	412

续表

首字母	院校名称	院校代码	文科一本	文科二本	理科一本	理科二本
H	黄冈师范学院	4600	—	547	—	503
H	黄河交通学院	6226	—	473	—	417
H	黄河科技学院	6130	—	502	519	439
H	黄河科技学院（应用技术学院）（各专业办学地点在济源市）	6133	—	473	—	417
H	黄河科技学院（中外合作办学）	6132	—	472	—	426
H	黄淮学院	6150	—	524	520	473
H	黄淮学院（中外合作办学）	6153	—	515	—	461
H	黄山学院	4115	—	—	—	486
H	惠州学院	4850	—	521	—	508
J	吉利学院	8015	—	471	—	428
J	吉林财经大学	3690	578	—	548	—
J	吉林财经大学（较高收费）	3690	572	—	554	—
J	吉林大学	1145	631	—	626	—
J	吉林大学（较高收费）	1145	—	—	632	—
J	吉林大学（农林矿）	1145	—	—	604	—
J	吉林大学（其他单列）	1145	610	—	612	—
J	吉林大学（医护类）	1145	—	—	592	—
J	吉林动画学院	6801	—	—	—	451
J	吉林工程技术师范学院	3680	—	520	—	469
J	吉林工程技术师范学院（较高收费）	3680	—	—	—	450
J	吉林工商学院	5710	—	536	—	478
J	吉林化工学院	3655	—	—	—	449
J	吉林化工学院（较高收费）	3655	—	—	—	455
J	吉林建筑大学	3660	—	539	—	471
J	吉林建筑大学（较高收费）	3660	—	—	—	490
J	吉林建筑科技学院	6797	—	467	—	400
J	吉林警察学院	7098	—	504	—	512
J	吉林农业大学	3635	—	551	—	497
J	吉林农业大学（较高收费）	3635	—	—	—	453
J	吉林农业科技学院	3775	—	494	—	454
J	吉林农业科技学院（较高收费）	3775	—	—	—	451
J	吉林师范大学	3640	—	554	—	507
J	吉林师范大学（较高收费）	3640	—	529	—	485
J	吉林师范大学（其他单列）	3640	—	524	—	—
J	吉林师范大学（异地校区）	3640	—	527	—	478
J	吉林师范大学博达学院	6800	—	467	—	401

续表

首字母	院校名称	院校代码	文科一本	文科二本	理科一本	理科二本
J	吉林外国语大学	7603	—	469	—	400
J	吉林外国语大学(较高收费)	7603	—	483	—	401
J	吉林医药学院	5850	—	490	—	479
J	吉林医药学院(较高收费)	5850	—	—	—	462
J	吉首大学	4690	572	533	555	507
J	吉首大学张家界学院	6874	—	508	—	442
J	集美大学	2395	595	—	570	—
J	集美大学诚毅学院	6972	—	529	—	466
J	集宁师范学院	7063	—	519	—	469
J	济南大学	4350	592	—	576	—
J	济宁学院	7176	—	523	—	481
J	济宁医学院	4455	—	—	—	491
J	暨南大学	1520	623	—	617	—
J	暨南大学(较高收费)	1520	—	—	600	—
J	暨南大学(其他单列)	1520	—	—	602	—
J	佳木斯大学	3700	—	513	—	400
J	嘉兴南湖学院	6967	—	540	—	485
J	嘉兴学院	3995	—	563	—	512
J	嘉应学院	4865	—	534	—	492
J	江汉大学	4525	580	—	557	—
J	江南大学	1150	599	—	605	—
J	江南大学(较高收费)	1150	600	—	581	—
J	江苏大学	1840	603	—	569	—
J	江苏大学京江学院	6624	—	516	—	462
J	江苏第二师范学院	3865	—	559	—	522
J	江苏海洋大学	3860	566	558	532	520
J	江苏警官学院	3945	—	559	—	527
J	江苏科技大学	2270	587	—	574	—
J	江苏科技大学苏州理工学院	6629	—	514	—	464
J	江苏理工学院	3925	—	555	—	518
J	江苏师范大学	3930	—	566	—	527
J	江苏师范大学(较高收费)	3930	—	—	—	500
J	江苏师范大学科文学院	6626	—	512	—	458
J	江西财经大学	1915	559	—	520	—
J	江西财经大学现代经济管理学院	6699	—	488	—	452
J	江西服装学院	9540	—	470	—	417
J	江西工程学院	9840	—	482	—	440

续表

首字母	院校名称	院校代码	文科一本	文科二本	理科一本	理科二本
J	江西科技师范大学	4310	571	547	544	491
J	江西科技学院	7613	—	476	—	400
J	江西理工大学	2435	561	555	557	523
J	江西理工大学（较高收费）	2435	—	—	—	510
J	江西农业大学	4255	—	553	—	501
J	江西农业大学南昌商学院	6692	—	507	—	452
J	江西师范大学	4260	590	—	572	—
J	江西师范大学科学技术学院	6693	—	511	—	458
J	江西应用科技学院	8720	—	471	—	409
J	江西中医药大学	4300	580	555	559	519
J	金陵科技学院	5635	—	545	—	519
J	锦州医科大学	3570	—	545	—	517
J	锦州医科大学医疗学院	6783	—	—	—	457
J	晋中信息学院	6643	—	490	—	448
J	晋中学院	3430	—	528	—	478
J	荆楚理工学院	7502	—	535	—	502
J	荆州学院	6841	—	466	—	418
J	井冈山大学	4315	—	549	—	506
J	景德镇陶瓷大学	4280	—	547	—	504
J	景德镇学院	7161	—	532	—	484
J	景德镇艺术职业大学	6701	—	无	—	403
J	九江学院	4265	—	537	—	500
K	喀什大学	5510	—	516	—	460
K	凯里学院	5700	—	520	—	472
K	空军军医大学	0450	—	—	600	—
K	昆明城市学院	6908	—	487	—	408
K	昆明理工大学	5230	589	—	573	—
K	昆明理工大学（较高收费）	5230	—	—	522	—
K	昆明理工大学津桥学院	6998	—	486	—	429
K	昆明文理学院	6997	—	487	—	429
K	昆明学院	5560	—	543	—	504
K	昆明医科大学	5255	—	—	579	560
K	昆明医科大学（较高收费）	5255	—	—	—	513
K	昆明医科大学海源学院	6905	—	489	—	490
L	兰州博文科技学院	6910	—	470	—	400
L	兰州财经大学	5450	—	554	—	519
L	兰州财经大学（较高收费）	5450	—	548	—	467

续表

首字母	院校名称	院校代码	文科一本	文科二本	理科一本	理科二本
L	兰州城市学院	5670	—	535	—	489
L	兰州大学	1155	627	—	625	—
L	兰州大学(较高收费)	1155	—	—	606	—
L	兰州大学(医护类)	1155	—	—	561	—
L	兰州工商学院	6913	—	490	—	406
L	兰州工业学院	7301	—	—	—	491
L	兰州交通大学	5415	—	557	562	528
L	兰州理工大学	5400	—	—	557	—
L	兰州理工大学(较高收费)	5400	—	—	560	—
L	兰州文理学院	7401	—	528	—	494
L	兰州信息科技学院	6911	—	—	—	400
L	廊坊师范学院	3340	—	537	—	450
L	乐山师范学院	5125	—	542	—	486
L	丽江文化旅游学院	6907	—	471	—	414
L	丽水学院	4070	—	547	—	489
L	辽东学院	3615	—	518	—	445
L	辽宁财贸学院	6614	—	468	—	410
L	辽宁传媒学院	8043	—	470	—	416
L	辽宁大学	1690	610	—	599	—
L	辽宁大学(较高收费)	1690	593	—	570	—
L	辽宁对外经贸学院	7606	—	466	—	410
L	辽宁工程技术大学	1695	567	—	537	—
L	辽宁工业大学	3540	—	541	—	500
L	辽宁何氏医学院	6789	—	—	—	438
L	辽宁科技大学	2935	—	546	524	502
L	辽宁科技大学(较高收费)	2935	—	—	无	—
L	辽宁科技大学(其他单列)	2935	—	—	—	511
L	辽宁科技学院	3515	—	484	—	452
L	辽宁理工学院	6654	—	468	—	413
L	辽宁师范大学	3520	—	561	—	519
L	辽宁师范大学(较高收费)	3520	—	535	—	448
L	辽宁师范大学海华学院	6670	—	473	—	417
L	辽宁石油化工大学	2790	—	—	539	—
L	辽宁中医药大学	3575	—	—	—	403
L	辽宁中医药大学(较高收费)	3575	—	—	—	416
L	辽宁中医药大学杏林学院	6784	—	501	—	452
L	聊城大学	4355	—	558	—	515

续表

首字母	院校名称	院校代码	文科一本	文科二本	理科一本	理科二本
L	临沂大学	4475	—	556	—	515
L	岭南师范学院	4860	—	548	—	492
L	岭南师范学院（较高收费）	4860	—	—	—	434
L	柳州工学院	6882	—	478	—	405
L	六盘水师范学院	7278	—	529	—	482
L	龙岩学院	5580	—	527	—	483
L	龙岩学院（较高收费）	5580	—	—	—	499
L	陇东学院	5615	—	521	—	469
L	鲁东大学	4480	—	562	—	520
L	陆军工程大学	0320	—	—	—	538
L	陆军军医大学	0445	—	—	604	—
L	洛阳理工学院	6160	—	536	518	499
L	洛阳理工学院（与河南机电职业学院联办）（就读在河南机电职业学院）	6169	—	—	—	469
L	洛阳理工学院（中外合作办学）	6162	—	—	—	463
L	洛阳师范学院	6035	562	550	536	510
L	洛阳师范学院（软件类）	6038	—	—	—	473
L	洛阳师范学院（中外合作办学）	6037	—	518	—	472
L	吕梁学院	7051	—	521	—	473
M	马鞍山学院	6816	—	485	—	437
M	茅台学院	7503	—	—	—	460
M	绵阳城市学院	6679	—	479	—	430
M	绵阳师范学院	5120	—	540	—	496
M	闽江学院	4210	—	551	—	509
M	闽南科技学院	6684	—	483	—	429
M	闽南理工学院	7630	—	472	—	419
M	闽南师范大学	4235	—	553	—	503
M	闽南师范大学（较高收费）	4235	—	—	—	497
M	牡丹江师范学院	3760	—	522	—	459
M	牡丹江医学院	3755	—	—	—	450
N	南昌大学	1910	612	—	603	—
N	南昌大学（较高收费）	1910	—	—	592	—
N	南昌大学共青学院	6703	—	506	—	445
N	南昌大学科学技术学院	6691	—	508	—	461
N	南昌工程学院	4345	569	549	547	514
N	南昌工程学院（较高收费）	4345	—	—	—	505
N	南昌工学院	9538	—	470	—	403

续表

首字母	院校名称	院校代码	文科一本	文科二本	理科一本	理科二本
N	南昌航空大学	2430	577	—	561	—
N	南昌航空大学（较高收费）	2430	—	556	—	516
N	南昌航空大学（其他单列）	2430	—	—	—	533
N	南昌航空大学科技学院	6697	—	505	—	459
N	南昌交通学院	6694	—	478	—	402
N	南昌理工学院	7626	—	481	—	404
N	南昌师范学院	4340	—	550	—	505
N	南昌医学院	6698	—	549	—	517
N	南昌应用技术师范学院	6702	—	466	—	451
N	南昌职业大学	9539	—	467	—	416
N	南方医科大学	2310	582	—	566	—
N	南华大学	2295	577	—	558	—
N	南华大学船山学院	6875	—	515	—	455
N	南京财经大学	2265	596	—	583	—
N	南京财经大学红山学院	6628	—	515	—	460
N	南京传媒学院	6950	—	528	—	482
N	南京大学	1160	659	—	677	—
N	南京工程学院	3880	578	—	562	—
N	南京工程学院（较高收费）	3880	—	—	560	—
N	南京工业大学	1845	599	—	578	—
N	南京工业大学浦江学院	6616	—	515	—	458
N	南京航空航天大学	1505	622	—	627	—
N	南京航空航天大学金城学院	6949	—	513	—	460
N	南京理工大学	1510	—	—	625	—
N	南京理工大学泰州科技学院	6951	—	无	—	463
N	南京理工大学紫金学院	6948	—	537	—	483
N	南京林业大学	2505	602	—	580	—
N	南京林业大学（较高收费）	2505	—	—	545	—
N	南京农业大学	1365	611	—	598	—
N	南京审计大学	2240	602	—	589	—
N	南京审计大学（较高收费）	2240	607	—	582	—
N	南京审计大学金审学院	6639	—	542	—	503
N	南京师范大学	1855	624	—	616	—
N	南京师范大学泰州学院	6952	—	516	—	457
N	南京师范大学中北学院	6617	—	521	—	464
N	南京特殊教育师范学院	7460	—	532	—	491
N	南京晓庄学院	3920	—	560	—	520

续表

首字母	院校名称	院校代码	文科一本	文科二本	理科一本	理科二本
N	南京信息工程大学	1860	605	—	595	—
N	南京信息工程大学(较高收费)	1860	—	—	535	—
N	南京医科大学	3830	—	—	630	—
N	南京医科大学康达学院	6618	—	509	—	463
N	南京艺术学院	9922	—	556	—	—
N	南京邮电大学	2315	590	—	602	—
N	南京邮电大学通达学院	6627	—	519	—	468
N	南京中医药大学	3835	604	—	580	—
N	南开大学	1165	650	—	665	—
N	南开大学(较高收费)	1165	627	—	—	—
N	南开大学(其他单列)	1165	—	—	651	—
N	南宁理工学院	6888	—	472	—	401
N	南宁师范大学	4955	—	554	—	512
N	南宁师范大学(较高收费)	4955	—	—	—	489
N	南宁师范大学师园学院	6885	—	506	—	446
N	南宁学院	9061	—	490	—	440
N	南通大学	2565	592	—	575	—
N	南通大学杏林学院	6667	—	508	—	448
N	南通理工学院	8542	—	476	—	435
N	南阳理工学院	6075	563	522	535	496
N	南阳理工学院(软件类)	6077	—	—	—	478
N	南阳理工学院(与南阳医学高等专科学校联办,就读在南阳医专)	6079	—	547	—	515
N	南阳理工学院(中外合作办学)	6078	—	512	—	445
N	南阳师范学院	6070	564	543	534	496
N	南阳师范学院(较高收费)	6070	—	—	—	464
N	南阳师范学院(农林矿)	6070	—	—	—	470
N	南阳师范学院(异地校区)	6070	—	518	—	472
N	南阳师范学院(中外合作办学)	6072	—	—	—	454
N	内江师范学院	5130	—	539	—	491
N	内蒙古财经大学	3480	—	466	—	497
N	内蒙古大学	1680	604	—	584	—
N	内蒙古大学创业学院	6705	—	498	—	437
N	内蒙古工业大学	3440	—	—	—	489
N	内蒙古鸿德文理学院	6706	—	473	—	421
N	内蒙古科技大学	3460	—	547	537	401
N	内蒙古科技大学包头师范学院	3463	—	520	—	470

续表

首字母	院校名称	院校代码	文科一本	文科二本	理科一本	理科二本
N	内蒙古科技大学包头医学院	3464	—	—	—	492
N	内蒙古民族大学	3455	—	533	—	458
N	内蒙古民族大学(较高收费)	3455	—	—	—	446
N	内蒙古农业大学	3445	—	—	—	468
N	内蒙古师范大学	3450	—	547	—	506
N	内蒙古医科大学	3465	—	—	—	499
N	内蒙古艺术学院	9956	—	512	—	—
N	宁波财经学院	8609	—	478	—	426
N	宁波大学	1880	608	—	595	—
N	宁波大学(较高收费)	1880	584	—	560	—
N	宁波大学科学技术学院	6955	—	508	—	442
N	宁波工程学院	3965	—	507	—	512
N	宁波工程学院(较高收费)	3965	—	—	—	496
N	宁波诺丁汉大学	2345	572	—	539	—
N	宁德师范学院	7153	—	531	—	483
N	宁夏大学	2755	604	—	588	—
N	宁夏大学(较高收费)	2755	586	—	—	—
N	宁夏大学新华学院	6721	—	488	—	436
N	宁夏理工学院	7625	—	473	—	420
N	宁夏师范学院	5675	—	534	—	484
N	宁夏医科大学	5485	—	—	573	—
P	攀枝花学院	5085	—	535	—	514
P	平顶山学院	6125	—	521	531	472
P	平顶山学院(软件类)	6128	—	—	—	466
P	平顶山学院(医护类)	6125	—	519	—	478
P	平顶山学院(中外合作办学)	6127	—	—	—	452
P	平顶山学院(中外合作办学)(较高收费)	6127	—	—	—	440
P	萍乡学院	7163	—	523	—	469
P	莆田学院	4215	—	544	—	496
P	普洱学院	7284	—	—	—	462
Q	齐鲁工业大学	4420	573	—	555	—
Q	齐鲁理工学院	6648	—	473	—	424
Q	齐鲁师范学院	4380	—	552	—	503
Q	齐鲁医药学院	7629	—	532	—	435
Q	齐齐哈尔大学	3710	—	543	—	437
Q	齐齐哈尔工程学院	8389	—	468	—	413

续表

首字母	院校名称	院校代码	文科一本	文科二本	理科一本	理科二本
Q	齐齐哈尔医学院	3750	—	502	—	464
Q	黔南民族师范学院	5200	—	520	—	471
Q	青岛滨海学院	7615	—	476	—	402
Q	青岛城市学院	6974	—	497	—	404
Q	青岛大学	2205	593	—	581	—
Q	青岛工学院	6646	—	474	—	424
Q	青岛恒星科技学院	9551	—	471	—	417
Q	青岛黄海学院	9554	—	473	—	419
Q	青岛科技大学	2275	—	—	572	—
Q	青岛科技大学(较高收费)	2275	—	—	533	—
Q	青岛理工大学	2410	570	—	521	—
Q	青岛农业大学	4435	—	554	—	506
Q	青岛农业大学(较高收费)	4435	—	—	—	507
Q	青岛农业大学海都学院	6647	—	484	—	437
Q	青海大学	2125	592	—	580	—
Q	青海大学昆仑学院	6915	—	506	—	447
Q	青海民族大学	5475	—	531	—	486
Q	青海师范大学	5465	—	545	—	498
Q	清华大学	1115	677	—	699	—
Q	琼台师范学院	7348	—	529	—	487
Q	衢州学院	4035	—	542	—	499
Q	曲阜师范大学	4400	587	—	561	—
Q	曲靖师范学院	5265	—	529	—	469
Q	泉州师范学院	4230	—	549	—	499
Q	泉州师范学院(较高收费)	4230	—	—	—	495
Q	泉州信息工程学院	9727	—	473	—	420
Q	泉州信息工程学院(较高收费)	9727	—	—	—	413
Q	泉州职业技术大学	9381	—	471	—	417
S	三江学院	7610	—	512	—	453
S	三明学院	5575	—	535	—	486
S	三明学院(较高收费)	5575	—	506	—	400
S	三峡大学	2905	579	—	567	—
S	三峡大学(较高收费)	2905	—	—	580	—
S	三峡大学科技学院	6851	—	507	—	406
S	三亚学院	6975	—	474	—	411
S	三亚学院(较高收费)	6975	—	466	—	416
S	山东财经大学	4485	594	—	580	—

首字母	院校名称	院校代码	文科一本	文科二本	理科一本	理科二本
S	山东财经大学东方学院	6649	—	503	—	425
S	山东大学	1170	636	—	638	—
S	山东大学(医护类)	1170	605	—	594	—
S	山东大学威海分校	1173	630	—	627	—
S	山东大学威海分校(较高收费)	1173	625	—	612	—
S	山东第一医科大学	4465	—	541	—	516
S	山东工程职业技术大学	8216	—	472	—	420
S	山东工商学院	4495	—	552	—	511
S	山东管理学院	4500	—	550	—	495
S	山东华宇工学院	9845	—	466	—	400
S	山东建筑大学	4415	587	—	556	—
S	山东交通学院	4430	—	555	—	509
S	山东科技大学	2780	582	—	577	—
S	山东科技大学(较高收费)	2780	568	—	523	—
S	山东理工大学	4370	572	—	532	—
S	山东农业大学	4385	569	—	539	—
S	山东农业工程学院	5859	—	525	—	400
S	山东女子学院	4425	—	467	—	—
S	山东青年政治学院	8691	—	528	—	—
S	山东师范大学	4395	595	—	569	—
S	山东石油化工学院	6608	—	518	—	473
S	山东外国语职业技术大学	8218	—	471	—	422
S	山东现代学院	9553	—	473	—	412
S	山东协和学院	9844	—	473	—	415
S	山东协和学院(较高收费)	9844	—	527	—	480
S	山东英才学院	8778	—	470	—	419
S	山东政法学院	4375	—	561	—	523
S	山东中医药大学	4390	—	560	—	523
S	山东中医药大学(较高收费)	4390	—	—	—	511
S	山西财经大学	2920	592	559	574	517
S	山西财经大学(较高收费)	2920	—	550	—	509
S	山西传媒学院	5855	—	539	—	495
S	山西大同大学	3415	—	549	—	511
S	山西大学	1660	592	—	573	—
S	山西工程技术学院	5856	—	525	—	459
S	山西工商学院	9828	—	487	—	436
S	山西工学院	6642	—	519	—	477

续表

首字母	院校名称	院校代码	文科一本	文科二本	理科一本	理科二本
S	山西晋中理工学院	6645	—	481	—	416
S	山西能源学院	8181	—	—	—	469
S	山西农业大学	3360	—	551	—	461
S	山西师范大学	3370	—	561	—	519
S	山西医科大学	2630	—	541	584	481
S	山西医科大学(异地校区)	2630	—	474	—	524
S	山西应用科技学院	8177	—	473	—	427
S	山西中医药大学	3400	592	553	578	511
S	陕西服装工程学院	9259	—	471	—	417
S	陕西国际商贸学院	7628	—	481	—	427
S	陕西科技大学	2095	588	—	578	—
S	陕西科技大学(较高收费)	2095	—	—	538	—
S	陕西科技大学(其他单列)	2095	—	—	565	—
S	陕西科技大学镐京学院	6992	—	471	—	423
S	陕西理工大学	5345	—	556	—	519
S	陕西师范大学	1420	620	—	602	—
S	陕西学前师范学院	5335	—	540	—	497
S	陕西中医药大学	5375	—	—	554	529
S	汕头大学	2340	590	—	575	—
S	商洛学院	5660	—	517	—	471
S	商丘工学院	6205	—	474	—	419
S	商丘工学院(医护类)	6205	—	472	—	415
S	商丘师范学院	6055	—	531	—	485
S	商丘师范学院(与商丘职业技术学院联办)(就读在商丘职业技术学院)	6058	—	517	—	465
S	商丘师范学院(中外合作办学)	6057	—	506	—	451
S	商丘学院	6200	—	481	—	429
S	商丘学院(应用科技学院,办学地点在开封)	6202	—	477	—	424
S	上海财经大学	1445	641	—	642	—
S	上海财经大学浙江学院	6598	—	522	—	462
S	上海大学	1790	626	—	621	—
S	上海大学(较高收费)	1790	623	—	606	—
S	上海第二工业大学	7501	—	559	573	530
S	上海电机学院	5595	568	—	530	—
S	上海电机学院(较高收费)	5595	562	—	—	—
S	上海电力大学	3040	594	—	589	—

续表

首字母	院校名称	院校代码	文科一本	文科二本	理科一本	理科二本
S	上海电力大学(较高收费)	3040	—	—	596	—
S	上海对外经贸大学	1805	558	—	555	—
S	上海对外经贸大学(较高收费)	1805	595	—	579	—
S	上海工程技术大学	3780	576	—	567	—
S	上海海关学院	0195	602	—	588	—
S	上海海事大学	2860	599	—	580	—
S	上海海事大学(较高收费)	2860	—	—	576	—
S	上海海洋大学	2875	593	—	582	—
S	上海海洋大学(较高收费)	2875	588	—	570	—
S	上海建桥学院	7609	—	466	—	411
S	上海建桥学院(较高收费)	7609	—	—	—	401
S	上海健康医学院	7113	—	—	541	—
S	上海交通大学	1290	667	—	692	—
S	上海交通大学(较高收费)	1290	—	—	653	—
S	上海交通大学(农林矿)	1290	—	—	648	—
S	上海交通大学(其他单列)	1290	—	—	669	—
S	上海交通大学医学院	2260	—	—	689	—
S	上海交通大学医学院(医护类)	2260	—	—	675	—
S	上海理工大学	1795	599	—	596	—
S	上海理工大学(较高收费)	1795	595	—	574	—
S	上海立达学院	9835	—	466	—	407
S	上海立信会计金融学院	2925	588	—	529	540
S	上海杉达学院	7608	—	479	—	421
S	上海杉达学院(较高收费)	7608	—	476	—	450
S	上海杉达学院(其他单列)	7608	—	474	—	413
S	上海商学院	5605	—	564	—	527
S	上海师范大学	2390	604	—	578	—
S	上海师范大学(较高收费)	2390	593	—	535	—
S	上海师范大学天华学院	6615	—	475	—	425
S	上海师范大学天华学院(较高收费)	6615	—	467	—	415
S	上海视觉艺术学院	6996	—	492	—	482
S	上海体育学院	0015	587	—	553	—
S	上海外国语大学	1440	635	—	628	—
S	上海外国语大学贤达经济人文学院	6946	—	466	—	410
S	上海外国语大学贤达经济人文学院(较高收费)	6946	—	466	—	407
S	上海戏剧学院	9919	598	—	573	—

续表

首字母	院校名称	院校代码	文科一本	文科二本	理科一本	理科二本
S	上海兴伟学院	8461	—	—	—	408
S	上海应用技术大学	3815	577	—	553	—
S	上海应用技术大学（较高收费）	3815	569	—	552	—
S	上海政法学院	5610	601	—	581	—
S	上海中侨职业技术大学	8454	—	466	—	410
S	上海中医药大学	2570	—	—	596	—
S	上海中医药大学（较高收费）	2570	—	—	589	—
S	上饶师范学院	4320	—	539	—	485
S	韶关学院	4845	—	531	—	512
S	邵阳学院	4710	—	531	—	511
S	绍兴文理学院	3980	—	559	—	518
S	绍兴文理学院元培学院	6964	—	499	—	432
S	深圳大学	1965	619	—	615	—
S	深圳技术大学	1966	588	—	586	—
S	沈阳城市建设学院	6671	—	468	—	414
S	沈阳城市学院	6652	—	472	—	414
S	沈阳大学	3495	—	550	—	513
S	沈阳大学（较高收费）	3495	—	—	—	487
S	沈阳工程学院	3610	—	—	—	483
S	沈阳工学院	6786	—	469	—	416
S	沈阳工业大学	2795	571	—	567	515
S	沈阳航空航天大学	3550	—	557	570	521
S	沈阳航空航天大学（较高收费）	3550	—	—	527	—
S	沈阳化工大学	3555	—	480	—	400
S	沈阳建筑大学	2285	569	—	550	—
S	沈阳科技学院	6787	—	469	—	415
S	沈阳理工大学	3545	—	550	559	508
S	沈阳理工大学（较高收费）	3545	—	—	—	480
S	沈阳农业大学	1710	—	—	529	—
S	沈阳师范大学	3525	—	554	—	498
S	沈阳师范大学（较高收费）	3525	—	530	—	475
S	沈阳师范大学（其他单列）	3525	—	—	—	513
S	沈阳体育学院	0009	—	—	—	481
S	沈阳药科大学	1715	—	—	559	—
S	沈阳药科大学（较高收费）	1715	—	—	530	—
S	沈阳医学院	3580	—	—	—	495
S	石河子大学	2130	588	—	567	—

续表

首字母	院校名称	院校代码	文科一本	文科二本	理科一本	理科二本
S	石家庄铁道大学	1640	579	—	568	—
S	石家庄铁道大学(较高收费)	1640	—	—	556	—
S	石家庄铁道大学四方学院	6765	—	511	—	461
S	石家庄学院	3245	—	545	—	492
S	首都经济贸易大学	2500	609	—	593	—
S	首都经济贸易大学(较高收费)	2500	—	—	574	—
S	首都师范大学	2225	619	—	600	—
S	首都师范大学科德学院	6933	—	468	—	404
S	首都体育学院	0005	—	548	—	515
S	首都医科大学	2200	—	—	615	—
S	四川传媒学院	6892	—	515	—	458
S	四川大学	1175	641	—	642	—
S	四川大学(较高收费)	1175	—	—	621	—
S	四川大学(其他单列)	1175	604	—	—	—
S	四川大学(医护类)	1175	—	—	597	—
S	四川大学锦江学院	6678	—	498	—	462
S	四川电影电视学院	9133	—	510	—	464
S	四川工商学院	6895	—	468	—	462
S	四川工业科技学院	9860	—	481	—	447
S	四川警察学院	5690	—	547	—	511
S	四川旅游学院	7254	—	541	—	486
S	四川美术学院	9940	—	492	—	528
S	四川农业大学	2355	—	—	589	—
S	四川农业大学(较高收费)	2355	—	—	522	—
S	四川轻化工大学	5105	572	559	550	525
S	四川师范大学	5080	594	—	577	—
S	四川外国语大学	2910	594	—	575	—
S	四川外国语大学成都学院	6897	—	519	—	466
S	四川文化艺术学院	6595	—	477	—	428
S	四川文理学院	5540	—	531	—	465
S	苏州城市学院	6621	—	550	—	511
S	苏州大学	1830	624	—	621	—
S	苏州大学(较高收费)	1830	—	—	601	—
S	苏州大学应用技术学院	6622	—	513	—	466
S	苏州科技大学	3890	590	—	580	—
S	苏州科技大学(较高收费)	3890	—	—	552	—
S	苏州科技大学天平学院	6623	—	513	—	470

续表

首字母	院校名称	院校代码	文科一本	文科二本	理科一本	理科二本
S	宿迁学院	8730	—	536	—	494
S	宿州学院	4185	—	—	—	453
S	绥化学院	3770	—	517	—	468
T	塔里木大学	3110	—	509	521	440
T	台州学院	3985	—	555	—	513
T	台州学院(较高收费)	3985	—	—	—	401
T	太原工业学院	3420	—	541	—	501
T	太原科技大学	2900	—	548	548	519
T	太原理工大学	2365	609	—	601	—
T	太原理工大学(较高收费)	2365	—	—	576	—
T	太原师范学院	3410	—	549	—	510
T	太原学院	8176	—	537	—	497
T	泰山科技学院	6832	—	468	—	424
T	泰山学院	4470	—	—	—	491
T	泰州学院	7126	—	541	—	492
T	唐山师范学院	3345	—	535	—	471
T	唐山学院	3295	—	533	—	485
T	天津财经大学	2230	598	—	531	—
T	天津财经大学(较高收费)	2230	595	—	585	—
T	天津财经大学珠江学院	6661	—	507	—	433
T	天津财经大学珠江学院(较高收费)	6661	—	—	—	422
T	天津城建大学	3210	—	550	—	511
T	天津城建大学(较高收费)	3210	—	—	—	470
T	天津城建大学(其他单列)	3210	—	—	—	514
T	天津大学	1305	638	—	652	—
T	天津大学(其他单列)	1305	—	—	615	—
T	天津大学(医护类)	1305	—	—	626	—
T	天津工业大学	2525	601	—	596	—
T	天津工业大学(较高收费)	2525	—	—	578	—
T	天津科技大学	3200	587	—	570	—
T	天津科技大学(较高收费)	3200	581	—	551	—
T	天津理工大学	2870	585	—	578	525
T	天津理工大学中环信息学院	6612	—	502	—	438
T	天津农学院	3220	—	540	—	479
T	天津仁爱学院	6601	—	508	—	401
T	天津商业大学	3240	582	541	556	491
T	天津商业大学宝德学院	6752	—	501	—	436

续表

首字母	院校名称	院校代码	文科一本	文科二本	理科一本	理科二本
T	天津师范大学	2405	594	—	578	—
T	天津师范大学(较高收费)	2405	—	—	571	—
T	天津体育学院	0006	—	466	—	504
T	天津天狮学院	7635	—	494	—	427
T	天津外国语大学	2250	594	—	564	—
T	天津外国语大学(较高收费)	2250	581	—	558	—
T	天津外国语大学(其他单列)	2250	577	—	519	—
T	天津外国语大学滨海外事学院	6754	—	514	—	452
T	天津医科大学	1605	—	—	621	—
T	天津医科大学临床医学院	6755	—	—	—	456
T	天津职业技术师范大学	3225	—	553	—	496
T	天津职业技术师范大学(较高收费)	3225	—	—	—	491
T	天津中德应用技术大学	7701	—	542	—	497
T	天津中医药大学	2600	588	—	571	—
T	天津中医药大学(较高收费)	2600	—	—	563	—
T	天水师范学院	5430	—	528	—	476
T	通化师范学院	3685	—	522	—	469
T	通化师范学院(较高收费)	3685	—	—	—	447
T	同济大学	1310	645	—	667	—
T	同济大学(较高收费)	1310	—	—	660	—
T	同济大学(医护类)	1310	—	—	659	—
T	铜陵学院	4175	—	467	—	409
T	铜仁学院	5695	—	—	—	481
W	皖江工学院	6690	—	485	—	427
W	皖南医学院	4140	—	—	—	558
W	皖西学院	4110	—	527	—	—
W	潍坊科技学院	7634	—	485	—	435
W	潍坊理工学院	6650	—	510	—	—
W	潍坊学院	4410	—	542	—	427
W	潍坊医学院	4450	—	543	—	541
W	渭南师范学院	5380	—	540	—	491
W	温州大学	4050	—	564	—	532
W	温州肯恩大学	2360	558	—	522	—
W	温州理工学院	6965	—	—	—	489
W	温州商学院	6640	—	469	—	417
W	温州医科大学	2560	—	—	567	—
W	温州医科大学仁济学院	6960	—	—	—	452

续表

首字母	院校名称	院校代码	文科一本	文科二本	理科一本	理科二本
W	文华学院	6609	—	470	—	449
W	文山学院	7287	—	518	—	468
W	无锡太湖学院	6811	—	496	—	446
W	无锡学院	6620	—	549	—	500
W	梧州学院	4970	—	527	—	491
W	五邑大学	4785	—	559	—	518
W	武昌工学院	6852	—	490	—	446
W	武昌理工学院	6838	—	501	—	453
W	武昌理工学院(较高收费)	6838	—	467	—	428
W	武昌理工学院(其他单列)	6838	—	—	—	433
W	武昌首义学院	6839	—	504	—	450
W	武汉城市学院	6854	—	496	—	400
W	武汉传媒学院	6979	—	509	—	—
W	武汉大学	1180	648	—	654	—
W	武汉大学(其他单列)	1180	607	—	624	—
W	武汉大学(医护类)	1180	620	—	604	—
W	武汉东湖学院	6836	—	504	—	406
W	武汉纺织大学	4575	577	—	558	—
W	武汉纺织大学外经贸学院	6855	—	478	—	415
W	武汉工程大学	2895	593	—	583	—
W	武汉工程大学(较高收费)	2895	—	—	546	—
W	武汉工程大学邮电与信息工程学院	6978	—	498	—	442
W	武汉工程科技学院	6861	—	490	—	406
W	武汉工商学院	6863	—	499	—	428
W	武汉华夏理工学院	6856	—	499	—	439
W	武汉科技大学	2220	595	—	591	—
W	武汉理工大学	1315	615	—	618	—
W	武汉理工大学(较高收费)	1315	590	—	587	—
W	武汉理工大学(其他单列)	1315	—	—	575	—
W	武汉轻工大学	4565	—	559	—	528
W	武汉轻工大学(较高收费)	4565	—	539	—	494
W	武汉晴川学院	6672	—	507	—	450
W	武汉商学院	8857	—	557	—	520
W	武汉设计工程学院	6673	—	—	—	434
W	武汉生物工程学院	7616	—	498	—	457
W	武汉体育学院	0019	—	554	—	510
W	武汉体育学院体育科技学院	6857	—	505	—	434

续表

首字母	院校名称	院校代码	文科一本	文科二本	理科一本	理科二本
W	武汉文理学院	6850	—	506	—	455
W	武汉学院	6862	—	512	—	447
W	武夷学院	7152	—	529	—	475
W	武夷学院(较高收费)	7152	—	514	—	465
X	西安财经大学	5390	584	560	562	540
X	西安财经大学(较高收费)	5390	—	—	—	503
X	西安财经大学行知学院	6991	—	491	—	449
X	西安电子科技大学	1320	612	—	635	—
X	西安电子科技大学(较高收费)	1320	—	—	615	—
X	西安翻译学院	7621	—	485	—	422
X	西安工程大学	2520	579	—	559	—
X	西安工商学院	6993	—	472	—	424
X	西安工业大学	2330	583	—	582	—
X	西安航空学院	7292	—	550	—	513
X	西安建筑科技大学	2100	589	—	583	—
X	西安建筑科技大学(较高收费)	2100	—	—	544	—
X	西安建筑科技大学华清学院	6990	—	498	—	447
X	西安交通大学	1185	640	—	658	—
X	西安交通大学(医护类)	1185	—	—	635	—
X	西安交通大学城市学院	6988	—	515	—	463
X	西安交通工程学院	9710	—	478	—	437
X	西安科技大学	2535	589	—	579	—
X	西安科技大学(较高收费)	2535	—	—	563	—
X	西安科技大学高新学院	6686	—	501	—	434
X	西安科技大学高新学院(较高收费)	6686	—	—	—	430
X	西安理工大学	2805	—	—	592	—
X	西安理工大学(较高收费)	2805	—	—	565	—
X	西安理工大学高科学院	6685	—	487	—	445
X	西安美术学院	9948	—	526	—	—
X	西安明德理工学院	6665	—	466	—	413
X	西安欧亚学院	7622	—	481	—	417
X	西安培华学院	7602	—	504	—	452
X	西安汽车职业大学	9866	—	471	—	415
X	西安石油大学	2915	584	—	570	—
X	西安思源学院	7627	—	490	—	435
X	西安外国语大学	2110	604	—	589	—
X	西安外国语大学(较高收费)	2110	565	—	550	—

续表

首字母	院校名称	院校代码	文科一本	文科二本	理科一本	理科二本
X	西安外事学院	7623	—	492	—	437
X	西安文理学院	5395	—	556	—	517
X	西安信息职业大学	8258	—	—	—	418
X	西安医学院	5620	—	542	575	—
X	西安邮电大学	2105	587	—	594	—
X	西安邮电大学(较高收费)	2105	—	—	577	—
X	西北大学	2090	620	—	615	—
X	西北大学(较高收费)	2090	—	—	589	—
X	西北大学(其他单列)	2090	—	—	594	—
X	西北工业大学	1515	627	—	645	—
X	西北工业大学(较高收费)	1515	—	—	611	—
X	西北民族大学	3010	—	548	569	507
X	西北民族大学(少数民族)	3010	—	525	—	479
X	西北农林科技大学	1370	615	—	601	—
X	西北农林科技大学(较高收费)	1370	—	—	588	—
X	西北师范大学	5410	586	558	559	516
X	西北师范大学(较高收费)	5410	—	—	—	435
X	西北师范大学(其他单列)	5410	—	—	—	525
X	西北政法大学	2115	614	—	605	—
X	西藏大学	5300	—	559	—	518
X	西藏民族大学	5310	558	542	548	496
X	西藏农牧学院	5315	—	513	—	454
X	西昌学院	5145	—	530	—	488
X	西华大学	5100	590	—	572	—
X	西华师范大学	5135	572	—	544	—
X	西交利物浦大学	1189	569	—	550	—
X	西京学院	7624	—	494	—	442
X	西南财经大学	1455	627	—	622	—
X	西南财经大学(较高收费)	1455	613	—	595	—
X	西南财经大学天府学院	6677	—	513	—	461
X	西南大学	1425	624	—	613	—
X	西南大学(较高收费)	1425	583	—	585	—
X	西南大学(荣昌校区)	1427	609	—	573	—
X	西南交通大学	1325	619	—	615	—
X	西南交通大学(较高收费)	1325	—	—	599	—
X	西南交通大学希望学院	6983	—	502	—	474
X	西南科技大学	2510	581	—	568	—

续表

首字母	院校名称	院校代码	文科一本	文科二本	理科一本	理科二本
X	西南林业大学	5250	—	556	—	497
X	西南林业大学(较高收费)	5250	—	—	—	505
X	西南民族大学	3020	595	571	570	527
X	西南民族大学(少数民族)	3020	—	547	—	503
X	西南石油大学	2515	595	—	584	—
X	西南石油大学(较高收费)	2515	无	—	525	—
X	西南医科大学	5115	—	—	585	517
X	西南政法大学	2030	623	—	612	—
X	西南政法大学(较高收费)	2030	624	—	610	—
X	厦门大学	1190	644	—	649	—
X	厦门大学(医护类)	1190	—	—	627	—
X	厦门大学(异地校区)	1190	608	—	575	—
X	厦门大学嘉庚学院	6606	—	540	—	412
X	厦门工学院	6825	—	486	—	407
X	厦门华厦学院	9378	—	498	—	422
X	厦门理工学院	5570	—	555	—	521
X	厦门理工学院(较高收费)	5570	—	546	—	511
X	厦门理工学院(其他单列)	5570	—	551	—	516
X	厦门医学院	7157	—	—	—	519
X	咸阳师范学院	5385	—	547	—	504
X	湘南学院	4715	—	527	—	517
X	湘潭大学	1930	600	—	585	—
X	湘潭大学(较高收费)	1930	—	—	568	—
X	湘潭大学兴湘学院	6876	—	517	—	463
X	湘潭理工学院	6870	—	498	—	433
X	忻州师范学院	3405	—	524	—	470
X	新疆财经大学	5525	—	537	—	442
X	新疆大学	2120	595	—	579	—
X	新疆大学(较高收费)	2120	—	—	572	—
X	新疆第二医学院	6925	—	—	—	506
X	新疆工程学院	7331	—	515	—	431
X	新疆工程学院(较高收费)	7331	—	—	—	439
X	新疆科技学院	6922	—	514	—	458
X	新疆理工学院	6923	—	514	—	459
X	新疆农业大学	5500	—	521	—	461
X	新疆农业大学(较高收费)	5500	—	502	—	449
X	新疆农业大学(其他单列)	5500	—	—	—	454

续表

首字母	院校名称	院校代码	文科一本	文科二本	理科一本	理科二本
X	新疆师范大学	5505	—	541	—	474
X	新疆天山职业技术大学	9870	—	477	—	427
X	新疆医科大学	2625	—	—	554	508
X	新疆艺术学院	9951	—	513	—	429
X	新疆政法学院	6921	—	512	—	458
X	新乡工程学院	6503	—	498	—	400
X	新乡学院	6165	—	525	522	467
X	新乡学院（中外合作办学）	6167	—	—	—	446
X	新乡医学院	6020	558	—	541	—
X	新乡医学院（中外课程合作）	6022	—	529	—	508
X	新乡医学院三全学院	6505	—	494	—	453
X	新余学院	7164	—	530	—	487
X	信阳农林学院	6145	—	518	—	466
X	信阳师范学院	6065	564	552	540	507
X	信阳师范学院（较高收费）	6065	—	—	—	451
X	信阳师范学院（医护类）	6065	—	538	—	492
X	信阳师范学院（中外合作办学）	6069	—	524	—	463
X	信阳学院	6508	—	489	—	441
X	邢台学院	3290	—	—	—	482
X	兴义民族师范学院	7273	—	520	—	464
X	徐州工程学院	5640	—	547	—	496
X	徐州工程学院（较高收费）	5640	—	—	—	486
X	徐州医科大学	3900	—	—	569	—
X	许昌学院	6040	—	527	—	482
X	许昌学院（较高收费）	6040	—	—	—	430
X	许昌学院（中外合作办学）	6042	—	507	—	456
Y	烟台大学	4365	—	553	—	524
Y	烟台科技学院	6660	—	502	—	433
Y	烟台理工学院	6833	—	494	—	400
Y	烟台南山学院	7614	—	502	—	446
Y	延安大学	5330	—	556	—	514
Y	延安大学西安创新学院	6994	—	478	—	426
Y	延边大学	1740	601	—	585	—
Y	延边大学（较高收费）	1740	593	—	570	—
Y	盐城工学院	3850	—	—	—	403
Y	盐城师范学院	3910	—	553	—	500
Y	燕京理工学院	6977	—	495	—	439

续表

首字母	院校名称	院校代码	文科一本	文科二本	理科一本	理科二本
Y	燕山大学	1635	593	—	587	—
Y	燕山大学（较高收费）	1635	—	—	518	—
Y	燕山大学（其他单列）	1635	—	—	541	—
Y	燕山大学里仁学院	6766	—	520	—	416
Y	扬州大学	1835	598	—	580	—
Y	扬州大学广陵学院	6625	—	518	—	466
Y	阳光学院	6681	—	472	—	414
Y	阳光学院（较高收费）	6681	—	—	—	401
Y	仰恩大学	7601	—	472	—	425
Y	伊犁师范大学	5520	—	518	—	461
Y	宜宾学院	5140	—	533	—	491
Y	宜春学院	4270	—	477	—	470
Y	银川科技学院	6707	—	470	—	413
Y	银川能源学院	9868	—	470	—	415
Y	营口理工学院	5857	—	—	—	405
Y	右江民族医学院	4940	—	—	—	445
Y	榆林学院	5665	—	513	—	461
Y	榆林学院（较高收费）	5665	—	—	—	453
Y	玉林师范学院	4960	—	518	—	470
Y	玉溪师范学院	5270	—	532	—	487
Y	豫章师范学院	7341	—	—	—	478
Y	云南财经大学	5280	—	559	—	504
Y	云南大学	2080	612	—	599	—
Y	云南大学（较高收费）	2080	—	—	577	—
Y	云南大学滇池学院	6906	—	466	—	417
Y	云南经济管理学院	9862	—	475	—	415
Y	云南警官学院	5550	—	553	—	517
Y	云南民族大学	5285	—	557	—	408
Y	云南农业大学	5235	—	535	—	485
Y	云南农业大学（较高收费）	5235	—	539	—	410
Y	云南师范大学	5240	—	566	—	526
Y	云南师范大学（较高收费）	5240	—	—	—	498
Y	云南艺术学院	9945	—	538	—	445
Y	云南艺术学院文华学院	6909	—	475	—	431
Y	云南中医药大学	5260	—	558	—	516
Y	运城学院	3380	—	527	—	445
Z	枣庄学院	4505	—	—	—	468

续表

首字母	院校名称	院校代码	文科一本	文科二本	理科一本	理科二本
Z	张家口学院	3260	—	528	—	487
Z	昭通学院	7283	—	521	—	463
Z	肇庆学院	4875	—	540	—	406
Z	浙大城市学院	6823	580	—	559	—
Z	浙大宁波理工学院	6603	570	—	553	—
Z	浙江财经大学	4065	604	—	586	—
Z	浙江财经大学（较高收费）	4065	575	—	566	—
Z	浙江财经大学东方学院	6970	—	508	—	440
Z	浙江传媒学院	3960	—	569	—	531
Z	浙江大学	1195	658	—	686	—
Z	浙江大学（较高收费）	1195	—	—	667	—
Z	浙江大学医学院	1196	—	—	668	—
Z	浙江大学医学院（较高收费）	1196	—	—	628	—
Z	浙江工商大学	4060	601	—	583	—
Z	浙江工商大学（较高收费）	4060	—	—	564	—
Z	浙江工商大学杭州商学院	6966	—	510	—	458
Z	浙江工业大学	2415	—	—	595	—
Z	浙江工业大学（较高收费）	2415	—	—	583	—
Z	浙江工业大学之江学院	6953	—	507	—	449
Z	浙江海洋大学	4020	—	555	—	513
Z	浙江海洋大学（较高收费）	4020	—	—	—	510
Z	浙江科技学院	4010	577	—	557	—
Z	浙江科技学院（较高收费）	4010	—	—	531	—
Z	浙江理工大学	2255	599	—	585	—
Z	浙江理工大学（较高收费）	2255	—	—	566	—
Z	浙江理工大学科技与艺术学院	6957	—	—	—	440
Z	浙江农林大学	4025	588	—	563	—
Z	浙江农林大学（较高收费）	4025	—	—	546	—
Z	浙江农林大学暨阳学院	6959	—	501	—	430
Z	浙江师范大学	2575	605	—	574	—
Z	浙江师范大学（较高收费）	2575	—	—	570	—
Z	浙江师范大学行知学院	6954	—	507	—	443
Z	浙江树人学院	7611	—	482	—	434
Z	浙江水利水电学院	7132	—	553	—	516
Z	浙江水利水电学院（较高收费）	7132	—	—	—	487
Z	浙江外国语学院	5858	—	560	—	525
Z	浙江外国语学院（较高收费）	5858	—	558	—	517

续表

首字母	院校名称	院校代码	文科一本	文科二本	理科一本	理科二本
Z	浙江万里学院	7600	—	520	—	472
Z	浙江越秀外国语学院	8596	—	466	—	422
Z	浙江越秀外国语学院（较高收费）	8596	—	无	—	411
Z	浙江中医药大学	4030	—	—	556	—
Z	浙江中医药大学滨江学院	6961	—	—	—	461
Z	郑州财经学院	6185	—	491	—	433
Z	郑州大学	6000	613	—	603	—
Z	郑州大学（其他单列）	6000	—	—	627	—
Z	郑州大学（体育学院）	6004	—	520	—	477
Z	郑州大学（医护类）	6000	—	—	567	—
Z	郑州大学（中外合作办学）	5995	602	—	589	—
Z	郑州工程技术学院	6250	—	520	—	480
Z	郑州工商学院	6506	—	486	—	429
Z	郑州工业应用技术学院	6175	—	479	—	400
Z	郑州航空工业管理学院	6090	561	550	525	492
Z	郑州航空工业管理学院（南乌拉尔学院）	6398	—	523	—	430
Z	郑州航空工业管理学院（与郑州信息科技职业学院联办）	6093	—	—	—	495
Z	郑州航空工业管理学院（中外合作办学）	6092	—	—	—	471
Z	郑州经贸学院	6504	—	496	—	431
Z	郑州科技学院	6180	—	488	—	444
Z	郑州科技学院（较高收费）	6180	—	—	—	424
Z	郑州轻工业大学	6110	566	—	541	505
Z	郑州轻工业大学（与济源职业技术学院联办）	6114	—	—	—	474
Z	郑州轻工业大学（中外合作办学）	6113	—	—	—	497
Z	郑州商学院	6510	—	482	—	427
Z	郑州升达经贸管理学院	6195	—	496	—	436
Z	郑州师范学院	6170	—	545	—	505
Z	郑州西亚斯学院	6003	—	491	—	435
Z	郑州西亚斯学院（中外合作办学）	5994	—	468	—	412
Z	中北大学	2530	577	—	575	—
Z	中国传媒大学	1470	632	—	619	—
Z	中国地质大学（北京）	1335	622	—	600	—
Z	中国地质大学（武汉）	1340	616	—	606	—

续表

首字母	院校名称	院校代码	文科一本	文科二本	理科一本	理科二本
Z	中国地质大学(武汉)(较高收费)	1340	—	—	599	—
Z	中国地质大学(武汉)(其他单列)	1340	—	—	570	—
Z	中国海洋大学	1330	628	—	624	—
Z	中国海洋大学(较高收费)	1330	619	—	596	—
Z	中国计量大学	2290	598	—	532	—
Z	中国计量大学现代科技学院	6968	—	—	—	435
Z	中国科学技术大学	1525	—	—	679	—
Z	中国科学院大学	0175	—	—	677	—
Z	中国矿业大学	1350	611	—	601	—
Z	中国矿业大学(北京)	1345	618	—	602	—
Z	中国矿业大学徐海学院	6812	—	513	—	462
Z	中国劳动关系学院	3035	577	559	550	520
Z	中国民航大学	2215	595	—	567	—
Z	中国民用航空飞行学院	3060	564	—	535	—
Z	中国农业大学	1375	633	—	627	—
Z	中国农业大学(较高收费)	1375	612	—	598	—
Z	中国人民大学	1110	662	—	671	—
Z	中国人民大学(苏州校区)	1113	604	—	601	—
Z	中国人民公安大学	0110	622	—	—	—
Z	中国人民警察大学	0120	562	—	545	—
Z	中国社会科学院大学	0191	633	—	641	—
Z	中国石油大学(北京)	1295	610	—	609	—
Z	中国石油大学(北京)克拉玛依校区	1296	591	—	571	—
Z	中国石油大学(华东)	1300	611	—	597	—
Z	中国戏曲学院	9907	588	—	—	—
Z	中国药科大学	1395	608	—	604	—
Z	中国医科大学	2605	—	—	610	—
Z	中国医科大学(较高收费)	2605	—	—	568	—
Z	中国政法大学	1465	637	—	631	—
Z	中华女子学院	3100	—	556	—	519
Z	中南财经政法大学	1205	628	—	620	—
Z	中南大学	1210	636	—	632	—
Z	中南大学(较高收费)	1210	—	—	618	—
Z	中南林业科技大学	2800	579	—	558	—
Z	中南林业科技大学涉外学院	6877	—	505	—	449
Z	中南民族大学	1103	594	—	573	—
Z	中南民族大学(少数民族)	1103	573	—	546	—

续表

首字母	院校名称	院校代码	文科一本	文科二本	理科一本	理科二本
Z	中山大学	1215	642	—	645	—
Z	中央财经大学	1460	636	—	632	—
Z	中央财经大学(较高收费)	1460	—	—	617	—
Z	中央民族大学	1100	631	—	623	—
Z	中央民族大学(较高收费)	1100	—	—	596	—
Z	中央戏剧学院	9901	601	—	—	—
Z	中原工学院	6115	561	554	526	509
Z	中原工学院(软件类)	6117	—	—	518	—
Z	中原工学院(与河南职业技术学院联办,就读在河南职业技术学院)	6118	—	—	—	464
Z	中原工学院(中外合作办学)	6119	—	528	—	462
Z	中原工学院(中原彼得堡航空学院)	6116	—	—	518	—
Z	中原科技学院	6502	—	508	—	446
Z	仲恺农业工程学院	4825	—	—	—	497
Z	周口师范学院	6060	—	529	—	477
Z	周口师范学院(较高收费)	6060	—	—	—	449
Z	周口师范学院(其他单列)	6060	—	512	—	457
Z	珠海科技学院	6932	—	509	—	421
Z	遵义师范学院	5195	—	—	—	470
Z	遵义医科大学	5190	—	550	587	524
Z	遵义医科大学(异地校区)	5190	—	—	596	—
Z	遵义医科大学医学与科技学院	5860	—	—	—	510